팔레스타인, 100년 분쟁의 원인

What Caused the Century Old Conflict in Palestine?

이분법적 사고를 넘어서

beyond Dichotomy

정환빈 지음

팔레스타인, 100년 분쟁의 원인

초판 1쇄 인쇄 | 2023년 11월 30일
초판 2쇄 발행 | 2024년 01월 15일

저 자 | 정환빈

디자인 | 최선호
펴낸곳 | 인세50
주 소 | 서울시 관악구 은천로 25 정암빌딩 7층 2호
메 일 | innsey50@gmail.com
출판등록 | 제2023-000080호

ISBN 979-11-985425-0-2
가 격 | 28,000원

· 파본은 구입처에서 교환해 드립니다.
· 이 도서의 내용을 무단으로 전재하거나 재배포하는 것은 금지되어 있습니다.
· 이 도서는 한국출판문화산업 진흥원의 2023년 우수출판콘텐츠 제작 지원사업 선정작입니다.

팔레스타인, 100년 분쟁의 원인
What Caused the Century Old Conflict in Palestine?

이분법적 사고를 넘어서
beyond Dichotomy

목차

여는 글 _6

1장 팔레스타인을 걸어서 종단하다. _15
    1. 상상 너머를 걷다. _25
    2. 역사의 무게 _41
    3. 평화가 없는 평화협상 _56
    마치며 : 새로운 여정을 향해 _77

2장 종교는 분쟁의 원인이 아니다. _95
    1. 유대인만의 팔레스타인은 없었다. _100
    2. 유대인을 구원한 이스마엘 왕국 _125
    3. 이슬람의 폭력성이 분쟁을 일으켰다? _156
    마치며 : 선입견을 걷어내고 진실을 마주할 때 _219

3장 팔레스타인을 발견한 유럽의 시온주의자 _253
    1. 팔레스타인에 내던져진 유럽의 문제 _259
    2. 시온과 유대 문제의 관계 _295
    3. 시온주의에 평화는 없었다. _334
    마치며 : 시온주의의 두 얼굴 _375

목차

4장 영국, 분쟁의 무대를 연출하다. _411
  1. 분쟁은 어떻게 시작되었나? _416
  2. 외로운 투쟁의 시작 _460
  3. 실패로 끝난 영국의 실험 _496
  마치며 : 배우만 남고 프로듀서는 사라지다. _547

5장 우리가 외면하는 테러리즘의 불편한 진실 _581
  1. 무기를 들어야만 했던 이유 _588
  2. 잘못은 유럽이 하고 책임은 아랍이 지다. _630
  3. 분쟁이 계속되는 이유 _683
  마치며 : 선택하지 않은 선택 _723

닫는 글 _753

참고문헌 _772

여는 글

2016년의 어느 날, 여느 때와 다름없이 머리를 싸매며 집필에 매진하던 중에 귀한 손님이 찾아왔다. KOICA(Korea International Cooperation Agency, 한국국제협력단) 팔레스타인 사무소에서 함께 근무한 현지 직원이자 친구인 오다이가 본부에서 열리는 업무 연수를 받으러 온 것이다.[a] 주말에는 교육 일정이 없다기에 일요일에 서울 관광을 시켜주기로 약속했다. 어디를 데려가면 좋을까 고민하다 그냥 무난하게 코엑스와 남산타워를 구경했다. 아쉽게도 오다이가 많이 즐거워하는 것처럼 보이진 않았다. 저녁에는 명동을 갔는데 다행히 거기서 처음으로 흥미를 보인 게 있었다. 궁중다과로 알려진 꿀타래였다.[b] 20대 청년 사장님은 오다이를 위해 새 가닥을 집어 들곤 처음부터 만드는 과정을 보여주셨다. 두 가닥이 순식간에 1만 6천 가닥으로 꼬아지는 걸 보니 절로 탄성이 나왔다.

한창 집중하고 있을 때 외국인 두 명이 옆에 다가와 섰다. 귀에 뭔가 익숙한 언어가 들려왔지만 구경하느라 정신이 팔려 신경을 쓰지 않았다. 그러나 꿀타래가 완성되고 나서 정신을 차리니 깜짝 놀라지 않을 수 없었다. 옆에서 들리던 말이 히브리어였다. 고개를 돌려보니 역시나 유대인들이었다. 중동과 머나먼 우리나라에서 바로 양옆에 팔레스타인 사람과 유대인이 함께 서 있다니. 세상에 이런 우연이 얼마나 있을까. 더군다나 당시는 팔레스타인-이스라엘 간 긴장이 급격히 고조되어 서안지구에서 10여 년 만에 최대 규모의 폭력사태가

---

a) 저자는 2012년 11월에서 2015년 7월까지 KOICA 팔레스타인 사무소에서 근무했고, 처음 1년은 인턴으로, 이후 1년 8개월은 행정원으로 프로젝트 사업을 담당했다. 근무 기간과 그 이후를 포함해 이스라엘과 팔레스타인에서 각각 1년 반을 살았다.

b) 실제로는 1990년대에 해외에서 들여온 음식이라고 한다.

일어나던 무렵이었다. 그래서 이 기묘한 조우에 더더욱 관심이 동해 집중해서 관찰했다. 잠시 후 그들은 서로의 존재를 알아차렸다. 오다이는 태연했고 유대인들은 흠칫 놀라 움찔거렸다. 오다이가 팔레스타인인이라는 것까지 알 리는 없으니 단지 아랍인이라는 것만으로도 경계한 것이다.

우리는 꿀타래를 하나 사고 그 자리를 떠났다. 유대인들과 충분히 멀어졌을 무렵 짓궂은 농담을 던졌다. 팔레스타인 사람이란 걸 밝혔으면 무서워서 떠는 걸 봤을 텐데 왜 말하지 않았느냐고. 그러자 그는 실없이 웃고는 조용한 목소리로 "저들도 평화롭게 온 거고 나도 평화롭게 있으니 구태여 간섭할 필요가 뭐가 있겠나."라고 대답했다. 지난 3년간 팔레스타인인들과 함께 생활한 덕분에 오다이만이 아니라 거의 모두가 이렇게 생각한다는 것을 잘 알고 있다. 그러나 미디어는 이슈가 될 만한 '테러'만 집중적으로 보도하다 보니 그들을 직접 만나보지 못한 사람들은 왜곡된 인식을 가지기 마련이다. 언론이나 책에서 접할 수 있는 팔레스타인 사람들은 거의 언제나 이스라엘 군인들을 향해 돌이나 화염병을 던지고, 이스라엘의 폭격으로 무너진 집에서 절망하고 있다. 팔레스타인을 생각할 때 가장 먼저 떠오르는 이미지도 '테러', '자살폭탄', '미사일 폭격', '가자지구 전쟁', '하마스' 등 분쟁과 연관된 것들이다.

우리의 인식 속에서 팔레스타인은 분쟁이란 이름의 베일을 쓰고 있다. 모든 담론이 분쟁으로만 함몰되어 있어서 사람들이 실제로 어떻게 살아가고 있는지는 보이지 않고 정치적 사안이 전부인 것처럼 간주된다. 가령 2011년에 유엔무역개발협의회(United Nations Conference on Trade and Development, UNCTAD)는 팔레스타인과 무역하기에 가장 좋은 나라 중 하나로 한국을 손꼽았지만 어떤 언론도 이런 소식을 전하지 않았다.[1] 매년 1-3권씩 국내에 출판되는 팔레스타인 관련 서적들도 오로지 분쟁과 관련된 글뿐이다. 자연히 우리의 관심사는 분쟁으로 국한되고 그 너머를 바라볼 수 없다. 그러나 남북한 문제를 안다고 한국을 아는 것이 아니듯이, 이스라엘-팔레스타인 분쟁을 안다고 팔레스타인을 아는 것이 아니다. 단지 부분을 전체로 왜곡해서 받아들이기 쉬울 뿐이다.

필자도 이런 현실의 피해자였다. 팔레스타인으로 떠나기 전에 관련 서적들을 읽고 나니 머릿속엔 자연스레 모든 팔레스타인 사람들이 이스라엘에 의해 파괴된 집에서 살고 있고 이스라엘로부터 독립하기 위해 폭탄이나 화염병을 들고 하루하루 싸우고 있는 투사들로 그려졌다. 팔레스타인에 가게 되면 분쟁에 휘말려 다치거나 어쩌면 목숨을 잃을 수도 있다고 생각했다. 하지만 직접 그 속에 들어와 살아 보니 상상과는 너무나도 달랐다. 팔레스타인인들 스스로가 말하듯이, 팔레스타인은 전 세계에서 미디어를 통해 알려진 이미지와 실제의 괴리가 가장 큰 나라였다.

팔레스타인의 우리집 바로 옆에는 '오레가노(Oregano)'라는 이름의 작은 카페가 있었다. 팔레스타인에서 거의 모든 카페는 석재로 인테리어를 하지만 이곳은 나무로 되어 있어 아늑하고 편안한 느낌을 주었다. 오레가노는 새벽 1~2시까지도 열었기 때문에 퇴근하고 밤늦게 커피 한 잔의 여유를 찾을 수 있는 소중한 휴식처였다. 주말에 밥을 해 먹기 귀찮을 때 끼니를 때우러 오기도 했고 바쁠 때면 노트북을 가져와 일하기도 했다. 축구 경기가 있는 날에는 동네 사람들이 몰려와 다 함께 TV를 보는 걸 구경하기도 했던 다양한 추억이 깃든 곳이다.

단골이다 보니 카페 주인인 바샤르와 이따금 이야기를 나누곤 했다. 그는 요리가 취미라서 카페를 차렸다고 한다. 이런 가게를 소유할 정도면 경제적 형편이 나쁘지 않을 텐데도 직원을 한 명도 두지 않고 모든 일을 직접 처리한다. 일손이 부족할 때면 누나의 도움을 받는데, 의자와 테이블을 포함한 모든 가구와 장식을 둘이서 반년 동안 직접 만들었다고 한다. 무더운 날씨에 주방에서 땀을 뻘뻘 흘리면서도 웃으며 요리를 하는 모습은 언제나 행복해 보였다. 언젠가 외부에서 상상하는 팔레스타인의 모습과 현실이 너무 다르다고 말했더니 바샤르가 공감하면서 사연을 하나 들려주었다. 지금으로부터 10여 년 전, 그는 한 이집트인과 인터넷으로 채팅을 했다. 바샤르가 자신을 팔레스타인인이라고 소개하자 이집트인은 깜짝 놀라며 팔레스타인에서 인터넷이 되냐고 물어보았다. 그러고는 팔레스타인 사람이면 왜 지금 채팅을 하고 있느냐, 유대인들과 싸우러 안 가냐고 물었다. 외부에 알려진 팔레스타인의 모습을 알기에 바샤르는 자기 의자 옆에 총이 있고 잠깐 쉬는 중이라고 대답했다. 물론 농담이었다.

이미 오래된 옛날이야기지만 그때나 지금이나 외부에서 팔레스타인을 바라

보는 시선은 변하지 않았다. 이스라엘과의 분쟁이 팔레스타인 사람들의 삶에 많은 영향을 주고 있는 것은 사실이다. 하지만 대부분의 사람들은 고통스러운 현실에 눈물 흘리면서도 하루하루의 행복을 찾으며 웃고 활기찬 생활을 보내려고 노력한다. 우리와 마찬가지로 정치 문제보다는 가족의 건강과 자녀의 학교 성적에 더 관심을 가지고, 투잡(two jobs)을 뛰며 경제 전선에서 열심히 활약한다. 착한 사람이 있듯이 나쁜 사람도 있고, 못사는 사람이 있듯이 잘 사는 사람도 있다. 팔레스타인도 그저 우리와 다를 것 없는 '사람 사는 세상'일 뿐이다. 얼마 전 스마트폰 어플리케이션 스냅챗(Snapchat)은 팔레스타인에 대한 사람들의 인식을 바꾸는 데 일조했다. 스냅챗은 날마다 특정 지역을 선정해 그 지역의 사용자들이 사진과 영상을 올릴 수 있게 하는데, 2015년 7월 9일에는 팔레스타인의 서안지구가 선정되었다.

> 그래서 세상은 무엇을 보게 되었을까? 이 지역에 대한 선입관과는 상당히 다른 것이었다. 사람들은 춤추고, 웃고, 축구를 즐겼다. ... 많은 사람들이 정보를 전달하는 사진과 영상을 올렸다. 한 젊은 여성은 카피예(kaffiyeh)^{c)}를 쓰고 이 전통의상의 중요성을 설명했다. ... 그러나 다른 팔레스타인 사람들은 단순히 자신의 일상을 보여주기도 했다. 라마단 동안 시간을 보내기 위해 탁구를 하는 모습, 크나페를 먹을 생각에 흥분하고 있는 모습, 라마단 밤이라는 자막과 함께 춤추고 있는 모습. 그날 트위터에서 선풍적인 인기를 끈 남자도 있었다. 그는 엄청난 열정으로 즉흥적인 (민속춤) 답키(dabke)를 선보이며 「wein a Ramallah」를 불렀다. 인터넷은 열광했다. ... 국제적 반응은 다양했다. 그러나 지구촌의 많은 사람들로부터 특히 한 가지 흥미로운 감상이 반복해서 표현되었다. "그들은 그냥 우리와 같네!"
> - 『This Week In Palestine』의 기고문에서 발췌[2)]

분쟁의 베일 속에 감춰져 있던 팔레스타인 사회는 전통과 모더니즘, 종교와 세속이 공존하는 독특한 매력이 있었다. 처음에는 이 매력을 세상에 전하기 위해 책을 쓰기 시작했다. 그런데 집필 중에 참고삼아 국내에 발간된 팔레

---

c) 스카프의 일종. 팔레스타인 농민들이 착용하던 전통의상으로, 오늘날에는 저항운동의 상징이 되었다.

스타인 관련 서적들을 읽어보니 아쉬운 점들이 너무나도 많았다. 거의 모든 서적이 사실관계를 확인해 줄 출처를 표시하지 않고, 이미 오래전에 거짓으로 판명된 주장을 사실인 양 서술하거나 분쟁의 원인과 직결된 핵심적인 용어를 완전히 잘못 번역한 책도 많았다. 분쟁이 팔레스타인 사람들의 삶에 직간접적으로 어떤 변화를 가져왔는지, 지금 현재는 어떤 방식으로 영향을 끼치고 있는지를 만족스럽게 설명하는 책도 없었다. 부분이 아닌 전체를 보여주기 위해 구체적인 수치나 최근의 통계자료를 제시하는 책은 한 권도 없고, 국제기구와 시민단체들이 숱하게 쏟아내는 종합보고서는 읽지도 않고 개인의 경험에만 의존해 특정 사건을 일반적 현상으로 부풀리듯이 서술한 책들도 근심스러웠다. 체계적으로 분석한 책이 없으니 당연히 일반인들이 언론으로 접하는 글도 부정확할 수밖에 없다. 주요 언론사의 기사나 사설에서도 틀린 내용이 흔히 발견되고, 방송이나 인터넷에 올라오는 정보글에는 오류가 너무나도 수두룩했다.

사정이 이렇다 보니 대다수의 한국인이 팔레스타인에 대해 알고 있는 것은 고정관념과 편견뿐이라 해도 과언이 아니다. 잘못된 인식의 전형적인 예로 팔레스타인인들이 게을러서 못 먹고 산다는 편견을 들 수 있다. 이스라엘에서 수목이 푸른 광경을 본 후 팔레스타인에서 메마른 황야를 보게 되면 한국인 여행객들은 팔레스타인 사람들이 물을 끌어다 쓸 만큼 부지런하지 못해서 그런 거라며 유대인을 보고 배워야 한다고 질책한다. 그러나 이스라엘이 팔레스타인의 수자원을 대부분 약탈해 가기 때문에 팔레스타인에서는 생활용수조차 넉넉지 못하다.

이스라엘의 식민 수탈 정책은 21세기에 사는 우리들의 상상을 초월한다. 수자원 외에도 수많은 농지와 목초지, 광물 자원 등을 약탈하고 팔레스타인 국토의 절반에서 개발을 원천적으로 금지해 황무지를 만들었다. 그뿐만이 아니다. 관세를 갈취하고, 무역이나 기술개발마저 제약한다. 인권유린은 더 심각하다. 이스라엘은 이동과 표현의 자유, 주거권과 같은 기본권을 침해하고 학대와 폭력을 일삼아 반세기 동안 인권 단체들의 비난을 받고 있다. 그런데도 팔레스타인 사람을 테러리스트(terrorist)라며 삿대질하고 이스라엘은 평화적이라고 옹호하는 사람들이 많으니 안타깝기 그지없다. 수십 배나 더 많은 팔레스타인인들이 이스라엘에 의해 학살당하고 있는데 그들이 이스라엘인을 공격할 때만 테러로 규정짓는 것은 그저 인종차별주의에 불과하다.

팔레스타인의 역사를 안다면 더더욱 그러하다. 1920년대부터 팔레스타인은 국제연맹(League of Nations)의 결정으로 영국의 위임통치령이 되었고 사실상의 식민 지배를 받았다. 그 결과로 1948년에 유대인들에게 78%의 땅을 빼앗기고 85%의 주민들이 난민이 되었다. 1967년에는 나머지 22%의 땅마저 이스라엘에 의해 불법 점령당해 오늘날까지 반세기 넘게 식민 지배를 받고 있다. 일제강점기하에서 우리 조상들이 국제사회에 일본의 만행을 알리고 독립의 지지를 호소했던 역사를 기억한다면, 적어도 식민주의를 찬양하는 일은 없어야 하지 않을까? 동시에 우리 사회에 최근 형성되고 있는 반유대주의를 경계하기 위해서도 역사를 알 필요가 있다. 유대인을 맹목적으로 비판하는 현상은 분쟁의 원인을 몰라서 생겨나는 또 다른 비극이다.

안타깝게도 한 세기나 계속된 분쟁은 대중이 이해하기엔 너무나도 난해하게 꼬여 있다. 게다가 국제적으로 명성이 높은 학자들이 쓴 책들도 이스라엘이나 팔레스타인 어느 한쪽을 옹호하기 위해 사실관계를 과장, 축소, 은폐 혹은 날조한 경우가 많다. 특히, 친이스라엘 학자들은 오랫동안 정부에 협력해 집단적으로 역사를 왜곡해 왔다. 정부의 비밀자료가 공개되어 진실을 알게 된 일부 이스라엘 역사가들이 1980년대 후반부터 역사를 바로잡으려고 노력하고 있으나 여전히 세계의 많은 사람들이 과거에 접했던 왜곡된 사관을 신봉하고 있다. 안타깝게도 우리 국민들이 최근에 저술한 책 중에서도 이스라엘의 기관지인 마냥 왜곡된 역사를 재생산하는 경우를 발견했다. 팔레스타인을 지지하는 글을 쓴 경우에도 역사를 제대로 알지 못하니 그저 두루뭉술하게 유대인과 팔레스타인인 간의 대립 구도를 설정해 선악의 문제로 몰고 간다.

이스라엘-팔레스타인 분쟁에 대해 제대로 알지 못하는 우리 현실을 확인하였을 때 집필 방향을 조정할 필요를 느꼈다. 처음 계획대로 분쟁을 제외한 생활상을 보여준다면 많은 독자가 분쟁을 대단치 않은 것으로 오해할 여지가 너무나 컸다. 고민 끝에 역사를 체계적으로 분석하는 전문 서적을 먼저 집필하기로 결심했다. 직장을 그만두고 잠깐의 휴식을 취하며 길어야 6개월에서 1년만 투자하려고 계획한 일이었는데 어느새 8년이 흘러 버렸다. 그동안 7백여 편의 책과 논문, 보고서를 읽고 국내에 단 한 번도 소개된 적 없는 많은 1차 사료를 직접 연구했다. 글을 퇴고할 때마다 부족한 점을 발견해 퇴고의 퇴고를 거듭했고 완벽하지는 않지만 스스로 만족할 수 있는 수준에는 이르렀다는 확신이 서서 이제야 독자들에게 선보인다.

이 책은 이스라엘이 건국되는 1948년까지의 역사를 중점적으로 살펴보며 분쟁의 원인을 찾아본다. 이 시기는 이스라엘과 팔레스타인 둘 중 누가 분쟁에 대한 책임이 있는지를 판단할 수 있는 기간이기 때문에 굉장히 중요하다. 그래서 해외에서는 매우 상세히 연구되고 관련 서적이 넘쳐난다. 그런데 놀랍게도 국내에서는 어떤 책도 이 시기의 역사를 전문적으로 다루지 않고, 특히 친팔레스타인 서적들은 거의 모두가 1967년 이후의 식민 지배만을 중점적으로 조명한다. 그러나 이스라엘은 팔레스타인이 안보에 위협을 가한다는 이유로 모든 범죄 행위를 정당화시키고 있으며 우리나라를 포함한 많은 친서방 국가가 옹호하기 때문에 건국 이전의 역사를 제대로 논하지 않고서는 이스라엘에 대한 어떤 비판도 무의미하다.

글의 구성은 다음과 같다. 서론의 역할을 하는 제1장은 여행기 형식으로 오늘날 식민 지배의 면모를 담았다. 제2장은 고대부터 근대까지 종교 중심적 역사를 설명하며 세간의 믿음과는 다르게 종교가 분쟁의 원인이 아니라는 것을 증명한다. 제3장은 1880년대부터 1914년까지를 다루며, 팔레스타인으로 이주해 온 유럽 유대인들의 목적이 평화적이지 않았다는 것을 보여준다. 제4장은 1930년까지로, 영국이 팔레스타인에서 분쟁의 무대를 형성한 책임이 있다는 사실을 고발한다. 마지막으로 제5장은 1948년까지의 역사를 중심으로 팔레스타인인들이 무장투쟁을 선택한 이유와 정당성을 살펴본다.

우리가 보기에는 너무나도 오래된 역사이지만 모든 주제가 오늘날까지도 논쟁적으로 남아 있다. 대립하는 소쟁점은 수백 개가 넘는다. 따라서 여타 교양서적처럼 역사를 요약해 저자의 일방적인 주장만을 담아내서는 안 된다. 이런 행태는 비판적 사고를 불가케 하고, 서로 다른 글의 독자가 만났을 때 논쟁이 아닌 비난만 하게 만든다. 그러면 분쟁은 확산할 수밖에 없다. 이 책은 독자가 스스로 옳고 그름을 판단할 수 있도록 근거가 되는 내용을 충분히 포함해서 설명하였다. 글이 길어 부담스러울 수는 있겠지만 진실을 분별하기 위해 필요한 최소한의 내용만을 담았다는 것을 믿고 읽어보길 응원한다. 언젠가 우리 사회가 팔레스타인 문제를 제대로 바라볼 수 있을 만큼 성숙해진다면, 처음 기획대로 분쟁이 아닌 일상생활의 모습을 다룬 원고를 마저 완성하겠다.

Endnotes

1) UNCTAD, *Rebuilding the Palestinian Tradable Goods Sector: Towards Economic Recovery and State Formation*, GDS/APP/2010/1, 2011.
2) Elias Rizek, "#WestBankLive: A Day in the Life in the West Bank," *This week in Palestine*, August 2015(issue 208), 29-30.

List of Abbreviations

ARIJ : the Applied Research Institute - Jerusalem
CEIRPP : Committee on the Exercise of the Inalienable Rights of the Palestinian People
ICBS : Israeli Central Bureau of Statistics
ICJ : International Court of Justice
IMFA : Israeli Ministry of Foreign Affairs
KOICA : Korea International Cooperation Agency
PCBS: Palestinian Central Bureau of Statistics
PLO : Palestine Liberation Organization
PSR : Palestinian Center for Policy and Survey Research
PWA : Palestinian Water Authority
UNCCP : United Nations Conciliation Commission for Palestine
UNCTAD : United Nations Conference on Trade and Development
UNESCO : United Nations Educational, Scientific and Cultural Organization
UNGA : General Assembly of United Nations
UNOCHA : United Nations Office for the Coordination of Humanitarian Affairs
UNODC : United Nations Office on Drugs and Crime
UNRWA : United Nations Relief and Works Agency for Palestine Refugees in the Near East
UNSC : United Nations Security Council

팔레스타인을 걸어서 종단하다 Part I

1. 상상 너머를 걷다.
1.1. 팔레스타인으로 가는 길
1.2. 점령이 의미하는 것
1.3. 평화로운 도시, 제닌
1.4. 도보 여행의 소소한 재미
1.5. 기독교 마을, 자밥디
1.6. 이스라엘이 통치하는 C 지역
1.7. 예기치 않은 고비

2. 역사의 무게
2.1. 검문소에 막히다.
2.2. 레모네이드에 담긴 온정
2.3. 평화를 위협하는 정착촌
2.4. 팔레스타인 국가 안의 팔레스타인 난민들
2.5. 행정의 중심지 라말라

3. 평화가 없는 평화협상
3.1. 서안지구를 갈라놓은 검문소와 분리장벽
3.2. 팔레스타인의 영원한 수도, 예루살렘
3.3. 예수 탄생지 베들레헴
3.4. 마지막 고비
3.5. 공존의 도시에서 분쟁의 도시로

마치며 : 새로운 여정을 향해

What Caused the Century Old Conflict in Palestine?

팔레스타인은 지중해 동남쪽 끝자락에 위치한 중동의 작은 약소국가다. 2021년 현재 인구는 522.7만 명[1], 1인당 GDP는 3,678.6달러[2]에 그치고, 한반도 면적의 3%에 불과한 6,220㎢의 영토가 이스라엘을 사이에 두고 동쪽의 서안지구(West Bank/5,860㎢)[a]와 서쪽의 가자지구(Gaza Strip/360㎢)로 분단되어 있다. 1967년에 이스라엘에 점령당한 후 1994년에 부분적인 자치권을 쟁취해 자치정부를 수립했다가 2012년에 유엔에서 국가 지위를 인정받았다. 하지만 우리나라를 포함한 대부분의 나라가 팔레스타인과 외교 관계를 수립하지 않고 있다. 미국의 입김이 강한 세계은행(World Bank) 등의 국제기구들은 "팔레스타인 국가"(State of Palestine)라는 표현조차 삼가고 "서안 및 가자지구"(WBGS)나 "점령지 팔레스타인"(Occupied Palestinian Territories),

지도 1　팔레스타인

---

a) 요르단과 팔레스타인 사이를 흐르는 요르단강의 서쪽 연안(bank)을 일컬으며 '지구(地區)'보다는 크다는 이유에서 서안'지역'으로 번역하기도 한다. '지역'이 보다 올바른 용어로 생각되지만, 서안지구가 이미 널리 사용되고 있는 점을 감안하여 이 글에서는 지구로 표기한다.

또는 "팔레스타인 자치정부"(Palestinian National Authority)라고 표기한다.

그런데 이런 '보잘것없는' 나라가 놀라울 정도로 세계의 이목을 끌고 있다. 70년 역사의 유엔 총회에서 팔레스타인 문제는 매년 논의되고, 학자들은 21세기의 화약고라고 불리는 중동 문제의 핵심이 팔레스타인에 있다고 분석하며, 언론은 이스라엘과의 평화협상이나 팔레스타인인들의 테러 사건을 상세히 보도한다. 게다가 미국과 유럽, 일본 등의 경제 선진국들을 중심으로 국제사회는 팔레스타인에 막대한 원조를 제공하고 있다. 1993년부터 시작된 공적개발원조(ODA) 규모는 2014년까지 총 298억 달러를 기록했다. 이 기간에 팔레스타인은 전 세계에서 14번째로 많은 원조를 받았으며, 인구 1인당 원조액으로는 9번째로 높았다.[3] 이곳에서 100년이 넘게 분쟁이 계속되고 있다는 걸 생각하면 지구촌의 관심이 절대 과하지는 않은 것 같다.

우리나라는 지리적으로뿐만 아니라 정치, 경제적으로도 팔레스타인과 멀리 떨어져 있다 보니 관심이 매우 적다. 그렇지만 최근에는 달라진 모습도 보인다. 그동안 우리 사회에 팽배했던 전통적인 친이스라엘 입장에서는 팔레스타인인들의 저항운동을 단순히 지구촌 평화를 위협하는 테러로 인식 해왔다. 그런데 2014년에 이스라엘이 가자지구를 재침공했을 때는 팔레스타인을 지지하고 그들의 슬픔에 공감하는 한국인들도 많이 볼 수 있었다. 이스라엘이 인권을 유린하고 부당하게 억압하고 있다는 사실이 부족하게나마 알려진 것이다. 그러나 사람들은 여전히 과거에 어떤 일이 있었는지는 제대로 알지 못한다. 그러다 보니 유대인을 이기적이며 잔인하고 단죄받아 마땅한 집단으로 묘사하거나, 심지어 유대인을 학살한 히틀러가 현명했다고 말할 정도로 반유대주의로 흐르는 경향을 보이기도 한다. 이들은 정작 많은 팔레스타인인이 '유대인'을 미워하지 않는다고 말하는 것을 모른다. 그들이 책임을 묻는 것은 '시온주의자(Zionist)'다. 유대인과 이들을 구분하기 위해선 분쟁이 왜 시작되었는지, 그리고 누가 양자의 구분을 흐리게 만들었는지를 알아야 한다.

이스라엘-팔레스타인 분쟁을 제대로 이해하기 위해선 먼저 현실을 직시하는 게 중요하다. 그중 하나가 테러와 같은 폭력 사태에 대한 과장된 인식을 바로잡는 것이다. 흔히 분쟁을 생각하면 한쪽이 죽이면 다른 한쪽이 복수하고, 다시 또 그에 대한 복수가 이어지는 악순환을 떠올린다. 지극히 인간적이라

이해하기 쉽다. 그런데 세상의 모든 분쟁은 영원히 계속되는 것일까? 역사적으로 그렇지 않다는 건 확실하다. 그렇다면 왜 이스라엘과 팔레스타인에서만 유독 100년이 넘게 분쟁이 계속되고 있는 것일까? 너무나도 많은 사람이 죽고 있기 때문일까?

"분쟁 관련 사상자 수"[4]를 가장 체계적으로 집계하고 있는 유엔 인도주의업무조정국(United Nations Office for the Coordination of Humanitarian Affairs, UNOCHA)의 통계에 따르면,[5] 최근 5개년(2012-16) 동안 연평균 9,443.2명의 팔레스타인인이 죽거나 다쳤다. 이는 1천 명당 2.1명꼴로 사상자가 발생한 것과 같다. 이 수치를 체감하기 쉽도록 한국의 교통사고 사상자 수치와 비교해 보자. 교통사고는 우리가 일상적으로 위험에 노출된 정도를 알려주기 때문에 안전 실태를 확인하기 좋은 척도가 된다. 2011-15년 동안 한국의 연간 교통사고 사상자 수는 1천 명당 6.8명이었다.[6] 즉, 팔레스타인에서 분쟁으로 다치거나 죽을 확률보다 한국에서 교통사고로 다치거나 죽을 확률이 3배 이상이나 높다. 혹시 분석 기간이 예외적으로 조용했던 시기라서 사상자가 적은 것일까? 2012년에는 가자지구에서 1주일간 큰 교전이 있었고 2014년에는 한 달 반 동안 전쟁이 있었다. 2015년 하반기부터 2016년 초 사이에는 서안지구에서 대규모 봉기가 일어 10여 년 만에 가장 많은 사상자가 발생했다. 특별한 사건이 없었던 2013년과 2016년만 본다면 사상자 수는 각각 0.9명과 0.8명으로까지 떨어진다.

사망자만을 비교해 보면 어떨까? 같은 기간에 가자지구에서 연평균 513.8명, 서안지구에서 68.4명의 팔레스타인인이 분쟁과 관련된 사건으로 사망했다. 두 수치를 합치면 582.2명이 되며 10만 명당 13.2명의 사망자가 발생한 것을 알 수 있다. 이는 한국에서 연평균 10만 명당 10.0명이 교통사고로 죽은 것보다는 조금 더 높다. 그런데 2014년은 이스라엘이 1967년에 점령을 시작한 이래로 두 번째로 가자지구를 침공해 가장 많은 인명피해를 일으킨 특수한 해였다. 5개년 중 사망자의 80.0%가 이때 발생했다. 만약 2014년을 제외하고 4개년의 연평균 분쟁 사망자 수를 본다면 10만 명당 3.3명으로 크게 떨어진다.[7] 즉, 전쟁이 일어나지 않는다면 한국에서 교통사고로 죽을 확률이 3배 이상 높다.

표 1-1 분쟁 관련 팔레스타인 사상자 수 (단위 : 명)

	2012	2013	2014	2015	2016
사망자	260	39	2,329	174	109
부상자	4,677	3,992	17,533	14,639	3,464
사상자(합계)	4,937	4,031	19,862	14,813	3,573
1천명 당 사상자	1.17	0.93	4.48	3.27	0.77
10만 명당 사망자	6.15	0.90	52.58	3.84	2.35

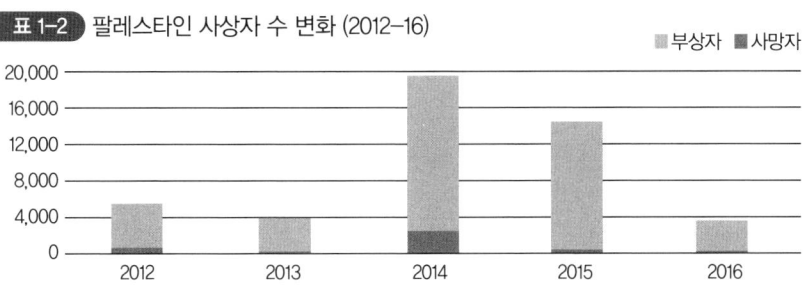

표 1-2 팔레스타인 사상자 수 변화 (2012-16)

통계가 보여주듯 팔레스타인은 우리의 상상만큼 대단히 위험한 곳은 아니다. 단지 학계나 정부, 언론 어디에서도 단 한 번도 이런 수치를 연구해서 내놓지 않은 상황에서 분쟁 관련 사건이 언론에 자주 노출되고, 교통사고와 같은 우발적 사고보다 폭력 사건에서 불안감을 더 크게 느끼는 본능 때문에 위협을 과장해서 인식하게 된 것이다. 사실 힘들게 통계를 살펴보지 않더라도 팔레스타인의 거리를 걸어보면 얼마나 안전한지를 알 수 있다. 위험 지역을 찾아다니거나 특정 시기가 아니라면 폭력 사태를 목격하기는 매우 어렵다. 오히려 일상에서 위험한 것은 교통사고다. 보행자보다 차량 우선인 교통문화에다 신호등이 거의 없고, 있더라도 작동이 안 되는 경우가 태반이다. 한국에서처럼 핸드폰을 보면서 길을 건너는 것은 상상도 못 할 일이다. 필자는 불안한 마음에 늘 뛰거나 빠른 걸음으로 횡단보도를 건넜다. 만약 팔레스타인에서 죽게 된다면 분쟁 때문이 아니라 교통사고로 죽을지 모른다고 친구들한테 말하곤 했다.

통계는 이를 증명한다. 2014-16년 동안 서안지구 내에서 신고 된 교통사고 사상자 수는 인구 1천 명당 3.1명이었다.[8] 그런데 팔레스타인처럼 사법체제가 약한 곳에서는 사고 신고율이 선진국보다 낮은 편이다. 팔레스타인중앙통계청(PCBS)에 따르면 2012년에 서안지구 내 범죄 신고율은 49.2%에 그쳤다.[9] 그러나 사건이 경미해서 신고하지 않았다는 사유가 절반 가까이 차지하므로 사상자가 발생한 경우에는 신고율이 더욱 높을 것으로 이해된다.[10] 이를 염두에 두고 범위를 측정해보면, 1,000명 중 약 3.1-6.3명[11]의 교통사고 사상자가 발생했다는 결과를 얻을 수 있다.[b] 분쟁으로 인한 사상자 수가 1천 명당 2.1명 꼴이었으니 교통사고를 더 위험하게 느낀 게 올바른 판단이었던 것이다.

팔레스타인의 안전 실태에 대한 과장된 인식은 우리 의식에 강하게 박혀 있다. 현지에서 살다 온 필자가 위험하지 않다고 설명해도 사람들은 웃음을 터트리곤 믿지 않는다. 팔레스타인에 대한 안전 민감도를 비정상적으로 키운 데는 언론의 영향이 크지만, 우리 정부의 정책도 한몫하고 있다. 외교부는 가자지구에서 전쟁이 발발한 2014년 7월 이전까지 서안지구를 '여행자제'(여행경보 2단계), 가자지구를 '철수권고'(3단계) 구역으로 지정하고 있었다. 그러나 전쟁이 발발하자 즉시 서안지구를 '철수권고', 가자지구를 '여행금지(4단계)' 구역으로 상향 조정하는 특별여행주의보와 경보를 발령했다. 한 달 후 전쟁은 끝났으나 특별여행주의보와 경보는 2017년 현재에도 3년 넘게 유지되고 있다. 팔레스타인이 여전히 위험한 상태로 남아 있어서일까? 봉쇄를 당해 국경 출입이 자유롭지 못한 가자지구는 논외로 보더라도 서안지구는 그렇지 않다.

세계에서 가장 살인율(intentional homicide rate)이 높은 국가 중 하나인 엘살바도르(El Salvador)는 2014년도에 살인율이 무려 62.3명이었다.[12] 이는 같은 해 서안지구의 분쟁 관련 사망률과 살인율을 합친 3.19명보다 20배나 많다. 그런데도 수도 인근 지역에만 2단계인 '여행자제'를, 나머지 전 국토에는 1단계인 '여행유의'로 지정하고 있었다. 그러다 2015년에 들어 살인율이 배 가까이 뛰어 105.3명이 되자 전 국토를 '여행자제'로 상향 조정했다.[13] 반면, 그보다 높은 3단계가 발령된 서안지구에서는 분쟁 사망률과 살인율의 합이 6.55명에 그쳤다.[14] 한편, 온두라스(Honduras)는 2015년도에 살인율이 60명

---

b) 교통체계가 열악한데도 한국보다 사상자 수가 적은 것은 음주 운전 사고가 없기 때문일 것이다.

이었고 이때는 바히아섬(Bahia islands)을 제외한 전 국토가 '여행자제'였다. 그런데 2016년에 59.1명으로 미세하게 하락하자 수도 인근과 도시 일부를 제외한 대부분의 지역을 1단계인 '여행유의'로 하향 조정했다.[15] 이때 서안지구의 분쟁 사망률과 살인율은 합쳐서 4.23명이었다.[c] 그러므로 팔레스타인에 대한 우리 정부의 여행경보체제가 현실을 제대로 반영하지 못하고 있는 것을 알 수 있다.

  팔레스타인의 테러로 안보에 심각한 위협을 느끼고 있다는 이스라엘의 현실은 이런 괴리를 더욱 잘 증명해준다. 2012-16년 동안 연평균 분쟁 관련 이스라엘 사상자 수는 818.4명으로 1천 명당 0.1명에 그쳤다. 반면, 2011-15년 동안 교통사고 사상자 수는 1천 명당 2.9명이었다.[16] 즉, 팔레스타인인들의 '테러'보다 29배나 무서운 것이 교통사고다. 사망자 수만 따로 분석해보아도 각각 10만 명당 0.33명과 3.64명으로 교통사고 사망자가 10배 이상 많다. 혹시 분쟁 관련 사상자가 적은 것이 이스라엘군의 활약 덕택일까? 사상자의 대부분은 이스라엘군이 가자지구를 침공했을 때 발생했다. 이스라엘이 가자지구를 침공하지 않은 2013, 2016년의 연평균 1천 명당 사상자 수는 0.02명이다. 이는 교통사고 사상자의 1%에도 미치지 못한다.

  이 글을 퇴고 중인 2019년 12월 3일에 외교부는 마침내 특별여행주의보와 경보를 해제했다. 5년 반만이었다. 하지만 전쟁 발발 이전으로 되돌린 것은 아니다. 가자지구는 전쟁 전의 등급인 철수권고가 유지되었으나, 서안지구는 여행유의에서 철수권고로 상향조정되었다. 즉, 특별여행주의보가 내려졌을 때와 동일하다. 외교부는 이 두 지역 모두를 3단계로 발령한 이유로 "군사적 긴장이 높은 지역으로 무력충돌 발생 가능성이 크"기 때문이라고 설명했다.[17] 이는 틀림없는 사실이다. 그러나 무력충돌로 인한 사상자, 특히 여행경보제도에서 중요하게 보는 사망자가 얼마나 생겨나는가에 대한 위협 평가가 필요하다. 단지 무력충돌이 발생할 가능성이 있다는 이유만으로 위험하다고 본다면, 북한과 휴전 중이고 수차례 교전을 겪은 우리나라도 철수권고 지역과 동등한 위험 지역이 돼버린다. 실제로 많은 외국인이 이런 이유로 한국을 위험지역으로

---

c) 엘살바도르와 온두라스의 여행경보 조정 사유가 살인사건 사망자 수였기 때문에 사상자가 아닌 사망자 수를 비교했다. 참고로, 팔레스타인에서 분쟁과 관련된 사건으로 사망한 외국인은 극히 드물다.

잘못 인식한다.[d]

우리 정부의 조치를 검증하기 위해 서안지구의 통계를 2020년까지 4개년을 더 늘려 다시 살펴보면,[18] 철수권고 발령 이전인 2012-13년 동안 서안지구 내 연평균 사상자 수는 1천 명당 1.4명, 철수권고 발령 기간인 2014-20년 동안은 2.2명이다. 사망자 수치는 각각 10만 명당 0.7명, 2.3명이었다. 그러므로 철수권고 발령 이전보다 이후가 더욱 위험해진 것을 알 수 있다. 하지만 전쟁, 교전, 대규모 봉기 등 '무력충돌이 발생한' 서안지구가 여행자제 지역인 엘살바도르와 온두라스보다 매우 안전했다는 사실은 비정상적이다. 심지어 〈표 2〉에서 볼 수 있듯이 1단계 경보가 내려진 일부 OECD 국가들보다도 안전하다. 서안지구가 3단계로 상향조정된 2019년에도 분쟁 관련 사망률과 살인율의 합은 1.57명으로, 직전해의 미국이나 튀르키예, 칠레, 라트비아, 리투아니아, 에스토니아, 멕시코, 콜롬비아의 살인율보다도 낮았다. 따라서 외교부가 우려하는 '무력충돌'의 위험은 실제보다 터무니없이 과대평가되었다고 단언할 수 있다.

표 2 OECD 국가와의 살인율 비교(2012-20)

국가명		경보단계[19]	평균(2012-20)	2012	2013	2014	2015	2016	2017	2018	2019	2020
일본		1	0.29	0.33	0.29	0.31	0.28	0.28	0.24	0.26	-	-
대한민국		1	0.71	0.87	0.70	0.74	0.74	0.71	0.59	0.60	-	-
그리스		1	1.05	1.54	1.42	1.00	0.87	0.79	0.81	0.94	-	-
영국		1	1.06	0.97	0.93	0.90	0.99	1.19	1.20	1.20	-	-
이스라엘	분쟁 사망률	2	0.24	0.09	0.07	1.06	0.31	0.14	0.20	0.15	0.13	0.03
	살인율		1.48	1.68	1.64	1.38	1.38	1.28	1.49	-	-	-
	합계		1.79	1.77	1.72	2.44	1.69	1.42	1.69	-	-	-
프랑스		1	1.30	1.23	1.22	1.23	1.57	1.35	1.27	1.20	-	-
서안지구	분쟁 사망률	3	1.92	0.35	1.06	2.19	5.35	3.53	1.72	1.37	0.97	0.79
	살인율		0.86	1.00	1.0	1.0	1.2	0.7	0.9	0.6	0.6	0.7
	합계		2.78	1.35	2.06	3.19	6.55	4.23	2.62	1.97	1.57	1.49
에스토니아		1	3.15	4.76	3.94	3.11	3.42	2.51	2.20	2.12	-	-
튀르키예		1(일부 3)	3.23	4.31	-	-	2.85	3.34	3.09	2.59	-	-
칠레		2	3.36	2.49	3.16	2.47	3.39	3.36	4.22	4.40	-	-
라트비아		1	3.48	3.38	2.45	3.17	3.35	3.49	4.15	4.36	-	-
미국		1	4.90	4.73	4.53	4.44	4.95	5.39	5.32	4.96	-	-
리투아니아		1	5.55	6.63	6.58	5.35	5.87	5.29	4.53	4.57	-	-
가자지구 분쟁 사망률		3	18.87	15.34	0.65	131.03	1.52	0.55	1.49	13.45	5.48	0.29
멕시코		2	21.42	22.14	19.41	16.63	17.04	19.91	25.71	29.07	-	-
콜롬비아		2(일부 3)	28.61	35.68	33.16	28.41	26.90	25.74	25.02	25.34	-	-

---

[d] 심지어 팔레스타인인들도 한국에서 사는 건 위험하지 않냐고 묻곤 했다.

* 각국의 살인율은 UNODC가 집계한 수치를 인용하였으나, 오류가 있는 것으로 확인된 서안지구의 수치는 팔레스타인 중앙통계청이 UNODC에 제공한 원본 자료를 직접 전달받아 인용하였다.[20]
** 분쟁 사망률은 UNOCHA의 통계를 인용하였다.

　지금까지 분쟁 관련 사상자 수를 살펴본 것은 물리적 충돌이 우리의 인식만큼 심각하지 않고 분쟁이 계속되는 주요 원인도 아니라는 것을 일깨우기 위해서다. 물론 사상자 수치를 가볍게 여길 수는 없다. 교통사고나 일반적인 폭력 사건과는 달리 분쟁 관련 피해는 상대 '집단'에 대한 보복 의식을 낳는다. 이스라엘은 2012-20년 동안 보복이라고 주장하며 23배나 많은 팔레스타인인 사상자를 만들어냈다. 사망자만을 비교해도 18배나 된다. 미디어에서는 언제나 피해자 행세를 하지만 실제로는 진압이라는 명목하에 학살을 자행한 것이다. 이는 팔레스타인인들의 재보복을 끌어내기에 충분한 이유가 될 것이다. 그러나 분쟁이 계속되는 배경에는 물리적 충돌보다 더 큰 비밀이 감춰져 있다.
　2023년 10월 현재, 출간을 한 달 앞두고 다시금 하마스와 이스라엘 간의 전쟁이 일어났다. 예년과는 달리 이스라엘이 아닌 하마스의 침공으로 전쟁이 발발했고, 수많은 이스라엘인들이 팔레스타인인들과 함께 희생자의 명단에 오르게 되었다. 아랍 국가들에 둘러싸여 있다는 이유로 언제나 안보 위기를 호소하는 이스라엘이지만, 사실 자국 영토가 전장에 포함된 것은 정확히 50년 전인 1973년의 이집트 침공 이후로 두 번째다. 이로써 이스라엘의 여론은 큰 변화를 맞이할 것으로 보인다. 반세기 전에는 이집트에 빼앗은 땅을 돌려주고 평화협상을 체결해야 한다는 목소리가 외교 정책으로 이어졌다. 이번에는 반대 방향으로 전망된다. 아랍 국가들은 연합한다면 이스라엘에 위협을 줄 수 있는 요소이지만 하마스는 그렇지 않기 때문이다. 하지만 필자가 보기엔 그간 전쟁을 구경거리 정도로 생각하던 젊은 세대의 의식에 변화를 가져와 평화를 위해 노력해야 한다는 목소리가 '장기적으로' 커질 가능성도 높아 보인다. 불확실한 미래에 대한 예측보다 당장 중요한 것은 왜 하마스가 갑자기 이런 전면전에 돌입했는가다. 많은 사람들이 무슬림이라서 그렇다고 말하지만 팔레스타인인들이 이슬람을 믿는 것은 어제오늘 일이 아니다. 이스라엘의 잔인한 보복을 예상하면서도 왜 지금 와서 이런 극단적인 선택을 했을까? 또한, 전쟁이 발발하고 한 달만에 가자지구에서 사망자가 만 명이 넘어선 반면, 서안지구는 124명에 그쳤다. 서안에서는 투쟁이 시위 위주의 민중봉기에서 그쳐 학살의 빌미를 제공하지 않았기 때문이다. 같은 팔레스타인인들이지만 서안과 가자의 '폭력성'이 다른 것은 어째서일까?

  이 책의 주제는 팔레스타인의 '역사'를 연구하며 분쟁의 원인을 찾는 것이다. 하지만 이에 앞서 제1장에서는 이스라엘의 점령을 받는 팔레스타인의 거리를 들여다보고 왜 오늘날에도 분쟁이 계속되고 있는지를 알아볼 것이다. 팔레스타인인들이 폭력적이고 이기적이라서 분쟁이 생겨난 것이라는 고질적인 편견을 깨트리기 위해서다. 서론인 만큼 개괄적인 상황만을 흥미롭게 전달하고자 여행기 형식으로 글을 구성했다. 필자는 문학가가 아니기 때문에 여행기는 실제 있었던 일을 조금의 과감도 없이 사실 그대로 적었고, 여행 중 보고 겪은 일에 대해 독자들이 모르는 배경을 설명하는 방식으로 팔레스타인의 현실을 보여줄 것이다. 이제부터 상상 속의 모습이 아닌 실제 그대로의 팔레스타인을 함께 걸어보며 분쟁이 계속되는 이유를 찾아보자.

  1장의 여행기는 작가의 브런치 홈페이지에서 무료로 공개 중이고, 책에서보다 더 많은 사진을 컬러로 보실 수있습니다.
   브런치 주소 - https://brunch.co.kr/@binworldian
   1장 여행기 - https://brunch.co.kr/brunchbook/palestineonfoot

* 팔레스타인의 국문 지명은 국내에 널리 알려진 명칭으로 표기하였고, 영문은 팔레스타인 중앙통계청의 표기를 따랐다.

1. 상상 너머를 걷다.

1.1. 팔레스타인으로 가는 길

한국에서 팔레스타인으로 가려면 기나긴 여정을 각오해야 한다. 아시아의 동쪽 끝에서 서쪽 끝으로 가야 하는 지리적 거리에다 팔레스타인에 공항이 없어서 인접국인 이스라엘이나 요르단, 이집트를 거쳐 육로로 들어가야 하는 물리적 제약이 더해지기 때문이다. 이스라엘은 안보를 이유로 팔레스타인이 공항과 항구를 건설하지 못하도록 막고 있다. 현재 인천공항에서 이스라엘 벤구리온 공항까지 대한항공 직항 편이 운영되고 있기 때문에 대부분의 한국인은 이스라엘을 통해서 팔레스타인으로 들어온다.

흔히 팔레스타인을 여행한다고 말할 때 그 팔레스타인은 서안지구만을 의미한다. 가자지구는 2007년 6월부터 이스라엘과 이집트가 육해공 모두를 봉쇄하는 중이라 당국의 허가 없이 들어갈 수 없고 특별한 목적이 없는 한 허가를 받기 어렵다.[21] 이스라엘과 팔레스타인에서 3년 동안 살았던 필자도 공무 목적으로 1박 2일 동안만 다녀온 게 전부다. 반면, 서안지구로의 입국은 상대적으로 자유롭다. 국경 인근에 39개의 출입국 검문소가 있고 별도의 검문 없이 통과할 수 있다.[22] 비자도 필요 없다. 국경을 통제하는 게 팔레스타인 정부가 아닌 이스라엘이기 때문에 이스라엘의 비자만 있으면 된다. 이스라엘은 공항에서 한국인 여행객에게 3개월간 체류 가능한 방문비자(B/2)를 발급해 준다. 요르단을 통해서 서안지구로 들어오는 방법도 있는데 이때도 이스라엘이 관장하는 국경검문소에서 방문비자를 발급받을 수 있다. 그러나 이용 인파가 많아 검문소 통과에 수 시간이 소요되며 입국심사도 까다롭다.[e]

2013년에 필자는 이스라엘에서 살면서 검문소를 넘나들며 서안지구를 여행 다니곤 했다. 당시에 서안지구는 2단계인 여행자제 구역이었지만 현지를

---

[e] 만약 서안지구를 여행하러 왔다거나 팔레스타인 사람들을 만나러 왔다고 대답하면 심층조사를 받기 쉽다.

걸어서 돌아다녀 보니 안전하다는 것을 체감할 수 있었다. 그러던 어느 날 팔레스타인을 남북으로 종단하는 특별한 여행을 계획해 보았다. 물론, 가자지구는 제외했다. 서안지구는 팔레스타인 국토의 94%를 차지하지만 제주도 면적의 3배밖에 되지 않는다. 다만 동서로 좁고 남북으로 길게 뻗어 있어 130km에 달한다.[f] 실제로는 직선으로 걸을 수 없는 데다 고저 차가 심하니 걸어야 할 길은 훨씬 길어진다. 그래서 여정을 나흘로 잡았다. 북쪽 국경에서부터 출발해 주요 도시들을 거쳐 남부 최대도시인 헤브론(Hebron)에 도착하는 것이 목표다.

여행기를 들려주기에 앞서 독자들에게 당부하고 싶은 말이 있다. 팔레스타인은 특정 위험 구역을 찾아다니지 않고 도시와 마을 안에서만 지낸다면 안전하다. 하지만 팔레스타인도 사람 사는 세상이기 때문에 세계 어디에서나 그렇듯 연고가 없는 여행객은 범죄자의 표적이 되기 쉽다. 현지어를 모른다면 더더욱 그렇다. 필자의 팔레스타인인 친구는 한국인으로 추정되는 여성 관광객 3명이 아랍어도 영어도 할 줄 모르면서 길을 묻고 다니는 것을 보고 걱정돼서 경찰서에 데려다준 적이 있다고 말했다. 어쩌면 당사자들은 안전하다고 생각했고 괜한 참견이라고 불평했을는지도 모르겠지만, 현지인이 보기에는 위태로웠던 것이다.[g] 미지의 세계를 탐험하는 건 여행의 묘미지만 안전과는 거리가 멀다. 필자는 아무런 대비 없이 도보 여행을 나선 것이 아니다. 이미 1년 가까운 시간을 보내 팔레스타인 사회에 어느 정도 익숙했고 전화로 언제든지 통역을 해줄 친구가 있을 뿐만 아니라 주요 도시마다 연락 가능한 지인이 있었고 위기 시에 도움을 요청할 수 있는 정부 관계자도 여럿 알고 있었다. 그런데도 만약을 대비해 정기적으로 주위에 위치를 알렸다. 그러므로 이 여행기를 읽고 잘 알려지지 않은 곳을 여행하고 싶다는 마음만 가지고 도시나 마을 밖을 걸어 다니지는 않기를 바란다. 특히 시위가 벌어지거나 잦은 충돌이 발생하는 지역은 피해야 한다. 옳든 그르든 지금은 서안지구에 '철수권고'를 내린 정부 지침을 존중해야 하는 의무도 잊지 않길 바란다.

---

[f] 서울에서 대전까지의 직선거리가 140km다.
[g] 여성들은 길거리에서 성추행을 당하기 쉬우니 더욱 유의해야 한다.

지도 2 서안지구 여행경로

1.2. 점령이 의미하는 것

무더위가 아직 기승을 부리는 2013년 9월의 어느 이른 아침, 여벌의 옷과 세면도구만 담은 가방 하나를 들고 잘라메(Jalameh) 국경검문소에 도착했다. 검문소는 차량용과 행인용으로 나누어져 있고 총을 든 이스라엘 헌병(military police)들이 지키고 서 있었다.[h] 팔레스타인을 처음 방문하는 여행자라면, 게다가 이스라엘군의 악명을 들어본 적이 있다면 잔뜩 움츠러들며 검문소에 들어가기 마련이다. 그러나 그런 긴장감은 허무하게 끝난다. 검문 절차가 전혀 없기 때문이다. 그저 긴 통로를 따라 들어가 회전문 몇 개만 밀고 지나오면 끝이다. 너무나도 손쉽게 통과하다 보니 팔레스타인이 분쟁 지역이 맞나 싶은 생각마저 들 정도다. 그러나 들어오기만 쉬운 것이지 나가는 것은 그렇지 않다. 국경검문소의 목적은 팔레스타인 사람들이 마음대로 빠져나오지 못하게 막는 데에 있다.

---

[h] 총기로 무장한 민간 보안업체의 요원들도 경비를 서거나 출입국 업무를 담당한다.

▶사진 1. 잘라메 검문소. 아무런 검문 없이 그저 통로를 따라 걸어 회전문을 통과하면 팔레스타인에 들어갈 수 있다.

잘라메 검문소처럼 이스라엘 영토와 연결된 곳을 지날 때 이스라엘 정부의 허가가 필요한 것은 당연하다. 하지만 같은 아랍 국가인 요르단으로의 국경도 이스라엘이 통제하고 있고 임의로 출국을 금지한다. 예를 들어, 누군가가 이스라엘에 위협이 되는 행동을 했다는 혐의를 받는다면 그 사람의 가족 구성원 전체가 출국이 금지될 수 있고 이런 내용이 당사자에게 통보되지 않는다.[23] 그러므로 팔레스타인인들은 검문소에서 심사를 받기 전까지는 해외로 나갈 수 있는지 없는지를 알 수 없고 출국을 거부당하더라도 이유를 알려주지 않기 때문에 몇 년 뒤 혹은 몇 십 년 뒤에 가능할지조차 모른다. 전날에는 출국이 거부되었지만 다음날에는 검문을 통과하는 경우도 잦다. 우리나라 정부 기관의 초청을 받은 연수생들이 요르단으로 국경을 넘는 걸 거부당해 연수를 포기한 사례들도 있다.

검문소를 통과하니 길게 뻗은 도로와 그 옆으로 펼쳐진 밭이 보였다. 이른 아침부터 농부들이 열심히 일하고 있었다. 중동이라고 하면 모래사막만 연상되지만, 팔레스타인은 지형과 기후가 매우 다양하다. 이곳 최북단 지역은 대체로 해발고도가 100-400m 정도로 낮은 편이고 평야 지대가 많아 농업이 발달했다. 그러나 이스라엘이 수자원의 대부분을 갈취하고 있어 언제나 물 부족으로 어려움을 겪는다.[24]

서안지구는 원래 물이 부족하지 않은 곳이다. 이곳에는 연간 578-814MCM(백만입방미터)이 충전되는 대수층(the Mountain Aquifer)이 있다.[25] 서안지구에서 80-90%가 충전되는 이 대수층[26]에서 팔레스타인은 고작 14%만 추출할 수 있고 나머지 86%를 이스라엘이 가져간다.[27] 이걸로는 팔레스타인 주민들의 수요가 전혀 충족되지 않지만[28] 이스라엘은 팔레스타인이 추가로 추출하는 것을 금지하고 있다.[29] 그뿐만이 아니다. 서안지구는 요르단강과도 인접해 있으나 이스라엘 때문에 전혀 이용을 못 한다.[30] 그러다 보니 팔레스타인인들은 어쩔 수 없이 자신들의 땅에서 나오는 물을 이스라엘로부터 매입해야 한다. 2015년에 팔레스타인은 서안지구의 대수층에서 83.3MCM을, 온천수(spring)에서 40.7MCM을 추출했다.[31] 그리고 그 절반이 넘는 70.2MCM을 이스라엘 국영 수자원회사(Mekorot)로부터 사들였다.[32] 그런데도 필요한 양을 채우지는 못했다. 이스라엘 당국이 공급량을 제한했기 때문이다.[33] 세계보건기구(WHO)는 1인당 하루 100L 이상의 물[i]을 이용할 수 있어야 한다고 말하지만, 서안지구 주민의 1일 물 사용량은 79L에 그친다. 반면, 이스라엘인들은 그보다 3배 이상 많은 287L를 사용하고 있다.[34] [j]

1.3. 평화로운 도시, 제닌

도로를 따라 30분 정도 걸어가면 작은 마을 하나를 지나게 되고 곧이어 북부 지방의 중심 도시 중 하나인 제닌(Jenin)에 도착한다. 제닌에 들어서면 한국에서 상상한 풍경과는 사뭇 다른 모습을 보고 신선한 충격을 받게 된다. 뉴스에서 보던 부서진 폐허와 무기를 든 사람들은 전혀 보이질 않는다. 대신 2-3층 정도의 저층 건물들이 약간 낡긴 했어도 온전한 모습으로 빼곡히 들어서 있고, 사람들의 얼굴에는 생기가 가득하다. 팔레스타인에서 보기 힘든 동양인을 발견하자 입가에 미소를 활짝 띠며 손을 흔드는 사람도 있다. 어디에서도 테러나 분쟁 같은 느낌은 찾아볼 수 없고, 목가적인 평화로움만 가득하다.

---

i) 식수 외에도 상업, 공업, 농업용수 등을 모두 포함한다.
j) 우리나라는 2013년에 1인당 282L를 사용했다. 한국수자원공사, "우리나라 물통계," accessed September 23, 2017, https://www.kwater.or.kr/info/wstats02Page.do?s_mid=1706.

멀리서는 수백 년의 역사를 자랑하는 푸른 돔의 모스크에서 기도시간을 알리는 아잔(azan) 소리가 노래처럼 들려온다. 낯설지만 그 울림에서 전해지는 경건한 느낌이 듣는 사람의 기분을 맑게 해준다. 무슬림 사회답게 거리에는 술집이 보이질 않고 여성들은 대부분 긴 치마를 입고 히잡으로 머리를 가리고 있다. 히잡은 검은색이나 흰색뿐만 아니라 빨간색, 파란색, 초록색, 보라색 등 색깔이 다양하고, 저마다 다양한 무늬가 들어가 있어 개성을 드러낸다. 40대 이상의 여성 중에는 원색의 천에 자수가 놓인 전통의상을 입고 있는 사람들도 보인다. 과거에는 옷의 무늬와 색깔이 마을별로 정해져 있어서 출신 마을을 상징했으나 오늘날에는 그런 의미는 사라지고 그냥 패션이 되었다. 한편, 남자들의 옷차림은 청바지나 후드 티, 정장 등으로 거의 모두가 서구화되어 있고 머리 스타일은 하나같이 짧은 스포츠형으로 통일되어 있다.

시내 번화가에 들어서자 슈퍼마켓과 옷가게, 휴대폰 가게 등의 상점들이 줄지어 늘어서 있고 쇼핑하는 사람들로 가득하다. 인파의 물결은 도로마저 점거해 버려 인도와 도로의 구분이 무색할 정도다. 사람들로 둘러싸여 앞으로 나가지 못하는 차량들이 경적을 계속 울려대지만, 상인들의 호객 소리는 그보다 커서 더 많은 사람들을 끌어들인다. 외곽지역에서 느꼈던 목가적인 풍경은 온데간데없고 도시의 활력이 흘러넘친다.

▶사진 2. 제닌 시내의 모습. 전통적인 건물들 사이사이에 지어진 현대식 건물이 눈길을 끈다.

10시밖에 되지 않았는데도 대기는 이미 뜨겁게 달아올라 있었다. 내 몸도 열기로 가득하고 홍수처럼 땀이 났다. 이 한여름에 잠시도 쉬지 않고 1시간 동안 걸어왔으니 그럴 만도 했다. 땀도 식히고 목도 축일 겸 음료수 가게에서 레모네이드를 한 잔 샀다. 레모네이드는 커피 다음으로 사람들이 즐겨 마시는 음료다. 한국에서보다 민트를 많이 넣어 만들기 때문에 상큼한 맛이 강하고, 갈증 해소에 좋다. 레모네이드를 받아 들자마자 한 모금 마시면서 다시 걷기 시작했다. 오늘은 가야 할 길이 멀어 잠시도 쉴 시간이 없다. 목표는 북부지역의 중심지인 나블루스(Nablus). 지금부터 40km 이상을 걸어야 한다. 체력이 좋은 첫날에 무리하려고 일부러 여정을 길게 잡았다. 아침을 먹고 출발할지 잠깐 고민했지만, 날씨가 더워지기 전에 조금이라도 더 걸으려고 발걸음을 재촉했다.

1.4. 도보 여행의 소소한 재미

시내에서 도시 남쪽으로 빠져나오기까지 겨우 30분이 걸렸다. 제닌이 팔레스타인에서는 그래도 나름 중요한 도시라곤 하지만 인구가 5만 명에 불과하고 면적도 37㎢인 소도시라는 게 새삼 실감이 났다. 그동안 늘 차를 타고 이동하다 보니 실제 크기를 체감하지 못했던 것 같다. 그리고 보니 교외를 걸어보는 것은 오늘이 처음이었다. 매번 차창 밖으로만 보던 풍경을 걸으면서 직접 보니 느낌이 색달랐다. 도로의 양옆으로 나무들이 무성하게 심겨 있고 그 위에 펼쳐진 푸른 하늘은 휴양지를 걷는 느낌마저 들게 했다.

▶사진 3. 제닌 교외

도보 여행은 오로지 주위 풍경만 보고 걷는 지루할 시간이 될 거라 생각했는데 의외로 재미난 일들이 있었다. 제닌을 빠져나오고 5분도 채 되지 않아 낙타를 탄 베두인(bedouin, 아랍 유목민)을 만난 것이 시작이었다. 그는 멀리서부터 환하게 웃으며 손을 흔들며 다가왔다. 낙타의 등에는 무언지 모를 배낭이 한가득 실려 있었는데 아마 제닌으로 가져가 팔 물건인 듯싶다. 도로에는 차들이 쌩쌩 지나가고 있는데 낙타를 타고 터벅터벅 움직이는 모습을 보고 있으니 기분이 묘했다.

▶사진 4. 여행 중에 만난 베두인의 모습

잠시 후에는 공사장 인부들과 만났다. 사람들이 걸어 다닐 리 없는 교외에서 동양인 여행자를 보게 되자 저마다 신기하다는 표정을 지었다. 그들은 하던 일을 멈추고 다가와 반갑게 인사를 하더니 주전자에서 커피를 따라 주었다. 놀랍게도 이 무더운 날씨에 그들이 건넨 것은 김이 모락모락 나는 뜨거운 아랍 커피였다. 잔을 잡자마자 열기가 확 올라왔다. 성의를 거절하기 힘들어 한 모금 마시니 몸 안이 화끈거리며 정신이 번쩍 들었다. 이 머나먼 이국땅에서 이열치열의 풍습을 보게 될 줄은 생각도 못 했다.

여행을 위해 챙겨온 오래된 지도는 또 다른 소소한 재미를 주었다. 당시에는 팔레스타인에서 구글 지도가 지원되지 않았다. 그래서 인터넷에서 가장 상세한 지도를 찾아 스마트폰에 저장했는데 그게 무려 1992년에 만들어진 것이었다. 최근에 만들어진 다른 지도들도 있었지만 작은 마을까지 표시된 것은 이게 유일했다.[k] 다른 나라도 아니고 팔레스타인인데 고작 20년 동안 크게 바뀐 게 있겠냐는 생각에 망설이지 않고 이 지도를 택했다. 그러나 20년의 간극은 컸다. 제닌 인근에 있는 카바티야(Qabatiya)는 20분이면 통과할 정도로 작은 마을로 그려져 있었으나 실제로는 1시간 가까이 걸렸다. 이제는 마을이 아니라 소도시가 된 것이다. 오래된 지도가 아니었더라면 알 수 없었던 세월의 흔적이었다. 그렇게 생각하니 지도를 보며 과거와 현재를 비교하는 일이 재밌게 느껴졌다.

1.5. 기독교 마을, 자밥디

카바티야를 빠져나가고 한 시간을 더 걸어 자밥디(Zababdeh)에 도착했다. 자밥디는 작지만 특별한 마을이다. 무슬림이 인구의 거의 대부분을 차지하는 팔레스타인에서 몇 안 되는 기독교 마을이기 때문이다.[35] 우리는 아랍인이 모두 무슬림이라고 생각하는 경향이 있지만 최초의 기독교도 중에는 아랍인이 있었다.(행 2:11)[36] 7세기에 이슬람이 전파된 이래로 기독교는 점차 팔레스타인에서 소수 종교가 되었으나 그 후로도 많은 아랍 기독교도들이 믿음을 이어가며 공동체를 이루어 살았다. 예수의 출생지로 유명한 베들레헴(Bethlehem)도 그중 하나다.

자밥디에 도착했을 때는 이미 1시가 넘었다. 아침도 안 먹고 열심히 걷다 보니 허기져 식당부터 찾았다. 거리가 약간은 낯이 익었다. 몇 개월 전에 이곳에서 열린 결혼식에 초대받아서 왔었기 때문이다. 3백 명이 넘는 마을 사람들이 피로연에 참석해 저녁부터 새벽까지 춤추고 노는 모습은 정말 장관이었다.

---

[k] 당시에는 몰랐으나 이스라엘 인권단체 베첼렘(B'Tselem)의 웹사이트(http://www.btselem.org/)에서 보다 상세한 최신 지도를 다운받을 수 있다.

잠시 그때의 추억에 잠기며 주위를 살폈으나 영업 중인 식당이 보이지 않았다. 그제야 작은 마을에서는 식당이 3~4시가 넘어서 연다는 걸 기억해 냈다. 그래도 열심히 돌아다녀 보니 골목 안에서 문이 열려 있는 식당 하나를 발견할 수 있었다. 안으로 들어가니 사장님이 반갑게 맞이해 주었다. 그는 유창한 영어로 아직 준비가 안 돼 가능한 요리가 거의 없다고 말했다. 아무거나 요기가 될 만한 것을 부탁한다고 했더니 잠시 뒤 가지와 애호박 8조각과 묽은 수프 하나를 가지고 나왔다. 4시간 넘게 걸어서 체력을 보충하고 싶었는데 겨우 야채 몇 조각이라니. 허탈한 마음에 친구들한테 얘기해 주려고 사진까지 찍어놓고 한 입 베어 먹었다. 그런데 야채 안에는 밥과 다진 고기가 들어있었다. 행복한 반전에 놀라고, 그 맛에 한 번 더 놀랐다.

▶사진 5. 애호박이나 가지 안에 밥과 다진 고기를 넣은 쿠사 마흐시(kousa mahshi). 이날 처음 맛본 이후 가장 좋아하는 팔레스타인 음식 중 하나가 되었다.

식사를 마치자 사장님은 어느 나라에서 왔는지, 팔레스타인에서 뭘 하고 있는지 등 이것저것 물어보기 시작했다. 그의 영어 실력은 원어민 수준이었다. 작은 마을의 식당 주인이 영어를 잘한다는 게 우리 상식으로는 이해가 되지 않지만, 팔레스타인에는 직업과 관계없이 영어를 잘하는 사람들이 꽤 많은 편이다. 해외에서 거주한 경험이 있는 사람들이 많아서기도 하겠지만, 학교 교육만으로도 회화에 능숙한 청년들도 보았다. 높은 교육열과 더불어 외국인과 적극적으로 대화하려는 자세 덕분이 아닐까 싶다.

　이어진 질문 공세 중에 자밥디는 왜 왔냐는 질문이 나왔다. 약간 난처했지만 걸어서 종단여행을 하고 있다고 솔직하게 대답했다. 역시나 사장님은 황당하다는 표정을 지으며 대체 목적이 뭐냐고 되물었다. 무언가 굉장한 이유가 있는 건 아니었다. 그저 팔레스타인을 더 잘 알고 싶은 마음에서 계획한 여행이었다. 필자는 우리 정부의 개발도상국 무상원조사업을 집행하는 KOICA 팔레스타인 사무소에서 근무하고 있었다. 그러나 이름과는 달리 당시에는 사무소와 주거지가 이스라엘에 위치해 있었다.[1] 그러다 보니 일주일에 한 번 회의에 참석하러 가는 길에 바라보는 차창 밖의 풍경과 회의실이 접할 수 있는 팔레스타인 세상의 전부였다. 이래서는 팔레스타인 사람들을 이해하지 못해서 제대로 된 도움을 줄 수 없다는 생각이 들었다. 그래서 휴일에 시간이 날 때마다 혼자 국경을 넘어 팔레스타인 도시를 여행 다니기 시작했다. 그런데 팔레스타인이 워낙 작다 보니 반년 정도 지나자 전국의 주요 도시들을 거의 다 둘러보았다. 이제는 도시 밖으로 나가 작은 마을과 황야도 가보고 싶다는 생각이 들 무렵 닷새간의 연휴가 찾아왔다. 그래서 이왕이면 거창하게 종단여행을 해보자고 결심한 것이었다.

　설명을 듣고 나자, 사장님은 웃음을 터뜨리며 여행이 성공하길 빈다고 응원해 주었다. 그리곤 다른 질문들을 쉴 틈 없이 던졌다. 남북한 관계가 어떤지, 한국에서 사는 건 위험하지 않은지, 팔레스타인에서 어느 마을이 제일 좋았는지 등등. 길게 이어진 대화 끝에 마침내 식당을 빠져나왔을 때는 한 시간 반이 넘게 지난 뒤였다. 의도치 않게 너무 늦어져 마음이 조급해졌다. 그래도 발걸음은 가벼웠다. 하루 중 가장 더울 시간인데도 구름이 많이 낀 덕분에 아침보다는 나았고 선선한 바람이 불어와 기분이 상쾌했다. 푹 쉰만큼 힘내서 늦어진 일정을 만회하려고 속도를 올렸다. 그런데 갑자기 빠르게 걷다 보니 그만 왼쪽 발목을 접질렸다. 통증이 심하지는 않았기에 잠깐만 쉬고 다시 걸었다. 이전만큼 빠르게 걷기는 힘들었지만 별로 문제는 없어 보였다. 그때는 앞으로의 여정이 얼마나 고생길이 될지 상상할 수 없었다.

---

1) 팔레스타인 사무소는 2008년에 이스라엘의 헤르쯜리아(Herzliya)에서 개소했고, 필자가 근무 중이던 2014년 7월에 팔레스타인 라말라(Ramallah)로 이전했다.

1.6. 이스라엘이 통치하는 C 지역

걸음이 느려져 예상보다 오래 걸리긴 했지만 마침내 제닌주(governorate)를 통과했다. 팔레스타인의 행정구역은 16개의 주로 나뉘어 있고, 각 주는 주요 도시의 이름을 따서 부른다. 지금까지 거쳐 온 마을들은 모두 제닌주에 속했고, 이 앞으로는 투바스(Tubas)주가 나온다. 발목이 여전히 아픈 게 조금 걱정되었지만, 오늘 여정의 절반을 달성했다는 생각에 몸도 마음도 힘이 넘쳤다. 오늘이 가장 힘든 일정인데도 이렇게 잘 해내고 있으니, 남은 날들도 문제없을 거라고 확신했다.

이윽고 도착한 투바스는 도시라기보단 번화한 마을 같은 모습을 드러냈다. 주도인데도 불구하고 카바티야보다도 작고 발전이 안 된 곳이다. 투바스에서 동쪽을 바라보면 유난히 민둥산이 많이 보이는데 투바스주의 대부분이 이스라엘이 직접 통제하고 관할하는 'C 지역'이라서 개발이 극도로 제한되고 있기 때문이다. 서안지구는 이스라엘과 팔레스타인 정부의 관할권에 따라 3개의 지역으로 구분된다. 먼저, 서안지구 면적의 18%를 차지하며 주요 도시들이 포함된 "A 지역"은 팔레스타인 정부가 "국내 안보"와 "공공질서"를 담당하는 곳이다. 22%를 차지하는 "B 지역"은 중소도시와 마을을 포함하며 팔레스타인 정부가 공공질서를 책임지고 이스라엘 정부가 안보를 담당하는 공동통치 구역이다. 마지막으로, 서안지구의 나머지 60%는 "C 지역"으로 구획되어 있고 이스라엘이 직접 통치한다.[37]

지도 3   C 지역[38]

C 지역에는 약 30만 명의 팔레스타인인들이 532개의 마을이나 작은 공동체를 이루어 살고 있다.[39] 이곳의 주민들이 자기 땅에 무언가를 지으려면 이스라엘의 사전 승인을 받아야 하는데 각종 규제로 인해 허가를 받기가 매우 어렵다.[40] 2010-14년 동안 건축허가 승인율은 1.5%에 불과했다.[41] 그런데 사람들이 살아가기 위해서는 토지를 반드시

개발해야 한다. 신혼부부가 살 새로운 집이나 아이들이 다닐 학교가 필요하고, 가게나 사육장, 과수원 등을 건설해야 먹고살 수 있다. 자연히 주민들은 허가를 받지 못하더라도 건물을 지을 수밖에 없다. 이스라엘은 이를 '불법건축물'로 정의하고 강제로 철거한다. 1988년부터 2016년 사이에 허가 없이 지어진 주택이나 학교 등 3,344개의 건물과 시설들이 철거되었고, 그 외 12,534개가 철거 명령이 내려진 상태다.[42]

C 지역의 마을들은 저마다 다양한 어려움을 겪고 있다. 대표적인 문제점 중 하나는 이스라엘이 상수도 연결을 금지하고 있는 것이다. 2016년 현재, C 지역의 180개 마을과 공동체가 상수도에 연결되어 있지 않고, 122곳은 연결은 되어 있으나 물 공급이 원활하지 못한 상태다.[43] 주민들이 자비를 들이거나 유엔 등의 원조기구의 도움을 받아 인근 도시와 상수도를 연결하면 이스라엘이 철거하고, 빗물을 모으는 저수지를 만들어도 파괴해 버린다.[44] 그러니 어쩔 수 없이 이스라엘 기업으로부터 물을 사야 한다. 상수도로 공급받을 때 물 가격은 ㎥당 약 1,500원이다. 그런데 이스라엘 기업들은 이를 6,000원에서 15,000원 사이의 가격으로 판다.[45] 자연히 주민들은 물을 극도로 절약할 수밖에 없고 일상생활의 괴로움을 토로한다.[m]

C 지역의 개발 제한으로 피해를 보는 것은 지역 주민들만이 아니다. 주거 밀집 지역인 A, B 지역과는 달리 C 지역에는 자원이 풍부한데 팔레스타인 사람들이 이용할 수 없으니 국가 전체의 경제활동이 크게 제약된다. C 지역 전체에서 개발이 공식적으로 허용된 지역은 1%에 불과하고 그마저도 주거지역이다.[46] 세계은행은 팔레스타인이 C 지역의 자원을 이용할 수 있게 되고 각종 규제가 풀린다면 적어도 연간 34억 달러(2011년도 GDP의 35%에 해당)를 추가로 생산할 수 있으며, 정부 세입도 8억 달러가 증가할 것으로 분석했다.[47] 그러나 지난 50년간 C 지역의 자원을 이용하고 있는 것은 이스라엘의 유대 기업들이며, 그들은 팔레스타인 정부에 세금조차 지불하지 않는다.[48]

---

m) 2015년에 한국의 평균수도요금은 ㎥당 683원이었다. 한국환경부, "2015년 상수도통계," accessed March 27, 2017, http://www.me.go.kr/home/web/policy_data/read.do?menuId=10264&seq=6898.

▶사진 6. 투바스에서 바라본 C 지역의 전경. 개발이 금지되어 황량하게 남아 있다.

1.7. 예기치 않은 고비

    투바스에서 오늘의 목적지인 나블루스까지는 아직 5시간은 더 걸어야 한다. 그런데 지도를 보니 중간에 다른 마을이 없었다. 그래서 출발 전에 준비를 단단히 했다. 이른 저녁도 먹고, 엄지발가락 부분이 깊게 파여 버린 깔창을 버리고 새 걸로 장만했다. 마지막으로 슈퍼마켓에 들러 500mL 생수 4개를 샀다. 그동안 시간당 1L씩 마셔왔기 때문에 부족할까 봐 걱정되었지만 너무 무거우면 걷기 힘들어 갈증이 더 날 것 같았다. 다행히 해가 지기 시작했으니 시원해질 터였다.

    나블루스로 가는 길은 풍경이 좋았다. 군데군데 심어진 묘목과 꽃이 마음을 가볍게 해주었다. 길 바로 옆 언덕에서 양 떼를 방목하고 있는 어린 목동들도 만났다. 목동들이 반갑다고 손을 흔들며 올라오라는 손짓을 연거푸 했다. 잠깐 쉬면서 구경하고 싶은 유혹이 생겼지만 어두워진 하늘을 보니 그럴 처지가 아니었다. 목동들에게 손을 마주 흔들며 인사를 하고 발걸음을 옮겼다.

▶사진 7. 목동들과 양 떼. 양치기 개도 발견했다. 도시에서만 살아왔기 때문에 이런 풍경이 낯설고 마치 동화책을 보는 느낌이었다.

해가 지고 나니 확실히 더위가 가셨다. 그러나 땀은 여전히 쏟아지듯 흘러내려서 물을 계속 마실 수밖에 없었다. 물이 빨리 떨어질까 봐 걱정하고 있었는데 갑자기 마을이 나타났다. 마을이 매우 작은 걸로 봐서는 아무래도 최근에 생겨난 듯했다. 오래된 지도를 가져와서 괜한 걱정만 했다고 불평하며 물을 실컷 마신 뒤 새로 사서 채워 넣었다. 그런데 1시간 뒤에 또 다른 마을이 나타났다. 20년 사이에 이 짧은 거리에 새로운 마을이 2개나 들어서다니.[n] 분쟁 국가란 이미지에 갇혀 팔레스타인이 정체된 상황이었을 거라 짐작했던 것이 얼마나 큰 착오였는지를 깨달았다.

6시가 넘어가자 주위가 완전히 깜깜해졌다. 가로등 불빛에 의지해 도로의 갓길을 걸어갔다. 도로 너머는 온통 암흑지대였다. 인근 마을들에서 뿜어져 나오는 불빛들은 점점 작아지기 시작했다. 해발고도 800m인 나블루스에 가까워지면서 어느새 마을들이 저 멀리 발아래로 내려간 것이다. 그리고 보니 해발고도 100m인 제닌에서 출발했으니 오늘 하루 동안 웬만한 산 하나를 등반하고 있는 셈이다.

등산길의 마지막은 정비되지 않은 갓길 때문에 크게 고생해야 했다. 어느 순간부터 갓길이 움푹 패고 자갈이 잔뜩 깔린 비포장 길로 바뀌었다. 발목이 극심히 아파졌다. 절뚝거리며 천천히 조심스레 걷자 지나가는 차들이 태워주

---

n) 두 마을 모두 1960년대부터 사람들이 정착하기 시작했고 1990년대 후반에 마을로 공인되었다.

겠다며 멈춰 섰다. 괜찮다고 대답해도 두 번 세 번 되물어 보는 사람들이 많았다. 상냥한 인심이 고마웠지만, 주위에 민폐를 끼치고 있는 것 같아 부끄러웠다. 사람들이 물어보지 않도록 고통을 참고 빠르게 걸었다. 한 시간을 그렇게 고생했더니 갓길이 정상적으로 돌아왔다. 그리고 마침내 나블루스라 적힌 표지판을 볼 수 있었다. 생각보다 일찍 도착했다며 기뻐했지만 착각이었다. 도시 입구에서부터 숙소가 있는 시내까지는 다리를 절며 1시간 반을 더 걸어야 했다. 과연 북부 최대의 도시다웠다.

밤 10시가 돼서야 숙소에 도착했고 바로 샤워부터 했다. 오늘 하루 동안 10L가 넘는 물을 마셨고 그 물들을 죄다 땀으로 배출했기 때문에 찝찝했다. 저렴한 모텔이지만 씻기 불편하지 않을 정도로 물이 잘 나와서 좋았다. 샤워를 끝낸 뒤에는 슈퍼마켓에서 사 온 빵과 음료수로 저녁을 때웠다. 내일을 위해 제대로 챙겨 먹어야 한다는 생각이 들었지만, 식욕이 없고 무엇보다도 발목이 아파 식당까지 가기가 싫었다. 샤워할 때 보니 발목이 꽤 많이 부어 있었다. 걱정되었지만 자고 나면 부기가 가라앉을 수도 있고, 내일부터는 오늘 같은 강행군이 없다는 데에 위안을 두고 잠자리에 들었다.

2. 역사의 무게

2.1. 검문소에 막히다.

아잔 소리에 잠이 일찍 깼다. 숙소가 모스크 근처에 있어서 소리가 크게 들렸다. 정신은 들었지만 발목도 아프고 몸이 찌뿌듯해서 침대에서 뒹굴뒹굴하다 9시 반이 돼서야 일어났다. 한낮의 더위를 피하고자 새벽에 출발하려고 했는데 역시나 무리한 계획이었다. 뒤늦게 샤워를 하고 로비로 나가 휴대폰으로 메일부터 확인했다. 유엔 측 사업관계자로부터 받을 업무 연락이 있었는데 워낙 저렴한 모텔이라 그런지 방에서는 와이파이가 잡히지 않아 확인할 수 없었다. 예상대로 메일이 와 있었고 로비 의자에 앉아 장문의 답장을 쓰기 시작했다. 마음 같아서는 지금 출발하고 점심 무렵에 쉬면서 메일을 보내고 싶지만, 모텔을 나서면 인터넷을 쓸 수가 없다. 이스라엘이 이동통신망 개발을 금지하고 있어서 팔레스타인에서는 3G조차 지원되지 않는다. 점령지의 현실에 절로 한숨이 나왔다. 휴대폰 자판으로 힘들게 메일을 다 보내고 나니 벌써 11시였다. 밥 먹을 시간도 아껴야 할 것 같아 빵을 하나 사서 들고 먹으면서 출발했다. (2018년에 이스라엘은 서안지구에서 3G 서비스 공급을 허가했다.)[49]

▶사진 8. 나블루스의 전경. 2천 년 전에 로마 제국이 건설한 도시로, 팔레스타인 북부지역의 중심지다. 빼곡히 늘어선 건물들은 도회적인 분위기를 물씬 풍긴다.

어제 지나온 길을 다시 한 시간 반 동안 천천히 걸어 나블루스를 빠져나왔다. 도시 남쪽 입구에는 검문소가 있었다. 국경도 아닌데 무슨 검문소냐고 의아하겠지만, 이스라엘은 서안지구 내부 곳곳에 검문소를 설치해 팔레스타인 사람들의 이동을 통제하고 있다. 2017년 1월을 기준으로 59개의 상설검문소(fixed checkpoint)가 운영되고 있으며, 안보 상황에 따라 수십, 수백 개의 비정기(flying) 검문소가 추가로 운영된다.[50] 과거에는 검문소 때문에 수년간 직장도 학교도 못 가는 게 일상이었던 때도 있었지만 요즘에는 통제가 완화돼 평시에는 검문 없이 바로 통과할 수 있다. 하지만 어디선가 작은 사건이라도 일어나면 검문이 강화돼 극심한 교통 체증이 일어나고 심할 때는 도로가 폐쇄되거나 마을 전체가 봉쇄된다. 그래서 팔레스타인에서 시외 이동은 언제나 불확실성을 담보하고 있다.

다행히 오늘은 그런 날이 아니었다. 검문소 초소에는 헌병 3명이 서 있었지만 검문을 하지 않고 모든 차량을 그냥 통과시키고 있었다. 안심하며 걸어갔더니 갑자기 헌병들이 멀리서 멈추라고 소리쳤다. 걸어서 여행 중이니 통과시켜 줄 수 있냐고 외쳤지만 돌아가라는 대답이 돌아왔다. 여행 중이라 그런데 사정을 설명하겠다고 말하며 두 손을 들고 아주 천천히 걸음을 옮겼다. 세 발자국도 옮기기 전에 헌병은 다시 한번 돌아가라고 외쳤고 총을 들어 올리려는 듯 손을 움직였다. 그 모습을 보니 어쩔 수 없었다. 포기하고 바로 뒤돌아섰다.

헌병들이 통과시켜주지 않은 것은 이 검문소가 차량 전용이기 때문이다. 도보가 있긴 하지만 이용이 금지된 것이다. 불과 며칠 전에도 비슷한 일을 겪었다. 툴카렘(Tulkarm)이란 도시를 여행한 후 이스라엘로 돌아가려고 근처 검문소로 갔더니 헌병이 여기는 차량 전용이라서 통과가 안 되니 남쪽으로 10여 분 걸어가면 나오는 다른 검문소로 가라고 친절히 설명해 주었다. 그곳으로 가보니 이번에는 팔레스타인인 전용이라며 안 된다는 대답을 들었다. 결국, 택시를 타서 또 다른 검문소로 가서야 겨우 이스라엘에 있는 집으로 돌아올 수 있었다.

이처럼 검문소는 통행대상에 따라 엄격히 구분되어 있다. 지금 상황에서 할 수 있는 것은 차를 타고 통과하거나 검문소가 없는 다른 도로로 우회해서 돌아가는 방법밖에 없었다. 우회할 경우 적어도 한두 시간은 더 걸리기 때문에 오늘 중으로 라말라에 도착하지 못할 우려가 있었다. 차를 타게 되면 걸어서만 여행한다는 계획을 포기하는 셈이라 아쉬웠으나 어쩔 수 없었다. 늦게 일어난 것을 반성하며 검문소에서 100m 정도 떨어진 지점까지 뒤돌아 간 뒤 지나가는 세르비스(service)를 탔다.

세르비스는 7명에서 10명이 탑승 가능한 합승택시로 팔레스타인 사람들이 애용하는 대중교통이다. 우리로 치면 택시와 버스의 중간 개념인데, 목적지가 정해져 있는 경우가 많지만 도중에 어디에서나 승하차할 수 있고 이동한 거리만큼 돈을 낸다. 한 가지 특이한 것은 요금을 탑승할 때가 아니라 한창 이동하고 있을 때나 내릴 때 낸다는 점이다. 그러다 보니 차량 맨 뒷좌석에 앉은 사람들은 자기 앞에 앉은 사람에게 전달해서 요금을 내는 재미있는 문화가 있다. 하지만 운전기사가 운전 중에 돈을 받고 잔돈도 거슬러주고 있으니 안전하지 못하다.

세르비스 안에는 딱 한 자리만 비어 있었다. 자리에 앉자마자 차가 출발했고 잠시 후 검문소를 바로 통과했다. 이런 형식적인 절차 때문에 걸어서만 여행하려던 계획이 실패한 것이 못내 아쉬웠다. 검문소를 통과하자마자 바로 내리려고 했더니 옆 좌석의 청년이 유창한 영어로 이유를 물어왔다. 사정을 설명하자 얼마 뒤에 검문소가 하나 더 있으니 거기까지 통과하고 나서 내릴 것을 권했다. 그곳도 차량만 통과시킨다고 한다.

걸어가면 1시간 반이 넘게 걸릴 거리였지만 역시 차로는 순식간이었다. 걸어서 여행할 때는 느낄 수 없던 속도감에 상쾌하면서도 걷는 게 허무하다는 생각이 들어 기운이 빠졌다. 몇 분 뒤 두 번째 검문소에 도착했고 통과하자마자 바로 내렸다. 아까 그 청년이 꼭 성공하길 바란다며 응원을 해 줬다. 덕분에 웃으며 출발할 수 있었다. 이제부터는 서안지구를 남북으로 관통하는 60번 고속도로를 걷는 여정이었다.

2.2. 레모네이드에 담긴 온정

두 다리로 여정을 재개한 지 두 시간이 흘렀다. 땡볕에 갈증으로 목이 탔다. 나블루스에서 사 왔던 물은 다 떨어진 지 오래다. 중간에 마을 하나를 통과했지만 도로 주변에 슈퍼마켓이 안 보여 그냥 지나쳤던 것이 실수였다. 그때 시내로 들어가 물을 사 왔어야만 했다. 어제와는 달리 구름 한 점 없는 맑은 날씨라 땀이 폭포수처럼 흐르는 데다 그런 더위마저 잊게 할 정도로 발목이 아파서 걸음이 더뎠다.

고생 끝에 겨우 다음 마을에 도착했다. 이번에도 도로변에는 가게가 없었다. 다리도 아픈데 길 찾느라 고생하긴 싫어서 고속도로 바로 옆에 있는 밭에서 경운기를 돌리고 계신 아저씨에게 길을 물어보았다. 그러나 알아듣지 못할 장문의 아랍어가 되돌아왔다. 슈퍼마켓을 말한 후 빈 물통을 보이며 아랍어로 물이라고 말했다. 그러자 자기를 따라오라는 손짓을 하셨다. 느낌상 집으로 초대하시는 듯했다. 폐를 끼치기는 싫었지만 목이 너무 마르다 보니 머리를 연신 굽히며 감사를 표하고 따라갔다.

아저씨네 집은 바로 근처에 있었다. 안으로 들어가니 가족들이 방에서 하나둘씩 나오며 인사를 했다. 자식들이 일곱이나 되었다. 막내가 갓난아기인 걸 보니 식구 수가 앞으로도 늘어날지도 모르겠다.[51] 결코 짧을 수 없는 인사를 마치고 아저씨를 따라 방으로 들어갔다. 아내와 큰딸을 제외한 다른 식구들도 함께 들어와 빙 둘러앉았다. 4평 남짓한 작은 방에는 텔레비전과 옷장만 있었다. 응접실이 아니라 침실인 것 같았다. 그동안 협력기관의 부유한 사람들의 집만 방문하다 일반 농민의 집을 보게 되니 빈부격차가 실감이 났다.

많은 사람들이 모여 앉았으나 영어를 할 수 있는 사람은 없었다. 변변찮은 아랍어 실력으로 이름이랑 여행 중이라는 것만 간신히 말하고 그 뒤부터는 미소를 짓고 기다렸다. 다행히 아이들은 동양인을 보는 것만으로도 즐거운지 잠시도 눈을 돌리지 못하고 신나 했다. 그렇게 몇 분이 흘렀다. 갈증이 너무 심해 시간이 너무나도 길게만 느껴졌다. 혹시나 물을 달라는 말을 이해하지 못한 건가 싶어 다시 부탁할까 고민에 잠길 무렵 드디어 큰 딸이 컵을 들고 방으로 들어왔다.

컵 안에 들어있는 것은 물이 아니라 수제 레모네이드였다. 방금 만든 것인지 미지근했다. 아마도 갑작스럽게 들이닥친 손님에게도 정성을 표하고자 레모네이드를 준비했고 그느라 시간이 걸린 모양이었다. 감사하다고 연신 말하며 단숨에 한 잔을 다 들이켰다. 큰딸이 웃으며 잔을 가져가더니 부엌에 가서 바로 다시 채워왔다. 이번에는 유혹을 참고 한 모금씩 마시며 큰딸에게 말을 걸어보았다. 10대 후반 정도로 보이는 큰딸은 영어를 조금은 했지만 대화가 이어질 정도는 아니었다. 짧은 아랍어 실력을 아쉬워하며 대신 어린아이의 손을 붙잡고 손장난을 치며 놀아주었다. 10여 분을 놀아주고 나서 조금이나마 성의를 표했다고 위안 삼고 자리에서 일어났다. 작별 인사를 드리며, 염치 불고하고 아주머니께 빈 물통을 건네 물을 담아달라고 부탁드렸다. 아주머니는 거기에 얼음물을 가득 채워주셨다. 현관으로 나오니 온 가족이 배웅을 나왔다. 고개를 90도로 숙여 감사 인사를 여러 번 드리고 나서 다시 여행길에 올랐다.

팔레스타인에 오기 전에는 이곳 사람들이 외국인에게 친절할 것이라고 상상하지 못했다. 그들이 유대인에게 고향을 빼앗기게 된 역사를 알고 있었기 때문이다. 오늘날의 이스라엘과 팔레스타인의 국토는 불과 백 년 전까지만 해도 팔레스타인인들이 대대로 살아온 '팔레스타인 땅'[0]이었다. 그러나 19세기 말부터 유럽의 유대 민족주의자들이 2천 년 전의 고대 유대 국가를 이곳에서 재건하는 정치적 운동을 벌였다. 팔레스타인인들의 결사반대에도 불구하고 1947년에 팔레스타인 땅의 55%에 유대 국가를 세우는 계획을 '승인'한 것은 다름 아닌 유엔이었다. 유대 민족주의자들은 기뻐하며 유대 국가의 영토로 지정된 지역을 '유대화'하기 시작했다. 즉, 토착민인 팔레스타인인들을 학살하고 추방하는 인종청소(ethnic cleansing)를 저지른 것이다. 이듬해 5월에 이스라엘의 건국이 선포되자 아랍 국가들이 팔레스타인인들을 구하러 군대를 파견했으나 패배하고 만다. 이스라엘은 유엔이 정해준 국경선을 넘어 팔레스타인 땅의 78%까지 점령했다. 국제사회는 이 결과를 기정사실로 받아들이며 이스라엘의 주권을 인정했다. 그게 오늘날 이스라엘의 국토가 된 것이다.

정복 전쟁은 거기서 끝이 아니었다. 1967년에 이스라엘은 나머지 22%의 땅인 서안지구와 가자지구를 기습 공격한 후 점령했다. 유엔과 국제사회도 이번만큼은 이스라엘을 옹호하지 않고 불법행위라고 규탄했다. 그러나 비난의 목소리만 있을 뿐 어떠한 실질적인 제재도 뒤따르지 않았다. 국제사회는 팔레스타인이 지도에서 지워지는 것을 방관했다. 팔레스타인인이라면 누구도 그

---

0) 지명과 그 경계에 대해서는 다음 장에서 자세히 설명한다.

런 역사를 잊지 않는다. 그러나 이들은 외국인을 비난하기보다는 환대하고 이스라엘의 식민 지배로 겪는 역경을 알리고자 노력해 왔다. 그 노력은 최근 들어서야 빛을 발했다. 2012년에 열린 제67차 유엔 총회에서 팔레스타인이 비회원 옵서버 '국가'(non-member observer State) 지위를 인정받은 것이다. 이스라엘과 미국의 강력한 반대에도 불구하고 193개의 유엔 회원국 중 138개 국가가 찬성표를 던졌다.[52]

이 세기의 사건에서 우리나라는 기권했다. 팔레스타인 정부 관계자들은 한국의 결정을 알고 유감을 표명했다. 반면, 이 사실을 잘 모르는 일반인들은 한국이 당연히 찬성했을 것으로 생각하고 고마움을 표했다. 이야기를 나눠보니 한국이 일본의 식민 지배를 받았던 역사를 알고 있어서 그렇게 추측한 사람들도 있었다. 그런 사람들에게 우리 정부가 기권했다는 사실을 말할 때마다 죄인이 된 것처럼 고개를 들기 힘들었다. 필자가 한국을 떠나 이스라엘/팔레스타인으로 온 날이 바로 이 표결이 있기 불과 몇 시간 전이었기 때문에 한동안은 누구를 만나도 첫 만남에서부터 이 주제를 가지고 대화를 나눠야 했다. 그때마다 인권과 반식민주의 정신을 외면했다는 부채감을 크게 느꼈다. 그래서 아직도 팔레스타인인들의 친절이 무겁게 느껴진다.

2.3. 평화를 위협하는 정착촌

오늘 일정의 3분의 1밖에 오지 않았는데 벌써 4시였다. 아침에 너무 늦게 출발한 게 문제였다. 이대로는 오늘 중으로 라말라에 도착할 수 있을지 걱정이었다. 그래도 잠시나마 쉬었던 덕분에 발목이 좀 괜찮아져서 다시 빠르게 걸을 수 있을 것 같았다. 문제는 다른 곳에서 생겼다. 갓길이 점점 좁아지기 시작하더니 어느새 폭이 1m 정도로 줄어들었다. 거기다 1차선 도로라서 모든 차가 바로 옆을 지나갔다. 이대로는 위험하다 싶어서 갓길을 포기하고 도로 옆에 있는 흙길을 걸었다. 흙길은 대부분 경사져 있어 걸을 때마다 발목이 꺾였다. 자연히 걸음은 느려지고 통증은 격해졌다. 다 포기하고 지나가는 세르비스를 잡아탈 생각도 해봤지만 이렇게 좁은 갓길에서 차를 멈춰 세운다는 건 불가능했다.

여정을 세울 때부터 고속도로의 갓길을 걷는 건 걱정스러웠다. 그러나 다른 길이 없었다. 원래는 길을 벗어나 언덕을 넘을 계획이었으나 갑자기 다리를 다쳐 어렵게 되었고, 설령 다리가 멀쩡했더라도 이곳에서는 도로를 따라 걷는 게 더 안전했다. 인적 드문 곳을 걷다가 이스라엘 군인과 조우하면 수상해 보일 수밖에 없는데 이 주변은 정착촌으로 둘러싸인 곳이라 특히 위험했다. '정착촌'(settlement)은 이스라엘이 팔레스타인 국토 안에 만든 유대인[53] 식민촌(colony)이다.[p] 이스라엘 정부가 팔레스타인인들의 주거지와 농지를 강제로 빼앗아 유대인들에게 분배해 주거나,[54] 총기로 무장한 유대인 테러리스트들이 주민들을 강제로 쫓아낸 뒤 정부가 사후적으로 토지 소유권을 승인해 주는 방식으로 건설되고 있다.[55] 두 가지 모두 국제법적으로 불법행위지만,[56] 1968년부터 지금까지 계속해서 새로운 정착촌이 건설되고 있고 같은 방식으로 영토를 확장하고 있다. 2021년을 기준으로, 이스라엘 정부의 공식적인 승인을 받은 156개의 정착촌과 97개의 미허가정착촌(outpost)[q]에서 465,400명의 이스라엘 국민이 살고 있다.[57]

지도 4 2012년 12월 기준 정착촌 구역.[58]

정착촌은 서안지구에서 분쟁의 뇌관이다. 정착촌이 팔레스타인 사람들의 희생을 강요해 만들어진 것이니 당연하다. 그래서 팔레스타인인들이 정착민의 차량에 돌이나 화

---

p) 오늘날 팔레스타인은 유엔에서 국가 지위를 인정받았고 그 영토 안에 지어진 모든 유대 정착촌이 이스라엘의 국적과 문화를 유지한 '외국인 이주자'의 주거지이므로, 정착촌이 아니라 식민촌이 정확한 용어다. 다만 이스라엘 정부가 공식적으로 Settlement로 명명했고 국제사회에서도 보편적으로 사용되고 있다는 점을 고려해 이 책에서는 'Settlement'(즉, 보통명사가 아닌 고유명사로 해석)의 번역어로 정착촌으로 표기하였다. 국내에서는 '점령촌'이라는 신조어를 사용하자는 주장도 있지만, 강제점령이라는 특성을 반영한 올바른 명칭을 사용하려면 식민촌으로 부르면 된다. 이스라엘이 건국되기 이전에는 유대 정착촌을 흔히 식민촌이라고 불렀다.

q) 1990년대 이후에 정부의 허가 없이 지어진 정착촌으로, 이스라엘 국내법에 저촉된다.

염병을 던지는 일이 자주 있다. 그러나 정착민이 팔레스타인인의 집이나 차량을 공격하거나 농민의 주요 생계 수단 중 하나인 올리브 나무를 불태우는 사건은 더욱 빈번히 일어난다. 연간 1천 그루 이상의 나무들이 정착민들에 의해 파괴되고 있을 정도다.[59] 서구 언론의 편향적인 태도 때문에 정착민들의 테러는 잘 보도되지 않지만, 유엔 인도주의업무조정국에 따르면 2012-16년 동안 정착민은 팔레스타인인들로부터 손해를 입은 것보다 더 많은 신체적, 재산상의 피해를 끼쳤다.[60] 정착민의 폭력은 팔레스타인 경찰이 간섭할 수 없는 C 지역에서 특히 두드러진다. 학생들이 학교 내에서나 등하굣길에서 폭행당해 휴교하는 사태가 벌어지고 불안감에 시달린 아이들이 학교에 다니는 것을 포기하거나 폭력적인 성향을 보이기도 한다.[61]

유엔 인도주의업무조정국은 정착민의 폭력 행위가 우발적으로 일어나는 개인적인 범죄가 아니라 이스라엘이 정착촌 주변 지역을 지배하기 위해 이념적으로 조직화한 폭력이라고 설명한다.[62] 정착민들은 실탄을 장전한 총으로 무장하고 인종적 면책특권까지 부여받는다. 최근 10년간 팔레스타인인들이 이스라엘 인권단체의 도움을 받아 정착민의 범죄를 고발해도 92.7%가 기소조차 되지 않았다.[63] 그런데도 정착민을 '보호'하고 그들에게 피해를 주는 팔레스타인 '테러리스트'를 색출하기 위해 이스라엘군이 정착촌 인근에 상시 주둔하고 있다.

정착촌 인근의 외지를 어슬렁거리다 이스라엘 군인들로부터 의심을 사는 것보다는 도로를 따라 걷는 게 나았다. 빠르게 걷는 건 포기하고 안전하게 가는 것만 생각했다. 한 시간 반 동안 그렇게 고생하고 나니 다시 갓길이 충분히 넓어졌다. 그제야 숨을 고르며 지도를 보며 위치를 확인했다. 남쪽으로 향해야 할 도로가 언제부턴가 동쪽으로 경로를 튼 것 같았기 때문이다. 중간에 갈림길을 잘못 들어선 건 아닌지 불안했다. 그러나 지도상으로는 지금 걷는 60번 고속도로가 남쪽으로 나 있으니 그대로 걸어가는 게 맞았다. 긴가민가하며 계속 걷다 보니 안타깝게도 쉴로(Shilo) 정착촌의 표지판이 나타났다. 정말로 길을 잘못 든 것이었다. 여행을 마치고 나중에 확인해 보니 지도가 문제였다. 남쪽으로 나 있는 도로는 일반 도로였는데 두꺼운 선으로 표기되고, 동쪽으로 크게 우회하는 고속도로가 얇은 선으로 잘못 표기되어 고속도로가 남쪽으로 나 있다고 착각했던 것이었다. 어쩌면 20년 동안 생긴 변화일런지도 모르겠다.

1시간이 넘게 엉뚱한 길로 돌아왔다는 사실에 허탈했다. 게다가 고속도로가 아니었다면 불안해할 필요도, 발목이 지금처럼 아프지도 않았을 텐데…. 이미 일어난 일은 어쩔 수 없다 쳐도 중요한 건 앞으로였다. 통증을 참고 어제와 같은 속도로 걷더라도 7~8시간이나 더 걸어야 하는데 해가 지고 있었다. 자정을 넘어서도 걸어야 할 생각을 하니 막막했다. 결국, 인근 마을에서 세르비스를 타기로 했다.

도보 여행을 포기하고 나니 마음이 편해졌다. 이왕 여기까지 온 김에 정착촌이라도 구경해서 여행의 의의를 만들어보자는 생각도 들었다. 그러나 정착촌 안으로는 들어가지 못할 수 있으므로 근처에 있는 작은 언덕에 올라가 전망을 보는 정도로 만족하기로 했다. 도로 주변에는 정착촌이 관리하는 농지가 거대하게 자리 잡고 있었다. 지금 눈에 보이는 이 모든 땅이 팔레스타인인들 소유였으나 이스라엘이 일방적으로 국유지로 선포한 후 정착민들에게 넘겼다. 게다가 이 지역에 있는 온천수도 정착민들이 무력으로 강제 점거해 빼앗았다.[64] 지금 이 순간에도 이런 방식으로 서안지구 곳곳에서 정착촌이 확장하고 있으니 분쟁이 끝일 리 없다.[65]

▶사진 9. 쉴로 정착촌의 포도밭

2.4. 팔레스타인 국가 안의 팔레스타인 난민들

언덕에서 내려와 인근 마을로 향했다. 운 좋게도 마을 입구에 도착하자마자 라말라로 가는 세르비스를 바로 탈 수 있었다. 차에 앉으니 너무 편해서 이대로 그냥 숙소까지 바로 가버렸으면 하는 마음이 자연스레 일었다. 그래도 이렇게 일정을 마치기에는 아쉬워 라말라 바로 북쪽에 있는 잘라존 난민촌(Jalazone refugee camp)에서 내렸다. 난민촌이라 하면 보통은 전쟁이나 천재지변, 질병, 박해 등을 피해 온 제3국의 국민이 임시로 거주하는 곳이다. 하지만 팔레스타인에서는 그렇지 않다. 이곳에는 사실상 자국민으로 분류되는 팔레스타인 난민들이 길게는 70년 넘게 살고 있다.[66]

팔레스타인 난민촌을 처음 보면 깜짝 놀랄 수 있다. 천막이 아니라 콘크리트 집으로 되어 있어 얼핏 보면 다른 도시나 마을들과 별 차이가 없어 보이기 때문이다. 잘라존 난민촌에도 번듯해 보이는 콘크리트 집들이 들어서 있다. 난민치고는 팔자가 좋다는 생각마저 들 수 있겠지만, 콘크리트 집은 오히려 난민의 역경을 보여주는 상징물이다. 천막에서부터 시작된 난민살이가 한 해 두 해를 거듭해 가고 생활환경은 악화하는데 고향으로 돌아갈 수 있는 가망이 전혀 보이질 않으니 유엔이 지금과 같은 반영구적인 형태의 건물을 지어준 것이기 때문이다. 난민들은 고향으로 돌아갈 권리를 부정당할까 봐 지원을 거부했으나, 유엔의 팔레스타인난민 구호사업기구인 UNRWA(United Nations Relief and Works Agency for Palestine Refugees in the Near East)가 좋은 주거환경이 귀환권을 침해하는 것은 아니라며 적극적으로 설득했다.[67]

1948년의 전쟁은 72.6만 명의 팔레스타인 난민을 만들어냈다.[r] 이스라엘이 점령한 지역에서 무려 85%의 주민들이 피란길에 오른 것이었다.[68] 전쟁이 끝난 후 난민들은 고향으로 돌아가려 했으나 이스라엘은 국경을 막고 귀환하는 자들을 사살했다. 난민들은 당시 이스라엘에 점령되지 않았던 유일한 지역인 서안지구와 가자지구나 다른 아랍 국가들에서 피란 생활을 이어가며 생존을 위한 끝없는 투쟁을 해야만 했다. 팔레스타인 사람들은 1948년을 나크바

---

r) 반대로 아랍 국가에서 피란을 가게 된 유대인 난민도 생겨났다. 이에 대해서는 제5장에서 설명한다.

▶사진 10-1. 잘라존 난민촌의 어느 번듯한 주택과 전경. 이렇게만 봐서는 도시와 구분이 되지 않는다. 전경 사진은 UNRWA에서 제공함.

(Nakba, 재앙)의 해라 부른다. 70년이 넘는 세월이 흐른 오늘날 거의 모든 난민들은 고향으로 돌아가는 꿈을 이루지 못한 채 눈을 감았다. 하지만 그 후손들이 여전히 난민으로 살면서 고향으로 돌아갈 권리를 이스라엘에 요구하고 있다. 1948년에 추방된 난민과 자손의 수는 이제 6백만 명을 넘는다.[69] 그들은 전 세계 어느 나라의 난민보다도 수가 많고 20세기 이래 가장 오랫동안 난민 생활을 하고 있다.[s]

---

s) 우리에게 익숙한 유엔 난민기구(UNHCR)는 팔레스타인 난민을 제외한 다른 지역의 난민만 지원한다. UNRWA가 먼저 창설되고 아랍 국가들이 UNRWA의 독립성을 유지하길 원했기 때문이다.

지난 70년간 유엔은 팔레스타인 난민들이 고향(즉, 오늘날 이스라엘의 국토)으로 돌아갈 권리가 있다는 결의안을 백 번도 훨씬 넘게 재확인했다. 그러나 이스라엘은 이를 거부하고 오히려 해외에서 유대인을 들여와 난민들의 고향에 정착시켰다. 게다가 1967년에 서안지구와 가자지구를 점령했을 때도 추방 작전[70]을 실행해 35만 명의 팔레스타인인들을 요르단과 시리아 등으로 피란하게 만들었다.[71] 그들과 그들의 자손들은 팔레스타인 국가가 건국된 지금에도 서안지구와 가자지구에 있는 고향으로 돌아오지 못하고 있다.[72] 이스라엘이 이마저도 금지하고 있기 때문이다.

난민의 역사를 새기며 약간은 무거운 마음으로 난민촌으로 들어섰다. 몇 걸음도 떼기 전에 갑자기 누군가가 수줍게 부르는 소리가 들렸다. 집 앞마당에서 10대 소녀 세 명이 테이블에 앉아 까르르 웃으면서 손을 작게 흔들고 있었다. 어차피 이제는 시간이 넉넉하니 홀가분한 마음으로 다가가 인사를 했다. 소녀들은 그 나이대 특유의 왕성한 호기심으로 여러 가지 질문을 던졌다. 우리라면 부끄러워서 말 한마디 걸기 민망할 정도의 영어 실력이었지만 이 아이들은 개의치 않았다. 역시 이런 적극성이야말로 팔레스타인 사람들이 영어를 잘할 수 있는 이유가 아닐까 싶다.

팔레스타인 사람들이 던지는 질문은 언제나 비슷하다. 팔레스타인에 대한 인상은 어떤가, 무슨 일을 하느냐, 한국은 위험하지 않은가 등등. 팔레스타인에 오기 전에는 사람들이 이스라엘의 악행에 대해서 열심히 설파할 거라고 상상했다. 그러나 전혀 그렇지 않았다. 그저 대화하다가 곁가지로 나오거나 이스라엘과 관련된 사건을 먼저 물어보면 대답해 줄 뿐이다.[73] 그들은 손님과 즐거운 이야기를 나누는 걸 선호한다. 수다를 떠는 동안 아이들은 시종일관 명랑했다. 잠시도 미소가 사라질 틈이 없었다. 티 한 점 없는 이 얼굴에서 누가 난민살이의 한을 읽어 낼 수 있을까. 그러나 난민들의 수난의 역사는 과거가 아니라 현재진행형이다. 난민촌에는 그 흔적들이 지금도 새겨지고 있다.

소녀들과 작별하고 난민촌을 구경하러 나섰다. 잘라존 난민촌은 다른 난민촌보다 유달리 발전한 곳이다. 예전에 한 택시 기사는 이곳이 도시 같다고 말했다. 대로는 비교적 넓고 깨끗하고 새로 지어진 건물들이 많다. 다른 난민촌에서처럼 하수가 역류하거나 쓰레기가 군데군데 버려져 있는 지저분한 모습은 거의 보이지 않는다. 그러나 건물들이 틈새가 거의 없이 따닥따닥 붙어 있는 모습은 여지없이 난민촌의 특징을 가지고 있었다. 모든 난민촌은 불어난 인구를 감당하지 못해 인구 밀도가 매우 높다. 수직으로 증축할 기반이 없는데도 무리하게 3, 4층까지 쌓아 올려 언제 무너질지 모를 위험한 건물들도 많다.

난민촌에는 UNRWA에서 지어주고 직접 운영도 하는 학교와 보건소가 있다. UNRWA는 팔레스타인 난민들의 역사와 그 맥을 같이 한다고 말할 수 있을 정도로 중요한 역할을 해 왔다. 그러나 유엔의 지원은 언제나 한계가 많았다. 이 평화로워 보이는 잘라존 난민촌에도 그

▶ 사진 10-2. 잘라존 난민촌의 골목. UNRWA에 따르면 하수시설이 연결된 집이 70%에 그치고, 그마저도 잘 정비되어 있지 않아 비가 많이 오는 날에는 하수가 역류해 길이 물에 잠긴다. 사진은 UNRWA에서 제공함.[74]

림자는 크게 드리워져 있다. 1977년에 난민촌 인근에 벧엘(Beit El) 정착촌이 건설되고 영역을 확장하면서 난민과 정착민들 간에 충돌이 거의 매일같이 일어나고 있다. 특히, 정착촌과 바로 맞닿아 있는 UNRWA의 남학교에는 이스라엘 군인들이 테러리스트 수색을 목적으로 교실 안으로 들어와 학생들에게 최루탄과 섬광탄, 고무탄을 발사해 상처를 입힌다.[75] 아까 만났던 소녀들도 이런 환경에서 자라온 것이니 얼마나 그녀들의 미소가 놀라운가.

난민촌을 나올 때는 해가 완전히 져서 어둑했다. 그래도 조금만 걸으면 라말라에 도착할 거라서 마지막으로 힘내서 걸어보려 했는데 길이 없었다. 갓길의 폭이 50cm도 안 되어 보였다. 미련 없이 지나가는 택시를 잡아탔다.

2.5. 행정의 중심지 라말라

라말라의 밤은 밝았다. 팔레스타인에서 가장 현대화된 도시답게 대부분의 건물이 불이 켜져 있고 거리에는 낮과 다를 바 없을 정도로 많은 사람이 오가

고 있었다. 택시의 차창에는 팔레스타인에서 볼 수 있으리라 상상도 못 했던 세련된 현대식 고층 건물들이 비쳤다. 고층이라 해봐야 10층에서 20층 정도에 불과하지만 경제 발전 수준을 재고할 만한 높이다. 백 년 전만 해도 이곳은 겨우 3천 명의 기독교도들이 모여 사는 작은 마을에 불과했다.[76] 그런데 20세기 말에 급변한 정치 지형 덕분에 급성장하게 되었다.[77]

이스라엘은 1967년 전쟁으로 점령한 서안지구와 가자지구를 자국의 영토로 병합하지 않았다. 팔레스타인 사람들이 저항할 것은 물론이고 이스라엘 내 아랍 인구의 비율이 높아져 유대 민족 국가라는 정체성이 약해질 것을 꺼린 것이다. 그때부터 지금까지 반세기 넘게 서안과 가자지구는 이스라엘의 국토도 아니고 완전한 자치가 허용되지도 않는 그저 '점령된 상태'로 남아 있다. 유일한 예외가 동예루살렘(East Jerusalem)이다.

이스라엘은 1948년 전쟁 때 예루살렘을 정복하기 위해 갖은 노력을 했으나 실패하고 서쪽 지역만 차지할 수 있었다. 이후 예루살렘은 유대인들이 사는 서예루살렘과 팔레스타인인들이 사는 동예루살렘으로 분할되었다. 그리고 마침내 1967년 전쟁으로 동예루살렘(6.4㎢)을 손에 넣게 되자 이스라엘은 인근의 팔레스타인 마을 30여 개(64.6㎢)와 함께 서예루살렘에 병합시켰다. 오늘날에는 병합된 모든 지역(71㎢)이 동예루살렘으로 불린다.[78]

1994년에 팔레스타인 자치정부가 탄생했을 때 팔레스타인인들은 동예루살렘을 수도로 천명했다. 그러나 이스라엘은 병합된 지역에서 팔레스타인 정부의 어떤 관할권도 인정하지 않았다. 팔레스타인 정부는 어쩔 수 없이 다른 도시들에 청사를 지었고, 특히 서안지구의 지리적 중심지이자 동예루살렘에 인접한 라말라에 대부분의 행정부처를 위치시켰다.[79] 이후 20여 년의 세월이 흐르며 라말라는 외부에 행정수도 혹은 나아가 사실상(de facto)의 수도로 각인되었고 많은 자본이 유입되어 빠르게 성장할 수 있었다.

급속도로 발전한 라말라는 돈을 벌 기회의 도시로 주목받았다. 전국 각지에서 일자리를 찾으려는 사람들이 몰려들었고 새로운 인구의 유입은 라말라를 익명성의 도시로 변신시켰다. 다른 도시나 마을들에서는 사소한 일상도 동네 주민들에게 공유되어 사생활의 경계가 약하지만, 라말라의 주민들은 서로에게 간섭하지 않는 것을 선호한다. 끈끈한 유대 속에서 공동체가 함께 더불어 살던 생활을 추억하는 사람들은 라말라가 전통을 잃어버리고 서구화되었다고 안타까워한다. 그렇지만 팔레스타인 유일의 '자유의 도시'라고 추켜세우는 사람들도 많다. 특히, 종교에 무관심하거나 결혼을 하지 않은 사람들처럼 주위 시선이 집중되는 사람들에게 라말라는 좋은 쉼터가 되어준다. 외국인인 필자는 또 다른 관점에서 라말라를 바라본다. 분쟁국가의 정치, 행정적 중심지가 세계화의 물결을 맞이하고 있는 것은 팔레스타인이 세상에 열려 있다는 것을 상징한다. 언론매체에서 그리는 테러리스트들의 닫힌 나라가 아니라는 것이다.

 팔레스타인에 와서 가장 놀라웠던 점 중 하나는 기독교 마을이었던 라말라의 기원이 존중받는다는 것이다. 무슬림 인구가 많이 유입되면서 라말라에서 기독교 인구는 소수가 되었으나 시장(mayor)은 기독교도 중에서 선출하도록 법으로 정하고 있다. 라말라의 정치, 경제적 위상을 생각하면 정말 놀라운 일이 아닐 수 없다. 도시 문화도 이슬람 교리로부터 비교적 자유로워서 술집과 주류 전문점이 있고 식당에서도 술을 판다. 덕분에 라말라는 외국인들에게 가장 인기 있는 도시다. 다른 기독교 마을과 도시도 마찬가지다. 1948년 전쟁으로 난민들이 몰려들면서 무슬림이 다수 인구가 된 곳이 대부분이지만, 기독교적 전통을 유지할 수 있도록 법으로 보호하고 있다.

 시내 중심지인 마나라(Manara) 광장에 도착해 택시에서 내렸다. 오늘 묵을 숙소는 바로 이 근처에 있었다. 숙소에 도착해 샤워를 하고 다시 나와 늦은 저녁을 먹으러 나갔다. 온종일 먹은 거라곤 아침에 나블루스에서 먹은 빵밖에 없었는데도 배가 고프지 않았다. 지쳐서 그런 건지 아니면 물을 많이 마셔서 그런 건지 모르겠다. 내일부터는 잘 챙겨 먹어야겠다고 생각하며 숙소로 돌아와 잠을 청했다.

3. 평화 없는 평화협정

3.1. 서안지구를 갈라놓은 검문소와 분리장벽

　오늘도 늑장을 부리다 아침 늦게 숙소를 나왔다. 우선, 마나라 광장으로 걸어갔다. 광장을 중심으로 넓게 상권이 형성되어 있어 주위에는 행상인과 인파로 가득했다. 광장에 있는 한 음식점에서 아점을 먹고 나서 다음 목적지인 동예루살렘으로 출발했다. 동예루살렘으로 가려면 중간에 검문소를 통과해야 하는데, 이번에는 팔레스타인 지역을 벗어나 '이스라엘 땅'으로 들어가는 것이기 때문에 검문을 받는다. 짧으면 10-30분 만에 통과할 수도 있지만 사람들이 많으면 두세 시간이 넘게 걸린다. 운이 나빠 검문소가 폐쇄되면 다른 검문소를 찾아 길을 돌아가야 할 수도 있다. 이런 변수를 생각하면 오늘 아침도 일찍 출발했어야 했다. 검문소에 사람이 적기만을 빌며 가능한 빠르게 걸었다.
　라말라는 자주 여행 다니던 곳이라 매우 익숙했다. 지도를 볼 필요도 없이 자신 있게 걸어갔다. 그런데 10대 남자아이들이 갑자기 우스꽝스러운 목소리로 "시니, 시니!"(중국인)라고 외치면서 졸래졸래 따라오기 시작했다. 유독 외국인이 많은 곳이다 보니 외국인에 익숙해진 아이들이 자기들 딴에는 반갑다고 장난치는 것이다. 이런 장난은 반응을 보이면 계속하기 때문에 무반응으로 일관하고 가던 길을 계속 갔다. 여느 때처럼 아이들은 하나둘씩 제풀에 지쳐 따라오는 것을 멈췄다.
　1시간쯤 걷다 보니 차량이 쭉 늘어서 있는 것이 보였다. 검문소에 도착해 간다는 신호였다. 이 앞에 있는 칼란디야(Qalandiya) 검문소는 동예루살렘으로 연결된 주요 도로에 있는 데다가 탑승자의 신분과 수하물을 하나하나 검사하기 때문에 언제나 교통 체증이 심각하다. 오늘도 검문소 입구로부터 100m가 넘게 줄지어 서 있는 걸 보니 차량이 통과하는 데 1시간은 족히 걸릴 듯했다. 검문소를 매일매일 이용하는 사람들에게는 고문에 가까운 기다림이다.
　검문소에 도착하니 8-9m 높이의 거대한 콘크리트 벽이 나타났다. 이스라엘이 밀입국과 무기 밀수를 통제한다는 목적으로 팔레스타인 전 지역에 세우고 있는 "보안장벽"(Security barrier)이다. 책이나 언론에서는 콘크리트 벽만 보여주지만, 서안지구에 있는 장벽의 대부분은 철조망이고 약 10%만이 콘크리트 벽으로 건설되고 있다.[80] 가자지구에는 1996년에 장벽 건설이 완료되었으나 지하 터널을 막기 위해 2016년부터 장벽을 깊게 설치하는 재공사를 하고 있다.[81] 2021년 12월 현재, 이스라엘은 완공을 선언했다.

▶사진 11. 동예루살렘과 라말라 사이에 있는 장벽

'보안'장벽은 역설적이게도 '평화'협상의 결과물이었다. 이스라엘의 식민 지배에 분노한 팔레스타인인들은 1987년부터 인티파다(Intifada, 봉기)라고 불리는 대규모 대중저항운동을 일으켰고 서안지구와 가자지구의 독립을 인정할 것을 요구했다. 이스라엘은 완강히 거부했으나, 수년간 계속된 인티파다와 국제사회의 압력으로 결국 협상테이블에 앉게 되었고 1993년부터 오슬로 평화협상과정(Oslo Peace Process)이 시작된다. 이듬해 탄생한 팔레스타인 자치정부는 첫 성과물이었다. 그러나 평화협상으로 자유를 찾을 수 없다고 생각하고 가자지구를 중심으로 무장투쟁을 벌인 반대파도 있었다. 이스라엘은 이들을 제압하기 위해 1994-96년 동안 가자지구에 장벽을 건설했다.

반대파의 예상대로 협상은 순조롭지 않았다. 이스라엘은 테러를 구실로 협상을 계속해서 지연시켰다. 그리고 1999년까지 동예루살렘과 정착촌, 군사지역을 제외한 모든 C 지역의 관할권을 이양한다는 협정을 지키지 않았다.[82] 2000년에 열린 최종지위협상에서는 결국 서안지구와 가자지구를 온전히 돌려주지는 않으며, 난민들의 귀환도 인정하지 않고, 주권도 제한하겠다는 뜻을 밝혔다. 협상이 결렬되자 분노한 팔레스타인인들은 인티파다를 재개했다. 그러나 2차 인티파다는 이스라엘군에 무력으로 진압당해 결실을 거둘 수 없었다. 테러를 예방한다는 명목으로 서안지구에마저 장벽이 건설되었을 뿐이다.

서안지구에서 팔레스타인인들은 장벽 건설에 격렬히 반대하며 시위를 벌이고 있다. 가자지구에서와는 달리 장벽이 국경선을 따르지 않고[83] 내부 깊숙이 들어와 세워지고 있기 때문이다. 장벽의 건설경로에 있던 수많은 팔레스타인 민가와 농지가 파괴되었을 뿐만 아니라, 완공 후에는 서안지구 토지의 9.4%가 장벽 너머에 위치하게 된다.[84] 이스라엘은 국경과 장벽 사이에 있는 '이음매 구역(Seam zone)'에서 토지를 경작하거나 열매를 수확하지 못하도록 엄격히 제한하고 거주민들을 장벽 안쪽으로 추방하고 있다.[85] 이 때문에 팔레스타인인들과 인권단체들은 분리(separation)장벽, 인종차별(apartheid)장벽 혹은 영토 병합(annexation)장벽이라고 부르며 비판한다. 2004년에 국제사법재판소(International Court of Justice, ICJ)는 서안지구 내부에 장벽을 짓는 것은 국제법에 위반되며 이미 완성된 장벽은 철거해야 한다는 권고적 의견(advisory opinion)을 내놓았다.[86] 그런데도 이스라엘은 꾸준히 건설을 계속해 2016년 현재 64%를 완성했다.[87]

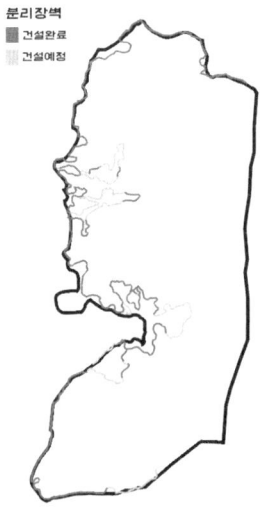

지도 5   2018년 10월까지 건설된 분리장벽과 향후 계획. 서안지구 국경선 안에 짓고 있는 것을 볼 수 있다.[88]

▶사진 12. 아이다(Aida) 난민촌에 인접한 분리장벽. 분노한 팔레스타인인들이 화염병을 던져 감시탑이 검게 변색되었다.

장벽을 따라 걸으며 마침내 행인용 검문소에 도착했다. 꽉 막힌 도로를 보고 걱정했으나 다행히 한산했다. 칠이 벗겨져 잔뜩 녹이 슨 회전문을 통과해 들어가니 여러 개의 검문 창구 중 하나만 열려 있고 10여 명이 줄을 서서 기다리고 있었다. 주위에는 담배꽁초와 쓰레기들이 버려져 있고 공기는 탁했다. 어디서나 활발한 팔레스타인 사람들이지만 여기서는 다들 조용해지곤 한다.

모든 팔레스타인 사람들이 이렇게 서안지구를 빠져나가 동예루살렘이나 이스라엘로 갈 수 있는 것은 아니다. 동예루살렘 영주권자이거나 이스라엘 당국으로부터 입국 허가를 취득한 자들만 통과할 수 있다. 허가증(permit)은 이스라엘 내 근로나 치료, 종교행사 참여 등을 목적으로 신청할 수 있고 제한적으로만 발급되고 있다.[89] 매년 약 20만 명이 치료나 간병, 병문안을 목적으로 허가증을 신청하지만 20%가 거절당하거나 적시에 승인을 받지 못해 포기한다.[90]

검문 절차는 의외로 간단하다. 3~4명씩 회전문을 열고 들어가 컨테이너벨트에 소지품을 넣는다. 금속이 있는 허리띠도 풀어서 넣어야 하고 때로는 신발도 벗어야 한다. 그다음에는 한 명씩 차례대로 금속 탐지기를 통과하고 창구에서 신분증이나 여행허가증 혹은 여권을 제시한다. 통과 허가를 받으면 출구로 가서 소지품을 찾고 회전문을 열고 나가면 끝이다. 단순한 과정이지만 생각보다는 시간이 오래 걸린다. 한 그룹이 다 통과하고 난 다음에 문을 바로 열어주지 않고 뜸을 들이는 경우가 많기 때문이다. 10여 분 이상을 기다리게 하거나 아무런 예고 없이 갑자기 창구를 폐쇄한 경우도 여러 번 경험했다.

▶사진 13. 툴카렘 인근 검문소. 검문소 통행에 소요되는 시간이 길다 보니 시장이 형성되었다.

오늘도 1분에 1명씩 통과하는 느린 속도로 절차가 진행되었다. 10분 정도 기다린 끝에야 차례가 왔다. 소지품을 컨테이너벨트에 넣고 금속 탐지기를 통과했다. 그리고 창구 앞에 서서 웃으며 여권을 보여주었다. 갓 스무 살이 된 것 같은 앳된 헌병은 여권에 눈길을 잠시 두더니 아무런 대꾸도 없이 그저 검지 하나만 움직여 통과라는 신호를 보냈다. 얼굴에는 지루하고 귀찮다는 표정이 다분했다. 최소한의 성의나 예의도 갖추지 않는 그녀를 보며 기분이 좋을 리 없지만 워낙 익숙해진 일이라 그러려니 하고 짐을 챙겨 검문소를 빠져나갔다. 외국인인 필자에게도 저 정도인데 팔레스타인 사람들한테는 오죽할까 하는 생각이 들 뿐이다. 2015년에 이스라엘 헌병들은 "검문소의 일상에는 (타당한 이유 없이) 팔레스타인인들에게 욕하고, 신체적 폭력을 행사하고, 휴대폰을 압류하고 파괴하는 행동이 포함되어 있었다."라고 양심선언을 했다. 일부 군인들이 단순히 즐기기 위해 팔레스타인인들에게 앉았다 일어나기를 시키거나 일부러 3시간 이상 땡볕에 서서 대기시킨 사례도 보고되었다.[91]

3.2. 팔레스타인의 영원한 수도, 예루살렘

이스라엘이 1967년에 새롭게 만들어낸 동예루살렘의 경계는 괴상할 정도로 남북으로 길게 뻗어 있다. 인구는 적게, 땅은 최대한 넓히는 방법으로 경계를 정했기 때문이다.[92] 아프리카의 국경선을 연상케 하는 작위적인 경계선을 따라 남쪽으로 쭉 뻗은 도로를 걷다 보면 이질적인 것을 보게 된다. 팔레스타인 주거지와는 확연히 구분되는 유대인 정착촌이다. 다른 서안지구에서와는 달리 동예루살렘의 정착촌은 도시 내부 곳곳에 자리 잡고 있다. 비록 경제적 경계선은 뚜렷하지만 출입을 관장하는 검문소는 없으므로 두 민족이 서로 이웃하며 어느 정도는 평화롭게 산다고 볼 수도 있다. 그러나 정착촌은 동예루살렘 전체의 3분의 1이나 차지하고, 토지의 대부분이 팔레스타인인들의 사유지를 수용해 지어진 것이다.[93] 그러니 정착촌을 보면 울분을 토하는 사람들이 많을 수밖에 없다.

정착촌을 지나 다시 팔레스타인 동네로 들어섰을 때 갑자기 예닐곱 명의 10대 소년들이 주위를 완전히 둘러쌌다. 아이들이라곤 해도 포위하듯이 둘러싸인 적은 처음이라 당황스러웠고, 동예루살렘의 아이들이라 더욱 긴장했다. 그 중 하나가 아랍어로 어느 나라 사람이냐고 물었다. 한국인이라고 답하니 중구난방으로 아랍어로 떠들기 시작했다. 영어를 할 수 있는지 물어보았지만 대답은 아랍어로 들려왔다. 한 아이가 주위를 둘러보더니 지나가던 다른 소년을 데려왔다. 그 소년은 유창한 영어로 자신이 통역을 해주겠다고 말한 후 다른 아이들의 이야기를 듣기 시작했다. 한여름의 땡볕 아래서 아이들한테 에워싸인 채 가만히 기다리고 있는 처지가 한심스럽게 느껴졌다. 1분쯤 지

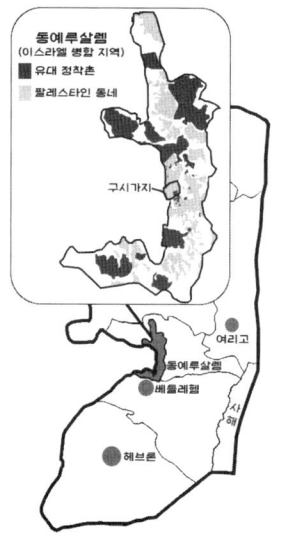

지도 6 2018년 12월 기준 동예루살렘의 경계와 정착촌[94]

났을까. 드디어 통역 소년이 입을 열었다. 그는 아이들이 한국 여자는 어떤가, 여자랑 자 본 적은 있냐는 등의 헛소리를 하고 있다며 상대하지 말라고 말해주었다. 치밀어 오르는 화를 삭이며 아이들을 밀치고 빠져나왔다.

아이들에게 둘러싸였을 때 긴장했던 것은 동예루살렘에서 외국인들이 다치는 사건·사고가 종종 발생하기 때문이다. 가장 흔한 것이 외국인이 탄 차에다 돌을 던지는 경우다. 우리나라에서 아이들이 돌을 던진다고 하면 조약돌 같은 작은 돌을 상상하겠지만 여기서는 주먹만 한 크기의 돌을 던지기 때문에 상당히 위협적이다. 반년 전에는 한국인 교민이 아이들이 던진 돌에 맞아 차창이 깨지고 부상을 입은 사건이 있었다고 들었다. 관광객을 노리는 소매치기 범도 있어 한국지폐가 환전소에서 암암리에 싸게 팔리기도 한다. 두 가지 경우 모두 다른 서안지구에서는 상상하기 힘든 일들이다.[t]

같은 팔레스타인 사람인데도 어떻게 이런 차이가 나는 것일까. 답은 동예루살렘 주민들이 처한 특수한 환경에 있다. 이스라엘에 병합된 이후 대부분의 주민들은 영주권을 발급받았으나[95] 실질적인 권리는 인정받지 못했다. 해외에 오래 체류하면 영주권이 취소되어 고향으로 돌아오지 못하고,[96] 영주권이 없는 사람과 결혼한 경우에는 배우자와 자식들이 범죄자처럼 숨어 살아야 한다.[97] 정착촌에 빼앗기지 않은 3분의 2의 땅들은 대부분 개발이 금지되어 있어 주거환경이 열악해지고 경제활동이 위축된다.[98] 학교를 짓거나 교실을 증설하는 것조차 제한된다.[99] 다른 C 지역에서와 마찬가지로 허가 없이 지은 건물들은 철거당한다.[100] 2014년까지 '불법' 주택 2천여 채가 강제 철거당했고[101] 지금도 10만 명의 팔레스타인인들이 2만 채의 '불법건축물'에서 불안에 떨며 살고 있다.[102] 허가 없이 증축한 교실도 철거당하고 학교는 벌금을 부과받았다.[103]

정도의 차이는 있지만 점령지에서 행해지는 온갖 억압적인 정책은 모든 팔레스타인 사람들이 공통적으로 경험한다는 점을 고려하면, 동예루살렘의 진정한 특수성은 유대인들의 차별을 눈앞에서 인내하며 살아야 하는 어려움에서 찾을 수 있을 것이다. 가령 출생, 결혼, 주소지 이전 신고와 같은 단순한 민

---

t) 다른 서안지구에서도 정착촌 인근의 도로를 지나는 차량이 피해를 보는 경우가 간혹 있다. 그러나 이런 사건은 외국인을 대상으로 하는 무차별 공격이 아니라 이스라엘 차량으로 오인해 발생하는 것이다.

원 업무를 받으려면 전기료, 수도세, 지방세 납부서 등 자신이 실제로 동예루살렘에 살고 있다고 증명할 수 있는 서류를 무더기로 들고 내무부 관청을 찾아가 몇 시간을 기다리며 줄을 서야 한다. 유대인 동네에서와는 달리 관청은 아침에만 운영되고 운영시간을 제대로 안내하지 않기 때문에 예고 없이 갑자기 업무 시간이 종료되었다는 통보를 받고 발걸음을 돌려야 하는 경우도 종종 겪는다. 게다가 아랍어가 이스라엘의 두 번째 공식 언어임에도 불구하고 직원들이 히브리어만 사용하거나 문서가 히브리어로만 적혀 있는 경우가 많아 필요한 정보를 안내받지 못한다.[104] 그 밖에도 유대인 공무원들이 인종차별적인 발언을 하고 무례하게 굴거나 도로에서 경찰들이 팔레스타인인들을 아무 이유 없이 멈춰 세우고 검문하는 일도 드물지 않다. 이러니 하루하루가 스트레스와의 전쟁이다. 이런 환경에서 자라난 아이들이 세상에 불만을 품고 거친 유년기를 보내게 되는 것은 결코 놀랍지 않다.

    2시간에 걸친 남하 끝에 드디어 동예루살렘의 심장부인 구시가지에 도착했다. 구시가지는 영화의 한 장면을 연상시키는 웅장한 성벽으로 둘러싸여 있다. 이 안에는 유대교의 첫 번째 성지인 성전산(Temple Mount)[105]과 서쪽벽, 기독교의 첫 번째 성지인 성묘교회(Holy Sepulchre), 그리고 이슬람의 세 번째 성지인 알아크사(al-Aqsa) 모스크가 있다. 여의도 면적의 3분의 1도 되지 않는 이 작은 곳(0.9㎢)에 세계 역사에 지대한 영향을 끼친 종교들의 정수가 있는 것이다. 더욱 놀라운 것은 바로 유대교와 이슬람의 성지가 같은 장소라는 점이다. 고대에 성전산에는 유대인들이 세운 '성스러운 신전'(Holy Temple, 이하 성전으로 표기)이 있었다. 하지만 기원후 70년에 로마가 성전을 파괴하고 135년에 유대인을 예루살렘에서 추방하면서 성전산은 폐허가 되었다. 그로부터 5백 년 후에 무슬림들은 예루살렘을 정복했고 아무것도 없는 성전산에 알아크사 모스크를 세웠다. 무슬림들은 성전산을 고귀한 성역이라는 뜻의 하람 알샤리프(al-Haram al-Sharif, 이하 하람으로 표기)라고 부른다.

▶사진 14. 알아크사 모스크에는 두 가지 의미가 있다. 좁게는 사진의 모스크를 의미하지만, 넓게는 하람에 세워진 모든 건물과 부지(compound) 전체를 의미한다. 우리나라를 비롯한 비무슬림권에서는 전자의 의미로 널리 알려졌으나 실제로는 후자의 의미가 정확하다. 팔레스타인 정부를 비롯해 무슬림들은 전자를 공식적으로 키블리(Qibli) 모스크라고 부른다.

▶사진 15. 바위돔(Dome of the Rock)의 모습. 알아크사 모스크에서 가장 상징적이며 이곳을 성지로 거듭나게 한 건물이다. 우리말로 '황금돔 사원'으로 번역되곤 하지만 이는 완전히 잘못된 표현이다. 바위돔이 중요한 이유는 황금이 아니라 '바위'에 있고 이곳은 기도드리는 사원(즉, 모스크)도 아니다.

▶사진 16. 성전산의 서쪽벽 광장의 모습. 서쪽벽이 고대 성전의 잔해 위에 지어졌다는 믿음[106] 등으로 유대인들은 이곳을 신성하게 생각한다. 유대인들이 기도를 드리며 통곡하는 모습을 보고 딴 "통곡의 벽(Wailing Wall)"이란 이름으로 더 널리 알려져 있다.[107] 원래 서쪽벽 앞에는 좁은 통로밖에 없었으나 1967년 전쟁 직후에 이스라엘이 아랍 주거지를 불도저로 밀어버리고 135가구(약 650 – 1,000명)를 추방해 광장을 만들었다.[108]

    이스라엘이 동예루살렘을 불법 병합한 지 벌써 반세기가 넘게 흘렀지만, 팔레스타인은 평화협상에서 어떤 조건으로도 동예루살렘을 포기하지 않겠다는 의사를 분명히 밝혔다. 현지 사정을 모르는 사람은 그저 종교적인 이유 때문일 것이라고 추측하기 마련이다. 하지만 팔레스타인인들에게 동예루살렘은 단순히 알아크사 모스크나 성묘교회로 가치가 매겨지는 곳이 아니다. 다른 아랍인들과 구분되는 팔레스타인 민족만의 정체성은 향토에 대한 애착과 수난의 역사, 그리고 성지에서 태어나 자란 주민이라는 종교적 자긍심으로 구성된다. 동예루살렘은 팔레스타인 지역의 역사적, 문화적 중심지이자, 민족의 재앙이었던 1948년 전쟁에서 가장 격렬한 사투 끝에 지켜낸 땅이고, 팔레스타인에서 가장 성스러운 땅이므로 그 정체성의 핵심을 이룬다.[109] 그러므로 동예루살렘은 팔레스타인 민족의 '영원한 수도'일 수밖에 없다. 세속적인 무슬림 친구조차 동예루살렘을 수도로 생각하지 않는 사람은 반역자라고 말했다. 적지 않은 수의 팔레스타인인들이 세속적이라는 점을 고려하면 어쩌면 종교적 의미보다 민족적 의미가 더 중요한 위상을 차지하고 있을는지도 모르겠다.

    원래는 구시가지에 잠깐 들어갔다 나올 계획이었으나 수많은 인파를 보니 엄두가 안 났다. 성벽을 감상하며 쉬고 있으니 해가 저물기 시작했다. 해발고도 750m 고산지대의 시원한 바람이 불어왔다. 어느새 땀이 다 식고 한기마저 느껴졌다. 발길을 돌려 식당을 향했다. 가볍고 빠르게 먹을 수 있는 걸 찾다 KFC를 발견하고 들어갔는데 주문을 하려고 보니 메뉴가 달랐다. 식당 이름을 다시 보니 실소가 나왔다. KFC가 키위 프라이드 치킨의 약자였다. 이왕 온 김에 주문을 했는데 의외로 정말 맛있었다. 오랫동안 걷다 보니 시장해서 더 맛있게 느낀 걸지도 모르겠다.

식당을 나와서 다시 남하를 계속했다. 오늘의 최종목적지인 베들레헴까지 빠르게 가는 길은 유대인들이 사는 서예루살렘을 가로질러 가는 것이다. 서예루살렘에 접어들면 두 가지 큰 변화가 일어난다. 중동의 유럽이라는 별명에 걸맞은 변화한 거리가 나타나고 보행자 우선의 교통문화를 보게 된다. 팔레스타인에서는 신호등이 거의 없고 유지관리도 잘되지 않는 데다가 차량 우선주의라 길을 건널 때마다 긴장해야 한다. 이스라엘에서는 정반대다. 신호등이 없는 횡단보도의 근처에 가면 지나가던 차들이 무조건 멈춰 선다. 그러니 마음 편히 걸어 다닐 수 있다.

이제 오늘의 여정도 마지막을 앞두고 있었다. 밤 9시가 되어 주위는 어둠에 잠겼고 가로등 불빛이 길을 인도했다. 베들레헴은 앞으로 30분이면 도착할 수 있다. 다리가 정상적으로 움직여지기만 한다면 말이다. 통증이 절정에 달해 더 이상 왼쪽 발목을 굽힐 수가 없었다. 왼발을 질질 끌어서 10m를 이동한 뒤 잠깐 쉬고, 다시 또 10m를 움직인 뒤 쉬면서 천천히 걸어갔다. 이번 여행에서 가장 힘들었던 순간이었다. 그렇게 사투를 벌여 30분 거리를 2시간 만에 걸어왔다. 베들레헴으로 들어가는 검문소가 보였을 때는 인간 승리라는 생각마저 들었다. 밤 11시에 깜깜한 검문소를 홀로 통과해 숙소까지 간신히 들어왔다. 검문소에서 가까운 곳에 숙소를 예약해 둬서 너무나도 다행이었다. 다리가 너무 아파 내일은 걷지 못할까 봐 걱정되었지만, 오늘은 차를 타지 않고 걸어서 일정을 마쳤다는 사실에 흐뭇해하며 잠자리에 들었다.

3.3. 예수 탄생지 베들레헴

드디어 마지막 날 아침이 밝았다. 고단하긴 했는지 정신없이 푹 자고 상쾌하게 일어났다. 오늘 여정은 첫날의 절반밖에 안 되니 시간은 넉넉했다. 느긋하게 호텔에서 식사까지 마치고 정오 무렵에 길을 나섰다. 다행히 다리가 어제보다 많이 나아져 걷는 게 많이 힘들지는 않았다.

숙소 근처에 탄신교회(Nativity Church)가 있어 기념 삼아 잠깐 들렀다. 2천 년 전에 예수가 태어난 곳이라 믿어지던 장소에 지어진 교회이며 지하에는 마리아가 아기 예수를 수유했다고 전해지는 동굴(the Milk Grotto)이 있다. 이곳에 처음 왔을 무렵에는 성경의 이야기를 그저 종교적 신화로 간주하고 흘려들었다. 그러나 여러 지역을 돌아다니다 보니 생각을 고치지 않을 수 없었다. 베들레헴에서 동쪽으로 2km만 가면 천사들이 예수의 탄생을 양치기들에게 알려줬다는 목자들의 들판(Shepherds' Field)이 있고, 동북쪽으로 더 올라간 여리고(Jericho)에는 마귀가 예수를 40일간 시험했다는 시험산(Mount of Temptation)이 나온다. 나블루스에는 예수가 사마리아 여인과 만났던 야곱의 우물(Jacob's Well)이 있고, 제닌에서 서쪽으로 5km 떨어진 부르킨(Burqin) 마을은 예수가 나병 환자를 치료한 곳이다. 그 외에도 성경이나 꾸란(Qur'an)[u]에 등장하는 여러 선지자의 행적이 온 동네에 무수하게 기록되어 있다. 그러나 팔레스타인인들에게는 성경이 결코 딴 세상의 이야기로 들릴 수가 없다.[v] 즉, 역사적 사실인지 허구인지와는 관계없이 성경과 꾸란의 기록은 팔레스타인인들에게 관념적 역사의 불가결한 일부로 구성되어 있는 것이다.

동예루살렘이 이스라엘에 병합된 지금 베들레헴은 팔레스타인 정부가 개발할 수 있는 최고

▶사진 17. 탄신교회. 연중 내내 기독교 순례객의 발길이 끊이지 않고, 성탄절 전야제에는 교황이 방문해 기념행사를 주관하는 곳이다.

---
u) 우리말 사전식 표기로는 코란(Koran)이 올바르지만, 아랍어 발음을 따라 표기했다.
v) 무슬림들도 성경에 나오는 여러 선지자를 믿으며, 예수 역시 신은 아니지만 중요한 선지자로서 기린다.

의 관광명소다. 그런데 이런 매력적인 관광 자원을 가지고 있는 것에 비해 관광객 수는 미미하다. 가장 큰 이유는 역시 이스라엘과의 분쟁 때문이다. 예를 들어, 2013년 8월에 팔레스타인에는 83,000명의 관광객이 방문했으나 가자지구에서 전쟁이 있었던 이듬해 8월에는 17,000명으로 급감했다.[110] 서안지구가 전쟁의 무대가 아니었는데도 이렇게나 크게 영향을 미친 것이다. 평시에도 이스라엘로부터 위협을 느끼는 무슬림의 발걸음은 더욱 뜸할 수밖에 없다. 과거에는 메카(Mecca)[w]로 성지순례를 나서는 무슬림들이 중간에 예루살렘을 들르기도 했으나 이제는 그런 모습을 찾아보기 힘들어졌다. 이스라엘은 여러 무슬림 국가들과 상호 간 입국을 금지하고 있다.

오늘날 팔레스타인을 찾아오는 관광객의 대부분은 기독교도다.[111] 그런데 많은 기독교도들이 예루살렘을 보고 난 뒤 베들레헴은 들르지 않고 돌아간다. 고작 10km밖에 떨어지지 않았는데도 말이다. 검문소를 통과해서 '테러리스트 국가'인 팔레스타인으로 들어간다는 사실 때문에 주저하는 것이다. 여행사들도 검문소 통과에 걸리는 시간과 예측 불가능성 때문에 일정에 포함하기를 꺼린다. 설령 베들레헴으로 들어오더라도 탄신교회와 목자들의 들판 정도만 방문하고 바로 예루살렘으로 돌아간다. 왕복 1시간 반 거리에 있는 시험산은 인적이 드물다. 관광객의 체류 시간이 이렇게 짧으니 관광 수입도 제한적일 수밖에 없다. 2015년 기준으로 팔레스타인 GDP에서 관광업이 차지하는 비중은 불과 1.9%에 그친다.[112]

이스라엘에 의해 관광지 개발이 제한되고 있는 점도 관광업의 근본적인 한계를 만들고 있다. 팔레스타인에는 종교 유적지 외에도 3천 개 이상의 고고학 유적지가 있고 천혜의 자연 관광지도 무수히 많다. 하지만 대부분이 C 지역에 위치해 있어 개발이 금지되고 일부는 이스라엘 기업이 독점하고 있다. 물에 뜨는 바다로 유명한 사해(Dead Sea)도 서안지구에 접해있으나 팔레스타인 기업은 호텔이나 리조트 하나 건설할 수 없다. 세계은행은 팔레스타인이 사해를 관광 자원으로 이용할 수 있게 되는 것만으로도 경제 규모가 최소한 1.26억 달러(2011년 GDP의 약 1%) 이상 증가할 것으로 분석한다.[113]

---

w) 이슬람 제1 성지. 모든 무슬림들은 여건이 닿는다면 일생에 한 번은 메카로 순례하는 것을 종교적 의무로 여긴다.

탄신교회를 나오는 길은 언제나처럼 택시 기사들의 호객 행위로 시끄러웠다. 지나가는 택시마다 시끄럽게 경적을 울리며 어디로 가냐고 물어봤다. 경적이 울릴 때마다 타지 않는다고 일일이 대답하는 게 성가셔 골목길로 도망쳤다. 그런데 베들레헴의 골목길은 미로처럼 꼬여 있었다. 방향이 맞는지 수시로 지도를 확인해 가며 걸었는데도 길을 잘못 접어들어 되돌아오기도 했다. 게다가 길이 왜 이리도 오르락내리락하는지 출발한 지 얼마 되지도 않았건만 발목이 아팠다. 다리도 쉬게 하고 더위도 식힐 겸 슈퍼마켓에서 음료수를 마시고 있으니 마침 초등학교 아이들이 하교하는 모습이 보였다. 끼리끼리 뭉쳐 도란도란 얘기하며 집으로 걸어가는 아이들의 얼굴에는 행복이 가득했다. 하긴 방과 후에 학원을 가는 게 일상인 한국에서보다는 무더위 속에 언덕길을 넘어서라도 집에 바로 갈 수 있는 아이들이 적어도 이 순간만큼은 더 행복할 것이다.

3.4. 마지막 고비

중간에 길을 잘못 들어 고생을 좀 했지만, 탄신교회를 나선 지 3시간 후에 카데르(Khader) 마을에 도착할 수 있었다. 이 앞으로는 정착촌 일대를 관통하는 고속도로를 걸어야 했다. 라말라로 올 때 고생했던 바로 그 60번 고속도로였다. 늦은 점심을 먹으며 각오를 다지고 길을 나섰다. 그러나 갓길을 보자마자 의욕이 사라졌다. 폭이 1m도 안 돼 보였다. 그래도 이번에는 대안이 있었다. 길을 우회해 정착촌 내부도로를 걷는 것이다. 정착촌에 도착하니 아파트 경비실 수준의 검문소가 나왔다. 초소 안에는 총을 든 보안요원 한 명이 앉아 있었다. 무슨 목적으로 왔냐고 정중하게 묻기에 헤브론까지 걸어서 여행 중이라고 대답했다. 그는 난색을 보이며 미안하지만 차량만 통행할 수 있고 보행자는 통과시킬 수 없다고 친절히 설명했다. 혹시 지나가는 차량을 얻어 타면 통과시켜 주겠냐고 물었더니 흔쾌히 승낙해 주었다. 그러나 이 시간대에 출입하는 차량이 거의 없어서 오랫동안 기다려야 할지도 모른다고 덧붙였다.

그때부터 휴식 시간이 시작됐다. 보안요원이랑 잡담도 나누고 주변 경치도 구경하며 시간을 보냈다. 애석하게도 30분을 넘게 기다려도 단 한 대의 차도 지나가지 않았다. 시간은 충분히 여유가 있었지만 기약 없이 기다리는 것은 성격에 안 맞았다. 여기 오기 전에 언덕으로 나 있는 샛길을 하나 발견했었는데 그 길이 헤브론까지 이어져 있는지 확인하러 가보았다. 지도에는 없는 길이라 큰 기대는 하지 않았지만 지난 20년 사이에 새로 만들어진 길이 있을 수도 있다는 희망을 품어보았다. 아쉽게도 언덕길은 중간에 끊어져 있었다. 언덕 위에서 보니 고속도로와 정착촌 내부도로 외에는 다른 길이 없는 걸 확실히 알 수 있었다. 정착촌으로 돌아갈까 망설이다 세르비스를 타기로 결심하고 언덕을 내려왔다. 그런데 누가 노새를 타고 고속도로의 갓길을 가고 있는 걸 발견했다. 맨몸이 아니라 두려움이 없는 모양이었다. 저 노새 뒤에 바짝 붙어서 걸어가면 안전하지 않을까 하는 생각이 들었다. 노새가 시야에서 사라질 때까지 한참을 쳐다보다 겨우 미련을 버리고 안전하게 세르비스를 타기로 했다.

　세르비스를 기다리며 여행 마지막 날에도 차를 탄다는 사실을 못내 아쉬워하는 중이었다. 갑자기 전혀 예상하지 못한 일이 발생했다. 빗방울이 떨어지기 시작한 것이다. 올해의 첫 비였다. 보통은 10월부터 비가 오는데 올해는 조금 이른 편이었다. 보슬비 정도이긴 하지만 비를 맞으며 갓길을 걷는 건 위험했을 것이라는 생각이 들었다. 그제야 마음이 한결 가벼워졌다. 그러나 잠시 후 다시 침울해졌다. 비가 계속 온다면 도보 여행은 여기서 중단해야 했다.

　세르비스를 탄 후 창문만 간절하게 쳐다봤다. 야속하게도 비는 점점 거세졌다. 이대로 여행은 끝이구나. 그나마 여행 막바지에 비가 온 게 다행이고 이 또한 하나의 추억이 될 거라고 위안했다. 그런데 갑자기 비가 점점 잦아들었다. 혹시나 하는 희망을 품기 시작했는데 진짜로 비가 그쳤다. 때마침 고속도로가 끝나고 마을을 지나는 중이라 재빨리 차에서 내렸다. 이미 상당히 많이 와버렸으나 적어도 여정의 마지막은 걸어서 마무리를 맺고 싶었다.

　차에서 내리니 사람들이 여러 건물에서 우르르 쏟아져 나오고 있었다. 다들 비를 피하고 있었던 듯하다. 기쁜 마음으로 함께 거리를 걸었다. 도로는 마을 변두리를 지나는 것인지 얼마 걷지도 않았는데 마을을 빠져나왔다. 약간 앞에는 아저씨 한 분이 터덜터덜 걸어가고 있었다. 이웃 마을로 가는 모양이었다. 길동무가 될 수도 있겠다는 생각에 말을 걸어볼 요량으로 조금 빠르게 걸었다. 그런데 갑자기 비가 다시 내렸다. 빗방울 한두 개가 떨어지더니 곧바로 수십 개로 불어나고 이내 억수같이 쏟아졌다. 이미 마을 밖이라 비를 피할 곳이 없었다. 어쩔 수 없이 세르비스에서 내렸던 장소까지 되돌아와 가게의 처마 아래서 비를 피했다. 조금 전의 아저씨는 돌아오지 않았다. 어쩌면 소나기라 예측해서 그런 걸지도 모른다는 생각이 들었다. 세르비스 한 대가 지나갔지만 좀 더 기다려보기로 했다. 그렇지만 십여 분을 기다려도 비가 잦아들 기미는 전혀 없었다. 결국, 오늘은 일진이 안 좋다고 생각하며 세르비스를 탔다.

비와의 악연은 아직 끝난 게 아니었다. 정말 놀랍게도 세르비스를 탄 지 1분도 안 돼서 그쳤다. 반갑기보다는 황당하고 너무나도 억울했다. 왠지 지금 내리면 비가 다시 올 것 같았기에 상황을 지켜봤다. 몇 분간 비는 오지 않았고 헤브론에 거의 도착해 갔다. 남은 것은 헤브론 바로 북쪽에 있는 마을인 할훌 (Halhul) 하나밖에 없었다. 그래서 마을 입구에 도착하자마자 고민할 것도 없이 즉시 차에서 내렸다. 그리고 헤브론만큼은 걸어서 들어갈 수 있다며 기뻐함과 동시에 비가 쏟아졌다. 고작 열 걸음을 내딛기도 전에. 그것도 아까보다 훨씬 더 많이.

마을 입구라 그런지 주변에는 비를 피할 건물이 없었다. 다른 사람들은 어디론가 재빠르게 뛰어갔지만, 발목이 아파서 뛸 수가 없었다. 비가 그칠 때까지 몇 시간을 기다려도 좋으니 비를 피할 수 있는 건물을 찾아보려 했지만 물벼락에 안경이 다 젖어 앞이 보이지 않았다. 주머니에 넣어 둔 안경닦이도 이미 흠뻑 젖어 안경이 닦이지 않았다. 정말 굉장한 폭우였다. 다 포기하고 지나가는 아무 차나 태워달라고 부탁하려고 손을 들었다. 불운이 끝난 것인지 차 한 대가 바로 멈춰 섰다. 가까이서 보니 택시였다. 그렇게 차를 타고 헤브론으로 들어왔다.

3.5. 공존의 도시에서 분쟁의 도시로

역시나 이번에도 소나기였다. 헤브론 초입 부분을 지날 무렵에 비는 그쳤다. 차에서 내리면 또다시 비가 올 것 같은 예감이 들었지만 오기가 생겨서 내렸다. 걷다가 비가 오면 아무 식당에라도 들어가 저녁을 먹을 생각이었다. 거리는 텅텅 비어 있어 걷기 좋았다. 다들 비를 피해 집으로 들어간 모양이다. 팔레스타인 사람들은 우산을 거의 쓰지 않기 때문에 비가 오면 실내에 있거나 차량으로만 이동한다. 그렇다곤 해도 동예루살렘 다음으로 가장 큰 도시인 헤브론에서 이 정도로 한적한 모습을 보게 될 줄은 몰랐다. 도로 위를 가득 채운 차들이 없었다면 영락없는 유령 도시의 느낌이 날 뻔했다.

비와는 아무런 관련이 없지만, 헤브론에는 정말로 "유령 도시"(Ghost town)라고 불리는 구역이 있긴 하다. 다름 아닌 헤브론의 심장부인 구시가지다. 이스라엘의 점령이 시작된 1967년 당시에 구시가지에는 7,500명이 살고 있었으나 1996년에는 고작 400명밖에 살지 않게 되었다.[114] 이스라엘이 각종 규제로 개발을 막는 한편, 구시가지 내외부에 정착촌을 건설하고 정착민들이 주민을 공격해 사람이 살 수 없는 곳으로 만들었기 때문이다.[115]

구시가지가 집중적으로 탄압받는 이유는 이곳에 유대 민족의 조상인 아브라함(Abraham)과 가족의 묘지가 있다고 믿어지기 때문이다. 우리나라에서는 흔히 '족장들의 무덤(Tomb of the Patriarchs)'으로 부르지만, 유대교에서는 '막벨라 동굴(Cave of Machpelah)'[x]이라 부르고 예루살렘 다음으로 중요한 성지로 기린다. 한편, 무슬림들도 아브라함(아랍어로는 이브라힘)을 선지자이자 아랍 민족의 조상으로 믿기 때문에 지하 묘지 바로 위에 '이브라힘 모스크(Ibrahimi Mosque)'를 세웠고 팔레스타인 무슬림들 사이에서는 이슬람의 4번째 성지로 기려진다.

오늘날 이브라힘 모스크는 무슬림과 유대인이 이용하는 공간으로 나뉘어져 있다. 세계 어디에서도 찾아보기 힘들 이런 모습은 안타깝게도 평화로운 공존이 아니라 탄압의 결과다. 오슬로 평화협상이 시작되어 팔레스타인인들에게 희망을 불어넣고 있던 1994년 2월에 헤브론 인근의 정착민 바루치 골드스타인(Baruch Goldstein)은 이브라힘 모스크에 돌입해 기도 중이던 29명의 팔레스타인인을 총으로 쏘아 죽이고 125명을 부상 입혔다.[116] 그는 평화협상에 반대하는 유대 단체 소속이었다. 테러 직후 헤브론에서 팔레스타인인들의 시위가 일어났고 이스라엘군은 이를 잔인하게 진압해 30여 명을 죽이고 백여 명이 넘는 부상자를 만들었다.[117] 이브라힘 모스크는 폐쇄되었고 9개월 뒤 다시 개방되었을 때는 일부가 유대인들의 기도 공간으로 분리되어 있었다.[118]

---

x) 두 개의 무덤 또는 두 개의 동굴이란 뜻이다.

팔레스타인인들은 이런 선례 때문에 이스라엘이 예루살렘의 알아크사 모스크도 철거하거나 분할시킬지 모른다고 크게 우려하게 되었다. 1996년에는 이스라엘이 성전산/하람 지하에서 터널 공사를 하는 것을 막으려고 시위를 벌이다 70명이 학살당했다.[119]

▶사진 18. 이브라힘 모스크 앞에 걸린 이스라엘 국기. 오늘날에도 모스크의 일부가 여전히 유대인들의 시나고그로 사용되고 있다. 심지어 무덤이 위치한 모스크 공간(즉, 분리당하지 않은 부분)에서 유대인들이 기도를 드리기 위해 때때로 팔레스타인들의 접근을 강제로 막는다.[120]

평화협상이 진전되면서 1997년에 헤브론의 80% 지역(H1)은 팔레스타인 정부에 이양되었다. 그러나 구시가지를 포함한 나머지 20% 지역(H2)은 오늘날까지도 이스라엘의 관할 지역으로 남아 5개의 정착촌이 존재한다. 이스라엘은 정착촌의 안전을 위해 도시 내부에 약 95곳의 통행을 제한하고 있고 그 중 19군데에는 정기검문소를 세웠다. 이브라힘 모스크 입구에 설치된 검문소도 있어서 무슬림들이 기도드리는 것을 방해한다.[121] 구시가지의 팔레스타인 주민을 추방하기 위한 억압 정책도 계속되었다. 검문소로 사람들의 이동과 생필품의 반입을 통제하고, 구급차와 소방차 진입을 지연시켜 인명피해를 만들고,[122] 상점을 강제로 폐쇄했다.[123] 이스라엘 군인들은 정착민이 주민들을 조직적으로 공격하는 모습을 보고도 가만히 있고 때로는 군경이 직접 나서서 주민들을 폭행하고 학대한다.[124] 이런 역경 속에서도 팔레스타인인들은 구시가지를 떠나지 않았다. 오히려 새로운 인구가 유입되어 2015년 현재 약 6,500명의 주민이 구시가지에서 살고 있다.[125]

1967년의 점령 이후 팔레스타인인들은 이스라엘의 억압을 피해 도망치거나 복종하는 대신 고향에 남아서 인내하는 투쟁법을 택했다. 팔레스타인인들은 이를 수무드(sumud)라 부른다.[126] 언론은 무장투쟁을 저항운동의 핵심이나 심지어 전부인 양 보도하지만 "존재하는 것이 저항하는 것"이라는 수무드야말로 팔레스타인에서 사는 모두가 가장 중히 여기는 정신이며 전 국민이 지금 현재도 실천 중인 운동이다.[127] 무장투쟁이 팔레스타인인들을 학살하거나 점령 정책을 강화할 수 있는 '정당성'을 제공하는 것과는 달리 수무드는 일말의 구실도 주지 않기 때문에 이스라엘을 역경에 빠트린다. 이스라엘은 수무드를 실천하는 주민들이 '자발적으로' 해외로 이주하도록 자유를 억압하고 생활 환경을 극도로 열악하게 만들지만, 이는 수많은 인권단체의 극심한 비판을 피할 수 없다. 예를 들어, 국제앰네스티(International Amnesty)는 해마다 이스라엘을 반인권 국가로 등재하고 있다. 2016년에는 이동과 표현, 집회결사의 자유 억압, 강제추방과 철거와 같은 주거권 침해, 고문, 학대, 임의적 체포와 구금, 경찰과 군인의 위법한 살인과 처형, 과도한 폭력, 정착민의 폭력, 여성에 대한 폭력, 전쟁범죄자에 대한 무처벌을 인권위반 행위로 지적했다.[128]

택시에서 내린 뒤 30분을 걷다 보니 시내에 도착했다. 그때까지도 비가 오지 않자 사람들은 약속이나 한 듯 한꺼번에 거리로 쏟아져 나왔다. 식당으로, 카페로, 쇼핑센터로 저마다 바쁘게 옮기는 발걸음이 도시에 다시 활력을 불어

▶사진 19. 헤브론 도시 전경. 팔레스타인에서 동예루살렘 다음가는 대도시다.

넣고 있었다. 보통 경제적으로 발전된 도시일수록 라말라처럼 개방적이고 세속적이고 익명성이 강하지만, 헤브론은 도리어 종교적이며 보수적인 곳으로 유명하다. 거리의 여성들은 거의 예외 없이 히잡을 쓰고 있고 주민들은 이웃과 더불어 사는 문화를 지키고 있다.

모텔에 들어와 체크인을 하고 저녁을 먹으러 구시가지로 나왔다. 많이 위축되었다지만 여전히 재래시장이 있고 사람들로 분주했다. 그러나 문을 걸어 잠근 건물들도 눈에 띈다. 폐쇄된 일부 건물의 2층에는 정착민들이 들어와 살고 있고 행인들에게 창문 너머로 오물을 던진다. 주민들을 보호하기 위해 그물망을 치고 팔레스타인 정부가 쓰레기를 주기적으로 수거하고 있으나, 액체 물질 투기나 악취로 인해 여전히 주민들이 고통과 불편을 호소한다.

▶사진 20. 구시가지에 쳐진 그물망과 정착민이 투기한 쓰레기(Photo credit: OCHA/Steve Sabella, 2015)[129]

과거에는 재래시장의 중심지가 슈하다(Shuhada) 거리에 있었다. 그러나 2차 인티파다 때 정착민을 대상으로 한 폭탄 테러가 연달아 발생한 후로 군사통제지역으로 설정되었고 10년이 넘은 지금도 출입이 제한되어 있다.[130] 오직 거주민과 외국인에게만 통행이 허락된다. 예전에 한 번 들어가 본 적이 있는데 검문소를 통과해 들어온 건데도 한 골목을 지나는 중에 3차례나 가방을 풀어헤쳐야 했다. 이렇게 거리를 막고 검문검색을 강화한다고 팔레스타인인들의 공격이 멈출 리 없다는 것을 알기에 너무나도 무의미해 보였다. 정착촌을 짓기 위해 땅을 빼앗고 정착민들의 테러가 계속되는 한 팔레스타인인들의 보복은 당연히 그치지 않을 것이다.

　식사를 마치고 숙소로 돌아왔다. 침대에 몸을 눕히며 여행을 무사히 끝마쳤다는 안도감을 만끽했다. 그동안 도시 내에서 여행할 때는 볼 수 없었던 모습을 봐서 뿌듯하고 만족스러운 여행이었다. 그래도 계획대로 도보 여행만으로 끝내지 못한 게 미련이 남았다. 검문소나 고속도로는 처음부터 어느 정도 예상한 일이었으니 그렇다 쳐도, 기후마저 방해한 것은 다시 생각해도 어이가 없었다. 그러나 대부분의 농업 국가에서 그렇듯이 팔레스타인에서도 옛날에는 비가 축복으로 여겨졌다. 비와 함께 여정을 마무리한 것은 여행을 무사히 마쳤다는 축복이었는지도 모르겠다. 그 후로 한 달 동안이나 비가 안 오는 것을 보며 억울했던 후일담이 있긴 하지만 말이다….

마치며 : 새로운 여정을 향해

　연휴는 내일까지다. 처음 계획을 세울 때는 남쪽 국경에도 발도장을 찍으려 했었다. 그러나 직장 동료이자 친구인 레나드(Renad)가 마지막 날에는 반드시 자기 집으로 놀러 오라고 신신당부를 한 터라 여정을 헤브론까지로 단축했다. 솔직히 아쉬운 마음이 컸지만, 그녀는 회사 일은 물론이고 팔레스타인에 대해서도 하나하나 친절히 가르쳐주는 고마운 스승이었다. 자밥디에서 열린 결혼식에 데려가 준 것도 그녀였다. 답례를 충분히 하지 못해 늘 미안해하던 터에 초대를 거절할 순 없었다.

　레나드는 우리 사무소에서 최고참 현지 직원이라 주위 사람들을 많이 도와주곤 했다. 그래서 한국에서 출장 온 협력기관의 사람들이 그녀를 보고 놀라기도 했다. 처음 봤을 때는 그저 미모의 여성이 사무원으로 일하고 있다며 감탄을 터트리지만, 업무를 마치고 한국으로 돌아갈 때쯤에는 팔레스타인에도 착한 사람이 있다고 감명받는다. 어느 날은 레나드가 없는 자리에서 한국인들끼리 "팔레스타인 사람들이 레나드 같기만 하면 다들 평화롭게 살 텐데."라고 말하는 것을 듣고 너무 안타까웠다. 팔레스타인인들이 폭력적이라 유대인과 싸운다는 전형적인 편견이 엿보였기 때문이다. 팔레스타인 사람들을 몇 번 만나본 적도 없고 제대로 된 대화를 나눠본 적은 더더욱 없으면서 왜 이런 가당치도 않은 인종차별주의자가 된 것일까. 모르기 때문이다.

　팔레스타인은 우리나라로부터 심리적으로 가장 멀리 떨어진 나라 중 하나다. 테러와 안전 문제에 대한 과장된 인식으로 일반 국민들은 팔레스타인에 발걸음을 디뎌보지 못하고 미디어로만 접해왔다. 그런데 기성세대가 접해온 미디어는 친기독교, 친미 성향으로 인해 전통적으로 친이스라엘 일색이었고 역사적 사실을 전하기보다는 이스라엘의 개발 신화와 군사적 성공만을 선전했다. 여기에 길들여진 한국인들은 팔레스타인을 찾아와 눈으로 보더라도 선입견에 사로잡혀 헤어 나오질 못한다. 서안지구에서 황무지를 보게 되면 팔레스타인인들이 게을러서 그런 거라며 비난하고 이스라엘의 경제 수도라 불리는 텔아비브와 같은 번창한 도시를 보면 사막에서 꽃을 피웠다고 칭송한다. 팔레스타인의 황무지가 C 지역이라 개발이 금지되고 물을 끌어다 쓰는 것이 불가능하다는 것을 모르고, 텔아비브는 사막이 아니었다는 사실도 모르기 때문이다.[131]

이스라엘군이 팔레스타인인들을 학살해도 그들이 유대인을 먼저 공격했기 때문에 정당화된다고 주장하는 한국인도 여럿 보았다. 그들은 팔레스타인인들이 왜 '테러'를 하는지는 조금도 의문을 가지지 않았다. 이스라엘군과 경찰, 정착민들이 팔레스타인인들보다 먼저, 지속해서, 더 심각한 인명피해를 일으키는 테러를 하고 있다는 사실은 알지 못하고 설령 가르쳐줘도 인정하지 않았다. "그래도 테러는 잘못된 거잖아요."라는 말에 "그럼 팔레스타인인들을 먼저 억압하고 죽인 이스라엘인들의 행동은요?"라고 되물으면 불만에 찬 표정을 지으며 그저 침묵할 뿐이다. 정치적 혹은 종교적 선입견에 가득 차 옳고 그름을 머릿속에 이미 정해놓고 있는 게 눈에 보였다.

필자가 KOICA 팔레스타인 사무소에서 마지막으로 일한 2015년 7월 31일에 나블루스주의 두마(Duma) 마을에서는 복면을 쓴 정착민들이 가정집에 화염 폭탄을 던져 18개월 된 아이와 부모를 살해했다.[132] 이스라엘의 베냐민 네타냐후(Benjamin Netanyahu) 총리조차도 테러라고 규탄한 이 사건으로[133] 팔레스타인인들의 시위는 빈번해졌다. 몇 주 뒤에는 헤브론 도심지에서 이스라엘군이 대학생 한 명을 체포했다. 이스라엘군은 당시 이 학생이 무기를 소지하고 있었다고 주장했으나 온라인에 올라온 영상에서는 무기를 소지하지 않은 것으로 확인되어 시위가 전국으로 확산하는 계기가 되었다. 급기야 10월에는 분노의 달이라는 이름을 붙이고 저항운동을 거국적으로 일으키자는 운동이 일었다. 일부는 과감히 무장투쟁을 선택해 나이프를 들고 이스라엘 군인이나 정착민들을 기습 공격했다. 소요가 발생한 2015년 10월부터 2016년 3월 사이에 팔레스타인인들은 26명의 이스라엘인을 살해하고 241명을 부상 입혔다. 이들은 그저 폭력적이라서 이런 '테러'를 감행한 것일까? 하지만 같은 기간 동안 204명의 팔레스타인인이 이스라엘군에게 살해당했고 그중 130명이 공격을 시도하던 중에 목숨을 잃었다. 이렇게 목숨을 불사하면서까지 하는 행동을 단순히 폭력적 성향 때문이라고 말할 수 있을까? 더군다나 14,324명

의 팔레스타인인이 다쳤는데 대다수는 폭력 행위 없이 시위에 참여했을 뿐이다.[134]

너무나 당연한 소리지만 팔레스타인인들은 우리와 똑같은 평범한 인간이다. 그들이라고 좋아서 무장투쟁이나 시위를 벌이는 게 아니다. 인간으로서의 존엄과 권리를 억누르는 식민 지배를 끝내기 위해 절박하게 저항하고 있는 것뿐이다. 이를 거부하는 이스라엘을 평화협상 테이블에 끌어다 앉힌 것도 팔레스타인인들이다. 하지만 이스라엘은 1967년 이전의 국경선을 회복시켜 주는 것을 거부하고 팔레스타인 국토 안에 있는 자원 등을 이용할 온전한 주권도, 난민들의 귀환도 그 어느 것도 용납지 않았다. 오히려 협상이 시작된 이후에도 정착촌을 꾸준히 확장하고 통제와 약탈, 억압을 강화했다. 평화협상에서 팔레스타인인들이 요구한 조건들은 1948년이나 1967년 이래 유엔에서 합법적이고 정당한 권리라고 수십 번도 넘게 결의한 것들이지만 국제사회는 팔레스타인인들에게 힘을 실어 주지 않았다. 그로부터 20년이 넘게 흐른 오늘날에도 팔레스타인인들이 평화적인 해결책에 조금이라도 기대할 수 있을까?

놀랍게도 과반수의 팔레스타인인들은 아직도 그러하다. 팔레스타인 정책 설문연구센터(Palestinian Center for Policy and Survey Research, PSR)가 2015-16년 동안 1만여 명의 팔레스타인인을 대상으로 실시한 8차례의 분기별 설문 조사[135]에서 "이스라엘과 병행하는 팔레스타인 국가의 건국을 위한 가장 효과적인 수단은 무엇이라고 생각하십니까?"[y]라는 질문에 55%는 협상(30.2%)이나 비폭력 대중저항 운동(24.8%)으로 응답했다. 무장투쟁은 39.5%에 그쳤다. 만약 "평화협상이 중지"되더라도 비폭력 운동을 선택해야 하느냐는 질문에도 63.0%가 찬성하고 35.9%가 반대했고, 무장투쟁을 해야 하느냐는 질문에는 그보다 조금 적은 53.1%가 찬성하고 45.6%가 반대했다.[136]

---

y) 이를 두 국가 해법(two-state solution)이라 부른다. 이스라엘과 팔레스타인이 하나의 국가를 만드는 한 국가 해법(one-state solution)과 대비된다.

표 3 "당신이 생각하시기에, 이스라엘과 병행하는 팔레스타인 국가의 건국을 위한 가장 효과적인 수단은 무엇이라고 생각하십니까?"에 대한 응답

시기	Poll no.	평화적 해결책 (A+B+C)	협상(A)	비폭력 대중저항(B)	UN에 회부(C)	무력 투쟁(D)	모른다/ 미응답	관련 문항
2015.1Q	55	59.1%	29.4%	29.7%	–	36.7%	4.3%	47
2015.2Q	56	58.1%	32.3%	25.8%	–	36.2%	5.8%	49
2015.3Q	57	53.4%	29.2%	24.2%	–	41.6%	5.0%	54
2015.4Q	58	54.2%	26.2%	22.6%	5.4%	45.8%	–	48
2016.1Q	59	57.9%	28.6%	23.9%	5.4%	42.1%	–	47
2016.2Q	60	51.6%	30.0%	21.6%	–	43.0%	5.4%	59
2016.3Q	61	60.2%	33.5%	26.7%	–	33.5%	6.2%	29
2016.4Q	62	56.6%	32.7%	23.9%	–	37.4%	6.0%	37

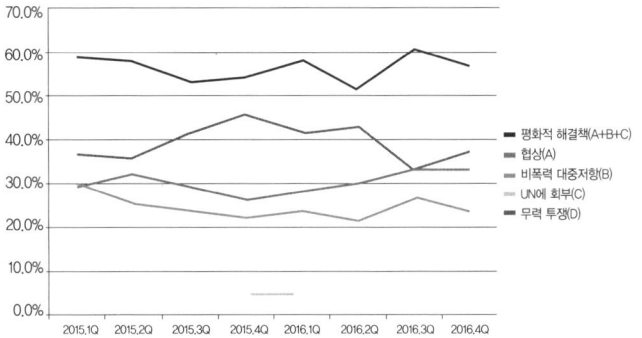

그림 1 이스라엘과 팔레스타인 간의 평화협상이 중지된 지금 다음의 선택지에 찬성하거나 반대하십니까?에 대한 응답

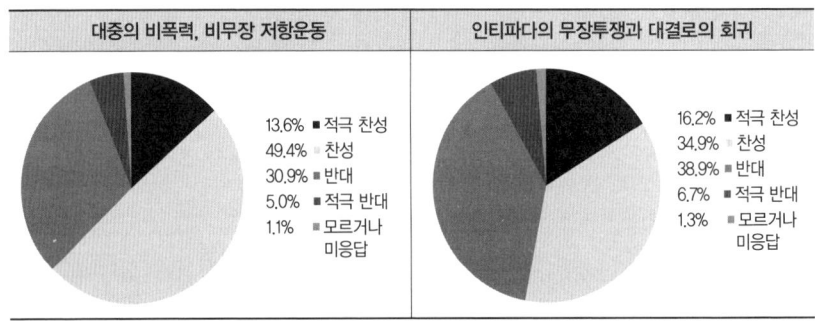

 백 년이 넘는 분쟁과 반세기가 넘게 계속된 점령으로 팔레스타인인들이 '얼마나' 지치고 괴로워하는지를 안다면 이러한 응답은 정말로 놀랍게 느껴

질 것이다. 1장에서 다룬 점령지의 실태는 안타깝게도 극히 일부분에 불과하다. 그저 악랄한 식민 지배의 윤곽을 엿볼 수 있도록 대표적인 유형만을 소개했을 뿐이다. 여행기에 포함할 수 없었던 가자지구의 상황은 더한층 열악하다. 2007년부터 계속된 완전 봉쇄는 주기적으로 반복되는 교전이나 전쟁보다도 절대 덜하지 않은 고통을 주고 있다. 전쟁으로 파괴된 집을 수리할 건축자재를 들여오지 못하고, 신생아가 추위에 얼어 죽는데도 발전소를 고칠 부품을 구할 수 없고, 전기를 생산할 석유도 충분히 수입할 수 없고,[137] 마실 물이 부족해 주민들이 해수가 섞여 들어간 지하수를 식수로 쓰고 있는 상황에도 전력이 부족해 담수 시설을 가동하지 못한다.[138] 필자는 2014년 전쟁이 끝나고 반년이 조금 더 지난 이듬해 3월에 가자지구로 출장을 왔는데 그때까지도 복구되지 못한 모스크와 집들을 볼 수 있었다.[139] 숙박한 5성 호텔에서는 양치할 때 물에서 소금 맛이 확 느껴졌고 샤워를 한 후에는 피부가 따끔거렸다. 물 문제가 심각하다는 것을 문자 그대로 피부로 깨달았다. 그런데 동행한 가자지구 보건부 직원에게 주민들이 가장 필요로 하는 게 뭐냐고 물으니 의외로 석유라는 대답을 들었다. 전력이 공급되는 시간에 맞춰 사람들이 일상을 조정할 정도로 전력난은 위태로웠다.

> 누군가를 정말 그리워하다가 마침내 만나게 되었을 때 기분이 어떤지 아세요? 하루 종일 함께 있고 싶고, 조금도 시간을 낭비하고 싶지 않고 함께 하는 시간을 즐기고 싶죠. 그게 바로 전기와 제 관계에요. 8시간 동안 들어오고 8시간 동안 끊기는 게 가자에서 전기가 공급되는 방식이에요. 이렇게라도 전기를 쓸 수 있는 건 축복이에요. 2014년에 (이스라엘의) 가자 침공 이후부터 3개월 넘게는 하루에 4시간만 전기가 들어왔거든요.
> 모든 게 이 소중한 시간 동안 작동돼야 해요. 세탁기, TV, 컴퓨터, 노트북과 휴대폰 충전, 그리고 물 펌프도요! 전기가 들어오면 그때가 몇 시든 간에 모두가 자다가도 일어나요. 마치 신성한 법이라도 되는 것처럼 말이죠. 일찍 잠자리에 들었다가 자정에 여자들이 빨래하고 학생들이 공부해요. 샤워하는 사람들도 있어요. 물도 전기가 작동해야 들어오는 거니까요. 때로는 손빨래를 해야만 해요. (세탁기를 돌리기엔) 전기 공급량이 부족하거나 공급되는 시간이 짧을지도 모르니까요.

전 전기가 부족한 게 문제는 아니라고 혼잣말해요. 사실 전기가 없을 때 일을 자주 해요. 손으로 할 수 있는 일들을요. 그러나 전기가 정말 그리워지는 때도 있어요. 얼어붙을 것 같은 날씨에도 난로를 틀지 못하고, 아이들은 화장실을 혼자 가는 걸 무서워하고, 신생아가 추위에 얼어 죽고, 사람들이 촛불을 켜고 잠들었다가 눈을 뜨면 화상을 입은 채 병원에서 일어나게 되는 겨울에 말이에요. 이것만 제외하면 저는 전기가 없어도 문제가 없다고 말해요.

- 『This Week In Palestine』의 기고문에서 발췌[140]

이처럼 이스라엘의 점령으로 인한 팔레스타인의 피해는 우리의 상상을 초월한다. 수치화할 수 있는 경제적 피해만 계산하더라도 그 규모가 엄청나다. 2014년에 국제 사회는 팔레스타인에 24.9억 달러의 원조를 지원했으나,[141] 예루살렘 응용연구기관(the Applied Research Institute - Jerusalem, ARIJ)은 같은 해에 이스라엘의 점령으로 총 94.6억 달러의 경제적 손실이 발생했고 그중 전쟁으로 인한 피해를 27.6억 달러로 측정했다.[142] 이는 같은 해 GDP 127.2억 달러의 74.4%에 해당한다.[143] 한편, 유엔무역개발협의회는 상기의 조사가 점령으로 인한 '일부 제약'의 '직접적 비용'만을 계산한 한계를 지적하며 점령이 없다면 GDP의 2배도 생산할 수 있을 것으로 분석했다.[144] 유엔무역개발협의회는 이렇게 "점령의 경제적 비용을 측정하는 것이 점령에 대한 가격표를 붙이거나 점령을 끝내는 대신 지불할 보상금을 설정하는 것으로 이해되어서는 절대 안 된다. 더구나 … 생명과 공동체, 문화, 주거지, 고향의 손실과 파괴로 인한 정신적 고통은 어떠한 금전적인 가치로도 매길 수 없다."[145]라고 일깨운다.

국민이 주권을 행사할 수 있는 민주주의 제도를 가진 이스라엘이 어째서 이렇게 비인도적이고 구태 악습의 정점인 식민 지배를 하는 것일까? 유대인들이 사악한 인종이라서 그런 것일까? 앞서 두마 마을에 불을 질러 3명의 팔레스타인인을 살해한 정착민의 테러에도 나름의 명분은 있었다. 한 달 전 도로에서 신원불상자의 총격으로 목숨을 잃은 어느 유대인에 대한 보복이었다. 당시 사망한 유대인의 어머니는 테러 소식을 듣고 충격을 받았다. "이건 내 아들에 대한 추억과 아들이 살아온 방식에 대한 모욕입니다. 우리는 그들과 관련이 없고 이런 식으로 연관되고 싶지도 않습니다." "이곳에서 무슨 일이 일어나면 모든 정착민이 다 그럴 거라고 생각하기 쉽습니다. 그러나 우리도 다른 사람들과 똑같은 방식으로 자라났습니다."[146] 이 인터뷰는 세간의 인식과 달리 그녀가 지극히 평범하고 선량한 사람이라는 것을 잘 보여준다. 종단여행을 떠나기 한 달 전에 제닌 근처에서 정착민에게 차를 얻어 탄 적이 있는데 그 역시도 겉보기에는 어느 나라의 어느 거리에서 만날 수 있는 평범한 사람이었다. 식민정책의 첨단에 서 있는 그들이 이렇게 '평범'할 수 있는 것은 다른 유대인과 마찬가지로 식민 지배의 현실을 제대로 모를 뿐만 아니라 스스로를 분쟁의 피해자로 인식하고 있기 때문이다. 적어도 그들이 배우고 믿고 있는 역사관에서는 그러했다.

친이스라엘 사관에 따르면 유대인들은 팔레스타인 땅의 정당한 주인이며, 유럽에서 2천 년 가까이 살아오다가 19세기 말부터 고향으로 평화롭게 귀환해 왔는데 이곳에 거주하던 아랍인 손님들로부터 박해를 받았다. 1917-18년부터 팔레스타인을 통치한 영국은 아랍인의 편을 들고 유대인을 억압했으나, 유대인들은 팔레스타인 땅에 경제적 번영을 가져와 영국과 아랍인들을 이롭게 해주었다. 많은 아랍인이 만족했으나, 소수의 아랍 민족주의자들은 자신들의 정치적 욕망을 채우기 위해 유대인을 공격했다. 유대인들은 살아남기 위해 반격할 수밖에 없었다. 유엔의 승인을 받아 1948년에 이스라엘을 건국했을 때는 인근의 아랍 국가들이 침공해 와서 전쟁이 발발했다. 팔레스타인의 아랍인들은 함께 평화롭게 살자는 유대인의 제안을 거부하고 아랍 국가들의 명령에 따라 자발적으로 국경을 넘어 난민이 되는 것을 선택했다. 따라서 유대인들은 아랍인의 박해를 받은 피해자이고 이스라엘의 건국은 정당하며, 난민에 대한 어떠한 책임도 없다. 1948년 이후부터는 아랍 국가들의 침략으로부터 방어하거나 예방한다는 안보 논리가 침략 전쟁, 학살, 자원 약탈, 정착촌 건설 등 어떤 반인권적 행위도 모조리 정당화해 주는 '충분한 이유'가 되어 왔다.

이스라엘의 역사관은 오랫동안 서구 역사학자들로부터 널리 인정받았다. 팔레스타인인들과 다른 아랍 국가들이 거짓이라고 항변했으나 친이스라엘로 편향되었던 서구인들은 믿지 않았다. 그런 서구 사회의 태도를 바꾼 것은 1980년대 후반에 등장한 이스라엘의 "신(新)역사학자들"이었다. 그들은 정부의 비밀자료가 공개되어 1948년 전쟁의 진실을 알게 되자 역사 진상규명을 하고 나섰다. 그로부터 30년이 지난 오늘날에는 이스라엘의 주장을 맹목적으로 옹호하는 전문가들은 크게 줄어들었다. 반면 비전문가인 대중에게는, 특히 우리나라처럼 중동에 대해 문외한인 지역에서는 이스라엘의 왜곡된 역사 서술이 널리 신봉되고 있다. 안타깝게도 이런 시각들은 우리 사회에서 친식민주의와 인종차별주의를 유발하고 있다.

왜 오늘날에도 분쟁이 계속되는지를 이해하기 위해서는 분쟁이 어떻게 시작되었고 원인은 무엇이었는지, 그 역사를 알아야 한다. 과거를 묻지 않고 오늘날의 모습만을 보고 따진다면 누가 옳고 그른지를 판별할 수 없다. 대부분의 팔레스타인인들은 이스라엘의 유대인에게 살해당한 가족이나 친지가 있고, 그보다는 적지만 유대인들 역시 팔레스타인인들에 의해 목숨을 잃은 가까운 지인들이 있다. 단순히 이 사실 하나만으로도 서로가 서로에게 보복할 만한 동기는 충분하다. 따라서 책임을 묻고 분쟁을 멈추려면 역사를 거슬러 올라가 누가 먼저 갈등의 원인을 제공했는지를 알아내야만 한다. 문제는 이게 쉬운 일이 아니라는 것이다. 독자들 중에는 팔레스타인에 대한 책을 한두 권 정도 읽고 '아! 이래서 분쟁이 생겼구나. A가 잘못한 거구나.'라고 생각한 분들이 있을 것이다. 그러나 만약 다른 시각에서 보다 자세히 쓴 책을 읽게 된다면 십중팔구는 생각을 정반대로 바꾸거나 어리둥절해져서 판단을 보류하게 될 것이다. 필자가 그러했다.

'여는 글'에서 밝혔듯이, 필자는 원래 분쟁과 관련이 없는 일상의 모습을 세상에 전하고 싶었고 300쪽 내외의 교양서적을 기획했다. 하지만 잘못된 선입견과 편견을 지우지 않은 채 이런 이야기를 들려주면 분쟁이란 현실을 가려버릴까 봐 역사서를 먼저 쓰기로 마음을 바꾸었다. 이때는 그저 해외 유명 학자들이 쓴 전문서적 10여 권을 참고하면 간단하게 집필할 수 있을 것으로 생각했다. 엄청난 착각이었다. 친팔레스타인 학자들의 책을 읽고 나서 친이스라엘 학자들의 책을 읽으니 무엇이 진실인지 하나도 알 수 없었다. 분명 같은 사건을 서술하면서도 원인과 결과가 다르고 책임에 대한 평가도 달랐다. 뭐가 사실인지를 모르니 더 이상 단 한 줄도 써 내려갈 수 없었고 이미 적었던 수십 장도 반 이상을 다 지워버렸다. 역사는 포기해야 하나 고민을 거듭하던 중에 무엇이 진실인지를 직접 확인해 보고자 1차 사료를 들여다보는 용기를 내보았다. 다행스럽게도 백여 년 전 영국이 팔레스타인을 통치하던 당시에 정부의 조사위원회들이 남긴 보고서들을 찾을 수 있었고 이때부터 자신감을 가지고 진실을 찾아가는 연구를 제대로 시작할 수 있었다.

그로부터 정말 많은 시간이 흘렀다. 상상한 것보다 분쟁의 역사는 더욱 복잡했다. 팔레스타인에서 분쟁은 1917년을 기점으로 생겨난 것으로 보지만, 그러한 갈등이 생겨난 배경과 누가 옳은지를 따지는 작업은 고대로까지 거슬러 올라간다. 그 기나긴 역사에서 이견이 존재하는 사안들은 수백 개가 넘는다. 그중 무엇을 책에 담을지는 엄청난 고민거리였다. 지나치게 전문적으로 써서 대중이 읽기 어렵게 돼버리길 원치는 않지만, 독자들이 다른 책을 읽고 나서 부화뇌동하지 않을 수 있도록 잘못 알려진 역사적 사실과 편협한 시각을 충분히 검증하는 종합적인 글을 써야 했다.

심혈을 기울여 글을 다음과 같이 구성했다. 우선, 제2장에서는 종교적 이해관계로 생겨난 선입견을 깨트리기 위해 고대부터 20세기 초까지 종교와 관련된 역사를 살펴본다. 이는 분쟁과 직접적인 관련은 없지만 분쟁의 원인을 이해하는 데 도움을 주고, 종교적 편견에 휘둘리고 있는 많은 사람들에게 필수적인 내용이다. 제3장은 유럽에서 유대인들이 대거 이주해오기 시작하는 1880년대부터 1914년까지의 역사를 다룬다. 이주의 목적이 평화적이었는지 아닌지를 유대인들이 직접 남긴 기록을 중심으로 분석한다. 제4장은 1차대전부터 1930년까지 영국이 팔레스타인을 점령하고 통치한 방식을 설명한다. 당시 영국 정부의 기록을 중심으로 영국이 팔레스타인에서 분쟁의 구도를 만들어 낸 책임이 있다는 것을 보여줄 것이다. 마지막으로, 제5장은 팔레스타인인들이 대항쟁을 벌이는 1930년대부터 팔레스타인 전쟁이 발발하는 1948년까지를 중점적으로, 그리고 그 이후의 일들을 간략하게나마 살펴본다. 이 시기에 팔레스타인인들은 무장투쟁을 선택하게 되는데 그 이유가 무엇인지 그리고 정당화될 수 있는지를 함께 고민할 것이다.

Endnotes

1) Palestinian Central Bureau of Statistics(PCBS), "Estimated Population in the Palestine Mid-Year by Governorate,1997-2026," May 26, 2021, accessed February 10, 2023, https://pcbs.gov.ps/statisticsIndicatorsTables.aspx?lang=en&table_id=676.

2) 1967년에 이스라엘에 병합된 동예루살렘과 인근 마을(J1 지역)을 포함하지 않은 수치다. PCBS, "Major national accounts variables in Palestine for the years 2020, 2021 at current prices," December 15, 2022, accessed February 10, 2023, https://www.pcbs.gov.ps/statisticsIndicatorsTables.aspx?lang=en&table_id=1603.

3) World Bank, "Net official development assistance received (current US$)," accessed February 7, 2017, http://data.worldbank.org/indicator/DT.ODA.ODAT.CD?locations=PS&view=chart. "Net ODA received per capita (current US$)," accessed April 6, 2017, http://data.worldbank.org/indicator/DT.ODA.ODAT.PC.ZS?view=chart.

4) 유엔 인도주의업무조정국은 이스라엘의 점령과 이스라엘-팔레스타인 분쟁과 직접적으로 관련된 폭력 사건에서 발생한 모든 사상자를 '분쟁 관련 사상자' 수치에 포함하고 있다. 여기에는 군사 작전, 수색과 체포 작전, 시위 중 충돌, 정착민과 연관된 공격 등이 포함되며, 불발탄의 폭발이나 터널 붕괴, 팔레스타인인들 간의 폭력 등은 제외된다.

5) 분쟁 관련 팔레스타인과 이스라엘 측 사상자 수치는 모두 유엔 인도주의업 무조정국의 통계를 따르며, 이스라엘 내에서 사망한 소수의 팔레스타인인은 서안지구 사망자 수치에 포함시켰다. 연도별 팔레스타인 인구는 팔레스타인 중앙통계청 자료를 사용했다. UNOCHA, "Data on casualties," accessed February 10, 2023, https://www.ochaopt.org/data/casualties; PCBS, *Estimated Population*.

6) 한국경찰청, *2016 교통사고통계 : 2015년 통계*, 17.

7) UNOCHA, "Data on casualties."

8) PCBS, "Casualties in Road Traffic Accidents in Palestine by Governorate and Type of Injury 2014," accessed March 22, 2017, http://www.pcbs.gov.ps/Portals/_Rainbow/Documents/road_e4.htm. "Main Indicators Related to Road Traffic Accidents in Palestine 2015- 2021," December 6, 2022, https://www.pcbs.gov.ps/statisticsIndicatorsTables.aspx?lang=en&table_id=1384.

9) PCBS, "Percentage Distribution of Victimized Persons by Last Crime Reporting and Region During Last 12 Months, 2012," accessed March 18, 2017, http://www.pcbs.gov.ps/Portals/_Rainbow/Documents/vict_3.htm.

10) 미신고 사유는 사건이 경미하거나(46.5%), 경찰의 간섭이 싫어서(16.2%), 사적인 관계 내에서 해결(11.8%), 정부에 대한 불신(9.9%) 등으로 조사되었다. PCBS, "Percentage Distribution of Victimized Persons by Reasons for not reporting Crime and Region During Last 12 Months, 2012," accessed March 18, 2017, http://www.pcbs.gov.ps/Portals/_Rainbow/Documents/vict_3.htm.

11) 즉, 사상자가 발생한 교통사고가 모두 신고되었다면 1,000명 중 3.1명의 사상자가 발생한 것이고, 신고율이 49.2%에 그쳤다면 6.3명의 사상자가 발생한 것이다.

12) United Nations Office on Drugs and Crime(UNODC), "Victims of Intentional homicide, rates and counts per 100,000 population," accessed July 26, 2023, https://dataunodc.un.org/content/homicide-rate-option-2.

13) 2015년 8월 18일에 상향조정되었다. 한국외교부, "해외안전여행-엘살바도르 여행경보단계 상향조정," August 19, 2015, https://www.0404.go.kr/dev/newest_view.mofa?id=ATC0000000004058&pagenum=1&mst_id=MST0000000000040&ctnm=&div_cd=157&st=title&stext=.

14) 팔레스타인 중앙통계청이 공개하는 살인율은 비의도적 살인을 포함한 수치라서 다른 국가들과의 비

15) 2017년 2월 22일에 하향조정되었다. 한국외교부, "2017년 상반기 여행경보 정기조정 실시," February 22, 2017, https://www.0404.go.kr/dev/newest_view.mofa?id=ATC0000000005434&pagenum=1&mst_id=MST0000000000040&ctnm=&div_cd=164&st=title&stext=.

16) 사상자 수치는 UNOCHA, *Data on casualties*를, 인구와 교통사고 사상자 수는 이스라엘 중앙통계청을 참조했다. 2016년 교통사고 부상자 수를 찾지 못해 2011년으로 대체했다. 2016년에 교통사고로 사망한 사람은 335명으로 2011년의 341명과 유사하다. Israeli Central Bureau of Statistics(ICBS), "Israel in Figures 2012-16."

17) 한국외교부, "2019년도 하반기 여행경보 정기조정 실시," December 3, 2019, http://0404.go.kr/dev/newest_view.mofa?id=ATC0000000007451&pagenum=2&mst_id=MST0000000000040&ctnm=&div_cd=177&st=title&stext=.

18) 2017-2020년의 통계만 분석해보면, 우선 서안지구의 사상자 수는 2012-16년 평균 대비 18.3% 감소했고, 사망자는 연평균 35명으로 48.1% 감소했다. 반면 가자지구의 사상자 수는 2018년도에 폭증하는 바람에 2012-16년 평균 대비 181.0% 증가했다. 다만 전쟁이 없었던 덕분에 사망자 수는 오히려 80.4%나 감소해 99.8명이 되었다. 한편, 이스라엘의 사상자 수는 83.4% 감소했고, 사망자 수는 59.5% 감소해 연평균 11.3명에 그쳤다. 이 역시도 이스라엘이 전쟁을 일으키지 않았기 때문이다. UNOCHA, "Data on casualties."

19) 2023년 7월 26일 기준.

20) UNODC는 팔레스타인 중앙통계청으로부터 제공받은 '서안지구' 내 살인 수치를 '팔레스타인 전체'로 오인해 10만 명당 살인율을 잘못 계산했다. 중앙통계청과 교차확인 후 UNODC에 이를 안내하였다. 가자지구의 피살자 수치는 집계되지 않아서 서안지구만 인용하였다. UNODC, "Victims of Intentional homicide."

21) 팔레스타인 당국의 사전 허가도 필요하다. 팔레스타인 측의 허가는 받기 쉬우며, 사전 허가를 받지 않은 경우에도 입국비를 지불하면 통과가 허락된다.

22) 출입국 검문소의 수는 2017년 1월 기준이며, 대부분이 국경선보다 수 킬로미터 내륙에 위치해 있다. 또한, 신분에 따라 이용 가능한 검문소가 다르다. B'Tselem, "Restriction of movement," accessed August 28, 2017, http://www.btselem.org/freedom_of_movement/checkpoints_and_forbidden_roads.

23) Badil, *Forced Population Transfer: The Case of Palestine, Installment of a Permit regime*, December 2015, 21.

24) UNCTAD, *The Besieged Palestinian Agricultural Sector*, UNCTAD/GDS/APP/2015/1, 2015.

25) Palestinian Water Authority(PWA), *Strategic Water Resources And Transmission Plan*, April 2014, 2-4.

26) 대수층에 관한 이스라엘과 팔레스타인 양측의 입장은 다음을 참조하라.

27) B'Tselem, "Discriminatory water supply," 2016, accessed March 27, 2017, http://www.btselem.org/water/discrimination_in_water_supply; 자세한 내용은 다음을 보라. M. El-Fadel et al., "The Israeli Palestinian Mountain Aquifer: A case study in ground water conflict resolution," *Journal of Natural Resources and Life Sciences Education* 30 (2001).

28) 팔레스타인 수자원청에 따르면 2012년에 동예루살렘을 포함한 서안지구의 물 수요가 178 MCM이었으며, 2017년에는 인구와 산업의 성장으로 수요가 296 MCM까지 늘어날 것으로 예상된다. PWA, *Water Resources*, 7-8:Table 1, 2.

29) 1995년에 체결된 오슬로 협정 II Annex III 제40조에 따르면, 팔레스타인은 대수층에서 138.5mm(20%)까지 추출할 수 있으나 실제로는 14%밖에 못하고 있다. Amira Hass, "Israel admits cutting West Bank water supply, but blames Palestinian Authority," *Haaretz*, June

21, 2016, http://www.haaretz.com/israel-news/1.726132.
30) PWA, *Water Resources*, 5-6.
31) PCBS, "Selected Indicators for Water Statistics in Palestine (1), 2010 - 2018," accessed January 21, 2021, http://www.pcbs.gov.ps/Portals/_Rainbow/Documents/water/%E2%80%8F%E2%80%8FWater-E-selected-indicator-in-West-Bank.html.
32) Mekorot에서 구매한 물 중 63.8 MCM은 서안지구에서 사용되었고 나머지 6.4 MCM은 가자지구에서 사용되었다. PCBS, "Quantity of Water Purchased From Israeli Water Company (Mekorot) in Palestine by Governorate and Year(1), 2009 - 2015," August 12, 2017, http://www.pcbs.gov.ps/Portals/_Rainbow/Documents/water/water-E5-2015.htm.
33) 오슬로 협정 II에 따르면 이스라엘은 팔레스타인에 31 MCM을 팔아야 할 의무가 있으며, 점차적으로 이보다 많은 양을 판매해오고 있다. World Bank, *West Bank and Gaza: Assessment of restrictions on Palestinian water sector development* (Washington, D.C.: World Bank Group, 2009), 8.
34) 이스라엘은 해수를 정제해서 얻은 물은 산정에서 제외해야 한다고 주장한다. B'Tselem, "*Water Supply.*"
35) 팔레스타인 정부가 인구 조사에서 종교를 포함시키지 않기 때문에 종교별 인구수에 대한 공식적인 자료는 없다. 2009년에 종교와 신념의 자유에 대한 유엔 특별보고관(special rapporteur)은 98%의 인구를 순니 무슬림으로, 기독교 인구는 2% 미만으로 추정했다. Asma Jahangir, General Assembly of United Nations(UNGA), "Promotion and Protection of All human Rights, Civil, Political, Economic, Social and cultural Rights, Including the RIght to Development," A/HRC/10/8/Add.2 (January 12, 2009), 8.
36) Mitri Raheb, 나는 팔레스타인의 크리스천이다, trans. 안경덕 (서울: 기독교문서선교회, 2008), 28-9.
37) C 지역에서 팔레스타인 정부는 교육 등의 기능적 관할권만을 행사할 수 있다.
38) 다음을 편집함. UNOCHA, *Area C Of The West Bank: Key Humanitarian Concerns*, August 2014.
39) 그중 241개는 마을과 공동체 거주지 전부가 C 지역으로 지정되어 있고, 나머지는 일부 지역만 C 지역에 속해 있다. 마을 하나가 A, B, C 지역 모두에 속하는 경우도 있다. UNOCHA.
40) BIMKOM, *The Prohibited Zone: Israeli planning policy in the Palestinian villages in Area C*, June 2008.
41) UNOCHA, *Under Threat: Demolition Orders in Area C of the West Bank*, September 2015, 3.
42) UNOCHA, "*Vulnerability Profile Project: Water, sanitation and Hygiene oPt,*" accessed March 27, 2017, https://public.tableau.com/profile/ocha.opt#!/vizhome/WASH_VPP/DashAccessland.
43) UNOCHA.
44) B'tselem, *Acting the Landlord: Israel's Policy in Area C, the West Bank*, June 2013, 21; UNOCHA, *Humanitarian Bulletin occupied Palestinian Territory*, August 2016, 9-10; Amnesty, *Troubled Waters - Palestinians Denied Fair Access to Water*, October 27, 2009, 36-46.
45) 접근성에 따라 가격이 달라진다. 환율은 1 NIS = 300원으로 계산했다. UNOCHA, *Humanitarian Bulletin occupied Palestinian territory*, July 2016, 7.
46) UNOCHA, *Area C*.
47) Orhan Niksic, Nur Nasser Eddin, and Massimiliano Cali, World Bank, "Area C and the Future of the Palestinian Economy," (Washington D.C.: World Bank Group, 2009), 1-7.

48) 원칙적으로는 C 지역에서 활동하는 이스라엘 기업들은 팔레스타인 정부에 세금을 납부해야 한다. World Bank, *Economic Monitoring Report to the Ad Hoc Liaison Committee*, April 19, 2016, 19.

49) Ali Sawafta, "Palestinians get 3G mobile services in West Bank," Reuters, January 24, 2018, https://www.reuters.com/article/israel-palestinians-telecom-idUSL8N1PJ3FW.

50) 비정기 검문소는 2015년 4월에 361개, 2014년 12월에 456개, 2013년 12월에 256개, 2008년 9월부터 2009년 3월까지 65개가 운영되었다. B'tselem, "Restriction of movement."

51) 2015년을 기준으로 팔레스타인의 가구당 평균 인원은 5.2명이다. PCBS, "Summary of Demographic Indicators in the Palestine by Region," accessed January 21, 2021, http://pcbs.gov.ps/Portals/_Rainbow/Documents/DEMO-2016-EEE.htm.

52) 9개 국가는 반대, 41개 국가는 기권, 5개 국가는 결석했다. UNGA Resolution 67/19, *Status of Palestine in the United Nations*, A/RES/67/19 December 4, 2012; 이전까지는 PLO(Palestine Liberation Organization, 팔레스타인 해방기구)가 유엔에서 옵서버 단체(observer entity)의 지위를 인정받고 있었다.

53) 동예루살렘에 있는 정착촌의 일부 예외를 제외하면, 이스라엘 시민이거나 귀환법에 의거해 이스라엘 국적 또는 영주권 취득이 가능한 유대인의 후손만이 정착촌에 거주할 수 있다. UNOCHA, *The Humanitarian Impact On Palestinians Of Israeli Settlements And Other Infrastructure In The West Bank*, July 2007, 13.

54) 1979년에 이스라엘 대법원이 정착촌을 짓기 위해 팔레스타인인들의 사유지를 몰수하는 것이 위법하다고 판결하자, 이스라엘 정부는 사유지를 국유지로 먼저 변경시킨 뒤에 정착촌을 만드는 편법을 쓰고 있다. B'Tselem, *Under the Guise of Legality: Declarations of state land in the West Bank*, March 2012.

55) Peace Now, *Unraveling the Mechanism behind Illegal Outposts*, 2017.

56) 제4차 제네바 협정 제49조는 점령국 주민들이 점령지 내로 이주하는 것을 금지하고 있다.

57) Peacenow, "Settlement data," accessed July 18, 2023, http://peacenow.org.il/en/settlements-watch/settlements-data/population.

58) 다음을 편집함. UNOCHA, *The Humanitarian Impact of Israeli Settlement Policies*, December 2012, 2:"Land Allocated To Israeli Settlements."

59) 2011년부터 2015년 9월 사이에 정착민들은 4,400그루의 나무를 파괴했다. UNOCHA, Humanitarian Bulletin occupied Palestinian territory, October 2015, 11.

60) 정착민에 의한 팔레스타인인 사상자 수는 연평균 85명이고, 재산 피해는 198건이었다. 반면, 팔레스타인에 의한 정착민 사상자 수는 연평균 60명, 재산 피해는 66건이었다. 피해 금액은 확인되지 않는다. UNOCHA, "Monthly Figure," accessed March 20, 2017, https://www.ochaopt.org/content/monthly-figures.

61) Office of the United Nations High Commissioner for Human Rights, *Update on Settler Violence in the West Bank, including East Jerusalem*, October 2013, 3-4.

62) UNOCHA, *Unprotected: Israeli settler violence against Palestinian civilians and their property*, December 2008.

63) 2005년에서 2015년 동안 예쉬딘(Yesh Din)이 지원한 1,026건의 소송 중 단지 75건만이 기소가 되었으며, 940건은 기소 없이 종결되었고 11건은 공소장 분실을 사유로 수사조차 되지 않았다. 수사 중이거나 기소 여부가 확인되지 않은 78건은 계산에서 제외했다. Yesh Din, *Law Enforcement On Israeli Civilians In The West Bank Yesh Din Monitoring Update 2005-2015*, October 2015.

64) UNOCHA, *How dispossession happens: the takeover of Palestinian water springs by Israeli settlers*, March 2012, 12-4.

65) UNOCHA, *Fragmented Lives Humanitarian Overview 2015*, June 13, 2016, 10-2. *Humantarian Bulletin occupied Palestinian territory*, October 2016, 7-8; Peace Now, *The Grand Land Robbery: Another Step toward Annexation*, November 2016.
66) 서안지구와 가자지구에서 난민들은 선거권 등의 권리를 인정받고 있고 인구 조사에도 포함된다. 그러나 이들의 '정치적 난민' 지위는 유지되고 있다.
67) UNRWA, *Annual Report of the Director of the United Nations Relief and Works Agency for Palestine Refugees in the Near East*, 1955.
68) UNGA, *Palestine: First Interim Report of the United Nations Economic Survey Mission for the MIddle East, 16 November 1949*, A/1106 (November 17, 1949).
69) 팔레스타인 난민 인권단체인 바딜(BADIL)은 2014년에 614만 명으로 추산했다. 이는 UNRWA에서 지원대상을 선별하기 위한 실무적 목적으로 정의한 "팔레스타인 난민(Palestine Refugees)"이란 용어와 혼동하면 안 된다. 2015년 기준으로 UNRWA에 "등록된 팔레스타인 난민"의 수는 515만 명이었다. Badil, *Survey of Palestinian Refugees and Internally Displaced Persons, vol. 8: 2013-2015*, June 20, 2016, 31-4; UNRWA, *In Figures*, June 2015.
70) Nur Masalha, *The Politics of Denial: Israel and the Palestinian Refugee Problem* (London: Pluto Press, 2003), 178-217.
71) 그중 약 11.3만 명은 1948년에 난민이다. 나머지 24만 명에 대해서 팔레스타인인들은 '1967년 난민'이라 부르는 반면, 유엔에서는 '실향민(displaced person)'으로 분류한다. United Nations Security Council(UNSC), *Report of the Secretary General under General Assembly Resolution 2252 (ES-V) and Security Council 237*, S/8158, September 15, 1967, 47.
72) 바딜(Badil)에 따르면, 1948년 난민을 제외한 실향민 또는 '1967년 난민'과 그들의 자손은 2014년 현재 111만 명에 달한다. Badil, *Survey*, 31-4.
73) 3년 동안 단 한 명을 제외하면 어떤 팔레스타인인도 먼저 이스라엘과 관련된 주제를 꺼내지 않았다. 다만, 이는 개인적인 경험이므로 경향성으로만 받아들이기 바란다.
74) UNRWA, "Profile: jalazone camp," accessed 1 May 2016, https://www.unrwa.org/where-we-work/west-bank/jalazone-camp..
75) UNRWA.
76) 1922년에 라말라에는 2,972명의 기독교도와 125명의 무슬림, 7명의 유대인이 살고 있었다. J. B. Barron, *Report and General Abstracts of the Census of 1922, Great Britain* (Jerusalem: Greek Convent Press, 1923).
77) 2016년을 기준으로 라말라의 인구는 35,140명이며, 인접 도시인 알비레(Al-Bireh)와 합치면 84,027명이 된다. PCBS, "Estimated Population."
78) 'J1 지역'으로 칭한다.
79) 1994년에 최초의 정부 청사가 위치한 곳은 가자였다. 이후에 서안지구의 관할권을 점차 이양받으면서 라말라를 비롯한 서안지구 도시들에 정부 기관이 들어서게 되었다.
80) 철조망 장벽은 울타리, 웅덩이, 모래길, 전자감시체계, 순찰로, 완충지대로 구성되어 있다. UNOCHA, *10 Years since the international court of justice advisory opinion*, July 9, 2014, 2-3.
81) Gili Cohen, "Israeli Army Reveals Massive Barrier Being Built to Stop Hamas' Gaza Terror Tunnels," *Haaretz*, August 10, 2017, http://www.haaretz.com/israel-news/1.806052.
82) *Israeli-Palestinian Interim Agreement on the West Bank and the Gaza Strip*, December 27, 1995, Article XIII.2.b.(3); *Wye River Memorandum*, October 23, 1998.
83) 단, 이스라엘은 장벽에 인접한 가자지구 토지의 10% 이상을 군사적 완충지대로 설정하여 팔레스타인들의 접근과 이용을 금지하고 있다. UNOCHA, *Between the Fence and A Hard Place*,

August 19, 2010, 8-10. *Fragmented Lives*, 12.
84) UNOCHA, *10 Years since*, 3.
85) HaMoked, *The Permit Regime Human Rights Violations in West Bank Areas Known as the 'Seam Zone,'* March 31, 2013, 15-9.
86) ICJ, *Legal Consequences of the Construction of a Wall in the Occupied Palestinian Territory, Advisory Opinion*, July 9, 2004; Christine Gray, "The ICJ Advisory Opinion on Legal Consequences of the Construction of a Wall in the Occupied Palestinian Territory," *The Cambridge Law Journal* 63, no. 3 (November, 2004).
87) Tovah Lazaroff, "Analysis: Why Benjamin Netanyahu can't finish West Bank security barrier," *Jerusalem Post*, 13 February, 2016, http://www.jpost.com/Israel-News/Analysis-Why-Netanyahu-cant-finish-West-Bank-security-barrier-444788.
88) 다음을 편집함. UNRWA, *Humanitarian Needs And Response - 2019*, October 2018.
89) Palestine Works, *Occupied East Jerusalem*, January 31, 2015, 99-103.
90) Physicians for Human Rights, *Divide & Conquer: Inequality in Health*, January 2015, 48.
91) Yoav Zitun, "Humiliation and sloppy security checks at IDF checkpoints," *Ynetnews*, 27 July, 2015, http://www.ynetnews.com/articles/0,7340,L-4682202,00.html.
92) 서예루살렘(38㎢)의 2배 가까이 되는 면적을 병합하고도 유대 인구가 197,700명(74.2%), 팔레스타인 인구는 68,600명(25.8%)으로 인구비에서 유대인의 우위를 유지할 수 있었다. BIMKOM, *Trapped by Planning:Israeli Policy, Planning, And Development In The Palestinian Neighborhoods Of East Jerusalem*, 2014, 13, 17-8, 91.
93) BIMKOM, 27.
94) 다음을 편집함. UNOHCA, *East Jerusalem*, December, 2018.
95) 이스라엘의 주권을 인정하고 충성을 맹세해 시민권을 받을 수 있으나 대부분의 주민이 거부하고 있다. 2012년까지도 95% 이상의 주민들이 영주권자로 남아 있었다. International Crisis Group, *Extreme Makeover? (II): The Withering of Arab Jerusalem*, December 20, 2012, 22.
96) 영주권 취소 사유는 예고 없이 변경되어 왔고, 1967~2014년 사이에 14,481명 이상의 영주권이 취소되었다. 현재는 이스라엘 외부에서 7년 이상 거주하거나 외국 국적 또는 영주권을 취득할 경우에 취소되고 있다. Regulations on Entry into Israel, 5734-1974, Regulation 11a; HaMoked and B'Tselem, *The Quiet Deportation Continues: Revocation of Residency and Denial of Social Rights of East Jerusalem Residents*, September 1998; B'Tselem, "Statistics on Revocation of Residency in East Jerusalem," accessed August 18, 2017, http://www.btselem.org/jerusalem/revocation_statistics.
97) UNOCHA, *East Jerusalem: Key Humanitarian Concerns*, March 24, 2011, 20-6.
98) Bimkom, *Trapped*, 2014, 65-82.
99) ACRI, *East Jerusalem 2015: Facts and Figures*, May 12, 2015, 6
100) 동예루살렘은 병합된 상태의 특수성으로 인해 C 지역과 별도로 구분해서 보는 게 일반적이지만, 원칙적으로는 C 지역에 속한다. 팔레스타인과 이스라엘은 1995년의 협정에서 C 지역을 "A와 B 지역 외의 서안지구 지역"이라고 정의했으며, 1993년의 협정에서는 예루살렘을 서안지구와 가자지구의 '영토 중에서' 정착촌, 군사 지역과 더불어 최종지위협상에서 관할권이 논의될 지역으로 표현했다. *Israeli-Palestinian Interim Agreement on the West Bank and the Gaza Strip*, Article XI.3.c; *Declaration of Principles on Interim Self-Government Arrangements*, September 13, 1993, Article IV.1.
101) UNOCHA, *East Jerusalem: Key Humanitarian Concerns*, August 18, 2014.

102) ACRI, *East Jerusalem*, 7.
103) UNOCHA, *East Jerusalem: Key Humanitarian Concerns*, 2011, 84-98.
104) UNOCHA, 19.
105) 신전이 있는 언덕, 즉 신전릉(陵)이 정확한 명칭이지만 우리나라에서는 성전산으로 번역한다.
106) 실제로는 성전의 잔해가 아니라 성전산의 비탈에 쌓은 옹벽의 잔해다. 2장에서 자세히 설명한다.
107) 통곡의 벽은 흔히 서쪽벽과 같은 의미로 사용되곤 하지만, 전자는 광장과 접하는 벽만을 한정적으로 일컫는 반면, 후자는 하람의 서쪽벽 전체를 일컫는 것으로 구분하기도 한다. 자세한 내용은 2장에서 설명한다.
108) Masalha, *The Politics of Denial*, 189-94.
109) Rashid Khalidi, *Palestinian Identity: The Construction of Modern National Consciousness* (New York: Columbia University Press, 2010), 35-62.
110) "PA ministry encourages more tourism to Palestine," *Maan*, 26 September, 2014, http://www.maannews.com/Content.aspx?ID=730087.
111) Palestinian Ministry of National Economy, *The State Of Palestine National Export Strategy Tourism Sector Export Strategy 2014-2018*, 2014, 12.
112) PCBS, "Number of Enterprises, Employed Persons and Main Economic Indicators for the Tourism Enterprises in Palestine by Tourism Activity, 2015," accessed 12 September, 2017, http://pcbs.gov.ps/Portals/_Rainbow/Documents/TourAct-2015-E-01.htm
113) O. Niksic, N. N. Eddin, and M. Cali, *Area C and the Future*, 30-5, 65-6.
114) Badil, *Forced Population Transfer: The Case of the Old City of Hebron*, August 2016, 8-10.
115) B'Tselem, *Ghost Town: Israel's Separation Policy and Forced Eviction of Palestinians from the Center of Hebron*, May 2007, 9-16.
116) Jerold S. Auerbach, *Hebron Jews: Memory and Conflict in the Land of Israel* (Lanham: Rowman & Littlefield Publishers, 2009), 123-7, 130-1.
117) 이스라엘 측 사망자는 5명이다. Benny Morris, *Righteous Victims: A History of the Zionist-Arab Conflict, 1881-1998* (New York: Vintage Books, 1999), 625.
118) Palestine works, *Occupied East Jerusalem*, 97-8.
119) Palestine works, 94-7.
120) "40,000 Israeli settlers storm into Ibrahimi Mosque in Hebron," *Middle East Monitor*, 11 October, 2017, https://www.middleeastmonitor.com/20171011-40000-israeli-settlers-storm-into-ibrahimi-mosque-in-hebron/.
121) UNOCHA, *Humanitarian Bulletin occupied Palestinian territory*, November 2015, 4; Badil, *Forced Population Transfer: Hebron*, 34-5.
122) UNOCHA, 29-36, 44-8.
123) 2000년 이전에 구시가지와 그 인근에 1,610개의 허가받은 상점이 있었으나, 그중 약 650개가 군사명령으로 폐쇄되었고 700여 개는 사람들의 왕래가 감소해 문을 닫았다. UNOCHA, *Humanitarian Impact On Palestinians*, 96.
124) B'tselem, *Ghost Town*, 41-66.
125) Badil, *Forced Population Transfer: Hebron*, 9; Harriet Sherwood, "A ghost city revived: the remarkable transformation of Hebron," *Guardian*, 29 June, 2015, http://www.theguardian.com/cities/2015/jun/29/hebron-old-city-west-bank-palestinian-ghost-city-revived-transformation.

126) Jamal R. Nassar and Roger Heacock, *Intifada: Palestine at the crossroads* (New York: Praeger, 1990), 28.

127) Badil, *Forced Population Transfer: Hebron*, 49-50.

128) 팔레스타인인들에 대한 인권위반 행위만을 나열했다. Amnesty, *Amnesty International Report 2015/16: The State of the World's Human Rights*, February 23, 2016, 200-4.

129) UNOCHA, *Humanitarian Impact On Palestinians*, 100.

130) B'Tselem, *Ghost Town*, 13-40; UNOCHA, *Humanitarian Bulletin occupied Palestinian territory*, March 2017, 5-9; 이스라엘군과 경찰의 공식 입장에 관해서는 다음을 보라. UNOCHA, 87-97.

131) 이스라엘 국토에서 과거에 사막이었던 곳은 남부 네게브(Negev)이며 이곳은 지금도 대부분 사막으로 남아 있다. 이스라엘 농업농촌개발부(Israeli Ministry of Agriculture and Rural Development, IMARD)에 따르면 네게브 지구의 약 14%가 농지로 이용되고 있다. IMARD, "The Negev district," accessed January 21, 2021, https://www.moag.gov.il/en/Ministrys%20Units/Ministrys%20Districts/The%20Negev%20district/Pages/default.aspx.

132) UNOCHA, *Humanitarian Bulletin occupied Palestinian territory*, August 2015, 14; "Israeli convicted of West Bank arson attack that killed three Palestinians," *BBC*, 18 May, 2020, https://www.bbc.com/news/world-middle-east-52705466.

133) Israeli Ministry of Foreign Affairs(IMFA), "Arson terror attack in Duma," 31 July, 2015. 범행을 저지른 3명의 정착민이 종신형을 선고받았다는 점에서도 특별하다. Adam Rasgon, "Israeli Settler Gets 3 Life Sentences for Firebomb Attack on Family," *New York Times*, 14 September, 2020, https://www.nytimes.com/2020/09/14/world/middleeast/israeli-settler-sentenced-firebomb-attack.html.

134) UNOCHA, "Data on casualties"; 『가디언(Guardian)』의 보도에 따르면 30명의 이스라엘인과 2명의 미국인이 살해당했다. "Israel-Palestine: outlook bleak as wave of violence passes six-month mark," *Guardian*, 31 March, 2016, http://www.theguardian.com/world/2016/mar/31/israel-palestine-violence-knife-attacks-west-bank-gaza.

135) 120여 곳에서 1,200~1,270명의 팔레스타인 성인을 표본으로 조사했고 오차 범위는 3%다. PSR, Public Opinion Poll No. 55-62 (2015.1Q-2016.4Q), https://www.pcpsr.org/en.

136) 약 10%는 비폭력 운동과 무장투쟁을 병행해야 한다고 응답한 것을 알 수 있다.

137) UNOCHA, *The Humanitarian Impact Of Gaza's Electricity And Fuel Crisis*, July 6, 2015.

138) 2016년 현재 10%의 주민들만이 안전한 식수를 사용하고 있다. "World Bank: Only 10 percent of Gazans have access to safe drinking water," *Maan News*, 23 November, 2016, http://www.maannews.com/Content.aspx?ID=774100; United Nations Country Team, *Gaza in 2020: A liveable place?*, 2012, 11-2.

139) 2015년이 끝날 때까지도 완전히 파괴된 집의 9%와 부분적으로 파괴된 집의 45%만이 복구되어 14,800 가구 이상이 실향민 생활을 이어가고 있다. World Bank, *Economic Monitoring Report to the Ad Hoc Liaison Committee*, 2016, 25.

140) Enas Fares Gannam, "Coping with Absence," *This week in Palestine*, January 2016(issue 213), 48.

141) World Bank, "Net ODA received per capita (current US$)," accessed April 6, 2017, http://data.worldbank.org/indicator/DT.ODA.ODAT.PC.ZS?view=chart

142) ARIJ, *The Economic Cost of the Israeli occupation Report*, 2015.

143) PCBS, "National Accounts."

144) UNCTAD, *Report on UNCTAD assistance to the Palestinian people: Developments in the*

economy of the Occupied Palestinian Territory, UNCTAD/APP/2016/1, September 1, 2016, 13.
145) UNCTAD, 7.
146) Ari Soffer, "Terror Shooting Victim Dies of Wounds," *Israel National News*, June 30, 2015, https://www.israelnationalnews.com/News/News.aspx/197506; Arutz Sheva Staff, "This is a slap in the face to memory of my son," *Israel National News*, January 4, 2016, https://www.israelnationalnews.com/News/News.aspx/205901.

종교는 분쟁의 원인이 아니다 Part

1. 유대인만의 팔레스타인은 없었다.
1.1. 성경이 토지 소유증서?
1.2. 역사적이지 않은 역사적 권리
1.3. 땅에 대한 권리는 계승되는가

2. 유대인을 구원한 이스마엘 왕국
2.1. 예루살렘에서 쫓겨난 유대인들
2.2. 무슬림들이 되찾아준 반쪽짜리 성지
2.3. 딤미가 된 유대인

3. 이슬람의 폭력성이 분쟁을 일으켰다?
3.1. 기독교와 이슬람의 유대인 박해 비교
3.1.1. 기독교의 반유대주의
3.1.2. 이슬람권에서의 박해
3.1.3. 어느 종교권에서 박해가 심했을까?
3.2. 팔레스타인 유대 공동체의 재건
3.3. 세속주의와 평등권이 가져온 변화

마치며 : 선입견을 걷어내고 진실을 마주할 때

2017년 10월 12일, 미국은 유네스코(United Nations Educational, Scientific and Cultural Organization, UNESCO)에서 탈퇴하겠다고 선포했다. 공식적으로 밝힌 탈퇴 사유 중에는 유네스코의 체납금 증가와 구조개혁의 필요성도 언급되었지만, "지속적인 반(反)이스라엘 성향에 대한 우려"가 실질적인 이유로 해석되고 있다. 뒤이어 이스라엘도 유네스코가 "역사를 보존하는 대신 왜곡했다."라고 비판하며 탈퇴할 의사를 밝혔다.[1] 대체 비정치 기구인 유네스코가 무슨 이유에서 이런 정치적 비난을 받는 것일까?

    유네스코와 이스라엘, 미국 간의 갈등은 역사가 깊다. 이스라엘은 1967년에 서안지구를 점령한 직후에 동예루살렘 구시가지에서 아랍 주거지를 파괴해 서쪽벽 광장을 만들었고 유대 구역과 성전산 남쪽에서는 대규모 발굴사업에 착수했다. 그러자 유네스코는 "특히 기독교와 이슬람 유적지와 관련된 예루살렘의 특징이나 문화적, 역사적 속성을 바꾸려는" 시도를 중단하라고 거듭 촉구했다. 그런데도 이스라엘이 발굴을 계속하자 1974년에는 이스라엘에 대한 지원을 중단하는 결의안을 채택했다.[2] 미국은 보복으로 2년 동안 분담금 납부를 유예했다.[3]

    갈등은 이후로도 오랫동안 계속되다 2000년대에 들어서 완화되는 듯했다. 하지만 2010년에 이스라엘이 베들레헴주에 있는 라헬의 무덤(Rachel's Tomb)과 헤브론의 막벨라 동굴을 자국의 문화유산으로 등록하자 유네스코의 집행위원회는 이 유적지들이 "점령지 팔레스타인의 필수적인 일부(an integral part)"라고 입장을 밝혔고 갈등의 불씨는 다시 피어올랐다.[4] 이듬해에는 유네스코에서 팔레스타인이 표결권을 가진 회원국으로 가입이 승인되었다. 분노한 미국은 분담금 지급을 중단했다. 이스라엘은 동예루살렘과 다른 서안지구에 있는 정착촌에 2,000채의 주택을 추가로 건설하고 팔레스타인 측을 대신해 걷고 있는 관세[5]를 동결시켰다.[6]

    유네스코 가입은 두 가지 중요한 의미가 있다. 하나는 팔레스타인이 처음으로 '국가'의 지위를 인정받게 된 것이다. 이스라엘과 미국은 그동안 팔레스타인의 정치적 권리를, 특히 국가로서의 자격을 부인했다. 팔레스타인이 국가로 인정되면 국제법으로 보장받는 권리를 행사할 수 있게 되고, 국제형사재판소와 국제사법재판소 등에 가입하여 이스라엘의 각종 범죄행위를 제소할 수 있기 때문이다. 유네스코에 가입하기 2개월 전에 팔레스타인은 유엔의 회원국으로도 가입을 신청했으나 미국 등의 반대로 안전보장이사회의 문턱을 넘지 못했다.[7] 반면 유엔의 산하 기구이지만 가입 조건에 안전보장이사회의 동의가 필요 없는 유네스코에서는 107개 회원국의 찬성으로 가입이 승인되었다.[8] 팔레스타인이 국제무대에서 이스라엘과 미국을 상대로 정치적 승리를 거둔 기념비적인 순간이었다. 이듬해에는 유엔총회에서 '비회원 옵서버 국가'로 인정받아 기세를 더욱 올렸다. 유네스코 가입의 또 다른 의의는 이스라엘의 점령을 비판하기 수월해진다는 점이다. 유네스코가 비록 정치기구는 아니지만 이스라엘이 유적지를 훼손하거나 신앙의 자유를 침해하는 행위 등을 규탄하는 결의안을 통과시킬 수 있기 때문이다.

유엔은 이미 오래전부터 이스라엘의 점령을 비판해 왔고 여기에는 종교적 권리와 관련된 사안도 포함되어 있다. 예를 들어, 2009년에 종교와 신념의 자유에 대한 유엔 특별보고관은 이스라엘이 유대교 성지만 보호하고 기독교나 이슬람 성지는 보존하려고 노력하지 않으며, 인권과 인도주의적 의무와 균형을 이루지 못한 채 "국가안보를 위한다는 목적"으로 알아크사 모스크와 이브라힘 모스크, 성묘교회, 탄신교회 등에서 예배드리는 것을 막고, 유대인 수감자에겐 종교 활동의 기회를 보장하지만 기독교도와 무슬림은 크게 제한한다고 지적했다.[9] 그러나 이 같은 유엔의 규탄은 이스라엘의 행동을 개선시킬 수 있는 실질적인 제재로 이어진 적이 없었다. 법적 구속력이 있는 안전보장이사회의 결의안조차 무용지물이었다. 1967년 이후 이스라엘을 규탄한 안전보장이사회의 결의안은 무수히 많다.[10] 당연히 유네스코의 결의안도 무력할 수밖에 없고 이스라엘의 심기를 불편하게 만들기조차 쉽지 않다. 그렇지만 유네스코의 집행위원회가 종교 유적지를 정치적 도구로 삼아 점령을 비판하기로 결심하면서 비로소 '소리 없는 아우성'이 깨지게 된다.

2016년 10월에 유네스코 집행위는 알아크사 모스크의 부지를 언급할 때

"무슬림의 성스러운 예배지"인 "하람 알샤리프"라고 단독표기한 결의안을 통과시켰다.[11] 성전산/하람으로 병기(倂記)하는 관례를 깨트린 것인데, 이는 성전산에 대한 유대교의 권리를 인정하지 않겠다고 해석될 여지를 만든 것이라 이스라엘이 크게 반발했다. 이듬해 7월에는 막벨라 동굴/이브라힘 모스크가 '팔레스타인의' '위험 상태'에 처한 세계문화유산으로 등재되어 이스라엘을 또다시 자극했다. 표결 직후 이스라엘의 유네스코 대사는 배관공으로부터 전화가 왔는데 "우리 집 화장실에 큰 문제가 있다고 한다. 이게 당신들이 지금 채택한 결정보다 훨씬 더 중요한 것이다."라고 비꼬며 퇴장했다. 네타냐후 총리는 유대 유적지가 아닌 팔레스타인 유적지로 등재된 점에 항의하며 "헤브론처럼 이스라엘이 지배하는 곳에서만 신앙의 자유가 모두에게 보장된다."라고 주장했다.[12] 미국과 이스라엘이 유네스코를 탈퇴하기로 결심한 것은 그로부터 3개월 후였고, 2018년 12월 31일부로 공식적으로 탈퇴했다.[a]

유네스코에서의 갈등은 이스라엘-팔레스타인 분쟁이 종교와 밀접히 연관되어 있다는 것을 보여준다. 하지만 종교적 갈등은 어디까지나 분쟁이 발생한 후에 생겨난 부산물일 뿐이다. 그런데도 역사를 모르는 많은 사람들이 현재의 모습만 보고 종교가 분쟁의 원인이었던 것으로 오인한다. 그래서 유대인들이 유대교를 버리거나 팔레스타인인들이 이슬람을 버리지 않는 한 계속해서 생길 수밖에 없는 해소 불가능한 갈등으로 치부해 버리고 누가 가해자고 피해자인지를 식별하지 않은 채 관심을 닫아 버린다. 더 큰 문제는 분쟁의 원인을 종교적 관점에서 설명하는 괴담이 일부 기독교도들 사이에 퍼져 있어 진실을 호도하고 분쟁의 책임을 팔레스타인인들에게 지우는 용도로 이용되고 있다는 점이다.

괴담은 크게 세 가지로 분류할 수 있다. 우선, 성경을 근거로 유대인만이 팔레스타인 땅의 정당한 주인이 될 수 있고 따라서 분쟁의 책임은 땅을 내놓지 않은 팔레스타인인들에게 있다는 괴담을 들 수 있다. 그다음으로 팔레스타인인과 유대인의 갈등은 숙명적이라 해소가 불가능하다는 괴담이 있다. 유대교와 이슬람이 예루살렘을 공통의 성지로 두고 있기 때문에 분쟁이 생겨났다는

---

a) 미국은 2023년 7월 10일에 유네스코에 194번째 국가로 재가입했다.

'성지 쟁탈전'설도 그중 하나다. 마지막으로, '폭력적인 종교'를 믿는 무슬림들이 분쟁을 일으켰다는 괴담이 있다. 이러한 가설 혹은 주장을 괴담이라고 정의한 이유는 주류 역사학자와 고고학자들이 해석하는 역사관과 조금도 일치하지 않기 때문이다. 단적으로 말하자면, 이 모든 괴담은 분쟁의 원인을 고대나 중세 초기에서 찾지만 19세기 말 이전에는 그 누구도 팔레스타인에서 무슬림과 유대인 간에 분쟁이 생겨날 것으로 상상하지 못했다. 이번 장에서는 이러한 괴담을 바로잡고 종교가 분쟁의 원인이 아닌 이유를 확인하기 위해 팔레스타인의 역사를 고대부터 20세기 초까지 '종교적 갈등'을 주제로 간략히 살펴볼 것이다.

* 이 책에서 '성경'(Holy Bible)은 언제나 구약성경(Old Testament)만을 의미하는 용어로 사용한다. 구약이란 단어가 신약성경(New Testament)과 대조시켜 부르는 기독교만의 용어이며 신약을 믿지 않는 유대교에서는 타나크(TANAKH)라 부르기 때문에 중립적인 용어를 사용하기 위해서다. 신약성경은 그대로 표기한다.[13]

** 성전산/하람은 병기를 원칙으로 하되 유대인들의 관점에서 언급할 때는 전자로, 무슬림이나 팔레스타인인들의 관점에서 언급할 때는 후자로 표기했다.

1. 유대인만의 팔레스타인은 없었다.

1.1. 성경이 토지 소유증서?

팔레스타인을 둘러싼 아랍-유대 갈등은 19세기 말부터 유대인들이 팔레스타인에 유대 국가를 세우기 위해 유럽에서 이주해 오면서 시작되었다. 통상의 경우라면 유대인들이 식민주의자로 비판받고 토착민인 팔레스타인인들의 권리가 지지를 받겠지만, 일부 유대인과 기독교도는 팔레스타인인들이 땅을 내놓지 않고 저항한 것이 부당하다고 비판하며 분쟁의 책임을 묻는다. 팔레스타인인들이 이곳에서 얼마나 오래 살았는지에 관계없이 유대인만이 팔레스타인 땅의 정당한 주인이라는 괴담을 믿기 때문이다.

정착촌 쉴로에 사는 유대인 모세 모스코위쯔(Moshe Ben-Zion Moskowitz)는 전형적인 괴담의 신봉자다. 그는 인근에 있는 카리우트(Qaryout) 마을의 팔레스타인인들이 자신의 농지에 무단으로 침입해 경작하려 했다며 소송을 제기했다. 하지만 그가 30년 동안이나 경작해 왔다고 주장한 이 농지는 카리우트 마을의 행정구역 안에 위치하고 토지가 매매된 적도 없었다. 2007년에 이스라엘의 시민단체가 토지 소유 증빙서류를 보여달라고 요구했을 때 그가 내민 것은 성경이었다. 2010년에는 농지의 소유주가 신이라고 법정에서 주장했고, 피고 측 변호사가 토지 구매 여부를 추궁하자 "개인적으로는 아니지만 유대 민족이 소유"하는 땅이라고 답했다. 이 또한 성경에서 나온 발상이었다.[14] 모스코위쯔는 어떤 이유로 성경을 토지 소유 증서로 여겼고, 이런 생각은 다른 유대인들에게 얼마나 공감받고 있을까?

모스코위쯔를 이해하기 위해서는 성경에서 유대인의 조상이 팔레스타인 땅의 주인으로 인정받는 방식에 주목해야 한다. 성경에 따르면 유대 민족은 기원전 20세기경에 이라크 우르(Ur)에서 태어난 아브라함에서 기원한다. 그는 신의 계시를 받고 팔레스타인 땅의 주인이 되기 위해 이주해 온다.

여호와께서 아브람[b]에게 이르시되 너는 너의 고향과 친척과 아버지의 집을 떠나 내가 네게 보여 줄 땅으로 가라. (창 12:1)

또 그에게 이르시되 나는 이 땅을 네게 주어 소유를 삼게 하려고 너를 갈대아인의 우르에서 이끌어 낸 여호와니라. (창 15:7)

아브라함이 팔레스타인에 도착했을 때 이곳에는 이미 수많은 토착민이 살고 있었다.(창 12:6) 그럼에도 불구하고 신은 "내가 이 땅을 네 자손에게 주리라"는 약속을 했고(창 12:7) 그 위치를 설명하기 위해 여러 토착 집단의 이름을 하나하나 열거했다.(창 15:18-21) 외지인인 아브라함이 팔레스타인 땅의 '주인'이 되는 과정에서 토착민은 고작해야 위치를 설명하는 도구로 전락해 버린 것이다.

신은 약속을 이어갈 자손으로 이삭이라는 아들을 점지해 주었다. 당시 아브라함에게는 두 번째 부인이 낳은 장남이 있었고 이삭이 태어난 이후에도 여러 자녀를 더 두었으나 약속을 계승하는 혈통은 오직 이삭에게만 허락되었다.(창 17:19) 이삭은 훗날 두 아들을 두게 되고 차남이지만 장자의 축복을 가로챈 야곱과 그의 후손만이 최종적으로 약속을 승계하게 된다.(창 27:1-45, 35:11-12) 성경은 이 집단을 히브리인(Hebrew) 또는 고대 이스라엘인(Israelite)[c]이라고 부른다.[15] 유대인은 이들의 후손 중 일부에 해당하며 이에 대해서는 뒤에서 설명한다.

'땅을 준다'는 신의 약속은 고대 이스라엘인에게 어떠한 권리를 주는 것일까? 토착민의 토지 소유권까지도 부정할 수 있는 것이었을까? 아브라함은 그렇지 않다고 해석했다. 아내가 나이가 들어 생을 마감하자 아브라함은 묘지로 쓸 땅을 찾았다. 이를 들은 헤브론의 토착민이 막벨라 동굴이 위치한 토지를 무상으로 주겠다고 제안했으나 그는 거절하며 시중의 값을 그대로 지불했다.(창 23장) 이후로도 아브라함이나 아들들이 신의 약속을 이유로 토착민을 추방하거

---

b) 아브라함의 개명 전 이름
c) 출애굽기 9:7에서 처음 언급된다. 국내에서는 Israelite와 Israel을 구분 없이 '이스라엘'로 번역하지만, 현대 이스라엘 국가의 국민을 가리키는 이스라엘인(Israeli)과의 구분을 위해 '고대 이스라엘인'으로 번역하였다.

나 땅을 강제로 빼앗는 일은 없었다. 오히려 기원전 17세기경에 기근이 들자, 손자인 야곱이 자식들을 데리고 이집트로 이주했기 때문에(창 46:1-27) 수 세기 동안 토착민들은 이전처럼 땅의 주인으로서 권리를 온전히 누렸다. 하지만 신의 의도는 달랐던 듯하다.

기원전 13세기경에 신은 모세(Moses)에게 이집트에 있는 고대 이스라엘인들을 데리고 팔레스타인으로 이주하라는 계시를 내렸다.(출 3장) 이집트에서 노예로 부려지던 수백만 명의 고대 이스라엘인들은 모세의 영도를 따라 탈출을 감행했고, 광야를 헤매다 40년 만에 팔레스타인으로 '귀환'하게 된다. 이것이 그 유명한 엑소더스(Exodus), 우리말로는 출애굽(애굽=이집트)이다. 출애굽은 단순히 탈출로 끝나는 것이 아니라 정복 전쟁으로 이어졌다. 팔레스타인에 있는 이교도 토착민들이 저항한다면 "호흡 있는 자를 하나도 살리지 말"고 "진멸"하라는 계시가 내려졌기 때문이다.(신 7:1-5, 20:10-18) 전 세계에 그들을 제외한 모든 인간이 이교도였으므로 종교가 다르다는 이유만으로 이러한 계시가 내려졌을 리는 없다. 그러니 신의 약속이 팔레스타인을 배타적인 공간으로 만들어도 된다는 것을 의미했다고 봐야 할 것이다. 고대 이스라엘인들은 토착민을 '진멸'하지는 않았으나 땅을 빼앗아 부족 간에 나누어 다스리는 방식으로 계시를 이행했다.

정착촌 주민인 모스코위쯔는 고대 이스라엘인들의 팔레스타인 정복기를 읽으며 깊은 감명과 확신을 얻었을 것이다. 그들은 외지 출신이며 팔레스타인에서 살았던 기간보다 이집트에서 살았던 기간이 길었다. 그런데도 신에게 땅을 약속받았다는 이유 하나만으로 정복의 정당성을 얻을 수 있었다. 따라서 그들의 후예인 유대인들이 유럽에서 2천 년 가까이 살다가 팔레스타인으로 귀환해 이스라엘을 건국하고 토지를 빼앗는 것도 성경이 정당화해 준다고 믿었을 것이다.

물론 이 같은 논리는 어디까지나 성경을 경전으로 믿는 이들에게만 유효하다. 전 세계 인구의 3분의 1이 성경을 믿지만 그렇지 않은 나머지 3분의 2에게는 설득력이 조금도 없다. 더군다나, 성경이 토지증서로 활용될 수 있다는 주장에는 또 다른 치명적인 문제가 있다. 바로 신이 약속한 땅이 정확히 어디인지를 알 수 없다는 점이다. 지금까지는 편의상 신이 약속한 땅을 팔레스타인이라고 언급해 왔으나 이는 실제로 성경에서 사용된 용어가 아니다. 오늘날 우리가 팔레스타인 땅이라고 부르는 지명은 현대 팔레스타인 국가의 영토와 이스라엘의 영토를 합친 것으로, '역사적 팔레스타인'(Historic Palestine)이라고 부르기도 한다. 그런데 '역사적'이란 이름과는 달리 팔레스타인 땅의 경계가 정의된 것은 1920년대로, 불과 한 세기밖에 되지 않았다. 그 이전에는 경계가 지금과 다를 뿐만 아니라 명확하지도 않고 계속해서 변화했고, 역사적 팔레스타인의 3분의 1을 차지하는 브엘세바 이남은 포함되지도 않았다.

성경에서 팔레스타인 땅과 유사한 지역을 가리킬 때 사용하는 지명은 '가나안'(Canaan)이다. 아브라함이 이라크의 우르를 떠나 이주해 왔다는 땅도, 모세가 이집트에서 고대 이스라엘인을 데리고 이주해 온 땅도 가나안으로 불린다. 학자들의 연구에 따르면 가나안은 경계가 가변적이지만 대체로 팔레스타인과 레바논 지역 주변을 아울러 가리키는 고대 지명이었고[16] 성경에 기록된 가나안의 경계도 이와 비슷한 것으로 추정한다.(민 34:2-12)[17] 그렇다면 신으로부터 받은 '약속의 땅'은 가나안이었을까? 그럴 수도 있고 아닐 수도 있다. 성경에서 약속의 땅의 경계는 하나가 아니다. 아브라함은 "네가 거류하는 이 땅 곧 가나안 온 땅을 주어 영원한 기업이 되게" 한다는 계시를 받았고(창 17:8), 모세도 "너희가 가나안 땅에 들어가는 때에 그 땅은 너희의 기업이 되리니"라는 계시를 받았다.(민 34:2) 그러나 가나안과는 확연히 다른 경계들도 약속받았다. 아브라함은 "애굽강에서부터 그 큰 강 유프라테스까지"(창 15:18), 모세는 "홍해에서부터 블레셋(Peleshet)[d] 바다까지, 광야에서부터 (유프라테스) 강까지"(출 23:31)나 "광야에서부터 레바논까지와 유프라테스강에서부터 서해"(신 11:24)를 약속받았다. 수백 년 뒤의 에스겔(Ezekiel)은 신으로부터 "내가 옛적에 내 손을 들어 맹세하여 이 땅을 너희 조상들에게 주겠다고 하였나니"라는 계시와 함께 경계를 설명받는데, 과거에 약속했던 땅이라는 말과는 달리 가나안과 비슷하지만 세부적으로는 다른 새로운 경계였다.(겔 47:13-20)

---

[d] 영어식 표기는 필리스틴(Philistine)이고, 블레셋은 히브리어 발음에 가까운 표기법으로 한국 기독교에서 사용한다. 최근 천주교에서 블레셋 대신 그리스어 필리스티아(Philistia)로 바꾸기는 했으나, 그래도 여전히 많은 독자들에게는 블레셋이 익숙하다는 점을 고려해 블레셋으로 표기하겠다.

성경에 등장하는 다양한 경계 중 어느 것을 진짜 약속의 땅으로 보아야 할지는 알 수 없다. 아브라함에게 약속된 최초의 경계이자 가장 광활한 '애굽강에서 그 큰 강 유프라테스까지'에 있는 모든 땅이 약속의 땅에 해당할지, 아니면 그보다 현저히 작지만 경계가 상세한 가나안 땅이 기준이 될지, 그것도 아니면 에스겔이 받은 후대의 계시가 유효한 것인지 해석은 전적으로 열려 있다. 설령 이들 중 어느 하나를 택하더라도 성경의 짤막한 묘사만으로 지도상에 정확한 경계를 그린다는 것은 불가능하다. 비교적 경계가 자세하게 설명된 가나안이나 에스겔이 받은 계시의 경우에도 언급된 고대 지명이나 부족의 영역이 어디를 가리키는지 확신할 수 없어 해석이 갈리고, 유프라테스강처럼 지명을 아는 경우에도 경계가 강의 상류인지 아니면 하류인지조차 언급이 없으니 경계선을 자의적으로 그을 수밖에 없다.

불확실한 경계는 가나안에서 고대 이스라엘인이 살았던 영역, 이른바 '이스라엘 땅(Eretz Yisrael)'e)을 참고해 보완해 볼 수도 있을 것이다. 하지만 놀랍게도 성경에서 양자가 일치하는 경계를 찾기는 힘들다. 이집트에서 돌아온 후부터 기원전 11세기에 사울(Saul)이 통일 이스라엘 왕국을 세울 때까지 고대 이스라엘인은 북쪽의 "단(Dan)에서 (남쪽의) 브엘세바(Beersheba)까지"18) 거주했다. 이는 모세에게 약속된 가나안 땅의 남북 경계의 약 절반 정도에 그친다. 심지어 단에서 브엘세바 사이의 모든 곳이 왕국의 영역인 것도 아니었다. 예루살렘은 토착 집단인 여부스(Jebusite) 부족이 지배하고 있었고, 서쪽의 연안 지대는 블레셋인의 땅

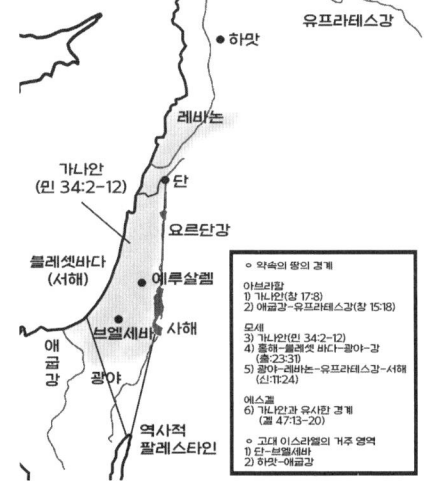

지도 7 약속의 땅의 경계를 이루는 지명들. 학자들의 해석에 크게 의존하고 있고 이견도 많다.

---

e) 유대인들은 팔레스타인을 이스라엘 땅으로 부른다.

이었다. 동쪽으로는 요르단강을 넘어 가나안 경계 밖에서 사는 유대인들도 있었다.[19]

유일하게 기원전 11세기 말에서 10세기 중반의 다윗과 솔로몬 시기에는 약속의 땅과 접하는 경계가 생겨난다. 이 시기에 왕국은 예루살렘을 정복했고, 나아가 아브라함이 약속받았던 애굽강에서 유프라테스강까지 왕국의 영향력 아래에 둘 수 있었다.(삼하 8:3, 왕상 4:21) 고대 이스라엘인은 "단에서 브엘세바까지"나 이보다 넓은 "하맛 어귀에서부터 애굽강까지" 살았다고 묘사되는데,[20] 후자의 경우 가나안과 에스겔이 약속받은 땅의 남서쪽과 북동쪽 경계와 일치한다. 하지만 이 국경선은 불과 한 세기도 유지되지 않았다. 솔로몬이 죽으면서 통일왕국은 북이스라엘과 남유다 왕국으로 분열되어 약화되었고, 이후 두 왕국이 멸망할 때까지 고대 이스라엘인들은 다시 "브엘세바에서 단까지" 살았다.(대하 30:5) 따라서 거주 지역으로 약속의 경계를 선택하거나 추정하는 것은 불가능하며, 오히려 그들의 선조가 살지도 않았던 곳에 대해 유대인들이 소유권을 주장할 수 있는 것인지 의문을 남긴다.

불확실한 경계 문제는 뒤로하고 논의를 팔레스타인만으로 국한해 보는 것은 어떨까? 가장 작은 약속의 땅도 팔레스타인 지역의 대부분을 포함하므로, 어떤 경계가 맞는지 모른다고 하더라도 팔레스타인을 약속의 땅의 일부로 볼 수는 있을 것이다. 하지만 특정한 경계를 정하지 못한 채 그저 약속의 땅이라는 이유로 팔레스타인에 대한 소유권을 주장하는 것은 정치적으로 큰 제약을 받는다. 약속의 땅이 이스라엘과 팔레스타인 국토를 초과해 좁게는 레바논과 시리아의 일부를 포함하고, 넓게는 요르단과 이라크까지도 포함하기 때문이다. 신의 약속은 모든 땅에 동일하게 적용될 수밖에 없으니 약속의 땅이라는 이유로 소유권을 주장한다면 주변국에 영구적인 선전포고를 하는 셈이 되어 버린다.

유대인들은 약속의 땅에 대해 어떻게 생각하고 있을까. 모스코위쯔처럼 성경에 적힌 신의 약속을 토지증서로 생각하고 토착민의 땅을 빼앗을 근거가 된다고 여길 법한 종교적으로 '열성적인' 유대인들은 많지 않다. 이스라엘 중앙통계청의 2016년 통계에 따르면, 이스라엘의 유대인 중 40% 이상이 스스로를 세속적이라고 정의하고, 약 35%는 세속적이지도 종교적이지도 않다고 생각한다.[21] 이들에게 다양한 경계를 지니고 거주지와도 일치하지 않는 약속의 땅이라는 개념은 이성적으로 납득하기 어려울 수밖에 없다. 종교적 신념을 타인에게 강제할 수 있다는 데도 동의하지 않을 것이다. 이스라엘의 유대인 중 20%는 종교적이지만[22] 그들 사이에서도 성경을 토지증서로 활용할 수 있는지에 대해서는 의견이 갈린다. 2007년에 팔레스타인인들을 돕기 위해 모스코위쯔에게 처음으로 문제제기를 했던 이스라엘의 시민단체는 다름 아닌 '인권을 위한 랍비들'이라는 단체였다.[23] 랍비(rabbi)는 유대교 율법을 공부하며 가르치는 학자이자 전통적으로 유대 공동체를 이끌어온 종교 지도자를 일컫는다.

이스라엘 사법부도 종교적 동기로는 땅을 빼앗을 수 없다고 본다.[24] 모스코위쯔의 소송에서 유대인 판사는 끝내 성경을 토지증서로 인정하지 않았다. 모스코위쯔가 이 농지를 30년 동안 계속해서 경작했다는 주장도 거짓이고, 카리우트 마을의 농민들이 경작하지 않고 내버려 둔 땅을 차지한 것이라는 주장도 입증되지 않는다고 판단했다. 6년이란 기나긴 세월 끝에 법원은 마침내 문제의 농지를 팔레스타인인들의 소유로 인정했다.[25] 이렇게만 보면 카리우트 마을의 아픔은 단지 정착민 개인의 종교적 만행 혹은 일탈에서 비롯된 것처럼 보인다. 하지만 현실은 전혀 그렇지 않다.

이 소송을 다룬 이스라엘 신문 『하아레쯔(Haaretz)』는 기사의 제목으로 "팔레스타인 농민들은 이스라엘 법정에서 승소하는 것만으로는 정의가 실현되지 않는다는 것을 상기한다."로 정했다. 승소한 지 1년이 지난 뒤로도 농민들이 여전히 농지를 찾아갈 수 없었기 때문이다. 그들은 법정에서 정착민들이 총기로 무장하고 개를 데리고 와서 위협을 가해 땅을 빼앗겼다고 진술했으나 이스라엘군과 경찰, 행정당국은 아무런 조치도 취하지 않았다. 하루만이라도 경작을 할 수 있도록 호위를 해달라는 요청을 이스라엘군이 겨우 수락하여 일정을 잡은 적이 있으나, 모스코위쯔가 소송 중에 지어놓은 온실을 새로이 발견했고 이에 대한 전문가들의 조사가 필요하다는 이유로 갑자기 연기되었다.[26]

사실, 카리우트 마을은 이스라엘 정부가 조직적으로 땅을 몰수해가고 있는 지역 중 하나다. 마을 전체 면적이 2만 두넘[f]인데 그중 1.4만 두넘(70%) 이상

---

f) 1 dunam = 1,000m²

을 인근 7개의 정착촌이 차지하고 있다.[27] 즉, 모스코위쯔는 정부 정책에 충실한 토지 약탈꾼이었던 것이다. 하지만 신의 약속이 이유가 아니라면, 이스라엘 정부는 대체 무엇을 근거로 이런 정책을 정당화하고 유대인들은 왜 이를 지지하거나 혹은 방관하고 있을까? 그들이 팔레스타인인들의 터전에서 국가를 세울 때부터 내세우던 정의는 바로 유대인들이 이 땅에 살았던 경험이 있다는 역사적 권리였다. 다만 그 '역사'라는 것이 성경의 기록에 지나치게 의존하며 그에 위배되는 고고학적 유물이나 역사 문헌은 배제하는 주관적 역사라는 사실에 유의해야 한다.

1.2. 역사적이지 않은 역사적 권리

1950년에 이스라엘 정부는 전 세계의 모든 유대인이 이스라엘로 이주해 국민이 될 수 있는 권리를 인정하는 「귀환법(Law of Return)」을 제정했다. 국경을 틀어막고 팔레스타인 난민들이 고향으로 돌아오는 것을 금지한 와중에 빼앗은 난민들의 토지와 재산을 나눠줄 인구를 해외에서 불러들인 것이다. 이스라엘의 초대 총리 다비드 벤구리온(David Ben-Gurion)은 "해외에서 살고 있는 유대인들이 이 땅에 정착할 권리는 국가가 부여하는 것이 아니라 유대인이라는 사실만으로도 가지고 태어난 것이고," "유대인들은 어디에서 살든 이스라엘 땅으로 돌아와 정착할 수 있는 역사적 권리를 가진다."라고 정당화했다.[28]

19세기 말부터 유럽에서 많은 유대인들이 팔레스타인 땅에 정착할 권리가 있다고 믿으며 이주해 왔다. 그리고 그 믿음을 준 것은 종교 경전으로서의 성경이 아니라 조상들의 삶이 기록된 역사서로서의 성경이었다. 이 역사서에 따르면 고대 이스라엘인들은 팔레스타인에서 독립 국가를 세운 최초의 집단이다. 그래서 유대인들은 현대 이스라엘의 건국이 팔레스타인과 역사적 유대가 깊은 토착 민족의 부활이라고 주장한다. 이러한 믿음은 성경을 공유하는 기독교도들에게도 널리 받아들여졌다. 가령, 1937년에 팔레스타인의 일부에서 유대 국가를 세우는 계획을 처음으로 '공식적으로' 제안한 영국의 필 왕립위원회(Peel Royal Commission)는 유대인의 역사적 권리를 옹호하기 위해 성경으로 팔레스타인의 고대사를 기술했다.

> 기원전 2천 년 경에 ... 팔레스타인에서 이 이민자들은 히브리인들이라고 알려졌으며, (이라크) 우르의 아브라함의 후손이라 주장하는 하나 혹은 여러 부족들이 ... 고대 이스라엘(Israelites)이라는 이름을 갖게 되었다. 이 고대 이스라엘인들이 이집트로 이주하고 (이집트의 지배자) 파라오(pharaoh)에게 박해를 받아 모세의 영도하에 팔레스타인으로 귀환했다는 오랜 전통은 역사적 사실로 드러나 약 기원전 1,100년경에는 고대 이스라엘인들이 팔레스타인의 산악지대 대부분을 점령했고 ... 유대 부족의 다윗왕 (기원전 1010-970년)과 그의 아들이자 후계자인 솔로몬왕(약 기원전 970-930년)의 시기에 고대 이스라엘인들은 효과적으로 하나로 통합되어 (연안 지대의) 블레셋과 다른 적들을 완전히 패퇴시켰다. 새로운 왕국의 힘은 한동안 팔레스타인 전역뿐만 아니라 경쟁국인 이집트와 아시리아(Assyria) 사이에 있는 영토의 대부분에 미쳤다. (하지만) 솔로몬의 죽음으로 쇠락이 시작되었다. 해안지역의 주민들은 독립을 되찾고, 북쪽의 부족은 결별하고 사마리아 지역을 중심으로 새로운 (북)이스라엘 왕국을 세웠다.[29]

필 위원회의 보고서가 작성된 지 한 세기 가까이 흐른 오늘날에도 많은 사람들이 성경의 내용을 역사적 사실로 믿고 있다. 이스라엘 외교부의 웹사이트에도 성경의 연대표가 「이스라엘에 대한 진실 : 역사(Facts About Israel: History)」라는 제목으로 버젓이 소개되어 있다.[30] 하지만 성경은 신이 아니라 인간이 기록한 것이고, 특히 고대 이스라엘의 기원을 다룬 '모세오경(Five Books of Moses)'[31]은 사건이 발생했다고 말해지는 시점으로부터 짧게는 수백 년에서 길게는 천 년 이상의 세월이 흐른 뒤에 저술되었기 때문에 왜곡되거나 부정확할 수 있다.[32] 따라서 성경의 기록이 얼마나 역사적으로 올바른지는 고증이 필요하다. 또 한 가지 중요한 점은, 성경이 고대 이스라엘인의 역사서가 될 수는 있을지언정 팔레스타인 땅의 역사서가 될 수는 없다는 사실이다. 성경에서는 조연이나 악당으로 폄하되는 토착민, 즉 오늘날 팔레스타인인들의 선조도 고대 이스라엘인과 동등하게 존엄한 인간이며 권리를 가질 수 있는 존재다. 유대인의 역사적 권리를 논할 때는 반드시 이 두 가지를 염두에 두어야 한다.

성경이 얼마나 역사적 사실을 '있는 그대로' 기록한 것인지는 옛날부터 논란이 되어 왔다. 과거에는 성경의 기록과 비교대조해서 연구할 만한 사료가 부족했기 때문에 진위를 명확히 판별하지는 못한 채 갑론을박이 오가곤 했으나, 이제는 고고학적 발굴과 고문서 연구가 큰 성과를 내면서 성경의 검증이 가능해졌다. 20세기 중반에 윌리엄 올브라이트(William Albright) 등의 일부 성경학자들은 고고학적 발견이 성경의 내용과 상당수 일치한다는 연구 결과를 내놓으면서 성경적 역사가 사실로 증명될 것이라는 큰 기대를 불러일으켰다. 하지만 오래지 않아 올브라이트의 해석이 틀렸고 증거로 여겨지던 다수의 유물들은 위조품으로 밝혀졌다. 뒤이어 발굴된 고고학적 유물들도 성경의 내용에 부합하지 않자 1970-80년대 이후부터 주류 성경학계는 성경이 역사적 사실을 그대로 기록한 것이라는 주장을 부정하게 되었다. 오늘날 성경은 역사 문헌이나 고고학적 유물 등으로 '이미 확인된 사실을 보완하는 사료'로만 활용되고 있다. 성경학자 레스터 그래비(Lester Grabbe)가 파악하기로는, 다른 사료 없이 오로지 성경에 기록된 내용만으로도 역사적 사실로 볼 수 있다고 주장하는 학자는 겨우 세 명에 그친다.[33]

오늘날 대다수의 학자들이 동의하는 고대 팔레스타인의 역사는 성경과는 굉장히 다르다. 우선, 고대 이스라엘인들이 이집트에서 탈출한 후 팔레스타인을 정복했다는 출애굽은 성경에서 가장 중요한 내용 중 하나라서 역사적 사실로 믿어졌으나 신빙성을 상실했다.[34] 성경에 따르면 3-4백만 명의 인구가 이집트 시나이반도(Sinai Peninsula)에서 40년 동안 방랑을 했기 때문에 고고학적 유물을 남길 수밖에 없으나 온 지역을 발굴해 보아도 북쪽 해안가의 이집트 요새를 제외한 다른 곳에서는 도자기 파편 조각이나 구조물, 집, 야영지와 같은 사람이 살았던 흔적이 발견되지 않았다. 이는 고고학적 기술이 부족해서가 아니다. 고고학자 이스라엘 핑켈슈타인(Israel Finkelstein)과 네일 실버만(Neil Asher Silberman)에 따르면,

> 현대 고고학 기술은 세계 어디에서나 매우 적은 수의 수렵-채집인과 목축을 하

는 유목민도 잘 추적할 수 있다. 시나이 반도에서 발굴된 고고학적 증거는 기원전 21-30세기와 헬레니즘(Hellenistic/기원전 1-4세기), 비잔틴(Byzantine/기원전 1세기-기원후 7세기) 같은 시기에도 이곳에서 목축 활동이 있었던 것을 보여준다. 단지 출애굽이 있었다고 가정되는 기원전 13세기에는 그런 증거가 없을 뿐이다.[35]

이집트 문헌에서도 출애굽은 등장하지 않는다. 출애굽이 사실이라면 이집트군의 패배나 전염병의 창궐, 아이들과 많은 시민의 사망 등이 기록되어야 하지만 발견된 것이 하나도 없다. 일부 역사학자들은 기원전 12세기의 이집트 문서에서 파라오와 대립하다가 조공을 바치고 이집트를 떠났다고 기록된 어떤 무리가 고대 이스라엘인들이거나, 이집트의 신들을 부정하고 혼란을 일으켰다는 어떤 관리가 모세일 것이라는 추측을 내놓았으나 별다른 호응을 얻지 못했다.[36] 성경의 편찬자가 허무맹랑한 이야기를 지어내지는 않았을 것으로 생각하는 학자들조차도 소수의 이집트 노예들이 팔레스타인으로 이주해 왔거나 팔레스타인이 이집트의 정치적 지배를 받다가 벗어난 기억이 반영된 것이라는 등 역사적 사실과 간접적으로만 관련이 있을 것으로 본다.[37]

고대 이스라엘의 출현을 팔레스타인 외부에서 찾는 성경과는 정반대로 고고학적 연구는 대부분의 고대 이스라엘인들이 서안지구의 고원지대 인근에서 기원했다고 본다. 성경에서 사마리아와 유대 지역이라 불리는 이 고원지대에는 출애굽의 시간적 배경이 되는 기원전 13세기부터 11세기 사이에 새로운 물질문화(material culture)를 가진 작은 마을들이 수십 개가 생긴 것으로 확인된다. 이 지역에서는 그 이전에도 유목민들이 정착해 수 세기 간 농사를 짓다가 다시 목축을 하러 떠난 흔적이 발견되므로, 팔레스타인에 대한 이집트의 정치적 영향력이 쇠퇴하면서 생겨난 여러 변화로 인해 생활이 어려워진 인근의 유목민들이 농사를 지으려고 정착한 것으로 추정된다.[38] 한편, 고고학 외의 다른 연구에도 기반하는 평화침입설(peaceful infiltration)은 요르단강 동편의 트랜스요르단(Transjordan)의 유목민들이 고원지대로 이주해 온 것으로 보고, 사회학적 관점으로 접근하는 사회봉기설(social revolution)은 팔레스타인 저지대의 소작농들이 착취를 피해 고원지대로 이주했을 것으로 본다.[39]

고원지대의 정착민들이 언제부터 고대 이스라엘이라는 공동체를 형성했는지는 모른다. 한 가지 단서가 될 수 있는 것은 기원전 1,200년경에 세워진 이집트의 메르넵타 석비(Merneptah Stela)다. 이 석비에는 이집트의 공격을 받은 팔레스타인의 여러 집단 혹은 지역이 열거되어 있는데 그중 하나가 "이스라엘"(Israel)로 해석된다. 비록 '이스라엘'이 정확히 무엇이었는지 알려주는 직접적인 증거는 없지만,[40] 학자들은 고원지대의 공동체를 의미했을 것으로 추측한다. 다만 그러한 공동체의 특징이 무엇이었는지는 알 수 없다. 확실한 것은 그들이 성경에서처럼 야훼(Yahweh)라는 유일신을 숭배하지는 않았다는 점이다. 고원지대의 공동체는 오랫동안 다신교 사회를 유지했고 야훼는 여러 신들 중에서 가장 중요한 신이었을 뿐이다. 야훼 신앙은 남유다가 멸망할 무렵인 기원전 6~7세기경에 이르러서야 유일신 신앙으로 발달하게 된다.[41]

고대 이스라엘의 기원뿐만 아니라 정치적 영향력도 성경의 묘사에 크게 미치지 못했던 것으로 확인된다. 광활한 영토를 다스리는 제국으로 묘사되는 통일 이스라엘 왕국은 실제로는 도시국가 형태의 초기 국가 단계였고, 예루살렘과 남부 고산지대의 주위에만 영향력을 미쳤을 것으로 추정된다. 따라서 애굽강에서 유프라테스강까지 정복했다거나 하맛 어귀까지 살았다는 성경의 내용은 모두 부정된다.[42] 고대 이스라엘인들이 최초로 세운 왕국은 북이스라엘이다. 기원전 9세기부터 갈릴리(Galilee) 남부와 이스르엘 평야(Jezreel Valley)를 중심으로 통치하다 기원전 720년경에 아시리아에 멸망당했다.[43] 남유다는 예루살렘과 중남부 고산지대를 중심으로 기원전 8-9세기경 사이에 국가의 형태를 갖추었으나[44] 기원전 586

지도 8 이스라엘 외교부 사이트에 게재된 통일 이스라엘 왕국 시기의 영토. 유프라테스강까지 영토가 뻗어있다. 고고학으로 부정된 지 오래지만, 여전히 역사라고 주장한다.[48]

년경에 바빌로니아에 멸망당할 때까지 상당한 기간을 속국으로 존재했다. 성경은 기원전 7세기 말에 요시야(Josiah) 왕이 영토를 크게 확장한 것처럼 묘사하지만[45] 이 시기에도 남유다는 아시리아나 이집트에 종속되어 있었다. 설령 영토를 팽창했더라도 그 기간은 매우 짧고,[46] 광범위한 확장은 없었던 것으로 보인다.[47]

성경과 달리 고증적 역사에서 고대 이스라엘인은 팔레스타인 전체를 지배하거나 상당한 영향력을 발휘한 시기가 없었다. 그러면 고대 이스라엘인이 거주하지 않은 팔레스타인의 다른 지역은 주인 없는 땅으로 남아 있었을까? 가나안 땅에 사는 주민들은 일반적으로 가나안인(Canaanite)으로 통칭된다.[49] 그들은 북이스라엘이 세워지기 수 세기 전부터 도시 국가 형태의 정치체제를 가지고 있었다. 특히 12세기경부터는 북서부 연안 지역과 갈릴리 북부를 지배한 페니키아(Phoenicia)와, 가자 등의 중부 연안을 지배한 블레셋을 만들었다. 이 두 국가는 바다 건너에서 온 소위 해양 집단(Sea Peoples)이 세운 것으로 알려졌으나, 이 지역에서 발굴되는 상당수의 도자기들은 다른 가나안 지역의 양식과 유사하기 때문에 외부 인구의 유입은 소수에 그쳤을 것으로 추정된다.[50] 페니키아와 블레셋은 오랫동안 존속해 오다 남유다와 비슷한 시기에 바빌로니아에 의해 멸망당했다. 한편, 팔레스타인의 절반을 차지하는 남부 네게브 사막지대에서도 사람들이 유목을 하거나 농사를 지으며 살았다. 하지만 이들이 독자적인 정치체제를 가지고 있었다는 기록은 전하지 않고, 기원전 5-6세기부터는 아랍인으로 분류되는 케다르인(Qedarite)이나 나바테아인(Nabatean)의 지배를 받았다.[51]

고대 이스라엘의 정치적 위상이 매우 제한적이었다는 고증적 역사가 유대인들이 주장하는 역사적 권리를 크게 흔들지는 않는다. 성경적 역사관의 진정한 힘은 다른 데에 있기 때문이다. 성경에서조차 통일 이스라엘 왕국은 1세기도 살아남지 못했고, 북이스라엘과 남유다 왕국도 각각 2세기, 3세기 반 만에 멸망했다. 이후 기원전 2세기 후반에 유대인들이 남유다를 계승하는 하스모니안 왕국(Hasmonean)을 건국하지만 반세기를 조금 넘기고 로마에 항복했다. 이를 마지막으로 팔레스타인에서 유대인들의 정치체제는 1948년에 이스라엘이 세워질 때까지 2천 년간 존재하지 않았다. 그런데도 팔레스타인 땅에 대한 배타적인 소유권을 주장할 수 있는 '역사적 권리'를 옹호하는 까닭은 바로 성경적 역사관이 비유대인의 존재를 침묵시키고 있기 때문이다.

성경학자 키스 휘틀럼(Keith Whitelam)은 『고대 이스라엘의 발명』에서 팔레스타인의 고대사 연구가 '이스라엘'이란 실체를 강조하는 데에만 초점을 맞추고 있다고 비판했다. "고대 이스라엘이 미미한 역할밖에 하지 못한 시기, 잠복해 있던 시기, 심지어는 존재하지 않은 시기도 있었다. … 고대 이스라엘 역사는 팔레스타인 역사라는 거대한 범위 안에서 한순간에 불과하다."[52] 그럼에도 불구하고 성경적 역사관은 다른 토착 공동체의 문화와 종교를 미개하며 원시적인 것으로 격하시키고, 팔레스타인 땅의 역사가 '진화된' 이스라엘의 관점에서만 기술되는 것을 당연하게 여기게끔 만들고 있다. 이는 서구 문명의 뿌리로 삼는 '우월한' 유일신 신앙의 탄생지로서의 가치를 부각하고 현대 이스라엘 국가의 팔레스타인 정복을 정당화시키기 위해서라고 휘틀럼은 지적한다.[53] 앞서 언급한 영국의 필 위원회도 팔레스타인의 고대사를 오로지 성경 속 고대 이스라엘인들만의 역사로 설명하고 그들이 있을 때는 팔레스타인이 인류 역사에서 중요한 곳이었으나 떠나간 후로는 역사 속에서 자취를 감추었다고 기술했다. 성경적 역사관이 유대 국가 건설에 정당성을 부여하는 도구로 사용된 것이다.

> 팔레스타인에서 유대인의 역사는 … 인류 역사의 위대한 시기 중 하나에 해당했다. … (그들이) 현대사회에 남긴 유산인 두 가지 주요 업적, 즉 여호와[야훼]를 섬기는 원시 신앙을 고도의 영적인 유일신 신앙으로 발전시키고 이 신앙과 사회적, 정치적 이상을 불멸의 문학에 수용시킨 것은 고대 그리스와 로마의 유산과 견주어 보아야 한다. … (반면) 아랍인이 (7세기에) 팔레스타인을 정복한 후부터 12세기 이상이 지나는 동안 팔레스타인은 사실상 역사에서 사라졌다. 그다지 고상하지만은 않은 (기독교) 십자군의 역사만이 기억될 뿐이다.[54]

휘틀럼의 분석에 부합하는 또 다른 예시로 블레셋을 들 수 있다. 성경에서 블레셋인은 고대 이스라엘을 크게 위협한 '나쁜' 이교도로 묘사된다. 이런 평가가 순전히 주관적인 잣대로 내려졌다는 것은 자명하다. 더군다나, 고고학자들은 블레셋인이 살았던 연안 지대가 비옥한 평야였기 때문에 상대적으로 척박한 고원지대의 고대 이스라엘인을 공격할 이유가 없었고 만약 양자 간에 충돌이 있었다면 후자가 침략자였을 것으로 본다.[55] 즉, 굳이 선악을 따지자면 블레셋인이 선인이고 고대 이스라엘인이 악인이었던 것이다. 그런데도 이스라엘의 소년 다윗이 블레셋 거인 골리앗(Goliath)을 돌팔매질로 물리친 이야기(삼상 17장)는 성경을 읽지 않은 이들에게조차 '정의로운' 약자와 '부당한' 강자 간의 대결로 거꾸로 알려져 있다. 문제는 이런 편협한 시각이 단순히 과거의 사실을 잘못 인지하는 선에서 그치지 않는다는 점에 있다. 일부 기독교도들은 현대 팔레스타인인들을 블레셋인의 후손으로 간주하고 이스라엘-팔레스타인 분쟁이 고대 이스라엘과 블레셋의 숙명적 대결의 연장선이며 팔레스타인들을 무찔러야 할 사악한 적이라고 굳게 믿는다.

현대 팔레스타인인들이 블레셋인의 후손이라는 발상은 용어의 의미가 변화하면서 생겨난 오해다. 기원전 6세기에 블레셋이란 정치 공동체는 멸망했고 역사 속에서 다시는 등장하지 않았다. 하지만 블레셋을 뜻하는 그리스어 필리스티아(Philistia)는 블레셋인이 살던 연안 지대의 지명으로 남게 되었다. 세월이 흐르면서 필리스티아는 연안 지대를 넘어 내륙지방까지 포함하는 뜻으로 확장되었고,[56] 내륙지방에 사는 사람들도 필리스티아에 사는 주민이라는 뜻의 필리스티노이(Philistinoi)라 불리게 되었다.[57] 필리스티아와 필리스티노이는 영어로 각각 팔레스타인과 팔레스타인인에 해당한다. 그래서 현대 팔레스타인인들의 기원이 블레셋인(=필리스티노이)이라는 발상이 나오게 된 것이다. 하지만 지명이 확장하면서 사람들을 부르는 명칭이 함께 바뀐 것일 뿐 내륙지대의 주민들이 어느 날 갑자기 블레셋인으로 변신하거나 그들에게 동화된 것은 아니었다. 블레셋인은 팔레스타인의 다른 주민들과 혈연적, 문화적으로 융합되었고 스스로나 타자에 의해 블레셋을 계승한다고 믿어지는 집단은 사라졌다. 자연히 유대들은 2천 년이 훨씬 넘는 기나긴 세월 동안 블레셋인과 투쟁해 오기는커녕 그들의 후손이 누군지 조차 알지 못했다. 그런데도 블레셋인을 현대 팔레스타인인에 투영시켜 유대인과 숙명적인 갈등이 있다는 괴담이 만들어진 것은 성경적 역사관을 강조하고 팔레스타인인을 폄하하기 위해서일 뿐이다.

많은 고고학 연구는 성경의 내용을 사실로 입증하고 나아가 현대 이스라엘 국가의 정치적 정통성을 확보하려는 의도에서 행해졌으나 상당수는 반대의 결과를 낳았다. 물론 현재의 연구가 완전한 사실이라고 단정해서는 안 된다. 우리가 알고 있는 역사가 새롭게 쓰일 가능성은 언제나 열려 있다. 가장 객관적인 연구로 믿어지는 고고학조차도 왜곡되거나 잘못 분석될 수 있다. 분석 대상인 유물은 객관적인 사료이지만 해석 과정에서 학자의 주관성이 개입되고, 기존의 해석을 뒤집어엎을 새로운 유물을 발굴할 가능성도 얼마든지 있기 때문이다. 그렇지만 당대 전문가의 연구를 도외시하고 성경의 내용이 온전히 사실 그대로의 역사를 기록했다고 맹신하는 것은 이성이 아니라 종교적 신념의 영역에 속하는 행위이며 타인에게 이를 믿으라고 강요할 수 없는 것이다. 무엇보다도, 아무리 해석의 가변성을 염두에 두더라도 절대로 변치 않을 확고한 진리도 있다. 팔레스타인에는 고대부터 현대에 이르기까지 비유대인이 계속해서 살아왔고 땅에 대한 그들의 역사적 권리는 정당하고 존중받아 마땅하다는 점이다. 팔레스타인 땅이 유대인만의 것이라는 발상은 결코 '역사'에서 나올 수 있는 것이 아니다.

1.3. 땅에 대한 권리는 계승되는가

팔레스타인 땅에 대한 유대인의 권리를 논할 때 또 한 가지 중요한 쟁점은 고대 이스라엘인의 권리를 온전히 계승할 수 있는지 여부다. 유대교에 따르면 고대 이스라엘인은 12개 부족이 영토를 나눠서 다스렸고 그중 10개 부족은 북이스라엘 왕국에, 나머지 2개 부족은 남유다 왕국에 속했다. 이외에도 독자적인 영토가 없는 레위(Levi) 부족이 있었다. 북이스라엘의 10개 부족은 왕국이 멸망하면서 아시리아에 포로로 끌려갔고, 이후 그곳에 정착해 혈연적 순수성과 종교를 잃어버려 집단적 정체성을 상실한다.(왕하 17:5-6, 23) 남유다의 부족들 역시 바빌로니아에 포로로 끌려가는 수난을 겪지만,(왕하 25:18-21, 렘 52:24-30) 상당수가 고향으로 되돌아왔고(스 1:1-2:70) 레위 부족과 함께 고대 이스라엘인을 잇는 유대인으로 불리게 된다. 이후 유대인들은 기원후 70년에 로마에 의해 팔레스타인에서 쫓겨나 2천 년 간 유럽과 중동, 북아프리카 등 세계를 떠도는 이산(離散) 생활을 하게 되지만, 혈통과 종교를 지켰기 때문에 고대 이스라엘의 권리를 계승한다. 이것이 유대교에서 말하는 오늘날 유대 민족의 역사다. 하지만 고증적 역사에서 유대인은 혈연적으로든 종교적으로든 순수한 집단이 아니고 정체성마저도 세월에 따라 변화해 왔다. 그러므로 현대의 유대인들이 2천 년 만에 팔레스타인으로 돌아와서 선조들의 땅을 내놓아야 한다고 주장할 권리가 있는지는 다분히 논쟁적이다.

성경을 제외한 다른 역사 문헌에서 처음 발견되는 유대인(그리스어 Ioudaios)이란 용어는 '유대 지역 출신의 사람(Judean)'을 뜻했다. 이곳에서 유대인들은 언어와 문화, 종교, 혈통, 역사 등을 집단적 특징으로 공유했고, 어느 하나가 다른 요소들보다 특별히 우선시 되지는 않았던 것으로 추측된다.[58] 그러나 기원전 129년[59]에 유대인들이 세운 하스모니안 왕국에서 유대인에 대한 정의는 바뀐다. 하스모니안은 남부 사막을 제외한 팔레스타인 내외의 많은 지역을 정복했고 피정복민에게 유대교 율법을 따르도록 강요했다. 거부하는 자들은 추방시켰다. 많은 주민들이 어쩔 수 없이 개종했고 이들은 '유대인'이라 불리게 되었다. 이전처럼 유대 지역의 혈연-지역 공동체로서의 의미가 아니라 유대 왕국의 신민이라는 정치적 의미와 유대교 신도라는 종교적 의미에서였다. 하스모니안이 기원전 63년에 로마에 항복한 뒤로 정치적 의미의 유대인은 사라졌으나, 이두매(Idumea) 지역의 주민[60] 등이 이후로도 유대교도로 남았기 때문에 종교적 의미의 유대인은 계속된다.[61] 기원후 1세기에 유대인 역사가 플라비우스 요세푸스(Flavius Josephus)는 이두매인은 "조상의 땅에서 살아가길 너무나 바랐기 때문에 (추방당하지 않으려고) 할례[62] 등 유대인과 같은 생활 방식을 따르기로 했다. 이때부터 그들은 유대인과 같게 되었다."고 말한다.[63]

개종으로 유대인이 된 사람들은 팔레스타인 밖에서도 많았다. 하스모니안 시기에 유대인은 이집트나 시리아 등의 팔레스타인 인근 지역뿐만 아니라 소아시아, 이탈리아반도 등지에서도 발견되며 그 수는 유대 지역에서보다도 훨씬 많았던 것으로 추정된다. 유대교에서는 이들이 남유다가 멸망한 이후에 고향을 떠난 유대인의 후손이라고 믿지만, 인구 규모를 감안하면 그들 모두가 유대 지역 출신이라고 보기는 어렵다. 대부분이 농부였던 유대 지역의 유대인이 다른 지역으로 이주할 이유도 없었다. 설령 모종의 이유로 다수의 인구가 한꺼번에 이주를 했다고 가정하더라도 어째서 다른 지역에서는 유대인들이 농사를 거의 짓지 않고 기존에 사용하던 아람어(Aramaic)와 히브리어(Hebrew) 대신 이주한 지역의 언어를 사용했는지가 설명되지 않는다. 그러므로 해외에서 거주한 많은 유대인은 유대교로 개종한 토착민이었다고 보아야 옳다.[64] 로마의 역사가 디오 카시우스(Dio Cassius/155-235)는 기원후 2세기에 로마인 중에서도 유대교로 개종한 이들이 있으며 그들이 유대인이라 불린다고 기록했다.

> 이 지역은 유대라고 이름 지어졌고 그 주민들은 스스로를 유대인이라 부른다. 또한, 어떤 이유에서인지는 모르지만, 유대인의 관습을 따르는 모든 사람들은 설령 다른 인종이라 할지라도 유대인이라 불린다. 이 집단은 로마인들 사이에서도 발견된다. ... 그들은 어떤 일반적인 신들도 섬기지 않고 오직 하나의 신만을 열렬히 숭배한다.[65]

하스모니안이 멸망하고 이산이 시작된 이래 유대인에게는 공통의 종교가 집단성으로 가장 중요해졌고 유대인은 곧 유대교도를 의미하는 것으로 이해되었다.[66] 하지만 혈연적 정체성이 사라진 것은 아니었다.[67] 유대교에서는 원칙적으로 유대인의 핏줄을 이어받으면 유대교를 믿지 않더라도 유대인으로 간주했다. 다만 유대인이란 정체성이 혈연적으로 부계를 따르는지 아니면 모계를 따르는지에 대한 기준은 변화했다. 성경에서 고대 이스라엘인은 부계 혈통을 따랐고 유대인들도 오랫동안 이러한 관습을 지켜왔다. 예를 들어, 기원전 1세기에 로마가 팔레스타인 지역을 통치할 새로운 속국을 세우고 헤롯(Herod)을 왕으로 임명하자 유대인들은 그의 아버지가 이두매 출신이라는 이유로 정통성이 부족하다고 비판했다. 그러나 어머니가 나바테아 아랍인이며 유대교로 개종하지 않은 것은 문제 삼지 않았다. 그런데 기원후 2세기부터 랍비들은 유대인과 비유대인이 결혼할 경우 모계혈통을 따른다는 새로운 율법을 정립했고 오늘날까지 정통 유대교(Orthodox Judaism)와 보수파 유대교(Conservative Judaism)의 교리로 지켜지고 있다.[68] 한편, 18세기에 탄생한 개혁파 유대교(Reform Judaism)는 모계와 부계 혈통 모두를 인정하고 있다.

근대에 접어들면서 유럽에서는 혈연적 정체성이 중요해졌다. 많은 유대인이 세속적으로 변모했고 무신론자들도 적지 않았기 때문이다. 더 이상 유대인은 순수한 종교 집단으로 정의될 수 없었다. 그렇지만 인종적으로나 지리적으로도 단일한 집단이 아니었기에 '누가 유대인인가?'라는 질문은 명확히 답하기 어려웠다. 이스라엘 정부는 1970년에 귀환법을 개정하면서 처음으로 유대인에 대한 정의를 내렸는데 이에 따르면 유대인은 "다른 종교의 일원이 아니면서 유대인 어머니에게서 태어났거나 유대교로 개종한 자를 의미한다."[69] 즉, 유대교 율법(Halakha)을 지키지 않거나 무신론자라 할지라도 어머니가 유대인이라면 유대인으로 인지한다. 오직 다른 종교로 개종했을 때만 유대인으로서의 자격을 상실한다.

유대인들이 종교적으로도 혈연적으로도 순수한 집단이 아니라는 사실은 결코 놀라운 일이 아니다. 정도의 차이는 있을지언정 세상의 어느 민족도 그 기원이 되는 집단의 정체성과 일치하지는 않는다. 팔레스타인인들도 마찬가지다. 오랜 역사 속에서 다양한 세력의 침공과 지배를 받아왔던 팔레스타인의 토착민들은 혈연적으로나 문화적으로나 다양한 외부집단과 섞일 수밖에 없었다. 특히, 7세기에 아라비아반도의 아랍인들이 팔레스타인을 정복한 후로는 그들의 언어와 문화를 받아들였고 오늘날까지 스스로를 팔레스타인인이자 동시에 아랍인으로 인식하게 되었다.[70] 그러므로 혈연과 종교적 다양성이 유대 민족의 근원에 대한 정체성을 부정할 만한 사안은 아니다. 문제는 선조들이 살았던 땅에 대한 권리를 계승할 자격이 있는지다. 즉, 유대교를 믿지 않는 사람이 약속의 땅의 권리를 주장하거나 반대로 혈연적으로 아무런 관계가 없는 사람이 개종으로 유대인이 되었을 때 역사적 권리를 내세울 수 있을까? 전자의 사례는 사실상 없다. 쟁점은 후자다. 현대 유대인의 상당수는, 어쩌면 과반수가 개종한 유대인의 후손일지도 모른다고 의심받고 있다.

세간에서는 널리 진실로 믿어지고 있지만 기원후 70년에 로마가 유대인을 추방해서 이산이 시작되었다는 유대교의 전승은 역사적 사실이 아니다. 앞서 언급한 동시대 유대인 역사가 요세푸스는 66년부터 시작된 반란을 진압하기 위해 로마가 수많은 유대인을 죽이고 포로로 끌고 갔다고 기록했고 이는 이산이 발생한 근거로 제시되지만, 로마의 어떤 문헌에서도 유대인을 추방했다는 기록은 찾을 수 없다.[71] 더군다나, 70년 이후로도 팔레스타인에서 상당한 규모의 유대 공동체가 계속해서 존재한 것을 증명해 주는 기록들은 무수히 많다. 심지어 4세기에는 팔레스타인 북부의 티베리아스(Tiberias)에서 예루살렘 탈무드(Jerusalem Talmud)를 편찬했다. 70년 이산설이 사실이 아니라는 것은 너무나도 명백하기 때문에 친이스라엘 역사가들조차도 이산이 어떻게 발생했는지는 언급하지 않고 회피한다. 나아가 이산이 발생한 시점을 아랍인들이 팔레스타인을 정복한 7세기로까지 늦추기도 하는데, 유대인들이 팔레스타인에서 오래 살았다는 사실을 인정할수록 역사적 권리가 강화된다는 이점이 있기 때문이다.[72]

팔레스타인에서 유대 인구는 세월이 흐르면서 점차 감소했다. 일부 학자들은 그 이유를 개종에서 찾는다. 즉, 상당수의 유대인은 팔레스타인을 떠나지 않고 계속해서 살다가 기독교 국가의 지배를 받게 되었을 때는 기독교로 개종하고 무슬림 국가의 지배를 받았을 때는 이슬람으로 개종하면서 결국 현대의 팔레스타인인으로 이어졌을 것으로 추측한다. 피정복민이 지배 세력의 종교로 개종하는 것은 세계적으로 보편적인 현상이고 여러 유대인이 개종한 기록들도 이를 뒷받침한다. 이러한 가설은 팔레스타인인들의 역사적 권리를 더욱 강화해 주므로 주로 친팔레스타인계에서 지지를 받지만, 이스라엘이 건국되기 전에는 유대인 중에서도 이를 믿는 사람들이 있었다. 그중 한 명이 다름 아닌 벤구리온이다. 그는 베두인을 제외한 팔레스타인의 아랍인들은 유대인의 후손이기 때문에 유대 국가를 환영할 것이라고 주장했다.[73] 한편, 유대인이 개종하지 않고 팔레스타인을 떠났다는 전통적인 학설을 지지하는 학자들도 많다. 이들은 유대인들이 팔레스타인에서 '대규모로' 개종한 증거는 없다는 점을 근거로 든다.[74] 두 가설 중 어느 하나가 옳다고 단정 짓기엔 충분한 근거가 없으며, 개종과 이주 모두 적지 않은 비중으로 함께 이루어진 것만큼은 틀림없어 보인다.

이산의 기원이 불분명하니 유럽이나 중동, 북아프리카 등지에서 살아온 '해외'의 유대인 중에 개종자의 후손이 많을 것이라는 의심은 더욱 강해진다. 특히 현대 이스라엘 국가를 만들어낸 주역이자 전 세계 유대인의 약 90%를 차지하는 아슈케나지(Ashkenazi) 유대 공동체의 기원은 매우 논쟁적이다. 아슈케나지 유대인은 독일어의 방언인 이디시어(Yiddish)를 사용하지만 19세기 말을 기준으로 70% 이상의 인구가 동유럽에서 살고 있었다.[75] 고전적인 다수 학설은 그들이 팔레스타인에서 중유럽으로 이주해 왔다가 중세시기에 동유럽으로 이주한 것으로 본다. 반면 새로운 소수 학설은 아슈케나지 유대인의 상당수가 동유럽에서 제국을 건설한 카자르인(Khazar)의 후손이라고 주장한다. 카자르인이 유대교로 개종했다는 기록들이 있고 이디시어가 구문론적으로 슬라브어(Slavic)와 유사하다는 점 등이 근거로 제시된다.[76]

최근에는 유전학으로 유대인의 계보를 밝혀내려는 시도가 활발히 이루어지고 있다. 많은 연구는 출신 지역[g]에 관계없이 대부분의 유대인들 사이에서 유전적 유사성을 발견했고 따라서 공통의 선조를 가지고 있을 것으로 추정한다. 또한, 중동 지역의 비유대인들과도 유사성이 발견되므로 공통의 선조가 팔레스타인에서 살았던 고대 이스라엘인일 것으로 추정한다. 그렇지만 어떤 연구도 유대인들이 고대 이스라엘의 순수한 혈통이라고 말하지는 않는다. 출신 지역별로 유대인들 간에 뚜렷한 유전적 차이가 보이는 동시에 토착민과의 유사성이 발견되기 때문이다.[77] 예를 들어, 유대인이 공통의 선조를 가지고 있다는 결론을 도출한 논문 「유대인과 중동의 비유대인 간에 공유하는 이대립인자성(biallelic haplotypes) 하플로타입 Y 염색체 풀」의 연구결과를 살펴보면, 중동이나 북아프리카 지역의 유대인은 아슈케나지 유대인보다 팔레스타인인과 유전적으로 더 가깝고, 에티오피아의 유대인은 다른 어떤 지역의 유대인보다 에티오피아인과 유사하다.[78]

한편, 친팔레스타인계에서는 유대인들이 출신 지역의 토착민과 유전적으로 유사하므로 고대 이스라엘인의 후예로 볼 수 없다고 비판한다. 하지만 앞서 말했듯이 외부로부터 혈연적으로 아무런 영향을 받지 않고 순수성을 유지해 온 집단은 어디에도 없다. 구성원들 간에 유전적으로 어느 정도의 유사성을 가져야 공통의 선조를 가진 혈연 공동체로 볼 수 있는지에 대한 기준도 없다. 설령 유대인이 세계의 여러 다양한 지역의 토착민과 상당히 융합되었다고

---

g) 팔레스타인이 아닌, 이산 생활을 하고 있는 지역을 의미한다.

인정하더라도 고대 이스라엘인의 후예로 해석할 수 있는 여지는 얼마든지 있다. 예를 들어, 유전학자 해리 오스트레르(Harry Ostrer)는 유대인인지 아닌지를 결정할 수 있는 특정한 유전자조각(genetic segment)이 없고 아슈케나지 유대인에게 부분적으로 유럽인과 카자르인 등 다른 집단의 유전적 특성이 반영되었을 가능성을 모두 인정한다. 그렇지만 유대인과 비유대인 사이에서 보다는 유대인들 사이에서 더 많은 유전적 유사성이 발견되기 때문에 생물학적으로 유대성(Jewishness)이 정의될 수 있다고 주장한다.[79]

유전자 연구가 앞으로 유대인의 계보를 얼마나 명확히 밝혀줄지는 미지수다. 과학적 연구는 객관적이라는 세간의 믿음과는 달리 표본의 종류나 크기, 연구 방식, 주관적인 해석 등으로 학자들 간에 의견이 대립하고 선행연구를 뒤엎는 결과들도 나오고 있다. 게다가 유대인의 기원이 성경적 역사관이나 이스라엘-팔레스타인 분쟁에 미치는 정치적 함의가 크다 보니 연구의 진실성이 강하게 의심받는다.[80] 때로는 논쟁이 격화되어 연구의 자유가 침해받기까지 한다. 2001년에 "팔레스타인인은 유대인과 중동 지역의 인구와 유전적으로 매우 유사하며 … 유대인과 팔레스타인인은 고대 시기에 이집트인과 메소포타미아인, 아나톨리아인과 광범위하게 혼합된 고대 가나안인으로부터 기원한다."라는 결론을 내린 논문은 친이스라엘계의 반발로 학술지 게재가 철회되고 출판본을 받은 사람들은 해당 논문을 뜯어내 버리도록 촉구되었다.[81] 영국의 신문사 『가디언(Guardian)』은 "이런 과도한 자가검열행위는 연구출판에서 유례가 없으며 … 성경적 교리에 의문을 가지는 과학적 연구는 억압받을 수 있다는 우려를 낳는다."라고 보도했다.[82]

만약 먼 훗날 유전학이 발전하여 유대인의 혈통을 정확히 파악하게 된다면 모든 논쟁이 해소될 수 있을까? 안타깝게도 그렇지 않다. 불가능하겠지만 만약 과학자들이 고대 이스라엘인과 현대 유대인 간의 유전적 일치를 수치화하더라도 몇 % 이상 일치해야 양자를 혈연 공동체로 인정할 수 있을지는 순전히 주관적인 판단에 달렸고 정치적 시비에 휘말릴 수밖에 없다. 유전적으로 100% 일치하지도 않는데 땅에 대한 권리는 100% 물려받을 자격이 있는지도 끝없는 논란을 불러일으킬 것이다. 만약 유전적으로 일치하는 정도만큼의 땅이라도 물려받을 권리가 인정된다고 가정하더라도 물려받을 땅과 그렇지 않은 땅을 어떤 기준으로 구획할지도 문제가 된다. 후자에 해당하는 지역에서 이스라엘이 영토 포기 선언을 할 가능성도 희박하다.

나아가, 유대인을 고대 이스라엘의 온전한 후손으로 가정하더라도 여전히 문제는 남아 있다. 유대인은 고대 이스라엘의 유일한 후손이 아니다. 고고학과 역사학, 유전학 연구 모두는 팔레스타인인들에게도 고대 이스라엘인의 피가 흐르고 있다고 본다. 비록 작금의 분쟁 때문에 팔레스타인 정부가 공공연히 고대 이스라엘인을 조상 중 하나로 언급하지는 않지만, 팔레스타인인의 기원이 되는 토착민에 고대 이스라엘인이 포함되는 것은 당연하다. 만약 혈통만이 아니라 고대 이스라엘인으로서의 정체성, 즉 종교와 언어, 문화 등을 계승하는 집단만이 땅의 권리를 가지는 '적자'의 자격을 가질 수 있다고 제한하더라도 또 다른 적격자가 있다. 바로 사마리아인(Samaritan)이다.

앞서 설명했듯이 유대교에 따르면 북이스라엘에 살고 있던 고대 이스라엘의 10개 부족은 아시리아에 포로로 끌려간 후 정체성을 상실하고 '사라졌다'. 이때 북이스라엘의 영토인 사마리아 지역의 빈 땅에는 메소포타미아 지역의 주민들이 강제로 끌려와 정착하게 되었고(왕하 17:24) 사마리아인이라 불렸다. 사마리아인은 유대교로 개종하였으나 랍비의 가르침을 그대로 따르지 않고 변질시켰기 때문에 그들의 신앙을 사마리아교라 부르고 유대교와 유사하지만 별개의 종교로 구분한다.[83] 따라서 유대교에서는 사마리아인을 고대 이스라엘의 후손으로 보지 않는다. 하지만 사마리아인은 자신들이 소위 '사라진' 고대 이스라엘인의 후손이며 그들의 종교와 혈통, 문화를 계승하는 정통 집단이라고 믿는다.[84] 고고학적 연구는 사마리아인이 북이스라엘의 후손이라는 주장에 힘을 실어준다. 사마리아 지역과 메소포타미아 지역의 인구 교환은 국경 인근에서만 일어난 국지적인 소규모 교환으로 그쳤던 것으로 확인되기 때문이다.[85]

고향에 남아 있던 북이스라엘인은 기원전 5세기 초부터 나블루스 인근의 게르짐산(Mt. Gerzim)에 성전을 지으면서 독자적인 행보를 걷기 시작했다. 그러다 기원전 2세기경에 하스모니안의 유대인들이 사마리아 성전을 파괴하고 자신들의 교리를 따르도록 박해하자 유대인과 완전히 갈라서게 되었다.[86] 그로부터 2천 년이 지난 오늘날 사마리아인은 역사의 풍파 속에 거의 전부가 사라지고 이제는 약 2천여 명만이 명맥을 이어가고 있다. 만약 이들이 유대인들 못지않은 고대 이스라엘인의 후예로 명확히 증명되고 정치적 독립을 원한다면 어떻게 될까? 이스라엘은 북이스라엘 왕국의 영토를 양보할까?

　마지막으로, 유대인이 고대 이스라엘의 권리를 주장하는 데 있어서 가장 큰 결점은 팔레스타인을 떠나갔다는 사실이다. 친이스라엘계에서는 유대인들이 팔레스타인에서 강제로 추방당했고 언제나 그곳으로 돌아가기를 원했으므로 땅에 대한 권리를 계승할 수 있다고 주장한다. 하지만 앞서 설명한 것처럼 이산의 역사가 시작되기 이전부터 과반수의 유대인은 팔레스타인 밖에서 살고 있었다. 그들이 유대 지역 출신이건 아니면 개종한 토착민이었든지 간에 자발적으로 '해외'에서 살기로 선택했던 것만큼은 확실하다. 이는 이산이 시작되었다고 말해지는 기원후 70년 이후의 역사에서도 마찬가지다. 예루살렘을 제외한다면, 로마를 비롯해 팔레스타인을 지배한 어떤 국가도 유대인들의 거주를 금지한 적이 없다. 그러므로 어떤 이유로 팔레스타인을 떠났든지 간에 돌아와 살 수 있는 기회는 언제든지 있었다. 즉, 이산은 유대인들의 자발적 선택이었다.[87] 그런데도 팔레스타인 땅에서 계속해서 살아온 팔레스타인인보다 유대인이 우월적인 권리를 가진다고 주장할 수 있을까?

　지금까지 팔레스타인이 유대인들에게 영구적으로 귀속된 땅이 아닌 이유를 알아보았다. 성경에서 신이 고대 이스라엘인에게 약속했다는 땅은 경계도 제대로 알 수 없고 고대 이스라엘인이 거주하거나 국가를 세운 지역을 의미하지도 않는다. 또한, 고대 이스라엘의 왕국들은 팔레스타인의 일부분만을 지배했고 그 기간은 매우 짧았다. 설령 고대 이스라엘인이 팔레스타인 땅의 일부에서나마 어떠한 권리를 가지고 있었다 한들 현대의 유대인이 똑같은 권리를 향유할 수 있다고 보기도 어렵다. 반면, 팔레스타인인은 유대인이 이곳을 떠나기 전에도 후에도 계속해서 이곳에서 살아온 집단의 후손이다. 특정 인종이나 민족, 종교 등에 대한 차별적 편견을 배제하고 모든 인간이 평등하다는 관념을 인정한다면, 팔레스타인인에게 땅에 대한 우선적 권리가 있다는 것을 누구도 부인할 수 없다.

　오랜 역사에서 유대교는 분쟁을 일으키는 원인이 아니라 갈등을 방지하는 역할을 하고 있었다. 랍비들은 유대인이 팔레스타인에 유대 국가를 세우거나 이곳에서 살아야 한다고 가르치지 않았다.^h) 오히려 유대인들이 팔레스타인으로 '귀환'하지 못하도록 막은 '장애물'이었다. 6세기에 바빌로니아 유대 공동체가 편찬한 탈무드는 이산이 신의 징벌로 일어난 것이기 때문에 메시아(Messiah, 구세주)가 도래할 때까지 이산 생활을 이어가야 하며 팔레스타인으로 집단적으로 이주해서는 안 된다고 가르친다.[88] 이는 유대교의 핵심 교리가 되었고, 랍비들은 구원의 날이 빨리 오기를 기도하는 것조차 신의 의지에 간섭하는 행동이라는 이유로 금지했다. 그러므로 신이 주신 약속의 땅이라는 교리도, 고대 시기에 팔레스타인 전역에 위세를 떨치는 강력한 국가를 건설했다는 성경적 역사관도, 유대인들이 고대 이스라엘의 유일한 적자라는 믿음도 분쟁의 원인이 될 수 없었다. 하지만 유럽에서 세속주의가 대두하고 종교가 힘을 잃자 금기를 깨고 팔레스타인에 유대 국가를 건설해야 한다고 주장하는 세속적 유대인들이 나타나 분쟁을 일으킨다. 그들이 유대 국가를 세우려 한 이유에 대해서는 제3장에서 다룰 것이다. 지금은 팔레스타인에서 유대인들의 이야기를 시간순으로 좀 더 알아가 보자.

---

h) 오늘날에도 과반수의 유대인이 미국과 유럽에서 살고 있다.

2. 유대인을 구원한 이스마엘 왕국

2.1. 예루살렘에서 쫓겨난 유대인들

이스라엘-팔레스타인 분쟁이 성경적 시대에서부터 시작된 혈연지간의 숙명적 갈등이라는 괴담이 있다. 성경에 따르면, 아브라함의 적장자로서 유대인의 계보를 잇게 된 이삭에게는 이스마엘(Ishmael)이라는 배다른 형이 한 명 있었다. 이스마엘은 장남이지만 어머니가 하녀 출신의 두 번째 부인이라는 이유로 가업을 이을 수 없었다. 그럼에도 불구하고 태아 적부터 천사가 찾아와 많은 자손을 번성케 할 것이라는 축복을 받았고,(창 16) 청년이 되었을 때는 "큰 나라"를 만들게 될 것이라는 신의 계시를 받았다.(창 17:20) 어느 날, 이스마엘은 막 젖을 뗀 어린 동생을 놀리다가 이삭의 어머니에게 들켜 집에서 쫓겨났다. 이후 그는 신으로부터 "큰 민족"을 이루게 될 것이라는 계시를 받으며 남쪽으로 이주했고(창 21:8-19) 그의 핏줄에서 아랍인들이 탄생했다고 전해진다. 일부 기독교도들은 여기서 착안해 아랍인과 유대인은 형제 관계이지만 고대에서부터 불화가 있었고, 이것이 두 민족 간의 갈등의 기원이자 현재까지 분쟁이 계속될 수밖에 없는 이유라고 설명한다. 하지만 다른 괴담들과 마찬가지로 이 또한 역사적 사실과는 거리가 너무나도 멀다.

우선, 아브라함과 이삭, 이스마엘이 실존 인물이거나 아랍인과 유대인들이 같은 아버지의 후손이라는 성경의 기록과 해석을 뒷받침해 줄 다른 사료는 없다. 이스마엘의 아들들과 아랍 부족의 이름이 유사하다는 이유로 성경적 계보가 역사적 사실이라는 주장도 있으나[89] 성경 편찬자들이 이미 존재하는 아랍 부족의 이름을 차용한 것일 수 있으므로 신뢰하기 어렵다. 무엇보다도, 어느 하나는 적자이고 다른 하나는 내쳐진 자식이라서 갈등을 맺어왔을 것이란 해석이 역사적으로 증명되지 않는다. 고대부터 유대인들은 아랍인을 이스마엘인이라 불러왔으나 적대시하지 않았다. 남유다가 멸망한 무렵부터나 혹은 늦어도 로마 시기부터 많은 유대인은 아라비아반도로 이주해 와서 아랍인들과 함께 살았고, 아랍어를 배우고 아랍 문화를 받아들였다. 만약 성경의 역사적 형제라는 관계를 껄끄러워했다면 일어나지 않았을 일이다. 역으로 아랍인들이 유대인을 쫓아내는 일도 없었다. 오히려 유대교로 개종하거나 유대 공동체에 소속된 아랍인들도 많았다. 6세기에는 예멘에서 힘야르(Himyar)의 국왕이 유대교로 개종했다. 일부 학자들은 이때 대다수의 아랍 주민들이 함께 개종했을 것으로 추정한다.[90]

이삭과 이스마엘의 이야기 외에도 이스라엘-팔레스타인 분쟁을 숙명적인 갈등론으로 풀어내는 괴담들은 더러 있다. 아마도 그중에서 가장 직관적으로 그럴싸해 보이는 것은 유대교와 이슬람이 예루살렘을 공통의 성지로 두고 있기 때문에 분쟁이 생겨날 수밖에 없었고 앞으로도 갈등이 해소 불가능하다고 전망하는 '성지쟁탈전'설일 것이다. 실제로 아랍인과 유대인들의 평화적 공존은 7세기에 이슬람이 창시되면서 막을 내렸다. 무슬림으로 개종한 아랍인들은 국가를 세운 뒤 유대인들을 지배했고 예루살렘의 성전산을 이슬람 성지로 바꾸어버렸다. 전 세계의 많은 유대인이 이를 슬퍼했을 것은 의심할 여지가 없다. 하지만 공통의 성지로 인한 충돌은 없었다. 오히려 중세시대의 유대인이 남긴 기록들에서는 무슬림의 지배에서 나름대로 만족하며 살았던 흔적이 뚜렷이 보인다. 그들은 어째서 성지를 뺏어간 무슬림들을 적대시하거나 칼을 빼 들고 성지를 되찾겠다고 투쟁하지 않았을까? 그 해답은 시대적 배경, 특히 기독교도의 유대인 박해에서 찾을 수 있다.

유대인들은 역사상 수많은 박해를 겪은 민족들 중 하나다. 그들의 '박해의 역사'는 독자적인 정치체제를 잃어버린 직후부터 끊임없이 계속된 것처럼 말해지곤 하지만 엄밀히 말해서 로마 시대 이전까지는 박해가 일탈적으로만 짧게 일어나는, 여느 약소집단의 경험과 별반 다르지 않았다. 예를 들어, 바빌로니아가 예루살렘 성전을 파괴하고 남유다의 상류층 유대인들을 포로로 끌고 간 일은 대표적인 박해 중 하나로 손꼽히지만, 그로부터 반세기도 안되어 바빌로니아가 멸망했기 때문에 포로들은 고향으로 돌아가서 성전을 다시 세울 수 있었다. 기원전 2세기 중반에는 셀레우코스 왕조의 안티오쿠스 4세(Antiochus IV/재위 기원전 175-164)가 유대교를 탄압했으나 유대인들이 반란을 일으켜 유대 지역에서 자치권을 획득했기 때문에 박해는 길어야 20여 년에

그쳤다.[91]

　반면, 로마의 박해는 지속적이고 더욱 억압적이었다. 66-73년에 유대 지역의 반란을 진압하면서 예루살렘 성전을 소실시켰고,[92] 132-136년에 재차 반란이 일어나자[93] 반란의 중심지인 예루살렘에서 유대인들을 추방했다. 또한, 지난 한 세기 동안 유대(Judaea)라고 불렸던 행정구역명을 팔라에스티나(Palaestina)[94]로 변경하였는데, 집단적 정체성을 약화시키려는 의도였던 것으로 짐작된다. 이후 정치적 위협이 사라지자 로마는 탄압을 멈추었다. 그러다 4세기부터 박해가 재개된다. 콘스탄티누스(Constantine/306-37) 황제를 비롯해 기독교로 개종한 황제들이 유대인을 종교적 이유로 증오했기 때문이다. 329년에는 유대교에서 기독교로 개종한 자들은 법의 보호를 받지만 기독교에서 유대교로 개종한 자들은 처벌하는 법이 제정되었고, 339년에는 유대인들이 기독교도 노예를 소유하거나 기독교도 여성과 결혼하는 것이 금지되고, 353년에는 기독교에서 유대교로 개종하면 재산을 몰수하게 되었다.[95] 361년에 제위에 오른 다신교도 황제 율리아누스(Julian)는 유대인들에게 예루살렘에서의 거주와 성전의 재건 등 권리 회복을 약속했지만[96] 즉위 2년 만에 사망했다. 이후 로마는 친기독교 노선으로 회귀했고 380년에 기독교를 국교로 채택했다. 이때부터 박해는 더욱 강화된다.

　기독교도들은 왜 유대인을 박해했을까? 서력 원년이 시작되기 몇 해 전에 팔레스타인에서 예수(Jesus)가 태어났다. 기독교도들은 그가 인간을 구원하기 위해 온 그리스도(메시아의 그리스어)이자 신이라고 믿지만 이러한 교리의 옳고 그름과는 관계없이 "역사적 인물로서의 예수는 유대교만을 신봉하는 독실한 유대인"이었다.[97] 하지만 예수가 교리에 이의를 제기하고 새로운 가르침을 설파하자 다른 유대인들은 그를 이단으로 비난하였다. 기독교 경전인 신약성경에 따르면, 유대인들은 로마 총독에게 성토해 예수를 십자가형에 처해 죽게 만들었기 때문에 예수의 죽음에 로마보다 직접적인 책임이 있다.[98]

　'예수 살해자'라는 낙인은 유대인을 박해하기에 충분한 이유가 되었을 것으로 생각하기 쉽다. 하지만 초기 기독교도들은 유대인에게 적의를 드러내지 않았다. 오히려 예수의 가르침에 따라 유대교 율법을 지켰고,(마 5:17-19, 행 15:1) 유대인들을 가장 먼저 개종시킬 대상으로 삼았다. 한 세기 후에 유대교와 결별하고 독립적인 종교로 기독교를 세우게 된 후에야 유대인에 대한 반감, 즉 반유대주의(anti-Semitism)가 수면 위로 떠오른다. 역사학자 가뱅 랭뮈어(Gavin Langmuir)의 표현을 빌리자면, 유대교로부터 경쟁의식을 느끼는 "태생적 트라우마"에서 벗어날 수 없었기 때문이다. 성경을 공유하지만 예수의 신성성과 가르침을 부정한 유대인의 존재는 기독교의 정통성을 위협했다.[99]

> 예수는 팔레스타인의 유대 공동체에서 살다가 죽은 유대인이었다. 예수와 그의 제자들은 유대교의 경전을 믿었고 많은 유대인들이 예수를 보았다. 그런데 왜 대부분의 유대인은 예수를 믿지 않았던 것일까? 그러므로 유대인들은 예수에 대한 불신의 화신(化身) 그 자체였고 (예수가 메시아인지) 의심하게 만들 수 있었다. 강한 의심을 품고 있는 기독교도는 유대인에 대한 생각을 머릿속에서 떨치기 힘들었다.[100]

더군다나, 유대인들은 성경에서 신의 선택을 받은 특별한 집단이었다. 기독교도들로서는 "암시적으로든 명시적으로든 '유대인들은 저주받아 마땅하다'라는 말을 하지 않고도 '예수는 메시아'라고 말할 수 있을까?"라는 고민에 빠졌을 것이다.[101] 결국, 그들은 유대인의 정통성을 부정해야 한다는 결론을 내렸다. 그래서 유대인의 반란이 실패한 것은 예수를 메시아로 인정하지 않았기 때문에 신벌을 받은 것이며, 로마가 기독교를 국교로 채택한 것은 신이 유대인을 저버리고 자신들을 선택한 증거라고 주장했다. 또한, 신이 유대인에게 약속한 권리는 이제 기독교도들이 대신 계승하게 되었다고 믿었다.[102] 예루살렘은 이런 변화를 상징적으로 보여주는 장소였다. 유대인의 출입은 금지되고 성전산은 폐허가 된 반면, 성묘교회가 건설돼 기독교 제1의 성지가 되었기 때문이다.[103] 4세기 말에 신부 제롬(Zerome)은 예루살렘을 보며 이런 감상을 남겼다.

> 오늘날까지 이 위선적인 소작농들[즉, 유대인]은 신의 아들이자 마지막 예언자를 살해한 죄로 예루살렘에 오는 것을 금지당하고 있다. 흐느끼기 위해[기도를 일컬음] 오려 하더라도 돈을 내야만 도시의 폐허에서 애도할 권리를 허락받는

다. ... 예루살렘을 로마에 빼앗기고 파괴당한 날에 이 사람들은 애도하기 위해 모이는데, ... 그 모습과 (해진) 옷은 (유대인에 대한) 신의 분노를 보여준다. .... 이 비참한 집단의 후손들은 성전이 파괴된 것을 한탄하지만, 동정할 만한 가치는 없다.[104]

물론 유대인들은 이러한 해석에 동의하지 않았고 기독교도들을 비판했다. 양측은 공개적으로 교리 논쟁도 벌였다. 그런데 이렇게 치열하게 경쟁을 하는 와중에 많은 기독교 평신도들이 시나고그를 방문하고 유대인의 풍습을 따라해 성직자들을 당혹게 했다. 그들 중에는 유대교에서 기독교로 개종했으나 과거의 습관을 버리지 않은 사람들도 있었고, 다원주의적 전통[105]의 영향으로 유대 풍습을 따라 하는 사람들도 있었다. 그 수가 워낙 많았던 터라 설교를 하려면 사람들이 많이 모이는 유대 명절에 날을 잡아야 할 정도였다. 이는 성직자들이 유대교에 대한 반감을 키우는 중요한 요인이 되었다.[106] 예를 들어, 기독교 성인(聖人)으로 추앙받는 요한 크리소스토무스(John Chrysostom)는 기독교도들에게 시나고그를 방문하거나 유대 풍습을 따라 하지 말라고 설교하면서 유대인과 유대교를 원색적으로 비난했다.

> 시나고그는 단순히 도적들과 상인들의 집합소인 것이 아니라 악마들이 모이는 곳이다. 시나고그뿐만 아니라 유대인들의 영혼 또한 악마들의 서식지다. ... 여러분 모두가 형제들을 힘으로 강압하거나 때려서, 모욕을 줘서, 혹은 논쟁을 해서라도 (시나고그에 가지 않도록) 설득할 수 있을 것이다. 그들을 악마의 덫과 그리스도 살해자들의 집단으로부터 구하기 위해 무엇이든지 하라. ... 그들에 의해 십자가형을 받아 돌아가신 그리스도를 섬기는 여러분이 유대 관습을 지키고 유대인의 방식으로 숭배하는 것을 볼 때, 그들이 모든 것이 완벽히 잘 되었다고 생각하지 않을 수가 있겠는가? ... 그리스도 살해자들이 모이는 곳에서 십자가는 조롱받고 신은 모독당한다.[107]

기독교의 반유대주의는 로마가 기독교를 국교로 채택한 시점에서부터 정책으로 빠르게 반영되었다. 이 무렵에 로마는 동서로 분열되었는데 팔레스타인이 속한 동로마, 즉 비잔틴에서는 388년에 성별과 관계없이 기독교도와 유대인 간의 결혼이 전면적으로 금지되고, 393년에는 혼인 가능 연령이나 친족 결혼이 가능한 범위 등 혼사와 관련된 문제에 대해서 유대 율법이 아닌 국법을 따르도록 강제하고 특히 일부다처제를 금지했다. 415년에는 새로운 시나고그의 건설을 금지하고, 418년에는 군대를 비롯해 대부분의 중앙 공직에서 유대인을 배제했다. 423년에는 이미 지어진 시나고그의 개축을 금지시켰다. 531년에는 법정에서 기독교도에게 불리한 진술이나 증언의 효력을 인정하지 않기로 했다. 553년에는 그리스어로 번역된 성경은 기독교도들이 사용하는 판본만을 사용하도록 제한하고, 랍비들이 성경을 해석해 만들어온 구전(口傳) 율법 미쉬나(Mishnah)를 가르치는 것을 금지했다. 또한, 기독교의 핵심 교리인 망자(亡者)의 부활과 최후의 심판, 천사의 존재를 부정하는 자들은 사형에 처한다고 공포했다.[108]

법률적 규제는 세월이 흐르면서 반유대주의가 강해진 경향을 보여주지만 실제 차별과 억압의 수준을 나타내는 지표는 아니다. 근대 이전의 국가에서는 정부가 신민의 생활을 밀접하게 규율할 행정력이 없었기 때문에 법을 엄격하게 집행하지 못했다. 더군다나, 법이 제정되고 나서 얼마간의 시간이 지나면 실효성을 잃고 사문화되곤 했다. 같은 법을 수년 간격으로 여러 번 다시 제정하고 포고한 사례들이 많은 것을 보면 법의 유효기간은 대체로 매우 짧았던 것으로 짐작할 수 있다. 역으로 유대인이 법으로 보호받을 수 있는 권리도 잘 보장되지 않았다. 388년에 칼리니쿰(Callinicum)의 주교는 신도들을 선동해 시나고그를 불태웠고, 황제 테오도시우스(Theodosius)가 기독교도들의 비용으로 시나고그를 재건하라고 명령하자 밀라노(Milan)의 주교는 항의 서한을 보내 명령을 취소하게 만들었다.[109] 테오도시우스는 유대교가 불법이 아니므로 시나고그를 파괴하거나 빼앗아서는 안 된다고 공포했고 이후의 다른 황제들도 시나고그를 보호하는 법안을 거듭 제정했으나, 기독교도들이 시나고그를 공격하는 사건들은 끊임없이 계속되었다.[110] 6세기 말에 교황 그레고리(Gregory) 1세는 시나고그에서의 자유는 억압하되 법의 한계는 지키도록 권고했으나, 시나고그를 빼앗아 교회로 바꿔버리는 박해를 멈추지 못했다.[111]

기독교 비잔틴에서 행해진 박해는 다신교 시절의 로마나 그 이전의 어느 국가와도 견줄 수 없을 만큼 강화되었다. 무엇보다도 정치적 동기로 박해를 하던 이전 시기와는 달리 이제는 유대인들의 가장 중요한 집단적 정체성인 종교를 이유로 박해를 하는 것이기 때문에 스스로 유대인임을 포기하지 않는 한 박해를 피할 길이 없었다. 다만 이러한 종교적 박해의 근본적인 원인이 유대교에 대한 특수한 반감이었는지는 확실치 않다. 흔히 간과하지만, 유대인들이 겪은 차별과 박해는 비잔틴에서 살아가는 비기독교도들의 보편적인 경험이었다.[112] 기독교도들은 성경의 가르침에 따라 다신교를 제거해야 할 사악한 신앙으로 굳게 믿었다. 또한, 다신교도들이 과거의 집권세력이자 다수인구라는 정치적 불안요소라는 점을 우려해 강력하게 탄압했다. 예수 살해자라는 낙인이 없는 사마리아인들도 박해를 피하지 못했다. 5-6세기에 사마리아인들이 반란을 일으킨 후에는 게르짐산에 있는 성전마저 파괴당했다.[113] 삼위일체와 같은 중요 교리에 이의를 제기하는 기독교 이단들도 심각한 눈엣가시로 여겨졌다. 기독교 신앙의 아버지 중 한 명으로 손꼽히는 히포(Hippo)의 주교 아우구스티누스(Augustine)는 이단은 사형시켜도 되지만 유대인들은 성경 시대가 존재했다는 것을 보여주는 증거가 된다며 괴롭히되 살려둘 필요는 있다고 주장했다.[114] 따라서 유대인에 대한 박해는 근본적으로 기독교 교세 확장을 위한 일반적인 경쟁심에서 유발된 것이고 신학적 유사성과 이견에서 비롯된 특수한 반감은 보조적인 역할에 그쳤을지도 모른다.

점점 심해지는 차별과 박해를 피하기 위해 유대인을 비롯한 많은 비기독교도들은 기독교로 개종했다. 팔레스타인에서도 종교 지형이 크게 변화했다. 기독교가 국교가 되기 이전까지 인구의 대다수는 다신교도와 유대인, 그리고 사마리아인이었다. 기독교도의 수는 매우 미미했다.[115] 하지만 4세기에 기독교도들이 외부에서 많이 이주해 오고 5세기 초부터 도시민과 아랍 유목민들이 기독교로 개종하면서 균형이 바뀌기 시작했다. 농민들은 다신교 신앙과 풍습을 상대적으로 오래 유지했으나 점차 개종자가 늘어났다. 늦어도 6세기에는 기독교도가 팔레스타인에서 다수인구로 부상했거나 그렇지 않더라도 상당한 비중을 차지한 것으로 추정된다.[116]

개종자가 급증한 것은 선교 활동의 성과만은 아니었다. 가령 5세기 초에 메소포타미아 출신의 호전적인 수사들은 팔레스타인 내외에서 다신교도 신전과 시나고그를 파괴하고 다녔고 사마리아인 등을 위협해 강제로 개종시켰다.[117] 비록 교황 그레고리 1세가 뒤늦게 강제개종을 금지하는 교리를 정립했으나 어떤 경우에 개종이 '강제'된 것인지 정의하지 않았고 강제로 개종시킨 기독교도를 처벌하거나 피해를 보상하는 규정을 만들지도 않았다. 더군다나 성직자들은 어떤 이유로든 한 번 개종한 이들은 영원히 기독교도로 남아 있게 만드는 것이 더 중요하다고 생각했다. 7세기 초에 스페인 지역의 서고트 왕국(Visigothic Kingdom)은 모든 신민을 기독교로 강제개종시켰는데, 그 후로도 많은 유대인이 비밀리에 유대교 교리와 풍습 등을 지키자 성직자들은 분노했다. 633년에 열린 4차 톨레도(Toledo) 공의회는 "강압적으로 믿게 되었다고 할지라도 그들이 신앙을 유지하도록 강제해야만 한다."고 결의했다. 이는 7세기 내내 후속 공의회에서 수차례 재의결되었다.[118]

비잔틴에서 유대인들은 점점 설 자리를 잃었고 기독교도들의 박해에서 해방될 수 있는 새로운 정치체제를 염원했다. 7세기 초에 팔레스타인의 유대인들에게는 두 번의 기회가 찾아왔다. 처음은 페르시아였다. 페르시아는 614년에 팔레스타인을 점령하고 많은 기독교도 주민들을 학살했다.[119] 동시대 기독교도 주교와 수사의 기록에 의하면 유대인들은 이를 반기며 학살에 가담했을 뿐만 아니라 페르시아군이 잡은 포로들을 매입해서 직접 참수했다. 한 세기 후의 수사는 당시 학살당한 기독교도의 수를 9만 명으로까지 추산했다.[120] 오늘날의 학자들은 이런 수치나 살해방식은 신뢰하지 않으나 오랫동안 박해를 받아왔으니 유대인들이 학살에 가담했을 법하다고 본다.[121] 이는 결과적으로 유대인들에게 부정적인 영향을 끼쳤다. 페르시아가 처음에는 예루살렘에서의 거주를 허락해주는 등 친유대 정책을 펼쳤으나 얼마 지나지 않아 다수 인구인 기독교도의 민심을 달래기 위해 유대인에게서 등을 돌렸기 때문이다. 설상가상으로 628년에 비잔틴이 팔레스타인을 되찾자 유대인들은 배신자로 낙인찍히며 박해당했다.[122] 예루살렘에 남아 있던 유대인들은 학살당하거나 쫓겨났고, 제국 전역에서 모든 유대인이 기독교로 개종해야 한다는 칙령이 내려졌다.[123] 외부의 지원이 절실했던 바로 그 순간에 두 번째 기회가 찾아왔다. 아라비아반도에서 이슬람을 믿는 아랍 무슬림들이 북진하여 비잔틴을 공격한 것이다.

2.2. 무슬림들이 되찾아준 반쪽짜리 성지

무슬림들이 믿는 신은 유대인과 기독교도들이 믿는 신과 같은 유일신이다. 이슬람에 따르면, 신은 태초의 인간인 아담(Adam)을 시작으로 아브라함과 이스마엘, 이삭, 야곱, 모세, 다윗, 예수 등 여러 예언자에게 계시를 내렸으나 계시가 올바르게 보존되지 않았다. 그래서 마지막 예언자인 무함마드(Muhammad)[i)]에게 20여 년 동안 참된 계시를 내렸고 이는 이슬람 경전인 꾸란에 기록되어 현재까지 전한다. 이런 연유로 꾸란에는 성경과 큰 맥락에서는 유사하지만 세부적으로는 다른 점들이 많다. 예를 들어, 성경에서 이스마엘이 집에서 쫓겨나 남쪽으로 내려가게 된다는 이야기가 꾸란에서는 이스마엘과 아브라함이 함께 아라비아반도의 메카에서 카바(Kaaba) 신전을 짓고 유일신을 기렸다고 다르게 설명된다.(꾸란 2:125-27, 3:96, 22:26)

무슬림들은 자신들이 비무슬림을 관대하게 통치했고 특히 같은 뿌리에서 나온 유대인과 기독교도에게 관용적이었다고 주장한다. 비록 잘못된 부분들이 있다고 믿지만 그래도 성경과 신약성경을 무함마드 이전의 선지자들이 받은 계시가 기록된 경전으로 존중하고, 꾸란에서 유대인과 기독교도 등을 경전의 백성(the people of the Book)이라 부르고, 성경에 나오는 여러 성인들과 예수를 예언자로 추앙하는 점 등을 근거로 제시한다. 그러나 성경의 원문과 그에 대한 해석을 상당수 공유하는 기독교도들이 유대인을 박해한 것처럼 무슬림들도 유대인에게 결코 관용적이지 않았다. 오히려 무함마드 시절에 유대인을 학살한 사건도 있기 때문에 일부 기독교도들 사이에서는 무슬림과 유대인은 이슬람이 창시될 때부터 싸워온 숙적이고 이스라엘-팔레스타인 분쟁은 바로 그 연장선에 있는 종교전쟁이라는 괴담도 떠돈다. 그렇다면 무슬림들이 팔레스타인을 정복했을 때 유대인들은 절망했을까?

이슬람에 따르면 메카의 상인이었던 무함마드는 610년에 처음으로 신의 계시를 받고 유일신의 교리를 포교하기 시작했다. 당시 메카에서는 아브리함과 이스마엘이 전파했다는 유일신의 교리가 잊히고 다신론이 성행하고 있었

---

i) 마호메트(Mahomet)로도 알려져 있으나 이는 과거에 유럽에 잘못 전해진 발음이며 오늘날에는 더 이상 사용되지 않는다.

기 때문에 많은 아랍인들이 그를 외면하거나 박해했다. 그러나 10년이 넘게 계속된 포교 활동으로 무함마드의 명성은 주변 지역으로 널리 퍼졌고 메디나(Medina)에서 그의 도움을 필요로 하는 아랍인들이 찾아왔다. 그들은 무함마드에게 아랍 부족들 간의 갈등을 중재해 주길 요청하고 대신 그의 가르침을 따르겠다고 약속했다. 이를 받아들인 무함마드는 70여 명의 추종자를 데리고 622년에 메디나로 이주했다.[124]

메디나로 온 무함마드는 오래지 않아 이곳의 아랍 공동체를 장악했고 메카의 아랍 부족들과 벌인 전투에서 승리할 정도로 힘을 키울 수 있었다. 하지만 무함마드를 적대하는 부족들도 있었는데 바로 유대인들이었다. 메디나는 오래전부터 유대 공동체의 세력이 강한 곳이었다. 그들은 아랍어를 사용했고 아랍인과 정치적, 혈연적, 문화적으로 긴밀히 연결되어 있었다. 아버지의 혈통으로는 아랍인이지만 어머니의 혈통으로는 유대인인 사람도 있었고, 유대교로 개종했거나 유대교를 믿지는 않지만 유대 공동체에 소속된 아랍 부족들도 있었다.[125] 그런데 무함마드가 이주해 온 후부터 아랍 부족들이 그와 이슬람을 중심으로 통합되어 힘의 균형이 바뀌자 유대인들은 위협을 느꼈다. 무엇보다도, 무함마드가 받았다고 주장하는 계시가 성경과 다르다 보니 종교적으로 반감을 품을 수밖에 없었다.[126]

무함마드는 처음에 유대 공동체를 회유해서 이슬람으로 개종시키거나 적어도 자신의 정치 공동체에 복속시키려 했다.[127] 그가 메디나로 온 직후에 부족들 간의 관계와 의무를 규율하기 위해 만든 것으로 추정되는 '메디나 헌장'은 유대 부족들이 무슬림 공동체에 협력하는 한 대체로 동등한 권리와 의무를 부여했다.[128] 또한, 기도 방향을 예루살렘으로 정하고 금요예배, 정오기도, 단식 등 유대교와 유사한 관습들을 채택한 것은 유대인의 친화를 끌어내려는 의도가 반영된 것으로 추측된다. 하지만 개종자는 거의 없었고 유대인들은 그를 거짓 선지자라고 조롱했다.[129] 유대 공동체의 적대가 계속되자 무함마드는 노선을 바꿔 호전적으로 대응했다. 기도 방향은 메카로 변경했다.(꾸란 2:144, 149-150) 갈등은 시간이 갈수록 악화되었고 결국 무슬림 공동체는 메디나에서 가장 큰 3개의 유대 부족과 각각 전쟁을 벌이게 된다.[130]

무슬림의 기록에 따르면, 첫 번째 전쟁은 624년에 카이누카(Qaynuqa) 부족의 유대인들이 무슬림 여성의 옷을 벗기려고 희롱한 사건에서 야기되었다. 당시 현장을 목격하고 분개한 무슬림 남성이 유대인 한 명을 죽였고 곧장 다른 유대인들이 그를 보복 살해했다. 소식을 들은 무함마드는 무슬림들을 이끌고 카이누카 부족을 포위했다. 위축된 카이누카 부족은 항전을 포기했고 무기와 재산의 일부를 남겨놓는 조건으로 목숨을 부지하고 메디나를 떠났다. 이듬해에는 나디르(Nadir) 부족이 무함마드를 암살하려 한 혐의를 받고 추방당했다.[131]

마지막 부족의 운명은 더욱 비참했다. 627년에 메카의 아랍 부족이 메디나를 공격했을 때 쿠라이자(Qurayzah) 부족은 메카의 군대와 협상을 시도했다. 이를 알게 된 무함마드는 메카의 군대가 후퇴하자마자 곧장 그들을 공격해 항복을 받아냈다. 이때 쿠라이자 부족과 과거에 동맹을 맺은 적이 있던 아우스(Aws) 부족이 선처를 요청했고, 무함마드는 아우스 부족원 중 한 명에게 유대인의 처우를 맡기기로 결정했다. 쿠라이자 부족도 이에 동의했다. 무함마드는 메카군의 공격으로 치명상을 입어 죽어가던 아우스의 부족장을 선택했고, 그는 남자는 모두 죽이고 여자와 아이들은 노예로 팔아야 한다고 말했다. 판결은 그대로 이행되었다. 오직 무슬림으로 개종한 두세 명의 유대인만이 목숨을 부지할 수 있었다.[132]

쿠라이자 부족의 학살은 무함마드의 잔인함을 보여주는 사례로 회자되고 무슬림과 유대인 간의 숙명적 갈등론의 근거로 제시된다. 당시 목숨을 잃은 유대인의 수가 600~900명 사이로 추정되는 만큼 학자들 사이에서도 무슬림에 대한 비판적 입장이 나온다. 하지만 다른 한편으로는 무슬림들을 도발한 유대인에게서 잘못을 찾거나, 이 정도 규모의 학살이 당시에는 전혀 드물지는 않았다는 점도 고려해야 한다는 반박도 제기된다.[133] 이 사건을 어떻게 평가하든지 간에 더 이상의 학살은 없었다는 사실에 주목해야 한다. 메디나의 나머지 유대 부족들은 무슬림의 지배에 순응했고 무함마드는 이를 받아들였다. 메디나 헌장에서 유대 부족들에 호의적인 조항들은 이때 추가되었을 것이라는 해석도 있다.[134]

메디나에서의 전쟁 이후로 무함마드는 유대인과 새로운 관계를 정립했다. 이는 메디나 북서쪽에 위치한 카이바르(Khaybar) 정복 전쟁에서부터 잘 확인된다. 메디나에서 쫓겨났던 나디르 부족은 이곳에 정착한 후 다른 유대 부족과 아랍 부족들을 포섭해 무함마드와 싸우려 했다. 소식을 들은 무함마드는 무슬림들을 이끌고 카이바르를 기습공격해 함락시켰다. 이때 몇몇 유대 부족들은 항복하고 협력했으나 끝까지 항전한 부족들도 있었다. 무함마드는 이전과는 달리 그들을 추방하지 않았다. 대신 수확물의 절반을 세금으로 바치는 조건으로 카이바르에서 계속해서 거주하며 경작할 권리를 인정했다. 인근의 다른 유대 마을들 또한 유사한 조건으로 협정을 맺고 안전을 보장했다.[135]

629년에 무슬림들은 아라비아반도의 서쪽을 거의 정복하고 팔레스타인과 시리아가 있는 북쪽으로 진격을 시작했다. 당시 비잔틴은 국경 지역의 수비를 아랍 유목민, 즉 베두인에게 맡기고 있었다. 무함마드는 이들을 이슬람으로 개종시키고 협력을 구하려 했으나 사절은 살해당하고 군대는 격퇴당했다.[136] 이듬해에 비잔틴이 침공해 오려 한다는 첩보를 입수하자 그는 내부반발에도 불구하고 친정을 나섰다.[137] 이후 비잔틴이 침공을 취소했다는 소식을 듣자 무함마드는 두 달 만에 회군하였으나, 원정길에서 여러 기독교도와 유대인 마을들과 납세를 조건으로 안전을 보장하는 협정을 체결하는 성과를 거두었다. 세금은 마을마다 달랐는데,[138] 가령 유대 마을 와딜쿠라(Wadil-Qura)는 해마다 낙타 40마리가 실을 수 있는 양만큼의 대추야자를 세금으로 내기로 한 반면,[139] 또 다른 유대 마을 마크나(Maqna)에서는 다음과 같은 조건으로 협정을 맺었다고 전해진다.

> 이 서신을 받음으로써 안전은 보장되고 신과 그의 사자[즉, 무함마드]의 보호가 부여된다. ... 누구도 당신들에게 부정한 짓을 하거나 위해를 가할 수 없다. ... 신의 사자나 그의 사절로부터 허가를 받지 않은 무기나 노예, 반지는 신의 사자의 것이다. 지금부터 수확하는 대추야자와 포획한 어류, 여성들이 짜낸 실의 4분의 1은 세금으로 내야 하며, 그 외의 추가적인 부담금이나 징병은 없을 것이다.[140]

이처럼 메디나를 평정한 후부터 무함마드는 유대인들에게 세금을 거두는 조건으로 안전과 재산, 신앙의 자유를 보장하는 새로운 관계를 정립했다. 동시대 기독교 비잔틴과 비교하면 상대적으로 관용적인 정책이었다. 그러므로 만약 메디나의 유대인들이 이슬람의 정통성을 비판하며 무함마드를 자극하지 않았더라면 추방당하거나 학살당하지도 않았을 것으로 추측된다.[141] 하지만 무슬림의 세력이 강하지 않았던 시기에 유대인들이 저항한 것은 너무나도 당연한 대응이었다. 무함마드가 받았다는 계시는 역으로 유대교의 정통성을 위협했고, 외부로부터 중대한 위협을 받고 있지도 않았던 메디나에서 무함마드가 새로운 지배자로서 보장해 줄 수 있는 이익은 아무것도 없었다. 즉, 무슬림들은 그들에게 억압자에 불과했다.

아라비아반도에서 무슬림 공동체의 위세는 날이 갈수록 빠르게 커졌다. 632년에 이르면 남쪽 끝의 예멘을 비롯해 아라비아반도 전체가 이슬람의 기치 아래 통합된다. 하지만 바로 그해에 무함마드는 병으로 숨을 거두었고, 그의 유지를 이어 오랜 친구이자 최초의 무슬림 중 한 명인 아부 바크르 앗시디크(Abu Bakr al-Siddiq)가 칼리파(Khalifah, 계승자라는 뜻)[j]로 등극했다. 그는 내부 분열을 수습한 뒤 634년에 무함마드가 못다 한 북벌 전쟁을 재개했다. 이 무렵에 비잔틴은 페르시아와의 전쟁으로 전력이 약화된 차였으나 무슬림들은 여전히 병력이나 장비 면에서 크게 열세였다. 그렇지만 국경 지대를 지키던 베두인들이 비잔틴으로부터 급여를 받지 못하고 모욕까지 당하자 무슬림 편으로 돌아섰고, 비로소 전황이 유리해진다. 무슬림들은 수개월 간 여러 전투에서 거듭 승리를 거두고 팔레스타인 지역의 대부분을 손에 넣는다. 전쟁이 한창 중일 때 칼리파가 사망하는 비보가 있었으나, 2대 칼리파로 등극한 우마르 이븐 카타브(Umar ibn al-Khattab)는 비잔틴을 계속해서 몰아붙이며 우위를 점했다.[142]

636년에 비잔틴은 군대를 재집결해 대군을 이끌고 반격에 나섰다. 하지만 야르무크(Yarmuk) 회전(會戰)에서 대패해 팔레스타인과 시리아 지역을 완전히 잃는다. 일부 도시들에서는 중앙군이 물러간 후로도 견고한 성벽에 의지해 수성전을 벌였으나 수년간 계속된 봉쇄와 공성 끝에 결국 모두 함락당했다. 예루살렘도 봉쇄를 견디지 못하고 638년에 안전과 신앙의 자유

---

j) 칼리프(Caliph)로도 표기한다. 칼리파가 아랍어 발음에 가깝다.

를 보장받는 조건으로 항복했다.[143] 저명한 중세 무슬림 역사학자 타바리(al-Tabari/839-923)에 의하면 우마르와 예루살렘의 대주교 소프로니우스(Sophronius)간에 다음과 같은 협정이 체결되었다.

> 자비롭고 인정이 많은 신의 이름으로. 이것은 신의 하인이자 신자들의 사령관[144]인 우마르가 예루살렘의 주민들에게 안전을 약속했음을 보장하는 증서다. 그는 예외 없이 모든 주민의 안전과 재산, 교회, 십자가의 보호를 보장했다. (무슬림들은) 교회를 침범하거나 파괴하지 않을 것이며, 십자가나 교회의 토지, 재산에도 피해를 주지 않을 것이다. 주민들을 강제적으로 개종시키지도 않을 것이다. 유대인은 예루살렘에서 살 수 없도록 할 것이다. 예루살렘의 주민들은 다른 도시의 주민들처럼 세금을 내야 하며 비잔틴군과 무장한 이들을 추방해야 한다. 도시를 떠나는 자들에게는 안전한 지역에 도착할 때까지 그들의 안전과 재산의 보호를 보장한다. 도시에 남는 이들에게도 안전을 보장한다. ...[145]

상기 협정문은 두 세기가 훨씬 넘게 지난 뒤에 기록된 것이기 때문에 원문 그대로 보존된 것인지는 확신할 수 없다. 그렇지만 납세를 조건으로 안전을 보장받는 협정이 체결되었다는 것은 유대인과 기독교도, 무슬림의 여러 기록들에서 공통적으로 확인된다. 여기서 눈여겨볼 것은 유대인의 예루살렘 거주 금지 항목이다. 거의 모든 기독교도 기록과 일부 무슬림 기록에 따르면 이는 대주교가 요청한 것이었다고 한다.[146] 우마르는 처음에는 이를 받아들였으나 나중에 생각을 바꾼 듯하다. 유대 공동체의 연대기에 따르면 "우마르가 예루살렘에 정착할 수 있는 권리를 주었고 그의 결정에 따라 70가구의 유대인들이 티베리아스에서 예루살렘으로 와서 정착했다. ... 유대인들은 200가구가 예루살렘에 살 수 있도록 요청했으나 대주교는 단지 50가구만 받아들이려 했고, 우마르는 그가 생각하기에 적절한 수[70가구]로 결정했다."[147]

무슬림들 덕분에 유대인들은 5세기 만에야 예루살렘에 정착할 수 있는 권리를 되찾게 되었다. 가구 수 제한은 곧 사라졌고 예전만큼은 아니더라도 많은 유대인이 모여 살게 되었다. 그러면 성전산은 어떻게 되었을까? 10세기 중반의 카라이파(Karaite)[k] 유대인의 기록에 따르면, 유대인들은 성전산에 올라 기도를 드릴 권리를 인정받았으나 싸움과 음주를 비롯해 여러 저속하고 부도덕한 행동을 저지르다 쫓겨났다. 이는 예루살렘의 랍비파(Rabbinite) 유대인들을 비방하려는 의도로 쓰인 것으로 보이므로 온전히 신뢰하기는 어렵다.[148] 하지만 무슬림들의 기록에서도 유대인들에게 성전산의 청소를 맡겼다는 내용이 발견되므로 정복 직후에 성전산의 출입이 허용된 것만큼은 사실일지도 모른다.[149] 그렇다면 나중에 성전산에서 추방당한 까닭은 무엇일까? 아마도 이곳이 이슬람 '성지'로 부상했기 때문일 것이다.

성전산은 꾸란에도 나오는 고대 이스라엘의 선지자들이 깊은 연을 맺은 곳이고 따라서 무슬림들도 이곳을 소중하게 생각했을 법하다. 동시대 기록이 전하는 바는 없지만, 후대에 유대인들이 남긴 기록에 따르면 우마르는 기독교도들이 더럽혀놓은 성전산을 무슬림들에게 청소시키고 이를 매일 감독했다. 또한, 청소를 도우며 옛 성전의 위치를 조사 중인 유대인들에게 성전의 포석(鋪石)이었던 '바위'를 찾았는지 거듭 물어보았다고 한다.[150] 유대교에서는 이 바위에서 세계의 창조가 시작되었고 바위의 먼지에서 아담이 빚어졌다는 등 다양한 전승이 내려오고 있었다.[151] 이윽고 바위가 발견되자 우마르는 약간 남쪽으로 떨어진 곳에 모스크를 세웠다고 전해진다. 무슬림들의 기록에서도 이와 유사한 내용이 발견된다. 우마르는 성전산에서 기도를 드렸고, 유대인 출신의 무슬림 개종자와 상의해 바위 남쪽에 모스크를 세웠다.[152] 그러므로 정복 당시부터 무슬림들이 성전산을 중요하게 여겼을 가능성이 있다.[153] 그러나 약 30-40년 후에 성전산을 방문한 기독교 주교 아르컬프(Arculf)는 모스크가 크지만 수수한 형태라고 묘사했고,[154] 무슬림들이 바위에 대한 신비한 전승을 믿거나 순례여행을 왔다는 기록은 전하지 않는다.[155] 이로 미루어 보건대 우마르는 무함마드 이전 시대의 선지자들의 기억이 어린 장소를 존중하는 의미에서 모스크를 건설했으나, 오늘날과 같이 메카나 메디나에 비견될 만한 새로운 성지로 생각하지는 않았던 것이 분명하다.[156]

---

k) 유대교의 한 종파. 정통으로 인정받는 랍비파와는 달리 랍비들이 만든 구전 율법이나 탈무드 등을 믿지 않고 성경만을 믿는다.

비무슬림 학자들의 연구에 따르면, 성전산이 이슬람 성지로 부상하게 되는 시점은 예루살렘 정복으로부터 반세기 후에 '바위' 위에 바위돔을 지으면서부터였다. 무슬림 공동체는 무함마드 사후 30년간 네 명의 칼리파가 다스렸던 라쉬둔(Rashidun, '올바르게 인도된') 칼리파 시대(632-61)[1]를 끝으로 칼리파위(位)가 세습되는 칼리파조를 열었고, 그중 첫 번째인 우마이야(Umayyad Caliphate)가 7세기 말에 바위돔을 건설했다.[157] 바위돔은 당시 무슬림 건축양식과는 달리 매우 웅장하고 화려하게 지어졌다. 과장되었겠지만, 이집트 지역의 7년 치 세수를 들여서 공사를 했다는 기록[158]이 있을 정도다. 그런데도 바위돔을 지은 목적이나 용도가 무엇인지는 명확하지 않다. 일부 학자들은 우마이야 칼리파조가 예루살렘을 새로운 성지로 만들어 정치적 정통성을 강화하려 한 것으로 추측한다.[159] 반면, 바위돔이 기독교 세력과의 전쟁에서 승리를 기념하고 이슬람의 우위를 가시화하는 상징물로 지어진 것으로 보는 견해도 있다. 비잔틴은 여전히 위협적인 적이었고 성묘교회와 같은 화려한 기독교 건물을 보고 자란 2세대 무슬림이나 개종자들의 결속을 다지기 위해서는 강렬한 인상을 줄 수 있는 건물이 필요했을 법하기 때문이다.[160]

어떤 이유에서건 바위돔이 지어진 후부터 성전산의 종교적 중요성은 급부상했다.[161] 바위와 관련된 유대교나 기독교의 여러 전승들이 무슬림들 사이에서도 유사한 방식으로 믿어지고, 독자적인 전승도 만들어졌다.[162] 우마르가 만든 모스크는 웅장하게 개축되고[163] 주변에는 또 다른 상징적인 건물과 모스크들이 계속해서 지어졌다. 달라진 위상은 명칭에 반영되었다. 밤하늘의 여행이라 불리는 꾸란 17장 1절에 따르면, 신은 무함마드를 하룻밤 사이에 메카의 "하람 모스크"에서 "알아크사 모스크(가장 멀리 있는 모스크)"로 데려왔고 무함마드는 천상으로 올라가 이전 시대의 선지자들과 신을 만나 대화를 나누었다. 무슬림들은 이 장소가 바로 성전산이었다고 추측했고, 바위돔을 비롯해 성전산에 지어진 모든 건물과 그 부지를 아울러 알아크사 모스크로 일컬었다. 또한, 부지만을 별도로 가리켜 하람 알샤리프, 즉 고귀한 성역이라고 불렀다.

---

1) 라쉬둔 칼리파는 순니파에서만 사용하는 용어다. 시아파에서는 무함마드의 혈족만이 무슬림 공동체를 이끌 수 있다고 믿기 때문에 1~3대 칼리파를 인정하지 않고 무함마드의 사촌이자 사위인 4대 칼리파 알리(Ali)를 무함마드의 첫 번째 후계자로 본다. 국내에서는 라쉬둔을 '정통' 칼리파 시대로 번역한다.

자연히 무슬림들은 성역이자 모스크인 하람에 비무슬림들이 출입하는 것은 적절치 않다고 판단하게 되었고 유대인들을 추방했을 것이다.[164]

팔레스타인의 유대인들은 새로운 지배자를 어떻게 평가했을까? 무슬림의 침공이 시작되었을 당시에 유대인들이 남긴 기록은 없으나, 기독교 비잔틴의 오랜 억압과 페르시아의 배신에 실망한 후로 무슬림들을 새로운 희망으로 여기며 기대했을 것은 쉽게 추측이 가능하다. 그렇지만 무함마드가 메디나에서 유대인을 추방하고 학살했다는 소식을 듣고 경계하지 않을 수도 없었을 것이다. 메디나 외의 지역에서는 평화로운 관계를 맺었다는 뒤이은 소식은 이런 불안감을 누그러뜨렸겠지만, 무슬림을 적극적으로 지원해도 된다는 강한 확신을 주기에는 부족했을 것이다. 전쟁 중에 헤브론과 카이사레아(Caesarea)에서는 유대인들이 안전을 보장받는 조건으로 무슬림들에게 비밀통로를 알려주었고[165] 이와는 반대로 가자에서는 비잔틴군과 협력해 항전했다고 전해지나, 다수는 중립적인 태도로 사태를 관망했을 것으로 추측된다.[166] 그들은 기대와 불안이 교차하는 감정으로 승자를 맞이하고 우마르가 예루살렘의 문을 개방해 주었을 때에서야 진심으로 환영했을 것이다.

그렇다면 무슬림들이 성전산을 빼앗아갔을 때는 인식이 바뀌었을까? 혹시 일부 기독교계의 괴담에서처럼 무슬림을 숙명적인 적으로 여기게 되었을까? 성전산이 예루살렘의 종교적 정수(精髓)라는 점을 고려한다면 감사한 마음은 크게 퇴색되었을 것이 분명하다. 그렇지만 무슬림의 예루살렘 정복은 아무리 나쁘게 평가하더라도 현상 유지보다는 나았다. 성전산은 이전부터 기독교도들에 의해 접근이 금지되고 훼손되어 있었다. 유대인들이 이곳을 자력으로 되찾을 가능성은 없었고 다른 외세의 도움을 기대할 수도 없었다. 그러므로 무슬림의 지배는 이전보다 만족스러웠을 것이다. 10세기에 어느 카라이파 유대인은 무슬림의 지배로 달라진 점을 이렇게 기록으로 남겼다.

> 유대인들이 떠난 후 (성전산은) 5백 년 넘는 기간 동안 폐허가 되어 하이에나들이 서식했고, 어떤 이스라엘인도 올 수 없었다. 동쪽에서 온 유대인들은 티베리아스[원문은 Mazziah]에 와서, 서쪽에서는 가자로, 남쪽에서는 소알(Zoar)로 와서 기도를 드렸다. ... (5백 년 후) 신은 그의 백성에게 연민의 문을 여시고 그

들을 성스러운 도시[예루살렘]로 데려와 정착시키니, 그들은 (성경을) 읽고 해석하고 항상 기도드릴 장소를 만들고 그곳에 매일 밤 파수를 세웠다.[167]

2.3. 딤미가 된 유대인

8세기 초에 우마이야 칼리파조의 영토는 서쪽으로는 스페인까지 점령하고, 동쪽으로는 인도와 중국과 국경을 마주하고, 북쪽으로는 카자흐스탄에 있는 시르다이야강(Syr Darya), 남쪽으로는 사하라 사막에 이를 정도로 광활해졌다. 이슬람이 창시된 지 불과 1세기만이었다. 세계사에서 유례가 거의 없는 급격한 팽창[168]에 근대 유럽의 역사학자들은 무슬림들이 "한 손에는 칼, 다른 손에는 꾸란"[169]을 들고 개종 아니면 죽음을 강제로 선택하게 만들어 세력을 확장한 것이라고 설명했다. 당시 여느 전쟁이 그렇듯 무슬림의 정복도 수많은 학살과 약탈, 파괴를 동반했다. 하지만 강제개종은 결코 일반적이지 않았다. 다신교를 믿는 아랍인에게는 개종 이외의 선택지가 주어지지 않았으나 아랍인이 아닌 다신교도들은 개종하지 않더라도 노예가 되어 생명을 부지하거나 몸값을 내고 풀려날 수도 있었다.[170] 유일신교도에게는 "종교에 강제는 없다."는 꾸란의 가르침이 잘 지켜졌다.(꾸란 2:256) 덕분에 기독교도들의 박해가 심했던 스페인에서는 유대인들이 무장봉기를 일으켜 무슬림 편에 서서 싸웠다.[171]

무슬림 국가에 복속된 비무슬림들은 딤미(dhimmi)가 되었다. 직역하면 '보호받는 자'이다. 널리 알려진 딤미는 꾸란에서 경전의 백성으로 언급된 기독교도와 유대인이지만 조로아스터교도(Zoroastrian) 등도 딤미로 인정받았다.[172] 원칙적으로 딤미는 세금을 내는 대가로 안전과 재산, 신앙의 자유를 보장받을 수 있었다. 그래서 대부분의 영토에서 적어도 1-2세기 이상은 무슬림이 소수 인구로 남아 있었다. 팔레스타인에서도 수 세기 동안 기독교도가 다수 인구를 유지했거나 적어도 상당한 숫자를 유지한 것으로 파악된다. 예를 들어, 9세기 초에 팔레스타인 중부지역의 행정구인 팔레스타인 군사행정군(Jund Filastin)[173]에서 교회는 60개가 있었으나 모스크는 9세기 중반까지도 20개에 그쳤다. 11세기 말에 예루살렘에서 3년간 머물렀던 스페인 출신의 무슬림은 팔레

스타인의 토양을 가꾸고 수도원과 교회를 운영해 온 기독교도들이 농촌의 주인이라고 적었다.[174]

종교 국가에서 비주류 종교의 인구 규모가 이토록 오랫동안 유지되었다는 것은 신앙의 자유가 근본적으로 침해받지는 않았다는 사실을 증명한다. 하지만 비무슬림으로 살아가는 것이 결코 쉬운 일은 아니었다. 딤미는 세금 외에도 일상에서 여러 사회적 차별을 받고 때로는 법적으로 보장된 권리마저도 보호받지 못하는 불안정한 신분의 2등 신민이었다. 이 때문에 적극적인 선교 활동 없이도 많은 비무슬림들이 이슬람으로 개종했다. 유대인들도 적지 않은 수가 이슬람으로 개종했다. 그렇다면 무슬림의 지배에 대한 팔레스타인 유대인들의 인식은 부정적으로 바뀌고 기독교도의 지배를 그리워하게 되었을까?

정복 초기에는 종교적 차별이 심하지 않았다. 무슬림들은 정복지 어디에서나 소수 인구였고 피정복민과 접촉할 일이 거의 없었다. 덕분에 비무슬림들은 일상을 간섭받지 않고 세금만 충실히 내면 대체로 자유롭게 살아갈 수 있었다. 세금은 지역마다 달랐으나 대부분은 비잔틴과 페르시아에서 피지배계층이 내던 액수가 그대로 유지되거나 유사한 수준이었다.[175] 딤미의 주요 생산수단인 토지의 소유권도 잘 보존되었다.[176] 무슬림 유목민을 농촌에 정착시키지 않은 덕분이었다. 지배자들은 유목민이 농사에 익숙해지면 전사 기질을 잃어버릴까봐 염려했고 또한 아랍 무슬림은 토지세를 적게 내기 때문에 딤미가 계속해서 농사를 짓기를 원했다.[177] 이슬람 전승에 의하면 라쉬둔 칼리파 우마르가 이런 체제를 정립해 딤미는 경제활동에 종사하고 무슬림은 전쟁에 전념하는 국가를 만들려고 했다.[178]

무슬림 지배자들이 꿈꾼 이원적인 신분 체제는 오래지 않아 흔들렸다. 많은 비무슬림은 개종을 해서라도 세금을 적게 내고 신분을 상승시키길 원했다. 유대인들은 피지배계층으로서의 삶에 익숙하고 이전 국가에서도 유사한 세금을 냈으므로 큰 부담을 느끼지는 않았겠지만, 이전까지 지배층으로 살아온 비잔틴의 기독교도나 페르시아의 조로아스터교도들은 늘어난 세금과 굴욕감 때문에 개종의 유혹을 많이 느꼈다.[179] 우마이야 칼리파조에 들어서는 종교를 가리지 않고 개종자가 급격히 늘어났다. 정복지 인근으로 이주해 온 아랍 유목민들이 농지를 강탈해 목축지로 사용했고[180] 세금이 크게 증가했기 때문이다.

세금을 낼 돈이 없어 도망치다가 붙잡혀 막대한 벌금과 태형을 받는 사람들이 부지기수로 늘어나는 상황에서 개종자가 느는 것은 당연했다.[181]

역설적이게도 무슬림 인구의 증가는 무슬림 국가에서 환영받지 못했다. 아랍 무슬림들은 지배층으로서 누리는 부귀와 특권을 피정복민과 공유할 의사가 없었고 딤미가 줄어들어 조세 수입이 하락하는 것을 원치 않았다. 비아랍인 무슬림 개종자(Mawla)가 늘어나자 정부는 그들에게도 딤미와 같은 세액을 징수했다. 또한, 말을 타고 싸우는 것을 허락하지 않고 전리품도 적게 배분하고 때로는 아랍 무슬림과 같은 모스크에서 기도드리는 것도 막았다.[182] 즉, 개종을 하더라도 종속적인 신분에서 벗어나는 것을 인정하지 않은 것이다. 반면, 전쟁에 협력했던 아랍 기독교도들은 아랍 무슬림과 유사한 특권을 누릴 수 있었다. 이러한 이유로 우마이야 칼리파조는 무슬림 국가보다는 세속적인 아랍 왕국에 가까웠다고 묘사되곤 한다.[183]

혈통을 중시한 통치는 지속되기 어려웠다. 신분 상승의 기회를 잃은 비아랍인은 물론이고 무슬림 간의 평등을 가르치는 이슬람 정신을 옹호하는 독실한 아랍 무슬림도 체제에 반대했다.[184] 또한, 아직은 제한적이지만 아랍인과 비아랍인이 서로에게 동화되어 가는 현상이 서서히 시작되면서 불만을 키웠다. 동화는 인위적인 결과가 아니라, 많은 아랍인이 정복지의 도시에 정착하고 토착민들은 아랍인이 거주하는 군사 주둔지(amsar)에서 일자리를 구하거나 특권층으로 인정받으려고 이주해 오면서 시작된 자연적인 현상이었다. 이웃으로 살게 되자 양자는 일상적인 접촉에서부터 시작해 경제활동을 같이 하고 문화를 교류하고 결혼을 하며 점점 긴밀해져 갔다. 토착민들은 아랍어를 배우고 이슬람으로 개종해 아랍적 특징을 공유하게 되었고 아랍인들도 정착한 지역의 문화를 일부분 받아들였다. 그러자 아랍인과 비아랍인의 경계는 흐려졌고 아랍인 우월주의의 정당성은 약화되었다. 우마이야 칼리파조는 탁월한 군사적 성공에도 불구하고 한 세기 만에 무너졌는데 혈연주의 사회에 대한 불만은 여러 원인 중의 하나였다.[185]

8세기 중반에 우마이야를 무너트린 압바스 칼리파조(Abbasid Caliphate/750-1258, 1261-1517)는 국가의 성향을 종교적으로 바꾸어 놓았다. 종교법을 발전시켜 무슬림의 행동을 세밀히 규율했고 비무슬림들은 '우마르 협정'(Pact of Umar)에서 약속된 의무를 따르도록 규제했다. 이슬람 전통에 따르면, 비무슬림들은 정복자인 라쉬둔 칼리파 우마르에게 안전과 재산을 보호받는 조건으로 여러 가지 의무를 지키겠다는 제안을 했고 우마르가 이를 받아들여 협정을 체결했다. 협정문은 수십 개가 전하고 있고 저마다 조금씩은 의무사항이 다르다. 가장 널리 알려지고 자주 인용되는 것은 12세기 초에 저술된 문헌에 기록된 시리아 기독교도들과의 협정문으로, "무슬림들을 폭행하지 않겠습니다." 외 총 25가지의 의무를 나열하고 있다.

우리는 도시나 그 인근에 새로운 수도원이나 교회, 은둔처(hermitage), 수도승의 거처를 짓지 않을 것이며, 이런 건물이 무슬림 구역에 위치하거나 이미 폐허가 되었다면 낮이든 밤이든 수리하지 않겠습니다.
우리는 행인과 여행자를 위해 성문을 항상 활짝 열어 놓겠습니다.
우리는 (도시나 마을을) 지나가는 무슬림에게 3일 치 숙식을 제공하겠습니다.
우리는 간첩에게 교회나 집을 은신처로 제공하거나 무슬림들로부터 숨기지 않겠습니다.
우리는 자식들에게 꾸란을 가르치지 않겠습니다.
우리는 종교 행사를 공개적으로 하지 않겠습니다.
우리는 누구도 개종시키려고 하지 않겠습니다.
우리는 이슬람을 받아들이길 원하는 친지들을 막지 않겠습니다.
우리는 무슬림들에게 경의를 표하고 그들이 앉길 원하면 의자에서 일어나겠습니다.
우리는 모자(cap)나 터번(turban), 신발, 가르마 등의 무슬림 복식을 따라 하지 않겠습니다.
우리는 무슬림처럼 말하거나 작명법(kunyas)을 따라 하지 않겠습니다.
우리는 (동물의) 안장에 올라타지 않겠습니다.
우리는 검이나 다른 무기를 착용하지 않고 휴대하지도 않겠습니다.
…
우리는 주류를 팔지 않겠습니다.
우리는 어디에서든 전통 의상을 착용하고, 허리에 혁대(zunnar)를 차겠습니다.

우리는 무슬림 거리나 시장에서 십자가나 성경을 내보이지 않겠습니다.

...

우리는 무슬림들의 건물보다 높은 집을 짓지 않겠습니다.[186]

우마르 협정은 실제로 체결된 적은 없는, 이슬람 율법학자들이 만들어낸 가상의 협정으로 추정된다. 우마르 협정의 많은 의무들은 무슬림과 비무슬림이 같이 사는 경우에만 적용할 수 있지만 우마르 시기에 아랍인들이 정복지에 정착해 비무슬림들과 어울려 사는 곳은 거의 없었다. 그런데도 이런 의무들을 비무슬림들이 직접 구상해 냈다는 유래는 신뢰하기 어렵다. 꾸란의 구절이 언급되거나 체결지역이 명시되지 않은 협정문이 있다는 점도 의구심을 키운다. 더군다나, 8세기 말까지도 이슬람 율법학자들은 비무슬림에게 어떤 의무를 지울까 논의했고 그중에는 우마르 협정과 다른 점들도 있었다. 예를 들어, 우마르 협정은 모든 영토에서 비무슬림의 의무를 동일하게 규율하지만 일부 율법학자들은 평화협정을 맺은 곳인지 아니면 무력으로 정복한 곳인지, 무슬림 인구가 다수인지 소수인지, 비무슬림의 도시에 무슬림이 이주한 것인지 아니면 그 반대인지 등 장소에 따라 의무를 다르게 규정해야 한다고 생각했다.[187] 그러므로 우마르 협정은 율법학자들이 비무슬림에게 의무를 지우는 방식으로 논의하던 여러 가지 안(案) 중 최종적으로 선택된 형태였을 것이다. 비무슬림들이 무슬림 지배자에게 자발적으로 일련의 의무를 지키기로 약속했다는 유래는 정통성을 만들기 좋았고, 우마르는 아라비아반도 너머의 지역을 최초로 정복한 데다가 예루살렘에서 비무슬림의 안전을 보장한 협정을 맺었다고 널리 알려졌기 때문에 이런 협정이 실제로 체결된 적이 있다는 신빙성을 줄 수 있었다.[188]

우마르 협정의 의무들은 크게 두 가지 목적이 있다. 하나는 무슬림들이 이슬람 율법을 충실히 지키며 살 수 있는 이상적인 공간을 만드는 것이다. 무슬림과 비무슬림이 함께 살지 않았던 정복 초기에는 비무슬림이 지켜야 할 수칙 같은 건 필요치 않았다. 하지만 압바스 칼리파조에 들어 이동의 자유가 잘 보장되고 상업이 발전하면서 양자가 함께 사는 도시가 늘어나자 문제가 생겼다. 무슬림들은 술을 마시는 것이 금지되어 있는데 기독교도들이 시장에서 술을 판매하니 일탈을 부추겼고, 공공장소에서 십자가를 들고 거닐거나 찬송가를 부르는 것은 이슬람에 대한 도발로 느껴졌다.[189] 무슬림과 비무슬림의 의복이 유사해져 육안으로 식별이 어려워진 것도 중요한 고민거리였다. 무슬림들이 종교 규율을 어기는지 확인하기 어려워졌기 때문이다.[190] 이미 우마이야 칼리파조에서도 8세기 초에 우마르 2세가 비무슬림이 입을 수 있거나 입지 말아야 하는 의상을 지정하고 말이나 노새 등의 동물을 탈 때는 짐을 싣는 안장에만 올라탈 수 있다는 칙령을 내려 양자를 가시적으로 구분하려고 시도한 적이 있었다.[191]

우마르 협정이 추구하는 보다 중요한 목적은 무슬림을 '선택받은 집단'[192]으로 부각하고 비무슬림에게는 굴욕을 주어 열등한 집단[193]으로 각인시키는 것이다. 거의 모든 의무가 이런 의도에서 만들어졌거나 이를 부분적으로 반영하고 있었다. 비무슬림의 의복을 무슬림과 다르게 하는 규정도 단순히 '구별'에서 그치는 것이 아니라 언제나 '차별'을 동반했다. 지배 계층인 무슬림의 복식은 선망의 대상이었고 비무슬림이라는 표식을 나타내는 복식을 입는 것은 굴욕적으로 여겨졌기 때문이다. 더군다나 850년에 칼리파 무타와킬(al-Mutawakkil)은 사회적으로 부정적으로 여기는 노란색을 비무슬림의 의복 색상으로 지정해 의복 자체에 굴욕의 의미를 담았다.[194]

무타와킬은 의복 규정 이외에도 다른 여러 가지 억압적인 의무를 부과했고[195] 이후로 대부분의 칼리파들이 유사한 칙령을 포고했다. 그러므로 우마르 협정은 9세기 중반부터 규범으로 자리 잡았다고 볼 수 있다.[196] 하지만 어떤 의무를 규율할지에 대해 합의된 규칙은 없었다. 일반적으로는 차등적 세금, 군대와 공직 근무 제한, 새로운 교회나 시나고그 건설 금지, 무슬림 건물보다 낮게 짓기, 법정에서 증언의 효력 제한, 무기 휴대와 승마(乘馬) 금지, 무슬림 여성과의 결혼 금지, 무슬림 치료 금지, 무슬림 노예 소유 금지, 무슬림과 구분되는 복식과 행동 등이 우마르 협정의 의무로 공통적으로 포함되었으나[197] 구체적으로는 지역과 시대마다 달랐다. 예를 들어, 9세기에 튀니지(Tunisia)의 카이로우안(Kairouan)에서는 종교재판관 카디(qadi)가 유대인과 기독교도에게 각각 원숭이와 돼지 형상의 배지(badge)를 착용시키는 유례없이 매우 굴욕적인 규정을 만들었다.[198]

우마르 협약은 12세기 전까지는 잘 집행되지 않았던 것으로 보인다. 여러 칼리파들이 무슬림 정복 이후에 지어진 새로운 교회와 시나고그를 파괴하라는 칙령을 내렸으나[199] 새로운 도시들이 생겨날 때마다 교회와 시나고그가 지어졌다. 많은 비무슬림이 공직에서 일했고 드물게는 고위직에도 임명된 사례들도 있다.[200] 우마이야 시기에는 투르크메니스탄 마르우(Marw)의 주지사로 유대인이 임명되었고 압바스 칼리파조에서는 유대인 출신의 무슬림 개종자가 재상(vizier)으로 임명되었다.[201] 무슬림들이 유대인이나 기독교도 의사로부터 진료받는 것도 흔했고 칼리파들은 이들을 주치의로 두곤 했다.[202] 비무슬림의 의복을 규제하는 칙령들은 포고된 직후부터 길어야 수년간 집행이 되었던 것으로 추정되며 칼리파의 권력이 미치지 못하는 지역에서는 집행이 더욱 느슨했다.[203] 팔레스타인에서도 우마르 협정이 잘 집행되지 않은 것으로 짐작된다. 라쉬둔 칼리파 우마르는 카이사레아에서 비무슬림들을 관리로 채용했고,[204] 정복 당시에 시나고그가 하나도 없었던 예루살렘이나 무슬림들이 새로 지은 도시인 라믈라(Ramla)에서는 시나고그가 건설되었다.[205]

우마르 협정이 잘 시행되지 않았다고 해서 비무슬림들이 차별을 받지 않고 행복하게 살 수 있었던 것은 아니다. 피지배층으로서 딤미는 정치, 경제적으로 취약했고 위험에 쉽게 노출되었다. 예를 들어, 사마리아 공동체의 연대기에는 9세기에 팔레스타인에서 집단적으로 개종한 세 가지 사례가 기록되어 있다. 첫 번째는 반란군이 주민들을 감옥에 가두고 협박해 개종했다. 두 번째는 식량 가격이 폭등해서 경제적으로 힘들어진 주민들이 비무슬림들만 내는 차별세인 "지즈야(jizya)"[206]를 면제받기 위해 개종했다. 마지막으로, 지방 정부가 임명한 사마리아 지도자가 주민들에 의해 추방당하고 얼마 후 살해된 채로 발견되자 집단 벌금 등의 징벌적 조치가 내려졌고, 이를 피하려고 개종했다. 한편, 연대기에는 무타와킬이 포고한 우마르 협정의 의무들도 기록되어 있으나 이를 이유로 개종했다는 내용은 없으므로 경제적 부담이 비무슬림들을 가장 힘들게 한 차별이었다는 것을 알 수 있다.[207]

팔레스타인은 878년에 툴룬 왕조(Tulunid/868-905)에 정복되면서부터 이집트의 정치적 영향권에 들어가게 된다. 이후 압바스 칼리파조가 905년에 탈환하고 30년 뒤에 이흐시드 왕조(Ikhshidid/935-969)에 통치를 위임한다.

바그다드가 수도인 압바스에 비해 가까운 이집트에 수도를 둔 툴룬과 이흐시드 왕조는 팔레스타인의 개발에 관심을 가졌고 특히 항구와 무역을 발전시켰다. 하지만 이 시기에 팔레스타인은 잦은 전쟁터가 되었고 유대인들이 많이 사는 티베리아스와 중부 지역의 중심지인 라믈라에서 교전과 학살이 일어나 유대인들도 큰 피해를 입었다. 한편, 이 시기에도 많은 비무슬림들이 공직에서 일했다. 툴룬 왕조는 기독교도를 라믈라의 주지사에, 이흐시드는 유대인을 시리아 다마스쿠스(Damascus)의 주지사로 임명했다.[208]

970년부터는 이집트의 파티마 칼리파조(Fatimid Caliphate/909-1171)가 팔레스타인을 정복해 약 한 세기 동안 통치한다. 이 시기의 유대인의 삶은 상세히 연구되었는데 카이로(Cairo) 인근의 푸스타트(Fustat)에 있는 시나고그와 묘지에서 발견된 약 30만 부의 고문서 덕분이다. 학자들은 이를 '카이로 게니자(Cairo Geniza)' 또는 게니자 문서라고 부른다.[209] 카이로 게니자의 상당수는 10-12세기 중반 사이에 쓰였으나 9세기 말이나 19세기까지의 문서들도 일부 있고, 이집트 지역 밖에서 작성되었거나 관련된 내용이 적힌 문서들도 많다. 오늘날 우리가 알고 있는 중세 이슬람권 유대인의 생활상은 게니자 문서에 굉장히 많이 의존하고 있다.

카이로 게니자를 연구한 학자들은 무슬림 국가에서 비무슬림들이 크게 억압받아왔을 것이라는 서구사회의 통념과는 달리 유대인의 권리가 대체로 잘 보장되었다고 본다. 납세증명서만 있으면 어느 지역이든, 심지어 국경 너머로도 자유롭게 오갈 수 있었다.[210] 직업의 선택도 자유로워서 유대인들은 농부나 상인, 염색업자, 무두장이, 대장장이, 세공사, 의사, 관리 등 다양한 직업을 가졌다.[211] 정부의 승인하에 유대 공동체만의 대표를 선출할 수 있었고 혼사나 유산, 구성원 간의 불화 등 공동체 내부의 문제를 해결하는 유대 법정이 공인되어 상당한 수준의 자치권을 누렸다.[212] 또한, 유대 공동체의 의견은 관리의 임명이나 해임에도 영향을 끼칠 정도로 존중받았다.[213] 유대 학교들은 정부로부터 보조금도 지원받았다.[214]

놀랍게도, 예루살렘에서 공통의 성지로 인한 종교적 갈등도 없었다. 유대인들은 예루살렘 동편에 인접한 감람산(Mount of Olives)에서 자유롭게 종교의식을 치르고 기도를 드렸다. 성전산을 갈 수 없어서 차선으로 선택한 장소였겠지만, 예루살렘 출입을 금지당한 로마 시기부터 감람산을 찾아와 성전산을 내려다보며 기도하는 전통을 만들어 왔었고[215] 탈무드에서 신의 임재(Shekinah)가 성전산에서 이곳으로 이전했다는 가르침이 있어 만족했던 듯하다. 감람산 다음으로는 성전산의 문들이 기도 장소로 빈번히 이용되었다. 때때로는 순례객들과 함께 성전산의 여러 문을 둘러싸고 기도를 드리는 행동까지도 허락되었다.[216] 유대인들은 성지순례를 올 때 통행세를 면제받는 특권도 누렸는데 기독교도들과는 달리 예루살렘의 유대인들이 내는 지즈야에 성지순례비가 포함된 것으로 인정받은 덕분이었다.[217] 예루살렘으로의 이주도 자유로웠다. 랍비들은 이주를 권장하지 않았고 유대인들이 팔레스타인을 떠나더라도 개의치 않았으나, 게니자 문서에서는 유대인들이 많이 이주해 온 것이 확인된다. 그들 중 상당수는 예루살렘으로의 이주가 메시아의 도래를 앞당길 수 있다며 이주를 장려한 카라이파 유대인들이었다. 카라이파는 포교 활동을 한다는 이유로 랍비파로부터 이단으로 판정받았으나 무슬림 정부로부터는 탄압받지 않고 오히려 랍비파보다 우대받았다.[218] 그러므로 성전산을 갈 수 없다는 점을 제외하면 예루살렘에서 신앙생활에 큰 제약이나 갈등은 없었다. 다만, 무슬림들이 성전산과 그 인근에 시신을 매장하는 관습에는 불만을 가졌던 것으로 확인된다.[219]

헤브론에서도 신앙생활은 자유로웠다. 유대인들은 헤롯 시대에 막벨라 동굴의 부지를 벽으로 둘러쌓았고, 기독교도들은 비잔틴 시기에 내부 한 편에 교회를 세워서 유대인들과 무덤을 공유했다. 무슬림 정복 후에는 이곳에 이브라힘 모스크가 들어서게 되었다.[220] 유대인들은 무덤 근처에 시나고그를 지었는데, 12세기 기독교 수사의 기록에 따르면 무슬림들의 헤브론 공략을 도와서 얻어낸 보상이었다.[221] 파티마 시기에 유대인들은 이곳에서 일상적으로 기도를 드리고 성지순례도 활발했던 것으로 게니자 문서에서 확인된다.[222]

파티마 칼리파조에서 우마르 협정은 대체로 집행되지 않은 것으로 추정된다. 명확한 예로, 인구비례보다도 훨씬 많은 수의 기독교도와 유대인들이 공직에 종사했다. 우마르 협정이 엄격하게 적용되는 후대에도 비무슬림 관리들은 많았으나 이 시기에는 그 수가 더욱 많고 고위직으로까지 진출한 사례가 유달리 많았다. 유대인 출신이지만 무슬림으로 개종한 세 명은 재상으로 임명되었고, 기독교도 중에서는 개종하지 않고도 재상이 된 이들이 있었다. 10세기 말에는 최고위 관료인 재상과 그의 보좌로 각각 기독교도와 유대인이 임명되었고, 이 시기에 유대 공동체는 상대적으로 안전과 권리를 잘 보장받았다. 막대한 부를 쌓고 칼리파와의 친분을 통해 재상의 임명과 해임에 상당한 영향력을 행사한 유대 상인도 있었다.[223] 한편, 팔레스타인에서도 많은 비무슬림이 공직에 종사했다. 11세기 초의 어느 유대인의 편지에 따르면, 다마스쿠스의 기독교도가 유대교로 개종한 후 예루살렘으로 도망쳐왔으나 이곳에서도 기독교도들로부터 박해를 당하고 있으며, '많은 기독교도들이 정부 부처에서 일하고 있어 영향력이 강하기 때문에' 예루살렘을 떠나 푸스타트로 가고 싶어 했다.[224] 11세기 중반에는 예루살렘의 주지사로 카라이파 유대인이 임명되었다.[225]

파티마 칼리파조에서 유대인들이 억압받지 않았던 것은 결코 아니다. 정부의 관한 정책은 무슬림 주민들의 횡포나 관리들의 전횡으로 빛을 보지 못하는 경우가 많았다. 예를 들어, 다마스쿠스로 추정되는 어느 도시에서는 카디와 무슬림 주민들이 갑자기 유대인의 수로 이용을 막았다. 유대인들은 수도로 전령을 보내 수로 이용과 그 밖의 다른 권리들을 요청했고 칼리파의 승인을 받아왔다. 하지만 주지사는 막대한 뇌물을 뜯어낸 다음에야 이를 이행했다.[226] 1011년에는 푸스타트의 무슬림들이 유대인 장례행렬에 돌을 던지고 그들을 중상해 당국에서 23명을 체포했다. 체포된 이들은 이튿날에 사형에 처해질 뻔했으나 칼리파 하킴(Al-Hakim bi-Amr Allah/996-1021)이 구제해 주었다.[227] 1024-29년에는 팔레스타인에서 베두인들의 반란이 일어나 무슬림과 비무슬림 가릴 것 없이 모두가 심각한 피해를 입었다. 베두인들은 라믈라와 예루살렘 등 여러 도시에서 약탈, 학살, 강간 등을 저질렀고, 이에 못지않게 무자비한 세금은 유대인들을 빈곤과 기아로 허덕이게 만들었다.[228]

예외적으로 정부가 박해자가 된 시기도 있었다. 1003년에 하킴은 불분명한 이유로 갑자기[229] 푸스타트에서 허가 없이 지어진 교회 한 채를 철거했고, 그 뒤로 여러 교회를 파괴했다. 성묘교회도 그중 하나였다.[230] 1012년부터는 모든 비무슬림이 개종해야 한다는 칙령을 내리고 이를 따르지 않는 자들에게는 우마르 협정을 집행했다. 유대인들도 예외는 아니었다.[231] 검은 의상과 터번을 쓰고 나무 목걸이나 송아지 모양의 펜던트를 차고 다녀야 했고, 공중목욕탕에서도 비무슬림을 알 수 있도록 종 모양의 펜던트를 착용해야 했다.[232] 얼마 뒤에는 무슬림과 목욕탕을 함께 사용하지조차 못하게 되었다. 무슬림 하인을 두거나 노예를 매입하는 것도 금지되고, 말을 타는 것도 허락되지 않았다. 무엇보다도, 각지에서 수많은 교회와 시나고그가 파괴되었다. 유례없이 심각한 박해를 견디지 못한 많은 이들이 개종하거나 해외로 떠났다. 하킴은 죽기 1년 전인 1020년에 박해를 중단했다. 수년에서 수십 년 이내로 거의 모든 교회와 시나고그가 다시 지어졌고, 개종 중에 내지 않은 '밀린' 지즈야를 내는 조건으로 원래 종교로의 복귀와 이주자들의 귀환이 허락되었다.[233]

지금까지 살펴본 것을 정리하자면, 딤미는 납세를 대가로 보호를 약속받았으나 잘 지켜지지 않을 때가 많았고, 평소에도 우마르 협정이란 이름의 여러 굴욕적인 차별을 감내하고 살아야 하는 종속적인 신분이었다. 역사학자 아서 트리튼(Arthur Tritton)의 표현을 인용하자면, "딤미는 완전히 무시해도 되는 학대받는 벌레로 여겨지는가 하면 때로는 주위에 있는 무슬림들에게 해로운 영향을 끼치는 존재라는 불평을 받기도 한다. 굉장한 번영을 누릴 수도 있었으나 항상 고통 속에서 살아야 했고 지도자의 변덕이나 군중의 격정에 노출되어 있었다." 그들의 권리는 우마르 협정이란 규범으로 크게 제약받았다. 하지만 이를 근거로 만들어진 "(차별)법은 제정되고 얼마 동안만 지켜지다 나중에 당국이 다시 기억해 내기 전까지는 잊힌다." "흔히 법보다는 지배자의 통치 행위가 관대했다. … 하킴의 박해는 이슬람의 전형이 아니라 미친 자의 광기로 해석되어야 한다."[234]

우마르 협정의 차별 중에서 가장 딤미의 열등한 지위를 상징하는 것은 굴욕적인 의복법이었다. 하지만 카이로 게니자의 권위자인 셸로모 고이테인(Shelomo Goitein)은 적어도 파티마 시기까지는 의복 규정이 일상적인 규범은 아니었다고 설명한다. "기독교도와 유대인의 의복에 대한 하킴의 괴이한 칙령은 돌발적인 종교적 광기(혹은 정치적 편의주의)에서 나온 것이며 그러한 차별이 이전까지 관습이 아니었다는 것을 증명할 뿐이다. 게니자 문서에서 흔적이 확인되지 않으므로 칙령이 오랫동안 집행되었을 리도 없다."[235] 그 후로도 12세기 말에 파티마 칼리파조가 멸망할 때까지 이집트에서 때때로 의복 규정을 갱신했다는 무슬림의 기록이 있으나 게니자 문서에서는 확인되지 않는다.[236] 반면, 차별적인 세금은 꾸준히 징수되었고 유대인들을 궁핍하게 만들었다. 무슬림이라고 부유하지는 않았으나, 지즈야를 내야 하는 비무슬림의 삶은 더욱 어려웠다. 게니자 문서에서 지즈야는 평범한 수입의 유대인들이 내는 세금 중에서 가장 큰 비중을 차지했다.[237]

그렇다면 팔레스타인의 유대인들은 이슬람의 지배에 대해서 어떻게 평가했을까? 무슬림의 정복으로부터 한 세기 조금 넘은 8세기 중반에 쓰인 유대교 종말론 서적은 신이 "사악한 에돔 왕국"인 비잔틴으로부터 유대인을 구원하기 위해 아랍 무슬림의 "이스마엘 왕국"을 보냈다고 말한다.[238] 10세기에 카라이파 유대인의 기록에서는 "신의 자비로 이스마엘 왕국이 승리하고 로마가 (예루살렘에서) 물러났다."고 서술된다. 11세기 중반에 예루살렘의 유대인이 쓴 편지에서도 같은 인식이 발견된다. "우리 신으로부터 그의 자비가 이스마엘 왕국에 임해 ... 그들이 에돔의 손에 있던 성지를 정복하고 예루살렘으로 왔다. 이스라엘의 자손들은 그들과 함께 와서 성전이 있었던 장소를 보여주었고 오늘날까지 그곳에 함께 정착했다."[239] 그러므로 유대인들은 차별과 박해를 겪으면서도 무슬림의 지배에 만족하고 있었던 것으로 보이며, 이는 틀림없이 기독교의 지배보다는 낫다는 상대적 인식에서 비롯되었을 것이다.[240]

무슬림의 팔레스타인 정복과 지배가 '신의 자비'였다는 인식은 11세기 말에 십자군이 쳐들어오면서 강화된다. 1095년에 교황 우르반(Urban) 2세는 "동방에 사는 여러분의 형제들이 긴급히 도움이 필요하니 ... 기독교들을 즉시 구호하고 우리 친구들의 땅에서 저 불쾌한 인종[아랍 무슬림]이 사라지도록"[241] 십자군을 결성하자고 선포했다. 이후 성직자들의 열성적인 설교가 뒤따랐고, 십자군에 참여하면 죄를 사면받을 수 있다는 기대감 등으로 많은 이들이 예루살렘의 성묘교회 탈환을 목표로 칼을 들고 일어섰다.[242] 십자군은 4년 뒤인 1099년에 팔레스타인에 당도했다. 파티마는 이를 막을 준비가 되어 있지 않았다. 셀주크(Seljuk) 제국과의 전쟁에서 패해 1071년에 팔레스타인의 내륙 지역을 빼앗겼다가 1098년에야 겨우 되찾은 상황이었던 데다가 1095-98년 동안 이집트를 덮친 전염병으로 큰 피해를 보았기 때문이다.[243] 십자군은 파죽지세로 진격해 예루살렘을 포위했고, 파티마군은 무기와 물자를 놓고 탈출하는 대신 주민들은 살려주는 조건으로 항복했다. 하지만 약속은 지켜지지 않았다. 파티마군이 빠져나가자마자 십자군은 주민들을 대량 학살했다.[244] 당시 현장에 있었던 십자군 병사는 셀 수 없을 만큼 많은 "사라센"(Saracen, 아랍 무슬림)들이 죽었다고 기록했다.

> 거의 도시 전체가 시체로 뒤덮여 있어서 악취가 지독했기 때문에 사라센의 시체를 도시 밖으로 버리라는 명령이 내려졌다. 살아남은 사라센들은 시체를 끌고 나가 성문 앞에 있는 집만큼 높이 쌓아 올렸다. 이렇게나 많은 이교도를 도륙한 것은 이제까지 누구도 보지도 듣지도 못했다. … 얼마나 많은 수가 죽었는지는 오직 신만이 아실 것이다.[245]

비극이 무슬림들에게만 찾아온 것은 아니었다. 무슬림의 기록에 따르면 십자군은 유대인들을 시나고그에 몰아넣은 후 불태워서 몰살시켰다. 반면, 기독교도의 기록에서는 대부분의 유대인을 포로로 붙잡았고 시체를 치우게 했다고 서술된다.[246] 카이로 게니자에서 발견된 유대인의 편지들은 더욱 자세한 정황을 들려준다. 예루살렘이 함락되고 이듬해 봄에 작성된 것으로 추정되는 한 편지는 "프랑크인들(Franks, 유럽 기독교도)이 도착해 도시[예루살렘]에 있는 이스마엘인[아랍 무슬림]과 이스라엘인을 가리지 않고 모두를 죽였다. 학살로부터 살아남은 소수는 죄수가 되어 일부는 몸값을 받고 풀려났고 일부는 아직도 세계 곳곳에서 포로 생활을 이어가고 있다."는 소식을 전한다.[247] 같은 해 여름에 아스칼론의 유대인 장로들은 포로들과 약탈당한 성경 두루마리(Torah scroll) 등을 되찾고 의약품이나 식량 등의 구호물자를 마련하기 위한 기금을 모으는 편지를 썼다. 이 글에서는 풀려난 포로들이 아스칼론으로 오는 와중에 추위나 굶주림을 견디지 못하고 죽거나 배에서 비명횡사하고, 도착한 후로는 전염병으로 목숨을 잃고 있다는 정황을 알 수 있다.[248]

인명 피해와 더불어 또 하나의 중대한 비극은 성지를 다시 잃게 된 것이었다. 십자군은 팔레스타인에 '예루살렘 라틴 왕국(Latin Kingdom of Jerusalem)'을 세우고 수도인 예루살렘에서 무슬림과 유대인의 거주를 금지했다.[249] 알아크사 모스크는 궁전으로 사용했고 바위돔은 교회로 바꾸었다. 헤브론의 이브라힘 모스크[250]와 시나고그[251]도 교회로 탈바꿈했다.[252] 1170년경에 팔레스타인으로 여행 온 랍비 벤자민(Benjamin of Tudela)은 10여 개의 주요 도시와 마을에서 고작 1천여 명의 유대인만을 발견했다.[253] 예루살렘에서는 4명 또는 200명이 염색업을 하고 있었는데, 여기서 196명의 간극은 히브리어로 4와 200의 표기법이 매우 유사해서 생겨난 해석상의 차이다.[254] 4명으로 해석하는 학자들은 예루살렘에서 유대인들이 추방당한 것은 여러 기독교도와 유대인들의 기록으로 확인된다는 점을 든다. 또한, 벤자민이 방문한 시점으로부터 불과 수년에서 10여 년 후 여행을 온 랍비 페타치아(Petachiah of Regensburg)는 예루살렘에서 유대 인구는 1명의 염색업자밖에 없고 "막대한 세금"을 내고 거주를 허락받았다고 설명한다.[255]

유대인들이 다시 예루살렘으로 돌아오는 것은 무슬림의 지배가 회복된 후였다. 아이유브 왕조(Ayyubid/1171-1260)의 초대 술탄(sultan)이자 살라딘이란 이름으로 잘 알려진 살라흐 앗딘 아이유브(Salah al-Din Ayyub)는 1187년에 예루살렘을 비롯한 팔레스타인 대부분을 탈환했다. 기독교 건물로 바뀌었던 바위돔과 알아크사 모스크, 헤브론의 이브라힘 모스크와 시나고그[256]도 본연의 모습을 되찾았다. 유대인들은 곧바로 예루살렘으로 돌아오기 시작했고 1190년에는 살라딘으로부터 공식적으로 거주 승인까지 받은 것으로 보인다.[257] 하지만 그의 사후 아이유브 왕조의 국력은 약화되었고 1229년에 성전산/하람을 제외한 예루살렘의 통치권을 라틴 왕국에 이양하는 평화협정을 맺었다. 유대인들은 다시 예루살렘을 떠나야만 했다. 15년 후 라틴 왕국은 몽골에 패배해 예루살렘에서 쫓겨났고 아이유브를 전복시킨 맘루크 왕조가 1291년에 팔레스타인을 완전히 정복한다.[258] 이때부터 팔레스타인에서 무슬림의 지배는 1917-18년까지 계속되는데, 이 기간에 유대인들은 예루살렘에서 살 권리를 단 한 번도 부정당하지 않았다. 성지쟁탈전은 오직 기독교도와 유대인, 그리고 기독교도와 무슬림 사이에만 있었던 역사였다.

3. 이슬람의 폭력성이 분쟁을 일으켰다?

20세기 후반부터 알카에다(Al-Qaeda)나 IS(Islamic State of Iraq and the Levant 또는 DAESH) 등의 테러 단체들이 창궐해 이슬람이 폭력적인 종교라는 주장이 설득력을 얻고 있다. 무슬림들이 기독교도를 학살한 사건이나 꾸란에 나오는 호전적인 경구들이 재조명되고, 이런 시각의 영향으로 이스라엘-팔레스타인 분쟁이 단순히 이슬람의 폭력성으로 야기된 현상이라는 괴담까지도 설파되고 있다. 비록 이슬람이 다른 종교들보다 상대적으로 더 폭력적인지는 답을 찾기 어려운 논쟁거리이지만, 역사적으로 무슬림들이 저지른 수많은 폭력에 종교가 직간접적으로 연관된 것은 사실이다. 그럼에도 불구하고 종교적 폭력성이 분쟁의 원인이었던 것은 결코 아니다.

종교의 폭력성을 평가하는 방법은 크게 두 가지로 나눠볼 수 있는데, 하나는 경전을 비롯한 교리에서 폭력적인 요소를 분석하는 것이고 다른 하나는 역사 속에서 실제 사례를 찾는 것이다. 흔히 전자가 후자의 원인으로 여겨지곤 하지만 현실은 상당히 다르다. 예를 들어, 꾸란은 유대인보다 기독교도를 호의적으로 묘사하지만 이슬람 국가들은 유대인 못지않게 기독교도들을 심하게 박해했다. "종교에 강제는 없다"(꾸란 2:256)라는 구절은 지켜지지 않을 때가 종종 있었고, 무슬림이 다른 종교로 개종하는 것을 용서치 않는 구절들은 강제개종자에게는 적용되지 않아 원래 종교로 돌아갈 수 있었다.

교리와 행태가 다른 경우는 단순히 예외라는 범주로 묶어내기에는 너무나도 무수히 많다. 그런데도 구체적인 분석 없이 해석자의 주관적 판단이나 특정 종교를 비하하려는 의도로 교리를 박해의 원인으로 제시하는 경우를 흔히 볼 수 있다. 가령 특정 시기의 특정 지역에서 무슬림들이 저지른 학살이나 학대, 폭행 사건 등을 설명할 때 꾸란의 호전적인 경구를 소개하여 이 같은 박해가 교리의 영향으로 생겨난 것이라는 해석을 달고 마치 이슬람권 전체에서 지속해서 일어나는 현상인 것처럼 묘사하는 것이다. 흥미롭게도, 이런 글들에서 강제개종 사례를 설명할 때는 종교의 자유를 인정하는 꾸란의 여러 구절은

(2:62, 256; 18:29; 109:6 등) 거론조차 하지 않는다. 드물게 언급하더라도 이런 비폭력적 교리는 잘 지켜지지 않았다며 도리어 교리와 종교적 폭력성의 관계를 부정하는 모순에 빠진다.

폭력성을 진단할 때 교리와 행태 사이의 괴리가 크다면 당연히 후자를 우선시해야 할 것이다. 기독교나 이슬람처럼 오랜 역사를 지닌 종교는 기록이 풍부하기 때문에 박해 사례를 확인하기에 용이하다. 하지만 군사 활동이나 학살, 강제개종, 추방, 이교도 차별세, 약탈, 일상에서의 학대 등 여러 폭력적인 행동들이 국가, 시기, 지역, 종파, 집권자마다 완연히 다르게 나타났고 대상에 따라서도 박해의 수준이 달랐다. 예를 들어, 유대인에 대한 기독교의 정책은 중세시대와 2차 세계 대전 이후가 완전히 정반대고, 일신교도와 다신교도에 대한 이슬람의 대우는 현격히 차이가 난다. 그러니 어떤 기준으로 어떻게 보느냐에 따라 폭력성에 대한 평가는 크게 달라질 수밖에 없다. 사실, 특정 종교의 폭력성을 설파하는 많은 글들은 일부 사례 혹은 특정한 측면만을 다른 종교와 비교하는 방식으로 폭력성을 의도적으로 과장 또는 축소한다. 역사학자 버나드 루이스(Bernard Lewis)는 『이슬람권의 유대인』에서 종교적 관용을 설명하면서 이런 잘못된 관행을 지적했다.

> 관용이란 정말로 무엇을 의미하는가? 이런 주제를 다룰 때는 어쩔 수 없이 (다른 대상과의) 비교로 가늠하고 평가하는 경향이 있다. 만약 우리가 이슬람권에서의 관용을 증명하고자 한다면, 다른 사회에서의 관용과 대비해 이를 측정하려 할 것이다. ... 물론 논쟁가는 그의 의도에 적합한 비교조건을 선정해 그의 작업을 매우 수월하게 만들 수 있다. 예를 들면, 한 종교의 교리를 다른 종교의 행태와 비교하면 전자의 우월성을 보여주기 매우 쉬워진다. ... 이런 방식의 비교가 아무리 일반적이라고 하더라도 별로 도움이 되지는 못한다. ... 심적으로는 만족스러울 수 있어도 지적으로는 부정직하다. 마찬가지로, 최고와 최악을 비교하는 방식도 호도하는 것이다. 만약 기독교권과 비교하기 위한 시기로 스페인의 이단심판이나 독일의 강제수용소를 택한다면, 거의 모든 사회를 관용적이라고 쉽게 입증할 수 있다.[159]

보다 근본적으로, 어떤 폭력을 '종교적' 폭력으로 정의할 것인지 판별하기 어렵다는 문제도 있다. 예를 들어, 이교도를 대상으로 한 약탈은 종교가 원인인 것 같지만 실제로는 단지 안보가 취약한 집단을 노린 범죄였을 가능성이 크다. 반대로 폭압적인 정부나 반란군이 신도나 이교도를 가리지 않고 모두 박해한 경우에는 종교와 무관한 듯해 보이지만, 전자보다 후자의 피해가 두드러지는 사례에서는 종교적 동기가 다소나마 개입되었을 여지가 생긴다.[259] 이슬람 성전(jihad)이나 십자군처럼 공식적으로는 종교 전쟁이라는 동기를 명확히 밝힌 폭력도 그 이면에는 정치, 경제, 사회적 요인 등 비종교적인 동기가 많은 영향을 끼쳤다. 또한, 흔히 간과하지만 종교를 명분으로 한 폭력은 같은 신도를 대상으로도 빈번히 발생한다. 기독교의 천주교와 개신교, 이슬람 순니와 시아 사이의 종파갈등은 국가 간 전쟁으로 번져 많은 희생자를 낳았다. 이슬람 근본주의 단체를 자처한 IS가 가장 많이 만들어낸 희생자도 다름 아닌 무슬림이다.

만약 복잡성을 최소화하기 위해 원인에 대한 고찰 없이 정부나 신자들이 행한 모든 폭행을 종교로 결부 짓는다면 어떻게 될까? 적어도 전근대 사회에서 종교는 정치, 사회와 밀접한 관계를 맺고 있었으니 한 국가 안팎에서 일어나는 거의 모든 행위는 종교에서 다소나마 책임을 찾을 수는 있을 것이다. 이러한 관점에서는 전 세계를 식민 지배하며 수많은 희생자를 만들어 낸 유럽 국가들의 기독교가 이견의 여지 없이 가장 폭력적인 종교로 꼽힐 수밖에 없다. 콜럼버스의 신대륙 '발견' 이후 기독교 신의 축복을 받으며 시작된 유럽인들의 식민 지배로 목숨을 잃은 아메리카 대륙의 토착민 수는 적게는 5천만 명에서 많게는 1억 명으로 추산되고 인류 역사상 최악의 대량학살로 거론된다.[260] 하지만 식민 지배의 동기나 과정, 방법 등이 오롯이 기독교로만 설명될 수는 없는 데다가 사망자의 다수는 의도하지 않은 질병의 전파로 발생했으므로 대부분의 기독교도들은 기독교의 폭력성에 책임이 있다는 주장에 동의하지 않을 것이다.

이처럼 한 종교의 폭력성을 평가한다는 것은 굉장히 논쟁적이며 동의를 구하기 어려운 작업일 수밖에 없다. 그러므로 이 글에서는 이슬람이 폭력적인 종교인지에 대한 분석은 제쳐두고, 이슬람의 폭력성이 이스라엘-팔레스타인 분쟁의 원인이라는 주장이 타당한지에 대해서 유대인의 박해를 중심으로 3가지 관점에서 검증하고자 한다. 우선, 처음으로 살펴볼 것은 기독교권과의 비교이다. 분쟁이 발생하는 20세기 초까지 대부분의 유대 인구는 기독교권인 유럽과 이슬람권인 중동과 북아프리카에서 거주했다. 만약 종교적 폭력성이 분쟁을 야기한 것이라면 전자보다 후자에서 박해가 더욱 심각했어야 할 것이다. 이런 박해 사례들을 소수만 선별해서 자신들의 입맛대로 역사를 가공한 서적들이 시중에 너무나도 많기 때문에 이런 편견을 지우고자 이 글에서는 알려진 사례들을 최대한 많이 소개하고자 한다.

3.1. 기독교와 이슬람의 유대인 박해 비교

3.1.1. 기독교의 반유대주의

앞서 비잔틴에서 유대인에 대한 차별법이 꾸준히 제정되어 온 것을 살펴보았다. 이와는 달리 옛 서로마 지역에서는 10세기까지 유대인에 대한 박해가 드물었다. 5세기에 서로마를 멸망시킨 게르만인들이 기독교의 반유대주의를 정책적으로 후원하지 않았기 때문이다.[261] 성직자들은 공의회를 열어 과거에 의결된 유대인에 대한 차별적 교리를 거듭 확인하고 교회법으로 제정하였으나 대부분은 국법으로 이어지지 못했다. 정부의 지원이 약해지자 교회는 유대인을 개종시키는 일보다는 기독교도가 유대교로 개종하는 것을 막기 위해 유대인과 친밀하게 지내거나 그들의 풍습을 따라 하지 못하도록 단속하는 데에 더욱 집중했다.[262] 그러나 11세기 초부터는 상황이 달라졌다. 학살과 약탈, 강제개종이 늘어났고 십자군은 유대인들에게 악몽이 되었다. 그들이 유대인을 학살한 것은 1099년의 예루살렘 학살이 처음도 마지막도 아니었다. 1096년에 출범하자마자 십자군은 독일의 라인강 인근 지역에서 기독교도 주민들과 함께 수천 명의 유대인을 학살했다.[263] 이때를 기점으로 박해의 양상은 확연히 바뀌었다. 여러 유럽 국가들에서 고대 로마의 반유대주의적 법들이 부활하고 심각한 박해가 끊임없이 계속된다.[264]

중세 중기에 들어 박해가 급격히 심화된 까닭은 흔히 기존의 종교적 편견에 고리대금업에 대한 반감이 더해졌기 때문으로 알려졌다. 유대인들은 기독교도의 배척으로 인해 직업의 제한을 받았기 때문에 천시받거나 기독교에서 금기시하는 일에 종사해야 했고, 13-14세기경에 이르면 다수가 대부업자가 되었다.[265] 이들은 수많은 채무자의 원망을 샀고 목숨을 위협받았다. 예를 들어 1190년에 영국의 요크(York)에서 기독교도들은 유대인을 학살, 약탈하고 집을 불태웠는데, 이를 상세히 기록한 수사는 동기가 "전리품에 대한 탐욕"이었으며 폭동을 선동한 것은 유대인에게 크게 빚진 귀족들이었다고 설명했다.[266] 하지만 모든 박해가 경제적 동기에서 비롯된 것은 아니었다.[267] 역사학자 로버트 무어(Robert Moore)는 박해가 심화된 근본적인 원인을 폐쇄적으로 변해가는 사회적 경향에서 찾았다. "11-12세기에는 서구 사회의 영구적인 변화가 나타난다. 박해가 상습적이게 된 것이다. … (다른) 인종이나 종교, 생활방식 등으로 특징지어진 무리 … 의 소속인 것만으로도 공격이 정당화된다고 간주되었다."[268] 그래서 이단자, 동성애자, 나병 환자 등 다른 사회적 소수자들도 유대인과 마찬가지로 심각한 박해를 겪었다.[269]

'박해가 상습화된 사회'의 모습은 대중에게서 잘 엿볼 수 있다. 그들은 비현실적이고 공상적인 음모론만으로도 박해를 정당화했다.[270] 유대인들이 기독교도를 살해하고 그 피로 종교의식을 치른다는 피의 비방(blood libel)은 수많은 목숨을 앗아갔다. 기록으로 남아 있는 최초의 피의 비방은 1144년에 영국의 노리치(Norwich)에서 12세 소년 윌리암(William)이 부활절 기간에 실종되었다가 죽은 채로 발견된 사건이다. 윌리암의 아버지는 교구회의(synod)에서 시신에 잔인한 상처가 있고 아내가 유대인들에게 공격당하는 예지몽을 꿨다는 이유 등으로 유대인의 소행이라고 주장했으나 받아들여지지 않았다. 하지만 수년 후 수사 토마스(Thomas)가 이 사건을 '재조사'할 때는 윌리암이 유대인의 집으로 들어가거나 기둥에 묶여있는 것을 보았다는, 다분히 꾸며낸 것으로 의심되는 새로운 목격담이 등장한다. 또한, 유대인들이 매년 기독교도의 피를 제물로 바치는 의식을 치르고 있으며 1144년에는 노리치에서 행할 계획을 세웠다는 '증언'을 유대인 출신의 기독교 개종자로부터 확보했다. 이를 근거로 토마스는 유대인이 범인이라고 결론 내렸을 뿐만 아니라 윌리암이 고문 끝에 십자가형을 당해 죽은 순교자이며 그가 죽은 뒤 여러 기적들이 일어났다는 새로운 이야기를 만들어 그를 성인으로 추앙받게 만들었다.[271] 이후 피의 비방은 영국에서 1181년, 1182년, 1192년, 1235년에 재차 발생했고[272] 영국해협을 넘어 프랑스에서도 일어나 1171년에는 31명이 화형에 처해지고 1182년에는 파리(Paris)와 인근 지역에서 유대인들이 추방당했다.[273] 1235년에는 독일의 풀다(Fulda)에서 다섯 명의 아이를 살해한 혐의로 유대인들이 고문을 받았고, 치료 목적으로 피를 구하려 했다고 '자백'했다.[274] 이때부터 피의 비방은 피를 빼내 의식을 치른다는 형태로 만들어지기 시작했다.

1255년에 영국의 링컨(Lincoln)에서는 8살 아이가 살해된 채 발견되었다. 아이가 유대인의 집으로 들어가는 것을 목격했다는 증언이 나왔고, 사건 당시 여러 지역의 유대인들이 링컨에서 모임을 가졌다는 사실을 근거로 종교의식을 위해 십자가형으로 살해한 것이라는 혐의가 제기되었다. 영국왕 헨리(Henry) 3세는 사건을 조사한 후 19명의 유대인에게 교수형을 내렸다. 민속학자 조셉 제이콥스(Joseph Jacobs)에 따르면, 아이는 사고로 목숨을 잃었고 유대인들은 링컨에서 열리는 결혼식에 참석하기 위해 모였던 것으로 추측되며, 헨리 왕은 유대인에 대한 개인적인 악감정과 그들을 핍박해 재물을 채울 욕심으로 박해한 것으로 의심된다. 중요한 것은 이 사건이 발라드로 전승되면서 피의 비방이 유럽 대륙에 널리 퍼지는 계기가 되었다는 점이다.[275] '피의 비방'에 관한 소문은 이때부터 수천 개가 넘게 생겨났고, 그중 150건은 유대인의 체포나 살해로 이어졌다.[276] 특히, 14세기부터는 유대 명절인 유월절(Passover)에 먹는 빵(matzah)과 와인에 기독교도 어린이의 피를 섞는다는 기괴한 형태로 발전해 혐오감과 공포감을 더욱 확산시켰다.[277]

14세기 중반에 창궐한 흑사병은 대중 박해의 또 다른 도화선이 되었다. 흑사병은 당시 유럽 인구의 3분의 1에서 많게는 60%까지 앗아간 것으로 추정된다.[278] 원인불명의 전염병의 놀라운 확산 속도와 극악한 살상력은 대공황을 불러일으켰고, 기독교도들은 유대인들이 우물에 독을 풀어 병을 퍼트린 것으로 의심하며 학살하고 추방시켰다. 집시, 무슬림, 나병 환자, 외국인 등도 같은 의심을 받고 박해를 받았으나 가장 큰 피해를 입은 것은 유대 공동체였다. 1348-49년 동안 독일과 네덜란드에서 수천 명의 유대인이 도시 광장에서 화형당하거나 처형되었고, 스위스 바젤에서는 600명이 화형당하고 그 자녀들

130여 명이 강제개종 당했다. 전염병이 퍼지지 않은 지역에서도 '예방조치'로 유대인을 살해하곤 했다.[279]

교회는 비록 대중에게 유대인에 대한 부정적인 이미지를 오랫동안 주입해 온 장본인이었으나 학살이나 강제개종을 정당화하지는 않았다. 오히려 여러 교황들은 피의 비방이나 흑사병 등에 관한 모함을 비판하고 유대인을 보호해야 한다는 칙령(Sicut Judaeis)을 내렸다.[280] 13세기 중반에 십자군이 또다시 수천 명의 유대인을 학살했을 때도 이를 비난하는 칙령을 포고했다.[281] 하지만 실효성은 미미했다. 칙령에는 기독교도에 대한 음모를 꾸미지 않는 유대인만을 보호한다는 단서가 언제나 따라붙었기 때문에 조금의 과장이나 모함만으로도 쉽게 벗어날 수 있었고, 칙령을 위반하더라도 처벌로 이어지는 경우는 굉장히 드물었다. 또한, 강제개종 당한 이들을 구제해주지도 않았다.[282] 강제개종 당한 후 비밀리에 유대교 의식과 관습을 지키는 이들은 교회에 이단자일 뿐이었다. 13세기 초부터 교황청은 직접 이단심판청을 운영하며 이들을 색출했다.

교회가 유대인을 실질적으로 보호해주지 않았던 것은 유대교를 억압해야 한다는 방침을 고수했기 때문이다.[283] 예를 들어, 1239년에 탈무드에 신성모독적인 내용이 있다는 정보를 들은 교황 그레고리 9세는 히브리어 서적을 불온서적으로 규정해 압수 명령을 내렸다. 프랑스왕은 이를 충실히 이행했고, 탈무드를 불태웠다.[284] 1553년에는 교황 율리우스(Julius) 3세의 지시로 이탈리아에서 히브리어 서적을 불태웠고, 유대인들이 서적을 출판하기 전에 검열받도록 지시했다.[285] 기독교도와 유대인들이 어울리지 못하도록 관계를 단절시켜야 한다는 교리도 변함없었다. 1215년에 4차 라테랑 공의회(Lateran Council)는 기독교도가 유대인이나 무슬림들과 외관상으로 구분이 어려워 성적인 관계를 가지는 경우가 있으므로 후자의 의복을 다르게 해야 한다고 결의했다.(68조)[286] 이때부터 여러 지역에서 다양한 의복 규정을 제정하는 게 유행이 되었고 그중에는 경멸적인 의미를 담은 노란색 배지를 착용하라는 악명높은 규정도 있었다. 예를 들어, 1227년에 프랑스 나르본(Narbonne) 교구회의에서는 유대인에게 가슴 중앙에 배지를 착용토록 했다.[287] 의복 규정은 처음에는 잘 집행되지 않다가 수 세기 뒤부터 엄격하게 시행되었다.

4차 라테랑 공의회를 전후로 유대인을 기독교도로부터 격리해야 한다는 사상은 정점으로 치달았다. 16세기까지 프랑스[288]와 영국, 스페인, 포르투갈 등 여러 서유럽 지역에서 유대인들이 추방당했다. 추방당하지 않은 곳에서는 별도의 구역에 격리당했다. 여느 소수 집단이 그러하듯 유대인들도 종교와 문화생활을 함께하고 유사시에 서로 의지할 수 있도록 가까이 사는 것을 선호했기 때문에 자발적으로 유대인들이 모여 사는 동네를 만들곤 했다. 때로는 정부가 기독교도들로부터 보호해 주기 위해 별도의 거주 구역을 지정해 준 경우도 있었다. 하지만 성벽으로 둘러쌓고 외부로의 출입을 통제하는 격리구역에 살도록 강제한 것은 새로운 현상이었다.[289] 1555년에 교황 바울(Paul) 4세는 "모든 유대인은 기독교도의 주거지로부터 완전히 격리되어 한 장소에서 인접해서 살아야 한다."라는 칙령(Cum Nimis Absurdum)을 발표해 격리거주를 교회의 정책으로 공인했다.[290]

최초[290]는 아니었으나 강제 격리구역으로 널리 알려진 곳은 베네치아(Venice)다. 1513년에 베네치아 당국은 세수 증대와 대금업 활성을 위해 유대인의 거주를 늘려주었는데 기독교도 주민들이 불만을 제기하자 1516년에 '새로운 게토(new ghetto)'[291]라 불리던 동네에 격리시키기로 했다. 이 '게토'라는 지명은 16세기 후반부터 유대인 강제거주구역을 가리키는 용어로 사용되고, 나중에는 강제성이나 성벽으로 둘러싸인 물리적 격리 여부와는 관계없이 유대인 거주 구역을 포괄적으로 지칭하는 뜻으로 확장된다.[292] 일반적으로 격리구역으로서의 게토는 인구밀도가 매우 높아 주거환경과 위생 등이 굉장히 열악하고 일몰과 일출 사이에 출입이 금지되었다. 만약 게토 밖에서 숙박한 것이 발각되면 벌금형에 처해졌다.[293]

중세 유럽에서 가장 박해가 심한 지역은 스페인이었다. 스페인의 유대 공동체는 무슬림 치하에서 유대 문명의 황금기를 이루었다고 알려질 정도로 유럽에서 가장 발전된 유대 공동체로 성장했고 기독교도의 지배를 다시 받게 된 이후로도 얼마간은 그 영광을 이어가고 있었다. 하지만 1391년에 심각한 폭동이 일어나 주요 도시들에서 수천 명의 유대인이 살해되고, 인구의 절반인 10만 명 이상이 살아남기 위해 기독교로 개종했다. 그들은 폭동이 끝난 후로도 계속해서 기독교도로 남도록 강제되었다. 그렇지만 3세대가 지난 뒤로도 개종자의 자손들이 유대인과 어울리며 비밀리에 유대교 관습과 의식을 지키고 있는 것으로 의심되자 스페인왕실은 교황청의 허가를 받고 이단심판청을 직접 운영했다. 이단심판관들은 1480년부터 활동을 시작해 많은 개종자들을 유죄로 판결하고 박해했다. 세비야(Seville)에서는 8년 동안에만 7백 명이 화형당했다.[294]

개종자가 박해받는 상황에서 유대인의 처우가 좋을 리는 없었다.[294] 1480년부터 유대인들은 기독교도들에게 부정적인 영향을 끼치지 않아야 한다는 이유로 여러 도시에서 격리된 구역에서 살도록 강제되었다. 1492년에는 마침내 스페인 전역에서 추방령이 내려졌고, 추방당하지 않으려면 4개월의 유예기간 동안 개종 또는 죽음을 선택해야만 했다. 8만 명 중 약 절반이 개종하고 나머지 절반이 스페인을 떠난 것으로 추정된다.[295] 박해는 여기서 끝나지 않았다. 이주자의 상당수는 인접국인 포르투갈로 왔으나 5년 만에 다시 추방령이 내려졌다. 이번에는 아이들을 데리고 국경을 넘을 수 없다는 조건이 붙었기 때문에 대다수가 개종을 선택할 수밖에 없었다.[296] 기독교도들은 진실한 개종이 아니라고 의심했고 1506년에 수도 리스본(Lisbon)에서 폭동을 일으켜 약 2천여 명의 개종자를 학살하고 불태워 죽였다.[297]

스페인에서도 개종자에 대한 의심이 계속되었다.[298] 스페인 이단심판관들은 거짓으로 개종한 자들을 집중적으로 색출해 1834년까지 약 350년 동안 수만 명을 죽였다고 알려졌다. 이는 나치(Nazi)의 홀로코스트(Holocaust) 다음가는 최악의 유대인 박해로 역사에 기록되어 왔으나, 재판 기록을 직접 연구한 헬렌 롤링스(Helen Rawlings)에 따르면 박해가 그 정도로 심각하지는 않았던 것으로 보인다. 1480년에서 1530년 사이에는 약 2천 명이 이단으로 판정받아 목숨을 잃었으나, 16세기 중반 이후로는 고문을 하거나 사형을 집행하는 경우는 크게 줄어들었고 개종자를 주요 심문 대상으로 삼지도 않았다.[299]

중세시기 동안 많은 유대인은 추방당하거나 박해를 피해 서유럽에서 동유럽으로 이주했다. 가장 각광받은 피난처는 폴란드-리투아니아 연방(Polish-Lithuanian Commonwealth, 이하 폴란드)이었다. 이곳에서는 유대인들이 세금징수원이나 무역상, 수공업자, 대부업자, 임대업자 등으로 일하거나 농사를 지으며 안정적으로 경제활동을 할 수 있었다. 하지만 1648년에 폴란드가 지배하던 우크라이나에서 반란이 일어나자 적게는 수만 명에서 많게는 10만 명 이상의 유대인들이 기독교도들에게 학살당했다. 이때부터 동유럽에서도 반유대주의가 빠르게 퍼졌고 피의 비방도 빈번하게 발생했다. 동유럽은 더 이상 피난처가 아니었다. 오히려 서유럽으로 역이주를 하는 유대인들도 생겨났다.[300]

18세기 말에 러시아는 우크라이나와 폴란드 동부, 벨라루스(Belarus), 리투아니아 등의 지역을 병합하면서 세계에서 유대 인구를 가장 많이 수용하게 된다. 러시아 정부는 유대인을 활용하기보다는 기독교도의 경제활동을 보호하는 데에 더 관심이 있었다. 그래서 유대인들이 본토로 유입되지 못하도록 막고 병합한 지역(the Pale of Settlement)에서만 거주하도록 강제했다. 이는 러시아 제국이 멸망하는 1917년까지 유지되었고 차별정책의 상징이 되었다. 그렇다고 러시아 정부가 유대인을 억압하기만 한 것은 아니었다. 대(對)유대정책의 궁극적인 목표는 자국민과의 완전한 동화였고 이를 위해 차별은 점진적으로 완화하고 권리는 늘려주었다. 그러나 동화정책은 유대 공동체의 특징인 종교와 언어, 문화를 강제적으로 없애는 방식으로도 집행되어 불만과 고통을 야기했다. 특히 징집령(Cantonists' Edict)은 끔찍한 비극을 만들었다.[301]

1827년부터 러시아 정부는 유대인들에게 그간 면제되던 군역의 의무를 부과했다. 유대 공동체마다 할당 인원이 주어졌고, 입대 희망자를 찾을 수 없었던 유대 공동체의 지도자들은 주로 빈곤층 가정의 8-10세 꼬마들을 유괴해 강제로 입대시켰다. 아이들은 18세가 될 때까지는 군사학교에 다녔는데 이 기간에는 기독교 가정에서 지내야 했고 군 외부의 유대인과 접촉하거나 이디시어, 유대교 의식 등을 금지당했다. 그뿐만 아니라 개종하지 않는 아이들은 먹을 것을 못 받거나 구타 등의 학대를 겪었다. 1827-1854년 동안 약 5만 명의 아이들(cantonists)이 징집되었고 그중 상당수가 교육 과정에서 목숨을 잃었다. 살아남은 아이들은 대부분 기독교로 개종했다. 비극은 여기서 그치지 않았다. 이들은 피해자였으나 개종했다는 이유로 가족으로부터 의절 당하거나 멸시받았다. 온갖 고난 속에서도 개종하지 않고 신념을 지킨 유대인조차도 고향으로 돌아온 후 주변의 의심을 받으며 정서적으로 고립된 생활을 이어가야 했다. 군사학교 제도는 1856년에 폐지되었다.[302]

한편, 서유럽에서는 17-19세기 초 사이에 박해가 완화된다. 유대인들의 귀환이 허락되고 게토가 사라져 갔으며 시민권까지 인정받았다. 계몽주의, 평등주의, 세속주의 등 새로운 사상이 대두한 덕분이었다. 기독교 내부의 변화도 한몫했다. 천주교는 유대인을 종속시켜야 한다는 교리를 오랫동안 고수했고 1870년에야 교황청이 위치한 로마에서 유럽의 마지막 게토를 없앴으나,[303] 16세기 초에 독일의 마틴 루터(Martin Luther)가 일으킨 종교 개혁(Reformation)으로 탄생한 개신교는 유대인들에 대해 상대적으로 포용적인 자세를 취했다. 다만 루터 본인은 극단적인 반유대주의자였다. 그는 처음에 유대인에게 동정적인 자세를 취했으나 바람과는 달리 개종자가 많지 않은 것을 보고는 1543년에 『유대인과 그들의 거짓말에 대해서』를 저술해 격렬하게 비난했다. 이 책에서 루터는 시나고그와 유대인 학교, 집을 불태우고 탈무드와 기도서를 빼앗고, 랍비가 설교하면 죽이고, 도시나 마을 밖에서 보호해주지 않고, 대부업을 금지하고 개종할 때까지 가지고 있는 모든 현금을 빼앗고, 건장한 이들은 육체적 노동으로 먹고살도록 만들어야 한다고 주장했다.[304] 이는 기독교 역사상 가장 반유대주의적인 글 중 하나이며, 훗날 히틀러와 나치주의자들에게까지 영향을 끼친다.

19세기 후반부터는 인종주의와 민족주의의 영향으로 서유럽과 동유럽 모두에서 박해가 증가한다. 특히 동유럽에서는 학살과 약탈, 방화, 강간 등이 계속되어 수백만 명이 아메리카 대륙이나 서유럽으로 이주했다.[305] 20세기 초에는 독일에서 반유대주의 정당인 나치가 정권을 잡고 2차 대전 중에 홀로코스트를 일으켜 6백만 명의 목숨을 앗아갔다. 홀로코스트나 그 밖의 근대적 반유대주의에 종교가 어느 정도의 영향을 미쳤는지는 논쟁적이다. 홀로코스트 이후 여러 학자들은 반유대주의가 기독교 신학 그 자체에 내포되어 있고 고대부터 꾸준히 박해의 원인이 되어왔다는 분석을 제기했고 이에 대한 반박도 잇따랐다.[306] 하지만 기독교 신학이 반유대주의에 직접적으로 영향을 끼치지 않았다고 할지라도 나치 정권이 반유대주의를 선동하는 선전도구로 오랜 종교적 편견을 활용했고 성직자들도 여기에 가담했다는 점에서 기독교가 홀로코스트에 직간접적으로 큰 영향을 끼쳤던 것은 부정할 수 없는 사실이다.[307]

홀로코스트 이후 여러 기독교 종파들은 부끄러운 과거로부터의 반성과 단절을 위해 오랜 교리를 쇄신했다. 유대인들에게 예수를 살해한 일에 대한 집단적 책임을 물을 수 없고, 신이 유대인에게 한 약속을 기독교도들이 계승했다는 교리(supersessionism)도 포기했다. 예를 들어, 1965년에 교황청은 「비기독교와 교회의 관계에 대한 선언문(Nostra aetate)」에서 유대인들이 예수의 죽음을 요구했다고 해서 신에게 버림 받거나 저주 받은 것은 아니라고 선언했다.[308] 이때부터 많은 기독교도들이 팔레스타인의 소유권이 유대인과 이스라엘에 있다고 강력하게 주장했고 친이스라엘 정책이 큰 지지를 받았다. 하지만 20세기 말에 인티파다를 계기로 이스라엘의 인권 탄압과 식민 지배의 실태가 밝혀지자 지지는 줄어들고 팔레스타인인들을 위한 인권투쟁에 함께 하는 기독교도들이 늘어나게 된다.

3.1.2. 이슬람권에서의 박해

기독교권에서와 마찬가지로 이슬람권에서의 박해도 대체로 십자군 시기부터 심해졌다. 이러한 변화에는 여러 가지 요소가 영향을 끼쳤겠지만 힘의 쇠락이 가장 주요한 요인으로 손꼽힌다. 무슬림들은 십자군에게 이슬람권의 중심부에 해당하는 팔레스타인과 레바논을 12-13세기 동안 빼앗겼고, 서쪽의 스페인도 13세기경에 대부분을 잃었다. 같은 시기에 동쪽의 이라크와 이란 등은 몽골에 빼앗겼다. 급격한 정치적 약화는 곧 경제, 사상, 문화에 변화를 가져왔고 사회를 경직되게 만들었다. 무슬림 사이에서 위계적 질서가 강화되고 그 아래에 위치한 비무슬림의 지위는 더욱 낮아졌다. 공직에서 일하던 비무슬림들은 이슬람 고등교육을 받은 무슬림 성직자들로 대체되었고 그들은 우마르 협정을 보다 차별적으로 만들고 엄격하게 집행했다.[309] 비무슬림을 향한 무슬림 대중의 시선도 더욱 부정적으로 변했다. 거짓 소문이나 작은 사건만으로도 비무슬림의 안전과 생명을 위협하는 폭동이 쉽게 일어났다. 특히 모로코와 이란에서 이런 변화가 가장 극적으로 나타나 박해가 심각했다.

모로코의 유대 공동체는 다른 이슬람권에서보다 조금 일찍부터 시련을 맞이했다. 10세기 말과 1032년에 무슬림 간의 전쟁의 여파로 페즈(Fez)에서 유대인들이 학살당했고 특히 후자의 시기에 수천 명이 목숨을 잃었다고 전해진다. 12세기 초에는 무라비트 왕조(Almoravid/1040-1147)가 수도 마라케쉬(Marrakesh)에서 유대인의 거주를 금지하고 추방했다.[310] 얼마 후 무라비트를 무너뜨리고 북아프리카와 스페인 남부를 정복한 무와히드 칼리파조(Almohad/1121-1269)는 딤미 제도를 폐지했다. 모든 비무슬림에게 개종을 강요하고 그렇지 않으면 추방하거나 사형에 처한다고 위협했다. 씨질마사(Sijilmasa)에서는 개종을 거부한 150명의 유대인을 학살했다. 대부분의 기독교도는 이웃 기독교 국가로 이주했고, 유대인들은 감시가 심한 도시를 떠나 농촌으로 도망치거나 개종자로 지내면서 박해가 끝나기만을 기다렸다. 하지만 1199년경부터는 개종의 진실성이 의심된다는 이유로 딤미였던 시절에도 겪은 적이 없는 차별을 겪게 되었다. 개종자들은 소매가 발에 닿을 정도로 길고 경멸적으로 여겨지는 검은 색상의 의복을 입고 우스꽝스러운 형태의 모자를 써야 했다. 상업에 종사하거나 노예를 소유하는 것도 금지되었다. 심지어 아이들은 무슬림 후견인으로부터 이슬람 교육을 받으며 자라도록 지도되었다. 박해는 1228년경부터 완화되었고 유대인들은 일상을 되찾았다.[311]

　13세기 중반에 무와히드를 멸망시키고 모로코의 새로운 지배자가 된 마린 왕조(Marinid/1244-1465)에서 딤미 제도는 온전히 부활했다. 하지만 사회적 분위기는 예전 같지 않았다. 이슬람을 버리고 유대교로 '재개종'한 이들을 바라보는 무슬림의 시선은 탐탁지 않았고, 무와히드 시절의 박해로 기독교도들의 수가 현저히 줄어들었기 때문에 유대인들은 이교도를 향한 무슬림의 적개심을 홀로 오롯이 받아내야 했다. 1276년에는 폭동이 일어나 많은 유대인이 학살당했고, 아부 야쿱 유수프(Abu Ya'qub Yusuf/재위 1286-1307) 시기에는 무슬림에게 와인을 판 유대인들이 사형에 처해지고 그들의 가족은 노예가 되었다.[312] 1438년에는 수도 페즈에서 유대인들이 모스크에 와인을 부어 신성성을 훼손하려 했다는 의혹으로 폭동이 일어났다. 정부는 유대인을 보호해 주기 위해 궁전 바로 남쪽에 "멜라(mellah)"[313]라고 불리는 습지대에 성벽으로 둘러싼 격리거주 구역을 만들어주었다. 하지만 1465년에 유대인을 재상으로 임명한 것에 대한 불만으로 반란이 일어나 술탄이 살해당하고 왕조는 멸망했다. 정부의 보호가 사라지자마자 멜라의 유대인들은 학살당하고 단지 11명만이 도망쳤다고 전해진다.[314]

유대 공동체의 상황은 갈수록 나빠졌다. 와타시드 왕조(Wattasid dynasty/1472-1554)는 스페인과 포르투갈에서 박해를 피해 온 유대인을 받아들이고 정책 자문가로 고용했으나 무슬림에게도 영향력을 행사할 수 있는 실권자는 극소수에 불과했기 때문에 유대인의 지위는 개선되지 않았다.[315] 그 뒤를 이은 사드 왕조(Saadi dynasty/1509-1659)와 알라위트 왕조(Alaouite dynsty/1631-현재)에서도 마찬가지였다. 정부는 다양한 명목으로 특별세를 징수하며 착취했고 빈곤해진 많은 유대인들이 지즈야를 내지 못해 체벌을 받고 감옥에 수감되거나 처벌을 피하고자 개종했다. 박해나 기아 등으로 어려운 시기에 무슬림들의 구휼제도를 이용하기 위해 개종하기도 했다. 우마르 협정도 꾸준히 집행되었다. 굴욕적인 의상 착용이나 무기 휴대, 승마 금지처럼 다른 이슬람권에서도 보편적으로 적용한 규정들도 있었고 무슬림 시장에서 가게를 열지 못하게 하거나 일부 지역에서 토지 구매를 금지하는 특수한 규정도 있었다. 무슬림들이 유대인을 납치하거나 살인, 방화, 약탈 등의 범죄를 저질러도 이슬람 법정은 처벌을 등한시했다. 때로는 성직자들이 주민들을 선동해 시나고그를 파괴했다. 1622년에는 한 성직자의 선동으로 타필랄트(Tafilalt)의 유대 공동체가 공격받았다. 이때 굶주림과 학살 등으로 많은 유대인이 목숨을 잃었다.[316]

유대인을 보호하기 위해 만들어졌던 멜라는 격리 '처벌'의 공간으로 바뀌었다.[317] 16세기부터 유대인들은 멜라를 나와 무슬림 거리를 걸을 때 신발을 벗거나 짚신(taban)을 신어야 했고, 그들이 지나갈 때 침을 뱉거나 돌을 던지고, 욕하는 무슬림도 있었다. 격리거주 구역은 다른 도시들로도 확산되었다. 16세기에는 마라케쉬(Marrakesh),[318] 17세기에는 메크네스(Meknes), 19세기에는 나머지 대부분의 주요 도시에서 생겨났고, 이들 모두가 멜라로 불리게 되었다. 멜라가 없는 도시나 마을에서는 모스크 앞을 지날 때 신발을 벗어야 했다.[319]

19세기가 되어갈 무렵부터는 학살이 빈번해졌다. 1790년에 술탄으로 즉위한 마우레이 야지드(Mawlay Yazid)는 선대 술탄을 보좌하던 유대인 고위 관료들을 처형하고 여러 도시에서 유대인을 약탈하고 학대했다. 특히 박해가 심각했던 테투앙(Tetuan)과 마라케쉬에서는 강간과 폭행까지도 행해졌다. 페즈의 멜라에서는 유대인들이 추방당했다가 1792년에 술탄이 죽고 난 후에야 돌아올 수 있었다.[320] 1820년에 술탄이 사망했다는 헛소문이 돌 때와 2년 후 실제로 사망했을 때는 페즈의 멜라가 공격받았다. 1844년에는 스페인 함대의 폭격을 받아 치안이 무너진 탕헤르(Tangier)와 모가도르(Mogador)에서 무슬림들이 약탈을 하던 중에 유대인들을 학살했다. 1860년에는 스페인이 점령한 테투앙(Tetuan)에 남아 있던 유대인들이 무슬림의 야습으로 학살당했다.[321] 1865-80년 사이에는 여러 주요 도시들에서 약 205명의 유대인이 살해당했는데 대부분의 가해자들은 처벌받지 않았고, 유가족들은 보복을 우려해 당국에 피해 상황을 제대로 알리지도 못했다.[322]

19세기 후반에는 유럽 국가들의 제국주의(imperialism)가 유대인에 대한 반감을 더욱 키웠다. 영국, 스페인, 프랑스 등은 영사관이나 기업, 선교단체 등에서 고용한 모로코 국적의 유대인들에게 유럽법의 보호를 받고 면세 혜택을 누리게 할 수 있는 특권을 인정했고, 모로코에서 영향력을 행사하기 위한 발판으로 이용했다. 이는 20세기 초에 모로코가 식민지가 될 때 더 큰 학살을 불러오는 전조가 되었다. 유럽의 지배를 환영하고 협력하는 것으로 의심된다는 이유로 무슬림 저항군들이 유대인을 학살했기 때문이다. 1907년에 카사블랑카(Casablanca)에서 30명이, 1908년에는 세타트(Settat)에서 40명, 1912년에는 또다시 페즈에서 70명의 유대인이 저항군의 손에 목숨을 잃었다. 약탈과 방화, 강간, 학대도 동반되었고 수많은 이들이 박해를 피해 피난을 가야만 했다.[323]

한편, 이란에서도 모로코 못지않게 박해가 심각했다. 651년에 무슬림들에게 정복되기 이전까지 이란은 조로아스터교를 국교로 하는 페르시아 왕국의 지배를 받고 있었다. 탈무드를 비롯한 여러 유대 기록들은 페르시아가 동시대 로마보다 관용적이었고 덕분에 유대 공동체가 융성했다고 설명한다. 하지만 5세기 후반부터는 크게 3차례의 박해를 겪었고, 10세기 후반의 유대인 기록에 따르면 "페르시아 왕국 말기에 수년간 강제개종과 어려운 시기들이 있었다." 그러므로 유대인들이 무슬림의 지배를 환영했을 것으로 추정되곤 하지만 이에 대한 기록이 많지 않아 확신할 수는 없다.[324] 무슬림과의 첫 조우가 어떠했든 이슬람의 지배가 길어지면서 딤미에 대한 차별은 점점 강화되고 특히 11

세기 중반부터 박해가 매우 빈번해졌다. 무력 충돌로 치달은 순니와 시아 간의 무슬림 종파 갈등은 비무슬림에 대한 관용의 정신도 앗아가 대중이 정부에 우마르 협정을 엄격하게 집행해 달라고 촉구했고, 때로는 폭력사태로 이어졌다. 정부는 딤미를 보호해 주는 것을 의무로 생각지 않고 오히려 보호비를 거둘 수 있는 명목으로 삼아 수탈을 일삼았다.[325]

13세기 중반에 몽골이 이란을 정복하면서 유대인들은 잠시동안 딤미의 신분에서 해방된다. 몽골의 지배자들은 유대인을 차별하지 않았고 특히 아르군 칸(Arghun Khan/1284-1291)은 1289년에 유대인 사아드 다울라(Saad al-Daula)를 재상으로 임명했다. 이는 유대인의 위세를 높이고 권리를 향상할 좋은 기회였다. 다울라는 자신과 적대적 관계에 있던 무슬림들을 공직에서 몰아내고 친족 위주로 여러 유대인을 주요 관직에 앉혔다. 심지어 그의 형제와 친척들 4명은 주지사로 임명되었다. 비록 친족중용주의(nepotism)는 흔한 관행이었으나, 소수 인구인 유대인들이 국가 권력의 상층부를 장악하는 것은 무슬림의 공분을 사기에 충분했다. 아르군이 1291년에 병상에 누워 죽음이 임박하자 다울라는 살해당했고, 아르군이 죽은 뒤에는 다울라의 형제들이 주지사로 있었던 이라크 지역의 유대인들이 공격당했다. 이때 바그다드에서는 백여 명 이상이 죽었다. 박해는 곧 이란으로도 번져 많은 유대인이 피해를 입었다.[326] 소요는 오래지 않아 진정되었으나, 얼마 후 1295년에 이슬람으로 개종한 가잔 칸(Ghazan Khan)이 즉위하고 이슬람을 국교로 지정하면서 유대인들은 다시 딤미로 전락했고 시나고그를 파괴당하는 등 박해를 겪게 된다. 이 시기에도 유대인 출신의 무슬림 개종자가 오랫동안 재상을 역임했으나 유대 공동체의 지위가 회복되지는 않았다.[327]

유대인에 대한 억압과 박해는 16세기에 들어 이란인들이 세운 사파비 왕조(Safavid)에서 새로운 국면을 맞이한다. 샤(Shah) 압바스 1세(Abbas I/재위 1588-1629)는 비무슬림을 개, 돼지, 와인, 맥주 등과 더불어 무슬림들이 접촉하면 종교적으로 불결해지게 되는 11가지 부류 중 하나로 정의해 딤미에 대한 인식을 더할 나위 없이 부정적으로 만들었다. 또한, 비무슬림이 사망했을 때 가족과 친척 중에 무슬림이 있다면 1순위로 상속받을 수 있는 법을 만들어 많은 비무슬림의 '자발적인' 개종을 강력하게 유도했다. 그 밖에도 의복법을 강화하고 법정에서 무슬림에 대한 증언의 효력을 인정하지 않는 등 우마르 협정의 차별적 의무들을 규정해 비무슬림의 삶을 고되게 만들었다.[328]

17세기에는 두 차례에 걸쳐 심각한 강제개종이 있었다. 유대 공동체의 연대기에 따르면 박해는 수도 이스파한(Isfahan)에서 생긴 유대인들의 내부 분란에서부터 시작되었다. 1617년에 유대 공동체의 지도자인 사이맨 토브(Siman Tov)는 고기 중량을 속여서 팔다가 손님들에게 발각되었다. 유대인 장로들은 압바스 1세에게 사이맨 토브의 처벌을 호소했으나 그는 이슬람으로 개종한 후 유대인들이 압바스에게 해로운 마법을 쓰고 있다고 모함했다. 분노한 압바스는 유대인 장로들에게 개종하도록 명령했다. 장로들이 거절하자 압바스는 그들을 살해한 후 이스파한의 모든 유대인에게 개종하라는 명령을 내렸고 유대 서적들을 폐기했다. 1622년에는 숨어서 유대교 의식을 행하던 몇 명이 사형에 처해졌다. 압바스가 죽은 후에 유대인들은 원래의 종교로 돌아가는 것이 허락되었다.[329]

두 번째 강제개종은 1656년에 두 명의 유대인이 샤 압바스 2세(1642-1666)가 사냥 중에 분실한 진주를 팔다가 발각된 일이 계기가 되었다. 압바스 2세는 재상에게 처벌을 위임했고 재상은 이스파한의 유대인들을 환경이 열악한 도시 외곽지대로 추방한 후 개종을 강요했다. 이 방식이 개종을 끌어내는 데 효과적인 것으로 판명이 나자 이란 전역에서 같은 방식이 시도되었고 거의 모든 유대인이 개종했다. 5년 후에 재상이 실각한 후 강제개종 명령은 취소되고 원래 종교로의 복귀가 허용되었으나 이후로도 상당수의 개종자들은 형식적인 무슬림으로 남았다.[330] 유대교로 돌아가려면 개종할 때 받았던 장려금을 갚아야 하고 그동안 면세받은 지즈야도 납부해야 했기 때문이다.[331]

18세기 초에 사파비 왕조가 무너진 후로 유대인들은 이전보다는 상대적으로 평온한 일상을 보낼 수 있었다. 하지만 19세기에 접어들 무렵에 카자르 왕조(Qajar/1789-1925)의 지배가 시작되면서 다시금 심각한 박해에 시달리게 되었다. 사파비 시기에 악명높았던 차별적인 상속 순위나 법정에서 증언의 제한 등 여러 억압적인 규정들이 되살아난 데다가 새로운 제약도 더해졌다. 구체적인 상황은 지역마다 달랐으나 일반적으로 비무슬림을 불결하게 여기는 교리 때문에 유대인들은 도시에서 별도의 구역에서 모여 살게 되었고, 비가 오는 날에는 불결함이 빗물에 씻겨 퍼진다는 이유로 외출이 금지되었다. 또한, 시장에서 가게를 열 수 없었고, 심지어 유대 구역에서조차 빵집 등을 여는 것이 제한되었다.[332]

도시 단위의 강제개종과 물리적 박해도 보다 빈번해졌다. 가장 큰 참사는 1839년에 마슈하드(Mashhad)에서 유대 공동체가 박해로 사라지게 된 것이었다. 무슬림들은 폭동을 일으켜 32명의 유대인을 학살했고 나머지 사람들에게 개종을 강요했다. 수십 명은 개종을 거부하다 목숨을 잃었다. 거짓으로 개종한 후 다른 지역으로 도망친 유대인들도 있었는데 그중 일부는 국경을 넘어 아프가니스탄의 헤라트(Herat)에서 피난처를 찾았다. 하지만 10여 년 후 카자르가 헤라트를 함락시키고 그들을 다시 마슈하드로 데려와 도시 외곽지대에 약 2년간 감금했다. 이 과정에서 많은 이들이 굶주림과 병, 추위, 폭행 등으로 목숨을 잃었다. 이슬람으로 개종했던 천여 명의 주민들은 박해를 우려해 20세기 초까지 계속해서 무슬림으로 남았다.[333] 1866년에는 바르푸루쉬(Barfurush)에서 24명의 유대인이 학살당하고, 약탈, 방화, 강간 등이 자행되었다. 이번에도 많은 유대인이 개종을 해서 화를 피했다.[334] 이보다 사상자의 수는 적으나 다른 여러 도시에서도 20세기 초까지 학살이나 강제개종이 잇달아 발생했다.[335]

모로코와 이란 이외에도 박해는 이슬람권 어디에서나 있었다. 대부분은 지즈야 등의 경제적 부담을 늘리거나 우마르 협정의 차별을 강화하고, 학대, 폭행, 약탈 등으로 유대인의 삶을 괴롭게 만드는 정도에서 그쳤으나 드물게는 다수의 목숨이나 신앙, 터전을 빼앗아 공동체의 존망을 위협하는 심각한 박해도 있었다. 예를 들어, 유대 문명의 황금기로 칭송받는 시기의 스페인의 그라나다(Granada)에서도 1066년에는 유대인 재상과 주민들이 학살당했다.[336] 예멘 지역에서는 1160년대 말부터 박해가 심해져 대다수의 유대인들이 어쩔 수 없이 개종을 했다가 1174년에 아이유브 왕조가 예멘을 정복한 후에 신앙을 되찾았다.[337] 하지만 1197년에 아덴(Aden)의 통치를 맡은 총독은 본국에 반기를 들고 유대인들을 강제개종시켰다. 아이유브는 1202년에 총독을 살해하고 개종자들에게 원래 종교로 돌아가는 것을 허락했다.[338] 13세기에는 튀니지의 카이로우안에서 유대인들이 추방당했고[339] 15세기 말에는 알제리(Algeria)의 투앗(Tuat)에서 유대인들이 학살과 추방을 당했다.[340]

　18세기 후반부터는 어느 이슬람권에서나 심각한 박해가 빈번해졌다. 18세기 후반에 히자즈 지역의 제다(Jedda)에서는 유대인들이 추방당했고,[341] 19세기 초에는 바그다드에서 폭정을 견디지 못한 대부분의 유대인이 도망쳐 나왔다.[342] 오스만 제국(Ottoman empire)이 통치 중이던 알제(Algiers)에서는 1801년에 군인들이 총독의 상담역을 맡은 유대인을 자의적으로 살해하고 거리에서 유대인들을 무차별적으로 공격했다. 사망자는 많지 않았으나 부상자가 매우 많았고, 특히 조직적으로 약탈이 행해져 그동안 축적해 온 유대 공동체의 막대한 부를 빼앗겼다.[343] 이후로도 알제에서는 박해가 빈번했고 한 영국인 의사에 따르면 1816년에 수백 명의 유대인이 목숨을 잃었다.[344] 예멘에서는 18세기 말부터 비무슬림 고아들을 무슬림으로 강제개종시키고 이슬람 교육을 시켰다. 1872년에 오스만이 예멘을 정복하면서 이를 중지시켰으나 독립한 후 1922년부터 1948년까지 다시 실시했다.[345]

　기독교도의 반유대주의와 마찬가지로 무슬림의 반유대주의도 원인이 무엇인지에 대해서 많은 논쟁이 오가고 있다. 일부 학자들은 이슬람 교리에 반유대주의가 내재되었다고 보며 꾸란에 있는 반유대적인 경구 등을 근거로 제시한다. 실제로 초기 이슬람 시기에도 유대인에 대한 박해가 꾸준히 있었으므로 이슬람 교리가 반유대주의와 무관하다고 보기는 어렵다. 다만 근대 시기에 기독교도의 반유대주의에 인종적, 경제적 반감 등 비종교적 요소가 강해졌듯이 무슬림의 반유대주의도 늦어도 19세기에 들어서는 비종교적 요소, 특히 정치적 반감이 두드러진 영향을 미친 것으로 보인다. 이 시기에 거의 모든 무슬림 국가들은 유럽 제국주의 국가들에 잠식당했고 외세에 정치, 경제, 문화, 종교적으로 종속된다는 위협인식과 불안이 무슬림들을 더욱 배타적으로 변화시켰다. 여기에 더해 유럽 국가들이 내정 간섭의 명분으로 기독교도와 유대인에게 평등한 권리를 인정하도록 요구하자 우월한 지위를 포기할 마음이 없었던 무슬림들은 비무슬림 이웃에게 분노를 표출했다.[346] 알제리, 튀니지, 이집트, 모로코, 리비야 등이 열강(Powers)의 보호령(protectorate)이 되어 주권을 잃은 뒤에는 반감이 더한층 강렬해졌다. 열강의 정부들은 비무슬림의 권리 보호에 힘썼으나 다수 인구인 무슬림 주민을 완벽히 통제할 수 없었고 학살이나 약탈과 같은 박해가 계속해서 발생했다.

변화된 사회 분위기는 피의 비방에 대한 인식에서 잘 확인된다. 이슬람권에서도 유대인들이 의식을 치르기 위해 아이들을 살해한다는 소문은 중세부터 떠돌고 있었다. 알제에서는 1690년에 피의 비방으로 몇 명이 살해되기까지 했다.[347] 그러나 이는 예외적인 경우였다. 무슬림들 사이에서 이런 괴이한 소문은 잘 믿어지지 않았고 설령 소요가 일더라도 정부에서 잘 통제할 수 있어서 피해가 생기는 경우는 드물었다. 하지만 유대인에 대한 반감이 커지게 된 19세기부터는 달라졌다.[348] 1826년에 이란의 우르미아(Urmia)에서 무슬림들은 유대인들이 의식을 치르기 위해 무슬림 아이를 살해했다는 의심을 품고 한 명을 처형했다. 몇 년 후에 인근의 타브리즈(Tabriz)에서도 무슬림 아이를 죽이고 피를 마셨다는 혐의를 받은 유대인이 태형에 처해졌고, 다른 유대인 주민들은 두려워서 고향을 등지고 도망쳤다.[349]

피의 비방은 1840년부터 빠르게 확산되는데, 다마스쿠스에서 천주교 신부가 하인과 함께 실종된 사건이 계기가 되었다. 프랑스 영사와 현지 기독교도들은 유대인들이 유월절에 만들 빵에 사용할 피를 구하려고 살해한 것으로 의심하고 이발사 한 명을 임의로 체포해 주지사에게 끌고 갔다. 그들은 유대 공동체 전체가 범죄에 가담한 게 틀림없으니 이발사를 조사해 공범을 찾아내야 한다고 주장했다. 이발사는 모진 고문을 받았고 결국 7명의 유대 공동체 지도자들이 자신에게 살인을 의뢰했으나 거부했다고 '증언'했다. 곧 7명 모두가 체포돼 고문을 받았다. 두 명은 사망하고 한 명은 이슬람으로 개종해 풀려나고 나머지는 범행을 '자백'했다. 하지만 자백한 이들이 '순교자의 신성한 피'의 행방을 실토하지 않았다는 이유로 63명의 유대인 아동을 인질로 붙잡아 며칠간 감금했다. 또한, 다마스쿠스를 중심으로 유대인에 대한 나쁜 소문이 인근 지역으로 퍼지고 거리에서 폭행 사건도 일어났다.[350] 술탄은 피의 비방이 "진실이라곤 최소한의 근거도 없는 혐의"라고 규탄하는 칙령을 발표했으나[351] 피의 비방은 오스만 국민들 사이에서도 널리 믿어지기 시작했고 20세기 초까지 수십 건이 발생한다.[352] 다만 버나드 루이스에 따르면 대부분의 비방은 기독교도들의 소행이었다.[353] 예루살렘에서도 1847년에 유대인들이 기독교도 아이를 살해하려 했다는 비방이 제기되었는데 이 역시도 기독교도에 의해서였다.[354]

무슬림의 반유대주의는 20세기 초에 팔레스타인에서 유대 국가를 세우려 한다는 계획이 널리 알려지면서 더욱 거세졌다. 특히 아랍 지역에서 많은 박해가 발생했고, 이스라엘이 건국된 직후부터 1950년대 초 사이에는 모든 아랍 국가들이 일제히 자국의 유대인을 박해해 유대 공동체가 거의 사라질 정도로 대규모 피난 행렬이 일었다. 1940년대 이전에 모로코와 알제리, 이라크, 이집트, 예멘, 튀르키예에서 유대 인구는 합쳐서 약 77-8만 명이었으나 1950년대에는 그 수가 4만여 명으로 줄어들었다.[355] 피난민의 상당수는 이스라엘로 왔고 박해의 원한을 팔레스타인인들에게 갚으려 했기 때문에 분쟁의 골이 더욱 깊어지게 된다.

3.1.3. 어느 종교권에서 박해가 심했을까?

  지금까지 종교의 폭력성이 분쟁의 원인과 관계가 있는지를 확인하기 위해 기독교와 이슬람권에서 유대인을 대상으로 발생한 박해 사례를 매우 간략하게나마 살펴보았다. 두 종교권에서의 박해는 큰 틀에서는 유사하다. 학살이나 강제개종, 추방, 격리거주, 약탈, 직업 제한, 신앙생활의 제재, 굴욕적인 의복 등 거의 모든 유형의 박해가 두 종교권 모두에서 공통적으로 발견된다. 그럼에도 불구하고 어느 곳에서 박해가 더 심했는지를 비교하는 것은 여러 가지 이유로 부정확할 수밖에 없다.
  우선, 신뢰할 만한 정보를 제공하는 사료가 부족하다. 객관적인 비교를 위해서는 피해자 수처럼 계량이 가능한 정보가 있어야 하지만 피해 규모가 언급되지 않는 사건들이 무수히 많다. 설령 누군가가 기록으로 남겼더라도 피해자 수가 두 자릿수를 넘는다면 정확성을 신뢰하기 어렵다. 어느 정부도 피지배 계층인 유대인에게 관심을 가지지 않았기 때문에 구체적인 자료를 가지고 피해자 수를 집계한 사례는 드물고, 관찰자가 상상력에 크게 의존한 추정치를 적거나 소문을 기록하는 경우가 대부분이었다. 따라서 피해자 수가 많을수록 신뢰도는 낮아지며 잘해야 사건의 윤곽을 가늠하는 데 약간의 도움을 줄 뿐이다. 이는 인구 통계가 비교적 정확해지는 근대에도 유효한 문제점이다.
  피해자 수가 박해의 강도에 비례하지 않는다는 문제도 있다. 기독교 유럽에서 무슬림은 유대인보다 지위가 낮았고 더욱 억압받았으나 피해자 수는 현저히 적었다. 왜냐하면 상인들을 제외하곤 유럽에서 무슬림이 거주하던 지역이 이베리아반도와 시칠리아밖에 없었기 때문이다. 그마저도 15~16세기 사이에 거의 모두가 추방되거나 강제개종 당했다. 그러므로 피해자 규모는 박해의 강도 외에도 인구 규모에 크게 영향을 받는다는 것을 알 수 있다. 정확한 수치를 파악할 수는 없으나 고대나 중세에는 유대 인구가 기독교권과 이슬람권에서 현저한 차이가 있었던 것으로 보이지는 않는다. 그러나 근대에 들어 식민지와 산업혁명 등으로 경제 수준이 발전하면서 유럽에서 인구가 비약적으로 증가했고,[356] 19세기에는 전 세계 유대 인구의 약 90%가 유럽에서 살고 있었던 것으로 추정된다.[357] 따라서 기독교권에서는 박해가 발생했을 때 피해 규모가 커지기 쉬웠다.

 또 다른 문제점은 학자들의 해석에 따라 박해의 원인이나 심각성 등이 달라진다는 점이다. 모든 문헌은 작성자 개인의 경험이나 지식수준, 이해관계 등으로 인해 사실을 그대로 전하지 못한다. 유사한 시기와 장소에서 작성된 사료 중에서도 박해가 발생한 원인이나 방식, 피해 규모, 사후조치 등을 다르게 설명하는 경우는 매우 흔하며, 박해가 없거나 평화로웠다는 대조적인 설명을 보는 경우도 잦다. 따라서 학자들이 사료의 진위를 판별하고 무게를 달리해 어떤 조합으로 역사를 재구성하는지가 중요해지고 특히 사료가 적은 고대나 중세에는 주관적 판단이 상당한 영향을 끼치게 된다. 심지어 똑같은 사료를 보고 서로 정반대의 해석을 내놓기도 한다. 11세기 초에 카이로우안에서 총독의 유대인 주치의가 무슬림 복식을 입고 카디를 만나러 간 일이 있다. 카디는 처음에 그를 무슬림으로 오인했다가 나중에 유대인이라는 걸 알게 되자 화를 내고 그의 터번에 얼룩을 묻혀 비무슬림임을 나타내는 표식을 남겼다. 이를 두고 어느 학자는 유대인에 대한 의복법이 전혀 적용되지 않았거나 적어도 상류층에까지 영향을 미치지 않았다고 설명하는 반면, 다른 학자는 의복 규정이 엄격히 집행되고 있었던 증거로 제시한다.[358]

 두 종교권의 상호작용도 측정하기 어려운 변수다. 중세에는 유대인들이 무슬림들과 한패라는 인식이 기독교도의 반유대주의를 강화했고,[359] 19-20세기에는 유대인들이 기독교도와 한패라는 인식이 무슬림의 반유대주의를 강화했다. 후자는 열강의 제국주의적 야욕으로 인해 생겨난 부산물이지만 유대인들에게 해로운 영향만을 끼친 것은 아니었다. 열강이 요구한 비무슬림의 평등권은 실제로 유대인의 권리를 개선하는 데에 큰 도움을 주었다. 또한, 19세기 후반에 기독교 국가들로부터 완전한 평등권을 인정받게 된 서유럽과 미국의 유대인들은 이스라엘 만국협회(Alliance Israélite Universelle) 등의 범유대 인도주의 기구를 조직해 무슬림 국가에서 사는 동포들의 교육, 경제 등을 지원했고, 박해가 발생했을 때는 언론에 널리 알리고 자국의 정부를 움직여 무슬림 정부가 신속히 조치하도록 만들었다.[360] 덕분에 박해로 인한 피해를 줄일 수 있었다.[361]

마지막으로, 박해의 심각성이 피해자와 가해자 집단의 일반적인 관계를 나타내는 지표가 아니라는 점도 염두에 두어야 한다. 홀로코스트는 기독교 역사에서 유대인의 권리가 가장 개선된 시대에서 일어났고 팔레스타인에서 칼리파 하킴의 박해는 게니자 문서가 증명한 비교적 관용적인 파티마 칼리파조에서 일어났다. 즉, 심각한 박해가 있었다고 해서 그 이전이나 이후 혹은 인근 지역에서 유대인들이 비슷한 강도로 억압받았다고 보아서는 안 된다. 이 책을 포함한 거의 모든 책에서 지면의 부족과 논지의 일탈을 피하고자 어쩔 수 없이 생략하거나 축약하지만, 기독교권과 이슬람권 모두 박해가 없었던 시기에는 제한적으로나마 협력과 우호 관계가 형성되어 있었다. 박해 중에도 이러한 관계가 완전히 사라지지는 않았다. 가해자가 속한 모든 종교 집단의 구성원들이 박해에 가담하거나 찬성하지는 않기 때문이다.

이러한 근본적인 한계는 염두에 두되 현재까지 역사가들이 밝혀낸 역사를 종합해 보면 이슬람권에서보다는 기독교권에서 박해가 심각했다는 결론을 내릴 수 있다. 우선, 가장 심각한 유형의 박해인 학살이 기독교권에서 더욱 빈번히 큰 강도로 발생했다. 홀로코스트는 말할 것도 없고, 수천 명이 죽은 대량학살도 기독교권에서는 흔하지만 이슬람권에서는 찾아보기 힘들다. 이러한 차이가 상당 부분은 이슬람권에서 유대 인구가 적었던 점에서 기인하지만, 그럼에도 불구하고 기독교권에서 더 많은 인명 피해가 있었다는 사실이 변하지는 않는다.

강제개종도 이슬람권에서 매우 적었다. 특히 국가 단위의 강제개종은 손에 꼽을 정도로 예외적이며 오래지 않아 원래 종교로 돌아가는 게 공식적으로 허락되었다.[362] 혹자는 강제개종을 폭넓게 정의해 추방이나 물리적 위협 이외에도 차별적인 세금 등의 경제적 부담을 피하고자 개종하는 것도 사실상의 강제개종으로 보아야 한다고 주장할 수 있다. 지즈야를 내지 못하면 수감되고 폭행을 당하거나 심하면 목숨을 잃기까지 했던 점을 고려하면 이는 분명 설득력이 있으며, 이렇게 본다면 이슬람권에서도 강제개종의 사례는 많아진다. 그럼에도 불구하고 경제적인 이유로 개종을 선택하는 것과 목숨을 부지하거나 고향에서 쫓겨나지 않기 위해 개종을 선택하는 경우의 무게를 동일하게 볼 수는 없다. 경제적 부담은 대체로 빈곤층에게만 개종을 유도할 수 있었고 사회구성원 모두에게 강한 압력을 행사했던 생명의 위협이나 추방보다는 강제력이 약했다.

그다음으로 심각한 유형의 박해로 볼 수 있는 추방도 이슬람권에서는 드물었다. 스페인과 영국, 프랑스 등에서 수 세기 동안이나 국가 단위의 추방령이 지속된 것과는 달리 이슬람권에서 추방은 대부분 도시나 마을 단위에 그쳤고 기간도 짧았다. 7세기에 라쉬둔 칼리파 우마르가 히자즈 지역에서 유대인들을 추방했다는 기록이 있으나, 이후로도 유대인들이 살고 있는 기록들이 계속해서 발견되므로 일부 도시에서의 추방이 과장되어 전해진 것으로 보인다.[363] 20세기 중반에 아랍 무슬림 국가들에서 유대인들이 박해를 피해 떠나게 된 것은 이스라엘 건국에 대한 보복이었기 때문에 종교적 차별보다는 정치적 의도가 다분했다. 다만, 이때 박해받은 유대인들은 유대 국가를 세운 정치 세력과 같은 종교를 믿는다는 이유로 박해를 당한 것이므로 종교적 폭력성과 연관 지을 여지도 충분히 있다. 그럼에도 불구하고 분쟁의 '결과'로 생겨난 박해이기 때문에 분쟁의 '원인'을 찾는 지금의 논의에서는 제외된다.

이슬람권에서는 모로코나 이란 이외에는 격리거주가 강제된 지역도 드물었다.[364] 또한 격리거주지의 특성도 유럽의 게토와는 달랐다. 모로코에서 무슬림들은 일상적으로 멜라를 방문해 물건을 사고팔고, 진료를 받고, 외국어 업무를 상담받고, 건축업이나 부동산 임대업, 경비업에 종사하는 등 경제활동을 했다. 또한, 이슬람 교리에 어긋나거나 비도덕적이라 여겨지는 음주, 도박, 흡연, 매춘, 외국인과의 교류 등을 즐기는 장소였다. 유럽에서 오는 기독교도 상인이나 선교사, 여행자들도 멜라에서 숙박하며 지냈다. 유대 인구가 가장 많았던 마라케쉬 멜라에서 일상어는 아랍어였다.[365]

반대로 이슬람권에서 더욱 차별적이고 고통스러웠던 유형의 박해들도 있다. 우마르 협정의 굴욕적인 의복 규정은 이슬람권의 박해의 심각성을 말할 때 단골 소재로 등장한다. 이러한 차별은 기독교권에서보다 먼저 시작되고 더욱 오랫동안 잘 집행되었다. 지즈야를 징수할 때 비무슬림의 머리나 목 뒤편을 때리는 굴욕적인 복종 의식도 중요한 박해 사례로 거론되곤 한다. 이는 지즈야를 낼 때 비무슬림은 초라해야(humbled) 한다는 꾸란의 구절(9:29)에서 유래된 관습으로 지역이나 시기에 따라 방식이 다양했고, 이런 관습이 없는 곳도 있었으나 예멘이나 모로코에서는 20세기 초까지도 이어져 왔다.[366] 이 밖에도 이슬람권에서 더욱 심각했던 유형의 박해들도 많겠지만 여기서 열거할 필요는 없을 것이다. 그 어떤 것도 학살이나 강제개종, 추방과 비교할 만한 고통을 주지는 않았기 때문이다. 일상적인 굴욕이나 학대 등을 감내하고 살았다는 것은 죽거나 개종하거나 고향을 떠나는 것보다는 낫다고 선택한 것과 마찬가지다.

피해자인 유대인들 스스로의 역사 인식은 어떨까? 중세 시대에 유대인들이 남긴 개인적인 기록 중에는 기독교권보다 이슬람권이 낫다는 글도 있고 반대도 있다. 하지만 늦어도 1492년의 스페인 박해 이후로는 유대인들에게 이슬람 지역이 기독교 지역보다 안전하고 종교의 자유를 보장한다는 인식이 강하게 자리 잡았다. 이는 역설적이게도 유럽에서 유대인들의 권리가 잘 보장받게 된 19세기에 정점에 달했다. 유럽 정부들이 완전한 평등권을 인정하지 않자 무슬림이 스페인의 안달루시아 지역을 지배했을 때는 유대인들이 평등하게 대우받으며 황금기를 누렸던 것과 대비된다는 낭만적인 '신화'를 만들어 비판의 소재로 삼은 것이다. 이러한 사관은 20세기에 팔레스타인에서 분쟁이 발생한 후에 아랍 역사가들이 차용하여 무슬림들은 유대인을 관용적으로 대우했으나 배은망덕하게 팔레스타인인들을 추방하고 이스라엘을 세웠다고 비판하는 데 사용하고 있다.[367]

한편, 무슬림의 관용에 대한 현대 유대인들의 역사관은 크게 바뀌었다. 여기에는 크게 두 가지 계기가 있었다. 하나는 1967년 전쟁이었다. 기습 선제공격으로 서안과 가자지구를 강제점령한 행위는 친이스라엘계인 서구 사회로부터도 지지를 받지 못했기 때문에 이를 정당화할 수 있는 명분이 필요했고, 아랍 무슬림들이 언제나 박해를 해왔기 때문에 유대인과 무슬림은 공존할 수 없다는 갈등적 역사관이 퍼지게 되었다. 이는 1967년 전쟁 이후 아랍인들의 반유대주의가 더욱 강화되자 그 반동으로 유대인들의 반아랍주의, 반이슬람주의가 고조된 영향도 있다. 역사관이 바뀌게 된 또 다른 중요한 계기는 이스라엘 내부의 차별적인 계급구조다. 이스라엘은 유럽에서 박해받던 유대인들이 건국을 주도했기 때문에 비유럽계 유대인은 사회, 경제적으로 차별받으며 2등 시민 취급을 받고 있었다. 이들은 주류 사회로의 완전한 합류와 국가가 주는 혜택을 동등하게 누릴 자격이 있다고 주장하기 위해 자신들을 무슬림으로부터 박해받은 피해자로 부각하고 아랍인과 거리를 두었다.[368]

현대 유대인들의 역사관은 정치적 목적 때문에 과장되긴 했으나 거짓은 아니다. 이슬람이 창시된 이래 유대인들이 차별이나 박해를 받지 않은 시기는 없다. 그러므로 기존의 그릇된 낭만적 역사관을 바로잡는다는 점에서는 의의가 있으나 현대적 관용을 기준으로 과거를 평가한다는 문제가 있다. 고대에서 근대에 이르기까지 전 세계 어디에서도 소수 집단이 차별과 박해를 받지 않은 국가는 없을 것이다. 이는 유대인들이 세운 고대 왕국조차도 예외가 아니다. 따라서 무슬림들이 유대인을 박해했다는 사실이 중요한 것이 아니라 시대적 기준에 비추어 볼 때 얼마나 악독했는가를 평가하는 것이 중요한데, 안타깝게도 정치적인 이유로 기독교권과의 비교는 삼가면서 무슬림의 박해만을 강조하는 주장이 늘고 있다.

이런 경향에도 불구하고 기독교권과 이슬람권에서의 박해를 비교할 때 전자에서 심각했다는 유대인들의 인식은 대체로 유효하다. 특히 카이로 게니자를 연구한 저명한 유대 역사학자들의 평가는 주목할 만하다. 쉘로모 고이테인은 1964년에 『유대인과 아랍인들』에서 "아랍 무슬림 사회에서 유대인의 처지는 중세 유럽에서 보장된 것보다 상대적으로 나았다."라고 결론을 내렸다.[369] 마크 코헨(Mark Cohen)은 더욱 적극적으로 같은 주장을 여러 번 펼쳤다. 가령 1991년에 『유대-아랍 역사의 새로운 개념의 낙루(Lachrymose)』에서는 "전체적으로 볼 때 유대인들은 기독교권에서보다 이슬람권에서 훨씬 나았으며, 이러한 상대적으로 보다 관용적인 분위기는 아랍의 주류문화에 유대인들이 완전히 빠져들 수 있도록 이바지했고 때때로 정말로 '황금(기)'라는 묘사를 받을 만했다."라고 평했다.370) 역사학자 모세 길(Moshe Gil) 역시 1997년에 『중세시기 이슬람 지역에서의 유대인들』에서 "기독교 지역에서 팽배한 '예수 살해자'에 대한 극도의 증오심과 비교해 볼 때 이라크 유대인들과 페르시아 유대인들이 살았던 바그다드와 그 밖의 많은 지역의 분위기는 (유럽보다) 훨씬 나았다."371)고 말했다.

한 가지 유의해야 할 점은 기독교권에서보다 이슬람권에서 유대인에 대한 박해가 적었다는 사실이 이슬람이 관용적인 종교라는 것을 의미하지는 않는다는 것이다. 유대인은 경전의 백성으로 인정받아 무슬림 국가에서 '상대적으로' 권리를 잘 보장받은 소수 종교 공동체였다. 많은 다신교도들은 일찍이 강제로 개종 당했고 유일신을 믿는 조로아스터교도들도 무슬림의 지배가 시작하고 오래지 않아 대부분 개종해 공동체의 위상을 크게 잃어버렸다. 또 다른 경전의 백성인 기독교도들은 꾸란이나 이슬람 전통에서 유대인들보다 우호적으로 묘사되지만, 유럽 국가들과 이슬람 국가 간의 전쟁이 벌어질 때면 자국의 패전을 기원하고 있을 것이라는 의심을 받고 박해당했기 때문에 유대인의 처지와 별반 다르지 않았다.372) 그러므로 유대인에 대한 박해만을 근거로 이슬람의 폭력성을 진단할 수는 없다. 이 글은 다만 종교의 폭력성이 분쟁의 원인이었다면 어째서 박해가 심했던 기독교권이 아닌 이슬람권에서 분쟁이 일어난 것이냐는 지극히 합리적인 의문을 제기할 뿐이다.

3.2. 팔레스타인 유대 공동체의 재건

이슬람의 폭력성을 분쟁의 원인으로 보는 주장의 또 다른 맹점은 이슬람권 중에서 유일하게 팔레스타인에서만 분쟁이 일어났다는 사실에 있다. 팔레스타인의 특수성이라 할 수 있는 공통의 성지를 놓고 갈등이 고조되었기 때문이라고 추측할 수도 있겠지만, 그렇다면 분쟁이 일어나기 이전부터 이란이나 모로코에서보다 심각한 박해와 갈등이 발생했어야 할 것이다. 팔레스타인에서도 십자군 이후로 사회가 폐쇄적으로 변하고 무슬림들이 압도적으로 다수 인구를 차지하게 되면서 유대인들이 이전보다 박해에 쉽게 노출되었다. 그렇지만 대량학살이나 강제개종, 추방과 같은 심각한 박해는 없었다. 오히려 십자군 시기에 큰 피해를 본 팔레스타인의 유대 공동체는 무슬림의 지배를 받으며 서서히 재건되었다.

    1171년에 아이유브 왕조를 세운 살라딘은 관대한 군주로 널리 알려져 있다. 그의 집권기에 무슬림과 비무슬림 간의 관계는 우호적이었다. 유대인들은 구성원들 간에 갈등이 생겼을 때나 유산과 관련된 문제 등을 유대 율법에 따라 유대 법정에서 처리할 수 있었다. 동시대 십자군의 라틴 왕국에서는 유대인들이 토지를 소유할 수 없고, 유대 법정의 판결이 공신력을 인정받지 못했을 뿐만 아니라 정부가 운영하는 법정을 이용하는 것조차 금지당했던 것과는 크게 대비된다.[373] 또한, 압바스 칼리파조 이래로 무슬림보다 두 배를 내야 하던 관세도 이때는 동일하게 지불했다.[374] 살라딘의 관용이 가장 빛을 발한 것은 1187년에 예루살렘을 탈환했을 때다. 그는 유대인의 귀환을 허락했을 뿐만 아니라 십자군과는 대조적으로 기독교도들의 항복을 받아들였다. 유럽 태생의 기독교도에게만 몸값을 요구했고, 예루살렘에 남기를 원하는 이들에게는 지즈야를 내고 딤미로 살 수 있도록 허락하였다.[375]

    살라딘이 비무슬림에게 관대했다는 평가는 동서양과 고금을 통틀어 일치하지만, 현대 역사학자들은 그가 비무슬림에 대한 박해가 심화될 수 있는 씨앗을 심었다고 지적한다. 예루살렘을 탈환하기 전이었던 1182년에 살라딘은 비무슬림이 말과 노새를 타지 못하도록 규제하는 법을 포고했다. 이 법은 두 가지 측면에서 이전의 어느 왕조보다도 차별을 강화했다. 하나는 우마르 협정을 엄격하게 시행한 것으로 악명높은 무타와킬이나 하킴조차도 허용한 노새를 금지해 생활을 불편하게 만들었다는 것이고, 다른 하나는 의사나 관리와 같은 상류층에게도 예외 없이 적용했다는 점이다.[376] 이러한 기조는 특히 의복 규정에 큰 영향을 미쳐 아이유브 왕조 후기에 이르면 무슬림과 구분되는 옷을 입는 것이 규범으로 자리 잡은 것으로 보인다. 예를 들어, 게니자 문서에는 1249년경에 어느 하루동안 거리에서 배지나 혁대를 차고 있지 않은 기독교도와 유대인을 발견하면 재산을 압수하고 처형하라는 술탄의 명령이 내려졌다는 기록이 있다. 이로 미루어 보아 이 시기에 의복 규정을 위반하는 자들은 소수에 불과했을 것으로 짐작된다. 한 세기 전에 바그다드에서는 유사한 칙령을 뇌물을 주고 취소시킬 수 있었던 것과도 대비된다.[377]

팔레스타인에서 아이유브 왕조의 지배는 반세기를 약간 넘기고 끝났다. 그 뒤를 이은 맘루크 왕조(1250-1517)는 우마르 협정에 근거한 차별적 규정을 매우 강화했다. 가장 뚜렷한 변화가 나타나는 의복 규정을 예로 들자면, 우선 1301년에 종교별로 의복의 색상을 달리하는 법이 제정되어 유대인 남성은 노란색 터번을, 여성은 노란색 겉옷을 입어야 했다.[378] 1310년에는 정부가 비무슬림 상류층에게 무슬림들이 입는 하얀색 의상을 허용해 주는 조건으로 면제세를 거두려 했으나 성직자들의 반발로 계획을 접었다. 1354년에는 터번의 크기가 제한되고, 남성은 목욕탕에서 목걸이를 착용하고 여성은 무슬림과 목욕탕을 함께 사용하는 것을 금지했다.[379] 1419년에는 소매의 길이까지 제한되었다.[380] 그 밖에도 다른 지역이나 왕조에서는 흔치 않은 규정들도 있었는데 가령 이슬람 법정에서 증언할 때 자기비하적인 선서를 해야 했고, 비무슬림이 무슬림을 진료할 수 없게 되고, 말과 노새 대신 타고 다니던 당나귀마저도 도시에서 금지되었다. 이러한 차별적 규정들이 맘루크 시기 내내 지속적으로 집행된 것은 아니다. 진료 행위 금지 규정은 금세 취소된 것이 확인된다. 그렇지만 많은 규정들은 빈번히 재포고되거나 개정되었기 때문에 앞선 왕조들에서보다 엄격히 집행되었을 것으로 추정되며, 전문직에 종사하는 유대인들도 이러한 차별을 피하고자 개종한 사례들이 발견된다.[381]

맘루크 왕조에서 비무슬림의 지위는 팔레스타인을 지배한 이전의 어떤 다른 무슬림 왕조에서보다 열악해졌다. 역사학자 노르만 스틸만(Norman Stillman)은 무슬림 대중의 폭력이 유럽에서처럼 대량학살로 발전하지 않았다는 "중대한 차이"는 있지만 "맘루크 왕조에서 유대인들의 생활은 중세 기독교 유럽에서와 많은 측면에서 유사하다."고까지 본다.[382] 하지만 적어도 동시대 유럽 유대인들이 보기에는 팔레스타인의 동포들은 억압받고 있지 않았다. 1334년의 순례객 이삭 첼로(Issac Chelo)는 예루살렘의 유대인들은 "각자의 형편에 따라 행복하고 고요하게 살고 있다. 왕실이 정의롭고 위대한 덕분이다."[383]고 보았다. 그로부터 한 세기 후 1434년에 엘리자(Elijah)는 예루살렘에서 "유대인들은 이스마엘인들과 나란히 무역을 다니고, 내가 언급했던 다른 지역들에서와는 달리 양자 간의 질투도 없다."384)라고 설명한다. 이들이 남긴 짤막한 기록에서는 어떠한 박해도 언급되지 않는다. 어쩌면 수도가 있는 이집트에서와는 달리 지방인 팔레스타인에서는 우마르 협약이 엄격히 집행되지 않고 사회 풍토에 미치는 영향도 덜했기 때문일지도 모른다. 혹은 우마르 협약은 잘 집행되었으나 유럽과는 달리 대량학살이나 강제개종,385) 추방이 없다는 '중대한 차이'가 긍정적인 인상을 만들기에 충분한 이유가 된 것일 수도 있다. 예루살렘에 정착한 이탈리아 출신의 랍비 이삭 메티프(Isaac Meir Latif)는 1470년에 "아랍인과 우리들의 관계는 좋다. 그들은 평소에 우리를 폭행하거나 경멸스럽게 대하지 않는다."라고 기록했다.386)

1474년에는 예루살렘에서 심각한 박해가 있었다. 유대 주민들의 신앙생활의 중심지이자 존경받는 랍비 나흐마니데스(Nachmanides)가 13세기에 지었다고 알려진 시나고그(Ramban Synagogue)를 철거해 버린 것이다.387) 철거 사유는 우마르 협약에 위배되게 무슬림 지배 이후에 지은 새로운 건물이라는 것이었다. 십자군 시기에 예루살렘에는 시나고그가 없었으므로 이는 사실이다. 그렇지만 우마르 협약을 갑자기 적용한 것은 종교 활동을 방해하기 위해서였던 것으로 보인다. 비록 이 사건 이전에 시나고그와 관련해 무슬림들과 마찰이 있었다는 기록은 없으나, 시나고그 맞은편에 벽 하나를 사이에 두고 모스크가 지어졌고 서로의 기도 소리가 들렸기 때문에 갈등을 빚어왔을 것으로 짐작된다.388) 이 사건은 맘루크 시기에 팔레스타인의 유대 공동체가 겪은 종교적 박해 중 가장 심각하고 널리 알려진 사례이므로 자세히 살펴볼 만한 가치가 있다.

사건은 1473년에 모스크와 큰길 사이에 있는 유대 공동체 소유의 집 한 채가 폭우로 무너지면서 시작되었다. 무너진 집으로 통행하면 모스크로의 출입이 빨랐기 때문에 무슬림들은 이 건물을 몰수하려 했다. 유대인들은 즉시 이슬람 법원에 소송을 제기했다. 무슬림들은 이 건물이 모스크의 자산이라고 증언했으나 예루살렘의 세 명의 최고재판관들이 모인 사법위원회는 토지 소유 증명서를 제출한 유대인들의 손을 들어주었다. 판결에 불만을 품은 한 무슬림 주민은 카이로로 가서 술탄을 알현해 무너진 집이 모스크의 자산일 뿐만 아니라 나흐마니데스의 시나고그가 근래에 지어진 건물이라고 고발했다. 술탄은 사건을 재조사할 것을 지시했고 이제 쟁점은 시나고그가 언제 지어진 것인지로 바뀌었다. 예루살렘에서 다시 사법위원회가 열렸고 시나고그가 최근에 지어졌다는 증언을 인용해 시나고그의 출입을 금지했다. 이번에는 유대인들이 술탄에게 사람을 보내 도움을 청했다. 술탄은 재판관과 율법학자들을 소집해 이를 논의하게 했고 시나고그를 유대인들로부터 빼앗기에는 충분한 사유가 없다는 결론을 내렸다. 술탄은 토의 결과를 전하며 이에 따르라는 칙령을 내렸다. 하지만 예루살렘의 재판관은 시나고그의 이용을 여전히 금지했다. 술탄은 시나고그를 개방하라는 칙령을 다시 내렸으나 오히려 시나고그는 철거되었다. 분노한 술탄은 책임자들을 처벌한 후 예루살렘에서 영구적으로 추방했고, 새로운 사법위원회를 열도록 지시해 시나고그의 복구를 허가하는 판결을 내리게끔 했다. 시나고그가 철거된 지 1년 만이었다.[389]

이 사건은 비록 맘루크 왕조에서 일어난 심각한 박해 사례로 소개되지만 딤미의 법적 권리가 쉽게 부정당하지 않는다는 점도 잘 보여준다. 재판관과 이슬람 율법학자들은 무슬림의 증언보다 유대인이 제출한 증거를 우선시했고, 일부는 우마르 협약에 위배되더라도 시나고그를 유지해야 한다는 의견을 내놓았다. 술탄이 시나고그의 보호에 앞장서고 최종적으로 1년 만에 복구 판결을 내리게 만든 것도 인상적이다. 시나고그의 위법성을 강력히 주장한 예루살렘의 한 재판관은 항의하는 유대인 장로에게 사형에 처할 수 있다고 위협했으나, 정작 무슬림들이 그를 공격하려 들자 제지하고 유대인들이 "신과 예언자, 칼리파"로부터 보호받는 존재임을 상기시켰다. 시나고그의 복구 허가를 낸 재판관들은 일부 무슬림 주민들로부터 지탄받았으나[390] 이 판결 이후로 시나고그나 유대 공동체가 위협을 받지는 않았던 것으로 보인다. 1481년에 예루살렘으로 순례여행을 온 랍비 므술람(Meshullam)이 쓴 여행기에는 유대인들이 박해를 겪었다거나 힘들어한다는 내용이 전혀 없다.[391] 그는 앞선 두 순례객과는 달리 예루살렘에서 무슬림과 유대인의 관계가 우호적이라는 기록을 남기지는 않았으나, 카이로에서는 "무슬림들이 (유대인) 주민들에게 나쁘게 굴고 신에게는 죄를 저지른다. 그들이 신뢰받을 수 있는 것은 오직 정부를 두려워하기 때문이다."라고 비난한 것과는 대조적이다.[392]

므술람이 예루살렘에서 무슬림과의 관계를 부정적으로 본 것은 유대 성인들의 묘지를 놓고 인 갈등이 유일하다. 맘루크 왕조는 외국에서 노예로 매입되어 와 강제로 무슬림으로 개종당하고 군인이 된 맘루크들이 세운 국가였다. 그들은 부족한 정통성을 종교에서 찾고자 이슬람의 수호자로서의 역할을 자처했는데 그 방법 중 하나가 팔레스타인에 묻힌 성인들의 묘지에 모스크를 세워 신성한 장소를 늘리는 것이었다. 그런데 무슬림들이 존경하는 성인들은 대부분 유대인이나 기독교도들도 공통적으로 기렸고, 이전에는 둘 혹은 세 부류의 신도들이 같이 참배하던 무덤 위에 모스크를 세워 독점하자 비무슬림들로부터 불만이 나오지 않을 수 없었다. 그나마 무슬림 인구가 절대적 다수로 늘어난 것이 조금이나마 정당성을 부여했을 뿐이다.[393] 맘루크 말기에도 이러한 정책은 계속되고 있었다. 므술람은 무슬림들이 유대 성인들의 묘지를 이슬람 부지로 바꾸려고 여러 번 시도했었으나 신이 이를 허락지 않아 실패했다고 말한다. 다만, 므술람에 의하면 예루살렘에서 무슬림 인구는 1만 가구인 반면 유대 인구는 250가구[394]로 매우 과소했고, 무슬림들은 유대인들에게 왜 성인들의 묘지를 참배하지 않냐고 힐난했다고 한다.[395]

1487년에 예루살렘으로 이주한 저명한 랍비 오바댜(Obadiah)는 현지 상황을 상세히 들려준다. 정착 이듬해에 아버지에게 보낸 편지에서 그는 "이 지역에서는 아랍인들이 유대인을 박해하지 않습니다. 제가 이 지역을 동서남북 끝까지 여행 다니는 동안 누구도 길을 막지 않았습니다. 그들은 낯선 이들에게 매우 친절했고, 특히 아랍어를 모르는 이들에게 더욱더 그러합니다. 유대인들 여럿이 무리 지어 있는 것을 보아도 불쾌해하지 않습니다."고 설명했다. 또한, 공동체를 이끌 현명하고 지각 있는 사람이 없어서 "정치 경험이 있는 (유대) 지식인이라면 유대인뿐만 아니라 아랍인들 사이에서도 수장이 될 수 있을 것"으로 생각했다.[396] 나흐마니데스의 시나고그를 설명할 때도 모스크에 굉장히 가까이 위치해 있다고만 언급할 뿐 갈등이 있다는 말은 하지 않았다.[397] 평화로운 곳은 예루살렘만이 아니었다. 그는 현지의 유대인들로부터 "사페드(Safed)와 카나(Cana) 마을, 그리고 모든 갈릴리 지역에서 유대인들이 아랍인과 마찰 없이 평화롭게 지낸다."고 들었다. 20여 가구의 유대인이 사는 헤브론에서는 무슬림들이 "종교에 관계없이" 가난한 자들에게 매일 음식을 나누어주고 있었다.[398]

오바댜가 팔레스타인에서 살면서 쓴 편지는 오늘날 총 세 편이 전하고 있으며, 모두 1488년에서 1490년 사이에 작성되었다. 여기에는 유대인의 통행세와 재건축 허가 비용이 비싸다는 내용 이외에는 어떠한 종교적 차별이나 박해로 볼 만한 내용도 찾을 수 없다.[399] 의복규제조차도 전혀 언급되지 않는다. 물론, 언급이 없다는 것이 그러한 규정이나 차별이 없다는 것을 증명하는 것은 아니다. 므술람(Meshullam)은 통행세를 적게 내려고 무슬림들이 쓰는 하얀 두건을 두르고 터키인 흉내를 낸 적이 있으므로 의복 규정은 엄연히 존재했다.[400] 하지만 오바댜는 술탄이 "비록 유대인들로부터 많은 세금을 거두고 있으나 그의 땅에 살고 있는 이스마엘인들과 할례 하지 않은 자들[기독교도]에게도 똑같이 하므로 유대인의 적이 아니다."고 평가했다. 그러므로 유럽인의 시각에서 볼 때 박해라고 여겨질 정도의 억압은 없다고 판단한 것은 분명하다.[401]

흥미롭게도 오바댜는 예루살렘 유대 공동체가 내부 갈등으로 쇠락했다고 설명한다. 그는 팔레스타인으로 오기 전에 이집트에 들러 맘루크 유대 공동체의 최고지도자(Nagid)를 만났고, 예루살렘에 원래 약 3백 가구의 유대인들이 있었으나 "(유대인) 장로들이 부과한 막대한 세금과 부담으로 점점 떠나버렸고 오직 가난한 자들과 여성들만 남았다."는 근황을 들었다. 그가 도착해서 직접 보니 예루살렘에 살고 있다고 들은 4천 가구의 주민들 중에 유대인은 70여 가구밖에 되지 않았다. 그들은 대부분 극빈층이었고 노년 과부들이 많고 기근으로 목숨을 잃고 있었다. 당시 예루살렘에는 두 종류의 세금이 있었다. 모든 비무슬림 성인 남성들이 빈부에 관계없이 같은 금액의 지즈야를 내고 와인 제조업자들은 추가로 주류세를 내야 했다. "이것이 유대인들에게 부과된 연 세금의 총액이었다. 그러나 (유대인) 장로들은 돈이 부족하다는 명목으로 매주 새로운 세금을 부과했고 ... 비유대교[이슬람] 법정으로부터 승인을 받은 뒤 납세를 거부하는 자들을 굴복할 때까지 폭행했다." 장로들은 도시에 빈곤층만 남게 되고 나서야 "그들이 저질렀던 사악한 행위를 뉘우쳤다." 덕분에 지금의 예루살렘은 "이전보다 조용하고 평화로워졌다."[402]

순례객들의 기록이나 오바댜의 편지 등은 동시대 예루살렘의 단편적인 정보만을 제공할 뿐이다.[403] 그렇지만 그들이 유럽에서 경험했던 것이나 다른 이슬람권에서 목격한 것과 비견할 만한 차별과 박해가 없었던 것은 확실하므로 팔레스타인의 무슬림들이 유대인에게 계속해서 심각한 박해를 가하지는 않았던 것을 알 수 있다. 스페인에서 예루살렘으로 이주한 어느 유대인은 1500년경에 친척들에게 편지를 써서 예루살렘으로 이주해 올 것을 권하며 현지 상황을 이렇게 설명했다. "우리는 여기서 매우 억압적인 박해를 겪지는 않습니다. 박해가 없다고 생각할 수는 없습니다. 그러나 그곳[유럽]에서 겪는 박해의 1000분의 1도 안 됩니다."[404]

1516년에는 맘루크를 이어 오스만 제국이 팔레스타인의 새로운 지배자가 된다. 오스만도 우마르 협정에 근거한 여러 차별적 규정들을 강제했으나 다른 무슬림 국가들보다는 상대적으로 관용적이었다. 의복 규정은 간소했고 이슬람 법정에서 유대인의 증언은 상당히 존중되었다. 도시에서 말을 타는 것은 금지되었으나 짐을 실어서 고삐를 한 손으로 잡고 가는 것은 가능했다. 새로운 시나고그가 필요하면 오래된 가정집을 개조해서 사용하거나 아니면 뇌물을 줘서 신규 건설 허가를 받아낼 수 있었다. 무슬림 노예를 소유하는 것도 뇌물을 주면 가능했다.[405]

오스만 정부는 유대인에게 호의적인 편이었다. 기독교도와는 달리 유대인은 공동체의 지도자를 통해 지즈야를 납부하는 것이 허락되었기 때문에 무슬림들로부터 괴롭힘을 당하지 않았고, 고위직에 오르기 위해 개종할 때 기독교도는 무슬림식으로 이름을 바꿔야 하지만 유대인은 그러지 않아도 괜찮았다.[406] 피의 비방에도 적극적으로 대처했다. 1530년경에 아나톨리아 지역의 아마시아(Amasya)에서 기독교도 아이가 실종되자 오스만에서는 처음으로 피의 비방이 제기되었다. 이후 며칠간 기독교도들을 주축으로 유대인을 공격하는 폭동이 일어났고, 주지사는 유대 공동체의 지도자들을 고문하여 '자백'을 받아낸 후 사형시켰다. 하지만 며칠 후에 실종된 아이가 살아서 돌아와 거짓임이 밝혀지자 주지사는 교체되고 주동자들은 처벌받았다. 비록 유대인들이 입은 피해는 복구될 수 없으나, 얼마 후 다른 지역에서 또다시 기독교도들이 피의 비방을 제기하자 술탄은 이런 사건들은 지방 법원이 아닌 수도의 법원에서 공정히 판결받아야 한다는 칙령을 발포했다. 정부의 적극적인 개입 덕분에 약 300년간 비방으로 인한 피해를 줄일 수 있었다.[407]

종교적 차별과 박해가 강화되는 유럽의 유대인들에게 오스만은 피난처로 인식되었다. 이르게는 15세기 상반기에 독일 출생의 랍비 이삭 자르파티(Isaac Zarfati)가 독일의 동포들에게 박해를 피해 오스만으로 올 것을 권하며 다음과 같은 서신을 보냈다.

> 나는 독일의 형제들이 압제적인 법과 강제개종, 추방으로 매일같이 죽음보다 더한 고통을 겪고 있다고 들어왔다. 그들이 (박해를 피해) 다른 곳으로 도망가도 그보다 더 가혹한 운명에 맞닥뜨린다고 한다. … 신의 백성이 독일에서 얼마나 사악하게 다루어지고 있는가. … 형제들이여, 스승님과 친구와 지인들이여! … 나는 튀르키예는 아무런 부족함이 없는 땅이고 모든 게 순조로울 곳이라고 선언한다. 성지로 향하는 길은 튀르키예를 통해 열려 있다. 기독교도보다 무슬림의 지배를 받으며 사는 게 더 낫지 않은가? 이곳에서는 모든 사람이 그들만의 포도나무와 무화과나무 아래에서 평화롭게 살아갈 수 있다.[408]

1492년부터는 스페인과 포르투갈 등지에서 추방당한 유대인들이 오스만으로 몰려들었다. 비록 유럽 반대편 끝으로 가야 하는 머나먼 여정이었으나 종교의 자유와 신변의 안전을 보장받을 수 있다는 희망이 있었기 때문이었다. 이미 기독교로 개종했던 이들도 이단심판을 견디지 못하고 신앙의 자유를 되찾으러 오스만으로 왔다. 이곳에서 유대교 신앙을 되찾은 사무엘 우스퀘(Samuel Usque)는 "위대한 오스만 국가"에서는 "유대교 신앙생활을 온전히 할 수 있는 자유의 문이 언제나 활짝 열려 있다."고 형제에게 편지를 보냈다.[409]

이베리아반도에서 오스만으로 건너온 유대인의 수는 기존에 오스만에서 살고 있던 유대 인구를 압도할 정도로 굉장히 많았다. 그럼에도 불구하고 술탄 베야지트(Bayezid) 2세는 이들을 모두 수용해 기대에 부응했다. 수도 이스탄불(Istanbul)에서 유대 인구는 1477년에 1,647가구에서 1535년에 8,070가구로 급증했다.[410] 베야지트가 유대인에게 마냥 관대하고 호의적이라서 그들을 수용한 것은 아니었다. 그는 우마르 협약에 위배되는 시나고그들을 파괴한 적도 있었다. 그러므로 박해받는 이들에 대한 동정보다는 실용주의적 계산이 앞선 것으로 추측할 수 있다. 실제로 이주자들은 무역, 섬유업, 인쇄업, 세관, 의료, 금융업 등의 다양한 직종에 종사하며 경제와 문화 발전에 크게 기여하게 된다.[411] 이주 정책의 의도가 무엇이었든지 간에 기독교 국가들과는 다른 차별적인 행보 덕분에 오스만은 친유대 국가로 널리 알려졌다. 유대 공동체의 연대기에서 "술탄 베야지트는 스페인 왕이 저지른 사악한 짓을 알게 되자 피난처를 찾고 있는 유대인들을 가엾이 여기고 그들을 환영하도록 명령했다."고 칭송받는다.[412]

오스만이 맘루크 왕조의 팔레스타인을 침공했을 때 많은 유대인들은 긍정적으로 바라보았을 것이다. 하지만 전쟁을 겪어야 했던 팔레스타인의 유대인들은 이러한 감정과 기대를 공유하기 어려웠다. 여느 전쟁이 그러하듯 오스만 군도 점령지에서 살인, 약탈, 강간 등을 저질렀고 유대인들만 참화에서 예외가 될 리는 없었다. 한 유대인의 기록에 의하면 헤브론에서는 "굉장히 많은 유대인을 살해하고, 재산을 전리품으로 강탈해 갔다."[413] 살아남은 유대인들은 모두 도망친 듯하다. 10년 뒤 실시된 1525-6년의 인구조사에서 헤브론에 거주 중인 유대 가구는 없었다.[414]

전쟁이 끝나고 오스만의 통치가 시작되자 팔레스타인의 유대 공동체는 금세 활력을 되찾았다. 십자군 이래로 팔레스타인은 오랫동안 낙후되어 있었다. 흑사병과 기근, 지진, 가뭄, 메뚜기떼, 한파, 폭우 등의 자연재해와 빈번한 전쟁은 많은 목숨을 앗아가고 생활 여건을 어렵게 해 인구 유출을 유발했다. 여기에 더해 해안지역의 상실이라는 특수한 요인도 있었다. 아이유브 왕조는 해안지역과 예루살렘의 성벽을 철거해서 십자군이 요새로 삼지 못하게 만들어 놓았다.[415] 불안해진 주민들은 안전한 산악지대로 옮겨갔고 해안지역은 황폐해진 상태로 방치되었다. 이는 거주지와 농경지 면적의 축소뿐만 아니라 해양무역의 감소로 인한 상업의 쇠퇴까지 불러와 인구수용 능력을 크게 떨어트렸다. 맘루크 시기 동안 많게는 총인구의 3분의 2가 줄어들었던 것으로 추정된다.[416] 하지만 오스만의 지배로 치안이 안정되자 주민들이 모여들고 경제가 성장하기 시작했다. 무슬림 인구는 급속도로 증가했고, 이베리아반도 출신의 유대인 이주자 중 일부가 다시 행랑을 꾸려 팔레스타인을 찾아오면서 유대 인구도 빠르게 증가했다.

1525-6년에 실시된 인구조사에 따르면 팔레스타인에서 유대인들이 가장 많이 사는 곳은 사페드였다. 도시 인구의 23%에 해당하는 233가구가 유대인이었다. 같은 기간에 예루살렘에서는 199가구(21%),[417] 가자에서는 95가구(10%)가 살았다. 이보다 10여 년 뒤인 1538-39년에 행해진 조사에서는 나블루스에서 71가구(6%), 헤브론에서 21가구(2%)가 살고 있었다. 인구 조사가 행해진 16세기 동안 사페드를 제외한 다른 네 곳의 유대 인구는 큰 변동은 없었다. 다만 무슬림 인구가 증가하면서 유대 인구비는 급감했는데 가령 1562-63년에 예루살렘의 유대인들은 249가구로 증가했는데도 인구비는 9%로 떨어졌다. 반면, 사페드는 이베리아반도 출신의 유대인이 몰려오면서 인구가 급증했고, 1567-8년에는 도시 인구의 42%를 차지하는 957가구가 유대인이었다.[418] 이주민들이 사페드를 선택한 가장 중요한 이유는 유대인이 많이 종사하고 "풍족한" 수입을 거둘 수 있는 직물업이 번성한 곳이었기 때문이다.[419] 16세기 말부터 오스만의 직물 산업이 유럽과의 경쟁에서 뒤처지고 불경기가 닥치자 사페드는 쇠퇴하고 예루살렘이 다시 유대 공동체의 중심지가 된다.

　16세기는 오스만의 전성기였고 유대인들도 그 혜택을 충분히 누릴 수 있었다. 비록 맘루크 시기보다 물가가 폭증하면서 사페드를 제외한 다른 지역의 주민들은 식량을 구하는 데 어려움을 겪었으나 지즈야 등의 차별세는 "공동체나 개인에게나 부담스럽지 않았다."[420] 직업의 선택도 굉장히 자유로웠다. 토지 소유는 법적으로 금지되었으나 실제로는 유대인들도 많은 땅을 소유했고 농촌에서 직접 경작을 하거나 소작농으로도 일했다.[421] 공동체의 자율성도 어느 정도 인정받았다. 카디나 지방관의 승인을 받으면 대표를 선출해 혼사나 이혼, 유산 등 유대 공동체 내부의 사안을 다루는 합법적인 법정을 열 수 있었다. 공동체 외부와 관련된 사안, 즉 비유대인의 폭행, 절도, 채무 미변제 등은 이슬람 법정에 소송을 걸었고 무슬림에게서도 유죄 판결을 받아내곤 했다. 16세기 예루살렘의 이슬람 법정 기록(sijill)을 연구한 역사학자 암논 코헨(Amnon Cohen)은 무슬림과의 사이에서 어려운 문제가 생기면 "유대인들은 주저하지 않고 (이슬람) 법정에 소송을 제기했다."고 설명한다.[422] 이슬람 법정에 대한 신뢰는 종종 랍비들을 낙담시켰는데, 유대인끼리의 소송도 이슬람 법정에서 해결하는 이들이 있었기 때문이다.[423]

오스만의 지배에서 차별과 박해가 없었던 것은 아니다. 유대인 남성들은 노란색 터번을 써야 했고 여성들은 노란색 옷을 입어야 했다. 공중목욕탕에서는 종이 달린 목걸이를 차서 자신이 무슬림이 아니라는 것을 드러내야 했다. 이슬람 법정에서 유대인의 증언은 무슬림의 증언과 동등한 무게를 지니지 못했다. 유대인이 증인이나 증거 없이 기소당했을 때 결백함을 선서하면 온전한 증언으로 채택돼 무죄를 선고받았지만, 무슬림을 기소할 때는 자신이나 다른 유대인의 증언만으로는 승소하기 어려웠고 다른 무슬림의 증언을 구하거나 뇌물을 바쳐야 했던 것으로 보인다. 이런 제도적 차별 외에도 정부의 지침을 어기고 지방 관리나 군인, 주민들이 유대인을 핍박하는 일들도 잦았다. 특히 나흐마니데스의 시나고그가 불법적으로 공사를 했다며 거듭 기소하고 시나고그로의 출입을 물리적으로 막아버리려는 시도도 있었다. 하지만 유대인들은 위법한 억압에 대해서는 정부와 카디에게 도움을 청할 수 있었고 유대 공동체가 번영하는 배경이 되기에 충분했다.[424] 사페드에 정착한 이탈리아 유대인 상인 다비드 로씨(David Dei Rossi)는 1535년에 가족에게 편지를 보내 "이곳에서의 이산 생활(galut)[425]은 우리 고향에서와 같지 않다. 튀르키예인들은 존경할 만한 유대인들을 존중한다. 이곳과 알렉산드리아, 이집트에서 유대인들은 고위 공무원과 세관, 술탄의 재정 관리인으로 일한다. 제국 어디에서도 그들에게 위해를 가하지 않는다."고 설명했다.[426]

유대 공동체의 번영이 오래가지는 못했다. 무슬림과의 종교적 갈등이 커지면서 유대 공동체는 점차 쇠락의 길로 들어선다. 이르게는 16세기 말부터 이런 조짐이 보이는데 시나고그의 단속과 규제가 그중 하나다. 사페드에서 모스크는 7개밖에 없는 반면 시나고그는 32개고 그중 29개가 '불법적'으로 건설되었다는 불만이 접수되자 1584년에 정부는 조사에 착수했다. 수년 후 시나고그는 3분의 2로 줄어들었다. 1598년에는 오랫동안 논란을 빚어오던 나흐마니데스의 시나고그가 결국 폐쇄 결정을 받는다. 이후로 유대인들은 새로운 시나고그의 건설을 금지하는 법을 우회하고자 술탄의 허가를 받아 가정집을 개조해 시나고그로 사용하거나 관리들에게 뇌물을 주고 새로운 시나고그를 지었다. 19세기 초에 예루살렘에는 수 세기 동안 유지되어 온 커다란 시나고그가 다섯 채 있었고, 그 외에도 가정집을 개조한 작고 허름한 시나고그가 많이

있었다.[427)]

17세기 중반에는 '가짜 메시아' 사태가 종교적 갈등을 키웠다. 세상의 종말이 다가올 때 메시아가 임할 것이라는 유대교의 믿음은 오랫동안 이어져 내려왔고, 주로 박해를 겪고 있을 때 메시아가 나타날 것으로 예언하거나 자신이 메시아라고 주장하는 사람들이 종종 있었다. 오스만 영토인 이즈미르(Izmir) 태생의 사바타이 쯔비(Sabbatai Zevi/1626-1676)는 후자의 유형에 속하는 랍비였다.[428)] 그는 1648년에 우크라이나에서 대량학살이 일어난 직후에 자신이 메시아라고 주장하다가 고향에서 쫓겨났다. 이후 곳곳을 전전하다 1665년에 팔레스타인 가자의 랍비 나탄(Nathan Elisha ha-Ashkenazi)에게 메시아로 인정받으면서 유명세를 얻게 된다. 오스만 랍비장을 비롯해 대다수의 랍비들은 사바타이를 비판하거나 유보적인 입장을 취했다. 하지만 사바타이는 예루살렘에서 많은 인파로부터 환영받았고 1년도 지나지 않아 유례가 없을 정도로 많은 추종자가 생겨났다. 오스만을 넘어 동서양 어디에서나 그의 추종자를 찾을 수 있을 정도였다. 랍비들의 지지도 늘어났다. 유대 공동체는 동요했다. 사바타이는 전통적 율법을 따르지 않고 새로운 규칙을 만들어냈고 랍비장을 자신의 추종자로 교체한다고 발표했다. 또한, 1666년 6월 18일에는 '최후의 심판'의 날이 올 것이라고 예언했다. 수천 명의 오스만 유대인이 거리에 나와 '술탄 사바타이 쯔비'를 외쳤다. 그들은 생업을 중단하고 기도 생활에 전념했고, 전통적 율법을 지키는 유대인 이웃들을 불신론자라며 비난했다.[429)]

사바타이는 인기에 그만 눈이 멀어버린 듯하다. 1665년 12월 말에 그는 오스만의 통치권을 요구할 때가 왔다며 이스탄불로 출발했다. 이 무렵에 술탄은 사바타이와 추종자들이 일으킨 소란에 대해 보고받고 체포 명령을 내렸다. 사바타이는 이스탄불 인근에서 체포되었고 반년 간 수감되었다가 목숨을 위협받자 1666년 9월에 이슬람으로 개종했다.[430)] 사바타이가 술탄을 유대교로 개종시키거나 그렇지 않으면 순교할 것이라고 믿었던 많은 유대인이 실망하고 충격을 받았다. 이후로도 얼마간은 사바타이에 대한 믿음을 이어가는 추종자들이 있었으나 그 수는 점점 줄어들었고 유대 공동체의 위신은 크게 하락했다.[431)] "유대인들이 모습을 드러낼 때마다 기독교도와 튀르키예인들이 쫓아와 조롱했고 대부분의 유대인은 며칠 동안 집에 숨어 지냈다."[432)]

'가짜 메시아' 사태는 유대 공동체 내부의 혼란과 분열로 그치지 않았다. 메시아의 도래는 종교적으로 민감한 사안이었기 때문에 기독교도와 무슬림의 신경을 날카롭게 만들었고, 일부 지역에서는 추종자들의 과감한 행동이 반감을 키워 박해로까지 이어졌다. 1667년에 예멘에서는 사바타이의 추종자가 메시아가 도래했으니 무슬림의 통치를 끝내야 한다고 주장하다가 처형당했다. 이때부터 중앙정부가 통제하는 지역의 유대인들은 집단적으로 박해를 겪고 1679년에는 변경 지역으로 1년 반 동안 추방당했다.[433] 동유럽에서는 추종자들이 기독교도들에게 복수할 날이 머지않았다고 도발하다 공격당했고, 독일에서는 팔레스타인으로 떠나려는 유대인 대부업자들이 기독교도 채무자들에게 빚 상환을 독촉하다 공격받았다.[434] 1669년에는 알제리의 오란(Oran)을 점령 중이던 스페인이 이곳의 유대인들을 모조리 추방했다.[435] 한편, 사건의 중심지였던 오스만에서는 사바타이가 강제개종을 당한 것을 제외하면 유대 공동체에 대한 어떠한 처벌이나 박해도 없었다. 사바타이와 추종자들이 반역 행위를 저지른 것을 생각하면 매우 놀라운 일이다.[436] 그렇지만 오스만에서도 이 사건은 유대인과 비유대인 간의 관계를 다소나마 악화시켰다.

종교적 갈등은 유대 공동체의 쇠락을 불러온 유일한 요인은 아니었다. 정치적, 경제적 변화도 이에 못지않게 중대한 영향을 끼쳤다. 유대인들이 능력을 인정받고 경제적으로 크게 성장할 수 있었던 것은 유럽의 선진기술이나 문화에 대한 이해, 인맥, 외국어 실력 등으로 유럽과의 교역을 주도한 덕분이었다. 그러나 17세기부터 유럽에서 들어오는 이주자들의 수가 줄어들자 그 역할은 유럽으로 유학을 다녀온 오스만 기독교도들이 하나둘씩 대체했다. 유럽 국가들은 이런 변화를 적극적으로 장려했고 오스만 정부의 내정에 간섭해 오스만 기독교도들의 권리 보호와 개선을 요구했다. 덕분에 오스만에서 기독교도들의 처우는 나아진 반면 유대인들은 양질의 일자리를 잃고 정부의 관심으로부터 멀어져 갔다.[437] 설상가상으로 정부의 통제력이 약해지면서 지방 관리들의 전횡과 횡포가 심각해졌다.

팔레스타인의 유대 공동체에 닥친 가장 큰 시련은 치안의 불안정과 경제적 부담이었다. 북쪽의 갈릴리 지역에서는 전자가 고역이었다. 정부가 파견한 주지사와 지역 실세들 간의 패권 다툼이나 베두인의 약탈로 주민들의 삶은 피폐했다. 1660년에는 드루즈인(Druz) 간의 전쟁으로 사페드와 티베리아스가 완전히 파괴되고 유대인들이 떠나버렸다는 기록이 있다. 불과 몇 년 뒤인 1664-67년에 사페드에 유대 공동체가 존재하고 사바타이의 추종자들이 활발히 활동했던 것이 확인되므로 전쟁으로 인한 피해는 상당히 과장된 것으로 보이지만,[438] 치안의 불안정이 갈릴리 지역에 끼친 영향은 컸다. 유대 인구는 오랫동안 감소했고 오직 18세기 중반이 되어서야 다시 늘어나게 되는데 이 지역의 패권을 장악한 베두인 다히르 우마르(Dahir al-Umar) 덕분이었다. 다히르는 지역 개발을 도모하기 위해 유대인의 이주를 장려하고 세금을 줄여주었다.[439]

한편, 예루살렘과 헤브론에서는 경제적 어려움이 보다 문제였다. 16세기 후반부터 경제가 쇠퇴하면서 세금을 내기 힘들어졌고,[440] 17세기부터는 전쟁세를 비롯한 여러 특별세가 매년 정기적으로 징수되는 것으로 바뀌면서 부담이 가중되었다. 설상가상으로 지방 정부가 세금 징수 권한을 이양받게 되면서 수탈이 심화되었다. 관리들은 임기가 매우 짧았기 때문에 지역을 개발해 세수를 늘리는 데는 관심이 없었고 미경작지와 곡식, 동물, 장작, 의복, 도로 등 다양한 세목을 신설해 주민들을 약탈했다.[441]

때로는 비무슬림에게만 돈을 거두는 특별한 구실도 만들었다. 예를 들어, 18세기 동안 예루살렘에서 안장되고 싶어 하는 외지출신 유대인에게는 특별세가 부과되었다. 법원에서 이를 불법으로 판결하고 술탄도 여러 번 금지했으나 관행을 뿌리 뽑지 못했다. 1741년에는 예루살렘에서 유대인의 수가 많아져서 아랍인들이 먹을 식량이 부족해졌다는 이유로 식량 구매를 금지한 후 이를 취소하는 조건으로 뇌물을 받아냈다. 18세기 후반에는 헤브론에서 무슬림 지도자의 아들이 실종되자 유대인이 저지른 짓으로 의심받았고 많은 돈을 바치고서야 무마시킬 수 있었다. 자연재해로 붕괴한 시나고그를 수리하거나 새로운 시나고그를 지을 때도 허가를 받기 위해서 많은 뇌물을 제공해야 했다. 1700년에 유럽에서 예루살렘으로 이주해 온 한 무리의 유대인들은 무슬림들로부터 돈을 빌려 시나고그를 크게 지었으나 오랫동안 빚을 갚지 못해서 20년 뒤에 추방당하고 시나고그는 파괴되었다. 그들이 돈을 갚지 못했던 여러 이유 중 하나는 시나고그를 짓는 동안 새로운 관리가 여러 번 부임했고, 그때마다 뇌물을 주고 허가를 다시 받아야 했기 때문이었다.[442] 경제적 부담은 유대 공동체 전체에 심각한 위협이었고 해외 동포들이 많은 후원금을 보내온 덕분에 겨우 버틸 수 있었다.[443] 반면, 기독교도들은 경제적 어려움을 견디지 못하고 마을 단위로 집단 개종한 사례들이 있다.[444]

19세기 초에는 이집트 총독 무함마드 알리가 팔레스타인을 점령하고 있는 와중에 여러 차례 박해가 일어났다. 무함마드 알리는 유럽식 근대화 개혁을 시행해 이집트를 개발하고 강력한 신식군대를 양성한 군벌 세력이었다. 그는 정부에 불만을 품고 1831년에 팔레스타인을 침공해 1840년까지 통치했다. 기독교도와 유대인들은 대체로 이집트의 지배를 환영했다. 무함마드 알리가 유럽 국가들의 호의와 지지를 얻으려는 목적으로 비무슬림에게 평등한 권리를 부여하되 군역은 제외하는 특혜까지 베풀었기 때문이었다.[445] 반면, 무슬림들은 과중한 세금과 무기 압수, 그리고 무엇보다도 강제징병에 불만을 품고 1834년에 예루살렘에서 반란을 일으켰다. 반란군은 이집트군을 쫓아낸 후 며칠 동안 거리의 상점을 약탈하고 행인을 공격하는 일탈을 벌였는데 주로 기독교도와 유대인이 표적이 되었다. 약탈이 일어날 때 소수자인 비무슬림을 노리는 일은 원래도 흔하지만 이 시기에는 이집트 정부의 수혜를 보고 있다는 불만이 더해졌을 것이다.[446]

예루살렘에서 시작된 반란은 이내 다른 지역으로 확산하고 약탈도 여러 지역에서 행해졌다. 특히 사페드에서는 약탈이 한 달 동안이나 계속되었다. 무슬림들은 유대인을 학대하며 숨겨둔 재산의 위치를 실토하도록 협박했고 강간도 저질렀다. 또한, 다섯 명의 유대인이 살해당했고 몇 명은 공포에 질려 목숨을 잃었다.[447] 박해가 이곳에서 유독 심각했던 이유는 유대인들이 경제적 번영을 누리고 있었기 때문일 것이다. 한 유럽 여행가의 기록에 의하면, "1834년에 반란이 일어나기 전까지 이곳[사페드]의 유대인들은 굉장히 부유한데도 평화롭고 방해받지 않고 살아왔다."[448] 또 다른 유럽인 여행기에 따르면, 19세기 초에 사페드 인근의 티베리아스에서 "유대인들은 완벽한 종교의 자유를 누리고 있다. ... (많은 세금을 내던 과거와는 달리) 지금은 토지세만을 내고 있다. 튀르키예인이 언제나 돈을 착취할 명분을 찾는 다른 곳들에서와는 달리 (이곳의 유대인들은) 신중하게 행동하지 않는다. (법률을 위반하며) 와인과 브랜디를 거의 공개적으로 도시의 군인들에게 팔고 있고, 결혼식에서도 재산을 위태로울 정도로 과시하고 있다."⁴⁴⁹⁾ 이로 미루어보아 사페드의 유대인들도 경제적으로 여유로운 생활을 즐기다 공권력이 무너지자 질투와 탐욕을 피하지 못한 것으로 짐작된다.

반란은 수개월 후 진압되었다. 하지만 박해가 끝나지는 않았다. 무함마드 알리의 아들인 이브라힘(Ibrahim Pasha)이 이끄는 이집트군은 헤브론을 되찾은 후 일주일 동안 많은 주민을 학살하고 강간, 약탈했다. 거의 모든 피해자는 무슬림이었으나, 유대인도 소수 있었다. 약탈과 강간을 당하고, 다섯 명은 살해당했다.⁴⁵⁰⁾ 사흘 후 이브라힘이 청원을 받아들여 유대인에 대한 공격은 중단되었으나 사페드에서의 한 달보다 더욱 피해가 컸다고 전해진다.⁴⁵¹⁾ 1838년에는 드루즈인들이 사페드를 점령한 후 무슬림 주민들과 함께 유대인을 3일간 약탈했다.⁴⁵²⁾ 1840년에 이집트군이 물러나고 오스만의 통치가 회복된 후에야 팔레스타인의 유대 공동체는 안정을 되찾을 수 있었다.

이때를 기점으로 팔레스타인에서 더 이상 종교적 박해는 없었다. 유대인이 피해를 입는 사건들은 이후로도 몇 있었으나 종교적 동기가 아니었고 심각하지도 않았다. 다음 장에서 상세히 살펴보는 바와 같이 1880년대부터는 무슬림들이 일부 유대인들에게 적의를 드러내고 살해하는 사건이 발생하지만, 이는 유대 국가를 세우려는 음모를 저지하려는 정치적 저항운동이었다. 그렇기 때문에 무차별적인 공격이 없었다. 분쟁이 시작된 직후인 1920년에 예루살렘에서 발생한 소요를 조사했던 영국의 팔린 위원회(Palin commission)는 분쟁 발생 이전의 역사를 다음과 같이 기술했다.

> 바로 얼마 전까지 무슬림, 기독교도, 유대인 세 종파는 완벽한 우호 관계 속에서 살고 있었다. 무슬림은 분명 우세한 위치에 있었으나, 타 종교에 대한 편협함은 유대인보다는 기독교도를 향했다. 기독교도들은 때때로 외세에 청원하는 골칫거리가 되곤 했다. 팔레스타인의 정통파 유대인은 겸손하고, 위협적이지 않았다. 그들은 예루살렘에서는 자선단체에 생계를 크게 의존했고, 다른 곳들에서는 다른 종교의 농민들과 거의 다를 바 없이 살았다. 1840년의 이브라힘 파샤의 시기 이후로 유대 인구에 대한 어떤 심각한 공격도 없었다.⁴⁵³⁾

정리하자면, 이슬람의 지배 속에서 팔레스타인은 유대인들에게 '상대적으로' 안전한 지역이었다. 비록 잦은 전쟁터가 되고, 반란이 일고, 베두인의 약탈, 과중한 세금 등으로 유대인의 삶은 안정적이지 못했으나 유럽은 물론이고 모로코나 이란, 예멘 등 다른 이슬람권과 비견할 만한 심각한 박해는 없었다. 가장 박해가 심각했던 11세기 초 파타마 왕조의 하킴의 시기에는 비록 많은 시나고그가 파괴되고 우마르 협정이 엄격히 시행되었으나 10년이 넘지 않았다. 17세기 중반에 사바타이 쯔비가 메시아라고 자칭하며 유례없는 혼란을 가져왔을 때 예멘과 오란에서 유대인이 추방당한 것과는 달리 사건의 중심지였던 팔레스타인은 오히려 안전했다. 19세기 초 무함마드 알리의 시기에 사페드와 헤브론 등지에서 목숨을 잃은 유대인의 수도 다른 지역들에서 일어난 학살과 비교하기에는 턱없이 적다. 그런데도 20세기 초에 분쟁이 일어난 원인으로 이슬람의 폭력성을 지목할 수 있을까? 정말로 그랬다면 20세기 초 이전에도 다른 지역에서보다 박해가 심했어야만 할 것이다.

3.3. 세속주의와 평등권이 가져온 변화

아무리 다른 지역에서보다 박해가 약하고 드물었다고 하더라도 팔레스타인에서도 오랫동안 차별과 박해가 있었던 것은 사실이니 이슬람의 폭력성이 분쟁의 원인과 조금이라도 관련이 있지는 않을까? 이러한 의문을 종식시키기 위해 마지막으로 살펴볼 것은 분쟁이 일어나기 직전의 팔레스타인의 상황이다. 19세기 초부터 오스만 정부는 세속주의 개혁을 단행하면서 비무슬림에게 평등한 권리를 인정한다. 그 결과로, 19세기 말에서 20세기 초 사이에 종교의 사회적 영향력은 약해지고 무슬림과 비무슬림의 관계가 우호적으로 개선된다. 만약 이슬람의 폭력성이 분쟁의 원인이었다면 종교적 사회 질서가 유지되고 양자의 관계가 갈등적으로 발달해 분쟁으로 치달아야 했겠지만, 현실은 정반대였던 것이다. 개혁의 과정과 이를 둘러싼 정치적 배경은 분쟁의 진짜 원인을 이해하는데 필요한 배경지식을 일부 포함하고 있으므로 상세히 살펴볼 것이다.

오스만에서 세속주의와 평등권은 사상적인 변화보다는 유럽과의 힘의 역전을 따라잡기 위한 정책적 대응에서 나타난 근대화 개혁의 산물이었다. 한때 지중해의 패자로 위상을 떨치던 오스만은 17세기 말부터 유럽 국가들의 군사력에 밀리기 시작했고 야만적이고 원시적이라고 무시했던 기독교 문명의 발전에 충격을 받았다. 개혁의 필요성을 느낀 정부는 18세기 초부터 프랑스의 도움을 받아 유럽의 조선술, 지리학, 공학, 의학 등 주로 군사력 강화에 도움이 되는 요소들을 선별적으로 도입해 갔다. 그런데도 유럽과의 격차가 점점 더 벌어지자 술탄 셀림 3세(Selim III/재위 1789-1807)는 신식군을 창설해 유럽인 교관의 지도하에 신식 무기의 사용법과 전술을 가르치고, 유럽에 상주 대사관을 개설해 젊은 외교관들에게 언어와 문화를 배우도록 지시하는 등 적극적으로 개혁의 기반을 다져갔다.[454]

18세기 동안에 유럽에 대한 관심은 주로 물질문명으로 국한되었다. 무슬림들은 총이나 시계, 인쇄술 등에서 유럽의 기술적 우수성은 인정했으나, 철학이나 문학, 역사와 같은 사상적인 부문에서는 유럽인들이 여전히 야만적인 수준을 벗어나지 못하고 이슬람 문명이 우위를 점하고 있다고 믿었다. 하지만 유럽의 정치, 경제, 군사적 성공이 계속되자 서서히 유럽 문명의 가치를 재평가하고 보다 수용적인 태도를 취했다. 직접적인 계기는 1789년의 프랑스혁명과 1798년의 나폴레옹의 이집트 점령이었다. 두 사건은 특히 세속주의에 대한 관심을 불러일으켰다. 개혁주의자들은 유럽이 종교와 관계없는 평등한 권리와 자유, 민족성을 인정했기 때문에 발전할 수 있었다고 분석했고, 세속주의가 기독교와 연관이 없다는 장점 덕분에 오스만에 도입하기 용이하리라 생각했다. 하지만 얼마 후 유럽에서 국가와 종교가 분리되고 기독교 교리가 더 이상 사회 질서의 기준이 아니게 되자 세속주의가 이슬람 질서의 붕괴를 초래할지 모른다고 염려하면서 주저했다. 이런 이유로 19세기가 시작될 무렵까지도 셀림의 개혁은 군사 부문에만 초점이 맞춰져 있었다.[455]

개혁은 제한적인 영역에서만 미흡하게 실시되고 있었는데도 정치적 역풍을 맞았다. 개혁으로 기득권을 잃을지도 모른다는 불안, 커져가는 유럽의 영향력, 신식군 창설을 위한 추가 과세와 징집, 세속주의에 대한 우려 등이 보수층의 반발을 야기한 것이다. 1807년에 군인들에게 유럽식 의복을 착용하라는 명령이 내려지자 일부 부대가 반란을 일으켰고, 보수주의자들과 정예군 예니체리(Janissary) 등이 결탁해 셀림을 폐위시켰다. 이듬해에 개혁파가 반격에 나서 정권을 수복하고 암살당한 셀림을 대신해 마흐무트 2세(Mahmut II/재위 1808-39)를 즉위시켰다. 그렇지만 4개월 만에 또다시 반란이 일어나 보수파가 다시 권력을 잡았다. 마흐무트는 술탄직을 유지했으나 지지 기반을 잃어서 개혁은 정체된다.[456]

  마흐무트는 신중히 행동하며 서서히 힘을 길렀다. 개혁에 찬성하고 충성하는 신하들을 선별하고, 종교계의 환심을 구하고, 유럽 교관의 교육을 받고 신식 무기로 무장한 군인들을 조금씩 육성했다. 여론 조성에도 신경을 썼다. 1820-23년에 예니체리가 이란과의 전쟁에서 패배한 데 이어 그리스에서 반란을 진압하는 데도 실패한 반면, 무함마드 알리의 이집트 신식군이 반란 진압에 성공하자 개혁의 필요성을 입증하는 사례로 선전했다. 그렇게 20여 년간 인내한 끝에 마침내 1826년에 마흐무트는 예니체리 내부에서 신식군을 편성하겠다는 계획을 공포했고, 이에 반발해 반란을 일으킨 군인들을 숙청했다. 무력의 기반을 잃어버린 보수주의자들은 더 이상 적극적으로 저항할 수 없었다. 오스만의 개혁은 이때부터 비로소 궤도에 오르게 된다.[457]

  셀림과 마찬가지로 마흐무트가 가장 중요하게 여긴 것은 군사 개혁이었다. 하지만 그는 개혁이 성과를 내기 위해서는 사회와 제도가 함께 변화해야 한다는 사실을 깨달았다. 군인들은 유럽 교관들로부터 배우는 것을 탐탁지 않아 했고 이슬람 학교에서는 수학과 같은 기초적인 학문을 가르치지 않아 관료나 군인에 적합한 인재를 기를 수 없었다. 개혁에 대한 사회적 공감과 지지도 구해야 하고 재정도 확충해야 했다. 그래서 마흐무트는 조세 제도와 지방 조직을 개편하고, 세속학교를 세우고 최초의 관보를 발행했다. 또한, 솔선수범의 자세로 프랑스어를 배우고, 유럽식 의복을 착용하고 수염을 짧게 깎으며 유럽 문화에 대한 인식 개선을 선도했다.[458]

  비군사 부문에서의 개혁은 오랜 종교적 질서를 약화시키고 세속주의 사회로의 변화를 이끌었다. 이러한 변화를 가장 잘 보여주는 것은 종교와 신분의 상징으로 여겨지던 의복의 개혁이었다. 마흐무트는 1826년에 창설한 신식군의 군복으로 유럽식 의복을 지정했다. 여전히 불만이 나왔으나 20여 년 전과 같은 격렬한 반발은 없었다. 1828년에는 이슬람 복식으로 적절치 않다는 평가를 받는 북아프리카 기원의 모자 페즈(fez)를 군모로 대체했다. 1829년에는 신분이나 종교와 관계없이 모든 성인 남성에게 페즈와 유럽식 의복을 입도록 했고 오직 종교직 종사자만 예외로 두었다. 무슬림과 비무슬림의 의복은 달라야만 한다는 종교적 규범을 깨트린 것이다. 이는 정부가 세속적 개념의 평등권을 인정해 나가는 시발점이 되었다. 하지만 변화가 즉각적이지는 않았다. 무슬림 관료들과 비무슬림 상류층, 특히 기독교도들은 새로운 복식을 빠르게 수용했으나, 각 종교의 지도자들은 강하게 반발했고 신도들에게 관습대로 종교별로 구분되는 의복을 입도록 지시했다. 또한, 일부 노동자들은 계급 단결과 정부에 대한 저항의 의지로 페즈를 쓰지 않았다.[459]

 19세기 초에 세속주의와 평등권은 사회 정서와 괴리가 컸고 이를 강제하는 것은 정치적으로 큰 부담이었다. 하지만 시간이 갈수록 개혁의 필요성에 대한 공감대가 커져갔는데, 국가의 사활이 걸린 위기가 연이어 닥친 덕분이었다. 1828년에는 러시아가 그리스의 반란을 지지하며 침공해 왔다. 오스만은 패배했으나 어느 한 세력이 오스만을 독차지하는 것을 원치 않았던 열강 간의 상호견제 덕분에 살아남았다. 그렇지만 러시아에 막대한 전쟁배상금을 지불하고 최혜국우대조항 등의 각종 이권을 부여했다. 1830년에는 열강이 단합해 그리스의 분리독립을 요구하자 이를 따를 수밖에 없었다. 그러자 이번에는 그리스에서 반란을 진압했던 보상으로 통치권을 인정받을 것으로 기대하고 있던 무함마드 알리가 내부에서 반발하고 나섰다. 그는 그리스 대신으로 시리아와 팔레스타인 지역을 요구했고, 거절당하자 1831년에 반란을 일으켜 무력으로 정복했다. 이듬해에 반란을 진압하러 나선 오스만군은 연거푸 격파당했다. 심지어 수도마저 잃을 위험에 처하자 이교도의 도움을 받는다는 부정적인 여론을 감수하고 러시아에 파병을 요청했고 겨우 이집트군의 진격을 막아냈다. 그렇지만 시리아와 팔레스타인을 되찾는 일은 뒤로 미루어야 했다.[460]

 1839년에 오스만은 다시 이집트군을 공격하러 나섰다. 하지만 이번에도 패배했고, 비보가 이스탄불에 당도하기 직전에 마흐무트가 병으로 사망하는 악재가 겹쳤다. 또다시 맞이한 중대한 위기 속에서 오스만은 열강에 지원을 요청했다. 이집트로부터 보호해 준 이후 오스만에서 강력한 영향력을 행사하던 러시아는 무함마드 알리가 오스만을 정복해 강력한 국가로 재탄생시키는 것을 막고 싶었다. 다른 열강들은 러시아의 영향력이 커지는 것을 견제하는 동시에 오스만에서 자국의 영향력을 강화하길 원했다. 이렇게 열강이 오스만을 존속시키기로 뜻을 모으자 이집트는 수세에 몰렸다. 무함마드 알리는 저항했으나 열강이 군사적 공격까지 나서자 1840~41년에 팔레스타인과 시리아에서 완전히 철수했고, 이집트의 세습총독직을 인정받는 것으로 만족해야 했다.

1839년에 열강의 개입 의사를 확인했을 때 새로운 술탄과 개혁파 관료들은 이전과는 다른 급진적인 개혁안을 포고했다. 열강의 노력이 헛되지 않도록 오스만을 자구하겠다는 결의를 내보여 보다 적극적인 지원을 끌어내기 위해서였다. 칙령이 단순히 위기를 모면하기 위한 허위 선언은 아니었다. 이미 군사력의 차이를 인지하고 있던 유럽과는 달리 같은 무슬림, 더군다나 신하에게 당한 패배와 위협은 어느 때보다도 개혁을 간절히 원하게 만들었던 것이다. 1839년의 칙령으로부터 약 40년간 오스만 정부는 조세제도와 군제, 행정구개편, 지방자치제 도입에서부터 세속 법률의 제정, 세속 학교의 보급, 종교지도자의 권한 축소 등 다방면에 걸친 유럽의 세속적 근대화를 단행했다.[461] 이 시기의 개혁을 탄지마트(tanzimat), 즉 재조직 개혁이라 부른다.

탄지마트의 핵심 중 하나는 평등권을 매우 진보적으로 인정한 것이다. 1839년의 칙령은 "종교나 계급과 관계없이" 개인의 안전과 재산, 명예의 보호를 명시적으로 약속했고, 모든 오스만인에게 법 앞의 평등을 인정하는 새로운 형법과 세속 상법의 제정으로 변화를 밟아갔다.[462] 1856년에는 "종교나 언어, 인종에 따라 특정 계급을 열등하게 만드는 차별이나 구분을 행정규칙에서 영원히 폐지"한다는 칙령을 포고했다.[463] 구체적으로는 조세의 평등과 그에 수반하는 군역의 부과, 공직 진출과 공립학교 입학의 평등한 기회, 지방의회에서 비무슬림의 선거권과 피선거권 인정,[464] 무슬림과 비무슬림 간의 민형사상 소송을 다루는 세속 법정의 설립 등을 약속했다.

1876년에는 탄지마트 개혁의 절정인 헌법을 공포한다. 헌법은 종교와 관계없이 모든 시민은 오스만인이며(8조), 신앙의 자유를 보장하고 각 종교기관에 부여된 특권을 유지하고(11조), 법 앞에 평등하고 동등한 권리와 의무를 지닌다(17조) 등 여러 조항에 걸쳐 평등권을 규정했다.[465] 헌법의 가장 가시적이고 실질적인 성과는 선출직 하원(Chamber of Deputies)과 술탄이 임명하는 종신직 상원(Chamber of Notables)으로 구성된 의회를 탄생시킨 것이다. 선거구법이 정해지지 않아 임시로 지방의원들이 간접 선거로 선출한 초대 하원은 71명의 무슬림과 44명의 기독교도, 그리고 4명의 유대인으로 구성되었다. 특기할 만한 것은 유대인이 인구수 대비로 가장 많은 의석을 차지했고 그다음이 기독교도와 무슬림 순이었다는 점이다. 1대 하원이 선거구법을 통과시키지 못한 채로 3개월간의 회기를 마쳤기 때문에 2대 하원 또한 간접 선거로 치렀고 결과는 유사했다.[466]

탄지마트 개혁에서 평등권이 이토록이나 중시된 것은 열강과의 관계를 조율하기 위해서였다. 1839년의 칙령은 일부 부문에서나마 비무슬림의 평등한 권리를 공식적으로 인정한 최초의 선언이었다. 오래전부터 평등권을 옹호해 온 개혁파들의 요구가 이때 처음으로 받아들여진 것은 열강의 호의를 얻을 수 있다는 기대 덕분이었다. 그동안 기독교도에 대한 차별과 박해는 유럽에서 부정적인 여론을 만들어내고 있었고, 열강의 정부들은 이에 대한 개선을 요구해 오고 있었다. 따라서 정치적, 군사적 지원이 절실한 상황에서 평등권은 외교적 전략으로 사용된 것이다.

반면, 1856년의 칙령과 1876년의 헌법에서 선언된 평등권은 열강의 제국주의로부터 주권을 지키기 위한 보호 정책에 가까웠다. 그동안 열강은 외교적 지원에 대한 보답이나 강화조약으로 오스만 내 자국인에 대한 치외법권과 면세, 관세 우대 등의 특권을 인정받는 데 공을 들였다. 이를 이루고 나자 그들의 관심은 오스만 기독교도에게로 옮겨갔다. 소수종교에 대한 보호를 명분으로 내정에 간섭하거나 특정 지역에 대한 이권을 인정받고 자신들의 세력권으로 만들기 위해서였다.[467] 프랑스는 예전부터 천주교도의 보호자로 인정받았고, 러시아는 18세기 후반부터 정교도(Orthodox)의 보호자가 되었다. 그 뒤를 이은 영국은 개신교도의 보호자로 나섰으나 오스만에 개신교도가 얼마 없었기 때문에 유대인을 개종시키는 계획을 추진했다. 하지만 개종자가 거의 없고 1840년의 다마스쿠스 피의 비방 등으로 오스만 유대인의 권리를 보호할 것을 요구하는 자국 유대인들의 목소리가 커지자 정책을 선회해 유대인의 보호자를 자처했다. 유대인들은 특히 팔레스타인에서 영향력을 강화할 수 있는 좋은 수단으로 여겨졌다. 자국에서는 유대인을 박해하는 러시아 정부조차 팔

레스타인에서는 유대인의 보호자로 둔갑했다.[468]

1853년에는 팔레스타인에 있는 기독교 유적지와 오스만 정교도에 대한 러시아의 권리가 직접적인 갈등의 계기가 되어 오스만-유럽 연합군과 러시아 간에 크림전쟁(Crimean war)이 발발했다.[469] 평등권을 진취적으로 인정했던 1856년의 칙령은 바로 이 크림전쟁을 종결하는 파리평화조약 체결을 한 달 앞두고 포고되었는데, 비무슬림에 대한 열강의 간섭을 배제하기 위한 명분을 만들기 위해서였다. 오스만은 기독교도의 권리 개선을 약속했으므로 열강이 어떤 경우에도 오스만 신민에게 간섭할 수 없다고 규정하는 조항(9조)을 조약에 삽입했다. 열강은 이를 인정하고 조약에 서명했다. 하지만 칙령에서 약속된 사항의 입법화가 느리고 잘 준수되지 않고 있다는 이유를 들어 해당 조항을 역으로 내정 간섭의 명분으로 이용했다. 1876년에는 발칸 반도에서 오스만이 기독교도의 분리독립운동을 무자비하게 진압하면서 학살했다는 이유로 개입을 고려했다. 헌법이 공포된 것은 이때였다. 신임 술탄과 개혁파는 열강이 간섭할 빌미를 차단하고 국민 통합을 이루려는 의도로 평등권을 강조했다.[470]

외국자본 유치는 평등권이 필요한 또 다른 중요한 이유였다. 18세기 말부터 잦아진 전쟁과 반란 진압, 개혁으로 오스만의 국고는 바닥을 드러냈다. 정부는 조세징수제도를 개선하고 새로운 세금을 부과해 세수를 늘렸으나 지출을 감당할 수가 없었다. 단기간에 경제를 발전시킬 역량을 가진 인재나 정책도 없고, 열강과 맺은 불리한 무역 협정들이 국내 산업의 성장을 가로막았다.[471] 1840년부터는 은행을 설립해 국내 채권을 발행해 보았으나 경험 부족으로 위조채권이 통용되는 등 관리에 실패했다.[472] 결국, 새로운 재원이 필요할 수밖에 없었고 크림전쟁을 계기로 전쟁 비용을 충당하기 위해 1854년부터 유럽에서 자금을 조달하게 된다.

한 번 열린 유럽 자본시장은 예산에서 지출적자를 메우는 필수 요소가 되었다.[473] 전쟁이 끝난 후로도 잘못된 통화정책의 뒷수습 등을 위해 격년마다 새로운 융자를 받았고, 1862년경에 이르면 재정에 위기 신호가 임박한다.[474] 그러나 산업혁명 이후 급격히 불어난 잉여자본을 투자할 곳이 필요했던 유럽의 자본가들은 경제를 개발해 세수를 늘리면 된다며 추가로 융자를 받기를 권했고, 재정관리 역량이 미비한 오스만 정책결정자들은 낙관적인 전망을 견지하며 조언을 따랐다. 실제로 세수는 빠르게 늘어나는 청신호를 보였다. 그러나 부채 규모가 커질수록 대출 조건은 악화되고 이자만으로도 상당한 부담을 주었기 때문에 부채는 세수보다 가파르게 증가했다.[475] 1862-63년도 예산안에서 부채 상환에 필요한 지출은 세수의 18.8%였으나 1869-70년에는 33%로, 1874-75년에는 43.9%로 급증했다.[476] 국가 운영에 필요한 지출을 충당하기 위해서는 새로운 융자를 받을 수밖에 없는 악순환의 고리가 만들어진 것이다. 부채의 늪에 빠진 오스만은 조금이라도 나은 조건으로 융자를 얻기 위해서 평등권을 인정해 유럽에서 오스만에 대한 부정적인 인상을 지워야만 했다.

평등권은 베랏(berat)으로 잃어버린 경제 주권을 되찾기 위한 수단으로도 기대되었다. 베랏은 유럽 상인들의 무역을 도울 비무슬림 통역(dragoman)에게 지즈야를 비롯한 각종 세금 면세와 유럽인과 동등한 관세 우대 적용, 그리고 유럽법의 관할을 받을 수 있는 치외법권을 부여하는 면허였다. 오스만 정부는 열강의 대사들에게 베랏의 판매권을 인정해오고 있었는데, 대사들은 사익을 챙기기 위해 웃돈을 요구하며 아무에게나 비싸게 팔았고 주로 독자적으로 무역을 하는 비무슬림들이 매입했다. 베랏의 수량은 오스만 정부에 의해 제한되었기 때문에 18세기 말을 기준으로 수혜자는 2천 명 정도에 불과했다. 그렇지만 그들 대부분이 기독교도 부유층이었고 유럽법의 관할을 받는 사실상의 유럽 국민이 되었기 때문에 세수 감소와 주권의 약화를 초래했다. 명백한 제도의 오용에도 불구하고 오스만 정부는 열강을 자극할 것을 우려해 베랏을 폐지하지 못했다. 대신 18세기 말부터 베랏과 유사하게 감세 특권을 인정하되 유럽이 아닌 오스만법의 적용을 받는 새로운 면허를 판매했다.[477] 그러나 유럽 상법을 이용할 수 있다는 특권은 무역에서 중요했기 때문에 베랏 취득은 계속되었고, 베랏을 지닌 기독교도들이 무역을 장악하고 무슬림보다 더 큰 부를 축적하게 되었다. 불공평한 경쟁과 기독교도의 경제적 우위에 대한 불만으로 사회적 갈등이 야기되자 개혁주의자들은 비무슬림이 경제적 특권을 포기하게 하도록 무슬림들이 정치적 특권을 내려놓아야 한다고 판단했다.[478]

오스만 사회에 수많은 변화를 가져온 탄지마트 개혁은 1878년에 술탄 압둘하미드 2세(Abdulhamit II/재위 1876-1909)가 의회를 해산시키면서 막을 내린다. 그는 개혁주의자들의 지지를 받아 등극하고 헌법 공포를 승인한 장본인이었으나, 다양한 인종과 종교, 문화, 지역 차이로 인해 의회가 효율적으로 운영되지 못하고 정부에 대한 비판이 거세지는 것에 불만을 품고 등을 돌렸다. 그로부터 30년 동안 압둘하미드는 독재자로 집권한다. 그렇지만 그간의 개혁을 수포로 돌리지는 않았다. 오히려 철도 확장과 근대 농법의 보급과 같은 경제 개혁은 물론이고 지방의회에서의 참정권을 계속 인정하고, 세속 법정과 학교를 증설하고 체계적으로 정비하는 등 근대화 체계를 완성하기 위해 노력했다. 세속주의와 평등권이 사회적으로 성숙해진 것도 이 시기였다.[479] 이후 1908년에 개혁주의자들이 혁명을 일으켜 압둘하미드를 폐위하고 의회를 부활시킨 후로는 종교적으로 더욱 평등한 사회가 확립된다.

이런 변화가 사회에 정착되기까지에는 많은 갈등이 있었고 부작용도 있었다. 세속주의와 평등권이 사상적인 변화에 의한 아래로부터의 개혁이 아니라 국가 부흥을 위한 위로부터의 개혁으로 도입되다 보니 대중의 인식 변화가 느릴 수밖에 없었던 데다가 개혁이 외세의 간섭으로 추진되었기 때문에 진의를 의심하는 무슬림이 많았다. 예를 들어, 평등권은 비무슬림을 특권층으로 만드는 역차별 정책이라는 비판을 받았다. 개혁주의자들은 모든 국민은 법 앞에서 평등하고 동등한 권리와 의무를 가진 같은 오스만인이라는 오스만주의(Ottomanism)를 내세웠으나 열강을 의식해 비무슬림에게 의무를 지우는 데에는 주저했고 비무슬림들도 유리한 변화만을 받아들이려 했기 때문이다. 1856년의 칙령에 따라 이듬해에 지즈야 등의 차별세가 폐지되고 비무슬림에게도 군역을 부과하는 법안이 제정되지만, 모든 무슬림 남성은 5년 이상을 현역으로 복무하는 반면 비무슬림은 180명 중 1명꼴로만 군역대상자가 선정되었다. 더군다나, 비무슬림은 군역 대체세를 내고 군역을 면제받을 수 있기 때문에 실제로 입대하는 경우는 굉장히 드물었다. 무슬림들에게도 군역대체세를 납부하는 제도는 있었으나 금액이 더 비쌀 뿐만 아니라 토지를 팔아서 대체세를 마련하는 경우를 방지하기 위해 부자들만 가능하도록 제한한 것과는 대조적이었다.[480] 비무슬림의 특권인 베랏을 없애지 못한 것도 불만을 야기했다. 베랏을 매입해 열강의 법적 보호와 세제 특혜를 누리는 소수의 기독교도 무역상들은 계속해서 크게 성공했고, 그들의 경제적 성취를 반영하는 새로운 교회가 곳곳에서 지어졌다.[481]

많은 무슬림들은 개혁으로 기독교 유럽의 영향력이 커지면서 자신들의 이익을 지켜주던 전통적 규범이 무너지고 이슬람 세계가 몰락해 간다는 위협을 느꼈다. 이 때문에 다른 이슬람권에서와 마찬가지로 오스만에서도 19세기 동안 비무슬림에 대한 대중의 박해가 빈번해졌다. 하지만 모로코나 이란에서와는 달리 오스만에서는 박해의 대상이 주로 기독교도로 한정되었다. 소수 종교 중 기독교도 인구가 유달리 많았던 데다가 유럽 국가들의 주요 수혜자였기 때문이었다. 유대인들도 영국 등으로부터 보호를 받았고 일부는 베랏을 취득해 부를 축적하기도 했으나 그 수가 상대적으로 매우 적었기 때문에 기독교 국가들과 결탁했다는 의심을 사지는 않았다.[482]

탄지마트 말기인 1870년대부터 유럽에 대한 반발은 더욱 커졌다. 오스만으로부터 독립한 발칸 반도의 일부 지역과 러시아가 점령한 구(舊)오스만 영토에서 기독교도들이 무슬림을 박해한 것이 주요 원인이었다. 1876-78년 사이에만 무려 55만 명의 난민이 박해를 피해 오스만 영토로 유입되었다. 이는 다른 무슬림들의 분노를 자아냈고 외국인들이 거리에서 습격을 당했다. 종교 지도자들은 무슬림의 열악한 처지가 탄지마트의 세속적 정책과 열강의 내정 간섭, 평등권과 그로 인한 역차별 등으로 초래된 것이라며 비판했고, 이슬람 전통과 가치로의 회귀를 요구하는 이슬람주의(Islamism)를 주창했다. 많은 무슬림들이 공감하면서 거리에서 전통 복장이 다시 늘어나기 시작했다.[483]

압둘하미드 집권기 동안 이슬람주의는 많은 지지를 얻었다. 난민들의 피난 행렬이 계속되고, 1878년에 보스니아-헤르체코비나의 통치권을 오스트리아에 빼앗기고, 1881년과 1882년에는 튀니지와 이집트가 각각 프랑스와 영국의 보호령이 되고, 무슬림이 기독교도들에게 당하는 박해는 침묵하면서 기독교도가 무슬림에게 박해를 당한 일만을 공론화하는 유럽의 편파적 행태 등이 반감을 더욱 자극했기 때문이었다. 이러한 불만은 열강의 지배를 받고 있는 전 세계의 무슬림 사회에서 널리 공유되고 있었다. 압둘하미드는 이를 이용해 무슬림들의 연대를 도모했다. 구오스만 영토나 영국 식민지 인도처럼 국경 밖에 있는 지역에서도 종교기관의 인사배정에 관여하고 무슬림이 억압받는 사건에 개입해 영향력을 행사했다. 그는 상징적 지위로 전락한 칼리파의 정치적 영향력을 부활시켜 열강의 제국주의에 대항하는 무기로 만들려고 노력했다.[484] 덕분에 종교계는 정치적 권력을 다시 획득했다. 그렇지만 개혁을 되돌릴 만큼의 사회적 영향력을 가지지는 못했고 그마저도 1908년의 혁명으로 의회가 부활한 이후에는 위축되었다. 무엇보다도, 이슬람주의는 기독교 유럽에 대한 적대심에서 나타난 것이기 때문에 유대인과의 관계에 직접적으로 끼친 영향은 적었다.[485]

개혁은 팔레스타인에 어떠한 변화를 가져왔을까? 1830년대에 무함마드 알리가 평등권을 도입했을 때 무슬림 주민들은 크게 반발했다. 하지만 1840년에 팔레스타인을 되찾은 오스만 정부 또한 이미 평등권을 도입하고 있었기 때문에 변화에 순응하지 않을 수 없었다. 1856년에 종교의 자유가 선포되었을 때도 반발은 있었지만[486] 탄지마트로부터 한, 두 세대가 교체된 19세기 말에서 20세기 초에 이르면 평등한 사회의 모습이 어느 정도 갖추어진다. 비록 여전히 다수 인구인 무슬림이 정치를 주도하고, 타 종교 신도와의 결혼이 규탄받고,[487] 종교별로 다른 학교에 다니는 등[488] 종교적 질서의 자취가 곳곳에 남아 있었으나 개인에 대한 종교 공동체의 영향력은 약화되고 무슬림과 비무슬림의 관계는 더욱 수평적으로 발전했다.[489] 이 시기에 팔레스타인에서 살았던 여러 이스라엘의 유대인들은 당시 무슬림과 유대인의 관계가 매우 친밀했다고 회고한다. 정치학자 메나헴 클레인(Menachem Klein)은 『공통의 삶 : 예루살렘과 야파(Jaffa), 헤브론에서의 아랍인과 유대인』에서 이러한 증언을 잘 정리해 놓았는데, 그중 몇 가지를 소개해 보겠다.[490]

> 야콥 여호수아(Ya'akov Yehoshua)의 표현을 빌리자면, "유대인과 무슬림들은 집 뜰을 공유했다. 우리는 한 가족 같았고, 우리 모두가 친구였다." ... "무슬림 여성들은 저녁에 우리 어머니들과 이야기하기 위해 위층에서 내려왔다." ... "아이들은 함께 놀았고, 동네에서 다른 아이들이 우리를 괴롭히면 우리 뜰에 사는 무슬림 친구들이 보호하러 와주었다."

> 요나 코헨(Yonah Cohen)은 자서전에서 심지어 "아랍 목동들도 유대인들과 친했고 모든 유대교 계율과 관습을 알았다."고 적었다. (그의 아버지 랍비) 하캄 게르숀(Hakham Gershon)은 단칸방에서 유대 남자아이들을 가르치는 전통

소학당(heder)을 운영했다. (예루살렘의) 셰이크 자라(Sheikh Jarrah)에서 아들들을 입학시키러 (아랍) 부모들이 찾아오자 랍비는 깜짝 놀라며 아랍 소년들에게 유대 교육은 적절치 않다고 거부했다. 그러자 부모들은 이렇게 대답했다. "랍비여, 그건 문제가 되지 않소. 아이는 당신으로부터 바람직한 행실을 배울 겁니다. ... 아이가 크면 그때 우리네 학교에 보내면 됩니다."

메이르 헤페츠(Meir Hefetz)는 이렇게 설명한다. "나는 디브 니메르(Dib Nimer)를 기억한다. 그는 태어난 지 8일째 되는 날에 (랍비) 하캄 엘라자르 미즈라히(Hakham Elazar Mizrahi)에게 할례를 받은 무슬림이다. 그가 태어나기 전에 형제들 여럿이 죽었기 때문에 그의 아버지는 ... (유대 율법에 따라) 할례를 시켜 장수를 기원하기로 결정했던 것이다. 그는 자라면서 벤 시온(Ben Zion)이라는 이름을 받아 우리 유대인들 사이에서 사용했다.

다섯 살 때 예루살렘에서 실완(Silwan)으로 이사 간 ... 요셉 메유하스(Yosef Meyuhas)는 ... "저녁에 소학당에서 돌아오거나, 또는 방학이나 휴일이면 항상 가장 친한 이웃들인 무함마드와 파트마(Fatma), 알리, 카디자(Khadijah)네 집을 방문하곤 했다. 그들은 빵과 물을 나누어주고, 때로는 '후식' 삼아 밤늦게까지 대화하고 이야기를 들려주며 환대하고 재워주었다. 이런 식으로 그들의 예의범절과 가치관, 생활방식, 담화, 좋아하던 이야기들이 내 유년 시절의 교육이 되었다."[491]

종교의 다름은 사회적 불화의 원인이 되기보다는 문화의 지평을 넓히는 역할을 했다. 유대 명절인 유월절에 유대인들은 누룩 없이 구운 빵을 만들어 무슬림과 기독교도 이웃들에게 나누어 주고, 유월절이 끝나는 밤에는 무슬림과 기독교도들이 빵과 꿀 등을 답례로 선물했다. 또 다른 유대 명절인 부림절(Pulim)에는 무슬림과 기독교도들이 유대 전통 복식을 입고 같이 춤을 췄고, 유대 성인인 사무엘과 시므온(Simeon)을 기리는 축제에서는 함께 기우제를 지냈다. 이슬람 전통에서 모세가 안장되었다고 믿는 여리고 인근으로 무슬림들이 순례를 다녀오는 나비 무사(Nabi Musa, 예언자 모세) 축제에서는 유대인들이 귀성하는 무슬림을 위해 음악을 연주하고 깃발을 흔들며 환호했다. 아브라함이 천사와 만난 것을 기념하는 기독교 축제 이드 알발루타('Eid al-Balutah)에서도 유대인들은 함께 구경하며 즐겼다.[492]

종교 간 교류는 명절에만 있는 것이 아니었다. 유대인들은 매주 금요일 일몰에서부터 토요일 일몰까지를 안식일(Sabbath)이라 부르며 이 시간 동안에는 어떠한 '노동'도 하지 않는 것을 중요한 교리로 삼는데, 이 '노동'에는 말을 하거나 청소하는 것처럼 일상에서 필수적인 행동까지도 포함한다. 그래서 안식일을 지키는 독실한 유대인을 위해 무슬림이나 기독교 이웃이 밤에 양초를 대신 켜 주고, 안식일이 끝나면 유대인들이 전통 스튜(hamin)를 끓여서 보답으로 나누어주었다. 야콥 엘라자(Ya'akov Elazar)의 회고에 따르면, 안식일 동안 마당을 깨끗하게 유지하기 위해 안식일에는 우물에서 물을 길어오지 말라는 부탁도 무슬림 여성들이 들어주었다고 한다.[493]

이상적으로까지 보이는 모습에도 약간의 그늘은 있었다. 영국이 팔레스타인을 통치하는 시기에 대법관을 지낸 갓 프럼킨(Gad Frumkin/1887-1960)은 "만약 오스만 시절에 유대인이 열등한 지위로 대우받았다면 그것은 집권 세력의 눈에 비치는 유대 공동체의 지위였을 뿐, 무슬림과 유대인 간의 사적인 관계는 좋았고 심지어 친밀했다."며 긍정적으로 회상하면서도, "유대인과 아랍 아이 간의 관계는 ... 서로 간에 돌을 던지고 맞는 게 유일했다."는 부정적인 측면도 설명했다. 그에 따르면, "아이들은 마치 사고방식이나 문화를 아무것도 공유하지 않는 별개의 세상에 속한 것처럼 충돌했다. ... 아랍 지식인들이 자주 방문하는 아버지의 집에서와는 상당히 달랐다." 또한, 유대인 여성들은 아랍 아이들로부터 희롱당할까 봐 염려해 특정 거리에서는 일몰 후에 혼자서 돌아다니지 않았다고 한다.[494] 앞서 무슬림들이 가족 같은 관계였다고 회상한 여호수아 역시 아이들로부터 괴롭힘을 당한 적이 있었다.[495] 하지만 적어도 어른들은 이런 행동을 규제했다. 무슬림 구역에서 살았던 아리예 사송(Aryeh Sasson)은 아랍 이웃이 "유대인 아이들을 괴롭히는 아랍 아이들을 꾸짖었다. 유대교 소녀 혹은 여성들은 거리를 걸을 때 불안해할 필요가 전혀 없었는데, 왜냐하면 지나가는 어느 아랍인이나 유대교 여성의 명예를 지켜줄 것을 알기 때문이다."고 회상했다.[496]

이런 모습들은 개혁 이전과는 얼마나 달라진 것일까? 7세기 무슬림의 정복 이래 팔레스타인에서 무슬림과 유대인들은 끊임없이 교류를 이어왔다. 어느 시기에도 양자의 관계는 단절되지 않았다. 게토나 멜라와 같은 강제적인 격리 거주 구역도 존재한 적이 없었다. 예루살렘이나 사페드, 헤브론 등지에서는 유대인들이 주로 모여 사는 구역이 있었으나, 무슬림 구역에 사는 유대인도 있었고 그보다는 적지만 유대 구역에서 사는 무슬림도 있었다.[497] 경제활동에서는 교류가 더 긴밀했다. 유대인들은 직업의 자유를 거의 제한받지 않아 다양한 직업에 종사했고 무슬림과 함께 단일한 경제 공동체를 형성했다. 오스만 시기에는 예루살렘에서 유대인과 기독교도, 무슬림이 혼재한 조합(guild)이 만들어지고, 드물지만 비무슬림이 조합장으로 임명된 사례들도 여럿 있다. 조합장의 선정은 조합원들의 추천을 받아 카디가 결정하는 방식이었는데, 암논 코헨에 따르면 "새로운 대표가 선정될 때마다 카디가 항상 되풀이해서 말하는 마법의 단어"는 바로 "평등하게"였다.[498] 잦은 교류는 자연히 친밀한 관계를 형성했다. 랍비 아브라함 게르숀(Abraham Gerson)이 1748년에 외가에 보낸 편지에 의하면,

> 이 성지[헤브론]에는 유대 공동체의 뜰이 하나 있고 안식일과 휴일에는 닫혀서 누구도 들어오거나 나가지 않는다. 밤에 비유대인에 대한 걱정이 거의 없어서 문은 열어둔다. ... 할례나 다른 축제가 있을 때면 모든 중요한 사람들이 오고 모두가 기뻐한다. 더구나 비유대인들은 유대인을 매우 좋아한다. ... 내가 여기 왔을 때 도시의 가장 중요한 관리들이 와서 맞이해 주었다. ... 다른 관리들도 와서 박수를 치고 유대인들처럼 춤췄다.[499]

게르숀의 편지를 읽으면 이미 이때도 개혁 이후와 다를 바 없을 정도로 무슬림과 유대인의 관계가 친밀했던 것으로 보이지만 한편으로는 종교적 차별과 박해가 있었던 시기에 어떻게 이 정도로 서로를 살갑게 대할 수 있었는지 의문도 생긴다. 일부 학자들은 대부분의 박해는 외지에서 임명받아 부임한 고위 관료들이 저지른 짓이고 현지 주민들은 종교와 관계없이 서로 친밀했다고 주장한다. 하지만 1834년과 1838년에 사페드에서 유대인들을 박해한 것

은 무슬림 주민들이었다. 지리적으로 멀리 떨어져 있지 않은 헤브론에서 무슬림들의 정서가 현저히 달랐다고 보기는 어렵다. 그러므로 게르숀이 부정적인 측면은 언급하지 않았거나 아니면 친밀한 관계가 항상 유지되지는 않았던 것으로 추측할 수 있다. 랍비 하임 스니어숀(Hyam Zvee Sneershon)이 설명한 19세기 중반의 헤브론 사회의 모습은 이를 뒷받침한다. 그에 따르면, 막벨라 동굴 근처에서 오랫동안 기도를 드리고 있으면 아랍 아이들이 돌을 던지며 방해하고, 법원에 고발해도 처벌받지 않았다. 결혼식이나 장례식, 명절 등 군중이 모이는 날에는 흥분한 무슬림들이 악감정 없이도 유대인들을 모욕하거나 공격할 우려가 있어 거리에 나가지 않았다.[500] 반면, 유대인 메나쉐 마니(Menasheh Mani)가 회상하는 개혁 이후의 모습은 상당히 대조적이다.

> (헤브론에서) 아랍인들은 그들의 명절에 유대인 이웃들을 초대하곤 했다. 여름에는 포도밭에서 함께 휴식을 취하면서 포도나무와 무화과나무 아래에서 먹고 마시고 잤다. 반대의 경우에도 마찬가지였다. 아랍인들이 귀빈으로 참석하지 않는 유대 명절이란 없었다. ... 유대인 행상인들은 정말로 아랍인들처럼 마을의 모스크나 촌장(mukhtar)의 집에서 숙박했다. (아랍) 마을 사람들이 금요일에 막벨라 동굴[이브라힘 모스크]에 기도드리러 오면 유대인의 집에서 머물곤 했다.[501]

앞서 소개한 여러 회상이 증명하듯, 개혁 이후에 아랍인과 유대인들이 더욱 친밀해진 것은 틀림없다. 심지어 일부 학자들은 이 시기의 유대인들을 "아랍 유대인"이라고 부른다. 여기서 '아랍 유대인'이란 단순히 아랍 지역에서 사는 유대인을 의미하는 것이 아니라 아랍 정체성을 가진 유대인을 의미한다. 어떻게 유대인이 아랍 정체성을 가질 수 있냐는 의문이 들겠지만, 아랍 정체성은 인종적이거나 종교적인 것이 아니라 언어를 핵심으로 한 여러 문화적 특징을 공유하는 문화적 정체성이다.[502]

사실 유대인의 아랍화는 유서가 매우 깊다. 팔레스타인에는 다양한 유대 공동체가 있었는데, 우선 무슬림 정복 이래 팔레스타인에서 살아온 유대인들은 아랍어를 모국어로 사용했고 아랍화 된 유대인이라는 뜻의 '무스타랍

(musta'rab)'이라 불렸다. 고이테인에 따르면 이들이 쓴 카이로 게니자 문서의 80% 이상은 히브리어 문자를 사용한 아랍어로 작성되었다.[503] 북아프리카나 예멘 등 다른 아랍 지역에서 이주해 온 유대인들도 아랍어를 모국어로 사용했고 문화적으로도 동화되었다. 16세기에 오스만이 팔레스타인을 정복한 후 대거 이주해 온 스페인 지역 출신의 세파르디(Sephardi) 유대인들은 스페인어의 방언 격인 라디노어(Ladino)를 모국어로 사용했으나 아랍어에도 능통했고 아랍인들과 어울리며 생활했다.[504] 오직 아슈케나지 유대인만이 유럽의 언어와 문화를 고수하려는 경향이 강해 아랍화가 느렸다. 하지만 19세기 중반까지 그들의 수는 많지 않았다.

개혁 이전에는 유대인들이 아무리 아랍인들과 언어나 문화적으로 유사해도 같은 공동체로 인식되지 않았다. 종교가 사회 공동체를 구분하는 질서의 기준이었기 때문이다. 더군다나, 유대교는 혈연을 중시하는 고대 종교의 특성을 갖추고 있어서 아랍 정체성을 가지고 있다 하더라도 유대 정체성을 우선시하는 걸 당연하게 여겼을 것이다. 하지만 세속주의로 인해 공동체 개념이 변화하자 19세기 말에서 20세기 초에는 후자 못지않게 전자를 중요하게 생각하는 '아랍 유대인'이 나타나기 시작했다.

3장에서 자세히 살펴보겠지만, 팔레스타인과 그 밖의 아랍 지역에서 오랫동안 살아온 유대인들은 유대 국가를 원치 않고 오스만의 울타리 내에서 아랍-유대 연대의 길을 걸으려 했다. 양자의 공존을 강조하며 "아랍-히브리인"[505]이라는 필명으로 기사를 쓰는 유대인도 있었고, 아랍어를 배워서 아랍인들과 동화되어야 한다고 주장하는 유대인도 있었다.[506] 이런 생각이 문자로 기록을 남길 수 있었던 소수의 지식인들만 공유하던 생각으로 보이지는 않는다. 가령 아슈케나지 유대인이 만든 신문 『하쯔비(ha-Zevi)』의 인터뷰에서 가자의 유대인은 "아랍인들과 유대인들은 형제처럼 지낸다."라고 응답했다.[507] 역으로 팔레스타인의 아랍인들도 언론이나 일기에서 유대인 이웃을 "토착민", "동포", "아랍 태생의 유대인",[508] "유대적인 아랍인"[509]으로 부르며 같은 공동체의 구성원으로 의식했다. 그러므로 다른 시기도 아닌 20세기 초에 이슬람에 내재한 종교적 폭력성으로 인해 유대인과 분쟁이 일어났다는 주장은 변화된 사회상과는 동떨어진 시대착오적인 괴담일 수밖에 없다.

서론에서 전제한 것처럼, 지금까지 살펴본 것은 이슬람이란 종교가 다른 종교보다 폭력적인지를 확인한 것이 아니라 소위 그러한 폭력성이 이스라엘-팔레스타인 분쟁을 야기했다는 주장이 타당한지에 대한 검토였다. 꾸란의 폭력적인 경구나 무슬림 국가에서 발생한 여러 박해 사례들은 이러한 주장의 근거로 제시되지만, 왜 분쟁이 팔레스타인에서, 그것도 이슬람이 창시된 지 천년도 훨씬 지난 20세기에 들어서 발생했는지를 조금도 설명하지 못한다. 공간적으로 구분할 때 분쟁이 일어나지 않은 기독교 유럽보다 이슬람권에서, 같은 이슬람권에서도 이란이나 모로코 등지에서보다 팔레스타인에서 유대인은 상대적으로 안정된 삶을 살았다. 시간상으로 구분할 때도 분쟁이 일어나기 직전인 19세기 말에서 20세기 초 사이에 팔레스타인은 세속적이고 평등한 사회로 변모했고 무슬림과 유대인의 관계가 크게 개선되었다.

성전산/하람의 '서쪽벽' 문제는 분쟁의 원인이 이슬람의 폭력성에 있지 않다는 점을 명확히 보여준다. 성전산의 출입이 금지된 오늘날 유대인들이 제1의 성지로 여기는 곳은 성전산/하람의 경계를 둘러싼 서쪽벽이다. 사방의 벽 중 유일하게 서쪽벽만을 신성시하는 것은 이 벽이 고대 '성전'의 잔해 위에 지어졌기 때문이라고 세간에 알려졌으나 이는 사실이 아니다. 서쪽벽에 있는 잔해는 성전이 건축되고 한참이 지난 기원전 1세기 말 이후에 성전'산' 비탈에 쌓은 '옹벽'(retaining wall)의 잔해다. 고대 유대인들은 이 옹벽을 성스럽게 여기지 않았다. 기원후 1-2세기에 로마가 성전을 완전히 파괴해 버린 후에는 성전산에 유일하게 남은 역사적 유산으로서 부각되었지만 그래도 별다른 관심을 받지 못했다. 중세에 들어서는 몇몇 랍비들이 '성전의 서쪽벽'은 무너지지 않고 신의 임재가 이곳을 떠나지 않는다는 전통적인 믿음에서 말하는 성전이 성전'산'을 포함한다고 봐야 하며, 따라서 신의 임재가 깃든 곳은 고대 성전이 아니라 '성전산의 서쪽벽', 즉 옹벽이라는 새로운 해석을 내놓았다. 하지만 중세가 끝나갈 때까지도 대부분의 순례기에서 서쪽벽은 언급조차 없거나 고대 유적지로만 짤막하게 묘사된다. 모세 길은 게니자 문서 등의 유대 기록에서 성전산의 여러 문들은 중요한 기도 장소로 나오지만 "서쪽벽은 거의 언급조차 안 된다."고 설명한다.[510]

서쪽벽에 대한 인식이 바뀐 것은 오직 오스만 시기에 들어서였다. 16세기 중반에 술탄 슐레이만(Suleiman/재위 1520-1566)은 서쪽벽을 유대인들의 기도 공간으로 지정하는 칙령을 발표했다고 알려져 있다. 많은 학자들이 이를 인용하지만, 이 칙령은 현존하지 않고 구체적인 내용이 알려져 있지도 않다. 슐레이만 시기에 발표된 것인지조차도 확실치 않다. 그럼에도 불구하고 1625년에 유대인들이 서쪽벽 앞에서 처음으로 합동 기도를 드렸다는 기록이 전하고[511] 무슬림들의 반발이 없었던 것으로 보아 사전에 서쪽벽에서 기도를 드릴 권리를 인정하는 칙령이 발표된 것만큼은 사실인 듯하다. 랍비들은 성전산에 인접한 시내에 기도 공간을 가지게 된 것을 환영했을 것이며 이때부터 서쪽벽이 신성하다는 믿음을 퍼뜨리기 시작한 것으로 보인다.

한 가지 주의할 점은 기도를 드리는 장소가 구체적으로 정의된 적이 없다는 사실이다. 오늘날 유대인들이 기도를 드리는 장소는 '통곡의 벽'으로 불리고 전체 485m 길이의 서쪽벽 중 약 58m에 해당한다고 알려져 있다. 그러나 이는 잘못된 관념이다. 유대인들의 기도 공간은 세월이 흐르며 확장해 왔다. 예를 들어, 1929년에 서쪽벽 앞에 포장(pavement)된 유대인들의 기도 공간은 약 30m였다.[512] 또한, 이스라엘은 기도 공간이 아니라 서쪽벽 전체에 대한 권리를 주장한다. 히브리어로는 서쪽벽과 통곡의 벽을 구분하지 않고 '(서쪽)벽'(ha-Kotel)이라고 부른다.[513] 따라서 이 책에서는 서쪽벽이란 용어를 기본으로 사용하되, 기도 공간만을 특별히 구분해서 일컬을 때만 통곡의 벽으로 쓰겠다.

오스만 시기에 성전산/하람은 예루살렘시의 동남쪽 경계의 끝자락에 있었다. 무슬림들은 하람 가까이 사는 것을 선호했기 때문에 하람의 서쪽과 북쪽에 인접해 거주했고, 유대인들이 기도를 드리는 장소는 무슬림들이 집이나 하람에 들어갈 때 일상적으로 지나다니는 통로 중 하나였다. 오늘날의 종교 대립적 관점에서 보면 커다란 불화가 있었을 것으로 짐작하겠지만, 무슬림 주민들은 이곳에서 기도하는 유대인을 방해하지 않았다. 1658년과 1685년에 유대인들이 남긴 기록에서는 매일 기도를 드려도 괜찮았다고 한다. 또 다른 유대인의 1699년의 기록에 따르면, 유대인들은 명절에 "통곡의 벽에 가서 기도를 드린다. 비록 여성들은 심하게 흐느끼지만 누구도 반대하지 않는다. 무슬림 판사들이 근처에 살고 흐느끼는 소리를 듣지만 결코 반대하거나 질책하지 않는다. 때때로 아랍 젊은이가 유대인들을 귀찮게 굴지만 푼돈을 주면 떠나간다.

만약 품위 있는 이스마엘인이나 아랍인이 그런 무례한 행동을 목격한다면 아이를 심하게 혼낸다."[514]

탄지마트 개혁으로 평등권이 인정된 1840년대부터는 유대인들이 서쪽벽에서 기도를 드리는 게 관습으로 자리 잡았다.[515] 예루살렘에 정착한 독일 출신의 유대인 지리학자 요셉 슈바르츠(Joseph Schwarz/1804-1865)가 1850년에 쓴 책에 따르면, "모든 유대인이 명절과 축제 때마다 서쪽벽에 갔고, … 그보다는 적지만 매주 금요일 저녁에 가는 사람들도 있었고, 일부는 거의 매일같이 찾아갔다." 유대인의 서쪽벽 "접근이 거부되어서는 안 된다는 술탄의 오랜 칙령대로 누구도 무슬림의 방해를 받지 않았다."[516] 하지만 19세기 말에 접어들면 기류가 바뀐다. 무슬림들은 유대인들이 서쪽벽에 대한 소유권을 주장하고 나아가 하람을 빼앗으려는 것으로 의심했다. 유럽에서 유대인들의 이주가 급증하고, 팔레스타인에 유대 국가를 만들려 한다는 계획이 알려지고, 유대인 부호 로스차일드(Rothschild) 가문이 서쪽벽 앞의 무슬림 주거지를 일괄 매입한 후 철거해 기도 공간을 늘리겠다고 제안한 것에 대한 반발이었다.[517] 그럼에도 불구하고 이슬람주의자인 술탄 압둘하미드 2세는 1889년에 유대인들이 기도드리거나 순례 오는 것을 방해해서는 안 된다는 칙령을 내렸다.[518]

19세기 말부터 유대인들은 서쪽벽에 대한 권리를 더욱 적극적으로 행사했다. 기도를 드릴 때 사용하려고 벤치나 의자를 가져오고, 매트를 깔고, 남녀의 공간을 구분하는 가림막과 의식용 조명 등을 설치했다. 좁은 골목길이 인파와 집기로 가득 차게 되자 무슬림 주민들은 통행에 불편을 겪었다. 더 큰 문제는 전례를 찾을 수 없는 이 같은 행동들이 단순히 기도를 드릴 때 편의를 제고하기 위해서가 아니라 서쪽벽에 대한 소유권을 주장하려는 움직임으로 보인 것이다. 주민들의 성화에 못 이겨 당국은 1911년에 의자를 가져오거나 가림막을 설치하는 등의 행위를 금지했다.[519] 그러나 유대인들은 뇌물을 주고 규제를 무력화시켰다.[520] 랍비 이삭 에제키엘 예후다(Isaac Yehezkel Yehuda)는 자신이 어렸을 때 서쪽벽에서 기도를 방해받지 않았다며 1929년에 다음과 같이 증언했다.

내가 여섯 살이 되었을 때 아버지는 안식일에 나를 통곡의 벽으로 데려가 기도를 드리게 했다. 기도는 해가 아직 떠 있을 때 끝나곤 했다. ... 때때로 아버지가 일이 바빠 늦게 왔을 때는 ... 기도가 황혼이 진 다음에 끝났고, 비유대인들이 랜턴을 가져와 우리 앞에서 길을 비춰주곤 했다. ...
내가 청소년이 되었을 때는 욤 키푸르(Yom Kippur, 속죄일) 아침과 정오 사이에 통곡의 벽에 가곤 했다. ... 부지에는 차양막이 쳐져 있고 테이블과 성궤, 성경 두루마리, 의자와 벤치가 있었다. 힘없는 노인들은 방석을 깔고 앉았다. 기도는 조용히 평화롭게 행해졌다. 주민들은 기도드리는 이들을 방해하지 않고 지나갔다.[521]

무슬림들은 서쪽벽 문제를 종교적으로 민감하게 받아들였다. 얼마나 심각했냐면 전통적인 교리를 수정할 정도였다. 이슬람 전통에 따르면, 꾸란의 '밤 하늘의 여행'에서 무함마드는 메카에서 예루살렘으로 날아올 때 날개 달린 말 '부락(al-Buraq)'을 타고 왔고, 하람의 남쪽벽에 매어두었다. 그러나 19세기 말이나 20세기 초부터 팔레스타인의 무슬림들은 부락을 매어둔 곳이 서쪽벽이라고 가르치며 이곳을 알부락이라고 부르기 시작했다.[522] 명백히 서쪽벽에 대한 종교적 권리를 부각하기 위해서였다. 이러한 의미가 사후적으로 부여된 것에는 의심할 여지가 없다. 만약 서쪽벽에 처음부터 특별한 의미가 있었더라면 유대인들에게 기도 공간을 만들어주지 않았을 것이 틀림없기 때문이다. 따라서 알부락이란 명칭은 서쪽벽을 양도 불가능한 성역화로 만들려는 무슬림들의 시도였다는 것을 알 수 있고, 갈등이 상당한 수위에 올랐음을 보여준다. 그래도 양측의 갈등은 오스만의 지배가 종식될 때까지 단 한 번의 물리적 충돌도 없이 원만히 조율되었다.

상황은 1917-18년에 영국이 팔레스타인을 점령하면서부터 달라졌다. 불과 몇 년 지나지 않아 갈등은 급고조되었고 급기야 1929년에는 이를 계기로 소요가 일어나 헤브론에서 60명 이상의 유대인이 학살당하는 참극이 일어났다.[523] 학살이 과연 이슬람의 폭력성 때문에 갑자기 생겨났을까? 종교적 편견에 치우쳐 모든 폭력적인 행동을 이슬람으로 규정지으려는 시도는 진실로부터 눈을 가릴 뿐이다.

마치며 : 선입견을 걷어내고 진실을 마주할 때

종교는 사회에 강력한 영향력을 행사한다. 역사적 사건에서 중추적인 역할을 한 경우도 많다. 그러나 종교가 삼라만상의 원인은 아니다. 역사의 동인을 종교로만 보는 것은 문학작품을 창작하는 것과 다르지 않다. 이번 장에서 살펴본 것처럼, 이스라엘-팔레스타인 분쟁의 원인이라 믿어지는 여러 종교 중심적 역사관들은 아무런 근거도 없는 괴담일 뿐이다. 이산의 역사가 시작되기 전이나 이후에나 2천 년 가까이 절대다수의 유대인은 팔레스타인으로 이주해 올 의사가 없었고, 유대교는 메시아가 도래하지 않는 한 유대인의 집단 귀환이나 유대 왕국과 성전의 재건을 금지했다. 공통의 성지는 무슬림의 지배가 시작되고 천 년이 넘는 기나긴 세월 동안 특별한 갈등을 불러일으키지 않았다. 오히려 기독교 유럽이나 다른 이슬람 지역에서보다 팔레스타인이 유대인들에게 상대적으로 안전한 보금자리를 제공했다. 특히 19세기 말부터는 종교의 장벽이 낮아지면서 어느 때보다도 평화로운 미래를 그리고 있었다.

지금까지 이 주제를 공들여 설명한 것은 일부 기독교도들이 역사를 인식할 때 종교적 관점에 크게 치우쳐 있는 것을 보고 충격을 받았기 때문이었다. 가장 극단적인 예부터 들자면, 팔레스타인으로 출국을 앞두고 작별인사차 만난 지인이 교회에서 팔레스타인 사람들은 죽어 마땅하다고 배웠다며 팔레스타인으로 가지 말라고 만류했다. 몇몇 지인들은 기독교를 믿는 팔레스타인인들도 있다는 사실을 알게 되자 어떻게 자신들을 사악하게 묘사하고 고향에 대한 권리를 부정하는 종교를 믿을 수 있는지 놀라워했다. 팔레스타인인들을 좋아하는 한 지인은 그들의 처지에 동정하는 인도주의적 관점과 팔레스타인 땅의 '정당한 주인'이 유대인이라는 성경적 관점 중 어느 것을 우선해서 봐야 할지 모르겠다며 내적 갈등을 토로했다.

팔레스타인에서 살던 시절에는 '종교적 시각으로 세상을 보는 열성적인 유대인이나 기독교도들은 어쩔 수 없이 팔레스타인인들에게 배타적일 수밖에 없을까'라는 고민을 마음 한구석에 두고 있었다. 그래서 귀국을 불과 2주일 남겨두고 사마리아인들을 찾아가 이야기를 들어보기로 결심했다. 그들은 '약속의 땅'의 또 다른 후예일 뿐만 아니라 아랍과 유대 정체성 모두를 갖고 있다. 일상에서는 아랍어를, 종교의식에서는 고대 히브리어를 사용하며, 이스라엘과 팔레스타인 두 정부 모두로부터 시민권을 발급받는다. 그들이라면 분쟁의 당사자이자 관찰자로서 독특한 견해를 말해줄 수 있지 않을까 기대했다.

나블루스 인근의 게르짐 산에는 8백여 명의 사마리아인이 그들만의 종교와 관습, 문화를 지키며 살고 있다.[m] 사마리아 마을을 찾아온 것은 이번이 두 번째였다. 예전에도 그랬지만 잘 가꾸어진 조경과 건축양식은 유대인 정착촌에 온 느낌을 준다. 사마리아인들은 이스라엘과 팔레스타인 사이의 중계무역을 통해 경제적으로 윤택하다고 친구가 설명해 준 기억이 난다. 워낙 작은 마을이고 두 번째다 보니 모든 풍경이 눈에 익었는데 하필이면 거리에 사람이 안 보이는 것도 똑같았다. 지난번에는 실수로 안식일에 왔기 때문이었고, 이번에는 한낮이라 다들 일하러 가서 그런 듯했다. 그래도 여기저기 돌아다니다 보니 드문드문 사람을 발견할 수 있었고 그때마다 말을 걸어봤다. 그렇지만 영어를 할 줄 아는 사람이 없었다. 20분을 넘게 배회하다 그냥 포기하고 돌아갈까 고민하던 찰나에 마을 초입에서 박물관을 봤던 기억이 났다. 지난번에는 휴일이라 문이 닫혀 있었던지라 이번에도 무심결에 그냥 스쳐 지나갔었는데 혹시나 하는 마음에 찾아가 보았다.

다행히 문이 열려 있었다. 안에는 30여 명의 미국인 단체 관광객이 의자에 앉아 있었다. 강연을 하는 중인 듯했다. 조용히 맨 뒷줄에 빈 의자를 골라잡아 앉고 귀를 기울였다. 강사는 성경이나 사마리아인들과 관련된 여러 가지 흥미로운 이야기를 들려주었는데 궁금했던 정체성에 대한 이야기도 나왔다. 그는 사마리아인이 아랍인인 동시에 유대인이며, 양자를 양립 불가능한 것으로 여기지 않는다고 설명했다. 그리고 아랍과 유대 양쪽에 속하는 중립자로서 두 민족의 평화를 바란다고 말했다. 그의 옆에서 강사가 힘들어할 때마다 중간중간 영어통역을 돕는 20대 초반의 무슬림 여성이 미소 짓는 모습이 눈에 띄었다.

강연이 끝난 후 면담을 청했다. 강사는 피로하지만 짧은 질문이라면 괜찮다

---

m) 이스라엘의 텔아비브 인근 홀론(Holon)에서도 사마리아인들이 살고 있다.

며 허락해 주었다. 미안한 마음이 들어 핵심적인 질문만 했다. 우선 인티파다 중에 사마리아인들이 팔레스타인인들로부터 공격받은 적이 있냐고 물었다. 중립자로서 두 민족의 화합을 믿는다는 설명을 들을 때 불현듯 팔레스타인인들이 '다른 종교'라는 이유로 그들을 공격한 적은 없을까 하는 생각이 들었기 때문이었다. 다행히도 그런 적이 없다는 대답을 들을 수 있었다. 이어서 아랍과 유대 정체성 중 굳이 고르자면 어느 쪽에 더 가깝냐고 질문했다. 자주 들어본 질문이었는지 통역가가 즉시 아랍인에 가깝다고 대답해 주었다. 혹시 그녀가 팔레스타인인이기 때문에 그렇게 대답한 것인가 하는 의심이 들었다. 하지만 강사를 쳐다보니 그는 고개를 끄덕이며 수긍했다.

▶사진 21. 마을 사진과 박물관 내부

마지막으로, 순전히 종교적 관점에서 볼 때 유대인들이 팔레스타인 땅에 대한 권리를 가지고 있는 게 맞는지 질문했다. 오늘 사마리아 마을에 온 것은 바로 이 질문을 던지기 위해서였다. 물론 어떤 대답을 듣게 될지는 예상하고 있었다. 그저 이런 질문을 듣고 대답할 때 어떤 표정이나 어감, 심정으로 말하는지를 알고 싶었을 뿐이었다. 그렇기에 별다른 기대도 하지 않았는데 의외로 통역가가 밝게 웃더니 좋은 질문이라고 말했다. 강사도 고개를 끄덕이더니 직접 영어로 대답했다. "유대인들은 팔레스타인 땅을 유산으로 가지고 있는 게 맞습니다." 역시 예상대로였다. 하지만 대답은 여기서 끝난 것이 아니었다. 그는 질문의 의도를 짐작했기에 이렇게 덧붙였다. "그러나 이곳에 살고 있는 사람들을 해칠 권리를 가진 것은 아닙니다."

칠순이 넘은 사제의 대답이었다. 한평생 종교에 귀의했고, 자신이 아담의 후손이라고 족보를 설명하며 자부심을 느끼고, 출애굽 때 모세와 고대 이스라엘인들이 광야에서 40년간 헤맨 경로를 추정하는 책을 수년간 공들여 쓴 이의 대답이었다. 성경에 대한 믿음은 어느 유대인이나 기독교도 못지않을 것이다. 그런 이조차 종교적 권리가 다른 모든 가치를 무시할 수 있는 절대적 기준이라고 여기지는 않았다. 열성적인 신자들은 역사를 보편적 가치관으로 바라보는 게 불가능할지도 모르겠다는 회의감이 사라졌던 순간이었다. 덕분에 용기를 내서 이 글을 쓸 수 있었다.

독자들은 이제 분쟁이 일어나기 이전의 역사를 알게 되었고 분쟁의 원인이나 책임을 판단하는 기준이 종교가 되어서는 안 된다는 데에 동의할 것이다. 어쩌면 팔레스타인을 유대인의 땅으로 보는 성경적 인식을 견지하고 싶어 분쟁을 객관적으로 이해하려는 자세를 취하기가 꺼려지는 분이 있을지도 모르겠다. 하지만 종교적 가르침을 지키기 위해 역사적 사실을 부정하거나 외면할 필요는 없을 것이다. 기독교의 전통적 교리에서 팔레스타인은 유대인의 땅이 아니었다. 다신교 시절의 로마가 유대인들을 예루살렘에서 추방한 정책은 기독교를 국교로 받아들인 이후에도 오랫동안 유지되었고, 십자군 시기에 또다시 계승되었다. 근 2천 년 가까이 이어져 온 핵심 교리는 오직 나치의 홀로코스트를 계기로 재고되었다. 독일의 기독교도들이 대량학살을 저질렀을 뿐만 아니라 이런 끔찍한 일이 벌어지고 있다는 첩보를 입수한 기독교 국가들이 이를 숨기고 유대인의 구출에 미온적이었다는 사실은 많은 기독교도에게 충격을 안겨 주었다. 그들은 과거를 반성하고 피해를 입은 유대인들에게 보상으로 팔레스타인을 주어야 한다고 생각했다. 이스라엘이 건국되고 오래 지나지 않아 여러 기독교 종파들은 기독교도들이 약속의 땅을 계승했다는 교리를 포기했고 이 땅의 진정한 주인은 유대인이라는 성경적 인식이 자리를 메웠다. 성경의 문자는 그대로지만 정치, 사회적 변화가 성경의 뜻을 다르게 해석하게 만든 것이다. 그러므로 21세기에는 성경을 더욱더 인도주의적 원칙에 부합하는 방향으로 해석할 여지도 있을 것이다.

『나는 팔레스타인의 크리스천이다』를 저술한 목사 미트리 라헵(Mitri Raheb)은 이러한 가능성을 소개한다. 그는 4세기부터 베들레헴에서 살아온 기독교 집안에서 태어났으나 그런 자신에게도 팔레스타인인들을 사악한 블레셋인의 후예로 그리는 성경적 역사가 받아들이기 쉽지 않았다고 한다. 그런데 고대 이스라엘인들이 이집트에서 노예 생활을 하다 탈출하는 출애굽을 가르치던 중 한 학생이 "목사님, 이건 히브리인(=고대 이스라엘인)의 이야기가 아니지 않습니까! ... 바로 우리 팔레스타인 사람들의 이야기입니다."라고 말해서 충격을 받았다. 이스라엘이 팔레스타인을 점령한 후부터 팔레스타인인들은 농지와 수자원 등을 빼앗기고, 유대인들을 위해 세금을 내야 했다. 인권은 심각하게 탄압당했고 이에 저항하는 수많은 사람들은 체포되어 추방되거나 살해당했다. 학생은 바로 이런 압제자로부터의 해방을 담은 이야기가 출애굽이 아니냐는 말이었다.[524]

성경의 '역사적' 이야기를 인도주의 가치관을 담은 교훈적 이야기로 해석하는 것은 너무 자의적이라고 생각할지도 모르겠다. 하지만 19세기 말의 유대인에게서도 이런 발상이 발견된다. 저명한 빈(Vienna)의 랍비장 모리쯔 구뎀만(Moritz Gudemann)은 팔레스타인에 유대 국가를 세우려는 계획이 성경의 "다윗과 골리앗의 역할을 뒤바꿔버릴 것"이라고 예언하며 비판했다.[525] 즉, 팔레스타인을 빼앗으려는 유대인들은 사악한 골리앗이고 그에 저항하는 팔레스타인인들은 정의롭고 용감한 다윗이라는 비유였다. 이 비유는 한 세기 후 인티파다 때 팔레스타인인 아이가 이스라엘군의 탱크에 돌팔매질을 하는 사진이 보도되면서 널리 사용된다.

성경을 인도주의적 원칙으로 해석할 때 한 가지 유의해야 할 점이 있다. 바로 반유대주의를 경계하는 것이다. 인티파다를 계기로 식민 지배의 실상을 알게 된 우리나라와 전 세계의 수많은 기독교도들은 팔레스타인인들의 고난에 슬픔을 나누고 이스라엘을 비판하고 있다. 그런데 이들 중 일부는 이스라엘을 비판할 때 성경 속 고대 이스라엘인들이 저지른 잘못과 연결 짓는다. 하지만 이스라엘의 유대인들은 성경에 등장하는 고대 이스라엘인이 아니고 심지어 10명 중 8명이 성경을 곧이곧대로 믿지 않는다.[526] 성경에 대한 종교적 믿음으로 그들을 단죄하려는 것은 이스라엘의 식민 지배를 정당화하는 종교적 괴담만큼이나 잘못되었다.

  종교적 편견이 없더라도 식민 지배에 대한 강한 반감은 유대 민족 전체에 대한 분별없는 비난으로 이어지기 쉽다. 그러나 전 세계에 1천 4백만 명이 넘는 모든 유대인이 식민 지배에 찬성하지는 않는다. 이스라엘의 유대인 중에서도 식민 지배에 반대하는 이들이 있다. 일례로 필자가 텔아비브에서 살았던 시절에 유대인 집주인은 무신론자였고, 그의 할아버지가 1929년의 서쪽벽 사건으로 헤브론을 떠나게 된 분쟁의 피해자이지만 식민 지배에 반대했다. 놀랍게도 팔레스타인인들을 이스라엘로부터 지켜주는 가장 강력한 외부의 힘이 바로 이들에게서 나온다. 국제평화에 앞장서야 할 유엔은 이스라엘 정부의 비협조로 못 하는 일들이 많다. 유엔 직원들은 일단 이동부터가 자유롭지 못하다. 공항이나 검문소에서 특별히 엄격하게 검문을 받는 일은 부지기수다. 자연히 업무 처리에 제약이 많을 수밖에 없다.[527] 이런 한계를 보완해 주는 게 이스라엘의 인권 단체들이다. 유대인들은 적극적으로 자국 정부를 감시하고, 정보공개청구법에 근거해 정부의 인권탄압에 대한 구체적인 정보를 수집하고 있다. 이들의 도움이 없었다면 오늘날처럼 이스라엘의 만행이 세상에 널리 알려지는 것은 불가능했을 것이다.

  다수의 유대인들, 특히 많은 이스라엘인들이 점령을 옹호하는 것은 사실이다. 하지만 이를 이유로 유대인을 사악한 집단으로 정의해서는 안 된다. 분쟁이 생겨난 이래 보복과 보복에 대한 보복이 백 년이 넘게 되풀이되고 진실이 이스라엘 정부에 의해 은폐되면서 유대인들은 스스로를 분쟁의 피해자로 인식하게 되었다. 더군다나, 이스라엘 건국 이후 아랍 지역에서 추방당한 아랍 유대인들은 실제로도 팔레스타인인들 못지않게 선량한 피해자다. 그러므로 분쟁의 원인이 무엇이었는지, 그리고 누가 작금의 사태를 계획하고 이끌어 왔는지를 물어야 한다. 팔레스타인에 유대 국가를 만들겠다는 계획은 결코 유대 공동체의 작품이 아니었다. 그것은 대다수의 유대인이 반대하거나 무관심했던 계획이었고, 오직 극소수의 유대인과 열강의 합의로 시작된 것이었다. 분쟁의 책임은 바로 이들에게서 찾아야 한다.

Endnotes

1) Laura Koran and Zachary Cohen, "US withdraws from UNESCO over 'anti-Israel bias'," *CNN*, October 12, 2017, http://www.cnn.com/2017/10/12/politics/unesco-us-withdraw/index.html.

2) UNESCO, Records of the General Conference Eighteenth Session Paris, 17 October to 23 November 1974, (Paris: UNESCO, 1975), 59-60, https://unesdoc.unesco.org/ark:/48223/pf0000114040.

3) Wendy Pullan et al, *The Struggle for Jerusalem's Holy Places* (New York: Routledge, 2013), 134, 146:n.30.

4) "Executive Board adopts five decisions concerning UNESCO's work in the occupied Palestinian and Arab Territories," *UNESCO*, October 21, 2010, http://www.unesco.org/new/en/media-services/single-view/news/executive_board_adopts_five_decisions_concerning_unescos/; 이스라엘은 특히 라헬의 무덤이 자국의 유산으로 인정받지 못한 것에 대해 분노했다. 관련하여 다음을 보라. Nadav Shragai, "Until 1996, nobody called Rachel's Tomb a mosque", *Jerusalem post*, November 8, 2010, https://www.jpost.com/israel/until-1996-nobody-called-rachels-tomb-a-mosque.

5) 1994년에 체결한 「경제관계에관한의정서」에 의해 팔레스타인 정부는 국경과 세관에 대한 접근이 금지되고, 이스라엘 정부가 모든 통관 수속을 담당하면서 일정한 수수료를 받고 팔레스타인 측 관세를 대신 징수하고 있다.

6) Harriet Sherwood, "Israel rushes settlement growth after Unesco accepts Palestinians," *Guardian*, November 1, 2011, http://www.theguardian.com/world/2011/nov/01/israel-settlement-growth-unesco-vote-palestinians; Pullan et al, *Jerusalem's Holy Places*, 135.

7) Chris McGreal, "UN vote on Palestinian state put off amid lack of support," *Guardian*, November 11, 2011, http://www.theguardian.com/world/2011/nov/11/united-nations-delays-palestinian-statehood-vote; Paul Eden, "Palestinian Statehood: Trapped Between Rhetoric and 'Realpolitik,'" *The International and Comparative Law Quarterly* 62, no.1 (January, 2013): 229-30.

8) 유네스코 집행위의 추천과 총회 표결에서 기권표를 제외한 3분의 2 이상의 찬성으로 정회원 자격을 얻을 수 있다. 2011년 표결에서 107개국이 찬성, 14개국이 반대, 52개국이 기권했다. 우리나라는 기권했다. "General Conference admits Palestine as UNESCO Member," *UNESCO*, October 31, 2011, http://www.unesco.org/new/en/media-services/single-view/news/general_conference_admits_palestine_as_unesco_member/.

9) Asma Jahangir, "Promotion and Protection of All human Rights, Civil, Political, Economic, Social and cultural Rights, Including the Right to Development: Report of the Special Rapporteur on freedom of religion or belief, Asma Jahangir," UNGA, A/HRC/10/8/Add.2, January 12, 2009.

10) 다음 위키피디아 웹페이지에서 유엔총회와 안전보장이사회에서 채택된 결의안의 목록을 확인할 수 있다. Accessed 7 August 2023. https://en.wikipedia.org/wiki/List_of_United_Nations_resolutions_concerning_Israel#cite_note-1.

11) 결의안에서 예루살렘의 구시가지와 벽에 대한 세 유일신교(즉, 유대교, 기독교, 이슬람)의 중요성에 대해서는 언급했다. UNESCO, *Programme And External Relations Commission (PX)*, 200 EX/PX/DR.25.2 Rev, October 12, 2016.

12) Peter Beaumont, "Unesco makes Hebron old city Palestinian world heritage site," *Guardian*, July 7, 2017, http://www.theguardian.com/world/2017/jul/07/unesco-recognises-hebron-as-palestinian-world-heritage-site.

13) 성경은 개역개정본을 인용했다. 대한성서공회, accessed 28 July, 2023, https://www.bskorea. or.kr/bible/korbibReadpage.php. 단, 일부 지명은 널리 사용되는 명칭을 따랐다. 예를 들어 유브라데강은 유프라테스강으로 표기했다.

14) Amira Hass, "Winning in Israeli Court Isn't Enough to Get You Justice, Palestinian Farmers Are Reminded," *Haaretz*, April 30, 2017, https://www.haaretz.com/israel-news/.premium-winning-in-israeli-court-isnt-enough-to-get-palestinian-farmers-justice-1.5466144?=&ts=_1546150163080.

15) 히브리인은 창 14:13에서, 고대 이스라엘인은 출애굽기 9:7에서 처음 언급된다. 후자는 야곱이 신에게 이스라엘(Israel)이란 이름을 선사 받은 데서 유래되었다는 점을 고려해(창 32:28, 35:10) 야곱과 그의 후손만을 가리키는 것으로 한정 지어 구분하는 경우도 있으나, 일반적으로는 혼용해서 사용된다.

16) 기원전 18세기에 메소포타미아에서 작성된 편지에서 최초로 '가나안인들(Canaanites)'이란 용어가 발견되었다. Jo Ann Hackett, "Canaanites," in *The Oxford Encyclopedia of Archaeology in the Near East*, ed. E. M. Meyers, vol. 1, (New York: Oxford University Press, 1997), 408-9; Ann E. Killebrew, *Biblical Peoples And Ethnicity: An Archaeological Study of Egyptians, Canaanites, Philistines, And Early Israel 1300-1100 B.C.E.*, 2005, 94-6; Yohanan Aharoni, *The land of the Bible: a historical geography*, trans. A. F. Rainey, rev. ed (Philadelphia: Westminister Press, 1979), 67-77.

17) 창세기 10:19에서는 가나안 땅이 이보다 작게 묘사된다.

18) 삿 20:1; 삼상 3:20; 삼하 3:10; 삼하 17:11; 삼하 24:2; 삼하 24:15.

19) 민 32:32, 35:14; 수: 22:1-9.

20) "단에서 브엘세바"와 그 역순인 "브엘세바에서 단까지"는 왕상 4:25, 대상 21:2에서 나오며, "하맛 어귀에서부터 애굽강까지"는 왕상 8:65, 대상 13:5, 대하 7:8에서 나온다.

21) ICBS, *Israel in Figures 2016*, 2016, 13.

22) Ibid.

23) 지금은 하켈(Haqel)로 개명했다. 하켈은 인권수호를 위한 유대인과 아랍인을 뜻하는 히브리어의 축약어다.

24) 서안, 가자지구 점령에 대한 이스라엘 국내법의 접근법에 대해서는 다음을 보라. Raja Shehadeh, "The Weight of Legal History: Constraints and Hopes in the Search for a Sovereign Legal Lnaguage," in *The Arab-Israeli Accords: Legal Perspectives*, eds. E. Cotran and C. Mallat (London: Kluwer Law International Publisher, 1996), 11-6.

25) Amira Hass, "Winning in Israeli Court," *Haaretz*, April 30, 2017.

26) Ibid.

27) Stop The Wall, "Fact sheet - The village of Qaryut and the surrounding Gul settlement," July 25, 2013 https://www.stopthewall.org/2013/07/25/fact-sheet-village-qaryut-and-surrounding-gul-settlement/.

28) quoted in Dan Ernst. "The Meaning and Liberal Justifications of Israel's Law of Return." *Israel Law Review* 42, no. 3 (2009): 567.

29) Great Britain, *Palestine Royal Commission Report* [hereinafter quoted as Peel Report] Cmd. 5479 (London, 1937), 2-3.

30) IMFA, "Facts About Israel: History," accessed January 16, 2021, https://mfa.gov.il/MFA/AboutIsrael/History/Pages/Facts%20about%20Israel-%20History.aspx.

31) 창세기와 출애굽기, 레위기, 민수기, 신명기를 말한다.

32) Lester L. Grabbe, 고대 이스라엘 역사: B.C. 2,000년경~B.C. 539년, trans. 유광현 and 김성천 (서

울: 기독교문서선교회, 2012), 148; 그 밖에도 여호수아기와 사사기, 사무엘기의 상당 부분은 성경의 다른 편들보다 먼저 작성되어 상대적으로 신뢰를 받고 있지만, 빨라야 8세기에 작성되었기 때문에 서술된 사건과 기록 시점에 수백 년의 차이가 있다. Nadav Na'aman, "The 'Conquest of Canaan' in the Book of Joshua and in History," in *From Nomadism to Monarchy. Archaeological and Historical Aspects of Early Israel*, eds. I. Finkelstein and N. Na'aman (Jerusalem: Yad Izhak Ben-Zvi, 1994), 218-22.

33) Grabbe, 고대 이스라엘 역사, 31-79.

34) Graham Davies, "Was There an Exodus?" in *In Search of Pre-Exilic Israel*, ed. J. Day (London: T&T Clark International, 2004), 23-4, 26-7.

35) 시나이 반도 이외에도 팔레스타인의 네게브 사막 등 성경에서 장소가 특정된 다른 곳들을 발굴해 보아도 출애굽으로 추정되는 시기에는 아무런 흔적이 나오지 않았다. Israel Finkelstein and Neil Asher Silberman, *The Bible Unearthed: Archaeology's New Vision of Ancient Isreal and the Origin of Sacred Texts* (New York: Simon & Schuster, 2002), 61-4; William G. Dever, *Who Were the Early Israelites and where Did They Come From?* (Grand Rapids: Wm. B. Eerdmans Publishing, 2003), 19-20.

36) Davies, "Was There an Exodus?" 34-6.

37) 이외에도 출애굽이 역사적 사실이 아닌 이유로 제시되는 여러 가지 근거에 대해서는 다음을 보라. Grabbe, 고대 이스라엘 역사, 70-3, 150-6, 179.

38) 또한, 같은 시기에 트랜스요르단의 고원지대에서도 유사한 물질문화를 가진 정착 인구가 급증했는데, 이는 아브라함의 사촌 일가(즉, 고대 이스라엘인과 비슷한 유래를 지닌 집단)가 트랜스요르단에 정착했다는 성경의 내용과도 맞아 떨어진다고 볼 수 있다. Finkelstein and Silberman, *The Bible Unearthed*, 101-20; Killebrew, *Biblical Peoples and Ethnicity*, 149-96; Grabbe, 고대 이스라엘 역사, 177-8.

39) 고대 이스라엘의 기원과 관련된 학설들의 현황은 다음을 참조. Grabbe, 174-81; Killebrew, *Biblical Peoples and Ethnicity*, 181-5.

40) Grabbe, 고대 이스라엘 역사, 139-43, 204-5.

41) 학자들은 야훼 신앙이 아라비아반도 북서쪽 홍해 인근에서 처음 시작되었고 그 뒤에 팔레스타인의 고원지대로 전파된 것으로 본다. Grabbe, 182, 205, 255-77; Mark S. Smith, *The Origins of Biblical Monotheism: Israel's Polytheistic Background and the Ugaritic Texts* (New York: Oxford University, 2003), 145-6.

42) Grabbe, 고대 이스라엘 역사, 186-97, 207-9, 369-70.

43) Grabbe, 212.

44) Grabbe, 277.

45) 왕하 23:15, 19; 대하 34:6, 33.

46) Paul S. Evans, "The Later Monarchy in History and Biblical Historiography," in *The Oxford Handbook of the Historical Books of the Hebrew Bible*, eds. B. E. Kelle and B. A. Strawn (online edn, Oxford Academic, 2020), 122-4, accessed 19 July, 2023, https://doi.org/10.1093/oxfordhb/9780190261160.013.36.

47) 고고학적으로 북쪽으로의 확장은 벧엘에서 그치고 서쪽으로의 팽창은 증거가 없다. Grabbe, 고대 이스라엘 역사, 294-8, 300-1, 343-6, 359.

48) IMFA, "The Kingdom of David and Solomon: 1077-997 BCE," October 20, 2021, https://www.gov.il/en/Departments/General/the-kingdom-of-david-and-solomon..

49) 고대 이스라엘인도 가나안인에서 기원하지만, 흔히 성경적 관점에 따라 가나안인과 구분해서 본다. 성경에서는 가나안인이 가나안 땅에 사는 여러 집단 중 하나만을 의미하거나 고대 이스라엘인을 제외한 모든 토착민을 가리키는 용어로 혼용되어 사용된다. 전자는 창 15:19-21; 출 3:8, 23:23,

34:11; 신 7:1, 20:17; 수 9:1, 24:11; 삿 3:5 등, 후자는 창 12:6; 신 11:30, 21:1; 수 3:10, 5:1, 17:16, 18; 삿 1:9-17, 27-33 등.

50) Ayelet Gilboa, "Sea Peoples and Phoenicians along the Southern Phoenician Coast-A Reconciliation: An Interpretation of Šikila (SKL) Material Culture," *Bulletin of the American Schools of Oriental Research* 337 (February 2005); Killebrew, *Biblical Peoples and Ethnicity*, 169-70; Robert Drews, "Canaanites and Philistines," *Journal for the Study of the Old Testament* 23, no. 81 (1998): 39-46; Shlomo Bunimovitz, "Problems in the "ethnic" Identification of the Philistine Material Culture," *Journal of the Institute of Archaeology of Tel Aviv University* 17, no. 2 (1990); Othniel Margalith, "Where Did the Philistines Come From," *Zeitschrift für die alttestamentliche Wissenschaft* 107, no. 1 (1995); Kristin Romey, "Ancient DNA may reveal origin of the Philistines," *National Geographic*, July 3, 2019, https://www.nationalgeographic.com/culture/2019/07/ancient-dna-reveal-philistine-origins/; Grabbe, 고대 이스라엘 역사, 161-2.

51) Yigal Levin, "The Religion of Idumea and Its Relationship to Early Judaism", *Religions* 11, no.10:487 (2020): 4-8, https://doi.org/10.3390/rel11100487; Israel Eph'al, "Changes in Palestine during the Persian Period in Light of Epigraphic Sources," *Israel Exploration Journal* 48, no. 1/2 (1998): 115-6. *The Ancient Arabs: Nomads on the Borders of the Fertile Crescent, 9th-5th Centuries B.C.*, rev ed. (Jerusalem: Magnes Press, 1984), 200:n.679, 210-4; Nelson Glueck, *Deities and dolphins; the story of the Nabataeans* (New York: Farrar, Straus and Giroux, 1965), 3-45; Mazin B. Qumsiyeh, *Sharing the Land of Canaan: Human Rights and the Israeli-Palestinian Struggle* (London: Pluto Press, 2004), 9-11.

52) Keith W. Whitelam, 고대 이스라엘의 발명: 침묵당한 팔레스타인 역사, trans. 김문호 (서울: 이산, 2003), 15.

53) Whitelam, (entire book).

54) *Peel report*, 4, 6.

55) Grabbe, 고대 이스라엘 역사, 163, 206-7.

56) Elon Gilad, "Why Are Palestinians Called Palestinians?," *Haaretz*, October 29, 2015, http://www.haaretz.com/israel-news/.premium-1.683062; Aharoni, *The land of the Bible*, 78-9.

57) Drews, "Canaanites and Philistines," 46-57.

58) Shaye J. D. Cohen, *The Beginnings of Jewishness: Boundaries, Varieties, Uncertainties* (Berkeley: University of California Press, 1999), 70-8, 82-106.

59) 기원전 142년에 자치권을 얻고 129년에 독립 왕국을 건설했다.

60) 트랜스요르단에서 살던 에돔인들(Edomites)은 남유다가 멸망하기 한, 두 세대 전부터 이두매 지역으로 이주해와서 다수 인구를 구성했고 이두매인이라 불리게 된다. Eph'al, "Changes in Palestine," 110, 114-5.

61) S. Cohen, *The Beginnings of Jewishness*, 109-39.

62) 남성의 성기 끝 표피를 잘라내는 의식. 유대교의 종교의식으로 알려졌으나 당시에는 지역적 풍습이기도 했다.

63) Flavius Josephus, *The Whole Genuine Works of Flavius Josephus*, trans. William Whiston, vol. 2 (Glasgow: Edward Khull, 1818), 226.

64) Shlomo Sand, *The Invention of the Jewish People*, trans. Yael Lotan (London: Verso, 2009), 143-9.

65) Cassius Dio Cocceianus, *Dio's Roman history*, trans. Earnest Cary, vol. 3 (London: William Heinemann, 1914), 127.

66) S. Cohen, *The Beginnings of Jewishness*, 109-39.

67) Stephen Sharot, *Comparative Perspectives on Judaisms and Jewish Identities* (Detroit: Wayne State University Press, 2011), 146-50.
68) S. Cohen, *The Beginnings of Jewishness*, 18-9, 263-73.
69) *Israeli Law of Return Amendment No. 2, 5730-1970*, March 10, 1970, 4B.
70) 1947년에 아랍 측은 유엔의 조사위원회에 "'아랍인'이라는 용어는 7세기에 아라비아반도에서 온 침략자들만을 의미하는 것이 아니라 그들과 결혼하고 언어와 문화, 생활 양식을 받아들여 영구적으로 아랍화된 토착민을 포함하는 것으로 해석해야 한다."고 주장했다. UNGA, *Official Records of the Second Session of the General Assembly Supplement No. 11* [hereinafter quoted as UNSCOP report], vol. 1, A/364, September 3, 1947. Chapter II. Para.157.
71) Sand, *The Invention of the Jewish People*, 129-36.
72) Sand, 136-43.
73) Jonathan Marc Gribetz, *Defining Neighbors: Religion, Race, and the Early Zionist-Arab Encounter* (Princeton: Princeton University Press, 2014), 123-5.
74) Moshe Gil, *A History of Palestine, 634-1099*, trans. Ethel Broido (Cambridge: Cambridge University Press, 1992), 220-3.
75) Sergio DellaPergola, "Changing Patterns Of Jewish Demography In The Modern World," *Studia Rosenthaliana* 23 (1989): 158:table.2.
76) Arthur Koestler, *The thirteenth tribe: the Khazar empire and its heritage* (New York: Popular Library, 1978); Jits Van Straten, *The Origin of Ashkenazi Jewry: The Controversy Unraveled* (New York: De Gruyter, 2011).
77) 예를 들어, A. S. Santachiara Benerecetti et al, "The common, Near-Eastern origin of Ashkenazi and Sephardi Jews supported by Y-chromosome similarity," *Annals of Human Genetics* 57, no.1 (1993); Karl Skorecki et al, "Y chromosomes of Jewish priests," *Nature* 385, no. 32 (1997); A. Amar et al, "Molecular analysis of HLA class II polymorphisms among different ethnic groups in Israel," *Human Immunology* 60, no. 8 (1999); M. F. Hammer et al, "Jewish and Middle Eastern Non-Jewish Populations Share a Common Pool of Y-Chromosome Biallelic Haplotypes," *Proceedings of the National Academy of Sciences of the United States of America* 97, no. 12 (2000); Almut Nebel et al, "High-resolution Y chromosome haplotypes of Israeli and Palestinian Arabs reveal geographic substructure and substantial overlap with haplotypes of Jews," *Human Genetics* 107, (2000); Almut Nebel et al, "The Y Chromosome Pool of Jews as Part of the Genetic Landscape of the Middle East," *American Journal of Human Genetics* 69, no. 5 (November, 2001); Wesley K. Sutton, "Jewish Genes: Ancient Priests and Modern Jewish Identity," in *Who is a Jew?: Reflections on History, Religion, and Culture* ed. Leonard Jay Greenspoon (West Lafayette: Purdue University Press, 2014), 105-15.
78) Hammer et al, "Jewish and Middle Eastern Non-Jewish Populations Share a Common Pool of Y-Chromosome Biallelic Haplotypes," 6772:Fig.2.
79) Harry Ostrer, *Legacy: A Genetic History of the Jewish People* (Oxford: Oxford University Press, 2012), 218.
80) Nadia Abu El-Haj, *The Genealogical Science: The Search for Jewish Origins and the Politics of Epistemology*, (Chicago: The University of Chicago Press, 2012), 1-32; Qumsiyeh, *Sharing the Land of Canaan*, 18-30.
81) Antonio Arnaiz-Villena et al, retracted, "The origin of Palestinians and their genetic relatedness with other Mediterranean populations," *Human Immunology* 62, no. 9 (September 2001); Qumsiyeh, *Sharing the Land of Canaan*, 20-2.

82) Robin McKie, "Journal axes gene research on Jews and Palestinians," *Guardian*, 25 November, 2001, https://www.theguardian.com/world/2001/nov/25/medicalscience.genetics.
83) Ingrid Hjelm, *The Samaritans and early Judaism: a literary analysis* (Sheffield: Sheffield Academic Press, 2000), 104-15.
84) Hjelm, 258-66; Robert T. Anderson and Terry Giles, *The Samaritan Pentateuch: an introduction to its origin, history, and significance for Biblical studies* (Atlanta: Society of Biblical Literature, 2012), 7-10.
85) Grabbe, 고대 이스라엘 역사, 214-5, 254-5.
86) R. Anderson and Giles, *The Samaritan Pentateuch*, 13-23; Frank Moore Cross, "Aspects of Samaritan and Jewish History in Late Persian and Hellenistic Times," *The Harvard Theological Review* 59, no. 3 (July 1966).
87) Isaiah M. Gafni, *Land, Center and Diaspora: Jewish Constructs in Late Antiquity* (Sheffield: Sheffield Academic Press, 1996), 27-78; Sand, *The Invention of the Jewish People*, 58-78.
88) Ketubot 110b-111a; Sand, 134.
89) 이스마엘의 첫째아들 느바욧(Nebaioth)은 나바테아인과, 둘째 아들 게달(Kedar)은 케다르인과 관련이 있다고 본다.
90) Gordon Darnell Newby, *A History of the Jews of Arabia: From Ancient Times to Their Eclipse Under Islam* (Columbia: University of South Carolina Press, 2009), 24-49.
91) Lester L. Grabbe, *Judaic Religion in the Second Temple Period: Belief and Practice From the Exile to Yavneh* (London: Routledge, 2000), 78-9.
92) 성전을 불태운 것이 의도한 것인지 예기치 않은 사고였는지는 확실치 않다. Lee I. Levine, *Jerusalem: Portrait of the City in the Second Temple Period (538 B.C.E.-70 C.E.)* (Philadelphia: Jewish Publication Society, 2002), 401-10; Meir Ben-Dov, Mordechay Naor and Ze'ev Anner, *The Western Wall*, trans. Raphael Posner (Tel Aviv: Ministry of Defence-Publishing House, 1983), 27.
93) 로마가 유대교를 탄압해서 반란이 일어난 것으로 보는 견해도 있다. 반란이 있기 몇 해 전에 하드리아누스(Hadrian) 황제가 제국 전역에서 남성 할례를 금지하고 이를 어길 시 사형에 처한다는 칙령을 공포했던 것으로 전해지기 때문이다. 하지만 할례는 유대교의 고유 의식이 아니라 이집트 등지에서 널리 행해지는 지역 풍습이었기 때문에 유대교를 탄압하려는 목적으로 칙령을 내렸다고 보기는 어렵다. 또한, 황제가 금지한 것이 할례가 아니라 노예 등에게 행하던 거세라는 해석도 있다. Peter Schafer, *The History of the Jews in the Greco-Roman World*, rev. ed (London: Routledge, 2003), 145-8.
94) 팔라에스티나는 총 3개의 구역으로 편성되었다. Yehoshua Porath, *The Emergence of the Palestinian-Arab National Movement, 1918-1929*, vol. 1 (London: Routledge, 2015), 4-5.
95) Amnon Linder, *The Jews in Roman Imperial Legislation* (Detroit: Wayne State University Press, 1987), 124-32, 138-54.
96) Linder, *Roman Imperial Legislation*, 154-60; John G. Gager, *The Origins of Anti-Semitism* (New York: Oxford University Press, 1985), 94-7.
97) Gavin I. Langmuir, *History, Religion, and Antisemitism* (Berkeley: University of California Press, 1990), 276.
98) 마가복음 27장 11-25절, 요한복음 19:1-27, 사도행전의 구절에 대해서는 다음을 참조. Stephen G. Wilson, "The Jews and the Death of Jesus in Acts," in *Anti-Judaism in Early Christianity, Vol. 1: Paul and the Gospels* (Waterloo: Wilfrid Laurier University Press, 2006), 155-64.
99) Langmuir, *History, Religion, and Antisemitism*, 275-85.

100) Langmuir, 284.

101) Rosemary Radford Ruether, *Faith and fratricide: the theological roots of anti-Semitism* (New York: The Seabury Press, 1974), 246.

102) Sylvia Schein, *Gateway to the Heavenly City: Crusader Jerusalem and the Catholic West (1099-1187)* (Abingdon: Routledge, 2017), 40.

103) 신약성경에서 예수는 성전이 무너진다고 예언했다.(마 24:1-2) 따라서 기독교도들은 폐허가 된 성전산은 신이 유대 민족을 버린 증거이자 예수의 예언이 실현된 증거이므로 계속해서 폐허로 남겨 두어야 한다고 생각했다. John Giebfried, "The Crusader Rebranding of Jerusalem's Temple Mount," *Comitatus: A Journal of Medieval and Renaissance Studies* 44 (2013): 81-2; Gil, *A History of Palestine*, 66-67.

104) Gil, 69.

105) G. W. Bowersock, "Polytheism and Monotheism in Arabia and the Three Palestines," *Dumbarton Oaks Papers* 51 (1997).

106) Gager, *The Origins of Anti-Semitism*, 117-33.

107) John Chrysostom, Wayne A. Meeks and Robert Louis Wilken, *Jews and Christians in Antioch in the first four centuries of the common era* (Missoula: Scholars Press, 1978), 85-104.

108) Linder, *Roman Imperial Legislation*, 67-89, 178-82, 191-3, 267-72, 280-2, 287-9, 370-4, 389-92, 402-10.

109) Ambrose, *St. Ambrose: Selected Works and Letters*, eds. Philip Schaff and Henry Wace, trans. H. De Romestrin (Edinburgh: T&T Clark, n.d.,): 936-44, https://www.ccel.org/ccel/schaff/npnf210.html.

110) Linder, *Roman Imperial Legislation*, 189-91, 197-8, 262-7, 283-5, 287-301.

111) Linder, 36-9.

112) Linder, 78-9.

113) Hagith Sivan, *Palestine in Late Antiquity* (Oxford: Oxford University Press, 2008), 107-42.

114) Jacob Rader Marcus and Marc Saperstein, *The Jews in Christian Europe: A Source Book, 315-1791*, rev. ed. (Hebrew Union College Press, 2015), 30-5.

115) Gunter Stemberger, *Jews and Christians in the Holy Land: Palestine in the Fourth Century*, trans. Ruth Tuschling (Edinburgh: T&T Clark, 2009), 17-21.

116) 입력

117) Sivan, *Palestine in Late Antiquity*, 133; Gil, *A History of Palestine*, 3.

118) Stemberger, *Jews and Christians*, 40-8; B. Blumenkranz, "The Roman Church and the Jews," in Jeremy Cohen, *Essential Papers on Judaism and Christianity in Conflict: From Late Antiquity to the Reformation* (New York: New York University Press, 1991), 194, 196.

119) 교회도 파괴되었다고 전해져 왔으나 최근의 고고학적 발굴에서는 학살만이 확인된다. Gideon Avni, "The Persian Conquest of Jerusalem (614 c.e.)—An Archaeological Assessment," *Bulletin of the American Schools of Oriental Research* 357 (2010).

120) Theophanes the Confessor, *The chronicle of Theophanes Confessor: Byzantine and Near Eastern history, AD 284-813*, trans. Cyril Mango, Roger Scott, and Geoffrey Greatrex (Oxford: Clarendon Press, 1997), 431.

121) Elliott Horowitz, "'The Vengeance of the Jews Was Stronger than Their Avarice': Modern Historians and the Persian Conquest of Jerusalem in 614," *Jewish Social Studies* 4, no. 2

(1998).

122) Schafer, *Greco-Roman World*, 2003, 195-8; Jacob Mann, *The Jews in Egypt and in Palestine Under the Fāṭimid Caliphs*, vol. 1 (Oxford: Oxford University Press, 1920), 42.

123) Eric H. Cline, *Jerusalem Besieged: From Ancient Canaan to Modern Israel* (Ann Arbor: The University of Michigan Press, 2007), 142-46; Gil, *A History of Palestine*, 7-10; Norman Stillman, *The Jews of Arab lands: a history and source book* (Philadelphia: Jewish Publication Society of Amierica, 1979) 23:n1.

124) Newby, *Jews of Arabia*, 78-80; William Montgomery Watt, *Muhammad At Medina* (Oxford: The Clarendon Press, 1956), 1.

125) Newby, 50-4; N. Stillman, *Jews of Arab lands*, 3-5, 8-13; Watt, 192-5.

126) Newby, 86. "The Jews of Arabia at the Birth of Islam," in *A History of Jewish-Muslim Relations: From the Origins to the Present Day*, eds. Abdelwahab Meddeb and Benjamin Stora, trans. Jane Marie Todd and Michael B. Smith (Princeton: Princeton University Press, 2013), 42.

127) Newby, *Jews of Arabia*, 82-5.

128) 메디나 헌장은 무슬림 전통에서 "유대인들에게 일부 권리를 인정하고 이슬람 정치체제에 자리를 부여한 토대"로 인식된다. 다만 번역이나 작성 시기, 의도 등에 대한 학자들의 해석은 다양하다. 예를 들어, 어떤 학자는 "유대인에게는 그들의 종교를, 무슬림에게는 그들의 종교"를 인정한다고 번역하지만, 다른 학자는 종교를 법(law)이나 재정 책임(account)으로 번역한다. Newby, "Birth of Islam," 48-9; Watt, *Muhammad At Medina*, 223; Moshe Gil, *Jews in Islamic Countries in the Middle Ages*, trans. David Strassler (Leiden: Brill, 2004) 39, 44; 한편, 역사학자 모셰 길(Moshe Gil)은 이런 조항들이 유대 부족들의 협력을 전제로 한다는 점에 착안해 언젠가는 적의를 드러낼 유대 공동체를 아랍 부족들로부터 단절시키려는 의도가 있었다고 본다. Gil, 21-45.

129) Watt, *Muhammad At Medina*, 192-204; N. Stillman, *Jews of Arab lands*, 113-4; Newby, *Jews of Arabia*, 86.

130) Watt, 204-8.

131) Watt, 31-3, 208-12; N. Stillman, *Jews of Arab lands*, 122-7.

132) Watt, 214-6, 328; N. Stillman, 14-6, 137-44.

133) N. Stillman, 16.

134) 메디나 헌장에는 여러 유대 부족의 이름이 나열되지만, 무함마드의 공격을 받은 세 부족의 이름은 가장 큰 부족이었는데도 나오지 않는 점이 중요한 근거로 제시된다. Watt, *Muhammad At Medina*, 216-7, 221-6.

135) Watt, 212-3, 217-9; Abd al-Aziz Duri, *Early Islamic Institutions: Administration and Taxation from the Caliphate to the Umayyads and Abbasids*, trans. Razia Ali (London: I.B.Tauris Publishers, 2011), 82-6.

136) Gil, *A History of Palestine*, 16-26.

137) Gil, 26-7.

138) Arthur Stanley Tritton, *The Caliphs And Their Non-Muslim Subjects: A Critical Study of the Covenant of 'Umar* (London: Oxford University Press, 1930), 203-4; Duri, *Early Islamic Institutions*, 81-7.

139) Gil, *A History of Palestine*, 27.

140) Gil, 29.

141) Watt, *Muhammad At Medina*, 219-20.

142) Gil, *A History of Palestine*, 37-43.
143) Gil, 43-8, 51-2.
144) 칼리파를 부르는 여러 칭호 중 하나.
145) Al-Tabari, *The History of al-Tabari*, trans. Yohanan Friedmann, vol. 12 (Albany: State University of New York Press, 1992), 191-2. 아랍어 원문의 의미를 살리기 위해 다음을 참고하면서 번역했다. Al-Tabari, 58:n.225; Gil, *A History of Palestine*, 54-5:n.57.
146) Gil, 54-6, 73.
147) N. Stillman, *Jews of Arab lands*, 154-5; Gil, *A History of Palestine*, 70-4; J. Mann, *Under the Fāṭimid Caliphs*, 43-5.
148) J. Mann, *Under the Fāṭimid Caliphs*, 45-7.
149) Gil, *A History of Palestine*, 71-2.
150) N. Stillman, *Jews of Arab lands*, 154; Gil, *A History of Palestine*, 71.
151) Amikam Elad, *Medieval Jerusalem and Islamic Worship: Holy Places, Ceremonies, Pilgrimage*, rev. ed. (Leiden: Brill, 1999), 161-3; Jacob Lassner, *Medieval Jerusalem: Forging an Islamic City in Spaces Sacred to Christians and Jews* (Ann Arbor: University of Michigan Press, 2017), 34-6.
152) Gil, *A History of Palestine*, 65-6.
153) 우마르가 예루살렘의 항복협정을 체결하기 위해 예외적으로 직접 찾아왔다는 기록이 사실이라면, 무슬림들이 정복 당시에도 예루살렘을 특별하게 여겼다고 볼 수 있다. Lassner, *Medieval Jerusalem*, 55; 당시 예루살렘의 가치가 정치적이거나 군사적인 의미보다는 종교적 상징성에 있다는 점을 고려하면, 무슬림들이 성전산을 중요하게 생각한 것으로도 추측할 수 있다.
154) Gideon Avni, *The Byzantine-Islamic Transition in Palestine: An Archaeological Approach* (Oxford: Oxford University Press, 2014), 2-3; Gil, *A History of Palestine*, 91.
155) Elad, *Medieval Jerusalem and Islamic Worship*, 161-3; Lassner, *Medieval Jerusalem*, 20-59; Gil, *A History of Palestine*, 101-03.
156) 우마르가 실제로 모스크를 지었는지도 논쟁적이다. 아르쿨프 주교가 성전산을 방문한 것은 우마르가 죽고 나서 30여년 뒤였기 때문에 증거가 되지 못한다.
157) Lassner, *Medieval Jerusalem*, 60-95; Elad, *Medieval Jerusalem and Islamic Worship*, 23-39.
158) Lassner, 90:n.21.
159) Elad, *Medieval Jerusalem and Islamic Worship*, 159-63; Gil, *A History of Palestine*, 90-6.
160) Lassner, *Medieval Jerusalem*, 151-79; Shelomo Dov Goitein, *Studies in Islamic History and Institutions* (Leiden: Brill, 2010), 135-48.
161) Gil, *A History of Palestine*, 95-101.
162) Elad, *Medieval Jerusalem and Islamic Worship*, 78-81; Lassner, *Medieval Jerusalem*, 34-6.
163) 오늘날 알아크사 모스크라고도 알려진 키블리 모스크를 말한다. 우마르가 실제로 이 모스크의 원초적인 형태를 건축했는지는 불확실하다.
164) 무슬림 정복 이후에 성전산에 시나고그가 건설되었다는 주장도 있으나 신빙성은 떨어진다. 관련하여 다음을 보라. Gil, *A History of Palestine*, 646-9.
165) Gil, 57-9.
166) N. Stillman, *Jews of Arab lands*, 24.
167) Gil, *A History of Palestine*, 69-70.
168) 무슬림의 정복과 비견될 만한 영토 팽창의 사례로는 알렉산더(Alexander)와 칭기즈 칸(Jingisu-

kan)의 정복이 있다.
169) 18세기 말에 로마사를 저술한 저명한 역사학자 에드워드 기번(Edward Gibbon)이 무함마드가 "한 손에는 칼, 다른 손에는 꾸란"을 들고 기독교와 로마의 폐허에서 왕좌를 세웠다고 묘사한 이후 널리 사용되었다. Edward Gibbon, *History of the Decline And Fall Of Roman Empire*, vol. 7 (London: S.A. and H. Oddy, 1809), 75; Bernard Lewis, *The Jews of Islam* (Princeton: Princeton University Press, 1984), 3; 이슬람에 대한 유럽인들의 왜곡된 역사관은 뿌리가 깊다. 무함마드에 대한 중세 유럽인들의 인식은 다음을 참조하라. Michelina Di Cesare, "The Prophet in the Book:Images of Muhammad in Western Medieval Book Culture," in *Constructing the Image of Muhammad in Europe*, ed. Avinoam Shalem (Berlin: De Gruyter, 2013).
170) Gil, *A History of Palestine*, 135; Lewis, *Jews of Islam*, 18; Bruce Alan Masters, *Christians and Jews in the Ottoman Arab World: The Roots of Sectarianism* (New York: Cambridge University Press, 2001), 20. 이슬람 정복으로부터 한 세기가 지난 뒤에도 호라산(Khorasan)에서 많은 다신교도가 살았던 것으로 확인된다. Duri, *Early Islamic Institutions*, 120.
171) N. Stillman, *Jews of Arab lands*, 23-4, 155.
172) Gil, *Jews in Islamic Countries*, 289.
173) 예루살렘, 라믈라(Ramla), 가자, 카이사레아, 나블루스, 브엘세바 등을 포함한다. Avni, *Byzantine-Islamic Transition*, Appendix II.356-7.
174) Gil, *A History of Palestine*, 170-1.
175) Gil, 144-5.
176) 예외적으로 아라비아반도에서는 많은 땅을 수용했다. Newby, *Jews of Arabia*, 99.
177) Gil, *A History of Palestine*, 135-6.
178) Duri, *Early Islamic Institutions*, 81-107, 113-4; Eliyahu Ashtor, *A Social and economic history of the Near East in the Middle Ages* (Berkeley: University Of California Press, 1976), 36-8; Gil, *Jews in Islamic Countries*, 273, 287-8.
179) N. Stillman, *Jews of Arab lands*, 27-8.
180) Ashtor, *Social and economic history*, 15-22.
181) Tritton, *Non-Muslim Subjects*, 127-9, 134-5, 209-11; Ashtor, *Social and economic history*, 66-70; Bat Ye'or, *The Decline of Eastern Christianity Under Islam: From Jihad to Dhimmitude: Seventh-twentieth Century*, trans. Miriam Kochan and David Littman (Madison: Fairleigh Dickinson University Press, 1996), 71-5, 77-8.
182) Duri, *Early Islamic Institutions*, 107-20; Ashtor, *Social and economic history*, 28-9.
183) Philip K. Hitti, *History of The Arabs*, 10th ed (Houndmills: Macmtllan Education, 1970), 194-6; Tritton, *Non-Muslim Subjects*, 89-92.
184) Ashtor, *Social and economic history*, 22-9.
185) Ashtor, 12-35, 75; Bernard Lewis, *Arabs in history*, rev. ed (London: Hutohliuon House, 1954), 80-1.
186) Mark. R. Cohen, "What was the Pact of 'Umar? A Literary-Historical Study," *Jerusalem Studies in Arabic and Islam* 23 (1999): 104-8.
187) Tritton, *Non-Muslim Subjects*, 5-17; Milka Levy-Rubin, *Non-Muslims in the Early Islamic Empire: From Surrender to Coexistence* (Cambridge: Cambridge University Press, 2011) 58-87; Gil, Jews in Islamic Countries, 275-6.
188) Tritton, *Non-Muslim Subjects*, 12-7; Mark Cohen, "What was the Pact of 'Umar?"; Levy-Rubin, *Non-Muslims*, 58-87.

189) Tritton, *Non-Muslim Subjects*, 100-14.
190) Tritton, 115-7.
191) Levy-Rubin, *Non-Muslims*, 89-92.
192) 예를 들어, 꾸란 24:55을 보라.
193) 꾸란에는 비무슬림들에게 굴욕을 주어야 한다는 구절들이 있다. 예를 들어, 꾸란 2:61, 3:112, 42:45.
194) N. Stillman, *Jews of Arab lands*, 167; Levy-Rubin, *Non-Muslims*, 88-98, 149.
195) Lewis, *Jews of Islam*, 47-9; Gil, *Jews in Islamic Countries*, 285.
196) Levy-Rubin, *Non-Muslims*, 99-112.
197) N. Stillman, *Jews of Arab lands*, 25-26, 34-35; Shelomo Dov Goitein, *Jews and Arabs: their contacts through the ages*, rev. ed (New York: Schocken Books, 1974), 67-73, 82.
198) Yedida Kalfon Stillman, *Arab Dress, A Short History: From the Dawn of Islam to Modern Times*, ed. Norman A. Stillman (Leiden: Brill, 2003), 52-3, 101-7.
199) Ye'or, *Decline of Eastern Christianity*, 84; Gil, *A History of Palestine*, 160.
200) Tritton, *Non-Muslim Subjects*, 93.
201) Gil, *Jews in Islamic Countries*, 276, 308.
202) Goitein, *Jews and Arabs*, 67-73, 82; Gil, *A History of Palestine*, 160-1; Tritton, *Non-Muslim Subjects*, 231.
203) Y. Stillman, *Arab Dress*, 52-3, 101-7.
204) Tritton, *Non-Muslim Subjects*, 30.
205) Gil, *A History of Palestine*, 161.
206) 비무슬림이 내는 차별세는 지즈야와 카라즈(kharaj) 두 가지가 대표적이다. 전자는 성인 남성들만 내는 인두세이고 후자는 토지세로 알려져 있다. 단, 이슬람 초기에는 양자에 대한 명확한 구분이 없어서 지역에 따라서는 지즈야가 토지세를 의미하기도 했고 카라즈가 인두세로 적용되기도 했다. Duri, *Early Islamic Institutions*, 81-159.
207) Milka Levy-Rubin, "New Evidence Relating to the Process of Islamization in Palestine in the Early Muslim Period: The Case of Samaria," *Journal of the Economic and Social History of the Orient* 43, no. 3 (2000).
208) Gil, *A History of Palestine*, 306-28; 툴룬 왕조는 기독교에 관용적이었으나 이흐시드 왕조에서는 예루살렘에서 기독교도에 대한 여러 차례의 박해가 있었다. Shelomo Dov Goitein, "Jerusalem in the Arab Period(638-1099)," in *The Jerusalem Cathedra: Stduies in the History, Archaeology, Geography and Ethnography of the Land of Israel*, ed. Lee I. Levine, trans. Nathan Ginsbury (Jerusalem: Yad Izhak Ben-Zvi Institute, 1981), 183-4.
209) 유대교에서는 신의 이름이 적힌 문서를 파괴해서는 안 된다는 교리가 있어서 이런 문서들을 게니자에 모아 두는 것을 원칙으로 삼았다. "게니자는 히브리어 문자가 적힌 종이를 폐기하는 시나고그의 창고 등의 장소를 의미한다." Goitein, *Islamic History and Institutions*, 279.
210) Goitein, 297-301; E. Ashtor-Strauss, "Saladin And The Jews," *Hebrew Union College Annual* 27 (1956): 315-7.
211) Gil, *A History of Palestine*, 170-2, 225-6, 229-78. *Jews in Islamic Countries*, 603-6.
212) Gil, *A History of Palestine*, 516-22.
213) J. Mann, *Under the Fāṭimid Caliphs*, 169.
214) J. Mann, 38-9; Gil, *A History of Palestine*, 378.

215) Ben-Dov, Naor and Anner, *The Western Wall*, 28, 30.
216) Gil, *A History of Palestine*, 148-9, 626-30.
217) J. Mann, *Under the Fāṭimid Caliphs*, 165; Gil, *A History of Palestine*, 148-9.
218) Gil, 609-22; J. Mann, 59-64, 134-41.
219) Gil, 635; 10세기부터 여러 무슬림 군주들은 예루살렘에 매장되었다. Goitein, "Jerusalem in the Arab Period(638-1099)," 183-4.
220) Pilgrim of Piacenza, *of the Holy Places Visited by Antoninus Martyr (Circ. 530 A.D.)*, trans. Aubrey Stewrd (London: Palestine Pilgrims' Text Societ, 1887), 24; Nancy Miller, "Patriarchal Burial Site Explored for First Time in 700 Years," *Biblical Archaeology Society*, May-June, 1985, https://members.bib-arch.org/biblical-archaeology-review/11/3/1; Guy Le Strange, *Palestine under the Moslems: A description of Syria and the Holy Land from A.D. 650 to 1500* (London: the Palestine Exploration Fund, 1890), 309-15.
221) N. Stillman, *Jews of Arab lands*, 152; Gil, *A History of Palestine*, 57-8, 207.
222) Gil, *A History of Palestine*, 206-7, 745.
223) J. Mann, *Under the Fāṭimid Caliphs*, 16-22, 76-81; N. Stillman, *Jews of Arab lands*, 50-2, 207; Gil, *A History of Palestine*, 359-64.
224) Gil, 171-2.
225) Gil, 406.
226) Gil, 405-6; J. Mann, *Under the Fāṭimid Caliphs*, 153-5.
227) Gil, *Under the Fāṭimid Caliphs*, 30-2; Goitein, *Islamic History and Institutions*, 288
228) Gil, *A History of Palestine*, 385-97, 601-2; J. Mann, *Under the Fāṭimid Caliphs*, 103, 158-161; N. Stillman, *Jews of Arab lands*, 205.
229) Gil, *A History of Palestine*, 374, 379-80.
230) 성묘교회가 완전히 파괴되었다고 알려졌으나, 최근 고고학자들의 연구에 따르면 부서진 것은 일부분이었고 오래 지나지 않아 복구되고 종교의식이 재개되었다. Gideon Avni, "From Hagia Polis to Al-Quds: The Byzantine-Islamic Transition in Jerusalem," in *Unearthing Jerusalem: 150 Years of Archaeological Research in the Holy City*, eds. Katharina Galor and Gideon Avni (Winona Lake: Eisenbrauns, 2011), 394.
231) J. Mann, *Under the Fāṭimid Caliphs*, 30-2; Goitein, *Islamic History and Institutions*, 288.
232) Y. Stillman, *Arab Dress*, 105-6; Gil, *A History of Palestine*, 367:n.29.
233) J. Mann, *Under the Fāṭimid Caliphs*, 33-8, 71-3, 76; Goitein, *Jews and Arabs*, 82-4. "Jerusalem in the Arab Period(638-1099)," 185; Gil, *A History of Palestine*, 373-81; N. Stillman, *Jews of Arab lands*, 201-4.
234) Tritton, *Non-Muslim Subjects*, 229, 231-2.
235) Shelomo Dov Goitein, *A Mediterranean Society: The Jewish Communities of the Arab World as Portrayed in the Documents of the Cairo Geniza*, Vol. 2 (Los Angeles: University of California Press, 2000), 286.
236) Goitein, *A Mediterranean Society*, 286-8.
237) Shelomo Dov Goitein, "Evidence on the Muslim Poll Tax from Non-Muslim Sources. A Geniza Study," *Journal of the Economic and Social History of the Orient* 6, no. 3 (1963).
238) Gil, *A History of Palestine*, 61-2.
239) Gil, 70-1.

240) 예를 들어, Gil, 806-7; 11세기에 이집트의 유대인들이 비잔틴에서 온 유대인들로부터 생활상을 듣고 동정한 글도 있다. J. Mann, *Under the Fāṭimid Caliphs*, 92-3.
241) Roberta Anderson and Dominic Bellenger, eds., *Medieval Worlds: A Sourcebook* (Hoboken: Routledge, 2013), 89.
242) Schein, *Gateway to the Heavenly City*, 9-20.
243) Shelomo Dov Goitein, "Contemporary Letters on the Capture of Jerusalem by the Crusaders," *Journal of Jewish Studies* 3, no. 4 (1952): 170
244) Gil, *A History of Palestine*, 827-8.
245) Anderson and Bellenger, *Medieval Worlds*, 93.
246) Gil, *A History of Palestine*, 828.
247) Goitein, *Contemporary Letters*, 176
248) Goitein.
249) Joshua Prawer, *The History of the Jews in the Latin Kingdom of Jerusalem* (Oxford: Clarendon Press, 1988), 47-9.
250) Strange, *Palestine under the Moslems*, 311, 327.
251) Gil, *A History of Palestine*, 206-8, 828-9.
252) Schein, *Gateway to the Heavenly City*, 35-48.
253) Benjamin of Tudela, *The Itinerary of Benjamin of Tudela*, ed. and trans. A. Asher, vol. 1, 2 vols. (New York: Hakesheth Publishing, 1840-1841), 63-81.
254) Benjamin of Tudela, *The Itinerary of Benjamin of Tudela*, 1:69, 2:89-90.
255) Petachia of Regensburg, *Travels of Rabbi Petachia*, trans. A. Benisch and William F. Ainsworth. (London: Messrs. Trubner, 1856), 61.
256) 십자군이 몰락한 후인 1334년에 헤브론을 방문한 유대인 여행자는 헤브론에 "매우 오래된 시나고그가 있고 유대인들이 매일 밤낮으로 기도드린다."라고 기록했다. Elkan Nathan Adler, *Jewish Travellers* (London: George Routledge & Sons, 1930), 135.
257) Ashtor-Strauss, "Saladin And The Jews," 323-6.
258) Prawer, *Latin Kingdom of Jerusalem*, 85-92.
259) Lewis, *Jews of Islam*, 6-7.
260) 유럽인들의 이주가 시작된 후부터 한 세기 만에 토착 인구의 약 90%가 사망했다. Karl W. Butzer, "The Americas before and after 1492: An Introduction to Current Geographical Research," *Annals of the Association of American Geographers* 82, no. 3 (1992): 350-2; 다만, 유럽인들이 토착민의 몰살을 의도했다고 보기는 어렵고 따라서 대량학살(genocide)이라는 용어를 사용하기는 적절치 않다는 논쟁이 있다. 관련하여 다음을 보라. Alex Alvarez, *Native America and the Question of Genocide* (Lanham: Rowman & Littlefield, 2014) 25-44; Brenden Rensink, "Genocide of Native Americans: Historical Facts and Historiographic Debates," in *Genocide of Indigenous Peoples: A Critical Bibliographic Review*, eds. Samuel Totten and Robert K. Hitchcock (New Brunswick: Transaction Publishers, 2011), 15-21.
261) B. Blumenkranz, "The Roman Church and the Jews," in *Essential Papers on Judaism and Christianity in Conflict: From Late Antiquity to the Reformation*, ed. Jeremy Cohen (New York: New York University Press, 1991), 193-4.
262) Blumenkranz, 194-205.
263) Robert Chazan, *In the Year 1096: The First Crusade and the Jews* (Philadelphia: Jewish Publication Society, 1997), 22-4, 29-49, 59-60, 77-81, 129-30; Marcus and Saperstein,

The Jews in Christian Europe, 74-83.

264) Solomon Grayzel, "The Jews and Roman Law," *The Jewish Quarterly Review* 59, no. 2 (1968); Chazan, *In the Year 1096*, 129-34.

265) 1244년에 오스트리아 공국(Duchy of Austria)은 법의 보호를 약속하며 유대인의 대부업을 장려했고, 이는 동유럽의 다른 국가들에도 영향을 미쳤다. Marcus and Saperstein, *The Jews in Christian Europe, 63-64, 68-73*. Lester K. Little, "The Jews in Christian Europe," in *Essential Papers*, ed. J. Cohen, 278, 280.

266) Marcus and Saperstein, *The Jews in Christian Europe*, 103-8.

267) Robert Chazan, *Medieval Stereotypes and Modern Antisemitism* (Berkeley: University of California Press, 1997), 74-94.

268) Robert Ian Moore, *The Formation of a Persecuting Society: Authority and Deviance in Western Europe 950-1250*, rev. ed (Malden: Blackwell Publishing, 2007), 4.

269) Moore, *(entire book)*..

270) Chazan, *In the Year 1096*, 143-6; Langmuir, *History, Religion, and Antisemitism*, 252-71.

271) 고대에도 의식 살해에 관한 괴담은 여러 가지가 있었으나 당시 영국에서 전승되고 있지는 않았기 때문에 피의 비방은 토마스의 창작이었던 것으로 보인다. Gavin I. Langmuir, "Thomas of Monmouth: Detector of Ritual Murder," in *The Blood Libel Legend: A Casebook in Anti-Semitic Folklore*, ed. Alan Dundes (Madison: University of Wisconsin Press, 1991), 3-40.

272) Ernest A. Rappaport, "The Ritual Murder Accusation: The Persistence of Doubt and the Repetition Compulsion," in *The Blood Libel Legend*, ed. Dundes, 307.

273) Marcus and Saperstein, *The Jews in Christian Europe*, 92-102.

274) Cecil Roth, "The Feast of Purim and the Origins of the Blood Accusation," in *The Blood Libel Legend, ed. Dundes*, 268.

275) Joseph Jacobs, "Little St. Hugh of Lincoln: Reserches in History, Archeology, and Legend," in *The Blood Libel Legend, ed. Dundes*, 41-71; Brian Bebbington, "Little Sir Hugh: An Analysis" in *The Blood Libel Legend*, ed. Dundes, 72-90.

276) Walter Laqueur, *The Changing Face of Anti-Semitism: From Ancient Times to the Present Day* (New York: Oxford University Press, 2006), 56.

277) Colin Holmes, "The Ritual Murder Accusation in Britain," in *The Blood Libel Legend*, ed. Dundes, 100.

278) Joseph Patrick Byrne, *Encyclopedia of the Black Death* (Santa Barbara: ABC-CLIO, 2012), 45.

279) Byrne, *Encyclopedia of the Black Death*, 193-6, 286-7; Marcus and Saperstein, *The Jews in Christian Europe*, 153-9.

280) Marcus and Saperstein, 148-52.

281) Chazan, *In the Year 1096*, 130.

282) Solomon Grayzel, "The Papal Bull Sicut Judeis," in *Essential Papers*, ed. J. Cohen, 231-59.

283) Kenneth Stow, "The Fruit Of Ambivalence. Papal Jewry Policies Over The Centuries," in *The Roman Inquisition, the Index and the Jews: Contexts, Sources and Perspectives*, ed. Stephan Wendehorst (Leiden: Brill, 2004), 3-17.

284) Marcus and Saperstein, *The Jews in Christian Europe*, 127-35

285) Marcus and Saperstein, 221-4; William I. Brustein, *Roots of Hate: Anti-Semitism in Europe Before the Holocaust* (Cambridge: Cambridge University Press, 2003), 70.

286) Henry Joseph Schroeder, *Disciplinary Decrees of the General Councils: Text, Translation, and Commentary* (London: B. Herder Book, 1937), 290-1.
287) Schroeder, 291.n.50.
288) Marcus and Saperstein, *The Jews in Christian Europe*, 98-102.
289) Alfred Haverkamp, "The Jewish Quarters in German Towns during the Late Middle Ages," in *In and Out of the Ghetto: Jewish-Gentile Relations in Late Medieval and Early Modern Germany*, eds. R. Po-Chia Hsia and Hartmut Lehmann (Cambridge: Cambridge University Press, 2002), 13-6.
290) Marcus and Saperstein, *The Jews in Christian Europe*, 226.
291) 게토는 이탈리아어로 '주조하다'라는 뜻을 가진 동사 gettare에서 유래된 것으로 추측된다. 이곳에는 예전에 주물공장이 있었다. Benjamin C. I. Ravid, "From Geographical Realia to Historiographical Symbol: The Odyssey of the Word Ghetto," in *Essential Papers on Jewish Culture in Renaissance and Baroque Italy*, ed. David B. Ruderman (New York: New York University Press, 1992), 376.
292) Ravid, 373-85.
293) Yosef Hayim Yerushalmi, *From Spanish Court to Italian Ghetto. Isaac Cardoso: A Study in Seventeenth-century Marranism and Jewish Apologetics* (New York: Columbia University Press, 1971), 1-25.
294) Helen Rawlings, *The Spanish Inquisition* (Malden, Blackwell Publishing, 2006), 47-62; Marcus and Saperstein, *The Jews in Christian Europe*, 163-71, 177-89.
295) Rawlings, 62-6; Marcus and Saperstein, 181-92.
296) Alisa Meyuhas Ginio, *Between Sepharad and Jerusalem: History, Identity and Memory of the Sephardim* (Leiden: Brill, 2014), 37-44, 55-6.
297) Marcus and Saperstein, *The Jews in Christian Europe*, 193-7.
298) Marcus and Saperstein, 198-204.
299) Rawlings, *The Spanish Inquisition*, 1-20.
300) Heiko Haumann, *A History of East European Jews*, trans. James Patterson (Budapest: Central European University Press, 2002), 3-41; Frank E. Sysyn, "The Khmel'Nyts'kyi Uprising: A Characterization of the Ukrainian Revolt," *Jewish History* 17, no. 2 (2003): 131-5; Zenon E. Kohut, "The Khmelnytsky Uprising, the Image of Jews, and the Shaping of Ukrainian Historical Memory," *Jewish History* 17, no. 2 (2003); Edward H. Judge, *Easter in Kishniev: Anatomy of a Pogrom* (New York: New York University Press, 1992), 7.
301) Judge, 7-12.
302) Adina Ofek, "Cantonists: Jewish Children as Soldiers in Tsar Nicholas's Army." *Modern Judaism* 13, no. 3 (1993); Arie Morgenstern, *Hastening Redemption: Messianism and the Resettlement of the Land of Israel*, trans. Joel A. Linsider (New York: Oxford University Press, 2006), 14-5.
303) Brustein, *Roots of Hate*, 70.
304) Marcus and Saperstein, *The Jews in Christian Europe*, 212-20.
305) John Doyle Klier, Russians, *Jews, and the Pogroms of 1881-1882* (Cambridge: Cambridge University Press, 2011), 59-60.
306) Gager, *The Origins of Anti-Semitism*, 13-34; William Klassen, "Anti-Judaism in Early Christianity: The State of the Question," in *Anti-Judaism in Early Christianity*, eds. Richardson and Granskou, 1:1-19.

307) Brustein, *Roots of Hate*, 143-4.
308) 관련하여 시온주의에 대한 교황청의 입장은 다음을 보라 F. Michael Perko, "Toward a 'Sound and Lasting Basis': Relations between the Holy See, the Zionist Movement, and Israel, 1896-1996." *Israel Studies* 2, no. 1 (1997): 1-21.
309) N. Stillman, *Jews of Arab lands*, 64-5; Y. Stillman, *Arab Dress*, 107-15.
310) Paul B. Fenton and David G. Littman, *Exile in the Maghreb: Jews under Islam: Sources and Documents, 997-1912* (Madison: Fairleigh Dickinson University Press, 2016), 2-3.
311) Amira K. Bennison, *The Almoravid and Almohad Empires* (Edinburgh: Edinburgh University Press, 2016), 86, 171-76; Amira K. Bennison and Maria Angeles Gallego, "Religious minorities under the Almohads: an introduction," *Journal of Medieval Iberian Studies* 2, no. 2 (2010); Fenton and Littman, *Exile in the Maghreb*, 3, 48-56; Levy, 2005, vol. 1, 12; Goitein, 1974, 80-1; Y. Stillman, *Arab Dress*, 109; N. Stillman, *Jews of Arab lands*, 76.
312) Fenton and Littman, *Exile in the Maghreb*, 4; Ye'or, *Decline of Eastern Christianity*, 460:n.68; N. Stillman, *Jews of Arab lands*, 78-9.
313) 멜라는 염지대(salty place)를 의미한다.
314) Susan Gilson Miller, Attilio Petruccioli, and Mauro Bertagnin, "Inscribing Minority Space in the Islamic City: The Jewish Quarter of Fez (1438-1912)," *Journal of the Society of Architectural Historians* 60, no. 3 (2001): 310-3; Lewis, *Jews of Islam*, 149; N. Stillman, *Jews of Arab lands*, 81, 281-6; Fenton and Littman, *Exile in the Maghreb*, 59-62.
315) Fenton and Littman, 5, 63.
316) Fenton and Littman, 16-21, 146-9, 152-71, 202-5.
317) S. Miller, Petruccioli, and Bertagnin, "Minority Space," 313; Emily Gottreich, *The Mellah of Marrakesh: Jewish and Muslim Space in Morocco's Red City* (Bloomington: Indiana University Press, 2007), 21, 146:n.51.
318) 페즈에서와는 달리 멜라는 더 이상 유대인들을 보호하기 위한 목적으로 만들어지지 않았다. 마라케쉬에서 멜라가 만들어질 때 유대인들은 생명의 위협을 받고 있지 않았다. 아마도 페즈에서 정통성을 인정받지 못했던 사디 왕조가 마라케시를 수도로 삼고 페즈와 유사한 형태로 개발시켜 왕권과 수도로서의 정통성을 확보하려고 멜라를 건설했던 것으로 추정된다. 또한, 도시 중심부에 모스크를 짓기 위해서 그곳에 살던 유대인들을 이전시키고, 15세기 말에 스페인과 포르투갈에서 추방당해 온 유대인들의 유입으로 불어난 인구를 통제하려는 목적 등도 있었을 것이다. Gottreich, 12-38.
319) N. Stillman, *Jews of Arab lands*, 83, 304, 312; Y. Stillman, *Arab Dress*, 114-5; Jane S. Gerber, *Jewish Society in Fez 1450-1700: Studies in Communal and Economic Life* (Leiden: Brill, 1980), 138; Gottreich, *The Mellah of Marrakesh*, 92-6; Fenton and Littman, *Exile in the Maghreb*, 145, 159.
320) S. Miller, Petruccioli, and Bertagnin, "Minority Space," 313-4, 320, 327:n.58; Fenton and Littman, *Exile in the Maghreb*, 174-98.
321) Fenton and Littman, 22-5, 209-10.
322) Fenton and Littman, 427-8.
323) Fenton and Littman, 22-37, 508-13, 518-9, 536, 574-84.
324) Gil, *Jews in Islamic Countries*, 49-81.
325) Gil, 273-91, 410-3, 416-31.
326) Walter J. Fischel, *Jews in the Economic and Political Life of Mediaeval Islam* (London: Royal Asiatic Society, 1937), 100-117; Gil, *Jews in Islamic Countries*, 433, 483-6; Wei-chieh Tsai, "Ethnic Riots and Violence in the Mongol Empire: A Comparative Perspective,"

Mongolian Studies 33 (2011): 89.

327) Fischel, *Jews in the Economic and Political Life*, 118-25; J. A. Boyle, *The Cambridge History of Iran: The Saljuq and Mongol Periods*, vol. 5, 541-2.

328) David Yeroushalmi, *The Jews of Iran in the Nineteenth Century: Aspects of History, Community, and Culture* (Leiden: Brill, 2009), 3-10; Ezra Spicehandler, "The Persecution Of The Jews Of Isfahan Under SHĀH ʿABBĀS II (1642—1666)," *Hebrew Union College Annual* 46 (1975): 341; Laurence D. Loeb, *Jewish Life in Southern Iran* (Abingdon: Routledge, 2012), 17, 292.

329) Loeb, *Jewish Life in Southern Iran*, 285-6.

330) 두 사례에서 공통적으로 찾아볼 수 있는 박해의 계기는 유대인의 물질적 탐욕과 그로 인한 처벌이다. 이는 유대교에서 강제개종의 역사를 서술하는 전형적인 방식이며 물질주의를 비판하려는 의도가 있기 때문에 실제로 이러한 경제적 범죄가 발생했는지 그리고 박해를 촉발한 원인이었는지는 확신하기 어렵다. Spicehandler, *Jews Of Isfahan*, 332-5.

331) Vera B. Moreen, "The Problems of Conversion among Iranian Jews in the Seventeenth and Eighteenth Centuries," *Iranian Studies* 19, no. 3/4 (1986): 220-1.

332) Yeroushalmi, *Jews of Iran*, 3-60.

333) Yeroushalmi, *Jews of Iran*, 23, 28:n.4, 32:n.13, 303:n.3, 303-5.

334) Samuel G. Wilson, "The Jews in Persia," *Missionary Review of the World* 8 (1895):738-9; Yeroushalmi, *Jews of Iran*, 287:n.4.

335) Walter J. Fischel, "The Jews of Kurdistan a Hundred Years Ago: A Traveler's Record," *Jewish Social Studies* 6, no. 3 (1944): 222-5; Samuel Wilson, "The Jews in Persia," 738-40.

336) Bennison, *The Almoravid and Almohad Empires*, 167; N. Stillman, *Jews of Arab lands*, 214-25.

337) Ashtor-Strauss, "Saladin And The Jews," 319-20; N. Stillman, *Jews of Arab lands*, 233-46.

338) N. Stillman, 247-50.

339) Joan Peters, *From Time Immemorial: The Origins of the Arab-Jewish Conflict Over Palestine* (Cambridge: Harper & Row, 1984), 58.

340) Fenton and Littman, *Exile in the Maghreb*, 5, 69-89, 87:n.1, 146.

341) John Lewis Burckhardt, *Travels in Arabia*, ed. William Ouseley, vol. 1 (London: Henry Colburn, 1829), 28.

342) J. R. Wellsted, *Travels in Arabia*, vol. 1 (London: John Murray, 1838), 15, 21.

343) Fenton and Littman, *Exile in the Maghreb*, 103-13.

344) Fenton and Littman, 117-8; Peters, *From Time Immemorial*, 55.

345) Bat-Zion Eraqi-Klorman. "The Forced Conversion of Jewish Orphans in Yemen." *International Journal of Middle East Studies* 33, no. 1 (2001)

346) Lewis, *Jews of Islam*, 147-61.

347) Fenton and Littman, *Exile in the Maghreb*, 98-9.

348) Lewis, *Jews of Islam*, 147-8.

349) Samuel Wilson, "The Jews in Persia," 738; Fischel, "The Jews of Kurdistan," 223-4.

350) N. Stillman, *Jews of Arab lands*, 105-6, 393-402.

351) Stanford J. Shaw, *The Jews of the Ottoman Empire and the Turkish Republic* (Houndmills: Macmillan Press, 1991), 200-1; N. Stillman, 401-2.

352) Lewis, *Jews of Islam*, 158-9.
353) Lewis, *Jews of Islam*, 147, 156-9.
354) N. Stillman, *Jews of Arab lands*, 106; Lewis, 158-9.
355) Lewis, 190-1.
356) 특히 유대 인구는 다른 어떤 유럽인들보다도 훨씬 높은 증가율을 보여서 많은 논의가 오가고 있다.
357) Sergio Dellapergola, "Changing Patterns Of Jewish Demography In The Modern World," *Studia Rosenthaliana* 23 (1989): 157, 158:Table.2.
358) Y. Stillman, *Arab Dress*, 106-7; Fenton and Littman, *Exile in the Maghreb*, 2.
359) 예를 들어, 하킴 시기에 성묘교회가 부분적으로 파괴되었을 때 유럽에서는 유대인들이 가담했다는 소문이 돌았다. Gil, *A History of Palestine*, 378-9; 그 직후인 1009년과 1010년에 프랑스의 오를레앙(Orleans)과 리모주(Limoges)에서 유대인들은 강제개종과 살해 위협을 받아 대부분 도망쳤고, 1012년에는 독일의 마인츠(Mainz)에서 추방당했다. 또한, 11세기 동안 프랑스 일부 도시들에서는 부활절에 유대인 한 명을 교회 앞에 세워놓고 면상을 가격하는 의례가 행해졌는데 유대인들이 과거에 무슬림들에게 도시를 넘겼던 배신자들이라는 이유에서였다. 그러나 무슬림들이 이곳들을 점령한 역사는 없었다. 그럼에도 불구하고 툴루즈(Toulouse)에서는 이 의식을 치르다 한 명이 목숨을 잃었고, 12세기 초에 유대인들이 기독교 성직자들에게 해마다 기부하기로 약속한 후에야 중단되었다. L. Little, "The Jews in Christian Europe," 281-2.
360) Lewis, *Jews of Islam*, 161-3, 171-3, 179-83.
361) 1840년의 다마스쿠스 피의 비방이 좋은 예시가 된다. 피의 비방이 발생했을 때 영국은 이집트 당국의 "야만적인 대우"를 비판했고, 오스트리아 영사는 폭도들로부터 추가적인 피해를 당하지 않도록 보호를 요청했다. 또한, 영국과 프랑스의 유대교도들로 구성된 대표단이 이집트 당국과 협상해 수감자들을 풀려나게 했고 술탄을 면담해 조치를 요청했다. 술탄은 피의 비방을 규탄하고 유대 공동체의 보호를 약속하는 칙령을 포고했다. Lewis, 156-9; N. Stillman, *Jews of Arab lands*, 105-6, 399-402; S. Shaw, *Jews of Ottoman Empire and Turkish Republic*, 200-1; Alan Dundes, "The Ritual Murder or Blood Libel Legend: A Study of Anti-Semitic Victimization through Projective Inversion," in *The Blood Libel Legend, ed. Dundes*, 344.
362) N. Stillman, *Jews of Arab lands*, 76; Mark R. Cohen, "The 'Golden Age' of Jewish-Muslim Relations: Myth and Reality," in *History of Jewish-Muslim Relations*, eds. Meddeb and Stora, trans. Todd and Michael Smith, 33-4.
363) Newby, *Jews of Arabia*, 99-104.
364) Lewis, *Jews of Islam*, 28.
365) Gottreich, *The Mellah of Marrakesh*, 6, 23-5, 71-91, 98-107, 141:n.21; S. Miller, Petruccioli, and Bertagnin, "Minority Space," 313, 316, 323; Barbara E. Mann, *Space and Place in Jewish Studies* (Piscataway: Rutgers University Press, 2012), 118-20.
366) Ye'or, *Decline of Eastern Christianity*, 78; Tritton, *Non-Muslim Subjects*, 227; Lewis, *Jews of Islam*, 14-5.
367) Mark R. Cohen, "The Neo-Lachrymose Conception of Jewish-Arab History," *Tikkun* 6, no. 3 (1991): 55-6.
368) Joel Beinin, *The Dispersion of Egyptian Jewry: Culture, Politics, and the Formation of a Modern Diaspora* (Cairo: The American University in Cairo Press, 2005), 14-7; Mark Cohen, "Neo-Lachrymose Conception," 55-8.
369) Shelomo Dov Goitein, *Jews and Arabs: Their Contacts Through the Ages*, rev. ed (New York: Schocken Books, 1974), 87-8.
370) Mark Cohen, "Neo-Lachrymose Conception," 59.

371) Gil, *Jews in Islamic Countries*, 416.
372) Lewis, *Jews of Islam*, 59-61.
373) Ashtor-Strauss, "Saladin And The Jews," 324.
374) Ashtor-Strauss, 309:n.14.
375) Ashtor-Strauss, 325.
376) Ashtor-Strauss, 305-13.
377) Goitein, *A Mediterranean Society*, 286-8.
378) Y. Stillman, *Arab Dress*, 111.
379) N. Stillman, *Jews of Arab lands*, 69-70, 273-4
380) Y. Stillman, *Arab Dress*, 110-3.
381) N. Stillman, *Jews of Arab lands*, 70-5, 267-8; Nathan Hofer, "The Ideology of Decline and the Jews of Ayyubid and Mamluk Syria," in *Muslim-Jewish Relations in the Middle Islamic Period: Jews in the Ayyubid and Mamluk Sultanates (1171-1517)*, ed. Stephan Conermann, (Göttingen: V&R unipress GmbH, 2017), 102:n.30.
382) N. Stillman, *Jews of Arab lands*, 75.
383) Adler, *Jewish Travellers*, 133.
384) Adler, 153.
385) Yehoshua Frenkel, "Conversion Stories from the Mamluk Period," in *Muslim-Jewish Relations*, ed. Conermann, 93.
386) Donald P. Little, "Haram Documents Related To The Jews Of Late Fourteenth Century Jerusalem," *Journal of Semitic Studies* 30, no. 2 (1985): 228.
387) Dotan Arad, "Being a Jew under the Mamluks: Some Coping Strategies," in *Muslim-Jewish Relations*, ed. Conermann, 21-7; Goitein, *Jews and Arabs*, 69.
388) 유대 구역에 있는 시드나 우마르 모스크(Sidna Umar Mosque)를 말한다. N. Stillman, *Jews of Arab lands*, 301:n.4; Hezki Baruch, "Muslim provocation in the Jewish Quarter: Jewish residents of Old City of Jerusalem protest renovation of out-of-use mosque inside the Jewish Quarter," *Israel National News*, December 3, 2019, https://www.israelnationalnews.com/news/272629; D. Little, "Haram Documents," 78.
389) D. Little, 78-87.
390) Donald P. Little, "Communal Strife in Late Mamluk Jerusalem." *Islamic Law and Society* 6, no. 1 (1999): 80-1, 86-7.
391) Adler, *Jewish Travellers*, 179-96.
392) Adler, 173.
393) James Parkes, *Whose land?: A history of the peoples of Palestine* (New York: Taplinger, 1971), 108-9, 112-3.
394) 실제로는 이보다도 적었던 것으로 보인다. D. Little, "Haram Documents," 227-8.
395) Adler, *Jewish Travellers*, 189, 193-4.
396) Adler, 235.
397) Adler.
398) Adler, 233, 245, 249; 10세기와 11세기 무슬림들의 기록에서도 이런 관습이 있던 것이 확인된다. 985년에 예루살렘 주민 무카다시(al-Muqaddasi)는 공공 영빈관(public guest house)을 찾아온

"모든 가난한 성지순례객"과 희망하는 "부자들"에게 음식을 나누어준다고 설명했다. 다만 비무슬림들도 포함되는지는 명확지 않다. Strange, *Palestine under the Moslems*, 309-10, 314-5.

399) Adler, *Jewish Travellers*, 236, 242.
400) Adler, 177-8, 181-2; Arad, "Being a Jew under the Mamluks," in *Muslim-Jewish Relations*, ed. Conermann, 27-35.
401) Adler, 250.
402) Adler, 229, 234-7, 242.
403) 예루살렘에서 거주한 적이 있는 이탈리아인 기독교 수사(Francesco Suriano)가 15세기 말-16세기 초 사이에 형제에게 쓴 편지에 따르면 무슬림들은 "어느 나라에서나 그러하듯 이 개 같은 유대인들을 짓밟고 때리고 학대"했다. 하지만 그는 이런 차별이 "(기독교) 신의 정당한 칙령이며 유대인들은 (이런 대우를) 받아 마땅하다."라고 말하고, 유대인들이 이슬람으로 개종하려면 먼저 기독교로 개종한 후에 다시 이슬람으로 개종해야 했다는 신뢰할 수 없는 말도 하므로 편견에 치우쳐 있어 현실을 과장한 것으로 보인다. 편지 원문은 다음을 보라. N. Stillman, *Jews of Arab lands*, 278; Amnon Cohen, *Jewish life under Islam: Jerusalem in the Sixteenth Century* (Cambridge: Havard University Press, 1984), 220-1.
404) Mark R. Cohen, "Sociability and the Concept of Galut in Muslim-Jewish Relations in the Middle Ages," in *Judaism and Islam, Boundaries, Communications and Interaction*, ed. Benjamin H. Hary, John L. Hayes and Fred Astren (Leiden: Brill, 2000), 46.
405) S. Shaw, *Jews of Ottoman Empire and Turkish Republic*, 79-83.
406) 오스만은 "불신론자"와 "딤미"라는 용어를 주로 기독교도에게만 한정적으로 사용하고 유대인들에게는 별도의 명칭을 부여하지 않았다. 역사학자 스탠포드 쇼(Stanford Shaw)는 이를 유대인에게 상대적으로 우월적인 지위를 부여한 것으로 해석한다. S. Shaw, *Jews of Ottoman Empire and Turkish Republic*, 77-8.
407) S. Shaw, 84-5.
408) Lewis, *Jews of Islam*, 135-6.
409) N. Stillman, *Jews of Arab lands*, 88.
410) S. Shaw, *Jews of Ottoman Empire and Turkish Republic*, 37.
411) Lewis, *Jews of Islam*, 129-35; Masters, *Christians and Jews*, 26-40.
412) Gilles Veinstein, "Jews and Muslims in the Ottoman Empire," in *History of Jewish-Muslim Relations*, eds. Meddeb and Stora, trans. Todd and Michael Smith, 176-9; Alisa Meyuhas Ginio, *Between Sepharad and Jerusalem: History, Identity and Memory of the Sephardim* (Leiden: Brill, 2014), 57-61.
413) Auerbach, *Hebron Jews*, 40.
414) Amnon Cohen and Bernard Lewis, *Population and Revenue in the Towns of Palestine in the Sixteenth Century* (Princeton: Princeton University Press, 1978), 111.
415) Prawer, *Latin Kingdom of Jerusalem*, 70, 85-6.
416) Parkes, *Whose land?*, 104-5, 111, 113-4.
417) 이탈리아 유대인 모세 바솔라(Moses Basola)가 1522년에 쓴 여행기에 따르면 유대 인구는 약 3백 가구였다. 이를 근거로 오스만의 인구조사가 과소했다는 견해도 있다. Avraham David, *To Come to the Land: Immigration and Settlement in 16th-Century Eretz-Israel* (Tuscaloosa: University Alabama Press, 1999), 59.
418) 미혼 가구(bachelors)를 포함한 수치다. A. Cohen and Lewis, *Population and Revenue*, 28-32, 81-169.

419) N. Stillman, *Jews of Arab lands*, 89, 290.
420) A. Cohen, *Jewish life under Islam*, 137.
421) A. Cohen, 209-10; David, *To Come to the Land*, 36-7.
422) A. Cohen, 115.
423) Joseph R. Hacker, "Jewish Autonomy in the Ottoman Empire: Its Scope and Limits. Jewish Courts from the Sixteenth to the Eighteenth Centuries," in *The Jews of the Ottoman Empire*, ed. Avigdor Levy (Princeton: The Darwin Press, 1994), 169-74.
424) A. Cohen, *Jewish life under Islam*, 72-139.
425) Galut의 의미와 번역과 관련하여 다음을 참고하라. Mark Cohen, "Sociability and the Concept of Galut," in *Boundaries, Communications and Interaction*, eds. Hary, Hayes and Astren (Leiden: Brill, 2000), 46.
426) N. Stillman, *Jews of Arab lands*, 291-2.
427) A. Cohen, *Jewish life under Islam*, 81-6; N. Stillman, *Jews of Arab lands*, 92, 300-2; Joseph Schwarz, *A Descriptive Geography and Brief Historical Sketch of Palestine*, trans. Issac Leeser (Phildelphia: Carey and Hart, 1850), 274-83.
428) Ada Rapoport-Albert, "A Reevaluation of the 'Khmelnytsky Factor': The Case of the Seventeenth-Century Sabbatean Movement," in *Stories of Khmelnytsky: Competing Literary Legacies of the 1648 Ukrainian Cossack Uprising*, ed. Amelia Glaser (Stanford: Stanford University Press, 2015), 47-59.
429) S. Shaw, *Jews of Ottoman Empire and Turkish Republic*, 132-5; Veinstein, "Jews and Muslims in the Ottoman Empire," in *History of Jewish-Muslim Relations*, eds. Meddeb and Stora, trans. Todd and Michael Smith, 197-8.
430) Veinstein, 198-99; S. Shaw, *Jews of Ottoman Empire and Turkish Republic*, 135-7;
431) Gershom Scholem, Sabbatai Sevi: *The Mystical Messiah, 1626-1676*, trans. R. J. Zwi Werblowsky (Princeton: Princeton University Press, 1973), 693-99.
432) Scholem, *Sabbatai Sevi*, 694.
433) Yosef Tobi, "Jews of Yemen," in *History of Jewish-Muslim Relations*, eds. Meddeb and Stora, trans. Todd and Michael Smith, 252-4.
434) Scholem, *Sabbatai Sevi*, 553-5, 596-8.
435) Jonathan Israel, "The Jews of Spanish Oran and their expulsion in 1669," *Mediterranean Historical Review* 9, no. 2 (1994): 236, 240, 249-50.
436) 역사학자 게르숌 숄렘(Gershom Scholem)에 따르면 술탄은 박해 명령을 내렸다가 취소했다. Scholem, *Sabbatai Sevi*, 699-703.
437) Lewis, *Jews of Islam*, 138-48
438) Scholem, *Sabbatai Sevi*, 186-7, 368-9, 368:n.81.
439) Jacob Barnai, *The Jews in Palestine in the Eighteenth Century: Under the Patronage of the Istanbul Committee of Officials for Palestine*, trans. Naomi Goldblum (Tuscaloosa: University of Alabama Press, 1992), 15-9.
440) David, *To Come to the Land*, 49-50.
441) Dror Ze'evi, *An Ottoman Century: The District of Jerusalem in the 1600s* (Albany: State University of New York Press, 1996), 145-54.
442) Barnay, *Palestine in the Eighteenth Century*, 19-22, 24, 89-90; Masters, *Christians and Jews*, 36-7; Abraham Ezra Millgram, *Jerusalem Curiosities* (Philadelphia: Jewish Publica-

tion Society, 1990), 109-12.

443) Barnay, *Palestine in the Eighteenth Century*, 179-80. 해외의 유대인들이 팔레스타인의 유대인에게 후원금을 보내온 것은 카이로 게니자에서도 발견되는 매우 오래된 관습이다. 18세기부터는 북아메리카에도 사절을 보내 후원금을 모금했다. Jacob Rader Marcus, ed. *The Jew in the American World: A Source Book* (Detroit: Wayne State University Press, 1996), 85.

444) 17세기에 예루살렘 인근의 마을 데이르 아반(Dayr Aban)에서는 기독교도 주민들이 지즈야를 내지 않기 위해 납세일을 며칠 앞두고 다 같이 개종했다. 지즈야는 독자적으로는 개종을 이끌어낼 만큼 큰 부담은 아니었으나 전반적으로 생계가 어려워졌기 때문으로 추정된다. Felicita Tramontana, "The Poll Tax and the Decline of the Christian Presence in the Palestinian Countryside in the 17th Century," *Journal of the Economic & Social History of the Orient* 56, no. 4 (2013): 631-652; 지즈야는 화폐가치에 따라 약간의 변동은 있었으나 기본적으로 소득과 관계없이 1 골드로 일정한 정액제(定額制)였다. A. Cohen and Lewis, *Population and Revenue*, 71-2; Amy Singer, *Palestinian Peasants and Ottoman Officials: Rural Administration Around Sixteenth-Century Jerusalem* (Cambridge: Cambridge University Press, 1994), 80-2. 따라서 오스만의 경제가 명목상으로나마 발전하면서 실질적 부담은 낮아져 왔고 18세기 중반에는 예루살렘에서 2인 가구의 '공식 최저생계비'에서 지즈야가 차지하는 비율은 17%에 그친 것으로 추정된다. Barnay, *Palestine in the Eighteenth Century*, 209.

445) Mahmoud Yazbak, *Haifa in the Late Ottoman Period, 1864-1914: A Muslim Town in Transition* (Leiden: Brill, 1998), 3-4, 18-22; Morgenstern, *Hastening Redemption*, 21.

446) Ilan Pappe, *The Rise and Fall of a Palestinian Dynasty: The Husaynis, 1700-1948*, trans. Yael Lotan (Berkeley: University of California Press, 2010), 72.

447) Bat Ye'or, *Islam and Dhimmitude: Where Civilizations Collide*, trans. Miriam Kochan and David Littman (Madison: Fairleigh Dickinson Univ Press, 2002), 119; N. Stillman, *Jews of Arab lands*, 340-1; Dovid Rossoff, *Safed: the Mystical City*, rev. ed. (Jerusalem: Sha'ar Books, 1991), 149-50; 사망자 수는 다음을 인용함. Morgenstern, *Hastening Redemption*, 232:n.136.

448) N. Stillman, 340.

449) N. Stillman, 338-9.

450) Hyam Zvee Sneersohn, *Palestine and Roumania, a description of the Holy Land, and the past and present state of Roumania, and the Roumanian Jews* (New York: Hebrew Orphan Asylum Printing Establishment, 1872), 43-4; Schwarz, *Descriptive Geography*, 399.

451) Ye'or, *Islam and Dhimmitude*, 119.

452) Rossoff, *Safed*, 165-7.

453) Great Britain, *Report of the Court of Inquiry Convened by Order of H. E. the High Commissioner and Commander-In-Chief, Dated the 12th Day of April, 1920* [hereinafter quoted as Palin Report] FO/371/5121, 4-5.

454) Stanford J. Shaw, *History of the Ottoman Empire and Modern Turkey, vol. 1, Empire of the Gazis: The Rise and Decline of the Ottoman Empire, 1280-1808* (Los Angeles: University of California, 1976), 260-6; Bernard Lewis, *The Emergence of Modern Turkey*, rev. ed. (London: Oxford University Press, 1968), 38-9, 56-62.

455) Lewis, *The Emergence of Modern Turkey*, 40-69.

456) S. Shaw, *History of the Ottoman Empire*, 1:272-7; S. Shaw and Ezel Kural Shaw, *History of the Ottoman Empire and Modern Turkey*, vol. 2: *Reform, Revolution, and Republic: The Rise of Modern Turkey, 1808-1975* (Los Angeles: University of California, 1977), 1, 4-6; Lewis, *The Emergence of Modern Turkey*, 70-1, 74-6.

457) Lewis, 76-80; S. Shaw and E. Shaw, *History of the Ottoman Empire*, 2:6-9, 19-21.

458) S. Shaw and E. Shaw, 2:5-6, 35-48.

459) Lewis, *The Emergence of Modern Turkey*, 100-3; Donald Quataert. "Clothing Laws, State, and Society in the Ottoman Empire, 1720-1829." *International Journal of Middle East Studies* 29, no. 3 (1997): 403, 412-9; Donald Quataert, *The Ottoman Empire, 1700-1922*, rev. ed (Cambridge: Cambridge University Press, 2005), 148-51; Masters, *Christians and Jews*, 137; S. Shaw and E. Shaw, *History of the Ottoman Empire*, 2:149, 158, 169-70.

460) S. Shaw and E. Shaw, 2:29-34.

461) Lewis, *The Emergence of Modern Turkey*, 74-128.

462) Ottoman Empire, *The Rescript of Gulhane*, November 3, 1839, accessed July 29, 2018, https://www.anayasa.gen.tr/gulhane.htm; Lewis, *The Emergence of Modern Turkey*, 109-10, 114-5.

463) Ottoman Empire, *The Rescript of Reform*, February 18, 1856, accessed July 29, 2018, https://www.anayasa.gen.tr/reform.htm.

464) 일정 수준 이상의 재산세를 납부한 25세 이상의 성인 남성의 간접 선거로 치렀다. 자세한 내용은 다음을 보라. Mahmoud Yazbak, "Elections In Late Ottoman Palestine: Early Exercises In Political Representation," in *Late Ottoman Palestine: The Period of Young Turk Rule*, eds. Yuval Ben-Bassat and Eyal Ginio (London: I. B. Tauris, 2011), 35-7.

465) Ottoman Empire, The Ottoman Constitution of 1876, December 23, 1876, accessed July 29, 2018, http://www.anayasa.gen.tr/1876constitution.htm.

466) 초대 의회에서 유대인들은 남성 인구 18,750명당 1석을 받았고 기독교도들은 108,557명마다, 무슬림들은 133,367명마다 1석을 받았다. S. Shaw and E. Shaw, *History of the Ottoman Empire*, 2:181-2, 185-6; Hasan Kayali, "Elections and the Electoral Process in the Ottoman Empire, 1876-1919," *International Journal of Middle East Studies* 27, no. 3 (1995): 267.

467) 실제로 열강의 이러한 침투는 1차대전 후 오스만의 여러 영토에서 위임통치국으로 인정받는 근거가 된다.

468) Alexander Scholch, *Palestine in Transformation 1856-1882: Studies in Social, Economic and Political Development*, trans. William C. Young and Michael C. Gerrity (Washington D.C.: Institute for Palestine Studies, 2006), 49-54; Masters, *Christians and Jews*, 147-8; S. Shaw, *Jews of Ottoman Empire and Turkish Republic*, 199.

469) S. Shaw and E. Shaw, *History of the Ottoman Empire*, 2:136-8.

470) Lewis, *The Emergence of Modern Turkey*, 160-9.

471) 1876년에서 1912년 사이에 수입은 수출의 약 2배였고, 적자의 대부분은 열강과의 무역에서 발생했다. 예를 들어, 1876년에 영국, 프랑스, 오스트리아, 러시아, 이탈리아 5개국으로부터의 수입은 수출의 2.4배를 차지했다. S. Shaw and E. Shaw, *History of the Ottoman Empire*, 2:95-105, 122-3, 239.

472) Lewis, *The Emergence of Modern Turkey*, 110-1.

473) Seda Ozekicioglu and Halil Ozekicioglu, "First borrowing period at Ottoman Empire (1854-1876): Budget policies and consequences," *Business and Economic Horizons* 3, no. 3 (2010): 41:table4, 44:table5.

474) Seda Ozekicioglu and Halil Ozekicioglu, 33, 34:table 1; Keiko Kiyotaki, "Ottoman State Finance: A Study of Fiscal Deficits and Internal Debt in 1859-63," working paper, London School of Economics, 2005. https://www.lse.ac.uk/Economic-History/Assets/Documents/WorkingPapers/Economic-History/2005/wp9005.pdf; Lewis, *The Emergence of Modern Turkey*, 453.

475) Donald C. Blaisdell, *European Financial Control In The Ottoman Empire: A Study of the Establishment, Activities, and Significance of the Administration of the Ottoman Public Debt* (New York: Columbia University Press, 1929), 27-40; S. Shaw and E. Shaw, *History of the Ottoman Empire*, 2:221-6.
476) S. Shaw and E. Shaw, 2:155-6; Blaisdell, *European Financial Control*, 76-7.
477) Maurits van den Boogert, *The Capitulations and the Ottoman Legal System: Qadis, Consuls, and Berats in the 18th Century* (Leiden: Brill, 2005), 63-115.
478) Masters, *Christians and Jews*, 138-9.
479) S. Shaw and E. Shaw, *History of the Ottoman Empire*, 2:187, 211-3, 221-38, 243-53.
480) S. Shaw and E. Shaw, 2:100, 128; Masters, *Christians and Jews*, 138-9.
481) Masters, 132, 140-4.
482) Masters, 132-3.
483) S. Shaw and E. Shaw, *History of the Ottoman Empire*, 2:115-8, 156-8; C. Ernest Dawn, "The Origins of Arab Nationalism," in *The Origins of Arab Nationalism*, ed. Rashid Khalidi et al. (New York: Columbia University Press, 1993), 6-7.
484) S. Shaw and E. Shaw, *History of the Ottoman Empire*, 2:116-7, 259-60; Quataert, *The Ottoman Empire, 1700-1922*, 83-5.
485) 혁명 직후부터 아르메니아에서는 무슬림과 기독교도 간의 갈등이 커졌고, 이듬해 2만여 명의 기독교도가 학살당했다. 반면, 유대인들은 팔레스타인에서 시온주의로 인한 갈등과 그로 인한 유럽 이주자 몇몇이 살해당한 것을 제외하면, 심각한 충돌은 없었다. Michelle U. Campos, *Ottoman Brothers: Muslims, Christians, and Jews in Early Twentieth-Century Palestine* (Stanford: Stanford University Press, 2011), 59-92.
486) Bat Ye'or, *The Dhimmi: Jews and Christians Under Islam*, trans. David Maisel, Paul Fenton and David Littman (Cranbury: Associated University Presses, 1985), 246-54.
487) 팔레스타인에서도 결혼한 사례들이 있다. Menachem Klein, *Lives in Common: Arabs and Jews in Jerusalem, Jaffa and Hebron*, trans. Haim Watzman (Oxford: Oxford University Press, 2014), 47-8, 59.
488) Klein, 51.
489) Campos, *Ottoman Brothers*, 199-201.
490) Klein, *Lives in Common*, 19-64.
491) Klein, 21, 31, 39.
492) Klein, 44, 48-50, 54, 58.
493) Klein, 37, 46; Salim Tamari, *Mountain Against the Sea: Essays on Palestinian Society and Culture* (Berkeley: University of California Press, 2008), 153-4.
494) Klein, 38, 43-4.
495) Klein, 52-3.
496) Klein, 21-2.
497) A. Cohen and Lewis, *Population and Revenue*, 34-41; Dror Ze'evi, *An Ottoman Century: The District of Jerusalem in the 1600s* (Albany: State University of New York Press, 1996), 23-4; Sneersohn, *Palestine and Roumania*, 49; Goitein, "Jerusalem in the Arab Period(638-1099)," 188.
498) Amnon Cohen, *The Guilds of Ottoman Jerusalem* (Leiden: Brill, 2001), 5-6, 86, 107-9, 112-3, 185-92.

499) Barnai, *Jews in Palestine in the Eighteenth Century*, 23-4.
500) Sneersohn, *Palestine and Roumania*, 46-7, 55.
501) Klein, *Lives in Common*, 54-5.
502) Moshe Behar, "What's in a name? Socio-terminological formations and the case for 'Arabized-Jews'," *Social Identities*, 15, no. 6 (2009): 761-2.
503) Goitein, *Islamic History and Institutions*, 297.
504) Klein, *Lives in Common*, 54.
505) Jonathan Marc Gribetz, *Defining Neighbors: Religion, Race, and the Early Zionist-Arab Encounter* (Princeton: Princeton University Press, 2014), 111.
506) Abigail Jacobson, "Jews Writing In Arabic: Shimon Moyal, Nissim Malul And The Mixed Palestinian/Eretz Israeli Locale," in *Late Ottoman Palestine* eds. Ben-Bassat and Ginio, 170.
507) 인터뷰 응답자는 가자에 시나고그와 묘지가 부족한 것만을 불평했다. ha-Zevi, December 28, 1908, quoted in Gribetz, *Defining Neighbors*, 114.
508) Tamari, *Mountain Against the Sea*, 164.
509) Abigail Jacobson, *From Empire to Empire: Jerusalem Between Ottoman and British Rule* (Syracuse: Syracuse University Press, 2011), 112-3.
510) Gil, *A History of Palestine*, 646; 예외적으로 12세기 랍비 벤자민은 서쪽벽이 고대 성전의 일부였고 "모든 유대인들이 (서쪽)벽 근처의 뜰로 와서 기도드린다."고 여행기에 적었다. 이를 근거로 서쪽벽에서 기도드리는 관행이 좀 더 일찍 시작되었다는 주장도 있지만, 벤자민은 유대인들이 서쪽벽 근처에 있는 문에서 기도드리는 모습을 보고 서쪽벽과 연관지은 것일지도 모른다. 더군다나, 벤자민은 서쪽벽이 "Gate of Mercy"라고 불린다고 말했는데, 이는 하람의 동쪽에 있는 문이다. 어떤 이유에서 혼동을 했는지는 모르지만, 벤자민의 진술이 정확하지 않다는 것은 분명하다. Benjamin of Tudela, *The Itinerary of Benjamin*, 1:70.
511) Great Britain, *Report of the Commission Appointed by His Majesty's Government in the United Kingdom of Great Britain and Northern Ireland, with the Approval of the Council of the League of Nations, to Determine the Rights and Claims of Moslems and Jews in Connection with the Western or Wailing Wall at Jerusalem, December 1930* [hereinafter quoted as Western Wall Report] (London, 1931), III.History.
512) Great Britain, *Report of the Commission on the Palestine Disturbances of August 1929* [hereinafter quoted as Shaw Report], Cmd. 3530 (London, 1930), 28.
513) 서쪽벽(haKotel haMa'aravi)의 줄임말이다. 19세기부터 비유대인들 사이에서 통곡의 벽이란 용어가 널리 퍼지자 유대인들도 이를 사용했으나, 1967년 전쟁 이후로는 서쪽벽을 지향하게 된다.
514) Ben-Dov, Naor and Anner, *The Western Wall*, 69-70.
515) Ben-Dov, Naor and Anner, 70-71; Yehoshua Ben-Arieh, *Jerusalem in the 19th century: the Old City* (Jerusalem: Yad Izhak Ben Zvi, 1984), 308-14.
516) Schwarz, *Descriptive Geography*, 260; 이러한 권리를 안전하게 보장받기 위해서는 어느 정도의 뇌물도 필요했다. Ye'or, *The Dhimmi*, 233.
517) Klein, *Lives in Common*, 34; Simon Schama, *Two Rothschilds and the land of Israel* (London: Collins, 1978), 92.
518) Great Britain, *Western Wall report*, III.History.
519) Great Britain, v.The Evidence.
520) Porath, *Emergence of Palestinian-Arab*, 259-60.

521) Ben-Arieh, *Jerusalem in the 19th century*, 312.
522) Elad, *Medieval Jerusalem and Islamic Worship*, 97-102.
523) Great Britain, *Shaw Report*, 64.
524) Raheb, 나는 팔레스타인의 크리스천이다, 133.
525) Wistrich, Robert S. "Zionism and Its Religious Critics in Fin-de-Siecle Vienna." *Jewish History* 10, no. 1 (1996): 103-7.
526) ICBS, *Israel in Figures* 2016, 13.
527) 유엔 특별보고관이 벤구리온 공항에서 입국을 거부당한 사례도 있다. Richard Falk, "My expulsion from Israel," *Guardian*, December 19, 2008, http://www.theguardian.com/commentisfree/2008/dec/19/israel-palestinian-territories-united-nations.

팔레스타인을 발견한 유럽의 시온주의자

Part  III

1. 팔레스타인에 내던져진 유럽의 문제
1.1. 유대 민족의 발명과 팔레스타인으로의 이주
1.2. 팔레스타인의 식민화
1.3. 갈등의 시작
1.4. 깨어진 환상

2. 시온과 유대 문제의 관계
2.1. 헤르쯜의 정치적 시온주의
2.2. 민족의 고향으로 둔갑한 유대 국가
2.3. 커지는 아랍의 경각심
2.4. 풀리지 않는 시온의 문제
2.5. 유대 문제로부터 멀어져 가는 시온

3. 시온주의에 평화는 없었다.
3.1. 수면 위로 떠 오른 아랍 문제
3.2. 고용을 위한 추방
3.3. 언론의 자유가 만든 반시온주의 연대
3.4. 아랍 유대인과 시온주의 문제
3.5. 시온주의/아랍 문제의 평화적 해결책?

마치며 : 시온주의의 두 얼굴

What Caused the Century Old Conflict in Palestine?

1492년에 콜럼버스가 아메리카 대륙을 '발견'했을 때 유럽인들은 열광했다. 단순히 새로운 대륙을 알게 되었다는 지적 호기심 때문이 아니라 발견자가 땅의 주인이 된다는 식민주의 사상 때문이었다. 아메리카 대륙을 먼저 발견하고 그곳에서 오랫동안 살아온 수많은 토착민의 권리는 철저히 무시했고 비옥한 자연환경은 신이 기독교도를 위해 마련한 새로운 '약속의 땅'이라는 증거로 믿었다. 뒤따른 대량학살과 토착 문명의 파괴도 정원사가 잡초를 뽑는 일만큼이나 무심하게 기록되었다. 유럽인들은 오직 아메리카 대륙의 식민화에만 관심을 가졌고, 유럽 문물의 이식에 성공하자 무에서 유를 창조한 개발의 신화를 창조했다며 칭송했다. 희열을 느끼며 그들은 나머지 세상의 발견을 서둘렀다.

　발견자의 눈길이 팔레스타인에 도달한 것은 19세기였다. 외교관, 선교사, 학자, 군인, 예술가, 작가들은 팔레스타인에 대한 글을 쓰거나 그림을 그려 사람들의 관심을 북돋웠다. 증기선의 시대가 도래한 덕분에 상류층뿐만 아니라 중산층도 순례여행을 왔고, 그들이 남긴 수많은 여행기는 또 다른 유럽인의 발길을 끌었다. 1800-1877년 동안 유럽에서 팔레스타인에 대한 책은 무려 5천 권이 넘게 쓰였다. 그야말로 십자군 시기에도 뒤처지지 않을 정도로 이례적인 수준의 관심이었다.[1] 영국은 특히나 유별났다. 1775-1914년 동안 영어로 쓴 중동 지역의 여행 수기와 지리 서적의 수가 2천 권에 달했고 그중 대부분이 팔레스타인과 이집트를 다뤘다. 책값을 감당키 어려운 노동계급도 잡지에 실린 그림을 보거나 전시회에서 팔레스타인의 풍경에 친숙해졌다. 팔레스타인은 19세기 내내 전시회에서 가장 인기 있는 주제 중 하나였다. 교회의 주일학교(主日學校)는 영국의 지리도 모르는 꼬마들에게 성경에 묘사된 팔레스타인의 지리부터 가르쳤다. 팔레스타인의 고고학, 지리, 지형, 동식물 등을 연구하는 학술단체인 팔레스타인탐험기금(Palestine Exploitation Fund)도 만들어졌다. 영국의 강보다 팔레스타인의 갈릴리 호수가 더 알려졌다는 불평이 나올 정도였다.[2]

이러한 일탈적 수준의 관심은 팔레스타인을 정복할 수 있다는 기대가 있었던 덕분에 생겨날 수 있었다. 유럽인들은 스스로를 팔레스타인의 주인으로 인식하고 있었고, 아메리카 대륙에서처럼 토착민의 존재는 지워버렸다. 팔레스타인에 관한 수많은 책에서, 심지어는 여행기에서도 아랍인이 등장하는 경우는 드물었다. 몇 안 되는 언급도 황야를 유랑하는 고대 시기의 베두인들로만 묘사하며 동방 세계는 변화하지 않는 후진적인 곳이라는 오리엔탈리즘(Orientalism)을 형성할 뿐이었다. 사람들은 자연스레 팔레스타인은 황폐하고 사람이 거의 살지 않는 '버려진 땅'으로 상상했다.[3] 따라서 그들은 주인 없는 땅을 '발견'한 것이고 약속의 땅의 진정한 주인인 기독교도들이 땅을 '구원'해야 한다는 생각을 가지게 되었다.[4]

발견자의 권리는 19세기에도 여전히 유효한 관념이었다. 1776년에 아메리카 대륙의 유럽인들은 "모든 사람은 평등하게 태어났다."라는 "자명한 진리"를 깨달았다고 말하며 식민모국인 영국으로부터 독립해 미국을 세웠다.[5] 하지만 그로부터 불과 반세기도 지나지 않은 1830년에는 인디언 추방법(Indian Removal Act)을 제정해 자신들끼리 임의로 그어서 만든 국경선 안에 있는 토착민의 터전을 국경 밖의 토지와 "교환"해 미국을 인디언 '청정지역'으로 만들었다. 약 10만여 명이 강제로 피란길에 올랐고 수천 명이 목숨을 잃었다.[6] 그로부터 20여 년 후 미국은 서부 끝자락에 있는 캘리포니아(California)까지도 자국의 영토로 병합했다. 뒤따른 전쟁과 자원 약탈 등으로 인해 10만 명 내외였던 캘리포니아 토착민의 수는 불과 한 세대 만에 80%가 줄어들어 2만여 명이 되었다.[7] 이외에도 콜로라도주(Colorado)의 샌드크리크 학살(Sand Creek Massacre) 등 토착민을 향토에서 몰아내려는 시도는 곳곳에서 계속되었다.[8]

같은 시기에 팔레스타인에서도 똑같은 시도가 있었다. 유럽의 선교사회는 19세기 중반 내내 팔레스타인을 식민지로 만들고 기독교 왕국을 건설하자고 정부에 청원했다. 아랍인을 추방하거나 보호구역에 가둬두거나, 혹은 착취해서 식민경제 체제를 만드는 방법도 논의했다.[9] 식민화의 이상은 청원과 담론으로 그치지 않았다. 선교사들은 직접 식민촌(colony)[a] 건설 사업에 뛰어들었

---

a) 'colony'는 우리말로 식민지로 번역되며, 『표준국어대사전』에 따르면 이는 "정치, 경제적으로 다른

고, 가장 성공적이었던 독일의 성전수호단(Templars)은 "평화로운 십자군"이라는 미명하에 7개의 식민촌을 세웠다.[10] 공식적으로는 비정치적 민간학술단체였던 탐험기금도 뒤에서는 영국 정부가 제국주의적 영향력을 강화할 수 있도록 돕고 군사적으로 활용 가능한 정보를 제공했다.[11] 기금의 한 활동가는 팔레스타인에 동인도회사(East India Company)와 같은 식민회사를 설립해 영국의 관리하에 둘 것을 제안했다.[12] 하지만 그들의 열정은 정부나 대중의 뒷받침을 받지 못했다.

열강의 정부들은 유럽의 세력균형이 무너지는 걸 원치 않았기 때문에 팔레스타인을 식민지로 만들 계획이 없었다. 19세기 말에 보호령으로 선언한 이집트나 튀니지와는 달리 팔레스타인은 오스만이 제국으로서 기능하는 데 중요한 역할을 하는 종교적 성지인 데다가, 팔레스타인을 노리는 국가가 많아 어느 한 국가가 독점하기는 어려웠다. 그래서 각자 자국의 영향력을 강화하는 선에서만 만족했다.[13] 대중도 식민화에 관심 가지지 않았다. 문화역사학자 에이탄 바르요세프(Eitan Bar-Yosef)의 최근 연구에 따르면, 영국 시민들은 선교사들처럼 팔레스타인 땅에 주인의식을 가지고는 있었으나 그들의 머릿속에는 "지상의 예루살렘"이 없었다. 팔레스타인은 그들에게 "천상의 예루살렘"을 의미했고, "이질적이기보단 친근했고, 외국적이기보단 토착적"인 "우리 땅"이었다. 따라서 식민화가 필요하다고 느낄 수 없었다. '지상의 예루살렘'을 연구하고 소개하려 한 팔레스타인탐험기금은 대중으로부터 외면받아 자금난에 시달렸고 군부의 지도 제작 의뢰로 운영비를 충당했다.[14]

정치적으로도 사회적으로도 지원을 받을 수 없자 19세기 말이 되면 유럽인들은 식민화 계획을 서서히 접게 된다. 그러나 그들이 무너트린 오스만의 제방을 넘어 유럽에서 또 다른 물결이 밀려오는데, 바로 유대인들이었다. 이전까지 유대인들 사이에서 팔레스타인은 종교적 성지이며 메시아가 도래한 후에 이주해갈 곳으로 믿어졌다. 팔레스타인으로 이주를 해야지만 메시아가 나타나거나 혹은 그 시기를 앞당길 수 있다는 능동적 메시아주의를 주창하는 랍비

＊ 나라에 예속되어 국가로서의 주권을 상실한 나라"를 뜻한다. 하지만 'colony'에는 '나라'만이 아니라 마을이나 그보다도 작은 소규모 공동체도 포함된다. 우리말에는 후자의 의미에 대응하는 용어가 없어서 이 책에서는 식민촌(村)으로 표기했다.

도 있었으나 지지를 받지 못했다. 예외적으로 19세기 초에는 상당한 수의 이주를 조직하는 데 성공했는데 1840년이 탈무드와 카발라(Kabbalah, 유대교 신비주의)에서 메시아가 도래할 것이라고 예언한 해였던 데다가 유럽과 팔레스타인에서 일어난 여러 사건이 전조로 여겨진 덕분이었다.[15] 1839년에 영국의 유대인 부호 모세 몬테피오레(Moses Montefiore)가 실시한 조사에 따르면, 팔레스타인에서 유대 인구는 총 6,547명이었고 그중 60%가 1830년 이후에 이주해 온 이들이었다.[16] 하지만 1840년이 되어도 메시아가 나타나지 않자 능동적 메시아주의는 힘을 잃는다. 그로부터 약 40년이 지난 뒤 팔레스타인은 새로운 유형의 유대인의 관심을 받게 되는데, 바로 시온주의자라고 불리는 유대 민족주의자들이다. 그들은 다른 유럽인들로부터 '버려진 땅'이라는 관념을 이어받아 팔레스타인을 '민족의 땅'으로 새롭게 '발견'했고 유대인들의 이주를 조직한다. 분쟁의 씨앗이 심어진 것은 이때부터였다.

  3장에서는 1880년대부터 1차 세계대전이 일어나는 1914년까지 시온주의자들이 어떠한 목적과 의도를 가지고 팔레스타인을 찾아오는지를 알아본다. 이는 친이스라엘과 친팔레스타인 학자들 간에 의견이 첨예하게 대립하는 핵심 주제 중 하나다. 친팔레스타인계는 시온주의자들이 다른 유럽인들과 마찬가지로 팔레스타인을 식민 지배하기 위해 이주해 왔고 이것이 분쟁의 원인이라고 주장한다. 반면 친이스라엘계는 유럽의 박해를 피하고 민족의 부흥을 위한 평화로운 목적으로 고향으로 귀환한 것뿐이라며 반박한다. 누구의 말이 진실일까? 지금부터 시온주의자들이 직접 남긴 기록과 행적을 들여다보면서 낱낱이 밝혀보자.

---

* 이 글에서는 중유럽이나 동유럽 출신을 뜻하는 아슈케나지 유대인 대신 유럽 유대인이라는 용어를 사용한다. 전자가 우리 독자들에게 생소하고, 그들의 정신과 사상, 문화 등이 유럽적이었다는 점을 강조하기 위해서다. 같은 이유에서 아슈케나지 유대인을 제외한 여러 다양한 지역의 유대인을 총괄하는 뜻으로 사용되는 광의의 세파르디 유대인이라는 용어도 지양한다.[17] 대신 팔레스타인이나 다른 아랍 지역에서 오랫동안 살아오고 아랍화 된 유대인에게는 아랍 유대인이라는 용어를 사용할 것이다. 아랍 유대인은 동시대에 거의 사용되지 않았고 유대인마다 아랍화 된 정도가 다르다는 큰 결함이 있지만, 이 지역의 역사에 친숙하지 않은 독자들에게는 도움이 될 것이다.[18]

** 오스만의 행정구역은 빌라예트(Vilayet)-산자크(Sanjak)-카자(Qaza) 순으로 편제되고 각각 발리(Wali), 무타사리프(Mutasarrif), 카임마캄(Qaimmaqam)이 다스렸다.[19] 즉, 하나의 빌라예트에 여러 개의 산자크가 있고, 하나의 산자크에 여러 개의 카자가 속해 있다. 팔레스타인은 3개의 산자크로 구성되어 있었다. 1874년 이후를 기준으로 북부의 아크레 산자크와 나블루스 산자크는 베이루트

(Beirut) 빌라예트에 속하고, 남부의 예루살렘 산자크는 빌라예트에 소속되지 않는 술탄 직할령으로 편제되었다. 3장에서는 행정구역과 이를 담당한 지방관이 여러 번 등장하는데 독자들이 이런 용어에 익숙지 않은 점을 고려해 우리에게 친숙한 주, 군, 현으로 대체했고 각각의 관리를 주지사, 군수, 현령으로 표기했다. 이에 따라 설명을 다시 하자면, 팔레스타인은 3개의 군으로 편제되고, 그중 2곳의 군수는 베이루트 주지사의 명령을 받지만 예루살렘군은 어느 주에도 소속되지 않고 군수가 내무부로부터 명령을 직접 하달받아 관리한다.

*** 팔레스타인에는 유대인 이외에도 드루즈인 등의 기타 소수인구가 존재했다. 그러나 그 수가 극히 적기 때문에 인구수를 말할 때는 아랍 인구에 포함시키는 게 일반적이다. 이 책에서도 아랍 인구는 곧 비유대 인구를 의미한다.

지도 9 19세기 말 오스만 행정구역 편제

258_팔레스타인, 100년 분쟁의 원인

1. 팔레스타인에 내던져진 유럽의 문제

1.1. 유대 민족의 발명과 팔레스타인으로의 이주

19세기는 유럽의 유대인들에게 희망의 문을 열어주었다. 1789년의 프랑스 혁명 이후로 '계몽된' 여러 서유럽 국가들이 유대인의 해방(emancipation)을 선포한 것이다.[20] 그들은 마침내 게토에서 빠져나오고 종교와 직업의 자유를 인정받으며 선거권을 가진 시민이 되었다. 이는 정체성에 큰 변화를 가져왔다. 과거 기독교 질서 속에서 항상 타자(他者)로 규정되고 박해를 당할 때는 유럽 공동체에 소속감을 느끼기 어려웠으나 이제는 유대인으로서의 정체성보다 국민으로서의 정체성을 우선시하는 사람들이 늘어났다.[21] 유대인들은 오래지 않아 유럽 민족들에 완전히 동화될 것으로 기대했다. 하지만 반유대주의는 이들의 소망을 짓밟고 결과적으로 유대 민족이 만들어지는 중요한 계기를 만든다. 분쟁의 기원은 여기서부터 찾을 수 있다.

'민족'(nation)은 18세기에 서유럽에서 태동한 새로운 개념의 공동체였다.[b] 일반적으로 특정한 지리적 공간에서 오랜 세월 동안 동질성을 공유해 온 집단을 일컫지만, 그러한 민족성이 무엇인지, 누가 구성원에 해당하는지를 판별할 수 있는 명확한 기준은 존재하지 않는다. 민족은 자연적으로 만들어지고 유지되어 온 집단이 아니라 오랜 역사 속에 혼재하고 섞여 있는 여러 사람을 새로운 기준으로 묶어내 '발명'한 것이기 때문이다. 역사학자 휴 시턴왓슨(Hugh Seton-Watson)은 "민족에 대한 어떤 '과학적 정의'도 고안될 수 없다는 결론에 도달했다."고 말한다.[22] 그렇지만 민족의 발명이 무에서 유를 창조하듯 허구적 집단을 꾸며낸 것을 의미하지는 않는다. 시턴왓슨은 명확한 정의 없이도 민족이란 "현상은 존재해 왔고 지금도 존재하고 있다."고 보았고, "한 공동체 내의 상당수의 성원이 민족을 형성한다고 생각하거나 민족을 형성한 것처

---

[b] 우리말로 민족은 Ethnic group의 번역어로도 혼용되고 있다. Ethnic group은 혈연, 언어, 역사, 문화, 종교 등을 공유하는 집단을 뜻하는 반면, 근대에 만들어진 Nation은 근본적으로 정치적 개념이다.

럼 행동할 때 민족이 존재한다."라고 주장했다.[23] 정치학자 베네딕트 앤더슨(Benedict Anderson)도 원시적 수준의 마을을 제외한 큰 개념의 공동체는 모두 "상상"으로 창조되었으며 민족 또한 그런 상상의 연장선에 있다고 보았다.[24] 그는 민족은 근본적으로 외부집단에 닫혀 있고 정치적 주권을 가졌다고 상상하는 "상상의 정치 공동체"라고 정의했고 이는 오늘날에도 널리 인용되고 있다.[25]

민족 개념이 탄생했을 때 유대인들은 스스로를 독자적인 민족으로 상상하지 않았다. 그들은 비록 다른 유럽인과 구분되는 기원과 종교, 언어, 문화적 특징을 가지고 있었으나 독립 국가나 영토를 가진 정치 공동체는 아니었고 오랜 이산 생활로 인해 다른 유럽인과의 경계가 흐릿해져 있었다. 특히 해방된 이후 비유대인과의 혼인이 늘고 개종을 하거나 세속화되면서 유대교를 멀리하게 되고 고유의 문화도 잘 지키지 않게 되었다. 히브리어는 오래전부터 종교 예식에서만 사용되고 있었고 일상언어로 사용해 온 이디시어는 이제 독일어, 영어, 프랑스어 등으로 대체되어 갔다. 유대인들은 지금 살고 있는 터전과 국가에 애착을 느꼈고 소속국가의 민족이 되고 싶어 했다. 나폴레옹(Napoleon)이 유대인들을 프랑스 민족에 동화시키겠다는 목표를 밝혔을 때 유대 명사들(notables)은 이에 동의했고, 유대인으로서의 정체성을 종교적인 영역으로 한정했다. 즉, 유대인은 유대교를 믿는 신자 그 이상도 이하도 아니라고 정의한 것이다.[26]

반면, 많은 유럽인은 유대인을 공동체의 성원으로 받아들이기를 주저했다. 보수적인 이들은 유대인을 여전히 종교적으로 혐오했고, 이런 종교적 반감을 비합리적이라 비판하는 '계몽된' 이들도 뿌리 깊은 차별적 고정관념에서 벗어나지 못했다. 볼테르(Voltaire)나 칸트(Kant) 등 계몽주의 시대를 이끈 여러 사상가들조차도 유대인들은 이방인이며 자유와는 가장 거리가 먼 퇴보적인 집단으로 간주했다. 그들이 보기에 유대인들은 독립적인 공동체를 유지하고 있어서 민족국가의 구성원이 되기에는 적합하지 않았고 평등한 권리를 부여받을 자격이 있는지 의심스러웠다. 자유와 평등, 박애를 정신으로 하는 계몽주의와 반유대주의의 혼돈 속에서 유대인들의 처우를 논하는 '유대 문제'(Jewish question)는 중요한 화두로 떠올랐다. 지식인들은 유대인들이 유럽 민족으로

받아들여지기 위해서는 유대교와 유대 문화, 이디시어 등의 집단적 특징을 버려야 한다고 주장했다.[27]

완전한 해방과 동화를 갈망했던 유대인들은 이를 유대 문제의 해결책으로 진지하게 고려했다. 세속적인 계몽주의 유대 지식인들(maskilim)은 종교적 수행만을 강조해 온 유대교를 퇴보적이라 비판하고, 유대인들이 이성적이고 진보적인 유럽 문화를 받아들이고 대부업이나 상업 등의 전통적인 직종에서 벗어나 다른 유럽인들처럼 생산적인 직종에 종사해야 한다고 목소리를 냈다.[28] 종교계에서도 변화를 모색했다. 세상이 종말의 때를 앞두고 메시아가 도래하면 유대인들이 팔레스타인으로 돌아가 유대 왕국을 건설할 것이라는 메시아 사상은 애국적이지 못하다는 증거로 여겨지고 있었다. 동화를 옹호하는 랍비들은 메시아의 시대를 기약 없는 먼 미래에 관한 신념의 영역으로 한정시키고 유대인들은 지금 살고 있는 유럽 국가에 정치적으로 충실해야 할 의무가 있다고 주장했다. 세속적이거나 급진적인 이들은 전통적인 메시아 사상을 거부하고, 메시아의 시대가 되면 유대인들만이 아니라 모든 인류가 평화를 맞이하게 된다거나 모든 인간이 평등한 권리를 인정받을 수 있는 지금이 바로 메시아의 시대라고 주장했다.[29] 이런 시대적 배경에서 탄생한 개혁파 유대교는 기도문에서 팔레스타인으로의 귀환을 없애버리고 히브리어로 된 기도서를 토착지역의 언어로 바꾸었다.[30]

갖은 노력에도 불구하고 해방과 동화의 과정은 순탄하지 못했다. 유럽의 언어와 문화를 받아들이고 기독교로 개종을 해도 차별에서 완전히 벗어날 수는 없었다. 심지어 기독교도와 결혼해서 낳은 자식에게도 유대인이라는 낙인이 사라지지 않았다. 독일에서는 19세기 동안 세 차례에 걸쳐 해방령이 취소되었다.[31] 동화의 가능성에 회의를 느끼는 유대인들이 생겨나기 시작하자 동화가 아닌 이탈을 통한 해방, 즉 유대 민족의 발명이 유대 문제의 새로운 해결책으로 등장한다. 독일의 유대인 모세 헤스(Moses Hess/1812-1875)는 1862년에 『로마와 예루살렘(Rome and Jerusalem)』를 저술해 유대 문제의 해결책은 팔레스타인 땅으로 이주해 "유대 국가"를 세우고 유대 민족을 부흥시키는 것이라고 처음으로 주장했다.[32]

헤스는 원래 자신을 참된 독일인이라 믿는 사회주의자였다. 그는 종교나 인종과 관계없이 모든 민족이 해방되는 사회를 꿈꿨을 뿐 유대 문제는 신경 쓰지 않았다. 오히려 유대교를 비판하고 "새로운 예루살렘"은 중동이 아니라 유럽에 있다고 생각했다.[33] 하지만 1840년에 다마스쿠스에서 피의 비방이 일어났다는 소식을 듣자 동포들의 고난에 관심을 가졌다. "사회주의자로 활동하던 중인 그때 처음으로 불행하고 비방과 멸시를 받고 흩어져버린 민족에 속해 있다는 생각이 떠올랐다. 당시에 나는 이미 유대교로부터 많이 소원해져 있었으나, 민족애(Jewish patriotism)를 고뇌의 외침으로 표현하고 싶었다.[34]" 그렇지만 아직은 스스로를 유대인이기보다는 독일인으로 인지했기 때문에 "유럽 프롤레타리아의 고난이 내 가슴속에서 더욱더 큰 고통을 일으켜 그런 감정은 즉시 억눌러졌다."[35] 헤스가 유대 민족주의자로 변모하기까지는 20여 년의 세월이 더 필요했다. 그는 유대인들을 타자로 밀어내는 반유대주의가 계속되고 기독교로 개종한 유대인들이 유대 공동체의 복지에 관심을 가지는 모습을 오랫동안 지켜본 후에야 마침내 유대인에게 사라지지 않는 민족성이 존재한다고 확신하게 되었다. 그리고 "특정 인종의 우위가 종국에는 사라지고 모든 억압받는 민족들이 필연적으로 부활할 것"이라는 신념을 가지게 되면서 민족의 부흥을 도모하기로 결심했다.[36]

헤스는 유대인들이 고대로부터 종교를 통해 이어져 온 민족이라고 생각했다. 그에 따르면, 유대교는 "민족성의 표현"이며 "독실한 유대교도는 누구보다도 애국자"였다.[37] 그러나 유대 민족이 유대교 공동체와 동의어는 아니었다. 유대인들이 종교를 저버릴 수는 있어도 그 속에 담긴 민족성은 포기할 수 없기 때문이다. 따라서 개종을 해도 유대인으로 남게 되고, 비유대인과 결혼해 낳은 자식도 유전적으로 '우성인자'인 유대인의 특질을 이어받아서 유대인이 된다.[38] 즉, 유대 민족은 종교 집단으로 시작했지만 세속적인 집단으로 발전해 왔다.

유대인이 독자적인 민족성을 가지고 있기 때문에 유대 문제는 반드시 생길 수밖에 없다. "유럽 민족들은 그들 사이에 있는 유대인들의 존재를 항상 이질적으로 여겨왔다. ... 계몽과 해방에도 불구하고, 민족성을 부인하고 해외에 사는 유대인들은 거주하는 지역의 다른 민족들로부터 절대로 존중받지 못할 것이다."[39] 그러므로 민족성과 불가분의 관계에 있는 팔레스타인으로 이주해 "식민촌"을 건설하고 "유대 국가"를 "재건"함으로써 민족을 부흥시켜야만 유대 문제가 해결될 수 있다.[40] 헤스는 메시아가 도래해 구원해 줄 때까지 이산 생활을 계속해야 한다는 교리를 수용하지 않았다. 그에게 메시아의 시대란 언제가 될지 모를 먼 종교적인 미래가 아니라 "스피노자(Spinoza)의 사상으로 싹트고 프랑스혁명으로 이미 시작"된 "억압받는 민족이 부흥"하는 현재를 의미했다.[41]

헤스는 열강들, 특히 프랑스가 유대 국가의 건설을 지지하고 지원할 것으로 전망했다. 이질적인 유대 인구가 그들의 영토를 떠나는 것을 반길 뿐만 아니라 유대인들이 팔레스타인에서 수행할 역사적 사명이 프랑스의 이해관계에 부합할 것이라는 이유에서였다. 여기서 헤스가 말하는 사명이란 프랑스 혁명의 유산을 아시아로 전파하는 임무였다. 그는 유대인들이 "아시아의 원시인들에게 문명을 소개하고, … 유럽의 과학을 가르쳐야 한다. 유럽과 극동의 중재자가 되고, 인도와 중국으로 이어지는 길을 열어서 … 이 지역들이 문명을 접할 수 있게 해야 한다." 그리고 "야만적인 아랍인 무리와 아프리카 민족들"을 "미신으로부터 정화하고 자유와 인류애, 평화와 통합의 원칙"을 가르치는 "교육자"가 되는 미래를 꿈꿨다.[42]

19세기 중반에 유대 문제의 해결책은 유대인의 고유 성향을 제거해 유럽 민족에 동화시키는 것으로 이해되고 있었다. 헤스는 이와는 정반대로 고유 성향을 육성해 민족을 부흥시키고 유럽 밖에서 유대인들이 권리를 보장받는 국가를 만든다는 새롭고 독특한 해결책을 제시한 것이었다. 자연히 헤스의 사상은 유대 공동체 내부에서 주목을 받고 많은 반응을 이끌어 냈다. 하지만 공감보다는 부정적인 의견이 월등히 많았다. 헤스 본인이 유대 율법을 지키지 않는 세속적 유대인이고 팔레스타인으로의 집단적 이주가 교리에 위배된다는 종교적인 비판도 있었고, 유대인들은 토지와 공통의 언어가 없어서 민족이 아니라는 비판도 받았다. 무엇보다도, "우리는 독일인이거나 프랑스인, 영국인, 미국인이며, 오직 그 후에야 유대인일 뿐이다."는 비평에서 드러나듯이, 서유럽에서 대부분의 유대인은 스스로를 유럽인과 동화되었거나 그렇게 될 것이라고 믿고 있었기 때문에 고향을 버리고 떠날 생각이 없었다.[43] 헤스도 뒤늦게 이를 인정하고 이주자의 대부분은 동유럽처럼 해방되지 않은 지역에 사는 유대인들이 될 것이라고 변론했다.[44] 하지만 서유럽의 유대인들은 단순히 유럽을 떠날 의사가 없는 것만이 아니라 유대 민족주의 자체를 거부했고 팔레스타인이 동유럽 유대인들에게 해결책이 되리라 보지도 않았다.[45]

헤스는 1875년에 사망할 때까지도 변화를 불러오지 못했다. 비록 19세기 중반 동안 팔레스타인으로 이주한 유대인들의 수는 큰 폭으로 증가했으나 이는 유럽 유대 인구의 폭발적인 증가[46]와 나아진 경제 사정, 그리고 팔레스타인에서 유럽 정부의 법적 보호를 받을 수 있게 된 점 등에서 기인했지 민족주의와는 관련이 없었다. 이 시기에 랍비 쯔비 칼리셔(Zvi Hirsch Kalischer/1795-1874)와 랍비 유다 알칼라이(Judah Alkalai)/1798-1878)[47] 등의 능동적 메시아주의를 믿는 종교적인 유대인들도 팔레스타인으로의 이주와 식민화를 장려하였다. 그들은 1870년에 이스라엘 만국협회의 도움을 받아 팔레스타인에 농업학교를 짓고, 1878년에는 종교적인 유대인들을 모아 최초의 근대 농업 식민촌인 페타 티크바(Petah Tikva)와 로쉬 피나(Rosh Pina)[48]를 건설하였으나 2-3년 만에 실패로 돌아갔다.[49]

헤스가 대중을 감화시키지 못한 것은 사상 체계가 미흡했기 때문은 아니었다. 그의 사상은 이미 민족주의 운동에 필요한 모든 요소를 갖추고 있었고,[50] 민족주의 운동이 시작된 후인 1894년에는 선구자로서 기려졌다.[51] 헤스가 실패한 원인은 민족주의 사상이 싹을 피우기엔 때가 무르익지 않았던 사회현실에 있었다. 19세기 중반 동안 지식인들 사이에서 히브리어가 문학 언어로 사용되고, 고대 이스라엘의 역사에 대한 관심이 커지고, 유대교의 긍정적인 측면이 재조명된 후에야 민족의식을 기를 수 있는 사회 환경이 조성되었다.[52] 결정적으로, 19세기 말에 반유대주의가 악화되자 유대인들은 유럽에 동화될 수 없는 독자적인 민족이라는 주장이 설득력을 얻기 시작한다. 반유대주의는 유대인들의 인식을 바꿀 수 있는 잠재력을 가지고 있었고 반유대주의가 강했던 동유럽에서 먼저 변화를 불러왔다

1880년경에 전 세계 유대 인구는 약 770만 명으로 추정된다. 그중 70%가 넘는 570만 명이 동유럽에서, 특히 러시아에 합병된 우크라이나, 폴란드 등 서남부 국경 지역에서 집중적으로 살았다.[53] 그들은 서유럽에서처럼 해방되지 못했기 때문에 전통적인 공동체의 결집력을 상대적으로 잘 보존하고 있었다. 랍비의 지도를 받으며 종교 규율을 지키면서 살았고 이디시어를 일상언어로

사용했다. 히브리어도 상위 문화의 언어로 남아 있었다. 그렇지만 독자적인 민족의식을 가지고 있지는 않았다. 게다가 러시아 정부가 유대인을 러시아 사회에 통합시키기 위해 공립학교에서 러시아어를 가르치고 애국심을 육성한 덕분에 19세기 말에 이를 무렵에는 러시아인으로서의 정체성을 중시하는 지식인들이 생겨나고 동화와 해방에 대한 기대가 커지고 있었다.[54] 하지만 1881년 3월에 차르(tsar) 알렉산더 2세(Alexander II/재위 1855-1881)가 혁명주의자들에게 암살당하는 사건을 계기로 반유대주의가 기승을 부리자 유대 민족주의가 분출하게 된다.

차르가 암살되고 얼마 후 암살범이 유대인들이며 그들을 공격하라는 비밀 칙령이 내려졌다는 거짓 소문이 퍼졌다. 곧이어 우크라이나 남부 지역을 중심으로 유대인을 노린 살인과 강간, 약탈, 방화가 잇따랐다. 러시아어로는 이런 박해를 포그롬(pogrom)[55]이라고 불렀다. 포그롬의 원인이 무엇인지는 확실히 밝혀지지 않았다. 적어도 차르의 암살이 이유는 아니었다. 많은 빈곤한 유대인들이 혁명 사상에 빠져들기는 했으나 암살과 연루된 유대인 활동가는 한 명밖에 없었다. 당시에는 정부가 지시한 박해라는 의심도 있었다. 경찰과 군인들은 유대인을 적극적으로 보호하지 않았고 폭동을 일으킨 자들은 대부분 처벌을 피했기 때문이다. 그러나 정부는 소극적으로 대응해서 피해를 키운 책임은 있어도 폭동을 원하거나 조장하지는 않았던 것으로 보인다. 오늘날 학자들은 포그롬이 유대인에 대한 경제 사회적 반감에서 주로 비롯되었고 일부 폭동은 기독교도 상인들이 배후에서 선동하고 지원한 것으로 추정한다.[56]

포그롬은 1884년까지 간헐적으로 계속되었다. 4년 동안 총 160여 개의 도시와 마을이 공격당해 49명의 유대인이 목숨을 잃고 방화로 2만 명 이상이 집을 잃었다.[57] 포그롬 직후부터 많은 러시아의 유대인들이 고향을 등지고 아메리카 대륙이나 서유럽으로 떠나기 시작했다. 물리적 위협에 대한 두려움보다는 경제적인 이유가 더 컸다. 포그롬으로 집과 재산을 잃었거나, 앞으로도 반유대주의가 사라지지 않을 것이라 낙담한 많은 빈곤층 유대인들이 국내에서는 구할 수 없는 좋은 일자리를 찾으러 떠난 것이다.[58] 루마니아(Romania)에서도 기독교도들의 박해를 피해 유대인의 이탈이 줄을 이었다. 1878년에 루마니아가 오스만으로부터 독립해 기독교 정부가 들어서자 더 이상 정부의 보

호를 기대할 수 없게 되었기 때문이었다.[59]

　동유럽 유대 사회는 급증하는 이주자들을 보면서 의견이 나뉘었다. 명사들을 비롯해 동화에 희망을 품고 있는 유대인들은 이주자가 늘어나면 애국심이 없다는 비방을 증명하는 셈이 되어 반유대주의가 심해질 것으로 걱정했다. 랍비들도 전통적인 공동체의 질서를 유지하기 위해서 이주에 반대했다. 반면, 유대 지식인들은 톨스토이(Leo Tolstoy)와 같은 지식인마저도 포그롬에 침묵하는 것을 보며 큰 충격을 받았고, 해방에 대한 기대를 완전히 접는 이들이 하나둘씩 생겨났다. 그들은 이제 가망이 없는 유럽을 벗어나 새로운 땅으로 이주해 가서 유대인만의 민족을 만드는 민족주의자가 되기로 결심했다.[60] 다만 이주지를 아메리카 대륙과 팔레스타인 중 어디로 정할지를 놓고 갈등했다. 전자는 '기회의 땅'으로 불릴 만큼 비옥하고 넓은 토지가 매력적이고 많은 유대인이 이주해가고 있었다. 반면 후자는 선조들의 고향이라서 낭만적 향수를 불러일으키고 민족의식을 육성하기 좋은 환경이라는 장점이 있었다. 하지만 땅이 매우 좁고 이주를 희망하는 유대인이 거의 없었다. 능동적 메시아주의를 믿거나 미국이나 서유럽까지의 긴 여정을 감당할 경비가 없어서, 혹은 이스라엘 만국협회 등의 지원을 받은 극소수만이 이주해가고 있을 뿐이었다.[61] 각각의 장단점이 너무나도 뚜렷했기에 민족주의자들은 합의에 이르지 못하고 진영을 나누었다. 결과적으로 팔레스타인 진영이 성공하고 이 책에서는 이들의 이야기만을 다루지만, 아메리카 대륙에서도 민족주의 운동은 오랫동안 계속되었다.[62]

　모세 릴리엔블룸(Moshe Leib Lilienblum)은 포그롬 직후부터 팔레스타인으로의 이주를 주장한 민족주의자다. 그는 어릴 적에 랍비가 되기 위해 종교 교육을 받고 자랐다. 그러나 전통적인 유대교의 가르침보다는 자유주의적인 유럽의 사상과 문화가 더 옳다고 생각했고 유대교가 세상의 변화를 받아들여야 한다고 주장하다 고향에서 쫓겨났다. 이후 세속적인 유대인들이 모여 사는 도시인 오데사(Odessa)에서 학교에 다니며 공부했다.[63] 하지만 포그롬을 겪고 난 후에는 학업을 그만두고 민족주의를 새로운 삶의 목표로 삼게 되는데, 포그롬이 그의 심경에 어떻게 변화를 가져왔는지는 당시에 쓴 일기에 생생히 남아 있다.

1881년 5월 5일. 끔찍하고, 끔찍하고, 지독하게 무서운 상황이다. 우리는 사실상 포위당했다. ... 군중이 갑자기 습격해 오지 않을지 매분마다 밖을 주시한다. 모든 가재도구는 지하실에 숨겨 놓았고, 베개나 이불 없이 옷을 입은 채로 잔다. 공격당하면 즉시 데리고 도망치기 위해서 아이들도 옷을 입힌 채로 재우고 있다. 그러나 그들이 우리가 도망치도록 내버려 둘까? ... 이 어린아이들에게는 자비를 베풀고 안 해칠까? 아직 자신들이 유대인이라는 것도 불행한 존재라는 것도 모르는데? 끔찍하다, 정말 끔찍하다! 신이시여 대체 언제까지? ...

5월 7일. 고통을 겪어서 다행이다. 폭도들이 내가 머무는 집까지 왔다. ... 잠시 뒤면 모두 끝장이라고 생각했다. 다행히도 그들은 군인들을 보고 겁에 질려 도망쳤고 우리는 다치지 않았다. 고통을 겪어보아서 기쁘다. 적어도 내 인생에 한 번은 우리 선조들이 매일같이 겪었던 삶을 느낄 수 있었다. 그들은 일생동안 공포를 느꼈는데 내가 그들과 같은 경험을 하지 못할 이유가 무엇이 있겠는가? 나는 그들의 후손이고 그들의 고통은 내게 소중하고 나를 고양했다.

날짜 미상. ... 1877년에는 "상위 문화(high culture)와 정규교육이 부족하면 인간 같은 삶을 살 수 없다고 느꼈기 때문에 내 삶은 무의미하다."라고 생각했다. (하지만 포그롬을 겪고 난) 1881년 말에는 고귀한 이상으로 영감을 받았고 세속 교육 없이도 목적의식과 영적 만족으로 가득한 다른 사람이 되었다. ... 나는 언제나 유대 민족성을 거부했고 민족으로서의 유대 공동체의 존재는 불행할 것으로 생각하며 한탄했었다. (그러나) 지금은 우리 민족과 민족성의 영원한 구원으로 이르는 곧고 확실한 길이 내 앞에 있다.[64]

릴리엔블룸이 새로이 목표로 삼은 '영원한 구원으로 이르는 길'은 유대 민족이 팔레스타인에서 부흥하는 것이었다. 포그롬 이전까지 그는 유대인들이 계몽되지 않아서 반유대주의가 생겨나고 있다고 생각했다. 하지만 반유대주의자들 중에는 계몽되지 않은 이들뿐만 아니라 계몽된 이들도 있었고, 그들은 전통 의상을 입은 종교적인 유대인이나 유럽 문화를 받아들인 계몽된 유대인을 가리지 않고 공격했다. 유럽 문화를 받아들이면 반유대주의가 사라질 것이라는 믿음은 사라졌다. 그 대신, 포그롬을 겪으며 느낀 선조들과의 유대가 팔레스타인에 대한 향수를 불러왔고 반유대주의로부터 영원히 해방될 수 있는 곳이라는 새로운 낭만적인 믿음을 만들었다. 릴리엔블룸은 유럽에서는 유대인들이 언제나 이방인으로 남게 될 것이므로 선조들의 고향이자 "우리의 영혼에 안식"을 찾을 수 있는 유일한 곳인 팔레스타인으로 이주해 가자고 주장했다.[65] 팔레스타인 땅에 대한 유대인의 "역사적 권리"는 사라지지 않았다고 믿었다.[66]

포그롬은 제2, 제3의 릴리엔블룸을 낳았고 그들은 동유럽의 여러 도시에서 팔레스타인으로의 이주를 돕는 민족주의 단체들을 설립했다. 이는 전통과 결별하고 유대 역사의 새로운 장을 여는 순간이었다. 그동안 유대 공동체를 이끌어 온 랍비들은 메시아가 도래한 이후에만 구원이 찾아오고 그때가 되면 모두가 함께 팔레스타인으로 귀환하게 된다고 천년도 넘는 세월 동안 가르쳐왔다. 그래서 박해가 일어날 때마다 왕실과 귀족들에게 보호와 선처를 호소하며 견디거나 안전한 곳을 찾아 피란을 떠나는 수동적인 대응만을 해왔다. 하지만 세속적인 민족주의자들은 종교적 금기에 구애받지 않고 반유대주의를 종식시킬 인위적인 해결책과 팔레스타인으로의 이주를 주장할 수 있었다. 그들에게 팔레스타인은 종교적 성지 이전에 선조들의 고향이고, 메시아가 먼 미래에 왕국을 세울 곳이 아니라 유대인들이 민족으로 부흥해 지금 당장 국가를 세워야 할 땅이었다. 팔레스타인과 유대인의 관계가 이렇게 새롭게 재정의되자 팔레스타인 땅의 주인인 아랍인과의 갈등은 피할 수 없게 된다.

1.2. 팔레스타인의 식민화

민족주의자들의 계획은 농업 식민촌을 세우는 것에서부터 출발했다. 그들은 유대인들이 새로운 땅에서 전통적인 공동체를 재구축하는 것이 아니라 과거의 직업과 육체적으로 나약했던 구태를 버리고 농사를 지으며 강인한 육체를 길러내 건강한 사회를 만들기를 원했다.[67] 하지만 팔레스타인이 다수의 유대인을 수용할 수 있을 만큼 농사를 지을 땅이 많은 곳인지를 알지 못해 걱정스러웠다. 성경에 따르면 팔레스타인은 고대 이스라엘인이 농사를 지은 "젖과 꿀이 흐르는 (풍요로운) 땅"이었으나, 그들이 떠나간 이후에 이곳에서 살게 된 아랍인들은 농사를 짓지 않고 유목만 하다 보니 사막으로 변했고 얼마 안 되는 유대인들은 예루살렘, 사페드 등의 성지에서만 살고 있다고 알려졌다.

민족주의자들은 섣불리 이주를 도모하기보다는 정보 수집이 먼저라고 판단했다. 우선, 1881년 8월에 팔레스타인의 유대 공동체 지도자들에게 서신을 보내 오스만 당국이 이주를 허락할지 그리고 이주자를 수용할 만한 땅이 있는지 문의했다. 얼마 후 받은 회신은 모두 긍정적이었다. 민족주의자들은 고무되었고 현장조사단을 파견했다. 이듬해 4월에 조사단은 오스만 당국의 허가를 받거나 아랍 지주들로부터 땅을 사는데 아무런 문제가 없고 기후와 토양도 매우 좋다는 장밋빛 전망을 보고했다. 이제야 확신을 얻은 민족주의자들은 유대인들에게 팔레스타인으로의 이주를 적극적으로 권하고 그들 스스로도 개척자가 되겠다는 열정을 품고 이주해 가기 시작했다.[68] 하지만 현실은 달랐다.

유럽 유대인들은 식민화를 꿈꾼 동시대 혹은 한 세대 전의 기독교도 유럽인과 마찬가지로 토착민은 아랑곳하지 않고 오로지 땅에만 관심을 가졌다. 기독교도의 '약속의 땅'이라는 종교적 권리가 '선조들의 고향'이라는 역사적 권리로 바뀌었을 뿐, 팔레스타인은 '구원'을 기다리는 '버려진 땅'이라는 똑같은 관념이 그들의 의식을 지배했다. 일례로, 1853년부터 1890년대 초반 사이에 출판된 히브리 픽션(fiction) 문학은 팔레스타인을 배경으로 하는 게 많지만 아랍인을 언급하지 않는다. 문학자 데이비드 패터슨(David Patterson)은 이 40년 동안 출판된 히브리 문학의 상당수를 읽었으나 "다른 어떤 민족이 이스라엘 땅을 차지하고 있을지도 모른다고 시사하는 글은 고작 두 개밖에 보지 못했다."[69]

유럽 유대인의 상상과는 달리 1880년경에 팔레스타인에는 약 50만 명이 살고 있었고 2만 명 내외의 유대인[70]을 제외한 거의 모든 인구가 아랍인이었다. 아랍인을 유목민으로 간주하는 오리엔탈리즘과도 다르게 대부분은 정착 생활을 했다. 인구의 약 3분의 1이 16개의 도시에서, 3분의 2는 613개의 농촌에서 거주했고[71] 그 외 2~3만 명의 베두인만이 유목 생활을 했다.[72] 산업혁명을 거치며 인구가 급증한 근대 유럽과 비교할 때 팔레스타인의 인구는 다소 과소했으나 버려진 땅을 운운할 정도는 결코 아니었다. 토지의 절반을 차지하는 남부 사막지대가 정착 생활이 사실상 불가능한 점을 고려하면 더욱더 그러했다. 현대 이스라엘의 '건국 신화'에서 사막을 개간한 것으로 묘사되는 유대인들도 실제로는 이곳에 정착하지 못했다.[73] 그런데도 버려진 땅이란 관념을 옹호하려는 시도는 오늘날까지도 계속되고 있다. 예를 들어, 중동 전문 경제학자 프레드 가테일(Fred M. Gottheil)이 1979년에 중동학 학술지에 게재한 논문 「1875년경의 팔레스타인의 인구」에 따르면 당시 인구는 492,675명으로 '적고' 도시화 비율은 28%로 '높았다'. 가테일은 이 두 가지를 근거로 19세기 중반 유럽 작가들이 서술한 버려진 땅이라는 "묘사는 어느 정도 신뢰하고 받아들이기에 합리적으로 보인다."는 결론을 내렸다.[74]

가테일은 두 가지 측면에서 중대한 오류를 범했다. 우선, 19세기의 팔레스타인은 오늘날과 경계가 달랐다. 19세기 유럽의 기독교도와 유대인들은 브엘세바 이남을 팔레스타인 땅으로 여기지 않았다. 성경에서 유대인이 '단에서 브엘세바'까지 살았다고 말하기 때문이다. 19세기 중반부터 20세기 초 사이에 발간된 영국의 백과사전 브리태니커(Britannica) 제7-11판은 팔레스타인의 범위를 조금씩은 다르게 정의하지만 그럼에도 불구하고 모두 사해의 남단부에 해당하는 북위 31도경을 남쪽 끝으로 잡았다.[75] 1901-1906년에 유대인이 발간한 최초의 유대 백과사전 역시 사해를 남쪽 경계로 삼았다.[76] 31도 이남의 면적은 약 8,500㎢으로, 이를 제외한 '19세기 팔레스타인'은 1920년대에 정의된 '역사적 팔레스타인'의 3분의 2에 해당한다. 31도 이남에 사는 사람은 소수의 베두인밖에 없었으므로 19세기 유럽 작가들이 상상하던 팔레스타인 땅의 실제 인구밀도는 가테일의 계산보다 30%가량 높다.

두 번째로, 31도 이남을 포함해 정착이 매우 어려운 남부 사막지대(약 47%)를 제외한 북부 팔레스타인의 인구밀도는 ㎢당 34.7명으로 동시대 유럽의 평균과 크게 차이가 나지 않는다.[77] 유럽에서 가장 산업화된 영국의 인구밀도는 1871년에 121명으로 팔레스타인의 3.5배였지만, 1878년에 스페인의 인구밀도는 오히려 팔레스타인보다 낮은 33명이었다.[78] 도시화 비율을 비교해 봐도 스페인과 별다른 차이가 없다. 스페인에서 1850년경에 5천 명 이상의 도시에 거주하는 인구비는 22.6%였다.[79] 같은 기준을 적용하면 가테일의 연구에서 팔레스타인의 도시는 16곳에서 9곳으로 줄고 도시화 비율은 23.8%가 된다. 즉, 유럽인들은 스페인만큼이나 많은 사람들이 고르게 거주하는 팔레스타인을 보면서 '버려진 땅'을 외쳐댔던 것이다. 다시 말해서 '버려진 땅'은 동양에 대한 왜곡된 관념의 산물이었을 뿐이다.

한편, 버려진 땅이란 상상은 유럽인들이 알지 못한 팔레스타인의 역사와 미경작지 면적을 기준으로 볼 때는 조금쯤은 일리가 있다. 오스만이 강성했던 16세기 말에 팔레스타인의 인구는 20만 명에 불과했으나 당시 농법으로 개간이 가능한 토지의 대부분에서 활발하게 경작해서 농촌의 수가 19세기보다 더 많았다. 그런데 오스만이 쇠퇴하면서 베두인의 약탈이 성행하고 가문 간에 싸움이 벌어지는 등 치안이 불안정해지자 저지대ᶜ에 살던 인구의 상당수가 방어에 유리한 산지로 이동했다. 과도한 세금과 습지대의 말라리아도 인구 이동을 야기했다. 그 결과, 19세기 초에 대부분의 마을은 갈릴리에서 헤브론에 이르는 언덕과 산지에 위치하고,ᵈ 저지대에서는 이즈르엘 평야처럼 비옥한 땅들도 경작되지 않은 채로 방치되었다. 특히, 연안의 가자 지역은 농촌의 수가 절반으로까지 감소한 것으로 추정된다.⁸⁰⁾ 그럼에도 불구하고 버려진 땅이란 상상은 두 가지 이유에서 옳지 못하다. 저지대를 제외한 대부분의 미경작지는 생산성이 낮았고 유대인들이 이주해 올 무렵에는 이미 아랍인들이 활발히 개간에 나서고 있었기 때문이다.

팔레스타인은 19세기 중반부터 개간시대를 맞이했다. 무함마드 알리로부터 팔레스타인을 되찾은 후로 오스만 정부가 주둔군을 늘려 치안을 안정시키고, 토지를 상품화하고, 유럽 시장으로 수출판로를 열어 환금작물 생산이 각광을 받게 된 덕분이었다. 농민들은 마을 주변으로 경작지를 늘렸고 소수는 이즈르엘 평야에도 정착하기 시작했다.⁸¹⁾ 자본가들도 소작농을 고용해 개간에 적극적으로 나섰다. 특히 곡물 재배에 적합지 않아서 홀대해 온 해안지역의 모래밭과 습지대에 많은 투자를 해서 수출용 감귤류(citrus) 재배지로 바꾸었다.⁸²⁾ 베두인들도 농사를 짓기 시작했다. 농업 수익성이 높아져서 관심을 가

---

c) 팔레스타인 땅은 일반적으로 연안 지대, 중부 산악지대, 열곡 지대(Rift Valley), 네게브 사막으로 분류되며, 여기서 셰펠라 저지대(Shephelah foothills)와 이즈르엘 평야를 별도로 구분하기도 한다. 이 책에서는 용어를 간소화하기 위해 산악지대와 네게브 사막지대를 제외한 나머지 지역을 저지대로 통칭했다.
d) 갈릴리를 제외한 이 지역들이 오늘날의 서안지구에 해당하며, 이스라엘에 속하는 갈릴리에는 여전히 아랍인들이 많이 살고 있다.

진 이유도 있었고 정부가 세수를 늘리고 치안을 안정시키기 위해 정착하도록 압력을 행사했기 때문이기도 했다.[83] 덕분에 1850년대부터 1880년대 사이에 "팔레스타인은 사실상 굉장한 경제성장을 경험했다."[84] 주요 무역항인 야파를 통한 수출액은 1857-63년에서 1873-82년 사이에 두 배로 증가했다. 수출세의 인하와 더불어 농산물 생산량의 증대로 이루어낸 성과였다. 이 시기에 관개기술이나 다른 근대농법의 도입은 제한적이었기 때문에 생산량이 증가한 것은 생산효율의 개선이 아닌 경작지 면적이 확대된 데에서 주로 기인한다.[85] 그러므로 버려진 땅은 많지도 않았고 유대인들의 구원을 기다리고 있지도 않았다.[86]

　오스만이 식민 활동을 허락할 것이라는 기대도 완전히 어긋났다. 민족주의와 세속적인 시각에 치우친 민족주의자들은 오스만이 튀르키예인들의 것이지 아랍인들의 나라가 아니며 재정이 위태로우니 기꺼이 팔레스타인을 팔 것으로 생각했다. 릴리엔블룸도 팔레스타인을 돈으로 살 수 있으리라 믿고 있었다.[87] 하지만 민족주의자들이 팔레스타인을 조사 중이던 1881년 11월에 이미 오스만 정부는 이민 규제 정책을 발표했다. "이민자들은 제국 전역에 소수 집단으로 정착할 수 있으나 팔레스타인만은 제외된다. 이민자들은 반드시 제국의 시민이 되고 법을 준수해야 한다."[88] 오스만이 팔레스타인만 금지한 것은 유대인들이 이곳에서 민족 문제를 야기할 요소로 성장하는 것을 우려했기 때문이었다. 민족주의자들의 추측과는 달리 무슬림 국가인 오스만에서 성지 팔레스타인이 차지하는 위상은 매우 높았고, 이전부터 열강의 침투가 심해 예의 주시하고 있었다. 러시아에서 불온한 움직임이 보이자마자 바로 조처에 나선 것은 당연했다.[89]

　팔레스타인으로 이주해 온 유대인들은 상상했던 것과는 다른 모습을 보고 너무나도 놀랐다. 이곳에서 민족적 이상을 실현하길 바라던 민족주의자들의 충격은 더욱 컸다. 오스만 당국이 이주를 규제하고 있다는 소식도 뒤늦게 접하자 많은 이들이 좌절했다. 규제 자체는 큰 걱정거리가 아니었다. 유대인들은 사업가나 순례여행객으로 위장해 들어온 후 불법체류하거나 인접한 오스만 지역에 먼저 정착한 후 팔레스타인으로 넘어오는 방식으로 계속해서 이주해 왔다.[90] 민족주의자들을 정말로 낙담시킨 것은 오스만의 태도였다. 정부가 반대하는 한 팔레스타인을 유대 민족의 땅으로 바꿀 수 있는 희망은 없어 보였다. 팔레스타인에서 오스만으로부터 자치권을 인정받는 속국을 만들겠다는 목표를 세운 학생단체 빌루(Bilu)는 1882년 5월에 수백 명의 회원이 활동하고 있었고 이미 선발대를 팔레스타인으로 보냈으나 그해 여름에 공식적으로 해산했다.[91] 하지만 식민화의 꿈을 단념하지 않은 이들도 있었다. 그들은 팔레스타인이 버려진 땅이 아니라면, 버려진 땅으로 만들면 된다고 생각했다. 1882년부터 페타 티크바와 로쉬 피나를 재건하고 리숀 레시온(Rishon LeZion) 등의 새로운 농업 식민촌을 건설하며 출범한 식민 활동은 철저히 식민주의적이었다.

식민화(colonization)와 식민주의(colonialism)는 종종 혼용해서 사용되곤 하지만 구분되는 개념이다. 식민화는 본토(本土)로부터 떨어진 외부 지역에 영구적으로 거주하기 위해 이주하는 것을 뜻하며 부정적인 의미가 내포되어 있지 않다. 20세기 초까지도 유럽인들은 식민화가 토착민과 식민지의 발전을 수반하는 호혜적인 활동으로 인식했다.[92] 여기서 파생된 식민지 또는 식민촌(colony)이라는 단어도 식민모국(母國) 출신의 이주민(colonist)들이 정착한 마을(settlement)을 의미할 뿐 부정적인 뜻은 없었기 때문에 초기 유대 이주자들도 자신들이 사는 마을을 식민촌이라고 불렀다. 하지만 식민화가 실제로 토착민에게 혜택을 주는 경우는 드물었다. 예를 들어, 독일 선교사들의 '성전수호단'은 자신들이 아랍인들에게 문명을 전수하고 물질적으로 여러 혜택을 주었다고 자평했으나, 유럽에서 가져온 새로운 농기구나 기술을 식민촌 안에서만 사용하고 이를 전파하려는 노력은 하지 않았기 때문에 큰 도움이 되지는 않았다. 단지 큰 낫(scythe)처럼 단순한 농기구나 관개를 보고 배워 원예농을 시작하는 간접적이고 제한적인 기회만을 제공했을 뿐이다.[93]

한편, 식민주의는 식민모국과 이주민들이 식민지에서 지배력을 행사하는 것으로, 주로 경제적 착취나 문화적 지배를 목표로 하며 드물게는 토착민을 추방하거나 학살한 사례도 있다.[94] 역사적으로 대부분의 식민화는 식민주의로 이어졌고, 유대인들의 식민화도 그중 하나였다. 이는 일부 친이스라엘 학자들이 주장하는 것처럼 우연히 발생한 불행한 사고가 아니었다. 유대 민족주의자들은 팔레스타인에 아랍인들이 산다는 것을 알게 되자마자 식민주의를 기획한 식민주의자(colonialist)였다. 그들은 오스만과 아랍인들의 경계를 불러일으키지 않도록 공개적인 발언은 자제했으나 사적인 기록에서는 처음부터 아랍인들로부터 땅을 빼앗을 계획을 세우고 의기투합한 사실이 확인된다.

팔레스타인에서 히브리어를 일상언어로 소생시키는 데 크게 공헌한 엘리에젤 벤예후다(Eliezer Ben-Yehuda/1858-1922)는 1881년에 팔레스타인으로 이주한 최초의 민족주의자 중 한 명이었다. 그는 버려진 땅으로 믿었던 이곳에서 다수의 아랍인을 발견하자 걱정에 빠졌다. "우리의 사촌인 이스마엘인과의 조우는 달갑지 않았다. 마치 요새에 둘러싸인 것 같은 우울한 공포심이 내 가슴을 채웠다. 그들은 우리 선조들의 땅에서 자신들을 정당한 주민으로 여기는 듯해 보였고, 정작 선조들의 후손인 나는 외국에서 온 이방인"이었다. 하지만 아랍인들이 "찢어지게 가난하고" "굉장히 무식한" 것을 보고 희망을 되찾았다.[95] 벤예후다는 팔레스타인을 정복할 계획을 세웠고 1882년 9월에 동료에게 서신으로 알렸다. "우리가 지금 해야 할 일은 가능한 강해져서 조금씩 은밀히 땅을 정복하는 것이다. 조용하게, 은밀하게 해야만 해낼 수 있다. ... 아랍인들이 우리의 목표를 알지 못하도록 위원회는 만들지 않아야 한다. 간첩처럼 은밀하게 행동하고 계속해서 (땅을) 사야 한다."[96] 한 달 후에 다른 동료와 함께 쓴 편지에서도 같은 계획이 설명된다. "우리는 신뢰하는 ... 사람들을 제외하곤 정보를 노출하지 않도록 규칙을 정했다. ... 목표는 이 땅에 우리 민족을 부활시키는 것이다. ... 우리가 강해지고 다수가 되기 전까지 아랍인들의 적대감을 일깨우지 않고 전략적으로 행동하기만 한다면, 땅을 쉽게 빼앗을 수 있을 것이다."[97]

벤예후다와 그의 동료들이 경제적 유인책을 정복수단으로 삼은 반면, 군사적 수단까지도 염두에 둔 민족주의자들도 있었다. 블라디미르 두브노우(Vladimir Dubnow)는 빌루의 선발대로 온 이주자 중 한 명이었다. 그는 빌루가 유럽에서 해산된 이후에도 다른 선발대 동료들과 함께 활동을 계속했고 팔레스타인을 정복할 계획을 세웠다. 1882년 10월에 형제에게 보낸 편지에 따르면, "최종 목표는 ... 팔레스타인을 언젠가는 장악하고 유대인들이 2천 년간 빼앗긴 정치적 독립을 되찾게 하는 것이다." 그러기 위해서는 "모든 토지와 생산물을 유대인들의 소유로" 만들고 "이에 더해, 우리 세대와 다음 세대의 청년들에게 무기 사용법을 가르칠 필요가 있다. … 유대인들은 다시 일어설 것이고 (필요하면) 무장을 할 것이다. 그리고 고대의 고향 땅의 주인이자 지배자라고 크게 선포할 것이다."[98]

팔레스타인에 정착한 민족주의자들이 세운 점진적 정복 계획은 동유럽의 동료들에게 곧 전해졌다. 하지만 이게 정말로 실현 가능하거나 최선의 방법이라는 확신을 얻지는 못했다. 식민화의 전망은 암울했다. 이주자들이 집도 먹을 것도 없이 고생하고 있다는 소식이 연이어 들려오면서 많은 유대인이 이주를 재고하게 되었고, 러시아 정부는 해외 이주를 부추기지 못하도록 단속했다. 어떤 이들은 오스만이 규제하지 않는 시리아나 이라크 등지에서 먼저 식민촌을 건설하고 훗날을 기약하는 방법을 대안으로 제시했다.[99] 민족주의자들이 크게 위축된 이때 식민 활동에 활력을 불어넣는 든든한 지원군 두 명이 등장했다. 한 명은 로스차일드 가문의 에드몬드(Edmond Benjamin James Rothschild/1845-1934)[e]였다. 그는 이주민에게 자금을 지원해 식민촌을 세우고 생활을 이어갈 수 있도록 물질적으로 도왔다.[100] 또 다른 한 명은 러시아의 지식인 레온 핀스커(Leon Pinsker/1821-1891)로, 민족주의 사상의 기틀을 잡아 민족주의자들을 정신적으로 규합시켰다.

릴리엔블룸과 마찬가지로, 핀스커 또한 포그롬을 겪으며 러시아 밖에서 민족의 부흥을 꿈꾸게 되었다.[101] 그는 이를 위해서 서유럽 유대 공동체의 지원이 필요하다고 보았고, 1882년 3월에 오스트리아 빈의 저명한 랍비장 아돌프 옐리네크(Adolf Jellinek)를 찾아가 러시아의 유대인들이 박해에서 벗어나 인간답게 살 수 있는 땅이 필요하다고 호소했다. 그런데 그가 요구한 것은 단순한 피난처가 아니라 "민족"을 만들 수 있는 땅이었다. "우리만의 민족적 토대에서 살고, 정치 공동체의 구조를 갖추고, 우리가 퇴보적이기는커녕 파괴되지 않고 가능성이 풍부한 공동체이고 아무리 작더라도 국가를 건설할 수 있는 재능을 갖추었다는 것을 다른 민족들에게 보여줄 수 있도록 우리가 민족이 되기를 원합니다. … 모든 수단을 동원해서라도 우리 박해받는 러시아의 유대인들이 자

---

e) 프랑스인이므로 에드몽 드 로쉴드로 표기해야 올바르지만, 이 책에서 영미 지역에 거주하는 로스차일드 가문의 다른 일원도 등장하고 또한 국내 번역 관행을 따르고자 에드몬드 로스차일드로 표기했다.

유로운 인간으로서 정착하고 살 수 있는 땅을 구해주십시오."[102]

옐리네크의 반응은 부정적이었다. 그는 핀스커와는 달리 반유대주의가 빠르게 사라질 것으로 전망했고,[103] 유대 민족주의가 도리어 반유대주의를 악화시킬 것이라고 지적했다. 유대인들이 애국적이지 않다는 반유대주의자들의 주장을 증명하는 셈이기 때문이었다. 그는 "유대 국가의 푸른 깃발"을 세우기 위해 지난 30년 동안 유럽에 동화되고 시민권을 얻기 위해 노력해 온 과거를 부정할 생각이 없다고 대답했다.[104] 더군다나 그는 유대 민족이라는 '상상' 자체를 받아들이지 않았다. "우리는 뼛속까지 독일인이나 프랑스인, 영국인, 헝가리인, 이탈리아인 등등이오. 우리는 오래전부터 진정한 순종 셈족이 아니게 되었고 히브리 민족으로서의 의식을 잃어버렸소."[105] 핀스커는 포기하지 않고 다른 유명 인사들을 만나 도움을 청했다. 그러나 누구를 만나든 마찬가지였다. 다들 옐리네크와 마찬가지로 민족주의에 동의하지 않고 부작용만을 우려했다. 단 한 명만이 핀스커를 격려하고 그의 사상을 글로 써 널리 알릴 것을 권유했다.[106] 이렇게 해서 핀스커는 유대 민족주의 운동에 큰 힘이 되어줄 『자력해방(auto-emancipation)』을 저술하게 된다.

『자력해방』의 요지는 민족국가를 건설하는 것만이 유대 문제의 해결책이라는 것이다. 핀스커에 따르면, 유대인들은 "어떤 다른 민족에도 동화되거나 흡수될 수 없는 특징"[107]을 가지고 있으며 "고향 땅에서 토착민이 아닐뿐더러 외국인"으로도 여겨지지 않기 때문에 박해를 받는다. 외국인이 체류지에서 법적, 사회적 권리를 보장받는 이유는 그들의 국가에 체류 중인 다른 나라 사람들의 권리를 보호해 주기 때문인데 국가가 없는 유대인들은 그러한 호혜적 관계를 형성할 수 없다.[108] 그러므로 오직 유대 국가를 건설해야만 외국인 신분을 획득하고 권리를 보호받을 수 있게 된다.[109] 유대 국가에서 살기 원치 않는 서유럽 유대인들이 굳이 이주해 올 필요는 없다.[110]

핀스커는 유대 문제를 해결하기 위해서 인류애나 신학적 환상에 안주해 기다릴 것이 아니라 스스로 쟁취해야 한다는 점을 강조했다. 유럽인들이 교양을 쌓고 유대인에게 완전한 시민권을 부여하더라도 같은 형제로 인식하지는 않을 것이다. "유대인은 법으로만 해방된 것이지 사회적으로 해방된 것은 아니다. 해방령 공포 이후에도 유대인들은 여전히 예외적인 사회적 지위에서 해방되지 못하고 있다. … 유대 민족에 찍힌 낙인은 … 어떤 공식적인 해방령으로도 제거할 수 없다."[111] 유대인들은 민족이 되는 것에 관심이 없거나 거부하고 있으나 이것이 불행의 가장 큰 원인이다.[112] "신적 존재의 개입이 정치적 부활을 가져올 것이라는 메시아 사상과 신이 가한 벌을 인내심을 갖고 견뎌야 한다는 종교적 해석은 민족의 자유와 통합, 독립에 대한 모든 열망을 버리게 만들었다." "이산으로 신의 사명을 수행한다는 … 기만적인 생각을 버려라. … 우리는 환상적이고 자기기만적인 방법이 아니라 민족적 연대를 회복해 명예와 구원을 얻으려 노력해야 한다." "스스로 쟁취하라. 그러면 신이 너를 도울 것이다."[113]

핀스커의 사상은 헤스와 큰 맥락에서는 같았으나 궁극적인 지향점은 달랐다. 유대인들이 이미 시민권을 얻었던 서유럽의 헤스는 유대 국가가 민족의 부흥을 위해 필요한 것으로 강조한 반면, 여전히 심각한 박해를 겪는 동유럽의 핀스커는 유대 국가가 반유대주의를 종식시키기 위해서 필요하다는 점을 '상대적으로' 더 강조했다. "우리 민족만의 고향을 가지지 않는 한 … 영원히 계속될 자연적인 반감으로 다른 민족들이 우리를 끝없이 거부할 것이라는 사실을 받아들여야 한다."[114] 이러한 경향의 차이는 '어디에 유대 국가를 세워야 하는가'라는 질문에 결정적인 차이를 불러왔다.

> 끝없는 이산 생활에 종지부를 찍고 우리 민족을 부흥시킬 수 있도록 안전하게 지낼 국가를 가지고자 한다면, … 당면한 목표는 '성지'[팔레스타인]가 되어서는 안 되며 … 외세 지배자가 추방할 수 없고 민족의 자산으로 남을 수 있는, 가여운 동포들을 위한 넓은 땅이 필요할 뿐이다. … 성지가 어쩌면 우리 것이 될 수도 있다. 그렇다면 좋겠지만, 우선 중요한 것은 어떤 땅이 이용 가능하고, 고향을 떠나야 하는 모든 유대인에게 안전하고 확실한 피난처를 제공해 주면서 생산적일 수 있는지를 결정해야만 한다.[115]

핀스커는 이런 조건을 충족하는 곳으로 북아메리카를 제시했다. 하지만 북아메리카만을 고집하거나 팔레스타인을 배제해야 한다고 단언하지는 않았다. 최종적으로 어떤 땅을 선택할지는 전문가들이 결정할 일이라고 보았다. 다만 팔레스타인이나 시리아를 선택한다면 수백만 명이 이주할 수 있도록 생산적인 땅으로 개발할 수 있어야 하며 오스만으로부터 주권을 인정받는 것이 중요하다는 단서를 달았다.[116] 또한, 어느 지역을 선택하든 국경 안에 민족을 구성하는 것은 허락받기 어렵지만 정부의 지원을 받아야만 피난처를 만들 수 있으므로 인내심을 갖고 신중히 추진해야 하며, 유대인들이 떠나는 것을 반길 유럽의 정부들이 도움을 줄지도 모른다는 희망을 덧붙였다.[117]

『자력해방』은 1882년 9월에 독일에서 독일어로 처음 출판되었다. 민족주의를 탄압하는 러시아 정부의 검열을 피하는 동시에 동유럽보다 부유하고 정치 활동이 자유로운 서유럽 유대 공동체의 지원을 받기 위해서였다. 하지만 서유럽 유대인들의 생각은 한 세대 전인 헤스 시절과 달라지지 않았다. 반면, 포그롬을 겪으면서 동화주의에 회의를 느끼게 된 많은 동유럽 유대인들, 특히 지식인들은 핀스커의 목소리에 귀를 기울였다.[118] 릴리엔블룸을 비롯한 많은 민족주의자가 핀스커에게 달려가 팔레스타인을 목표로 삼아 달라고 도움을 청했다. 핀스커는 이를 받아들였고 산발적으로 활동하고 있는 여러 단체를 규합할 구심점을 만들기로 했다. 또한, 능동적 메시아주의를 믿는 소수의 랍비들도 힘을 합치기로 했다.[119] 그들은 세속적인 지식인들과는 성향도 궁극적인 지향점도 달랐기에 껄끄러운 관계였으나 양자는 서로를 필요로 했다. 종교 활동에만 몰두해 온 랍비들은 식민화에 필요한 자본이나 기술, 외교 등을 동원할 세속적 지식이 없었고,[120] 지식인들은 유대 공동체에 대한 랍비들의 영향력과 종교계의 비판을 줄여줄 보호막이 필요했다.[121]

1884년 11월에 동유럽 각지의 민족주의 단체들의 대표 30여 명은 폴란드의 카토비체(Katowice)에서 모여 연합체를 결성하기로 합의했다. 3년 후 이 연합체는 히브리어로 '시온의 사랑'을 의미하는 히바트 시온(Hibbat Zion)으로 공식적으로 명명된다. 시온은 예루살렘이나 이스라엘 땅을 가리키는 성경식 지명으로[f] 많은 민족주의 단체들이 스스로를 '시온의 연인들'(Hovevei Zion)이라 부르고 있는 점을 반영해 지은 이름이었다.[122] 히바트 시온은 민족주의에 대한 기대를 크게 높였고 1년 만인 1885년 말에 회비를 납부하는 회

---

f) 예루살렘 동쪽에 있는 언덕의 이름이기도 하다.

원을 약 14,000여 명 확보했다.[123] 의장을 맡은 핀스커는 팔레스타인으로 귀환해 "쟁기와 삽을 들고 ... 우리의 옛 모습을 되찾자."고 선언했다.[124]

1.3. 갈등의 시작

팔레스타인에서 기성 유대 공동체는 예루살렘, 사페드, 티베리아스, 헤브론 등 4개 도시에 집중적으로 모여 살았다. 새로운 이주자들은 이들 도시에 합류하기도 하고, 일부는 배를 타고 내린 야파에 그대로 눌러앉았다. 소수는 농촌에서 토지를 사들여 식민촌을 건설했다. 아랍인들은 새로운 유형의 이웃을, 특히 후자를 의심하며 경계했다. 팔레스타인을 장악하려는 열강의 의도는 널리 알려져 있었고 식민촌을 만들어 농사를 짓고 있는 성전수호단 등의 유럽 기독교도들과는 "유격전" 수준의 갈등과 긴장을 빚고 있었다.[125] 유대 민족주의자들은 성전수호단이 식민촌을 확장하고 있던 시기에 도착했기 때문에 자연히 같은 의심을 받았다. 처음에는 그래도 유대인 이주자는 기독교도와는 다를 것이라며 우호적으로 보는 시선도 많았다. 예를 들어, 1882년에 식민촌 로쉬 피나에서 열린 결혼식에서 유대인이 실수로 아랍인을 총으로 쏘아 죽인 일이 있었다. 피해자의 가문은 사람을 모아 복수를 하려고 했으나, 다른 아랍인들이 유대인들을 지켜주어 충돌을 피할 수 있었다.[126] 하지만 식민화가 진행될수록 이처럼 갈등을 원만히 해결하는 모습은 점점 찾아보기 힘들어지고 분란은 커져만 갔다. 유대 민족주의자들이 식민주의자로서의 면모를 감추지 않았기 때문이었다.

19세기에도 팔레스타인은 토지 중심적인 전통적 농경사회의 구조를 유지하고 있었다. 중세 유럽의 농노(serf)와는 달리 "오스만에서 농민(fellah)들은 ... 타인의 소유물이 아니었다. 그들은 사람이 아니라 특정한 장소에 소속되어 있었다."[127] 농민들은 대부분 국유지(miri land)[128]를 경작하고 있었으나 수확물의 10%[129]를 세금으로 내면 나머지 수확물을 가질 수 있고, 계속 거주하며 경작권을 후손에게 물려줄 권리까지도 인정받았다.[130] 이토록 사유지의 성향이 강했기 때문에 자연히 농민들은 스스로를 토지의 실질적인 주인으로 여겼다. 하지만 1858년에 토지법이 제정된 이래로 많은 농민들이 소작농으로 전락하게 돼버린다. 엎친 데 덮친 격으로 1867년부터는 외국인의 부동산 거래가 허가되어 식민 활동에 무방비하게 노출되었다.[131]

1858년의 토지법은 국유지의 사실상의 소유권과 거래를 인정함으로써 경작을 촉진하고 세수를 증대하려는 목적으로 제정되었다.[132] 농민의 지위에 어떤 해를 끼치려는 의도도 없었던 이 법이 소작농을 양산하게 된 까닭은 크게 두 가지로 나누어볼 수 있다. 하나는 등기의 기피화, 다른 하나는 토지의 상품화다. 정부의 예상과는 달리 농민들은 경작 중인 토지를 등기하길 꺼렸다. 학자들은 여러 가지 이유를 추측하는데, 우선 경작자가 곧 토지 소유주라는 관습에 익숙해 법적 소유권을 인정받아야 할 필요성을 느끼지 못했을 것으로 본다. 특히 10년 이상 경작한 땅은 등기비가 무료이지만, 근래에 개간한 땅은 등기비를 내야 했고 농민들에게는 경제적으로 큰 부담이 되었다. 대가족이나 마을 단위로 공동경작[133]을 하는 농민들은 토지를 개인적으로 분배하기가 어려워 등기를 포기했다. 그런데 등기를 하지 않고 내버려 두면 소유권이 침해받을 우려가 있으니 농민들이 명사들에게 명의를 넘겨 차명 등기한 경우가 있었던 것으로 짐작된다. 여기에는 유사시에 명사들의 보호를 받으려는 목적이나, 토지를 등기하면 세금이 늘거나 징집 당하는 것을 대비하려는 의도도 있었을 듯하다. 베두인들도 방목하거나 경작하는 땅을 부족장의 명의로 일괄적으로 등기하곤 했는데, 부족의 힘을 과시하거나 등기권을 물려받은 여자들이 다른 부족으로 시집을 가서 땅을 빼앗기는 일을 피하기 위해서였던 듯하다. 다만, 현존하는 오스만 문서로 확인되는 선에서는 명사들의 명의로 대신 등기한 사례는 찾기 어렵다.[134]

소작농이 급증한 보다 중요한 이유는 토지의 상품화다. 상류층은 등기를 권력과 자본을 증식할 기회로 포착했다. 유럽으로의 수출판로가 뚫린 이후부터 토지의 가치가 크게 상승하는 상황인 데다가 1867년부터는 법적으로 상속권과 임대권이 보장되어 국유지가 실질적으로 사유지나 다름없게 되었기 때문이다. 그들은 소작농을 고용해 저지대를 적극적으로 개간했고 잦은 전쟁과 흉작, 수탈, 고리대금업[135] 등으로 빈곤해진 농민들이 팔려고 내놓은 토지나 세금을 못 내 경매로 넘어간 토지도 모두 사들였다. 그 결과, 불과 한 세대 만에 많은 땅이 소수의 대지주 손에 넘어가고 소작농이 양산되었다. 이는 당장 사회적 문제로 불거지지는 않았다. 토지의 소유주가 바뀌더라도 농민들의 경작권을 지켜주는 것이 아랍 사회의 관습이었기 때문이었다.[136] 하지만 이런 관습을 알지 못하고 지킬 생각도 없는 유대 민족주의자들이 이주해 오면서 상황은 바뀐다.

유대인들이 팔레스타인에서 사들인 땅은 성경 시대에 고대 이스라엘인의 중심지였던 산악지대(오늘날의 서안지구)가 아니라 근래에 아랍인들이 열심히 개간 중인 저지대였다.[137] 산악지대는 저지대에 비해 척박한 데다가 아랍 인구가 밀집해 있고 많은 농민이 개별적으로 토지를 소유하고 있었다. 따라서 식민촌을 만들려면 토지를 팔 의향이 있는 농민들을 여럿 찾아야 하는데 그러기가 쉽지 않았다. 반면, 저지대는 대체로 비옥하고 인구가 적을 뿐만 아니라, 시리아나 레바논 등지에서 사는 부재지주(absentee landlord)가 토지를 소유한 땅이 많았다.[138] 부재지주들은 토지에 별다른 애착이 없었기 때문에 유대 민족주의자들에게 기꺼이 토지를 팔았고 민족주의자들은 단 몇 명과의 거래만으로도 식민촌을 건설하기에 충분한 토지를 구할 수 있어서 만족했다.[139] 하지만 이들의 거래에서 소작농의 권리는 보호받지 못했다. 유대 민족주의자들은 아랍 지주들처럼 돈을 벌기 위해 토지를 사들이는 게 아니라 유대인을 정착시켜 땅을 정복하는 것이 목적이었으므로 언제나 아랍 소작농을 추방했다. 쫓겨난 농민들은 관습적 권리를 내세워 생계수단과 집을 돌려달라고 항의했으나 소용없었다.[140]

갈등은 점진적으로만 커졌다. 민족주의자들이 토지를 한 번에 대규모로 매입하고 가꿀 재력과 노동력이 없었던 덕분이었다. 그들은 토지를 매입한 직후에는 아랍인의 소작을 허락하다 충분한 수의 이주민들이 들어오면 추방하고, 자본이 확보되면 인근의 토지를 조금씩 더 사들인 후 이를 반복해 원성을 샀다. 그 밖에도 매입한 토지가 전통적으로 목초지로 이용하던 곳이거나, 지적도나 측량없이 등기되어 인근의 아랍인 소유의 땅과 경계가 부정확하거나,[141] 토지 판매자가 자신이 실제로 소유한 땅보다 더 많은 땅을 팔아버려서 갈등이 생겼다. 식민촌이 규모를 키울수록 그에 비례해 불만을 품은 아랍인들이 늘어났고 물리적 충돌로 번졌다. 급기야 1886년에는 아랍인들이 페타 티크바를 공격해 다섯 명의 유대인이 다치고 그중 한 명은 부상이 악화돼 목숨을 잃었다. 같은 해에 시리아의 골란 고원(Golan Heights)에 세운 식민촌 브네이 예후다(B'nei Yehuda)에서는 2명이 살해당했다. 유혈사태는 비록 예외적이었으나, 아랍인들이 작물을 해치려고 경작지에 가축을 몰고 오고 식민촌 주민들이 총으로 쫓아버리는 일과 같은 '소소한' 충돌은 매우 흔했다. 역사학자 네빌 만델(Neville Mandel)은 "단 한 번도 아랍 이웃과 갈등을 겪지 않은 유대 식민촌은 거의 없었다."고 설명한다.[142]

유대인의 수가 적고 무장이 약했던 이 시기에 아랍인들은 위협적이었다. 특히, 아랍 마을들 사이에 고립된 식민촌 주민들은 공포 속에서 살아야 했다. 하지만 민족주의자들은 식민화를 계속해서 유대인이 다수 인구를 차지하게 된다면 아랍인들이 자발적으로 복종하거나 그렇지 않더라도 힘으로 억누를 수 있다고 믿었던 터라 한때의 시련 정도로 치부했다. 이런 낙관적인 전망은 대체로 무지에서 기인했다. 그들은 아직 팔레스타인에 얼마나 많은 아랍인이 살고 있는지조차 가늠하지 못했고, 아랍인들이 유대인에게 집단적으로 반감을 품지도 않을 것으로 믿었다. 지금 겪는 다소간의 갈등도 머지않아 식민화가 경제적 발전을 가져오면 완화되리라 예상했다.[143]

실제로 식민화는 아랍인들에게 많든 적든 경제적 이익을 가져오고 있었다. 유대인들은 자신들만의 힘과 기술로는 농사를 지을 수 없는 현실을 인정하고 아랍 농민을 임금노동자로 고용했다. 비록 약소한 급여였으나 농민들은 부가적인 수입을 거두고 이를 현금으로 받을 수 있어서 만족했다. 추방당한 소작농들도 임금노동자로 고용되는 동안에는 불만을 삭였다. 식민촌 인근의 아랍 마을은 생필품을 팔 수 있어서 기뻐했고, 지주들은 시세보다 비싼 값에 토지를 팔고 돈방석에 앉았다.[144] 게다가 에드몬드 로스차일드는 1887년부터 자신이 관리하는 식민촌의 진료소에 아랍인이 찾아오면 무료로 치료해 주도록 지시했고 이는 약 10여 년 동안 계속되었다.[145] 따라서 식민화에 대한 저항은 주로 토지 분쟁을 겪은 마을의 주민들로만 국한되었고 그보다 많은 아랍 주민들은 식민촌과 호혜적인 관계를 맺었다. 그러나 수혜자가 많다고 해서 피해자의 불만을 잠재울 수 있는 것은 아니었다. 또한, 추방당한 소작농들은 고용이 불안정한 임금노동자로 일하는 것보다 땅의 주인으로 있던 과거를 그리워했기 때문에 피해는 어떤 방식으로도 완전히 보상받을 수 없었다.

아랍인들 사이에서 식민화를 반기는 사회적 인식이 생겨나지도 않았다. 오히려 시간이 지날수록 식민화에 정치적 의도가 있다는 의심만 강해졌다. 양자 사이에 경제 협력 이상의 사회적 관계가 발전하지 못했기 때문이었다. 유럽 우월주의와 민족주의 성향이 강한 식민촌 주민들은 '원시적인' 아랍인과 어울릴 생각이 없었다. 위협을 줄이기 위해서는 아랍어를 배우고 어느 정도의 교류가 필요하다는 인식은 있었으나, 유럽에서 멸시받던 약자에서 누군가에게 공포와 증오를 불러일으키는 존재가 된 것을 긍정적인 변화로 반기는 주민들이 많았다. '야만적인' 아랍인들은 힘과 권위에만 복종하기 때문에 대화가 아니라 무력을 길러서 존경심을 얻어내는 게 올바르다는 신념도 있었다.[146] 빌루의 선발대로 팔레스타인에 이주해 왔다가 포기하고 1887년에 러시아로 되돌아간 하임 히신(Chaim Chissin)은 "식민 초기 시절에는 아랍인들을 동물처럼 다루었고, 고압적으로 처벌하는 게 필요하다고 생각했다."고 고백했다.[147]

민족주의나 유대 국가 건설을 지지하지 않고 동유럽 동포를 위한 피난처를 만든다는 목적으로 식민화를 돕고 있는 유대인들은 이런 호전적인 태도를 경계하고 비판했다. 이스라엘 만국협회가 세운 농업학교의 교장은 1883년에 "이 러시아 젊은이들의 대부분은 매우 사납고 버릇이 없습니다. 제 인내심과 모든 충고에도 불구하고 그들은 ... 아랍인들과 잘 어울리지 못합니다."라고 보고했다. 이듬해에는 농업학교에서 일했던 교사가 "빌루의 회원들이 아랍인들과 그들의 종교를 모욕하고 개나 돼지 따위로 부르며 욕해서" 아랍인들이 울면서 호소했다는 글을 신문에 기고했다.[148] 에드몬드는 자신이 관리하는 식민촌에서 주민들의 폭력적인 행동을 규제했다. 1890년에 리숀 레시온의 어느 주민은 오랜만에 만난 히신에게 이렇게 불평을 털어놓았다.

> 식민 생활 초기에 아랍인들이 우리를 얼마나 두려워했는지 기억하나? 그들은 우릴 마주할 때면 떨었고 모욕적인 언사를 내뱉을 엄두도 못 냈지. 아랍인들은 히브리인들을 주인으로 극진히 모셔야 했고 말이야. 그렇지 않으면 가장 가혹한 방식으로 다뤄졌으니까. 그런데 요즘은 아랍인들을 때리는 것조차도 허락되질 않아. 아랍인이 (식민촌 관리자) 블로흐(Alphonse Bloch)에게 달려가 불평하면 정착민들이 소집 당하고 종종 벌금까지 내게 돼.[149]

히바트 시온에서 두각을 드러내고 있던 청년 지도자 아하드 하암(Ahad Ha'am/1856-1927)은 1891년에 처음으로 팔레스타인에 와서 식민촌을 둘러보다 식민촌 주민들이 아랍인을 호전적으로 대하는 태도를 알게 되고 놀랐다. 그는 식민촌의 유대인들이 "아랍인들을 적대하고 잔인하게 대하고, 그들의 영토를 부당하게 침범하고, 부끄럽게도 타당한 이유도 없이 폭행하고, 심지어 그런 행동을 자랑하고 있다. 그런데도 누구도 나서서 이렇게 위험하고 야비한 충동을 멈추라고 말하지 않는다."며 공개적으로 비판했다.[150] 이런 행동이 도덕적으로 잘못되었기 때문이 아니라 아랍인들이 식민 활동에 저항할 우려가 있다는 이유에서였다. "아랍인들이 힘과 용기를 선보이는 자들만을 존중한다는 우리 민족의 생각은 옳다. 하지만 상대방이 압제적이고 정의롭지 못하다고 생각하면 ... (아랍인들은) 원한을 품고 복수한다."[151] 다만, 아랍인들의 잠재적 위협은 매우 미약하게 평가되었다. 하암은 태도만 개선하면 아랍인들의 증오를 일깨우지 않을 것이라 보았다. 설령 유대 공동체가 번영하는 것을 보고 "질투심으로 증오가 생겨나더라도" 그 시간이 오래 걸릴 것이고, 그 사이에 유대 공동체는 "인구와 토지가 많이 늘어나고, 단결되고, 모범적인 생활방식으로 기반을 잡을 수 있을 것이므로 (아랍인들은) 아무런 문제가 되지 않는다."고 전망했다.[152]

하암 이전에는 어떤 민족주의자도 아랍인들이 식민 활동에 걸림돌이 될지 모른다고 공개적으로 문제시하지 않았다. 그들 대부분이 유럽에서 살고 있고 아랍인을 한 번도 본 적이 없어 관심을 주기 힘들었던 데다가 유대인의 수가 늘어나면 쉽게 해결할 수 있을 것으로 생각했기 때문이기도 하지만, 식민화에 부정적인 전망을 불러올 주제를 굳이 거론해서 잠재적 이주자들의 발길을 돌리게 만들고 싶지 않다는 이유도 중요했다. 유럽인들은 토착민들이 식민화에 반대한다는 것을 지난 수 세기 간의 경험으로 너무나도 잘 알고 있었다.

1882년에 처음 식민촌을 건설할 때부터 벤예후다와 동료들이 아랍인들 몰래 조심스럽게 식민화를 해야 한다고 계획을 세운 것도 이 때문이었다. 따라서 식민촌이 아랍인들로부터 공격받고 있다는 소식이 유럽에 전해지자 민족주의에 반대하는 유대인들은 이를 비판의 소재로 언급했고[153] 민족주의자들은 그들을 침묵시킬 이상적인 해답을 내놓지 못했다. 이르게는 1886년에도 어느 유대인 사회주의자가 팔레스타인에서의 민족주의는 인도적이지 못하고 아랍인들의 저항으로 실패할 것이라고 비판했다.

> (오스만으로부터 토지를 사더라도) 아랍인들은 어떻게 할 것인가? 유대인들은 아랍인들 사이에서 외지인이 되기를 원하나 아니면 아랍인들을 유대인들 사이에 둘러싸인 외지인으로 만들길 원하나? … 아랍인들은 정확히 우리와 같은 역사적 권리를 가지고 있다. 협잡과 타락한 외교술로 국제적 약탈자들[열강]의 보호를 받아 자리를 잡는다면, 평화로운 아랍인들은 그들의 권리를 수호하러 나설 것이고 당신들에게는 불행한 일이 될 것이다.[154]

민족주의자들은 하암이 아랍인을 의제로 올린 것을 반기지 않았다. 소수의 지지자를 제외하고는 아랍인의 위험성을 공감하거나 재평가하려는 논의도 하려 들지 않았다. 하암의 여정에 동행했던 메나헴 우씨쉬킨(Menachem Ussishkin)은 "오늘날까지 아랍인들은 유대인 동포들과 평화롭게 살고 있고 유대인보다는 기독교도들을 더욱 두려워한다."고 일축했다. 물론, 식민촌이 아랍인들과 충돌해오고 있었던 사실을 완전히 부인할 수는 없었다. 하지만 그는 이런 현상을 부정적으로 보지 않았다. 오히려 "(유럽에서) 적들이 휘두르는 채찍에 입 맞추고 잎새가 떨어지는 소리에도 떨던 우리 형제들이 마카비(Maccabee, 하스모니안 왕조)의 땅으로 돌아오자 용감하게 적들을 때리기로 결단한 모습을 보게 되어 기쁘다."고 말했다. 그리고 이런 호전적인 자세 덕분에 "우리 민족이 이 땅에서 확고히 자리 잡고 충직한 시민으로 번영을 누리게 된다면 굉장한 힘을 가지게 되고, 아랍인 같은 집단과의 충돌을 두려워하지 않을 것이다."라는 낙관론을 주장했다. 결국, 하암의 경고는 아무런 변화도 가져오지 못했다. 하암 자신도 이 주제를 대단찮게 여겼거나 특별한 해결책이 없다고 생각했기 때문인지 이후로 17년간이나 다시 거론하지 않았고 아랍인에게 각별한 주의를 기울이지도 않았다.[155]

민족주의자들은 나중에 깨닫게 되는 것처럼 아랍인들을 지나치게 과소평가하고 있었다. 식민촌의 인구와 규모가 너무나도 작아서 위협으로 인지하기 어려웠던 1880년대에도 이미 소수의 아랍 지도자들은 정치적 저항을 조직하고 있었다. 당장의 생계가 급급한 농민들이 식민촌에서 일자리를 얻는 것으로 만족할 수 있었던 반면, 상류층은 식민화가 미칠 사회적 파장을 통찰할 수 있는 식견을 갖추고 있었다. 유대인들은 아랍인들이 관심이 없어서 내버려 둔 불모지를 사들이고 있던 것이 아니었다. 아랍인들이 개간하고 작물을 생산할 수 있는 토지를 매입해가고 있으며 그러면서도 아랍 사회에 융화되려 하지 않았다. 즉 식민화는 팔레스타인의 탈아랍화, 탈무슬림화를 유발하고 있었다. 따라서 예루살렘의 무프티(Mufti, 무슬림 종교 지도자) 타히르 후세이니(Muhammad Tahir al-Husayni/1842-1908)를 비롯해 여러 아랍 지도자들은 유대 민족주의자를 오스만의 통치를 훼손하려는 유럽의 식민주의 세력 중 하나로 올바르게 인지하고 규제를 강화하는 청원을 했다.[156]

아랍 지도자들의 우려는 정책에 반영되었다. 1884년에 오스만 정부는 종전에 허용하던 사업 목적의 입국을 금지했다. 유대인들은 이제 순례여행객으로만 팔레스타인에 들어올 수 있고 출국할 때 돌려받을 수 있는 보증금을 내야 했다. 예루살렘 군수는 독자적으로 유대인의 토지 매입과 건물 건설까지도 금지했다. 하지만 어떠한 규제도 실질적 효력은 없었다. 유대인들은 보증금을 포기하고 불법 체류했고, 오스만 시민권을 가진 아랍 유대인이나 아랍인, 유럽 영사 등의 명의를 빌려 토지를 매입하고, 가건물이나 지하에 건물을 짓는 방식 등으로 규제를 회피했다. 또한, 불법행위가 적발되더라도 관리에게 뇌물을 주고 처벌을 모면했다.[157] 아랍인들이 이를 곱게 볼 리가 없었다. 히바트 시온의 토지 매입을 돕던 한 아랍 명사는 유대인들이 팔레스타인을 통치하는 정부나 지켜야 할 법이 없는 것처럼 허가 없이 집을 짓고 과수원을 만들고 있어서 적대감을 유발하고 있다고 귀띔해 주었다.[158]

규제의 근본적인 한계는 유대인의 이주가 팔레스타인에 대한 영향력을 키우는 데 도움이 되리라 판단한 열강의 압력에 있었다. 이 무렵에 오스만은 유럽과 북아프리카 지역의 영토를 상당수 잃어 국력이 매우 약화되고 세수가 줄어들면서 재정이 갈수록 위태로워졌다. 1875년에는 급기야 기존 채권의 이율을 절반으로 줄이고 원금의 절반은 새로운 채권으로 대신하겠다고 일방적으로 선언해 채권자들의 분노를 샀다.[159] 이후로도 오스만이 채무를 온전히 이행할 가망성이 없자 채권자들은 어쩔 수 없이 부채를 절반 가까이 탕감하고 이율도 낮춰주는 대신 1881년부터 특정 항목의 조세는 채무 변제에 우선 사용하도록 하고 채권자가 참여하는 공공부채위원회를 구성해 이를 감독하기로 했다. 오스만 정부로서는 예산 편성에 큰 제약을 받고 주권을 침해당하는 것이었으나 이보다 나은 대안이 없었기에 계속되는 전쟁과 반란 등의 내외환 중에도 이를 지켜야만 했다.[160] 이런 상황에서 열강의 심기는 거스를 수 없었고 불법 이주자를 발견해도 추방할 수조차 없었다. 오히려 1888년부터는 단체가 아닌 개인 단위의 이주는 허용하기로 물러섰다.[161]

아랍 지도자들은 포기하지 않고 더 강한 조치를 요구했다. 1890년에는 예루살렘 시의회에서 처음으로 유대 이주와 토지 매입에 대한 문제를 논의했고, 이듬해에 유대 이주와 토지 매입 규제를 요청하는 전보를 재상(Grand Vezir)에게 보냈다. 오스만 정부는 이주 규제를 약속하고 예루살렘군에서 오스만 시민권자를 포함한 모든 유대인에게 국유지의 판매를 금지했다. 그러나 열강의 압력을 1년도 버티지 못하고 불법체류자를 거주시키거나 식민촌을 만들지만 않으면 국내외 어떤 유대인이든 토지를 매입할 수 있도록 규제를 완화했다.[162] 식민 활동은 멈추지 않고 계속되었고 갈등의 고랑은 깊어져 갔다.

1.4. 깨어진 환상

1881-2년에 처음 팔레스타인으로 이주를 하자고 외쳤을 때 민족주의자들은 식민 활동으로 팔레스타인을 빠르게 생산적인 땅으로 바꿔서 유대인들이 대규모로 이주해 올 터전을 만들겠다는 희망에 가득 차 있었다. 그러나 식민 활동을 시작한 지 10여 년이 흐르자 현실과 크게 괴리된 계획이었던 것을 깨달았다. 팔레스타인으로의 이주는 유대인들의 공감을 거의 얻지 못했다. 포그롬이 잦아들자 민족주의 활동은 기대보다는 반유대주의를 야기할 것이라는 우려를 더 크게 불러왔고 랍비들은 종교적 금기를 어기지 말아야 한다고 목소리를 높였다. 히바트 시온은 지식인과 종교인들 간에 주도권 투쟁이 벌어져 힘을 결집하지 못했다.[163] 동유럽발(發) 이주는 포그롬이 끝난 후로도 러시아에서 잇따라 제정된 차별적인 법률 등으로 인해 멈추지 않고 계속되었으나[164] 1890년까지 미국으로는 20만 명이 이주해 간 반면[165] 팔레스타인으로는 2

만 명도 채 오지 않았다. 더군다나 대부분은 도시로 향했고 민족주의자들의 바람대로 식민촌에서 새로운 삶을 도전한 유대인은 겨우 2천 5백 명에 불과했다.[166] 이 모든 것보다도 더 심각한 문제는 팔레스타인이 식민화에 적합지 않다는 것이었다. 팔레스타인의 정치, 사회, 경제, 자연환경은 상상했던 것처럼 긍정적이지 않았고 식민화는 더디게만 진행되었다.

식민 활동은 이주자들이 첫발을 디뎠을 때부터 삐꺽거렸다. 식민촌은 비록 '비옥한' 저지대에서 세워졌으나 이는 어디까지나 산악지대보다 전반적으로 비옥하다는 의미일 뿐이며, 제대로 된 정보 없이 처음 매입한 땅들은 모래나 바위투성이에다 건조하거나 습해서 농사를 짓기 어려웠다.[167] 이주자 중에 농사를 지어본 사람도 거의 없었고[168] 유럽의 지식과 문물을 선보이겠다는 우월주의에 빠져 토양과 기후에 맞지 않는 유럽식 농법을 시도하는 실수도 저질렀다.[169] 그러므로 여러 번의 시행착오를 피할 수 없었다. 그런데 대부분의 이주자는 한해살이도 버티기 힘들 정도로 빈곤했다. 그들은 첫 수확기만 지나면 경제적으로 자립이 가능할 것이라 믿었으나 오랜 기다림과 고생 끝에 얻은 수확물은 변변찮았다. 오직 에드몬드의 지원과, 그보다는 적은 히바트 시온의 도움으로 식민촌에서의 생활을 이어갈 수 있었다. 1891년에 아하드 하암(Ahad Ha'am/1856-1927)은 외부의 지원을 받지 않고 "혼자 힘으로 토지를 경작해 먹고사는 사람은 단 한 명도 발견할 수 없었다."[170]

에드몬드는 팔레스타인에서 유대 국가를 건설하는 게 가능하다고 생각지 않았고 민족주의를 추구하는 히바트 시온과는 거리를 두었다. 그럼에도 불구하고 도움을 호소하는 식민촌 주민들에게 동포애를 가지고 막대한 지원을 해주었다. 기술자를 파견해 현지 기후와 토지에 맞는 근대농법을 도입하고 수도, 학교, 약국 등 공공시설을 공급하는 사실상의 정부 역할까지 수행했다. 1890년까지 유대인들은 약 5만 5천 두남의 토지에 10개의 식민촌을 세웠는데 대부분이 에드몬드에게 토지 소유권을 넘기고 경제적 지원을 받아 생활했다. 그러지 않은 주민들도 공공시설을 이용하기 위해 에드몬드가 파견한 관리자들의 지시에 따랐다.[171]

에드몬드의 지원은 식민촌이 경제적 기반을 건설하는 결정적인 거름이 된다. 하지만 그 결실이 반드시 민족주의적 이상에 부합하지는 않았다. 식민촌 주민들은 처음에 밀을 생산하려 했으나 수확량이 적은 것을 보고 여러 작물을 실험해 보았고 그중에서 포도가 가장 낫다고 판단했다. 주민들은 자발적으로나 에드몬드의 권유를 받아들여 포도와 감귤류 등의 플랜테이션(plantation) 농장을 늘렸다. 플랜테이션은 짧은 시기 동안 많은 계절노동자를 필요로 하는 방식이기 때문에 고용 기간이 짧고 임금을 많이 줄 수 없어서 유대인을 식민촌에 정착시키기에는 적합지 않았다. 무엇보다도, 유대 농장주들은 적은 임금을 줘도 순종적으로 일하는 아랍인을 선호했다.[172] 식민촌 르호봇(Rehoboth)의 농장주 모세 스밀란스키(Moshe Smilansky)의 묘사를 빌리자면,

> 아랍 (노동자들)은 유대 농장주들로부터 높이 평가받는 한 가지 덕목으로 … 두각을 보인다. 그것은 바로 미개함(lack of development)이다. 그들은 고용주에게 무얼 요구해야 하는지를 모른다. … 아랍인들은 한 주 내내 일하는 것에 동의하고, 심지어 단 하루의 쉬는 날 없이 한 달 내내 일하더라도 통상임금(regular wage)에서 인상을 요구하지 않는다.[173]

반면, 유대인들은 노동에 합당한 대가와 권리를 요구할 줄 아는 '깨어 있는 노동자'였다. 그들은 유럽식 생활 수준을 유지할 수 있는 고임금을 요구했으나 농사를 지은 경험도, 지식도 없었다.[174] 자연히 노동 시장에서 아랍인들에게 밀려났고 식민촌으로 오고 싶어도 일자리를 구하지 못하는 경우도 생겨났다. 1890년에 식민촌은 약 5천 명의 노동자를 고용하고 있었는데 그중 4분의 3이 아랍인이었다.[175] 유대인들에게 일자리를 주지 못하고 유대 국가의 초석이 아랍인들의 피땀 어린 노동으로 만들어지고 있는 현실이 민족주의자들에게 달가울 리 없었다.[176] 그러나 식민촌의 존속을 외부의 지원에 의존하는 상황에서 아랍 노동력은 선택이 아닌 필수였다. 그나마 4분의 1이라는 저조한 비율도 에드몬드와 히바트 시온이 유대인들에게만 통상임금의 3분의 2에 해당하는 보조금을 추가로 지급한 덕분에 가능했던 것이었다.[177] 유대인만을 고용하기로 목표를 세운 식민촌들도 있었으나 오래 버티지 못하고 아랍 노동자를 고용했다.[178] 한 민족주의자는 식민화가 아랍 노동자 수만 늘리고 있다고 동료에게 탄식했다.

7년이 흘렀다. ... 리숀 레시온에는 이제 40가구의 히브리인들이 살고 있고 대부분이 (에드몬드 로스차일드로부터) 후원받은 비용으로 살고 있다. ... 그런데 식민촌 인근에는 400가구 이상의 아랍인들이 정착했다. 남쪽에 위치한 아랍 마을 사라판드(Sarafand)는 폐허였다. ... 하지만 지금은 매우 큰 마을이 되었다. ... 일거리가 생겼기 때문이다. ... 겨울에는 리숀 레시온에서 최대 천 명의 아랍인들이 매일 일한다. 다른 식민촌에서도 얼마나 많겠는가?[179]

유대인 노동자의 낮은 고용률은 식민화로 많은 유대 인구를 수용하기가 어렵다는 것을 의미했다. 만약 팔레스타인에 저렴하고 비옥한 경작지가 많았더라면, 그래서 식민촌을 많이 건설할 수 있다면 걱정거리가 되지 못했을 것이다. 그러나 생산가치가 높은 미개간지는 희소했고 토지 가격은 지난 10년간 급상승했다. 이미 많은 유대인들이 팔레스타인에서 땅을 구하기가 쉽지 않다는 것을 알고 트랜스요르단에서 토지를 매입하고 식민촌을 세우는 계획까지도 검토하고 있었다. 과격한 이들은 트랜스요르단에 유대 국가를 먼저 세우고 만약 베두인들이 방해하면 전쟁을 치르자고 주장했다.[180] 역으로 팔레스타인에 있는 아랍인을 트랜스요르단으로 쫓아내자는 주장도 있었다. 1891년에 스밀란스키는 히바트 시온의 회원 두 명이 이런 대화를 나누는 것을 들었다.

> A: 우리는 동쪽으로, 트랜스요르단으로 가야 한다. 이것은 우리 운동의 시험이 될 것이다.
> B: 말도 안 된다. 유대와 갈릴리 지역으로는 충분치 않은가?
> A: 유대와 갈릴리 땅은 아랍인들이 차지하고 있다.
> B: 우리가 그들로부터 빼앗으면 된다.
> A: 어떻게?
> (침묵)
> B: 혁명가는 그런 순진한 질문을 하지 않는다.
> A: 그렇다면 '혁명가'께서는 어떻게 할 것인지 말해보라.
> B: 매우 간단하다. 그들이 나갈 때까지 괴롭히는 것이다. 그들을 트랜스요르단으로 쫓아버리자.

A: (염려스러운 목소리로) 그럼 우리는 트랜스요르단 땅을 포기하는 건가?
B: 여기서 큰 정착촌을 가지게 되자마자 우리는 (팔레스타인) 땅을 빼앗고 강해질 것이다. 그런 다음에 트랜스요르단을 처리하는 것이다. 그곳에 있는 아랍인들도 추방해 버리자. 그들을 아랍 지역으로 돌려보내자.[181]

팔레스타인의 사정은 유럽에 잘 알려지지 않았다. 릴리엔블룸 등의 민족주의자들은 유대 인구가 늘어나는 것이 식민화에 도움이 되기 때문에 어떤 이유로 이주해 오는가는 중요치 않다고 여겼고 이를 위축시킬 진실은 함구하는 동시에 팔레스타인을 계속해서 경제적 기회가 풍부한 버려진 땅으로 선전해 왔다.[182] 하지만 하암이 보기에는 이런 방식은 이로움보다 해로움이 컸다. 식민 활동의 성공이나 실패 사례를 공유하려는 노력이 없고, 이주자들이 민족주의적 열정보다는 경제적 이윤에 더 관심을 가지고 찾아오다 보니 곡식을 경작하면서 근면하게 일하기보다는 포도밭을 가꾸는 것처럼 상대적으로 쉽고 편한 일을 하면서 외부의 지원에 의존하고, 중간 상인들은 투기 등의 폭리를 취하며 식민 활동을 위협했다.[183] 하암은 유대인들에게 문제의식을 일깨워야 한다고 판단했고, 1891년에 「이스라엘 땅에서의 진실」이라는 글을 써서 버려진 땅이란 상상을 깨트리려 했다.[184] 앞서 언급한 아랍인들에 대한 태도를 개선해야 한다는 의견도 이 글의 작은 한 부분이었고 같은 목적을 가지고 있었다.

> 해외에서 우리들은 이스라엘 땅이 사람들이 거의 전적으로 살지 않고 경작이 안 된 사막지대이고, 누구나 원하는 만큼 얼마든지 땅을 살 수 있다는 믿음에 익숙해져 있다. 그러나 이것은 사실이 아니다. 그 어디에서도 경작에 적합하지만 미경작지로 남아 있는 땅을 찾기는 힘들다. 기껏해야 과실나무나 심을 수 있고, 그마저도 경작하는 데 막대한 노력과 비용이 필요한 모래밭이나 돌산 같은 곳만 미경작지로 남아 있을 뿐이다. ... 그러므로 언제나 좋은 땅을 매입할 수 있는 것이 아니다. 농민들뿐만 아니라 지주들도 결함이 없는 좋은 땅을 내놓지 않는다.
>
> 해외에 사는 우리 유대인들은 모든 아랍인이 당나귀같이 그들 주위에 무슨 일

이 일어나는지 보지도 이해하지도 못하는 야만적인 사막민으로 믿는 데 익숙해져 있다. 그러나 이것은 큰 착각이다. 아랍인은 다른 셈족과 마찬가지로 예리한 지성을 소유하고 있고 약삭빠르다. … 아랍인들, 특히 도시인은 이 땅에서 우리의 행동과 목적이 무엇인지 알고 있다. 단지 아직은 우리의 행동이 그들의 미래를 위협할 것으로 생각하지 않기 때문에 침묵하고 모른 척한 채 가능한 오랫동안 우리를 착취하려 하는 것이다. … 농민들은 (유대 고용주로부터) 좋은 노동 임금을 받아 실제로 매년 부유해져 가고 있기 때문에 인근에 유대 식민촌이 들어서면 행복해한다. 지주들도 모래나 돌밭 따위를 그들이 상상했던 것보다 비싼 값에 팔 수 있어서 우리를 반긴다. 그렇지만 우리 민족이 토착민들을 잠식하는 수준으로 발전하게 된다면 토지를 쉽게 내놓지 않을 것이다.

해외에 사는 우리 유대인들은 튀르키예 정부가 무력하고 무질서해서 이스라엘 땅에 무슨 일이 일어나는지 관심을 가지지 않을 것이며, 탐욕적이라 (돈을 주면) 우리 마음대로 할 수 있고, 특히나 유럽 영사들의 보호를 받게 되면 더욱더 그러하리라고 믿는다. 그러나 이 또한 우리가 심각하게 오해하고 있는 것이다. "뇌물(Baksheesh)"은 실제로 튀르키예에서 정부 관리조차도 저항하기 어려운 강력한 힘이긴 하다. 하지만 고위 각료들은 애국적이고 종교와 정부에 굉장히 헌신하고 명예가 연관된 문제에서는 충실히 의무를 수행한다. 아무리 많은 돈을 줘도 이를 바꾸지 못할 것이다. 믿을만한 소식통에 의하면 이런 경우에 (유럽) 영사가 개입하면 이로움보다는 해로움을 가져오기 쉽다.[185]

하암이 알려려 한 팔레스타인 땅의 '진실'은 생산성이 높은 토지는 구하기 쉽지 않고 아랍인들이나 오스만 정부의 경계를 사면 더 힘들어질 수 있다는 것이었다. 그는 이런 어려움이 식민 활동을 포기하게 만들 요소로 생각하지는 않았으나 "대규모 전쟁"에 임하듯이 철저한 준비와 조직적인 대응이 필요하고, 발전된 서유럽 유대 공동체의 지원을 받아 식민회사를 설립하여 체계적으로 식민 활동을 해야 해결할 수 있다고 주장했다.[186] 하지만 이렇게 하더라도 식민화에는 한계가 있었다. 하암은 팔레스타인이 동유럽의 수백만 유대 인구를 수용할 수는 없다는 사실을 인정했다. 그러므로 "유대 문제의 경제적 측면", 즉 대규모 난민 수용은 아메리카에서 해결하고 팔레스타인은 민족의 중심지로만 만들자고 제안했다.

> 이스라엘 땅으로 갈 것인가 아니면 아메리카로 가야 하는가? ... 이스라엘 땅을 찬양하던 이들은 지금은 다수의 사람을 ... 흡수하지 못한다는 점을 인정했다. ... 유대 문제의 경제적 측면은 아메리카에서 해결되어야 한다. 반면 이상적 측면에서는, 대규모의 동포들이 토지를 경작하고 특정한 장소에서 정착하는 확고한 중심지를 만드는 ... 민족 모두를 위하기엔 아무리 작더라도, 유대인이 다른 사람들처럼 고개를 (당당히) 들어 올릴 수 있고, 땅에서 빵을 수확하고 이마에 땀을 흘리며 민족적 정신을 함양할 수 있는 장소가 하늘 아래 있다는 것을 이스라엘인들과 그 적들이 알 수 있게 하는 ... 이런 욕구가 충족될 수 있는 희망이 있는 곳은 이스라엘 땅이 유일하다.[187]

「이스라엘 땅에서의 진실」은 팔레스타인 땅에 대한 환상을 깨트리길 원치 않는 많은 민족주의자로부터 크게 비판받았다.[188] 그렇지만 팔레스타인이 적어도 지금 당장은 대규모 인구를 수용할 수 없다는 점만큼은 부인되지 않았다. 1890년부터 러시아에서 탈출하는 유대인들이 급격히 늘어나면서 팔레스타인으로의 이주자도 덩달아 증가했는데, 대부분이 극빈층이고 일자리를 찾지 못해 굶주리고 있었기 때문이다.[189] 1891년에 릴리엔블룸은 경제적 어려움을 해결하기 위해 팔레스타인으로 오는 이들은 "유대 공동체 전체에 거대한 재앙을 가져올 뿐이다."라고 경고했다.[190] 그해 말에 핀스커도 "성지는 극소수의 유대 동포에게만 물리적 중심지가 될 수 있으므로 민족 부흥 운동을 분할해서 팔레스타인은 우리의 민족적[정신적] 중심지로, 아르헨티나는 문화적[물리적] 중심지로 만들자."는 유언을 남기고 숨을 거두었다.[191] 팔레스타인은 더 이상 박해받는 유대인을 위한 피난처로 기대되지 않았다. 1891년에 유대인 부호 모리츠 히르슈(Moritz Hirsch)는 동유럽 유대인들의 해외 이주와 정착을 돕기 위해 유대식민협회(Jewish Colonization Association)를 설립했으나 팔레스타인이 아닌 아메리카 대륙에 식민촌을 건설하기로 결정했다.[192]

히바트 시온은 이미 정착한 이주민만 지원하고 새로운 잠재적 이주자를 선별하거나 지원하지는 않겠다고 의결했다. 팔레스타인으로 이미 와버린 가난한 이주민에게는 되돌아가는 비용까지도 지원했다.[193] 이주 정책 전환은 팔레스타인에서의 역경 때문만은 아니었다. 히바트 시온은 러시아 정부로부터 공인받기 위해 오랫동안 노력해 왔고, 마침내 1890년에 "시리아와 팔레스타인의 유대인 농부와 장인을 위한 지원단체"라는 이름의 자선단체로 승인을 허가받았다.[194] 이는 많은 유대인의 기대를 키웠고 영국 등의 서유럽에서도 연대 단체들이 설립되었다. 하지만 러시아 정부는 히바트 시온이 이주만을 지원해야 하고 민족의식을 키워서는 안 된다고 사전에 명시했었다. 러시아가 원하는 것은 체제에 저항하는 혁명주의자 등을 자발적으로 해외로 나가게 만들고 팔레스타인에 러시아인의 수를 늘려 오스만에 대한 영향력을 키우는 것이지 유대인의 동화를 포기한 것이 아니었다. 그런데 이런 약속이 깨지고 민족주의가 퍼질 조짐이 보이자 곧장 히바트 시온을 탄압해 민족주의자들의 위세를 꺾었다.[195] 히바트 시온은 결국 어떠한 변화도 일으키지 못했다. 민족주의자들 사이에서 히바트 시온에 대한 "환멸(disillusionment)은 나날이 커졌다."[196] 1885년에 회비를 납부하는 회원 수는 14,000명이었지만 10년이 지난 1895년에는 도리어 8,000-10,000명으로 감소했다.[197]

팔레스타인에 유대 국가를 건국해 유럽의 유대 문제를 해결하겠다는 계획은 이렇게 수렁에 빠지는 듯해 보였다. 그렇지만 이 모든 부정적인 전망에도 불구하고 민족주의자들이 지펴낸 불씨는 계속해서 타오르고 모두에게 각인되었다. 1890년에 유대 언론인이자 민족주의자인 나탄 번바움(Nathan Birnbaum)이 유대 민족주의 운동에 "시온주의"(Zionism)라는 이름을 붙이자[198] 이 용어는 유대인과 비유대인 모두에게 빠르게 퍼졌다. 민족주의자, 즉 시온주의자의 활동이 뚜렷하게 정치적 현상으로 인식되고 있었기 때문에 가능한 것이었다. 시온주의는 멈추지 않았다. 아무리 더디더라도 팔레스타인으로의 이주와 식민촌의 건설은 계속되었다. 유대 문제가 존재하는 한 해결책은 필요했고 민족을 만들고 싶어 하는 자들에게 시온주의는 가장 이상적인 답으로 보였다.

2. 시온과 유대 문제의 관계

2.1. 헤르쯜의 정치적 시온주의

　시온주의는 흔히 식민 활동과 함께 1880년대부터 시작했다고 말해지지만, 엄밀히 말해서 1890년대 중반까지는 민족적 운동으로서의 시온주의는 존재하지 않거나 적어도 그 의미가 매우 약했다. 식민촌 건설 사업은 히바트 시온이나 에드몬드의 지원을 받은 소규모 단체들이 독자적으로 실행했고 대중이 여기에 참여하거나 영향을 끼칠 여지는 없었다. 대중을 정치적으로 조직하면 민족국가를 건설한다는 목표가 탄로 나 러시아가 탄압하거나 오스만이 규제를 강화할 것을 우려했기 때문이었다. 하지만 이런 방식으로는 유대 문제를 해결할 수 없다며 시온주의를 대중의 정치적 운동으로 바꾸는 이가 등장한다. 바로 '국가의 선지자'로 기려지는 테오도르 헤르쯜(Theodor Herzl/1860-1904)이다. 헤르쯜은 시온주의의 향방을 결정지어 시온주의 역사에서 가장 중요한 인물 중 하나로 손꼽는 만큼 자세히 살펴볼 것이다. 다행히 그는 많은 기록을 직접 남겨 행적뿐만 아니라 의도까지도 소상히 드러낸다.

　헤르쯜은 오스트리아-헝가리의 언론인으로 시온주의자가 되기 이전부터 반유대주의와 유대 문제에 관심이 많았다. 그는 박해와 게토에 갇혀 산 세월 때문에 유대인들이 육체와 정신적으로 나약하게 되었고 그러한 내면적 결함을 능동적으로 극복해야지만 다른 유럽인들로부터 멸시를 받지 않게 될 것으로 생각했다. 유럽을 버리고 다른 곳으로 가는 것은 해결책이 될 수 없었다. "예루살렘으로? 이것도 나쁘진 않겠지만 불행히도 불가능하다. 우리는 (유럽) 땅의 토착민이다!"[199] 따라서 유대적인 성향을 지우고 진보적인 유럽에 동화되는 것만이 유대 문제의 해결책이라 보았고, 교황의 주재하에 모든 유대인이 기독교로 일제히 개종하거나 중유럽 문화의 특징인 사회주의를 받아들이는 방법을 고려했다. 하지만 정작 스스로는 개종하거나 사회주의자로 전향할 의사가 없었다. 자신의 유대인으로서의 정체성을 부정하지는 않았기 때문이었다. 오히려 나이가 들면서 자긍심을 가지게 되고[200] 반유대주의가 거세질 것으로 우려되자 유대인만의 민족국가를 건설해야 한다는 결론에 이르게 된다.[201]

헤르쯜이 시온주의자가 된 것은 1895년의 봄이었다. 그는 유대식민협회의 히르슈와 빈의 랍비장 구뎀만, 로스차일드 가문, 비스마르크(Bismarck) 등 상류층 인사들에게 자신의 정치적 계획을 후원해 달라고 요청했다.[202] 하지만 누구에게도 좋은 반응을 얻지 못하자 방법을 바꿔 대중에 호소하려고 국가 건설을 위한 "실용적 계획"을 담은 『유대 국가』를 저술한다.[203] 이때까지 그는 시온주의자들의 활동에 대해 자세히 알지 못했고[204] 헤스의 『로마와 예루살렘』이나 핀스커의 『자력해방』도 읽지 않았다. 그런데도 유대 문제에 대한 접근법은 둘 모두와 매우 비슷했다. 유대 문제를 사회적이거나 종교적인 것이 아닌 민족의 문제로 진단했고, 특히 반유대주의의 보편성과 영속성을 강조했다.[205]

> 유대 문제는 유대인이 주목받을 만큼 거주하는 어느 곳에서나 존재했고, 그렇지 않던 곳도 유대인들이 이주해 오면 생겨났다. 우리는 자연스레 유대인들이 박해받지 않던 곳으로 이주해가곤 했지만, 우리의 존재가 박해를 만들어낸 것이다. 이는 모든 곳에서 일어난 일이며, 프랑스처럼 가장 문명화된 곳조차 예외가 아니다. 정치적 차원에서 유대 문제의 해결책을 찾아낼 때까지 앞으로도 계속될 것이다.[206]

헤르쯜은 지금처럼 자선가들의 지원으로 팔레스타인이나 아메리카 대륙으로 유대인을 이주시키는 방식은 정착한 지역에 반유대주의를 이식할 뿐 결코 유대 문제를 해결할 수 없다며 비판했다. "어떤 개인도 한 민족을 다른 지역으로 옮길 수 있을 만큼 부유하거나 그만한 권력을 가지고 있지 않다."는 근본적인 한계가 있기 때문이다.[207] 그러므로 소수의 주도가 아니라 대중의 자발적 참여를 유도할 수 있는 "국가 사상"이야말로 유대 문제를 해결할 수 있는 현실적인 방법이라고 주장했다.[208]

> 우리는 하나의 민족이다. 역사적으로 반복해서 그래왔듯이, 우리의 의사와 관계없이 적들이 우리를 하나로 만들었다. 고통이 우리를 뭉치게 해주면서 우리

는 갑자기 통합된 힘을 알게 되었다. 그렇다. 우리는 국가를, 그것도 이상적인 국가를 건설할 수 있을 정도로 강력하다. …

지금 시대에 국가를 건국하고자 한다면, 천 년 전에 유일했던 방법을 사용해서는 안 된다. … 예를 들어 야생 동물의 서식지를 청소해야 한다면 5세기 유럽인들의 방식으로 해결하려 해서는 안 된다. 혼자 창과 랜스(lance)를 들고 곰을 쫓을 게 아니라, 많은 수의 적극적인 사냥꾼들을 조직해 함께 짐승들을 (한 곳으로) 몰아넣고, 그 한가운데에 다이너마이트를 던져야 한다.[209]

건국 사업의 골자는 간단하다. "국가 사상에 동조하는 유대인들이 협회에 가입하고, 협회는 우리 민족의 이름으로 (열강의) 정부들과 협의할 권한을 부여받는다. 그러면 협회는 정부와의 관계에서 국가 창출 권력으로 인정받게 될 것이며 이것이 곧 사실상의 국가를 만들어낼 것이다."[210] 그다음에 해야 할 일은 "지구상의 한 조각의 땅에 우리의 주권을 (열강으로부터) 승인받는 것이다."[211] 열강의 정부와 기독교도들은 반유대주의로 인한 사회적 부담을 해소하고 유대인들이 이주해 간 후 일자리를 넘겨받을 수 있으므로 유럽 밖에서 친유럽 국가를 건설하는 계획을 지지할 것으로 기대되었다.[212] 히바트 시온이 식민화나 문화 부흥이라는 비정치적 목적의 활동으로 위장한 것과는 대조적이다. 이러한 방법론적 차이 때문에 헤르츨의 사상은 흔히 '정치적' 시온주의라 불린다.

헤르츨의 청사진에 따르면, 주권을 보장받자마자 국가가 주는 "희망"에 매료된 유대인들은 자비를 들여서 수십 년에 걸친 점진적 이주를 시작한다. 우선, 어려운 처지에 있는 가난한 자들부터 먼저 이주해갈 것이고, 그들이 토지를 발전시키면 중산층과 상류층이 뒤따라가게 된다. 이주가 점진적이므로 유럽에서 혼란은 생기지 않고, 이주가 시작됨과 동시에 반유대주의가 사라지면서 유럽에 남기로 한 유대인들도 만족하게 된다.[213] 중요한 것은 이주가 반드시 주권이 보장된 후에 이루어져야 하는 점이다. 히바트 시온이 해온 비합법적인 식민 활동과 점진적인 침투는 "필연적으로 토착민들이 위협을 느끼게 되는 순간"까지만 가능하며, 그 이후에는 토착 정부가 이주를 금지하는 "참사로 끝나

기" 때문이다.[214]

그렇다면, 열강이 주권을 인정하고 '합법적으로' 유대 국가가 세워지면 그곳에 살고 있던 토착민들은 어떻게 되는 것일까? 헤스는 『로마와 예루살렘』에서 팔레스타인의 야만적인 아랍인 무리에게 문명을 전파하는 사명만을 말했고, 『자력해방』에서 팔레스타인을 고집하지 말아야 한다고 했던 핀스커는 이 땅이 작기 때문에 기피했을 뿐 누군가가 살고 있다는 언급조차 하지 않았다. 마찬가지로 헤르쯜도 『유대국가』에서 토착민의 운명을 일절 언급하지 않았다. 하지만 그는 시온주의자가 되기로 결심한 후부터 계획과 활동을 일기에 상세히 기록했고, 가장 많은 내용을 적은 1895년 6월 12일 자 일기에서 토착민을 추방하는 계획을 세웠던 것이 확인된다. 이 내용은 바로 그다음 날에 로스차일드 가문에 보내려고 작성한 계획서에도 빼놓을 정도로 비밀이 엄수되었다.[215]

> (열강이) 우리에게 할당해 주는 지역에서 온화하게 사유지를 몰수해야만 한다. 가난한 주민들이 우리 땅에서 고용되지 못하게 막는 한편, 인근 지역에서 일자리를 구하게 만들어 비밀리에 국경 너머로 옮겨 버려야 한다. (땅을 팔고 싶어 하는) 지주들은 우리 편에 설 것이다. 토지 몰수와 가난한 자들을 제거하는 과정은 모두 신중하고 비밀리에 실행되어야 한다. 지주들이 우리에게 실제 땅값보다 비싸게 팔면서 사기치고 있다고 믿게 만들자. 그러나 우리는 어떤 땅도 되팔지 않을 것이다. …
>
> 자발적 몰수는 비밀 요원을 통해 이루어질 것이다. … 우리는 오직 유대인들에게만 팔고, 모든 부동산은 유대인 사이에서만 거래될 것이다. …
>
> 비밀리에 이루어질 (토지) 매입은 전자 버튼을 누름과 동시에 수행되어야 한다. … 일주일 안에 모든 거래가 완료되어야 한다. 그러지 않으면 가격이 엄청나게 오를 것이다. …
>
> 노령이나 습관 등의 사유로 토지에 애착을 느끼는 지주들에게는 그들이 원하

는 곳으로, 우리 민족에게처럼 (똑같은 크기의 집과 토지가 주어지는) 완전한 방식[216]으로 이주할 수 있도록 제안할 것이다. 이 제안은 오직 다른 모든 방법이 거절당했을 때만 주어질 것이다. 만약 이 제안이 받아들여지지 않는다고 하더라도 어떤 불이익도 없을 것이다. 토지에 대한 그런 긴밀한 애착은 오직 작은 땅에서만 발견된다. 큰 토지들은 비싼 값을 치르면 얻을 수 있다. 만약 개별적인 지역에서 그런 부동산 소유자들이 많다면, 그들을 그냥 내버려 두고 우리에게 주어진 다른 지역에서 거래하면 된다.

만약 큰 뱀과 같이 유대인들이 익숙하지 않은 야생 동물이 있는 지역으로 가게 된다면, 인근 지역에서 일자리를 구해다 주기 전에 이런 동물들을 멸종시키는 데 토착민들을 이용하겠다.[217]

일기를 쓸 당시 헤르쯜이 추방하려고 염두에 둔 토착민은 팔레스타인의 아랍인이었다. 이를 명시적으로 표현하지는 않았으나 3일 전 일기에서 팔레스타인을 고려하고 있다고 적었고 추방 계획을 쓴 바로 그다음 날에도 "잠시 동안 팔레스타인을 염두에 두고 있었다."고 적었던 점에서 추론이 가능하다.[218] 하지만 아직 유대 국가가 세워질 장소로 팔레스타인을 확정한 것은 아니었다. 그는 국가를 세우기에 어디가 유리할지 고민하고 있었다. 팔레스타인은 "하층 유대인"을 끌어들일 수 있는 "강력한 전설"이 있으나 러시아 등의 유럽 국가들과 너무 가까워 영토를 팽창할 여지가 적고, 익숙하지 않은 기후와 운송업이 발전하기 불리한 위치라는 단점이 있었다. 대안으로는 아르헨티나를 고려했으나 최종 결정은 유대인들이 선택할 문제라고 생각했다.[219] 반년 후에 쓴 『유대 국가』에서도 이러한 생각은 변하지 않았다. 광활한 땅을 매입할 수 있어 많은 인구를 수용할 수 있는 아르헨티나와 유대인들의 열정을 자극하기에 좋은 "역사적 고향"인 팔레스타인이 후보지로 소개되고, 열강에 의해 "우리에게 주어지고 유대 여론에 따라 선택된 땅을 가질 것이다."라는 열린 결말을 유지했다.[220]

헤르쯜은 미래의 유대 국가에서 유대적인 모습을 꿈꾸지 않았다. 그는 히브리어 대신 지금 살고 있는 유럽 각국의 언어들을 사용해야 하고, 공용어로는 독일어를 선택하게 되리라 생각했다.[221] "우리는 히브리어로 대화할 수 없다. 우리 중 누가 열차표를 살 수 있을 만큼 히브리어를 잘 구사할 수 있는가? 우리는 (이주해 갈) 새로운 땅에서도 지금의 모습을 유지해야 하며, 고향[유럽]의 추억을 소중히 여겨야 한다."[222] 마찬가지로 유대교의 역할도 위축시켰다. 그는 "우리들은 종교를 기준으로 민족이라고 인식한다."[223]라거나 "우리는 오직 선조들의 신앙에 의해서만 결속된다."[224]라고 말하면서도 세속적인 국가를 옹호했다. "의용군을 병영 안에서만 머무르게 하는 것과 마찬가지로 성직자들도 신전 안에서만 활동해야 한다."[225] 즉, 하암 등의 시온주의자들이 유대 문화를 발달시켜 유대적인 모습을 갖춘 국가를 만들려고 한 것과는 달리 헤르쯜은 그저 유대인들이 주인으로 사는 국가를 만드는 것만으로 충분하고 바람직하다고 믿었다. 『유대 국가』는 다음과 같이 끝을 맺는다.

> 국가를 원하는 유대인들은 국가를 가지게 될 것이다. 우리는 마침내 우리 자신의 땅과 집에서 자유민으로 살다가 평화롭게 죽게 될 것이다. 우리의 해방은 세상을 자유롭게 하고, 우리의 재화는 세상을 부유하게, 우리의 위대함은 세상을 영광스럽게 만들 것이다. 그곳[유대 국가]에서 우리의 복지를 위해 하는 모든 일이 인류의 공공선에 이바지할 것이다.[226]

헤르쯜은 세간에서 시온주의 사상의 창시자로 잘못 알려져 있으나 『유대 국가』는 사상적으로 혁신적인 내용은 전혀 없다. 모든 요지가 헤스와 핀스커와 같았고 이는 헤르쯜 자신이 인정한 바였다. 그는 『유대 국가』가 출판되기 며칠 전에야 『자력해방』을 읽었는데 주요 내용이 비슷하다 보니 미리 읽었더라면 『유대 국가』를 저술하지 않았을지도 모르겠다는 소감을 남겼다.[227] 그로부터 5년 후에 『로마와 예루살렘』을 읽고 나서는 "우리가 지금까지 시도한 모든 것들이 이미 그의 책에 있었다."며 놀라고 헤스를 스피노자 이후의 최고의 유대인으로 극찬했다.[228] 그런데 이러한 사실이 『유대 국가』의 가치를 훼손하는 것은 아니다. 헤르쯜은 실용적인 계획서를 집필한 것이기 때문이다.[229] 헤스와 핀스커의 시기에는 민족과 국가를 만들어야 할 필요성을 납득시키는 것이 중요했던 반면, 헤르쯜의 시기에는 이미 그런 사상을 가진 사람들이 여럿 존재했고 이를 '어떻게' 실현할지를 고민하고 있었다. 그러므로 『유대 국가』는 시의적절하게 답을 내놓은 것이었다.

헤르쯜은 자신의 역할을 주도적으로 설정하고 주위를 깜짝 놀라게 할 정도로 빠른 속도로 『유대 국가』의 계획을 실행으로 옮겼다. 비교적 이른 나이에 사망해서 시온주의자로 활동한 것은 10년도 채 안 되지만 그 짧은 기간 동안 그의 영향력은 독보적이었고 시온주의의 방향을 결정지었다. "아무리 작고 약하고 불확실하다 할지라도, 시온주의를 진정한 정치적 운동이자 국제적 집단으로 계획하고 만들어 낸 것"은 순전히 그의 업적이었다.[230] 그 결과로, 팔레스타인은 다시금 유대 문제와 긴밀히 연결된다. 헤르쯜이 오래지 않아 깨닫는 것처럼 자신의 말에 귀를 기울여줄 사람들은 팔레스타인을 원하고 있었고, 어쩌면 팔레스타인을 얻을 수 있을지도 모른다는 희망을 엿보았기 때문이다.[231]

2.2. 민족의 고향으로 둔갑한 유대 국가

『유대 국가』는 1896년 1월에 런던에서 「유대 문제에 대한 해결책」이라는 제목으로 신문에 요약본이 처음 공개되고 다음 달에 오스트리아와 독일에서 소책자로 출간되었다. 헤르쯜은 인맥을 동원해 유럽 각지에 유통시켰고, 1년도 되지 않아 영어, 히브리어, 이디시어, 독일어, 프랑스어, 루마니아어, 불가리아어 등으로 번역되었다. 하지만 서유럽에서 환호와 격려를 보낸 유대인은 많지 않았다. 랍비들을 비롯한 대다수는 여전히 시온주의에 반대했고 그렇지 않더라도 무관심했다. 반면, 동유럽에서는 "어떤 기준에서도 머리부터 발끝까지 유럽인"인 헤르쯜이 시온주의자가 된 것을 서유럽 유대 공동체가 변화하는 신호로 여기며 관심을 가졌다. 히바트 시온에서는 의견이 분분했다. 헤르쯜이 식민 활동을 비판하며 그들의 모임에 참여하지 않았기 때문이다.[232] 그는 자신의 정치적 방법만이 현실적이며 실현 가능하다고 굳게 믿고 있었다.

> 나는 시온주의자들이 지금까지 해온 일에 감사하고 존경하지만, 근본적으로 (식민 활동으로) 침투하는 것에 반대한다. 만약 침투가 계속된다면 토지 가격이 올라가고 매입하기 더욱더 어렵게 될 것이다. '우리가 그곳[팔레스타인]에서 충분

히 강해지자마자' 독립을 선언한다는 발상은 실현 불가능하다고 본다. 왜냐면 오스만 정부가 충분히 약해지더라도 열강이 이를 인정할 리 없기 때문이다. 반면, 내 계획은 침투를 그만두고 국제법하에 팔레스타인을 획득하는 데 모든 에너지를 집중시키는 것이다. 이는 내가 이미 착수한 외교적 협상과 더불어 대규모의 공공 캠페인이 필요하다.[233]

『유대 국가』는 대중의 호응을 얻지는 못했으나 헤르쯸이 독자적으로 활동을 가능케 할 만큼의 명성과 지지층을 만드는 데는 성공했다. 지지자들은 독일 바덴(Baden)의 대공을 비롯해 유럽에서 영향력이 있는 인사들을 헤르쯸에게 소개해주었다. 그중 한 명은 오스만 술탄 압둘 하미드 2세와 친분이 있는 폴란드인 필립 뉴린스키(Philip Michael Newlinski)였다. 뉴린스키는 첫 만남에서부터 헤르쯸을 크게 흥분시켰다. 그는 자신이 이미 『유대 국가』를 읽어보고 술탄과 이야기를 나누었고, 바위돔이 무슬림들의 소유로 남아 있어야 하므로 예루살렘을 포기할 수 없다고 술탄이 말했다고 알려 주었다. 헤르쯸은 예루살렘을 치외법권 지대로 만들고 세 종교의 공동 소유로 두면 된다고 대답했으나, 뉴린스키는 그렇게 하더라도 팔레스타인을 쉽게 얻을 수는 없을 테니 먼저 자신이 하고 있는 일을 도와달라고 제안했다. 그는 유럽 국가들이 아르메니아의 분리독립운동에 반대하도록 만들라는 비밀특사 임무를 술탄으로부터 받았고,[234] 유대인들이 이를 도와준다면 술탄의 호감을 살 것이라고 말했다. 헤르쯸은 좋은 생각이라고 판단했고 미약하게나마 힘이 닿는 한도까지는 협력했다. 그리고 나서 술탄을 만나게 해달라고 부탁했다.[235]

1896년 6월에 헤르쯸은 뉴린스키와 함께 이스탄불로 떠났다. 야심 찬 출발이었으나 아무런 준비도 되지 않은 상태였다. 그는 술탄의 초대를 받지 않았고 술탄을 만나더라도 어떤 조건을 제시할지를 생각해 두지 않았다. 그가 일기에 적은 바로는 단지 오스만의 재정을 관리해 주거나 돈을 주고 팔레스타인을 얻어내겠다는 방향성만 잡은 것이 전부였다. 심지어 그런 조건을 실행할 수 있는 자금조차 확보하지 못했다. 영국의 유대인 부호 사무엘 몬터규(Samuel Montague)가 팔레스타인을 매입하기 위해 2백만 파운드를 낼 의향이 있다는 신문 기사를 읽은 것만이 약간의 위안을 줄 뿐이었다.[236] 여정 중에 헤르쯤은 2백만 파운드로 팔레스타인을 매입하고, 1천 8백만 파운드로 공공부채를 통합시켜 유럽 채권단을 대신해 재정을 관리해 주는 조건을 구상해 냈다. 하지만 뉴린스키는 2천만 파운드를 다 합쳐도 팔레스타인 땅의 상업적 가치밖에 안 되므로 부가적인 이익을 제시해야 한다고 조언했다. 그의 견해가 타당하다고 판단한 헤르쯤은 구체적인 금액이나 조건은 밝히지 않고 재정적 대가로 팔레스타인을 거래한다는 원칙만 협상하기로 결정했다. 술탄을 만나는 데 성공하면 유럽에서 자신의 입지가 강해질 것이므로 얼마든지 기금을 마련할 수 있으리라 믿었다.[237]

헤르쯤은 기차에서 우연히 오스만의 주프랑스 대사를 만났다. 그는 대사에게 인사를 건네고 팔레스타인을 매입해 "완전한 독립 국가"를 세우겠다는 계획을 들려주었다. 대사는 그의 솔직함에 대한 보답으로 진솔한 답변을 들려주었다. "그 어떤 상황에서도 당신이 팔레스타인을 독립된 국가로 얻을 수는 없을 것이오. 어쩌면 속국이라면 가능할지도 모르지만." 헤르쯤은 모든 속국은 어차피 독립을 원하게 되기 때문에 위선적이라며 부정적으로 대답했다. 그렇지만 협상이 생각보다 어려울지 모른다고 염려하기 시작했고, 이스탄불에 도착하자마자 독립 국가가 안 된다면 속국도 논의해 보기로 입장을 바꿨다.[238]

헤르쯤은 오스만 정부와의 협상에서 상당히 선전했다. 뉴린스키의 도움이 컸다곤 하지만 아직은 일개 언론인일 뿐인 그가 총리를 비롯해 여러 고위 관료들을 만난 것이다.[239] 그렇지만 그토록 고대하던 술탄을 알현할 기회는 주어지지 않았다. 뉴린스키 혼자서 술탄을 알현한 후 국민들이 피 흘려 얻은 땅은 피로만 가져갈 수 있으며 "단 1피트(foot)의 땅도 팔 수 없다."라는 완강한 거절을 가지고 돌아왔다. 헤르쯤은 크게 낙담했다. 그는 술탄을 알현하지 못한 채 부정적인 대답만 듣고 돌아가면 사람들이 모든 걸 꿈이라고 여겨버릴 것이라며 뉴린스키에게 알현을 허가받아 달라고 거듭 간청했다. 착수 비용으로 오스만에 1-2백만 파운드의 융자를 제공할 의사도 있다고 알렸다.[240]

뉴린스키는 여러 번 술탄을 알현하며 헤르쯤의 입장을 전해주었다. 헤르쯤 스스로도 호감을 사기 위해 노력했다. 그는 자신이 근무하는 신문사에 오스만 총리의 인터뷰를 긍정적으로 쓴 기사를 실었다. 노력은 약간의 성과를 빚었다. 술탄은 마침내 알현의 조건을 제시했다. 2백만 파운드의 담보 융자와 더불어 아르메니아 사태에 대해 유럽 언론이 오스만에 호의적인 입장을 가지게 만들고, 아르메니아의 혁명 지도자들이 독립을 포기하도록 설득하는 것이었다.[241]

10여 일의 체류를 끝내고 헤르쯜은 조금은 고무된 기분으로 이스탄불을 떠났다. 뉴린스키는 오스만의 재정 위기가 심각해서 팔레스타인을 얻을 수 있을 것 같은 분위기라고 말했고 헤르쯜도 속국이라면 가능성이 있다고 생각했다. 그는 이제 속국을 목표로 삼기로 결심했다. 그러나 속국은 어디까지나 시작이지 완성은 아니었다. 시온주의자 골드스미드(Goldsmid) 대령에게 협상의 결과를 알리는 편지에서 그는 속내를 드러냈다. 오스만은 "어떤 대가로도 팔레스타인을 독립 국가로 주지는 않을 것이오. 그러나 (아마도 이집트와 같은) 속국의 형태로는 우리 조상의 땅을 단기간에 얻을 수 있을 테지요. … 튀르키예가 해체되면 팔레스타인은 우리에게나 자식들에게 독립 국가로 떨어지게 될 게요."[242]

헤르쯜은 술탄과의 협상이 비록 실패했으나 적절한 조건만 제시하면 협상이 가능하다는 것을 확인한 대단한 성과라고 널리 선전했다. 그러나 여전히 부호들을 비롯한 상류층의 협력을 얻지 못했다. 오히려 협상 이후 팔레스타인에서 식민촌 주민들이 쫓겨났다는 모함을 받아 고생했다. 결국, 반년이 지나도록 술탄이 요구한 과제를 하나도 수행할 수 없었고, 뉴린스키는 오스만 정부가 화를 내고 있다는 소식을 전해주었다.[243] 상류층을 직접 설득할 수 없다는 걸 깨달은 헤르쯜은 독일 뮌헨(Munich)에서 시온주의자 대회(Zionist Congress)를 개최해 대중의 지지를 구하기로 방법을 바꿨다.[244] 골드스미드 대령에게 보낸 편지에서 그는 이렇게 설명한다.

> 나는 충분히 오랫동안 기다렸소. … 대중을 동원하지 않고 위로부터 접근해 시온주의에 이미 중요한 역할을 해온 이들과 협력해 활동하려 했으나 어떠한 합의나 지원도 얻지 못했소. 나는 혼자서라도 해야 합니다. 아무도 대중을 도와주려는 사람이 없으니 그들 스스로 행동에 나서라고 뮌헨 대회에서 요구할 것이오.[245]

헤르쯜은 대회를 개최하기에 앞서 오스만의 경계심을 낮춰야 한다고 생각했다. 그는 술탄과 접촉을 시도 중인 영국 언론인 시드니 휘트만(Sidney Whitman)에게 편지를 보내 『유대 국가』가 "출판된 이후 전적으로 다른 성향의 새로운 유대 운동이 시작되었고" "오스만의 약화와 해체를 원하는 이들은 우리 계획의 공인된 적"이며, "팔레스타인으로 이주한 유대인들은 절대적으로 자기 보호가 보장된다는 조건하에서 술탄의 신민이 될 것"이라고 알렸다. 그는 혹시라도 휘트만이 술탄에게 이 편지를 전달해 줄지도 모른다고 기대하며 술탄이 읽을 수 있도록 프랑스어로 쓰는 수고까지 들였다.[246] 또한, 대회에 발맞춰 만든 시온주의 선전 신문 『디 벨트(Die Welt)』의 창간호에서는 시온주의의 목표를 "지금 사는 곳에서 동화되고 싶지 않거나 될 수 없는 유대인들을 위해 국제법으로 보호받는 고향(Heimstatt)[g]을 건설하는 것"으로 정의했다.[247] 독립 국가는 물론이고 속국이라는 용어조차 삼간 것이다.

불과 1년 만에 독립국가에서 속국으로, 속국에서 다시 고향으로까지 바꾼 것은 오스만을 의식해서만은 아니었다. 신중론을 주장하는 시온주의자들과 동화주의자들의 격렬한 비판을 피하려는 의도도 그에 못지않게 중요했다. 그렇지만 실정을 아는 사람들에겐 눈 가리고 아웅 하는 짓으로만 보였다. 히바트 시온의 영국 지부는 대회 불참 선언을 신문에 게재하며 반대 의사를 밝혔다.[248] 심지어 대회 개최예정지인 뮌헨에서도 유대인들의 반대가 거세 스위스의 바젤(Basel)로 장소를 급하게 바꿔야만 했다.[249] 대회 준비위원회는 "자신을 유대 민족이 아니라 다른 민족에 속해있다고 보는 고대 이스라엘의 후손들은 우리가 민족적 정서를 취하도록 내버려 둬야 한다. 우리는 그들을 위해서가 아니라 오직 우리만을 위해 말한다. 우리는 그들의 (유럽) 민족주의를 존중하니 … 우리의 (유대) 민족주의를 존중해 달라."는 성명을 발표했다.[250]

갖은 논란에도 불구하고 1897년 8월에 2백여 명의 시온주의자들이 바젤

---

g) 이 용어는 분쟁의 핵심적 사안과 직결되므로 매우 중요하나 우리말 번역이 잘못된 사례들이 있다. 헤르츨이 사용한 독일어 Heimstatt는 직역하면 영어로 homestaed(농장이 딸린 주택)에 가깝지만, 일반적으로 맥락을 고려해 home(고향)으로 번역한다. 우리나라에서는 고향이나 안식처, 향토로 번역하는데 『표준국어대사전』의 정의에 따르면 뒤의 두 개는 부적절하다. 안식처는 "편히 쉬는 곳"이라는 뜻이므로 정치적 함의가 없고, 향토는 "자기가 태어나서 자란 땅" 또는 "시골이나 고장"이므로 팔레스타인을 의미할 수 없다. 반면, 고향은 "1. 자기가 태어나서 자란 곳 2. 조상 대대로 살아온 곳. 3. 마음속에 깊이 간직한 그립고 정든 곳, 4. 어떤 사물이나 현상이 처음 생기거나 시작된 곳"을 뜻하며, 이 중 3, 4번의 의미와, 해석에 따라선 2번의 의미까지도 시온주의자들의 의도와 연결 지을 수 있다.

에 모였다. 대부분의 참석자는 히바트 시온 소속의 동유럽 중산층 지식인이었고, 그중 "어떤 식으로든 시온주의자라 불릴 수 있는 기구를 대표하는 이들은 69명밖에 없었다. 나머지는 헤르쯜에게 초대받아 개인 자격으로 참가한 사람들이었다."[251] 서유럽이나 종교계의 지지는 없었다. 참석자 중에 랍비도 11명 있었지만 "종교적으로 명성이나 권위를 가진 이는 없었다."[252] 히바트 시온의 모임에 헤르쯜이 참석했다는 논평까지 나왔으나 헤르쯜은 기죽지 않고 점진적 식민화를 통한 침투에 반대하는 견해를 재천명했다. 그는 기조연설에서 유대인들의 민족의식을 "부활"시키고 "발전"시켜 대중에 기반한 운동을 만들고, "오직 솔직한 언어와 정직한 거래"로 오스만 정부의 신뢰를 얻어 합법적인 대규모 이주를 해야 한다고 말했다.[253]

헤르쯜이 말하는 '솔직함'과 '정직함'은 사전적 의미와는 정반대인 기만을 뜻했다. 그는 시온주의의 목표를 "법"으로 보장받는 "고향"의 건설로 정하자고 제안했다.[254] 얼마 전 신문에서 사용한 '국제법'이란 표현마저도 열강의 간섭이나 지원 혹은 보호를 암시해 국가의 느낌을 줄 수 있으므로 오스만의 반발이 없도록 더욱 모호하게 하자는 것이었다. 이는 신중함을 원하는 시온주의자들을 만족시켰으나, 헤르쯜의 대담하고 적극적인 방법에 이끌렸던 기존의 지지자들은 크게 실망했다. 헤르쯜은 누구나 유대 문제를 해결하기 위해 무엇이 필요한지 명확히 알고 있으니 구태여 그 목적을 공개적으로 내세워 임무를 어렵게 만들 필요가 없다고 설득했다. 단적으로, 대회의 참가자들은 "유대 국가의 건설이 유대 문제의 유일한 해결책이다."라고 새겨진 배지를 착용하고 있었다.[255] 그런데도 반발이 계속되자 헤르쯜은 "공법"(公法)이란 표현을 대안으로 제시했다. 공법도 국가의 탄생을 명시하는 표현은 결코 아니었으나, 상대적으로 '법'이란 표현보다는 '국가'와 연관 지어 해석할 가능성이 열려 있다고 여겨져 받아들여졌다.[256]

이렇게 해서 제1차 시온주의자 대회는 "팔레스타인에서 공법[h]으로 보장받는 유대 민족의 고향을 건설하는 것"[257]을 시온주의의 목표로 정의한 바젤 계

---

h) 국내에서는 국제법으로 번역하기도 한다. 그러나 '공법'이란 용어를 선택한 것은 숙고된 정치적 행동이었고 국제법은 정반대의 의미를 지니므로 잘못된 번역이다.

획(Basel Program)을 채택한다. 이를 달성하기 위한 방법으로는 농민과 상공인의 팔레스타인 정착 촉진, 모든 유대인의 행동 단체 가입, 민족의식의 강화, 그리고 세계의 인정을 받기 위한 예비 조치를 취하기가 제시되었다.[258] 헤르쯜과 히바트 시온의 방법론이 모두 포함된 것이다. 또한, 집행기구로 시온주의자 기구(Zionist Organization)를 창설하고 헤르쯜을 의장으로 선출했다.

시온주의자 대회는 헤르쯜이 던진 마지막 승부수였다. 대회가 열리기 며칠 전에 쓴 일기는 절망적인 심정을 고스란히 드러낸다. "내가 모두에게 숨기고 있는 사실은, 나에겐 오직 구걸하는 무리만이 있다는 것이다. ... 충직한 이는 거의 없다." 그는 대회를 열고도 열강의 지배자나 유대 부호들의 관심을 끌지 못한다면 은퇴하려고 생각했다.[259] 그러나 대회를 마치고 적은 일기에서는 승리감을 만끽했다. "바젤 대회를 한마디로 요약하자면 ... 나는 유대 국가를 건국했다. 지금 이 말을 소리 내서 말한다면 온 세상에 웃음거리가 되겠지만 아마 5년 뒤나, 적어도 50년 후에는 모두가 그 사실을 알게 될 것이다. ... 국가의 기반은 국가를 원하는 민족의 의지에 있다. ... 바젤에서 나는 절대다수의 사람들에게는 보이지 않는 이 개념을 창조했다. (눈치채지 못할 만큼) 미세한 방법으로 사람들이 조금씩 국가를 원하는 분위기로 몰아갔고, 그들이 의회에 있다는 느낌이 들도록 만들었다."[260]

역사는 헤르쯜의 식견이 옳았던 것을 증명한다. 시온주의 운동은 대회 이후 민족의 정치적 운동으로 도약하게 되었고, 고향이라는 위장막과 열강의 비호 속에서 힘을 키울 수 있었다. 그 결과, 정확히 50년 후에 유엔이 독립 유대 국가의 탄생을 결의했고, 그다음 해에 시온주의자들은 아랍인들을 추방하며 이스라엘을 건국했다. 정말로 놀라운 선견지명이었다. 하지만 그 반백 년의 역사가 헤르쯜의 예상대로만 흘러갔던 것은 결코 아니었다.

2.3. 커지는 아랍의 경각심

헤르쯜은 시온주의자 대회가 열리는 것을 오스만 정부에 숨기지 않았다. 오히려 대회를 참관할 대표단을 파견할 것까지도 권했다.[261] 그렇지만 오스만 정부는 이를 거절했고 속아 넘어가지도 않았다. 그들이 헤르쯜과 외교 관계를 이어간 것은 어디까지나 시온주의자들을 이용하기 위해서였다. 이미 1891년에도 유대 이민자들이 "예루살렘에 유대 정부를 창설하는 결과를 낳을 수도 있다."262)고 우려한 술탄이 헤르쯜이 등장한 후부터 활발해져 가는 시온주의 운동을 보며 경계를 낮출 이유는 하나도 없었다. 대회가 열리자마자 오스만 정부는 즉시 대응에 나섰다. 예루살렘군의 관리를 강화하려는 목적으로 궁중 관료를 군수로 파견하고, 유럽에 있는 대사관들에는 시온주의자들의 동향을 조사하도록 명했다. 이듬해에는 열강의 압력에 굴복해 마지못해 허용시켰던 개인 이주도 다시 금지했다.263) 이토록 기민한 조치는 대회 이후 아랍인들의 경각심이 커진 것과 관련이 깊었다.

대회가 열렸다는 소식은 예루살렘과 가자의 지역신문에 보도되었다. 바로 그 해에 예루살렘군에서는 타히르 후세이니의 주도로 유대인의 토지 매입 현황을 조사하는 위원회가 설립되었다. 위원회는 토지 매입을 엄격히 규제할 것을 권고했고, 이후 수년간 예루살렘군에서 유대인의 토지 매입이 금지된다. 불법 이주가 이루어지는 방식을 조사하는 위원회도 설립되었다. 위원회는 불법 이주를 규제하기 어려우니 단속을 위해 더 많은 자원을 투입하거나 오스만 시민권을 받아들이는 조건으로 정착을 허용하자고 권고했다. 이때 타히르 후세이니는 1891년 이후에 이주해 온 유대인을 추방하고 새로운 이주자는 공포에 질리게 만들자고 제안했으나, 예루살렘 군수의 반대로 기각되었다.264) 시온주의자 대회의 소식은 팔레스타인 너머에서도 반향을 불러일으켰다. 1897년에 이집트로 이주해 온 레바논 출신의 이슬람 사상가 무함마드 라시드 리다(Muhammad Rashid Rida)는 이듬해에 직접 창간한 아랍어 신문 『알마나르(al-Manar)』에서 시온주의자들의 동향을 알리고 저항을 촉구했다.265)

> 빈둥거리고 있는 자들은 고개를 들고 눈을 떠서 다른 민족과 국가들이 무엇을 하고 있는지 보라. ... 모든 정부가 자신들의 영토에서 추방하고 있는 가장 나약한 (유대) 민족의 빈민들이 ... 땅을 빼앗아 식민촌을 만들고, 땅의 주인은 노동자로, 부유한 자는 가난하게 바꾸어버릴 수 있다고 모든 나라의 신문에서 보도되고 있는데도 괜찮은가. ... 이 (시온주의) 문제에 대해서 생각해 보고, ... 고향에 대한 권리와 민족과 공동체에 대한 봉사를 게을리한 것이 명확히 이해되는

지 고민해 보라.[266]

아랍인들의 경계심은 커지는데 시온주의자들의 현실 인식은 여전히 변함없었다. 히바트 시온은 식민화가 아랍인들에게 경제적 혜택을 가져와서 갈등이 원만히 해결될 것이라는 전망을 유지했다.[267] 헤르쯜을 따라 최근에 시온주의자가 된 이들 중에는 팔레스타인에 아랍인들이 산다는 사실조차 모르는 이들도 있었다. 헤르쯜의 최측근인 막스 노르다우(Max Nordau)조차도 뒤늦게 알고는 "그러면 우리는 잘못된 일을 하고 있는 거군요."라고 탄식했다.[268] 아랍인들이 시온주의에 걸림돌이 될 것이라는 우려도 없었다. 2차 대회에 앞서 팔레스타인의 상황을 조사하고 돌아온 레오 모츠킨(Leo Motzkin)은 대부분의 비옥한 땅은 아랍인들이 이미 차지하고 있고 그 수가 확실치는 않으나 65만 명에 이르며,[269] "선동된 아랍인과 유대인들 사이에 셀 수 없이 많은 충돌이 있었다."고 공식적으로 보고했다. 하지만 모츠킨은 누가 왜 선동했는지는 설명하지 않고, 이런 충돌이 유대인에 대한 반감이 있어서 생겨난 것이 아니라 법과 질서가 부족한 아랍 사회에서 흔히 일어나는 일이며, 유대인들이 용감히 맞서 싸웠다고 칭송했다. 다른 한 시온주의자는 팔레스타인의 아랍 인구는 여전히 매우 과소하며 아랍인들은 유대인과 같은 셈족이므로 잘 지낼 수 있다고 발언했다.[270]

식민화가 토착민의 저항을 불러오기 때문에 이주 이전에 주권을 먼저 인정받아야 한다고 주장해 온 헤르쯜이 이런 낙관론을 믿었을 리는 없다.[271] 한 달 전쯤 오스만의 주미 대사가 시온주의에 부정적이라는 소식을 들었을 때 헤르쯜은 "나는 오래전부터 튀르키예인들의 불신을 알고 예상하고 있었소. 이게 바로 내가 침투에 반대하는 이유요. ... 소규모 식민화에 반대해야지만 팔레스타인에서 유대 국가를 요구할 수 있소. 식민화를 하는 이들은 참으로 어리석은 겁니다."라고 말했다.[272] 하지만 헤르쯜은 아랍인들에게 주의를 기울이지는 않았다. 2차 대회의 기조연설에서 아랍인들은 단 한 번도 언급하지 않고 튀르키예인들이 우수하다는 칭찬만 했고, 이를 제외하면 그의 관심은 철저히 유대 공동체 내부를 향했다. 그는 "소위 공식적인 유대 공동체의 적의"에 직면했다고 말하며, 랍비들을 주축으로 한 반대파는 "어떤 변화에도 반대"하며 "순전히 게을러서 가장 열악한 상황마저 받아들이는" 자들이라며 원색적이고 신랄하게 비판했다.[273] 1년 사이에 시온주의 단체의 수는 9배나 증가하고 대회 참가자도 2배나 늘었으나, 그에 비례해 반시온주의자들의 비판 또한 격심해졌기 때문이었다.[274]

대회를 마치고 얼마 후 헤르쯜은 순례여행길에 오르는 독일 황제를 알현하기 위해 생애 처음이자 마지막으로 팔레스타인을 2주간 방문한다. 이때 여정과 회담, 앞으로의 구상 등을 비롯해 많은 내용을 일기에 적었으나 아랍인에 대해서는 단지 늪지대를 개간할 때 이용하거나 예루살렘의 위생을 개선하기 위해 노동자들을 구시가지 밖에서 살게 만들겠다는 미래의 계획을 매우 짤막하게 적은 게 전부였다. 그 외에는 동행 중에 아랍인이 있었고, 나무를 심는 것을 도와준 아랍인들이 있었고, 군중을 보았다는 단순한 기록밖에 없다.[275] 헤르쯜이 아랍인들에게 이토록이나 무관심한 것은 오스만이 튀르키예인들만의 나라이며 절대군주인 술탄이 독자적으로 팔레스타인을 내줄 권력을 가지고 있다고 믿었기 때문으로 보인다. 그는 오스만 정부가 자신을 체포하지 않고 내버려 두고 있는 것으로 보아 유대 국가를 세운다는 계획을 제대로 이해하지 못하고 있다고 생각하고 다행으로 여겼다.[276]

이듬해에 헤르쯜은 아랍인에 대한 무방비한 인식을 조금이나마 재고해 주었을 법한 편지 한 통을 파리의 랍비장으로부터 전달받는다. 이 편지는 팔레스타인에서 왔고, 발신인은 놀랍게도 유대인이 아니라 유수프 디야 칼리디(Yusuf Diya' al-Khalidi/1842-1906)라는 저명한 아랍인이었다. 유수프는 후세이니 가문과 더불어 예루살렘에서 가장 영향력이 강한 칼리디 가문의 일원으로, 1877-78년 동안 열린 최초의 오스만 국회에 예루살렘군을 대표한 유일한 하원의원이었고 예루살렘 시장직을 다수 역임한 존경받는 지도자 중 한 명이었다.[277] 그는 히브리어를 배웠을 뿐만 아니라 여러 유대인과 교류하고 지냈고, 그중에는 시온주의자도 있었기 때문에 시온주의의 목적을 간파하고 있었다.[278] 편지에는 팔레스타인이 오직 군대에 의해서만 정복될 수 있다는 정확한 예언을 담은 경고가 정중한 어투로 적혀 있었다.

누가 팔레스타인에 대한 유대인들의 권리를 부정할 수 있겠소? 역사적으로 팔레스타인은 분명 당신들의 땅이었소. 만약 유대인들이 과거처럼 … 다시 독립된 국가를 만들고 행복해지고 존경받게 된다면 얼마나 굉장한 일이겠소?[279] … 이론적으로, 시온주의는 유대 문제를 푸는 방법에 대한 온전히 자연스럽고 정당한 사상이오. 그러나 반드시 고려해야 할 실제 현실을 간과해서는 안 되오. 팔레스타인은 오늘날 오스만의 필수불가결한 일부이며, 유대인이 아닌 다른 사람들이 사는 곳이오. 3.9억 명의 기독교도와 3억 명의 무슬림들이 이곳을 중히 여기는데, 유대인들이 도대체 무슨 권리로 자신들의 것으로 만들기를 원할 수 있단 말이오? 유대인들의 재화로 팔레스타인을 살 수는 없을 것이오. 팔레스타인을 차지할 수 있는 유일한 방법은 대포와 군함을 동원해 무력으로 정복하는 것뿐이오. 튀르키예인과 아랍인들은 일반적으로 유대인을 동정하오. 하지만 그중 일부는 가장 발전된 문명국가에서도 그러하듯이 유대인에 대한 증오에 휩싸여 있소. 또한, 기독교도 아랍인들, 특히 천주교와 정교도들은 유대인을 굉장히 혐오하오. 그러므로 헤르쩔이 시온주의 계획에 대한 술탄의 동의를 얻어낸다고 할지라도 시온주의자들이 이 땅의 주인이 되는 날이 올 것으로 생각해서는 안 되오. 오스만 유대인들의 안전을 위해서 지리적 개념의 시온주의 운동은 중단되어야만 하오. … 세상은 광활하고 아직 사람들이 살지 않는 땅들도 있소. 그곳에서 수백만의 가련한 유대인들이 정착해 행복해지고, 언젠가는 국가를 만들 수도 있을 것이오. 그것이 아마도 가장 이상적인 유대 문제의 해결책일 것이오. 그러나 제발 팔레스타인은 평화롭게 내버려 두시오.[280]

헤르쩔은 유수프의 편지를 받자마자 답장을 보내 안심시키려 했다. "시온주의 사상은 … 오스만 정부에 어떤 적대적인 경향이 없으며, 그와는 반대로 오스만에 새로운 자원을 제공하는 운동입니다. … 유대인들은 배후에 군사력이 없고, 그들 자신이 호전적인 성향도 아니고요. 그들은 전적으로 평화로운 자들이며 평화롭게 내버려 둔다면 매우 만족합니다. 그러므로 이주해 오는 걸 두려워할 이유는 전혀 없지요. … 종교유적지(Holy Places)는 지금처럼 앞으로도 전 세계와 무슬림과 기독교도, 유대인 모두에게 성스러운 곳으로 남을 겁니다." 하지만 헤르쩔은 민족국가를 만든다는 말에는 긍정도 부정도 하지 않고 회피하는 전략을 취했다. 아랍인들이 사는 땅이므로 안 된다는 지적에도

마찬가지로 기만적으로 답변했다.[281]

> 귀하는 팔레스타인에 존재하는 비유대 인구가 또 다른 문제가 되리라 보고 있으나 누가 아랍인들을 쫓아버리길 원하겠습니까? 우리 유대인들을 데려와 개선하려는 게 그들의 복지와 개개인의 부란 말입니다. 팔레스타인에 3, 4천 프랑짜리 집을 가진 아랍인들이 몇 달 만에 땅값이 5배, 10배로 뛰는 걸 보며 화낼 거라 보는지요? (지대 상승은) 유대인들이 오면 분명히 일어날 일입니다. ...
> (식민화는) 이렇게 보는 것이 올바른 관점이며, 이러한 관점에서 바라본다면, 튀르키예의 친구는 당연히 시온주의의 친구가 될 겁니다. ...
> 만약 술탄이 시온주의를 받아들이지 않는다면 우리는 다른 곳을 알아볼 것이고, 장담컨대 우리에게 필요한 곳을 찾아낼 겁니다.
> 그렇지만 술탄은 재정을 규율하고 경제 활력을 회복시킬 마지막 기회를 잃어버리게 되겠지요.[282]

헤르쯜의 답장이 유수프를 만족시켰을 가능성은 조금도 없었다. 물론 땅값이 오르고 지주들이 만족한다는 전망은 사실이었다. 팔레스타인의 땅값은 이미 19세기 중반부터 유럽인이나 오스만 관료, 아랍 자본가 등의 투기로 빠르게 상승했으나, 과거에 워낙 저평가된 상황이다 보니 1870-80년대에도 유럽의 관점에서는 여전히 "터무니없이 낮은" 수준이었다.[283] 자연히 유대인들이 토지 경쟁에 뛰어들면서 땅값은 더욱더 가파르게 뛰어올랐고 지주들은 매입가보다 훨씬 비싸게 팔아 큰 이윤을 남겼다. 하지만 지주의 이해관계로 식민화의 가치를 평가하는 헤르쯜의 계산법은 근본부터 잘못되어 있었다. 지주의 이익은 사회 전체의 손익을 대표하지 않고 식민화는 경제의 영역을 넘어 사회적으로 악영향을 끼치고 있었다. 지주들도 정부의 규제와 소작농의 반발을 알고 있어서 유대인들에게 토지를 팔 때 부담을 느꼈다. 이는 공급을 위축시켜 토지 가격을 더욱 상승시켰지만, 그 차익은 팔레스타인 사회에 흡수되기보다는 토지를 많이 판 부재지주들이 거주하는 레바논 등의 인근 아랍 지역으로 흘러갔다.

한편, 유럽에서 살고 있는 대부분의 시온주의자들과는 달리 식민촌 주민들에게 아랍인은 언제나 중요한 관심사 중 하나였다. 식민촌이 작았던 1880년대에는 아랍인들의 저항이 심각한 위협이었다. 무기를 들고 싸워본 경험도 없고 농사일만으로도 벅찼던 주민들은 점점 빈번해지는 충돌에서 부담을 느꼈다. 그들은 안보를 스스로 해결하길 원했으나 어쩔 수 없이 아랍인을 고용해서 경비 일을 맡겼다. 아랍 경비원들은 다른 아랍인과의 갈등을 원만히 해결하는 데 도움이 되었다. 하지만 아랍 사회에서 식민화에 대한 반감이 심해지자 아랍 경비원들은 식민촌 주민을 경멸했고, 식민촌에 무단으로 침입하거나 도둑질한 아랍인을 발견하더라도 방관했다.[284] 주민들은 아랍 경비원들을 내보내고 자신들이 다시 방어를 책임져야 한다고 생각했다. 1890년대 말에 이르면 몇몇 식민촌은 크게 성장해 일손을 걱정하지 않아도 될 정도가 되었다. 덕분에 청년들은 자경단을 조직해 성능이 좋은 총과 말로 무장하고 군사훈련을 실시했다. 그러다 인근의 식민촌이 공격당했다는 소식을 들으면 출격해서 아랍인들을 물리쳤다. 과거에는 사망자가 발생하면 충돌이 격화되는 것을 우려해 총기 사용을 되도록 자제했으나 이제는 사살까지 했다.[285] 아랍인들은 더 이상 위협적이지 않았다.

시온주의자들은 아랍인과의 충돌이 식민촌 인근 지역에 국한된 지엽적인 갈등으로만 보았다. 누구도 아랍인들이 정치적으로 조직화된 저항을 할 것이라고 예견하지 못했다. 그들은 식민화로 지주들이 이익을 보고 있고, 지주들이 아랍 사회의 지도층이기 때문에 정부의 규제를 완화하는 데 도움을 줄 것이라 믿었다. 실제로 많은 명사 가문이 시온주의자들에게 토지를 팔았다. 하지만 그들은 뒤에서는 개인적 이익을 추구하면서도 앞에서는 식민화에 대한 저항과 규제를 외쳤다. 아랍 사회가 처한 위험을 인지하고 있었기 때문이다. 아랍 명사들이 사회적 이익은 외면하고 자기 이익만을 추구할 것으로 시온주의자들이 믿었던 것은 아랍인들이 공동체의 이익을 추구할 정도로 발전된 집단이 아니라고 생각했기 때문이었다. 다르게 말하자면, 그들이 보기에 아랍인들은 민족이 아니었다.

아랍인들은 민족이 아니라는 생각은 시온주의의 정당함을 주장하는 선전 도구로 사용되었다. 영국의 유명한 유대인 작가 이스라엘 쟁윌(Israel Zangwill/1864~1926)은 1901년 11월에 "땅이 없는 민족에게 민족이 없는 땅을 되찾게 해달라."고 말했고,[286] 그다음 달에는 "팔레스타인은 민족이 없는 땅이다. 유대인들은 땅이 없는 민족이다. 땅의 회생은 민족의 부활을 가져올 것이다."라고 선전했다.[287] 이후 팔레스타인은 '땅이 없는 민족을 위한 민족 없는 땅'이라는 구호로 널리 알려지게 된다. '민족 없는 땅'은 종종 '사람이 없는 땅'이라 잘못 쓰이면서 '버려진 땅'과 같은 뜻으로 혼동되곤 하지만,[i] 양자는 엄격히 구분된다.[288] 전자는 아랍인들이 민족이 아니므로 국가와 같은 민족적 권리를 가질 수 없다는 주장이기 때문이다. 훗날 이스라엘의 초대 대통령이 되는 하임 바이츠만(Chaim Weizmann/1874-1952)은 시온주의가 시작된 역사를 설명할 때 이런 관점에서 정당화했다.

> 팔레스타인이라 불리는 땅이 있고 그곳은 민족이 없다. 반면, 유대 민족이 존재하고 이들은 땅이 없다. 그렇다면 보석을 반지에 끼우는 것 이상으로 이 민족을 그 땅과 합치는 것에 필요한 게 뭐가 있겠는가. 그러므로 땅의 주인은 반드시 이 결합이 (유대) 민족과 땅에도 이득이 될 뿐만 아니라, 그들 스스로에게도 이로울 것이라고 설득되고 확신해야 한다. 시온주의는 바로 이 기반에서 자라났다.[289]

토착민들이 민족인지 아닌지를 판별하고 민족이 아니라면 정치적 권리가 없다는 판결까지 내리는 것은 전형적인 유럽 식민주의자들의 방식이었다. '민족 없는 땅'이란 표현도 19세기 중반에 천년왕국설의 신봉자들로부터 유래된 것이었다. 천년왕국설은 예수가 재림해 천 년간 세상을 다스릴 것이라는 신약성경의 구절(계 20:1-6)에 근간한 기독교도들의 메시아사상 중 하나로, 기독교 왕국이 출현하기 전에 유대인들이 팔레스타인으로 귀환해 다시금 부흥하고 기독교로 개종하게 될 것으로 믿었다. 천년왕국설은 19세기에 들어서 영국의 성공회교도(Anglicans) 사이에서 영향력을 지니게 되었고, 그들은 계시가 실현되길 바라는 마음으로 유대인의 이주와 개종을 부추겼다.[290] 예를 들어, 천년왕국설의 신봉자인 알렉산더 키스(Alexander Keith)는 1843년에 유대인들은 "땅이 없는 민족이다. 그들 자신의 땅이 대부분 민족 없는 땅으로 남아

---

i) 국내에서는 심지어 "주인 없는 땅"으로 번역하기도 한다.

있는데도 말이다."²⁹¹⁾라고 언급했다. 10년 후에는 앤서니 애슐리-쿠퍼(Anthony Ashley-Cooper)가 팔레스타인과 시리아 지역은 "민족이 없는 땅"이며 "땅 없는 민족"인 유대인들이 "고대의 정당한 땅의 주인"이라고 표현했다.²⁹²⁾ 그는 1875년에 영국의 팔레스타인 탐험기금의 연례총회에서도 "비옥하고 역사가 깊지만 사람이 거의 살지 않는 민족 없는 땅"을 "땅 없는 민족"인 유대인들에게 주어야 한다고 말했다.²⁹³⁾

쟁윌은 애슐리-쿠퍼의 표현을 차용한 것으로 추정된다.²⁹⁴⁾ 하지만 때늦은 시도였다. 20세기가 시작할 무렵에는 상류층 사이에서 이미 민족의식이 싹텄기 때문이다. 나폴레옹의 침략 이후 아랍 지식인들의 최대 관심사는 어떻게 하면 유럽 문명을 따라잡을 수 있을까였고 이에 대한 해결책 중 하나로서 아랍 민족주의가 '발명'되었다. 아랍인은 이슬람 문명에서 특별한 집단이었다. 그들은 이슬람의 창시자 무함마드와 같은 인종이고 꾸란의 언어를 사용했다. 아랍인이 지배하던 시절의 무슬림 국가는 기독교 문명을 압도했다. 따라서 아랍인들이 과거의 영광을 되찾고 정치, 문화, 종교적으로 중요한 역할을 수행한다면 이슬람권의 발전을 앞당길 수 있을 것으로 기대되었다. 다만, 이 시기의 아랍인들에게 오스만으로부터 독립해 아랍 민족만의 국가를 건설하려는 목표는 없었다. 튀르키예인은 아랍 민족의 형제로 상상되었고, 민족의 향토는 아랍 지역만이 아니라 오스만 국토까지 포괄했다. 사실상 모든 아랍인들은 오스만에 충성적이었다. 지적 담론이 아닌 현실 정치의 영역에서 민족주의는 기득권에서 소외된 소수의 중상류 계급이 '오스만 체제 내에서' 이익을 증대하기 위한 개혁 이데올로기였다.²⁹⁵⁾ 따라서 독립운동과 같이 관측이 가능한 거대한 민족주의 운동은 없었고, 유럽인들은 자연히 아랍인들이 민족의식이 없다고 간주했다. 그러나 식민주의의 최전선에서 활약 중이던 시온주의자들만큼은 오래지 않아 아랍인들의 민족의식을 직접 목격할 수 있었다.

식민 활동이 계속되자 아랍인들은 이주와 토지 매입 규제가 실효성이 없다고 계속해서 정부를 비판했다. 오스만 정부는 순례여행객에게만 30일 기한의 비자를 발급하는 1884년의 규정을 되살리려 했으나 열강의 반대로 그러지 못했다. 대안으로, 1901년 1월부터는 보증금 대신 3개월 체류 허가증을 발급하고 입국자의 출국 여부를 기록해서 불법체류자의 수를 통계적으로 확인할 수 있는 제도를 도입했다. 하지만 팔레스타인에는 이미 만 명이 훨씬 넘는 장기 불법체류자들이 있었다.[296] 오스만은 열강의 반발을 야기할까 봐 추방할 수 없었고 그렇다고 언제까지나 불법체류자 신분으로 내버려 둘 수도 없어서 시민권을 향유할 자격을 인정했다. 여기에는 국유지를 매입할 권리까지도 포함되었기 때문에 아랍인들은 새 제도가 식민 활동을 더 쉽게 만들었다고 비판했다.[297]

걱정은 곧바로 현실이 되었다. 새 제도의 취약점을 가장 먼저 파고든 것은 유대식민협회였다. 유대식민협회는 아메리카 대륙에서 주로 활동했으나 1896년부터는 활동 범위를 넓혀 팔레스타인의 식민촌도 지원하기 시작했고, 2년 뒤에는 식민촌을 직접 건설하러 나섰다. 예루살렘군은 규제가 엄격했기 때문에 대신 북쪽의 아크레군의 티베리아스현에서 1901년까지 무려 7만 두 넘[j]의 토지를 매입했다. 그중 절반 가까이는 토지 명의 이전이 쉬워진 1901년에 매입한 것이었다. 유대식민협회는 시온주의자 기구에 소속되거나 그들의 정치적 목표를 공유하지는 않았다. 그렇지만 그들의 식민 활동도 똑같은 결과를 낳았다. 매입한 지역에서 소작농들을 추방한 것이다.[298] 대부분의 토지는 베이루트의 수르삭(Sursock) 가문과 다른 부재지주로부터 사들였고, 농민들로부터 산 토지는 5%에도 미치지 못하는 3천 두넘에 불과했다.[299]

농민들은 유대식민협회의 측량작업을 방해하면서 정부에 토지 거래의 취소를 요청했다. 하지만 튀르키예인 주지사는 토지 매입이 법적으로 하자가 없다고 판단했고, 농민들이 토지 매매를 중개한 아랍인을 총으로 쏘자 투옥시켰다. 티베리아스 현령인 아랍 드루즈인 아민 아르슬란(Amin Arslan)은 상관의 결정에 반발하며 농민들의 투쟁을 지지했다. 유대식민협회 소속으로 갈등을 중재한 시온주의자 하임 칼바리스키(Haim Kalvarisky)는 자신이 이때 "처음으로 아랍 민족주의를 접했"고, 아르슬란이 "추방당한 아랍인들에게 보상을 주어야 한다고 요구했을 뿐만 아니라 탈아랍화에 저항"했다고 회고했다.[300] 이 사건은 유대식민협회가 농민들에게 금전적 보상을 하고 술탄이 뒤늦게 1901년 동안 이루어진 거래를 취소하는 것으로 일단락된다. 그러나 유대식민협회는

---

j) 즉, 70㎢. 이는 서울시에서 가장 큰 서초구(약 47㎢)보다도 훨씬 넓고 울릉도 면적(약 73㎢)과 유사하다.

1901년 이전에 매입한 토지만으로도 6개의 식민촌을 세울 수 있었고 갈등은 봉합되지 않았다.[301]

2.4. 풀리지 않는 시온의 문제

1차 시온주의자 대회에서 헤르쯜은 시온주의 운동이 "유대 문제를 시온의 문제로 변형"시킬 것이라고 말했다.[302] 여기서 시온의 문제란 '팔레스타인을 어떻게 얻어내는가'를 뜻한다. 그러므로 헤르쯜의 말은 유럽에서 유대 문제가 해결될 방법은 없고 팔레스타인을 얻는 것만이 유대 문제의 유일한 해결책이란 인식을 만들겠다는 것이었다. 1890년대 말에는 서유럽에서도 해방의 기조가 무너져가는 조짐이 나타나고 있었기 때문에 유대 문제가 유럽에서 해결되기 어렵다는 인식은 강화되고 있었다. 하지만 그 해결책이 팔레스타인에 있다는 믿음은 만들어지기 힘들었다. 시온의 문제가 풀릴 기미가 전혀 보이지 않았기 때문이다.

1894년에 프랑스에서 유대인 군인 알프레드 드레퓌스(Alfred Dreyfus)가 독일에 군사기밀을 유출한 혐의로 사형선고를 받은 사건이 있었다. 선고 당시에는 판결에 의문을 제기하는 이들이 거의 없었다. 하지만 2년 뒤에 새로운 용의자를 지목하는 증거가 발견되고, 1898년 1월에 에밀 졸라(Emile Zola)의 「나는 고발한다!」라는 유명한 공개항의서 이후 많은 프랑스인이 드레퓌스 사건의 진실을 밝힐 것을 요구했다. 이후 프랑스 사회는 재심을 요구하는 자들과 이에 반대하는 반유대주의자들 간의 갈등이 격화되어 심각한 정치적 논란을 빚었고, 대중의 관심이 커진 덕분에 1899년에 드레퓌스는 재심을 받을 수 있었다. 그는 군사재판부로부터 새로운 죄목으로 10년 형의 선고를 받게 되지만 대통령의 특별사면을 받아 풀려났고, 1906년에 가서야 마침내 모든 혐의를 벗고 무죄판결을 받는다.

프랑스 전역을 뒤흔든 이 대사건의 중심에서 시온주의자들은 찾아볼 수 없었다. 유대인뿐만 아니라 많은 비유대인도 드레퓌스를 위해 거듭 시위를 벌였으나 헤르쯜은 단 한 번의 시위도 조직하지 않았다.[303] 그는 유대 국가를 세우지 않고는 반유대주의가 사라지지 않을 것이므로 "반유대주의와 싸우려" 노력하는 것은 공허하고 부질없다"고 믿었다.[304] 따라서 반유대주의로 인한 당장의 피해를 줄이는 데 신경 쓰기보다는 유대 국가라는 영구적인 해결책에 노력을 집중하길 원했고, 반유대주의를 이러한 목적에 맞게 실용적으로 활용하는 것에 관심을 가졌다. 드레퓌스 사건이 고조된 1899년 9월에 헤르쯜은 가장 선진화된 프랑스에서조차 반유대주의를 겪는데 팔레스타인 외에 어디서 구원을 받을 수 있겠냐는 기사를 쓰고, 자신은 1894년에 드레퓌스가 처음 기소될 당시부터 무고함을 알고 있었고 이 때문에 시온주의자가 되기로 결심했다고 주장했다.[305] 이는 명백히 사실이 아니므로[306] 헤르쯜은 단지 "자신의 지도자로서의 자질에 대한 신뢰를 높이기 위해 선지자로서의 명성을 얻으려 했던 것"으로 짐작된다.[307]

20세기가 시작된 후로도 반유대주의는 유럽에서 사라지지 않았다. 유대인들이 가장 먼저 해방되고 진정한 시온이라고 불리던 영국에서도 법적으로만 평등할 뿐이지 사회적인 차별과 반감은 여전히 남아 있었다.[308] 유대 문제가 해결되지 않는 한 시온주의는 가치를 상실하지 않았고 지지자들은 꾸준히 늘어났다. 하지만 시온의 문제는 제자리걸음이었다. 오스만과의 협상은 수년간 교착상태에 빠져서 헤어 나오지 못했다. 이는 예상 밖의 일은 아니었다. 오스만 정부는 언제나 협상에 소극적이었고 그들의 환심을 살만한 재정을 마련하거나 열강의 지지를 구하는 일도 지지부진했다. 이미 오래전부터 헤르쯜은 협상이 단기간에 타결되지 않을 수 있다고 염려했고, 유대인들을 임시로 정착시킬 다른 토지를 구하는 방법도 염두에 두었다. 이르게는 2차 대회가 열리기 한 달 전인 1898년 7월에 팔레스타인이라는 종착역으로 향할 중간집결지를 획득하는 계획을 구상했다.[309]

> 나는 시온을 최종목표로 견지한 채 단기적 영토 목표를 (시온주의) 운동에 부여할 생각을 하고 있다. 가난한 대중은 당장 도움이 필요하고, 튀르키예는 아직 우리 소망에 응할 정도로 (재정이) 절망적이진 않다. 사실 가까운 미래에 튀르키예에서 우리에 대한 적대적인 시위가 일어날지도 모른다. 그들은 우리에게 팔레스타인을 줄 의도가 없다고 말할 것이다. 그러므로 우리는 시온이란 깃발 아래 우리의 역사적 권리를 유지한 채 단기간에 획득 가능한 목표를 위해 우리

를 조직해야 한다. 어쩌면 우리는 튀르키예가 해체될 때까지 영국에 키프로스 (Cyprus)를 요구할 수 있을 것이다. 혹은 남아프리카나 아메리카도 주시해 볼 수 있다.[310]

헤르쯜이 선호한 것은 키프로스였다. 키프로스는 팔레스타인 가까이 위치한 섬으로, 영국의 보호령이기 때문에 팔레스타인보다는 쉽게 얻을 수 있다고 예상했다. 그러나 많은 시온주의자들, 특히 히바트 시온의 회원들은 팔레스타인 외의 토지에는 관심이 없었다. 헤르쯜은 분열을 피하기 위해서 키프로스안(案)을 공론화하지는 않았다. 하지만 시간이 갈수록 조바심을 느끼면서 마음이 점점 키프로스로 기울었고[311] 1901년 1월에 이르면 키프로스에서 군사력을 길러 팔레스타인을 정복하는 방법까지 생각해 본다. "우리는 키프로스에서 집결해 언젠가 이스라엘 땅으로 넘어가 무력으로 빼앗을 것이다."[312]

키프로스에 대한 상상을 한창 키워가던 중에 헤르쯜은 다시금 팔레스타인에서 희망을 보았다. 마침내 술탄의 알현을 허락받은 것이다. 1901년 5월에 그는 이스탄불로 건너가 술탄을 만났다. 국가를 요구할 수 없다는 현실은 잘 알고 있으니 협상 목표로는 오스만의 종주권하에서 자치권을 인정받는 "헌장"(charter)을 계획했다.[313] 그러나 두 시간이 넘는 회견 동안 헌장은 한 마디도 꺼내지 않았고 유대인들이 오스만의 재정을 관리해 주고 이주를 통해 국토의 발전을 도울 수 있다고만 설명했다. 어렵게 얻은 기회이니만큼 신중하게 행동하고 지금은 술탄이 유대인의 조력을 얻는 데 관심 가지게 만드는 것만으로도 충분하다고 여겼다.[314]

며칠 후 헤르쯜은 비서관을 통해 술탄에게 헌장을 원한다고 전했고 구체적인 제안서를 제출해 달라는 대답을 들었다. 이후 그는 간략한 초안을 작성했다.[315] 11개 조항으로 구성된 이 초안의 골자는 "유대-오스만 토지회사"(the Jewish-Ottoman Land Company)라는 식민기구를 설립해 팔레스타인과 시리아에서 제한 없는 이주와 식민 활동을 할 수 있는 권력을 부여해 사실상의 국가를 창설하는 것이었다. 헌장은 비록 토지회사가 술탄의 종주권하에 있다는 단서를 두지만, 그 권한은 철도, 운하, 항구 등의 사회기반시설을 건설하고 치안, 교육 등을 책임지는 것에서부터 시작해 세금을 징수하고 시민들을 징

집해 독자적인 군대까지 보유할 수 있는 "완전한 자치권"을 가진다고 규정한다.[316]

헌장에서 무엇보다 눈여겨보아야 하는 것은 추방 정책이 실체화되었다는 점이다. 제3조는 토지회사가 예루살렘과 종교유적지를 제외한 모든 토지를 동일한 가치를 지닌 다른 지역의 토지와 "교환"할 수 있는 권리를 가지고, 그 대가로 교환될 토지의 소유주에게 재정착 비용과 주택 건설 융자를 제공한다고 규정한다. '교환'이 강압적이라는 수식어는 없으나, 자유로운 시장 거래로 토지를 매매한 경우에 주어질 만한 보상은 아니므로 강압적인 추방으로 이해된다.[317] 이와 관련하여 7조 B항은 아랍인의 미래를 암시하는 중요한 단서가 된다. 동 조항에 따르면, 토지회사의 모든 피보호자는 병역의 의무를 지니지만 군인이 되는 것은 유대인뿐이며 외국인은 임시로만 교관이 될 수 있다. 즉, 아랍인은 팔레스타인에서 완전한 자치권을 행사하는 토지회사의 피보호자가 아니거나 외국인으로 분류되는 것이다. 그러므로 인구의 절대다수를 구성하는 아랍인들은 토지를 '교환'하는 방식으로 모조리 추방되거나 유의미한 인구를 구성하지 못하게 될 것을 알 수 있다. 교환될 토지의 "소유주"라는 표현을 제외하면 헌장 어디에도 아랍인을 언급하는 표현은 없다.[318]

헤르쯜은 이듬해 2월에 초대를 받아 다시 이스탄불로 왔다. 하지만 이번에는 알현이 허가되지 않았고, 각료들에게 공공부채통합 등의 재정적 대가로 어떤 제한도 없이 이주를 할 수 있는 토지회사를 원한다고 밝혔으나 술탄의 완전한 거절을 통보받았다. 술탄이 내린 결정은 팔레스타인은 어떤 경우에도 불가하며, 메소포타미아나 소아시아 등에서 정부가 지정한 장소에서 소규모의 이주만 가능하다는 것이었다. 헤르쯜은 "팔레스타인이 빠진 헌장"을 즉시 거부했고 술탄과의 단독 비밀협상과 이면 합의를 제안했으나 이 또한 거절당했다. 유대인의 무제한 이주는 소수의 동의조차 얻을 수 없고 국민의 동의 없이는 설령 자신이 원하더라도 허가할 수 없다는 게 술탄의 전언이었다. 각료들은 아무리 절대군주라도 마음 내키는 대로 할 수 있는 권력을 가진 것은 아니라며 헤르쯜의 오판을 지적했다.[319]

오스만은 헤르쯜의 제안을 받아들일 생각이 처음부터 없었다. 그들은 프랑스의 공공부채통합 제안을 받아들일 계획이었고, 헤르쯜을 잠재적 경쟁자로 내세워 더 유리한 조건을 끌어내려고 이용해 왔을 뿐이었다. 헤르쯜도 이제는 눈치를 챘다.[320] 실망한 그는 다시금 키프로스안으로 기울었고 때마침 좋은 기회를 발견했다. 그동안 영국에는 동유럽에서 많은 유대인이 이주해 왔다. 성경의 출애굽에 비유해 영국이 가나안으로 묘사될 정도였다.[321] 하지만 이주민들이 불어나자 영국 정부는 부담을 느꼈고 이민 규제의 필요성을 검토하는 위원회를 설립하고 공청회를 열었다.[322] 1902년 7월에 헤르쯜은 공청회에 참고인으로 출석해 이주 규제에는 반대하지만 유대인의 유입이 늘어나면 반유대주의가 생겨나 사회적 문제를 일으킬 것이라고 진술했다. 그리고 나서 시온주의를 해결책으로 제시했다.[323]

> 점차 강력해지는 동유럽발 이주 물결의 흐름을 돌리지 않고서는 … (이민) 문제를 해결할 수 없습니다. 동유럽의 유대인들은 현 거주지에서 머물 수 없습니다. 그럼 그들이 어디로 가야 할까요? 여기서 반겨지지 않는다면, 이곳에서처럼 문제를 야기하지 않고 이주해갈 수 있는 다른 장소를 찾아야겠지요. 유대인들에게 법적으로 인정된 고향이 만들어진다면 이런 문제들은 일어나지 않을 것입니다.[324]

헤르쯜은 어디에 새로운 고향을 만들어야 할지에 관한 질의에는 대답을 거부했다.[325] 대내외적으로 반발이 제기될 것을 우려해 가능한 비밀리에 일을 진행하고 싶었기 때문이었다. 그는 이튿날에 위원회의 의장을 따로 만나 키프로스와 이집트의 시나이반도를 원한다고 속내를 밝혔다. 이집트도 키프로스처럼 영국의 보호령이었고 시나이반도는 팔레스타인과 인접해 있는 사막지대였다. 의장은 계획을 실현하려면 나타니엘 로스차일드(Nathaniel Mayer Rothschild/1840-1915)의 지지가 반드시 필요하다고 조언했다.[326] 나타니엘은 영국에서 가장 영향력이 강한 유대인 부호로, 동화주의자이자 반시온주의자였다. 그는 공청회에서도 시온주의의 목표가 팔레스타인만인지 캐묻고, 히바트 시온이 식민 활동으로 팔레스타인을 얻으려 했던 계획은 이미 오스만의 반대로 실패하지 않았냐고 아픈 데를 꼬집었다.[327] 헤르쯜은 나타니엘에게 "팔레스타인의 전망을 강화"할 수 있는 피난처가 필요하다고 설득했다. 하지만 나타니엘은 거액의 자금을 투자할 용의는 없다고 답한 후 계획을 검토할 시간을 요구했다. 헤르쯸은 자금보다 지지 선언을 부탁했다.[328]

나타니엘이 숙고하는 동안 헤르쯸은 1902년 7월 말에 공공부채통합 제안서를 가지고 이스탄불로 찾아갔다. 이번에도 초대를 받아서 온 것이지만 큰 기대는 없었다. 그는 시온주의자들의 빈약한 재정으로는 프랑스처럼 좋은 조건을 제시할 수 없다는 것을 알고 있었다. 그래서 이전보다 한발 물러서 팔레스타인의 하이파(Haifa)와 그 근교, 그리고 메소포타미아에서의 제한 없는 식민 활동을 요청했다. 이를 거절하면 영국이 쉽게 내줄 수 있는 아프리카 식민지를 선택하겠다며 벼랑 끝 전술까지 구사했다. 하지만 술탄의 결정은 바뀌지 않았다. 정부가 원하는 지역에서 소규모의 이주만을 허용하겠다는 변함없는 대답을 통보받았고, 역시나 공공부채통합 제안서도 받아들여지지 않았다.[329] 이스탄불을 빠져나오며 헤르쯸은 "살인마 소굴과 도둑들의 땅", "알리바바와 40인의 도적들의 소굴을 떠났다."고 일기장에 적으며 쓰라린 심정을 드러냈다.[330]

헤르쯸은 자신의 방법이 잘못되었다고 생각하지는 않았다. 오스만은 언젠가는 재정이 완전히 고갈돼서 협상을 받아들이게 될 것이라 믿었다. "유일한 문제는 그때가 언제 오는가"였고, 시기를 앞당기기 위해선 팔레스타인 주변에 유대인들을 결집시켜 협상력을 강화해야 한다고 생각했다.[331] 그렇지만 영국의 협력을 구하기도 어려워졌다. 나타니엘이 정치적 위험성을 이유로 거절하겠다는 대답을 보내온 것이다. 헤르쯸은 "유대 국가는 처음에는 유대 식민지라 불리며 탄생하게 될 것이고 열강으로부터 반감이나 불신을 받지 않을 것이다."라고 재차 설득하며, 곧 출간될 자신의 소설 『오랜 새로운 땅(Old-New Land)』을 읽어봐 주길 부탁했다.[332]

『오랜 새로운 땅』은 20여 년 뒤인 1923년의 미래를 상상해 그린 유토피아 소설이다. 오스만 정부가 팔레스타인과 시리아에서 사실상 독립적인 정치 체제를 세울 수 있는 헌장을 인정하자 유대인들이 대거 이주해 와서 경제를 발전시키고 시온주의를 비판하던 이들도 이에 매료돼 이주해 오는 내용을 담고 있다.[333] 헤르쯸은 시온주의가 전파되기를 바라며 오래전부터 이 책을 구상해 왔다. 하지만 유대 민족이 팔레스타인에서 땅의 주인으로 일어서며 경제적으로 번영하는 환상은 시온주의자들에게만 감동을 줄 수 있을 뿐 비시온주의자들에게는 설득력을 가질 수 없었다. 이 책의 모토(motto)는 "네가 바란다면, 그것은 더 이상 꿈이 아니다."였으나,[334] 비시온주의자들은 '왜 시온주의를 바라야 하는가?'를 묻고 있었다. 유대 국가가 건국되어도 다들 파리에 남아 프랑스 주재 대사를 맡으려 할 것이라는 해학적 농담은 시온주의의 역사와 함께해 온 가장 뼈아픈 비판이었다.

헤르쯜은 오스만의 정책결정자들과 아랍인들도 잠재적 독자로 염두에 두고 환심을 사려고 했다. 책에서 오스만 정부는 헌장을 대가로 매년 금전적 보상을 받고,[335] 아랍인들은 식민화로 경제적 번영을 가져온 유대인들에게 감사해하며 동등한 권리를 인정받고 평화롭게 지내는 것으로 묘사된다. 유대교 성전은 감람산 위에 지어져 성전산에 있는 알아크사 모스크와 공존한다. 작중 후반부에서 한 배타적인 랍비와 그의 추종자들이 아랍인들을 쫓아내고 유대인만의 정부를 건설하려고 시도하지만, 평등주의를 옹호하는 다수의 유대인들에 의해 쫓겨나게 된다.

『오랜 새로운 땅』은 오스만 관리나 아랍인들 사이에서 읽히지 않았으나, 설령 누군가가 읽더라도 감명을 받기는 어려웠다. 1898년에 불과 2주간 다녀온 여행을 유일한 고증으로 한 이 소설은 조금의 현실감도 줄 수 없었다. 20년도 안 되는 짧은 기간에 팔레스타인과 시리아에서 자동차, 전화기, 전보 등 여러 신문물이 널리 보급되고, 전기 열차가 다니고, 하수시설이 설치되고, 거대한 수력발전소가 건설되어 전기를 보급한다는 가공할 만한 경제적 성공은 식민화의 가능성에 매료되기보다는, 문자 그대로 '공상'소설을 읽고 있다는 인식을 보탤 뿐이다. 무엇보다도, 아랍인들의 정치적 열망이 철저히 무시되었다. 설령 소설에서처럼 유대인들이 엄청난 경제적 발전을 가져오고 평화로운 목적으로 이주해 온다고 하더라도 출신지와 종교, 언어, 문화 모든 게 다른 이방인에게 종속되는 것을 받아들일 리 없었다. 이것이 아랍인들이 시온주의를 반대하는 가장 중요한 이유였다. 시온주의자들은 유대 국가를 세울 의도가 없다고 끊임없이 거짓말을 했으나, 『오랜 새로운 땅』이 출간되기도 전인 1902년 1월에 라시드 리다는 헤르쯜의 연설과 시온주의자 기구의 알렉산드리아 지부의 선언을 인용한 후 "시온주의자 기구의 목표는 성지를 빼앗아 그들의 왕국과 왕좌를 만드는 것"이라고 최초로 신문지상에서 공론화했다.[336] 어떤 기만책도 시온의 문제를 풀 수 없었다.

2.5. 유대 문제로부터 멀어져 가는 시온

시온주의가 그동안 유대 문제의 해결책으로 제시될 수 있었던 것은 어디까지나 시온의 문제가 저평가되었기 때문이었다. 20여 년 동안 팔레스타인은 단기간에 획득 가능한 땅으로 믿어졌다. 처음에는 아무도 살지 않아서 아무 데서나 곧장 경작할 수 있는 '버려진 땅'으로 상상되었고, 아랍인들이 거주하는 땅이라는 것을 알게 된 후에는 식민 활동으로 금세 유대인들의 땅으로 바꿀 수 있으리라고 확신했다. 이후 식민화의 암울한 전망이 확인되었을 때는 헤르쯜이 등장해 오스만으로부터 협상으로 얻어낼 수 있다고 희망을 불어넣었다. 하지만 이마저도 실패로 돌아가자 시온주의자들은 유대 문제와 시온의 관계에 대해서 고민하지 않을 수 없게 된다.

나타니엘을 설득하는 데 실패한 헤르쯜은 1902년 10월에 영국의 식민부 장관 체임벌린(Joseph Chamberlain/1836-1914)을 만나 키프로스와 시나이반도를 식민지로 달라고 요청했다. 체임벌린은 시나이반도가 있는 이집트는 외교부 소관이라 의논할 수 없고, 키프로스는 자신의 관할지가 맞지만 키프로스인들이 유대인의 이주에 반발할 것이고 영국이 유대인을 위해 그들을 쫓아낼 수는 없다고 반대했다. 헤르쯜은 5백만 파운드를 들여 시나이반도의 정착을 지원하는 식민회사를 설립하면 키프로스인들이 마음이 혹해 유대인들에게 기꺼이 땅을 비싸게 팔고 다른 곳으로 이주해갈 것이라고 설득했다. 체임벌린은 이집트에서도 토착민들이 반대할 것을 염려했다. 하지만 헤르쯜은 이집트에 갈 생각은 없다고 대답하며 "팔레스타인 인근에 유대 민족의 집결지를 얻으려 하는 것"이라는 의도를 노출했다. 그는 시나이반도에서 미정착지를 주면 전 세계 1천만 유대인의 지지를 얻고 영국의 영향력을 강화할 수 있다고 주장했다. 체임벌린은 이집트의 총영사이자 전권공사를 맡은 크로머(Evelyn Baring Cromer)가 찬성한다면 자신도 동의하겠다고 약속하고, 외교부와의 면담도 잡아주었다.[337]

체임벌린 덕분에 시나이반도를 얻는 계획은 순조롭게 흘러가는 듯했다. 외교부 장관도 긍정적이었고, 나타니엘 로스차일드도 헤르쯜을 지원하기로 마음을 바꾸었다.[338] 영국 정부가 계획을 검토하는 동안 헤르쯜은 『오랜 새로운 땅』을 술탄에게 선물로 보내며 "팔레스타인에서 유대 식민화가 가져올 행복한 효과"를 보여주는 공상소설이라고 소개하고, 술탄이 거절했기 때문에 이 계획을 다른 곳에서 실현할 것이라 덧붙였다. 3개월 후에는 술탄에게 팔레스타인 갈릴리 지역의 식민화를 요청하는 서신을 보내 영국과의 협상이 곧 성사될 예정인데 그전에 다시 한번 식민화의 기회를 잡으라고 권했다.[339] 하지만 술탄은 그 '기회'를 잡지 않았다. 설상가상으로 시나이반도를 얻는 일도 일장춘몽으로 끝나려 했다. 이집트 정부가 반대하고 나선 것이다. 비록 이집트가 영국의 보호령이라고 하나 현지정부의 의견을 묵살할 수는 없었고, 크로머도 암암리에 계획에 반대하고 있었다. 헤르쯜은 직접 카이로까지 와서 협상을 시도했으나 실패했다.[340]

헤르쯜은 다시 체임벌린에게 매달렸다. 체임벌린은 일전에 영국의 동아프리카 보호령[341]에 식민지를 만들기에 좋은 땅이 있다고 넌지시 알려준 적이 있었다. 그때 헤르쯜은 고향의 토대가 "민족적 기반"에서 세워져야 하므로 "정치적 매력"이 있는 팔레스타인 내부나 인근 지역으로 이주해야 한다고 말하며 거절했다.[342] 하지만 1903년 5월에 시나이반도를 얻는 것이 완전히 무산되자 어쩔 수 없이 동아프리카를 대안으로 수락했다. 그렇다고 키프로스와 시나이반도에 대한 미련을 버린 것은 아니었다. 그는 영국이 관심을 가질 만한 다른 땅을 확보한 후 교환하는 계획을 세웠고, 포르투갈이 지배 중인 모잠비크(Mozambique)를 염두에 두었다.[343]

동아프리카는 키프로스나 시나이반도와는 달리 엄청난 논란을 불러일으킬 것이 틀림없었다. 그렇지만 당장 토지가 절실했다. 한 달 전에 러시아의 키시네프(Kishinev)에서 포그롬이 일어나 사흘간 41명의 유대인이 목숨을 잃고 4백 명 이상이 부상당했기 때문이다.[344] 이주자들이 다시 쏟아져 나오기 시작했고 이들이 세계 곳곳으로 흩어지기 전에 하나의 안전한 피난처에 집결시켜 시온주의에 힘을 보탤 수 있도록 만들어야 했다. 또한, 더 이상 식민 활동으로 아랍인들을 자극해 협상의 여지를 줄이는 행동은 피해야 했다. 헤르쯜은 언제나 식민 활동에 부정적이었다. 비록 1차 대회에서 식민 활동을 바젤 계획의 한 방법으로 포함했으나 이는 히바트 시온의 회원들을 포섭하기 위해 마지못해 집어넣었을 뿐이었다. 식민 활동을 위해 유대인들로부터 기금을 모아 토지를 매입하는 유대민족기금(Jewish National Fund)을 만들자는 의견은 1차 대회 때부터 나왔으나 5년이 지난 뒤에야 승인했고 그 후로도 토지 매입을 지체시켰다.[345] 더군다나, 헤르쯜은 이제 아랍인들의 정치적 민감성을 의식하고 있었다. 그는 크로머를 만나러 카이로에 갔을 때 한 강연에 참석했는데 그곳에서 "굉장히 많은" 이집트 청년 지식인들이 강당을 메우고 있는 것을 보고 "그들이 미래의 (이집트의) 주인이다."고 생각했다.[346]

> 영국이 아직 이 사실을 알아차리지 못한 게 의아스럽다. 그들은 언제까지나 아랍 농민들을 상대할 수 있으리라 생각한다. 지금은 이 넓은 땅에 18,000명의 군대가 충분하다. 하지만 그게 언제까지 지속될까? … 영국은 굉장한 일을 하고 있다. … 그러나 그들은 농민들에게 자유와 진보와 더불어 항쟁하는 방법도 가르치고 있다. … 영국의 사례는 … 영국의 식민 제국을 멸망시키거나 세계 지배의 기반을 만들 것이다.[347]

헤르쯜은 아랍인들이 시온주의 운동에 위협이 될지도 모른다는 언급은 하지 않았다.[348] 하지만 오랜 역사와 강력함을 자랑하는 영국의 식민 제국이 무너질지도 모르는데 시온주의자들이 이를 통제할 수 있다고 믿었을 리는 없다. 오히려 식민화는 토착민의 강력한 저항에 직면해 결국에는 실패한다는 기존의 믿음을 더욱 굳건히 했을 것이다. 동아프리카안을 수락한 바로 그달에 헤르쯜은 식민 활동을 논의하는 자리에서 "가난한 아랍 농민들을 그들의 땅에서 추방해서는 안 된다."는 이유를 들어 추가적인 토지 매입에 반대했다.[349]

한편, 키시네프에서 일어난 포그롬은 20여 년 전보다 더욱 암울한 전망을 보여주고 있었다. 헤르쯜은 이번에도 반유대주의자들과 맞서 싸우기보다는 그들의 협력을 얻어 시온주의의 성공을 앞당기는 게 올바른 해결책이라 믿었다. 그래서 러시아의 내무부 장관 플레베(Wenzel von Plehve)에게 서신을 보내 시온주의를 지지하면 박해 때문에 혁명가가 되려 하는 유대인 청년들의 절망적인 심정을 진정시킬 수 있다고 주장하며 차르의 알현을 요청했다.[350] 러시아의 시온주의자들은 헤르쯜이 플레베와 협상하는 것을 탐탁지 않게 여겼다. 플레베는 혐오스러운 전제군주정의 충실한 수호자인 데다가 포그롬의 배후자로 의심되었기 때문이다.[351] 하지만 시온주의 운동의 관점에서 헤르쯜의 시도는 올발랐다. 러시아는 체제를 위협하고 권리 해방을 요구하는 유대인 사회주의 혁명가들을 쫓아내고 싶었고 시온주의자들은 그들을 팔레스타인으로 데려가길 원했으니 양자의 이해관계는 너무나도 잘 맞아떨어졌다. 게다가 러시아의 재정부 장관이 시온주의자 기구 산하의 유대식민신탁기금(Jewish Colonial Trust)의 주식 매매를 금지해 시온주의에 반대하는 태도를 보였기 때문에 협상은 긴요했다. 차르와의 면담은 성사되지 않았으나, 헤르쯜은 플레베를 만날 수는 있었다.

플레베는 러시아 정부가 유대인의 동화를 지향하므로 시온주의와는 대치되지만, 유대인 중에 빈민이 많고 그들이 사회주의 혁명 사상에 빠져들고 있어서 염려되므로 시온주의자들이 그들의 이주를 장려하는 방향으로 활동하는 것은 동조한다고 말했다. 그러나 최근 들어 시온주의자들이 이주보다는 유대 문화와 민족주의 의식을 고양하는 데 신경 쓰고 있어 정부의 방침에 어긋난다고 불만을 토로했다. 또한, 러시아의 시온주의 지도자들이 단 한 명을 제외하고 모두 헤르쯜에게 반대하고 있는 것을 지적해 헤르쯜을 당황케 했다. 헤르쯜은 콜럼버스가 아메리카 대륙을 '발견'하기 전에 선원들이 반란을 일으키려 했던 상황에 비유하면서 러시아가 시온주의를 지지하면 반란을 빨리 종식시킬 수 있다고 대답했다. 이에 만족한 플레베는 오스만 술탄에게 헌장을 받을 수 있도록 협상에 개입하기로 약속했고 "유대 국가"를 지지한다는 서한까지 작성해 주었다.[352]

> 시온주의가 팔레스타인에서 독립 국가를 세우길 원하고 일정 수의 러시아 유대인들의 해외 이주를 조직하는 것으로만 유지된다면, 러시아 정부는 시온주의에 전적으로 호의적일 수 있다.[353]

플레베는 수백만 명의 유대인을 수용할 수 있는 독립 유대 국가의 창설이 정부의 입장에 부합하지만, 반드시 동화되지 않은 혁명가 빈민들만을 데려가야 한다고 부연 설명했다. 여유가 생긴 헤르쯜은 그날이 올 때까지 유대인 빈민들이 농사지을 땅을 늘려달라고 요청했다. 또한, 차르가 자신과 술탄을 만나주길 거듭 청했다. 하지만 플레베는 곧 열릴 시온주의자 대회 후에 검토하겠다고 대답했다. 헤르쯜은 포그롬을 쟁점화시키지 말라는 경고로 이해했다.[354] 그날 밤, 헤르쯜은 러시아의 시온주의자들을 만나 "시온주의는 부분적인 관여가 아니라 전념을 요구합니다."라고 말하며 시온주의가 달성되기 전까지는 유대 문화나 사회주의 전파 등 러시아의 경계를 살만한 활동을 하지 않도록 당부했다.[355]

얼마 후 1903년 8월 말에 6차 시온주의자 대회가 열렸다. 헤르쯜은 "절망이 해일처럼 유대 사회를 덮치고 있습니다. ... 재앙을 정치적 수단으로 바꾸고 불행한 고뇌 속에서 선전할 거리를 찾는 것은 혐오스럽지만, 이 기반에서 ... 우리의 고통과 분노가 얼마나 컸는지, 그런 상황에서 유대인들이 살아야 한다는 것을 생각하는 슬픔이 얼마나 절망적인지 선언해야만 합니다. ... (그러나) 쓸모없는 시위를 벌이는 데 시간을 쓰지 말고 살아있는 사람을 돌보는 데 씁시다."[356]고 주의를 환기하며 플레베의 기대에 부응했다. 그리고 나서 영국이 제안한 동아프리카안을 소개했다.

> (영국의) 제안은 동아프리카에서 ... 유대 자치 지역을 세우는 것입니다. ... 유대 민족은 팔레스타인 외의 다른 목표를 가질 수 없으며 ... 선조들의 땅을 향한 우리의 태도는 지금도 앞으로도 변하지 않을 것은 말할 필요도 없습니다. 그럼에도 불구하고 여러분(the Congress)은 영국 정부와의 협상의 결과로 우리의 운동이 엄청난 진전을 거두었다는 것을 알 수 있을 겁니다. ... 저는 여러분이 이 제안을 이용할 수단을 찾아낼 수 있으리라 믿습니다. 이 제안에 담긴 정신은 우리 운동이 기반으로 삼는 중대한 원칙들을 조금도 포기하지 않고 유대 민족의 상황을 개선하고 고통을 줄이는 데 도움을 줄 수 있습니다. ...
>
> 동아프리카는 시온이 아니며 시온이 될 수도 없습니다. 민족적, 정치적 기반에 근거하지만 단지 식민화를 위한 수단에 불과합니다. 우리는 이 제안에 따라 유

대 대중에게 대규모로 이주하라는 신호를 주어서는 안 되며, 줄 수도 없습니다. 동아프리카는 현재 (유대인들을) 어떻게 도와야 할지 모르는 자선가들의 당혹감을 덜어주고, 우리 민족이 각지로 흩어져 우리와 유대감을 잃는 경우를 예방하는 긴급조치로 남아야만 합니다.[357]

헤르쯜은 동아프리카의 식민지가 시온주의의 종착지가 아니라 시온주의를 달성하는 데 도움이 될 중간 과정이라는 의도를 분명하게 밝혔다. 그렇지만 시온주의자들은 그가 현실과 타협해 팔레스타인을 포기한 것으로 의심하거나 그렇지 않더라도 동아프리카의 임시 정착지가 종국에는 영구 정착지로 변질될지도 모른다고 우려했다.[358] 격렬한 논쟁과 표결 끝에 동아프리카안을 검토할 조사위원회를 설립하고 1-2년 뒤에 열릴 7차 대회에서 최종적으로 결정하기로 합의했다. 하지만 572명 중 찬성표를 던진 것은 295명(52%)뿐이었고, 178명은 반대, 99명은 기권했다.[359] 갈등은 심각했다. 히바트 시온의 주요 지도자로 성장한 메나헴 우씨쉬킨은 공개적으로 강력히 항의했고, 반대파의 한 청년은 헤르쯜의 측근인 노르다우에게 죽으라고 외치며 총을 두 발 쏘아 가벼운 총상을 입혔다.[360]

반대파는 거의 모두가 러시아의 세속적인 시온주의자들이었다.[361] 포그롬이 일어나 유대인들이 피난처를 찾고 있는 동유럽의 시온주의자들이 정작 새로운 피난처를 확보하는 것을 거부하고, 물리적 박해와는 거리가 먼 서유럽의 시온주의자들이 동아프리카안에 찬성하는 역설적인 상황은 시온과 유대 문제의 관계를 인식하는 방식의 차이에 있었다. 서유럽에서는 시온주의가 근본적으로 유대인의 생명과 권리를 억압하는 유대 문제에 대한 해결책으로 우선적으로 인지된 반면, 동유럽에서는 그에 못지않게, 혹은 그 이상으로 유대인으로서의 정체성을 '회복'시키는 것이 중요하고 팔레스타인은 그러한 정체성에서 핵심을 차지한다고 믿어졌다.[362] 반대파는 스스로를 "시온의 시온주의자"라고 불렀고, 시온 밖에서 이루어지는 시온주의를 상상하는 것을 거부했다.

헤르쯜이 팔레스타인을 포기했을지도 모른다는 의심은 동아프리카안의 실현 가능성이 희미해지자 자연히 사그라들었다. 조사위원회가 부정적인 입장을 발표했고, 동아프리카에 정착한 영국인들이 유대인의 유입에 거세게 반발하며 항의한 데다가 헤르쯜의 조력자인 체임벌린이 사임했기 때문에 영국 정부가 계획을 포기할 가능성을 내비친 것이다.[363] 헤르쯜 스스로도 시온의 문제를 풀려는 노력을 멈추지 않았다. 열강을 설득해 오스만이 팔레스타인을 포기하도록 압력을 넣으려 했고, 술탄에게도 서신을 보내 유대인들이 다른 곳으로 떠나기 전에 재정을 개선할 기회를 잡으라며 독촉했다.[364] 그러나 더 이상의 성과를 거두지 못한 채 1904년 7월에 사망했다. 그는 마지막 순간까지도 팔레스타인과 인접 지역에 5-6백만 명의 유대인들이 정착할 수 있는 넓은 땅을 얻어내길 원했다.[365]

헤르쯜의 죽음은 시온주의자들에게 큰 혼란을 가져왔다. 러시아를 떠나는 이주자는 늘어났는데 유대인들이 많이 이주해 가던 영국에서는 이주를 규제하는 법안이 제정되어 새로운 피난처를 구해야 할 긴박성이 그 어느 때보다도 커져 있었다. 그러나 술탄과의 협상은 실패로 끝난 직후였고 협상을 전담하던 헤르쯜은 이제 없어졌다. 식민 활동으로 민족적 기반을 세우게 될 날도 여전히 요원했다. 어떤 방법으로도 시온의 문제가 당장 해결될 수 없는 것이 명확해지자 시온주의자들은 '유대 문제가 반드시 팔레스타인에서 해결되어야만 하는가?'라는 질문을 떠올리지 않을 수 없었다. 이제 동아프리카는 유대 국가를 세울 영구적인 정착지로까지 검토되었다. '시온의 시온주의자'들은 격분하며 반발했다.

우씨쉬킨은 『우리의 계획』을 저술해 지난 "과오"를 바로잡자며 목소리를 높였다. 동아프리카 "계획은 (시온주의) 사상을 위반하고 오랜 기간의 조화를 파괴했다. ... 그리고 우리는 이제 끔찍한 순간에 살고 있다. 지도자도, 계획도, 사랑도, 서로에 대한 신뢰도 없고, 앞으로 가야 할 길에 대한 명확한 이해도 없이 다가올 7차 대회를 기다리고만 있다. 7차 대회는 ... 25년 동안의, 특히 지난 7년간의 막대한 노력으로 탄생한 모든 것을 무너트리고 파괴할 것인가?" 그는 바젤 "강령으로 온전하고 완전하게 복귀"할 것을 역설했다.[366] 즉, '민족의 고향'은 팔레스타인에서 만들어져야 하며, 헌장을 구하는 외교 활동과 더불어 헤르쯜 생전에 소홀했던 식민 활동에도 매진해야 한다는 것이었다. 후자의 필요성을 옹호하기 위해 우씨쉬킨은 "유대 국가"를 세우기 위해서는 팔레스타인 땅의 전부나 대부분을 소유해야 하는데 전쟁을 일으켜 군대로 정복하거나 오스만의 도움을 받아 토지를 몰수하는 방법은 현실적으로 불가능하므로 "팔레스타인을 얻을 수 있는 유일한 방법은, 어떤 시기든 어떤 정치적 조건에서든, 돈으로 매입하는 것밖에 없다."고 단언했다.³⁶⁷⁾

우씨쉬킨은 시온의 문제가 언젠가는 해결될 것이라 말할 뿐 단기간에 얻을 수 있다는 희망을 주지는 않았다. 시온주의를 근본적으로 유대인의 생명과 권리를 지키는 사상으로 생각하는 시온주의자들은 자연히 반발했다. 그들은 시온주의의 요체가 토지가 아닌 유대인들의 구원 그 자체에 있다고 믿었기에 동아프리카안을 지지했고, "시온 외의 시온주의자"³⁶⁸⁾라 불렸다. 역설적이게도 이미 팔레스타인에 정착한 많은 식민촌 주민들이 '시온 외의 시온주의' 진영을 지지했다.³⁶⁹⁾

이 무렵에 식민촌에서 유대 노동자들은 큰 어려움을 겪고 있었다. 1899년에 에드몬드가 식민촌에서 보유한 모든 자산을 유대식민협회에 이양하고 일선에서 물러나면서 식민촌을 지탱하던 자선적 경제구조가 무너졌기 때문이었다. 유대식민협회는 식민촌이 경제적으로 자립할 수 있도록 구조조정을 단행했다. 유대 노동자에 대한 보조금을 중단하고, 수확이 가능해진 포도원의 소유권은 개별 농장주에게로 이전했다. 농장주들도 경제적 이윤 추구를 위해 유대 노동자를 해고하고 아랍 노동자를 고용했다. 이로써 식민촌의 수익구조는 개선되지만 유대 노동자들의 피해는 심각했다. 불과 4년이 지나기도 전에 유대식민협회 소속의 식민촌에서 일하던 유대 노동자 중 65%가 일자리를 잃고 팔레스타인을 떠났다.³⁷⁰⁾ 그들의 공백은 키시네프 포그롬으로 재개된 대규모 이주 물결로 빠르게 채워졌으나 새로운 이주자들도 식민촌에서 일자리를 찾지는 못했다.

> 지난 3개월 동안 이곳[팔레스타인]으로 오는 유대 동포의 수는 점점 더 많아지고 있다. 대부분이 궁핍하고 ... 위원회[히바트 시온]가 일자리를 찾아주거나 식민촌에서 농사를 짓게 해준다는 헛소문만 믿고 아무 계획도 없이 오고 있다. 그들은 도착해서 지원이 열악한 것을 보면 팔레스타인 땅과 이곳 사람들을 헐뜯는다.³⁷¹⁾

식민촌의 이주민들은 팔레스타인이 결코 단기간에 유대 민족의 것이 되지 않으리라는 현실을 몸소 느끼고 있었다. 그들은 동유럽에 남겨두고 온 가족이나 친척, 혹은 친구들이 박해받는 소식을 견딜 수 없었고 당장 새로운 피난처가 필요하다고 생각했다. 은밀한 식민화로 팔레스타인을 정복할 계획을 세웠던 벤예후다도 그중 한 명이었다. "민족이 그 땅[팔레스타인]에 있을 수 있다면 좋지만, 그렇지 않고 가능성이 조금이라도 의심된다면, 민족을 위협하는 위험을 막아내기 위해서 당장은 우리 민족이 소유할 수 있는 어떤 땅에서라도 민족을 만들겠다." "우리가 원한다면, 사람이 거의 살지 않고 어떤 지배적인 언어도 없는 새로운 땅에서 새로운 인구는 그들만의 언어를 사용해 히브리인으로 변화할 것이고 그들의 국가는 유대 국가로 변할 것이다."[372]

격렬한 갈등 속에서 1905년에 7차 시온주의자 대회가 열렸다. 다수의 시온주의자들은 팔레스타인을 선택하고 동아프리카안을 거부했다. 또한, 앞으로 팔레스타인이나 그 인접 지역을 포함하지 않은 곳에서의 식민 활동을 논하는 것은 금지하기로 쐐기를 박았다. 즉, 시온주의 운동의 정의는 유대 국가를 '시온에 만들 수 있다.'에서 '시온에서만 만들어야 한다.'로 전환되었다. 시온 외의 시온주의 진영은 즉각 반발했다. 그들은 독자적인 기구를 설립해 열강으로부터 팔레스타인 외의 다른 지역에서 헌장을 받기 위한 협상을 추진하기로 하며 다음과 같이 선언했다.

> 우리는 현재 상황에서 우리 민족을 구하고 문화를 부흥시키는 것이 가장 중요한 일이라고 본다. 토지가 민족을 위해 존재하는 것이지 민족이 토지를 위해 존재하는 것이 아니다. 우리가 '팔레스타인, 오직 팔레스타인'이라고 외치는 동안 우리 민족이 쇠퇴하는 걸 내버려 두는 것은 죄악일 것이다. 몇 세대에 걸쳐서도 팔레스타인을 얻지 못한다면, 그리고 그렇게 예상되므로, 팔짱을 낀 채 가만히 있거나 소규모의 식민화를 천천히 하며 기다리고 또 기다리는 것에 만족하고 있어서는 안 된다.[373]

시온 외의 시온주의자들이 팔레스타인을 거부한 것은 아니었다. 팔레스타인을 확보하게 된다면 언제라도 다시 합류할 의사가 있었기 때문에 시온주의자 기구에서 공식적으로 탈퇴하지는 않았다. 그렇지만 두 진영 사이의 정치적 갈등은 첨예했고, 갈등의 핵심 주제인 시온의 문제를 해결할 해법이 존재하느냐를 놓고 논쟁하다 근본적인 쟁점까지 건드리게 된다. 그것은 바로 모두가 의도적으로든 무의식적으로든 외면해 온 아랍 문제(Arab Question)였다.

3. 시온주의에 평화는 없었다.

3.1. 수면 위로 떠 오른 아랍 문제

　1881-2년에 처음으로 팔레스타인으로의 집단적 이주를 도모하기로 결심했을 때 시온주의자들은 여러 가지 어려움을 예상했으나 토착민이 문제가 되리라고 생각지는 못했다. 팔레스타인에는 몇 안 되는 아랍 유목민이 있을 뿐이고 그들은 유럽의 기독교도와는 달리 유대인에게 친화적이라고 알려진 탓이었다. 아랍인들이 실제로는 대부분 정착 생활을 하고 있고 그 수가 많다는 사실을 알게 된 후로도 가난하고 토지에 애착이 없는 유목민 출신일 테니까 기꺼이 땅을 팔고 다른 곳으로 떠날 것으로 상상했다. 하지만 농민들은 절박한 상황이 아니라면 땅을 팔지 않았고 지주들로부터 땅을 산 후 소작농을 추방하면 언제나 반발했다. 이 소식은 유럽에도 일찍부터 전해졌고 식민화를 시작한 지 20년이 넘은 1905년에 7차 시온주의자 대회가 열릴 무렵에는 아랍인들이 식민화에 저항한다는 것을 알고 있는 시온주의자가 많았다. 가령 1919년에 하임 칼바리스키는 자신이 "아랍인들과 아랍 문제를 매우 일찍부터 알게 되었다."고 고백했는데, 그 시점은 1895년에 이주해 왔던 순간으로까지 거슬러 올라간다.[374]

> 처음 토지를 매입한 순간부터 우리와 아랍인들의 관계가 얼마나 심각한 것인지 깨달았습니다. 베두인들은 자신들이 태어난 요람을 떠나야만 하는 불운을 애도하며 노래했지요. 그 노래들은 심금을 울렸고 그들이 얼마나 토지와 결착되어 있는지를 깨닫게 되었습니다. 지난 25년간의 식민 활동으로 저는 많은 아랍인을 그들 땅에서 추방했습니다. 그들 자신과 아마 아버지까지도 태어난 땅에서 쫓아내는 게 쉽지 않다는 것은 이해할 수 있겠지요. 특히 그들을 양 떼가 아니라 인간으로 바라본다면 말입니다. ... 저는 유대 공동체가 원했기 때문에 추방하는 데 동의했으나, 언제나 피해가 적은 방법으로 실행하려고 노력했습니다.[375]

시온주의자들은 아랍 문제를 시온주의의 성패에 영향을 끼칠 변수로 보지는 않았다. 아랍인들은 시간이 지나면 식민화의 경제적 혜택에 만족할 것이며, 설령 그렇지 않더라도 유대인들이 다수 인구가 되면 저항을 억누를 수 있으리라 믿었다. 칼바리스키도 농민들을 추방하며 저항을 걱정한 것이 아니라 도덕적으로 죄책감을 느꼈을 뿐이었다. 따라서 아랍 문제는 해결책을 논의할 만한 가치가 없었다. 하지만 아랍인들의 저항이 점점 눈에 띄게 격렬해지자 아랍 문제는 식민화를 하면서 저절로 해결되는 것이 아니라 식민화를 성공시키기 위해 먼저 해결해야 하는 문제일지도 모른다는 인식의 전환이 서서히 일어났다.

아랍 문제의 심각성을 일찍 인지한 일부 시온주의자들은 해결책을 고민했다. 몇몇은 팔레스타인의 아랍인이 고대 이스라엘인의 후예이므로 그들을 같은 민족으로 받아들이고 아랍 문화를 수용하는 한편 유럽의 기술을 전수하는 평화로운 식민화를 제안했다.[376] 그러나 절대다수의 시온주의자들은 유대 민족만의 국가와 사회를 원했기 때문에 선택지로 고려조차 하지 않았고, 협상으로 주권을 얻은 후에 식민화를 하자는 헤르쯜의 방식이 대안으로 각광받았다. 주권을 얻는다면 아랍인의 운명을 좌우할 정치적 정당성과 힘을 갖게 되므로 어떤 방식으로든 아랍 문제를 해결할 수 있기 때문이었다. 하지만 협상이 실패로 끝나자 아랍 문제에 해결책은 없을지 모른다는 우려가 커지게 된다. '민족 없는 땅'을 주장해 오던 쟁월도 1904년에 이르자 팔레스타인에 다수의 아랍 인구가 산다는 현실을 더 이상 외면할 수 없다고 고백했다.

> 시온주의자가 직면하길 원치 않지만, 결코 눈을 돌릴 수 없는 어려움이 있습니다. 팔레스타인에는 이미 주민들이 있다는 것입니다. ... 그러므로 우리는 선조들이 그랬던 것처럼 그곳을 점유 중인 부족들을 검으로 쫓아내거나 ... 많은 이질적인 인구와 함께 사는 문제를 붙잡고 씨름할 준비를 해야 합니다. 이것은 우리가 팔레스타인을 얻더라도 누구도 그곳으로 가려하지 않고 파리에 남아 (유대 국가의 프랑스 주재) 대사를 맡을 것이라는 반시온주의자들의 진부한 도발보다도 훨씬 더 심각한 문제입니다.[377]

시온 외의 시온주의 진영은 동아프리카안을 지지해야 하는 중요한 이유로 아랍 문제를 거론했다. 반면, 시온의 시온주의 진영은 아랍인을 '문제'로 보는 것을 거부했다. 우씨쉬킨은 『우리의 계획』에서 "아랍인들은 유대인들과 가장 친근하고 평화로운 관계에서 살고 있다. 그들은 팔레스타인 땅에 대한 유대인들의 역사적 권리를 무조건 인정한다."라고 주장했다. 그에 따르면, 식민화는 아무런 불화 요소가 없었다. 아랍인들이 토지를 팔지 않으려 하는 이유는 단순히 지가가 오르기를 기다리고 있기 때문이고, 헌장을 얻게 되면 지가가 급등할 것이기 때문에 지금 당장 매입을 서둘러야 한다고 목소리를 높였다. 지가가 상승하는 이유로는 아랍인들이 오스만보다 유대 국가를 선호하고, 유대인들이 아랍인을 박해하거나 추방하지도 않을 것이기 때문이라는 근거를 댔다.[378]

7차 대회를 반년 앞둔 1905년 1월에 아랍 문제의 잠재적 위협은 더욱 커졌다. 오스만으로부터 독립을 주창하는 아랍 민족주의자가 나타난 것이다. 레바논 태생의 아랍인 나지브 아주리(Najib Azuri)는 『아랍 민족의 각성』이라는 글에서 아랍 제국의 건설을 제안했다. 그는 독립이 필요한 이유 중 하나로 시온주의에 안일하게 대처하는 오스만 정부의 태도를 지적했고, 고대 유대 국가를 재건하려는 시온주의자들의 민족적 열망과 아랍 민족주의는 충돌할 수밖에 없다고 전망했다. 아직 대다수의 아랍인은 오스만에 충성하고 자치권의 확대만을 바랐기 때문에 아주리의 혁명적 사상은 공감받지 못하고 실패로 끝났지만 민족주의 운동이 시작될 조짐을 예고했다.[379] 『아랍 민족의 각성』은 파리에서 프랑스어로 출판된 덕분에 시온주의자들은 소식을 빠르게 접했다. 헤르모니(A. Hermoni)는 시온주의 신문인 『하실로아(ha-Shiloah)』에서 아주리의 글을 소개한 후 "만약 아랍 운동이 성장하고 민족과 대중의 운동으로 발전한다면 … 시온주의에 위험이 될 것이다."고 우려했다. 그렇지만 특별한 대응책을 요구하지 않고 그저 "가능한 모든 방법으로 조금씩 조금씩" 식민화를 계속하자는 고전적인 입장을 되풀이했다.[380]

얼마 후 열린 7차 시온주의자 대회를 전후로 아랍 문제는 한때나마 중요한 논쟁거리로 부상한다. 시온 외의 시온주의자 진영의 힐렐 제이틀린(Hillel Zeitlin/1871-1942)은 시온의 시온주의자들이 "우연히든 의도적으로든 팔레스타인이 타인의 소유하에 있고 완전히 정착되었다는 사실을 무시하고 있다."

고 비판했다. "팔레스타인에 살고 있는 반백만 아랍인들을 어떤 방법으로 추방시킬 것인가? … 당신들은 소유하고 있지도 않고 그렇게 될 수도 없는 곳에서 낙원을 만들려 하고 있다." 시온의 시온주의 진영은 이때 처음으로 막연히 다수가 되는 것 이외의 해결책을 제시했다. 그중 하나는 아랍인들이 오스만으로부터 독립을 시도할 때 오스만과 열강을 지원하여 팔레스타인을 보상으로 얻는 방법이었다. 하지만 제이틀린은 아랍의 독립은 가정일 뿐이며, 시온주의자들이 비판해 온 러시아와 같은 전제군주정인 오스만을 옹호해야 하는지, 오스만이 유대인의 협력을 구할지, 열강이 아랍인을 대체해서 유대인을 정착시키는 걸 찬성할지 등을 모두 회의적으로 보았다. 역으로 아랍인과 동맹을 맺고 오스만을 몰아낸 후 보상으로 팔레스타인을 요구하자는 의견도 있었으나, 제이틀린은 유대인이 아랍인에게 줄 수 있는 것도 없고 독립을 하고자 하는데 어째서 자신들의 땅을 유대인에게 넘기겠냐고 반박했다. 블라디미르 자보틴스키(Vladimir Ze'ev Jabotinsky)를 포함해 주로 청년들 사이에서는 무력으로라도 팔레스타인을 쟁탈해야 한다는 소리가 나왔다. 제이틀린은 "힘으로 빼앗으려면, 그런 군사력이 존재해야 한다." 식민화로 유대인들이 힘을 길러낼 무렵에는 "강력한 아랍 정부가 팔레스타인에 이미 생겨났을 것이다."라고 일축했다.[381]

7차 대회에서 시온의 시온주의자들은 팔레스타인이라는 목표를 지켜내는데 승리했으나 아랍 문제를 어떻게 다룰지는 조금도 합의하지 못했다. 아랍 문제가 존재하는지조차도 여전히 논쟁적이었다. 예를 들어, 우씨쉬킨의 측근인 베르 보로초프(Ber Borochov)는 세계 어디에서든 유대인의 정치적 식민화가 토착민의 반발로 "끝없는 투쟁"에 봉착한다는 사실을 인정하면서도, 팔레스타인의 아랍인은 유대인과 인종적으로 매우 유사하기 때문에 문화적으로나 경제적으로나 우월한 유대인에게 동화되어 갈등이 자연히 해결된다고 주장했다.[382] 그런데 이처럼 아랍 문제를 근본적으로 부정하는 우씨쉬킨이나 보로초프는 다른 대부분의 시온주의자들과 마찬가지로 여전히 유럽에서 살면서 시온주의 활동을 하고 있었고 아랍인들과 부닥쳐본 일이 없었다. 반면, 식민촌 로쉬 피나에서 20년을 살아온 이츠하크 앱스테인(Yitzhak Epstein/1862-1943)은 아랍 문제의 잠재적 위험성을 체감했고 적극적인 해결책이 필요하다고 판단했다. 그는 7차 대회 중에 열린 문화협회의 회의에서 팔레스타인을 얻기 위해선 아랍인에 대한 태도야말로 다른 모든 문제보다 중요하다는 굉장히 파격적인 주장을 펼쳤다.

(시온에) 충실한 시온주의자들은 이스라엘 땅에서 토지를 사고, 마을을 만들고, 정착할 때 우리가 아랍인들에게 어떤 태도를 보여야 하는지에 대해서 다루지 않았습니다. 시온주의자들이 정착의 주요 조건 중 하나인 이것을 의도적으로 무시한 것은 아닙니다. 그들은 이 지역과 거주민들에 대해 몰랐을 뿐만 아니라 인간적, 정치적 민감성이 떨어졌기 때문에 현실을 인지하지 못한 것이지요. …

(팔레스타인에) 비어 있는 땅은 없습니다. 그와 반대로, 과도한 노동력이 요구되는 경우가 아니라면 모든 농민이 농지를 확장하려 노력하고 … 가난한 이들은 바위 사이에 작물을 심고 1 큐빗(cubit)도 놀리지 않습니다. 그러니 우리가 땅을 차지하고 나면 … 농민들은 무슨 일을 할 수 있겠습니까? …

이스라엘 땅에서는 토지의 소유주가 바뀌더라도 소작농들은 유지되는 것이 관례입니다. 그러나 우리가 토지를 살 때는 기존의 소작인들을 추방합니다. 빈손으로 쫓아 보내지는 않고 많은 보상을 하지만 … 가난한 사람들을 주거지에서 내쫓고 그들의 생계수단을 빼앗은 것을 인정해야 합니다. 가진 것도 거의 없이 쫓겨난 사람들이 어디로 가겠습니까? 물론 유대 정착촌에서는 때때로 그들을 고용해 소작지에서 얻던 보잘것없는 수입보다 더 많은 임금을 줍니다. 그렇지만 고용을 계속할 것이라고 보장하지 않고 … 농민들은 여전히 그 땅이 외국인에게 잠시 몰수당한 자신의 재산으로 여길 것입니다.[383]

소작농을 추방하면 일자리를 찾으러 다른 지역으로 이주해 가리라 믿었던 다른 시온주의자들과 달리 앱스테인은 추방당한 소작농이 영구적인 갈등의 요소로 남게 될 것으로 보았다. "아랍인들도 다른 모든 인간들과 마찬가지로 고향에 깊은 유대감을 가지고 있"기 때문이었다.[384] 그러므로 추방당한 농민들은 "고향 땅을 떠나지 않을 것이며 멀리 배회하지도 않을 것입니다. 그들은 토지에 도덕적 유대감을 가지고 있고, 그중에서도 선조들의 묘지에 대한 애착을 특별히 소중히 합니다."[385]

> (심지어) 농민 스스로가 마을의 토지 일부를 판 경우에도 문제가 될 수 있습니다. 농민들은 과다한 세금으로 빚더미에 올라 고뇌하다 절망스러운 심정으로 토지를 팝니다. 마음속에는 결코 씻을 수 없는 상처가 남게 되고, 그의 재산이 이방인의 손으로 넘어간 저주스러운 날을 항상 기억할 것입니다. 저는 토지를 팔고 ... 유대인들을 위해 일하게 된 농민 부부들을 알고 있습니다. 그들은 좋은 수입을 거두는 동안은 침묵했으나, 일자리가 없어진 바로 그 순간부터 유대인들에게 불만을 품고 토지 매매에 항의하기 시작했지요.[386]

앱스테인은 "경작자들로부터 토지를 몰수하는" 식민화는 토지를 매매의 대상으로 보지 않고 경작자의 권리를 우선시했던 고대 이스라엘인의 후예가 해서는 안 될 부도덕한 행동일 뿐만 아니라 아랍인을 적으로 만들기 때문에 지속가능 하지 않다고 비판했다. "적어도 지금 당장에는 민족적이거나 정치적 성격의 아랍 운동은 없습니다. ... (그러나) 잠자는 사자를 깨우지 말아야 합니다." 아랍인들이 강인하고 무수히 수가 많은 "민족"이며, 그들이 여태껏 민족적 운동을 하지 않은 까닭은 단지 그럴 만한 필요성이 없었을 뿐이었다.[387] 그러므로 앞으로는 아랍인에게 해를 끼치지 않도록 미경작지를 먼저 매입하고, 경작지를 매입하는 경우에는 반드시 소작을 허락하고, 학교와 병원, 약국, 도서관 등을 아랍인에게 개방하여 식민화의 혜택을 적극적으로 나누자고 제안했다. 아랍인과 협력하는 식민화는 안전하고 생산적일 뿐만 아니라, 소작농을 추방한 뒤 강압에 못 이겨 보상을 주거나 법정에서 소송을 벌이는 비용보다 훨씬 경제적일 것으로 기대했다.[388]

시온주의자들은 그동안 식민화가 호혜적이라고 선전해 왔으나 노동자를 고용하고 상품을 구매하고 유럽의 문물과 기술을 엿볼 기회를 제공하는 것 이상을 의도하지는 않았다. 식민촌의 진료소를 아랍인들에게 무료로 개방했던 에드몬드 로스차일드의 정책은 그가 물러나고 나서 얼마 뒤 중단되었다. 앱스테인은 이런 폐쇄성을 깨트리고 아랍인을 적극적으로 표용하는 식민화를 제안한 전례 없이 진보적인 시온주의자였다. 그러나 그조차도 식민화의 경제적 보상이 정치적 욕망을 잠재울 것이라는 고정관념에서는 벗어나지 못했다. 앱스테인은 아랍인의 "민족적 권리"도 존중해야 한다고 말했으나[389] 유대 국가를 세우기 위해 팔레스타인을 양보하라는 것이 민족적 권리를 포기하라고 요구하는 것과 동일하다는 단순한 사실을 깨닫지 못했다. 반년 전에 나지브 아주리가 독립 아랍 제국을 건설하고 시온주의에 맞서 싸워야 한다고 주장한 것은 좋은 반례가 된다.

앱스테인의 강연은 2년이 지나 1907년에 강의록이 신문에 실리면서 아랍 문제에 대한 논의를 다시 이끌어내는 계기가 되었다. 하지만 그로 인해 바뀐 것은 없었다. 여전히 아랍 문제는 실체가 없는 위협이나 대단찮은 것으로 평가되었고, 설령 중요하게 보더라도 아랍인과 어울리기를 원치 않거나, 식민화의 혜택을 줘도 아랍인이 저항할 수 있고, 민족이 될 가능성까지는 없다는 이유 등으로 포용적인 식민화는 거부당했다.[390] 예를 들어, 요셉 클라우스너(Yosef Klausner)는 아랍인들은 유대 "문화의 영향이 그들에게도 혜택과 축복을 가져온다는 것을 발견하고 종속될 것"이기 때문에 문제가 되지 않을 것이며,[391] "2천 년 이상을 (유럽의) 문명 민족들 사이에서 살아온 우리 유대인들이 반(半)야만적인 문화 수준으로 되돌아갈 수도 없고 그래서도 안 된다."며 아랍인과의 교류에 반대했다.[392] 모세 스밀란스키는 아랍인들이 대부분의 경작 가능한 토지에서 농사를 짓고 있기 때문에 간과해서는 안 될 위협으로 보았으나,[393] 시온주의 자본은 유대인이 강해지는 데에만 사용해야지 아랍인이 "더 강해지게 도와서는 안 된다. 우리의 주요 목적은 우리 땅에서 다수가 되는 것이어야만 한다. 이 목적에 위배되는 행동은 민족에 대한 반역"이며 오직 유대인들이 아랍인들처럼 강해진 다음에야 "동등한 인간으로서 평화를 맺을 수 있다."고 주장했다.[394]

결과적으로, 1914년까지도 아랍 문제는 어떻게 해결해야 할지 아무런 합의를 보지 못하고 변두리에서 간간이 '논의만 하는' 주제로 남게 된다. 친이스라엘 사관에서는 그 이유를 아랍 문제가 평화적으로 해결될 것이라고 믿었기 때문이라고 설명한다. 하지만 정말로 그러했을까? 팔레스타인은 버려진 땅이 아니므로 대규모의 식민화는 아랍인을 쫓아내지 않고는 이룰 수 없다는 것은 자명했다. 1907년경에 시온주의자들은 팔레스타인에서 유대 인구가 약 8-10만 명으로 전체 인구의 10% 내외를 차지하고[395] 토지 소유는 고작 2% 내외에 그치는 것으로 파악했다.[396] 따라서 식민화는 '지금까지 그래왔듯이' 앞으로도 많은 아랍인을 추방해야만 했다. 팔레스타인에 경작 가능한 땅이 많아서 추방하지 않고도 식민화를 계속할 수 있다는 근거 없는 주장도 여전히 제기되었으나 이는 지난 25년간의 과거를 부정할 뿐만 아니라 이후로도 실천하지 않는 일이었다. 아랍인을 추방하지 않는 대규모 식민화는 어디까지나 공상소설에서나 가능한 일이었다. 하암은 『오랜 새로운 땅』을 읽고 나서 "아랍인들이 이전까지 경작해 오던 토지, 즉 팔레스타인의 경작 가능한 대부분의 토지를 그대로 소유하고 있는데 어떻게 수백만 명의 유대인들에게 충분한 땅을 찾을 수 있는지" 이해할 수 없다며 헤르쫄을 비판했다.[397]

시온주의자들은 아랍인과의 물리적 충돌이 유대인에 대한 반감이나 식민화에 대한 저항이 아니라 아랍인들 간에도 흔히 발생하는 단순 범죄라고 설명하곤 했으나 이 역시도 얼마나 설득력을 가지고 있었는지 의문이다. 1881년부터 1907년까지 총 13명의 유대인이 살해되었고, 안보가 취약했던 식민 초기보다는 무장과 경비를 강화한 후기로 갈수록 더 많이 발생했다.[398] 식민화가 경제적 이익을 가져오기 때문에 아랍인들이 저항하지 않을 것이라는 오랜 통념은 이미 깨어졌거나 상당히 흔들리고 있었다. 그렇지 않았다면 보로초프와 클라우스너 등이 아랍인이 유대인에게 동화되면서 갈등이 사라진다는 새로운 유형의 낙관론을 내놓았을 리 없었다. 더군다나, 이는 아무런 실체가 없는 거짓주장이었다. 식민화를 시작한 지 벌써 25년이 지났으나 어느 아랍인도 유대인에게 동화되지 않았다. 문화적 교류가 제한적이었으니 너무나도 당연한 결과였다. 몇몇 식민촌을 제외하면 대다수의 이주자는 아랍인과 대화조차 할 수 없었다. 아랍 문화를 경멸해서 아랍어를 배우길 원치 않았고, 그렇다고 아랍인에게 학교를 개방해서 히브리어를 가르치려고 노력하지도 않았기 때문이다.[399] 물론, 아랍인들이 배울 생각이 없는 것도 마찬가지였다.

시온주의자들은 처음부터 아랍 문제를 평화적으로 해결할 의사가 없었다. 그들은 칼과 총을 들고 생명을 위협하는 전쟁을 벌이기를 원치 않았을 뿐, 아랍인들이 저항을 포기하고 시온주 깃발 아래 항복하는 '평화'만을 추구하고 있었다. 1882년에 첫 식민촌을 만들 때부터 시온주의자들은 아랍인의 동의를 구하는 것이 아니라 비밀리에 점진적으로 식민화를 해서 유대 인구를 다수로 만드는 계획을 세웠다. 1891년에 아랍인들의 저항을 처음으로 경계한 하암도, 그를 비판한 우씨쉬킨도, 그 밖의 다른 시온주의자도 아랍인과의 관계가 도마 위에 오를 때마다 식민화를 계속해 유대 인구가 다수가 되면 문제가 해결된다고 생각했다. 앞서 스밀란스키가 유대인들이 강해진 다음에야 '평화를 맺을 수 있다'고 말한 것 역시 같은 이유에서다. 주권을 얻기 전에 식민화를 하면 토착민의 저항을 야기한다고 반대한 헤르쯜과 그의 지지자들도 전쟁 없는 정복을 계획했지 아랍 문제의 평화적인 해결책을 찾지는 않았다. 그들은 토착민에게 유대 국가를 세운다는 계획을 알리거나 동의를 구하지 않은 채 술탄과의 '뒷거래'로 팔레스타인의 주권을 얻으려고 했다.

시온주의자들이 말하는 '평화'는 결코 아랍인들에게 평화가 될 수 없었다. 아랍인들이 자신들의 터전에 이민족의 국가를 건설하는 시온주의를 받아들이려면 정치적 의식이나 민족의식이 없고, 토지에 대한 애착도 없고, 유대인에 동화되는 것에 거부감도 없어야만 했다. 어쩌면 식민화 초기에는 다수의 시온주의자들이 아랍인은 야만적이라는 유럽식 편견을 믿고 진정으로 평화가 가능하다고 상상했을는지도 모른다. 하지만 지금부터 살펴볼 것처럼 1914년에 이르기까지 발생한 일련의 사건들은 선입견이 틀렸다는 것을 확실히 깨닫게 해 주었다. 그럼에도 불구하고 시온주의자들은 여전히 기만적인 평화만을 말하며 식민화를 계속하고 유럽 국가들의 정치적 지지를 구한다. 자연히 아랍인들 사이에서는 아랍 문제의 역에 해당하는 시온주 문제가 대두되고 분쟁의 구도가 만들어진다.

3.2. 고용을 위한 추방

1903년에 키시네프에서 포그롬이 일어난 이후에 팔레스타인으로 이주해 온 유대인 중에는 사회주의나 공산주의, 혹은 무정부주의를 믿는 혁명가들이 많았다. 이러한 경향은 이 시기에 이주해 온 시온주의자들의 특성에도 반영되었고, 특히 사회주의자들이 큰 세력을 형성했다. 다비드 벤구리온도 그중 한 명이었다. 이들은 민족이나 인종을 초월해 전 세계 모든 노동계급의 단결을 주장하는 일반적인 사회주의자들과는 달리 민족적 가치를 더욱 중시했다.[400] 예를 들어, 사회주의 시온주의의 사상적 토대를 쌓은 나흐만 시르킨(Nachman Syrkin)은 1898년에 『유대 문제와 사회주의 유대 국가』라는 글에서 유대 민족 국가는 유대 노동자들에게 물질적으로 이익을 가져오므로 사회주의 이념에 어긋나는 것이 아니며,[401] 유대인을 위해 팔레스타인의 토착민을 "온건하게 이전"시키거나, 팔레스타인이 안 된다면 다른 땅이라도 "경제적 방법으로 비워야 한다."고 주장했다.[402] 따라서 사회주의 시온주의자들은 유대 노동자의 복지와 유대 국가의 건설을 무엇보다 우선시했고, 팔레스타인의 아랍 노동자들과 연대해 자본 계급에 투쟁하기보다는 그들을 노동 시장의 경쟁자이자 적으로 바라보아 아랍 문제를 악화시키게 된다.

에드몬드가 유대식민협회에 권한을 이양하면서 보조금이 중단된 이래 유대 노동자는 식민촌의 노동 시장에서 계속해서 아랍 노동자에게 밀려나고 있었다. 새로운 이주자들은 자선에 의존했던 이전 이주자의 태도를 비판하며 아랍인과 동등한 시장임금을 받아들이고 검소한 생활을 살아보려 했다. 그러나 그들 역시 빈궁한 삶을 잠시도 견디지 못하고 유럽식 생활을 영위할 수 있는 고임금을 받을 방도를 모색했다. 사회주의자라는 이름이 무색하게도 그들이 떠올린 것은 저임금으로 일하는 아랍 노동자를 식민촌에서 퇴출시키는 민족주의적 '노동의 정복'이었다.[403] 식민촌의 유대 노동자들은 "노동 시장에서 매일 경쟁하는 팔레스타인인 (아랍) 인구의 중요성을 무시하거나 과소평가할 수 없었고, 이런 견디기 힘든 처지가 그들을 더욱 전투적으로 만들었다."[404]

노동자들은 시온주의 이념을 내세워 농장주에게 아랍인을 해고하고 유대인만 고용할 것을 요구했다. 그러나 농장주들은 유대인의 고용을 당장 늘리기보다는 저임금 아랍 노동력으로 경제적 기반을 건설하는 것이 선행되어야 한다고 반박했고, 아랍인과의 갈등이 점증하면 종국에는 유대인을 고용할 수밖에 없어서 임금이 자연히 상승하게 될 것이라고 달랬다. 또한, "러시아에서 해방을 요구하는 우리 유대인들이 어떻게 이스라엘 땅으로 와서는 다른 노동자들의 권리를 빼앗고 이기적으로 행동할 수 있는가?"라며 아랍 노동자들의 권리를 윤리적으로 옹호하기도 했다.[405] 하지만 농장주들이 아랍인을 고용하는 것은 어디까지나 경제적 이유 때문이었다. 아랍인의 저임금은 시장 원리가 아니라 농장주들의 담합으로 통제되고 있었다.[406]

결과적으로, '노동의 정복'은 두 집단의 이해관계를 절충하는 방향으로 이루어졌다. 즉, 식민촌에서 아랍인을 완전히 배제하지는 않지만 노동 시장을 인종적으로 분리해 임금을 차별화한 것이다. 유대인들은 능력과 관계없이 같은 일에 종사하는 아랍인보다 고임금을 받고 일부 전문기술직을 독점할 수 있게 되었다. 1914년을 기준으로 유대 노동자의 최저임금은 동종업종의 아랍인보다 2배나 높았고 평균임금도 50% 이상 높았다.[407] 하지만 임금의 차별화가 노동 시장의 아랍 문제를 근본적으로 해결할 수는 없었다. 고임금을 받는 만큼 당연히 일자리가 매우 제한적이었기 때문이다. 더군다나 늘어난 임금으로도 유럽식 생활방식을 누리거나 가족을 부양하기에 충분한 수입이 되지 못했다. 전문기술직도 일거리가 적고 단기 계약직으로만 뽑았기 때문에 오히려 임금이 적지만 장기계약이 가능한 비숙련 노동직이 선호되었다. 결국, 이전과 다를 바 없이 많은 노동자가 수주에서 수개월 만에 일자리를 버리고 팔레스타인을 떠나거나 여러 식민촌을 "유랑"하며 더 나은 좋은 조건을 찾아다녔다.[408]

헤르쯜 생전에 시온주의자 기구는 식민 활동에 별다른 주의를 기울이지 않았다. 헤르쯜이 죽고 나서야 마침내 유대민족기금의 토지 매입을 허가했고, 1908년에는 식민 정책을 체계적으로 수립하기 위해 야파에 팔레스타인 사무소를 개소하고 토지개발회사를 설립했다.[409] 헤르쯜의 선(先)헌장 후(後)이주 방법론에서 벗어나는 첫걸음이었다. 하지만 아직은 대규모 이주를 도모하지 않았다. 오히려 이주 비용을 지원하지 않는다는 사실을 사전에 알리고 정착에 필요한 정보를 제공해 이주자가 무분별하게 늘어나는 것을 막으려고 힘썼다. 팔레스타인을 피난처로 만들기보다는 식민촌이 유대 국가의 기반이 될 수 있도록 차근차근 발전시키기는 것이 중요하다고 판단했기 때문이다.[410] 유대민족기금으로 매입한 토지는 민족의 자산이라는 이념으로 유대인만을 고용하기로 정했고 이를 위해서 아랍인 없이 식민촌을 운영하는 방법을 우선적으로 연구했다. 매입한 토지를 오랫동안 방치할 수는 없었다. 오스만법은 경작지를 3년 이상 휴경하면 국유지로 환수했다.[411]

시온주의자 기구가 진지하게 식민 활동에 돌입한 그 순간에도 아랍 문제는 시시각각 커지고 있었다. 같은 해 3월에 야파에서 아랍인과 유대인들 간의 길거리 싸움으로 아랍인 한 명이 다치고, 유대인 피의자들을 체포하는 과정에서 군대가 발포해 13명을 부상 입혔다.[412] 유럽의 유대 언론은 이 사건을 포그롬으로 묘사했으나 시온주의자들은 유대인들의 부주의한 도발적 행동 때문에 일어난 대수롭지 않은 사건이라고 반박했다.[413] 얼마 후 팔레스타인 사무소장으로 부임한 아서 루핀(Arthur Ruppin/1876-1943)은 야파의 상태가 안정적인 것을 확인한 후 "러시아의 포그롬과 비교하는 것은 전적으로 잘못되었다. 내가 보기에는 언어나 문화, 종교가 다른 사람들이 있는 어느 곳에서나 일상적으로 발생할 수 있는 돌발적인 싸움이었다. ... 팔레스타인에서 유대인과 아랍인들의 관계는 그 모든 차이에도 불구하고 매우 평화롭다."라고 보고했다.[414] 하지만 불과 한 달 후 아랍 문제를 더 이상 구조적으로 감출 수 없게 되는 대사건이 발생한다. 오스만에서 개혁파가 혁명을 일으켜 정권을 잡고 헌법과 국회를 부활시킨 것이다.

처음에 시온주의자들은 진보적인 혁명정권이 시온주의에 우호적일 수도 있다며 막연히 기대했다. 이주해 온 지 얼마 되지 않아 낭만에 젖어있는 일부 청년들은 혁명 기념 축제 동안 야파의 거리에서 시온주의 깃발을 들고 행진했고, 시민권이 있는 유대인들에게 시온주의자를 의원으로 선출해 국회에서 헌장을 요구하자고 외쳤다. 하지만 국민에게 주권을 이양하는 의회정치제가 시온주의에 이로운 결과를 가져올 가능성은 존재하지 않았다.[415] 1908년 12월에 개원한 하원의원의 21%는 아랍인이었고, 팔레스타인 지역의 의원들은 모두 반시온주의적이었다. 더군다나 혁명 직후에 민족 문제로 유럽 지역에 있는 영토들을 추가로 잃었기 때문에 시온주의를 경계해야 할 필요성은 더욱 커졌다. 1908년 말에 집권당인 통일진보위원회(Committee of Union and Progress)는 유대인들이 혁명 이전과 마찬가지로 제국 내에서 소규모로 흩어져서 이주하는 것만 허용되고, 어느 지역에서도 다수를 만들어서 민족 문제를 야기하는 경우가 있어서는 안 된다는 방침을 통보했다.[416]

혁명으로 달라진 아랍 문제의 양상은 반년 후 식민촌 세제라(Sejera)에서의 유혈사태에서부터 확인된다. 세제라는 1899년에 유대식민협회가 티베리아스 지역에서 광범위하게 사들인 토지에 지어진 여러 식민촌들 중 하나로, 불명확한 경계 때문에 인접 아랍 마을들과 계속해서 갈등을 빚어오고 있었다. 1909년 2월에 알샤자라(al-Shajara) 마을의 아랍 농민들이 토지 소유권을 주장하며 소송을 제기하자 세제라 식민촌은 보복으로 알샤자라 마을의 노동자를 고용하지 않고 상품을 불매했다. 불만을 품은 농민들은 알샤자라 마을에서 살면서 식민촌으로 일하러 다니는 유대인 이웃들을 폭행했다. 적대적인 분위기는 곧 인근의 다른 아랍 마을로 확산되었다. 세제라로 가기 위해 인근 아랍 마을을 지나던 한 유대인이 습격당했고, 그가 저항하며 쏜 총에 아랍인 한 명이 맞아 숨을 거두었다. 이때부터 아랍인들은 식민촌을 여러 번 약탈하고 급기야 두 명의 유대인을 살해했다. 그제야 당국이 개입해 약탈한 물건 일부를 식민촌에 되돌려주고 10여 명의 아랍인을 체포하는 것으로 폭력 행위는 멈춘다.[417]

세제라 사건의 특징은 희생자의 규모보다는 정치적 파급력에 있다. 처음부터 사건의 배후에 여당의 티베리아스 지부가 개입한 것으로 의심되었고, 사건이 끝난 직후에는 야파의 하원의원 하피즈 사이드(Hafiz Bey al-Said)가 국회의 대정부질문에서 시온주의가 국익에 부합하는지 의문을 제기하며 유대인들이 이주해 오는 주요 항구인 야파를 봉쇄해야 한다고 말했다.[418] 정부는 이를 계기로 시온주의 문제를 조사해 정치적 위험성을 확인했고 혁명 이전에 시행하던 유대 이주와 토지 매입에 대한 규제를 재도입했다. 또한, 시온주의자들에게 유대인의 복지 향상만을 추구하고 정치적 목적은 버리라고 경고했다.[419] 시온주의자들은 혁명에 대한 환상을 지울 수밖에 없었다. 얼마 후 열린 9차 시온주의자 대회는 오스만 정부의 입장이 개선될 때까지 헌장을 요구하는 협상을 하거나 열강의 지지를 구하는 정치적 활동은 보류하기로 결정했다.[420]

의회가 열리자마자 시온주의 문제가 단상에 오르게 된 것은 아랍인들이 정치적으로 민감하게 인식하고 있음을 보여주는 중요한 지표였다. 그러므로 시온주의자들은 아랍의 민심을 달랠 필요가 있었으나 그들이 선택한 방법은 정반대였다. 1909년에 시온주의자 기구는 민족기금이 매입한 토지를 유대인만으로 경작할 방법을 연구한 끝에 집단농장을 실험해 보았고 성공했다. 집단농장은 자본주의적 동기 부여가 약해 많은 인구를 수용할 수 없다는 한계가 있었으나, 유대인만으로 자립 가능한 식민촌을 탄생시켰다는 상징성이 가진 의미는 컸다.[421] 또한, 같은 해에 야파 인근에는 민족기금의 자본으로 최초의 유대 도시 건설 사업을 시작했다.[422] 이곳이 오늘날 이스라엘의 경제 수도라 불리는 텔아비브다.

시온주의자들은 집단농장과 텔아비브가 유대 국가의 기반을 만들 민족적인 식민화의 해법이라고 믿었다. 하지만 유대인만을 배타적으로 고용하는 방식은 시온주의자들이 그토록 옹호해 온 아랍인에 대한 식민화의 경제적 수혜를 크게 줄였다. 특히 추방당한 농민들에게 생계수단을 제공하여 다소나마 불만을 진정시키는 최소한의 해독작용마저도 포기한 셈이었다. 자연히 식민화에 대한 아랍인의 불만은 심화되고 고용 문제는 훗날 아랍 문제에서 중요한 쟁점으로 발전한다. 하지만 당장 이 시기에는 큰 갈등을 일으키지 않았는데 집단농장이 규모 면에서 성공하지 못했기 때문이다.[423] 집단농장으로 운영되는 식민촌은 극소수에 그쳤고 절대다수의 식민촌은 계속해서 아랍 노동력에 크게 의존했다. 1914년에도 식민촌에서 고용한 노동자의 약 90%는 아랍인이었다.[424]

예외적으로 이 시기에 배타적 고용이 아랍인들의 불만을 크게 불러일으킨 사안이 있었다. 바로 아랍 경비원을 유대인으로 대체한 것이다. 이는 안보의 위협이 커져서 채택한 정책이었으나, 일자리를 잃었다는 박탈감과 유대인의 무장 강화라는 민감한 주제가 아랍인들을 자극했다. 세제라 식민촌도 유혈사태를 빚기 2년 전에 아랍 경비원을 유대인으로 대체해 불만을 키운 전례가 있었다.[425] 아랍 경비원을 대체하는 작업은 '노동의 정복'이 시작된 이후에 가속화되었고, 1909년에는 팔레스타인의 모든 식민촌을 보호하는 준군사기구 '하쇼머'(Ha-Shomer, 경비대)가 창설되었다. 하쇼머의 대원은 거의 대부분 사회주의 시온주의자들이었다.[426]

하쇼머는 식민촌의 안보 위협을 '노동의 정복'을 달성할 기회로 활용했다. 그들은 경비를 맡는 조건으로 농장주들에게 유대인의 고용을 늘리라고 요구했다. 하쇼머의 지도자이자 훗날 이스라엘의 제2대 대통령이 되는 이츠하크 벤쯔비(Yitzhak Ben-Zvi/1884-1963)는 노동의 정복 이념이 "아랍 노동자에게 반대하는 것이 아니라 우리 자신을 보호"하는 것이며,[427] 유대인들이 팔레스타인에서 인구 입지를 확보하는 민족의 역사적 사명을 달성한 이후에 아랍 노동자들의 발전을 도우면 된다고 변론했다.[428] 하지만 하쇼머는 장기적으로나마 호혜적인 목적을 가졌다고 보기가 어려울 정도로 호전적이었다. 그들은 사소

한 사건에도 총기를 사용했고, 주민들로부터 식민촌을 되려 위험에 빠트리고 있다는 비판을 받았다.[429)]

하쇼머는 의도적으로 아랍 문제를 악화시키고 있었다. 아랍인이 유대인을 공격하는 사건이 빈번해지면 유대 농장주가 아랍인을 고용하지 못할 것으로 예상했기 때문이었다.[430)] 하쇼머의 호전적 성향에 반대하는 벤구리온도 노동의 정복이 성공하기 위해서는 아랍 문제가 악화되어야 한다고 보았다. 그는 1910년에 "유대 농장주들은 (아랍의) 민족적 증오 때문에 그들이 그토록 혐오하는 유대 노동자를 고용할 수밖에 없게 될 것이며, 이미 서서히 그렇게 되고 있다."[431)]고 연설했다. 그들이 의도한 대로 아랍의 '민족적 증오'는 분명 탄생했다. 세제라 사건 이후 불과 2년 만에 티베리아스 지역에서 총 6명의 유대인이 살해당한 것이 그 증거였다.[432)]

3.3. 언론의 자유가 만든 반시온주의 연대

1908년 혁명 이전에는 아랍 대중이 시온주의 문제의 심각성을 인지하기가 쉽지 않았다. 관보를 제외하면 아랍어로 간행되는 신문이 없어서 시온주의에 대한 정보를 접하기 어려웠기 때문이었다.[433)] 토지가 매각되고 소작농이 추방당할 때도 소식을 빠르게 전할 수 없었기에 피해를 본 마을이나 인근 주민들만의 외로운 투쟁으로 그쳤다. 하지만 혁명으로 언론의 자유가 인정되자 시온주의 문제는 마침내 대중의 주목을 받을 수 있게 된다. 혁명 직후부터 아랍 각지에는 아랍어 신문사가 연이어 설립되었고 팔레스타인에서도 4개월 만에 15개가, 1914년까지는 총 34개의 아랍어 신문이 창간되었다.[434)] 언론은 시온주의의 정치적 목표를 알리며 반시온주의 여론을 형성하고 식민 활동과 농민들의 피해를 즉각 알려 집단적으로 저항할 수 있는 물꼬를 틔워낸다.[435)]

팔레스타인에서 신문은 얼마나 영향력이 있었을까? 여느 아랍 지역과 마찬가지로 팔레스타인에서도 문해율과 경제력이 낮아 신문을 구독하는 사람은 드물었다.[436)] 현지 언론 중에서 가장 영향력이 강한 『알카르밀(al-Karmil)』조차 1914년에 구독자 수가 1천 명에 그쳤다. 하지만 『알카르밀』을 창간한 나지브 나사르(Najib al-Khuri Nassar)는 독자 수가 실제로는 수만 명에 달할 것으로 추정했다. 그는 단 1명의 구독자만 있는 소도시에서 많은 사람으로부터 환영을 받아 어리둥절한 경험이 있었는데 연유를 알고 보니 50명 이상의 주민이 신문을 돌아가며 읽고 또한 공공장소에서 큰 소리로 낭독해 신문의 '애청자'가 된 문맹인들이 많았던 것이었다.[437] 나사르는 결코 과장된 이야기를 하는 것이 아니었다. 1921년에 영국의 해이크래프트 위원회(Haycraft Commission)는 툴카렘과 같은 작은 도시에서도 "주민들은 영국의 지방 소도시에서보다 정치에 관심이 많다."고 말했고, 1930년에 셔 위원회(Shaw Commission) 역시 팔레스타인의 아랍인들이 "아마도 많은 유럽인보다 정치의식이 높을 것이다."라고 감탄했다.[438]

세제라 사건 때는 언론이 갓 출범한 상황이라 별다른 영향력을 발휘하지 못했다.[439] 하지만 1910년에 유대민족기금이 수르삭 가문으로부터 1만 두넘 면적의 알풀라(al-Fula) 마을을 매입했을 때는 변화된 양상이 보인다. 수르삭 가문이 토지 매매를 협상 중이라는 소식은 처음부터 널리 알려졌고, 알풀라의 농민들뿐만 아니라 인근 지역의 명사들과 종교 지도자들이 매매를 막아달라고 청원했다. 얼마 후에는 팔레스타인을 넘어 다른 아랍 지역에서도 청원이 이어졌다. 불과 한 달도 되지 않아 쏟아진 여러 청원에 정부는 부담을 느끼지 않을 수 없었다. 1910년 5월에 내무부 장관의 지시에 따라 예루살렘 군수는 정부의 입장을 발표했다. "우리는 반유대주의자들이 아니다. 우리는 유대인들의 경제적 우월성을 가치 있게 여긴다. 그러나 어떤 민족이나 정부도 여기저기에서 팔레스타인을 빼앗아 가겠다는 목표를 선언하고 다니는 집단에 두 팔을 벌릴 수는 없다."[440] 하지만 이번에도 정부의 선언은 아무런 실속이 없었다. 거래의 명목상 매입자가 오스만 유대인이었기 때문에 법으로 규제할 근거가 없던 것이다.[441]

알풀라가 속한 나사렛(Nazareth)현의 아랍인 현령 슈크리 아살리(Shukri al-Asali/1878-1916)는 거래를 막기 위해 온갖 방법을 시도했다. 우선 토지 거래에 관해 내무부의 확인을 받도록 주지사를 설득했고, 매매의 주체가 오스만 시민권자이기 때문에 거래가 적법하다는 답변이 도착한 뒤에는 토지세 수납을 거부하는 방법으로 승인을 지연시키는 한편 알풀라 지역의 군사적 가치를 거론하며 군사 당국의 협력을 얻어내려 노력했다. 하쇼머의 대원 30여

명이 토지를 강제 점유하기 위해 알풀라에 들어왔을 때는 휘하의 군대를 동원해 쫓아버렸다.[442]

아살리는 특히 언론을 효과적으로 활용해 대중의 관심을 끌었다. 그는 살라딘이라는 필명으로 기사를 투고해 알풀라에 살라딘이 지은 요새[k]가 있고, 메카와 메디나로 이어지는 히자즈 철도(Hejaz railway)가 알풀라의 근처를 지나는데도 유대인들에게 팔릴 위험에 처했으니 "팔레스타인에서 시온주의자들의 위협을 서둘러 쫓아내길 바란다."고 호소했다.[443] 『알카르밀』의 인터뷰에서는 "정직(停職) 처분을 받고 내 미래를 잃을지언정 내 민족과 국가의 적에게 내 고향을 파는 데 동의하지 않겠다."고 말하며 애국심과 민족의식을 촉구했다.[444]

시온주의 문제는 다시 중요한 정치적 쟁점으로 급부상했다. 1911년 1월에 시리아의 다마스쿠스에서 열린 하원의원 보궐선거에서 아살리는 반시온주의를 공약으로 걸어서 유력한 경쟁 후보를 제치고 당선되었다. 하지만 그가 다마스쿠스로 떠나자마자 주지사는 토지 거래 절차를 완료시켰고 알풀라는 식민촌 메르하비아(Merchavia)로 바뀌었다. 주지사는 오스만 시민권자가 거래 주체이므로 적법하다고 신문에 발표했으나 반발을 잠재울 수 없었다. 농민들은 식민촌을 공격했고, 알풀라에서 멀리 떨어진 야파에서 150명의 아랍인은 정부와 언론에 전보를 보내 국회가 유대 이민과 토지 매입을 규제할 것을 요구했다.[445]

5월에 열린 국회에서는 예루살렘의 하원의원 루히 칼리디(Ruhi Bey al-Khalidi)와 사이드 후세이니(Sa'id Bey al-Husayni)가 시온주의 문제를 도마에 올렸다. 그들은 시온주의자들이 팔레스타인과 이라크에서 유대 왕국을 세우려 한다고 고발하며 적절한 규제가 필요하다고 주장하되,[446] 반유대주의로 비판받을 것을 우려해 선을 신중히 그었다. 루히는 "시온주의에 반대하는 랍비 이즈미르(Izmir)와 다른 랍비들이 보내온 이 편지들이 증명하듯이, 저는 반시온주의자인 것만큼이나 반유대주의자가 아닙니다."[447]고 말했다. 사이드는 한발 더 나아가 유대인들의 이주가 도움이 되었다고 말했다.

---

k) 실제로는 십자군이 건설하고 살라딘이 정복한 요새다.

> 유대인들은 근면하고 지적이며 경제적인 민족입니다. ... 그들이 만든 과학, 농업, 산업 기구들은 예루살렘 지역의 유대인들과 지역 인구 모두에게 혜택을 가져왔습니다. 그러므로 유대인들이 오스만 땅으로 이주해 오는 것은 허락하되, 오스만 시민권을 받아들이고 팔레스타인 외의 지역으로 이주한다는 조건이 필요합니다. ... 그들은 (이미) 팔레스타인에서 상당한 숫자가 되었습니다.[448]

이제는 의원이 된 아살리도 직무 경험에서 우러나온 상세한 실례를 소개하며 힘을 보탰다. 그는 유럽에서 온 유대인들이 오스만 공공시설을 이용하지 않고 독자적으로 세운 법원과 우체국 등을 이용하고, 무기를 밀수입하고, 시온주의 깃발을 들고 애국가(Hatikva)를 부른다고 설명했다. 또한, 오스만 시민권을 획득한 이들도 법적 문제가 발생하면 시민권을 얻은 사실을 부정하고 유럽 영사의 보호를 요구하는 외국인으로 돌변한다고 고발했다.[449]

세 아랍 의원의 열정적인 연설에도 불구하고 대부분의 의원은 군사력이 결여된 시온주의자들을 위협으로 인식하지 않았다. 그들은 자신들이 대표하는 인종, 종교, 지역 공동체의 이해관계를 우선시했다. 비팔레스타인 지역의 아랍 의원들도 자신의 지역구나 아랍 지역의 자치권을 확대하는 일에 더 많은 신경을 쏟았다. 시온주의 문제는 단지 야당이 정부를 비판하기 위한 정략적 도구로 이용되거나 반대로 정부를 옹호하려는 목적으로 여당에 의해 축소되었다.[450] 결국, 알풀라의 토지 거래는 취소되지 않았다.[451]

정치적 지도력이 부재한 상황에서 시온주의에 대한 저항을 이끈 것은 언론이었다. 언론인은 대부분 시온주의에 반대했다. 1908-14년 사이에 팔레스타인과 인근 지역에서 간행되고 현존하는 신문 22개를 조사한 역사학자 라시드 칼리디(Rashid Khalidi)에 따르면, 팔레스타인 사무소에 소속된 유대인이 통신원으로 일하는 이집트 신문 하나를 제외한 나머지 21개가 모두 반시온주의 성향이었고 해당 기간에 총 650개 이상의 반시온주의 기사를 작성했다. 거의 모든 반시온주의 기사는 알풀라 사건 이후부터 등장한다. 알풀라에서 갈등이 고조된 1911년에는 전체의 40%가 넘는 286건이 폭발적으로 쏟아져 나왔다.[452] 국회 토론도 상세히 보도돼 농촌에까지 전해졌다.[453]

반시온주의 의식 고취에 가장 앞장선 언론인은 나사르였다.『알카르밀』은

1911년 동안에 부수당 평균 1번꼴에 가까운 73개의 반시온주의 기사를 실었다.[454] 또한, 시온주의가 정치적 운동이라는 것을 믿지 않는 오스만 관리 등을 일깨우기 위해 같은 해에 『시온주의 : 그 역사와 목적, 중요성』이라는 책을 썼다. 이 책에서 나사르는 공신력을 높이기 위해 미국의 시온주의자가 집필한 『유대백과사전』에서 시온주의와 관련된 항목을 부분 번역한 후 그에 대한 자신의 견해를 서술했고, 시온주의자들이 과거와는 달리 재정적 수단과 지지층을 확보했으며, 비시온주의 유대인들의 이주나 식민 활동도 결과적으로는 시온주의의 정치적 목적에 보탬이 된다고 규제가 필요하다는 입장을 진술했다.[455] 그 밖에도 나사르는 하이파에서 이주 감독 위원회를 설립하고, 비록 성공하지는 못했으나 유대 상품의 불매 운동과 언론의 반시온주의 연합전선 구축도 시도했다.[456]

나사르 다음으로는 『팔라스틴(Filastin, 팔레스타인의 아랍어)』을 창간한 이사 이사('Isa al-'Isa)와 사촌형제 유수프(Yusuf) 이사가 시온주의의 위협을 알리는 데 주요한 역할을 수행했다. 그들은 처음에는 정부가 이주를 통제하지 못해 외국인들의 수가 급증하는 것을 문제 삼았으나, 얼마 후에는 시온주의자들에 의해 농민들이 추방되고 있는 것에 주목했다. 1911년 5월에는 시온주의가 "고향을 에워싼 위험"이며, "우리가 고향에서 추방당하고 재산을 잃게 될 미래의 징조"라고 정확히 예언했다.[457] 『팔라스틴』은 빠르게 성장해 『알카르밀』과 더불어 팔레스타인에서 가장 영향력 있는 신문이자 반시온주의 언론으로 어깨를 나란히 하게 된다.[458]

시온주의에 대한 반감은 하루가 다르게 커졌다. 특히, 1911년 5월에 하쇼머가 식민촌 메르하비아 근처에서 아랍인 한 명을 살해한 후로 농민들의 저항은 격렬해졌다. 소규모의 반시온주의 비밀단체도 조직되었다. 이전까지는 폭력 사태가 치안이 불안정하고 인구가 뒤섞여 사는 팔레스타인 북부 지역을 중심으로 발생했으나 1911년 하반기부터는 팔레스타인 전역으로 확장되고 해마다 유대인들이 살해당했다. 아랍 언론의 비판적인 태도는 견고해져 갔다. 시온주의자들은 언론에 후원금을 지급해 호의적인 기사를 싣게 하거나 적어도 비판의 수위를 낮추려고 노력했다. 그러나 이는 일시적으로만 효과가 있었고 후원이 중단되면 언론은 다시 반시온주의로 돌아섰다.[459]

아랍인과의 갈등을 어떻게도 감출 수 없게 된 시온주의자들은 반감을 품은 아랍인은 무슬림이 아니라 소수 인구인 기독교도로 국한된다며 기독교도 문제 설을 주장했다. 1907년에 아랍 민족주의를 주창하면서 시온주의에 대한 투쟁을 선언한 나지브 아주리와 1909년에 세제라 식민촌을 공격한 아랍 마을들이 기독교도였고,[460] 나사르와 이사 형제를 비롯한 대부분의 반시온주의 언론인이 기독교도였던 점은 좋은 근거가 되었다. 문제는 아랍 기독교도들이 어째서 유대인에게 반감을 드러내는가였다. 시온주의자들은 1880년대에 팔레스타인으로 처음 이주했을 때 반유대주의가 없다는 것을 스스로 확인했고 이를 널리 선전해 왔다. 그러므로 아랍인들의 태도가 바뀐 이유를 설명해야 했다.

시온주의자들이 가장 먼저 주목한 것은 유럽 선교사들이었다. 이르게는 1899년에도 선교사들이 반유대주의를 아랍 기독교도들에게 전파하고 있다는 팔레스타인 태생의 아랍 유대인의 경고가 있었다.[461] 하지만 선교사들이 아랍 기독교도들의 태도에 많은 영향을 끼친 것으로 보이지는 않는다. 아랍인들로부터 공격받은 이들은 1880년대 이후에 이주해 온 유럽 유대인들이었고, 시온주의와 무관한 아랍 유대인들은 신변의 위협을 느끼지 않았다. 전자보다 후자가 종교적으로 신실했으니 아랍인들이 유대인을 종교적으로 박해한 것은 아니었다.

루핀은 다른 관점에서 기독교도 문제설을 입증하려고 시도했다. 그는 알풀라에서 긴장이 고조되던 1910년 11월에 "무슬림 인구는 상대적으로 우려스럽지 않지만, 하이파와 나자렛의 아랍 기독교도들은 우리의 식민 활동 과정에 강하게 저항할 조짐을 많이 보인다."라고 보고했고, 3개월 후에는 다른 동료와 함께 작성한 보고서에서 "유대인들을 혐오하고 유대 이주에 반대하는 단 하나의 유일한 근원은 기독교 단체와 부유한 기독교도들, 그리고 예수회 학교에서 수학한 자들"이라고 주장했다.[462] 이 보고서에 따르면, 아랍 기독교도들이 가진 반감의 근원은 종교가 아니라 경제적 동기였다. 기독교도 부호들은 그동안 고리대금업으로 아랍 농민들을 파산시킨 후 땅을 빼앗았는데 유대인들이 이주해 온 후로는 농민들의 경제 수준이 향상되고 땅을 팔더라도 기독교도가 아닌 유대인들에게 비싼 가격으로 팔자 농민들을 착취할 수 없게 되어 반감을 보이게 되었다. 예외적으로 무슬림 중에서도 명사들은 시온주의에 반대하는 자들

이 많은데 이는 주민들을 억압하는 데 방해가 되기 때문이라고 설명된다.[463]

경제적 동기론은 종교적 동기만큼이나 근거가 부족했다. 우선, 시온주의자들이 이주해 온 후로 농민들의 경제 사정은 달라지지 않았다. 식민화는 농민들에게 부가적인 이윤을 창출할 기회를 제공했으나 큰 수입은 아니었다. 소작하다 쫓겨나 임금노동자가 된 농민들은 오히려 소득이 줄거나 그렇지 않더라도 생활 여건이 어려워졌다. 농촌의 총수입은 증가했다고 가정하더라도 식민촌의 규모가 작은 만큼 증가량은 미미할 수밖에 없다. 고리대금업은 19세기말에도 20세기 초에도 성행했고 빚을 갚기 위해 토지를 파는 농민들의 수는 꾸준히 증가했다.[464] 그러므로 시온주의가 고리대금업을 하는 기독교도 부호들의 이윤을 침해했다고 보기는 어렵다. 설령 얼마간의 손해는 있다고 치더라도 이득과 비교할 바는 되지 못했다. 시온주의자들에게 토지를 팔아치워 거금을 손에 쥔 지주의 상당수는 기독교도들이었다. 가장 많은 토지를 판 베이루트의 수르삭 가문 역시 기독교도였다.[465]

사회주의 시온주의자들은 아랍인을 종교로 구분해서 보는 경향은 약했다. 그런데도 갈등을 야기하는 것은 기독교도라고 콕 집었다.[466] 벤구리온은 그 이유가 식민촌의 노사 관계에 있다고 해석했다. "다른 모든 노동자와 마찬가지로 아랍 노동자들은 그들을 억압하고 착취하는 고용주를 증오한다. 그러나 여기에는 계급 충돌 이외에도 노동자와 농장주 간에 민족이 다르다는 점도 있다. 민족적 요소는 계급적 요소보다 강력해서 증오가 민족적 반감의 형태를 가지게 된다. 그래서 많은 아랍 노동자들의 마음에는 유대인에 대한 격렬한 증오가 생겨난다."[467] 하지만 식민촌에서 일하는 아랍 노동자들은 거의 모두가 무슬림이었다. 기독교도들은 10%를 차지하는 소수인구일뿐만 아니라 상당수가 도시에 거주했다. 세제라 사건에서처럼 토지를 잃거나 유혈사태를 일으킨 곳이 기독교도 마을인 경우는 드물었다.

시온주의자들이 이런 가설들을 진지하게 믿었는지는 의심스럽다. 그들이 기독교도를 갈등의 근원으로 주목한 가장 큰 계기는 시온주의에 대한 비판을 조금도 아끼지 않는 『알카르밀』의 나사르였으나, 정작 그는 시온주의를 종교적인 이유로 비판하지 않았고 식민촌에서 노동자로 일하지도 않았다. 오히려 『알카르밀』을 창간하기 직전까지 몇 년 동안 유대식민협회의 토지 매입을 도우며 돈을 벌고 있다가 식민 활동의 진의를 알아차리자 반시온주의자가 된 것이었다.[468] 이와 유사하게, 팔레스타인을 대표하는 지식인이자 교육가로 명성을 떨치게 되는 기독교도 칼릴 사카키니(Khalil al-Sakakini/1878-1953)도 시온주의자들과 교류하면서 시온주의의 위험성을 깨닫고 반시온주의자가 되었다.[469] 그는 시온주의를 싫어하는 이유를 일기에 상세히 서술했다.

> 만약 내가 시온주의 운동을 싫어하는 것이라면 다른 존재의 폐허 위에 독립 공동체를 건설하려고 노력하기 때문에 싫어하는 것이다. … 유대 민족이 독립적 공동체를 가지려고 노력하는 것이 싫은 것이 아니라 … 시온주의 운동이 기반으로 삼는 원칙을 싫어한다. 시온주의 운동은 강하다고 느끼기 위해 남을 모욕하고, (유대 민족이) 살기 위해 다른 민족 전체를 죽인다. … 아랍의 민족의식이 깨어난다면 유대인들은 어떻게 할 것인가? 그런 상황에도 어려움을 무릅쓰고 (시온주의 운동을) 계속할 수 있을 것인가?[470]

시온주의자들은 자신들이 세운 가설들이 틀렸다는 사실을 오래지 않아 스스로 확인할 수 있었다. 팔레스타인 사무소는 공보부서를 신설해 아랍 언론의 동향을 조사했는데, 1912년 상반기에 베이루트와 다마스쿠스에 있는 아랍 기독교 언론들이 친유대적이거나 중립적이라는 사실을 발견했다. 오히려 무슬림 언론이 일반적으로 유대인이나 기독교, 외국인들에게 적대적이었다. 결국, "우리는 기독교도들만이 적이고 무슬림은 친구라는 견해를 강력하게 옹호해왔으나 적어도 언론으로 확인되는 바로는 틀렸다."고 인정했다. 1914년의 후속 조사에서도 시온주의에 대한 입장이 종교로 구분될 수 없다는 결론이 도출되었다.[471] 또한, 현존하는 당시 아랍 신문들을 조사한 라시드 칼리디의 연구에서도 지역이나 종교에 따라 시온주의에 대한 아랍 언론의 성향이 나뉘지 않는 것이 확인된다.[472] 반시온주의 언론인 중에 기독교도가 많았던 것은 단지 언론인 중에 기독교도가 많았기 때문으로 추정된다.[473]

무슬림의 반시온주의 의식은 결코 기독교도보다 못하지 않았다. 오히려 언론이 발전하기 이전까지 반시온주의의 첨단에 서 있던 것은 식민화로 피해를 본 무슬림 농민들이었고 농촌 인구가 적은 기독교도들은 식민화에 민감하게 반응하지 않았다. 하지만 언론으로 시온주의의 정체가 널리 알려지자 반시온주의는 식민화로 직접적인 피해를 입은 지역사회만의 외로운 투쟁에서 식민화가 장기적으로 가져올 부정적인 영향에 저항하는 사회 전반의 투쟁으로 발전했고, 특히 기독교도의 참여가 두드러지게 증가했다. 무슬림보다 상대적으로 교육, 경제 수준이 높고 주로 도시에서 살다 보니 시온주의에 대한 정보를 접하기 쉬워 정치의식이 발달한 덕분이었다. 아랍인들은 종교와 관계없이 시온주의의 위협 앞에 하나의 목소리를 내고 있었고 언론은 그들을 하나로 연결해 주었다.

3.4. 아랍 유대인과 시온주의 문제

시온주의는 아랍인만의 문제가 아니었다. 예루살렘에서 태어나 자란 유대인 다비드 옐린(David Yellin)은 1908년의 혁명 직후에는 세 종교의 신도들이 함께 여당 지부와 정치문예 단체를 만들어 활동하는 것을 보며 공동체 간 관계가 개선되었다고 시온주의자들에게 설명했으나,[474] 알풀라 사건이 일어난 1911년에는 변화를 감지하고 입장을 바꾸었다. "15년 전에는 무슬림들이 기독교도를 혐오하고 유대인들은 경멸하는 정도였으나, 이제는 기독교도들에 대한 태도는 개선되고 유대인들에 대한 태도는 악화되었다."[475] 시온주의에 대한 반감이 아랍 유대인에게까지 번지게 된 것이다. 아랍 유대인들은 시온주의 문제에 어떻게 대응했을까?

유럽에서와 마찬가지로 오스만에서도 대부분의 유대인은 시온주의에 무관심하거나 부정적이었다. 시온주의자 기구는 오스만 유대 공동체의 인식을 개선하기 위해 1908년의 혁명 직후부터 이스탄불에서 시온주의 선전 신문을 발간하고, 언론사에 후원금을 제공해 우호적인 기사를 쓰게 했다. 일련의 공보 활동은 시온주의에 대한 오스만 유대인들의 관심을 불러일으키는 데는 성공했으나 공감이나 지지가 아니라 반유대주의를 야기하는 사상이라는 비판을 만들어냈다.[476] 1911년 1월에 한 시온주의자가 익명으로 쓴 글은 오스만 유대 공동체의 현주소를 이렇게 설명한다.

> 튀르키예 유대인들에 대해 연구할 미래의 역사학자들이 우리 시대에서 시온주의 사상의 발전을 조사하면 … 끔찍한 상황을 발견할 것이다. … 이스라엘 땅에서 민족주의적 이상을 실현하는 것에 반대하는 운동을 전개한 것은 튀르키예 언론이나 오스만 사회가 아니었다. … 악의 근원은 오스만 유대 사회 내부에 있다.[477]

오스만 유대인 중에서도 시온주의를 지지하는 이들은 드물게나마 있었다. 하지만 그들에게는 독립 국가를 세우려는 정치적 목적이 없었다.[478] 오스만 시온주의자들은 시온주의가 유럽의 박해에서 벗어나 오스만 시민이 되기 위해 유대인들이 이주해 오는 운동이라고 이해했고, 오스만 경제 발전에 이바지하고 유대 인구를 늘려 유대 공동체의 정치적 입지를 강화할 기회로 여겼다. 팔레스타인으로의 이주는 필수적이라고 간주하지 않았다. 그런데도 유럽 유대인의 민족주의를 자신들의 신념과 별개의 것으로 구분하지 않았고 시온주의를 비정치적인 운동으로 변론하는 데 앞장섰다. 유럽 시온주의자들이 대외적으로 내세운 목적이 독립 국가가 아닌 비정치적인 민족의 고향이었던 덕분이었다.[479]

팔레스타인의 오스만 유대인, 즉 아랍 유대인들이 시온주의를 대하는 태도도 다르지 않았다. 우선, 시온으로 돌아가자는 구호가 그들에게는 별다른 감흥을 주지 않았다. 그들은 '이미' 시온에 살고 있었고 대부분 종교적이었기 때문에 메시아 사상에 어긋나는 집단적 귀환에 거부감을 느꼈다. 또한, 시온주의가 해결하려는 유대 문제가 팔레스타인에서는 없었다. 다소나마 남아 있는 불평등은 혁명으로 완전히 해소될 것으로 기대되었다. 1908년의 혁명기념식에서 여러 아랍 유대인 지도자들은 시온주의 상징이 전시되는 것을 막았고, 축제 참가자에게서 시온주의 깃발을 빼앗아서 찢어버렸다.[480] 아랍 유대인들이 많이 사는 헤브론에서는 유대교의 10계명(Ten Commandments)과 "자유와 우애, 평등이여 영원하라!"는 혁명 강령이 아랍어와 히브리어로 함께 적힌 깃발을 들었다.[481]

아랍 유대인들은 유대 국가를 원하지 않았다. 흥미롭게도 시온주의자들과 협력하고 식민 활동을 돕는 이들조차도 오스만의 충실한 국민으로 남길 원했다.[482] 예를 들어, 유대식민신탁기금의 자(子)회사인 앵글로팔레스타인은행 (Anglo-Palestine Bank)과 유대식민협회에서 일한 이츠하크 레비(Yitzhak Levi)는 혁명으로 "오스만 민족이라는 새로운 공동체가 탄생했고 우리는 모두 같은 민족의 자식들이다."라고 연설했다.[483] 이스라엘 만국협회와 유대식민협회에서 일한 알버트 안테비(Albert Antebi)는 "시온을 정치적으로서가 아니라 경제적으로 정복하길 원한다. 내가 되고 싶은 것은 오스만 국회의 의원이지 모리아(Moriah)산의 히브리 신전의 대표가 아니다."라고 말했다.[484] 예루살렘에서 1909년부터 간행된 친시온주의 성향의 히브리어 신문『하헤룻 (ha-Herut)』도 유대인들이 오스만에 충성해야 한다고 목소리를 높였다.[485] 『하헤룻』의 편집장 하임 벤아타르(Hayyim Ben-Attar)는 유럽 유대인들에게 오스만 국적을 얻으라고 권유했다. "유대인이 (미래에) 팔레스타인에서 다수 인구가 되는 것만으로는 충분치 않다. 중요한 것은 오스만인이 되는 유대인의 숫자다. 이것이 이 땅의 정착 (운동)의 주요 기반이 되어야 하고 성공의 핵심이다."[486]

시온주의를 옹호하는 아랍 유대인들은 정치적 운동이 아니라 문화적 운동으로서의 시온주의를 지지했다. 그래서 아랍인들의 반감이 커지는 현상을 예의주시했고, 아랍과 유대 공동체 모두에 속하는 자신들이 양자를 연결하는 교량 역할을 해야 한다고 믿었다.[487] 예를 들어, 시온주의자 기구와 협력하며 친시온주의 기사를 작성한 쉬몬 모얄(Shimon Moyal)은 아랍인들이 유대교를 이해하는 데 도움을 주려고 11년 동안 탈무드를 아랍어로 번역했다. 그의 아내 에스터 모얄은 "아랍-히브리인"이라는 필명을 사용했고, 그들의 아들은 아랍 무슬림 지식인의 이름을 따서 지었다.[488] 이런 신념에서 모얄 부부는 1913년에 유대인으로서는 처음으로 아랍어로 신문을 발간해 시온주의에 대한 비판을 반박하는 글을 실으며 아랍인들에게 다가가려고 노력했다.[489]

아랍어 신문을 발간해 시온주의에 대한 비판적인 인식을 개선해야 한다는 생각은 시온주의자들 사이에서도 있었으나 실행으로 옮긴 적은 없었다. 이르게는 1899년에 벤예후다가 헤르쯜에게 제안했으나 채택되지 않았다.[490] 1908년의 혁명 직후에는 우씨쉬킨이 제안했으나 주변의 반응은 미온적이었다. 하암은 "우리가 아랍인들에게 뭐라고 말해야 하는가? 팔레스타인에 정착하고 싶다고? 그러면 그들이 뭐라 대답할까? '오, 좋아요! 함께 일하며 삽시다.'라고 할까? ... 언제까지 공허한 미사여구로 스스로를 속일 것인가?"라며 비판했다. 아랍인들과의 동반 성장을 목표로 삼은 모얄 부부와는 달리 하암은 팔레스타인에 유대 '민족'의 토대를 만들기 원했기 때문에 "우리가 할 일은 유대인들에게 이곳으로 와서 일하라는 것 하나밖에 없다. ... 우리의 힘이 강해지고 난 후에야 ... 아랍인과 접촉할 수 있다."고 보았다.[491]

지향점이 다르다 보니 아랍 유대인들은 시온주의자들과 설전을 벌이곤 했다. 아랍어는 양측이 첨예하게 대립하는 주제였다. 시온주의자들이 유럽의 문명을 팔레스타인에 이식해야 하고 아랍적인 것을 멀리해야 한다고 생각한 것과는 달리 모얄의 제자이자 루핀의 추천으로 팔레스타인 사무소의 공보부서에서 일한 니심 말룰(Nissim Malul)은 유럽 유대인들이 아랍어를 배워야 한다고 강하게 주장했다.[492] 그는 1913년에 『하헤룻』에서 "랍비 예후다 하레비(Yehudah Ha-Levi)와 마이모니데스의 후손인 우리가 그들의 자취를 좇고자 한다면, 이 위대한 성인들이 그러했듯이 아랍어를 잘 알아야 하고 아랍인들과 동화되어야 한다. 셈족으로서 셈족 민족주의를 강화해야지 유럽 문화로 흐려지게 해서는 안 된다. 아랍어를 활용하면 우리는 진정한 히브리 문화를 만들 수 있으나 유럽적 요소와 섞여버린다면 자살하는 것과 마찬가지다."[493]고 주장했다. 편집장 벤아타르는 히브리어를 모국어로 하고 아랍어를 제2의 언어로 배워야 한다고 말했다.[494]

이처럼 친시온주의 아랍 유대인들은 유럽의 동포와 성향이 크게 달랐으나 유사성도 있었다. 그들은 식민화가 아랍 지역의 발전을 가져오고 어떤 정치적 위협도 없다고 주장했고 시온주의에 대한 비판은 원천 봉쇄했다.[495] 갈등의 원인을 기독교도로 지목하는 것도 같았다. 예를 들어, 『하헤룻』은 아랍 언론의 비판적 태도가 격렬해지는 현상을 "중대한 위험"이라고 묘사하며 "우리를 종교와 인종적으로 혐오하는 아랍 기독교도 적들"이 다양한 공작을 벌여 "언제나 유대인을 같은 인종의 일원이자 형제처럼 여겨 온 무슬림들이 우리에게 증오를 품고 충돌하게 만들고 있다."라고 비판했다.[496]

아랍 유대인들의 이런 태도는 갈등을 원만하게 푸는 데 도움이 되지 못했다. 그들은 바람과는 달리 시온주의가 민족적 갈등을 키우기만 하는 것을 보며 훗날 탄식하게 된다. 하지만 이는 충분히 예견할 수 있는 미래였다. 아랍 유대인들은 시온주의의 방향을 변화시킬 힘이 전혀 없었다. 누구도 영향력 있는 위치에 있지 않았고 수적으로도 미미했다. 시온주의자 기구는 철저히 유럽 유대인들 본위로 돌아갔고 아랍 유대인을 포섭하려고 노력하지도 않았다. 이라크에는 1941년에야 처음으로 시온주의 조직이 설립되었고 1%의 유대인만 가입했다.[497] 무엇보다도, 유럽 시온주의자들은 '아랍적인' 동포를 괄시했다. 1차 시온주의자 대회에서 히바트 시온의 한 회원은 "이스라엘 땅에 있는 (아랍) 유대인들은 어떤 측면에서도 유럽적 정신에 적합하지 않다. ... 그러므로 많은 수의 유럽 유대인들이 (이주해) 가야 할 필요가 있다."고 연설했다.[498] 이런 인종차별적 태도는 시온에서 희망을 찾으려 한 예멘 유대인을 대하는 방식에서 뚜렷하게 드러났다.

1881년에 처음 시온주의 운동이 시작되었을 때 예멘에는 팔레스타인으로 오면 무상으로 집과 땅을 준다는 잘못된 소문이 퍼졌다. 19세기 동안 정치적 혼란과 자연재해 등으로 생활이 어려웠던 예멘 유대인들은 소문만 믿고 아무런 준비도 없이 예루살렘과 야파로 이주했다가 경제적으로 어려움을 겪었다. 그들은 고향에 소식을 전해 이주해 오지 말라고 경고했으나 이후로도 이주는 멈추지 않고 계속되었다. 예멘이 세계시장에 편입되고 세금이 증가하면서 경제난이 심해졌기 때문이다. 1908년까지 예루살렘에 약 2,500명, 야파에 290여 명의 예멘 유대인들이 이주해 온 것으로 추정된다.[499]

이 시기에 예멘 유대인들의 이주는 자발적이었고 시온주의자들과는 관련이 없었다.[500] 대다수는 예루살렘으로 이주한 뒤 토착 사회로 흡수되었고, 야파로 이주한 무리 중 소수만이 식민촌에 고용되어 시온주의자들과 느슨한 관계를 맺었다. 예를 들어, 1903년에 예멘 유대인들은 식민촌 르호봇(Rechovot)의 농장주들에게 아랍인을 해고하고 자신들을 고용해 달라고 부탁했다. 때마침 농번기를 앞두고 아랍 노동자들이 임금 상승을 요구할 움직임을 보이자 농장주들은 이를 저지하려는 목적으로 여러 예멘 유대인을 고용했다. 그러나 아랍인보다 일을 잘하지 못해서 얼마 안 가 대부분 해고했다.[501]

시온주의자들은 예멘 유대인에게 관심을 가지지 않고 홀대했다. 자신들과는 다른 성향의 집단으로 인지했기 때문이다. 1909년에 150여 명의 예멘 유대인이 이주해 왔을 때 『하쯔비』는 "그들은 관습이나 생활방식에서 아랍 베두인과 유사하고, 일부는 아내도 네 명을 두고 있다."고 보도했다.[502] 그런데 노동의 정복 운동이 시작되자 예멘 유대인의 아랍적 성향은 갑자기 장점으로 비추어졌다. 민족주의적 사명에는 공감하면서도 고임금을 요구하는 유럽 유대인을 고용하기는 원치 않았던 농장주들이 예멘 유대인은 근면하고 순종적이라 어려운 환경에서도 일할 수 있는 "타고난 노동자"이고 저임금을 받아들일 것이므로 아랍 노동자를 대체하기에 적격이라고 내세운 것이다. 시온주의자 기구는 예멘 유대인을 고용해 노동의 정복을 달성한다는 계획을 받아들이고 이주자를 모집하기 위해 1910년 12월에 슈무엘 야브니엘리(Shmuel Yavnieli)를 예멘으로 파견했다.[503]

예멘에 도착한 야브니엘리는 현지 유대 공동체의 상황이 나쁘지 않다는 것을 발견했다. 지역별로 차이는 있으나 대체로 아랍 무슬림들의 생활 수준과 유사했고 두 공동체 간의 관계도 좋았다. 어떤 마을들에서는 무슬림과 유대인의 지위가 같거나 유대인이 더 우월했다. 유대인 촌장이 무슬림과 유대인 모두를 다스리는 마을도 있었고 무슬림 이웃을 하인으로 여기는 유대인 명사도 만났다. 도시에서는 유대인 동네가 따로 있었으나, 마을에서는 유대인들이 아랍 무슬림과 함께 뛰어놀며 자라고 같은 음식을 먹고 같은 언어를 쓰고 행동이나 습관도 같았다. 야브니엘리는 예멘에서는 유대 문제가 존재하지 않는다고 판단했다. 하지만 대승적 차원에서 예멘 유대인들이 팔레스타인으로 이주해 유럽의 유대 문제의 해결책으로 사용되길 원했다.[504] 그는 예멘 유대인을 "우리 형제들"이나 "우리 민족"으로 부르기보다는 "그들 민족"이라고 더욱 자주 불렀고 시온주의를 위한 "인적 재료(human material)"라고 칭했다.[505]

이주자를 찾는 일은 예상보다 힘들었다. 예멘 유대인들은 유대 민족이라는 개념을 가지고 있지 않았고 야브니엘리를 외지인으로 여겼다. 시온주의를 설명해도 대체로 무심했고 메시아 교리에 어긋난다고 반대하는 이들도 있었다. 더군다나, "이곳에서는 예루살렘을 제외하면 이스라엘 땅이라는 관념이 없다. 내가 야파에서 왔다고 말하면 그들은 야파가 이스라엘 땅에서 얼마나 멀리 떨어져 있는지를 묻는다. 왜냐하면 (그들에게는) 이스라엘 땅은 예루살렘이 전부였기 때문이다." 따라서 야브리엘리는 "그들에게 민족이나 이스라엘 (땅)에 대한 사랑을 말하는 것은 불가능하다. (경제적으로) 더 윤택한 삶에 대한 희망으로 자극해야만 한다."고 생각했다.[506]

야브니엘리는 시온주의자 기구의 승인하에 팔레스타인으로 이주해 오면 적당한 급여와 무상으로 주거지를 줄 것을 약속하며 이주자를 찾았다. 하지만 대부분의 유대인은 경제적으로 안정되고 현재 생활에 만족하고 있어 이주를 원하지 않았다. 경제적으로 어려운 이들은 이주를 희망했으나 팔레스타인까지 여행할 경비를 마련할 수가 없었다. 야브니엘리는 시온주의자 기구를 설득해 여행경비도 절반을 지원하기로 했다. 당시 유럽 유대인들은 경비를 전혀 지원받지 못했으므로 상대적으로 파격적인 지원을 해준 셈이었다. 그럼에도 불구하고 이주 희망자는 많지 않았다. 야브니엘리는 식민촌에서 일하기에 신체적으로 적합한 '재료'를 선별해 데려가길 원했으나 그런 사람들은 이주를 원치 않았다. 1911년 9월에 팔레스타인으로 출발한 54명의 선발대도 그가 선별한 이들이 아니라 소문을 듣고 찾아온 사람들이었고 기대에 미치지 못했다. "내가 보기에 이 재료들은 중간이다. 절반은 일할 수 있고 절반은 의심스럽다."[507]

비록 선별된 '좋은 재료'는 아니지만, 희망자들로 구성된 후발대는 속속들이 준비되었다. 그런데 선발대가 떠난 지 두 달 만에 충격적인 소식이 도착했다. 이주자들이 살 집이 준비되지 않아 돈을 내고 마구간에서 지내고 있고 급여도 적다는 것이다. 야브니엘리는 시온주의자 기구가 약속을 지키지 않은 것에 격분해 적절한 주택과 급여를 제공하지 않으면 일을 그만두고 예멘 유대인들에게 알려버리겠다고 엄포를 놓았다. 그렇지만 시온주의자 기구로부터 응답을 기다리는 동안에도 이주 활동을 계속 조직했다. 총 650명을 팔레스타인으로 보낸 뒤인 1912년 3월에야 답신이 도착했다. 식민촌에서 수용할 수 있는 인원을 초과했으니 이주 작업을 중단하라는 지시였다. 그는 이 소식을 각지에 전달했으나 이주는 멈추지 않았다. 처음 이주자를 모집한 1911년부터 1914년까지 3천 명이 넘게 팔레스타인으로 이주해 왔고, 그중 천여 명만이 식민촌에 정착했다.[508]

시온주의자들은 처음부터 예멘 유대인이 아랍 노동자만을 대체해야 하고 유럽 유대인의 일자리를 빼앗아서는 안 된다는 목적을 분명히 했다. 따라서 아랍인과 동일한 임금을 주고, 아랍인에게 금지한 전문기술 직종은 예멘 유대인에게도 대부분 제한시켰다. 이러한 차별은 유럽 유대인이 문화와 활기, 사상을 전파하고 기술이 필요한 일을 할 수 있는 "질적 노동자"인 것과는 달리 예멘 유대인들은 유대 인구수를 늘리고 단순노동 외에 아무런 가치가 없는 "양적 노동자"라는 이유로 정당화되었다.[509] 그런데 예기치 않은 문제가 발생했다. 예멘 유대인들이 아랍 임금을 받아들이지 않은 것이다. 자연히 시장 원리에 따라 예멘 유대인의 평균임금은 아랍인들보다 높게 형성되었다. 그러자 "아랍 노동자를 제거할 수 있는 희망"으로 기대받던 예멘 유대인들이 유럽 유대인의 일자리를 빼앗는 현상이 나타났고 유대 임금의 저하로 이어졌다. 유럽 유대인들은 이제 자신들이 데려온 '동포'를 혐오했다.[510]

   예멘 유대인들은 식민촌에서 각종 차별에 힘겨워했다. 유대민족기금으로부터 지원받은 집은 유럽 유대인의 집을 지을 때 들어가는 비용의 절반으로만 지어진 열악한 형태였다. 1914년이 되면 동일한 수준으로 짓게 되지만, 이때까지도 70% 이상의 예멘 유대인이 집이 없었다. 이는 심지어 스스로 집을 지은 경우를 포함한 수치였다.[511] 유럽 유대인 감독관은 그들을 "멍청이", "아랍인 같은 놈", "미개한", "개 같은 고임(Goyim, 비유대인들을 비하하는 표현)"[512] 이라 부르며 모욕했다. 급여가 적다 보니 구걸도 해야 했고 여성들은 장작으로 쓸 나뭇가지를 주우러 식민촌에 들어오다 걸리면 폭행당했다. 심지어 집단농장에서는 추방당했다. 아랍 노동자가 없는 '청정 식민촌'에서는 예멘 유대인이 아무런 가치가 없었기 때문이었다.[513]

   예멘 유대인들은 차별에서 벗어나기 위해 노력했다. 그들은 한 명 이상의 유럽 유대인을 친구로 사귀고 문화적으로 교류하기 등을 규칙으로 정했다. 또한, 임금 상승과 근무일 단축, 부당한 폭행 금지 등의 노동환경 개선을 위한 시위를 벌였다. 그러나 어떤 노력도 유럽 유대인의 공감이나 동정을 사지 못했다.[514] 도구적 가치가 사라지자 예멘 유대인들은 버려졌다. 1912-18년 동안 식민촌 페타 티크바에서는 237명의 예멘 유대인 중 101명(43%)이 목숨을 잃었다. 이는 유럽 유대인들의 사망률보다 5배나 높았다.[515] 시온주의는 철저히 유럽 유대인을 우선시하는 사상이었고 아랍 유대인들이 조타수가 될 여지는 조금도 없었다.

3.5. 시온주의/아랍 문제의 평화적 해결책?

1913-14년 동안 오스만 정부와 일부 비팔레스타인 아랍 지도자들은 시온주의자들에 대한 저항적 태도를 버리고 자신들의 이해관계를 충족시켜 줄 잠재적 협력 대상으로 바라보고 협상을 제안한다. 오스만은 1912년 10월에 발발한 발칸 전쟁으로 유럽 쪽 영토를 거의 모두 잃고 군사력과 재정에 큰 타격을 입어서 자금이 필요했고, 아랍 지도자들은 아랍 지역의 개발을 위한 유럽의 자본과 기술에 관심을 가졌기 때문이었다. 라시드 리다처럼 이전까지 시온주의에 반대하던 이들도 시온주의의 정치적 위험을 통제한다면 이로운 방향으로 활용할 수 있다고 생각했다.[516] 그러나 협상이 성사될 가능성은 처음부터 존재하지 않았다. 오스만 정부와 아랍 정치인들은 시온주의자들이 공개적으로 내세우던 목적, 즉 박해받는 유대인의 이주와 지역 경제 발전을 협상 의제로 상정했고 유대인들이 오스만 국민이 될 것을 요구했다. 그러나 시온주의자들은 유대 국가라는 최종 목표를 진솔하게 밝히거나 포기하지 않은 채 이익만 취하려고 했다.

먼저 손을 내민 것은 오스만 정부였다. 1913년 2월에 오스만은 시온주의자들에게 무슬림-유대인 동맹을 제안하며 재정적 지원을 요구했고 그 대가로 이주와 토지 매입 규제를 완화해 주기로 약속했다. 하지만 아랍인들의 반발을 의식해 섣불리 규제를 완화하지는 못하고 상황을 관망했다. 한편, 같은 시기에 아랍 정당인 카이로의 분권당(Decentralisation Party)과 베이루트의 개혁위원회(Beirut Reform Committee)가 시온주의자들과 협상이 필요하다는 목소리를 내면서 우호적인 분위기를 조성했고, 4-5월에는 시온주의자 기구가 파견한 사절과 회담을 가졌다. 시온주의에 대한 부정적인 여론을 인지하고 있는 분권당은 장차 협상을 맺기 위한 사전 조치로 아랍 언론의 반시온주의적 태도를 누그러뜨리기로 약조하고 시온주의자들에게는 유럽 신문에 아랍인들의 자치권 확대를 옹호하는 기사를 써달라고 요청했다. 양자는 곧장 이를 실행으로 옮겼다. 6월에는 파리에서 처음으로 아랍 대회(Arab Congress)가 개최되어 아랍 발전을 위한 여러 논의가 오갔고 그중 하나로 유대인의 이주에 찬성하는 결의안을 채택했다.[517]

이때까지 아랍 지도자들은 협상에 적극적으로 임하고 있었다. 하지만 아랍대회가 끝난 뒤부터는 관심이 급격히 줄어들면서 협상이 정체에 빠진다. 여론의 반대 때문에 공개적으로 협상을 진행하기 어려웠고 내부에서도 시온주의에 대한 반대 기류가 커졌기 때문이다. 시온주의자 기구의 사절과 회담을 가졌을 때도 연간 이주 인원수를 제한하거나 혹은 완전히 금지해야 한다는 의견을 내놓은 반대파가 있었다. 또한, 대회 직후에 오스만 정부가 아랍인 고위 공무원을 늘리고 아랍 지역에서 아랍어를 공식 언어로 채택하는 등의 개혁 조치를 약속했기 때문에 자치권 확대를 위해 시온주의자들의 도움을 받아야 할 이유가 사라졌다.[518]

한편, 재정압박에 시달리던 오스만 정부는 시온주의자들에게 추파를 던지기 위해 마침내 9월부터 규제를 완화하는 절차를 밟기 시작했다. 시작은 3개월 체류 허가증 제도를 폐지하는 것이었다. 오래전부터 아무런 실효성이 없다고 비판받은 제도였기에 정치적 부담이 덜할 것으로 예상했으나[519] 팔레스타인의 아랍인들은 정책변화가 의미하는 바를 감지하고 비판의 목소리를 냈다. 정부는 여론을 잠재우기 위해 나사르를 며칠간 구속하고 『팔라스틴』에는 한 달간 폐간 명령을 내렸다.[520] 1914년 3월에는 시민권 획득을 위해 필요한 5년 이상 거주 요건을 유대인들에게만 적용하지 않는 특권을 부여하고, 4월부터는 외국인 명의로도 토지 거래를 암암리에 허가했다. 이를 강렬히 비판한 『팔라스틴』에는 또다시 폐간 명령을 내렸다.[521]

얼마 지나지 않아 오스만 정부는 팔레스타인 아랍인들의 정서를 무리하게 악화시켰다는 것을 깨달았다. 4월에 열린 총선에서 팔레스타인이 속한 베이루트주와 예루살렘군에서 시온주의 문제는 중요한 선거 현안으로 자리 잡았다. 여당은 어쩔 수 없이 예루살렘군 후보로 반시온주의 인사 세 명을 선정해야 했고, 당선된 두 명은 시온주의자들에 대해 가장 적극적인 조치를 선언한 이들이었다. 그들은 공약대로 정부를 압박하고 나섰다.[522] 그동안의 규제 완화에도 불구하고 시온주의자들로부터 어떠한 지원금도 받아내지 못해 회의를 느낀 정부는 기대를 접고 6월부터 다시 유대인의 이주를 제한하기 시작했다. 협상 결렬의 책임은 시온주의자들에게 있다고 비판했다. 시민권을 획득할 수 있는 기회를 주었지만 수만 명의 불법체류자 중 고작 20명만이 지원했기 때문

이다.[523]

　오스만 정부와의 협상이 끝나자 이제는 1년 만에 아랍인들과의 협상이 탄력을 받았다. 정부가 일전에 약속한 개혁 조치를 단행하지 않아서 시온주의자들에 거는 기대가 커졌고, 니심 말룰과 하임 칼바리스키 등이 양측을 중재하며 협상 분위기를 무르익게 노력한 덕분이었다. 아랍 지도자들은 시온주의자들에게 팔레스타인으로 이주가 집중되지 않아야 하고, 유대인들이 오스만 국적을 받아들이고 식민촌에서 아랍인과 함께 살며 교류하고, 유대 학교에서 아랍어도 가르치고, 아랍 민족의 발전을 위한 자금을 지원할 것 등을 요구했다. 시온주의자 기구는 일단 회담에 응하기로 결정했으나 곧 첫 단추를 끼우는 것조차 불가능하다는 것을 알게 되었다. 시온주의의 목적과 방법을 "증거서류"로 먼저 증명한 뒤에야 협상을 시작하겠다는 조건을 통보받았기 때문이다. 자승자박을 피하려고 협상을 지연시킬 방도를 궁리하던 시온주의자들에게는 다행스럽게도 2주 후 1차 세계대전이 발발해서 협상은 중단된다.[524]

　시온주의자와 아랍인들 간의 협상은 시온주의/아랍 문제의 평화적인 해결책이 될 수 있었을까? 협상 과정을 가장 상세히 연구한 네빌 만델은 그럴 리 없다고 확신한다.[525] 아랍 대표단의 10명 중 3명이 적극적인 반시온주의자였고, 그들이 회담에 참석하려 한 것은 시온주의자들을 재판하는 "결전"을 벌이기 위해서였을 것이기 때문이다. 특히 그중 한 명은 다름 아닌 『팔라스틴』의 유수프 이사였다. 『팔라스틴』은 헤르쯜과 노르다우, 우씨쉬킨, 루핀 등의 시온주의 지도자들의 서적과 연설을 조사했기 때문에 시온주의의 목적에 대한 '증거서류'가 필요치 않았다.[526] 게다가 시온주의자들에게 '증거서류'를 요구했던 바로 그 시점부터 『팔라스틴』은 우씨쉬킨의 『우리의 계획』을 번역해 신문에 실었다. 사람들에게 "시온주의의 (진짜) 계획과 정책을 알리고, 시온주의를 다른 방식으로 조명하고 변론하려는 이들을 낙담"시키기 위해서였다. 『우리의 계획』은 시온주의의 목표가 "유대 국가"라고 여러 차례 언급하기 때문에 이 목적을 달성하기에 적절한 선택이었다. "시온주의 운동의 유일한 목적은 팔레스타인에서 유대인을 위한 자유로운 독립 정치 국가를 건설하는 것이지 피난처나 정신적 중심지를 만드는 것이 아니다."라는 문장은 더할 나위 없이 결정적인 증거였다.[527]

만델은 대표단의 지역별 구성 인원에도 주목했다. 10명의 대표단 중 팔레스타인 출신은 총 3명으로, 두 명은 언론인이고 나머지 한 명은 후세이니 가문의 자밀(Jamil)이었다. 자밀은 훗날 민족 운동을 이끄는 주요 투사 중 한 명으로 성장하지만 아직은 영향력이 약한 청년이었다. 팔레스타인의 아랍인들 중에서 국회의원이나 명사 가문의 수장과 같은 핵심 지도자는 대표단에 포함되지 않았다. 만델은 "이유가 무엇이었든 간에 그들의 불참은 주목할 만하다."고 말한다. "1차 대전 이후에 팔레스타인의 아랍인들이 채택한 시온주의자들과의 비(非)협상 관행의 선례가 만들어졌기 때문이다."[528]

친이스라엘 측은 평화적인 타협점을 찾으려 한 시온주의자들과는 달리 협상에 임하지 않은 팔레스타인 아랍인들의 '비협상 관행' 때문에 분쟁이 생긴 것이라고 비판한다. 협상에 대한 양측의 대응과 옳고 그름은 뒤에서 그때그때 살펴보겠지만, 1913-14년의 협상만으로도 전체적인 맥락을 쉽게 이해할 수 있다. 시온주의자들에게 협상은 기만행위 그 이상도 이하도 아니었다. 어떤 시온주의자도, 심지어 협상에 적극적인 시온주의자조차도 유대 국가라는 목표를 포기한 적이 없었다. 협상으로 아랍 문제가 해결될 수 있다고 기대한 소위 '평화적인' 시온주의자들은 역설적이게도 아랍인을 비뚤어진 눈으로 보고 있었다.

루핀은 1908년에 팔레스타인 사무소를 운영하기 시작한 이래로 끊임없이 아랍인과의 관계를 개선해야 한다고 설파해오고 있었다. 1913년에 열린 11차 시온주의자 대회에서는 팔레스타인의 아랍인들과 평화적이고 친밀한 관계를 구축하는 게 가장 시급한 목표가 되어야 하며 식민촌에서 유대인만을 고용하는 정책에 반대하는 목소리를 냈다.[529] 하지만 그는 여전히 유대 국가를 꿈꿨고 이를 위해서 아랍인들을 추방해야 한다고 생각했다. 1907년에는 "당분간은 시온주의의 영토적 목표를 제한해" 이미 토지를 매입한 지역과 그 인근 지역에서부터 먼저 "자치권"을 획득하자고 주장했고[530] 1911년에는 이 지역에서 아랍인을 추방하는 "제한적인 인구 이전"을 제안했다.[531] 심지어 협상 분위기가 무르익던 1914년 5월에조차 "(시리아에 있는) 홈스(Homs)와 알레포(Aleppo) 등지의 땅을 산 후 우리의 토지 매입으로 피해를 본 팔레스타인 농민에게 할부로 파는 걸 계획 중"이었다.[532]

협상에 가장 적극적이었던 하임 칼바리스키는 회담이 성사되지 못했던 것을 아쉬워하며 그 책임이 시온주의자들에게 있다고 비판했다. "회담은 여러 이유로 취소되었으나, 주된 이유는 유대인들이 그 중요성을 이해하지 못하고 아랍 민족 운동을 경솔하게 대하거나 완전히 무시했기 때문이다." 하지만 아랍 민족 운동을 제대로 이해하지 못하고 있던 것은 그도 마찬가지였다. 그는 1919년에 "비유대인들이 우리에게 하길 원치 않는 일을 우리가 아랍인들에게 하길 원하지는 않는다."고 말하면서도 "이스라엘 땅은 유대 민족의 고향이 되어야 한다."는 모순적인 주장을 했다. 팔레스타인의 아랍인들이 자신의 고향을 민족의 땅으로 유지하려는 정치적 욕구와 권리는 인정하지 않은 것이다.[533]

만델이 비협상 관행의 선례를 만들어냈다고 말한 팔레스타인의 지도자들은 시온주의가 정치적 운동이라는 것을 잘 알고 있었다. 예루살렘군에서 하원의원을 역임한 이들을 살펴보면, 1909년에 국회에서 처음으로 시온주의 문제를 제기했던 하피즈 사이드는 1914년에 재출마했을 때 "정부가 시온주의자 이민의 위험을 규제하지 않는다면 새 정착민들은 무역과 (팔레스타인) 땅의 대부분을 차지하고 지역 주민들보다 수가 많아질 것"으로 염려했다.[534] 1908년과 1914년에 두 번에 걸쳐 당선된 사이드 후세이니는 1911년에 국회에서 시온주의를 주제로 토론할 때 우씨쉬킨의 『우리의 계획』에 대해 설명했다. 『팔라스틴』이 번역본을 만들기도 전이었다. 당시 국회에서 함께 문제를 제기한 루히 칼리디는 시온주의에 대한 책을 쓰다가 1913년에 운명했다.[535] 1912년에 당선된 아흐마드 아리프 후세이니(Ahmad al-Arif al-Husayni)는 2년 뒤 한 신문사와의 인터뷰에서 "시온주의 문제는 언뜻 보기에는 경제적인 것처럼 보이지만 실제로는 중요한 정치적 문제다. ... 그들만의 언어와 관습, 민족성을 고수하려는 시온주의자들의 열의가 이를 증명한다."라고 말했다.[536] 예루살렘에서 후세이니와 칼리디 가문 다음으로 영향력이 강한 나샤시비 가문의 라기브(Raghib Bey al-Nashashibi)는 1914년에 선거 유세를 할 때 오스만 유대인과는 달리 시민권을 받아들이지 않고 현지 사회에 동화될 의사가 전혀 없는 유럽 유대인들만을 적으로 정의하며 시온주의의 위협을 제거하는 데 전념하겠다는 공약을 발표했고 당선되었다.[537] 그러므로 이들이 시온주의자들과의 협상을 거부한 이유는 명확했다. 자신들이 태어나 자란 향토를 침략자로부터 지키기 위해서였다.

　유대 국가를 만들려는 시온주의자들의 속셈을 알면서도 협상에 임하지 않은 것이 과연 비평화적이라고 지탄받아야 하는 행위일까? 팔레스타인의 아랍인들에게 팔레스타인은 유일무이한 고향이었다. 팔레스타인 태생이 아닌 라시드 리다는 아랍 민족의 발전을 위한다는 명목으로 팔레스타인을 위험에 빠트릴지도 모를 협상을 추진할 수 있었으나, 카이로에서 그에게 가르침을 받던 '팔레스타인인' 청년 아민 후세이니(al-Hajj Amin al-Husayni)는 그럴 수 없었고 반시온주 단체를 조직했다.[538] 반면, 친이스라엘 측은 팔레스타인에는 아랍인이 있었을 뿐 '팔레스타인인'은 없었고 그러므로 팔레스타인이 '유일한' 고향인 유대인들에게 땅을 양보했어야 한다고 주장한다. 1969년에 이스라엘의 4대 총리 골다 메이어(Golda Meir)는 이를 직설적으로 표현했다.

> 제가 1921년에 이스라엘 (땅)으로 왔을 때 팔레스타인인 같은 것은 없었습니다. 팔레스타인 국가를 가진 독립적인 팔레스타인 민족이 언제 존재했나요? 팔레스타인은 1차 대전 이전에는 남시리아라 불리고 그 이후에는 (한동안) 요르단을 포함했습니다. 팔레스타인에 자신들을 팔레스타인 민족이라고 생각하는 팔레스타인 민족이 있었는데 우리가 와서 그들을 쫓아내고 땅을 빼앗은 것이 아닙니다. 그들은 존재하지 않았습니다.[539]

　메이어는 팔레스타인인들의 존재를 부정한 것으로 알려져 친팔레스타인 측으로부터 격렬하게 비판받았다. 하지만 그녀가 부정한 것은 정확히는 '팔레스타인 민족'이었다. 민족만이 국가를 가질 자격이 있다는 것이 유럽의 통념이었고 독립 국가를 가진 역사가 없는 팔레스타인인들은 민족이 아니니까 이스라엘의 건국은 정당하다고 주장한 것이다. 1976년에 메이어는 당시 아랍 민족주의자들도 팔레스타인인들이 독자적인 민족이 아니라고 생각했다며 부연한 후 아랍인들은 넓고 풍요로운 땅에서 21개의 국가를 가지고 있는데 유대인들이 팔레스타인이라는 작은 땅에서 주권 국가를 가지는 건 과도한 요구가 아니라고 주장했다.[540]

　메이어의 생각은 오늘날에도 친이스라엘계에서 널리 공유되고 지지받고 있다. 민족의 탄생 시점은 관측이 어렵고 정의하기 나름이기 때문에 학자마다 견해가 크게 다르지만, 1913-14년에 팔레스타인 민족이 있었다고 보기는 어렵다. 그러나 팔레스타인의 아랍인들이 팔레스타인 땅에 가지는 권리는 이곳에서 태어나 자라며 자연적으로 취득한 것이지 독자적인 민족을 구성하는지 여부와는 관계가 없다. 팔레스타인이 드넓은 아랍 땅의 작은 일부라는 이유로 다른 민족에게 양보해야 할 의무도 없고, 다른 지역의 아랍인들이 그들 마음대로 팔아버릴 수 있는 상품도 아니다. 팔레스타인 땅에 대한 권리는 팔레스타인의 아랍인에게 있고 시온주의자와의 협상을 추진하던 아랍 지도자들도 이를 제대로 인지하고 있었다. 1914년에 시온주의자 기구의 이스탄불 사무소장 빅토르 야콥슨(Victor Jacobson)은 비팔레스타인 아랍 지도자들에게 팔레스타인이라는 좁은 지역 때문에 시온주의가 아랍 지역 전체에 가져올 이익을 포기하지 말라고 설득했으나 그들은 팔레스타인 형제들의 동의가 반드시 필요하다고 대답했다.[541]

만약 순전히 유럽인들의 관점, 그러니까 민족만이 정치적 권리를 가질 수 있다고 가정한다면 협상을 거부한 팔레스타인 지도자들을 평화적이지 않다고 비판할 수 있을까? 그렇지 않다. 민족은 어느 한순간에 갑자기 탄생하는 것이 아니라 오랜 세월에 걸쳐 점점 더 많은 구성원이 그 정체성을 강화하면서 완성된다. 1913-14년에 대중은 팔레스타인 민족을 상상하지 않았더라도 협상에 반대하는 지식인이나 정치인들은 이미 민족의식을 각성했거나 그런 과정에 있었다.[542] 그들은 신문이나 시, 일기, 단체명 등에서 "팔레스타인 땅", "우리 땅", "팔레스타인인", "팔레스타인 주민" 등을 사용하며 향토애를 강조했다.[543] 1908-1914년 사이에 보도된 신문 기사 110개 이상을 분석한 엠마뉴엘 베슈카(Emanuel Beška)와 재커리 포스터(Zachary Foster)의 최신 연구는 "팔레스타인인"이 약 170번 사용된 것을 발견했다. 또한, "팔레스타인 민족"이나 "팔레스타인의 자손들"도 수십 개가 확인되었다.[544]

이러한 명백한 물적 증거에도 불구하고 친이스라엘계는 팔레스타인인들이 이 시기에 결코 민족의식을 형성할 수 없었다고 주장한다. 메이어가 말했듯이 아랍인들에게 팔레스타인이라는 지리적 공간이 없었다는 이유에서다. 19세기에 아랍인들은 오늘날의 시리아, 레바논, 요르단, 이스라엘, 팔레스타인 지역을 포괄적으로 '(대)시리아'(Bilad al-Sham)라고 불렀고 팔레스타인은 그중 남서쪽 지역으로 인식했다. 그렇지만 아랍어에 팔레스타인이라는 지명이 없었던 것은 아니다. 팔레스타인은 8세기 이래 아랍어 문헌에 계속해서 등장한다. 예를 들어 10세기에 한 문헌은 "팔레스타인은 대시리아 지역에서 가장 비옥한 곳"으로 묘사했고,[545] 12세기에 이븐 아사키르(Ibn Asakir)는 "세상에서 가장 성스러운 곳은 대시리아이며, 대시리아에서 가장 성스러운 장소는 팔레스타인이다."라고 언급했다.[546] 또한, 12-13세기까지 무슬림 왕조들은 예루살렘, 라믈라, 가자, 여리고, 나블루스 등의 팔레스타인 중부 지역을 '팔레스타인 군사행정군'(Jund Filastin)으로 편제했다.[547] 팔레스타인이란 지명을 사용하지는 않지만 "성지"로 표현한 꾸란(5:21)과 "약속의 땅" 등으로 부른 기독교의 성경, 그리고 십자군의 침략도 독자적인 공간으로서의 팔레스타인을 인식하게 해 주었다.

분명 아랍인들은 팔레스타인에 대한 명확한 지리적 경계를 그리고 있지는 않았다. 역사적으로 행정지구가 변할 때마다 팔레스타인의 경계는 함께 변화했고, 19세기 말이나 20세기 초에 일부 지식인들은 팔레스타인을 예루살렘군과 동일한 경계로 인식했다.[548] 그러므로 오늘날과 같은 팔레스타인의 경계가 국제적으로 정의된 1920년대 이전에는 팔레스타인이라는 지리적 공간은 존재한 적이 없었다는 주장이 나온다. 그러나 명확한 경계가 지리적 공간을 만드는 데 무조건 필요한 것도 아니고 민족의 발명을 위한 선제조건도 아니다. 만약 그랬다면 유대 민족 역시 존재할 수 없었다. 시온주의자들은 유대 민족을 고대 이스라엘 땅에서 살았던 선조들의 후손으로 정의했으나 고대 이스라엘 땅이 정확히 어디서 어디까지였는지는 알지 못했다. 성경에 나오는 약속의 땅이나 고대 이스라엘인들이 살았던 지역은 경계가 제대로 설명되지도 않고 거듭 변화하기 때문이다. 예멘 유대인들이 이스라엘 땅을 예루살렘으로만 인식한 것은 좋은 예가 된다. 미래의 유대 국가의 국경에 대해서도 합의된 경계가 없었다. 헤르쯜은 북쪽으로는 튀르키예의 일부분을 포함하고 남쪽으로는 이집트 시나이반도까지 포함하는 "다윗과 솔로몬의 팔레스타인"을 강령으로 삼겠다고 생각했다.[549] 1914년까지도 시온주의자들의 식민 활동에는 그저 '팔레스타인과 시리아'라는, 모호하고 가변적이고 합의되지 않은 지리적 목표만

이 있었다.[550]

　시온주의자와 마찬가지로 팔레스타인의 아랍인들도 향토의 범위에 대한 명확한 정의 없이 민족의식을 발전시켰다. 이르게는 19세기 초부터 무슬림과 기독교도 사이에서 정치 공동체로서의 연대 의식을 발전시키는 조짐이 보인다. 1821년에 그리스에서 기독교도들의 독립운동이 일자 시리아의 주지사는 예루살렘의 기독교도들을 박해하려 했다. 이때 무슬림 명사들은 기독교도들이 성서의 백성이므로 보호받아야 한다는 성명을 발표하고 보호해 주었다.[551] 3년 후에 새로운 주지사가 과도한 세금을 징수하고 폭정을 펼쳤을 때는 무슬림들이 기독교도들과 함께 반란을 일으켰고, 반란에 함께한 보답으로 지즈야를 면제해 주었다.[552] 1834년에는 이집트의 무함마드 알리에 대항해 나블루스, 예루살렘, 헤브론 등지에서 무슬림과 기독교도들이 큰 규모로 반란을 일으켜 수개월 간 저항했다.[553] 다만, 이런 정치적 연대는 팔레스타인 전체를 아우르지 않았고 지속적이지도 않았다. 가령 1856년에 정부가 종교의 자유를 선포하자 나블루스의 울라마들은 무슬림 주민들을 선동해 유럽 선교사 2명을 죽이고 집과 교회를 약탈했다. 아랍 기독교도들은 적어도 2년이 넘게 흉흉한 분위기 속에서 신변의 안전을 위협받았다.[554]

　민족의식은 일반적으로 외부로부터의 위협이 있을 때 강해진다. 반유대주의가 시온주의의 핵심적인 원동력이 된 것이 좋은 예시다. 팔레스타인의 아랍인들도 19세기 중반부터 유럽의 식민주의자들, 특히 1880년대부터는 시온주의자들에게 저항하면서 민족의식을 일깨우게 된다. 1910년부터는 지역 언론이 시온주의의 위협을 널리 알리고 투쟁을 조직해 팔레스타인을 인접 아랍 지역들과는 구분되는 특수한 정치적 공간으로 만들었다. '팔레스타인인'은 시온주의를 주제로 다룬 기사들에서 빈번히 사용되었다.[555] 1912년 말에 기독교도들의 분리독립운동으로 발칸 전쟁이 발발했을 때는 오스만 전역에서 무슬림과 기독교도들의 관계가 소원해졌으나 팔레스타인에서는 친시온주의 성향의 예루살렘 군수를 해임시키기 위해 무슬림과 기독교도들이 연대 투쟁했다. 이집트와 시리아, 레바논 등지의 아랍인들이 시온주의자들과 협상을 추진한 1913-14년 동안에도 팔레스타인의 무슬림과 기독교도들은 소규모의 반시온주의 단체를 조직했다.[556] 1914년 선거에서 낙마한 전직 의원 아흐마드 아리프는 선거가 끝난 후 인터뷰에서 "현재 팔레스타인인들 사이에서 유일한 화제는 … 시온주의 문제다. 모두가 이를 두려워하고 염려한다."고 말했다.[557] 같은 해 4월에 오스만 정부의 규제 완화를 비판하다 『팔라스틴』이 두 번째 폐간 명령을 받았을 때는 야파의 무슬림과 기독교 명사들이 함께 『팔라스틴』의 재개를 지지했고[558] 『팔라스틴』은 "팔레스타인 민족"[559]이 위험이 처했다고 호소했다.

> 팔레스타인 민족에게 시온주의 세력의 위험을 알린 것이 중앙정부의 관점에서는 심각한 일을 저지른 것으로 보이는 모양이다.[560] … 시온주의자들은 팔레스타인을 그들 민족의 것으로 되찾고 인구를 늘려 그들만의 땅으로 유지하려는 정치 집단이다. … 정부는 우리의 신뢰를 회복시킬 수 없고, 우리가 이 팔레스타인 땅에서 시온주의자들에 의해 사라질 위협을 받는 민족이라는 믿음을 바꿀 수도 없다.[561]

『팔라스틴』이 상상한 팔레스타인 민족은 오늘날처럼 독자적인 정치 체제를 가진 집단은 아니었다. 대부분의 팔레스타인인들은 오스만으로부터의 독립조차 머릿속에 없었다. 이는 팔레스타인인들이 민족을 상상하지 않았다는 결정적인 증거로 제시되곤 하는데, 유럽식 민족주의는 민족을 독립적인 정치 단위로 간주하기 때문이다. 하지만 유럽에서와는 달리 팔레스타인인으로서의 정체성은 종교나 가문, 아랍인, 오스만인 등의 다른 정체성과 병행하면서 형성되었다.[562] 오늘날에도 팔레스타인과 이집트, 요르단 등의 국민들은 무슬림이나 아랍인으로서의 공통된 정체성과 자국민으로서의 독자적인 정체성 등을 함께 가지고 있다. 예를 들어, 2015년에 아랍에미리트의 연구기관 타바재단(Tabah Foundation)이 8개의 아랍 국가에서 무슬림을 대상으로 실시한 설문조사에서 "스스로가 누군지 생각할 때, 정체성의 제일 주요한 요소는 무엇인가?"라는 질문에 880명의 팔레스타인인의 대답은 다양했다. 절반(50%)은 국가(즉, 팔레스타인인)로, 나머지는 아랍(17%)과 종교(17%), 가문이나 부족(14%), 출신지(2%)로 응답했다.[563] 유럽인으로서의 민족의식을 가지면서도 독자적인 민족을 발전시켜 온 유대인 역시 민족의식이 다양한 층위를 이루며 형성될 수 있다는 것을 보여주는 산증인이다.

이상을 정리하면, 팔레스타인에서 지식인과 명사들은 팔레스타인인이라는 민족의식을 공유하고 있었거나 아니면 그러한 상상을 만들어가는 과정에 있었고, 이들이 유대 국가를 세우려는 시온주의자들에게 완강히 저항한 것은 민족만이 정치적 권리를 가질 수 있다는 유럽인의 관점에서 보더라도 지극히 정당하다. 그들의 수가 적다고 정당성이 약해지는 것도 아니다. 시온주의가 태동할 시점에 전 세계 1천만 명의 유대인 중 유대 민족을 상상하는 이들은 몇 없었고 1914년까지도 여전히 극소수에 그쳤다. 1880년대부터 1914년까지 2백만 명의 유대인들이 박해를 피해 동유럽을 떠났지만 거의 모두가 가까운 팔레스타인은 내버려 두고 멀리 떨어진 미국이나 서유럽으로 갔다. 이 기간 동안 팔레스타인의 유대 인구는 2만여 명에서 6-8만 명으로 고작 5만여 명이 늘어났을 뿐이고,[564] 시온주의자들의 이상향인 식민촌에 정착한 인구는 1만여 명밖에 없었다.[565] 그럼에도 불구하고 어떤 친이스라엘 학자도 이 시기의 시온주의가 '그들만의 경기'였다는 이유로 민족 운동이 아니었다고 폄훼하지 않는다. 팔레스타인인들에게도 같은 기준을 적용한다면, 팔레스타인에 강한 애향심을 가지고 팔레스타인인으로서 정치적 연대 의식을 느끼는 지식인과 명사들은 시온주의에 '민족적'으로 저항했다고 말할 수 있다. 그러므로 팔레스타인을 위험에 빠트릴 협상을 거부한 것을 비평화적인 행동으로 매도할 수는 없다.

　정작 1913-14년의 우호 협상에서 비평화적인 태도를 보인 것은 시온주의자들이었다. 시온주의가 어떠한 정치적 목적도 없고 아랍인들을 부유하게 만들기 위한 운동이라는 일관된 거짓말은 협상이 시작된 이유이면서 동시에 협상이 성사될 수 없는 이유였다. 시온주의자들은 식민 활동에 정치적 의도를 금지하는 협정을 맺을 생각이 조금도 없었다. 따라서 기만적인 위장정책을 버리고 시온주의의 실체를 실토해야지만 진짜 협상이 시작될 수 있었다. 하지만 시온주의자들은 절대 그러지 않았다. 친이스라엘 사관에 따르면 그들은 아랍 문제를 몰랐거나 평화적으로 해결될 것이라고 믿었는데 왜 진정한 목표를 밝히지 않았을까? 이 책은 그 답을 충분히 알려주었으리라 믿는다.

마치며 : 시온주의의 두 얼굴

　이번 장에서는 시온주의자들이 어떠한 목적과 의도를 가지고 팔레스타인에 왔는지를 이해하기 위해 시온주의가 유럽에서 어떻게 태동했고 팔레스타인에서 어떤 반향을 끌어냈는지를 살펴보았다. 시온주의자들은 유럽의 고질적 문제인 반유대주의를 해결하고자 유대인들만의 민족을 만들고 그들의 권리를 지켜줄 국가를 건설하는 방법을 생각해 냈고 이를 팔레스타인에 세우길 원했다. 하지만 팔레스타인에는 이미 땅의 주인이 있었다. 시온주의자들은 아랍인들이 식민화에 저항하지 않을 것이라 주장하였으나 약 35년간의 식민 활동으로 아랍인들이 저항한다는 사실은 모두의 눈에 확실해졌다. 1914년에 『팔라스틴』의 격렬한 반시온주의 논조에 대해서 영국의 예루살렘 주재 영사와 야파 주재 부영사는 "아랍인들 사이에서 커지는 분개감을 충실하게 반영하고 있다"고 보았고,[566] 프랑스의 영사관 직원은 팔레스타인의 도시에서 반시온주의가 만연한 것을 보여준다고 평했다.[567] 당사자인 시온주의자들이 이를 모르지는 않았다. 하지만 아랍인들이 얼마나 저항을 하든 시온주의의 목적을 수정할 생각이 없었다. 그들은 토착민과의 갈등을 불사하고 땅을 정복하려는 계획을 세우고 이를 실행으로 옮긴 식민주의자들이었다.

　친이스라엘 사관은 시온주의자들의 식민화가 일반적인 식민주의와는 중요 특성이 다르므로 식민주의가 아니라고 변론한다. 다음 두 가지는 가장 빈번히 거론되는 차이점이다. 첫째로, 시온주의자들에게는 식민 모국이 없었다. 식민주의자들은 모국의 정치적, 군사적 도움을 받아 토착민의 저항을 억누르고 각종 특권을 누리지만, 시온주의자들은 러시아 등의 유럽 국가들로부터 그러한 강력한 보호를 받지 못했고 오스만으로부터는 오히려 탄압받았다. 다른 하나는 시온주의자들이 경제적 이윤을 목표로 식민화를 하지 않았다는 점이다. 그들은 선조들의 '역사적 고향'으로 돌아가고 싶다는 일념으로 식민화를 했다. 따라서 식민주의자들이 토착민을 경제적으로 착취해 식민모국으로 이익을 환수한 것과는 달리 시온주의자들은 아랍인보다 훨씬 비싼 임금을 주고서라도

유대인을 고용하려고 노력했고, 이윤을 유럽으로 가져가지 않고 땅에 재투자해 지역을 발전시켰다.[568]

친이스라엘 사관에서 주장하는 이러한 차이점을 자세히 들여다보면 오히려 시온주의가 식민주의의 전형임을 알 수 있다. 시온주의자들은 독자적인 힘으로 식민화에 성공한 것이 아니었다. 친이스라엘 사관은 오스만이 시온주의자들을 탄압했다고 강조하면서도 정작 그 탄압이 어째서 식민화를 막지 못했는지는 어물쩍 넘겨버린다. 유럽 모국들은 오스만을 해체하고 아랍인의 저항을 무력화시키지는 않았으나 식민화가 가능하도록 결정적인 도움을 주었다. 그들의 정치적 간섭과 법적 보호가 없었더라면 오스만 정부가 주민들의 반발에 못 이겨 불법체류자들을 추방하고 식민촌도 파괴해 버렸을 것은 자명하다.

시온주의자들이 순수하게 역사적 고향으로 귀환하길 원했다는 설명도 부정확하다. 많은 이주자는 팔레스타인을 선택할 때 경제적 동기를 중요하게 고려했고 이는 식민촌에 정착한 충실한 시온주의자들도 마찬가지였다. 유대 노동자를 늘려야 한다는 민족주의적 이념에도 불구하고 아랍 노동자를 훨씬 더 많이 고용한 것은 이 때문이다. 물론 이윤 창출이 식민화의 주된 동기라고 볼 수는 없으나, 그저 귀환을 제일 목표로 추구한 것은 아니라는 사실이 중요하다. 이주의 문은 1880년대 이전에도 개방되어 있었고 귀환은 언제나 가능했다. 시온주의자들이 식민화를 한 진정한 이유는 단순한 귀환이 아니라 이곳에 민족적 토대를 만들고 민족국가를 건설하는 것이었다. 이런 목적으로 식민화의 수익은 국가의 기반이 될 '식민촌(=식민모국)'과 잠재적 국민인 '유대인(=식민모국의 주인)'에게만 투자되었고 다른 팔레스타인 땅과 토착민의 이익은 도외시되었다. 따라서 식민지의 이익을 모국으로 환수하는 식민주의자들의 행동과 일치한다.

시온주의는 식민주의가 아니라는 변론은 본질을 호도하려는 목적으로 이용된다는 점에서도 굉장히 잘못되었다. 식민주의라는 용어는 인간이 정치사회적 현상의 이해를 돕기 위해 만든 개념적 유형이다. 식민주의를 정의하는 방식에 따라 시온주의자들의 식민화를 포함시킬 수도 있고 제외할 수도 있다. 혹은 '유사 식민주의'라고 부르거나 '민족주의적 식민주의'라는 새로운 유형을 만들어 분류할 수도 있다. 중요한 것은 시온주의가 어떤 유형에 속하는지와 그에 대한 평가는 별개라는 점이다. 즉, 시온주의자들의 식민화를 식민주의로 분류할 수 없다고 가정하더라도 그게 선량한 식민화였다는 의미는 아니라는 것이다. 오히려 토착민을 경제적으로 착취하는 일반적인 식민주의보다 그들을 추방하고 민족국가를 세우려 한 시온주의가 더욱더 악질적이라고 평가할 수도 있다. 그러므로 시온주의가 식민주의의 유형에 속하지 않는다고만 변론할 게 아니라 토착민에게 해로운 결과를 가져왔는지, 그리고 이를 의도했는지를 반드시 함께 논해야 한다.[569]

이견의 여지없이 시온주의는 아랍인과 유대인 간에 끝이 보이지 않는 심각한 분쟁을 만들어냈다. 친이스라엘 사관에서는 이를 의도치 않은 결과인 것으로 둔갑하기 위해 시온주의자들이 평화로운 식민화를 기획했다는 설명을 내놓는다. 하지만 그 평화가 구체적으로 어떤 관계에서 이루어지는 것인지에 대해서는 절대로 입을 열지 않는다. 시온주의자들이 내부 문제에 너무 골몰했기 때문에 아랍인과의 관계를 고민하지 못했다는 변론도 있지만 어떤 충실한 시온주의자도 이를 간과할 수는 없었다. 아랍 문제는 시온주의의 근본과 연결되어 있기 때문이다. 시온주의자들은 유럽의 민족국가들이 자신들에게 평등한 권리를 주지 않을 것으로 생각해서 그들만의 민족국가를 만들려 했고 따라서 유대 민족 국가에서 '이방인'이 될 아랍인의 처우를 반드시 고민할 수밖에 없었다. 더군다나, 반시온주의 유대인들은 시온주의를 비판할 때 빈번히 이를 일깨워주었다. 그런데도 시온주의자들의 미래 구상에 아랍인은 없었다. 이유는 자명하다. '평화로운 식민화'는 아랍인을 위한 것이 아니기 때문이다. 어떤 시온주의자도 아랍인들이 팔레스타인에서 정치, 언어, 문화, 경제적으로 현재의 지위를 유지하거나 유대인과 동등한 권리를 누려야 한다고 생각지 않았다. 단적으로, 팔레스타인에서 만들 유대 국가의 수장직에 아랍인을 선출하는 것에 찬성할 시온주의자는 존재한 적도 없고 존재할 수도 없었다. 이는 튀르키예인 중심의 국가인 오스만에서도 마찬가지였으나 아랍인들은 모든 방면에서 자신들과는 이질적인 유대 국가보다는 동질적인 오스만을 선호했다. 그러므로 아랍인들이 시온주의를 환영할 이유는 없었다.

왜곡된 역사는 현실을 설명하는 힘을 잃기 마련이다. 친이스라엘 사관은 시온주의자들이 아랍인의 반대를 예상하지 못했다고 말하지만, 유럽인들은 수

세기 동안의 식민 경험으로 세계 어디에서나 토착민이 식민화에 저항한다는 사실을 잘 알고 있었다. 그렇지 않았더라면 1882년에 아랍인의 존재를 알게 되자마자 식민화를 비밀리에 진행해야 한다는 작전을 짜지 않았을 것이다. 헤르쯜이 팔레스타인의 사정을 자세히 알기도 전부터 식민화는 토착민의 반대를 불러와 실패하기 마련이라고 주장한 것도 마찬가지다. 유대인들이 식민화로 다수 인구가 되거나 주권을 얻은 후에 평화를 이루면 된다는 해결책도 아랍인이 식민화에 반대한다는 사실을 전제하고 있었다. 1913-14년에 아랍인들이 먼저 손을 내민 우호 협상에서 유대 국가라는 목표를 철저히 숨긴 것도 같은 이유에서였다.

결정적으로, 친이스라엘 사관에서는 시온주의자들이 아랍인을 추방하겠다는 계획을 세운 기록이 철저히 감춰진다. 이를 가장 잘 보여주는 예가 헤르쯜이다. 헤르쯜의 일기는 1923년부터 열람이 공개되어 많은 전기 작가들이 연구해서 전기를 썼으나, 경제적 유인책으로 토착민을 추방하겠다는 계획을 세운 1895년 6월의 일기는 무려 반세기가 지난 1974년에 영국의 언론인 데스몬드 스튜어트(Desmond Stewart)가 쓴 『테오도르 헤르쯜』에서 처음으로 인용되었다. 스튜어트는 1971년에 헤르쯜의 일기에서 이 내용을 발견했을 때 자신이 왜 여태껏 몰랐는지 이유를 알 수 없어 당황했고 동료 언론인 마크 브라함(Mark Braham)에게 자문을 구했다. 하지만 브라함도 당황하기는 마찬가지였다. 그는 런던으로 건너가 직접 헤르쯜의 일기를 살펴보고 난 후에야 이를 믿게 되었다. 브라함은 유대인 학자 브루노 마모스테인(Bruno Marmorstein)에게 자문을 구했고 마모스테인은 자신도 이를 몰랐다고 고백하며 100명의 유대인 중 99명은 모를 것이라고 말했다. 브라함은 영국의 시온주의자 연맹 공보담당에게 문의해 보았으나 역시 몰랐다는 답변을 듣게 되자 그조차도 과소평가된 것 같다고 생각했다.[570]

그로부터 다시 반세기가 흐른 오늘날에는 헤르쯜이 추방 정책을 계획했다는 사실이 널리 알려졌을까? 필자가 참고한 서적 중에는 예루살렘 히브리 대학(The Hebrew University of Jerusalem)의 정치학 교수인 쉴로모 아비네리(Shlomo Avineri)가 2008년에 쓴 『헤르쯜의 비전(Herzl's vision)』이 있는데, 헤르쯜의 일기와 출판물을 중점적으로 연구해 쓴 이 전기에서조차도 추방 계획이나 이를 실행으로 옮기려 한 헌장 초안은 일절 언급되지 않는다.[571] 단순히 생략된 것이 아니다. 저자는 서문에서 기존의 헤르쯜 전기들은 상세하지 못하고 헤르쯜이 "팔레스타인의 아랍 인구가 동등한 권리를 향유하고 정치 활동에 참여하는 국가"를 추구했다는 사실을 설명하는 데 실패했다고 말하며 이 책에서는 이런 면모를 보여주겠다고 말한다.[572] 하지만 그 근거로 유일하게 제시하는 것은『오랜 새로운 땅』이다.

저자는『오랜 새로운 땅』이 단순한 공상소설이 아니라 헤르쯜의 참된 "계획서"였다고 주장한다.[573] 이런 공허한 주장이 이 책에서는 그럴싸해 보이는데, 왜냐면 이 시기에는 유대인의 이주에 반대하는 아랍 민족 운동이 없어서 아랍인들의 저항을 예상할 수 없었다고 설명하기 때문이다.[574] 아랍인들이 시온주의에 저항하고 있었다는 것을 보여주는 어떤 역사적 사실도 서술되지 않는다. 토착민이 반대하기 때문에 헌장을 얻은 후에 식민화를 시작해야 한다는 헤르쯜식 시온주의의 요체도, 2차 시온주의자 대회에서 아랍인들과 식민촌의 무력 충돌 사례가 공식적으로 보고된 것도, 유수프가 보낸 편지도 아무것도 언급하지 않는다. 더군다나,『오랜 새로운 땅』을 설명하는 7장을 제외하면 이 책 전체에서 팔레스타인의 아랍인은 단 한 번만, 그조차도 간접적으로만 언급된다.[575] 즉, 팔레스타인은 철저히 버려진 땅으로 그려진다.

사료를 의도적으로 왜곡한 것으로 강하게 의심되는 내용도 발견했다. 본문에서 언급했듯이 1897년에 헤르쯜은 술탄을 만나려 하는 영국인 시드니 휘트만에게 시온주의에 대해 설명하는 편지를 프랑스어로 작성해 보냈고, 이를 일기에 필사해 두었다. 영문으로 출간된『헤르쯜 일기 완전판』[576]의 번역문에 따르면, 헤르쯜은 유대인들이 이주해 가기 전에 오스만 정부가 약속해야 할 요건 중 하나로 자유로운 토지 거래를 꼽으며 "(이주에) 필요한 토지는 전적으로 아무런 제약 없이 매입될 것이다. 이는 다른 누군가를 '추방'하는 문제가 절대 아니다.(It cannot be a question of "dispossessing" anyone at all.) 소유권은 사적 권리이며 간섭받을 수 없다."[577]고 말한다. 즉, 토지 매입자가 소작농을 추방하는 것은 자신의 소유권을 정당하게 행사하는 것일 뿐이며 이를 이유로 토지 매입에 제약이 있어서는 안 된다고 말한 것이다. 그런데 아비네리의『헤르쯜의 비전』영문번역본에서는 가운데 문장이 아래와 같이 정반대의 뜻으로 번역되었다.

> (토지는) 전적으로 아무런 제약 없이 매입될 것이다: 누구도 추방되지 않을 것이다.(Nobody will be dispossessed.) 소유권은 사적 권리이며 간섭받을 수 없다.[578]

아비네리는 책 말미에 참고문헌 목록을 표기했을 뿐 인용글의 출처를 주석으로 밝히지는 않았다. 그러나 가운데 문장을 제외한 앞뒷 문장은『헤르쯜 일기 완전판』과 토씨 하나 안 틀리고 완벽하게 일치한다.[579] 그러므로『헤르쯜 일기 완전판』에서 이 글을 직접인용하였으나 어떠한 이유에서인지 가운데 문장만 프랑스어 원문을 직접 번역한 것으로 추정해 볼 수 있다. 프랑스어 원문은[580] "il ne peut être question de 'déposséder' qui que ce soit"로, 직역하면 "누군가를 '추방'하는 문제는 있을 수 없다."가 된다.[l] 그런데 아비네리는 'question de déposséder'[m], 즉 '추방의 문제'라는 명사구를 임의로 '추방'이라는 단어로 바꿔서 추방은 없다고 번역한 것이다.

『헤르쯜의 비전』의 번역은 시온주의자들이 토지를 매입한 후 소작농을 추방하는 당시 상황과 맞지 않을 뿐만 아니라 글의 맥락에도 완전히 어긋난다. 직역이나『헤르쯜 일기 완전판』의 번역대로 읽으면 세 문장은 하나의 뜻을 가지게 되지만,『헤르쯜의 비전』에서는 세 문장이 연결되지 않고 독립적으로 나열된 구조로 변한다. 얼핏 보면 가운데 문장과 마지막 문장은 소유권은 간섭받지 않아야 하므로 추방될 수 없다는 것처럼 의미가 연결된 것으로 보이지만, 소유권을 가진 것은 지주이고 추방되는 것은 소작농이므로 주체가 다르다. 프랑스어 원문에는 없는 콜론(:)을 삽입해 가운데 문장을 첫 문장에 종속시켜 추가적인 설명문처럼 구조를 바꾼 것도 이런 문제점을 의식했기 때문일 것이다. 또한, 원문에는 추방이란 단어가 따옴표로 강조되어 있으나『헤르쯜의 비전』은 직접인용을 하면서도 따옴표를 삭제하는 중대한 오류를 범했다. 따옴표

---

l) 차례대로 해석하면, 'il ne peut etre'는 ~일 수 없다'라는 뜻이고(=there can be no), 'question de'는 ~의 문제(=question of), 'deposseder qui que ce soit'는 누군가를 추방하다(=dispossessing somebody)라는 뜻이다.
m) de는 영어의 of와 같고 déposséder는 dispossess와 같다.

의 유무는 뉘앙스에 큰 차이를 가져온다. 따옴표 없이 '추방되지 않을 것이다.' 라고 적으면 아무도 쫓겨나지 않는다는 의미이지만, 따옴표를 삽입하면 쫓겨 나긴 하지만 그걸 추방으로 보아서는 안 된다는 뉘앙스를 담게 된다.[581] 그러므로 헤르쯜이 소작농을 추방하지 않겠다고 말한 것처럼 보이게 하려는 목적으로 날조한 것으로 의심된다.

친이스라엘 사관의 역사 왜곡은 '평화적인 식민화'가 분쟁에 이르게 된 책임을 아랍인들에게서 찾는 데로까지 나아간다. 1914년까지 팔레스타인에서 시온주의에 적극적으로 저항한 아랍인은 소수에 그쳤고, 식민촌에서 일어난 토지 분쟁은 아랍 마을들 사이에서도 발견되는 일상적 갈등과 다르지 않았다. 비슷한 시기에 프랑스가 정복한 알제리와 이탈리아가 정복한 리비아에서 아랍인들이 학살이나 반란을 일으키며 저항 의식을 격렬하게 나타낸 것과는 대조적이다.[582] 오히려 팔레스타인에서는 아랍인들이 유대인에게 토지를 고가에 판매해 경제적 이익을 거둘 수 있어서 식민화를 긍정적으로 받아들였다. 단지 극소수에 불과한 민족주의자만이 반대해 갈등을 조성했을 뿐이다.

이러한 사관은 오늘날에도 많은 학자들이 거듭 주장하고 있지만, 조금만 살펴봐도 오류투성이라는 것을 알 수 있다. 식민촌에서의 토지 분쟁은 그 자체로 식민화에 대한 반감을 드러낸다. 아랍 마을 간에 유사한 갈등이 있다고 해서 대수롭지 않은 일이 되지 않으며, 시간이 갈수록 위협이 점증했다는 중대하고 근본적인 차이도 있다. 토지 판매로 인해 이익을 본 이들은 극소수의 지주들이고, 그마저도 팔레스타인 아랍인이 아닌 부재지주가 대부분이라는 점 역시 간과되었다. 시온주의에 반대하는 아랍 사회의 목소리 때문에 공급이 제한되어 토지 가격이 급등한 것도 고려되지 않았다. 그러니 식민화로 팔레스타인 사회 전체가 혜택을 누리고 찬성했다는 주장은 극심한 논리적 비약이다.

무엇보다도, 팔레스타인에서 강한 저항이 없던 것은 식민화에 대한 반감이 약해서가 아니라 식민화의 주체와 위협의 수준이 달랐기 때문이다. 시온주의자들은 유럽인인 동시에 아랍인이 친밀감을 느끼는 유대인이었고 그들 자신이 선전한 것처럼 배후에 군사력이 없었다. 그 덕분에 독일의 기독교 식민이주자들이 처음부터 전운이 감도는 긴장을 일으킨 것과는 달리[583] 시온주의자들은 의혹의 눈초리만 받으면서 식민화를 상대적으로 안전하게 시작할 수 있었다. 식민화의 의도가 알려지기 시작한 후로도 시온주의자들은 정치적 의도가 없다는 거짓말로 아랍인을 방심하게 만들었고 일부 아랍 유대인도 변론에 가세해 혼동을 가중시켰다. 시온주의에 대한 경계의 목소리를 높이는 아랍 정치인은 반유대주의자로 몰리지 않도록 신중하게 행동해야 했다.[584] 1914년까지도 이런 상황은 크게 바뀌지 않았는데 시온주의가 어디까지나 잠재적 위협으로만 인식되었기 때문이다. 1914년에 유대인들은 팔레스타인 인구의 5-10%를 구성했고 팔레스타인 전체 토지의 3%만을 소유했다.[585] 열강에 정복당한 알제리나 리비아의 아랍인들이 느낀 위협과는 전적으로 다를 수밖에 없었다. 유대인 중에서도 시온주의의 성공을 점치는 이는 극소수였고 심지어 시온주의자들조차 희망을 찾지 못해 팔레스타인 밖으로 눈을 돌리는 진영이 있었으니 다수의 아랍인이 적극적으로 투쟁할 필요성을 느끼지 못한 것은 당연했다.

민족주의자만 식민화에 반대한 것도 아니었다. 18-19세기에 민족주의가 태동하기 전부터 전 세계 어디에서나 식민화에 대한 토착민의 저항은 보편적인 현상이었다. 팔레스타인에서도 반시온주의 항쟁을 처음 시작한 것은 추방당한 농민들이었다. 민족주의자들은 식민촌이 커지자 한발 늦게 위협을 인지하고 다른 아랍인들에게 이를 알려 더 큰 투쟁을 조직한 후발대였다. 그들은 식민화로부터 직접 해를 입지는 않았으나 농민들의 작금의 피해와 민족의 미래를 염려해서 식민화에 반대했다. 이러한 걱정이 기우가 아니라는 것은 시온주의자들이 누구보다 잘 알고 있었다. 시온주의가 성공하기 위해서는 팔레스타인이 아랍 민족의 땅으로 남아 있어선 안 되었다. 1919년에 벤구리온

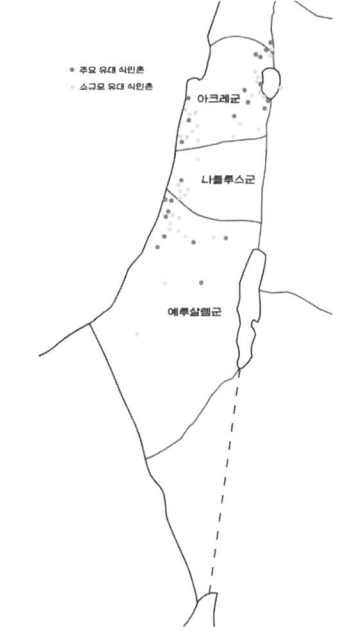

지도 10 1881-1914년 사이에 세워진 유대 식민촌[586]

은 이를 솔직하게 인정하며 다음과 같이 말했다.

> 모두가 아랍과 유대의 관계에서 어려운 문제가 있다는 것은 알지만 이 문제에 해결책이 없다는 것은 모르고 있소이다. 해결책은 없소! (양자의 관계에는) 커다란 간극이 있고 무엇도 이를 좁힐 수는 없는 법이오. … 우리는 민족으로서 이 땅을 우리 것으로 하길 원하고 아랍인들도 민족으로서 이 땅을 그들 것으로 하길 원하오.[587]

시온주의는 토착민을 해치는 식민주의로 이어질 수밖에 없었다. 시온주의자들의 눈에 아랍인은 동등한 권리를 지닌 인간으로 보이지 않았고 그들의 저항은 시련을 의미할 뿐 '유대 문제의 유일한 해결책'이라는 대의를 포기할 이유로 생각될 수 없었다. '시온 외의 시온주의' 진영이 팔레스타인을 대체할 다른 지역을 찾았던 것도 아랍인의 권리를 해칠 수 없다는 도덕적인 이유가 아니라 힘의 차이 때문이었다. 그들은 영국에 동아프리카의 식민화를 요청할 때 저항하는 토착민을 추방할 권리를 인정해 달라고 요구했다.[588]

이런 사고방식은 시온주의자들이 다른 유대인보다 유달리 도덕적 관념이 낮아서 생긴 것은 아니다. 시온주의가 시작되기 전인 1878년에 페타 티크바를 건설하러 유럽에서 이주해 온 종교적인 유대인들도 "이 아랍인들은 이스라엘의 자손에게 오랫동안 쌓아온 증오가 없다. 우리가 평화롭게 다가가면 이들도 평화로 보답할 것이다. 만약 우리가 좋은 일을 해주고 우리로부터 이익을 얻을 수 있다는 희망을 가슴에 심어준다면, 이들은 우리에게 머리를 조아리고 충직한 하인이 될 것이다."라고 생각했다.[589] 즉, 아랍인보다 우위에 서는 것은 매우 당연한 전제로 여겼다. 일부 시온주의자들이 아랍인을 추방하는 계획까지 세운 것과는 달리 종교적인 유대인은 그저 지배하는 것만으로도 만족했다는 중대한 차이는 있지만, 이는 도덕성보다는 추구하는 가치가 달라서였다. 능동적 메시아주의를 믿는 유대인들은 메시아의 도래가 앞당겨지기만 바랐기 때문에 이주자가 늘어나는 것으로 만족할 수 있었다. 반면, 시온주의자들은 유대 민족만의 국가와 문화, 생활공간의 탄생을 추구했기 때문에 아랍인을 불순물이자 민족주의 이상의 실현을 위해 제거해야 할 장애물로 보았다. 따라서 수단적 성격으로서의 반아랍주의를 가지게 되었다.

이유야 어쨌든 식민주의자로서 군림하려 한 시온주의자들은 대단히 비인도적이고 인종차별적이다. 하지만 오늘날의 도덕적 잣대를 들이대기 이전에 시대적 상황에 대한 이해가 선행되어야 한다. "시온주의 운동은 19세기 동안 팔레스타인에 대한 '권리의 재주장'과 식민화에 전념한 많은 유럽인의 운동 중 하나에 불과했다."[590] 독일의 성전수호단도 아랍인은 안중에도 없이 팔레스타인 땅을 신이 기독교도에게 하사한 곳으로 여겼다.[591] 비슷한 시기에 아시아와 아프리카 대륙에서 식민촌을 만든 선교사들도 마찬가지였다. 역사학자 일란 파페(Ilan Pappe)는 "유럽인이 이 대륙들에 만든 식민촌들은 오직 유럽 열강의 전략적 이해와 정착민 자신들을 위하는 제국주의 공동체가 되었다. 백인들이 아프리카와 아시아로 침투하는 시기에 유대인들은 (같은 방식으로) 그들의 '고향'으로 '귀환'하고 있었다."고 설명한다.[592] 즉, 시온주의자들은 전형적인 유럽인이었을 뿐 그들보다 특별히 더 나쁜 악당은 아니었다. 1914년에 유럽 국가들은 전 세계의 84%를 식민지나 보호령으로 만들어 통치하고 있었으니 비유럽인들에 대한 보편적 인식이 어땠는지를 짐작하기는 어렵지 않다.[593]

도덕적 평가를 내릴 때 시온주의가 반유대주의로부터의 해방을 위해 시작되었다는 인도주의적인 기원을 잊어서도 안 된다. 다만 시온주의가 정말로 유대 문제를 해결할 수 있는 바람직하거나 유일한 해결책이었는지는 많은 의문을 남긴다. 유대 문제는 민족과 국가를 만들어야지만 해결되는 것인가? 서유럽이나 미국으로 이주하거나 술탄이 허락한 대로 오스만 영토 각지에 비정치적인 피난처만을 마련하는 것으로는 안 되나? 아랍인과 갈등을 빚으면서까지 팔레스타인을 차지해야 할 정도로 유럽에서 유대인들의 피해가 심각했나? 팔레스타인 외의 다른 곳에서 국가를 세우면 안 되나?

친이스라엘 측은 나치의 홀로코스트 등을 들어 시온주의가 정당하고 올바른 해결책이었던 것이 증명되었다고 주장한다. 그러나 반시온주의 유대인들의 경고대로 시온주의가 반유대주의를 부추겼다는 점도 고려해야 한다. 유대 국가가 일찍 건국되었더라도 반유대주의가 갑자기 종식되거나 홀로코스트를 막을 수 있었을 것으로 보이지도 않는다. 오늘날 유럽에서 반유대주의는 많이 완화되었으나, 이는 나치의 만행에 대한 반성과 구조에 소홀했던 죄책감에서 비롯된 것이지 이스라엘의 노력 덕분은 아니었다. 오히려 이스라엘은 아랍인들을 반유대주의자로 변모시켰고 식민 지배의 실상이 들통난 후로는 세계적으로 유대인에 대한 평가를 추락시키고 있다. 그렇지만 이런 회의적인 결과와는 관계없이 유대 민족의 발명과 국가의 건국이 유대인의 영향력을 키우고 권리를 보호할 수 있다는 발상만큼은 지극히 합리적이다.

시온주의자들은 민족주의자였고 동시에 식민주의자였다. 이 두 가지 면모 중 어느 하나만 보고 전체를 평가해서는 안 된다. 안타깝게도 이스라엘의 역사를 설명하는 많은 글은 전자의 모습만을 부각한다. 즉, 팔레스타인의 식민화를 철저히 유대인의 시각에서만 조명하여 유대 공동체가 역경을 딛고 일어나 성공하는 모습으로 그린다. 마치 콜럼버스의 아메리카 대륙 '발견'과 뒤따른 유럽인들의 이주가 인류에 새로운 희망이 될 터전을 만든 신성한 업적으로만 기려지는 것처럼 말이다. 그러나 유럽인들이 땅의 주인이 되기 위해 식민주의라는 끔찍한 폭력을 행사한 추악한 역사는 결코 별개의 사건이 아니다. 둘은 칼자루와 칼날처럼 전체가 하나를 이루는 관계다. 칼을 휘둘렀는데 칼날이 만든 혈흔에 대해서는 침묵하고 칼자루를 잡은 손놀림이 아름답다고만 이야기하는 것은 책임을 회피하는 역사 왜곡이다. 아메리카 대륙의 토착민들은 눈먼 칼에 맞아 피를 흘린 게 아니었다. 유럽인들은 자신들이 좇는 꿈의 의미와 결과를 너무나도 잘 알고 있었고 그 꿈을 위해 칼을 겨냥하고 휘둘렀다. 시온주의자들도 마찬가지였다. 팔레스타인에서 유대 민족을 부흥시키겠다는 꿈은 유럽에서 고통받는 형제자매를 구해내는 숭고한 행위인 동시에 땅의 주인인 아랍인에게 비극을 가져오는 짓이라는 것을 너무나도 잘 알고 있었다. 시온주의는 민족주의적인 만큼이나 식민주의적이었다.

시온주의는 의심할 여지 없이 팔레스타인에서 아랍인과 유대인 간에 분쟁을 만들어낸 사상이다. 그러나 시온주의의 탄생이 분쟁의 출발점은 아니었다. 1880년대와 1914년 사이에 아랍과 유대의 민족적 갈등은 찾아볼 수 없다. 식민촌에서의 물리적 충돌은 어디까지나 시온주의에 대한 반감에서 야기된 것이지 유대인에 대한 반감이 아니었다. 반대로 유대인들이 아랍인을 적으로 간주하지도 않았다. 시온주의자들은 아직까지 유대 공동체에서 미미한 소수를 구성하는 극단주의자[n]에 불과했다. 그러나 1차 세계대전(1914-18)으로 오스만이 몰락하고 팔레스타인의 새로운 지배자가 된 영국이 시온주의를 지지하면서 모든 것이 뒤바뀐다. 시온주의는 갑자기 전 세계 유대 민족의 열망으로 선전되고 여기에 편승하는 유대인이 늘어났다. 갈등은 점차 민족적 구도로 변했다. 위협을 느낀 팔레스타인인들이 거세게 저항했으나 영국군에게 무참히 학살당한다. 결국, 유엔의 승인으로 1948년에 이스라엘이 건국되기까지 약 30년간 영국이 팔레스타인을 지배한 역사는 20세기를 통틀어 가장 희대의 사기극 중 하나로 손꼽힐 정도로 거짓과 위선, 기만으로 가득 차 있다. 오늘날에는 무대 뒤편으로 숨어서 아무런 잘못도 책임도 없는 것처럼 행세하고 있지만, 영국 정부가 당시 스스로 남긴 기록들은 분쟁이 어떻게 시작되고 그들의 책임이 무엇인지를 명백히 밝혀준다.

---

n) 친이스라엘 사관에서 아랍 민족주의자는 소수에 불과한 극단주의자이며 아랍 공동체를 대변할 자격이 없다는 비판을 받곤 한다. 하지만 시온주의자, 즉 유대 민족주의자도 소수의 극단주의자라는 진실은 함구한다. 유대인들은 아랍인보다 한 세대 일찍 민족의식을 각성했고 자연히 동시대의 아랍 민족주의자보다는 수가 많았다. 그렇지만 아랍 민족주의자가 식민화에 저항하면서 일반 농민이나 다른 아랍인들로부터 널리 지지받은 것과는 달리 유대 민족을 위해서 팔레스타인 땅을 정복해야 한다는 시온주의자는 다른 유대인들로부터 공감보다는 비판을 받았다는 점에서 더욱더 극단주의적이었다.

Endnotes

1) Eitan Bar-Yosef, *The Holy Land in English Culture 1799-1917: Palestine and the Question of Orientalism* (Oxford: Oxford University Press, 2005), 61-76, 95:n.120.
2) Bar-Yosef, 85-8, 94-181.
3) Bar-Yosef, 7-8, 81-94, 150-3, 158-9, 161.
4) Scholch, *Palestine in Transformation*, 65-74.
5) USA, Americian Declaration of Independence, July 4, 1776.
6) 약 4천 명에서 많게는 8천 명이 사망한 것으로 추정된다. Russell Thornton, "Cherokee Population Losses during the Trail of Tears: A New Perspective and a New Estimate," *Ethnohistory* 31, no. 4 (1984).
7) Frank H. Baumgardner, *Killing for Land in Early California: Indian Blood at Round Valley: Founding the Nome Cult Indian Farm* (New York: Algora Publishing, 2005), 28-37; Brenden Rensink, "Genocide of Native Americans: Historical Facts and Historiographic Debates," in *Genocide of Indigenous Peoples: A Critical Bibliographic Review*, eds. Samuel Totten and Robert K. Hitchcock (New Brunswick: Transactino Publishers, 2011), 20.
8) Rensink, 19-21.
9) Ilan Pappe, "The Many Faces of European Colonialism: The Templers, the Basel Mission and the Zionist Movement," in *Israel and South Africa: The Many Faces of Apartheid*, ed. Ilan Pappe (London: Zed Books, 2015), 48-54.
10) 성전수호단은 1868~1873년 사이에 4개, 1902~1907년에 3개의 식민촌을 건설했으며 최대 인구는 2,200명을 넘은 적이 없었다. Scholch, *Palestine in Transformation*, 52-3, 62-75; Pappe, "The Many Faces of European Colonialism," 50-1.
11) John James Moscrop, "The Palestine Exploration Fund: 1865-1914," PhD thesis (University of Leicester, 1996), 7-8.
12) Scholch, *Palestine in Transformation*, 64.
13) Scholch, 49-61.
14) Bar-Yosef, *Holy Land in English Culture*, 76-81, 105-181; Moscrop, "The Palestine Exploration Fund," 226-39.
15) 나폴레옹의 이집트 공격으로 팔레스타인이 유럽의 땅이 될지 모른다는 기대감, 유대인 해방령, 세속화로 유대교를 등지는 자들이 늘어나는 현상, 유럽 국가들의 계속되는 전쟁과 내전, 러시아의 징집령, 유럽식 개혁을 단행한 무함마드 알리의 팔레스타인 정복 등이 메시아 출현의 전조로 믿어졌다. Morgenstern, *Hastening Redemption*, 3-49.
16) Morgenstern, 75.
17) 세파르디 유대인들은 원래 스페인과 포르투갈 출신의 유대인들만을 의미했지만, 15세기 말에 박해를 피해 대부분이 아랍 지역으로 이주해오면서 비유럽 지역의 유대 공동체 중에서 다수인구를 구성하게 되고 다른 유대 공동체에 문화적으로 큰 영향력을 행사했기 때문에 아슈케나지를 제외한 다른 모든 유대인을 총괄하는 의미로도 사용되고 있다. 가령, 1939년에 랍비 벤시온 우지엘(Ben-Zion Hai Meir Uziel)은 세파르디 공동체가 "스페인에서 온 이들만을 의미하는 것이 아니라 동방 지역에 있으며 스페인 (문화의) 영향력을 받아들인 모두"를 의미한다고 정의했다. Moshe Behar and Zvi Ben-Dor Benite, eds., *Modern Middle Eastern Jewish Thought: Writings on Identity, Politics, and Culture, 1893-1958* (Waltham: Brandeis, 2013), xxiv; 이러한 분류법은 오늘날에도 널리 사용되고는 있으나 공동체의 특성이나 성질을 반영하지는 못한다는 비판을 받고 있다.
18) 모세 베하르(Moshe Behar)의 빅데이터(big data) 연구에 따르면, 아랍 지역의 유대인을 가리키는 용어는 20개가 넘으며 중동학 학술지에서 아랍 유대인은 동방 유대인과 세파르디 유대인 다음으로

많이 사용되고 있다. 그 외에도 "아랍화 된 유대인"이나 "아랍어를 말하는 유대인", "유대적인 아랍인" 등도 사용되고 있다. Behar, "What's in a name?", 747-59, 770.

19) Yazbak, *Haifa in the Late Ottoman Period*, 28-31; Kenneth W. Stein, *The Land Question in Palestine, 1917-1939* (Chapel Hill: University of North Carolina Press, 1984), 8.
20) 시초는 영국이었으나 확산하는 계기가 된 것은 프랑스 혁명이었다.
21) Gideon Shimoni, *The Zionist Ideology* (Hanover: Brandeis, 1995), 12-3.
22) Hugh Seton-Watson, *Nations and states: An Enquiry into the Origins of Nations and the Politics of Nationalism* (London: Methuen, 1977), 5.
23) Seton-Watson, 5.
24) Benedict Richard O'Gorman Anderson, *Imagined Communities: Reflections on the Origin and Spread of Nationalism*, rev. ed (London: Verso, 2006), 9-46.
25) Anderson, 5-7.
26) Stephen Sharot, *Comparative Perspectives*, 145; Shlomo Avineri, *Herzl's Vision: Theodor Herzl and the Foundation Of the Jewish State*, trans. Haim Watzman (New York: BlueBridge 2013), 74-5.
27) Laqueur, *The Changing Face of Anti-Semitism*, 71-9; Brustein, *Roots of Hate*, 77-94; Lucy S. Dawidowicz, *The war against the Jews, 1933-1945* (New York: Holt, Rinehart and Winston, 1975), xiii-xiv.
28) Isaac Eisenstein-Barzilay, "The Ideology of the Berlin Haskalah," *Proceedings of the American Academy for Jewish Research* 25 (1956); Shimoni, *The Zionist Ideology*, 13-6.
29) Morgenstern, *Hastening Redemption*, 4-5.
30) Sam N. Lehman-Wilzig, "Proto-Zionism And Its Proto-Herzl: The Philosophy and Efforts of Rabbi Zvi Hirsch Kalischer," *Tradition: A Journal of Orthodox Jewish Thought* 16, no. 1 (1976): 57.
31) Robert Liberles, "Was There a Jewish Movement for Emancipation in Germany?" *The Leo Baeck Institute Year Book* 31, no. 1 (1986).
32) Moses Hess, *Rome and Jerusalem: a Study in Jewish Nationalism*, trans. Meyer Waxman (New York: Bloch Publishing Company, 1918), 43, 73-7, 145-6.
33) Julius H. Schoeps, *Pioneers of Zionism: Hess, Pinsker, Rulf: Messianism, Settlement Policy, and the Israeli-Palestinian Conflict* (Berlin: Boston: De Gruyter, 2013), 11-4.
34) Hess, *Rome and Jerusalem*, 68.
35) Hess, 68.
36) Schoeps, *Pioneers of Zionism*, 16-7; Hess, 43-5, 70-7.
37) Hess, 49, 62, 64.
38) Hess, 60-1, 97-8.
39) Hess, 74.
40) Hess, 43, 73-7, 145-6, 172.
41) Hess, 75, 138, 162.
42) Hess, 141-78, 258-9.
43) Schoeps, *Pioneers of Zionism*, 18, 28-32.
44) Hess, *Rome and Jerusalem*, 260-2.

45) Bar-Yosef, *The Holy Land in English Culture*, 210-3.
46) 인구통계학자 세르지오 델라페르골라(Sergio DellaPergola)에 의하면, 팔레스타인에서 유대 인구는 1800년경과 1825년경에 7천 명, 1850년경에 1만 1천 명, 1880년경에 2만 4천 명으로 증가한 것으로 추정되며 이는 각각 전 세계 유대 인구 비율의 0.3%, 0.2%, 0.2%, 0.3%에 해당한다. Dellapergola, *Changing Patterns*, 156:table.1: 즉, 팔레스타인의 유대 인구가 지속적으로 증가했음에도 불구하고 세계 유대 인구에서 차지하는 비율은 변화가 없었고 따라서 세계 유대 인구의 증가가 팔레스타인의 유대 인구 증가에도 큰 영향을 끼쳤다고 추정해볼 수 있다.
47) 이 두 랍비는 헤스와 더불어 유대 민족주의의 선구자로 여겨지기도 하지만 그들은 근본적으로 메시아의 도래를 앞당긴다는 종교적인 목적으로 이주를 도모했다. 자세한 내용은 다음을 보라. Shimoni, *The Zionist Ideology*, 71-8; Lehman-Wilzig, "Proto-Zionism and Its Proto-Herzl," 56-70.
48) 1878년에 처음 건설할 때는 게이 오니(Gei Oni)라고 이름 지었으나 1882년에 로쉬 피나로 바꾸었다.
49) Alan Dowty, *Arabs and Jews in Ottoman Palestine: Two Worlds Collide* (Bloomington: Indiana University Press, 2019), 25, 108-9.
50) 역사학자 기데온 쉬모니(Gideon Shimoni)는 헤스의 사상이 유대 민족주의 운동의 4가지 핵심 요소를 모두 갖추고 있다고 설명한다. 즉, 유대인들을 독자적인 사회적 집단으로 인식하고, 집단이 처한 문제 상황을 진단하고, 이에 대한 해결책의 필요성과 함께 방법론을 제시했다. Shimoni, *The Zionist Ideology*, 52-60.
51) 1897년에 열린 1차 시온주의자 대회에서 헤스는 현대 시온주의의 선구자이자 사회주의 시온주의의 전조로 기념된다. Schoeps, *Pioneers of Zionism*, 32.
52) Shimoni, *The Zionist Ideology*, 12-21.
53) DellaPergola, *Changing Patterns*, 158:table.2.
54) Shimoni, *The Zionist Ideology*, 21-9.
55) 포그롬은 민족 혹은 종교 집단 등을 대상으로 한 조직적인 학살과 약탈을 뜻하지만, 오늘날에는 유대인에 대한 박해를 의미하는 용어로 널리 쓰이고 있으며 특히 동유럽에서 일어난 박해를 지칭할 때가 많다. Klier, *Russians, Jews*, 58.
56) Omeljan Pritsak, "The Pogroms of 1881," *Harvard Ukrainian Studies* 11, no. 1 (1987); Edward H. Judge, *Easter in Kishniev: Anatomy of a Pogrom* (New York: New York Uuniversity Press, 1992), 11-5.
57) Klier, *Russians, Jews*, 84:n.104; David Norman Smith, "Judeophobia, Myth, and Critique," in *The Seductiveness of Jewish Myth: Challenge or Response?* ed. S. Daniel Breslauer (Albany: State University of New York Press, 1997), 131.
58) 포그롬은 이주를 촉발하는 계기였을 뿐 주요 원인은 아니었다. 많은 이주자는 포그롬을 피하기 위해서가 아니라 경제적 빈곤을 견디지 못하고 일자리를 찾아 이주했다. 포그롬이 가장 심각했던 우크라이나에서 이주자는 오히려 적었다. Lloyd P. Gartner, "The Great Jewish Migration 1881-1914: Myths And Realities," *Shofar* 4, no. 2 (1986); David Vital, *The Origins of Zionism* (Oxford: Clarendon Press, 1975), 51-3.
59) Dowty, *Arabs and Jews in Ottoman Palestine*, 80-1; Margalit Shilo, "The Immigration Policy of the Zionist Institutions 1882-1914," *Middle Eastern Studies* 30, no. 3 (1994): 598-9.
60) Shimoni, *The Zionist Ideology*, 30-2; Shmuel Ettinger and Israel Bartal, "The First Aliyah: Ideological Roots and Practical Accomplishments," in *Essential Papers on Zionism*, eds. Jehuda Reinharz and Anita Shapira (New York: New York University Press, 1996), 78-9.
61) Ettinger and Bartal, 81.
62) Gur Alroey, "Aliya to America?: A Comparative Look at Jewish Mass Migration, 1881-1914," *Modern Judaism* 28, no. 2 (2008): 109-33; Ettinger and Bartal, "The First Aliyah," 81-2.

63) Leon Simon, *Moses Leib Lilienblum* (Cambridge: Cambridge University Press, 1912), 17.
64) Lilenblum, diaries of May 5, May 7, n.d., 1881, quoted in Arthur Hertzberg, ed. *The Zionist idea: a historical analysis and reader* (New York: Atheneum, 1969), 169.
65) Lilenblum, n.d. in Hertzberg, 1969, 169-70; Lilenblum, "Let Us Not Confuse the Issues," 1882, quoted in Hertzberg, 1969, 173.
66) Shimoni, *The Zionist Ideology*, 30.
67) Ettinger and Bartal, "The First Aliyah," 63-72.
68) Yossi Goldstein, "The Beginnings of Hibbat Zion: A Different Perspective," *Association for Jewish Studies. AJS Review*; Cambridge 40, no. 1 (2016): 36-7.
69) David Patterson, *A Darkling Plain: Jews and Arabs in Modern Hebrew Literature* (Oxford: Oxford Centre for Postgraduate Hebrew Studies, 1988), 8.
70) 거의 모든 친이스라엘 역사가들은 1882년경의 유대 인구를 24,000명으로 인용한다. 하지만 오스만 인구 통계로 확인되는 유대 인구는 15,000명 남짓이다. Justin McCarthy, *The Population of Palestine: Population History and Statistics of the Late Ottoman Period and the Mandate* (New York: Columbia University Press, 1990), 10:table1.4D.
71) McCarthy, 10:table1.4D; Scholch, *Palestine in Transformation*, 19-43; Fred M. Gottheil, "The Population of Palestine, circa 1875," *Middle Eastern Studies* 15, no. 3 (1979): 318.
72) 당시나 이후에도 베두인에 대한 인구조사는 제대로 시행된 적이 없어 정확한 수는 알 수 없지만, 프레드 가테일은 1875년경의 베두인 인구를 18,590명으로 추정했다. 실제로는 이보다 많을 가능성도 있다. 1914년에 오스만은 남부 사막지대에 5.5만 명의 베두인이 있을 것으로 추정했고, 영국은 1922년에 이곳에서 72,898명의 베두인이 사는 것으로 추정했다. 여전히 불확실하지만 이보다는 정교한 1931년의 인구조사에서는 팔레스타인 전체에 66,553명의 베두인이 산다고 추정했다. Gottheil, "The Population of Palestine, circa 1875," 316:table5, 317; Barron, *Census of 1922*; E. Millls, *Census of Palestine 1931: Population of Villages, Towns and Administrative Are\as* (Jerusalem: Greek Convent & Goldberg Presses, 1932).
73) 남부사막의 북쪽 끝자락에 있는 반건조지대 마을인 브엘세바에 정착한 유대인들이 있지만, 그 수는 고작 1922년에 98명, 1931년에 17명, 1944년에 150명에 그친다. John Valentine Wistar Shaw, *A Survey of Palestine*, vol. 1 (Palestine, 1946), 149:table.7c, 152:table.8c.
74) Gottheil, "The Population of Palestine, circa 1875." 318.
75) 7판(1842), 9판(1885), 10판(1902)은 북위 31도를 남쪽 경계로 정의하고, 8판(1859)은 북위 30도 40초, 11판(1911)은 서남쪽 경계를 31도 28초로 잡고, 동남쪽에 대해서는 명확한 정의를 내리지 않았다. *Encyclopedia Britannica*, 7-11th ed. (1842, 1859, 1885, 1902, 1911), s.v. "Palestine."
76) *Jewish encyclopedia*, 1st ed. (1901-1906), s.v. "Palestine."
77) 남부 사막지대를 제외한 팔레스타인의 인구밀도는 홉 심슨 위원회(Hope-Simpson Commission) 보고서에서 인용된 13,760km²의 면적(남부사막과 브엘세바지구가 제외된 면적)에 가테일이 추정한 중남부 지역의 베두인 인구 15,250명을 제외하여 계산하였다. 정확한 계산을 위해서는 브엘세바지구에서 정착생활을 하는 브엘세바 거주민(반세기 뒤인 1922년에 2,356명)은 제외하고 중부 지역의 베두인 인구는 포함시켜야 하지만, 가테일의 연구에서 이를 알 수 없고 그 수가 비슷할 것으로 생각되어 상쇄한다고 가정하였다. Great Britain, *Palestine: Report on Immigration, Land, Settlement and Development* [hereinafter quoted as Hope-Simpson Report], Cmd. 3686 (London, 1930), 12.
78) Franz Rothenbacher, *The European Population, 1850-1945* (New York: Palgrave Macmillan, 2002), 16:table.2.3.
79) José-Miguel Martínez-Carrión and Javier Moreno-Lázaro, "Was there an urban height penalty in Spain, 1840-1913?" *Economics & Human Biology* 5, no. 1 (2007): 147:table 2.

80) Gershon Shafir, *Land, Labor and the Origins of the Israeli-Palestinian Conflict, 1882-1914* (Berkeley: University of California Press, 1996), 36-8.
81) Scholch, *Palestine in Transformation*, 35-43, 39:Table 14.
82) R. Khalidi, *Palestinian Identity*, 97.
83) Roger Owen, The Middle East in the World Economy, 1800-1914 (London: I.B.Tauris, 2009), 173-5; Ruth Kark and Seth J. Frantzman, "The Negev: Land, Settlement, the Bedouin and Ottoman and British Policy 1871-1948," *British Journal of Middle Eastern Studies* 39, no. 1 (2012): 55-8.
84) Scholch, *Palestine in Transformation*, 166.
85) Scholch, 77-168; Shafir, *Land, Labor*, 28-30.
86) 1871년에서 1922년 사이에 아랍인들은 약 342,627 두남의 미경작지를 매입하거나 개간하여 획득하였고, 11,700명이 정착했다. 같은 시기에 유대인들은 약 500,000 두남을 매입하여 11,660명이 정착하였다. 보다 자세한 내용은 다음을 보라. Seth. J. Frantzman and Ruth Kark. "The Muslim Settlement of Late Ottoman and Mandatory Palestine: Comparison with Jewish Settlement Patterns," *Digest of Middle East Studies* 22 (2013).
87) Simon, *Moses Leib Lilienblum*, 21.
88) Dowty, *Arabs and Jews in Ottoman Palestine*, 79.
89) Neville J. Mandel, *The Arabs and Zionism before World War I* (Berkeley: University Of California Press, 1976), 1-5.
90) Mandel, *Arabs and Zionism*, 5.
91) 오스만의 이주 규제는 1882년 4월에 오데사에 있는 오스만 영사관에 게재되면서 널리 알려졌다. Goldstein, *The Beginnings of Hibbat Zion*, 38, 40-1; Shimoni, *The Zionist Ideology*, 36-7; Dowty, *Arabs and Jews in Ottoman Palestine*, 78-9.
92) 20세기 초의 고전적 정의에 따르면, "근대화된 민족에 의해 지배되는 지역에서 토착민의 삶의 개선과 자원의 체계적인 발전"을 의미했다. Ran Aaronsohn, "Baron Rothschild and the initial stage of Jewish settlement in Palestine (1882-1890): a different type of colonization?" *Journal of Historical Geography* 19, no. 2 (1993): 150-1.
93) Scholch, *Palestine in Transformation*, 112, 150-3; Shafir, *Land, Labor*, 29.
94) Ronald J. Horvath, "A Definition of Colonialism," *Current Anthropology* 13, no. 1 (1972).
95) Dowty, *Arabs and Jews in Ottoman Palestine*, 88-9.
96) Eliezer Ben-Yehuda, letter to Peretz Smolenskin, July 1882, quoted in Morris, *Righteous Victims*, 49.
97) Ben-Yehuda and Yehiel Michal Pines, letter to Rashi Pin, October 1882, quoted in Morris, *Righteous Victims*, 49.
98) Vladimir Dubnow, letter to his brother, October 20, 1882, quoted in Anita Shapira. *Land and Power: The Zionist Resort to Force, 1881-1948*, trans. William Tempter (Stanford: Stanford University Press, 1999), 55.
99) Goldstein, *The Beginnings of Hibbat Zion*, 42-3; Dowty, *Arabs and Jews in Ottoman Palestine*, 80.
100) Ran Aaronsohn, *Rothschild and Early Jewish Colonization in Palestine* (Lanham: Rowman & Littlefield Publishers, 2000), 53-67.
101) 핀스커는 원래 적극적인 동화주의자였는데 포그롬을 계기로 민족주의자로 바뀌었다고 알려져 있다. 하지만 최근의 연구에 의하면, 포그롬이 발생하기 훨씬 전부터 정부의 검열을 피하고자 익명

으로 동화주의에 반대하는 기사를 쓰고 유대인들이 "민족적 정체성"을 가진 채로 러시아에서 평등한 권리를 지닌 충실한 시민이 될 것을 주장해왔다고 한다. 어떤 학설이 맞든지 간에 유대인들이 러시아를 떠나 독립 국가를 만들어야 한다는 생각에 도달한 것은 오직 포그롬이 발발한 이후였다. Dimitry Shumsky. "Leon Pinsker and 'Autoemancipation!': A Reevaluation," *Jewish Social Studies* 18, no. 1 (2011): 40-51.

102) 옐리네크가 핀스커와의 회담을 신문에 보도한 내용이다. Adolf Jellinek, "Ein Zwiegespräch," *Die Neuzeit*, No. 13-15, 1882 quoted in Schoeps, *Pioneers of Zionism*, 35-6.
103) D. Smith, "Judeophobia, Myth, and Critique," 131-2.
104) Schoeps, *Pioneers of Zionism*, 36-7.
105) Jellinek, "Ein Zwiegespräch," *Aus der Zeitn* (Budapest, 1886), quoted in Wistrich, "Zionism and Its Religious Critics," 96.
106) Schoeps, *Pioneers of Zionism*, 37.
107) Leo Pinsker, *Auto-Emancipation* (MASADA Youth Zionist Organization of America, 1935), 5.
108) Pinsker, 10.
109) Shumsky, "Leon Pinsker and 'Autoemancipation!,'" 51-4.
110) Pinsker, *Auto-Emancipation*, 26.
111) Pinsker, 11-2.
112) Pinsker, 6-7.
113) Pinsker, 17, 19, 32.
114) Pinsker, 18-9.
115) Pinsker, 22.
116) Pinsker, 28-30.
117) Pinsker, 31.
118) 『자력해방』은 독일에서 출판되었을 때부터 동유럽 유대인들에게 알려졌고, 러시아에서는 1882년 말부터 히브리어로, 1884년에는 이디시어로 번역되어 출판되었다. Shimoni, *The Zionist Ideology*, 33.
119) Goldstein, *The Beginnings of Hibbat Zion*, 45-54.
120) Shimoni, *The Zionist Ideology*, 44.
121) 이 시기에 팔레스타인으로 이주해 온 유대인들의 상당수는 전통적 질서와 종교적 권위를 인정했다. 예를 들어, 1888-89년에는 유대 율법에 따라 경작을 스스로 제한했다. Aaronsohn, *Rothschild and Early Jewish Colonization*, 212-3.
122) Shimoni, *The Zionist Ideology*, 37; Schoeps, *Pioneers of Zionism*, 44-5; Dowty, *Arabs and Jews in Ottoman Palestine*, 77.
123) Vital, *The Origins of Zionism*, 155-8.
124) Schoeps, *Pioneers of Zionism*, 44.
125) Scholch, *Palestine in Transformation*, 151, 275.
126) Dowty, *Arabs and Jews in Ottoman Palestine*, 132.
127) Singer, *Palestinian Peasants and Ottoman Officials*, 12.
128) 영어의 국유지(State land)와는 구분해야 한다. Haim Gerber, *The Social Origins of the Modern Middle East* (Boulder: Lynne Rienner Publisher, 1994), 68; K. Stein, *Land Question*, 11-5; Martin Bunton, *Colonial Land Policies in Palestine 1917-1936* (Oxford: Oxford Univer-

sity Press, 2007), 36-7.
129) 세금징수 과정에서 착취 등으로 인해 실제로는 더 많은 수확물을 세금으로 지불해야 했다. K. Stein, *Land Question*, 16-7.
130) Singer, *Palestinian Peasants and Ottoman Officials*, 12-5.
131) 팔레스타인에서는 1871년부터 등기가 시행된 것으로 보인다. Scholch, *Palestine in Transformation*, 110; K. Stein, *Land Question*, 20.
132) Eugene L. Rogan, *Frontiers of the State in the Late Ottoman Empire Transjordan, 1850-1921* (Cambridge: Cambridge University Press, 2002), 82-3.
133) 공동경작 방식에 관해서는 다음을 보라. K. Stein, Land Question, 14-5; Baruch Kimmerling and Joel S. Migdal, *The Palestinian People: A History* (Cambridge: Havard University Press, 2003), 17-8.
134) H. Gerber, *Social Origins*, 71-3, 75-82; Martha Mundy, "Village Land and Individual Title: Musha' and Ottoman Land Registration in the 'Ajlun District," in *Village, Steppe and State: The Social Origins of Modern Jordan*, eds. Eugene L. Rogan and Tariq Tell (London: British Academic Press. 1994), 58-79; K. Stein, *Land Question*, 20-2; Abdul Latif Tibawi, *A Modern History of Syria: including Lebanon and Palestine* (Macmillan: St. Martin's Press, 1969), 176; R. Khalidi, *Palestinian Identity*, 95; Scholch, *Palestine in Transformation*, 111.
135) 많은 농민이 세금을 내거나 경작비를 마련하기 위해 연이율 10-50%의 이자로 돈을 계속해서 빌리다 종국에는 이를 갚지 못해 토지를 팔곤 했다. K. Stein, *Land Question*, 15, 19.
136) Scholch, *Palestine in Transformation*, 111-7; Shafir, *Land, Labor*, 32-4; R. Khalidi, *Palestinian Identity*, 95, 98.
137) Aaronsohn, *Rothschild and Early Jewish Colonization*, 265.
138) Scholch, *Palestine in Transformation*, 112-6; K. Stein, *Land Question*, 26.
139) Tibawi, *A Modern History of Syria*, 136; R. Khalidi, *Palestinian Identity*, 98-9.
140) 심지어 민족주의 단체가 아닌 이스라엘 만국협회가 1870년에 만든 농업학교도 토지를 매입한 뒤 아랍 소작농을 추방해 원한을 샀다. Scholch, *Palestine in Transformation*, 281.
141) K. Stein, *Land Question*, 22-3.
142) Mandel, *Arabs and Zionism before World War*, 34-7, 67; Dowty, *Arabs and Jews in Ottoman Palestine*, 88-153, 157.
143) Dowty, *Arabs and Jews in Ottoman Palestine*, 111, 115, 141-2, 158.
144) Shapira, *Land and Power*, 57; Dowty, *Arabs and Jews in Ottoman Palestine*, 112; Shafir, *Land, Labor*, 56.
145) Schama, *Two Rothschilds*, 96; Aaronsohn, *Rothschild and Early Jewish Colonization*, 147-8; Dowty, *Arabs and Jews in Ottoman Palestine*, 114.
146) Dowty, 88-153; Shapira, *Land and Power*, 58, 60-1.
147) Dowty, *Arabs and Jews in Ottoman Palestine*, 158.
148) Dowty, 133.
149) Dowty, 157-8.
150) Ahad Ha'am, "EMet M'Eretz Yisrael" (Truth from Eretz Yisrael), 1891, quoted in Alan Dowty, "Much Ado about Little: Ahad Ha'am's 'Truth from Eretz Yisrael,' Zionism, and the Arabs," *Israel Studies* 5, no. 2 (2000), 175-6.
151) Dowty, 176.

152) Dowty, 177-8.
153) Dowty, *Arabs and Jews in Ottoman Palestine*, 157.
154) "Chto delat evreiam v Rossii," *Vestnik narodnoi voli* no. 5 (1886): 112-3, quoted in Jonathan Frankel, *Prophecy and Politics: Socialism, Nationalism, and the Russian Jews, 1862-1917* (Cambridge: Cambridge University Press, 1984), 129.
155) Dowty, *Arabs and Jews in Ottoman Palestine*, 165-6, 175.
156) Pappe, *Palestinian Dynasty*, 115-8.
157) Mandel, *Arabs and Zionism before World War*, 6-7, 18-9; Aaronsohn, *Rothschild and Early Jewish Colonization*, 73; Dowty, *Arabs and Jews in Ottoman Palestine*, 107-8.
158) Mandel, *Arabs and Zionism before World War*, 39.
159) Blaisdell, *European Financial Control*, 80-4.
160) Blaisdell, 80-107; S. Shaw and E. Shaw, *History of the Ottoman Empire*, 2:221-6.
161) Mandel, *Arabs and Zionism*, 5-8
162) Mandel, 7-9, 39-40; Pappe, *Palestinian Dynasty*, 115-6.
163) Yossi Goldstein, "Reflections on The Failure of The Lovers of Zion," *Journal of Modern Jewish Studies*, 14, no. 2 (2015): 231-7.
164) Dowty, *Arabs and Jews in Ottoman Palestine*, 154.
165) Andrew Godley, *Jewish Immigrant Entrepreneurship in New York and London 1880-1914: Enterprise and Culture* (Houndmills: Palgrave, 2001), 78:Table.5.4.
166) McCarthy, *The Population of Palestine*, 20; Mandel, *Arabs and Zionism*, 38; Shafir, *Land, Labor*, 46-50; Aaronsohn, Rothschild and *Early Jewish Colonization*, 237:table.4.
167) Aaronsohn, 265.
168) 1914년에 시행된 조사에서 팔레스타인에 오기 전에 농사를 지어본 경험이 있다고 응답한 유대인은 1-2%에 불과했다. Shafir, *Land, Labor*, 67.
169) Dowty, *Arabs and Jews in Ottoman Palestine*, 89, 95, 112.
170) Dowty, "Much Ado about Little," 173.
171) Schama, *Two Rothschilds*, 61-87; Aaronsohn, "Baron Rothschild and initial stage," 146-50. *Rothschild and Early Jewish Colonization*, 255:table.7.
172) Shafir, *Land, Labor*, 51, 62; Aaronsohn, Rothschild and *Early Jewish Colonization*, 162-5, 209-16; Yossi Katz, "Agricultural Settlements in Palestine, 1882-1914," *Jewish Social Studies* 50, no. 1 (1988): 65-8.
173) Moshe Smilansky, *Chapters in the History of the Yishuv*, vol. 2 (Tel Aviv: Dvir (Hebrew), 1959), 21, quoted in Shafir, *Land, Labor*, 57.
174) Shafir, 55-8.
175) Shafir, 53.
176) Aaronsohn, *Rothschild and Early Jewish Colonization*, 162-5; Ettinger and Bartal, "The First Aliyah," 1996, p.90:n.5; 하암도 1893년에 두 번째로 팔레스타인을 방문했을 때 아랍 노동자들이 수확하는 광경을 보고 "매우 슬프다."는 심정을 기록으로 남겼다. *Dowty, Arabs and Jews in Ottoman Palestine*, 133, 176.
177) Shafir, *Land, Labor*, 61.
178) Dowty, *Arabs and Jews in Ottoman Palestine*, 195-6.

179) Yehuda Gur's letter to Yehoshua Barzilai, December 18, 1889, quoted in Dowty, *Arabs and Jews in Ottoman Palestine*, 194.
180) Vital, *The Origins of Zionism*, 271.
181) Smilansky, "in the Steppe," Works, Vol. l, 1891-1893 (Tel Aviv: undated), 206, quoted in Nur Masalha, *Expulsion of the Palestinians: the Concept of "Transfer" in Zionist Political Thought*, 1882-1948 (Washington: Institute for Palestine Studies, 1992), 9.
182) Simon, *Moses Leib Lilienblum*, 21-2.
183) Ahad Ha'am, "EMet M'Eretz Yisrael," quoted in Dowty, "Much Ado about Little," 166-74.
184) 하암은 1891년에 팔레스타인을 다녀온 뒤 신문에 5편의 기사를 썼는데, 이 글들을 묶은 것이 「이스라엘 땅의 진실」이다. 그는 2년 전부터 이런 문제의식을 가지고 글을 써왔다.
185) Dowty, 161-2.
186) Dowty, 163-4, 177-8.
187) Dowty, 161.
188) Dowty, *Arabs and Jews in Ottoman Palestine*, 164-9.
189) Dowty, 155.
190) Shilo, "Immigration Policy of the Zionist Institutions," 602.
191) Gur Alroey, "'Zionism without Zion'? Territorialist Ideology and the Zionist Movement, 1882-1956." *Jewish Social Studies* 18, no. 1 (2011): 4.
192) Schama, *Two Rothschilds*, 56-7.
193) Shilo, "Immigration Policy of the Zionist Institutions," 601-4; 러시아로의 귀국을 원하는 이주자에게 여행경비를 지원하는 일은 러시아 정부와의 약속사항이기도 했다. Goldstein, "Reflections on Failure," 236.
194) 흔히 오데사 위원회(Odessa Committee)라 부르며 공식적으로는 1884년에 카토비체에서 결성된 히바트 시온을 대체하는 새로운 기구다.
195) Goldstein, "Reflections on Failure," 234-40; Mandel, *Arabs and Zionism*, 8.
196) Goldstein, 229.
197) Vital, *The Origins of Zionism*, 155-8.
198) 1890년 5월 16일에 처음 사용했다. Jess Olson, *Nathan Birnbaum and Jewish Modernity: Architect of Zionism, Yiddishism, and Orthodoxy* (Stanford: Stanford University Press, 2013), 60-1, 328:n.101.
199) Jacques Kornberg, *Theodor Herzl: From Assimilation to Zionism* (Bloomington: Indiana University Press, 1993), 221:n.4, 226.
200) 1894년에 헤르츨이 쓴 희곡 『새로운 게토』에서 잘 드러난다. 자세한 내용은 다음을 보라. Kornberg, 130-152.
201) Kornberg, 22-6, 35-58, 80-5, 89-111, 115-29, 159-164; Shlomo Avineri, *Herzl's Vision: Theodor Herzl and the Foundation of The Jewish State*, trans. Haim Watzman (New York: BlueBriddge, 2014), 54-93, 100-1; Vital, *The Origins of Zionism*, 233-7; Theodor Herzl, *Complete Diaries of Theodor Herzl*, ed. Raphael Patai, trans. Harry Zohn, vol. 1 (New York: Thomas Yoseloff, 1960), 7-8.
202) Avineri, *Herzl's Vision*, 104-11
203) Herzl, *Complete Diaries*, 1:13
204) Vital, *The Origins of Zionism*, 246-55.

205) Theodor Herzl, *A Jewish state, an attempt at a modern solution of the Jewish question*, trans. Jacob De Haas (New York: Federation of American Zionists, 1917), 2-4, 7-10, 43.
206) Herzl, 2.
207) Herzl, 5.
208) Herzl, 5.
209) Herzl, 10-1.
210) Herzl, 12.
211) Herzl, 11.
212) Herzl, 6, 11, 13-5, 40-1.
213) Herzl, 5-6, 11, 29-31, 43.
214) Herzl, 12.
215) 이때 작성한 계획서가 얼마 뒤 『유대 국가』로 발전하게 된다. 계획서를 실제로 발송하지는 않았다. Chaim Simons, *A Historical Survey of Proposals to Transfer Arabs from Palestine 1895 - 1947*, rev. ed (Gengis Khan Publishers, undated), 16-7, 21-2, accessed May 26, 2018, https://archive.org/details/AHistoricalSurveyOfProposalsToTransferArabsFromPalestine1895-1947; Avineri, *Herzl's Vision*, 112; Herzl, *Complete Diaries*, 1:129-83.
216) 『유대 국가』에서 자세히 설명된다. Herzl, *Jewish state*, 14.
217) Herzl, *Complete Diaries*, 1:88-90, 98.
218) Herzl, 1:56, 133.
219) Herzl, 1:56, 133.
220) Herzl, *Jewish State*, 12.
221) Herzl, *Complete Diaries*, 1:56-7.
222) Herzl, *Jewish State*, 38.
223) Herzl, *Complete Diaries*, 1:56.
224) Herzl, *Jewish State*, 38.
225) Herzl, 38-9.
226) Herzl, 44.
227) Herzl, *Complete Diaries*, 1:243, 299.
228) Herzl, 3:1090.
229) 『유대 국가』의 지면 중 절반 이상이 방법론에 관한 내용이다.
230) Vital, *The Origins of Zionism*, 233.
231) Amos Elon, *Herzl* (New York: Holt, Rinehart and Winston, 1975), 199.
232) Avineri, *Herzl's Vision*, 114-7, 135-8; Vital, *The Origins of Zionism*, 257-9, 267-80, 286-7.
233) Herzl, *Complete Diaries*, 1:355.
234) 오스만은 아르메니아에서 기독교도들의 분리독립 운동을 저지하기 위해 학살을 저질렀다. 이는 유럽의 여론을 악화시켰고 유럽 국가들과 은행의 융자가 절실하게 필요한 오스만에 악재로 작용하고 있었다.
235) Herzl, *Complete Diaries*, 1:305, 345-51, 355, 359, 361-3.
236) Herzl, 1:306, 364-5. *Jewish State*, 12.
237) Herzl, *Complete Diaries*, 1:364-6, 369-70.

238) Herzl, 1:366-7, 372.
239) Vital, *The Origins of Zionism*, 296-8.
240) Herzl, *Complete Diaries*, 1:375-82.
241) Herzl, 1:382-401.
242) Herzl, 2:532-4.
243) Herzl, 1:405-6, 413, 417-8, 2:435, 439-40, 444-6, 467-8, 508.
244) Herzl, 1:412, 416, 2:447-48, 460, 520, 533.
245) Letter to Goldsmid, March 29, 1897, Herzl, 2:532.
246) 편지가 술탄에게 전달되지는 않았으나 술탄의 총애를 받는 오스만 작가 아흐메드 미드하트(Ahmed Midhat)에게 공유되었다. Letter to Sidney Whitman, May 20, 1897, Herzl, 2:549-552, 554, 563.
247) Avineri, *Herzl's Vision*, 148.
248) Herzl, *Complete Diaries*, 2:558.
249) Herzl, 2:564-65, 573.
250) 헤르쯸이 직접 서명했다. Avineri, *Herzl's Vision*, 144-5.
251) Herzl, 141.
252) Vital, *The Origins of Zionism*, 356-9.
253) Theodor Herzl, *The Congress addresses of Theodor Herzl*, trans. Nellie Straus (New York: Federation of American Zionists, 1917), 5-9.
254) 국가가 아닌 자치구나 자치단체의 법 등 다양한 가능성을 내포한다.
255) Vital, *The Origins of Zionism*, 354.
256) Vital, 364-9.
257) "법적으로 보장받고 공적으로 인정받는 고향"(a legally secured and publicly recognized home)이라는 표현도 널리 사용된다. 헤르쯸은 두 가지 표현 모두를 일기에 사용했다. Herzl, *Complete Diaries*, 2:595, 720.
258) "Basel Program," accessed September 2, 2021, https://www.knesset.gov.il/lexicon/eng/bazel_eng.htm.
259) Herzl, *Complete Diaries*, 2:577.
260) Herzl, 2:581.
261) 공개 행사였기 때문에 숨길 수 없을뿐더러 앞서 언급한 1897년 5월 20일에 휘트만에게 쓴 편지에서 술탄에게 시온주의자 대회에 대표단을 보낼 것을 권했다. Herzl, 2:551.
262) Mandel, *Arabs and Zionism*, 10.
263) Mandel, 11-3, 20.
264) Mandel, 21, 41; Pappe, *Palestinian Dynasty*, 118-9.
265) Emanuel Beška, "Responses of Prominent Arabs Towards Zionist Aspirations and Colonization Prior ao 1908," *Asian and African Studies* 16 no. 1 (2007): 35-8; Pappe, *Palestinian Dynasty*, 119; 이집트를 지배하고 있는 영국이 오스만보다 언론의 자유를 폭넓게 허용한 덕분에 많은 아랍 지식인들이 카이로로 왔다. Dowty, *Arabs and Jews in Ottoman Palestine*, 210.
266) Muhammad Rashid Ridä, *al-Manār*, April 9, 1898, quoted in Beška, "Responses of Prominent Arabs," 37.
267) Dowty, *Arabs and Jews in Ottoman Palestine*, 182-3.

268) Maurice S. Friedman, *Martin Buber's life and work: the middle years, 1923-1945* (New York: Dutton, 1983), 18.
269) 오스만 인구 통계에 근거한 인구학자 저스틴 매카시(Justin McCarthy)의 분석에 따르면, 1898년에 팔레스타인에서 유대 인구를 제외한 아랍 인구는 54만 명 내외였다. Mccarthy, *The Population of Palestine*, 10:table.1.4D.
270) 1차 대회에서도 이슬람학을 공부한 한 어느 학자가 사적인 대화에서 문제가 생길 우려를 제기했으나 주목받지 못했다. Elon, *Herzl*, 261-2; Dowty, *Arabs and Jews in Ottoman Palestine*, 201-2.
271) Elon, *Herzl*, 261-2.
272) Letter to Schauer, July 6, 1898, Herzl, *Complete Diaries*, 2:644.
273) Herzl, *Congress addresses*, 10-6.
274) Elon, *Herzl*, 258.
275) Herzl, *Complete Diaries*, 2:737-63; Walid Khalidi, "The Jewish-Ottoman Land Company: Herzl's Blueprint for the Colonization of Palestine," *Journal of Palestine Studies* 22, no. 2 (1993): 39-41.
276) Herzl, *Complete Diaries*, 2:747, 760-1.
277) Johann Büssow, *Hamidian Palestine: Politics and Society in the District of Jerusalem 1872-1908* (Leiden: Brill, 2011), 81; 유수프 칼리디에 대해서는 다음을 보라. Scholch, *Palestine in Transformation*, 241-52.
278) R. Khalidi, *Palestinian Identity*, 75; Mandel, *Arabs and Zionism*, 47-8.
279) Letter from Yusuf Diya' to Zadok Khahn, March 1, 1899, qouted in Elon, *Herzl*, 310-1.
280) Letter from Yusuf Diya' to Zadok Khahn, March 1, 1899, qouted in Beška, "Responses of Prominent Arabs," 28-9.
281) Letter from Herzl to Yusuf Diya', March 19, 1899, quoted in *UNSCOP* report, 2:Appendix.Ill.Attachment.1.
282) *UNSCOP* report, 2:Appendix.Ill.Attachment.1.
283) Scholch, *Palestine in Transformation*, 113; James Neil, *Palestine Re-Peopled: or, Scattered Israel's Gathering*, 3rd ed. (London: James Nisbet, 1877), 13-6.
284) Morris, *Righteous Victims*, 52-3.
285) Dowty, *Arabs and Jews in Ottoman Palestine*, 141-4, 187-90.
286) Israel Zangwill, *The commercial future of Palestine: Debate at the Article Club Opened by Israel Zangwill, November 20, 1901* (London: Greenberg, 1901), 15.
287) Adam M. Garfinkle, "On the Origin, Meaning, Use and Abuse of a Phrase," *Middle Eastern Studies* 27, no. 4 (1991): 539-40.
288) 에드워드 사이드(Edward Said)나 라시드 칼리디(Rashid Khalidi)와 같은 저명한 팔레스타인인 학자들조차 '민족 없는 땅'(The land without a people)을 '사람이 없는 땅'(The land without people)으로 잘못 인용했다. Garfinkle, 539-43.
289) 1914.3.28. 프랑스 시온주의자 모임에서 한 연설. Chaim Weizmann, *The Letters and Papers of Chaim Weizmann*, ed. Barnet Litvinoff, vol. 1:*August 1898-July 1931* (Jerusalem: Transaction Books, 1983), 115-6.
290) 천년왕국설은 16세기 중반부터 시작되었다. D. N. Hempton, "Evangelicalism and Eschatology," *The Journal of Ecclesiastical History* 31, no. 2 (1980); Scholch, *Palestine in Transformation*, 61-5.
291) Alexander Keith, *The Land of Israel According to the Covenant with Abraham* (New York:

Harper & Brothers, 1844), 34.

292) Garfinkle, "Origin, Meaning, Use and Abuse," 543
293) Palestine Exploration Fund, *Quarterly statement for 1875* (London: Richard Bentley & Son, 1875), 116.
294) Israel Zangwill, *The Voice of Jerusalem* (New York: The Macmillan company, 1921), 109; Garfinkle, "Origin, Meaning, Use and Abuse," 542.
295) 아랍 민족주의의 기원에 대한 고전적 학설은 선교사들에 의해 유입된 것으로 보았으나 더 이상 지지받지 않는다. 한편, 오늘날 역사가들은 이 시기의 아랍 민족주의자들에게 아랍주의자(Arabist)라는 이름을 붙여서 후대의 독립 민족주의와 구분한다. C. Ernest Dawn, *From Ottomanism to Arabism: Essays on the Origins of Arab Nationalism* (Urbana: University of Illinois Press, 1973), 148-79. "The Origins of Arab Nationalism," 3-30; Rashid Khalidi, "Ottomanism and Arabism in Syria Before 1914: A Reassessment," in *The Origins of Arab Nationalism*, ed. R. Khalidi et al., 50-69.
296) Mccarthy, *The Population of Palestine*, 10:table 1.4D, 20.
297) 오스만 관리들은 유럽 영사들의 협조 없이는 불법체류자를 추방할 수 없었다. Mandel, *Arabs and Zionism*, 13-5, 20-1, 26, 41.
298) Mandel, *Arabs and Zionism*, 22-3; Beška, "Responses of Prominent Arabs," 33.
299) R. Khalidi, *Palestinian Identity*, 102-3.
300) Beška, "Responses of Prominent Arabs," 34.
301) Beška, 33-4; R. Khalidi, Palestinian Identity, 103-4; Mandel, *Arabs and Zionism before World War*, 22-3, 42; Dowty, *Arabs and Jews in Ottoman Palestine*, 190-1.
302) Herzl, *Congress addresses*, 6; 대회가 시작되기 3일 전에는 『디 벨트』에서 "유대 문제가 (이미) 시온의 문제가 되었다."고 선전했다. Avineri, *Herzl's Vision*, 152.
303) Lenni Brenner, *Zionism in the Age of the Dictators* (Beckenham: Croom Helm, 1983), 1-2.
304) Herzl, *Complete Diaries*, 1:6.
305) Kornberg, *Theodor Herzl*, 190-1, 199.
306) 헤르쯸은 드레퓌스가 처음 기소될 무렵 파리 지부에서 일하면서 이 사건을 여러 차례 보도했으나 드레퓌스가 누명을 썼다는 의심을 제기한 적이 한 번도 없었다. 1896년 말에 새로운 증거가 나온 뒤에야 사적인 편지에서 "어쩌면 무고할지도 모른다."고 의심한 것이 처음으로 확인되며 이때는 이미 시온주의자가 된 후였다. 드레퓌스의 무고함을 처음부터 알고 있었다고 주장할 때 헤르쯸이 진술한 여러 행적도 거짓으로 밝혀졌다. Kornberg, *Theodor Herzl*, 190-200; Avineri, *Herzl's Vision*, 66-75, 87; 더군다나, 시온주의자가 된 직후부터 쓰기 시작한 일기에서 드레퓌스 사건은 1895년 11월 17일에 처음으로 등장하지만 유대인의 민족성을 증명하기 위한 예시로만 간략히 언급되었다. 헤르쯸은 이날 이후로 무려 2년 동안 드레퓌스를 언급하지 않았다. Herzl, *Complete Diaries*, 1:273, 2:601.
307) Kornberg, *Theodor Herzl*, 200.
308) Michael J. Cohen, *Britain's Moment in Palestine: Retrospect and Perspectives, 1917-1948* (Hoboken: Routledge, 2014), 5-21, 26-9; Bar-Yosef, *Holy Land in English Culture*, 225-32; Brustein, *Roots of Hate*, 10, 24, 26-7.
309) 1896년에 술탄의 비서관(Izzet bey)이 유대인들이 다른 토지를 구한 후 팔레스타인과 교환하는 방식을 제안했을 때도 헤르쯸은 키프로스를 떠올렸으나, 당시에는 유대인들을 이주시킬 토지로 생각하지는 않았다. Herzl, *Complete Diaries*, 2:383.
310) Herzl, *Complete Diaries*, 2:644.
311) Herzl, 3:885-6.

312) Herzl, 3:1022-4.
313) Herzl, *Congress addresses*, 20-1; 『유대 국가』에서 설명한 유대공인회사(Jewish Chartered Company)도 참고하라. Herzl, *Jewish State*, 13-4.
314) Herzl, *Complete Diaries*, 3:1110-7.
315) Herzl, 3:1135-6, 1144, 1161-4, 1173-5; Simons, *Proposals to Transfer*, 23; W. Khalidi, "The Jewish-Ottoman Land Company," 31-2.
316) W. Khalidi, 44-7.
317) W. Khalidi, 44-5; Simons, *Proposals to Transfer*, 24-5.
318) W. Khalidi, 46
319) Herzl, *Complete Diaries*, 3:1215-33.
320) Herzl, 3:1249-50, 1253-6.
321) Bar-Yosef, *Holy Land in English Culture*, 225-32.
322) Herzl, *Complete Diaries*, 4:1284
323) Theodor Herzl, *The Tragedy of Jewish Immigration: Evidence Given Before the British Royal Commission in 1902* (New York: Zionist organization of America, 1920), 13-17, 37-8.
324) Herzl, 11.
325) Herzl, 31, 35.
326) Herzl, *Complete Diaries*, 4:1295-6.
327) Herzl, *The Tragedy of Jewish Immigration*, 34-5.
328) Herzl, *Complete Diaries*, 4:1296-1305, 1308-10
329) Herzl, 4:1313-42.
330) Herzl, 4:1339, 1342.
331) Herzl, 4:1344.
332) Herzl, 4:1344-8, 1357.
333) 줄거리는 다음을 참조했다. Avineri, *Herzl's Vision*, 168-200.
334) Avineri, 167.
335) 현장의 대가로 2백만 터키 파운드를 일시불로 지불했고, 이때부터 30년간은 매년 5만 파운드와 함께 식민기구의 연 이윤의 4분의 1을, 이후부터는 절반을 지불한다고 설명된다.
336) Rashi Ridä, *al-Manār*, January 26, 1902, quoted in Beška, "Responses of Prominent Arabs," 39.
337) Herzl, *Complete Diaries*, 4:1360-4, 1368-9.
338) Herzl, 4:1369-71.
339) Herzl, 4:1375, 1415-6.
340) 표면적으로는 수자원을 확보하기 어렵다는 점 등이 거론되었다. 자세한 내용은 Herzl, 4:1432-86; Avineri, *Herzl's Vision*, 210, 213-5.
341) 체임벌린은 처음에 우간다라고 잘못 설명했다가 케냐 서부 지역(Uasin Gishu plateau)으로 정정했다. Herzl, *Complete Diaries*, 4:1498.
342) Herzl, 4:1473.
343) Herzl, 4:1485-7.

344) 부상자 중 8명은 병이 악화하여 나중에 사망했다. Judge, *Easter in Kishniev*, 69-75.
345) Walter Lehn, "The Jewish National Fund." *Journal of Palestine Studies* 3, no. 4 (1974): 75-82.
346) Herzl, *Complete Diaries*, 4:1449.
347) Herzl, 4:1449.
348) 팔레스타인의 아랍인은 영국의 '혜택'을 누리지 못해서 위험이 되지 못한다고 생각했을 수도 있다. 그러나 팔레스타인의 식민화에 대한 저항은 팔레스타인 외부의 아랍인들, 즉 이집트인으로부터도 나올 수 있었다.
349) Simons, *Proposals to Transfer*, 23; Dowty, *Arabs and Jews in Ottoman Palestine*, 191-2.
350) Herzl, *Complete Diaries*, 4:1493-5.
351) Avineri, *Herzl's Vision*, 218, 221.
352) Herzl, *Complete Diaries*, 4:1520-8.
353) Isaiah Friedman, *Germany, Turkey, Zionism 1897-1918* (New Brunswick Transaction Publishers, 1998), 108-9.
354) Herzl, *Complete Diaries*, 4:1534-40; Friedman, *Germany, Turkey, Zionism*, 105-10.
355) Elon, *Herzl*, 381-2; 헤르쯜은 얼마 후 열린 6차 시온주의자 대회에서 사회주의 혁명당의 지도부 하임 지틀로브스키(Chaim Zhitlovsky)를 비밀리에 만나 러시아 정부가 최대 15년간 헌장을 얻기 위해 노력하기로 약조하고 그 대가로 유대 혁명주의자들이 반정부 투쟁을 멈출 것을 요구했다고 말했다. Brenner, *Age of the Dictators*, 7.
356) Herzl, *Congress addresses*, 32.
357) Herzl, *Congress addresses*, 36-7.
358) Isaiah Friedman, "Herzl and the Uganda Controversy," in *Theodor Herzl and the Origins of Zionism*, eds. Ritchie Robertson and Edward Timms (Edinburgh: Edinburgh University Press, 1997), 40-2, 44-5.
359) 찬성이 295표, 반대가 178표, 기권이 99표였다. Herzl, *Complete Diaries*, 4:1552; Avineri, *Herzl's Vision*, 241.
360) Yitzhak Conforti, "Searching for a Homeland: The Territorial Dimension in the Zionist Movement and the Boundaries of Jewish Nationalism," *Studies in Ethnicity and Nationalism* 14, no. 1 (2014): 40-3; Avineri, *Herzl's Vision*, 242.
361) 러시아의 시온주의자들 중에서도 종교적인 이들은 동아프리카안에 찬성했다. Avineri, 241; Gur Alroey, *Zionism without Zion: The Jewish Territorial Organization and Its Conflict with the Zionist Organization* (Detroit: Wayne State University Press, 2016), 161-70.
362) Alroey, 123-71.
363) Isaiah Friedman, "Herzl and the Uganda Controversy," 49-50; Conforti, "Searching for a Homeland," 42; Avineri, *Herzl's Vision*, 244.
364) Avineri, 233-5, 244-6, 251-3, 257-9.
365) Herzl, *Complete Diaries*, 4:1629.
366) Abraham Menahem Mendel Ussishkin, *Our program*, trans. D. S. Blondheim (New York: Federation of American Zionists, 1905), 7.
367) Ussishkin, 11-4.
368) 피난처를 만들 수 있는 어떤 영토라도 찾는다는 의미에서 영토주의자(territorialist)라고도 부른다.
369) Alroey, *Zionism without Zion*, 172-201.

370) Shafir, *Land, Labor*, 52, 54, 61.
371) Eretz Israel Federation to Menachem Ussishkin, January 8, 1904, quoted in Alroey, "Aliya to America?" 126.
372) Ben-Yehuda, Ha-medinah ha-yehudit (the Jeiwsh State), 1905, 9, 30-1 quoted in Alroey, *Zionism without Zion*, 188, 190.
373) "Who We Are and What We Want," n.d., quoted in Alroey, *Zionism without Zion*, 125-6.
374) "Relations with the Arab Neighbors," Discussion in the Provisional Council of Palestinian Jews, June 9-11, 1919, quoted in Jacobson, *From Empire to Empire*, 164.
375) Jacobson, 164.
376) Dowty, *Arabs and Jews in Ottoman Palestine*, 183.
377) Zangwil, *The Voice of Jerusalem*, 92.
378) Ussishkin, *Our program*, 13-4.
379) Mandel, *Arabs and Zionism before World War*, 49-53; Elie Kedourie, *Arabic Political Memoirs and Other Studies* (London: Frank Cass, 1974), 111-21; Yaacov Ro'i, "The Zionist Attitude to the Arabs 1908-1914," *Middle Eastern Studies* 4, no. 3 (1968): 198-99.
380) Dowty, *Arabs and Jews in Ottoman Palestine*, 233-4.
381) Hillel Zeitlin, "Ha-mashber: Reshimot Teritoryali" (The Crisis: Impressions of a Territorialist), *Ha-zeman* 3:(July-September 1905), quoted in Shapira, *Land and Power*, 46-8; Alroey, *Zionism without Zion*, 130-1.
382) Alroey, 149-55; Shapira, 48-9.
383) Yitzhak Epstein, "A Hidden Question," *HaShiloah*, 17, July-December, 1907, quoted in Alan Dowty, "'A Question That Outweighs All Others': Yitzhak Epstein and Zionist Recognition of the Arab Issue," *Israel Studies* 6, no. 1 (2001): 39-41.
384) Dowty, 41.
385) Dowty, 41.
386) Dowty, 42.
387) Dowty, 43.
388) Dowty, 40, 47-53.
389) Dowty, 50.
390) Yosef Gorni, *Zionism and the Arabs, 1882-1948: A Study of Ideology*, trans. Chaya Galai (Oxford: Clarendon Press, 1987), 42-75.
391) Shapira, *Land and Power*, 51.
392) Yosef Klausner, "*Hashash*," HaShiloah, 17, July-December, 1907, quoted in Dowty, "'A Question That Outweighs All Others,'" 38.
393) Dowty, *Arabs and Jews in Ottoman Palestine*, 227.
394) Gorni, *Zionism and the Arabs*, 50.
395) Shafir, *Land, Labor*, 43; Jewish National Fund, *The Jewish National Fund and Its Object* (London: English Zionist Federation, 1908), 24; 반면, 오스만 인구 통계에 근거한 매카시의 분석으로는 3만 명에 그친다. Mccarthy, *The Population of Palestine*, 10:table 1.4D, 23; 양자의 차이는 주로 불법체류자들의 수에서 비롯된 것으로 보인다.
396) 아서 루핀(Arthur Ruppin)은 1.5%, 우씨쉬킨은 2.5%로 계산했다. Shafir, *Land, Labor*, 43; Ussishkin, *Our program*, 12.

397) Dowty, *Arabs and Jews in Ottoman Palestine*, 206.
398) Morris, *Righteous Victims*, 48-56, 59.
399) Dowty, *Arabs and Jews in Ottoman Palestine*, 184-5.
400) Shapira, *Land and Power*, 62-5.
401) Nahman Syrkin, "The Jewish Problem and the Socialist-Jewish State," 1898, quoted in Hertzberg, ed., *The Zionist Idea*, 348.
402) Simons, *Proposals to Transfer*, 49-50; Zachary Lockman, *Comrades and Enemies: Arab and Jewish Workers in Palestine, 1906-1948* (Berkeley: University of California Press, 1996), 38-9.
403) Shafir, *Land, Labor*, 58-60, 80-2, 123-34.
404) Shafir, 82.
405) Shafir, 78-81, 161-2.
406) Shafir, 63; 식민촌 르호봇에서는 1903년에 예멘 노동자를 임시로 고용해 아랍인들의 임금 인상 요구를 막은 사례도 있다. Shafir, 92-3.
407) Shafir, 61-9, 89, 104.
408) Shafir, 65, 69-75.
409) Walter Lehn, "The Jewish National Fund," 75-83; Shafir, *Land, Labor*, 155-7.
410) Shilo, "Immigration Policy of the Zionist Institutions," 606-8, 613-4; Alroey, *Zionism without Zion*, 136-7.
411) K. Stein, *Land Question*, 11.
412) Mandel, *Arabs and Zionism*, 26-8; Shapira, *Land and Power*, 68.
413) Shapira, 49-50.
414) Ro'i, "Zionist Attitude," 206.
415) 단, 모든 '국민'이 참정권을 인정받은 것은 아니다. 여전히 선거권은 일정 수준 이상의 직접세를 납부한 25세 이상의 성인 남성으로 자격이 제한되었다. 그렇지만 1912년을 기준으로 예루살렘군에서 전체 인구 32.8만 명 중 약 8만 명이 유권자였으므로 상당수의 '성인' 남성이 선거권을 가졌던 것을 알 수 있다. Yazbak, "Elections In Late Ottoman Palestine," 39-40; 인구는 매카시의 오스만 공식 인구 통계를 인용했다. Mccarthy, *The Population of Palestine*, 6:Table.1.3; 선거제도에 관해서는 다음을 보라. Kayali, "Elections and the Electoral Process," 268-71.
416) Mandel, *Arabs and Zionism*, 58-61, 64-6.
417) Mandel, 67-9.
418) Mandel, 69-72.
419) Mandel, 71-6.
420) Mandel, 76.
421) Shafir, *Land, Labor*, 146-86; Katz, "Agricultural Settlements in Palestine, 1882-1914," 75-8.
422) Yossi Katz, "The Establishment of Tel Aviv with the Assistance of the Jewish National Fund," *Jewish Social Studies* 49, no. 3/4 (1987); 비유대인의 거주를 금지하지는 않았다. 1922년의 인구 조사에 따르면, 15,065명의 유대인과 78명의 무슬림, 42명의 기독교도가 텔아비브에서 살았다. Great Britain, Census of 1922.
423) Shafir, *Land, Labor*, 80-1, 87-9; Shapira, *Land and Power*, 61-2.
424) Ro'i, "Zionist Attitude," 202, 238:n.11.

425) Mandel, *Arabs and Zionism*, 67.
426) Dowty, *Arabs and Jews in Ottoman Palestine*, 254.
427) Shafir, *Land, Labor*, 82-3, 231:n.128.
428) Jacobson, *From Empire to Empire*, 99-101.
429) Shafir, *Land, Labor*, 135-42.
430) Shapira, *Land and Power*, 67.
431) Shafir, *Land, Labor*, 87.
432) Mandel, *Arabs and Zionism before World War*, 215-6.
433) Mandel, 81.
434) Ami Ayalon, *The Press in the Arab Middle East: A History* (New York: Oxford University Press, 1995), 65.
435) Mandel, *Arabs and Zionism before World War*, 80-7, 126.
436) 1931년에 팔레스타인의 문맹률은 81%였다. Ayalon, *The Press in the Arab Middle East*, 138-65.
437) 나지브 나사르는 1862년에 레바논에서 태어나 팔레스타인으로 이주해 왔다. Emanuel Beška. "Political Opposition to Zionism in Palestine and Greater Syria: 1910-1911 as a Turning Point," *Jerusalem Quarterly* 59 (2014): 55; Mandel, *Arabs and Zionism before World War*, 125-7; Klein, *Lives in Common*, 26.
438) Great Britain, *Palestine Disturbances in May 1921: Reports of the Commission of Inquiry with Correspondence in Relation Thereto* [hereinafter quoted as Haycraft Report], Cmd. 1540 (London, 1921) 12, 56-7; *Shaw Report*, 129.
439) 1909년에 반시온주의 기사를 많이 내보낸 언론은 팔레스타인이 아닌 이집트 언론이었다. R. Khalidi, *Palestinian Identity*, 133.
440) Beška, "Political Opposition to Zionism," 55-6, 63; Mandel, *Arabs and Zionism*, 103-4.
441) Mandel, 106.
442) R. Khalidi, *Palestinian Identity*, 108; Shafir, *Land, Labor*, 139; Mandel, *Arabs and Zionism*, 106; Emanuel Beška, "Shukri al-Asali, an Extraordinary Anti-Zionist Activist." *Asian and African Studies* 19, no. 2 (2010): 241-2.
443) Mandel, *Arabs and Zionism*, 106-7; Beška, "Shukri al-Asali," 243-6; R. Khalidi, *Palestinian Identity*, 31, 139-140.
444) Beška, "Shukri al-Asali," 246.
445) R. Khalidi, *Palestinian Identity*, 108-9; Mandel, *Arabs and Zionism* , 107.
446) Mandel, 112-3.
447) Beška, "Political Opposition to Zionism," 59.
448) Louis Fishman, "Understanding the 1911 Ottoman Parliament Debate on Zionism in Light of the Emergence of a 'Jewish Question'," in *Late Ottoman Palestine*, eds. Ben-Bassat and Ginio, 111-2.
449) Fishman, 116-7.
450) Fishman, 103-20; Mandel, *Arabs and Zionism*, 93-116.
451) 알풀라 사건에 대한 아랍 유대인들의 입장은 다음을 보라. Campos, *Ottoman Brothers*, 220-2.
452) R. Khalidi, *Palestinian Identity*, 122-41; 그러나 모든 언론이 시온주의를 심각한 문제로 보도한

것은 아니었다. Mandel, *Arabs and Zionism*, 88-92.
453) Mandel, 121.
454) R. Khalidi, *Palestinian Identity*, 124-5.
455) Beška, "Political Opposition to Zionism," 55-65, Mandel, *Arabs and Zionism*, 107-12.
456) Mandel, 123-4; Porath, *Emergence of Palestinian-Arab*, 28-9.
457) Mandel, 122.
458) Mandel, 121-2, 128; R. Khalidi, *Palestinian Identity*, 126-7.
459) R. Khalidi, 108-11; Mandel, 122-3, 127, 216-7; Morris, *Righteous Victims*, 40; Beška, "Political Opposition to Zionism," 61-2.
460) Mandel, *Arabs and Zionism*, 67-70.
461) Mandel, 53-5.
462) Ro'i, "Zionist Attitude," 224-5.
463) Ro'i, 203, 224-6.
464) K. Stein, *Land Question*, 15, 19.
465) Scholch, *Palestine in Transformation*, 112-6.
466) Gribetz, *Defining Neighbors*, 94-111, 120-6.
467) Gorni, *Zionism and the Arabs*, 68.
468) Mandel, *Arabs and Zionism before World War*, 85.
469) 사카키니는 미국에서 유학하던 중 1908년에 혁명 소식을 듣고 고향인 예루살렘으로 돌아왔고 그 후로 종교 개혁 운동에 전념했다. 이때 생계를 유지하기 위해 부업으로 유럽 유대인들에게 아랍어를 가르쳤는데 제자 중에 시온주의자들이 있었다. Emanuel Beška, "Khalil al-Sakakini and Zionism before WWI," *Jerusalem Quarterly* 63 (2015): 43-8.
470) Diary of February 17, 1914, Beška, "Khalil al-Sakakini," 45; Mandel, *Arabs and Zionism*, 212.
471) Ro'i, "Zionist Attitude," 227-8; Mandel, *Arabs and Zionism*, 130.
472) 반면, 네빌 만델은 1911년부터 1912년 중반 사이에는 팔레스타인 밖에서는 아랍 언론이 종교에 따라 시온주의에 대한 입장이 달랐다고 주장한다. 만델에 따르면, 기독교 언론은 친정부 성향이라 시온주의에 대한 비판을 자중했고 무슬림 언론은 반정부 성향이라 정부를 비판하기 위한 정쟁의 도구로 시온주의를 문제 삼았다. 1912년 중반에 정권이 교체된 이후에는 무슬림뿐만 아니라 기독교도 언론도 시온주의에 대한 비판에 나섰고, 이 무렵에는 시온주의에 대한 반감이 팔레스타인 밖에서도 형성되었기 때문에 정부의 적극적인 대응책을 요구하게 되었다. 하지만 라시드 칼리디의 연구에서는 1910-11년에도 베이루트와 다마스쿠스의 기독교 언론이 시온주의를 비판했던 사례가 확인된다. R. Khalidi, *Palestinian Identity*, 134-7; Mandel, 67, 79-84, 117-34; Porath, *Emergence of Palestinian-Arab*, 29-30.
473) R. Khalidi, 136-7, 250:n.56.
474) Mandel, *Arabs and Zionism*, 63.
475) Ro'i, "Zionist Attitude," 227.
476) Yaron Ben Naeh, "The Zionist Struggle as Reflected in the Jewish Press in Istanbul in the Aftermath of the Young Turk Revolution, 1908-18," in *Late Ottoman Palestine*, ed. Ben-Bassat and Ginio, 242-55; Mandel, *Arabs and Zionism*, 95-7; Campos, *Ottoman Brothers*, 213-8.
477) Naeh, "Zionist Struggle as Reflected," 241-2.

478) Ella Shohat, "Columbus, Palestine and Arab Jews," in *Cultural readings of imperialism: Edward Said and the gravity of history*, eds. Keith Ansell-Pearson, Benita Parry and Judith Squires (New York: St. Martin's Press, 1997), 88-105.

479) 오스만 시온주의자들은 유대 문화의 발달을 중시했다는 점에서 문화적 시온주의를 추구했다고 설명되기도 한다. 하지만 문화적 시온주의의 원류로 여겨지는 아하드 하암과 그를 따르는 유럽 유대인들은 팔레스타인에 대한 정치적 목적을 부차적으로라도 함께 추구했기 때문에 이들과 한데 묶어서 보는 것은 적절치 않다. 이러한 이유로 일부 학자들은 "오스만 시온주의" 혹은 "포용적 시온주의"(Inclusive Zionism) 등으로 다르게 구분한다. Michelle U. Campos, "Between 'Beloved Ottomania' and 'The Land of Israel': The Struggle over Ottomanism and Zionism among Palestine's Sephardi Jews, 1908-13," *International Journal of Middle East Studies* 37, no. 4 (2005). *Ottoman Brothers*, 205-8; Jacobson, *From Empire to Empire*, 82-116; Fishman, "1911 Ottoman Parliament," 103-11; Naeh, "Zionist Struggle as Reflected," 245.

480) Campos, *Ottoman Brothers*, 201.

481) Campos, 51.

482) Campos, 203-4. "Between 'Beloved Ottomania,'" 462-7.

483) Campos, 466, 480:n.11.

484) Campos, *Ottoman Brothers*, 218-9.

485) Jacobson, *From Empire to Empire*, 82-97.

486) Hayyim Ben-Attar, "The Time Is Here," *ha-Herut*, April 1, 1914 quoted in Jacobson, *From Empire to Empire*, 92.

487) Jacobson, 87-98, 101-9. "Jews Writing In Arabic," 169-71, 177-9.

488) Klein, *Lives in Common*, 60; Gribetz, *Defining Neighbors*, 111.

489) Jacobson, *From Empire to Empire*, 105.

490) Dowty, *Arabs and Jews in Ottoman Palestine*, 210.

491) Gorni, *Zionism and the Arabs*, 59-60.

492) Moshe Behar and Zvi Ben-Dor Benite, eds., *Modern Middle Eastern Jewish Thought: Writings on Identity, Politics, and Culture, 1893-1958* (Waltham: Brandeis University Press, 2013), 64-9.

493) Nissim Malu, *ha-Herut*, June 19, 1913 quoted in Behar and Benite, *Eastern Jewish Thought*, 69.

494) Jacobson, "Jews Writing In Arabic," 170.

495) Gribetz, *Defining Neighbors*, 126-130; Campos, *Ottoman Brothers*, 210-1.

496) Campos, 106-7, 114-20, 126-30; Jacobson, *From Empire to Empire*, 82-116.

497) Behar and Benite, *Eastern Jewish Thought*, xxxvi.n:17.

498) Dowty, *Arabs and Jews in Ottoman Palestine*, 201.

499) Ari Ariel, *Jewish-Muslim Relations and Migration From Yemen to Palestine in the Late Nineteenth and Twentieth Centuries* (Boston: Brill, 2014), 13-53.

500) 당시 예멘 유대인들이 종교에 근간을 둔 원초적 형태의 민족주의 의식을 서서히 각성해가고 있었다는 분석도 있으나, 그렇다 할지라도 시온주의에 관심을 가졌던 것은 아니다. Ariel, 36-7, 40-3.

501) Shafir, *Land, Labor*, 92-3.

502) Gribetz, *Defining Neighbors*, 114.

503) Shafir, *Land, Labor*, 92-103, 106-7; Shilo, "Immigration Policy of the Zionist Institutions,"

610-1.

504) Ariel, *Migration From Yemen*, 110-1; 비슷한 시기에 이스라엘 만국협회의 사절로 온 욤 세마(Yom Tov Semah)의 기록에서도 예멘 유대인들은 무슬림들이 자신들을 지켜주고 사이좋은 이웃으로 지낸다고 말한 것으로 확인된다. 그러나 세마는 평화로운 와중에도 무슬림 우위적 질서를 목격했다고 덧붙였다. Ariel, 82-3, 87-8.
505) Ariel, 91, 91:n.80, 94, 100, 106-7.
506) Ariel, 91-2, 102, 106-7, 113-4.
507) Ariel, 92-4, 96, 99-100, 102, 108.
508) Ariel, 101-4, 114; Shilo, "Immigration Policy of the Zionist Institutions," 611.
509) Shafir, *Land, Labor*, 103, 107, 109, 121.
510) 1905-14년 동안 아랍의 하루 평균 임금은 5-7 피아스터(piaster, 오스만 은화)인 반면 예멘 유대인은 6.2-8, 유럽 유대인은 12.4였다. Shafir, 100, 103-4, 107-11.
511) Shilo, "Immigration Policy of the Zionist Institutions," 611, 617:n.75.
512) 고이(Goy, 비유대인)의 복수형. 어원적으로는 가치중립적이지만, 일상에서는 비유대인을 경멸적으로 부를 때 사용한다.
513) Shafir, *Land, Labor*, 103-6, 111-6, 120.
514) Shafir, 116-120.
515) 높은 사망률은 1차 세계대전(1914-1918)에 크게 영향받은 것이지만, 같은 조건이었던 유럽 유대인 사망률과의 현저한 차이는 예멘 유대인들의 상황이 더욱 열악했음을 보여준다. Shafir, 106.
516) Mandel, *Arabs and Zionism*, 149-54.
517) Mandel, 145-61.
518) Mandel, 155-7, 161-4.
519) 오스만 관리들은 유럽 영사들의 협조 없이는 3개월 이상 체류한 유대인들을 추방할 수 없었다. Mandel, 15, 26.
520) 이사 형제는 신문의 이름을 바꿔가며 계속 발행했다. 한 달 후, 정부는 이사 형제가 친여당 성향이었던 점을 참작해 폐간 명령을 취소했고 『팔라스틴』은 다시 원래의 이름을 되찾았다. Mandel, 167-71, 179.
521) Mandel, 171-80.
522) Mandel, 181-5.
523) Mandel, 208-9.
524) Mandel, 186-203, 206-7.
525) Mandel, 210.
526) Mandel, 204-5.
527) Beška, "Political Opposition to Zionism," 166-70.
528) Mandel, *Arabs and Zionism*, 207.
529) Ro'i, "Zionist Attitude," 204-5, 221-2.
530) Shafir, *Land, Labor*, 43.
531) Masalha, *Expulsion of the Palestinians*, 11.
532) Simons, *Proposals to Transfer*, 50.
533) Jacobson, *From Empire to Empire*, 162-7.

534) Mandel, *Arabs and Zionism*, 183-4.
535) Beška, "Political Opposition to Zionism," 170; Porath, *Emergence of Palestinian-Arab*, 27
536) Mandel, *Arabs and Zionism before World War*, 184.
537) Jacobson, *From Empire to Empire*, 112; Mandel, *Arabs and Zionism*, 185.
538) Pappe, *Palestinian Dynasty*, 147-9.
539) Sunday Times, June 15, 1969.
540) The New York Times, January 14, 1976, quoted in Aish, accessed February 18, 2021, https://www.aish.com/jw/me/Golda-Meir-on-the-Palestinians.html.
541) Mandel, *Arabs and Zionism*, 206-7.
542) 낮은 문해율에도 불구하고 상류층의 지적, 문화적 활동은 활발했고 이는 민족의식이 성장하는 배경이 될 수 있었을 것이다. R. Khalidi, *Palestinian Identity*, 35-62; Ami Ayalon, "Modern Texts and Their Readers in Late Ottoman Palestine." *Middle Eastern Studies* 38, no. 4 (2002).
543) 예를 들어, Ayalon, 139-140, 173-6, 184, 220-2; R. Khalidi, 28-9, 45, 56, 58; Michelle U. Campos, "Making Citizens, Contesting CItizenship in Late Ottoman Palestine," *in Late Ottoman Palestine*, eds. Ben-Bassat and Ginio, 17-18, 24.
544) Emanuel Beška and Zachary Foster, "The Origins of the Term 'Palestinian' ('Filasṭīnī') in late Ottoman Palestine," 1898-1914, *Academia Letters*, Article 1884 (2021).
545) Edward W. Said, *The Question of Palestine* (New York: Vintage books, 1992), 10-1.
546) Lassner, *Medieval Jerusalem*, 36.
547) Porath, *Emergence of Palestinian-Arab*, 4-5.
548) Porath, 4-16.
549) Herzl, Complete Diaries, 1:342.
550) 예를 들어, 1908년에 발간된 유대민족기금의 홍보 책자는 기금의 근본적인 목적이 "팔레스타인과 시리아 땅의 취득"이라고 설명한다. Jewish National Fund, *National Fund and its object*, 5.
551) Pappe, *Palestinian Dynasty*, 59-60.
552) Pappe, 62-5.
553) Kimmerling and Migdal, *The Palestinian People*, 8-11.
554) Ye'or, *The Dhimmi*, 246-54.
555) Beška and Foster, "The Origins of the Term," 5.
556) Mandel, *Arabs and Zionism*, 133-9, 173-4, 217-20.
557) Mandel, 184.
558) Mandel, 181; R. Khalidi, *Palestinian Identity*, 155, 254.n:30/A.
559) R. Khalidi, 254:n.29.
560) R. Khalidi, 155.
561) Mandel, *Arabs and Zionism*, 180-1.
562) R. Khalidi, *Palestinian Identity*.
563) 다른 7개 국가의 아랍 무슬림들이 가장 많이 선택한 항목도 놀랄 만큼 다채롭고 어느 하나가 절대적이지 않다. 모로코에서는 1순위가 국가(59%), 이집트와 바레인은 종교(각각 49%, 42%), 아랍에미리트와 요르단, 사우디아라비아는 아랍(각각 66%, 56%, 38%), 마지막으로 쿠웨이트는 국가와 아랍이 동일(35%)했다. Tabah Foundation, *Muslim Millennial Attitudes on Religion and Religious Leadership, Arab World* (Abu Dhabi: Tabah Foundation, 2016), 10:Table1.

564) 팔레스타인의 유대 인구수에 대한 전통적인 학설은 1880년경에 2만 5천 명에서 1914년에 8만 5천 명으로 증가했다가 1차대전 때 크게 감소해 5만 5천 명으로 줄어든 것으로 보며, 이는 시온주의자들의 추정치에 근거하고 있다. 하지만 인구학자 매카시는 시온주의자들의 인구조사가 애당초 정확하지 않고 1차대전 때 인구가 감소했다는 주장이 틀렸다는 것을 증명한 후 1914년의 유대 인구를 약 6만 명으로 추산했다. Mccarthy, *The Population of Palestine*, 17-24.

565) Porath, *Emergence of Palestinian-Arab*, 16-7.

566) Mandel, *Arabs and Zionism before World War*, 180.

567) R. Khalidi, *Palestinian Identity*, 254:n.30.

568) 예를 들어 다음을 보라. Ran Aaronsohn, "Settlement in Eretz Israel - A Colonialist Enterprise? 'Critical' Scholarship and Historical Geography." *Israel Studies* 1, no. 2 (1996)

569) 친이스라엘 학자들은 식민화가 실제로 미친 영향보다는 시온주의자들이 남긴 기록을 중시하기 때문에 전자에 대해서는 잘 논하지 않는다. Ilan Pappe, "The Many Faces of European Colonialism," 45-6.

570) Simons, *Proposals to Transfer*, 16-21.

571) 아비네리는 추방 계획을 적은 1895년 6월 12일 하루 전날의 일기는 직접인용했다. *Avineri, Herzl's Vision*, 112.

572) *Avineri*, xix.

573) *Avineri*, 165-200

574) *Avineri*, 179.

575) 크로머를 만나러 카이로에 갔을 때 헤르쯜은 피라미드를 보러 가는 길에서 본 "도로 옆 농민들의 빈곤은 믿기 힘들 정도다. 내가 권력을 잡고 나면 농민들에 대해서도 생각을 해봐야겠다."라고 일기에 매우 간결하게 적었다. 1903.3.29. Herzl, *Complete Diaries*, 4:1454; 아비네리는 이 문장을 인용하면서 헤르쯜이 말한 농민이 팔레스타인의 농민이었다고 해석했다. Avineri, *Herzl's Vision*, 215; 하지만 필자가 보기에는 시나이반도에서 헌장을 얻게 되면 그곳에 사는 농민들의 처우에 대해서도 고민해야겠다는 단상을 적은 것으로 추측된다. 만약 팔레스타인의 농민을 의미한 것이었다면 이 짧막한 문장은 헤르쯜이 이전까지 팔레스타인의 농민에 대해서 생각해본 적도 없다는 뜻이 된다.

576) 영문판 제목은 『Complete Diaries of Theodor Herzl』 (1960, 옮긴이 : Harry Zohn)이다.

577) Herzl, *Complete Diaries*, 2:551.

578) Avineri, *Herzl's Vision*, 151.

579) 이 편지 이외에도 『헤르쯜 일기 완전판』의 번역과 완전히 일치하는 문장이 여러 개가 있다.

580) Drei Bande, *Theodor Herzls Tagebucher 1895-1904* (Berlin: Judischer Verlag, 1922), 632.

581) 『헤르쯜의 비전』의 원문인 히브리어판을 구글에서 번역하면 "There can be no situation in which someone will be dispossessed."(누군가 추방당할 상황은 있을 수 없다.)로 나온다. 그러므로 영문판과 뜻이 같고 따옴표가 생략된 것도 같지만 콜론이 없다는 차이는 있다.

582) Aaronsohn, "Colonialist Enterprise?," 152-3; Porath, *Emergence of Palestinian-Arab*, 20-4.

583) Scholch, *Palestine in Transformation*, 151, 275.

584) 본문에서 언급한 사례들에 이어 다른 사례를 추가하자면, 1914년의 선거에서 반시온주의를 공약으로 내건 사이드 후세이니는 유대인 지도자들과의 대담에서 자신의 반시온주의적 태도는 단지 대중의 여론을 반영한 것일 뿐이라고 변론했다. Porath, *Emergence of Palestinian-Arab*, 27.

585) Baruch Kimmerling, *The Invention and Decline of Israeliness: State, Society, and the Military*. Berkeley: University of California Press, 2001. 35:table.1; Mccarthy, *The Population of Palestine*, 10:table.1.4.d.

586) 다음 자료를 편집하였음. Passia, "Arab Towns And Jewish Settlements In Palestine, 1881-1914," accessed August 4, 2023, http://www.passia.org/maps/view/3.
587) Neil Caplan. *Palestine Jewry and the Arab Question 1917-1925* (London: Frank Cass, 1978), 42.
588) Alroey, *Zionism without Zion*, 128-32.
589) Dowty, *Arabs and Jews in Ottoman Palestine*, 110-1.
590) Scholch, *Palestine in Transformation*, 48.
591) Pappe, "The Many Faces of European Colonialism," 53-4.
592) Pappe, 45.
593) Philip T. Hoffman, *Why Did Europe Conquer the World?* (Princeton: Princeton University Press, 2017), 2-3.

영국, 분쟁의 무대를 연출하다   Part

1. 분쟁은 어떻게 시작되었나?
1.1. 아랍의 독립을 약속한 영국
1.2. 영국의 배신과 기만
1.3. 짓밟힌 독립의 열망

2. 외로운 투쟁의 시작
2.1. 첫 번째 대규모 소요
2.2. 야파 소요로 드러난 격렬한 반시온주의
2.3. 펜은 칼보다 약했다.

3. 실패로 끝난 영국의 실험
3.1. 폭풍전야의 실험
3.2. 민족 분쟁의 분수령, 서쪽벽 소요
3.3. 유대 이주에 제동을 걸다.

마치며 : 배우만 남고 프로듀서는 사라지다.

What Caused the Century Old Conflict in Palestine?

2019년에 우리나라에서는 노 재팬(No Japan) 운동이 시작되었다. 과거에도 일본 제품 불매운동은 여러 번 있었고 모두 실패로 끝났으나, 많은 시민들이 이번에는 달라야 한다며 "가지 않습니다, 사지 않습니다."를 강력하게 외쳤다. 직접적인 이유는 일본 정부가 먼저 우리나라에 대한 수출 규제 조치를 취한 것에 대한 반발이었다. 그러나 보다 근본적인 원인은 식민 지배의 역사를 뉘우치지 않는 일본 정부에 대한 불만에 있었다. 일본기업이 강제징용한 피해자에게 배상 책임이 있다는 우리 대법원의 판결이 나오자 이에 대한 보복성 조치로 수출을 규제한 것이기 때문이다.[1]

    과거사에 대한 일본의 무책임한 태도로 우리 국민들이 분통을 터뜨리는 것은 어제오늘 일이 아니다. 일본 정부는 식민 지배에 대한 잘못과 책임을 인정한 적도 있지만 번복했다.[2] 침략전쟁을 주도한 전범 지도자 등을 안치한 야스쿠니 신사의 참배나 일본 군국주의의 상징인 욱일기의 사용, 역사 왜곡 교과서, 위안부 강제동원 부인 등은 여전히 현재진행형이다. 우리 정부는 이 같은 행동을 언제나 규탄하고 언론은 주요 이슈로 조명한다. 국민들도 이에 질세라 온라인에서 일본을 비난하는 데 앞장서고 불매 운동을 몸소 실천한다. 그런데 이렇게나 반식민주의에 열심인 우리들이 너무나도 잘 모르는 사실이 있다. 바로 우리나라만 식민 지배를 당한 것도 아니고 일본만 식민 지배를 한 것도 아니라는 사실이다. 1910년부터 1945년까지 35년 동안의 일제강점기 동안 전 세계의 거의 모든 지역이 유럽의 식민 지배를 받고 있었고 상당수는 수백 년이 넘게 계속되고 있었다. 누구나 알고 있는 당연한 상식 아니냐고 반문하겠지만, 그렇지 않다. 절대다수의 사람들은 그저 다른 국가들도 식민 지배를 받았다고 암기만 할 뿐 이게 어떤 의미인지를 조금도 이해하고 있지 않다.

    과거 식민 지배를 받은 지역은 오늘날 100개가 넘는 국가로 독립했다. 그런데 이중 사죄를 받은 나라는 몇이나 될지 생각해 본 적이 있는가? 식민 지배를 일삼던 유럽 국가들은 기껏해야 21세기에 들어 슬그머니 반성의 목소리를 내는 듯하는 행동을 취하는 데서 그치고 있다. 배상 같은 건 어림없는 소리다. 이들은 과거 식민지였던 나라들에 수많은 금전적 도움을 주고 있지만 적선인 것처럼 '원조'라는 이름으로 행하고 있고 그 대가로 자국 상품의 구매를 직간접적으로 강요하거나 내정에 간섭하기도 한다.

가장 최근인, 2022년 12월 19일에 마르크 뤼터(Mark Rutte) 네덜란드 총리는 자국 정부와 상인들이 60만 명 이상의 아프리카인들과 66만-1백만 명 이상의 아시아인을 노예로 팔아넘긴 과거를 반성하고 사죄한다는 성명을 발표했다. 수없이 많은 생명을 앗아가고 인권을 짓밟은 식민지 노예무역에 대한 정부 차원의 공식적인 사과는 무려 유럽 전체에서 처음이었다. 뤼터 총리는 이날의 사죄가 역사의 장을 덮는 것이 아니라 담화를 계속하는 미래로 나아가길 바란다고 의의를 설명했다. 그러면서 잘못에 대한 인정과 사죄, 복구(recovery)를 세 가지 키워드로 꼽았는데, 아쉽게도 복구에는 어떠한 배상도 포함되지 않았다.[3]

식민주의에 대한 유럽인들의 반성과 그 방식은 앞으로도 계속해서 고민하고 노력해야 할 문제로 남아 있다. 그런데 이렇게 몰지각한 식민주의자들은 우리나라로부터 조금이라도 비난을 받고 있을까? 우리는 국제사회가 다 같이 일본의 무책임한 태도를 비난하기를 바라며 협력을 구하지만, 정작 과거를 조금도 반성하지 않는 다른 식민 국가들에는 우호의 손길을 내밀며 문화를 찬양하고 그들로부터 피해 입은 다른 국가의 상처에는 냉랭하게 행동한다. 마치 우리 가족을 살해한 살인마는 비난하면서도 다른 연쇄살인범과는 허물없는 친구로 지내는 격이다. 그러니 일본에 사과를 요구하는 것도 그저 우리가 받은 피해에 대한 배상을 요구하는 것일 뿐, 진정으로 식민주의 그 자체를 비판하는 목소리를 내는 것으로 보이지는 않는다. 더욱 안타까운 사실은 우리만 이러는 게 아니라는 것이다.

소수의 예외를 제외하면, 식민주의에 대한 무관심은 전 세계적으로 만연하다. 그래서 일본과 같은 식민 지배의 경험이 있는 국가들의 반성을 촉구하는 분위기를 조성하지 못한 것은 물론이고 식민주의를 종식시키지도 못했다. 21세기가 시작된 지 벌써 4반세기가 되어가지만 여전히 지구상에는 식민주의로 고통받는 수많은 사람들이 있다. 그중 하나가 1967년부터 이스라엘의 지배를 받고 있는 서안지구와 가자지구의 팔레스타인인들이다. 우리나라가 이들의 고통을 외면하고 있다는 사실은 우리가 내세우는 반식민주의의 기치가 얼마나 초라한지를 보여준다. 미국-이스라엘 간의 굳건한 동맹 관계 때문에 팔레스타인에 대한 지지는 신중해야 한다고 말할 수도 있지만, 결국 정치적 손익계산 때문에 인도주의적 가치를 외면했다는 비판을 피하기는 어렵다. 2012년에 팔레스타인의 비회원 옵서버 '국가' 지위를 심사하는 유엔 총회 표결에서 우리나라는 기권했지만, 식민 지배의 역사를 뉘우치지 않고 우리만큼 미국과의 동맹에 의존적인 일본은 찬성표를 던졌다. 팔레스타인에 대한 원조 규모는 비교도 안 될 정도다. 2006년부터 2021년까지 일본의 원조는 우리보다 13배나 많았다. 심지어 2021년에는 한국이 USD 2.72, 일본은 USD 91.36으로 33.6배나 차이가 난다.[4]

팔레스타인인들에게는 또 다른 아픈 역사가 있다. 바로 이스라엘을 탄생시킨 영국의 식민 지배. 1차 세계대전 중인 1917-18년에 영국은 팔레스타인을 정복한 후 독립을 요구하는 주민들의 반발을 무시하고 강제로 지배했다. 팔레스타인을 식민지로 만들어 수탈하려는 목적은 아니고 중동에 가진 전략적 자산을 지키는 군사 기지로서 활용하기 위해서였다. 그래서 일반적으로는 영국의 지배를 식민주의가 아니라 제국주의로 분류한다. 그런데도 식민 지배를 거론한 까닭은 영국이 팔레스타인을 지배하기 위해 활용한 수법이 유대인의 식민화였기 때문이다. 인류학자 스콧 아트란(Scott Atran)은 이를 '대리 식민주의'(surrogate colonialism)라고 명명했다.[5]

영국의 대리 식민주의는 제국주의와 식민주의적 속성의 혼합으로 인해 팔레스타인에서 분쟁의 무대를 만들어냈다. 식민주의적 도구로 선택된 시온주의자들은 팔레스타인을 유대인의 땅으로 바꿀 원했다. 그러나 이는 아랍인의 저항을 야기했기 때문에 정치적 안정을 바라는 제국주의적 이해에 부합하지 않았다. 따라서 영국은 공정한 조정자를 자처하며 때로는 아랍인을, 때로는 시온주의자의 손을 들어주며 정치적 균형을 이루려 했다. 그 결과로 양자는 마치 투우장에 오른 소처럼 집단의 정치적 생존을 위해서 끊임없이 투쟁해야만 했고, 필연적으로 분쟁으로 이어졌다. 그리고 1948년에 이르면 이스라엘이 건국되면서 분쟁은 고착화된다.

영국 정부는 유대인의 이주와 식민화가 토착민의 권리를 침해하거나 유대 국가로 이어질 일은 없다고 아랍인들에게 약속하고 또 약속했었다. 그런데도 오늘날까지 단 한 번도 사죄를 표하지 않았다. 한 지역의 공동체를 모조리 붕괴시키고 수많은 주민을 사지로 몰고 간 역사는 과연 누가 책임을 져야 하는 것일까? 당시 그 지역을 다스린 정부가 책임이 없다면, 누구에게 책임을 물을 수 있단 말인가. 그것도 심지어 토착민의 의사에 반하여 강제로 지배하고, 우려와 경고를 무시하고 시온주의라는 재앙을 이식하기로 직접 결정을 내린 외세의 정부가 어떻게 책임으로부터 자유로울 수 있을까? 4장에서는 1차 대전이 시작된 1914년부터 1930년까지의 역사를 살펴보며 영국이 분쟁에 대한 직접적이고 중요한 책임이 있다는 사실을 확인할 것이다. 구체적으로는 영국의 팔레스타인 지배가 정당했는지, 시온주의를 지지한 이유는 무엇이며 실제로 얼마나 도움을 주었는지, 그로 인해 팔레스타인에서 어떤 변화가 생겨났는지를 알아본다.

* 이번 장에서는 아랍-유대 간에 발생한 물리적 충돌을 상세히 다루게 되며 이때 발생한 양측의 사상자 수는 모두 영국이 집계한 '공식' 수치를 인용했다.[6]

** 팔레스타인 위임통치령의 행정구역은 3-4개의 District와 그 아래의 Sub-distrcts로 편제되는데 이를 각각 주와 지구로 번역하였다. 예를 들어, 1927-1937년 동안에는 3개의 주, 즉 북부주와 예루살렘주, 남부주가 있었고, 예루살렘주에는 예루살렘지구와 헤브론지구 등이 포함되었다.

1. 분쟁은 어떻게 시작되었나?

1.1. 아랍의 독립을 약속한 영국

1914년에 1차 세계대전이 발발하기 전까지 오스만에서 독립을 원하는 아랍인들은 거의 없었다. 절대다수는 독립 민족주의보다는 오스만 내의 다양한 인종과 종교 집단을 포용하는 오스만주의를 지향했다. 1908년의 혁명으로 정당정치에 참여한 아랍 민족주의자들이 추구한 정책도 제국의 울타리 안에서 아랍 지역의 자치권을 강화하는 것이었다.[7] 하지만 누구도 원치 않았던 거대한 전쟁의 소용돌이에 휘말리자 일부 민족주의자들은 생각을 바꾸었다. 전쟁이 가져올 참화를 피하고 민족을 번영시키기 위해서는 독립 아랍 국가가 필요했다. 스스로의 힘만으로는 독립을 달성할 수 없다는 것을 알기에 그들은 영국과 손을 잡기로 했다. 이때까지만 해도 누구도 이 결정이 팔레스타인에 거대한 위험을 가져오리라고는 예상하지 못했다.

아랍의 독립운동은 전쟁이 한창 물에 오른 1916년에 메카의 샤리프(Sharif) 후세인 이븐 알리 하심(Hussein ibn Ali al-Hashimi)이 히자즈 지역에서 반란을 일으키면서 시작된다. 히자즈는 민족의식이 발달한 곳은 아니었다. 전통적으로 종교적 중심지인 이곳에서 세속적인 탄지마트 개혁은 별다른 변화를 이끌어내지 못했다. 민족의식 성장에 필수적인 언론도 발달하지 못했다.[8] 팔레스타인에서는 1914년까지 34개의 아랍어 신문이 창간된 반면, 그보다 15배나 넓은 히자즈에서는 고작 6개만 발간되고 간행 부수도 수백 부에 그쳤다.[9] 지도자인 후세인 역시 민족주의자로서의 행보를 보인 적이 없었다. 그런데도 갑자기 독립을 추구하게 된 것은 히자즈 지역의 자치권을 폐지하려는 정부의 움직임에 반발해서였다.

히자즈 지역은 무함마드의 혈연적 후손인 샤리프 가문들에서 지도자인 에미르(emir)를 선출해 오랫동안 자치를 해오고 있었다. 오스만 정부는 이런 전통을 깨뜨리고 직접 통치를 하고 싶었다. 하지만 히자즈가 수도에서 워낙 멀리 떨어진 데다 토호 세력의 저항이 심해 난항을 겪었다. 그러다 20세기 들어 상황은 새로운 국면을 맞이했다. 다마스쿠스에서부터 연결되는 히자즈 철도를 건설해 지리적 장애를 극복할 수 있게 된 것이다. 토호 세력이 완강히 반대했지만, 정부는 1908년에 메디나까지 철로 공사를 마쳤다. 후세인이 에미르로 임명된 것은 바로 이때였다. 철로가 연결된 메디나는 이미 주지사의 영향권 안에 들어갔기 때문에 그는 자치권을 지켜내기 위해 어떻게든 철로가 메카까지 연장되는 것을 막으려고 애썼다.[10]

정부는 후세인을 강하게 압박했다. 철로 공사에 반대하면 실각시키겠다는 위협이 잇따르자 후세인은 외부의 도움을 찾았다. 후세인의 둘째 아들이자 훗날 요르단의 초대 국왕이 되는 압둘라(Abdullah)는 영국의 지원을 기대했다. 그는 영국의 주카이로 대표부(British Agency in Cairo)를 찾아가 오스만 정부가 아버지를 실각시키려 할 때 영국이 중재해 줄 수 있을지 물어보았다. 그리고 만약 실제로 그런 일이 일어난다면 히자즈의 주민들과 함께 전쟁을 일으킬 것인데 지원군이 해로로 파병되는 것을 막아달라고 요청했다.[11] 대표부의 수장인 허버트 키치너(Horatio Herbert Kitchener)는 우방국인 오스만과의 관계를 해칠 수 없다며 부정적으로 답변했다.[12] 그러나 반년 후 전쟁이 발발하자 태도가 급반전했다. 전쟁부장관(Secretary of State for War)으로 발령받아 본국으로 돌아온 키치너는 압둘라에게 전령을 보내 만약 오스만이 독일 편으로 참전한다면 오스만을 버리고 영국 편에 가담할 의향이 있는지 물었다.[13]

후세인은 갈등했다. 압둘라는 정부에 대한 아랍인들의 불만이 크고 독립을 추구하는 민족주의자들과 협력할 수 있다며 군사를 일으키자고 말했다. 반면, 장차 이라크의 초대 국왕이 될 셋째아들 파이잘(Faisal)은 영국과 프랑스가 이라크와 대시리아를 지배하려는 의도가 보여 위험하고 아랍인들이 반란을 일으킬 준비를 갖추지도 못했다고 만류했다. 결단을 내리기엔 이르다고 판단한 후세인은 영국이 히자즈의 내정에 간섭하지 않고 외부로부터 보호해 줄 것을 약속한다면 우호적인 관계를 맺겠다는 미적지근한 답변을 보내도록 지시했다. 압둘라의 답신은 오스만이 러시아를 기습 침공한 지 하루가 지난 10월 30일에 도착했다. 다급해진 키치너는 하루 만에 서신을 작성해 이번 전쟁에서 협력한다면 에미르로서의 특권과 독립적인 지위를 인정하고 오스만이나 다른 외세로부터 보호해 줄 것을 약속했다. 또한, 오스만 대신 아랍인들이 이슬람을 대표하는 자리에 올라 칼리파를 칭할 것을 권유했다. 후세인은 크게 고무되었고 적절한 시기가 오면 행동을 취하겠다는 뜻을 밝혔다.[14]

영국은 후세인의 종교적 영향력이 절실히 필요했다. 오스만은 무슬림 국가들의 수장 격이고 영국이 지배 중인 인도, 이집트, 수단의 8천 6백만 무슬림을 동요시킬 우려가 있었다. 실제로 술탄은 2주 뒤인 11월 14일에 칼리프의 이름으로 성전을 선포한다. 후세인은 이런 위협을 무력화시킬 수 있는 사실상 유일한 견제 수단이었다. 이슬람 최고의 성지의 수장인 그가 반란을 일으키면 성전은 기치를 잃고 무슬림 간의 내전으로 양상이 바뀌게 되고, 전쟁 중에도 메카와 메디나로의 안전한 순례 여행을 보장할 수 있어 무슬림의 종교적 반감을 줄이는 데 큰 도움이 될 터였다.[15]

물론, 영국은 아랍인들의 군사력도 어느 정도는 기대하고 있었다. 12월에 카이로 대표부는 아랍인들의 반란을 부추기는 "영국 정부의 공식 선언"을 발표했다. "아라비아와 팔레스타인, 시리아, 메소포타미아[이라크]의 토착민"에게 전하는 이 선언은 영국과 연합국이 이들 지역을 정복하거나 보호령, 점령지로 만들지 않을 것이며, 만약 아랍인들이 직접 오스만을 몰아내 독립을 쟁취한다면 이를 인정하겠다고 약속했다. 또한, 아랍인들이 칼리파를 칭할 것을 권유했다.[16] 전쟁이 시작된 이래 일부 아랍 민족주의자들은 이 지역들에서 민족 국가를 세우고 싶다고 영국에 도움을 계속 청했는데 이를 조건부로 들어준 셈이었다.[17] 다만, 역사학자 엘리 케두리(Elie Kedourie)에 따르면, 이 선언은 외교부에 알리지 않고 카이로 대표부가 단독으로 저지른 행동이었다.[18] 그래서인지 영국의 중동 정책에서 이 선언은 일말의 고려도 받지 못한다.

한편, 후세인은 상황을 주시하며 아랍인들의 동향을 조사했다. 정부의 감시를 피하면서 누가 반란에 동조할지 알아보는 것은 힘든 일이었고 많은 시간이 소요되었다. 1915년 1월 말에 시리아에서 바크리(Bakri) 가문의 청년 민족주의자가 후세인에게 반란을 권유하러 찾아왔을 때도 선뜻 믿을 수 없어 그냥 돌려보냈다. 하지만 시간은 그의 편이 아니었다. 오스만 정부는 히자즈에서 성전의 선포와 군대를 소집할 것을 요구했고, 후세인이 연합국의 보복이 우려된다는 이유로 거부하자 그를 체포할 계획을 세웠다. 이를 알게 된 후세인은 정

부에 협상을 요청하고 파이잘을 대리인으로 보냈다.[19]

파이잘은 이스탄불로 향하는 여정 중에 다마스쿠스에서 잠시 체류했다. 그의 진짜 임무는 이곳에서 민족주의자들을 비밀리에 접촉하는 것이었다. 3월 말부터 4주간 바크리 가문에서 머무르며 파이잘은 여러 민족주의자와 안면을 트고 서로 속내를 털어놓았다. 이미 몇 달 전부터 민족주의자들은 '오스만이 참전하면 아랍 지역이 위태로워지므로 독립을 쟁취하되, 단, 유럽 국가들이 아랍 지역을 지배하려는 기색을 내보일 경우에는 오스만 편에 서서 싸우기'로 방침을 정해놓은 상황이었다. 파이잘은 키치너가 제안한 내용을 공유하고 아버지의 고민도 전했다. 민족주의자들이 내부적으로 협의하는 사이에 파이잘은 이스탄불에 가서 성전을 선포하라는 회유와 협박을 듣고, 5월 말에 히자즈로 돌아가는 길에 다마스쿠스를 들렀다. 민족주의자들은 독립을 추구하기로 뜻을 모았다는 희소식을 전하며 영국으로부터 다음과 같은 사항을 약속받을 것을 당부했다. 이를 다마스쿠스 의정서(Damascus Protocol)라고 부른다.[20]

> 영국은 다음 경계에 해당하는 아랍 지역의 독립을 인정한다.
> 북쪽 : 메르시나(Mersina)-아다나(Adana)에서 ...
> 서쪽 : 홍해와 지중해에서부터 다시 메르시나까지.
> 외국인 특권 조항(Capitulations)으로 외국인에게 주어진 모든 예외적인 특권을 철폐한다.
> 영국과 미래의 독립 아랍 국가 간에 방위동맹을 체결한다.
> 영국에 경제적 특권(preference)을 인정한다.[21]

다마스쿠스 의정서에서 중요한 것은 미래의 독립 아랍 국가가 가지게 될 영토의 범위다. 그동안 압둘라와 키치너는 히자즈의 독립적 지위에 대해서만 협의했다. 반면, 민족주의자들은 아라비아반도와 대시리아, 이라크의 독립을 제안했다. 이는 영국이 지난 12월에 독립을 지지하는 선언을 발표한 지역과 같았다. 그렇지만 파이잘은 영국과 연합국이 이렇게 넓은 지역에서의 독립을 정말로 인정할지 의심스러웠다. 그래도 다마스쿠스 의정서를 수락했고, 민족주의자들은 후세인을 아랍 민족의 대변인으로 추대했다.[22]

파이잘의 걱정은 정확했다. 영국은 아라비아반도 너머로는 독립을 인정할 생각이 없었다. 2개월쯤 전인 1915년 3월에 러시아가 오스만의 수도인 이스탄불과 다르다넬스 해협(Dardanelles Strait) 인근의 영토를 병합할 의사를 밝히자 프랑스와 영국은 이를 인정하는 대가로 오스만의 다른 영토에서 각자의 몫을 취할 수 있는 권리를 가지기로 합의했는데, 아랍 지역이 여기에 속했다. 프랑스는 팔레스타인을 포함한 대시리아 지역에서의 권리를 요구했고 이는 이미 1912년 12월부터 고수해 온 입장이었다.[23] 영국은 카이로 대표부가 독립을 지지한다고 뜻을 밝힌 이 지역에서 프랑스가 권리를 재주장한 것에 대해 아무런 의사를 표현하지 않고 단지 아라비아반도에서는 무슬림의 독립을 인정하자고 양국에 제안했다. 이후 영국은 자신의 몫으로 요구할 아랍 영토를 정하기 위해 여러 부처의 고위 관료를 소집한 분센 위원회(Bunsen Committee)를 열었다. 위원회는 유전 지대인 페르시아만의 확보를 위한 이라크와, 유사시에 본국에서 이라크로 증원군을 파병하는 통로가 될 팔레스타인[24]을 선택했다. 이번에도 카이로 대표부의 선언에 대해서는 아무런 고려도 없었다. 오히려 위원회는 이 지역들을 분권화된 형태로 오스만의 통치하에 남겨두는 방안을 최선으로 보았고, 그렇지 않으면 이권지역으로 설정하거나 병합할 것을 권고했다.[25]

열강이 이미 아랍 지역의 미래를 자기네들끼리 논의하고 있다는 사실을 몰랐던 후세인은 메카로 돌아온 파이잘의 보고를 받고 영국과 협상을 추진하기로 결심했다. 때마침 이집트 고등판무관(High Commissioner) 아서 헨리 맥마흔(Arthur Henry McMahon)의 요청으로 전시 연락망이 구축된 상황이었다. 후세인은 1915년 7월 14일에 아랍 민족의 독립을 지원해달라는 서신을 맥마흔에게 보냈고 양자는 이듬해 3월까지 총 10건의 서신을 주고받는다. 이를 '후세인-맥마흔 서신협상(correspondence)'[a]이라 부른다.[26] 협상에서 가장 중요한 쟁점은 독립이 인정되는 영토의 범위였다. 후세인은 다마스쿠스 의

---

a) 서신 교환이나 서신왕래라고도 직역하지만, 서신의 성격과 목적, 그리고 맥마흔과 후세인 모두 'agreement'라고 부른 점을 반영해서 서신협상으로 의역하였다. '선언'으로 번역되는 경우도 있으나 일방의 선언이 아니라 협상이었기 때문에 틀린 표현이다. 국제적으로는 절대로 선언(declaration)이라고 부르지 않는다.

정서의 경계를 그대로 제시했고 영국은 일부 지역은 곤란하다는 입장을 보였다. 양측은 이 문제를 전후에 협의하기로 유보하였다. 이때 팔레스타인이 독립이 유보된 지역에 속하는지 아닌지를 놓고 반세기가 훨씬 넘게 학자들 간에 치열한 논쟁이 벌어졌으나 합의에 이르지 못했다. 이 협상은 영국이 팔레스타인을 지배하고 분쟁의 무대가 만들어지는 중요한 계기가 되므로 자세히 살펴볼 것이다.

후세인의 첫 번째 서신은 협정문의 양식으로 작성되었다. 그는 다마스쿠스 의정서의 경계에서 독립된 아랍 칼리파 국가를 세우는 것을 영국이 인정한다는 조항을 시작으로 영국에 경제적 이권 부여, 상호방위 협력, 외국인 특권 폐지 등 총 7개 조항을 제시했다. 그러고 나서 "어떤 대가를 지불하더라도 이 고귀한 목적을 달성하기로 아랍 민족 모두가 뜻을 맞추었다."며 민족의 이름으로 독립을 한다고 밝혔다.[27]

이 무렵에 영국은 오스만의 갈리폴리 공략에 애를 먹고 자국령의 무슬림 인구를 진정시키기 위해 노력하고 있었다. 한 달 전인 6월에는 아라비아반도의 독립을 보장하겠다는 선언문을 후세인과 상의도 없이 히자즈와 이집트, 수단에 배포했다.[29] 그러므로 후세인이 마침내 결단을 내린 것은 매우 반가웠으나 유럽의 전리품으로 점찍은 이라크나 대시리아에서도 독립 국가를 세우겠다는 내용은 달갑잖았다. 더군다나, 영국은 후세인과 민족주의자들이 손을 잡았다는 것을 알지 못했다. 그러니 후세인의 요구가 아무런 정통성도 없는, 지나친 영토욕을 분출한 것으로 보였다.[30] 맥마흔은 아라비아반도의 독립은 동의하지만 그 이상의 영토를 논의하는 것은 시기상조라는 답신을 보냈다. 이때 세 가지 이유를 들었는데, 전쟁 중에 그런 세부적인 내용에 시간을 소모하기 어렵고, 현재 오스만이 지배 중이고, 이 지역의 일부 아랍인들이 적극적으로 오스만과 독일 편

지도 11) 1915년 7월 14일에 후세인이 노트에 기록한 아랍 독립 지역[28]

에 서서 싸우고 있어 실망스럽다는 것이었다.[31]

후세인은 모호한 말만 믿고 전쟁에 뛰어들 만큼 어리석거나 경솔하지 않았다. 곧장 발송한 두 번째 서신에서 불편한 기색을 숨기지도 않고 독립을 보장하는 영토의 범위가 협정의 선결조건이니 입장을 명확히 하라고 채근했다.[32] 또한, 영국에 협력하고 있는 수단의 무슬림 지도자에게 서신을 보내 영국이 독립 지역을 변경한다면 아랍 민족을 위협하려는 의도로 이해하고 성전을 선포하겠다는 협박을 우회적으로 전했다.[33]

후세인은 알지 못했지만 카이로에는 든든한 지원군이 한 명 있었다. 오스만 아랍 군인들이 만든 민족주의자 단체, 이른바 아랍당(al-'Ahd/Arab Party)[34] 소속의 무함마드 파루키(Muhammad Sharif al-Faruqi)였는데, 얼마 전 영국에 투항해 카이로로 이송되어 와서는 아랍 사정을 알려주고 협상을 중재하는 역할을 하고 있었다. 파루키는 민족주의자들이 후세인을 지지하고, 독일이 그들의 요구를 들어주겠다고 이미 약속했기 때문에 영국이 독립을 보장하지 않는다면 독일 편에 설 것이라고 주장했다. 파루키의 말은 과장되었으나 카이로의 관료들은 이를 충분히 검증하지 않고 매우 긴박한 상황으로 받아들였다.[35] 후세인의 두 번째 서신이 도착한 것은 그 직후였다.[36] 맥마흔은 10월 19일에 외교부장관 에드워드 그레이(Edward Grey)에게 전보를 보내 아랍인과 동방의 모든 무슬림들이 영국에 칼을 겨눌지 모르는 위태로운 상황이니 협상을 긴급히 성사시켜야 한다고 서두를 뗐다. 그러고는 파루키의 생각대로라면 아랍당이 다음과 같은 문구를 수락할 것 같다고 보고했다.

> 연합국의 이해를 침해하지 않고 자유롭게 행동할 수 있는 한, 영국은 메카의 샤리프가 제안한 경계에서 영국의 지도와 통제를 받는 아라비아(국가)의 독립 원칙을 받아들인다. 상황이 허락하는 한 영국은 아랍인들에게 조언을 주고 이 지역에서 가장 적절해 보이는 형태의 정부를 수립하는 데 도움을 줄 것이다. 이 지역의 아랍인들은 오직 영국의 영향력만을 인정하고, 영국의 지도와 통제를 받으며 일하고 영국의 이익을 가장 중요하게 여길 것이다. ...[37]

맥마흔은 '연합국의 이해를 침해하지 않고 자유롭게 행동할 수 있는' 지역에서 독립을 인정하자고 제안했다. 그렇다면 '연합국의 이해'를 침해하는 지역, 즉 독립에서 제외되는 지역은 어디일까? 맥마흔은 상기 협정문 초안에 이어서 다음과 같이 말한다.

> 파루키는 프랑스가 알레포와 다마스쿠스, 하마(Hama), 홈스의 순수 아랍 지구들(districts)을 점령한다면 아랍인들이 무력으로 반대하지만 이 지역을 제외한다면 메카의 샤리프가 제안한 북서쪽 경계에서 약간의 수정이 가능할 것으로 봄.38)

맥마흔은 북서쪽 경계의 끝자락에 있는 지역을 프랑스 몫으로 돌리는 게 가능하다고 말한다. 그런데 앞서 언급했듯이 프랑스는 팔레스타인을 포함한 대시리아 전체에 대한 권리를 주장했다. 그렇다면 남서쪽에 있는 팔레스타인은 어떻게 되는 것일까? 맥마흔은 이어서 다음과 같이 말한다.

> (이라크) 바스라주(Vilayet)와 관련해서는, 이 지역에 가지고 있는 이권 때문에 영국의 특별한 통제 조치가 필요하다는 사실을 파루키가 인정함.
> 파루키가 표명한 견해에 비추어 샤리프의 서신을 고려했을 때 이보다 적은 (영토) 보장은 후세인이나 아랍당이 수락하지 않을 것으로 생각됨.39)

많은 학자들이 간과하지만, 후세인-맥마흔 서신협상에서 팔레스타인이 독립 지역으로 포함되었는지 아닌지에 대한 논쟁의 핵심은 바로 이 전문에 모든 게 담겨 있다. 팔레스타인은 분명히 '연합국의 이해'를 침해하는 지역이다. 따라서 협정문 초안의 문구만 읽으면 팔레스타인은 독립 지역에서 제외된 것처럼 보인다. 하지만 맥마흔의 의도는 그게 아니었다. 그는 북서쪽 지역만 프랑스에 넘길 요량이었다. 팔레스타인을 영국 몫으로 따로 빼두지도 않았다. 북서쪽 지역 일부와 이라크 바스라주 이상으로 양보를 받아내는 것은 불가능하다고 판단했기 때문이다. 후대의 학자들과는 달리 그레이는 맥마흔의 의사를 명확하게 이해했다. 다음날, 그는 영토 문제에 대해서는, 특히 무엇보다도 북서쪽 경계는 유보적으로 기술하고 이라크에서는 바그다드주(Bagdad Vilayet)

도 영국의 통제 영역에 포함시켜야 한다는 등 몇 가지 지시를 내렸으나 팔레스타인은 일절 거론하지 않았다. 그리고선 시급한 상황이니 "아랍인들이 돌아서지 않도록 확신을 주는 것이 가장 중요"하다는 지침과 함께 재량권을 위임했다.[40] 재가를 받은 맥마흔은 10월 24일에 후세인에게 다음과 같은 역사적인 서신을 보냈다.

> 메르시나와 알렉산드레타(Alexandretta) 지구들(districts), 그리고 다마스쿠스, 홈스, 하마, 알레포 지구들(districts)의 서쪽에 있는 (대)시리아의 일부는 순수 아랍 지역이라고 말할 수 없으므로 제안된 경계에서 제외해야 합니다.
> 위의 수정사항을 반영하고 우리가 (아라비아반도와 이라크의) 아랍 지도자들과 체결한 조약을 침해하지 않는다면 (제안한) 경계를 받아들입니다.
> 이 경계 안에 있는 지역들 중 영국이 동맹인 프랑스의 이해를 침해하지 않고 자유롭게 행동할 수 있는 곳에 대해서 영국 정부의 이름으로 다음을 보장하는 답변을 드립니다.[41]
> (1) 영국은 메카의 샤리프의 제안에서 위의 수정사항을 반영한 경계 내의 모든 지역에서 아랍인들의 독립을 인정하고 지지할 준비가 되어 있다. …
> (5) 아랍인들은 영국이 (이라크의) 바그다드주(vilayet)와 바스라주(vilayet)에 대해여 확고한 지위와 이해관계를 가지고 있고, 외세의 침략으로부터 이 영토를 보호하여 지역 주민의 복지를 증진하고 상호 경제적 이익을 보호할 수 있도록 특별한 행정적 조치가 필요하다는 것을 인정한다.
> 저는 이 선언이 확고하고 … 지속적인 동맹으로 이어지고 그 즉각적인 결과로 아랍 지역에서 튀르키예인들이 추방되고 오랫동안 계속된 오스만의 압제에서 아랍인들이 해방될 것으로 확신합니다. …[42]

위 서신에서도 역시 팔레스타인은 단 한 번도 언급되지 않는다. 지금까지 살펴본 서신 작성의 경과까지 함께 본다면 팔레스타인이 독립 지역에 속하는 것은 자명하다. 그럼에도 불구하고 전쟁이 끝나면 영국은 팔레스타인의 독립은 인정한 적이 없다고 주장하고 많은 학자들이 동의한다. 이들은 크게 두 가지 이유를 제시한다.

지도 12 1915년 대시리아의 행정구역[43]

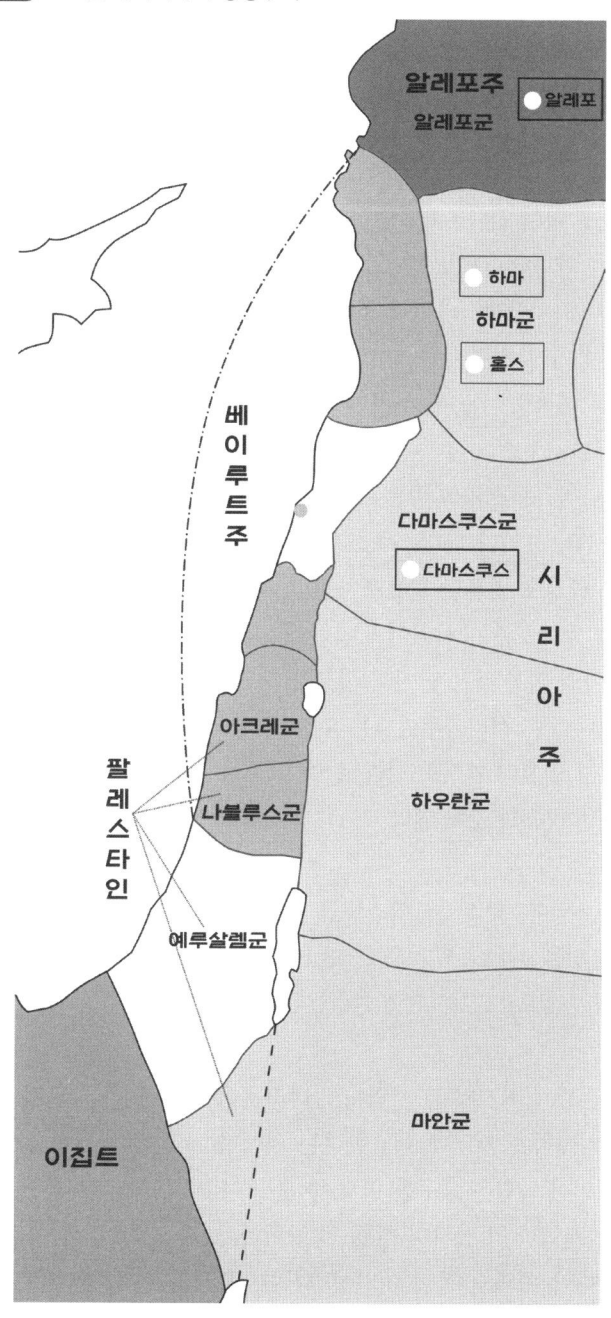

첫 번째는 맥마흔이 서신에서 표기한 다마스쿠스 '지구(district)'는 '주(vilayet)'를 의미한 것이고 팔레스타인은 다마스쿠스주의 서쪽에 있다는 것이다. 그러나 맥마흔은 같은 서신에서 바스라와 바그다드에는 '주'라고 올바르게 표기했고 앞서 인용한 그레이에게 보낸 18일자 전보에서도 이 두 지역에는 주를, 북서쪽 경계의 지명에는 지구라고 똑같이 썼다. 두 단어를 혼용해서 사용했을 가능성도 절대 없다. 그가 언급한 6개 지구 중 다마스쿠스를 포함한 5개 지역이 주가 아니다. 다마스쿠스는 오스만 행정구역에서 군(sanjak)에 해당하고 그 서쪽에는 팔레스타인이 없다. 팔레스타인은 다마스쿠스군이 속한 시리아주의 서쪽에 있을 뿐이다. 이 때문에 다마스쿠스주는 시리아주로 읽을 수 있다는 초월 해석도 나왔다. 하지만 지구를 주로 바꿔 읽으면 맥마흔이 말한 4개 지명(다마스쿠스, 홈스, 하마, 알레포 지구들)의 관계는 도무지 이해할 수 없게 된다. 다마스쿠스와 하마는 시리아주에 속하는 군이다. 홈스는 하마군에 위치한 도시다. 그러니 다마스쿠스지구가 시리아주를 의미한 것이었다면 홈스와 하마는 애당초 거론할 필요조차 없었다. 알레포는 주와 군 둘 다에 해당한다. 그런데 알레포주는 시리아의 북쪽에 있기 때문에 '알레포주의 서쪽에 있는 (대)시리아의 일부'라는 말이 성립조차 되지 않는다. 그러니 다마스쿠스지구가 다마스쿠스주=시리아주였다는 주장은, 영국 정부와 수많은 학자의 옹호에도 불구하고 일고의 가치도 없다. 만약 이들의 주장대로 맥마흔의 서신을 풀어서 읽는다면 다음과 같이 된다.

> 시리아주와 시리아주의 일부인 홈스주(?), 시리아주의 일부인 하마주(?), 시리아의 북쪽에 있는 알레포주의 서쪽에 있는 (대)시리아의 일부는 순수 아랍 지역이라고 말할 수 없으므로 제안된 경계에서 제외해야 합니다.

팔레스타인은 독립이 약속된 지역이 아니라는 주장의 또 다른 근거는 '프랑스의 이해'를 침해하는 지역에 해당한다는 것이다. 서신을 자세히 살펴보면, 맥마흔은 후세인이 독립을 요구한 영토 중 순수 아랍 지역이 아니라 생각되는 북서쪽 일부를 제외한 '수정된 경계'를 '수락했다.(accept)' 그러나 이 경계 안에 있는 모든 아랍 지역의 독립을 인정하거나 지지하지는 않았다. '프랑스의 이해를 침해하지 않고 자유롭게 행동할 수 있는 곳'에 대해서만 보장한다는 단서를 추가적으로 붙였기 때문이다. 즉, 팔레스타인은 영국이 수락한 독립 지역에는 속하지만, 만약 '프랑스의 이해를 침해하지 않고 자유롭게 행동할 수 있는 곳'이 아니라면 독립을 보장받지 못한다.

많은 친영학자들은 프랑스가 팔레스타인을 포함한 대시리아 전체에 대한 권리를 주장했으니 독립이 약속되지 않았다고 주장한다. 일견 합리적인 해석으로 보이지만 여기에는 세 가지 치명적인 맹점이 있다. 첫째는, 프랑스가 권리를 주장한 곳은 대시리아라는 사실이다. 프랑스가 권리를 주장했기 때문에 팔레스타인이 '프랑스의 이해'를 침해하는 곳으로 해석된다면, 같은 이유에서 대시리아 전체가 독립이 보장되지 않는다. 그렇다면 맥마흔은 처음부터 대시리아의 어느 땅도 독립을 약속할 생각이 없었다는 결론이 나오고 구태여 다마스쿠스지구 등을 언급하며 대시리아의 일부를 독립 지역에서 제외한다고 말할 필요가 없었다는 말이 된다. 그러니 프랑스가 권리를 주장하는 모든 지역이 '프랑스의 이해'를 침해하는 것은 아니라는 사실만큼은 자명하다.

둘째로, 맥마흔도 그레이도 팔레스타인을 독립 지역에서 제외할 의도가 없다는 사실이 문서로 확인된다. 후세인에게 두 번째 서신을 보내기 전후로 맥마흔과 그레이는 대시리아의 북서쪽 경계는 항상 논의했으나 팔레스타인은 한 번도 언급하지 않았다. 특히 앞서 지적했듯이 19일 자 전보에서 맥마흔은 이라크 바스라주와 시리아의 북서쪽 경계 외의 영토적 양보를 얻어내는 것은 불가능하다고 생각한다고 말했다. 이에 대한 답신으로 20일 자 전보에서 그레이는 영토 문제에 관해서, 특히 북서쪽 경계에 대해서는 유보적으로 기술하라고 말했지만 팔레스타인을 추가적으로 제외하라는 말은 하지 않았다. 반면, 이라크의 바그다드주는 영국의 통제 영역에 포함시켜야 한다고 지시를 내렸다. 그러니 그레이도 팔레스타인을 제외할 생각이 없었다는 게 분명해진다.

셋째로, 영국은 팔레스타인을 프랑스에 넘길 생각이 없었다. 분센 위원회는 프랑스가 권리를 주장한 지역이라는 것을 알면서도 팔레스타인을 오스만의 수중에 남겨 놓거나, 그게 안 되면 영국의 영향권 안에 둬야 한다고 권고했다. 그런데 '프랑스의 이해'가 있다는 이유로 독립을 보장하지 않은 것이라면 팔레스타인에 대한 프랑스의 권리 주장을 영국이 인정했다는 의미가 된다. 설령 보수적으로 해석하더라도 프랑스가 팔레스타인을 요구할 강력한 명분을 준다는 사실은 부정할 수 없다. 더군다나, 전쟁이 끝나고 나서 영국은 팔레스타인에 대한 프랑스의 권리를 철저히 부정하고 팔레스타인의 통치권을 쟁취한다. 그렇다면 팔레스타인은 어느 시점에서부터 '프랑스의 이해'에서 벗어났다는 말이 되고, 그 시점에서 독립이 인정됐어야 한다. 혹자는, 그리고 실제로 1939년에 영국 대표단이 주장하듯이, 협상 시점에서 독립 지역이 정해지는 것이지 사후적으로 변경된다고 볼 수 없다고 말할 수 있다. 맞는 말이다. '프랑스의 이해'에 따라서 독립 지역이 10년, 100년 뒤에도 계속해서 바뀔 수는 없는 법이다. 그런데 앞서 설명했듯이 팔레스타인은 처음부터 영국이 수락한 독립 지역의 경계에 속한다. 단지 '프랑스의 이해'가 있는 지역이라는 이유로 독립을 보장하지 않았을 뿐이다. 그러므로 '프랑스의 이해'에서 자유로워진 시점에서 영국은 독립을 인정해야 할 의무가 있다. 그리하지 않는다면 독립 지역의 경계를 수락했다는 말을 어긴 게 된다.

이상의 사실들은 맥마흔이 프랑스의 이해가 있는 지역이라는 단서를 달 때 팔레스타인을 의미하지 않았다는 것을 확실하게 말해준다. 그렇다면 서신에서 '프랑스의 이해를 침해하지 않고 자유롭게 행동할 수 있는 곳'이라는 추가적인 단서를 넣은 이유는 무엇이었을까? 맥락을 돌이켜보면 쉽게 이해할 수 있다. 맥마흔은 후세인이 제안한 범위 중 북서쪽 일부를 제외한 경계를 수락한다고 밝혔다. 그러나 이 제외된 경계는 지도로 표시되거나 혹은 그에 상응하는 표식 없이 '메르시나와 알렉산드레타 지구들, 다마스쿠스, 홈스, 하마, 알레포 지구들의 서쪽에 있는 (대)시리아의 일부'라는 지명과 순수 아랍 지역이 아닌 곳이라는 두 가지 조건만으로 불분명하게 기술되었다. 따라서 맥마흔은 이 경계를 부연해서 설명하되, 프랑스가 추후에 최대한 많은 영토에서 권리를 주장할 수 있도록 경계를 유연하게 해석할 수 있는 단서를 삽입했던 것이다. 다시 말해서, '프랑스의 이해'는 팔레스타인과 같은 새로운 영토적 경계를 만드는 게 아니라 이미 제외하기로 한 (대)시리아의 '일부'가 어디까지인지를 보완할 뿐이었다. 이는 후세인에게 서신을 보내고 이틀이 지난 26일에 그레이 장관에게 보고한 전보에서 명확히 드러난다.

순수 아랍 영토에서는 영국이 아랍 독립의 원칙을 인정한다고 명확하게 밝힘. ... 그러나 (순수) 아랍 지역이라 볼 수 없고 프랑스의 이해가 인정되는 곳으로 알고 있는 메르시나와 알렉산드레타, 그리고 시리아의 북쪽 연안 a)지구들(those districts)을 제외한다는 것도 명확하게 진술함. b)프랑스가 (대)시리아에서 권리를 주장하는 지역이나 영국 정부가 이를 인정한 범위가 어디까지인지를 알지 못함. 그래서 다마스쿠스와 하마, 홈스, 알레포 c)도시들(towns)은 아랍 지역의 범위 안으로 인정하는 한편, 프랑스가 d)이곳(those places)에서 권리를 주장할 여지를 주려고 영국 정부는 '동맹인 프랑스의 이해를 침해하지 않고 행동할 수 있는' 영토에서만 약속할 수 있다는 취지의 포괄적 수정 문구를 삽입함.[44]

한편, 이 시기의 영국 정부의 문헌을 가장 체계적으로 연구한 학자로 정평이 난 엘리 케두리는 방금 인용한 26일 자 보고문을 근거로 팔레스타인은 독립 지역이 아니라고 주장한다.[45] 도무지 이해할 수 없지만, 케두리는 맥마흔이 지구라는 단어를 도시나 영토의 동의어로 사용했다고 간주하고, 밑줄 친 d)이곳이란 단어가 c)도시를 지칭한다고 해석한다. 이렇게 케두리처럼 보고문을 읽으면 맥마흔은 다마스쿠스와 하마, 홈스, 알레포 도시를 독립 지역에 포함했으나 프랑스가 언제든 이를 무효화시키고 이 도시들에서 권리를 주장할 수 있도록 '프랑스의 이해'를 침해하지 않아야 한다는 새로운 조건을 집어넣었다는 뜻으로 읽히게 된다.[46] 따라서 프랑스가 권리를 주장한 대시리아에서는 순수 아랍 지역이든 아니든, 북서쪽 경계의 안쪽이든 바깥쪽이든, 혹은 팔레스타인처럼 거론된 적이 있든 없든 어느 곳에서도 독립을 보장하지 않았다는 게 케두리의 결론이다. 즉, 모든 게 다 기만이었다는 것이다.

맥마흔은 정말로 케두리가 주장하는 것처럼 지구라는 단어를 도시나 영토의 동의어로 사용했을까?[47] 사전적으로 '지구(district)'는 주변과 구분되는 일정한 구획의 땅을 의미하고 흔히 도시와 그 주변부를 포괄적으로 일컫거나 반대로 도시 안에 있는 특정 구역을 일컫는다. 그러므로 의미가 광범위한 영토와는 혼용해서 쓸 수도 있지만 도시의 동의어로는 사용하지 않는 단어다. 만약 26일 자 보고문에서 a)지구라는 단어를 도시로 바꿔 읽으면 시리아 북쪽 연안 도시들, 즉 다마스쿠스와 홈스, 하마, 알레포[48]가 순수 아랍 지역이 아니고 독립 지역에서 '명확하게' 제외했다고 보고한 게 되어버린다. 이는 다마스쿠스와 하마, 홈스, 알레포 c)도시를 아랍 지역의 범위 안으로 인정했다는 다다음 문장이나 맥마흔의 서신에 상충된다. 따라서 지구는 도시로 바꿔 읽을 수 없다.

지구=도시라는 전제가 틀렸기 때문에 당연히 케두리의 결론은 아귀가 맞지 않는다. 다마스쿠스와 하마, 홈스, 알레포 도시들에서 프랑스가 영토권을 주장하게 해 준 것이라는 해석과는 상반되게, 맥마흔은 26일 자 보고문에서 상기 내용에 이어 "프랑스가 다마스쿠스와 하마, 홈스, 알레포와 같은 순수 아랍 영토(territories)에 대한 영토권 주장을 포기하는 데 동의한다면 협상이 빠르게 진척될 것"이라고 강조했다.[49] 11월 7일에도 맥마흔은 프랑스와 협상 중인 그레이에게 "아랍인들은 국경 안에 다마스쿠스와 하마, 홈스, 알레포를 포함하는 것을 매우 중요하게 생각합니다. 그리고 필요하다면 이 영토를 위해서 싸울 결심이 되어 있다고 여러 번 말했습니다."라고 알린다.[50]

케두리는 맥마흔의 서신과 보고문들을 보고 "모호한", "불분명한", "논쟁거리", "당혹스러운", "기괴한" 등등 온갖 혹평을 늘어놓는다.[51] 하지만 문제의 원인은 원하는 답을 도출하기 위해 글을 왜곡해서 읽으려 하는 독자에게 있다. 26일 자 보고문은 원문 그대로 읽으면 더할 나위 없이 명쾌하다. 보고문에서 스스로 한 설명에 따르면, 맥마흔은 순수 아랍 영토의 독립은 인정하되, 북서쪽 경계에서 프랑스가 관심을 보이고 순수한 아랍 영토가 아닌 지역[52]은 제외했다. 그런데 프랑스와 영국 정부의 정확한 의사를 몰라서 구체적으로 어디서부터 어디까지 제외할지를 결정할 수 없었다. 그래서 순수 아랍 영토인 다마스쿠스, 하마, 홈스, 알레포 c)도시들은 독립 지역에 포함시키는 한편 나머지 지역(=d)이곳)에서는 프랑스가 권리를 주장할 수 있도록 유보적인 단서를 삽입했다. 즉, d)'이곳'은 c)도시들을 의미하는 것이 아니라 b)'프랑스가 시리아에서 권리를 주장하는 지역이나 영국 정부가 이를 인정한 범위'를 가리킨다. d)이곳이 'these'가 아니라 'those' places로 지칭되었다는 점도 이를 뒷받침

하는 근거가 될 수 있다.[b] 이렇게 보면 맥마흔은 10월 19일, 26일, 11월 7일 자 전보, 그리고 후세인에게 보낸 서신 모두에서 언제나 일관되게 순수 아랍 영토는 독립 지역으로 주장한 것을 알 수 있다.

26일 자 보고문에는 팔레스타인이 독립 지역에 속하는 것을 유추할 수 있는 또 다른 결정적인 단서가 있다. 맥마흔은 협상이 잘 성사되려면 프랑스가 영토권 주장을 축소해야 한다는 제언을 한 뒤 "아랍인들이 다마스쿠스를 종교적으로도 중요하게 생각한다는 점에 대해서도 한 번 더 강조"했다.[53] 만약 팔레스타인이 '프랑스의 이해 지역'에 해당해서 독립을 제외할 의도가 조금이라도 있었다면, 맥마흔은 다마스쿠스를 언급하지 않고 '아랍인들은 이슬람 3대 성지인 예루살렘을 종교적으로 중요하게 생각한다.'고 말했을 것이 틀림없다.[54]

미래의 이야기를 앞당겨하자면, 영국 정부는 이 같은 논쟁에서 굉장히 소극적이었다. 전후에 후세인이 맥마흔으로부터 받은 아랍어본 서신을 공개한 것과는 대조적으로, 영국은 영문본 원문을 공개하라는 요구는 묵살한 채 팔레스타인의 독립을 약속한 적이 없다는 말만 반복한다. 그러다 1922년에 윈스턴 처칠(Winston Churchill) 식민부장관이 팔레스타인은 다마스쿠스지구의 서쪽에 있기 때문에 독립 지역이 아니라고 처음으로 공식적으로 답변한다. 하지만 다마스쿠스지구는 다마스쿠스주가 아닐뿐더러 시리아주는 있어도 다마스쿠스주라는 건 없다는 반박 등에 침묵했기 때문에 논란은 사그라들지 않았다.[55] 그렇게 모르쇠로 일관하다 1939년이 되어서야 영국은 마침내 영문본을 공개하고 토론장에 발을 들인다. 이때는 수많은 아랍 독립운동가를 무참히 학살해 저항을 무력화시킨 직후이자 당면한 2차 대전의 위기에서 아랍권의 협력을 구하는 중이었다.

회담에서 영국 대표단은 다마스쿠스시가 시리아주의 주도(capital)이므로

---

b) These는 가까이에 있는, those는 멀리 있는 문장이나 명사(구/절)를 가리킨다. 다음 영어 원문을 보라. I am not aware of the extent of French claims in Syria, nor of how far His Majesty's Government have agreed to recognize them. Hence, while recognizing the towns of Damascus, Hama Homs and Aleppo as being within the circle of Arab countries, I have endeavoured to provide for possible French pretensions to those places by a general modification to the effect …

다마스쿠스지구는 사실상 시리아주를 의미한 것으로 해석해야 하며, 따라서 시리아주의 서쪽에 있는 팔레스타인은 독립 지역이 아니라고 주장했다. 이와 더불어 팔레스타인이 '프랑스의 이해'라는 유보 조건에도 포함된다고 말했다. 다만, 이러한 표현들이 오해의 여지가 없도록 구체적으로 기술되지는 않았다고 부연했다. 아랍 대표단은 두 가지 논거의 그릇됨을 지적했고, 나아가 지금은 '프랑스의 이해를 침해하지 않고 자유롭게 행동'할 수 있게 되었으니 독립을 보장해야 한다고 반박했다. 이에 대해 영국 대표단은 프랑스의 영토권 주장은 지금도 영속되는 권리라 봐야 하고, 설령 그렇지 않다고 하더라도 서신 작성 시점을 기준으로 봐야 하기 때문에 팔레스타인의 독립을 인정할 수 없다고 답했다.[56] 이후 공은 학계로 옮겨갔다. 세월이 흘러 영국의 내부문서들이 공개되면서 논쟁은 불이 붙었고 70년대에 정점을 찍는다. 그렇지만 양측의 주장이 평행선만 달린다는 점만 확인하고 합의된 결론 없이 관심에서 점차 멀어져 갔다.

    맥마흔의 서신이 학계에서도 치열한 논쟁거리가 될 수 있었던 것은 단순히 정치적 이해가 첨예하게 얽힌 문제라서가 아니라 서신에 대한 해석을 모호하게 만드는 무언가가 있기 때문일 것이다. 그 무언가는 바로 친영학자들의 머릿속을 맴도는 한 가지 의문인 듯하다. '팔레스타인은 중동정책에서 중요한 요소인데 어떻게 영국이 독립을 인정할 수 있단 말인가?'[57] 이 의문에 대한 답을 찾지 못했기 때문에 많은 이들이 팔레스타인은 독립에서 제외된 게 분명하다고 미리 답을 정해두고 그에 맞게끔 기상천외하면서도 얼토당토않는 해석들을 내놓은 것으로 보인다. 하지만 이는 커다란 착각이다. 맥마흔은 결코 팔레스타인이 쓸모없다고 생각해서 독립을 인정한 것이 아니다. 그는 후세인과 협상을 시작하기 직전인 1915년 7월에 분센 보고서를 읽었고, 이때 팔레스타인을 프랑스에 넘기지 말고 영국이나 이집트의 영토로 병합해야 한다고 주장했다.[58] 곧이어 시작된 후세인과의 협상에서 맥마흔은 병합안이 실현 불가능하단 걸 깨닫고 포기했을 게 틀림없다. 그러나 프랑스에 넘겨서는 안 된다는 생각은 고수했을 것이다.

    영국의 대중동 정책에서 가장 중요한 지역은 이라크였다. 그런데 이라크를 병합하려면 동맹인 프랑스의 욕망도 어느 정도는 만족시켜줘야 했다. 하지만 아랍인들은 독립의 의지가 굳건했고, 특히 프랑스의 지배를 극렬히 반대했다. 만약 이제 와서 독립을 거부한다면 오스만과 독일 편으로 참전할 위험이 너무 컸다. 자연히 영국과 프랑스 양국 모두가 과도한 영토욕을 부려서는 안 된다는 판단이 나왔다.[59] 이라크에서는 병합이 아니라 특수한 지위를 인정받는 것으로 하향조정하고 프랑스가 권리를 주장하는 지역은 대시리아의 북서쪽 일부로 제한하기로 결정한 것은 이런 이유에서였을 것이다. 이라크 다음으로 중요한 팔레스타인은 그저 프랑스의 영향권에 들어가지 않게 하는 것만으로도 커다란 성공이었다. 애당초 분센 위원회는 이라크와 팔레스타인을 반드시 병합시켜야 한다고 말하지 않았다. 많은 학자들이 이를 간과했거나 경시한 듯하다. 보고서 원문을 보면 위원회는 페르시아만에 대한 이권을 보호하기 위해 '러시아나 프랑스와 같은 다른 유럽 국가의 영향력을 배제하는 것이 핵심'이라고 설명한다. 그렇기 때문에 이 지역을 오스만의 지배로 남겨 두는 것을 최고의 시나리오로 제시했고, 장기적으로는 아랍인들이 독립을 해도 괜찮다고까지 제언했다.[60] 후세인은 첫 번째 서신에서 영국의 이권을 인정하겠다고 밝혔으니 맥마흔은 분센 위원회의 권고를 충실히 이행한 셈이었다.

어차피 프랑스가 없었더라도 영국은 팔레스타인을 병합할 방도를 찾을 수 없었다. 협상 상대인 후세인이 어떤 이유로도 팔레스타인을 내줄 수 없는 처지였기 때문이다. 그는 이슬람 지도자로서의 권위를 내세워 칼리파 국가를 세우려 하고 있으나, 이교도의 도움을 받아 무슬림 국가, 그것도 수장 격인 국가에 대한 반란을 주동한다는 치명적인 약점을 안고 있었다. 이런 상황에서 성지 예루살렘을 기독교 국가에 내줬다는 것이 알려지면 실각되는 것은 불 보듯 뻔했다. 그렇게 되면 아랍의 반란을 부추기는 계획은 완전히 물거품이 되는 것이었다. 지역마다 이해관계가 서로 다른 아랍인들을 규합할 수 있는 상징성을 가진 인물은 후세인이 유일했기 때문이다.[61] 영국은 후세인조차도 구심점이 되기에는 권위가 부족하다고 걱정하고 있었고 이는 사실이었다. 후세인의 영향력은 히자즈를 거의 벗어나지 못했고, 1925년에는 아라비아 반도에서의 내부 패권 전쟁에서 패배해 축출당한다. 그러므로 맥마흔은 영국이 할 수 있는 최선의 협상을 시도한 것이었다.

다시 협상 시점으로 돌아오면, 후세인은 맥마흔의 두 번째 서신을 읽고 영국이 대부분의 아랍 지역에서 독립을 약속한 것에 상당히 흡족한 듯하다. 그는 세 번째 서신을 보내 북서쪽 경계 중 메르시나가 속한 아다나주(Adana)[62]는 아랍인들만 사는 곳이 아니므로 독립 지역에서 제외하기로 동의하고, 영국이 보상금을 지불하는 대가로 이라크를 "짧은 기간" 점령하는 것도 허용했다. 그러나 알렉산드레타[63]와 다마스쿠스, 홈스, 하마, 알레포 지구들의 서쪽에 해당하는 "알레포주와 베이루트주, 그리고 이곳의 (서쪽) 해안 지대는 순수한 아랍주"이므로 독립이 보장되어야 한다고 주장했다. 후세인은 맥마흔이 이 지역을 순수 아랍 지역으로 보지 않은 까닭이 상당한 수의 기독교 인구가 거주하기 때문이라고 추측했다. 그래서 이곳의 기독교도들은 무슬림과 같은 조상을 가진 아랍인이고 평등한 권리를 인정할 것이라는 설명을 달았다.[64]

맥마흔은 세 번째 답신에서 알레포와 베이루트주가 순수한 아랍주라는 사실을 인정했다. 하지만 이곳은 프랑스의 이해관계가 있는 지역이라서 신중한 검토가 필요하다며 추후에 논의하자고 답을 피했다. 그러면서도 지금 당장 아랍인들이 오스만군에 조력하지 못하게 만들어달라고 요청하고, "이런 노력의 성공과 아랍인들이 대의를 위해 어떤 적극적인 조치를 취하는지에 따라 우리의 협정의 영구성과 강도가 결정될 것"이라고 덧붙였다."[65]

후세인은 네 번째 서신에서 "당장의 전쟁과 재앙 중에 영국과 프랑스의 동맹과 양국 간의 협정을 훼손할지 모르는" 행동은 피해야 하므로 "북부 지역과 그곳의 연안 지대"에 대해서는 전쟁이 끝나면 최우선적으로 협의하기로 양보했다. 그러나 전쟁이 끝난 뒤에 이곳에서 독립이 허용되지 않는다면 "영국이 현재 겪고 있는 문제들보다 결코 가볍지 않은" 조치를 취할 것이라고 경고했다.[66] 맥마흔은 네 번째 답신에서 전후에 프랑스와의 동맹은 더욱 강화될 것이라며 "북부 지역에 관해서" 입장을 바꿀 생각이 없다는 것을 암시했다.[67] 양측은 한 차례 더 서신을 주고받지만 더 이상 '북부 지역'에 관한 논쟁은 없었다.

영토 문제는 이렇게 갈등의 불씨를 남긴 채 일단락되었다. 후세인이 이토록 쉽게 물러선 것은 선뜻 이해하기 어렵다. 아랍 민족주의 운동에 대한 최초의 역사서 중 하나인 『아랍의 각성』을 저술한 조지 안토니우스(George Antonius)는 후세인이 1908년에 에미르로 임명될 때 영국의 도움을 받았기 때문에 강하게 나가기 어려웠을 것이고 당시 아랍인들이 영국에 대한 호감이 컸기 때문에 막연히 선의를 기대했으리라 추측한다.[68] 이런 점을 참작하더라도 여전히 후세인의 행동은 의뭉스럽다. 영국을 상대로 협상력을 가질 수 있는 것은 당면한 전쟁의 위기였다. 지금 관철하지 못한 것을 전쟁이 끝난 뒤에 얻어낼 수 있을 리는 없었다.

어쩌면 후세인은 시리아의 북서쪽 지역이 프랑스의 손아귀에 넘어갈 것을 예상하면서도 협상을 타결했을지도 모른다. 영국을 압박할 수단이 없고 그렇다고 시간을 끈다고 더 좋은 기회가 찾아온다는 보장도 없었으니 말이다. 만약 전쟁이 영국에 유리하게 전개된다면 시간이 갈수록 협상력은 약해진다. 반대로 전황이 불리해지면 오스만 정부의 징집 위협이 커진다. 또한 영국이 불리한 상황을 타개하려고 당장은 마지못해 북부 지역의 독립을 인정하더라도 어차피 전쟁이 끝난 뒤에는 협상을 어기지도 모른다. 역사는 이를 증명한다. 맥마흔이 영국 정부의 이름으로 약속한 '우리의 협정'은 어차피 지켜지지 않기 때문이다.

1.2. 영국의 배신과 기만

후세인-맥마흔 서신협상은 1916년 3월에 끝났다. 3개월 뒤 후세인은 스스로를 히자즈의 왕으로 선포하면서 군사를 일으킨다. 3만 명의 아랍 독립군은 히자즈 지역에서 오스만군을 빠르게 몰아냈고, 장비와 물자가 턱없이 부족한데도 9월에 이르면 메디나를 제외한 대부분의 지역을 정복하는 데 성공한다. 하지만 오스만의 증원군이 도착하면서 메디나의 방어선이 강화되자 진격은 더뎌진다. 아랍군은 주민들의 반발을 자극하거나 성지를 훼손했다는 오명을 쓰지 않기 위해 전면전을 피하고 메디나를 포위한 채 항복을 기다렸다. 영국은 아랍인들이 목숨을 아끼려고 그보다 중요한 시간을 포기한 것이라며 비난했다.[69] 동맹이라면 응당 할 수 있는 타당한 비판이겠지만, 영국은 그럴 자격이 조금도 없었다. 이미 후세인과의 협상을 위반하는 비밀협정을 프랑스와 체결한 데다가 팔레스타인을 시온주의자들에게 팔아넘기는 삼중거래마저 염두에 두고 있었기 때문이다.

영국이 처음부터 후세인과 아랍인들을 배신할 마음을 품었던 것은 아니었다. 만약 그랬다면 후세인의 첫 번째 서신을 받았을 때 시간을 지체할 필요 없이 모든 조건을 수용하고 반란을 독촉했을 것이다. 태도가 달라진 것은 맥마흔이 두 번째 서신을 보낸 직후부터였다. 영국 내부에서 아랍인들에게 너무 많은 걸 양보했다는 질책이 나왔다. 특히, 인도총독부의 관료들은 중동정책의 핵심인 이라크를 병합하지 않았다고 비판하고, 아랍인들이 전쟁에 별다른 도움이 되지 않을 것이라는 회의론을 내세웠다. 그레이 장관은 제대로 항변하지 못하고 물러섰다. 그는 후세인과의 협상은 "절대 실현되지 않을 신기루"라고 변명했다.[70)]

얼마 후에는 프랑스가 대시리아를 아랍인들에게 넘기지 않겠다고 의지를 굳건히 했다.[71)] 대시리아를 포기하라고 설득하려면 적어도 영국이 먼저 이라

지도 13 사이크스-피코 협정에 따른 아랍 지역의 분할

크에서의 우월적 지위를 내려놓아야만 했다. 하지만 제국주의적 탐욕은 패전의 두려움보다 컸고, 결국 프랑스와 아랍 땅을 나눠 먹기로 결심한다. 이때가 맥마흔이 세 번째 서신을 보낸 1915년 12월이었다. 영국은 얼마든지 프랑스의 반대를 알리고 후세인과 재협상할 기회가 있었지만 그러지 않았다. 아랍인들을 철저히 속이기로 작정한 것이다.[72] 맥마흔 본인도 12월 5일에 인도 총독에게 보낸 전보에서 이렇게 말했다. "지금 진행 중인 협상이 아라비아(국가)의 미래를 형성하거나, 이 지역에서 우리의 권리나 제약을 만들 것이라곤 전혀 상상조차 않습니다. … 우리가 해야 할 일은 아랍인을 적으로부터 떼어내 우리 편으로 만들어 올바른 길로 가도록 유혹하는 것입니다."[73]

 이듬해 1월에 영국과 프랑스는 아라비아반도를 제외한 나머지 아랍 지역을 크게 4등분했다. 우선, 시리아에서는 프랑스가, 트랜스요르단과 이라크 중서부 지역은 영국이 각각 경제적, 외교적 특권을 인정받는 조건으로 독립 아랍 국가나 아랍 연방을 세우기로 하고 이를 부정확하지만 흔히 '간접통치지역'이라고 부른다. 다음으로 레바논과 아나톨리아 동부 지역 등은 프랑스가, 이라크 동부는 영국이 '직할지'로 삼기로 결정했다고 널리 알려졌다. 다만, 원문에 따르면 이 지역에서는 영국이나 프랑스가 "원하고 아랍 국가나 아랍 국가 연방과 조율하기에 적합하다고 생각하는 형태로 직접이나 간접적으로 관리(administration)나 통치(control)"를 할 수 있다.[74] 팔레스타인은 4개 구역으로 갈가리 찢어졌다. 우선, 사페드 등 북부 끝자락은 프랑스의 직할지에 포함되었고, 북서부 항구도시 하이파와 아크레 인근은 영국의 직할지로 지정되었다. 그 외 북부와 중부 지역은 예외적으로 국제관리지역[75]으로 설정되고, 마지막으로 남부 사막 지대는 영국의 간접통치지역에 포함되었다. 후세인-맥마흔 서신협상이 종결되고 고작 두 달 뒤인 1916년 5월에 최종적으로 비준된 이 비밀협정은 협상 대표자들의 이름을 따서 사이크스-피코 협정(Sykes-Picot Agreement)으로 불린다.

 일부 학자들은 4등분한 경계선이 맥마흔의 두 번째 서신과 대체로 유사하다는 이유로 후세인-맥마흔 서신협상이 지켜졌다고 주장한다. 하지만 후세인은 어떤 아랍 땅도 영국과 프랑스가 직접 통치하는 것에 동의한 적이 없다. 후세인-맥마흔 서신 협상에서 북서쪽 경계는 지위가 유보되었고, 이라크는 '짧은 기간' 동안 '점령'이 허락된 곳이다. 팔레스타인은 이런 조건들도 없이 온전히 독립이 약속되었다. 또한, 간접통치도 후세인에게 약조된 독립 아랍 국가가 아니다. 영프는 이곳에서 관세, 철도, 항구, 수자원 이용 등과 같은 경제적 이권을 스스로에게 부여했고, 아랍 지도자의 "종주권" 하에서 영국과 프랑스의 "보호"를 받는 지위로 낮추었다.[76]

사이크스-피코 협정으로 영국은 더 많은 아랍 영토를 전리품으로 얻을 수 있게 되었지만 만족하지는 않았다. 팔레스타인의 일부가 열강의 영향력 하에 놓였기 때문이다. 일부 관료들은 1916년 1월에 협정 내용을 전해 듣자마자 시온주의자들을 떠올렸다. 시온주의자들이 팔레스타인을 얻도록 돕는 대신 영국의 보호를 원한다고 선언하게 하면 프랑스를 떨쳐버릴 수 있다고 생각해서였다.[77] 나아가 친시온주의 정책이 전 세계 유대인의 지지를 얻고 미국의 참전까지 끌어낼 수 있다는 과장된 기대가 형성되었다.[78]

이전에도 유사한 계획이 고안된 적이 있었다. 1914년 11월에 오스만이 참전한 직후부터 유대인 각료 허버트 사무엘(Herbert Samuel)은 동료들에게 시온주의 정책의 필요성을 설파했다.[79] 이듬해 1월에는 팔레스타인을 병합해 유대 인구를 다수로 늘리고 장차 자치권을 부여하는 계획을 제안했다. 이때 국익으로 제시한 것 중 하나가 미국을 포함한 세계 유대 공동체의 지지였다. 사무엘은 유대인들 중에 시온주의자보다 비시온주의자가 더 많지만 그들도 이를 환영할 것으로 전망했다.[80] 두 달 뒤에는 팔레스타인을 보호령으로 만들고 시온주의를 후원하는 계획을 공식적으로 내각에 제출했으나 공감받지 못하고 사장되었다.[81] 그런데 1년이 넘게 지난 지금에서야 프랑스를 떨쳐낼 획기적인 방법으로 주목을 받게 된 것이다. 사이크스는 뒤늦게나마 프랑스와의 협정을 변경하려고 운을 떼려 했다. 그러나 팔레스타인을 수중에 넣으려는 의도가 노출되어 외교 관계가 악화되는 것을 우려한 그레이 장관의 제지로 중단했다.[82]

사이크스-피코 협정이 원안 그대로 비준되고 반년이 흘러 1917년을 맞이하게 되었다. 영국은 이제 시나이반도에서 오스만군의 위협을 완전히 제거하고 팔레스타인을 단독으로 침공할 계획을 세우고 있었다. 프랑스가 전선에 개입할 여력이 없는 상황이기 때문에 사이크스는 시온주의자들을 이용해 팔레스타인을 얻어내 볼 만하다고 판단했다. 때마침 새로운 총리가 된 로이드 조지(David Lloyd George)는 유대인을 팔레스타인으로 보내는 게 기독교도의 사명이자 국익에도 부합한다고 믿는 열렬한 친시온주의자[c]였다. 총리의 전폭적인 지지를 받으며 사이크스는 시온주의자들과 대화를 시작했고 팔레스타인을 영국의 보호령으로 만드는 방향으로 합의했다. 다음은 시온주의를 지지하도록 연합국을 설득할 차례였다. 러시아는 처음부터 시온주의에 동조적이었기 때문에 문제가 없었으나 프랑스는 신중히 접근해야 했다. 사이크스는 시온주의자들을 내세워 프랑스의 동의를 구하는 데 성공했고, 내친김에 이탈리아도 설득해 지지를 얻어냈다.[83] 마지막으로 영국이 시온주의를 지지하는 선언을 공식적으로 발표할 일만 남았다.

선언문은 유대 공동체 내부의 반목과 각료들의 의견 차이로 10번의 초안을 거쳐 신중하게 작성되었다. 가장 먼저 초안을 작성해 방향성을 선점하려 한 것은 18세기 중반에 설립된 이래 영국의 유대 공동체를 대변하는 기관으로 자칭해 온 영국유대인 대표위원회(Board of Deputies of the British Jews)였다. 대표위는 동화를 지향하고 시온주의자들의 정치적 야망에 반대했다. 그래서 유대인들이 팔레스타인의 "다른 인구와 평등한 정치적 권리"를 향유한다는 선언문을 작성했다.[84] 반면, 시온주의자들은 아랍인을 일절 거론하지 않은 채 "팔레스타인을 유대 민족의 고향으로 인정하고 유대 민족이 민족으로서의 삶을 살 수 있는 권리"를 요구했다. 이번 기회에 유대 국가를 명시적으로 요구하자는 주장도 나왔으나 영국이 들어줄 리가 없다는 이유로 지도부가 기각했다. 대신 이주와 경제개발을 담당할 "유대 민족의 식민 회사에 자치권을 부여"해 민족의 고향이 국가로 발전할 수 있는 토대를 확보하려고 했다. 또한, 이런 "자치권의 조건과 형식"은 "시온주의자 기구의 대표"와 함께 "결정"해야 한다는 조건을 붙였는데, 유대 공동체의 대표로서 인정받으려는 목적에서였다.[85]

영국 정부의 초기 구상은 양측 모두와 사뭇 달랐다. 외교부가 작성한 초안은 정치적 권리가 없는 평범한 피난처를 건설하는 안이었다. 하지만 그레이

---

[c] 시온주의자는 좁게는 시온주의를 지지하는 '유대인'을 일컫고 넓게는 인종이나 종교에 관계없이 시온주의를 지지하는 모든 사람을 의미한다. 이 글에서는 전자의 의미로 사용하고, 후자는 친시온주의자로 구분한다.

의 후임으로 외교부장관을 맡게 된 아서 밸포어(Arthur Balfour)는 총리 못지않게 시온주의를 지지했고 다른 친시온주의 관료들과 함께 '민족의 고향'을 인정하는 방향으로 밀어붙였다. 그러자 이번에는 유대인 각료이지만 반시온주의자인 에드윈 몬테규(Edwin Montagu) 인도부장관이 강력하게 반대 의사를 표명했다. 몬테규는 시온주의자들이 유대 국가를 만들려 하고 종국에는 "현 주민들을 쫓아내 버릴" 것이라고 말했다. 또한, 팔레스타인에 민족의 고향을 만드는 것은 무슬림과 기독교도를 희생시켜 유대인을 우월한 위치에 놓는 것이고, 팔레스타인에서 무슬림과 기독교도들이 외국인으로 취급받게 되듯이 팔레스타인 밖에 있는 유대인들도 외국인 대우를 받게 된다고 비판했다. 그는 유대 공동체 지도자들의 반대 서명을 제출하고 사임하겠다는 의사까지 내비쳤다. 내각에서 중동 전문가로 인정받고 유일하게 팔레스타인 땅을 밟아본 조지 커즌(George Nathaniel Curzon) 상원의장도 부정적이었다. 그는 대부분의 팔레스타인 땅이 황폐한데 어떻게 전 세계 유대인들이 이곳에서 번창할 수 있으며 "수많은 아랍인들은 어떻게 할 것"이냐고 지적했다.[86]

결과적으로, 몬테규와 커즌의 반대는 논리적 우월성에도 불구하고 친시온주의 선언을 막지 못했다. 그렇지만 최종적으로 채택된 선언문에 팔레스타인의 비유대 공동체와 팔레스타인 외부의 유대 공동체의 권리를 보호한다는 단서를 추가하는 성과를 거두었다. 1917년 11월 2일에 밸포어 외교부장관은 시온주의자 월터 로스차일드(Lionel Walter Rothschild)[87]에게 서신을 보내 "유대 시온주의자들의 열망에 동의하는 다음의 선언문"을 알린다. 이것이 바로 이스라엘-팔레스타인 분쟁의 시작점으로 손꼽히는 밸포어 선언(Balfour declaration)이다.

> 영국 정부는 유대 민족을 위한 민족의 고향[d]을 팔레스타인에 건설하는 것을 지지하고 이러한 목표를 달성하도록 최선을 다할 것이다. 이 때문에 팔레스타인에서 살고 있는 비유대 공동체의 시민적, 종교적 권리가 침해받거나 혹은 다른

---

d) 원문은 "a National home for the Jewish people"이다. 국내에서는 '유대 국가'로 번역하는 경우도 있는데, 3장에서 설명했듯이 고향은 국가라는 궁극적 목표를 감추기 위한 목적으로 고안된 용어이기 때문에 잘못된 번역이다. 만약 영국이 유대 국가라는 표현을 사용했더라면 팔레스타인의 역사는 완전히 달라졌을 것이다.

지역의 유대인들이 향유하는 권리와 정치적 지위에 피해를 끼치는 일은 없도록 할 것이다.[88]

밸포어 선언의 의미를 이해하기 위해서는 영국이 '민족의 고향'으로 무엇을 의도했는지를 아는 게 중요하다. 1922년에 영국은 민족의 고향과 유대 국가는 다르고, 유대 국가를 만들 의도는 없다고 천명했다. 하지만 선언문을 작성할 당시 내각회의에서 밸포어는 "유대인들이 스스로를 구원하고 교육과 농업, 산업을 발달시켜 민족 문화와 민족적 삶의 중심지를 만들 수 있도록 지원하는" 체제가 민족의 고향이며, "이는 처음부터 독립 유대 국가의 건설이 반드시 필요한 것은 아니고" "영국이나 미국 또는 다른 국가의 보호령의 형태"로 시작해서 "점진적으로 발전할 문제"라고 말했다.[89] 그로부터 20여 년이 지나 밸포어 선언의 작성자로서 의도가 무엇이었는지 묻는 필 위원회에 로이드 조지는 "민족의 고향이란 구상으로 주어진 기회를 활용해 유대인들이 팔레스타인에서 확실한 다수를 차지하게 되었을 때 팔레스타인은 유대 영연방국가(Jewish Commonwealth)가 될 것"으로 기대했다고 답했다.[90] 즉, 민족의 고향은 유대 국가가 아니지만, 그러한 발전을 가능토록 하는 교두보 단계였다. '비유대 공동체의 시민적, 종교적 권리'는 보호하지만 '정치적 권리'는 생략한 것은 이 때문이었다. 다만, 이러한 생각은 어디까지나 소수의 친시온주의자들 사이에서만 공유되고 있었다. 정부의 공식적인 정책은 물론이고 다수의 관료들은 영국이 유대 국가를 약속한 것으로 여기지 않았고 그러한 국가가 국익에 도움이 될 것으로 생각지도 않았다. 그럼에도 불구하고 친시온주의 관료들은 비공식적인 자리에서 유대 국가라는 의도를 흘리고 다녔다. 예를 들어, 밸포어는 1918년에 사석에서 바이츠만 등에게 이렇게 말했다.

> 개인적으로는 유대인들이 팔레스타인에서 성공해서 결국에는 유대 국가를 건국하기를 바란다. 이제는 유대인들에게 달렸다. 우리는 굉장한 기회를 주었다.[91]

밸포어 선언은 헤르쯜이 살아생전에 그토록 열렬히 원하던 헌장이나 다름

없었다. 부분적으로는 이런 이유로 유대인들 사이에서는 시온주의자들, 특히 바이츠만이 영국을 설득해 선언을 얻어냈다고 알려졌다. 하지만 지금까지 본 것처럼 밸포어 선언은 선심성 정책이 아니었고 시온주의자들의 주도로 얻어낸 것도 아니었다. 전쟁이 시작된 이래로 시온주의자들은 편을 정하지 못하고 외교 활동에 매우 소극적으로 임했다. 자보틴스키의 주도로 일부 시온주의자들과 유대인 652명은 1915년 4월부터 약 1년간 영국군의 한 부대(Zion Mule Corps)로 참전했으나, 시온주의자 기구가 공식적으로 동맹을 제안한 것은 아니었고 오히려 정치적 파급력을 고려치 않고 독단적으로 행동했다고 비판받았다.[92] 조심스럽게 전쟁의 향방을 지켜보던 시온주의자들에게 협력의 손길을 먼저 내민 것은 영국이었다. 물론 시온주의자들의 노력이 아무런 의미도 없었던 것은 아니지만, "만약 이 시기에 시온주의자들이 없었더라면, 영국은 그들을 만들어내야 했을 것이다."라는 역사학자 마이르 베레테(Mayir Vereté)의 명언은 밸포어 선언의 본질을 잘 시사한다.[93] 영국은 팔레스타인을 차지하기 위해 시온주의자들이 필요했다.

밸포어 선언을 준비하며 흘러간 8개월 동안 팔레스타인 전선에는 큰 변화가 없었다. 영국군은 1917년 3월에 처음 국경을 넘어 팔레스타인으로 진격했으나 가자 지역의 방어선을 뚫지 못하고 오랫동안 소강상태에 들어갔다. 그러다 11월 7일에 이르러서야 마침내 전선에서 승리를 거두었다.[94] 이로써 팔레스타인의 미래를 주도할 명분을 확보했다고 본 영국과 시온주의 지도부는 다음날인 8일에 밸포어 선언을 신문에 보도해 만천하에 알렸고 시온주의자들의 환호를 자아냈다.[95] 이전까지 시온주의를 지지하지 않던 유대인들도 많은 관심을 보였다. 의용병 모집에 불이 붙었고, 이듬해 2월에 900명의 유대인 부대가 희망대로 팔레스타인으로 파견되었다. 이어서 약 600명의 후속 부대가 4월에 파견되고, 8월에는 1,100명이 추가로 파견되었다. 미국에서도 총 2,700명의 유대인들이 팔레스타인 전선으로 가기 위해 의용병으로 입대했다.[96]

영국은 밸포어 선언이 단순히 수천 명의 유대인들이 입대하는 것으로 그치지 않고 전쟁에 보다 큰 도움이 되리라 예상했다. 시온주의자들의 손을 잡으려고 처음 고민했을 때는 미국의 참전을 유도할 거라 기대했지만, 미국은 이미 4월에 연합국으로 들어왔다. 선언문 작성을 마칠 시점에는 러시아의 이탈을 막는 데 유대인들이 쓸모가 있을 것으로 기대했다. 러시아는 사회주의자들의 혁명으로 정세가 어지러웠고 전쟁에서 발을 빼려 하고 있었다. 영국은 팔레스타인을 원하는 러시아의 유대인들이 정부를 압박해 전쟁을 계속하게 만들 것으로 생각했다.[97] 이는 명백히 오판이었다. 상다수의 유대인은 시온주의에 무심했고 사회주의자들은 일반적으로 시온주의와 같은 반동적인 배타적 민족주의를 혐오하는 세력이었다. 더군다나, 밸포어 선언을 공개하기 하루 전날 레닌이 2차 혁명을 일으켜 정권을 장악해 버렸고, 얼마 뒤 독일과 휴전했다. 뿐만 아니라 비밀협약이 유럽에서 잦은 전쟁의 원인이 되어왔다는 이유로 관련된 정부 문서들을 폭로했는데, 그중 하나가 사이크스-피코 협정이었다.

　이 무렵에 아랍 독립군은 전선에서 크게 활약하고 있었다. 그들은 메디나를 제외한 히자즈 지역을 정복한 후 파이잘의 지휘에 따라 트랜스요르단으로 북진했다. 자체적으로 집계한 바에 따르면, 1917년 말까지 오스만군과 54차례의 교전을 벌여 3천 명을 죽이고 757명의 부상자를 만들었다. 또한, 6,776명을 포로로 붙잡았다.[98] 지역 주민들이 독립군을 지지하거나 중립을 택한 덕분에 진격은 매우 빨랐다. 12월에는 요르단강을 넘어 팔레스타인으로 들어왔고 영국군과 함께 예루살렘을 정복했다. 그러던 중에 사이크스-피코 협정과 밸포어 선언이 알려지자 아랍인들은 영국의 진의를 알 수 없어 당황했다.[99]

　영국은 정보를 차단하려고 노력했다. 그러나 이집트를 시작으로 소문은 빠르게 퍼져나갔고 후세인으로부터 설명을 요구하는 항의가 들어왔다. 영국은 어떻게 해서든 아랍권의 동요를 막아야만 했다. 1918년 1월에 데이비드 호가스(David George Hogarth) 중령이 사절로 선택되어 후세인을 찾아갔다. 호가스에게 하달된 지시문은 연합국이 아랍인들에게 민족국가를 만들 완전한 자유를 주기로 결정했고, 팔레스타인에서는 "현재 인구의 경제적, 정치적 자유 둘 모두와 양립하는 선에서만" 유대인의 이주가 이루어진다고 명시했다. 즉, 밸포어 선언과는 달리 아랍인들의 '정치적 자유'를 명시해 팔레스타인의 독립을 재차 인정한 것이다.[100] 후세인을 면담하고 나서 호가스는 이렇게 보고했다.

　　(후세인) 왕은 팔레스타인에서 독립 유대 국가를 용인하지 않겠다고 했고, 본인

도 영국이 그런 국가를 고려하고 있다는 경고를 하라고 지시받지 않았음.[101]

후세인은 분노를 가라앉혔다. 그는 유대인의 정착으로 팔레스타인의 독립이 침해되는 일은 없다고 보장받았으니 영국에 계속 협력하라고 아랍인들을 독려했다. 시온주의자들도 영국과 협의 하에 아랍인을 회유하는 데 힘을 보태기로 했다. 3월에 바이츠만을 수장으로 한 팔레스타인 시온주의자 위원회(Zionist commission to Palestine)[e]가 새로이 조직되고 이듬달부터 팔레스타인과 인근 아랍 지역을 돌아다니며 시온주의를 비정치적 운동으로 위장하며 지지를 구했다. 6월에는 파이잘을 찾아가 시온주의자들은 팔레스타인을 개발시키기만을 원할 뿐 유대 정부를 목표로 하지 않는다고 안심시켰다.[102]

영국의 거짓해명은 이게 다가 아니었다. 1월에 미국의 우드로 윌슨(Woodrow Wilson) 대통령은 그 유명한 14개 조 평화 원칙을 발표해 "오스만 제국의 영토 내 비(非)튀르키예 민족들은 자치발전(autonomous development)의 기회를 절대 침해받지 않아야 하고, 생명의 안전을 확실히 보장받아야 한다."고 천명했다. 영국을 비롯한 다른 연합국은 이에 동의했다. 6월에는 7명의 시리아 명사들이 익명으로 "완전한 독립을 보장"해 달라는 성명을 내자 영국은 처음으로 공개적으로 응답한다.[103] 이를 7인에 대한 선언(Declaration to the seven)이라 부르는데, 영국은 아랍 지역을 4가지로 구분한 후 팔레스타인에 해당하는 "연합국이 점령한 오스만 영토"에서는 "미래의 정부가 반드시 피치자의 동의라는 원칙에 입각해 수립되기를 바라며, 지금처럼 앞으로도 영국 정부는 이 정책을 지지할 것이다."라고 선언했다.[104]

팔레스타인의 아랍인들이 직접적으로 받은 약속도 있었다. 영국은 팔레스타인에 침공한 1917년 초부터 "팔레스타인에 있는 아랍 장교와 군인들에게" 보내는 전단지를 비행기로 뿌렸는데, 여기에는 이슬람을 수호하고 "튀르키예의 지배로부터 모든 아랍인을 해방"시켜 "선조들의 시기와 같은 아랍 왕국"을 만들려 한다는 후세인의 성명서와 함께 오스만으로부터 "도망쳐서 우리에게

---

e) 시온주의자 위원회는 팔레스타인 사무소를 흡수하고 팔레스타인에서 시온주의자 공동체를 대표하는 기관이 된다.

오라."는 내용이 "팔레스타인의 영국군"으로 서명되어 있었다.[105] 밸포어 선언 이후에도 전단지는 계속해서 뿌려졌고, 1918년 중반까지 수천 명이 오스만군을 탈주해 영국군에 귀순했다. 다만, 히자즈나 트랜스요르단에서와는 달리 전투에 참여해 전공을 세운 이는 많지 않았다.[106]

영국과 아랍 독립군은 1918년 중반에 팔레스타인을 완전히 점령하고 10월에는 다마스쿠스까지 입성한다. 독립군을 이끄는 파이잘은 아랍 정부의 수립을 선언했고, 영국의 에드문드 알렌비(Edmund Allenby) 장군은 전쟁이 끝나고 열릴 평화회의에서 아랍인들이 대표를 세울 수 있고 소망에 부합하는 평화 조약이 체결될 테니 연맹국의 선의를 믿어달라고 당부했다.[107] 같은 달 30일이 되면 마침내 오스만이 항복한다. 마지막으로, 독일의 항복을 나흘 앞두고 11월 7일에는 영국과 프랑스가 최종적으로 다음과 같은 공동 선언을 한다.

> 독일의 야망으로 시작된 동방의 전쟁을 수행하며 프랑스와 영국이 달성하고자 한 목표는 튀르키예인들로부터 오랫동안 억압받던 민족들을 완전하고 확고하게 해방시키고, 토착 인구가 자유롭게 주도하고 선택하는 민족 정부를 수립하는 것이었다. 이를 이행하기 위해 프랑스와 영국은 시리아와 메소포타미아(=이라크)에서 토착 정부의 수립을 고무하고 지원하기로 뜻을 모았다.[108]

다마스쿠스에서 영-프 선언(Anglo-French Declaration)이 공개됐을 때 수많은 아랍인들이 축포를 터트리며 환호했다.[109] 하지만 팔레스타인에서의 분위기는 달랐다. 선언문을 자세히 보면 양국이 토착 정부의 수립을 인정한 지역은 시리아와 이라크다. 3장에서 설명했듯이 아랍인들 사이에서 시리아는 팔레스타인을 포함하는 대시리아를 의미했다. 프랑스[110]와 영국에서도 시리아는 팔레스타인을 포함하는 지명으로 사용되곤 했다. 맥마흔이 후세인에게 보낸 서신에서 독립에서 제외할 '다마스쿠스, 홈스, 하마, 알레포 지구의 서쪽'을 가리키는 지명으로 사용한 것도 시리아였는데, 1939년에 후세인-맥마흔 서신협상을 토론할 때 영국 대표단은 이 시기에 시리아라는 용어는 일반적으로 팔레스타인을 포함했다고 주장했다.[111] 후대의 친영학자들 역시 같은 의견이다. 만약 시리아가 대시리아를 의미한 게 아니라면, 시리아의 남쪽에 있는 팔레스타인은 논쟁을 걸어볼 여지도 없이 무조건적으로 독립 지역으로 정의되기 때문이다. 그런데도 맥마흔이 후세인에게 보낸 서신에서 고작 3년이 지난 시점에 발표된 영-프 선언에서 사용된 시리아는 한 점의 의혹도 없이 명백하게 팔레스타인이 제외된 지명이라는 모순적인 주장을 펼친다. 놀랍게도, 같은 달 작성된 외교부의 내부 문건에는 실제로 레바논과 예루살렘군이 영-프 선언에서 제외된 지역으로 언급된다.[112]

영국은 그동안 팔레스타인에서 토착 정부의 수립을 지지하고 정치적 자유를 보장한다는 약속을 거듭해 왔다. 단 한 번도 팔레스타인만 예외적인 지위라고 알린 적이 없다. 밸포어 선언이 영-프 선언보다 선행하기 때문에 팔레스타인은 토착 정부의 수립이나 독립에서 제외된다는 주장도 제기되지만, 호가스 중령은 결코 그렇지 않다는 정부의 '공식적인 해석'을 후세인에게 전달했다. 따라서 영-프 선언은 어떤 이유로도 팔레스타인이 제외된 것으로 읽을 수 없다. 작성자의 숨은 의도는 기껏해야 다음의 사례에서 볼 수 있듯이 기만술에 불과하다.

영프 선언이 발표되기 며칠 전, 팔레스타인에서는 밸포어 선언 1주년을 맞아 항의 시위가 열렸다. 영국은 성난 민심을 '달래기 위해' 예루살렘의 명사들에게 '팔레스타인이 명백히 제외된' 영-프 선언을 곧바로 공개했다.[113] 그러자 바로 다음 날에 명사들이 우르르 몰려와 팔레스타인이 시리아의 일부로서 포함된 것이 맞는지 물어보았다. 예루살렘 군정장관(military governor)이자 카이로 대표부에서 키치너와 맥마흔의 부하로서 후세인과의 협상에도 깊이 관여했던 로날드 스토어스(Ronald Storrs)는 "대략적으로만(general terms)" 대답했다. 스토어즈는 상부에 보고한 후 선언문을 공개하기로 한 것은 잘못된 지시였다는 불평과 함께 앞으로 예상되는 정치적 행동을 막아보겠다고 알렸다. 며칠 후 명사들이 회의를 열어 시리아에 팔레스타인이 포함된 것이라는 해석을 발표해 달라고 프랑스에 청원하기로 결정했다는 첩보를 입수하자 스토어즈는 명사들을 불러내 겁박했다.[114] 전쟁이 끝난 지 고작 2주도 지나지 않은 시점이었다.

1.3. 짓밟힌 독립의 열망

1차 대전은 아랍인들의 정치의식을 급격히 변화시켰다. 전쟁으로 많은 주민이 생명과 생계를 잃고, 터전은 황폐화되었다. 전쟁이 한 해 한 해 길어질수록 정부에 대한 불만이 커지고 수백 년을 이어 온 충성심은 옅어졌다. 그리고 마침내 전쟁이 끝났을 때 오스만을 옹호하는 목소리는 더 이상 들리지 않았다. 후세인의 독립 민족 국가의 기치는 이제 아랍 민족의 열망이 되었다. 팔레스타인의 아랍인들 역시 한 마음이었다. 영국군과 아랍 독립군이 처음 팔레스타인에 발을 디디며 이 땅에 자유를 주기 위해 싸우고 있다고 소개했을 때까지만 해도 주민들의 반응은 시큰둥했다. 그러나 밸포어 선언에 적극적으로 대항해야 한다는 위협 인식이 커지고, 아랍 독립군이 다마스쿠스에 입성해 아랍 정부를 세우는 것을 보며 독립 국가를 적극적으로 지지하게 되었다.[115] 만약 후세인-맥마흔 서신협상이 잘 지켜졌다면 이들의 바람대로 아랍의 독립은 순조롭게 출항하였을 것이다. 하지만 1차 대전의 종결은 독립운동의 완성이 아니라 단지 제2막을 열었을 뿐이었다. 아랍인들은 이제 침략자의 본색을 드러낸 열강으로부터 독립을 쟁취해야만 했다.

전후 평화회의는 1919년 1월 중순에 파리에서 개최될 예정이었다. 후세인은 사절단으로 파이잘을 보내며 한 치의 양보도 없이 후세인-맥마흔 서신협상에서 보장받은 모든 아랍 지역의 독립을 받아내라고 당부했다. 그러나 파리에 가기 전에 영국의 지지를 확인받고자 런던에 들른 파이잘은 승전국들이 아라비아반도의 독립만 인정하고 나머지 지역은 분할해서 나눠 가질 논의를 하고 있다는 것을 알게 됐다. '영국 정부의 이름으로' 독립을 약속한 맥마흔의 서신은 전쟁이 끝나자 종이쪼가리로 전락했다. 더욱 절망적인 것은 이런 상황에서조차도 의지할 만한 상대라곤 전쟁터에서 함께 싸운 영국밖에 없다는 것이다. 영국은 이런 약점을 이용해 파이잘에게 밸포어 선언을 인정하도록 종용했다.[116]

영국은 파이잘의 협력이 절실했다. 만약 팔레스타인이 독립이 약속되지 않은 지역이었다면, 그래서 순전히 영국이 무력으로 점령하고 있는 지역이었다면 파이잘이나 후세인의 의사 따위는 중요치 않았다. 하지만 영국은 자신이 팔레스타인의 독립을 약속했다는 사실을 잘 알고 있었다. 전쟁이 끝나자마자 외교부는 후세인-맥마흔 서신협상을 상세히 분석하고 무려 20쪽 분량의 보고서를 내놓았다. 비밀로 부쳐진 이 보고서는 "팔레스타인과 관련해서, 영국 정부는 1915년 10월 24일에 맥마흔이 샤리프 (후세인)에게 보낸 서한에서 이 지역을 아랍 독립 경계 안에 포함하기로 약속했다."[117]라고 한 점의 의심의 여지도 없이 확고하게 말한다. 따라서 영국은 아랍인들의 독립을 약속한 땅에 유대 민족의 고향을 건설하게 해 주겠다는 이중약속을 했고, 호가스를 통해 아랍인의 정치적, 경제적 자유를 침해하지 않는 선에서만 이주를 허용하겠다는 추가적인 단서까지 달아버려서 밸포어 선언의 이행을 사실상 불가능하게 만들었다. 영국으로서는 다행스럽게도, 파이잘은 아버지의 지시를 저버리고 팔레스타인을 대가로 다른 지역의 독립을 확실히 보장받기로 결심했다. 이렇게 해서 1919년 1월 3일에 히자즈왕국의 대리인인 파이잘과 시온주의자 위원회의 대표 바이츠만은 밸포어 선언을 이행하는 '팔레스타인'이라는 별도의 정치체제를 만드는 협정을 맺게 된다.

총 9개 조항으로 구성된 파이잘-바이츠만 협정은 아랍 국가와 구분되는 '팔레스타인'이란 정치체제에 대한 기본적인 구상만을 간략히 다룬다. 이에 따르면, '팔레스타인'의 정부와 헌법은 "영국 정부의 (밸포어) 선언을 실시할 것을 확실히 보장"하고,(제3조) 유대인들의 대규모 이주와 신속한 정착을 장려한다.(제4조) 이 과정에서 아랍 농민과 소작농의 권리는 보호되고 경제개발을 지원한다.(제4조) 모든 종교는 법으로 자유를 보장받고 시민권과 정치적 권리를 행사할 때 어떠한 차별도 없다.(제5조) 무슬림 성지는 무슬림들이 관리한다.(제6조)[118] 여기서 알 수 있듯이, '팔레스타인'은 적어도 토착민의 권리를 해치는 순수한 의미의 유대 국가는 아니었다. 사실 협정문 초안을 작성할 때 바이츠만은 팔레스타인이 아니라 "유대 국가"와 "유대 정부"란 용어를 사용했다. 불과 반년 전에 유대 정부를 부정했던 일은 기억에 없다는 듯한 행동이었다. 하지만 파이잘은 잊지 않았고 "팔레스타인"과 "팔레스타인 정부"로 바꾸었다. 바이츠만은 마지못해 동의했다.[119]

사실, 히자즈 왕국의 대리인에 불과한 파이잘은 왕국령도 아닌 팔레스타인을 대표할 자격이 없었다. 영국도 이를 잘 알고 있었으나, 팔레스타인이 시리아의 일부이니 시리아의 지도자로서 파이잘의 결정이 존중받기를 기대했다.[120] 하지만 팔레스타인의 아랍인들은 시온주의자와의 거래를 명시적으로 거부했다. 명사들은 시온주의에 대항하기 위해 최초의 팔레스타인 정당인 무슬림-기독교도 협회를 창설했고, 1918년 11월 2일에 밸포어 선언에 항의하는 연대 시위를 이끌었다. 파이잘이 바이츠만과 협정을 맺은 직후에는 협회의 주도로 처음으로 팔레스타인 아랍 대회를 개최했고, 시온주의에 대한 거부와 대시리아에서 단일한 아랍 독립 국가 건설을 결의했다.[121] 따라서 밸포어 선언과 마찬가지로 파이잘-바이츠만 협정은 당사자의 동의가 결여되어 아무런 정당성이 없었다. 그럼에도 불구하고 파이잘은 후세인의 대리인으로서 맥마흔과의 협상을 수정할 자격이나 시리아의 지도자로서 밸포어 선언을 지지할 권한은 있었고, 이는 영국의 정치적 부담을 크게 줄여줄 수 있었다.

파이잘-바이츠만 협정은 시온주의자들에게 커다란 성공이 될 수 있었다. 밸포어 선언은 영국이 지켜야 할 의무가 없는 시혜성 정책이지만, 파이잘과의 협정은 상호 간에 의무가 있고 무엇보다 땅의 이웃이 될 아랍인들과의 약속이었다. 시온주의자들은 이 협정을 이용해 팔레스타인에서 유대 인구를 다수로 만들어 놓은 후에 열강의 도움을 받거나 아랍권 국가들과 새로운 거래를 해서 유대 국가를 꾀해볼 수 있었다. 이스라엘 외교부가 홈페이지에 협정의 전문을 올려놓은 것은 그 중요성을 잘 보여준다. 하지만 이 협정은 전혀 이행되지 않았다. 이스라엘 외교부는 아무런 설명도 달지 않고 그저 "같은 해에 아랍인과 그들의 대표들은 이 협정을 거부했다."라고 말한다.[122]

역사적 사실은 완전히 다르다. 파이잘은 영국과 시온주의자들의 도움을 받아 다른 아랍 지역의 독립을 인정받는 대가로 팔레스타인을 희생시키기로 했지만 약속이 지켜지지 않을 것을 염려했다. 그래서 협정문 마지막에 유보조항을 삽입하여 자신의 요구[123]대로 아랍 지역이 독립해 하나의 아랍 국가를 만들지 못하고 "변경사항이 생긴다면, 협정을 이행하지 않더라도 책임질 수 없다."고 명시했다.[124] 결과적으로 아라비아반도를 제외한 아랍 지역은 갈가리 쪼개지고 영국과 프랑스의 통치를 받기 때문에 협정은 자연히 무효로 돌아갔다. 1937년에 영국의 필 왕립위원회는 "파이잘-바이츠만 협정은 조건이 충족되지 않았으므로 실행될 수 없었다."고 설명한다.[125] 1947년에 바이츠만은 이제는 아랍 지역이 독립했으니 협정을 준수해야 한다고 주장했으나,[126] 파이잘의 요구 조건은 지역별로 '분할되지 않은' '즉각적'인 독립이었으므로 어느 것도 지켜진 게 없었다. 따라서 협정이 이행되지 않은 것은 아랍인들의 잘못이 아니고, 오히려 조건을 충족시키지 못한 영국과 시온주의자들에게 책임을 묻는 게 타당하다.

얼마 뒤 열린 파리평화회의에서 승전국들은 국제연맹을 창설하고 연맹의 위임을 받는 형식으로 점령지를 통치하기로 합의했다. 이를 위임통치(Mandate)라고 부른다. 연맹규약의 제22조에 따르면, 위임통치는 독립할 능력이 없는 민족이 자립할 수 있을 때까지 선진국이 주민들의 복지와 개발을 증진할 수 있도록 지도하는 체제였다. 설명은 그럴싸해 보이지만 실상은 전쟁 중에 독립을 약속했고 미국과 러시아가 식민지에 반대하니 대안으로 구상한 유사 식민 지배 체제에 불과했다. 승전국들은 점령지의 영토를 발전된 수준에 따라 4개의 등급으로 나누었고, 그중 '가장 발전된' 아랍 지역에 대해서는 이렇게 정의하였다.

> 자립이 가능할 때까지 위임통치국으로부터 행정적 조언과 지원을 받는다면, 독립국가로 존재하는 게 잠정적으로 인정될 수 있는 발전 수준에 이르렀다. 위임통치국은 지역 공동체의 의사를 최우선적으로 고려해서 선정해야 한다. (국제연맹규약 제22조)[127]

연맹규약이 내세운 인도주의적 기치는 처음부터 휘청거렸다. 열강이 처음부터 주민들의 의사는 아랑곳하지 않았기 때문이다. 제1차 팔레스타인 아랍 대회는 파리평화회의에 대표단을 파견하려 했으나 영국은 이들이 회의장에 접근조차 하지 못하도록 출국을 금지시켰다.[128] 반면, 팔레스타인 시온주의자들의 주도하에 현지의 모든 유대 공동체 대표들이 참석한 이스라엘땅회의(Eretz-Yisrael Conference)에서 선출한 팔레스타인 유대인 대표단은 "유대 영연방국가"를 요구하는 계획서를 손에 들고 순조롭게 파리에 도착했다. 비록 아랍인들의 반발을 철저히 무시한 이 담대한 계획은 정치적 현실을 고려하지 못했다고 시온주의 지도부와 영국의 비판을 받으며 사장되고 평화회의에는 시온주의자 기구에서 먼저 준비한 계획서가 제출되었으나,[129] 그래도 회의장에는 "영국이 영국적인 만큼이나 유대적인(as Jewish as England is English)" 팔레스타인을 요구하는 바이츠만의 목소리가 울려 퍼졌다.[130] 바이츠만은 아랍 주민들로 가득 찬 이 땅에서 어떻게 유대적인 팔레스타인을 만들 수 있는지에 대해서는 설명하지 않았다. 동행한 아론 아론슨(Aaron Aaronsohn)은 아랍인을 추방시켜야 한다고 생각했고, 팔레스타인에는 유대 국가를 만들고 가능한 많은 아랍인들이 이라크로 이주해 가도록 설득해야 한다고 미국 사절단에 말했다.[131]

3월 20일에 승전국 간의 회의에서는 대시리아를 먹잇감으로 놓고 영국과 프랑스가 정면충돌했다. 프랑스의 외교부장관 스테판 피숑(Stéphen Pichon)은 팔레스타인을 포함한 대시리아 전체가 프랑스의 위임통치 지역이 되어야 한다고 주장했다. 그러자 영국의 로이드 조지 총리는 이곳을 정복한 것은 영국군이고, 프랑스가 통치하는 것은 사이크스-피코 협정과 후세인-맥마흔 서신협상에 위배된다고 비판했다. 피숑은 위임통치가 간접통치이므로 사이크스-피코 협정에 부합하고 프랑스는 후세인과 협정을 체결하지 않았다고 재반박했으나, 총리는 국제연맹이 후세인과의 "조약"(Treaty)을 준수할 의무가 있으며 대시리아 지역을 정복할 때 아랍군의 도움은 "필수적"이고 실질적으로 크게 기여했다고 강조했다. 양측의 첨예한 대립에 종지부를 찍은 것은 미국의 윌슨 대통령이었다. 그는 위임통치국이 피치자의 선택에 따라 선정되어야 한다는 원칙을 상기시키고, 이를 위해서 주민들의 의사를 확인하는 합동조사위원회를 파견하자고 제안했다.[132] 영국과 프랑스는 마지못해 동의했으나 얼마 안 가 말을 바꾸고 참여를 거부했다. 누구도 주민들의 소망, 즉 독립을 들어줄 생각은 없었기 때문이다. 영국이 후세인과의 협정이나 역할을 들먹인 것도 어디까지나 프랑스를 견제하기 위해서였을 뿐이었다. 어쩔 수 없이 미국은 단독으로 킹-크레인 위원회(King-Crane Commission)를 설립해 대시리아로 파견했다.[133]

대시리아는 현재 점령군들에 의해 정치적으로 3등분 되어 있었다. 점령행정지(Occupied Enemy Territory Administration, OETA) 남부는 영국군이, 서부는 프랑스군이, 동부는 영국의 지원을 받는 파이잘의 아랍 정부가 통치했다. 경계선은 오스만 행정구역을 기초로 그어졌는데, 베이루트주에 속하는 나블루스군과 아크레군은 예루살렘군과 합쳐져서 점령행정지 남부를 구성하고, 베이루트주의 나머지 군들이 북부를 구성했다. 동부는 이 두 지역으로부터 동쪽에 위치한 영역으로 정의되었다.[134] 열강이 대시리아를 분할해서 통치할 계획이며 현지 조사를 실시한다는 소식이 들려오자 세 지역의 지도자들은 다마스쿠스에서 모여 시리아 민족의회를 열기로 했다. 대시리아는 이전까지 단일한 정치 공동체를 형성한 적이 없지만 당면한 위협에 맞서기 위해 하나로 힘을 합치자는 공감대가 형성된 것이다.

킹-크레인 위원회는 의회에서 대표들이 미래의 구상을 한창 논의하는 중인 6월 10일에 야파에 상륙했고, 이튿날부터 조사를 시작했다. 아랍인들은 독립을 인정받기 위해선 좋든 싫든 독립을 할 수 있을 만큼 '문명화'되었다는 것을 서구 사회에 증명해야 하는 상황이란 걸 너무나도 잘 이해하고 있었다.[135] 위원회가 도착했다는 소문이 퍼지자 주민들은 자발적으로 찾아와 청원했다. 무슬림-기독교도 협회는 각지에 사람을 보내 시온주의에 대한 반대와 시리아의 독립 등을 담은 청원서에 서명을 받아서 제출했다.[136] 청원은 날이 갈수록 늘어났고, 단 2주 만에 260건이 접수되어 위원회를 놀라게 만들었다.[137]

위원회의 조사는 시온주의자들을 낙담시켰다. 팔레스타인에는 민주주의나 민족자결의 원칙이 적용되지 않고 유대인의 특별한 지위가 인정될 것으로 기대했기 때문이다. 몇몇 시온주의자들은 위원회가 오기에 앞서 아랍인과의 관계를 개선하고 유리한 진술을 얻어내도록 노력해야 한다고 주장했다. 칼바리스키는 아랍-유대 공동 청원단을 조직하려고 했다. 그러나 아랍인과 정치적으로 연관될 만한 일은 시온주의를 달성하는 데 방해가 되니까 첩보나 선전 활동으로 국한하자는 게 다수가 내린 결론이었다. 이후 위원회가 도착하자 시온주의자들은 유대 공동체가 이룩한 경제적 성과나 위임통치국가의 선정에 관해 이야기를 나누려고 했는데 막상 위원회가 가장 중요하게 물은 질문은 아랍 문제였다. 밸포어 선언으로 들떠 있던 시온주의자들은 유대인이 다수가 되고 유대 정부를 세우려 한다는 사실을 부정하지 않았지만, 아랍인과 함께 살기에 충분한 땅이 있고 그들이 장차 소수 인구가 되었을 때도 나쁘게 대하지 않겠다고 답했다. 위원회가 부정적인 내색을 보이지 않았기 때문에 이후의 다른 청원단과도 비슷한 내용이 오갔다. 야파의 랍비장은 유대 공동체가 어떤 부정의한 짓도 하지 않고 평화적이라고 주장했고, 동석한 은행가는 아랍인들에게 팔레스타인 민족 같은 건 없고 그보다 광범위한 영토에서의 아랍 민족을 추구하니 팔레스타인 땅에 대한 특별한 민족적 권리를 요구할 수 없다고 말했다. 예루살렘에서 시온주의자 위원회는 파이잘과의 친밀한 관계를 강조했다.[138]

6월 25일에 킹-크레인 위원회는 팔레스타인을 떠나 다마스쿠스에서 조사를 재개했다. 그로부터 일주일 뒤인 7월 2일에 시리아 민족의회는 "민족의 열망"을 알리는 10개의 결의안을 통과시켰다. 다마스쿠스 계획(Damascus Program)으로 불리는 이 결의안은 대시리아 지역이 "완전한 정치적 독립"을 달성해야 하고(1조), 지방분권화와 소수자의 권리를 보호하는 민주적인 입헌군주정을 수립해 파이잘이 왕위에 오를 것을 지지했다.(2조) 아랍인들이 위임통치국의 보호가 필요한 덜 발전된 민족이라는 국제연맹규약 22조에는 반대하지만(3조), 그럼에도 위임통치를 강행한다면 "우리의 완전한 독립을 침해하지 않고 단지 경제적, 기술적 지원을 제공"하는 형식으로 미국이 20년 이내로만 "지원"을 해줄 것을 바란다고 선언했다.(4조) 만약 미국이 지원국을 맡지 않는다면 같은 조건 하에서 영국을 선호하지만,(5조) 프랑스는 절대로 안 된다고 거부했다.(6조) 팔레스타인에서 유대 국가를 만들려는 시온주의자들은 "민족적, 경제적, 정치적 관점에서 우리 민족에 중대한 위험"이고(7조) 팔레스타인과 레바논이 시리아에서 분리되는 것에 반대했다.(8조) 또한, 이라크에서도 아랍인들이 "완전한 독립"을 달성할 것을 지지했다.(9조) 마지막으로는 대시리아를 분할한 사이크스-피코 협약과 팔레스타인을 임의로 시온주의자들에게 넘긴 밸푸어 선언의 완전 무효를 요구했다.(10조) 5조를 제외한 모든 조항은 만장일치로 채택되었고, 5조도 대다수가 찬성했다. 이후 많은 아랍인들이 다마스쿠스 계획을 지지한다고 입을 모아 청원했다.[139]

위원회는 7월 21일에 현지조사를 마쳤다. 42일간 구두나 문서로 접수된 청원은 모두 1,863건이었고 91,079명이 배서했다. 위원회는 이 놀라운 성과를 반영하기 위해 접수된 청원 내용을 계량화하여 주민들의 의사를 보여주는 보고서를 작성했다. 대시리아는 종교적으로나 인종적으로나 인구 분포가 다양하고, 응답의 합이 100%가 되는 설문조사랑은 달리 청원은 적극적인 의사를 표시한 값만을 알 수 있는데도 과반을 훨씬 넘는 의견들이 많았다.

표 4 대시리아 지역의 종교별 인구 분포표

행정명칭	점령행정지 남부		점령행정지 서부	점령행정지 동부	–	
지역	팔레스타인		레바논과 북부 연안	시리아, 트랜스요르단	대시리아	
통치	영국		프랑스	아랍	(합계)	
무슬림	515,000	79.5%	600,000	1,250,000	2,365,000	72.8%
기독교도	62,500	9.7%	400,000	125,000	587,500	18.1%
드루즈인	–	–	60,000	80,000	140,000	4.3%
유대인	65,000	10.0%	15,000	30,000	110,000	3.4%
기타	5,000	0.8%	20,000	20,000	45,000	1.4%
합계	647,500	100.0%	1,095,000	1,505,000	3,247,500	100.0%

그림 2 킹-크레인 위원회에 접수된 전체 청원 중 과반이 동의한 의견 (전체 1,863건)

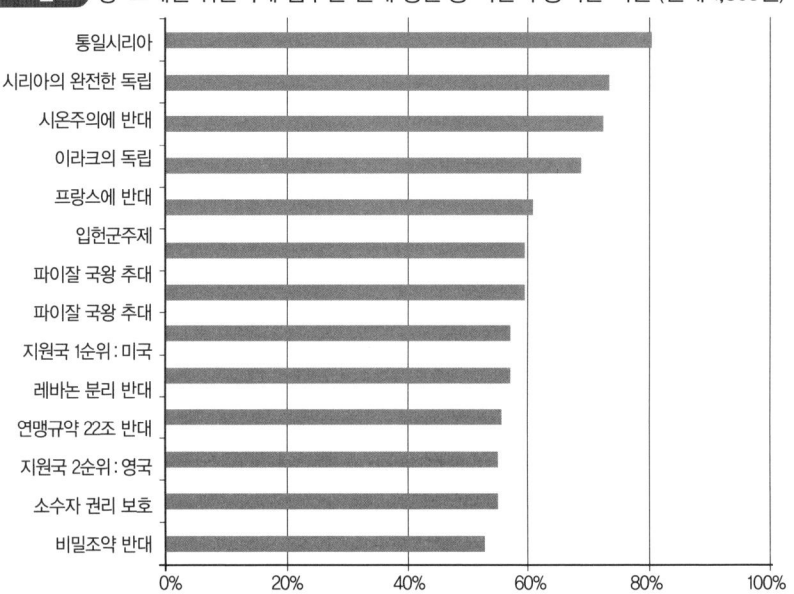

가장 합치된 의견은 팔레스타인과 레바논이 포함된 통일 시리아 국가를 건설하는 것이었다. 전체 청원의 80.5%[140]인 1,500건이 이를 지지했다. 겨우 8

건의 청원만이 시리아로부터 분리된 팔레스타인을 요구했는데 그중 6건은 시온주의자, 2건은 기독교도의 청원이었다. 무슬림 중에서는 누구도 팔레스타인의 분리를 찬성하지 않았다. 반면, 레바논의 분리를 지지한 청원은 10.9%로 비교적 많았다. 그렇지만 통일 시리아를 원한 주민이 그보다 8배가량 많은 데다가 57.0%의 청원은 레바논의 분리에 명시적으로 반대했으니 반대 기류가 훨씬 강했다.[141]

통일 시리아 국가가 독립적이어야 한다는 의견도 광범위한 동의를 얻었다. 1370건(73.5%)이 "완전한 독립"을 요구했다. 다만, 무슬림 편향적인 정부가 탄생할 것을 우려한 비무슬림과 아랍 지역이 개발될 시간이 필요하다고 본 무슬림 지식인 등 일부 주민들은 일정 기간 동안의 위임통치에 찬성했다. 그래서 위임통치를 실시하기로 한 국제연맹규약 22조에 반대하는 청원은 55.3%에 그쳤다. 또한, 주민들은 "식민지를 병합하려는 위장술"이 아닌 "경제적, 기술적 지원"으로 제한된 위임통치는 '완전한 독립'을 침해하지 않는다고 보고 이러한 '지원'을 해 줄 국가로는 미국을 선호했다.(57.1%) 오직 미국이 안 되는 경우에만 차선으로 영국을 원했다.(55.4%)[142] 미국(3.49%)이나 영국(3.53%)을 '위임통치국'으로 원하는 청원은 거의 없었다. 반면, 프랑스의 위임통치를 선호하는 청원은 14.68%로 상대적으로 많았다. 그러나 그보다 네 배 이상 많은 60.5%의 청원이 프랑스를 반대했다. 영국을 반대하는 청원은 고작 3건(0.15%)밖에 없는 것과는 크게 대조적이다.[143]

다음으로, 시온주의에 대한 반대가 1,350건(72.3%)으로 대시리아에서 세 번째로 높은 공감대를 이루었다. 이 시기에는 극소수의 민족주의자를 제외하면 아랍인들이 식민화를 환영했다는 친이스라엘 사관을 반박하는 좋은 증거다. 게다가 위원회는 앞선 두 사안이 종교나 종파에 따라 의견이 달랐던 것과는 달리 반시온주의는 무슬림과 기독교 두 집단 모두에서 "보다 널리 퍼진 일반적인 의견"이라고 강조했다. 특히 팔레스타인에서는 26,324명이 배서한 260개의 청원 중 222건(85.3%)이 시온주의를 거부했다. 여기서 유대인의 청원을 제외하면 전체 청원 중 무려 90% 이상이 반대한 것이다.[144] 팔레스타인은 다마스쿠스 계획이 채택되기 전에 조사가 끝나 의견을 통일시키지 못했는데도 이 정도였으니, 시온주의에 대한 반감이 얼마나 보편적이고 지대한 관심을 끄는 현안인지를 잘 보여준다. 위원회는 "반시온주의보다 팔레스타인 인구가 합의하고 있는 것은 없다."고 평했다.[145]

한편, 11개의 유대인 청원단은 팔레스타인을 유대 영연방국가로 만들고, 유대 이주와 토지 매입을 무제한적으로 허용하고 히브리어를 공식언어로 인정하는 "시온주의 계획(Zionist Program)"을 청원했다. 또한, "이런 계획에 온전히 찬성하지는 않고 팔레스타인에서 시온주의자들의 식민촌 (건설)에 동의"한 친시온주의 청원이 8건 있었다. 이중 4건은 "유대 식민촌들과 관계가 좋다."고 밝힌 아랍 농민들의 청원이었고 나머지 4건은 설명이 없는 걸로 봐서 유대인들의 청원으로 짐작된다. 위원회에 따르면 팔레스타인에서 유대인들은 "만장일치"로 '시온주의 계획'에 찬성했다. 단지 유대 영연방국가를 당장 만들지 아니면 상당한 시간이 지난 후에 세울 것인지, 그리고 고대 문화의 부활을 목표로 할 것인지 아니면 현대적인 국가를 만들 것인지에 대해서만 의견이 나뉘었다.[146] 그런데 팔레스타인에서 위원회가 만난 유대인 청원단은 14개였고, 그 중 7개만 시온주의 계획을 청원했다. 4개의 청원단은 식민촌 건설에만 찬성했고, 소거법에 따라 나머지 3개는 둘 중 어떤 것도 청원하지 않았다.[147] 이토록 명확한 반증에도 불구하고 위원회가 '만장일치'를 운운한 것은 아마도 시온주의자들의 대표성을 인정해서였을 것이다.[148]

3장에서 보았듯이, 많은 아랍 유대인들은 유대 국가에 찬성하지 않았다. 밸포어 선언과 오스만의 붕괴로 유대 국가에 대한 지지가 증가했을 것으로 짐작되지만,[149] 킹-크레인 위원회는 그러한 변화가 오직 점진적으로만 이루어졌다는 사실을 말해준다. 만약 청원이 주민들의 의사를 정확히 비례해서 반영한다고 가정한다면, 팔레스타인 유대인들의 절반은 유대 국가를 명시적으로 반대했다. 보다 정밀하게 분석하면 이보다도 많은 유대인들이 시온주의 계획에 무관심하거나 적어도 적극적으로 찬성하지는 않았던 것을 알 수 있다. 시온주의 계획을 요구한 7건의 청원은 팔레스타인에서 접수된 전체 청원의 2.7%로 유대 인구비(10.0%)의 3분의 1에도 미치지 못한다. 청원마다 배서한 인원이 다르기 때문에 정확한 비교는 불가능하지만, 아랍인들은 100건이 훨씬 넘게 문서 청원까지 해가며 적극적으로 의사를 표현한 것과는 크게 대비된다.[150] 이는 팔레스타인 밖에서 더욱 뚜렷이 관찰된다. 비팔레스타인 지역에서 접수된 청원은 1,603건이고 유대인들의 인구비는 1.7%이지만 시온주의 계획을 옹호한 청원은 단 4건(0.25%)밖에 없다. 대다수의 아랍인들이 이라크의 독립이나 모든 아랍 지역의 독립을 청원(73.6%)한 것과는 너무나도 대조적이다.[151] 다마스쿠스 계획이 나오기 이전에 조사를 마친 팔레스타인에서도 26건의 청원은 이라크의 독립을, 30건은 모든 아랍 지역의 독립을 요구했다. 이는 전체 청원의 21.5%에 달한다.[152]

표 5 시온주의 계획에 찬성한 유대인 청원 비율

행정명칭	점령행정지 남부		점령행정지 서부		점령행정지 동부		(합계)	
지역/통치	팔레스타인/영국		레바논과 북부 연안/프랑스		시리아, 트랜스요르단/파이잘-영국		대시리아	
유대 인구	65,000	10.0%	15,000	1.4%	30,000	2.0%	110,000	3.4%
전체 청원	260		446		1,157		1,863	
유대인 청원단	14	5.4%	5	1.1%	2	0.2%	21	1.1%
완전한 시온주의 계획 (유대 국가, 이주)	7	2.7%	2	0.4%	2	0.2%	11	0.6%
수정된 시온주의 계획 (식민촌)	4	1.5%	0	0.0%	0	0.0%	4	0.2%

시온주의에 대한 위원회의 의견은 매우 부정적이었다. 위원회는 "시온주의에 우호적인 선입견을 가지고 조사를 시작"했지만,[153] "유대인 청원단과의 회의에서 시온주의자들이 현존하는 팔레스타인의 비유대 토착민의 토지를 다양한 방식으로 매입해 사실상 완전히 추방하길 바란다는 사실을 반복해서 확인"하고는 충격을 받았다. 밸포어 선언에서 약속된 민족의 고향은 유대 국가가 아니고, 그런 국가가 비유대 인구의 시민적, 종교적 권리를 "심각하게 침해"하지 않고 달성할 수 있는 일도 아니었다. 위원회는 "유대인들이 2천 년 전에 팔레스타인을 정복했다는 점을 근거로 '권리'가 있다."는 주장을 진지하게 고려할 수 없다고 비판했다.[154]

이상의 조사 결과를 종합해 위원회는 식민지가 아니라 연맹규약을 충실히 수행하는 미국의 위임통치 하에서 파이잘을 왕으로 하는 통일 시리아 국가를 창설하도록 권고했다. 만약 미국이 위임통치국을 거부한다면 영국이 맡아야 하지만, 주민들은 영국이 식민 지배를 할 것으로 우려한다고 지적했다. 또한,

프랑스가 위임통치국으로 선정되면 전쟁이 발발할 수 있다고 주의를 촉구했다. 시온주의 계획은 유대 국가라는 목표를 버리고 이주를 제한하는 방식으로 매우 천천히 진행하도록 권고했다. 위원회와 만난 모든 영국 장교들은 시온주의 계획이 군대를 동원하지 않고는 달성될 가능성이 없다고 보았고, 대체로 계획을 시작하는 단계에서부터 5만 명 이상의 군인이 필요할 것이라고 말했다. 이 사실만으로도 시온주의 계획이 토착민에게 얼마나 "심각한 부정의"로 받아들여지는 명확했다. 위원회는 종교적 관점에서도 시온주의를 지양했다. "예수와 관련이 있는 기독교의 가장 신성한 장소들은 무슬림에게도 신성한 장소이지만 유대인에게는 신성한 장소가 아닐뿐더러 그들이 혐오하는 곳이므로" 세 종교의 성지를 모두 신성시하는 무슬림이 성지의 관리자로 적합하다는 의견을 내놓았다.[155]

보고서는 1919년 8월에 완성되었다. 그러나 미국 신문에 간략하게 소개된 것을 제외하면 공개가 금지되었다. 열강이 원하는 결과가 아니었기 때문이다. 피치자의 의사를 최우선적으로 존중해야 한다는 연맹규약 22조가 사문화될 조짐은 처음부터 있었다. 킹-크레인 위원회가 내부기밀용으로 작성한 별도의 보고서에 따르면 영국과 프랑스는 자신들에게 유리한 방향으로 여론을 조종하려 했다. 예를 들어, 영국은 야파에서 아랍 공무원들에게 주민의 의사를 대변하지 말고 완전한 독립을 요구하지도 말라는 명령을 내렸다. 시리아 민족의회가 미국의 지원을 요청하기로 결정했을 때는 밸포어 장관이 파이잘에게 서한을 보내 불만을 표했고 이에 놀란 파이잘이 민족의회의 결정을 바꾸려고 노력했으나 실패했다.[156] 아랍인들이 단결한 덕분에 여론 조작은 별다른 영향을 끼치지 못하고 위원회는 진실을 담은 보고서를 작성할 수 있었으나, 끝내 정치적 장벽을 넘지 못했다. 보고서가 세상 밖으로 나온 것은 3년이 지나서 대시리아의 분할과 위임통치국의 내정이 모두 완료된 뒤였다.

지금까지 살펴본 것처럼 영국이 아랍인들을 끊임없이 기만하며 독립의 약속을 지키지 않은 것은 부인할 수 없는 진실이다. 그런데도 일부 학자들은 여전히 영국의 무죄를 옹호한다. 후세인-맥마흔 서신협상에서 팔레스타인은 독립 지역이 아니었다고 주장하고, 설령 그랬다 할지라도 이는 조약과 같이 반드시 지켜야 할 의무는 없다거나 아랍 독립군의 역할이 미미해서 지키지 않아도 된다는 등의 구실을 댄다. 하지만 앞서 언급했듯이 당시 영국 정부 스스로 팔레스타인을 독립 지역으로 해석했고, 협상당사자가 아닌 프랑스조차 지켜야 하는 국제적인 '조약'이고, 아랍 독립군의 도움은 '필수적'이었다고 말했다.157) 애당초 영국 정부의 이름으로 행한 전시 비밀 협상이 지키지 않아도 아무런 책임이나 잘못도 없는 약속이라면, 그 누구도 영국과 협상하지 않을 것이다.

밸포어 선언과 사이크스-피코 조약이 들통난 이후로도 영국은 피치자의 의사에 따른 통치를 약속하며 팔레스타인의 독립을 보장했다. 독립군의 역할이 기대에 못 미친다거나 등의 어떤 이유를 대서라도 팔레스타인은 독립이 안 된다고 고지한 적이 없었다. 전후에는 국제연맹규약으로 법제화까지 했다. 하지만 영국은 피치자의 의사를 조사하지 않았고, 킹-크레인 위원회의 조사를 훼방 놓으려고까지 했다. 영국 내부에서도 불만이 나왔다. 밸포어 선언 당시 반대 입장을 내놓았던 상원의장 커즌은 여전히 시온주의 정책에 회의적이었고, 영국이 스스로 만든 연맹규약을 위반하면서까지 팔레스타인을 지배하려는 것을 탐탁지 않게 여겼다. 하지만 그와 같은 고민을 하는 사람은 어디까지나 소수였다. 다수의 정책결정자들에게 중요한 것은 국익이었고, 아랍인에 대한 부정이나 피해 같은 것은 머릿속에 없거나 있다 해도 오직 부차적이었다. 그게 바로 분쟁을 야기할 시온주의자들을 끌어들이는 데 거리낌이 없었던 이유였다. 밸포어가 연맹규약을 위반하더라도 시온주의를 장려해야 한다며 커즌을 설득하기 위해 쓴 아래의 글귀는 그런 사고관을 여실히 드러내 보인다.

> 4대 강국은 시온주의를 적극 지지합니다. 시온주의는 옳고 그름이나 선악에는 관계없이 오랜 전통과 현재의 필요성, 그리고 미래의 희망에서 비롯되는 것입니다. 이는 현재 그 고대의 땅에 거주하고 있는 70만 명의 아랍인들이 가진 열망이나 이해보다 훨씬 더 중요한 의미를 지니고 있습니다.158)

2. 외로운 투쟁의 시작

2.1. 첫 번째 대규모 소요

그동안 시온주의에 대한 아랍인들의 대응은 미온적이었다. 직접적인 피해를 입은 농민이나 지식인, 명사들을 중심으로 어느 정도의 사회적 저항은 있었지만, 식민촌의 존속을 위협할 만한 심각한 공격은 전혀 없었다. 가장 큰 이유는 힘의 격차였다. 일반적으로 식민주의자들은 식민모국의 강대한 힘으로 토착민의 저항을 제압하지만, 시온주의자들에게는 그런 조력자가 없었기 때문에 어디까지나 잠재적 위협으로만 인식했다. 하지만 1차 세계대전으로 상황이 바뀌었다. 아랍인들은 국가를 잃어버렸고, 시온주의자들은 영국을 위시한 유럽 국가들을 등에 업었다. 바야흐로 위협이 실체를 갖게 된 것이다. 이제는 유럽의 침략으로부터 고향을 지키기 위해 반드시 행동을 취해야만 할 때였다. 하지만 정부가 없는 지금, 어떻게 무슨 수로 자위권을 행사할지는 막막할 따름이었다.

아랍인들은 평화회의의 향방을 예의주시했다. 팔레스타인에서는 전쟁이 발발한 이래 오랫동안 언로가 막혀 있다가 1919년 9월에 『남시리아』가 창간되면서부터 다시 소식을 빠르게 전할 수 있었다. 10월에 『남시리아』는 열강이 시리아를 분할하고 시온주의자들에게 이주할 권리를 승인하려 한다는 소식을 알렸다. 영국은 한 달간 영업정지 명령을 내리며 탄압했으나, 영업정지가 끝나자마자 『남시리아』는 다시금 열강의 동향을 알리면서 "우리는 남시리아의 주민들이다. 우리는 분할을 원치 않으며 독립 시리아를 원한다. 그리고 우리는 시온주의자들의 이주에 반대한다."는 기사를 냈다.[159]

인구가 적은 팔레스타인의 아랍인들에게는 대시리아의 단결이 필수적이었다. 그러나 정치적으로 단일한 공동체를 형성한 역사가 없다 보니 위기 앞에 연대가 느슨해지는 것은 어쩔 수 없었다. 10월에 파이잘은 유대 언론과의 인터뷰에서 팔레스타인이 유대 민족의 문화적 중심지가 되는 것에 반대하지는 않지만, 아랍 왕국의 일부에서 분리되는 것은 있을 수 없다고 말했다.[160] 그러나 대시리아의 분할과 위임통치가 기정사실이 되어가자 시온주의자들의 도움을 받으려고 협상을 재개했다. 『남시리아』는 강하게 비판했으나, 파이잘처럼 팔레스타인을 희생해서라도 다른 지역의 독립을 인정받으려는 지도자들은 시간이 갈수록 늘어났다.[161] 역설적이게도 흔들리는 연대를 다시 안정시켜 준 것은 열강이었다. 1920년 2월에 열강이 기어코 대시리아를 분할하고 위임통치와 밸포어 선언을 실행하기로 합의하자 3월 7일에 시리아 민족의회는 파이잘을 옹립한 시리아 아랍왕국의 탄생을 선포하고 팔레스타인을 국토로 포함하며 유대 민족의 고향을 거부한다고 선언했다. 프랑스 통치령에 위치한 식민촌 4곳에서는 지난해부터 아랍인들의 습격과 위협이 계속되고 있었고, 결국 모든 주민들이 탈출했다.[162]

팔레스타인의 아랍인들도 행동에 나섰다. 시온주의자들의 오랜 압박을 견디지 못하고 마침내 2월 말에 영국의 팔레스타인 군사정부가 밸포어 선언을 실행하겠다는 의사를 공식적으로 밝히자 독립을 요구하는 큰 규모의 시위가 조직되었다. 시온주의자들은 시위를 금지해 달라고 요청했으나 정부는 불만을 분출할 기회를 주는 게 오히려 안전에 도움이 된다고 보고 허가했다. 2월 27일에 열린 첫 대규모 시위에는 예루살렘과 야파, 하이파 등지에서 3천여 명이 독립과 반시온주의를 부르짖었다. 행렬이 지나가는 중에 유대인들이 시온주의 애국가를 부르는 도발적인 행동을 했지만, 충돌 없이 평화롭게 끝났다. 얼마 후 파이잘의 대관식을 거행하는 3월 8일에는 두 번째 시위가 예고되었다. 시온주의자들은 이번에도 시위 금지를 요청했으나 받아들여지지 않자 "유대인 청년들이 통제불능이 되어도 책임질 수 없다."고 경고했다. 실제로 예루살렘에서는 한 유대인 소년이 시위대에 뛰어들어 행진을 방해하는 바람에 싸움이 일어났다. 경찰은 소란을 빠르게 진정시키는 데 성공했지만 유대인 부상자가 몇 명 발생했다. 또한, 시위대는 "유대인에게 죽음을", "팔레스타인은 우리 땅이고 유대인들은 우리의 개다." 등의 구호를 외치고 다녔다. 군사정부는 앞으로 시위를 금지하겠다고 포고했다.[163]

갈등이 점점 고조되어 가는 상황에서 4월에는 무슬림들의 나비 무사 축제가 열릴 예정이었다. 이 축제는 여리고 인근에 묻힌 것으로 믿어지는 예언자 모세를 기리기 위한 것으로, 인근 마을은 물론이고 멀리서는 헤브론의 무슬림까지 예루살렘으로 몰려와 1주일간 함께 즐기고 무덤을 참배하는 의식을 가지는 성대한 행사였다.[164] 오스만 시절에는 무덤을 참배하고 돌아오는 무슬림을 유대인들이 반갑게 맞아주고 함께 시간을 보냈으나 이제는 분위기가 달라졌다. 지난해에 무슬림 지도자들은 축제로 모인 군중에게 독립과 반시온주의의 중요성을 연설하며 정치적 교육의 장을 만들었다. 유대인들은 올해에 유혈 사태까지 일어날 것으로 우려했다. 벤구리온 등의 반대에도 불구하고 유대 공동체는 처음으로 아랍인들에게 성명서를 발표해 유대인들은 땅을 개발하고 이웃과 평화롭게 살 목적으로 이주해오고 있으며 이를 막을 수는 없으니 유대인들이 일궈낼 경제적 이익을 함께 누리자고 말했다. 자보틴스키는 퇴역 군인과 청년들을 모아 지하군사조직인 '하가나(Haganah, 방어)'를 결성했다. 3월 말에는 그 수가 5-600명으로 늘어났고 감람산에서 공개적으로 군사훈련을 실시하고 예루살렘 거리를 행진했다. 많은 시온주의자들은 여전히 '아랍인들은 강한 자만을 존중한다.'는 오리엔탈리즘에 빠져 있었고 이런 도발적인 행동이 아랍인들의 폭력을 예방해 줄 것으로 기대했다.[165]

긴장 속에서 축제 날이 밝았다. 첫 이틀간은 아무런 일 없이 평화롭게 지나갔다. 하지만 셋째 날에 들어 문제가 생겼다. 헤브론에서 온 순례자들을 경찰이 하람으로 인도했는데, 인파를 피하다 보니 예년과는 달리 유대인 동네를 지나는 길로 안내했다. 이들이 야파 게이트(Jaffa Gate)를 지나 구시가지로 들어오는 순간이 사진으로 찍혔는데 어떤 수상한 점도 없이 평온한 모습이었다. 그런데 행렬의 절반이 게이트를 통과했을 때쯤 후미에서 소란이 일었다. 무슨 일이 있었는지는 정확히 밝혀지지 않았으나 증언에 따르면 시리아 국기를 들고 있는 아랍인을 유대인이 밀치고 침을 뱉었다거나, 유대인 군인 혹은 청년 무리가 공격했다는 등의 도발이 있었다. 혹은 어쩌면 유대인과의 마찰을 일부러 일으킨 아랍인 선동가가 있었을지도 모른다. 어떤 이유에서건 무슬림들은 크게 흥분했고 유대 상점을 향해 돌을 던지기 시작했다. 불과 조금 전까지 독립의 열망을 자극하는 연설을 들은 터라 굉장히 민감해져 있었기 때문에 "매우 사소한 사건도 소동을 일으키기에 충분했을 것"이다. 폭력 행위는 삽시간에 번지고 심화되었다. 주변의 많은 아랍인들이 소요에 가담해 유대인을 공격

하고 상점을 약탈했다.[166]

　군사정부는 즉시 군대를 투입해 질서를 확보했다. 사태는 이내 잦아든 것처럼 보였고, 이튿날 새벽에 1개 소대만 남기고 시내 중심지에서 군을 철수시켰다. 그러나 날이 밝자 아랍인들은 또다시 유대인들을 공격하고 약탈과 방화를 저질렀다. 군사정부는 계엄령을 선포했다.[167] 군이 통제하는 중에도 소요는 며칠간 더 이어져 일주일을 꼬박 채운 뒤에야 완전히 진정되었다. 흥분의 도가니 속에서도 이성을 잃지 않은 많은 아랍인들이 유대인 이웃을 지켜주려고 나섰으나,[168] 이 기간 동안 아랍인들에 의해 총 3명의 유대인이 목숨을 잃고 209명이 다쳤고, 2명이 강간당했다. 사상자의 대부분은 노인과 여성, 어린이들이었다.[169] 그 밖에도 인도인 경찰을 아랍인으로 오인하고 총을 쏜 유대인 2명이 현장에서 사살당했다. 한편, 아랍인들은 4명의 사망자와 26명의 부상자가 발생한 것으로 집계되었으나, 치료를 받지 않고 경찰을 피해 달아나 기록에 포함되지 않은 경미한 부상자들도 많았다. 유대인들의 반격은 거의 없었다. 아랍인들은 유대인의 총기 사용을 규탄했으나 총상을 입은 피해자는 8명에 그쳤고, 이중에는 영국군이 1차례 발포했을 때 부상당한 사람도 있었을 것으로 추정된다.[170]

　나비 무사 소요는 철저히 유대인을 향한 대중의 불만이 폭발한 사건이었다. 영국 군인이나 경찰을 향한 공격은 사실상 없었다. 시온주의자들은 포그롬으로 묘사하며 아랍인들의 폭력과, 특히 군사정부의 방조를 적극적으로 비판했다. 놀랍게도 전자보다 오히려 후자에 대한 불만이 두드러졌는데, 이는 부분적으로 아랍인들이 시온주의에 반대한다는 사실을 인정하지 않고 넘어가고 싶었기 때문으로 보인다.[171] 한편, 무슬림-기독교도 협회는 유대인들이 예루살렘의 평화를 어지럽혀서 많은 무고한 무슬림과 기독교도가 죽었다고 정부에 항의했다.[172]

　팔레스타인의 역사에서 보기 드문 큰 규모의 소요인 데다가 시온주의자들의 비판을 간과할 수 없었던 영국은 팔린 소장을 의장으로 한 위원회를 조직해 소요의 원인과 인종적 반감을 조사했다. 시온주의자들은 적극적으로 조사에 참여하며 군사정부를 비판한 반면, 아랍인들은 위원회가 요청해도 거의 응하지 않고 무관심한 반응을 보였다.[173] 킹-크레인 위원회가 철저히 무용지물이 돼버린 지 불과 1년도 지나지 않은 데다가 자신들을 강제로 지배하고 있는 영국인들에게 공정함을 기대한다는 건 불가능하다고 생각했기 때문이었을 것이다. 실제로 위원회는 정부에 대한 비판에는 다소 방어적인 입장을 취했다. 그렇지만 시온주의자들의 격앙된 목소리보다는 아랍인들에게 가해진 부정의와 억울한 심정을 헤아렸다.

위원회는 아랍인과 유대인 간의 인종적 반감이 오랜 시간을 두고 서서히 형성된 것이 아니라 최근에 갑작스럽게 만들어졌다고 지적했다. "바로 얼마 전까지 무슬림, 기독교도, 유대교도 세 종파는 완벽한 우호 관계 속에서 살고 있었다. 1840년의 이브라힘 파샤의 시기 이후로 유대 인구에 대한 어떤 심각한 공격도 없었다." 그런 오랜 평화를 깨트린 것은 사실상 영국 정부였다. 세계대전 중에 아랍인들은 오스만과 싸우는 조건으로 영국으로부터 일부 지역의 독립을 약속을 받았다. 이때 팔레스타인은 독립 지역에 "포함되지 않았다." 그렇지만 독립을 약속받은 것으로 '오해'한 팔레스타인의 아랍인들은 오스만에 대한 애정을 버리고 영국군과 함께 싸웠고, 영국이 "전쟁 중에 모든 종류의 선전을 이용해 이를 부추긴 것은 의심할 여지가 없다." 이런 상황에서 발표한 밸포어 선언은 "모든 문제의 시작점"이 되었다.[174]

"유대 민족을 위한 민족의 고향"이란 "표현의 모호성은 처음부터 문제의 원인이 되어 왔다." 민족의 고향은 유대 국가를 의미하지 않는데도 미국의 윌슨 대통령은 "팔레스타인에 영국 연방의 유대 국가가 세워져야 한다."고 말했고, 루즈벨트 전 대통령(Theodore Roosevelt)은 전후평화협상에서 "팔레스타인은 유대 국가가 돼야만 한다."는 조건을 걸어야 한다고 주장했다. 영국의 하원의원 앤드루 보너 로(Andrew Bonar Law)는 의회에서 "팔레스타인을 유대인들에게 돌려줘야 한다."고 말했고 윈스턴 처칠 장관도 "유대 국가"를 거론했다. 시온주의자들 역시 아랍인들의 불안을 부추겼다. 극단주의자들은 유대 국가를 세워야 한다거나 아랍인들이 팔레스타인을 떠나 히자즈로 이주해 가야만 한다고 주장했다. 지도부는 이런 행태를 잘 알고 있었지만 바로잡지 않았다. 오히려 시온주의자 위원회의 정치부 간부인 에데르(Montagu David Eder)가 "대영제국 치하의 유대 민족 국가"를 만드는 것이 최종 목표라고 위원회에 직접 설명했다. 이런 발언들은 아랍인들이 밸포어 선언의 의미를 '그릇

되게' 이해하게 만들어 영국에 등을 돌리는 결과를 낳았다.[175]

아랍인들은 단순히 독립이 좌절되어 실망한 것이 아니라 유대인의 지배를 받게 될지 모른다는 "깊은 공포"를 느끼고 있었다. 그들은 유대인이 역사상 가장 비관용적인 집단이라 믿고 있고 시온주의자들의 행동은 이런 불안을 증폭시켰다. 아랍인들에게 어떤 특별한 불신감도 주지 않았던 토착 유대인과는 달리 "최근에 동유럽에서 이주해 온 자들은 지난 몇 년간 러시아를 무정부와 테러리즘, 절망에 깊게 빠트린 정치적 사상에 깊게 영향받은" 유형으로 "문명과 종교의 적"이기 때문이다. 아랍인들은 이들과 경쟁할 자신이 없었다. 유대 민족이 다방면에서 보이는 뛰어난 재능은 물론이거니와 해외에서 끌어오는 막대한 자금과 정치적 후원은 경쟁이 시작되기도 전에 이미 패배감을 안겨주었다. "이런 공포를 전적으로 비합리적이라 볼 수는 없다. 유대 식민 자본과 대립할 때 토착 영농업자가 임금 노동자로 전락하는 경향을 확실히 보여주는 증거가 있다." 그 밖에도 원자재 매점이나 상업적 특권을 남용한 사례, 군사정부나 외교부 등에 영향력을 행사해 이익을 얻어내려 한 일들, 시온주의자 위원회를 사실상의 행정기구로 발전시키고, 첩보 부대를 운용해 정부의 비밀문서 대부분을 비밀리에 습득한 점 등은 아랍인들의 "공포를 사실로 확인시켜 주는 효과"가 있었다.[176]

이를 바로잡아야 할 군사정부는 시온주의자들에게 휘둘려 상황을 악화시켰다. 인구의 90%를 차지하는 토착민은 어떠한 대표기구도 인정받지 못한 반면, 영국 정부로부터 공식기구로 인정받은 시온주의자 위원회는 모든 부처의 업무에 간섭하면서 자신들에게 유리한 결정을 내리도록 압력을 행사했다. 군사정부가 원하는 대로 움직이지 않을 때는 외교부를 통해 원하는 바를 얻어냈다. 그 결과로, 유대인들은 순수 상업거래에서조차 정부의 도움을 받고, 공개적으로 군사훈련을 하고 독자적인 우편과 공중보건 체계를 운용하고, 시온주의자 위원회가 선별한 후보만을 경찰로 채용해 당국의 기밀자료를 넘기는 첩보원으로 전락하는 걸 방치하고, 히브리어가 아랍어와 영어와 함께 공용어로 지정되고, 상당한 수의 불법 이주자가 유입되는 등의 일이 일어났다. 군사정부가 소요에 대한 책임으로 예루살렘 시장인 무사 카짐 후세이니(Musa Kazim al-Huseyni)[177]를 해임시키기로 결정했을 때는 아무런 권한도 없는 예루살렘 유대 의회 수장이 해임장을 보내버렸다. 그러므로 아랍인들이 군사정부의 편향적 조치에 대해 불평하고, 밸포어 선언에서 토착민의 권리를 침해하지 않도록 하겠다고 보장한 문구는 이미 "사문화"되었다고 간주하는 건 당연했다.[178]

　상황이 이런데도 시온주의자들은 오히려 군사정부를 반시온주의적이라고 고발했다. 시온주의자와 군사정부 간의 갈등은 일차적으로는 영국의 점령 정책에서 비롯되었다. 군사정부는 팔레스타인의 지위가 확정될 때까지 외교부의 지시에 따르며 "현상 유지"를 해야 하는 임시 기구였다. 이는 통상적으로 수개월 내에 끝나야 하지만 평화회의가 길어지다 보니 지금 당장 유대 국가를 세워야 한다고 생각하는 시온주의자들의 항의가 빗발치고 외교부도 이에 동조하는 움직임을 보였다.[179] 그렇다고 시온주의자들이 언제나 현상유지를 반대한 것은 아니다. 자신들에게 도움이 된다 싶으면 쉽사리 태세를 전환했다. 위원회는 농업융자 제도를 예시로 들었다. 오스만 시기에 농민들은 파종기에 대출하여 수확기에 갚는 농업융자를 널리 이용했다. 군사정부가 이를 부활시키자 농민들은 만족했는데 시온주의자들이 반대하고 나섰다. 자신들이 운영하는 앵글로-팔레스타인 은행에서 융자를 받지 않았다는 점과, 농민들이 경작하면 토지 가치가 오르기 때문에 현상유지 원칙에 위배된다는 이유에서였다. 시온주의자들은 외교부를 움직여 기어코 신규 융자를 막아버리고야 말았다. 이를 본 아랍인들은 토지를 팔게 만들기 위해 농민을 빈곤에 빠트린 것이라는 인상을 받았다.[180]

　군사정부가 반시온주의적인 성향을 보인다고 비판받은 사례들은 크게 3가지로 나뉜다. 첫 번째는 관리 개개인의 반유대적인 '발언'이다. "이국적인 유대인들(exotic Jews)"이라고 말한 재무보좌관(financial adviser)을 비롯해 총 4명의 관리가 집중적으로 비판받았고 모두 해임되었다. 두 번째는 군사정부와 관리들의 반유대적인 '행동'이다. 위원회는 16가지 사례를 열거한 후 "(모호한) 한두 개를 제외하곤 부당한 차별이 전혀 없었다는 것에 의문의 여지가 없다."고 결론 내렸다. 예를 들어, 말라리아 퇴치 사업에 시온주의자를 적게 고용했다는 비판이 있었지만 실제로는 시온주의자들이 임금이 적다고 거부한 것으로 드러났다. 마지막으로, 지난 1월에 군사정부가 파이잘을 대시리아와 이라크의 왕으로 인정하겠다고 지지한 행동이 아랍인들로 하여금 유대인을 공격하도록 부추긴 짓이라는 비난이 있었다. 그러나 당시 프랑스가 레바논을 점령 중인 이유를 영국 탓으로 돌리고 영국이 아랍 지역에서 철수하면 자신들도 철수하겠다고 선언했기 때문에 당면한 위기를 모면하려는 시도로 인정되었다.[181)]

이상의 분석을 토대로 위원회는 시온주의자들의 책임을 크게 물었다. 그들은 인내심 없이 당장 목표를 이루려고 도덕적으로 무분별하게 행동하고 당국을 입맛에 맞게 조종하려 들다 아랍인과의 갈등을 크게 키워서 현재의 위기를 만들어냈다. 군사정부는 소요 이전까지는 상황을 잘 통제해 왔으나 소요에 대한 대처는 미흡한 점들이 있었고, 외교부는 군사정부에 간섭해 정책을 방해한 잘못이 있다고 지적했다. 반면, 아랍인에게는 어떠한 책임도 묻지 않았다. "토착민들은 (독립의) 소망이 좌절돼 낙담하고, 미래에 대한 걱정으로 공황에 빠지고, 시온주의자들의 호전적인 태도로 인해 참을 수 없을 정도로 (반감이) 악화되고, 당국이 잘못된 것을 바로잡기엔 시온주의자 기구 앞에 무력해 보여 절망한" 상황이기 때문이다. 소요가 그저 선동에 의한 것이라는 시온주의자들의 주장은 사실을 곡해하는 것이고 "팔레스타인의 현재 상황은 극도로 위험"하다는 경고로 보고서를 끝마쳤다.[182)]

한편, 위원회가 막 조사를 시작한 4월 말에 산레모에서는 평화회의가 열렸고, 승전국들은 아랍 지역의 해체를 시작했다. 레바논을 포함한 시리아와 메소포타미아는 "자립이 가능할 때까지 위임통치국의 행정적 조언과 지원을 받는 조건으로 잠정적인 독립 국가"로 인정받게 되었다. 전자는 프랑스가, 후자는 영국이 위임통치국을 맡았다. 반면, 팔레스타인은 어떠한 지위도 인정받지 못했다. 그저 '위임통치국에 행정을 위임하고 위임통치국은 밸푸어 선언을 실행해야 한다.'가 전부였다. 트랜스요르단의 지위는 아직 결정되지 않아 임시적으로 팔레스타인 위임통치령의 경계에 포함되었고 영국이 두 지역 모두의 위임통치국을 맡았다.[183)]

팔린 위원회의 보고서는 그로부터 2달가량 지난 7월 1일에 제출되었다. 하지만 영국은 위원회의 경고에서 어떤 교훈도 얻지 못했다. 소요의 뒷수습으로, 그리고 산레모 결정에 힘입어 밸푸어 선언을 실행하기 위해 팔레스타인에서는 고등판무관을 수장으로 한 민정체제가 시작되었다. 초대 고등판무관으로는 밸포어 선언 이전부터 적극적으로 시온주의를 지지해 온 최고위 유대인 관료 허버트 사무엘을 임명했다. 앞으로의 정책을 상징적으로 보여주는 인사 조치였다. 그는 지난 1919년 11월 2일 밸포어 선언 2주년 기념일에 시온주의 운동의 목적은 "확고하게 다수를 차지한 유대 사회의 주도로 순수하게 자치를 행하는 영연방국가"를 가능한 빠르게 만드는 것이라고 연설했다.[184] 사무엘은 7월 6일에 수많은 유대인들의 환호를 받으며 팔레스타인에 도착했고, 팔린 위원회의 보고서는 비밀로 부쳐졌다.

민족의 울분을 터트린 소요는 아랍인들의 처지를 조금도 개선시켜 주지 못했다. 영국은 아랍인들의 민족주의를 가볍게 본 것일까 아니면 시온주의를 육성함으로써 통제할 수 있다고 본 것일까. 한 가지 확실한 것은 나비 무사 소요가 일회성으로 일어난 돌발 사건이 아니라 앞으로 일어날 여러 유혈사태의 축소판이자 예고장이었다는 사실이다. 군사정부의 반시온주의적인 성향, 혹은 나아가 친아랍적인 성향 때문에 일어난 것도 아니었다. 시온주의자들이 유혈 사태가 일어날 것으로 사전에 예견한 사실에서 알 수 있듯이, 아랍-유대 간의 갈등은 이미 폭발 직전에 다달아 있었다.[185] 그런 긴장 속에서 군사정부가 안일하게 대처해서 소요가 발생했다고 말할 수도 있겠지만, 그렇다고 시온주의자들이 원하듯이 강하게 통제한다고 해서 막을 수 있었다고 보기도 어렵다. 오히려 억눌린 분노는 한 번에 크게 폭발하기 마련이고, 더군다나 곧 보게 될 것처럼 친시온주의 성향의 민정도 아랍인들의 분노를 막지 못한다.

주목해야 할 점은 왜 하필 이 시점에서 폭력 사태가 일어났느냐다. 1차 대전을 겪으며 시온주의 활동은 위축되어 있었다. 식민촌에 대한 외부의 지원은 줄어들었고 환란을 피하느라 유대 인구는 감소했다. 만약 단순히 시온주의에 대한 반감이 유일한 원인이었다면, 소요는 식민화가 성행했던 전쟁 이전에 발생했을 것이다. 따라서 소요가 발생한 배경에는 전쟁 전에는 없었던 새로운 무언가가 개입된 것이 틀림없다. 소요가 발생하기 직전 긴장을 고취시킨 사건은 두 가지다. 하나는 밸포어 선언을 이행하겠다는 정부의 발표였고, 다른 하나는 시리아 왕국의 건설이었다. 전자는 시온주의에 대한 미래의 위협감을 증폭시켰다. 시온주의자들은 더 이상 언제든 진압이 가능한 약소 집단이 아니게 되었다. 대등한, 혹은 그 이상으로 발전할 가능성을 내재한 위협적인 적이었다. 후자는 민족주의를 폭발시켰다. 오랜 충성의 대상이었던 오스만이 몰락하고 후세인의 민족 독립운동이 성공을 거두면서 고양된 민족의식은 열강의 강제점령에 맞서 싸울 것을 요구했다. 영국이 만들어낸 이 두 가지 변화는 의심할 여지없이 시온주의에 대한 반감과 결합해 소요를 일으키는 원인이 되었다. 소요가 일어났을 때 하람 근처에서 연사들의 설교를 듣던 아랍인들은 독립과 시온주의에 대한 저항을 부르짖고 있었다.[186]

이 시기에 팔레스타인의 아랍인들을 하나로 연결시켜 준 민족의식은 무엇이었을까? 1차 대전을 전후로 아랍인들이 상상하는 향토는 놀라울 정도로 빠르게 변화했다. 전쟁 전까지는 좁게는 아랍 지역, 넓게는 오스만 국토 전체를 향토로 인식했다. 전쟁 중에는 아랍 지역만이 향토로 인식되었고, 전쟁 후에는 대시리아로 더욱 좁아졌다. 그렇다면 민족의 개념은 그때그때 바뀐 것일까? 팔레스타인의 아랍인들은 대시리아의 연대를 주장했지만, 이전부터 잠재하고 있던 대시리아인이라는 정체성이 수면 위에 올라온 것으로 보기는 어렵다. 대시리아는 정치적으로나 문화적으로나 연대를 하며 쌓아온 공동체적 의식이 강하지 않았다. 이 시기를 제외한다면, 팔레스타인의 아랍인들이 시리아나 레바논, 트랜스요르단의 정치적 문제에 특별히 민감하게 반응한 사례는 없어 보인다. 단지 아랍인으로서 여러 향토 중 하나로 대했을 뿐이다. 따라서 팔레스타인의 아랍인들에게 실질적으로 중요한 향토의 범위는 팔레스타인까지였고,[187] 전쟁 후에 갑자기 남시리아를 외친 것은 민족의식이 변화해서가 아니라 당면한 외적의 침입에 맞서 힘을 합치기 위해서였다. 그렇기 때문에 7월에 파이잘의 시리아 아랍왕국이 프랑스의 침공으로 멸망하자 남시리아인은 빠르게 사라진다.[188] 예루살렘 시장에서 해임된 후 무슬림-기독교도 협회의 회장을 맡게 된 무사 카짐 후세이니는 '우리'에게, 즉 팔레스타인인들에게 다음과 같이 고한다.

> 이제 우리는 계획을 완전히 변경해야 한다. 남시리아는 더 이상 존재하지 않는다. 우리가 반드시 팔레스타인을 수호해야 한다.[189]

2.2. 야파 소요로 드러난 격렬한 반시온주의

> 모든 종교의 인구를 함께 일하게 시키는 데 어떤 조그마한 어려움도 없습니다. 아랍인들 중에 소규모의 반시온주의자 집단이 있고, 그들은 선거로 의회를 구성하는 것을 정책으로 삼고 이를 요청하고 있습니다. 아랍인들이 다수인 의회가 탄생하면 위임통치의 시온주의 규정을 집행하지 못하도록 막을 수 있다는 희망을 가지고 말이지요. 하지만 대중은 (현 상태에) 상당히 만족하고 있다고 확신합니다.[190]

사무엘이 부임 3개월 만에 총리에게 보낸 사적인 서신에서 한 말이었다. 그는 자치권의 첫 단계로 11명의 영국인 관료와 더불어 자신이 임명한 7명의 아랍인과 3명의 유대인으로 구성된 자문위원회를 운용해 보았고, 아무런 갈등도 없는 것을 보고는 다수의 아랍인들이 밸포어 선언을 인정하도록 회유하는 데 성공했다고 확신했다. 시온주의 정책에 걸림돌이 되는 게 있다면, 그건 마치 아랍인이 아니라 유대인들의 저조한 협력인 것처럼 보였다. 1920년에 처음으로 제정한 이주 법령은 시온주의자 기구가 1년 동안의 생계를 책임지는 조건으로 연간 최대 16,500명의 유대인이 이주해오는 것을 허가했다. 사무엘은 첫 해부터 16,500명 모두를 채우길 기대했으나 시온주의자들이 유대인들로부터 기금을 거의 지원받지 못해서 1,000명으로 줄여달라고 요청하자 실망을 감추지 못했다.[191] 이주가 늘어나면 아랍인들이 어떤 반응을 보일지에 대한 걱정 따위는 없었다. 명색이 팔레스타인 정부의 수장이었건만, 인구의 90%가 무슨 생각을 하고 있는지 전혀 갈피를 못 잡고 있었다. 사무엘만 그런 게 아니었다. 팔레스타인의 정책을 결정하는 영국의 지도자들은 아랍인들의 정치적 열망을 심각하게 과소평가했고 그 때문에 피의 대가를 치러야 했다. 다만, 이를 지불하는 것은 대부분 아랍인과 유대인들이었다.

산레모 회의는 어디까지나 승전국만의 합의였고 열강이 위임통치를 시작하기 위해선 아직 두 가지 과정을 거쳐야 했다. 하나는 국제연맹의 승인을 받는 형식적인 절차고, 다른 하나는 위임통치에 대한 피치자의 동의 혹은 묵인을 받아내는 실질적인 작업이었다. 여기에 더해 팔레스타인에서는 밸포어 선언에 대한 동의도 구해야 했다. 1920년 7월에 밸포어는 시온주의를 실현하는 데 있어 아랍인들이 큰 걸림돌이 되지 않을 것이라는 전망을 내놓았다. 오스만으로부터 해방시켜 주고 아라비아반도의 독립은 인정했으니 "역사적으로는 어떻든 지리적으로 작은 땅덩이"인 팔레스타인을 가지고 원한을 품지는 않을 거라는 이유에서였다.[192] 그러나 아랍인들은 시온주의 문제 이전에 독립의 약속을 어기고 배신한 영국의 지배를 거부하는 데서 단결했다. 이라크에서는 수개월 간 '반란'이 지속됐다. 이를 진압하는 과정에서 아랍인들은 많게는 4천 명까지 학살당했고, 영국군도 400명이 넘는 사망자와 1,800여 명의 부상자가 발생했다. 트랜스요르단은 파이잘의 아랍 정부가 붕괴한 이래로 무정부 상태가 되었고, 영국이 제대로 통치를 시작하기도 전에 후세인의 둘째 아들인 압둘라가 이곳에서 세력을 키우며 동생을 왕으로 복귀시키겠다고 위협했다.[193]

　영국은 대중동정책을 변경할 필요성을 느꼈다. 1921년 2월에 식민부장관으로 취임한 처칠은 외교부로부터 중동의 관할권을 건네받고 카이로에서 관료들을 모아 새로운 정책을 구상했다. 우선, 이라크는 직접 통치하기에는 부담이 너무 커서 파이잘을 왕으로 세우고 대신 영국의 이권을 보장받는 것으로 타협했다. 지난 3년의 노력을 사실상 수포로 돌려서라도 주둔군과 경비를 줄이고 실추한 명예와 신뢰를 회복하기로 한 것이다.[194] 트랜스요르단에서도 정책적 후퇴를 단행했다. 팔레스타인 위임통치령에서 분할해서 독립적인 위임통치령을 만들고 6개월 간 임시로 압둘라에게 맡겼다. 압둘라는 시리아를 원했으나 결국 열강의 힘 앞에 굴복하고 잠정적으로 트랜스요르단으로 만족하기로 했다. 영국은 임시 기간이 끝난 뒤에도 그를 트랜스요르단의 에미르(Emir, 군주)로 인정하고 긴밀한 협력 관계를 맺는다.[195]

　오늘날 친이스라엘계에서는 처칠이 유대 국가가 세워질 팔레스타인 땅을 5분의 1로 줄어버렸다고 불평한다.[196] 그러나 밸포어 선언은 팔레스타인을 약속했을 뿐 트랜스요르단을 언급하지 않았고 그러한 영토가 팔레스타인이란 지명에 포함되어 상상되지도 않았다. 1918-19년에 시온주의자들은 친시온주의 영국 관료들과 상의하여 유대 민족의 고향의 범위를 결정하였는데, 이 경계는 트랜스요르단의 서부 끝자락 일부만을 포함했다. 이마저도 영국 정부는 공식적으로 수락하지는 않았지만 파이잘의 동의를 얻는다면 지지할 의향은 있었다. 하지만 경계 문제를 매듭짓기 이전에 산레모 회의가 열렸고 임시적인 조치로 팔레스타인이라는 행정명칭에 트랜스요르단 전체를 편입시켰다. 이후 7월에 파이잘의 아랍 왕국이 프랑스에 의해 붕괴되자 영국은 아랍인들을 달래기 위해 트랜스요르단의 명사들에게 팔레스타인과 분리된 행정체계를 허락하겠다고 약속했다. 따라서 이듬해에 처칠이 압둘라를 트랜스요르단의 지도자로 앉히고 자치를 허용한 것은 정책 선회가 아니었고, 팔레스타인의 4배나 되는 영토를 시온주의자들로부터 뺏은 것도 아니었다.[197] 단지 산레모 회의의 결정이 번복된 것뿐인데 이를 결정한 주체도 승전국이고 번복한 주체도 같기 때문에 절차상의 하자나 정당성 문제를 주장할 여지는 없다. 그럼에도 불구하고 영국이 아랍인들을 회유하기 위해 '밸포어 선언에서 후퇴해 시온주의를 희생'시켰다는 주장이 나오는 까닭은 유대인을 피해자로 그리기 위해서, 특히 아랍인들로 인해 부당한 피해를 입었다고 강조하기 위해서인 듯하다.[f]

지도 14 ▶ 팔레스타인 위임통치령의 경계와 시온주의자 기구가 요구한 영토[198]

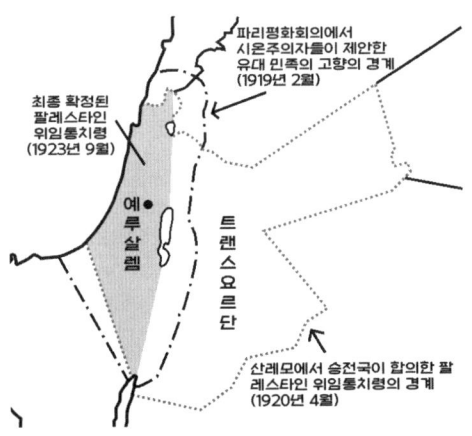

---

f) 나아가 영국의 약속만으로 아랍 지역을 유대 국가의 영토로 삼을 권리로 주장하는 것이 올바른지를 고민해보아야 한다. 팔레스타인을 약속한 밸포어 선언은 최소한 유대인들의 역사적 권리에라도 근간하지만, 트랜스요르단은 그마저도 없다. 단지 요르단강 인근의 길르앗(Gilead), 모압(Moab), 에돔(Edom)에서만 고대 이스라엘인들이 살았다고 전해질 뿐이다. 그런데도 당시에는 물론이고 그로부터 한 세기가 지난 오늘날에도 영국이 약속한 트랜스요르단 '전체'가 이스라엘 땅에서 제외되었다고 불평하는 사고관은 단순히 잘못된 역사 인식을 넘어 정복자가 모든 걸 마음대로 할 권리가 있다는 위험한 구시대적 가치관이 백 년이 넘게 꾸준히 시온주의자들의 의식을 지배하고 있다는 것을 말해준다.

시온주의자들의 불만이야 어쨌든, 맥마흔의 서신에서 독립을 직접 약속받았던 후세인의 하심 가문은 처칠의 조치로 상당히 만족했고 이라크와 트랜스요르단에는 친영정권이 수립되어 정치적 안정을 찾는다. 만약 팔레스타인에도 비슷한 지위가 주어졌다면 같은 결과를 얻었을 것이다. 1920년 12월에 열린 제3차 팔레스타인 아랍 대회는 이라크나 트랜스요르단에서와 같은 자치 정부를 영국에 요구하고 시온주의에 저항하기로 결의했다. 즉, 밸포어 선언을 강제하지 않는다면 완전한 독립이 아닐지라도 영국의 패권을 인정하겠다고 양보한 것이다.[199] 하지만 안타깝게도 처칠이 팔레스타인에서 선택한 해법은 달랐다. 팔레스타인은 영국이 확실하게 무력으로 통제하고 있고, 만약 요구를 받아들여 밸포어 선언을 철회하고 아랍 정부를 세운다면 역으로 유대인의 불만을 사기 때문에 개선 조치가 필요하다고 생각지 않았다.

3차 아랍 대회는 결의안을 달성하기 위해 팔레스타인 아랍 집행위원회(Palestine Arab Executive Committee)를 수립하고 무사 카짐에게 의장을 맡겼다. 1921년 3월에 처칠이 팔레스타인을 찾아오자 집행위는 청원과 시위를 조직했고 예루살렘에서 만날 기회를 겨우 얻어냈다. 하지만 처칠은 밸포어 선언을 수정하지 않겠다고 단호하게 말했다. 심지어 팔레스타인을 정복할 때 사망한 군인 2천 명의 목숨값으로 팔레스타인의 운명을 좌지우지할 권리가 있다고 주장했다. 그럼에도 불구하고 시온주의가 아랍인들의 동의를 얻어서 실행되기를 바랐기 때문에 "팔레스타인에서 유대인들을 위한 민족의 고향이 만들어진다는 사실은 팔레스타인이 더 이상 다른 민족의 고향이 아니게 된다거나 아랍 민족을 지배하는 유대 정부가 설립되는 것을 의미하지 않는다."고 회유했다. 팔레스타인 전체를 유대 국가로 약속받았다는 시온주의자들의 주장을 부분적으로나마 부정한 것이다. 그러나 처칠의 말이 사실이더라도 고향의 일부분, 혹은 어쩌면 대부분을 빼앗길 수도 있다는 것이기 때문에 아랍인들은 조금도 위안을 얻을 수 없었다. 유일한 희망은 하루라도 빨리 자치권을 얻어 영국의 손아귀에서 벗어나는 것이지만 처칠은 이렇게 말했다. 자치는 오직 점진적으로만 인정할 것이며, "완전히 달성되기 전에 여기 있는 우리 모두가 지구상에서 사라지고, 우리의 자손과 손주도 죽을 것이오."[200]

아랍인들은 처칠이 말하는 시점이 유대인이 팔레스타인에서 다수 인구를 차지하게 된 후라는 것을 쉽게 짐작할 수 있었다. 출생으로 인한 자연증감분을 계산하지 않고 매년 이주 할당량을 최대로 채운다고 가정하면, 40년 후에는 유대 인구가 과반수가 된다.[201] 시온주의자 기구의 재정이 열악해 할당량을 채우지 못하고 있다는 사실은 아랍인들의 불안을 조금도 덜 수 없었다. 얼마 지나지 않아 두 번째 소요가 발발한 것은 전혀 놀라운 일이 아니었다.

들끓는 불만을 폭발시킨 것은 근래에 야파와 텔아비브에 많이 유입된 유대 공산주의자들이었다. 이들은 유대 노동자의 단결과 조직적인 파업 참여를 촉구하며 투쟁 운동을 벌였다. 하지만 대부분의 유대인이 무관심하거나 오히려 반발하다 보니 길거리에서 싸움을 벌이고 기물을 파손하는 등의 소란을 일으켰다. 유대인의 동조가 저조하자 공산주의자들은 방향을 선회해 아랍인에게도 공산주의를 전파하려고 시도했다. 그러자 이번에는 아랍인들의 분노를 자아냈다. 반종교적이고 무정부주의적인 공산주의는 토착 정서와는 지극히 멀고 혐오의 대상이었다. 여기에 시온주의에 대한 적개심까지 더해지니 반감은 극을 달했다. 사실, 공산주의자들은 일반적인 시온주의자들과는 정치적 목표가 다른 이질적인 집단이었다. 전자는 전 세계의 평등한 공산화를 목표로 움직였기 때문에 민족 국가를 추구하는 후자와는 훗날 큰 갈등을 빚게 된다. 하지만 이 시기에는 이런 차이가 잘 알려지지 않았고 또 공산주의자들이 사회주의 시온주의자 단체에 소속되어 활동하고 있었기 때문에 외부에서는 구분이 어려웠다.[202]

1921년 5월 1일 노동절에 공산주의자들은 야파에서 정치적 시위를 단행했다. 경찰은 아랍 군중의 도움을 받아 시위를 강제로 해산시켰으나, 이들은 곧장 다시 모여서 텔아비브 방향으로 행진을 재개했다. 같은 시각에 텔아비브에서는 정부의 허가를 받은 유대 사회주의자들의 시위가 열리고 있었다. 양측은 도시의 경계지역에서 조우하였고, 실랑이를 벌이다 한 공산주의자가 넘어져 크게 다쳤다. 이후 경찰은 양측을 갈라놓고 공산주의자들을 텔아비브와 야파의 만쉬야(Manshiyya) 구역 경계에 있는 모래사장으로 쫓아냈다. 그런데 뒤늦게 텔아비브에서 시위가 있었다는 소식을 들은 아랍인들이 몽둥이를 들고 모래사장에 모였고, 텔아비브의 유대인들 역시 근처로 몰려왔다. 긴장을 야기한 주범인 공산주의자들은 어느새 빠진 채 갑자기 아랍인과 유대인의 대치 구

도가 형성되었다.[203]

경찰은 흥분한 군중을 집으로 되돌려 보내려고 허공에 공포탄을 쏘았다. 이는 의도치 않게 소요를 촉발하는 시발점이 되었다. 시위 소식으로 예민해져 있던 만쉬야 구역의 아랍 주민들은 누가, 어디서, 왜 쏜 것인지 알 수 없는 총성을 들었을 때 흥분해 버렸고 유대인 상점을 약탈하기 시작했다. 이윽고 모래사장으로 갔던 아랍인들이 만쉬야 구역으로 되돌아와서 약탈에 가담하자 소요는 걷잡을 수 없이 빠르게 커졌다.[204] 이후 야파 소요라 불리게 된 이 사건을 조사한 해이크래프트 위원회에 따르면, 사건의 직접적인 원인이었던 공산주의자들의 "시위는 폭발하기 쉬운 상태였던 아랍의 불만에 불을 붙인 불꽃이었고, 아랍-유대 간의 불화를 촉발했다."[205]

소요는 만쉬야 구역에서 도시 곳곳으로 확산되었다. 유대 인구가 더 많이 사는 일부 동네에서는 유대인들이 반격에 나섰으나, 대부분은 아랍인들이 우위를 점거했다. 중앙광장과 시장 사이에서는 4-5천 명의 아랍인들이 몰려들었다. 가장 과격하게 충돌한 곳은 갓 이주해 온 유대인들이 체류하는 이주자 수용소였다. 많은 아랍인들이 이주자에 대한 반감으로 이곳에 몰려와 돌을 던졌다. 수용소에는 백여 명의 이민자들이 있었는데, 그들 역시 돌을 던지며 저항하다가 급기야 폭탄까지 던졌다. 아랍인 한 명이 죽고, 여럿이 다쳤다. 유혈사태로 분노한 아랍인들은 문을 강제로 뚫고 들어가 그곳을 지키던 유대인 남성들을 때려죽였다. 여성들은 가벼운 폭행만 당한 뒤 풀려났고 이웃 아랍 주민들이 데려가 보호해 주었다.[206] 이후 아랍인들은 수용소 내부로 들어가 약탈했으나, 건물 상층에 있는 병실 등은 침입하지 않고 돌아갔다. 덕분에 건물 안에 있던 대부분의 유대인은 무사할 수 있었다. 그렇지만 이곳에서만 무려 13명의 유대인이 죽거나 치명상을 입었다.[207]

소요는 경찰이 통제할 수 있는 수준이 아니었다. 당국의 요청으로 야파의 시장을 비롯한 아랍 명사들이 군중을 진정시키고자 나섰으나 별다른 효과가 없었다.[208] 오직 군대가 투입된 이후에야 군중을 해산시킬 수 있었다. 그날 밤은 더 이상의 피해 없이 고요히 지나갔다. 그러나 날이 밝자마자 전날의 복수를 결심한 유대인들이 있었다. 그들은 아랍인이 사는 집을 찾아가 문을 두드렸다. 아기를 안고 있는 여성이 문을 열고 나오자 총으로 쏴 죽이고 아기를 다치게 했다. 또 다른 유대인 무리는 아랍인 주택의 문을 부수고 들어와 남성에게 총을 쏘고 폭행했다. 이를 본 어린 딸이 놀라서 아빠를 구하러 달려오자 도끼로 그녀의 머리를 찍어 갈라 버렸다. 남은 가족들도 이어서 폭행을 당했다. 아랍인들도 당하고만 있지는 않았다. 영국군은 거리로 나온 군중을 곧장 해산시켰지만, 곳곳에서 산발적으로 일어나는 충돌까지 막을 수는 없었다. 셋째 날에는 결국 계엄령을 선포해 질서를 회복했다. 3일간의 소요로 야파에서는 43명의 유대인이 죽고 134명이 다쳤다. 아랍인은 13명의 사망자와 49명의 부상자가 나왔다.[209] 이날을 끝으로 야파에서 더 이상의 피해는 발생하지 않았다. 그러나 '야파 소요'는 아직 끝난 게 아니었다.

　야파에서 많은 아랍인이 목숨을 잃었다는 소식은 큰 파장을 일으켰다. 피해자 수가 과장되게 전해지고, 식민촌이 무기를 모으고 있다거나 인근 아랍 마을을 공격하고, 아랍인 노동자를 감금하고 있다는 등의 거짓 소문이 널리 퍼졌다. 유대인과의 충돌로 여러 형제자매들이 죽었다는 사실 하나만으로도 아랍인들은 "어떤 소문도 믿기 어렵지 않았다." 야파에서 소요가 잦아든 셋째 날부터 여섯째 날까지 아랍인들은 다섯 곳의 식민촌을 습격해 약탈했다. 아랍인들이 몰려오는 것을 사전에 감지한 유대인들이 몸을 피하거나 영국군이 긴급히 출동해 막아낸 덕분에 유대인 사상자는 거의 없었다. 하지만 아랍 측 인명피해는 무려 50명을 넘었다. 1주일 가까이 계속된 소요로 약 68명의 아랍인[210]과 47명의 유대인이 눈을 감았다. 부상자도 각각 73명과 146명이 나왔다.[211]

　영국이 지배를 시작하고 나서 3년 만에 벌써 두 차례의 큰 소요가 일어난 데다가 이번에는 민정으로 전환한 지 얼마 되지도 않아 전례 없는 규모의 인명피해가 발생했기 때문에 아랍인들의 불만은 가볍게 넘길 수 없었다. 사무엘 고등판무관은 이주를 일시적으로 중단시키고 소요를 조사할 위원회를 임명했다. 의장은 해이크래프트 대법관이 맡았다. 조사를 시작하자마자 위원회는 소요가 단순한 폭동이 아니고 공산주의에 대한 혐오만으로 일어난 것도 아니라는 것을 파악했다. 소요의 진정한 원인이 무엇이었는지를 면밀하게 검토하는 그들에게 시온주의자들은 아랍인들이 유대인에게 반감이 있는 것이 아니고, 영국에 적대적인 자들이 위임통치를 거부하기 위해 주민들을 선동한 것이라고 주장했다. "아랍인들이 반시온주의자 혹은 반유대주의자라면, 그건 그들이 근본적으로 반영주의자이기 때문입니다. 반시온주의는 영국의 위임통치를 훼손하기 위해서 사용하는 구호에 불과합니다."[212]

위원회는 속지 않았다. 그들이 직접 보고 들은 "유대인에 대한 반감은 너무나 참되고 만연하고 강렬했다." 이런 반감은 지도자의 선동으로 주입된 것이 아니라 주민들에게 이미 내재된 감정이었다. 농민들은 유럽에서 생산된 시온주의 서적이나 신문을 읽고 논의하고 툴카렘처럼 "작은 도시의 주민도 영국의 지방 도시민보다 정치에 관심이 많다." 그러므로 "시온주의의 목적과 유대 이민이 팔레스타인 아랍인들의 민족적, 물질적 이해를 위협한다는 생각은 아랍인들에게 거의 보편적으로 퍼져 있고 특정 계층에 한정되지 않는다." 특정 종교에 국한된 것도 아니었다. 이슬람, 동방정교회, 천주교, 마론교, 합동 동방천주교, 성공회의 대표들은 자발적으로 위원회를 찾아와 같은 목소리를 냈다. 즉, "사실상 모든 비유대 공동체가 유대인에 대한 적대감으로 통일되어 있었다." 위원회는 소요가 끝난 지 두 달 뒤에도 야파의 거리에서 어린아이들이 "유대인들과 싸우겠다."고 외치고 다니는 것을 목격했다.[213]

시온주의자들이 말한 것과는 정반대로 위원회는 영국에 대한 아랍의 불만이 주로 시온주의 정책에서 비롯된다고 보았다. 아랍인들은 팔레스타인 정부가 시온주의자들의 편파적 이익을 추구하고 있다고 호소했다. 가령 거주민 간에만 부동산을 거래할 수 있도록 제한한 법은 시리아나 이집트 등지의 아랍 자본의 유입을 막아 토지 가격을 낮춰서 유대인이 쉽게 매입할 수 있도록 도우려는 의도로 의심했고, 곡물의 수출을 일시적으로 중단한 법은 농민을 파산시켜 토지를 팔게 만들고 유대 이민자를 위한 식량 공급을 늘리려 한 것이라며 비난했다. 정부가 인구비례보다 많은 유대인을 공무원으로 채용해 공공업무가 균형을 잃을 수밖에 없다는 지적도 나왔다. 구체적으로는 공공사업부 직원이 유대인이라서 유대 업체와 계약을 많이 하고, 철도 건설에서 갓 이주해 온 유대 노동자를 대거 고용한 점을 들었다. 따라서 "아랍인들은 유대 민족의 고향을 위해 세금을 내게 만들고", "일자리가 없어 굶주려야 하는 반면 (유대) 이주자는 정부로부터 일자리를 제공받거나 유대 기관으로부터 후원을 받을 수 있다고 믿어진다."[214]

위원회는 이런 불만에 대해 정책의 옳고 그름을 논하지는 않았다. 대신 비판의 화살을 전적으로 시온주의자들에게 돌렸다. 팔레스타인에서 "인종적으로나 종교적으로 내재한 반유대주의는 없"고 아랍 지식인들은 유대인이 이주해 와서 토지를 발전시키는 것을 환영하는 반면, 시온주의자들은 아랍인에게도 경제적 번영을 가져오겠다는 신념을 실천하지 않았다. 정부의 특혜를 받으면서도 시온주의자 위원회는 아랍인들을 회유하려고 노력하지 않았고, 오히려 수십 년간 식민촌에서 일해온 아랍인 노동자들을 해고하도록 압력을 행사하는 등 "강렬한 불신만을 불어넣었다." "위원회가 생각키에 시온주의자 위원회의 의무와 기능은 팔레스타인의 아랍 대중을 회유하는 영향력을 발휘하기보다는 악화시키고 있으며 … 소요를 일으키는 보조적인 요인으로 작용했다."[215]

유대인들이 팔레스타인에서 다수가 되고 우월적 지위를 가지려고 한다는 생각은 아랍인들의 오해가 전혀 아니었다. 위원회는 이런 선전이 유럽에서 생산되고 유통되고 있는 것을 직접 확인했다. 예를 들어, 소요가 일어난 지 고작 한 달 지난 6월 4일에 영국의 시온주의 기관지는 이민 문제를 논의하면서 팔레스타인을 "버려지고 유기된 땅(deserted, derelict land)"이라고 묘사했다. "이런 묘사는 현 팔레스타인의 인구 밀도에 전혀 부합하지 않는다." 그런데도 누구도 나서서 바로잡지 않는 까닭은 이게 지도부의 방침이었기 때문이었다. 시온주의자 위원회의 의장대행을 맡은 에데르는 팔레스타인에 오직 하나의 민족의 고향만 있을 수 있고, 유대인들은 아랍인과 평등한 관계를 가질 게 아니라 우월적 지위를 누려야 한다고 주장했다. 또한, 유대인에게만 무장이 허락되는 차별적 조치가 오히려 아랍-유대 관계를 개선할 수 있고, 고등판무관은 시온주의자 기구가 후보를 추천하거나 임명 거부권을 가져야 한다고 주장했다. 이런 특권을 보장하지 않는 현 정부는 "아랍 정부"라고 비난했다. 위원회는 시온주의자들의 이런 생각이 아랍인의 불만의 근원으로 지적하고, 결론적으로 양측이 영국의 정책을 있는 그대로 수용하기를 권고했다.[216]

간부급 시온주의자들의 이런 태도는 (아랍의) 불만을 계속해서 만들어내고 있는 원인 중 하나이므로 무시할 수 없다. 이는 팔레스타인을 사람이 거의 살지 않고 전통이나 민족이 없는 '버려지고 유기된 땅'으로 보고 지역 주민들의 반대 없이 정치적 실험이 가능하다고 여기는 습관에서 비롯된 듯하다. 이런 관념은 … (영국이) 공인한 시온주의 정책의 정신과는 크게 모순된다.

아랍인들은 유대 민족의 고향에 대해 정부가 선언한 정책을 무조건 받아들이고 시온주의 지도자들은 그 이상을 요구하는 주장은 철회하고 또 거부해야 한다. 이런 조건에서 양측의 지도자들이 … 문제를 논의하는데 동의한다면 두 인종 간에 현존하는 적대심을 완화할 수 있을 것이다. (유대) 이민자들은 역사적, 종교적 권리가 무엇이건 간에 그들이 현재 압도적으로 아랍 땅인 곳에 고향을 만들려 한다는 것을 이해해야 하고 아랍인과 평화롭고 친밀한 관계로 지내도록 소망하는 사려 깊은 태도를 가져야 옳다. 한편, 아랍 명사들은 어떤 경우에도 살인이나 폭력, 약탈은 용서될 수 없다는 것을 아랍인들에게 분명히 해야 한다.[217]

지금까지 살펴본 것처럼, 해이크래프트 위원회의 분석은 앞선 팔린 위원회와 사실상 일맥상통했다. 1년 사이에 달라진 관찰은 인종적 반감이 보다 심각해졌다는 사실뿐이었다. 나비 무사 소요 때는 부상자가 월등히 많고 사망자는 거의 없었던 반면, 야파 소요는 사망자의 비율이 굉장히 높고 시체에서는 다수의 상흔이 발견되었다. 소요가 끝난 뒤로도 유대인에 대한 반감이 사라지지 않아 불매 운동이 일고, 살인 사건이 여럿 발생하고, 사건을 목격한 아랍인들은 증인으로 나서지 않았다. 무엇보다도, 위원회는 인종적 반감이 토착 유대인과 새롭게 이주해 온 자들에 대한 구분마저 사라지게 만들었다고 지적했다. 즉, 시온주의자와의 갈등이 아랍-유대 간의 민족적 갈등으로 변질되었다는 것이다.[218]

해이크래프트 위원회의 보고서는 외부에 공개되었다. 영국이 위임통치국을 맡는 건 기정사실이 되었기 때문에 구태여 감출 필요까지는 없었다. 사무엘 고등판무관은 팔레스타인 정부가 차별적 조치를 행했다고 비판받은 사안들에 대해 정당한 사유가 있었다고 해명했다. 우선, 토지법은 투기를 방지하고 곡식 수출금지법은 당시 생활 물가가 급증해 이를 낮추려 한 것이었다.[219] 그러나 의도가 무엇이었든 결과적으로 이 두 법이 유대인의 이주와 토지 매입에 유리한 환경을 조성한 것은 사실이었다.

아랍인의 세금으로 유대인을 공무원으로 많이 채용한다는 비판에 대해서는 아랍인 중에 적격자가 적어서라고 변론했다. 1921년 7월 19일에 하원에 제출한 자료에 따르면, 팔레스타인 정부 전체 공무원 수는 2,571명으로, 그중 기독교도가 1,338명, 무슬림이 719명, 유대인은 514명(20.0%)이다.[220] 그러므로 유대인들의 고용비는 인구비보다 2배가량 높은 것으로 확인된다. 유대인들이 유럽의 기술과 지식을 갖추고 있다는 점을 생각하면 이런 차이도 일견 수긍할 만하다고 생각되지만, 한편으로는 인구의 90%를 차지하는 주민들의 언어와 문화를 모르고 사회적으로 갈등을 빚고 있다는 점을 함께 보면 회의적이다. 더군다나, 공정한 시장 경쟁으로는 유대인을 이기기 어렵다는 사실을 보여준다는 점에서 아랍인들의 우려가 타당하다는 것을 알 수 있다. 무엇보다 문제인 것은 이주 문제와 밀접한 공공사업부의 유대인 비중이 유달리 높다는 것이다. 공공사업부에 근무하는 79명의 직원 중 무려 48명(60.8%, 그중 4명은 영국계 유대인)이 유대인이었다. 무슬림은 고작 2명에 그쳤다.[221] 사무엘은 공공사업부가 다수의 유대 업체와 계약을 맺은 것은 단순히 공공입찰의 결과이므로 정당하다고 변론했으나 의심스러울 수밖에 없고, 수의계약을 체결한 사례도 있기 때문에 유대 편향적이라는 비판을 피하기 어렵다. 위임통치기를 통틀어 가장 큰 규모의 예산을 투자한 전기 설비 사업도 유대인 핀하스 루텐베르그(Pinhas Rutenberg)와 수의계약으로 체결했다.

두 차례의 소요는, 특히 야파 소요는 시온주의 문제가 팔레스타인에서 결코 잠재울 수 없는 거대한 불만과 분노를 야기한다는 것을 증명했다. 누가 보아도 아랍인과 시온주의자들은 한 운명을 같이 할 수 없는 게 명확했고 민족 간의 갈등으로 격화될 우려가 컸다. 다가올 재앙을 막으려면 반드시 변화가 필요했다. 소요가 끝나고 한 달이 지난 6월 3일에 사무엘은 식민부와 협의 하에 "유대 국가를 세우겠다는 의도를 함축적으로 부인"하는 연설을 한다.[222] 이에 따르면, 밸포어 선언이 의미하는 바는 "세계 곳곳에 흩어졌으나 마음만은 언제나 팔레스타인을 향한 유대 민족이 고향을 가질 수 있게 하고, 정해진 수와 현 주민들의 이해에 부합하는 범위 내에서 일부 유대인들이 팔레스타인으로 와서 모든 거주민을 이롭게 할 수 있도록 자원과 노력으로 땅을 개발하는 것이다."[223] "영국은 … 주민들이 그들의 종교적, 정치적, 경제적 이해에 상충된다고 생각할 만한 정책을 절대 부과하지 않는다."[224] 밸포어 선언이 발표된 지 무려 3년 반 만에 처음으로 나온 공식적인 해석이었다. 분명 진일보한 유화책이었으나 실속은 없었다. 사무엘은 이주를 제한할 수 있다고 말하면서도 유대 인구가 다수를 넘게 할 것인지 아닌지조차 밝히지 않았다. 같은 날 포고된 새로운 이주법령은 이주자를 심사하는 기준을 생계수단 등으로 세분화했을 뿐 오히려 16,500명이라는 상한선을 제거했다.[225] 그 결과로 이주 희망자가 폭증한 1925년에는 한 해 동안 33,801명의 유대인이 주민으로 받아들여지고 만다.

야파 소요는 시온주의자들의 인식에도 부분적으로나마 변화를 가져왔다. 아랍 문제가 없다거나 방치해도 된다고 말하는 유대인은 사라졌다. 그렇지만 아랍인들이 정말로 시온주의에 반감을 품고 있는지, 민족주의 운동이 있는지는 여전히 논쟁거리로 여겼다. '아무런 죄도 없는' 자신들을 공격한 악당들에게 손을 내밀기를 원치도 않았다.[226] 사무엘은 시온주의자들에게 경고했다. "학살은 당신들이 자초하고 있는 것이오. 아랍인들을 무시하는 한 학살은 계속될 것이오." 이를 피하기 위한 "유일한 방법은 거주민들과 합의를 보는 것이오. 시온주의는 거주민들의 동의를 얻으려고 아무것도 하지 않았고 동의 없이는 이주가 가능하지 않을 게요."[227] 시온주의자들은 영국의 압력에 굴복했다.

1921년 9월에 제12차 시온주의자 대회가 열렸다. 전쟁 이전인 1913년에 11차 대회를 열고 8년 만이었다. 이 귀중한 기회를 활용해 시온주의자들은 소요에 대한 대응으로 이렇게 선언했다. "유대 민족은 화합과 상호 존중의 관계에서 아랍 민족과 함께 살고, 공동의 고향을 함께 번성시켜서 각각의 민족이 방해받지 않고 민족의 발전을 이룰 수 있는 사회를 만들기로 결심했다."[228] 그게 끝이었다. 그 이상의 노력은 없었다. 오히려 시온주의자들이 선택한 아랍 문제의 해결책은 하가나를 강화하고 무슬림-기독교도 협회를 견제할 부역자를 양성하는 것이었다.[229] 수십 명의 유대인과 그보다 많은 수의 아랍인들이 죽어간 참사는 시온주의의 목표를 수정하거나 행동을 적극적으로 개선할 만큼의 비극으로 여겨지지 않았다.

2.3. 펜은 칼보다 약했다.

야파 소요가 진정되고 한 달이 지나기도 전에 제4차 팔레스타인 아랍 대회가 열렸다. 각지에서 모인 백여 명의 대표들은 폭력 사용을 규탄하고 오직 합법적인 수단으로만 민족적 목표를 달성하기로 결의했다. 일부 투쟁적인 청년들은 야파 소요의 열기가 살아 있는 지금 유대인에 대한 추가적인 공격을 해야 한다고 주장했으나 지지를 얻지 못했다. 11월 2일에는 밸포어 선언 항의 시위를 소요로 이끌려고 계획하다가 사전에 발각당해 실패했다.[230] 이들과는 달리 다수의 아랍인들, 특히 명사들은 아직까지 대화로써 영국의 정책을 변경시킬 기회가 있다고 믿고 있었다. 영국에는 적지 않은 수의 친아랍파 인사들이 있었고, 정치인과 성직자, 사업가, 퇴임군인 등이 모여 팔레스타인의 아랍인을 지지하는 위원회도 있었다. 심지어 팔레스타인 정부 내에서도 시온주의 정책에 반대하는 관료들이 있었고, 그중에는 주지사와 같은 고위급 인사도 포함되었다.[231] 이들의 응원에 힘입어 4차 대회는 무사 카짐을 단장으로 한 대표단을 런던으로 파견하기로 결정했다. 대표단은 1921년 8월부터 런던에서 1년 간 체류하며 처칠과 식민부의 직원들과 수차례 논의를 가지고, 언론과 인터뷰를 하는 등 우호적인 여론을 조성하려고 노력한다.

대표단이 처칠에게 제시한 민족의 요구사항은 주민이 선출한 의회와 내각제 형태의 민족 정부의 수립, 민족의 고향 정책의 폐기, 유대 이주 중단 등이었다. 처칠은 역으로 밸포어 선언을 인정하는 조건으로 주민들의 참정권을 확대하는 방안을 고려하겠다고 답했다. 시온주의 정책의 존립을 놓고 양측의 이견은 조금도 좁혀지지 않았지만, 참정권을 확대하는 방안에 대해서는 별도로 논의를 이어갔다. 식민부는 의회나 자문기구를 설립하는 세 가지 방법을 제시했는데, 구체적인 형식만 다를 뿐 세 가지 전부 팔레스타인 정부가 모든 결정권을 가지고 주민들의 반대를 합법적으로 무시할 수 있는 구조였다. 대표단은 거듭 선거로 구성되는 내각제 정부가 필요하고, 고등판무관이 무소불위의 권력을 행사하는 게 아니라 이라크에서처럼 민족 정부의 감독관 역할로 한정되는 체제를 요구했다.[232]

회담은 교착 상태에 빠졌다. 영국은 어떠한 형태로든 민주적인 정부를 용인할 의사가 없었다. 주민들의 의사를 반영하는 체제는 곧 시온주의 정책의 중단을 의미했기 때문이다. 같은 이유로 아랍인들은 민주적인 정부가 필요할 수밖에 없었다. 양측은 합의점을 찾지 못하고 소모적인 논쟁만 간헐적으로 계속했다. 그러다 해가 바뀌고 1922년 2월에 처칠이 팔레스타인 헌법의 초안을 대표단에 공유하며 의견을 물었다. 대표단은 초안의 전문에 밸포어 선언이 기재되어 있고 이를 근간으로 헌법이 작성된 것을 보고 상심했고, 처칠에게 서신을 보내 재차 논의를 이어가는 한편 언론에도 서신을 공개해 압박했다. 이때부터 6월까지 양측은 수차례 서신을 주고받으며 위임통치와 밸포어 선언의 정당성 등에 대해 논박을 주고받고 최종적으로 처칠이 백서를 발표해 정책을 정립하기에 이른다.

대표단은 첫 번째 서신에서 시온주의 정책을 중지하고 "권리와 경험으로써 이 땅에 무엇이 좋고 나쁜지를 가장 잘 판단할 수 있는 팔레스타인 민족에게 행정과 입법권을 인정"하는 민족 정부의 수립을 요구했고, 이에 어긋나는 헌법 초안[233]을 철저히 비판했다. 초안에 따르면 의회는 고등판무관과 그가 임명한 2명의 의원, 10명의 정부 관료, 12명의 선출직 의원으로 구성되고 고등판무관이 캐스팅보트를 행사할 수 있다. 즉, 고등판무관이 이끄는 정부가 과반의 표를 장악한다. 또한, 의사정족수가 의석의 절반도 못 미치는 10명이라서 관료들만 모여서 의결하는 것이 가능하다. 고등판무관은 의회의 결정이 마음에 들지 않으면 거부권을 행사하거나 의회를 무기한 해산할 수 있다. 사법의 경계도 넘어서 재판 없이 피의자를 추방할 수 있고 사형확정권을 가진다. 심지어 식민부장관의 재가만 얻으면 헌법마저도 임의로 폐기하거나 바꿀 수 있다. 만약 정부의 잘못을 국제연맹에 호소해 바로잡으려 해도 고등판무관의 허가 없이는 불가능하도록 금지했다.

대표단은 이처럼 권력분립의 원칙을 철저히 어기는 초월적 행정부 수반을 영국 관료가 맡는다는 것은 '독립국가로 존재하는 게 잠정적으로 인정될 수 있는 발전 수준에 이르렀다.'고 정의한 위임통치규약 22조를 위배하고 팔레스타인을 "최하위 식민지"로 취급하는 것이라고 비판했다. 더군다나, 초안의 전문에서 밸포어 선언의 이행을 의무화하고 시온주의자인 사무엘을 고등판무관으로 임명하고 히브리어를 공식 언어로 선정한 것은 주민들의 권리와 소망에 반하는 것이라고 지적했다. 끝으로, 민족의 시민적, 정치적, 경제적 이해를 보호하고 연맹규약의 정신에 상응하는 민족의 독립 정부 창설 등을 골자로 하는 헌법을 요구했다.[234]

처칠은 장문의 답신으로 응수하며 밸포어 선언을 취소할 의사가 없음을 분명히 했다. 우선 대표단이 헌법에 관해 협상할 자격이 없다고 주장했다. 비록 대표단이 다수의 무슬림과 기독교 인구를 대표하는 것은 인정하지만, 영국이 법적으로 공인한 대의 기구는 아니므로 공신력이 없다는 이유에서였다. 따라서 밸포어 선언을 인정하지 않겠다는 대표단의 의견은 사실 유무에 관계없이 주민의 의사를 대변하는 것으로 간주하지 않겠다고 말하고, 대표단이 유대 인구를 대표하지 않는다는 점도 고려했다고 덧붙였다. 연맹규약 22조를 위반한다는 비판에 대해서는 연합국이 1920년 8월에 새로 체결한 세브르 조약에서 해당 조항을 팔레스타인에는 적용하지 않기로 결정했다는 점을 들어 반박했다.(95조) 이는 팔레스타인을 이라크나 시리아보다 덜 발전된 지역으로 보기 때문이 아니라 밸포어 선언을 충실하게 이행하게 하기 위한 결정이었고, 같은 이유로 대표단이 요구한 민족의 독립 정부는 유대 민족의 고향에 방해가 되므로 받아들일 수 없다고 설명했다.

처칠은 밸포어 선언에 대해 아랍인들이 우려할 필요는 없다고 당부했다. 대표단은 대규모의 이주가 있을 거라는 공포심에 사로잡혀 있지만, 고등판무관이 선언한 것처럼 이주는 적절하게 통제할 것이고 민족의 고향을 건설하는 과정에서 아랍인들의 시민적, 종교적 권리가 침해받는 일은 없을 것으로 보장했다. 팔레스타인 정부는 이러한 정책을 수행하기 위해 시온주의자 기구를 공인하고 자문과 협력을 구하지만, 어디까지나 헌법의 울타리 내에서 합법적인 조치만을 취할 것을 약속했다. 특히 이주와 관련된 사항은 주민들의 의사를 대변해 고등판무관에 자문을 제공할 이주위원회를 신설하기로 하고, 만약 시온주의자 기구와 위원회의 의견이 첨예하게 갈리면 영국 정부가 결정하는 방식을 제안했다.

마지막으로, 팔레스타인에 대한 처우가 부당하지는 않다고 주장했다. 일부 식민지는 입법부가 전혀 없는 반면 팔레스타인에서는 의원의 절반 이하만이라도 선출직으로 뽑으니 "최하위 식민지"는 아니며 "헌법 초안으로 향유하게 될 팔레스타인의 지위는 대다수의 식민지와 같다."는 것이다. 또한, 대표단이 오해한 것과는 달리 사무엘은 "시온주의자 기구의 회원"이 아니라서 공평하게 정책을 수행할 것이며 의회에서 통과된 법률에 거부권을 행사하면 영국 정부가 사안을 들여다보기 때문에 분별없이 행사하지는 않는다고 말했다. 고등판무관이 임명한 의원도 반대표를 던질 수 있으니 의회가 정부를 견제할 수 있고, 원한다면 임명직 의원을 제외하는 방안도 검토해 볼 수 있다고 여지를 남겼다. 그렇게 되면 유대와 아랍 의원들이 만장일치하는 경우에 한해서는 정부에 제동을 걸 수 있게 된다. 의사정족수가 10명인 것에 대해서는 관료들만 의결에 참석하는 경우를 상상하기 어려우니 문제가 없다고 반박했다. 그 밖에도 고등판무관에 헌법을 수정하거나 폐기할 권한을 부여한 것은 헌법에 오류가 있을 때 대처하기 위함이고, 정부의 잘못을 국제연맹에 제소할 때 고등판무관의 허가가 필요한 것은 연맹이 선택한 절차이며, 히브리어의 공용어 지정은 민족의 고향을 위해 필요하다고 답했다. 위원회의 비판 중 처칠이 받아들인 것은 의회를 해산하면 일정 기간 내에 새 의회를 소집해야 한다는, 너무나도 당연한 규정을 추가하기로 한 것 밖에 없었다.[235]

처칠은 대표단처럼 자신의 답변을 언론에 공개하며 자신감을 드러냈다. 하지만 이는 악수였다. 그는 교묘한 답변으로 문제의 본질을 흐렸다고 믿었겠지만 대표단의 비판은 날카로웠다. 우선, 대표단은 자신들이 유대 인구를 제외한 팔레스타인 내 '모든' 무슬림과 기독교 인구의 의사를 대변하는 반면, 상당수의 팔레스타인 유대인과 전 세계 유대인의 다수가 시온주의 운동을 반대하는 사실을 지적했다. 그러고선 유대 민족의 고향을 협상의 기본 조건으로 받아들일 수 없는 이유를 설명하였는데, 후세인-맥마흔 서신협상에서 팔레스타인이 독립 지역으로 인정받았고, 연맹규약 22조에 따르면 "민족의 복지와 발전"을 추구해야 하는데 여기에 밸포어 선언이 목표하는 "외국인 유대인"은 포함되지 않으며, 연맹규약 20조는 회원국이 연맹에 가입하기 전에 규약에 어긋나는 의무나 이해가 있다면 이를 철폐하는 게 의무라고 규정하므로 밸포어 선언의 이행은 중단되어야 마땅하고, 토착 인구가 자유롭게 주도하고 선택하는 민족 정부를 약속한 영-프 선언에 위배되기 때문이라고 말했다. 또한, 위임통치가 국제연맹에서 공식적으로 승인되지도 않았는데 시온주의 정책을 집행하고 유대 이주를 허용해 온 것은 점령국의 상태를 변경해서는 안 된다는 헤이그 협약을 위반한다는 사실도 지적했다.

대표단은 처칠의 실수와 속임수도 들춰냈다. 팔레스타인이 시리아나 이라크보다 덜 발전한 것은 아니지만 주민들이 밸포어 선언을 반대하기 때문에 민족 정부를 수립하게 둘 수 없다는 주장은 시온주의 때문에 독립이 가로막힌 것을 자백한 셈이고, 팔레스타인이 대다수의 영국 식민지와 같은 지위니 무방하다는 답변에 대해서는 어떻게 위임통치령을 식민지와 같은 범주에 넣어 생각하고 있냐며 호되게 비판했다. 고등판무관이 시온주의자 기구의 회원이 아니므로 공정성을 잃을 염려가 없다는 궤변에 대해서는 불과 1년도 지나지 않은 1921년 6월 14일에 처칠 본인이 하원에서 사무엘을 "열렬한 시온주의자"[236]라고 묘사한 일을 상기시켜 주었다. 연맹규약 22조가 팔레스타인에는 적용되지 않는다고 주장하기 위해 처칠이 인용한 세브르 조약은 비준되지도 않았고 수정될 상황이라는 사실을 지적하며 연맹규약 22조가 여전히 유효하다는 점도 강조했다. 실제로 세브르 조약은 1년 뒤에 로잔 조약(Treaty of Lausanne)으로 대체되고 22조는 유지된다.

대표단은 지난 서신에 이어 거듭 민족 정부의 정당성을 호소했다. 유대인들의 무기 밀수로 치안이 불안정해지고 경제적 경쟁이 심화되어 아랍인들의 권리가 보호받지 못하고 있고, 이주위원회는 상담역에 불과한 데다 시온주의자 기구와의 대립되는 의견으로 인해 이주를 통제할 수 없게 될 테니 주민들의 권리를 보호하는 민족 정부가 필요하고 유대인들은 인구비에 맞게 대표를 가지면 된다고 말했다. 또한, 정부를 감시하고 통제할 수 있도록 선출직으로만 구성된 의회를 설립하고, 고등판무관이 법안 거부권을 가지는 방식이 아니라 민족 정부와 의회가 균형을 이뤄 스스로 해결할 수 있도록 하고, 헌법 수정권한 역시 고등판무관이 아닌 의회가 가지는 방안을 역으로 제시했다. 아울러 시온주의자 기구를 정부의 자문과 협력 기구로 공인한 것은 불법이라고 비판하고, 히브리어의 공용어 지정을 반대하는 이유가 유대 민족의 고향 때문이라고 다시금 의사를 명확히 밝혔다.[237]

언론이 지켜보는 전쟁터에서 대표단의 날카로운 지적은 처칠을 움츠러들게 만들었다. 첫 번째 서신에서 모든 세부 질문에 하나하나 답했던 것과는 달리,

두 번째 서신에서는 아무런 근거나 부연설명도 없이 후세인-맥마흔 서신협상에 대한 대표단의 해석은 틀렸다고 짤막하게 말하고 그 외에는 대표단의 주장과 논리를 반박하려는 시도를 일체 포기했다. 사무엘이나 식민지 취급 등 자신의 오류에 대해서도 변명은커녕 일언반구도 하지 않았다. 대신, 시온주의 정책에 대한 더 이상의 논의를 거부하고 대표단의 태도가 "순전히 부정적"이라며 힐난했다. 영국이 밸포어 선언을 철회할 의사가 없는데 이를 따르지 않겠다고 버텨봐야 무얼 할 수 있냐는 것이었다. 즉, 펜으로 하는 싸움을 그만두고 칼을 들이민 협박이었다. 처칠은 시온주의 정책의 울타리 안에서만 헌법을 개선하는 논의가 가능하다고 말하며, 이런 맥락에서 선출직 의원들이 이주위원회를 운영하는 방안을 논의해 보자고 제안했다.[238]

시온주의 정책은 물론이고 고등판무관의 권한 조정에 대해서도 가타부타 말없이 무조건 식민지적 지위를 받아들이라는 처칠의 꽉 막힌 태도를 보며 대표단은 논쟁을 이어갈 가치를 찾지 못했다. 대표단으로부터 추가적인 응답이 없자 처칠은 6월에 백서를 발표해 팔레스타인 정책에 대한 영국 정부의 공식적인 입장을 내놓는다. 백서는 크게 3가지 쟁점을 다루고 있는데, 먼저 민족의 고향이 유대 국가를 의미한 것이 아니라는 해석을 보다 공고히 했다.

> (밸포어 선언으로) 기대하는 목적이 완전히 유대적인 팔레스타인을 만드는 것이라는 식의 비공식적인 발언들이 나오고 있다. ... 그러나 영국 정부는 그런 기대가 실현 불가능하다고 생각하고 그러한 목표를 추구하지도 않는다. 아랍 대표단이 걱정하는 것과 같이 팔레스타인에서 아랍 인구나 언어, 문화가 종속되거나 사라질 만한 일은 한 번도 고려하지 않았다. 밸포어 선언은 팔레스타인 전체가 유대 민족의 고향으로 바뀌어야 하는 것이 아니라 그러한 고향이 팔레스타인 안에 건설되어야 한다고 보는 사실에 주목해야 한다.[239]

민족의 고향을 개발한다는 의미는 "팔레스타인 주민 모두에게 유대 민족성을 부여한다는 것이 아니다." 팔레스타인에는 이미 유대인만의 독자적인 정치, 종교, 사회적 기구와 언어, 관습, 생활양식을 가진 "민족적인" 공동체가 도시와 농촌에 존재하고 있고, "해외 유대 사회의 지원으로 ... 더 발전시켜 유대 민족 전체가 종교와 인종적 관점에서 흥미와 자부심을 느낄 수 있는 곳이 되도록 만드는 것이다." 이는 유대인들이 "고대의 역사적 유대(ancient historic connection)"로 팔레스타인에 가지는 당연한 권리이지 타인의 묵인이나 허락이 필요한 것이 아니다. 그러므로 아랍인들은 민족의 고향을 염려하지 않아도 되고, 역으로 영국이 시온주의 정책을 포기할까 봐 걱정하는 유대인들도 그럴 필요가 없다. 산레모와 세브르에서 결정된 사항은 "변경 불가능"하다.

두 번째로는, 일전에 고등판무관이 연설한 내용과 같이 이주자가 현 주민들에게 경제적 부담이 되거나 고용의 기회를 빼앗지 않도록 팔레스타인의 "경제적 수용 능력"을 넘지 않는 선에서만 이주를 허용한다는 기준을 확립했다. 백서는 영국이 팔레스타인을 점령한 이래 이주해 온 약 2만 5천 명의 유대인들은 이런 조건을 충족했다고 주장했다. 앞으로 헌법을 제정하고 의원을 선출하게 되면 의원들로만 구성된 이주위원회를 조직해 정부에 자문을 제공하고, 양자의 견해가 다를 때는 영국 정부가 검토하겠다고 밝혔다. 시온주의자 기구는 유대 인구에 영향을 끼치는 사안에 관해 정부를 지원하는 역할을 할 뿐 정부 기구는 아니라는 점도 명확히 했다.

마지막으로, 팔레스타인의 장기적 지위에 대한 계획을 밝혔다. 백서는 전쟁 중에 팔레스타인의 즉각적인 독립을 약속한 적이 전혀 없고 맥마흔의 서신에서도 다마스쿠스지구의 서쪽에 있는 팔레스타인은 독립에서 제외했으나, 그럼에도 불구하고 "완전한 자치정부"를 수립할 수 있는 기반을 장려하겠다고 약속했다. 다만, 제도가 자리 잡고 경제 상황과 관료들의 역량이 발전하기에 충분한 시간을 들여 "점진적"으로만 허용한다는 조건을 붙였다.[240]

백서는 반박과 비판을 피할 수 없었다. 대표단은 영국이 정책을 선회할까 봐 걱정하는 것은 팔레스타인의 유대인들이 아니라 외국에 있는 시온주의자들이고, 이들이 군사정부를 좌지우지하며 이익을 충족시킨 역사를 들추었다. 그런데도 시온주의자 기구를 경제와 사회 등 유대인과 관련된 분야에 대한 자문과 협력을 제공하는 유일한 기구로 공인한 것은 문제가 있다고 지적했다. 경제는 근본적으로 정치와 밀접한 관련이 있는 데다가, 유대인은 고작 인구의 7%(실제로는 11%)[241]에 불과한데 공공사업과 자원 등을 독점할 기회를 넘긴 것이나 다름없기 때문이다. 또한, 백서가 말한 대로 민족의 고향이 단지 기존의 유대 공동체를 발전시키는 것이라면 굳이 해외에서 이주자를 데려와야만 할 이유는 없다고 반박했다. 백서의 주장과는 달리 이주자들이 이미 아랍 경제를 위협한 것도 명백했다. 팔레스타인 정부는 1920년 8월에 "이민자의 유입이 이 땅이 흡수할 수 있는 능력보다 많았다는 것이 갈수록 명확해지고 있다."고 보고했는데 당시는 고작 1만 명이 조금 넘는 이민자가 들어온 상황이었다. 이후 2년간 또 다른 1만 5천 명이 입국했고, 그중 4분의 3은 도시에 흡수돼 일자리 경쟁을 심화시키고 치안을 불안정하게 만들었다. 따라서 아랍인들의 권리를 보호하려면 자문역에 불과한 이주위원회가 아니라 이주를 실제로 통제할 수 있는 민족 정부가 필요하다고 다시금 주장했다.

대표단은 팔레스타인 유대 공동체의 민족적 성격에 대해서도 이의를 제기했다. 유대 공동체의 종교적, 사회적 생활은 전 세계 어디에나 있고 팔레스타인에만 있는 특징이 아니다. 정치적 기구는 전쟁 이전까지 없었고, 히브리어는 일상언어로서 널리 사용되지 않았다. 그런데 밸포어 선언과 전후에 정치적 기구가 생겨나고, 히브리어는 공용어로 지정되었다. 이에 항의하던 아랍인들은 아무런 해가 없다는 소리를 들었는데, 이제는 우려한 대로 민족의 고향을 가질 '권리'의 근거로 이용되고 있다. 오스만 시절에 아랍인들은 유대인이 평등한 권리를 누릴 수 있도록 옹호했는데, 이제는 팔레스타인 밖에 있는 세계의 모든 유대인도 그 '권리'를 누릴 수 있게 해줘야 한다는 말을 듣고 있다. 아랍인은 유대인보다 이 땅에 대한 역사적 권리가 깊고, 기독교도와 무슬림이 성지에 가지는 종교적 감정은 유대인보다 강하다. 그런데 어째서 유대인은 타인의 묵인이 아니라 권리로서 민족의 고향을 가질 수 있고 그들처럼 민족적 특징을 가진 아랍인들은 침략자와 외국인을 상대로 고향을 인정받아야만 하는가?

대표단은 맥마흔의 서신도 조목조목 분석하며 영국이 팔레스타인의 독립을 인정했던 사실을 다시금 지적한 후 점진적으로만 자치정부를 허용하는 것은 부당하다고 비판했다. 아랍인들은 오스만 시기에 어느 정도 자치권을 인정받고 의회정치 경험도 쌓았고, 자치정부가 즉시 허용된 시리아와 이라크에서보다 팔레스타인의 아랍인들이 덜 발전된 것은 아니라고 처칠 본인이 얼마 전에 말했다. 그런데도 자치정부를 만들기 전에 시간이 필요하다는 것은 한 가지 목적밖에 없다는 결론을 내렸다. 팔레스타인에서 유대인의 수가 늘어나고 시온주의자들의 힘이 강해지기를 기다리는 것이다. 따라서 "유대 민족의 고향을 만드는 의도는 '팔레스타인에서 아랍 인구의 언어와 문화를 사라지게 하거나 종속시키는 것'"으로 걱정하지 않을 수 없다. 백서는 "시온주의 정책이 팔레스타인의 개발과 번영의 미래가 달린 협력의 정신을 기르는 데 이바지할 것"이라 말하지만, 대표단은 정반대의 미래를 올바르게 예견했다.[242]

> 이와는 달리 우리는 아랍인과 시온주의자 간에 분열과 긴장이 매일매일 증가해 (관계가) 퇴행하는 것을 봅니다. 세계 각지에서 이 땅에 떠넘긴 이민자들은 언어와 문화, 아랍인들의 성격도 모르고, ... 주민들이 반대하는데도 영국이 강제로 팔레스타인에 들인 것이기 때문입니다. ... 아랍인들이 이토록 거대한 부정의에 무릎 꿇거나 시온주의자들이 꿈을 쉽게 이룰 수 있을 것으로 기대하지 말아야 합니다.[243]

대표단과 처칠의 서신교환은 명백히 대표단의 승리였다. 처칠의 일관성 없는 논리, 사실에 근거하지 않은 주장, 도덕적 결핍 등이 만천하에 드러났다. 그러나 이 대결로 얻어낸 것은 아무것도 없었다. 6월 21일에 영국 정부는 위임통치의 조건을 담은 위임통치헌장[g]을 상원에 제출해 승인을 요청했는데, 여기에는 토착민의 이해보다는 밸포어 선언의 이행이 강조되어 있었다. 전문에서부터 밸포어 선언이 기재되고, 총 28개 조항 중 6개 조항(2, 4, 6, 7, 11, 22조)에 걸쳐 유대 공동체의 민족적, 정치적, 종교적, 시민적 권리를 보장하고 이주와 정착을 지원하도록 명시하였다. 예를 들어, 제4조는 시온주의자 기구를 유대 민족의 고향의 건설에 영향을 끼칠 수 있는 경제, 사회 분야 등에 대한 자문과 협력을 제공하는 유대인 기구(Jewish agency)[h]로서 공인하고, 제6조는 비유대인의 권리를 침해하지 않는 한 유대인의 정착을 장려해야 하며 여기에는 공공의 목적에 필요하지 않은 국유지와 불모지를 포함한다고 규정한다.[244]

---

g) Text or terms of the Mandates를 의역했다.
h) 1929년에 설립되는 유대인 기구와 구분해야 한다. 헌장이 작성될 당시에 유대인 기구는 시온주의자 기구를 의미했다. Correspondence with the Palestine Arab Delegation, No.2: The Colonial Office to the Palestine Arab Delegation, March 1st, 1922.

이와는 대조적으로, 인구의 90%를 차지하는 토착 아랍인은 철저하게 소외되었다. 모든 거주민의 시민적, 종교적 권리를 보호할 정부의 의무, 내국인과 외국인에게 사법권 보장, 양심과 종교의 자유 보장 등 전체 인구를 포괄적으로 언급한 3개 조항(2, 9, 15조)을 제외하면, 아랍인들은 민족의 고향을 건설하는 과정에서 권리를 침해받지 않아야 한다고 부수적으로만 짤막하게 기술된 게 전부였고(전문과 6조), 그마저도 아랍인이란 단어 대신 "비유대 공동체"와 "기타 인구(other sections of the population)"라는 용어로 우회적으로 표현되었다. 따라서 밸포어 선언과 마찬가지로 아랍인들에게 정치적, 민족적 권리는 전혀 인정되지 않았다. 처칠 백서가 약속한 완전한 자치정부의 미래에 대한 내용도 없었다. 제3조에서 "위임통치국은 여건이 되는 한 자치를 장려해야 한다."고 말한 게 전부다.[245]

아랍인들은 희망을 버리지 않았다. 시온주의 정책은 영국인들 사이에서도 비판이 많았다. 후세인에 대한 약속 위반과 토착민이 반대하는 정책을 강제하는 부정의, 팔레스타인 통치에 소모될 영국의 재정 부담은 의회와 언론에서 많은 공격을 받았다. 유대인에 대한 반감도 중요한 요인이었다. 기독교도들, 특히 로마 가톨릭교도들이 비판에 앞장섰다.[246] 이집트와 팔레스타인에서 근무하는 관료들은 아랍권의 반발을 우려했다. 그러니 상원이 60 대 29표로 헌장을 부결시킨 것은 놀라운 일이 아니었다. 하지만 입법에서 우선권을 지닌 하원의 분위기는 달랐다. 표결을 앞두고 처칠은 밸포어 선언은 전쟁 중에 유대인의 도움이 필요해서 약속한 것이기 때문에 책임을 져야 한다고 당위성을 호소했다. 그러곤 1920년에 팔레스타인을 통치하는 데 8백만 파운드가 들어갔지만 1921년에는 자신이 4백만 파운드로 줄였고, 1922년에는 2백만으로 더욱 줄어들 것으로 예상한다고 말했다. 무엇보다도, 이 모든 비용은 루텐베르그 전기계약으로 벌충할 수 있다고 주장했다. 처칠의 연설은 하원에서 큰 지지를 받고 헌장은 292대 35표로 가결되었다.[247] 곧이어 7월 24일에는 국제연맹의 비준까지 마친다.

영국과의 협상이 실패로 돌아가자 아랍인들 사이에서 시민 불복종 운동을 촉구하는 목소리가 나왔다. 연맹에서 헌장을 심사하고 있을 때는 여러 도시에서 파업이 일었고, 비준된 직후부터 두 달간 6명의 유대인과 1명의 아랍인이 살해당했다.[248] 8월에는 대표단의 귀국과 함께 제5차 팔레스타인 아랍 대회가 열렸는데, 이전과는 달리 영국의 지배를 거부하는 완전한 독립을 추구하고 의원 총선거를 파업하기로 결의했다. 선거에 참여하면 그 법적 근거를 두고 있는 헌장과 밸포어 선언에 찬성하는 것과 다름없는 데다가 의회를 구성해도 기대할 수 있는 이익이 없었다. 정부 관료와 유대 의원의 표가 과반이 넘고 이주나 토지 판매 규제와 같이 헌장에 위배되는 사안은 논의할 권한도 없어 시온주의 정책에 제동을 걸 수 없기 때문이다.[249] 아랍 집행위의 주도로 전국에서 선거파업을 촉구하는 캠페인이 조직되고, 동참하지 않는 이들에게는 물리적 위협이나 농작물 훼손 등의 보복조치도 일부 행해졌다. 이슬람 지도자들은 파업이 종교적 의무이며 이를 어기는 자는 파문에 처할 수 있다고 경고했다. 팔레스타인 정부는 인구조사를 실시하는 등 선거를 지연하면서 상황을 불편하게 지켜보았다.[250]

선거 파업은 위임통치 체제에 문제가 있다는 것을 세상에 알릴 수 있는 효과적인 수단이었다. 아랍인들은 이를 계기로 영국이 시온주의 정책을 재검토하기를 기대했다. 시기적절하게 영국에서 새로운 내각이 구성되었다. 밸포어 선언을 주도한 로이드 조지의 자유당-보수당 연합이 1922년 10월에 해산하고 11월에 보너 로 총리의 보수당 내각이 집권하게 된 것이다. 새로운 내각에는 로이드 조지나 밸포어, 처칠과 같은 시온주의 정책의 선도자들이 포함되지 않았을 뿐만 아니라 많은 보수당 의원들이 팔레스타인의 아랍인을 지지했다. 이들의 권유로 대표단은 다시 런던을 찾았고 이듬해 1월에 신임 식민부장관 데본샤이어(Devonshire)와 면담을 가졌다.[251] 실망스럽게도, 데본샤이어는 정부가 팔레스타인 문제를 재검토하고 있지만 처칠 백서를 벗어나리라 보지는 않는다고 답했다.[252]

2월 17일에 데본샤이어는 팔레스타인 문제에 대한 신속한 결정을 요청하며 맥마흔의 서신에서부터 현재까지의 역사를 정리한 식민부의 보고서를 내각에 제출했다. 보고서에 따르면, 밸포어 선언은 전시에 필요에 의해 공개적으로 행한 약속이었고 이제 와서 취소하면 유대인들의 반발과 국제사회에서 위신을 잃게 될 우려가 있었다. 반면, 맥마흔은 팔레스타인의 독립을 인정한 적이 없는 데다가 조약도 아니었고, 팔레스타인의 아랍인들에게 한 약속도 아니며, 팔레스타인을 제외한 다른 아랍 지역은 전쟁 이전 수준의 자유를 얻었으므로 사실상 약속을 달성한 셈이다. 더군다나, "우리가 팔레스타인의 아랍인들을 언젠가라도 만족시킬 수 있으리라고 기대하기는 어렵지만, 아랍권 전반의 여론이 우리를 적대시하지 않는 한 (팔레스타인 정도의) 지역적 불만에서 야기되는 위협은 심각하지 않을 것이다. "팔레스타인은 웨일즈(Wales)만큼 작은 지역이고 인구는 백만 명 이하다. 외부의 공격으로부터 안전만 확보되면, 정부가 어떤 정책에 기반하든 통치하는 데 극복하지 못할 어려움이 있을 것으로 생각할 필요가 없다." 보고서는 이주 문제에 대해서도 전망하는데, 점령이 시작된 이래 27,000명이 이주해 왔고 직전 6개월 동안은 월평균 550명만 받았으니 이 추세대로라면 유대인이 다수 인구가 될 일은 없으며 아랍인들의 걱정은 지나치다고 설명한다.[253]

끝으로, 보고서는 밸포어 선언을 부인하거나 처칠 백서를 이어가는 방법 중 하나를 선택해야 한다고 제언한다. 만약 전자를 택하면 배신자로 낙인찍히고 명성을 영영 되찾지 못하고 팔레스타인에서 즉시 탈출해야만 한다. 연맹은 다른 위임통치국을 못 찾을 가능성이 높고 그렇다면 튀르키예가 다시 지배할지도 모른다. "이 경우에 우리는 성지를 튀르키예로부터 구했다가 힘이나 용기가 모자라 얻어낸 것을 지키지 못한 기독교 국가로 영원히 기억될 것이다." 그러지 않고 밸포어 선언을 유지하고자 한다면, 아랍인들에게 추가적으로 더 양보할 수 있는 여지는 거의 없기 때문에 백서대로 집행해야 한다.[254]

식민부의 보고서는 사태를 다분히 편향적으로 분석했을 뿐만 아니라 있을 법하지 않은 결론을 유도했다. 밸포어 선언을 취소했을 때 영국이 팔레스타인을 포기해야만 할 상황은 상상키 어렵다. 결정을 내리자마자 영국은 토착 인구의 전폭적인 지지를 받게 될 것이고 연맹이나 승전국들이 밸포어 선언을 수행할 다른 국가를 임명하기는 사실상 불가능해진다. 만약 영국이 스스로 포기하더라도 프랑스나 다른 기독교 국가들이 탐을 낼 것이기 때문에 튀르키예에 기회가 돌아가지도 않을 것이다. 시리아가 프랑스의 지배권에 있는 한 튀르키예가 팔레스타인으로 연결되는 통로를 확보할 수도 없다.[255] 이를 고려하면, 식민부는 전임 식민부장관의 정책을 수호한다는 결론을 미리 정해놓고 그에 짜 맞춘 분석을 내각에 보고한 것으로 보인다.

새 정부가 정책을 바꿀 의사가 없어 보인다는 소식을 들은 아랍 집행위는 선거 파업을 계속했다. 마침내 2월 20일부터 28일까지 선거인단을 뽑는 1차 선거가 실시되었고 결과가 나왔을 때 아랍인들은 환호했다. 파업은 대성공이었다. 그 뒤 정부가 선거를 1주일 연장했는데도 166,172명의 유권자(결격사유가 없는 25세 이상의 성인 남성) 중 18%의 무슬림과 5.5%의 기독교도, 그리고 50%의 유대인만 투표했다. 최대 809명으로 구성될 수 있는 선거인단은 213명만 선출되었고 지역별 차이가 심해 나블루스주와 남부주에서는 고작 4명만 뽑혔다. 더군다나, 여론에 못 이겨 6명의 선거인단이 사표를 제출했다.[256] 이대로는 의회를 구성하는 게 사실상 불가능했기 때문에 영국은 의회 제도를 무기한 연기하는 한편 예전처럼 고등판무관을 보좌하는 자문위원회에 아랍인을 포함시켜 운용하기로 했다. 하지만 이마저도 위임통치와 밸포어 선언을 인정하는 도구로 악용되는 것을 우려한 아랍인들이 거부하면서 무산된다.[257]

정부 정책에 대한 대중의 반감이 만연하다는 사실이 입증된 이후로도 영국 정부는 선뜻 결정을 내리지 못하고 머뭇거렸다. 그러다 5월에 보너 로 총리가 병환으로 사퇴하고 스탠리 발드윈이 새로운 총리가 된다. 발드윈은 팔레스타인 문제를 "신속하게 최종 결정"을 내리기 위한 팔레스타인 위원회를 설립하라고 지시했다. 의장은 데본샤이어 식민부장관이 맡았다. 아랍인들은 6차 아랍 대회를 열고 또다시 대표단을 보내 위원회에 참고인으로 출석하기를 요청했으나, 친시온주의 관료들의 입김으로 거부당했다. 팔레스타인 현지의 목소리는 사무엘 고등판무관만이 유일무이하게 대변하게 되었다.[258]

한 달간의 숙고 후 위원회는 식민부의 보고서와 유사한 논리로 현행 정책을 유지해야 한다는 결론에 도달했다. 다만, 민족의 고향을 만들면서 모든 주민의 시민적, 종교적 권리를 보장하라는 헌장 "제2조의 앞뒤는 일치하지 않고, 실로 헌장 전체가 양립 불가능한 것을 양립하려고 시도한다고 주장하는 사람들을 나무라기는 어렵다."고 인정했다. 그럼에도 불구하고 아랍인의 불만을 해소하면서 밸포어 선언을 충족시키는 방법이 존재한다고 생각했다. 아랍인들은 위임통치나 밸포어 선언 또는 민족의 고향 자체를 반대한다기보다는 유대인은 특권을 누리는데 아랍인은 홀대받고 있다고 믿어서 불만을 가지는 것으로 보이므로, "아랍인들에게 같거나 유사한 이점을 제공"하면 만족시킬 수 있을지 모른다는 것이다. 따라서 헌장에서 유대인 기구에 부여한 것과 유사한 권한을 누리는 아랍인 기구(Arab agency)를 만들되, 반드시 추가적인 양보가 없는 "최종적인 합의"를 이끌어내야만 한다고 권고했다.[259] 나흘 뒤, 7월 31일에 내각은 위원회의 권고안을 채택했다.[260]

아랍인들이 영국을 설득하는 데 실패한 것은 근본적으로 힘의 차이 때문이었다. 주변 아랍 지역들과 분리되어 고립된 66만 명의 팔레스타인의 아랍인들은 거대 식민 제국인 영국과 전 세계 1천 4백만 유대인의 소망을 대변한다고 선전하는 시온주의자들을 상대로 싸우기엔 힘이 턱없이 부족했다. 소요나 선거 파업과 같은 저항은 그저 따끔한 수준의 통증에 불과했다. 팔레스타인 위원회는 아랍인 기구를 만들면 "침(sting)을 제거하는 데 성공할지도 모른다."고 비유적으로 묘사했다.[261] 그렇기 때문에 아랍인들은 외부의 지원을 기대했다. 1922년 9월에 튀르키예가 그리스를 상대로 승리를 거두었을 때는 튀르키예에 대표단을 파견해 도움을 요청했다. 그러나 튀르키예인들은 아랍인들의 '배신'을 잊지 않았고 영국의 반발 등을 우려해 거절했다. 바로 그 '배신'을 종용했던 후세인은 도움을 주기는커녕 히자즈 왕국의 국경을 조율하는 대가로 영국의 위임통치를 인정하는 협약을 체결하려 했다. 이를 알게 된 팔레스타인의 아랍인들이 반발하자 후세인은 이러지도 저러지도 못하며 시간만 끌었다.[262] 결국, 1923년 9월에 로잔 조약이 비준되면서 위임통치는 최종적으로 확정되고 아랍인들은 더 이상 번복할 수 있는 방법이 없다는 것을 마침내 인정했다. 그들은 분명 문명의 싸움에서는 승리했지만 야만의 세계에서는 패배했고, 팔레스타인의 운명을 결정짓는 것은 후자였다.

3. 실패로 끝난 영국의 실험

3.1. 폭풍전야의 실험

밸포어 선언을 발표할 당시 영국의 전시내각은 팔레스타인을 점령할 구실과 미국과 러시아의 조력을 구하려고 시온주의자들에게 손을 내밀었다. 하지만 전쟁이 끝나자 후세인이 홀대받은 것처럼[i] 시온주의자들 역시 협력자로서의 가치가 재평가되었다. 팔레스타인을 위임통치령으로 얻어낸 데는 분명 시온주의자들의 도움이 컸지만, 앞으로도 그럴까?[263] 예상보다 거센 아랍인들의 반발은 기대치를 낮췄다. 영국은 소요의 원인을 시온주의자들에게 돌리고, 민족의 고향은 점점 유대 국가를 부정하는 방향으로 구체화했다. 또한, 아랍인들을 회유하기 위해 자문위원회를 설립하고, 의회와 아랍인 기구를 제안했다. 밸포어 선언은 갈수록 깎여나갔고 이 모든 것은 장기적인 계획 없이 그때그때 결정되었다. 한마디로 말해서, 시온주의 정책은 영국의 국익을 도모하기 위한 하나의 수단에 불과했지 반드시 이뤄내야만 하는 중요한 목적이 아니었다. 전쟁 중에 아랍국에서 근무했던 필립 그라베(Philip Graves)는 1922년 4월 11일에 타임지에 실은 기고글에서 시온주의 정책은 "흥미로운 실험이지만 우리가 비용을 계산했었는지가 문제다."라고 평했다.[264] 1922년에 대표단이 처칠과 논박을 벌일 때 전임 식민부장관이었던 알프레드 밀너(Alfred Milner)는 시온주의 정책이 일종의 '실험'에 불과하다는 것을 암시하는 정보를 공유하면서 이렇게 말했다.

> 만약 실증적 경험으로 불가능하다는 게 나타나면 정책을 변경하지 않을 수 없을 테지요. 저는 유대인들의 팔레스타인 이주를 하나의 실험으로 보고 있습니다. 만약 그들이 성공하지 못하고 실패한다면, 실수를 저질렀던 걸로 인식할 겁니다.[265]

---

[i] 1929년에 설립되는 유대인 기구와 구분해야 한다. 헌장이 작성될 당시에 유대인 기구는 시온주의자 기구를 의미했다. Correspondence with the Palestine Arab Delegation, No.2: The Colonial Office to the Palestine Arab Delegation, March 1st, 1922.

토착 주민의 권리를 보호하되 이방인을 위한 민족의 고향을 만들겠다는 이중약속은 결코 양립할 수 없는 기만이었다. 영국은 소요를 겪으며 통치의 어려움을 다소나마 가늠하고 있었다. 그런데도 1923년에 결국 시온주의 정책을 강행하기로 한 데는 나름대로 믿는 구석이 있었기 때문이었다. 시온주의자들이 항상 주장하는 것처럼 민족의 고향으로 경제가 발전한다면 민족적, 정치적 의식이 부족한 아랍인들은 충분히 만족하고 순응하리라 본 것이다. 기실 시온주의 정책은 바로 이 가설을 확인하는 실험이라 해도 과언이 아니었다. 영국으로서는 안타깝게도 지난 5년간은 실험할 기회가 주어지지 않았다. 정복 직후에는 전쟁으로 피폐화된 지역 경제를 되살리는 것만으로도 벅찼고, 이후에는 소요가 일어 사회가 어지러워지고 1922년까지 이주자 수는 연간 7,337.5명에 그쳤다.[266] 그러다 1923년에 위임통치가 확정되면서 마침내 팔레스타인은 안정을 찾았다. 같은 해 11월 2일에 밸포어 선언에 항의하는 시위가 열렸지만 전년과 같은 폭력 행위는 없었다. 시온주의자들은 못마땅해하면서도 처칠백서를 수용한다는 의사를 밝히고 유대 국가라는 목표를 함구한 채 식민 사업에만 집중했다. 덕분에 1929년 10월에 이르기까지 더 이상의 소요는 없었다. 영국은 비로소 시온주의가 경제 발전을 가져오고 아랍인들을 만족시킬 수 있을지를 확인할 기회를 가지게 되었다.

아랍 정치가 안정세로 들어선 것은 지도자들의 성향과 내부 분열, 유화 정책이 한 데 어울려진 결과였다. 정부와 대중을 연결하는 매개체로서 정치를 주도하는 아랍 명사들은 기득권답게 통제받지 않는 폭력을 혐오했다. 극소수의 청년들은 무력을 사용해야만 할 때가 올 수도 있다고 생각해 준비를 갖추길 원했지만 정치권에서는 논의조차 거부했다. 농민들처럼 식민화로 직접적인 피해를 입지는 않은 명사들로서는 극단적인 방식에 호소할 필요성이나 시급성을 느끼기 어려웠다. 오히려 시간이 지날수록 지대가 더 오를 테니 유대인에게 토지를 팔아 크게 한몫 벌 수 있다는 기대도 했을 것이다. 아랍 대회에 대표로 참가해 민족주의를 주창하는 명사들 중에서도 상당수는 몰래 유대인에게 토지를 팔곤 했다. 이러한 탐욕은 한편으로는 시온주의자들이 팔레스타인을 손에 넣는 일은 없을 것이라는 확신이 있었기 때문으로 보인다. 명사들은 소위 문명국가라는 영국이 토착민의 강력한 반발을 언제까지고 무시하지는 못할 것이라고 믿었다. 예를 들어, 야파 소요가 발발하기 직전인 1921년 4월에 아랍집행위의 의장 무사 카짐은 "정의롭기로 유명하고 주민들의 복지를 신경 쓰며 권리를 보호하고 정당한 요구를 들어주는 영국 정부에 희망을 가지자. 민심은 천심이니 영국이 주민들의 소망을 어긋나게 하지 않을 것이다."고 말했다.[267] 영국 내 친아랍파의 존재는 이런 신뢰를 더욱 강화했다. 그들 중 누군가가 무장 투쟁을 해야만 한다고 진솔한 조언을 해주었지만 무사 카짐은 거절했다.[268]

1922년에 처칠을 설득하는 데 실패한 이후로도 명사들은 정부 정책에 협조하지 않는 방식으로 저항의 의지를 표현했다. 선거를 파업하고 자문위원회의 참여를 거부하고, 새롭게 제안된 아랍인 기구 역시 거부했다. 아랍인 기구는 비유대 영역에 한정된 자문만 가능했기 때문에 시온주의 정책을 멈출 수 없었고 위임통치 제도에 참여함으로써 정당성만 실어줄 우려가 컸다.[269] 사무엘이 나름의 장점을 설명했지만 지도자들은 아랍인 기구가 "아랍 민족의 열망을 만족시키지 못한다"고 만장일치로 거부했다.[270] 영국은 결국 아랍인들로부터 밸포어 선언과 위임통치에 대한 인정을 받아내는 걸 포기하고 공직자들만 참여하는 자문위를 구성했다. 이는 위임통치가 끝날 때까지 계속되기 때문에 많은 학자들이 정책을 조금이라도 유리한 방향으로 개선시킬 기회를 잃은 것이라고 비판하지만, 위임통치의 정당성을 인정하는 도구가 될 위험성이 현저했기 때문에 민족주의적 관점에서 분명 올바른 선택이었다. 무엇보다도, 정부에 협력하면 큰 이익을 취할 수 있는 명사들이 갖은 유혹에도 넘어가지 않았다는 사실은 그 자체만으로도 굉장히 존중할 만하다. 아쉬운 것은 저항 정신이 관직을 거부하는 데로까지 발전하지는 못했다는 점이다. 공직은 경제적 수입은 물론이고 영향력을 키울 수 있는 너무나도 달콤한 과실이었다.

영국의 지배와 함께 후세이니 가문이 급격하게 성장하게 된 실례는 많은 명사들이 공직을 더욱 매혹적으로 보게 된 중요한 계기가 되었을 것이다. 오스만 시기에 팔레스타인은 3개 행정구로 나뉘어지고, 그중 예루살렘군은 술탄 직할령으로 구분되어 베이루트에 소속된 나블루스군과 아크레군과는 정치행정적으로 연결되어 있지 않았다. 따라서 영국의 점령과 함께 팔레스타인의 경계가 새롭게 정의되었을 때 이곳을 대표할 수 있는 지도자나 세력은 존재하지 않았다. 후세이니 가문은 3대에 걸쳐 예루살렘의 무프티를 맡고 예루살렘의 시장직까지도 차지했으나 영향력이 예루살렘군을 넘지 않았고. 예루살렘의 3대 가문 중 하나로만 꼽혔다. 그런데 예루살렘이 팔레스타인 정부의 수도가 되고 후세이니 가문이 영국의 유력한 협력자로 존중받게 되자 영향력이 다른 지역으로까지 확장되었다. 특히, 영국이 예루살렘의 무프티 카밀 후세이니의 권한을 강화하고 팔레스타인 전체를 관장하는 대무프티(Grand Mufti/al-Mufti al-Akbar)라는 새로운 직급으로 승격시킨 것은 가문의 위세를 크게 제고했다.[271]

영국과 후세이니 가문의 협력 관계는 나비 무사 소요를 계기로 금이 갔다. 당시 예루살렘 시장이었던 무사 카짐은 독립을 호소하는 연설을 했고, 영국은 이를 빌미로 그를 해임시켰다. 후임으로는 라기브 나샤시비를 시장으로 임명했다. 친프랑스파인 나샤시비 가문을 회유하고, 후세이니 가문이 지나친 권력을 가지게 되어 아랍인들에게 단일한 구심점이 생겨나는 것을 방지하려는 분할통치(divide and rule)의 의도였을 것이다. 이 일은 실제로 아랍 정치가 분열하는 발단이 된다. 무사 카짐은 부당하게 해임당한 자신의 자리를 맡으려는 사람이 아무도 없으리라 믿었는데 라기브가 선뜻 수락한 것을 보고 앙심을 품은 것이다.[272] 이후 두 가문 간의 경쟁 구도에는 불이 붙었고, 무사 카짐은 반정부 성향의 아랍 집행위의 의장으로서, 라기브는 친정부 성향의 중심축으로서 서로 대립하게 된다.

후세이니 가문이 비록 반정부 성향의 지도자로서, 특히 여러 민족주의자들의 기대주로 부상했다고 해서 영국에 적대적인 태도까지 취한 것은 아니었다. 그러기엔 그들이 쥐고 있는 권력은 한없이 나약했고 욕망은 컸다. 1921년에 카밀이 단명하자 후세이니 가문은 이복동생인 아민을 새로운 무프티로 임명해 달라고 영국에 요청했다. 카밀에게 도움을 받은 여러 종교인과 아민을 민족주의 지도자로서 지지하는 대중도 청원에 나섰다. 그러나 영국의 입장에서 아민은 껄끄러운 존재였다. 그는 1차 대전 때 파이잘의 아랍 독립군으로 활동하며 의용병을 모집하는 등 적극적으로 협력해 친영파로 인정받은 전적은 있으나, 나비 무사 소요 때 반시온주의를 부추긴 혐의로 종신형을 선고받고 시리아로 도피했다. 이후 사무엘이 고등판무관으로 부임하자마자 총사면령을 내려 고향으로 돌아오게 해 주었지만, 여전히 정부 정책에 반대하고 독립을 추구하는 '극단주의자'로 의심되었다. 그렇지만 사무엘은 아민이 친영파라는 점을 높이 샀고 무프티가 되면 정치적 안정을 가져올 것으로 기대했다. 아민 스스로도 정부에 협력하겠다고 약속했고, 후세이니 가문이 무프티직을 유지해 나샤시비 가문을 견제하는 게 유리하다는 셈도 있었을 것이다.[273]

무프티직에 지원한 것은 아민만이 아니었다. 나샤시비 가문을 비롯해 여러 가문이 경쟁적으로 지원했고, 영국은 오스만 시절의 법률을 준용해서 선거를 치르기로 했다. 종교인들로 구성된 선거인단이 상위 3명을 뽑고 고등판무관이 그중 1명을 최종 선발하는 방식이었다. 그런데 예상과는 달리 나샤시비 가문의 후보가 1위를 하고 아민은 순위권 밖인 4위를 기록했다. 26살이라는 젊은 나이와 세속적인 성향, 그리고 무엇보다도 상급 종교 교육과정을 수료하지 않았기 때문이었던 듯하다. 탈락이 예정되자 후세이니 가문과 지지자들은 청원의 강도를 한층 높이고 선거인단의 구성이 적법하지 않았다고 비판했다. 기독교도 지도자들도, 그리고 파이잘과 압둘라까지도 아민에 대한 지지를 표했다. 나샤시비 가문과 시온주의자들, 그리고 영국이 선거를 조작했다는 소문이 돌면서 팔레스타인 곳곳에서 아민을 지지하는 목소리가 나왔다. 야파 소요가 발발한 것은 이 무렵이었다. 사무엘은 아랍인들의 불만을 달래줄 필요를 강하게 느꼈다. 그래서 1등 후보의 사퇴를 종용해서 아민을 3위로 만드는 편법을 쓴 뒤 '무프티'로 임명했다. 다만, 공식적으로 임명장을 수여하거나 관보에 발표하지는 않았다. 절차적 문제를 의식해서일 수도 있고 어쩌면 충성심을 의심한 것일 수도 있다.[274] 그렇지만 아민이 대무프티라는 직함을 쓰는 것을 허락했고 다른 무프티보다 많은 봉급을 지급했다.[275] 결과적으로, 누구도 아민의 지위를 의심하지 않았다.

영국은 이 젊고 야심만만한 사내에게 더 많은 걸 맡기기로 했다. 무슬림 종교기관들은 영국의 점령 이후 이스탄불에 있는 상급기관과의 체계가 무너져 팔레스타인 정부의 관리를 받고 있었다. 이는 기독교와 유대교가 오스만 시기에 구축한 독립적인 기관을 유지하는 것과 비교해 차별적일 뿐만 아니라, 정부가 기독교 국가의 소속이고, 그 수장은 유대인이고, 이슬람 법정과 기부금을 관리하는 법무부의 부서장마저도 유대인이었기 때문에 언제 불만이 터질지 모를 시한폭탄이었다. 사무엘은 독립적인 종교기구를 만들어 주기로 서둘러 약속했고, 무슬림자치의회(Supreme Moslem Council)[j]를 설립했다. 무슬림의회는 의장(Rais al-Ulama)을 포함한 5명의 의원으로 구성되고, 이슬람 법원과 모스크, 무슬림 학교, 고아원, 자선단체 등을 운영하고 기부금 관리 재단인 와크프(Waqf)의 재정을 사용할 수 있는 막강한 권한이 주어졌다. 영국은 아민을 의장으로 지지하는 뜻을 내비쳤고 1922년 1월에 치러진 선거인단의 표결에서 그는 압도적인 차이로 당선되었다. 아민은 곧장 의장으로서의 권한을 정치적 입지를 다지는 용도로 활용했다. 지지자에게 보상으로, 혹은 반대하는 인사를 회유하거나 처벌하기 위해 인사권을 남용했고, 기부금으로 무슬림-기독교도 협회를 후원하거나 학교에서 민족주의 정신을 교육하는 비용을 지원했다.[276]

후세이니 가문의 급격한 성장과 종교기구인 무슬림의회를 정치적으로 활용하는 행태는 경쟁 가문의 강한 반발을 불러왔다. 나샤시비 가문을 비롯해 여러 가문이 '반대파(Mu'aridun)'를 만들어 공개적으로나 대리인을 내세워 후세이니 가문을 따르는 '의회파(Majlisi)'를 비판하고 정치적으로 상반되는 노선을 취했다. 이르게는 1921년 여름에 민족무슬림협회를 창설해 위임통치정부와 협력하자고 주장했고 무슬림-기독교도 협회가 기독교도들에 의해 조종 당하고 있다고 비방했다. 얼마 후 아랍 대회에서 런던으로 대표단을 파견했을 때는 대표단이 아랍 사회를 대표할 자격이 없다고 영국에 탄원했다. 하지만 민족무슬림협회는 뚜렷한 정치적 목표가 없고 민의를 대변하지도 않았다. 왜냐하면 시온주의자 집행위원회(Palestine Zionist Executive, 시온주의자 위원회의 후신)의 아랍국에서 계획하고 후원해서 만들어진 괴뢰당이기 때문이다.[277] 이러한 민의를 교란하는 작전은 전 세계 식민지에서 숱하게 행해졌고 토착민에게 비극적인 결말을 안겨다 주었는데, 팔레스타인에서 이를 주도한 것은 역설적이게도 '평화주의자'인 칼바리스키였다. '민족'무슬림협회라는 이름도 민족주의로 가장하기 위한 계획이었고, 기독교도를 비방한 것도 두 공동

---

j) 직역하면 무슬림최고의회이고, 흔히 평의회나 위원회 등으로도 번역된다. 그러나 단순히 종교적 안건을 심의하는 것에 그치지 않고 여러 종교 기구들을 직접 관리, 운영하는 기능을 반영하고자 '자치' '의회'로 의역했다.

체의 협력을 붕괴시키기 위해서였다.[278]

> 만약 우리가 유대 민족의 고향이 비유대 주민들에게 도움이 될 것이라는 주장을 실질적으로 증명한다면, 무슬림 지도자들을 비롯한 대부분의 양반들[effendis를 의역함]이 폭력적인 방침에 반대하고 무슬림-기독교도 협회에서 탈퇴할 것이다. 무슬림-기독교도 동맹을 깨트리기는 어렵지 않을 것이다. 그러나 직접적이고 공개적인 방식으로 이룰 수는 없다. 정면 공격을 하면 연합이 더욱 결착될 것이다. 우리가 무슬림들의 마음을 얻을 수 있는 유일한 방법은 한 명, 한 명씩 유대 민족의 고향의 설립으로부터 기대되는 경제적 이익을 부분적으로 주는 것이다. 양반들을 매수하고 나면, 과거와 마찬가지로 앞으로도 계속 이들의 지배를 받게 될 팔레스타인의 나머지 인구의 대부분도 우리 편에 서게 될 것이다.[279]

부역자를 찾는 것은 어렵지 않았다. 돈이나 일자리 등을 바라고 많은 아랍인들이 달려들었다. 명사들이나 민족주의자들도 예외가 아니었다. 아랍 대회에 참석하는 대표들이나 아랍집행위의 회원들도 뇌물을 건네받았고 심지어 무사 카짐도 1922년에 시온주의자들로부터 한 차례 후원을 받았다. 다만, 이 시기에는 검은 거래에 응한 대가로 민족주의 운동에 실질적으로 위해를 끼치려고 행동한 사람은 없었다. 누구도 유대 국가에 찬성하지 않았고, 시온주의자들이 대외적으로 주장하는 비정치적 목적의 식민화를 두둔하거나 도왔을 뿐이다. 무사 카짐도 정치적 입장을 바꾸지 않았고 기존의 온건적인 입장을 유지하는 선에서 그쳤다.[280] 오롯이 사적 이익 때문에 시온주의자들에게 협력하는 것만도 아니었다. 많은 부역자들이 그러한 협력이 부족이나 마을 전체에 이익이 된다고 믿거나, 혹은 민족주의 운동을 더욱 올바른 방향으로 바꿀 수 있다고 스스로 정당화했다. 유대인 친구나 이웃과의 친밀한 관계가 소중해서 폭력성을 띠게 된 민족주의 운동과 거리를 두는 아랍인도 있었다.[281]

민족무슬림협회와 아랍집행위 중 어느 쪽이 주민의 의사를 대변하는지는 1923년 2월의 선거에서 명확히 밝혀졌다. 무슬림협회는 선거에 참여하자고 캠페인을 벌였으나 활동은 저조했다. 이 무렵에 시온주의자 기구가 재정난을 겪어 후원이 중단되고, 협력의 대가로 공직에 천거해 줄 거란 기대도 실현되지 않자 불만을 품은 회원들이 늘어났기 때문이다. 사회적 반대를 우려해 공개적으로 목소리를 내길 꺼려하는 회원들도 많았다. 심지어 예루살렘지부는 파업에 찬성하고 나섰다. 결국, 아랍집행위가 선거를 파업으로 이끄는 데 성공하자 무슬림협회는 자연스럽게 몰락의 길을 걸었다.[282]

반대파는 실패를 교훈 삼아 1923년 11월에 민의를 따르는 정당으로서 팔레스타인 아랍민족당(Palestinian Arab National Party)을 설립했다. 민족당은 아랍집행위와 마찬가지로 민족 정부와 의회를 요구하고 밸포어 선언과 헌법에 반대했다. 다만, 5차 아랍 대회 때 완전한 독립을 내건 아랍집행위와는 달리 민족당은 영국의 패권을 거부하지 않은 점에서 온건적이었다. 당원 중에는 민족무슬림협회 출신이 있어 대외적으로 친시온주의 정당이란 인상을 주었으나, 반시온주의를 공개적으로 내걸었다. 덕분에 아랍 집행위에서 일하다 불만을 품은 인사들이나 『알카르밀』과 『팔라스틴』과 같은 반시온주의 언론도 합류해 반대파의 구심점으로 성장하게 된다. 한편, 시온주의자들은 자신들에게 적대적이지 않을 정당을 원했고 농촌을 눈여겨보았다. 많은 농촌 명사들은 후세이니와 같은 도시 명사 가문이 정치를 주도하는 것에 불만을 품고 있었다. 그들은 시온주의자들의 도움을 받아 농민당을 조직했다.[283]

민족당과 농민당을 중심으로 반대파는 무슬림최고위의 권력 오남용과 정치적 행위를 비판하며 정부의 개입을 요청했다. 정부도 이를 파악하고 있었으나, 무슬림의회를 설립한 이후로 시온주의 정책에 대한 불만이 어느 정도 사그라들었다고 보았기 때문에 내버려 두었다. 나아가 의장직의 임기에 관한 논쟁이 일었을 때는 아민이 원하는 대로 종신직이라는 의견에 힘을 실어주었다. 뜻대로 되지 않자 반대파는 여론에 직접 호소했고 이는 성공을 거두었다. 많은 무슬림들이 기부금이나 종교기관의 인사권이 정치적으로 활용되는 것에 불만을 품고 후세이니 가문으로부터 등을 돌렸다. 당황한 아랍집행위는 1924년 6월에 아랍대회를 열어 다시 기세를 올리려 했으나 반대파의 방해공작으로 무산되고 만다. 아랍집행위는 반대파가 정당을 해산하고 아랍집행위에 들어와서 대회를 함께 개최하자고 제안했으나 거절당했다. 이때 반대 분위기를 조성한 것은 시온주의자들의 후원을 받은 자들이었다.[284]

1925년 3월 25일에는 밸포어가 예루살렘 히브리 대학의 창립식에 초청받고 처음으로 팔레스타인 땅에 발을 디디면서 뜻하지 않게 화합의 계기가 되어준다. 아랍집행위는 모든 도시에서 시위와 파업을 계획했고 반대파도 힘을 합쳐서 성공적으로 민중의 분노를 알렸다. 이후 양측의 관계는 원만해지는 듯했으나, 그해 말에 열린 무슬림자치의회의 선거를 둘러싸고 충돌했다. 아민은 반발을 무시하고 유리한 선거인단을 구성하려고 법 개정을 강행했고, 표결 결과 두 파벌에서 각각 2명의 당선자가 나오자 양측 모두 결과에 승복하지 못하고 무효를 주장했다. 갈등은 계속되다 이듬해 봄이 되어서야 정부의 중재안을 받아들이며 진정된다.[285]

아랍 정치의 내부 투쟁은 시온주의자들에게 시의적절한 호기가 되었다. 1924년에 폴란드 정부는 물가를 안정시키기 위해 경제적 규제를 강화했다. 그러자 많은 중산층 유대인들이 해외로 이주했다. 그런데 때마침 미국이 국적별로 이민 할당량을 축소하는 법안(Immigration Act of 1924)을 통과시켜 폴란드 국적자의 연간 이주 인원은 31,146명에서 5,982명으로 대폭 줄어들었다.[286] 갈 곳을 잃은 이주자 중 일부는 팔레스타인을 향했다. 1923년에 7,421명이던 이주자는 1924년에 12,856명으로 빠르게 증가했고, 1925년에는 33,801명까지 올라가 최고치를 기록했다.[287] 대부분의 이주자는 텔아비브에 정착했다. 전 세계에서 유일한 이 유대인만의 도시는 1920년에도 고작 2천 명만 수용하고 있었지만, 5년 뒤에는 인구수가 4만 명으로 급증했다.[288] 이런 놀라운 변화에도 불구하고 아랍 지도자들은 투쟁을 조직하지 않았다. 모든 신경이 무슬림자치의회의 선거에 쏠려 있던 데다가, 1925년 하반기에 부임한 제2대 고등판무관 허버트 플러머(Herbert Plumer)와 협력적인 관계를 맺기 원해서였다.[289] 이듬해인 1926년에는 이주가 하락세로 접어들지만, 그래도 13,801명으로 결코 적지 않은 수였다. 영국이 팔레스타인을 정복한 1918년에 토착 아랍 유대인과 근래에 정착한 유럽 유대인은 모두 합쳐서 6만 명이었으나,[290] 1919년부터 1926년까지 8년간의 이주자는 무려 9.7만 명이었다.[291]

표 6 1922년 인구 통계 (단위 : 명)[292]

	남부주	예루살렘-야파주	사마리아주	북부주	합계	
무슬림	198,928	155,333	132,453	104,176	590,890	78.04%
유대인	858	62,517	747	19,672	83,794	11.07%
기독교도	1,120	42,685	2,306	26,913	73,024	9.64%
기타	14	1,663	374	7,423	9,474	1.25%
합계	200,920	262,198	135,880	158,184	757,182	

표 7 영국의 점령 이후 유대 이주 추이 (단위 : 명)[293]

연도	이주 승인 항목				합계
	자본가 / 고소득자와 가족	거주민의 피부양자	노동자와 가족	기타	
1919-1921	-	-	-	-	21,506
1922	-	-	-	-	7,844
1923	967	2,048	4,371	35	7,421
1924	5,281	2,194	5,343	38	12,856
1925	11,794	5,717	16,161	129	33,801
1926	1,613	2,198	9,102	168	13,081
					96,509

급격한 이주 증가는 사실상 처음부터 예고된 정책 실패였다. 처칠 백서는 '경제적 수용 능력'을 구체적으로 정의하지 않아 구멍을 만들었다. 1921년 6월부터 이주 법령은 여러 차례 개정되었지만, 큰 틀에서는 크게 3가지 유형으로 나눠서 이주자를 심사했다. 첫 번째는 충분한 자산이나 수입이 있는 경우, 두 번째는 생계를 보장할 친인척이 팔레스타인에 살고 있는 경우였다. 둘 중 하나에 해당하는 자는 건강과 인격에 문제가 없는 한 제한 없이 이주를 받아들였다. 즉, 생계수단만 확보되면 팔레스타인의 경제적 수용 능력과는 무관하다고 가정한 것이다. 따라서 부유한 사람이 이주를 희망하면 인구는 무한대로 증식이 가능했고 1924-26년의 이주자 중 31.3%가 그러했다.[294] 이 두 가지에 해당하지 않는 이주자들은 노동비자(Labor Schedule)로 들어올 수 있었는데, 시온주의자 집행위가 노동 수요를 제출하면 고등판무관이 검토하여 인원을 확정하는 방식이었다. 경제적 수용 능력에 따른 이주 제한은 사실상 이 노동비자로만 작동했다.[295] 1923년에 식민부는 이주를 연간 10,000명으로 제한하는 방법을 검토했으나 취소했다. 팔레스타인 정부가 조정할 수 있으니

필요가 없다는 사무엘의 의견과 바이츠만의 강력한 반대가 영향을 준 것으로 보인다.[296)]

이주의 증가는 팔레스타인에 어떤 영향을 끼쳤을까? 이전과는 달리 상당수가 유산층인 덕분에 유대 경제는 유례없는 활력이 돌았다. 이들이 살 집이 텔아비브 등지에서 지어지고, 노동자들에게 끊임없이 일거리와 생계를 제공해 주었다. 이주자의 4분의 1은 식민촌으로 향했기 때문에[297)] 식민촌 건설도 활발히 진행되었다. 토지 매입은 가파르게 상승했다. 국유지를 제외하고 유대인 소유로 등기된 토지는 1920년에 45만 두넘이었으나, 1926년에는 86만 두넘으로까지 증가한다. 오스만 시기에 30년에 걸쳐 부단히 노력한 일을 영국 치하에서는 6년 만에 해낸 것이다.[298)] 게다가 유휴지가 희박하고 토지 가치가 급등한 점을 고려하면 굉장히 괄목할 만한 성과였다. 이는 단순히 시온주의 세력이 성장해 가용 자금이 늘어났기 때문만이 아니었다. 그에 못지않게 정부의 규제가 완화된 덕이 컸다. 토지 매입의 한계는 사실상 유대인들의 자금력으로만 정해졌다.[299)]

그렇다면 아랍 경제도 낙수효과를 충분히 누릴 수 있었을까? 토지를 판 지주와 농민은 당연히 큰 이익을 보았고,[300)] 전반적으로도 유대 경제의 성장은 많은 아랍인에게 수입을 증대할 좋은 기회로 다가왔을 것이다. 비록 다수의 친이스라엘 학자들은 정치적 동기 때문에 유대와 아랍 사회를 경제적으로 단절된 두 개의 집단으로 묘사하곤 하지만 이는 1930년대 중후반에야 두드러지는 현상이고 심지어 그때조차도 완전히 단절되지는 않았다. 1920년대에는 상호 의존도가 높아서 유대인만으로는 채워지지 않는 일자리가 아랍인에게 많이 주어졌고, 생필품이나 자재 등의 판매도 늘어났다.[301)] 하지만 이는 동시에 악영향을 끼치는 이유로도 작용했다. 동종 분야에서의 경쟁이 심화된 것이다. 아직까지 대부분의 유대 산업은 직원이 10명 이하인 영세한 규모라서 큰 피해를 끼쳤다고 보기는 어려우나,[302)] 장기적으로는 아랍 산업이 발전할 기회를 가로막았다. 가령, 팔레스타인의 최대 산업 수출품인 올리브 오일 비누를 생산하는 아랍 공장들은 후발주자인 유대 공장과의 경쟁에 밀려 위축된다.[303)] 야파에서는 유대인 의사의 증가로 아랍인 의사의 소득이 감소했다.[304)] 역사학자 로저 오웬(Roger Owen)은 유대 경제의 영향에 대해 이렇게 설명한다.

유대인의 경제 활동이 어느 정도로 아랍 산업에 기회를 제공하고 동시에 상당한 장벽이 되었는지는 확실치 않다. 전자의 사례로는 담배나 밀가루와 같은 특정 아랍 생산품에 대한 유대인의 시장이 커진 것과 루텐베르그 컨세션(팔레스타인 전기 회사)을 들 수 있다. 다른 한편으로는, 상당히 더 많은 자본이 준비되고 잘 조직된 유대 산업과의 경쟁이 아랍 기업들의 핵심적인 진로를 막아버리거나 비누의 사례에서처럼 전통적인 시장의 좁은 한구석에서만 존재하게끔 만들어버렸다.[305]

이러한 문제로 인해 유대 경제가 아랍 경제에 끼친 영향이 긍정적인지 부정적인지, 그리고 그 수준은 어느 정도였는지를 알기는 어렵다. 하지만 유대 경제의 성장이 분쟁에 어떤 영향을 끼쳤는지를 말할 수는 있다. 순전히 경제적이고 단기적인 영역에서만 한정해서 보자면, 유대인의 이주는 아랍 경제 전반에 성장을 가져왔지만 그러한 긍정적인 영향은 크지 않거나 적어도 시온주의 문제가 야기한 정치, 사회적인 악영향을 덮을 만큼은 되지 못했다. 이를 잘 보여주는 사례가 소작농의 추방이다. 소작농이 추방당한 뒤 식민촌에서 일시적으로 고용되거나, 아니면 도시에서 막노동자로 일거리를 찾는다면 단기 경제적 관점에서는 아무런 피해도 발생하지 않는다. 소작농으로 일하던 때보다 조금이라도 더 많은 임금을 받는다면 경제적으로 성장했다고까지 볼 수 있다. 하지만 장기적으로는 고용이 매우 불안정해졌다는 문제가 생긴 것을 지적할 수 있다. 경제 영역을 넘어서 사회적 영역에서는 공동체와 농촌의 붕괴를 염려할 수 있고, 정치적으로는 민족과 권리 문제를 논할 수 있다.

실제로 식민촌 건설은 이전처럼 많은 소작농을 추방시켜 갈등을 키웠다. 유대인들이 농민에게서 땅을 사는 경우는 10%도 채 되지 않았다.[306] 예를 들어, 에스드라엘론 평야(plain of Esdraelon)에서 매입한 24만 두넘은 대부분 1921-25년 사이에 거래되었고, 모두 레바논의 부재지주인 수르삭 가문으로부터 사들였다. 이중 13만 두넘에는 22개의 아랍 마을이 있었는데, 21개 마을은 토지가 매입된 이후 보상금을 받고 떠났고 나머지 1개 마을은 다른 토지를 임대받았다. 시온주의자들은 이 거래로 688명의 소작농이, 아랍집행위는 1,746명의 소작농이 추방당했다고 주장한다. 후자의 수치는 가족을 합쳐서 약 8,730명이 되는데 이는 아랍 인구의 1.3%에 해당하며 농촌 인구의 2%를 넘는다. 양측은 거래 이후 소작농들이 어떻게 되었는지에 대해서도 의견이 다르다. 시온주의자들은 같은 주 내에서 다른 경작지를 찾았다고 보는 반면, 아랍집행위는 많은 이들이 생계를 찾아 아메리카로 이주했고, 나머지는 공사 현장에서 막노동자로 일하다 일거리가 떨어지면 먹고살게 없어 뿔뿔이 흩어졌다고 주장한다. 한편, 겨울철에 이 지역에서 방목을 하던 베두인들도 접근이 금지되면서 피해를 입었다.[307]

유대 경제의 성장이 아랍인과의 갈등을 해소해 주려면 식민촌과 같은 시온주의의 여러 부작용을 덮을 만한 큰 이익이 아랍 영역에 흘러 들어가야 했다. 그러나 시온주의자들은 아랍인과 직접적으로 이익을 공유하려는 의사가 없었다. 단지 낙수 효과만 맛보게 해 줄 생각이었다. 아랍인들은 시온주의자들에게 같은 사회를 살아가는 동반자나 이웃보다는 경쟁자나 잠재적 위협으로 여겨졌다. 아랍 문제의 대응책으로 하가나의 힘을 키우거나 부역자를 양성하려 한 것은 그런 태도가 반영된 결과였다. 칼바리스키의 민족무슬림협회가 괴뢰정당인 게 들통나고 아랍인과 영국의 경멸만 사게 된 후에는 주로 비정치적 영역에서 아랍인의 환심을 사려는 여러 시도가 있었다. 팔레스타인 유대민족의회는 1922-23년 동안 아랍 유대인 니심 말룰에게 이를 맡겼는데, 아랍인들은 대출이나 진료, 법적 도움, 그리고 유대인 학교에 아이를 입학시키거나 아랍어 강사 자리를 구하는 등의 소소한 일들을 요청했다. 이중에는 인도주의기구인 이스라엘 만국협회의 학교에서 입학을 받아준 사례와 같이 잘 해결된 것도 있지만, 대부분은 아랍인을 위해 쓸 돈이 없다는 이유로 거부되었다.[308]

유대 경제가 성장기를 맞이한 1924년 이후로도 이런 태도는 변하지 않았다. 사회주의 시온주의자들은 다른 어떤 진영보다도 아랍 문제와 밀접하게 연관되어 있었다. 그들은 가장 많은 당원을 보유한 주류 세력이었고 아랍 소작농을 쫓아내는 데 앞장섰다. 그렇지만 이는 유대 자본이 만들어 낸 정당한 일자리를 차지하는 것일 뿐이지 아랍인을 미워하거나 적대하기 때문은 아니라고 내부적으로 정당화되었다. 아랍인 중에 시온주의의 적이 있다면 그건 지주 계급이 유일했다. 아랍 노동자들은 연대를 맺고 협력을 추구할 수 있는 '같은 편'으로 인식했고, 노동조합을 만들도록 도왔다. 그렇지만 "인도주의적 관점에서 우리가 그들을 조직해야 하는 것은 명백하나, 민족주의적 관점에서는 그들을 조직화하는 게 우리에 반대하는 그들의 견지를 강화시키는 게 되어버린다."는 딜레마에 봉착할 수밖에 없었다. 결국, 아랍 노동자를 도우려는 사회주의적 가치는 유대 민족의 이익을 우선해야 한다는 민족주의적 가치에 밀려 실질적인 성과를 거의 거두지 못하고 대부분 담론에만 그쳤다.[309]

전 세계의 사회주의자들은 시온주의자들이 영국의 제국주의와 결탁했다고 비판하고 같은 사회주의자로 인정하지 않았다. 이 때문에 1924년에 경제적 사정이 나아지자마자 내부에서 자성의 목소리가 나왔다. 벤구리온이 대표를 맡고 있는 노동통합당(Ahdut ha-Avodah)의 제4차 전당대회에서 쉴로모 커플랜스키(Shlomo Kaplansky)는 의회를 양원제로 구성해 하원은 인구비례를 따르고, 상원은 유대인과 아랍인이 동수를 이루는 보다 평등한 정치적 해법을 제안했다. 그러나 지도부는 현시점에서 이뤄지는 평화안은 반드시 유대인들에게 불리할 수밖에 없다고 거부했다. 평화는 오직 팔레스타인에서 유대 인구가 다수가 된 이후에 논의되어야만 했다. 벤구리온은 "누가 실질적인 권력을 가지고 지배하느냐의 문제"이기 때문에 아랍인들이 동의하지도 않을 것이라고 말했다. 결국, 4차 대회의 결의안은 내부적 모순을 들추지 않고 단지 영국이 유대인을 희생시켜 아랍 지주 계급을 후원하고 있다고 비판하고, 유대 경제의 발전은 모든 거주민에게 이롭다는 선전으로만 그쳤다.[310]

사회주의 시온주의자들의 내적 갈등에서 볼 수 있듯이 아랍인과 유대인 사이의 문제는 인종이나 종교, 경제 수준, 문화적 차이 같은 게 아니라 오로지 후자의 정치적 욕망에서 비롯되고 있었다. 그렇기 때문에 시온주의가 아닌 정통파 교리를 믿는 유럽 유대인, 즉 하레디 유대인들(Haredi jews)[k]은 지금 당장에라도 평화로운 관계를 맺을 수 있다고 보았다. 과거 스페인의 안달루시아에서처럼 아랍 국가에서도 얼마든지 유대 공동체가 발전할 수 있는데 교리에 어긋나는 유대 국가를 굳이 세워야 할 필요가 있다고 생각지도 않았다. 그들은

---

k) 하레디는 성경에서 두려움 또는 경외를 뜻하는 히브리어다. 영어로는 하레디 유대인들을 다른 정통파와 구분하려는 목적으로 초정통파(ultra-Orthodox)로 표기하고 국내에서도 널리 사용된다. 하지만, 초정통파란 표현이 극단주의적이라는 부정적인 인상을 준다는 이유로 내부적으로는 사용되지 않으므로, 이 글에서는 하레디를 그대로 표기하였다.

시온주의가 아랍인과의 갈등을 야기한다고 유럽 언론에 널리 알리고, 후세인을 직접 찾아가 팔레스타인의 모든 주민과 평화롭게 땅을 개발하고 싶다는 의사를 전하며 여러 차례 협상을 가졌다.[311]

시온주의자들은 하레디 유대인들의 행보를 굉장히 위협적으로 여겼다. 그들이 팔레스타인의 유대 공동체를 대표할 자격을 가진 것은 아니므로 설령 후세인과 협약을 체결하더라도 따를 의무는 없으나, 유대 공동체 내부에서 잡음이 생기고 여전히 많은 수를 차지하는 비시온주의자들이 평화로 마음이 기우는 것을 우려했을 것이다. 하가나 대원들은 시나고그까지 찾아와 하레디 유대인들을 겁박했다.[312] 그러다 결국 1924년에 협상을 주도하던 야곱 드 하안(Jacob de Haan)이 시나고그에서 기도를 드리고 나오는 길에 살해당한다. 범행은 어느 한 개인이나 소수가 돌발적으로 저지른 것이 아니었다. 이는 하가나의 지도부가 계획하고 집행한 암살 작전이었고, 오랜 세월이 흐른 뒤에야 내부 문서와 자백으로 밝혀졌다.[313]

호황기에 들어선 1925년에는 아랍 문제에 대해 침묵하는 주류 시온주의자들에 대한 비판이 늘어났다. 그러나 평화적 해법을 찾기 위해 유대인들이 양보해야 한다고 주장하는 파와 온전한 시온주의를 달성하기 위해 군사적 힘에 의존해야 한다고 주장하는 파로 나뉘었다. 전자는 랍비 유다 마그네스(Judah Magnes)와 과거 추방 정책을 옹호했던 시온주의자 기구의 간부 아서 루핀, 칼바리스키 등이 주도하였고, 브리트 샬롬이라는 독자적인 정당을 설립하고 루핀이 초대 의장을 맡았다. 브리트 샬롬이 제시한 해결책은 다수 인구라는 목표를 지우는 것이었다. 아랍인들은 다수로서의 지위를 잃는 것을, 유대인들은 소수자로서 살아가는 것을 두려워하고 있으니 양측이 다수 인구라는 개념에 신경 쓰지 않도록 '많은' 유대인을 이주시키는 것만 신경 쓰자는 것이다. 하지만 이주에 제한을 둬야 한다고 주장하지는 않고 유대인이 다수 인구가 될 가능성을 열어 놓았다. 여기까지만 보면 브리트 샬롬은 실상 다른 시온주의자들과 크게 다르지 않았다. 양자의 차이점은 이다음에 있다. 브리트 샬롬은 제3국의 보호 하에 유대인과 아랍인이 동등한 권리를 누리는 두 민족 국가(bi-national state)를 옹호했다. 즉, 유대인이 우월적 지위를 누리는 유대 국가를 명시적으로 부정했다.[314]

그동안 시온주의자들은 유대인이 다수 인구로 부상한 후에 아랍인들과 구체적으로 어떤 관계를 맺을 것인지에 대해서는 언급을 피해 왔다. 그때가 되면 막연히 평화적인 관계를 맺을 수 있다고만 얼버무리는 게 대부분이었다. 때로는 동등한 권리를 인정하겠다고 명시적으로 말하는 경우도 있었지만, 이는 유대 국가 안에서 소수자로서의 권리만 보호해 주겠다는 것이지 정말로 동등한 권리를 인정한다는 의미가 아니었다. 즉, 언제나 유대인이 인구적으로나 정치, 문화적으로 우위를 점하고 아랍인에게 관용으로서 자율성과 시민적, 종교적 권리를 보호해 주는 관계였다. 브리트샬롬은 바로 이 부분을 부정하고 정말로 동등한 권리를 인정하는 국가를 만들자고 제안한 것이다. 브리트샬롬은 평화를 바라는 많은 시온주의자의 관심을 불러 모았다. 그러나 어디까지나 지적 담론에 그쳤고 행동의 변화를 끌어내지 못했다. 루핀을 제외하면 정치적으로 영향력을 가진 인사가 없었고, 회원 수는 수십 명에 불과했다. 시간이 갈수록 유대인이 다수 인구가 되어야만 한다는 욕심을 버리지 못하는 회원들이 늘어났고 실현 가능성에 대한 의구심도 커졌다.[315]

이와는 대조적으로, 아랍 문제의 대응으로 군사적 해법을 옹호하는 견해는 주로 청년들 사이에서 인기를 얻고 대안 정당으로서의 기치를 세우는 데 성공한다. 이들의 중심에는 자보틴스키가 있었다. 그는 다른 시온주의자들과는 달리 오래전부터 아랍 문제의 실체를 인정하고 현실적인 대응을 촉구했다. 1923년에 쓴 에세이 『철벽(The Iron Wall)』에서 그는 자신이 아랍인의 적이 아니며, 유대인이 다수 인구를 구성한다는 조건하에서 아랍인과 함께 사는 것에 찬성한다고 말했다. 또한 아랍인의 평등한 권리를 인정하고 누구도 추방하지 않겠다고 맹세했다. "그러나 평화적인 목표를 평화적인 방법으로 달성하는 게 언제나 가능할지는 별개의 문제다. 이 질문에 대한 답은 아랍인들에 대한 우리의 태도에 달려 있지 않다. 아랍인들이 우리와 시온주의에 대해서 어떤 태도를 가지는지가 전적으로 결정한다."[316]

> 우리와 팔레스타인의 아랍인들 사이에 자발적인 합의란 있을 수 없다. ... 장님으로 태어난 게 아니라면, '팔레스타인'을 아랍 땅에서 유대인이 다수인 땅으로 바꾸는 것에 대해 팔레스타인의 아랍인들로부터 자발적인 동의를 받아낸다는

게 완전히 불가능하다는 것을 온건한 시온주의자들도 오래전에 깨달았다. …
알고 있는 (식민화의 역사에 대한) 모든 선례를 돌이켜보고 토착민의 동의를 받
아 실행된 식민화가 단 하나라도 있는지 찾아보라. 그런 전례는 없다. …
식민이주자들이 정중하게 행동했는지 아닌지는 아무런 관계가 없었다. … 토착
민은 식민이주자가 선하든 악하든 가리지 않고 광포하게 투쟁했다.
문명화되었건 아니건 모든 토착민은 자신들의 땅이 민족의 고향이고 스스로를
유일한 주인이라고 생각한다. 그리고 그러한 소유권이 영원히 유지되길 원한
다. 새로운 주인만 거부하는 게 아니라 새로운 동반자나 협력자도 인정하지 않
을 것이다.[317]

자보틴스키는 현재 시점에서 아랍인과 평화를 맺자고 주장하는 "평화예찬론자들(Peace-mongers)은 아랍인들이 우리의 진정한 목적을 숨겨서 속일 수 있는 멍청이거나 문화적, 경제적 이익을 대가로 팔레스타인에 대한 우선권을 포기할 정도로 타락한 것으로 본다."며 비판했다. 또한, 시온주의의 목적을 오해하고 있어서 불화를 빚는다는 주장도 반박했다. 그는 아랍인들이 자신들의 의도를 잘 알고 있다는 것을 보여주기 위해 『알카르밀』의 기사를 인용하여 '유대인들이 다수가 되면 자동적으로 유대 정부로 이어지기 마련이기 때문에 시온주의자들이 이주에 매달리는 것이고, 반대로 아랍인들은 유대인이 그토록 싫어하는 소수자로서 살지 않기 위해서 이주를 거부하는 것'이라는 주장이 "매우 논리적이고 너무나도 명백하고 반박할 수 없다"고 인정했다. 그러므로 이제는 아랍인의 반대를 현실로 받아들이고 그에 맞는 해결책을 찾아야 할 때였다.

시온주의자들이 식민화를 중단할 게 아니라면 토착민의 의사를 고려치 말고
나아가야 한다. 이는 곧 토착민으로부터 독립적인 힘, 즉 토착민이 깨트릴 수
없는 철벽의 보호하에서만 계속되고 발전할 수 있다는 것을 의미한다. …
이와 관련하여 "과격주의자(militarists)"나 "유약한 자들(vegetarians)" 간에
차이는 없다. 단지 전자는 유대인 군인으로 구성된 벽을 선호하고 후자는 영국
으로 만족할 뿐이다.[318]

철벽은 군사적 정복이나 지배를 의미하지는 않았다. 그보다는 있을지 모를 저항을 사전에 무력화시키는 제압에 가까웠다. 즉, 철벽을 세우면 언젠가는 아랍인들이 굴복할 것이고 그러면 반강제적으로나마 평화가 달성되는 것이다. 그러한 힘을 갖추려면 하가나와 같은 불법민병대가 아니라, 세계대전 때처럼 영국군의 일부로서 합법적이고 전문적인 훈련과 무장을 갖춘 군대가 필요했다.

> 아랍인들은 폭도가 아니라 살아 있는 민족이기 때문에 우리를 제거할 수 있다고 믿을 희망이 조금이라도 있는 한 달콤한 말이나 돈에 혹하여 포기하지 않을 것이다. 철벽을 뚫을 수 없어서 모든 희망이 사라졌을 때 … (지금의 과격주의자들로부터) 온건주의자들이 지도부를 물려받고 우리에게 상호 양보가 가능한 제안을 할 것이다. 그때가 되면 아랍인의 이주(displacement)나 동등한 시민권, 아랍 민족의 통합과 같은 실질적인 문제를 아랍인들이 솔직하게 의논하기를 기대할 수 있을 것이다.
> 그러나 이러한 합의를 얻을 수 있는 유일한 방법은 아랍인의 어떠한 압력에도 굴하지 않을, 팔레스타인에서 강력한 힘을 지닌 철벽이다. 다르게 말하자면, 미래에 합의를 이끌어내려면 현시점에서 합의를 얻으려는 생각은 모두 버려야 한다.[319]

자보틴스키의 언어는 많은 시온주의자들을 불편하게 만들었다. 그들은 고통받는 민족을 구하고 국가를 만든다는 낭만적 이상주의에 젖어 있었고 자신들이 하는 행동이 도덕적으로 나쁘다는 것을 인정하길 원치 않았다. 자보틴스키는 "우리는 시온주의가 도덕적이고 정당하다고 믿는다. 그렇기 때문에 정의는 반드시 행해져야 한다."[320]라고 변론했으나, 아랍인들이 시온주의를 원치 않기 때문에 힘으로 제압해야 한다는 전제를 인정하는 순간 도덕이나 정의 따위는 사라지기 마련이었다. 더군다나, 아랍인과 군사적으로 승부를 벌여야 한다는 전망은 현재로선 감당하기 어려운 이야기였다. 자연히 많은 시온주의자들이 이제껏 그래왔듯이 아랍 문제를 외면하고 당장의 일, 즉 식민사업에 집중했다. 그렇지만 2년이 지난 1925년에 자보틴스키가 수정주의자(Revisonist) 진영을 출범하자 적지 않은 수의 지지자들이 모여들었고 곧장 두각을 드러냈다. 같은 해 열린 제14차 시온주의자 대회에서 수정주의자들은 전체 약 400명의 대표 중 4명을, 1927년에는 10명을 대표로 참가시켰다.[321]

자보틴스키와 브리트샬롬은 아랍 문제를 외면하려는 많은 시온주의자들에게 경종을 울리며 대안적 이데올로기를 제시했으나, 둘 모두 주류로 성장하지는 못했다. 그렇지만 평화를 옹호한 브리트 샬롬보다 군사적 제압을 해결책으로 제시한 수정주의자 진영이 상대적으로 훨씬 더 큰 성공을 거두었다는 점은 시사하는 바가 크다. 즉, 시온주의자들의 세력이 성장하면서 아랍인과의 대결을 선호하는 기류가 강해진 것이다. 더군다나, 유대 공동체가 큰 성공을 거두고 있고 아랍인들로부터 도발이 없는 안정적인 상황에서 이런 변화가 일어났다는 사실은 장차 시온주의자들이 어떤 행로를 그리게 될지를 잘 보여주는 복선이었다. 오늘날 이스라엘의 최대정당이자 팔레스타인인들에 대한 강경책을 고수하는 리쿠드당(Likud)은 수정주의자 진영에 뿌리를 두고 있다.[l]

정리하면, 대부분의 시온주의자는 아랍인과의 진실한 평화를 꿈꾸지 않았고, 그렇기 때문에 호황기에도 식민 활동은 유대인의 이익만 극대화하는 방향으로 흘러갔다. 유대인의 돈은 오로지 유대인을 위해서만 사용해야 한다는 신념은 매우 강력했다. 예를 들어, 1920년대 중반에 농촌에서 초등학교를 다니는 아랍 아이들은 겨우 13.2%밖에 되지 않았다. 이는 "아랍인들이 아이들을 학교에 보내기 싫어서가 아니다. 그와는 반대로 모든 마을이 교육 시설이 부족하다고 불평한다."[322] 반면, 유대 사회는 해외의 지원과 이주자들이 가지고 온 자금 덕분에 자체적으로 상당한 수준의 복지를 누렸고 거의 모든 아이들이 초등학교를 다녔다. 그러므로 정부는 당연히 사각지대에 있는 아랍 아이들에게 더 많은 지원을 하는 게 옳지만, 그러지 않고 인구수에 따라 두 공동체에 균등하게 교육 예산을 책정하였다. 그런데도 유대인들은 소득이 많은 자신들이 1인당 세금을 더 많이 내는데 정부가 똑같은 복지를 제공한다고 빈번히 불평했다.[323]

이런 불만을 감수하고서라도 만약 영국이 유대인의 경제 성장으로 증대된 세수를 아랍 사회에 투자했다면 시온주의 정책을 재평가하는 아랍인이 늘어

---

l) 베냐민 네타냐후 총리의 아버지가 자보틴스키의 비서였다.

나거나 적어도 정치적 반감이 커지는 속도를 늦출 수 있었을 것이다. 하지만 정부의 재정 우선순위는 팔레스타인에 대한 영국의 군사적 이익을 제고하는 것이었다. 1920년대 동안 팔레스타인 정부 예산의 무려 40%가 안보에 사용되었고,[324] 철도나 항구, 통신, 도로와 같은 인프라 건설도 군사적 목적을 우선시했다.[325] 사회복지를 위한 예산은 매우 빈약해 1920-40년 동안 고작 12.5%의 세금만 사용했을 뿐이다. 반면, 영국 정부는 1926-35년 사이에 그보다 5배 이상 많은 66.4%를 사회복지에 투자했다.[326]

영국은 특히 아랍 인구의 60% 이상이 살고 있는 농촌을 등한시했다. 농촌의 발전이 정치적 안정에 기여할 것이라는 내부 분석이 여러 번 있었는데도 이런 무관심이 지속된 것은 놀라울 정도다.[327] 농촌의 가장 고질적인 문제로 손꼽히는 것은 공동경작으로 인한 생산성 저하였다. 마을이나 집단이 소유권을 공유하는 공동경작지에서는 농민들이 2년마다 주기적으로 할당된 구역을 바꿔가며 경작을 했는데, 나중에 담당 구역이 바뀔 것을 알고 있으니 비료를 쓰거나 토지의 생산성을 향상시키려는 노력을 하지 않았다. 이를 해결하려고 오스만 정부가 19세기 중반부터 토지의 사적 분배를 유도하였으나 1923년에도 56%의 농촌이 여전히 공동경작을 하고 있었다. 농민들이라고 이런 문제점을 모르는 것은 아니었다. 그들도 토지를 개별적으로 분배받기를 원했다. 그렇지만 누가 어떤 구역을 소유하느냐를 가지고 다툼이 생길 수밖에 없고 법적으로 의무인 등기와 측량에 들어가는 비용을 부담할 돈도 없어 어쩌지 못하는 처지였다. 상당수의 마을은 등기를 하지 않고 비공식적으로 자기들끼리 토지를 나누기도 했다. 그러나 구성원 간에 균등하게 분배하려다 보니 개개인의 농지가 잘게 쪼개져서 마을 도처에 흩어지거나 이상한 형태로 구획되어 생산성을 충분히 제고하지 못했다. 1923년에 팔레스타인 정부는 이 문제를 연구할 위원회를 만들었고 강제 구획화, 등기비와 측량비, 토지건물세(werko) 감면 등이 해법으로 제시되었으나 어느 것도 실행으로 옮기지 않았다.[328]

아랍인들이 빈번하게 제기해 온 소작농에 대한 보호도 관심 밖이었다. 1921년에 정부는 소작 중인 땅을 매입하면 소작농에게 생계를 유지할 수 있을 만큼의 다른 땅을 지급해야 한다는 법령을 제정했다. 그러나 시온주의자들은 공식적인 거래일 이전에 소작농이 없어야 한다는 계약 조건을 걸거나, 아니면 보상금을 직접 지급해 쫓아낸 후 당국에는 소작농이 없는 토지를 매입했다고 신고했다. 정부는 이를 알면서도 내버려 뒀고 규제는 유명무실해졌다.[329]

세금도 농촌의 쇠퇴를 초래한 원인 중 하나로 손꼽힌다. 재산세만을 내는 도시 거주자와는 달리 농민은 이에 더해 경작세와 가축세까지 내야 했다.[330] 경작세는 오스만 세율 그대로 수확물의 12.63%[331]를 내다가 1925년에 10%로 인하되었으나, 현물로도 납부가 가능했던 오스만 시기와는 달리 현금으로만 징수했고 수확물의 양과 시장 가치를 측정하는 과정에서 농민들의 부담이 추가적으로 늘어났다. 내외부로부터 많은 비판을 받자 1927년에 정부는 경작세를 1922-26년도의 평균치로 고정하기로 결정했다. 이로써 해마다 세액을 측정하는 수고로움을 피하고 잉여 생산을 장려할 것으로 기대했으나, 1930년에 곡물 가격이 하락하자 오히려 세금 부담이 늘어나버린다.[332] 또한, 주로 유대 산업의 성장을 촉진하려는 목적으로 매겨진 보호관세는 수입 비용을 올려서 주민들에게, 특히 농민들에게 부담을 주었다.[333]

> 실상은 팔레스타인의 많은 산업이 관세의 조작에 의존하고 있는 것으로 보인다. 이 산업들의 소유주가 노동자의 임금을 지불하고 이윤을 창출할 수 있도록 다른 주민들이 세금을 내주고 있다.[334]

오스만 시기에 큰 도움이 되었던 농업융자 제도가 중단된 것도 농민들의 삶이 힘겨워진 이유였다. 수확기까지 먹고살 돈이 없는 많은 농민이 사채에 의존할 수밖에 없었고, 30%의 연이율로 대출하거나 아니면 파종기에 빌리고 수확기에 1.5배로 갚아야 했다.[335] 소작농은 세금 이외에 30%의 소작료도 내야 했기 때문에 더욱 빈궁했다.[336] 시온주의자들이 토지를 매입했을 때 보상금을 받고 터전을 떠나는 데는 이런 배경이 있었다.

보다 근본적인 문제점으로, 영국은 농촌을 부흥시키려는 어떠한 장기적인 계획도 세우지 않았고 개간을 장려하기는커녕 오히려 족쇄를 채우려 했다. 3장에서 설명했듯이, 오스만 시기에 팔레스타인 농지의 대부분은 명목상으로는 국유지(miri)였지만 기능적으로는 사유지였다. 그런데 팔레스타인을 점령한 영국인의 눈에 들어온 것은 그저 드넓은 '국유지'에서 농민들이 농사를 짓는 이상한 광경이었다. 유럽에서 국유지(state land)는 개인의 접근이 차단되고 국가가 공공의 목적으로 사용하는 토지였다. 사무엘의 팔레스타인 정부는 이런 유럽식 관념을 적용해 1920-1년에 경작이 중단된 토지를 국가 소유로 환수하고 사전 허가 없이는 불모지 개간을 금지했다. 국가가 보유하는 토지를 늘려서 군사적 목적으로 쓰거나 유대인에게 이양하기 위해서였다. 오랜 전통과 관습을 철저히 무시하는 이 같은 행동에 농민들은 반발했고, 정부는 법을 효과적으로 집행할 수 없었다.[337] 다만, 정부가 국유지에 대한 아랍인들의 권리를 원천적으로 부정한 것은 아니었다. 경작 중인 토지에 대해서는 임대 계약을 작성해 한시적으로 권리를 인정했다. 과거 오스만 술탄의 사유지에서 영구적인 권리를 인정받고 경작해 오던 베이산 지역에서는 '점유 소작인'이라는 지위로 토지를 매입하는 것을 인정해 주었다.[338]

아랍인들을 이롭게 하려는 유대인들의 노력도, 정부의 노력도 없었기 때문에 유대 경제가 번영하는 동안에도 아랍인들은 시온주의 정책에 매력을 느끼지 못했다. 시온주의에 대한 불만을 잠시라도 삭힌 사람은 있었을지언정 누구도 유대 국가를 동경하지 않았다. 그렇다면 반대로 유대 경제가 쇠퇴할 때는 어떤 반응이 나타났을까? 호황은 시온주의자들의 노력보다는 외부의 조건이 우연히 맞아떨어진 덕이 컸다. 그러니 끝나는 시점도 외부에서 결정되었다. 1926-27년에 동유럽에서 금융 위기가 일자 팔레스타인으로 들어오는 자본의 흐름이 막혔다. 아무런 사전 대비도 해놓은 게 없었기 때문에 호황을 일구어 낸 건설업은 부도가 났고 1926년 한 해 동안 60%나 하락했다. 유대 노동자의 약 80%가 건설업과 관련된 직종에 종사했기 때문에 실업률은 가파르게 올라갔다. 1925년 중반까지만 해도 실업자로 등록된 유대인이 없었으나 연말에는 2천 명의 실업자가 보고되었다. 경기가 나빠지자 팔레스타인으로 이주를 오려는 유대인도 대폭 줄어들었다. 이미 만들어 놓은 건물에 입주할 사람을 찾을 수 없고 새로운 발주도 멈추니 건설업은 이듬해에도 56%의 하락세를 이어갔다. 1926년에는 실업자가 8,000명으로까지 증가했고, 불황이 정점에 달한 1927년 8월에는 8,440명으로 조사되었다. 이는 유대 노동 인구의 3분의 1에 해당하는 수치였다.[339]

팔레스타인 정부는 다리와 도로 건설 등의 공공사업을 늘려 실업자를 흡수하고, 시온주의자 집행위는 단기 실업급여를 제공하며 긴급대응에 나섰다.[340] 그런데 이를 방해한 인물이 있었다. 바로 처칠이었다. 한때 시온주의 정책을 선도하고 수호한 그는 이제 재무부 장관이 되어 영국의 국고를 사수하는 일에만 신경 쓰고 있었다. 1926년에 팔레스타인 정부의 재정이 양호한 것을 보자 처칠은 이 돈을 끌어다 트랜스요르단의 재정 적자를 메우는 데 보탰다. 이때는 이미 경기가 침체된 상황이라 플러머 고등판무관이 형평성에 어긋난다며 반대했으나 무시했다. 이듬해에 불경기가 심화되자 시온주의자들은 영국 정부의 경제적 지원을 기대했다. 식민부는 이를 긍정적으로 검토했으나 처칠이 퇴짜를 놓았다. 나아가 1928년부터는 트랜스요르단 국경 수비대(Trans-Jordan Frontier Force) 경비의 6분의 5를 팔레스타인 정부의 예산으로 편성했다. 이는 형식적으로나마 국경수비대의 과업에 팔레스타인이 포함되었다는 이유로 정당화되었다. 하지만 플러머는 공평하게 절반만 부담할 것을 강력하게 요구했고, 거부당하자 분노를 참지 않고 이례적으로 사임했다.[341]

경기는 1929년이 돼서야 회복되었다. 그사이 많은 유대인들이 팔레스타인을 떠나갔다. 1926년에 유대 이주자는 13,081명이었으나, 유출 인구는 7,365명으로 절반을 넘었다. 그중 95%가 3년 이내에 팔레스타인에 정착한 이들이었다. 1927년에는 이주자가 2,713명으로 훌쩍 줄어든 반면 그보다 많은 5,071명이 팔레스타인을 떠나 유입보다 유출이 더 많았다. 1928년에는 유입과 유출 인구가 각각 2,178명과 2,168명으로 거의 비슷했다. 이 시기 동안 팔레스타인을 떠난 1만 2천여 명의 유대인 중 1만여 명이 위임통치정부가 들어선 1920년 7월 이후에 정착한 이주자였다.[342] 영국은 실업 사태가 팔레스타인의 "경제적 수용 능력을 초과해서 이주자들이 유입된 사실"에서 기인했다고 인정하고, 자립이 가능한 능력을 심사하는 자산 조건을 상향조정했다. 시온주의자들은 이를 "부당한 장애물과 제한"이라고 비판했다.[343]

그림 3 유대인의 인구 유입, 유출 비교 (단위 : 명)[344]

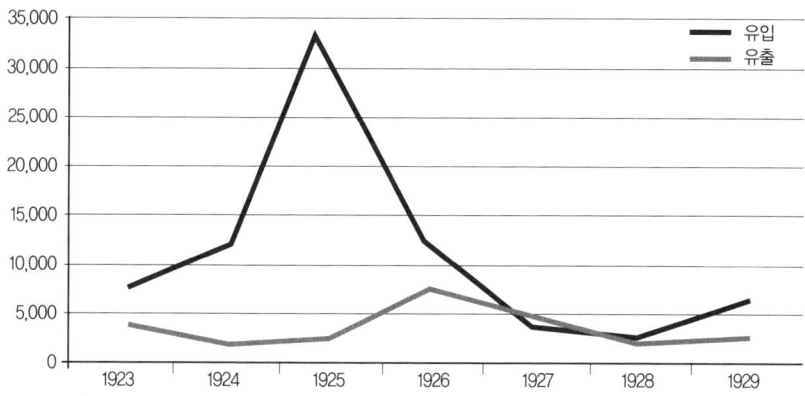

영국은 유대인의 이주로 경제가 발전하면 아랍인들이 만족할 것이라는 막연한 상상만 해오고 있었다. 너무나 어수룩하게도 그 반대는 고민해보지 않았다. 유대 경제의 침체는 당연히 아랍 경제에 악영향을 끼쳤다. 그런데 놀랍게도 이를 두고 아랍인들 사이에서는 양면적인 반응이 나왔다. 불황의 영향으로 아랍인 실업자가 크게 증가하고[345] 세금으로 이주자를 구제해 주는 것에 대해 불만 어린 목소리가 나오는 한편, 시온주의자들이 자멸할 때가 임박했다고 생각한 아랍 지도자들은 경계심을 늦추고 온건한 자세를 취했다. 즉, 시온주의 정책의 실패가 오히려 영국이 원하는 정치적 안정에 기여하는 기회로 찾아온 것이다. 지도자들은 이제 정부와 다시 대의정치제를 논의하길 원했다. 이미 1924년부터 자밀 후세이니 등이 개인 자격으로 양원제로 구성된 의회안을 정부와 간헐적으로 논의해 왔는데, 플러머 고등판무관은 아랍 측 대표가 공식적으로 제안할 것을 요구했고 자치권은 기초자치단체부터 시작해서 단계적으로 발전시키겠다는 뜻을 밝혔다.[346]

이 시점에 아랍인들에게는 대표가 없었다. 아랍집행위는 1924년 이래로 대표성에 흠집이 났고, 시온주의에 대한 투쟁을 조직하지 않다 보니 자금을 모으지 못해 사무소조차 닫은 상황이었다. 대표 자격을 회복하려면 아랍 대회를 열어 지지를 확보해야 하지만 반대파와의 협상은 별다른 진척이 없었다. 그러다 1927년이 되어 기초자치단체 선거를 먼저 맞이하게 되었다. 선거는 반대파의 승리를 장식했다. 예루살렘을 포함한 여러 도시에서 반대파가 더 많은 시의원을 배출했다. 시의원 중 최다득표자는 시장으로 임명되었는데, 예루살렘에서는 라기브 나샤시비가 시장직을 지켰다. 이 같은 성공을 이끌어내는 데는 유대인의 표가 상당한 역할을 했다. 유대 인구가 없거나 적은 베들레헴, 헤브론, 제닌 등에서는 의회파가 승리를 거뒀다.[347] 그렇지만 반대파의 세력을 입증하기에는 충분한 결과였고, 양측은 대등한 관계에서 협상에 임해 1928년에 제7차 아랍대회를 공동으로 개최한다.

  5년 만에 열린 대회는 이전까지 열린 어떤 대회보다도 온건주의적이라는 평을 받는다. 일부 청년층의 반대가 아니었더라면 위임통치를 인정하는 결의안이 채택될 뻔했다. 아랍집행위는 새롭게 확대 조직되고, 의장은 무사 카짐이 유지했지만 2명의 부의장은 반대파에서 맡았다. 대표를 다시 가지게 된 아랍인들은 1929년에 새로운 고등판무관 존 챈슬러(John Chancellor)와 협상에 돌입했다. 챈슬러는 아랍인들이 더 이상 밸포어 선언이나 위임통치의 폐지를 주장하지도 않고 시온주의에 대한 염려도 상당히 줄어들었다고 보고 긍정적으로 검토한 후 과거보다도 퇴보한 안을 내놓았다. 의원을 선거로 뽑는 게 아니라 정부가 임명하고, 의원 수는 영국 관료가 14명, 유대인 3명에 아랍인은 12명으로 제한했다. 그런데도 무사 카짐과 라기브 나샤시비는 이를 수락했다.[348]

  만약 챈슬러의 안이 이대로 실현되었다면 영국은 시온주의 정책의 실패가 정치적 안정을 낳는다는 역설적인 실험 결과를 얻었을 것이다. 하지만 난관은 처음부터 예상되었다. 아랍 정치가 다소나마 온건화된 경향을 보인 것은 어디까지나 기득권에 한해서였다. 1927년의 기초자치단체 선거는 25세 이상의 성인 남성 중 장애나 전과가 없고 '일정 금액 이상의 재산세를 납부한 자'에게만 선거권을 부여했고 약 3.3-6.5%만 유권자가 될 수 있었다.[349] 선거로 표출되지 않은 나머지 인구의 여론은 상대적으로 정부에 강경한 태도를 보이는 아민과 의회파로 기울어 있었다. 무사 카짐은 협상안이 공개되면 커다란 반발이 있을 것을 알았기 때문에 일단은 비공개로 해줄 것을 요청하였다. 하지만 그가 지지자들과 여론을 설득할 방법을 생각해 내기도 전에 협상은 중단되었다. 3번째 소요가 터진 것이다.

3.2. 민족 분쟁의 분수령, 서쪽벽 소요

1929년의 소요는 이전과 마찬가지로 시온주의에 대한 뿌리 깊은 불만에서 비롯되었다. 유대인의 이주로 아랍 경제가 악화되고 소작농이 추방되자 사회적 반감을 확산시켰고, 이주와 토지 매입을 통제할 수 있을 것으로 기대되는 자치정부에 대한 열망을 더욱 심화시켰다. 만약 시온주의자들이 호기롭게 선전하는 것처럼 아랍인들에게 혜택을 가져오는 방향으로 식민 정책을 변경했다면 이러한 반감을 극복하거나 줄일 수 있었겠지만 그러지 않았다. 불만은 계속해서 쌓여만 갔다. 지도자들이 내부 권력 다툼에 빠져 이를 정치적으로 해소해주지 못하는 사이 무슬림들은 민의를 표출할 다른 통로를 찾았다. 바로 서쪽벽에 대한 종교적 권리였다.

2장에서 설명한 바와 같이 서쪽벽 앞이 유대교의 기도 공간이 된 것은 비교적 근래에 생겨난 관습이었다. 유대교는 성전이 아닌 옹벽의 잔해 위에 지어진 서쪽벽에 대해서 전통적으로 종교적인 의미를 부여하지 않았으나, 오스만 정부가 서쪽벽 앞을 유대교 기도 공간으로 지정해 주자 성전산에 가깝고 시내에 있어 접근성이 편리하다는 이점 덕분에 유대인들이 즐겨 찾기 시작했다. 그렇게 세월이 흘러 19세기에 접어들면 매일같이 유대인들의 모습을 찾아볼 수 있는 기도 공간으로 발전하였다.

▶사진 22. 1910년에 서쪽벽 앞에서 기도드리는 유대인들. 사진은 Matson Eric이 촬영, 이스라엘 공보실 제공.

서쪽벽을 두고 갈등이 생기기 시작한 것은 시온주의가 대두한 19세기 말부터였다. 예전과는 달리 유대인들이 기도를 드릴 때 사용할 의자나 벤치를 가져오고 남녀를 구분하는 가림막을 설치하자 무슬림들은 서쪽벽에 대한 소유권을 주장하려는 움직임으로 보고 반발했다. 1911년에 당국은 의자 등의 집기를 가져오는 것을 금지했으나,[350] 유대인들은 뇌물을 써서 무력화시켰다. 그런데도 무슬림 주민들과 갈등이 확산되지 않고 잘 갈무리되고 있었다. 기도공간의 토지 소유주인 와크프는 소정의 비용을 받고 집기를 보관해 주었다.[351] 하지만 영국이 팔레스타인을 점령하고 밸포어 선언을 이행하려고 하자 상황이 급변했다. 무슬림들은 정말로 서쪽벽과 하람에 대한 권리를 잃게 될지 모른다는 실질적 위협을 느꼈다. 일례로 1920년에 무슬림들이 통곡의 벽 상단부를 포함한 서쪽벽에 보수 공사를 하려고 하자 유대인들이 반발하면서 통곡의 벽에 대한 소유권을 이양해 달라고 영국에 요구했다.[352] 신경이 곤두 선 무슬림자치의회는 유대인들이 서쪽벽에 집기를 가져와서는 안 된다고 거듭해서 항의했다.[353] 영국이 이를 수용해 1925년에 의자와 벤치를 강제로 치우자 시온주의자들은 국제연맹에 항의했고, 연맹은 영국이 무슬림과 유대 양측의 합의를 중재할 것을 권고했다. 그러나 어느 측도 합의를 할 의사가 없었고 결국 1928년에 이르러 갈등이 확산된다.[354]

유대인들이 서쪽벽 앞에 많이 모이는 욤 키푸르 하루 전날인 9월 23일, 부지의 법적 소유주인 와크프로부터 항의가 제기되었다. 유대인들이 서쪽벽 앞에 가림막을 설치하고, 관습적으로 허용되던 수준을 넘어 더 많은 수의 매트와 램프, 그리고 커다란 이동식 예배당을 가져왔다는 것이었다. 영국은 유대인 교구 관리자를 불러 다른 건 놔두더라도 가림막은 반드시 해체해야 하며, 만약 다음날 아침까지 이를 이행하지 않으면 경찰이 직접 처리하기로 동의를 받아냈다. 하지만 약속한 아침이 되어서도 가림막은 그대로 남아 있었다. 단속을 나온 경찰이 유대인들에게 가림막을 해체하라고 명령을 내렸으나, 교리에 따라 욤키푸르에는 노동을 할 수 없다고 거부했다. 어쩔 수 없이 경찰이 직접 가림막을 해체했다. 전후 사정을 잘 모르는 다른 유대인들은 이를 보고 분노해 경찰에 달려들다 경미한 상처를 입었다.[355]

이 사건으로 정부에 대한 유대인들의 원성이 커졌지만, 아랍인들의 불만 역시 방관할 수는 없었다. 영국은 서쪽벽 문제가 단순히 팔레스타인의 60만 아랍인을 상대하는 것이 아니라 전 세계의 무슬림과 연관된 문제라는 것을 인지하고 있었다. 더군다나, "법적으로 서쪽벽은 전적으로 무슬림 공동체의 자산이고 유대인들이 벽에서 기도를 드릴 때 서 있는 포장된 부지는 와크프의 자산"이고 위임통치헌장 제13조는 종교유적지에 대한 현상유지를 요구했다. 유대인들에게 오스만 시절에 허용되던 권리 이상을 허락할 근거는 전혀 없었다. 1928년 11월에 영국은 백서를 발표해 현상유지의 원칙에 따르겠다고 알렸다. 시온주의자들은 다시금 국제연맹에 매달렸으나, 연맹은 영국의 결정을 지지했다.[356]

1929년 1월에 챈슬러 고등판무관은 현상 유지 정책을 정확하게 실시하기 위해 집기의 허용 유무와 관련된 과거의 권리를 증명하는 기록을 제출하도록 지시했다. 무슬림 측은 즉각 제출한 반면, 유대 측은 거듭된 요청에도 불구하고 반년 넘게 어떤 기록도 제출하지 않았다. 그 사이 시온주의자 집행위는 영국이 유대인의 종교적 권리를 제한할 결정을 내릴 권한이 없다며 법적 이의를 제기하고, 유대인들은 계속해서 서쪽벽에 집기를 들고 왔다. 무슬림들은 백서를 집행하라고 정부에 항의했다. 하지만 챈슬러는 랍비장으로부터 유대 측의 기록이 접수되기 전에는 제지하지 않겠다는 뜻을 굳혔다. 나중에 소요가 발생한 뒤 사건을 조사한 쇼 위원회는 이 시점에서 백서대로 정책을 집행하였더라면 정치적, 인종적 문제에서 어느 정도 벗어날 수 있었을지도 모른다고 아쉬움을 표했다. 그러나 유대 측이 기록을 제출하지 않은 상황에서 고등판무관이 백서의 정책을 집행할 수는 없었다며 영국의 책임은 회피하는 한편, 계속된 요청에도 무응답으로 일관했던 랍비장의 행동만 문제 삼았다. 랍비들이 기록을 제출하지 않았던 이유는 문서를 제출하면 서쪽벽에서 기도드릴 권리가 있다는 "잘 알려진 진실마저도 약화시킬 수 있다"고 우려한 것으로 확인되었다.[357]

한편, 갈등이 소요로 치닫게 되는 배경에는 또 다른 주요한 쟁점이 있었다. 무슬림들은 이슬람 종교법원의 관료들이 지낼 숙소를 하람 내부에 짓고 있었는데, 1928년의 욤키푸르 충돌 이후 시온주의자 집행위가 공사 중단을 요구했다. 건물의 발코니가 서쪽벽 위에 걸쳐지는 형태라서 현상유지원칙에 위배된다는 이유에서였다. 하지만 이 발코니는 유대인들이 기도하는 장소와는 100m 이상 멀리 떨어져 있었다. 무슬림들은 이런 '트집'을 불쾌하게 여겼고, "유대인들을 성가시게 만드는 동시에 서쪽벽과 기도 공간, 그리고 주변 지역에 대한 소유권을 강조하려는 목적"으로 의심되는 보복을 벌였다. 기도 공간 근처의 건물에서 아잔을 낭송하고 예배당으로 사용한 것이다.[358]

챈슬러 고등판무관은 이 문제들이 유대인의 종교적 권리를 침해하는지 여부에 대해 본국의 법무관에게 해석을 의뢰했다. 법무관은 무슬림 당국이 발코니를 지어 서쪽벽의 외형을 변경하였으나 유대인들이 서쪽벽 앞에서 기도하는 권리를 침해한 것은 아니라고 해석했다. 용도를 변경한 집에 대해서도 유대인들이 통상적으로 기도하는 시간에 의도적으로 방해할 만한 행동을 하지 않는다면 문제가 없다고 결론 내렸다. 무슬림 측의 판정승이었다.[359] 챈슬러의 요청으로 아민은 그간 공사를 중지하고 있었으나 7월에 공사를 다시 시작했다. "거의 모든 종파의 유대 여론은 공사의 재개가 현상 유지 원칙을 위배하고 서쪽벽에 대한 유대인의 권리를 침해한 것으로 인식했다."[360] 언론에서 부정적 여론이 계속해서 표출되었고 8월 15일의 티샤 베아브(Tisha B'Av, 성전 파괴일)에 대규모 시위를 벌이기로 했다. 하루 전날인 14일부터 텔아비브에서 하가나 대원 등 6천 명이 시위를 벌였고, 서쪽벽을 "유대 국가의 건물"로 지칭한 결의안을 발표했다. 시위대의 일부는 다음날 열릴 시위에 참가하기 위해 예루살렘으로 이동했다. 15일에 유대인들은 서쪽벽에서 시온주의 깃발을 들고 애국가를 낭송했고, "서쪽벽은 우리 것이다."를 외치며 시위를 벌였다. 영국의 요청에 따라 아민은 서쪽벽 인근의 주민들에게 대응을 자제할 것을 사전에 당부했고, 시위는 충돌 없이 무사히 끝났다. 하지만 다음날 소식을 들은 2천여 명의 무슬림들이 서쪽벽으로 행진해 시위를 벌였고, 그곳에 있던 유대교 기도문과 기도서 등을 불태워버렸다.[361]

17일부터는 폭력 사태로 번지게 되었다. 예루살렘의 유대 청년들이 축구를 하다 공이 아랍인 농장으로 넘어갔는데, 공을 되찾는 과정에서 농장 주인과 언쟁이 일어났고, 급기야 청년 한 명이 칼에 찔렸다. 이후 다른 사람들까지 가세해 집단적 충돌이 일어나 15명의 아랍인과 11명의 유대인이 다쳤다. 곧 경찰이 출동해 아랍인 농장주를 체포해 갔으나, 성난 유대인 군중들은 경찰관을 공격하고 아랍인들을 무차별 폭행했다. 이후 며칠간 예루살렘의 유대인 동네에서는 아랍인들이 공격당하고 아랍 동네에서는 유대인들이 공격당하는 사태가 이어졌다. 칼에 찔렸던 유대인 청년은 20일에 숨졌고, 다음날 열린 장례식은 유대인들의 정치적 시위장이 되었다.[362]

그로부터 이틀 뒤인 8월 23일에는 금요기도를 위해 평소처럼 알아크사 모스크로 많은 무슬림들이 찾아왔다. 그런데 이들 중에 막대기나 몽둥이를 들고 있는 사람들이 있었다. 며칠 전부터 금요기도회 때 유대인과의 싸움이 있을 것이라는 소문이 돌았기 때문에 미리 준비를 해온 것이었다. 영국은 수많은 사람들로부터 무기를 압수하는 것이 불가능할 뿐만 아니라 압수하는 과정에서 충돌이 생길 것을 우려해 내버려 두었다. 이후 시작된 기도 연설에서 아민 등이 평화적인 취지로 설파했다. 그러자 일부 군중들이 연단에 올라와서는 연사들이 충실한 무슬림이 아니라고 비판했다. 기도가 끝나고 얼마 후 아랍인들은 유대인들을 공격하기 시작했다.[363]

미리 대비를 하고 있었던 덕분에 영국은 오후 중으로 소요를 빠르게 진압했다. 그래도 혹시 몰라 말타에 있는 해군과 이집트군에 지원을 요청하고 치안을 군대에 위임했다. 하지만 다음 날 아침에 이미 헤브론에서는 끔찍한 학살이 자행되고 있었다. 60명 이상의 유대인들이 살해당하고 50명 넘게 부상을 입었다. 사망자 중에는 여성과 아이들도 많았다. 아랍인들은 시나고그도 훼손하고 그들을 치료해 주던 유대인 병원까지 공격하고 약탈했다.[364] 1921년에 해이크래프트 위원회가 파악한 것처럼, 유대인에 대한 적개심이 무차별적이고 무분별한 수준으로 발전한 것이다. 비극을 더욱 안타깝게 만드는 사실은, 하가나가 헤브론의 유대인들을 보호해 주겠다고 제안했으나 아랍인 이웃과의 우호관계를 믿었기 때문에 거절했다는 것이다.[365] 소요는 나블루스, 베이산(Beisan), 야파, 하이파로 번지고, 일부 식민촌은 완전히 파괴당했다. 유대인들도 반격에 나서 야파에서는 이맘(Imam, 이슬람 지도자)을 포함한 7명의 아랍인을 살해하고, 예루살렘에서는 모스크와 이슬람 선지자들의 무덤을 훼손했다. 29일에는 사페드에서 아랍인들이 45명의 유대인을 죽였다. 불과 1주일 동안 133명의 유대인이 죽고 339명이 다쳤다. 아랍인들도 확인된 사망자 수만 해도 116명이나 되고, 부상자는 232명이었다. 사상자의 대부분은 영국의 진압 과정에서 발생했다.[366] 고등판무관은 소요를 비난하는 성명을 발표하며 10개월이 지난 지금에서야 백서대로 현상유지 정책을 실행하겠다고 공포했다.[367] 이후로도 서쪽벽 문제는 논란을 이어가다 1931년에야 비로소 의자나 벤치, 가림막 등을 가져올 수 없다는 결정을 영구화하는 법령이 포고되어 종지부를 찍는다.[368]

서쪽벽 소요는 팔레스타인에서 아랍과 유대 두 민족의 경계를 두드러지게 만드는 분수령이 되었다. 아랍인들에게선 더 이상 폭력을 규탄하는 모습을 찾아볼 수 없었다. 소요가 발생했을 때 무사 카짐과 아민, 라기브 등의 지도자들은 거리두기에 나섰으나, 영국군에 진압된 이후에도 대중의 열기가 가라앉질 않자 공동전선을 펼쳐 민중의 대변자로 나섰다. 아랍집행위는 가해자를 변론하고, 가족들을 위한 성금을 모금하고, 사형수를 의사로 기렸다.[369] 사망자의 다수가 시온주의자들이 아니었음에도 불구하고 애도는 없었다. 소요를 유대 공동체가 끼친 해악에 대한 정당한 저항의식의 발현으로 보기로 한 것이다. 영국이 유대 공동체를 시온주의자 기구의 기치 아래 하나로 통합시킨 부작용이었다.

종교적인 유대인들은 이전까지 아랍인을 적대하지 않았으나 이제는 등을 돌렸다. 랍비 블라우(Blau)는 우리 "하레디는 비종교적이고, 이단적이고, 배교자인 시온주의자를 싫어하지만, 비열한 아랍인을 그보다 백배는 더 싫어한다."라고 말하며 소요가 남긴 상처를 드러냈다. 아랍 유대인들은 당장의 상처보다는 오랜 평화의 역사를 좀 더 믿으려고 노력했다. 시온주의자들과 오랫동안 협력해 왔던 다비드 옐린(David Yellin)조차도 수백 년 동안 유대인들은 "아무런 걱정 없이 완전히 안전하게" 서쪽벽을 오갔고, "이슬람이 다른 종교 집단에 관용적이라는 명성은 올바르다."라고 무슬림들을 두둔했다. 그러곤 "우리의 새로운 정치인들이 갑자기 종교를 가지게 되고 무슬림 공동체를 도발하기 위해 신앙의 수호자가 되었다."라며 시온주의자들을 신랄하게 비판했다. 하지만 이들도 오래지 않아 시온주의자 진영으로 기울어진다. 배타적으로 변한 아랍인들에게 대항하려면 힘을 합칠 수밖에 없었던 것이다.[370]

두 민족 국가를 주장하던 시온주의자 단체 브리트 샬롬은 커다란 타격을 입었다. 의장이었던 루핀을 비롯해 여럿이 아랍인과의 평화가 불가능하다고 보고 탈퇴했다. 남은 이들은 유대인이 다수 인구가 되는 것을 포기하는 방향으로 미래를 그렸다. 그러나 다른 시온주의자들에게 공감을 사지 못한다는 것을 알고 있어서 비공개로 하였고, 자연히 몰락의 길을 걸었다. 1933년에 브리트 샬롬은 공식적으로 해체된다.[371]

돌발적으로 발생한 이전의 소요들과는 달리 서쪽벽 소요는 1년 가까이 종교적 갈등을 긴장시키다 폭발한 사건이었다. 비록 사건 초기부터 시온주의자 기구는 무슬림 성지를 훼손할 의도가 없다는 성명을 발표했으나 우려를 불식시킬 수 없었다. 쇼 위원회는 무슬림들이 성지의 소유권을 유대인에게 빼앗기거나 혹은 그 이상의 위협을 느꼈을 만한 이유가 있다고 보았다. 예를 들어, 아랍 측이 제출한 여러 증거 중에는 뉴욕에서 발행된 유대 신문이 있었는데 거기에는 바위돔에 히브리어가 새겨져 있는 그림이 있었다.[372] 랍비장 쿡(Kook)은 많은 유대인들이 성전산에 유대 신전을 세우고 싶어 한다는 것이 사실이라고 시인했다. 다만, 메시아가 임할 때까지는 그런 일이 일어나지 않을 것이라는 자신의 종교적 신념도 덧붙였다.[373]

쇼 위원회에 따르면, 성지를 잃게 될지도 모른다는 불안감은 분명 종교적으로 신실한 많은 무슬림을 충동하고 갈등을 키웠지만, 소요를 일으킨 동기라고 보기는 어려웠다. 아랍인들은 유대인에게 종속당하고 종국에는 팔레스타인에서 쫓겨나게 되는 미래를 염려하고 있었다. 만석 기차에 새로운 사람이 올라타면 누군가는 내려야 하듯이, 이주가 계속되면 토지와 일자리를 잃고 고향을 떠나게 된다고 본 것이다. 이런 불안과 불만은 한계에 직면해 소요의 형태로 결국 폭발했고 서쪽벽은 "인종적 자부심과 야망의 상징"으로서 이를 점화한 계기에 불과했다.[374]

아랍인들은 "전쟁 이전에는 설사 우호적이진 않을지라도 적어도 관용의 정신으로 (유대인과) 함께 살아갔다." 하지만 전후에는 독립이 좌절되어 실망할 뿐만 아니라 벨포어 선언으로 정치적 위협을 느꼈고, 끝이 보이지 않는 엄청난 재력으로 무장한 유대인들이 대규모로 이주해 오는 걸 보며 경쟁에서 이길 희망을 찾기 어려웠다. 과거와는 달리 이주가 아랍인들 개개인에게 물질적 혜택을 가져오는 일도 거의 없었다. 이주자들은 아랍인의 일자리를 대체했고 비옥한 토지가 계속 팔려나가 소작농이 추방당했다. 경제적 어려움은 곧 공동체의 존속을 걱정하는 정치적 문제가 되고, 유대 이주를 통제할 수 있는 자치정부를 열망하게 되었다. 만약 시온주의자들이 이런 우려를 덜어주는 방향으로 행동했더라면 지금 같은 결과를 피할 수 있었을지도 모르나, 오히려 약속받은 민족의 고향 이상을 추구하며 이주자를 늘리기에만 급급해 불경기까지 초래했다. 그 결과로, 관용의 정신은 사라지고 "인종적 반감"이 발전해 소요가 일어나게 된 것이다. 즉, 소요의 근본적인 원인은 아랍인들의 "정치적, 민족적 열망의 좌절"과 "경제적 미래에 대한 불안"이 상호작용으로 낳은 "폭력적인 인종적 감정"이었다.[375]

위원회는 구체적으로 유대 이주와 토지 갈등, 그리고 자치 권한에 대한 불만이 소요에 긴밀하게 영향을 끼쳤다고 보았다. 우선, 유대 인구는 현재 전체 인구의 17%를 차지하고 있었다. 만약 앞으로 연간 1만 5천 명 이상의 유대인들이 이주해 온다면 1970년 이전에 아랍 인구를 초과할 것으로 예측되었다.[376] 시온주의자 집행위의 의장 해리 자허(Harry Sacher)는 유대 이주에 어떤 제한도 있어서는 안 된다고 주장하며 "팔레스타인 땅에서 유대인이 다수 인구가 되는 결과"를 소망한다고 솔직히 말했다. 수정주의자 진영의 지도자인 자보틴스키 역시 "민주주의 원칙에 입각해 언제나 유대인의 관점이 우세할 수 있도록 유대 인구를 팔레스타인에서 다수"로 만드는 게 목표라고 밝혔다.[377]

영국은 민족의 고향을 만들기 위해 얼마나 많은 유대 인구가 필요한지 혹은 다수가 되어야만 하는지에 관해서는 정책적 목표를 밝히지 않았다. 1922년의 처칠 백서는 단지 유대 이주가 팔레스타인의 경제적 수용력을 초과하지 않아야 하고 기존 인구의 고용의 기회를 박탈해서는 안 된다는 점을 주요 원칙으로 삼았다. 그러나 위원회는 지난 7년간 이 두 가지 조건이 지켜지지 않았다고 인정했다. 소위 자산가로 분류되어 무제한으로 이주해 온 유대인들은 집을 짓는 것만으로도 자산을 탕진해 버려서 곧장 일자리 시장에 뛰어들어 경쟁을 늘렸고, 구인 공고가 난 일자리에 지원하는 이주희망자는 능력보다 정치적, 사상적 신념을 우선하여 선별되었다. 그러므로 이주 정책이 팔레스타인의 경제적 필요성에 따른 것이 아니라 정치적 논리로 집행되고 있다는 비판을 피할 수 없었고, 유대인의 지배를 받게 될 것이라는 염려는 사라지지 않았다.[378]

상다수의 아랍인은 이주에 반감을 가졌다. 비록 "유대인의 이주로 물질적

이득을 보고 있는 아랍인도 많이 있지만, 한 민족으로서 팔레스타인의 아랍인들은 대규모 이주를 1927-28년의 불행한 사건과 연결 지어 보기 마련이다. 납세자들이 유대 이주자를 지원해야 했다는 주장은 의심할 여지없이 이 시기에 널리 신뢰를 얻었고, 실업자를 부양하는 비용의 상당수가 시온주의자 기금에서 나왔다는 사실은 아랍 농민들에게 알려지지 않았거나, 혹은 알려졌더라도 깊은 인상을 남기지는 못한 듯하다." 소요가 일어나기 직전에 열린 제16차 시온주의자 대회는 이주를 늘리도록 정부에 요구하고, 시온주의자 집행위를 유대인 기구로 명칭을 바꾸고 자본가 등의 비시온주의자들을 포함시켜 확장하기로 결정했다. 이 소식을 들은 아랍인들은 "의심할 여지없이 1927년과 1928년의 불경기와 고통이 반복될 거라고 예상했을 것이다. 시온주의자들의 궁극적인 목적이 팔레스타인에 유대 인구를 다수로 만드는 것이라는 믿음은 공포심을 더욱 부풀렸을 것이다."[379)]

이주가 계속되면 팔레스타인에서 추방당하게 될 것이라는 걱정도 토지 문제를 들여다보면 합당했다. 식민화는 에스드라엘론 평원과 해안가의 비옥한 토지에서 집중적으로 이루어지고 있는데, 농민들로부터 사들인 땅은 거의 없고 90% 이상이 지주, 특히 부재지주들이 소작을 맡겨놓은 땅이 대부분이었다. 팔레스타인 정부는 소작농이 경작을 계속할 수 있도록 보호하려고 노력했다고 주장하며, 그 예로 토지를 판매할 때 정부의 허가를 받고 소작농에게는 가족의 생계를 유지할 수 있는 충분한 규모의 다른 땅을 지급하라는 법령을 1921년에 제정한 것을 들었다. 그런데도 소작농이 추방당한 이유가 무엇이냐고 질의하자 이 법을 실제로 적용한 사례는 단 한 건도 없다고 시인했다. 지주나 시온주의자들이 소작농에게 약간의 보상금을 주고 쫓아낸 뒤 한참이 지나서야 거래 결과를 보고하기 때문이라는 이유에서였다. 위원회는 이런 해명이 적절치 않다고 판단했다. 정부는 분명히 시온주의자들의 행동을 알면서도 내버려 두고 있었다. 더군다나, 갈등이 커져서 소요가 일어나기 불과 한 달도 남지 않은 시점인 1929년 7월 말에 개정한 법령은 되려 소작농을 추방하기 쉽게 만들었다. 새 법에 따르면, 2년 이상 경작한 소작농을 추방할 때는 1년 전에 사전 고지를 하고 관련 위원회를 설립해 보상 규모를 합의하면 된다. 만약 5년 이상 경작한 소작농이라면 한 해 소작료만큼의 금액을 추가로 지급하면 된다.[380] 이에 대해 쇼 위원회는 이렇게 비판했다.

> (소작농의 경작권을 보호한다는) 취지를 달성하기에 효과적이지 못하다는 것이 증명됐는데도 법을 개정하려고 노력하기까지 그렇게나 많은 시간이 흘렀다는 게 놀랍다. … (심지어) 새로운 법은 추방당한 이들에게 "가족의 생계를 위한 충분한 토지"를 조금도 보장하지 않는다. 즉, 지금 현재 생계를 의존하며 경작하고 있는 토지가 자신들의 의사와는 무관하게 매매되어 추방당하는 사람들의 수를 줄이는 효과가 있을 것으로 보기는 어렵다.[381]

토지 문제는 경작 가능한 유휴지가 남아 있지 않다는 점에서 굉장히 심각했다. 위원회가 조사할 당시에 와디 엘 하와레스(Wadi el Hawareth) 지역에서는 소작농들이 터전을 잃고 갈 곳이 없어 전전하고 있었다. 유대민족기금이 부재지주로부터 3만 두넘의 토지를 매입한 후 1,200명의 소작농과 그 가족들까지 도합 6천 명에게 1929년 10월 1일까지 나가라고 지시했기 때문이었다. 유대민족기금은 다른 지역에 있는 관개가 가능한 5천 두넘의 땅을 20%의 소작세로 3년 동안 임대해 준다는 제안을 했으나, 농민들은 관개 기술을 모르는 데다가 지금 기르고 있는 2-3천 마리의 가축을 먹일 목초지가 없어서 거부했다. 소작농들이 나가지 않자 11월 30일에 정부는 시온주의자들을 위해 추방명령을 내렸다. 그러나 위원회가 조사를 마치고 영국으로 돌아가는 12월 말까지도 정착시킬 땅을 찾을 수 없어 강제로 이주시키지 못하고 있었다.[382]

위원회는 팔레스타인이 더 이상 이주자를 받아들일 여분의 토지가 없는 현실을 직접 계산했다. 곡물 경작을 기준으로 볼 때 5인 가구는 100에서 150두넘이 있어야 생계를 유지할 수 있는데, 유대인이 소유한 땅을 제외한 경작이 가능한 모든 토지를 아랍 농촌 가구 수로 나눠도 가구당 109두넘만 가질 수 있었다. 식민촌의 유대인들도 평균적으로 가구당 130 두넘만 소유하고 있어 결코 넉넉한 상황이 아니었다. 따라서 "농업기술이 급격히 변화하지 않는 한, 현재 수용 중인 인구보다 더 많은 농업 인구를 수용할 수는 없다."는 결론이 나왔다. 비록 노동집약적인 방식과 관개를 도입해서 미래에는 생산성을 개선할 가능성은 있지만, 그때까지는 이주자들이 땅을 매입할 때마다 기존의 농민들이 토지 없는 계층으로 전락하게 되는 결과를 낳을 수밖에 없었다. 이는 "그 자체로 바람직하지 않을뿐더러, 소요의 원인이 될 수 있는 것"이었다.[383]

자치권을 요구하는 정치적 열망 역시 소요를 일으키는 데 영향을 끼쳤다. "맞든 아니든, 아랍인들은 헨리 맥마흔 경의 독립 약속이 팔레스타인을 포함한다고 이해"했기 때문에 하원에서 6석을 대표했던 오스만 시절보다 낮은 수준의 자치권이 부여된 것에 불만을 가졌다. 위원회가 생각키에는 영국의 통치로 개선된 점도 있고 입법부가 구성되지 못한 것은 선거를 파업한 아랍 지도자들의 책임이지만, 아랍인들은 설령 의원을 선출했더라도 과거와 비견될 만한 권력을 가지지는 못한다고 비판했다. 게다가 위원회가 보기에도 "절대다수의 민족은 정부와 소통할 수 있는 공인된 채널이 없는 반면 다른 소수 인종은 정부와 긴밀하고 공식적인 관계를 가지고 자기 이익을 위해 영향력을 행사할 수 있는" 작금의 상황은 아랍인들이 자치권을 요구할 동기가 충분하다고 할만했다.[384]

주변 아랍 지역들은 이제 자치권이 점진적으로 개선되어 주민들이 선출한 정부를 구성하고 있었다. 그러므로 밸포어 선언이 없었다면 팔레스타인도 같은 수준의 자치권을 인정받았을 것이라는 확신이 강해졌고, 이런 분노가 유대인을 향하면서 소요가 일어났다. 시온주의자들은 아랍 인구의 다수를 구성하는 농민들은 사실 정치에 아무런 관심도 없고 단지 지배 계층에 현혹되어 자치권과 반시온주의 구호를 외칠 뿐이라고 주장했으나, 위원회는 믿지 않았다. 주민들과 직접 만나보고 들은 것이 팔레스타인 문제를 이해하는 데 가장 큰 도움이 되었다고 말할 정도로 위원회는 현지의 목소리를 귀 기울여 들었다. 덕분에 대의정부를 요구하는 목소리가 명사나 지식인들로 한정된 것이 아니라 농민을 포함한 모든 민중으로부터 나온다는 것을 알 수 있었다.[385]

> 우리가 팔레스타인에서 경험한 바로는 농민들이 정치에 개인적인 관심이 없다는 주장은 근거가 없다. 우리가 방문한 곳에 직접 가보았거나, 촌장이나 장로(sheikh)가 연설할 때 많은 구절에 주민들이 환영하며 손뼉 치는 소리를 들어보았다면, 마을사람과 농민들이 민족의 고향 건설 정책의 영향과 팔레스타인의 자치기구 발전 문제 모두에 하나같이 매우 진지하고 개인적으로도 관심을 가

진다는 사실을 누구도 의심할 수 없다. 14개 이상의 아랍 신문이 팔레스타인에서 발행되고 있고, 거의 모든 마을에는 문맹인 주민을 위해 모임에서 신문을 낭독해 주는 사람이 있다. 농지를 경작할 수 없는 시기에 다른 일거리를 찾지 못한 주민들은 정치를 논의하고, 모스크에서 열리는 금요기도회 연설에서도 흔히 정치적 문제를 다룬다. 그러므로 아랍 농민과 주민들은 많은 유럽 주민들보다 정치적 의식이 높을 것이다.[386]

유대 언론에 비해 상대적으로 아랍 언론은 호전적이고 갈등을 부추기는 방향으로 대중을 충동질했다. 그렇지만 시온주의자들의 주장처럼 소요가 아랍 지도자들이 사전에 계획해 벌인 짓은 아니었다. 아민은 무프티의 지위를 이용해 서쪽벽의 갈등을 심화시킨 책임은 있으나, 어디까지나 유대인들을 성가시게 만들고 서쪽벽에 대한 무슬림의 소유권을 강조하려는 의도 이상은 없었다. 시온주의자들은 소요를 부추기는 격문이 아민의 이름으로 서명된 것을 근거로 제시했으나 위조된 서명이었고, 헤브론을 비롯해 소요가 심각했던 도시들은 반대파의 영향력이 강한 곳이었다. 여러 영국인 관리들은 아민이 소요가 발생한 직후부터 질서를 유지하려고 노력했다고 증언했고, 실제로 그의 영향력이 강한 남서부 지역에서는 피해가 가장 적었다. 만약 아민이 소요를 부추겼다면 사태가 훨씬 더 심각했을 것이 분명했다.[387]

쇼 위원회는 평화를 되찾으려면 영국이 시온주의 정책에 대해 명확하게 진술해야 한다고 강하게 권고했다. 특히, 민족의 고향을 건설하되 비유대 인구의 권리를 해치지 않아야 한다는 "이중적 속성"에 대한 설명이 절실했다. 아랍 측은 비유대 인구의 권리가 지켜지지 않는다고 불평하지만, 유대 측은 민족의 고향이 우선이고 비유대 인구의 권리 보호는 부차적인 조건에 불과한 것으로 치부하고 있었다. 그래서 농민이 추방되는 것을 막기 위해 이주와 토지 매매를 제한하면 민족의 고향을 등한시한다고 유대 측의 항의를 받게 되고, 반대로 하면 아랍 측의 항의를 받는 상황이었다. 그러므로 비유대 인구의 권리 보호에 관한 입장이 무엇인지를 명확하게 밝힐 "시급한 필요성"이 있었다.[388]

아울러, 이주에 대한 규제와 통제를 어떻게 할 것인지도 명시적으로 알리길 권했다. 과도한 이주는 막아야 하고, 정치적, 사상적 신념에 따라 이주 노동자를 선별하는 방식도 개선하고 이주와 관련해 비유대 인구의 이익을 대변해 줄 기구나 제도도 필요했다. 토지 문제에 대해서는 무엇보다도 전문가가 토지 생산성의 증대 가능성을 정밀하게 조사하고 이에 따라 정책을 수립해야 한다. 농민들이 더 이상 추방당하지 않도록 해결책을 세우고, 농업융자처럼 가난한 경작자를 지원하는 제도도 추천했다. 앞으로 자치권을 언제 어떻게 늘릴지에 대해서는 의견을 삼갔으나 자치권이 조금도 진전이 없는 현 상황에서는 통치가 매우 어렵다고 강조했다. 끝으로 시온주의자 기구가 정부에 간섭할 권한이 없다는 점을 재확인하고, 헌장 4조가 부여한 조언 등의 기능이 무엇인지를 정확히 정의해야 한다고 권고했다.[389]

지금까지 살펴본 바와 같이, 쇼 위원회는 앞선 두 위원회와 마찬가지로 밸포어 선언과 이에 근거한 시온주의 정책으로 갈등이 악화되었다는 것을 인정했다. 소요는 시온주의자들이 주장하는 것처럼 소수의 아랍 지도자들이 탐욕으로 농민을 충동질해서 일으킨 것이 아니며, 거의 모든 아랍인이 시온주의 정책에 불안과 위협을 느끼고 반발하고 있다는 점에서도 의견이 일치했다. 시온주의자들이 아랍인과 화합하려 노력하지 않고 자신들의 야망을 충족시키려고 당국을 조종한다는 사실에 대해서도 이견이 없었다. 그러나 앞선 두 위원회가 시온주의자들의 태도를 날카롭게 비판한 반면, 쇼 위원회는 영국의 모호한 정책이 그런 빌미를 주고 있다는 보다 근본적인 문제점을 지적했다는 차이가 있었다. 야파 소요 이후로 충분히 정책을 개선할 시간적 여유가 있었는데도 더 심각한 유혈사태가 발생한 것이기 때문에 영국의 잘못을 감출 수가 없었던 것이다. 이제는 시온주의자들의 행동이 개선되길 가만히 기다리는 것이 아니라 영국 스스로 비유대 인구의 권리를 보호하는 방향으로 정책을 바로잡아야 했다. 문제는 과연 그런 의지가 영국에 있느냐였다.

3.3. 유대 이주에 제동을 걸다.

소요가 일어나고 얼마 후 챈슬러 고등판무관은 정치권을 넘어 하층민들 사이에서까지 영국에 대한 적대감이 자리 잡고 있다며 자치권에 변화를 주어야 한다고 식민부에 보고했다. 나아가 1930년 1월에는 더 이상 임명직 의회를 구성하는 걸로 반발을 재울 수 없으니 1922년의 선거직 의회안을 되살리고, 이주와 토지 매매를 규제하고, 위임통치헌장에서 시온주의자들에게 특혜를 인정한 조항들(2, 4, 6, 11조)을 수정하자는 파격적인 제안을 했다. 한 마디로, 헌장에서 시온주의의 색채를 지우자는 것이었다. 심지어 헌장이 연맹규약에 위배된다는 사실까지도 솔직하게 인정했다. 그간 아랍인들의 정치적 의식을 얕잡아보고 무사안일했던 태도를 뒤늦게나마 반성한 것이 틀림없었다. 패스필드(Passfield) 장관을 비롯해 식민부는 처음에 부정적으로 반응했으나, 쇼 위원회의 조사 결과를 보고 나서는 어느 정도의 변화는 필요하다고 공감하게 된다.[390]

쇼 위원회의 보고서는 1930년 3월 말에 발표되었다. 이에 맞춰 아랍집행위는 무사 카짐과 아민, 라기브 등으로 구성된 대표단을 런던으로 파견했고 '완전한 독립'을 요구하도록 당부했다. 그러나 협상을 성공으로 이끌고 싶었던 대표단은 패스필드 식민부장관에게 밸포어 선언을 인정하는 위임통치의 틀 안에서 민족 정부를 구성하는 온건적인 안을 제안했다. 그럼에도 불구하고 영국은 거부했고 협상은 실패로 끝났다. 다만, 이주와 토지 문제에 대해서는 여지를 남겨 대표단을 조금이나마 만족시켰다. 식민부는 쇼 위원회의 제안에 따라 이 문제를 추가적으로 검토할 홉 심슨 위원회(Hope-Simpson committee)를 파견해 결과를 기다리는 중이었다. 만약 경작 가능한 유휴지가 없고 단기간에 생산력이 향상되기 어렵다는 게 입증된다면 이주를 잠정적으로 중단하고 토지 매매도 규제할 의향이 있었다.[391]

홉 심슨 위원회의 정확한 과업은 토지와 이주, 개발 문제를 조사하는 것으로, 즉 팔레스타인이 유대 이주자를 추가적으로 수용할 '경제적' 여력이 있는지를 확인하는 것이었다. 위원회가 가장 먼저 점검한 것은 토지 면적이었다. 그동안 정확한 측량이 실시된 적이 없었기 때문에 팔레스타인의 전체 면적은 얼마인지, 그중 경작이 가능한 곳은 얼마나 될지에 대해서 의견이 매우 분분했다.[392] 앞서 쇼 위원회는 토지국에서 추정한 수치인 1,100만 두넘에서 경작이 가능하다고 계산했다.[393] 그러나 홉 심슨 위원회가 조사할 무렵에는 측량이 어느 정도 이루어졌고, 전체 2,700만 두넘의 영토[394] 중 겨우 654.4만 두넘에서만 경작이 가능하다는 중간보고가 나왔다.[395] 이후 최종 결과값도 이와 크게

다르지 않은 712만 두넘으로 확인되었다.[396]

경작이 가능한 면적이 적을수록 이주가 제한되기 쉽기 때문에 시온주의자들은 이 수치를 공개적으로 인정하지는 않았다. 그들은 새로운 수자원을 발견하거나, 막대한 자본을 투자하고 신기술을 도입하면 경작이 가능한 지역을 얼마든지 늘릴 수 있다는 원론적인 비판만 제기했다. 그러나 이러한 변화는 단기간에 크게 일어날 수 없기 마련이다.[397] 당연히 시온주의자들도 이를 잘 알고 있었기 때문에 뒤에서는 은밀히 추방정책을 해결책으로 논의했다. 바이츠만에 따르면, 쇼 위원회의 보고서 발표를 앞둔 1930년 3월 6일에 패스필드가 토지 없는 농민의 수를 줄여야 하고 트랜스요르단이 답이 될 수도 있다고 먼저 운을 띄웠다. 바이츠만은 아랍인들이 재정착할 수 있도록 백만 두넘의 토지를 사서 개발시키자고 화답했다. 이는 한 개인의 의견이 아니었다. 바이츠만은 시온주의자 기구의 의장이자 유대인 기구 집행위의 의장이었고 이후 수개월 간 몇몇 동료들과 논의를 이어간 후 구체적인 계획서까지 제출했다. 하지만 뒤늦게나마 아랍인들이 시온주의에 강하게 반대한다는 것을 알게 된 패스필드가 거부했다.[398]

1930년에 유대인들은 약 115만 두넘의 토지를 소유하고, 추가로 8만 두넘이 조금 넘는 토지를 추가로 매입 중이었다. 양자를 합치면 팔레스타인 전체 면적의 4.5%로 매우 과소해 보인다. 하지만 경작이 가능한 지역만을 계산하면 약 105만 두넘으로 전체의 16%가 넘는다. 이 수치의 의미를 제대로 이해하기 위해서는 인구비를 살펴볼 필요가 있다. 1930년에 유대 인구는 16만 명으로 17.1%를 구성하지만 농업 식민촌 거주자는 3만 6천 명에 불과했고, 농부는 그중 절반인 1만 8천 명에 그쳤다. 반면, 78만 명의 아랍인들은 48만 명이 농촌에 살고 그중 34만 명이 농사를 지었다. 만약 유대인이 소유하지 않은 모든 토지에서 아랍인들이 경작한다고 가정하더라도 실제 농업 인구를 기준으로 비교하면 유대인들이 아랍인보다 1인당 3.5배 이상 많은 경작지를 차지하고 있는 것이다. 게다가 대부분의 땅은 에스드라엘론 평야 등 비옥한 지대에 위치했다.[399]

만약 아랍인들이 먹고살기에 충분한 토지가 남아 있다면 유대인들이 경작지를 얼마나 가졌느냐는 적어도 '경제적'으로는 큰 문제가 되지 않았을 것이다. 그러나 유대인 소유지가 아닌 모든 경작지를 아랍 농민들이 균등하게 나눠가진다고 가정해도 5.5인으로 구성된 한 가구당 91.9두넘만을 가질 수 있었다.[400] 대부분의 지역에서 농업으로 생계를 유지하기 위해서는 최소한 130두넘이 필요한데 이에 크게 미치지 못하는 것이다.[401] 위원회는 104개의 표본 마을에서 살고 있는 23,537가구(약 13만 명, 농촌 인구의 27%)의 경제 실태에 대한 연구 결과를 인용해 농촌의 실정을 보다 자세히 설명했다. 표본 마을에서 토지를 소유한 가구는 총 16,633가구(70.6%)이며, 그중 11,156가구(47.4%)는 120두넘 이하를 가지고 있어 농사만으로는 수입이 부족했다. 그래서 단 한 가구도 예외 없이 농사와 병행할 수 있는 다른 일자리를 구했다. 120두넘 이상 240두넘 이하를 소유한 3,251가구(13.8%) 중에서도 절반 이상은 추가적인 생계수단을 찾았다. 토지가 전혀 없는 6,940가구(29.5%)는 마을 안팎에서 노동을 했는데, 상당수가 농사를 짓다가 토지를 잃은 농민들이었다.[402]

표 8 1930년의 농촌 경제의 실태(104개 표본 마을)

토지 소유 현황	가구 수	비율	생계수단	비고
240두넘 이상	2,190	9.3%	농업	-
120–240두넘	3,251	13.8%	농업 + α	α는 1,626가구 이상
120두넘 이하	11,156	47.4%	농업 + α	-
없음	6,940	29.5%	기타	-
합계	23,537	100%	-	19,722가구(83.8%)가 비농업직 종사/병행

위원회는 확인 가능한 모든 정보가 아랍 농민들이 "극히 위태로운 상황"에 처해 있다는 것을 보여준다고 말한다.[403] 표본 마을에서 가구당 평균 토지 소유 면적은 75두넘인데 여기서 거둔 연평균 수입은 48팔레스타인 파운드(£P, 이하 파운드)였다. 이중 생산비로 16.5파운드, 세금으로 5.1파운드를 지불하고 남는 순소득은 26.4파운드다. 만약 소작농이라면 소작료(30%)도 내야 해서 15파운드만 수중에 남는다.[404] 그런데 6인 가구의 생활비가 26파운드니 사실상 농사만 지어서는 생계를 유지하는 게 불가능하다. 주민들은 일용직 노동을 하거나 미국으로 이주한 가족이 송금해 준 돈으로 벌충하려고 노력하지만, 그걸로도 모자라 대다수는 대출에 의존해야만 했다. 조사 결과 가구당 평균

27파운드의 빚이 있었고, 대출 이자(30%)로만 8파운드 이상을 갚아야 해서 생계는 해가 갈수록 악화되는 실정이었다.[405] 설상가상으로 1930년에는 미국발 대공황의 영향으로 곡물 가격이 급감했다. 이제는 75두넘의 토지를 가진 자작농의 순소득이 고작 8.85파운드, 소작농은 2.7파운드로 추정되었다.[406] 위원회는 "계급으로서의 농민 인구는 절망적으로 파산했다."는 결론에 도달할 수밖에 없었다.[407]

더 이상 대출이자를 감당할 수 없게 된 수많은 농민들이 소송을 당했다. 1929년 한 해 동안 하이파지구에서는 전체 가구 수의 64.2%에 해당하는 8,701건의 빚 소송이 제기되었다. 1930년 1-2월 두 달 동안에는 야파와 하이파지구를 제외한 팔레스타인 전체에서 599명이 빚을 갚지 못해 수감되었다.[408] 만약 야파와 하이파에서도 인구당 수감자 비율이 같고 한 해 동안 같은 추세가 이어졌다고 가정한다면, 100가구 중 2.5명꼴로 수감된 것이다.[409] 세금 징수도 제대로 이뤄질 수 없었다. 곡물 가격은 반감했는데 경작세(10%)는 과거에 산정된 금액 그대로라서 이제는 수확물의 20%를 팔아야만 세금을 지불할 수 있었다.[410] 안 그래도 소득이 감소한 농민들로서는 갑작스레 오른 부담을 감당할 수 없었고 1930년에 경작세의 46.7%가 체납되었다. 또 다른 농업세인 토지건물세의 체납률은 그보다도 높은 68.7%였다. 두 세금의 전체 체납액 중 4분의 3은 아랍 농민, 나머지는 유대인에 의해 발생했다.[411] 위원회는 농민들이 매우 빈곤하니 모든 종류의 세금을 적어도 50% 이상 감면해야 한다는 야파지구의 관료의 말을 인용하며 곳곳에서 이런 불만과 제안이 나오고 있다고 설명했다. 그러므로 조세제도를 개편할 때까지 경작세를 완전히 면제하거나 적어도 절반은 감면하기를 권고했다.[412]

농촌의 몰락은 결코 농민들의 잘못으로 비롯된 것이 아니었다. 비록 아랍 농가가 발전을 못하는 핵심적인 이유로 공동경작이 손꼽히고 1930년 현재도 여전히 46%의 농촌에서 공동경작을 하지만, 공권력의 개입 없이는 해결하기 어려운 문제였다. 위원회는 1923년에 강제 구획화와 등기비와 측량비, 토지건물세의 감면 등이 해법으로 제시됐는데도 정부가 아무런 조치를 취하지 않은 것에 유감을 표했다.[413] 위원회가 파악하기론 아랍 농민은 일반적으로 똑똑하고 근면성실했다. 예를 들어, 전체 40만 두넘 중 93%가 경작이 가능할 정도로 비옥한 에스드라엘론 평야에서 "많은 유대 식민촌의 경작세는 과거에 그 마을에서 경작한 아랍인들이 지불하던 액수보다 크게 감소"했다.[414]

> 에스드라엘론 평야가 유대 정착민들이 도착하기 전에는 황무지였는데 이제는 낙원이 되었다고 생각하는 것은 잘못되었다. 다양한 유대 기관들에 의해 막대한 양의 자본이 투입되고 큰 개선이 이루어졌다. ... 그러나 추방된 빈곤한 농민들이 이 땅에 쓸모없는 방해자였고 아무것도 창출해내지 못했다는 주장이 계속해서 제기되는 것은 부당하다. 이런 주장이 사실이 아니라는 것은 매우 명백하다. 고대에 에스드라엘론은 곡물 저장고였고 아랍인들은 팔레스타인에서 가장 비옥한 토지로 여겼다.[415]

아랍 농민들은 생활 수준을 향상시키려고 열심히 노력했다. 산악 지대에서는 너무 협소해서 쟁기로 갈기 어려운 땅마저도 경작하고 있었다. 하지만 빚을 갚거나 세금을 내기 위해, 또는 생계를 유지하려고 어쩔 수 없이 토지를 조금씩 팔아야 했고 그렇게 경작지 면적이 감소할수록 수입 역시 줄어들었다. 더군다나, 징병제의 폐지 등으로 인해 과거보다 인구가 빠르게 증가하면서 가족 간에 나눠가질 수 있는 토지 면적이 더욱 줄어들었다. 소작료도 올라가 소작 농가의 생계는 더욱 어려워졌다. 유대인이 경매로 내놓은 어느 토지의 임대료는 3년 사이에 두 배 넘게 오른 가격으로 낙찰되었다. 만약 농민들이 "더 나은 기술을 배울 기회나 자본이 있었더라면, 현재의 처지를 급속히 개선할 수" 있었을 것이다. 예를 들어, 산악지대의 척박한 땅들은 과수원예에 적합했다. 하지만 열매가 열릴 때까지 4-5년을 기다리며 먹고살 돈이 필요했기 때문에 대다수의 농민들에게는 선택지가 될 수 없었다. 관개를 도입하는 것 역시 생산량을 증대하는 효과적인 방법이지만 기술력과 자본이 필요했다.[416]

3장에서 보았듯이, 시온주의자들은 아랍인에게 부족한 자본과 기술, 바로 그 두 가지를 제공하기 위해 이주해 오는 거라고 선전했었다. 반세기 가까이 지난 지금, 그들은 실제로 도움을 주었을까? 팔레스타인에서 식민 사업을 수행하는 유대 기관은 여러 개가 있는데 그중 1924년에 유대식민협회에서 분리 독립한 팔레스타인 유대식민협회(Palestine Jewish Colonization Association, 이하 식민협회)와 시온주의자 기구의 규모가 가장 컸다.[417] 위원회는 식민화가 아랍인들에게 도움이 되었다고 소개되는 모든 사례는 1920년 이전에 유대식민협회가 지은 식민촌뿐이라고 지적했다. "식민협회의 과거 정책으로만 평가하자면, 식민촌의 건설이 아랍인들에게 대체로 이익이 된 것은 분명하다." 많은 아랍인을 고용해 수입을 늘려주었고, 개선된 경작 방식을 보고 배울 수 있는 기회를 제공하거나 인근의 아랍 농촌의 발전을 직접 도운 사례도 많았다. 아랍 노동자와의 관계도 양호했다. "유대인 집의 베란다에 앉아있는 아랍인을 보는 것은 흔한 광경이었다."[418]

반면, 시온주의자 기구가 세웠거나 후원하는 식민촌에서는 이런 모습을 찾아볼 수 없었다. 유대인 기구의 정관에 따르면, 유대민족기금이 매입한 토지는 "유대 민족의 양도 불가능한 자산"이므로 반드시 "유대 노동자만을 고용해야 한다." 만약 이를 위반하고 아랍 노동자를 고용하거나 소작을 맡기는 농장주가 있다면 벌금 등의 처벌을 가했다. 그러므로 시온주의자 기구 산하의 식민촌은 아랍인들에게 어떤 직접적인 혜택도 주지 않고 관계를 개선할 기회도 없었다.[419] 게다가 농사를 지으려는 유대인을 찾기가 힘들고 이주자를 위한 생활 설비 등을 새로 짓기 위해 많은 예산이 필요하다 보니 지금까지 27만 두넘을 매입해 놓고도 절반이 넘는 15만 두넘 이상을 유휴지로 방치해 두었다. 아랍인들은 먹고 살 토지를 구할 수 없는 와중에 에스드라엘론 평야에 있는 3만 두넘의 유대 토지에는 잡초가 무성하게 자라났고, 그로 인해 들쥐가 창궐해 인근의 아랍과 유대 농지에 광범위한 피해를 입혔다. 상황이 이런데도 유대인 기구는 아랍인들이 경작 중인 곳을 포함한 모든 국유지를 넘겨달라고 정부에 요청했다.[420] 1930년에 브엘셰바 이남의 사막을 제외한 국유지의 총면적은 959,000 두넘으로, 약 70%가 아랍 농민에게 임대되어 있었고 나머지 30%는 막대한 자본을 투입하지 않고는 개간이 불가능한 불모지였다.[421]

시온주의자들은 식민촌이 유대인의 이주를 목적으로 투자된 자본으로 건설된 것이고, 만약 아랍 노동자를 고용할 생각이었다면 애당초 유대인들이 돈을 내놓지 않았을 것이기 때문에 유대인 노동자만을 쓰는 게 정당하다고 변론했다. 위원회는 이러한 관점이 철저히 논리적이라고 인정했다. 토지를 매입한 후에 소작농을 추방해 온 일도 유대인의 잘못이 아니라 아랍인의 권리를 보호해야 하는 정부의 책임이라고 보았다. 그렇지만 이런 정책이 아랍인과의 관계를 악화시키고, 1921년에 시온주의자 대회에서 결의한 "우정과 상호존중"의 기조나 비유대 인구의 권리를 침해하지 않아야 한다고 규정한 위임통치헌장에 위배된다고 지적했다. 더군다나, 이러한 배타적인 정책은 정의롭지도 않고 바람직한 통치법도 아니었다. "팔레스타인에서 모든 아랍인이 배제되는 (유대인) 거주지가 확장되는 것을 차분하게 바라본다는 것은 불가능"했다.[422]

> 유대민족기금이 매입한 팔레스타인의 토지는 사실상 국외지(extra-territory)가 되고, 아랍인은 지금이나 미래에 어떤 이익도 얻을 수 없게 된다. 임대나 경작을 하지도 못할 뿐만 아니라 … 영원히 고용되어 일할 수조차 없다. 누구도 아랍인이 토지를 매입하거나 공용지로 되돌리도록 도와줄 수 없다. (한번 매입된) 토지는 양도불가다. 일부 시온주의자들이 내세우는 우정과 선의의 주장을 아랍인들이 믿지 않는 이유는 시온주의자 기구가 의도적으로 채택하고 있는 이 정책 때문이다.[423]

식민화에 대한 불만은 농촌에서뿐만 아니라 도시에서도 심각했다. 아랍인들은 이주자 때문에 노동 시장의 경쟁이 과열되고 실업이 늘었다고 주장했다. 아랍 인구의 실업에 대한 정확한 통계는 없지만, 위원회가 질의한 모든 관료들은 한결같이 실업이 심각하고 만연하다고 대답했다. 예를 들어, 하이파에서는 아랍 실업 인구가 2천 명이 넘는 것으로 조사되었고, 인근 채석장에서 40명을 구인하는 공고가 나왔을 때는 1주일 만에 4-5백 명이 몰려들었다. 공공사업부는 아랍인 실업자가 많기 때문에 이주가 완전히 중단되더라도 노동력을 확보하는 데 아무런 문제가 없을 것으로 전망했다. 임금도 크게 하락해 생활 수준이 열악해졌다.[424]

위원회는 실업이 심각하다는 데는 동의하면서도 원인은 다르게 보았다. 위원회가 추측키론 실업에 가장 큰 영향을 끼친 요인은 인구의 증가였다. 오스만 시기에 청년들은 징집당해 해외로 파견 나갔다가 상당수가 고향으로 돌아오지 못했으나 지금은 마을에 남아 있으니 실업률이 크게 오를 수밖에 없었다. 아랍인들이 주장하는 것처럼 유대 이주자가 고용되어 아랍인이 일자리를 얻지 못하는 사례가 없는 것은 아니지만, 그건 공공사업이나 비유대 자본이 투자된 산업으로만 한정해서 봐야 했다. 순수 유대 자본으로 만든 회사가 유대인을 고용한다고 해서 아랍인의 실업이 늘어난다고 볼 수는 없기 때문이다. 오히려 순수 유대 자본으로 세운 회사가 아랍인을 고용하는 사례도 있고 유대 상품을 수출하는 과정에서 아랍인 부두 노동자의 고용이 늘어나는 것과 같은 간접적인 고용 창출 효과도 있으므로 양자는 상쇄된다고 보는 게 "합당"했다. 다만, 이러한 분석은 이주자가 노동 시장의 경쟁에 끼친 영향이라는 협소한 영역에서만 본 것이고 식민화가 실업에 끼친 영향을 분석한 것으로 보이지는 않는다. 가령 위원회는 유대 산업이 발전하면서 많은 아랍인들이 전통적인 일자리를 잃게 되었다고 상세히 설명했다.[425] 위원회가 언급하지는 않았지만, 식민촌에서 추방당한 다수의 농민들이 도시로 유입되고 노동 시장에 편입된 것도 실업률을 크게 올린 요인이었다.

비록 이주가 아랍 실업의 원인이라고 보지는 않았지만, 위원회는 양자가 밀접하게 연관된 주제라고 생각했다. 처칠 백서에 따르면 유대인의 이주는 팔레스타인의 경제적 수용 능력에 의해 제한되어야 하므로, 아랍인 실업자가 존재하는 한 설령 순수 유대 자본으로 조성된 일자리라 할지라도 이주자보다 아랍인에게 우선권이 주어져야 마땅했다. "팔레스타인에 이미 자격 요건을 갖추고 구직 중인 아랍 실업자가 있는데 그 자리를 폴란드나 리투아니아, 혹은 예멘에서 온 유대인들에게 넘기는 것은 잘못되었다." 따라서 아랍인이든 유대인이든, 팔레스타인에 실업자가 있는 한 단기 취업 이주는 제한해야 한다고 주장했다. 다만, 영구적 성격의 일자리는 실업에 영향을 끼치지 않고 파생 수요도 창출한다는 점을 고려해 예외로 두었다.[426]

시온주의자들은 팔레스타인의 경제적 수용 능력을 다른 방식으로 정의해 이를 부정하려고 했다. 그들에게 있어 유대 산업은 가난한 아랍인의 수요를 충족시키기 위한 것이 아니라 오로지 유대 공동체와 해외 수출을 목적으로 하며 따라서 팔레스타인에 현존하는 시장의 크기에 제약받지 않는 개념이었다. "산업적 관점에서 이 땅의 경제적 수용 능력은 오직 산업을 일구어낼 유대인 자본가들과 그들이 시장에 내다 팔 제품, 그리고 이곳에 와서 일할 유대인 노동자들의 의향과 능력에 의해서만 정해진다."[427] 다시 말해서, 팔레스타인의 경제적 수용 능력은 '전 세계 유대인 혹은 시온주의자들의 경제적 능력'으로 재정의해야 한다는 것이다.

인구가 증가할수록 주택 건설 시장이 발전하듯이 해외에서 들여오는 유대 자본과 노동력의 투입이 새로운 산업을 만들고 키운다는 주장은 분명히 일리가 있었다. 하지만 지난번의 불경기처럼 언젠가는 자본의 유입이 중단되고 노동자들이 자력으로 생존해야만 하는 때가 찾아올 수 있다. 위원회는 그런 미래를 걱정해야 하는 게 정부의 역할이라고 보았다.[428] 팔레스타인의 산업들은 발전 가능성은 있지만 규모가 영세하고 생존을 관세에 의존하고 있었다. 식민촌 역시 대부분이 경제적으로 자립하지 못하고 외부의 지원에 의존하고 있는 실정이었다. 이주민들은 정착 지원금을 상환하기는커녕 소작료를 면제받고 있고, 필요한 장비가 제때 지원되지 않아 생산량을 높이지 못했다.[429] 식민촌이 자립하지 못하고 이주민이 역경을 겪는데도 왜 새로운 식민촌 건설에 몰두하냐고 위원회가 질의하자 모세 샤레트(Moshe Sharett, 이스라엘의 제2대 총리)는 "토지를 매입하고, 사람들이 몰려들어 큰 희생을 치르고, 빈곤한 삶에 만족하는 모습이 팔레스타인에서 대업이 이루어지고 있다는 것을 보여주는 덕분에 해외의 시온주의자들과 유대인 대중으로부터 재정적 지원을 받을 수 있다."라고 정당화했다. 위원회는 그런 신념은 "망상"이라고 강하게 비판했다.[430]

지금까지의 분석을 바탕으로 위원회는 새로운 이주자를 늘리기보다는 토지생산량을 개선하는 게 선행돼야 한다는 결론을 내렸다. "현재의 아랍 경작법을 가지고는 농업 식민촌에서 일할 새로운 이주자를 정착시킬 수 있는 여분의 땅은 찾을 수 없다." 사유지뿐만 아니라 국유지 역시 상당수는 아랍인들이 오랫동안 경작하며 살아온 곳이고, 설령 순수하게 정부 소유로 볼 수 있는 땅이 일부 남아 있다 할지라도 추방당하고 갈 곳을 잃은 농민을 정착시켜야 하니 이를 유대인에게 넘길 수는 없다. 그러므로 아랍인의 권리를 침해하지 않고 유대인의 이주와 정착을 증진시켜야 한다는 "헌장을 실행할 수 있는 유일한 방법은 팔레스타인의 농촌을 단기간에 집약적으로 개발하는 것이다." 정부는 재정을 들여 아랍 농민의 경작법을 개선하고 관개지를 확장하고, 공동경작지를 분할하고, 소작농의 점유권을 인정하는 등의 농업 개발 정책을 적극적으로 실시해 단위면적당 생산량을 늘려야 한다. 그러면 아랍과 유대 모두에게 충분한 땅을 확보할 수 있게 되고 2만 가구 이상(약 10만 명)의 이주자를 추가로 수용할 수도 있을 것이다. 다만 이는 수년의 시간이 소요되며 과도기 동안 식민촌에서 받을 이주자는 유대 기관들이 이미 사놓고 유휴지로 두고 있는 땅으로만 한정해야 한다.[431]

상기의 방법은 갈등을 풀 수 있는 근본적인 해결책이 될 수는 없었다. 위원회는 과업 범위에 맞게 경제사회적 관점에서 분석하고 그에 합당한 해결책을 제시한 것일 뿐, 정치적 현실은 제대로 고려하지 않았기 때문이다. 최대한 빨리 유대 인구를 다수로 만들고 토지를 유대인 소유로 바꾸는 것을 지상과제로 여기는 시온주의자들이 이를 받아들일 리 없었다. 아랍 농민의 이해에도 부합하지 않았다. 산악 지대에서는 관개가 사실상 불가능하고, 연안 지대에서는 정부의 지원을 받아 관개를 도입해 단위면적당 생산량을 증대할 수는 있지만 그렇게 생겨난 '잉여토지'를 유대인에게 넘기는 건 민족의식에 위배되었다.[432] 일반적으로 유대인과의 토지 거래는 매매 직전까지 비공개를 조건으로 이루어졌는데, 유대인에게 토지를 파는 행위가 사회적으로 규탄받았기 때문이었다.[433]

홉 심슨 위원회의 보고서는 1930년 8월에 완성되었다. 내각은 위원회의 권고안을 대체로 수용했다. 앞으로 5년간 토지 판매를 규제하고, 이주자는 유대인들이 이미 매입한 토지에서 수용 가능한 인원으로 제한하기로 했다. 토지가 없는 아랍 농민은 시온주의 정책으로 추방당한 경우에 한해 영국의 국고를 보태서라도 지원해 주기로 했다. 또한, 1922년의 의회안을 부활시키기로 했다.[434] 이러한 결정은 시온주의 정책을 취소하지는 않지만 완급을 상당히 조절했고, 실질적으로 처칠 백서의 노선에 제동을 건 것과 다름없었다. 10월에 식민부장관 패스필드는 새로운 백서를 발표해 정책의 변경을 알렸다.

백서는 비유대 인구의 권리를 침해하지 않고 민족의 고향이 건설되어야 한다는 원칙과, 경제적 수용 능력에 따른 이주, 유대인 기구의 권한을 조언자 역할로 제한한다는 처칠 백서와 헌장의 원칙이 그동안 충실하게 집행되지 못했다는 사실을 인정했다. 그리고 헌장에서 중요한 것은 유대 민족의 고향이며 비유대 인구의 권리 보호는 부차적인 것이라는 시온주의자들의 해석은 "완전히 잘못"된 것으로 부정했다. 두 의무는 동등한 무게를 지니며, 양립 불가능한 것이 아니지만 이를 실행하는 것은 "어렵고 까다로운 과업"이었다. 특히 안보와 자치권, 경제사회 개발 문제는 양자의 이해가 상충했다.[435]

안보와 자치권 문제에서는 종전의 정책이 유지되었다. 안전보장을 목적으로 앞으로도 많은 예산을 사용하고, 자치권은 1922년의 안을 토대로 선출직 의회를 구성하되, 만약 파업 등으로 당선자가 나오지 않는 경우가 생기면 임의로 임명하겠다고 선고했다. 반면, 경제사회 개발 분야에서는 기존의 비간섭 정책을 버리고 적극적으로 개입하겠다는 변화를 예고했다. 더 이상 유휴지가 없으므로 국유지에서 경작 중인 아랍인의 권리를 인정하고, 아직 미경작지로 남아 있는 곳은 토지가 없는 농민을 정착시키기로 했다. 유대인들의 식민화는 토지생산량을 증대할 때까지 이미 매입한 토지로만 제한하고, 정부가 직접 취업 비자를 통제하고 불법 이주도 근절하겠다고 약속했다.[436] 홉 심슨 위원회에 따르면, 1928년 6월부터 1930년 6월 사이에 여행자로 들어왔다가 불법체류를 한 것으로 확인된 유대인이 7,800명이었다.[437]

끝으로, 백서는 유대 민족의 고향이 오직 평화롭고 팔레스타인 전체의 경제적 번영을 이루어서 달성할 수 있다고 주장하며 시온주의자들의 독립주의와 분리주의 정책을 포기하도록 권고했다. 식민 활동으로 농민들이 추방된 것은 아니라는 주장도 명시적으로 부정하고, 소작농 추방 정책과 유대인만을 고용하는 식민화는 "우정과 상호 존중"의 정신을 강조한 1921년의 평화 선언과 헌장의 원칙에 위반된다고 지적했다. 반대로 아랍인들에게는 자치권을 포기하고 유대 민족의 고향을 현실로 받아들일 것을 요구했다.[438]

엄밀히 말해서 패스필드 백서는 처칠 백서의 원칙을 재확인하고 실행으로 옮기겠다는 선언에 불과했다. 자치권을 조금이라도 개선한 것도 아니고 민족의 고향을 취소하지도 않았다. 단지 경제적 수용 능력이 포화상태에 달하는 '상황적 변화'가 확인되었으니 식민화의 속도를 늦추겠다는 것이었다. 그러나 처칠 백서와 패스필드 백서는 글로 드러낸 이상의 의미를 함축하고 있었다. 전자는 유대인이 다수 인구가 될 때까지 이주를 계속해도 될 정도로 경제적 수용력이 충분히 크다고 가정한 반면, 후자는 이를 부정했기 때문에 가까운 미래에 이주가 중단될 것을 간접적으로 예고했다. 시온주의자들이 이러한 차이를 눈치채지 못할 리 없었다. 백서가 발표되자마자 영국 내외에서 항의가 빗발쳤고 바이츠만은 시온주의자 기구와 유대인 기구의 의장직을 사임하는 강경수를 뒀다. 영국은 곧장 꼬리를 말았다. 온건파 아랍인들이 강경파로 전향할 거라는 챈슬러의 우려에도 불구하고 불과 3개월 만인 1931년 2월에 램지 맥도날드(Ramsay MacDonald) 총리는 바이츠만에게 백서에 대한 "유권해석"을 담은 서한을 보냈다. 패스필드에 따르면, 이는 "백서에서 말한 것보다 더욱 구체적이고 유대인들이 더욱 수용하기 쉬운 조건으로 팔레스타인 정책을 정의한" 것이다.[439]

> (위임통치헌장) 6조의 "다른 인구의 권리와 위상이 침해되지 않도록 보장"해야 한다는 문구는 … 팔레스타인의 현 경제 상황이 고착되어야 한다는 의미로 읽히지 않는다. 오히려 유대인의 이주를 용이하게 만들고 정착을 장려하는 의무는 헌장의 긍정적 의무로 남아 있으며, 팔레스타인의 다른 인구의 권리와 위상을 침해하지 않고 달성할 수 있다.[440]

맥도날드의 '유권해석'은 사실상 백서의 원문을 해체하고 창조적으로 다시 써 내려가는 수준이었다. 아랍인과 유대인에 대한 이중 의무가 평등하다는 것을 재확인하면서도 헌장의 주요 목적은 유대인의 정착이라고 말했다. 백서는 "유대 기관들이 비축해 둔 미개발지와 같은 예외를 제외하면, 현재 시점에서 지금의 아랍 경작법으로는 새로운 이주자들의 농업 식민촌을 위한 여분의 땅은 없다고 이제는 확실하게 말할 수 있다."[441]고 했으나, 맥도날드는 "어떤 국유지나 다른 토지가 유대인의 정착에 적합하거나 그렇게 만들 수 있을지를 조사할 위원회를 설립하겠다."고 말을 바꾸었다. 토지 규제는 "자유로운 거래를 보장하기 위해 가능한 최소한의 간섭만 하도록 적절히 제한"하기로 수위를 낮추었다. 백서가 아랍인의 구직에 방해가 되는 이주를 금지한 것이냐는 세간의 해석은 부정하고 백서가 비판했던 "유대 기관들의 유대인 노동자를 배타적으로 고용하는 원칙은 유대인 기구가 단언할 권리가 있는 원칙"이라며 태도를 전면적으로 바꾸었다. 다만, 이러한 정책으로 아랍 노동자들이 추방되거나 실업률이 악화된다면 정부가 관여하겠다는 단서를 달았다.[442]

맥도날드 서한은 영국의 정책을 1922년의 처칠 백서의 시점으로 되돌린 것과 다를 바 없었다. 토지를 잃은 농민에 대한 지원 의사를 제외하면 사실상 패스필드 백서는 휴지조각이 되었다. 이주는 늘리고 토지 매매는 제한적으로만 규제하고 의회안은 무기한 보류되었다. 6천 명의 불법이주자는 주민으로 받아들여졌다.[443] 10월에는 바이츠만과 상의해 새로운 고등판무관으로 아서 워홉(Arthur Grenfell Wauchope)을 임명했다.[444] 시온주의자들은 만족하고 아랍인들은 분노했다.

팔레스타인의 1920년대를 한 마디로 정리하면 실험 기간이었다. 실험 주제는 정치적, 민족적 의식이 미약한 아랍인들을 식민화의 경제적 성장으로 만족시킬 수 있는가였다. 기대와는 달리 시온주의자들을 이용한 대리 식민주의는 아랍인의 불만을 완화시키지 못했고, 쇼 위원회와 홉 심슨 위원회는 식민화를 계속할 수 없다는 진단을 내렸다. 패스필드 백서는 실험의 종료를 선고했다. 이대로 시온주의 정책에 제동이 걸렸다면 팔레스타인은 오늘날과 같은 분쟁을 피할 수 있었을 것이다. 그러나 시온주의자들의 정치적, 외교적 압박에 영국은 굴복했고, 맥도날드 서한을 통해 시온주의 정책의 재개를 선언했다. 더 이상 실험은 없었다. 이제는 기정사실이 된 아랍인들의 거센 저항을 막아내야 하는 '문제'가 있을 뿐이다. 아랍집행위는 "영국 정부는 세계 유대 공동체의 힘 앞에 무력하기 때문에 우리의 민족적, 경제적 생존을 보호해 줄 것이란 생각을 버려야만 한다."고 잔뜩 날을 세운 성명을 발표했다.[445] 그러나 대중은 이런 유약한 대처에 만족하거나 안주하지 않았다. 청년들을 중심으로 많은 아랍인들은 살아남기 위해 보다 적극적이고 강경한 대책을 찾아 나서게 된다.

마치며 : 배우만 남고 프로듀서는 사라지다

　이번 장에서는 팔레스타인에서 분쟁의 무대가 형성되는 과정을 살펴보았다. 영국은 1차 대전 때 전쟁에서 승리하려고 아랍인들에게 독립을 약속하고 꾀어냈으나 전쟁이 끝나기도 전부터 삼중약속을 맺으며 침략자의 본색을 드러내었다. 팔레스타인의 아랍인들은 외세의 지배와 시온주의 정책에 반대하며 독립을 호소했고 킹-크레인 위원회는 그 열망을 보고했다. 그렇지만 승전국들은 이를 무시하고 팔레스타인을 영국에 전리품으로 넘겼다. 아랍인들은 예루살렘과 야파 등지에서 소요를 일으켜 분노를 표출했고, 팔린 위원회와 헤이크래프트 위원회는 그들의 억울한 심정에 공감했다. 그럼에도 국제연맹은 위임통치를 최종적으로 결정했다. 아랍인들은 어쩔 수 없이 무력에 호소하는 걸 멈추고 조용한 일상을 이어갔으나 나날이 자신들의 처지가 악화되는 것을 발견했다. 오랜 침묵 끝에 결국 서쪽벽 소요가 터졌고, 쇼 위원회와 홉 심슨 위원회는 유대인의 식민화로 인해 농촌이 한계에 봉착했다고 지적했다. 영국은 뒤늦게나마 시온주의 정책을 수정하려 했다. 그러자 이번에는 시온주의자들의 반발이 터졌고 영국은 기존의 노선으로 복귀한다는 돌이킬 수 없는 선택을 했다.
　맥도날드 서한은 한 마디로 팔레스타인에 분쟁의 무대가 완성되는 순간이었다. 밸포어 선언에서부터 패스필드 백서까지 영국의 정책은 아랍인의 권리를 침해하지 않는 선에서 민족의 고향을 건설한다는 원칙을 형식적으로나마 옹호했다. 처음에는 양자가 전혀 대립적인 관계가 아니라고 주장했고, 소요를 겪고 난 뒤로는 이중적 의무가 있지만 양립 불가능한 것은 아니라고 주장했다. 그 기준은 팔레스타인의 경제적 수용력이었다. 그러다 1920년대 말이 되어 유휴지가 동이 나고 서쪽벽 소요가 일어나자 추가적인 식민화는 아랍인의 권리를 침해할 수밖에 없으니 멈춰야 한다는 분석을 내놓았다. 그렇게 해서 발표된 패스필드 백서를 고작 3개월 만에 순전히 정치적 이유로 뒤엎은 맥도날드 서한은 아랍인의 권리를 침해하더라도 민족의 고향을 건설하겠다는 선고였다. 영국이 정책의 가장 근간이 되는 원칙마저도 내려놓은 순간 아랍인과 시온주의자들은 힘의 투쟁으로만 원하는 것을 이룰 수 있다는 사실을 여실히 깨달을 수밖에 없었다.

　영국은 시온주의 정책에 대해 어떻게 회고하고 있을까? 지난 2017년 11월 2일에 라말라에 있는 영국 문화 센터 앞에는 수천 명의 팔레스타인인들이 몰려들었다. 이날로 100주년을 맞이한 밸포어 선언에 항의하기 위해서였다. 레바논과 요르단, 튀니지 등 다른 아랍국가에서도 연대 시위가 열렸고, 저 멀리 튀르키예와 남아공 등에서도 팔레스타인인들을 위해 목소리를 내는 이들이 있었다.[446] 압바스 팔레스타인 대통령은 영국 정부의 공식적인 사과와 배상, 그리고 팔레스타인을 국가로 인정할 것을 요구했다. 하지만 이변은 없었다. 아마 영국은 어떤 압력도 느끼지 못했을 것이다. 시간이 갈수록 밸포어 선언이나 분쟁에 대해서 영국의 책임을 묻는 사람들의 수가 줄어들고 있으니 말이다. 이날 저녁에 영국의 테레사 메이(Theresa May) 총리는 팔레스타인인들을 비웃기라도 하듯 이스라엘의 네냐후 총리와 함께 런던에서 만찬을 즐기며 밸포어 선언이 "역사상 가장 중요한 서신 중 하나"라며 칭송했다.[447]

　메이 총리의 말은 과언이 아니다. 밸포어 선언은 한바탕의 꿈으로 끝났을지도 모를 시온주의를 현실의 문제로 만들어놓았다. 과거 오스만의 지배를 받는 동안 팔레스타인은 외부의 위협으로부터 안전했고 대다수의 유대인들은 시온주의에 무관심하거나 비판적이었다. 그러나 1917년 이후로 모든 게 변화했다. 팔레스타인 땅에서 유럽 유대 이주자들의 존재와 문화, 사상은 더 이상 외국적인 요소가 아니라 토착적인 요소로 간주되었고, 팔레스타인의 유대 공동체는 시온주의자 기구라는 해외 정치 단체에 결속되었다. 아랍 유대인을 포함한 많은 유대인들이 시온주의가 실현될 수 있다는 희망을 품고 지지하기 시작했다.

　메이 총리는 밸포어 선언이 민감한 주제라는 것을 안다고 담담히 말했다. 100년 전에 선언문을 작성할 당시에도 이를 의식해서 비유대 인구의 시민적, 종교적 권리를 침해하지 않아야 한다는 단서를 달았고, 그렇기 때문에 "어떤 사람들이 우리가 이 서신에 대해 사과해야 한다고 주장할 때 나는 절대 그렇지 않다고 말합니다. 우리는 이스라엘 국가의 건국에 선구자적인 역할을 한 것이 자랑스럽습니다."라며 대리 식민주의의 역사를 찬양했다. 영국이 정말로 비유대 인구의 권리를 수호했는지, 아니면 적어도 충분한 노력이라도 했는지에 관해서는 일언반구조차 하지 않았다. 마치 선언문에 문구를 적은 것만으로도 역할을 충분히 다했다고 간주하거나 아니면 선언문에 적었으니 영국이 실제로도 그렇게 행동했을 것이라고 믿는 듯하다. 이어서 그녀는 이렇게 말했다.

> 슬프게도, 밸포어 (선언)은 평화로운 공존의 비전을 그렸으나 달성되지 못하고 미완성된 과업으로 남아 있습니다. 오늘날 우리는 이스라엘인과 팔레스타인인, 그리고 우리 모두의 이해에 부합하는 지속가능한 평화를 지지하기로 새롭게 다짐해야 합니다.[448]

메이의 연설은 영국이 아무런 잘못도 저지르지 않았고 평화를 추구해 온 것처럼 묘사한다. 하지만 역사는 그렇지 않았고 이는 우리가 지금까지 본 것처럼 영국의 기록으로도 생생히 남아 있다. 그런데도 메이는 어떻게 '이스라엘 국가의 건국에 선구자적인 역할'을 한 것을 자랑스러워할 수 있을까? 영국 정부의 이런 무책임한 행동은 전혀 낯설지가 않다. 다음 장에서 살펴보겠지만, 1937년에 필 왕립위원회는 갈등의 해결책으로 갑자기 유대 국가를 제안한다. 갈등이 커져서 어쩔 수 없다는 변명은 내놓지만, 그간의 약속을 깬 것에 대한 책임이나 보상은 거론하지 않는다. 오히려 로이드 조지 등이 처음부터 유대 국가를 염두에 두었다는 사실까지 공개하면서 당연한 조치라는 듯이 서술한다. 필자가 영국 정부의 문헌을 연구하면서 가장 충격을 받은 순간이었다.

영국 정부의 자기 정당화는 매우 허술한데도 내부적으로 강력한 힘이 되어 왔다. 이를 잘 보여주는 것이 후세인-맥마흔 서신협상이다. 본문에서 설명했듯이 1차 세계대전이 끝나자마자 외교부는 맥마흔의 서신을 분석하고 팔레스타인에 대한 독립을 약속했다고 결론을 내렸지만, 로이드 조지 정부는 이를 비밀로 부치고 대내외적으로 팔레스타인의 독립을 인정한 적이 없다고 거듭 주장했다. 그러나 진정으로 이 말을 믿은 사람이 얼마나 있었을지 의문스럽다. 원문을 공개하지 않은 것은 물론이고 해석을 달거나 합리적인 근거를 대지도 않고, 모든 논박을 피했기 때문이다.

로이드 조지 정부가 공식적으로 입장을 천명한 것은 단 두 번뿐이다. 처음은 1922년 6월의 처칠 백서로, "다마스쿠스지구의 서쪽에 있는 시리아 일부"는 독립에서 제외되었다고만 짧막하게 언급했다. 다마스쿠스주는 없다는 등의 아랍 대표단의 반박에는 아무런 대응도 하지 않았다. 한 달 후 하원에서 질의가 들어오자 처칠은 외교부와 상의를 거쳐 팔레스타인은 독립이 약속되지 않은 다마스쿠스, 홈스, 하마, 알레포 지구들의 서쪽에 있는 (대)시리아의 일부 지역이고 프랑스의 이해를 침해하는 지역에 해당한다고 말했다. 그러나 왜 팔레스타인이 이 단서들에 해당하는지에 대해서는 전혀 설명하지 않았다. 대신 맥마흔이 서신을 보내고 다음 해에 체결된 사이크스-피코 협정에서 팔레스타인이 특별하게 취급되었다는 사실이 이를 증명한다고 말했다.[449] 당연하게도, 이는 논리적으로 조금도 설득력이 없다.

1922년 11월에 새로운 정권이 들어서고 이듬해 2월에 데본샤이어의 식민부가 제출한 보고서도 매우 흥미롭다. 이 보고서는 맥마흔의 서신에서 남쪽 경계가 불완전하게 설명된다는 문제점을 인정하면서도, 처칠과 마찬가지로 팔레스타인의 독립을 인정하지 않았다는 근거로 사이크스-피코 협약을 든다. 또한, 처칠이 팔레스타인 대표단과 논박을 벌이던 1922년 3월에 나온 맥마흔의 증언을 추가적인 근거로 제시했다. 맥마흔은 팔레스타인을 독립 지역에서 제외할 생각이었는데 "다마스쿠스, 홈스, 하마, 알레포만을 제한적으로 언급한 까닭은 (1) 이곳이 아랍인들이 필수적으로 중요하다고 여기는 장소들이고 (2) 당시에는 남쪽 경계를 정의하려는 목적에 맞는 충분히 중요한 장소를 생각할 수 없었기 때문이다."고 답했다.[450] 하지만 3장의 서론에서 설명했듯이 팔레스타인에 대한 영국인들의 관심은 지대했고 어린애들조차도 여러 도시나 강의 이름을 외웠다. 그런데 이집트의 고등판무관이 예루살렘이나 헤브론, 요르단 강, 네게브 사막 등 어느 지명도 떠올릴 수 없었고 그래서 독립에서 제외할 남쪽 경계를 별도로 설명하지 않고 넘겼다는 것은 부끄러울 정도로 너무나도 궁색한 변명이다.[451]

시간이 흘러 1930년 7월에 패스필드 식민부장관은 이 문제를 다시 고민했다. 서쪽벽 소요 이후로 맥마흔의 서신 원문을 공개하라는 요구가 하원에서 나왔기 때문이다. 패스필드는 서신에 대한 정부의 해석을 담은 백서를 발표하려 했으나 생각을 고쳤다. 내각에 제출한 각서(memorandum)에 따르면, 그는 외교부에서 전문가를 고용해 관련 기록들을 새롭게 조사한 내용[452]을 검토했고 팔레스타인의 독립을 약속하지 않았다고 볼 상당한 근거(fair case)가 있다고 판단했다. 그럼에도 논쟁의 여지가 있으므로 역사가들의 판단에 맡기고 이에 대한 해석을 내놓지 않기로 했다. 원문 공개도 반대했는데, 만약 전체를 공개하면 칼리파 국가를 건설하자는 요구가 나올 수 있고, 팔레스타인 관련 부분만 발췌할 경우에도 원문 전체를 공개하라는 요구로 이어지거나 논란이 확산될 것이라는 이유에서였다.[453]

여기서 주목해야 하는 것은 패스필드가 처음에는 당연히 팔레스타인이 독립에서 제외되었을 것이라 믿고 정부의 해석을 담은 백서를 발표하려 했으나 반대 입장에서 말할 근거도 강하다고 생각해서 취소했다는 점이다. 패스필드는 각서에서 이러한 사실까지도 고백했고 내각은 그의 결정을 지지했다. 정치적 파장을 고려해야 하는 위치에 있는 고위 관료들로서는 당연한 결정이라 말할 수도 있지만, 동시에 독립을 호소하는 80만 명의 아랍인에 대한 강제지배의 정당성이 허술하다는 것을 깨닫고서도 감추기에만 급급했던 것도 사실이다. 다시 말해서, 정의나 진실을 포기하고 국익을 선택한 것이다. 처칠을 비롯해 그동안 맥마흔의 서신을 들여다본 많은 이들이 같은 이유로 침묵을 선택했을 것이고, 이는 오늘날 이스라엘과의 협력을 중시하는 메이 총리로까지 이어지고 있다.

안타깝게도, 진리를 숭상해야 할 학자들도 이익 앞에서 자유롭지 못하다. 본문에서 다뤘듯이 다마스쿠스지구를 다마스쿠스주로 바꿔 읽고 이를 또 시리아주로 주장하는 게 말도 안 된다는 건 1922년에 아랍 대표단이 지적했는데도 이런 반박은 소개하지 않고 그저 다마스쿠스지구의 서쪽에 있어 독립이 약속되지 않았다고 당연하다는 듯이 서술해 독자를 기만하는 학자들이 많다. 본문에서 다루었듯이, 이 시기의 영국 문헌을 가장 체계적으로 연구했다는 평가를 받는 엘리 케두리조차도 '지구'를 '도시'로 바꿔서 읽는 억지스럽고 틀린 해석법을 주장했다. 그 밖에도 팔레스타인의 독립이 약속되지 않았다고 간주하는 창의적인 해석법은 무수히 많다. 그러나 위임통치시기에 영국이 주장한 내용도 아닌 학자들의 독창적인 해석일 뿐이고 필자가 판단하기에는 어느 것도 설득력이 없다.

영국의 강제지배에 대한 정당성을 옹호하려는 학자들의 노력은 맥마흔의 서신에 그치지 않는다. 예를 들어, 역사학자 이사야 프리드만(Isaiah Friedman)은 『팔레스타인 : 이중약속된 땅?(Palestine: A Twice-Promised Land?)』에서 영국은 팔레스타인의 독립을 약속하지 않았다고 주장하며 여러 가지 논거를 제시하는데, 그중 하나로 7인에 대한 선언을 든다. 본문에서 설명한 대로 1918년 6월에 시리아의 명사 7인은 익명으로 영국에 독립을 보장하라고 요구했고, 그에 대한 답신으로 영국은 아랍의 독립을 인정하는 선언을 발표했다. 그런데 프리드만은 성명서를 낸 7인이 팔레스타인을 대표하지 않았고 무엇보다도 상호주의에 입각한 것이기 때문에 전공이 없는 팔레스타인의 아랍인들은 제외된다고 주장한다. 이상하게도, 그는 7인의 선언문과 전후 사정은 상세히 분석하면서도 정작 영국이 발표한 선언문을 직접인용하지는 않았다.[454] 원문을 보면 영국은 상호주의를 거론하지 않았고 팔레스타인을 제외하지도 않았다. 선언문은 아랍 지역을 4개로 나누고 모두 독립이나 그에 준하는 지위를 약속했다.

> 영국 정부는 7인의 성명에 크게 관심을 갖고 숙고하였다. ... 성명에서 언급된 지역들은 다음과 같이 4개로 분류된다.
> 1) 전쟁 발발 이전부터 자유롭고 독립적이었던 아라비아 지역
> 2) 이번 전쟁에서 아랍인들이 스스로의 힘으로 튀르키예의 지배를 떨치고 해방시킨 지역
> 3) 전쟁 중에 연합국이 점령한 옛 오스만 영토
> 4) 아직 튀르키예의 지배를 받는 지역[455]

프리드만이 말하는 상호주의에 입각한 전공을 세운 지역으로 간주해 볼만한 것은 2번에 해당한다. 팔레스타인은 여기에 속하지 않고 연합국이 점령한 지역, 즉 3번 유형에 해당한다. 영국은 이 유형에 해당하는 지역에 대해 "미래의 정부가 반드시 피치자의 동의라는 원칙에 입각해 수립되기를 바라며, 지금처럼 앞으로도 영국 정부는 이 정책을 지지할 것이다."라고 약속했다. 혹시 프리드만이 말한 것처럼 성명을 낸 7인이 팔레스타인을 대표하지 않기 때문에

팔레스타인은 제외되는 것은 아닐까? 그렇지 않다. 선언문은 3번 유형을 설명하면서 "바그다드와 예루살렘을 각각 점령할 때 총사령관이 선포한 포고문"이 "이 지역 주민들에 대한 영국 정부의 정책을 담고 있다."라고 지명을 명시적으로 언급했다. 한편, 1, 2번 지역에서는 "아랍의 완전한 주권 독립을 인정"하고, 4번 지역은 "주민들이 자유와 독립을 얻어야만 하며 이런 목표를 달성하기 위해 영국 정부는 계속해서 노력하겠다."고 선언했다.[456)]

애당초 영국은 이름도 모르는 7명의 명사에 관심을 가진 것이 아니었다. 밸포어 선언과 사이크스-피코 조약이 공개된 이후로 아랍인들이 영국의 저의를 의심하자 이를 무마하려고 선언을 발표한 것이었다. 한창 전쟁을 치르고 있는 팔레스타인이 여기서 빠질 수 없는 것은 너무나도 당연했다. 더군다나, 영국이 원했던 아랍인들의 협력은 프리드만이 주장하는 것과 같이 영국 편에 서서 싸워서 얻는 전공만이 아니었다. 수천 명의 팔레스타인인들이 몸소 실천한 것처럼 오스만군에서 탈영하고 귀순하거나, 혹은 점령지에서 반란을 일으키지 않는 것만으로도 굉장히 중요했다.[457)] 애초에 영국이 후세인과 협상을 시작하게 된 이유도 아랍인들이 독일에 협력하는 사태와 특히 식민령 인도 등지에서 무슬림이 반란을 일으킬 것을 우려했기 때문이었다. 맥마흔이 직접 이를 소리내서 밝힌 적도 있다. 1916년 9월 12일 카이로에서 영국 고위 관료들이 모인 회의에서 후세인과의 협상에 대해 비판이 제기되자 그는 갈리폴리 전선의 위기 때문에 "즉시 조치를 취해서 아랍인들을 전쟁에서 떼어놓으라."는 외교부의 요청으로 시작한 "순전히 군사적인 문제"였다고 설명했다.[458)]

현직 총리를 비롯해 수많은 거짓 주장의 옹호자들이 진실을 알면서도 의도적으로 이러는 것인지 아닌지는 확실치 않다. 중요한 것은 객관적으로 명확하게 검증이 가능한 사실일지라도 그에 반하는 주장이 제기되면 더 이상 '팩트'가 아니라 여러 가능성 중 하나인 '의견'으로 보이게 된다는 점이다. 그러면 대부분의 사람들은 검증 없이 그저 자신의 입맛에 맞는 '의견'을 골라서 진실이라고 믿는다. 역사상 어느 때보다 인권을 중시하는 21세기에도 식민주의에 대한 반성의 목소리가 나오지 않는 것은 이 때문이다. 손익을 앞세우지 않고 비판적 사고가 가능한 사회적 분위기가 확립되지 않는 한, 정부나 학자들은 언제든지 객관적 사실을 의견으로 전락시킬 수 있다. 영국은 지난 백 년간 이런 방식으로 스스로를 포장하는 데 성공했다.

이스라엘-팔레스타인 분쟁에 관해 논할 때 사람들은 아랍인이나 유대인 중 어느 한 편을 들며 다른 쪽을 비난하는 걸 당연하게 여긴다. 하지만 사회현상은 운동경기처럼 단순하지 않다. 예를 들어, 아랍인들의 식민화에 대한 저항을 지지하더라도 시온주의자가 아닌 유대인의 목숨을 앗아간 서쪽벽 소요를 비판할 수 있다. 이걸 아랍과 유대 모두 잘못한 게 있으니 정답은 없다는 식의 양비론으로 오해하면 절대 안 된다.[m] 중요한 것은 갈등의 본질을 이해하는 것이다. 분쟁은 아랍과 유대를 구분하는 기준이 되는 인종이나 종교로 일어난 갈등이 아니라 시온주의라는 정치적 사상에 대한 반목에서 기인했다. 그러니 아랍과 유대로 편을 짓고 옳고그름을 가리는 건 굉장히 잘못된 접근법이고, 과거에도 그리고 지금도 분쟁을 확산시키는 주범이다. 오스만 시기에 시온주의자들은 유대 공동체 내에서 극소수나 소수의 극단주의자에 불과했다. 위임통치기에 들어서는 팔레스타인 유대 공동체의 정치적 대표로 등극했으나, 그럼에도 하레디 유대인들처럼 시온주의에 적극적으로 반대한 유대인도 있었다.[459] 반대로 유대인은 아니지만 시온주의를 지원해 분쟁을 심화시키는 데 큰 역할을 한 행위자가 있다. 오늘날에는 무대 뒤로 숨어 버려 세간의 관심에 잊히고 있는 이 제3의 행위자를 다시 심판대로 소환해야 한다.

영국의 팔레스타인 통치는 아무런 정당성도 없는 철저한 사기극이었다. 먼저, 전쟁 중에 독립을 약속한 후세인-맥마흔 서신협상 등을 위반한 것을 들 수 있다. 일부 학자들은 팔레스타인의 아랍인들이 전쟁이 끝날 무렵에 투항해 전공도 없고 협정의 당사자도 아니므로 영국이 정복자로서의 권리로 팔레스타인을 지배할 수 있다고 주장한다. 하지만 협정은 독립이 약속된 모든 아랍 지역에 공통적으로 적용되는 것이었다. 지역별로 전공을 달리 봐야 한다는 주장이 성립하려면 영국이 사전에 세부지역을 어떻게 나눌 것인지를 후세인과 협의한 다음에 지역별로 부대를 편성하고, 각각의 전공을 독립적으로 평가할 것이라고 후세인과 아랍인들에게 고지했어야 한다. 또한, 협약 당사자가 아니라는 이유로 독립을 부정하는 것은 메카나 히자즈 외의 지역은 처음부터 독립을

---

m) 세상에 어느 집단도 순수선이나 순수악은 없다. 분쟁은 옳고그름을 다투는 과정이다. 이를 포기하면 가해자에겐 면죄부를, 피해자에겐 고통을 주는 것이다.

인정받을 수 없었다는 말이 되는데, 그렇다면 맥마흔과 함께 독립 지역을 논의할 필요조차 없었다는 뜻이 된다. 무엇보다도, 이런 주장에 설득력이 티끌만큼이라도 있으려면 최소한 모병 전단지를 열심히 뿌려대며 독립을 약속한 것처럼 행동하지는 않았어야 했다. 그랬다면 아랍인들은 끝까지 항전했을 것이고 도덕적으로 옳고 그르고를 떠나 정복자의 권리를 논의할 모양새라도 갖출 수 있었을 것이다.

둘째로, 밸포어 선언은 이스라엘 국가를 건국하는 계획이 아니었다. 적어도 세상에 공개되고 아랍인들에게 약속된 바는 그랬다. 로이드 조지 당시 총리나 밸포어 장관과 같은 일부 친시온주의자들이 정부와 국민을 속이고 밀실에서 그런 의중을 품은 것은 사실이지만, 처칠 백서는 영국이 유대적인 팔레스타인을 추구하지 않는다고 명확히 부정했다. 그런데도 이를 어기고 유대 국가를 건국하는 데 '주도적인 역할'을 했다고 현직 총리가 자랑스러워하는 건 협잡질을 했다고 실토하는 것이다.

셋째로, 1922년부터 영국은 국제연맹이 공식적으로 승인한 위임통치의 형식으로 팔레스타인의 지배권을 인정받았으나 그러한 권리의 원천이 되는 국제연맹규약 제22조를 위반했다. 동 조항은 위임통치를 주민들의 복지와 발전을 지도하는 체제로 정의한 반면, 팔레스타인 위임통치헌장은 '해외' 유대인의 정착을 장려했다. 연맹규약이 헌장보다 우선하는 상위법이므로 영국은 전자를 존중해야 하지만, 오히려 후자를 근거로 유대인의 식민 활동을 지원했고 그 결과로 유대 국가가 건국되었다. 이는 주민들의 복지와 발전을 원상복구가 불가능한 수준으로 해쳤으므로 22조의 취지에 전면적으로 위배된다.

넷째로, 영국은 비유대 인구의 권리를 침해하지 않는 식민화를 약속했지만 처음부터 불가능하다는 것을 알고 있었다. 세계 어디에서나 식민화는 토착민의 권리를 해쳤고 그래서 저항을 불러왔다. 세상에서 가장 많은 독립기념일을 만들어 낸 국가[n]라는 불명예를 안고 있는 영국이 이를 모를 수는 없다. 유대인을 이용한 대리 식민주의는 결과가 다를 것으로 기대했다고 보기도 어렵다. 영국은 시온주의자들의 목적이 유대 국가라는 것을 잘 알고 있었고, 아랍인들

---

[n] 가장 많은 나라를 강제로 지배했던 역사를 암시한다.

이 이를 반대한다는 것도 숱하게 들었다. 영국이 대리 식민주의로 기대한 효과는 아랍인들이 눈앞의 경제적 이익에 만족해 정치적, 민족적 권리를 잠식당하는 것을 방치해 두는 결과이지 토착민의 권리를 해치지 않는 새로운 유형의 식민화를 기획한 것은 아니었다.

위임통치기에 민족 간 분쟁이 형성되고 심화된 근본적인 원인은 바로 이런 기만과 위선적인 태도에 있다. 사실, 분쟁을 예방하는 방법은 존재했고 또 매우 간단했다. 시온주의 정책의 목표를 구체적으로 정의해서 전체 인구 대비 유대 인구의 상한선을 확정한 후 그에 맞는 이주 계획을 수치로 제시하고, 자치권을 인정하는 단계를 미리 연도별로 정해서 알리는 것이다. 가령 유대 인구의 상한선[460]을 20-30%로 제한하고 민족 정부의 수립을 10-20년으로 계획했다면, 아랍인들은 설사 불만이 있더라도 제도권 내에서 투쟁을 하지 소요를 일으키지 않았을 것이다. 이 같은 장기 계획은 어느 정부라도 마땅히 세우기 마련인 기초 중의 기초적인 정책이다. 그런데도 영국이 그러지 않은 까닭은 시온주의 정책이 표리부동했기 때문이다. 즉, 유대 인구는 토착민의 권리를 위협할 정도로 늘리고 자치권은 정부의 결정에 반기를 들지 못하는 수준으로 억누르려 했다. 다음 장에서 살펴보겠지만, 영국은 아랍인들이 거국적 저항운동을 일으키고 또 2차대전의 위험을 직면해서야 뒤늦게 유대 인구의 상한선과 독립 기한을 정한다.

일부 학자들은 영국이나 시온주의자들의 책임을 가리기 위해서 아랍인들의 잘못을 들추곤 한다. 예를 들어, 아랍 농민들이 토지를 잃게 된 원인은 식민화만큼이나 혹은 그 이상으로 아랍 지주와 고리대금업자에게 있고, 아랍 지도자들이 가문이나 개인의 이익을 앞세워 행동하느라 민족주의 운동의 기치를 흐리게 만들었다고 지적한다. 이는 부인할 수 없는 사실이다. 그런데 이런 개개인이나 소수의 잘못을 집단 전체의 책임으로서 추궁하려면 아랍인들이 스스로를 자정할 능력, 즉, 토착정부를 가지고 있었어야 하는데 그렇지 않았다. 비유하자면 영국은 면역결핍증후군이었다. 아랍인들이 질병에 스스로 저항할 수 있는 면역체계를 파괴해버림으로써 외부의 공격에 취약하게 만들었다. 에이즈 환자가 감기에 걸렸을 때 그 원인을 HIV에서 찾듯이, 아랍 사회를 병들게 하는 상류층을 단속하지 못한 책임도 위임통치정부에서 찾아야 한다.

구체적으로 살펴보면, 우선 농민들이 토지를 팔게 되는 이유는 소득이 감소해서였다. 팔레스타인 정부는 농가의 소득 증진을 위한 개발계획을 세우지도 않았고 세금을 들여서 농업융자를 지원하지도 않았다.[461] 농민들은 정부가 없는것마냥 각자도생해야 했다. 뿐만 아니라 정부의 후원을 받는 유대인 식민이주자들이 계속해서 토지를 사들이는 바람에 지대가 급등하고 미경작지는 희박해졌다. 더 이상 오스만 시기처럼 소득을 증대하려고 개간에 나설 수가 없게 된 것이다. 그러니 농민들의 생활은 나날이 나빠지고 높은 이자를 감수하고서라도 돈을 빌려야만 했다. 정부는 법정최고금리를 9%로 설정했지만 이를 집행하려고 노력하지는 않았다. 무관심 속에 시장 경제는 방만하게 돌아갔고 약자들은 보호받지 못했다. 물론, 이들을 착취한 아랍인 고리대금업자들은 비난 받아 마땅하다. 그러나 세계 어디에서도 같은 국민 혹은 같은 민족이라는 이유로 상류층이 수탈을 하지 않는 이상적인 사회는 없다. 이 때문에 주민을 보호해 줄 정부가 필요한 법이다. 그러니 식민화를 위한다는 명목으로 토착 정부의 수립을 가로막은 외세의 정부가 그 역할을 다하지 않은 잘못을 주민들의 책임으로 전가하는 것은 더할나위 없이 그릇되었다. 1930년 8월 24일에 『팔라스틴』이 보도한 툴카렘 농부의 사연은 고리대금업과 정부 정책의 깊은 연관성을 보여준다.

> 저는 땅과 건물을 팔았습니다. 가족들이 먹고 살 돈도 없는데 정부가 세금과 경작세를 내라고 강요했기 때문입니다. (세금을 내려고) 부자를 찾아가 돈을 빌렸습니다. 한두달 뒤에 1.5배로 갚기로 하고요. ... (돈을 마련하지 못해) 지불을 유예했고 빚은 두 배가 되었습니다. ... 결국 얼마 되지도 않았던 금액을 갚느라 땅을 팔게 되어버렸습니다.[462]

아랍인들이 주장하듯이, 농촌의 빈곤과 파탄은 단순히 정부의 무관심과 무능을 넘어 시온주의 정책을 성공시키기 위한 발판이기도 했다. 고등판무관 등을 비롯해 많은 영국 관리들이 제한적으로나마 농촌을 개선하려고 노력한 것은 사실이지만, 동시에 시온주의라는 대업을 위해 제물로 바치려 한 관료들도 암약했다. 친시온주의자인 식민부의 중동국장 셕버그(Shuckburgh)는 1930

년에 챈슬러가 제안한 농민 보호 법안이 유대인 이주에 악영향을 끼칠 것이라고 반대하며 다음과 같이 주장했다.

> 우리는 현존하는 인구만이 아니라 스스로를 잠재적인 팔레스타인인이라고 생각하는 전 세계 1천 4백만 유대인들을 고려해야 합니다. (그리고 그렇게 해야만 한다고 항상 들어왔습니다.) 이런 입장으로 인해 곤란해진 것은 명확하지만 이는 시온주의 정책에 내재된 것이고 반드시 직시해야만 합니다.[463]

아랍인들은 압도적인 다수 인구를 구성하면서도 정치적으로 조직되지 않아 정부나 시온주의자들에게 효과적으로 대항하지 못했다. 이들을 이끌어야 할 지도자들은 민족보다 가문이나 개인의 이익을 앞세울 때가 많았다. 그런데 이 같은 행동을 비판하기에는 위임통치정부가 정치 문화의 발달을 저해하는 환경을 조성한 잘못이 너무나도 컸다. 영국은 아랍집행위를 비롯해 어떤 정치기구도 공인하지 않아 통합을 저해했다. 이는 해외의 시온주의자 기구를 팔레스타인 유대 공동체의 정치적 대표로 삼은 것과는 매우 상반되는 조치였다. 특히, 아랍 집행위가 다수 주민을 대표하지만 모든 주민을 대표하지는 않아서 공인할 수 없다는 처칠의 주장은 굉장히 불합리했다. 아랍인들은 온건파나 강경파에 관계 없이 독립과 민족정부를 요구했다는 점에서 하나로 통합되어 있었다. 오직 그러한 목표를 이루는 방식이나 속도에서만 차이가 있었다. 반면, 유대 공동체는 목표부터가 달랐고 시온주의자들이 반대파인 하레디 공동체의 핵심 인물을 암살할 정도로 괴리가 컸다.

 아민 후세이니는 아랍 정치의 분열을 가속화했다. 그는 무슬림자치의회의 자금과 인사권을 정치적으로 활용해 지지층을 키웠고, 그로 인해 반대파가 결집할 수 있었다. 그런데 공인된 정치 기구가 없는 상황에서 아랍인이 수장으로서 큰 권력을 가질 수 있는 유일한 기구가 무슬림자치의회였다. 외세의 강제지배를 당하며 민족이 심각한 위협에 처한 현실에 저항할 의사가 있다면, 아민이 아닌 다른 어떤 아랍인이 의장을 맡았더라도 권력을 정치적으로 활용했을 게 틀림없다. 그리고 그런 수혜를 누리지 못한 사람들은 필연적으로 불만을 품고 종교가 정치적으로 오용되고 있다는 정당한 비판을 내거는 반대파벌을 형성했을 것이다. 즉, 아민이라는 한 개인의 정치적 야망 이전에 종교를 정치적 소망을 투여하는 창으로 만들어버려 분열을 야기하게끔 만든 체제의 문제가 더 컸다.

대중은 정치에 활발히 참여해서 지도자들의 사익 추구를 견제하고 식민화에 대한 저항에 앞장서야 할 시대적 사명이 있었다. 무슬림-기독교도 협회를 만들고, 아랍 대회를 열고, 밸포어 선언 항의 시위 등에 참여한 것은 첫 걸음이었다. 그러나 이런 정치 참여가 계속해서 확대되기는 어려웠다. 중세식 왕권과 흡사한 권력을 가진 고등판무관직을 외국인이 차지하고 들어앉아 주민들의 정당한 요구를 모조리 거부했기 때문이다. 자연히 정치 참여가 무의미하다는 인식이 생기고 관심은 저조해져갔다. 대중의 정치가 발달하지 못한 상당한 지분은 영국에 있었다.

이처럼 아랍 정치는 분명히 비판받아 마땅할 만큼의 잘못을 저질렀으나, 주민들이 스스로 의사를 결정할 권한을 가지지 못한 상황에서 일어났기 때문에 안타깝게도 제대로 된 책임을 물을 수가 없게 돼버렸다. 어쩌면 영국이 없었더라도 아랍인들은 스스로를 정치적으로 조직하는데 실패하고 시온주의자들에게 정복당했을지도 모른다. 그러나 영국은 그런 가능성을 묻는 것마저도 원천차단하고 스스로 모든 권력을 잡음으로써 동시에 책임도 갖게 되었다. 이는 아무리 스스로를 포장하고 남탓을 해도 결코 지워지지 않는 족쇄다.

만약 아랍인들이 영국의 권유를 받아들여 일찍부터 의회를 설립했더라면 자치권이 점차적으로 확대되어 민족정부를 만들고 시온주의에 대항하는 데 성공했을 것이라는 의견도 나온다. 그러나 아랍 정치인들의 선택은 너무나도 현명하고 올바랐다. 영국이 제안한 어떤 입법 체제도 민족의 고향을 막을 권한이나 다수표가 주어지지 않았다. 향후에라도 그런 권한을 인정할 것이라는 약속조차 전혀 없었다. 따라서 아랍인들이 의회에 참여했더라도 어떠한 긍정적인 변화도 못 만들어냈을 것이고, 친시온주의 사관은 아마도 역사를 이렇게 기록했을 것이다.

> 유대인의 이주에 대한 제한을 없애고, 유대인이 매입한 토지에서 경작 중이던 소작농은 이라크나 시리아 등지로 이주시키고, 미경작지를 유대인에게 이양하

는 법안 등은 모두 아랍인들이 투표로 뽑은 대표들이 참여한 의회에서 합법적으로 통과된 사안들이다. 그런데도 아랍인들은 이를 따르지 않는 매우 불량하고 야만적인 집단이었다.

영국의 책임은 아랍인들이 어떤 행동을 했느냐로 죄가 덜어지거나 사라질 수 있는 게 아니다. 강제점령은 주민들의 소망과 의사에 반해서 국익을 추구하려는 그릇된 의도에서 시작되었고, 예상한 것보다도 더 참담한 결과를 나았다. 그런데도 백여년이 지난 지금까지 단 한 번도 책임을 인정하지도 사죄하지도 않는 것은 국제사회가 무관심하기 때문이다. 우리는 일본 정부의 역사적 책임을 추궁하듯이 영국의 책임도 물어야 한다. 우리가 영국의 피해자가 아니었고 얻어낼 물질적 보상이 없다는 이유로 무시하거나 소홀해서는 안 된다. 식민주의에 대한 비판은 단순히 과거 사실을 바로잡는다거나 피해에 대한 보상을 요구하는 수준에서 그쳐서는 안된다. 반드시 재발을 예방하는 것을 목적으로 삼아야 한다. 바로 그렇기 때문에 우리는 일본에 진심어리고 일관된 반성을 요구하는 것이고 그렇게 되려면 국제사회가 가해자나 피해자가 누구냐에 관계 없이 한목소리를 내야 한다. 그렇지 않다면 어떻게 가해자들이 잘못을 인정하고 진심으로 반성하겠는가? 자신의 잘못은 사죄하지 않으면서도 식민 피해를 입은 국가를 지원하는 일본과, 그런 일본에는 사죄와 배상을 재차 요구하면서도 단 한 번도 식민 지배의 역사를 반성하지 않은 국가들과는 친하게 지내고 식민 지배를 당하는 국가는 철저히 외면하는 우리의 모순적인 행동은 왜 오늘날에도 식민주의가 사라지지 않고 있는지를 설명해준다. 21세기에 세계는 연결되어 있고 모두가 관심을 가지고 반성을 촉구한다면 변화를 만들 수 있을 것이다.

반면, 1930-40년대의 아랍인들의 상황은 달랐다. 1920년대 동안 아랍 지도자들은 열심히 영국을 설득하려고 제도권 내의 투쟁에 힘썼다. 하지만 어떠한 긍정적인 정책 변화도 끌어내지 못했다. 1922년에 대표단과 처칠의 서신교환에서 영국은 논리성이나 도덕과 같은 문명의 이기는 아무런 쓸모도 없다는 것을 보여주었다. 영국이 정책을 조금이라도 바꾸는 것은 언제나 제도권 밖의 투쟁, 즉 소요 때문이었다. 그런데 한계에 다달아 서쪽벽 소요로 강하게 표출된 분노가 맥도날드 서한으로 막히자 아랍인들은 이제 남은 수단이 하나밖에 없다는 사실에 공감대를 이루게 된다. 즉, 힘으로 빼앗긴 권리는 힘으로만 되찾을 수 있다는 것이다. 평화적이고 온건한 방법으로는 식민주의를 막을 수 없다는 것이 확실할 때 폭력의 사용은 정당화될 수 있을까?

Endnotes

1) 일본 정부는 두 사건이 별개라는 입장을 발표했으나, 2023년 출간된 아베 전 총리의 회고록에서 "한국이 징용 문제를 심각하게 받아들이도록 하기 위해 두 문제가 연결된 것처럼 보이게 했다"는 사실이 확인되었다. "'문재인 대통령은 확신범'…한국 탓만 한 아베 전 총리 회고록," *JTBC*, February 7, 2023, https://news.jtbc.co.kr/article/article.aspx?news_id=NB12113883.

2) 잘못과 책임을 인정한 발언에 대해서는 외교부, *2018 일본개황*, 196-7, 218-22, 240-57; 사죄의 진의를 의심케 하는 발언에 대해서는 외교부, 258-83.

3) "Video & Full English text of Prime Minister Rutte's speech with apologies for slavery," *NL Times*, December 19, 2022, https://nltimes.nl/2022/12/19/video-full-english-text-prime-minister-ruttes-speech-apologies-slavery.

4) OECD, "QWIDS," accessed August 3, 2023, http://stats.oecd.org/qwids.

5) Scott Atran, "The Surrogate Colonization of Palestine, 1917-1939," *American Ethnologist* 16, no. 4 (1989).

6) 일반적으로 친이스라엘 서적은 아랍측 피해는 영국의 집계를 사용하면서도 유대측 피해는 자체적으로 집계한 별도의 수치를 인용하며, 영국의 집계보다 피해자 수치가 큰 경우가 많다. 아마도 부상자가 회복되지 못하고 죽음에 이르게 된 경우를 포함했기 때문인 듯하다. 하지만 분쟁 사상자 수치, 특히 사망자는 귀책 유무와 수준을 따질 때 중요하게 활용되므로 동일한 시점에서 집계된 수치를 인용하는게 보다 올바르다. 참고로, 영국은 아랍측 피해를 파악하는 데 어려움이 있어 실제보다 사상자 수를 '과소'하게 잡았다고 인정한다.

7) Dawn, "The Origins of Arab Nationalism," 3-30.

8) William Ochsenwald, "Ironic Origins: Arab Nationalism in the Hijaz, 1882-1914," in *The Origins of Arab Nationalism*, ed. R. Khalidi et al., 189-94, 196-201.

9) Ayalon, *Press in Arab Middle East*, 64-5, 67.

10) Ochsenwald, "Ironic Origins," 191-2, 194-6; Mary C. Wilson, "The Hashemites, the Arab Revolt, and Arab Nationalism," in R. Khalidi et al., eds., *The Origins of Arab Nationalism*, 204-11.

11) Lord Kitchener to Sir Edward Grey, February 6, 1914, quoted in G. P. Gooch and Harold Temperley, eds. *British Documents on the Origins of the War, 1898-1914*, vol. 10. part 2: *The Last Years of Peace* (London: Johnson Reprint Corporation, 1938), 827.

12) Lord Kitchener to Sir W. Tyrrell, April 26, 1914. quoted in Gooch and Temperley, 10.2: 831; 관련하여 다음도 보라. Gooch and Temperley, 10.2:831-2; George Antonius, *The Arab Awakening: The Story of the Arab National Movement* (Philadelphia: J.B. Lippincott Company, 1939), 127-8.

13) Elie Kedourie, *In the Anglo-Arab Labyrinth: The McMahon-Husayn Correspondence and Its Interpretations 1914-1939* (Cambridge: Cambridge University Press, 1976), 14-7; A. L. Tibawi, *Anglo-Arab Relations and the Question of Palestine, 1914-1921* (London: Luzac, 1978), 35-6; Antonius, *The Arab Awakening*, 130-1.

14) Kedourie, *Anglo-Arab Labyrinth*, 17-21, 65; Antonius, *The Arab Awakening*, 131-4; Tibawi, *Anglo-Arab Relations*, 36.

15) Tibawi, 38-40; Antonius, *The Arab Awakening*, 135-6; David Fromkin, *A Peace to End All Peace* (New York: Henry Holt, 1989), 100-1; Maryanne A. Rhett, *The Global History of the Balfour Declaration: Declared Nation* (New York: Routledge, 2016), 17-9.

16) Kedourie, *Anglo-Arab Labyrinth*, 21-2; Tibawi, *Anglo-Arab Relations*, 42-3.

17) Tibawi, 31, 36-7.

18) Kedourie, *Anglo-Arab Labyrinth*, 21-2.
19) Antonius, *The Arab Awakening*, 142-50.
20) Antonius, 152-7.
21) Antonius, 157-8.
22) Antonius, 158-9.
23) Leonard Stein, *The Balfour Declaration* (Jerusalem: The Magnes Press, 1961), 44-58.
24) 팔레스타인의 종교적 중요성은 고려되지 않았다. 위원회는 오히려 다른 기독교 국가들의 반발을 우려해 종교유적지에 대한 소유권은 주장하지 말고 추후 협의할 사항으로 유보할 것을 제언했다. Great Britain, *Report of a Committee: Asiatic Turkey* [hereinafter quoted as Bunsen Report] CAB 42/3/12 (London, 1915), 10, 26; 같은 해 2월에 오스만군이 시나이 사막을 건너와 수에즈 운하를 공격한 일도 팔레스타인의 전략적 가치를 제고했을 것이다. Michael Cohen, *Britain's Moment in Palestine*, 43.
25) *Bunsen Report*.
26) 서신은 아랍어본과 영문본 두 가지가 존재한다. 이 글에서는 1939년에 아랍과 영국 양측이 공식적으로 합의한 영문수정본을 번역했다. Great Birtain, *Correspondence between Sir Henry McMahon and the Sherif Hussein of Mecca, July 1915-March 1916* [hereinafter quoted as Hussein-McMahon Correspondence], Cmd. 5957 (London, 1939)
27) 첫 번째 서신은 맥마흔의 부하직원인 로날드 스토어스(Ronald Storrs) 앞으로 보냈다. Letter from Hussein to Storrs, July 14, 1915, Hussein-McMahon Correspondence, 3-4.
28) 다음을 편집함. Antonius, *The Arab Awakening*, 160.
29) Antonius, 159-61; Kedourie, *Anglo-Arab Labyrinth*, 23-4.
30) Antonius, 166; Tibawi, *Anglo-Arab Relations*, 69-70.
31) Letter from McMahon to Hussein, August 30, 1915, *Hussein-McMahon Correspondence*, 4-5.
32) Letter from Hussein to McMahon, September 9, 1915, *Hussein-McMahon Correspondence*, 5-7.
33) Kedourie, *Anglo-Arab Labyrinth*, 72-3.
34) 정식명칭은 al-'Ahd(언약회)이지만 영국에는 (Young) Arab Party로 알려졌다.
35) Tibawi, *Anglo-Arab Relations*, 73-82, 91-2; Kedourie, *Anglo-Arab Labyrinth*, 73-82; Isaiah Friedman, *Palestine: A Twice-Promised Land?* (New Brunswick: Transaction Publishers, 2000), xxiv-xxviii..
36) Kedourie, *Anglo-Arab Labyrinth*, 88.
37) Telegraph from McMahon to Grey, October 19, 1915, quoted in Great Britain, *Palestine: McMahon Correspondence*, CAB/24/214, CP 271 (30), July 1930, 3-4
38) Great Britain, *3-4*..
39) Great Britain, *3-4*.
40) Telegraph from Grey to McMahon, October 20, 1915, Great Britain, 4.
41) 이 글에서 인용한 양측이 공식적으로 합의한 영문수정본과는 달리 영국 측 영문본 원문은 이 문장이 앞 문장과 하나로 합쳐져 있고 일부 단어가 조금 다르다. 그렇지만 뜻에는 차이가 없다. 원문을 번역하면 다음과 같다. "위의 수정사항을 반영하고 우리가 아랍 지도자들과 체결한 조약을 침해하지 않는다면 (제안한) 경계를 받아들이며, 이 경계 안에 있는 일부 영토들 중 영국이 동맹인 프랑스의 이해를 침해하지 않고 자유롭게 행동할 수 있는 곳에 대해서 영국 정부의 이름으로 다음을 보장하는 답변을 드립니다." *Hussein-McMahon Correspondence*, 8:n.9.

42) Letter from McMahon to Hussein, October 24, 1915, *Hussein-McMahon Correspondence*, 7-9.
43) 다음을 편집함. Great Britain, *Hussein-McMahon Correspondence*, "Palestine and Syria in 1915," quoted in the Committee on the Exercise of the Inalienable Rights of the Palestinian People(CEIRPP), *Origins and Evolution of the Palestine Problem: 1917-1988*, ST/SG/SER.F/1/PT.I-IV (New York: United Nations, 1990), 83:Annex III.
44) Telegraph from McMahon to Grey, October 26, 1915, quoted in Kedourie, *Anglo-Arab Labyrinth*, 98-9.
45) 이 논쟁과 관련해 케두리와 어깨를 나란히 하는 팔레스타인인 역사학자 압둘 라티프 티바위(Abdul Latif Tibawi)의 해석도 보라. Tibawi, *Anglo-Arab Relations*, 89-91, 95, 100.
46) Tibawi, 99.
47) 맥마흔의 서신에서 지구(district)는 아랍어 윌라야(wilaya)로 번역되었다. 윌라야는 도시와 인근 지역을 포괄적으로 일컫는 동시에 행정구역의 단위인 주(vilayet)를 의미하기도 한다. 이 때문에 다마스쿠스지구를 후세인이 다마스쿠스주로 이해했다는 주장도 제기되지만, 앞서 설명했듯이 알레포를 제외한 다마스쿠스, 하마, 홈스는 주가 아니었다.
48) 연안 도시라 부르기에는 바다로부터 거리가 상당하다는 오류도 있다.
49) Telegraph from McMahon to Grey, October 26, 1915, quoted in Kedourie, *Anglo-Arab Labyrinth*, 99.
50) Telegraph from McMahon to Grey, telegram no. 677, Cairo, November 7, 1915, quoted in Kedourie, 103.
51) Kedourie, 98-9, 103.
52) 즉, 메르시나와 알렉산드레타, 그리고 시리아의 북쪽 연안 지구들. 여기서 후자는 맥마흔의 서신을 고려해서 읽으면 다마스쿠스와 홈스, 하마, 알레포 지구로부터 서쪽에 위치한 연안 지대를 의미하는 것을 알 수 있다.
53) Telegraph from McMahon to Grey, October 26, 1915, quoted in Kedourie, 99.
54) Tibawi, *Anglo-Arab Relations*, 90.
55) "British Policy in Palestine," Great Britain, *Correspondence with the Palestine Arab Delegation and the Zionist Organization*, Cmd. 1700 (London, 1922), 20.
56) Great Britain, *Report of a Committee Set up to Consider Certain Correspondence Between Sir Henry McMahon and the Sharif of Mecca in 1915 and 1916* [hereinafter quoted as Hussein-McMahon Correspondence Report], Cmd. 5974 (London, 1939).
57) 관련하여 1939년의 영국 대표단의 설명을 보라. *Hussein-McMahon Correspondence Report*, Annex A.Para.1-10.
58) Kedourie, *Anglo-Arab Labyrinth*, 62-3.
59) 예를 들어 다음을 보라. Tibawi, *Anglo-Arab Relations*, 82-3; Kedourie, 80-2, 158-9, 163-4.
60) *Bunsen Report*; 관련하여 다음도 보라. Kedourie, 107.
61) 맥마흔은 후세인을 "아랍 대의의 유일한 잠재적 구심점"으로 평가했다. Kedourie, 115-6; Tibawi, *Anglo-Arab Relations*, 65.
62) 영어로는 'Vilayets' of Mersina and Adana로 번역되었지만, 후세인은 아랍어로 지역이나 주(vilayet)를 뜻하는 '윌라야(wilaya)'로 적었다. 메르시나는 아다나주에 속한 군이므로 후세인이 행정명칭을 착각한 것이 아니라면 윌라야는 지역을 의미했을 것이다. 따라서 '메르시나와 아다나 지역'으로 번역하는 게 올바르다. 그럼에도 불구하고 1939년에 아랍 측과 영국 측은 위와 같이 번역하기로 합의하였으므로 이를 따랐다.

63) 알렉산드레타도 순수 아랍 지역은 아니다. 인구의 절반 가량은 튀르키예인이었다. Ibid, 86.

64) Letter from Hussein to McMahon, November 5, 1915, *Hussein-McMahon Correspondence*, 9-11.

65) Letter from McMahon to Hussein, December 14, 1915, *Hussein-McMahon Correspondence*, 11-2.

66) Letter from Hussein to McMahon, January 1, 1916, *Hussein-McMahon Correspondence*, 12-4; 1939년에 서신의 해석을 논쟁할 때 영국측 대표단은 '북부 지역과 그곳의 연안 지대'가 히자즈보다 북쪽에 있는 모든 지역을 의미하고 따라서 팔레스타인도 포함된다고 주장했다. 이는 맥락을 철저히 무시하는 궤변이다.*Hussein-McMahon Correspondence Report*, 26:Annex.2.para.27.

67) Letter from McMahon to Hussein, January 25, 1916, *Hussein-McMahon Correspondence*, 14-5.

68) Antonius, *The Arab Awakening*, 174-5.

69) War Office of Great Britian, *Summary of the Hejaz Revolt*, August 31, 1918, 1-2; M. Wilson, "The Hashemites, the Arab Revolt," 215-6.

70) Kedourie, *Anglo-Arab Labyrinth*, 107-8.

71) Tibawi, *Anglo-Arab Relations*, 98.

72) Tibawi, 101-12, 118-25.

73) McMahon to Hardinge, December 5, 1915, Kedourie, *Anglo-Arab Labyrinth*, 120.

74) The Sykes-Picot Agreement, 1916, quoted in Yale Law School, accessed August 13, 2023, https://avalon.law.yale.edu/20th_century/sykes.asp.

75) 국제관리지역의 체제 형식은 러시아와 협상한 후 그에 따라 다른 연합국과 후세인과 협의하여 정하기로 했다.

76) The Sykes-Picot Agreement.

77) Mayir Vereté, "The Balfour Declaration and Its Makers," *Middle Eastern Studies* 6, no. 1 (1970): 54.

78) Vereté, 54-9, 69:n.5, 70-1:n.7.

79) L. Stein, *The Balfour Declaration*, 103-8.

80) 그밖에도 천년왕국설 신봉자들의 지지, 영국의 위세와 수에즈 운하의 방어를 강화, 독일과의 경쟁을 피하는 영토 확장 등이 국익으로 제시되었다. Herbert Samuel, *The Future of Palestine January 1915*, CAB/37/123 no. 43.

81) Elie Kedourie, "Sir Herbert Samuel and the government of Palestine," *Middle Eastern Studies* 5, no. 1 (1969): 44; L. Stein, *The Balfour Declaration*, 109-14; Tibawi, *Anglo-Arab Relations*, 55-7.

82) Kedourie Elie, "Sir Mark Sykes and Palestine 1915-16," *Middle Eastern Studies* 6, no. 3 (1970); Tibawi, 121-2.

83) Vereté, "The Balfour Declaration," 59-62; Edy Kaufman, "The French Pro-Zionist Declarations of 1917-1918," *Middle Eastern Studies* 15, no. 3 (1979).

84) Rhett, *Global History of Balfour Declaration*, 15, 23-4.

85) Rhett, 24-6; Vereté, "The Balfour Declaration," 62-3.

86) Rhett, 14-5, 26-36; Michael Cohen, *Britain's Moment in Palestine*, 49-51; William M. Mathew, "War-Time Contingency and the Balfour Declaration of 1917: An Improbable Regression," *Journal of Palestine Studies* 40, no. 2 (2011): 32-7; Vereté, "The Balfour Declaration," 63; Masalha, *Expulsion of the Palestinians*, 15.

87) 나타니엘 로스차일드의 아들이자 영국유대인 대표위원회의 간부였다. 반시온주의자였으나 늦어도 1916년 11월에는 시온주의자로 전향했다. L. Stein, *The Balfour Declaration*, 182-3.
88) Letter from Balfour to Rothschild, November 2, 1917, *UNSCOP report*, 2:Annex 19.
89) Rhett, *Global History of Balfour Declaration*, 35-6.
90) *Peel Report*, 24.
91) Richard Meinertzhagen, *Middle East diary, 1917-1956* (New York: Thomas Yoseloff, 1960), 9
92) Joshua H. Neumann, "The Jewish Battalions And The Palestine Campaign," *The American Jewish Year Book* 21 (1919): 122-5.
93) Vereté, "The Balfour Declaration," 50.
94) Neumann, "The Jewish Battalions," 132-5
95) Caplan, *Palestine Jewry*, 15-6; 반면, 지도부의 분위기는 침착했다. 밸포어 선언은 시혜성이지 의무가 아니기 때문에 영국이 지킬 것이라는 보장이 없었기 때문이다. L. Stein, *The Balfour Declaration*, 552-5.
96) Neumann, "The Jewish Battalions," 126-31.
97) L. Stein, *The Balfour Declaration*, 549-52; Vereté, "The Balfour Declaration," 63.
98) War Office of Great Britian, *Summary of the Hejaz Revolt*, 2-3.
99) 영국이 팔레스타인에서 선언문을 공개한 것은 1920년 2월이었으나, 이미 1917년 11월 중에 이집트 언론이 보도했고 얼마 후 팔레스타인에도 소식이 전해졌다. R. Khalidi, *Palestinian Identity*, 255:n.43.
100) *Hussein-McMahon Correspondence Report*, Annex F; Foreign Office of Great Britain, British *Commitments to King Husein*, CAB 24/68/86 (London, November 1918), 9.
101) Foreign Office, 9.
102) Zionist Organization, *Extracts from the reports of the executive of the Zionist Organisation to the twelfth Zionist Congress (Carlsbad, September, 1921): Political Report* (London: Zionist Organization, 1921), 14-6; Antonius, *The Arab Awakening*, 267-70, 285; Caplan, *Palestine Jewry*, 16-8; *Palin Report*, 23-4; Roberto Mazza, *Jerusalem: From the Ottomans to the British* (London: I.B.Tauris, 2009), 154-5.
103) I. Friedman, *Palestine*, 195-7.
104) *Hussein-McMahon Correspondence Report*, Annex G.
105) *Shaw Report*, 126; *Hussein-McMahon Correspondence Report*, Annex A.Para 19.
106) *Hussein-McMahon Correspondence Report*, Policy in Palestine, CAB/24/159, CP 106 (23), February 1923, 6; *Palin Report*, 7.
107) *Hussein-McMahon Correspondence Report*, Annex H.
108) *Hussein-McMahon Correspondence Report*, Annex I.
109) Isaiah Friedman, *British Pan-Arab Policy, 1915-1922: A Critical Appraisal* (London: Routledge, 2017), 215.
110) 예를 들어, L. Stein, *The Balfour Declaration*, 53.
111) *Hussein-McMahon Correspondence Report*, Annex A.Para.3.
112) Foreign Office of Great Britain, *British Commitments to King Husein*, 5.
113) 전쟁이 끝난 다음 날인 12일에는 영국군이 팔레스타인에서 발간하는 관보에 아랍어 번역문을 실었다. I. Friedman, *British Pan-Arab Policy*, 215.

114) I. Friedman, 227; Porath, *Emergence of Palestinian-Arab*, 71-2.
115) Porath, *Emergence of Palestinian-Arab*, 70-1, 160.
116) Antonius, *The Arab Awakening*, 280-6.
117) Foreign Office of Great Britain, *British Commitments to King Husein*, 9.
118) 이스라엘 외교부 사이트에 게재된 영문본을 번역했다. IMFA, "The Weizmann-Feisal Agreement," January 3, 1909, accessed May 16, 2017, https://www.mfa.gov.il/mfa/foreignpolicy/peace/mfadocuments/pages/the%20weizmann-feisal%20agreement%203-jan-1919.aspx; 아랍어본의 영문 번역은 다음을 보라. Antonius, *The Arab Awakening*, 437-9
119) Victor Kattan, *From Coexistence to Conquest: International Law and the Origins of the Arab-Israeli Conflict, 1891-1949* (London: Pluto Press, 2009), 305:n.116.
120) *Peel report*, 27.
121) Porath, *Emergence of Palestinian-Arab*, 31-2, 79-82; Mazza, *Jerusalem*, 169-71; Segev, *One Palestine, Complete*, 69-73.
122) IMFA, "The Weizmann-Feisal Agreement."
123) 다음을 보라. Kattan, *From Coexistence to Conquest*, 113-4.
124) 아랍어본은 이보다 조금 더 자세하다. 조지 안토니우스의 영문번역문을 다시 우리말로 번역하면, "1919년 1월 4일에 영국 외교부에 보낸 각서에서 요구한대로 아랍인들이 독립을 한다면 나[파이잘]는 상기 조항을 따른다. 그러나 (각서의 요구사항과 관련해) 조금이라도 수정되거나 벗어난다면 동 협정의 어떤 글귀도 구속력을 가지지 않고 무효로 간주될 것이며 효력을 상실하거나 유효하지 않게 되고, 나는 어떤 경우에도 책임 지지 않는다." Antonius, *The Arab Awakening*, 439.
125) *Peel report*, 26-8.
126) *UNSCOP Report*, 3:Annex A:Verbatim Record of the Twenty-First Meeting (Public).Hearing of Dr. Weizmann, July 8, 1947.
127) "Covenant of the League of Nations," accessed August 15, 2023, https://www.ungeneva.org/en/about/league-of-nations/covenant.
128) Porath, *Emergence of Palestinian-Arab*, 124.
129) Caplan, *Palestine Jewry*, 23-33.
130) Masalha, *Expulsion of the Palestinians*, 12.
131) Masalha, 12-3.
132) *The Council of Four: Minutes of Meetings March 20 to May 24, 1919*, IC-163a, 4-8, accessed May 21, 2017, https://history.state.gov/historicaldocuments/frus1919Parisv05/comp1.
133) 공식적으로는 연합국의 합동조사의 일부로서 미국 위원회(American Section of the Inter-Allied Commission)를 자처했다.
134) 1918년 10월에 팔레스타인 정복을 마친 뒤 알렌비 장군이 군사통치의 목적으로 임시적으로 경계를 나누었고, 당시에는 점령행정지 서부가 북부로 불렸다. 한편, 이 경계는 사이크스-피코 협정과도 부분적으로 닮았다. Avraham P. Alsberg, "Delimitation of the Eastern Border of Palestine," *Studies in Zionism* 2, no. 1 (1981): 87; 네게브 사막이 제외된 것을 제외하면 점령행정지 남부는 팔레스타인 땅의 경계와 거의 일치한다. 네게브 사막은 오스만의 마안군에 속하고 마안군은 시리아주에 속하지만, 점령행정지에 편입되지 않은 상태로 파이잘의 아랍정부가 관할했다. 이는 히자즈 왕국의 일부로서 영토권을 주장한 후세인의 요구를 인정했기 때문으로 보인다. Alsberg, 95.
135) James Gelvin, *Divided Loyalties: Nationalism and Mass Politics in Syria at the Close of Empire* (Berkeley: University of California Press, 1998), 263-5; Lori A. Allen, "Determining Emotions and the Burden of Proof in Investigative Commissions to Palestine," *Compara-

tive Studies in Society and History 59, no. 2 (2017): 395-8.

136) Porath, *Emergence of Palestinian-Arab*, 90.
137) USA, *Report of American section of Inter-allied Commission of mandates in Turkey. An official United States government report by the Inter-allied Commission on Mandates in Turkey* [hereinafter quoted as King-Crane Report]. August 28, 1919, quoted in *Papers Relating to the Foreign Relations of the United States, The Paris Peace Conference, 1919*, ed. Fuller, Joseph V., vol. 12: Field Missions of the American Commission to Negotiate Peace (Washington, 1947), 764-5.
138) Caplan, *Palestine Jewry*, 35-45.
139) *King-Crane Report*, 779-82.
140) 위원회의 보고서에는 80.4%로 잘못 기재되었다.
141) *King-Crane Report*, 765-8.
142) 시리아 민족의회의 결정을 따르기로 한 제닌, 하이파, 나자렛의 23건의 청원을 포함하면 1순위 지원국으로서 미국을 선택한 청원의 비율은 58.3%, 2순위 지원국으로서 영국을 선택한 비율은 56.6%로 증가한다. *King-Crane Report*, 766-9.
143) 프랑스를 1순위로 원하는 청원은 274건이었고, 그중 215건(78.5%)이 레바논 주민들의 청원이었다. *King-Crane Report*, 769.
144) *King-Crane Report*, 758-9.
145) *King-Crane Report*, 793.
146) *King-Crane Report*, 766, 773-4.
147) *King-Crane Report*, 758-9.
148) 당시 팔레스타인 유대 공동체를 대표하는 기관은 시온주의자 위원회와 팔레스타인 유대임시의회(Provisional Council of the Jews of Palestine)가 있었고, 후자는 전자의 영향력 하에 있었다.
149) 오스만을 대체해 '아랍 민족' 국가가 세워지면 이전과 같은 보호를 받지 못할지도 모른다고 우려하거나, 그렇지 않더라도 영국의 지원으로 유대 공동체에 보다 유리한 정치체제를 세우길 기대했을 법하다.
150) 더군다나, 아랍인보다 시온주의자들의 조직력이 대체로 강하고, 위원회의 이동경로가 도시와 식민촌으로 한정되었기 때문에 농민이 다수인 아랍인들이 청원하기에 불리한 환경이었다는 점을 고려하면 유대인의 청원 수가 매우 적다는 데 의문의 여지는 없어 보인다.
151) 이라크의 독립을 청원한 1,278건과 모든 아랍 지역의 독립을 청원한 97건 중 중복되는 4건을 제외하고 계산한 수치다. *King-Crane Report*, 768.
152) *King-Crane Report*, 758-9.
153) *King-Crane Report*, 792; 한편, 위원장들이 과거에 파이잘을 접견한 적이 있는 등 시온주의에 부정적인 입장을 가질 만한 배경이 있었다는 주장도 있다. Stuart E. Knee, "The King-Crane Commission of 1919: The Articulation of Political Anti-Zionism," *American Jewish Archive* 29, no. 1 (1977).
154) *King-Crane Report*, 792-5.
155) *King-Crane Report*, 788-99.
156) *King-Crane Report*, 848-63:Confidential Appendix to the Report upon Syria; 다음도 참고하라. Porath, *Emergence of Palestinian-Arab*, 91-2.
157) 관련하여 다음을 보라. Kattan, From Coexistence to Conquest, 98-116; 1937년의 필 위원회는 아랍독립군을 "의심할 여지 없이 작전을 성공으로 이끈 요소"로 평가했다. *Peel report*, 21.
158) Said, *Question of Palestine*, 16-7.

159) R. Khalidi, *Palestinian Identity*, 161-6.
160) "The Emir Faisal on Palestine and the Jews: Interview for the Jewish Chronicle with His Highness the Emir Faisal," *The Jewish Chronicle*, 3 October 1919, quoted in Kattan, *From Coexistence to Conquest*, 114-5.
161) R. Khalidi, *Palestinian Identity*, 166-7; Porath, *Emergence of Palestinian-Arab*, 111-4.
162) Morris, *Righteous Victims*, 92-4; Caplan, *Palestine Jewry*, 49-52, 54.
163) *Palin report*, 56-7; Porath, *Emergence of Palestinian-Arab*, 96-7; Morris, *Righteous Victims*, 94; Caplan, *Palestine Jewry*, 52-5.
164) *Palin report*, 58-9.
165) *Palin report*, 68-9; Caplan, *Palestine Jewry*, 33-5, 50, 52, 55-7; Lenni Brenner, *The Iron Wall: ZIonist Revisionism from Jabotinsky to Shamir* (London: Zed Books, 1984), 58-9; Mazza, *Jerusalem*, 169-71; Segev, *One Palestine, Complete*, 130-2.
166) *Palin Report*, 61-4; Mazza, *Jerusalem*, 172; Segev, 128-9.
167) *Palin Report*, 66-74.
168) Morris, *Righteous Victims*, 96.
169) 경찰에 의한 피해는 제외하였다. *Palin Report*, 74-6.
170) *Palin Report*, 64-5, 74-6.
171) Caplan, *Palestine Jewry*, 59-62.
172) Mazza, *Jerusalem*, 174; Morris, *Righteous Victims*, 96.
173) *Palin Report*, 2.
174) *Palin Report*, 4-9.
175) *Palin Report*, 9-11, 21-2.
176) *Palin Report*, 11-5.
177) 오스만 치하에서 마지막 예루살렘 시장은 살림 후세이니(Husayn Salim al-Husayni)였다. 영국은 예루살렘을 정복한 뒤 살림을 유임했으나 몇 달 뒤 사망하자 무사 카짐을 후임으로 임명했다. Mazza, *Jerusalem*, 155.
178) *Palin Report*, 24-34.
179) *Palin Report*, 24-28, 33, 40-2; 보다 자세한 내용은 Mazza, *Jerusalem*, 147-50, 154-7.
180) *Palin Report*, 27-8, 41-2; 농업융자는 1923년에 완전히 중단되는데, 정치역사학자 케네스 스타인(Kenneth Stein)에 따르면 농민들이 부채를 상환하지 못한 것이 중요한 이유였다. K. Stein, *Land Question*, 19, 40-1.
181) *Palin Report*, 38-9, 43-51.
182) *Palin Report*, 38, 79-82.
183) San Remo Conference resolution, April 25, 1920, quoted in Rohan Butler and J.P.T. Bury, edd, *Documents on British Foreign Policy, 1919-1939*, vol. 8 (London, 1958), 176-7.
184) R. Khalidi, *Palestinian Identity*, 166.
185) 1919년 10월 21일에 예루살렘 시장 무사 카짐과 시온주의자 위원회의 의장 우씨쉬킨은 대화 중에 두 민족의 충돌을 예견했고 이를 피하지 않겠다는 각오를 나누었다. Segev, *One Palestine, Complete*, 129-30; Caplan, *Palestine Jewry*, 47-8.
186) Segev, *One Palestine, Complete*, 128.
187) R. Khalidi, *Palestinian Identity*, 167-75.

188) Antonius, *The Arab Awakening*, 306-9; Porath, *Emergence of Palestinian-Arab*, 108-22.
189) Porath, 107.
190) Wasserstein, *Herbert Samuel*, 255.
191) Wasserstein, 254-5; *Hope-Simpson Report*, 119.
192) *Peel Report*, 27; 시온주의자들 역시 같은 기대를 품었다. Caplan, *Palestine Jewry*, 26-7.
193) Antonius, *The Arab Awakening*, 313-7; Alsberg "Delimitation of Eastern Border," 92-4.
194) Antonius, 316-7.
195) Michael J. Cohen, *Churchill and the Jews* (London: Frank Cass, 1985), 87-9; Bernard Wasserstein, *Herbert Samuel: A Political Life* (Oxford: Clarendon Press, 1992), 249-53; 최종적으로, 1922년 9월에 팔레스타인 위임통치령에서 트랜스요르단을 제외하기로 국제연맹에 보고했다. Great Britian, *Mandate for Palestine with a Note on Its Application to Transjordan*, Cmd. 1785 (London, 1923).
196) 예를 들어, Michael Cohen, *Churchill and the Jews*, 87; Benjamin Pogrund, "The Balfour Declaration Promised Lebanon and Jordan to the Jews, Too," *Haaretz*, October 25, 2017, https://www.haaretz.com/opinion/2017-10-25/ty-article/.premium/balfour-promised-lebanon-and-jordan-to-the-jews-too/0000017f-db97-d856-a37f-ffd7ef0e0000; Jewish Virtual Library, "When Churchill Severed Transjordan From Palestine," accessed August 20, 2023, https://www.jewishvirtuallibrary.org/when-churchill-severed-transjordan-from-palestine.
197) Alsberg, "Delimitation of Eastern Border," *Studies in Zionism* 2, no. 1 (1981); Yitzhak Gil-Har, "Boundaries Delimitation: Palestine and Trans-Jordan," *Middle Eastern Studies* 36, no. 1 (2000); Butler and Bury, *Documents on British Foreign Policy*, 8:172-7; 당시 시온주의자들의 입장에 대해서는 다음을 보라. Zionist Organization, *Extracts from the reports to the twelfth Zionist Congress*, 38-9.
198) 시온주의자 기구가 제안한 영토의 경계에 대해서는 다음을 참고함. CEIRPP, *Origins and Evolution*, 30-1, 93:Annex VI.
199) Porath, *Emergence of Palestinian-Arab*, 108-10.
200) Michael Cohen, *Churchill and the Jews*, 89-91; Wasserstein, *Herbert Samuel*, 255-6; Caplan, *Palestine Jewry*, 79-83, 149.
201) Barron, Census of 1922, 3; *Hope-Simpson Report*, 119.
202) *Haycraft Report*, 19-21, 53-4; Porath, *Emergence of Palestinian-Arab*, 57-8.
203) *Haycraft Report*, 22-4.
204) *Haycraft Report*, 25.
205) *Haycraft Report*, 43.
206) *Haycraft Report*, 27.
207) *Haycraft Report*, 26-9.
208) *Haycraft Report*, 25.
209) *Haycraft Report*, 29-34, 60
210) 모든 학자들이 아랍측 사망자를 48명으로 잘못 인용하는 듯하다. 위원회의 보고서 Appendix B. Medical Statistics의 표에 사상자가 기재되어 있고 그중 아랍인 사망자는 48명으로 기재되어 있는데 이를 인용한 것으로 보인다. 하지만 이 표는 병원에서 접수한 시신과 치명상 환자의 수를 기록한 것이며, 아랍인들이 직접 옮긴 20여구의 시신은 포함하지 않았다고 같은 쪽 등에서 설명된다. *Haycraft Report*, 41, 60.

211) *Haycraft Report*, 5-12, 36-43, 60.
212) *Haycraft Report*, 12, 43.
213) *Haycraft Report*, 12, 43-5, 50, 56-7; 시온주의자들의 생각에 대해서는 다음을 보라. Caplan, *Palestine Jewry*, 94-8.
214) *Haycraft Report*, 44, 51-5, 62-3.
215) *Haycraft Report*, 54-5.
216) *Haycraft Report*, 56-7.
217) *Haycraft Report*, 57.
218) *Haycraft Report*, 35-6, 44, 50.
219) *Haycraft Report*, 62-3.
220) *Haycraft Report*, 63; Great Britain, *Policy in Palestine*, 12.
221) *Haycraft Report*, 63.
222) Great Britain, *Policy in Palestine*, 8.
223) Address by Samuel, June 3, 1921, quoted in Great Britiain, *Correspondence with the Palestine Arab Delegation*, No.2: The Colonial Office to the Palestine Arab Delegation, March 1st, 1922.
224) Wasserstein, *Herbert Samuel*, 257.
225) Great Britain, *Hope-Simpson Report*, 119.
226) Caplan, *Palestine Jewry*, 85-106.
227) Va'ad Leumi delegation interview with HC, June 10, 1921, Caplan, 105.
228) Caplan, 115.
229) Caplan, 112-45.
230) Porath, *Emergence of Palestinian-Arab*, 133-4; Caplan, 118-9.
231) Porath, 134, 137-8, 141-2.
232) Porath, 140-2.
233) 정식 명칭은 「The Palestine Order in Council, 1922」.
234) Great Britiain, *Correspondence with the Palestine Arab Delegation*, No.1: The Palestine Arab Delegation to the Sseretary of State for the Colonies, February 21, 1922.
235) Great Britiain, No.2: The Colonial Office to the Palestine Arab Delegation, March 1st, 1922.
236) 처칠은 아랍인들이 시온주의로 인해 아랍이 잠식당할 것을 우려하고 있으나 그런 걱정은 기우이며, 팔레스타인의 고등판무관인 허버트 사무엘이 정치적 능력이 출중할뿐더러 "가장 열렬할 시온주의자"이므로 이 어려운 시기를 극복해낼 것이라고 말했다. Accessed, June 12, 2017, http://hansard.millbanksystems.com/commons/1921/jun/14/middle-eastern-services.
237) Great Britiain, *Correspondence with the Palestine Arab Delegation*, No.3: The Palestine Arab Delegation to the Secretary of State for the Colonies. March 16, 1922.
238) Great Britiain, No.4: The Colonial Office to the Palestine Arab Delegation, April 11, 1922.
239) Great Britiain, Enclosure in No.5: Biritish Policy in Palestine, 18.
240) Great Britiain, 17-21.
241) Barron, *Census of 1922*.

242) Great Britiain, *Correspondence with the Palestine Arab Delegation*, No.6: The Palestine Arab Delegation to the Secretary of State for the Colonies. June 17, 1922.
243) Great Britiain, 28.
244) "Text of the Mandate for Palestine," quoted in *UNSCOP* report, 2:Annex 20.
245) *UNSCOP* report, 2:Annex 20.
246) Great Britain, *Policy in Palestine*, 11-2.
247) David Fromkin, *A Peace to End all Peace: The Fall of the Ottoman Empire and the Creation of the Middle East* (New York: Henry Holt, 1989), 525-6.
248) Porath, *Emergence of Palestinian-Arab*, 147-8; Caplan, *Palestine Jewry*, 125-6.
249) Porath, 148-50, 223.
250) Porath, 150-5.
251) Porath, 166-8.
252) Great Britain, *Policy in Palestine*, 11.
253) Great Britain, 7, 10.
254) Great Britain, 13-4.
255) Porath, *Emergence of Palestinian-Arab*, 168-9.
256) Great Britain, *Papers Relating to the Elections for the Palestine Legislative Council, 1923*, Cmd. 1889 (London, 1923).
257) Porath, *Emergence of Palestinian-Arab*, 169-76.
258) Sahar Huneidi, "Was Balfour Policy Reversible? The Colonial Office and Palestine, 1921-23," *Journal of Palestine Studie*s 27, no. 2 (1998): 36-7; Porath, *Emergence of Palestinian-Arab*, 174.
259) Palestine Committeem, CAB/24/161. CP 351 (23), *The Future of Palestine, Great Britain* (London, 1923), 5.
260) Huneidi, "Was Balfour Policy Reversible?" 37-8.
261) Palestine Committee, *The Future of Palestine*, 5.
262) Porath, *Emergence of Palestinian-Arab*, 178-82.
263) 관련하여 다음을 보라. William M. Mathew, "War-Time Contingency and the Balfour Declaration of 1917: An Improbable Regression," *Journal of Palestine Studies* 40, no. 2 (2011).
264) Fromkin, *A Peace to End all Peace*, 525.
265) Porath, *Emergence of Palestinian-Arab*, 137-8.
266) *Shaw Report*, 101:table.I.
267) Porath, *Emergence of Palestinian-Arab*, 125.
268) A. W. Kayyali, *Palestine: A Modern History* (London: Third World Centre, 1978), 130.
269) 여러 학자들이 지적하듯이 헌장에서 보장된 유대인 기구와 그렇지 않은 아랍인 기구의 지위는 같다고 볼 수 없다. 보다 중요하게 보아야 하는 것은 실질적인 차이다. 두 기구는 마치 각각의 공동체 내부의 일을 처리하는 것처럼 묘사되지만, 유대인들의 이주와 정착활동은 아랍인들에게 지대한 영향을 끼치는 문제였다. 그런데도 아랍인 기구는 이에 대해 간섭할 권한을 인정받지 못했다. Great Britain, *Proposed Formation of an Arab Agency: Correspondence with the High Commissioner for Palestine*, Cmd. 1989 (London, 1923).
270) J. Shaw, *A Survey of Palestine*, 1:22.

271) 영국이 예루살렘을 장악하는 걸 카밀이 적극적으로 도운 공로에 대한 포상이었다. 카밀은 유대인에 대해서도 호의적이었기 때문에 안심하고 권력을 맡긴 것으로 보인다. 단, 카밀이 시온주의에 찬성한 것은 아니다. 팔린 위원회에 따르면 그는 다음과 같이 말했다. "저 또한 유대인들이 우리 땅을 크게 도우리라 믿습니다만, 우리가 걱정하는 것은 통제받지 않는 이주와 극단주의자들입니다." *Palin Report*, 15; 카밀의 권한과 대무프티에 대해서는 다음을 보라. Philip Mattar, *The Mufti of Jerusalem: Al-Hajj Amin al-Husayni and the Palestinian National Movement* (New York: Columbia University Press, 1988), 22.

272) Porath, *Emergence of Palestinian-Arab*, 101-2.

273) Mattar, *The Mufti of Jerusalem*, 19-24, 26; Kedourie, "Sir Herbert Samuel," 49-55; Zvi Elpeleg, *The Grand Mufti: Haj Amin al-Hussaini, Founder of the Palestinian National Movement*, ed. Shmuel Himelstein, trans. David Harvey (London: Routledge, 1993), 8-10.

274) Mattar, 23, 25-7; Elpeleg, 8-10.

275) Porath, *Emergence of Palestinian-Arab*, 193-4; Kedourie, "Sir Herbert Samuel," 55.

276) Mattar, *The Mufti of Jerusalem*, 27-30; Porath, 194-7, 202-6.

277) Caplan, *Palestine Jewry*, 98-100, 121, 124, 127-33, 142-5; Porath, 213-8.

278) Hillel Cohen, *Army of Shadows: Palestinian Collaboration with Zionism, 1917-1948*, trans. Haim Watzman (Berkeley: University of California Press, 2008), 15-9.

279) Kalvarisky to the Zionist Executive, n.d., quoted in H. Cohen, *Army of Shadows*, 18-19.

280) Porath, *Emergence of Palestinian-Arab*, 149.

281) H. Cohen, *Army of Shadows*, 66-8.

282) Porath, *Emergence of Palestinian-Arab*, 219-22; H. Cohen, Army of Shadows, 19-20; Caplan, *Palestine Jewry*, 130-1.

283) Porath, 222-30; Kayyali, *Palestine*, 130-1; H. Cohen, *Army of Shadows*, 20-1.

284) Porath, *Emergence of Palestinian-Arab*, 230-4, 241-2, 248-9.

285) Kayyali, *Palestine*, 134-5; Porath, *Emergence of Palestinian-Arab*, 235-8;

286) 1921년의 할당이민법(Emergency Quota Act of 1921)은 1910년도의 인구 조사를 기준으로 미국에 거주하는 외국 출생 시민권자의 해당국적별 인구의 최대 3%까지로 연간 이주 할당 수를 제한하였다. 1924년에는 이를 개정해 할당률을 2%로 줄이고, 기준이 되는 인구수를 1890년도의 조사로 바꾸었다.

287) Shaw Report, 101:table.I., 102, 105; Hope-Simpson Report, 119, 183:Appendix.22.

288) Segev, *One Palestine, Complete*, 237.

289) Kayyali, *Palestine*, 135-6.

290) Mccarthy, *The Population of Palestine*, 26:Table.2.3.

291) Shaw Report, 1930, 101:table.I

292) Barron, *Census of 1922*, Table 1; Table 1에서 잘못 기재된 항목(북부주 기독교도 인구, 유대인 인구 합계)은 수정하였다.

293) Shaw Report, 101:table.I; Hope-Simpson Report, 183:Appendix.22.

294) Hope-Simpson Report, 119-20, 183:Appendix.22; Shaw Report, 100.

295) 그 외 종교비자 등이 있으나 규모가 작았다. Shaw Report, 100, 103-5.

296) Porath, *Emergence of Palestinian-Arab*, 176.

297) Porath, 22.

298) K. Stein, *Land Question*, 226-7:Appendix 2.
299) K. Stein, 37.
300) 아랍집행위에 따르면, 위임통치 첫 10년간 아랍 지주와 농민이 유대인에게 판 토지는 116,000두 넘으로, 이 시기 동안 유대인이 매입한 전체 토지의 4분의 1이 넘는다. K. Stein, 66.
301) Roger Owen, "Economic Development in Mandatory Palestine: 1918-1948," in *The Palestinian Economy: Studies in Development under Prolonged Occupation*, ed. George T. Abed (London: Toutledge, 2014), 14-8.
302) 1930년 3월을 기준으로 10명 이상을 고용한 유대 업체는 131개에 불과했다. *Hope-Simpson Report*, 108.
303) *Hope-Simpson Report*, 109-10, 117; Mahmoud Yazbak, "From Poverty to Revolt: Economic Factors in the Outbreak of the 1936 Rebellion in Palestine," *Middle Eastern Studies* 36, no. 3 (2000): 107.
304) *Shaw Report*, 29.
305) Owen, "Economic Development," 24.
306) *Shaw Report*, 114.
307) *Shaw Report*, 117-8; K. Stein, *Land Question*, 56, 60:table.5.
308) Caplan, *Palestine Jewry*, 136-40.
309) Yosef Gorni, "Zionist Socialism and the Arab Question, 1918-1930," *Middle Eastern Studies* 13, no. 1 (1977).
310) Shapira, *Land and Power*, 131-9.
311) Sontheimer, "Bringing the British back in," 169, 171-2.
312) Sontheimer, 169, 171-2.
313) 하가나 내부의 지하혁명조직의 소행으로 보는 학설도 있으나, 상부 지시로 계획된 암살이라는 데에는 이견이 없다. Nachman Ben-Yehuda, *Political Assassinations by Jews: A Rhetorical Device for Justice* (Albany: State University of New York Press, 1993), 137-40.
314) Shapira, *Land and Power*, 163-8.
315) Shapira, 169-70; Masalha. *Expulsion of the Palestinians*, 27-8.
316) Vladimir Jabotinsky, *The Iron Wall*, 1923, Jabotinsky Institute in Israel, accessed December 11, 2022, http://en.jabotinsky.org/media/9747/the-iron-wall.pdf.
317) Jabotinsky, *The Iron Wall*; 자보틴스키는 파리평화회의에서 요구할 목표를 논하기 위해 1918년 12월에 열린 회의(Eretz-Yisrael Conference)에서도 같은 지적을 했다. 관련하여 다음을 보라. Caplan, *Palestine Jewry*, 23-9.
318) Jabotinsky, *The Iron Wall*.
319) Jabotinsky, *The Iron Wall*.
320) Jabotinsky, *The Iron Wall*.
321) L. Brenner, *The Iron Wall*, 72.
322) *Hope-Simpson Report*, 79.
323) *Hope-Simpson Report*, 79.
324) *Shaw Report*, 19.
325) Michael Cohen, *Britain's Moment in Palestine*, 139.
326) Metzer, *The Divided Economy of Mandatory Palestine* (Cambridge: Cambridge University

Press, 1998), 180:Table.6.1.
327) Yazbak, "From Poverty to Revolt," 94-5; K. Stein, *Land Question*, 24-5.
328) Great Britain, *Hope-Simpson Report*, 31-4; 필 위원회에 따르면, 특정 지역의 아랍인들은 공동 소유 방식이 외부인(즉, 유대인)에게 토지가 이양되는 것을 막는데 도움이 된다고 믿기 때문에 정부가 법으로 폐지하는 것을 꺼렸다. *Peel Report*, 219.
329) *Shaw Report*, 114-5.
330) Bunton, *Colonial Land Policies*, 148-9.
331) 원래는 10%를 걷었으나 1883년부터 1900년까지 교육비, 농업융자 명목 등으로 점진적으로 세율을 올려 12.63%가 되었다. Bunton, 141.
332) Bunton, 141-50; Yazbak, "From Poverty to Revolt," 97.
333) Barbara J. Smith, *The Roots of Separatism in Palestine: British Economic Policy, 1920-1929* (Syracuse University Press, 1993), 160-81.
334) *Hope-Simpson Report*, 114
335) 법정이율은 9%이지만 농민들은 대출 없이는 살아남을 수 있는 형편이 못 되었기 때문에 소송을 할 엄두를 내지 못했다. *Hope-Simpson Report*, 68.
336) *Hope-Simpson Report*, 69-70.
337) Bunton, *Colonial Land Policies*, 30-59; K. Stein, *Land Question*, 13.
338) K. Stein, 61-4.
339) *Shaw Report*, 105; Segev, *One Palestine, Complete*, 237; Barbara Smith, *The Roots of Separatism*, 81; Michael Cohen, *Britain's Moment in Palestine*, 182; Metzer, *The Divided Economy*, 68.
340) *Shaw Report*, 105.
341) Michael Cohen, *Britain's Moment in Palestine*, 176-9, 184-5.
342) *Hope-Simpson*, 183-4:Appendix.22-23.
343) *Shaw Report*, 102-3, 106.
344) 1924년도의 유출 인구는 상반기 자료가 없어 하반기만 포함했다. *Hope-Simpson*, 183-4:Appendix.22-23.
345) 아랍 실업자는 제대로 조사된 적이 없어 부정확하지만, 1927년 8월 말에 1,600명으로 추정되었다. 그리고 2년이 지난 1929년 9월에 유대 실업자는 800명으로까지 떨어져 실업 사태는 사실상 종료되었으나, 아랍 실업자는 오히려 2,000여 명으로 많아졌다. *Shaw Report*, 105-6.
346) Porath, *Emergence of Palestinian-Arab*, 244-7; *Shaw Report*, 18.
347) Rami Zeedan, "The Palestinian Political Parties and Local Self-governance during the British Mandate: Democracy and the Clan," in *The British Mandate in Palestine: A Centenary Volume, 1920-2020*, edited by Michael J. Cohen (London: Routledge, 2020), 88-9, 92-3:table.5.1.
348) Porath, *Emergence of Palestinian-Arab*, 253-7; Kayyali, *Palestine*, 137.
349) Zeedan, *"Political Parties and Local Self-Governance"*, 88, 92-93:table.5.1; Kayyali, 136.
350) Great Britain, *Wailing Wall report*, v.The Evidence.
351) Sontheimer, "Bringing the British back in," 174.
352) Porath, *Emergence of Palestinian-Arab*, 259-60.
353) *Shaw Report*, 31.

354) Great Britain, *The Western or Wailing Wall in Jerusalem*, Cmd. 3229 (London, 1928), 4.
355) Great Britain, 2-4.
356) Great Britain, 3-4; *Shaw Report*, 27-9.
357) *Shaw Report*, 34-5, 37, 41, 154.
358) *Shaw Report*, 28, 33, 36, 42, 75, 154.
359) *Shaw Report*, 36-7, 39, 154; 다만, 기도 시간을 알리는 아잔은 매일 정해진 시각에 낭송하니 유대인들의 기도 시간과 겹칠 수밖에 없고, 기도를 드리러 많은 무슬림이 찾아오면서 통행량이 늘어나 유대인들이 불편해진 것은 사실이었다.
360) *Shaw Report*, 40.
361) *Shaw Report*, 42-7, 50, 52-55.
362) *Shaw Report*, 56-7.
363) *Shaw Report*, 61-3, 75-6, 80.
364) *Shaw Report*, 59-60, 63-4.
365) Hillel Cohen, *Year Zero of the Arab-Israeli Conflict: 1929*, trans. Haim Watzman (Waltham: Brandeis University Press, 2015), 145-8.
366) 이전 소요들과 마찬가지로 아랍인 사상자 집계는 불완전했다. 사상자의 대부분이 소요에 참여한 사람들이라 정부에 피해 사실을 신고하기 꺼렸기 때문이다. 사상자 집계를 낸 보건국 과장은 상당한 수의 아랍인 사상자가 기록되지 않았다고 보고했다. 위원회의 조사 초기에도 아랍인 사상자 수는 268명으로 조사되었다가 이후에 348명으로 정정되었다. *Shaw Report*, 64-6.
367) *Shaw Report*, 68-70.
368) *The Palestine (western or Wailing Wall) Order in Council*, 1931.
369) Yehoshua Porath, *The Palestinian Arab National Movement, 1929-1939: From Riots to Rebellion*, vol. 2 (London: Routledge, 2015), 2-6.
370) Sontheimer, "Bringing the British back in," 173-5.
371) Kayyali, *Palestine*, 151; Shapira, *Land and Power*, 187; Masalha, *Expulsion of the Palestinians*, 27.
372) 유대 측 주장에 따르면, 이 그림은 19세기 말에 유대교 학교에서 장식용이나 기금을 모으는 용도로 사용했다. *Shaw Report*, 30, 73; Porath, *Emergence of Palestinian-Arab*, 262-3.
373) Shaw Report, 73-4; 쿡은 이전부터 성전산에 유대 신전을 재건해야 한다는 가르침을 알려온 종교 시온주의자였으나, 신전의 건설은 비유대인들의 동의가 필요하다는 입장이었고 성전산에서 기도하는 것에도 반대했다. Motti Inbari, *Jewish Fundamentalism and the Temple Mount: Who Will Build the Third Temple?* (Albany: State University of New York Press, 2009), 17-21.
374) *Shaw Report*, 97-8, 153.
375) *Shaw Report*, 96-7, 150-3.
376) 쇼 위원회는 인구 1천 명당 10명의 자연증가율을 전제로 측정했으나, 실제로는 1922년 이후 인구증가율은 1천 명당 26명이었다. 따라서 유대 인구가 다수가 되기까지에는 더 많은 시간이 소요된다. *Shaw Report*, 110-1, 202-6; *Hope-Simpson Report*, 158.
377) *Shaw Report*, 108-9.
378) *Shaw Report*, 102-5, 112; 관련하여 다음도 참고하라. *Hope-Simpson Report*, 120-2.
379) *Shaw Report*, 111-2, 156-7.
380) *Shaw Report*, 114-9; *Hope-Simpson Report*, 34-6.

381) *Shaw Report*, 117.
382) *Shaw Report*, 118-9.
383) *Shaw Report*, 113, 120-4.
384) *Shaw Report*, 125-8, 130-1.
385) *Shaw Report*, 5-6, 124-5, 128-9, 130-1.
386) *Shaw Report*, 129.
387) *Shaw Report*, 70-82, 156; 아민은 소요 직후 시리아의 혁명주의자가 유격군 편성과 활동을 돕겠다는 제안도 거절했다. Kayyali, *Palestine*, 147-8.
388) *Shaw Report*, 136-44, 164-5.
389) *Shaw Report*, 142-3, 166-7.
390) Porath, *Palestinian Arab National Movement*, 22-3, 26-8; Kayyali, *Palestine*, 148.
391) Porath, 22-7; Kayyali, *Palestine*, 157-8; 팔레스타인에서 유대 실업률이 급증하고 경제 위기의 조짐이 확인되어 5월 말부터 취업 비자를 일시 중단시켰다. *Hope-Simpson Report*, 139-40.
392) *Hope-Simpson Report*, 20-4.
393) *Shaw Report*, 113.
394) 홉 심슨 위원회의 조사 당시 측량사가 중간보고한 팔레스타인 전체 면적은 2천 6백만 두넘으로, 최종 결과값보다 1백만 두넘이 적었다. *Hope-Simpson Report*, 12-3, 20.
395) 브엘세바 지역의 사막 지대도 수자원이 발견되고 관개를 한다면 약 1.5백만 두넘에서 경작이 가능할 것으로 추정되지만, 위원회는 가까운 미래에 이용이 불가능하므로 계산에서 제외했다. *Hope-Simpson Report*, 20, 22-3, 60, 159.
396) *Peel Report*, 234-5.
397) 1천 6백만 두넘까지 경작이 가능하다는 의견을 믿은 유대인들이 많았다는 주장이 제기된다. 그러나 사막 지역과 사해, 갈릴리 호수만 제외해도 팔레스타인의 크기는 1천 4백만 두넘을 넘지 않았으므로, 유대인들의 이주가 피해를 불러오지 않을 것이라는 평화적인 믿음을 강조하기 위한 정치적 선전으로 보인다. 정말로 1천 6백만 두넘을 믿은 유대인이 많았더라면 얼마나 정치적 선동에 취약했는지를 보여줄 뿐이다. 1936년에 유대인 기구 소속의 전문가 그로노브스키(Granovsky)는 영국의 조사를 비판하며 9.2백만 두넘까지 경작이 가능하다고 주장했다. 그러나 그중 70만 두넘은 삼림지라서 제외된 것이었기에 때문에 영국의 조사와 겨우 1.4백만 두넘만 차이날 뿐이다. 관련하여 다음을 보라. Peel Report, 234-8.
398) Masalha, *Expulsion of the Palestinians*, 32-4; Benny Morris, *The Birth of The Palestinian Refugee Problem Revisited* (Cambridge: Cambridge University Press, 2004) 44-5, 61:n.12.
399) 위원회의 자료를 가지고 직접 계산했다. *Hope-Simpson Report*, 23-4, 157-8:Appendix.2, 160:Appendix.4.
400) 구매 중에 있는 8만여 두넘의 토지는 제외하고 계산한 값이다. *Hope-Simpson Report*, 24-6, 60, 158.
401) 생존이 가능한 최소한의 토지 면적은 비옥도나 관개, 농법, 낙농업 가능 여부 등에 따라 크게 달라진다. 시온주의자들은 재식 농업에 종사하는 아랍인들도 있으므로 모든 가구가 130두넘의 토지를 필요로 하는 것은 아니라고 이의를 제기했다. 그러나 위원회는 비유대 토지 중에 독일 식민촌이나 교회 소유지 등 아랍인들이 가질 수 없는 토지가 있으므로 양자가 상쇄될 수 있다고 보았다. *Hope-Simpson Report*, 61-4.
402) W. J. Johson and R. E. H. Crosibie, Great Britain, *Report of a Committee on the Economic Condition of Agriculturists in Palestine and the Fiscal Measures of Government in Relation thereto* (Jerusalem, 1930); *Hope-Simpson Report*, 26, 64.

403) *Hope-Simpson Report*, 64.
404) 100두넘의 토지를 기준으로 계산된 값을 평균 소지 면적인 75 두넘에 맞게 직접 재계산하였다. 토지 수입은 곡물 경작, 과수, 사육 등 일반 농가 소득의 모든 경우를 고려한 평균 수치이며, 생산비도 이를 반영하였으나 일부 생산비(올리브 생산비, 가축 사육비)는 포함되지 않았다. 세금에는 경작세, 토지건물세와 가옥세, 가축세가 포함되었다. 소작료 30%는 농작물과 과수에만 매겨지고, 토지건물세는 지주가 부담하므로 소작농의 지출에서 제외된다. 자세한 내용은 다음을 참조. *Hope-Simpson Report*, 178:Appendix.18.
405) *Hope-Simpson Report*, 63-4, 66-8; 6-9인 가구의 1년 생활비가 49.5파운드라는 분석도 있다. Ibid, 177:Appendix.18.
406) 100두넘을 기준으로 계산된 값을 75두넘에 맞춰서 바꾸었다. *Hope-Simpson Report*, 68-9, 174-5:Appendix.15.
407) *Hope-Simpson Report*, 69.
408) *Hope-Simpson Report*, 70.
409) 직접 계산한 수치다. 1931년의 인구조사에 따르면 야파와 하이파지구의 인구는 전체 인구의 23.2%에 해당한다. 인구당 수감자 비율이 같다고 가정하면 1930년 1-2월 동안 팔레스타인에서는 781명이 빚 문제로 수감되고, 한 해 동안 4,686명이 수감된 것으로 볼 수 있다. 홉 심슨 위원회가 사용한 1930년의 인구 추정치에 따르면 팔레스타인에는 5인 기준으로 189,198가구가 있다. 따라서 한해 동안 100가구당 2.5명의 수감자가 발생했다고 볼 수 있다. 이 수치는 유대 인구를 포함한 것이므로, 아랍인만 따로 구분해서 본다면 수감자 비율이 훨씬 높을 것이다. Mills, *Census of Palestine 1931*; *Hope-Simpson Report*, 160:Appendix.4.
410) *Hope-Simpson Report*, 64-5, 69, 71-3, 174:Appendix.14; Bunton, *Colonial Land Policies*, 147-50.
411) 브엘세바지구는 제외된 수치다. *Hope-Simpson Report*, 176:Appendix.17.
412) *Hope-Simpson Report*, 71-3.
413) *Hope-Simpson Report*, 31-4.
414) *Hope-Simpson Report*, 16-7, 64, 66.
415) *Hope-Simpson Report*, 17.
416) *Hope-Simpson Report*, 14, 66, 69-70.
417) 식민협회는 45만 두넘의 면적에 34개의 식민촌을 건설했다. 시온주의자 기구는 27만 두넘의 토지를 소유하고, 58개의 식민촌을 건설하거나 후원했다. *Hope-Simpson Report*, 39, 41, 167:Appendix.7.
418) *Hope-Simpson Report*, 42-51, 91.
419) *Hope-Simpson Report*, 53-6.
420) *Hope-Simpson Report*, 17, 43, 56, 172-3:Appendix.12.
421) K. Stein, *Land Question*, 12.
422) *Hope-Simpson Report*, 51-2, 54-6.
423) *Hope-Simpson Report*, 54.
424) 이민국(Immigration departement)은 아랍 실업 인구를 약 2천 명 이상으로 추산했고 무슬림최고위원회는 실업 인구를 3-3.5만으로 추정했으나 둘 다 신뢰도가 낮았다. *Hope-Simpson Report*, 132-8.
425) *Hope-Simpson Report*, 131-3.
426) *Hope-Simpson Report*, 136-9.

427) *Hope-Simpson Report*, 114-5.
428) 1930년 6월에도 불과 한달 만에 유대인 실업자 수가 두 배로 급증해 1,300명이 된 사례가 있었다. 오렌지 값이 하락하자 농장주들이 유대인 대신 저렴한 임금의 아랍인들로 대체한 것이 원인으로 추정된다. *Hope-Simpson Report*, 115-8, 135, 139-40.
429) *Hope-Simpson Report*, 43-5, 48-50, 106-18.
430) *Hope-Simpson Report*, 129.
431) *Hope-Simpson Report*, 141-53.
432) 관개를 이용한 집약재배 방식이 건지농법과 축산업을 하는 전통적인 생활방식보다 더 많은 일손이 필요하다는 문제도 있다. *Peel Report*, 242, 248
433) K. Stein, *Land Question*, 71-6; Kayyali, *Palestine*, 133.
434) Porath, *Palestinian Arab National Movement*, 29-30.
435) Great Britain, *Palestine: A Statement of Policy by His Majesty's Government in the United Kingdom*, Cmd. 3692 (London, 1930), 6-8, 10-1.
436) Great Britain, 12-22.
437) *Hope-Simpson Report*, 120, 125-6.
438) Great Britain, *Palestine*, Cmd. 3692, 5, 17-8, 22-3.
439) Kayyali, *Palestine*, 160-1.
440) Letter from MacDonald to Weizmann, February 13, 1931.
441) Great Britain, *Palestine*, Cmd. 3692, 16.
442) Letter from MacDonald to Weizmann, February 13, 1931.
443) *Peel Report*, 79.
444) Chaim Weizmann, *Trial and Error* (New York: Harper, 1949), 335.
445) Porath, *Palestinian Arab National Movement*, 34.
446) "Balfour Declaration at 100: From Ramallah to Pretoria," *Aljazeera*, November 2, 2017, https://www.aljazeera.com/news/2017/11/2/balfour-declaration-at-100-from-ramallah-to-pretoria; "Arab Capitals Protest Balfour Declaration centennial," *Anadolu Agency*, November 2, 2017, https://www.aa.com.tr/en/middle-east/arab-capitals-protest-balfour-declaration-centennial/955206.
447) "PM speech at Balfour Centenary Dinner," Great Britain, November 2, 2017 (updated November 3, 2017), https://www.gov.uk/government/speeches/pm-speech-at-balfour-centenary-dinner.
448) *Great Britain*, "PM speech at Balfour Centenary Dinner,"
449) Great Britain, *Policy in Palestine*, 5-6.
450) Great Britain, 4-6.
451) 또한, 식민부는 서신협상의 위상을 낮추기 위해 조약(treaty)이 아니었으면, 맥마흔이 팔레스타인의 아랍인들에게 약속한 것도 아니고 그들이 전쟁에 참전하지도 않았다고 말한다. 전자와 관련해서는 본문에서 이미 설명했고 후자에 대해서는 뒤에서 다룰 것이다. Great Britain, 6.
452) W. J. Childs가 조사한 것으로, 팔레스타인은 프랑스의 이해 지역이기 때문에 독립에서 제외된다고 주장했다. Kedourie, *Anglo-Arab Labyrinth*, 252-9.
453) Great Britain, *Palestine: McMahon Correspondence*, CAB/24/214, 1-2.
454) I. Friedman, *Palestine*, 195-216.

455) *Hussein-McMahon Correspondence Report*, Annex G.
456) *Hussein-McMahon Correspondence Report*, Annex G.
457) 카밀 후세이니가 바로 이런 역할을 해주었고, 그러한 공로로 대무프티로 임명되었다.
458) Elie Kedourie, *The Chatham House Version And Other Middle Eastern Studies* (Chicago: Ivan R. Dee, 2004), 14.
459) 1930년대 중반까지 하레디 유대인들은 시온주의자 기구에 소속되는 것을 거부하고 동등한 정치적, 법적 지위를 요구했다. Sontheimer, "Bringing the British back In," 166-70, 173.
460) 영국은 민족의 고향이 건설되기 위해 필요한 유대 인구 수를 정의한 적이 없고 상식에 비춰봐도 그런 기준은 없기 때문에 시온주의자들이 반발하더라도 유대 인구의 상한선을 정당하게 제한할 수 있었다.
461) 영국이 농업융자를 중단한 것은 시온주의자들의 반대 이외에도 농민들이 부채를 상환하지 못한 이유가 컸다. K. Stein, *Land Question*, 19, 40-1; 이는 오스만 정부가 경작세를 올려서라도 농업 융자 제도를 운용했던 것과는 대비된다. Bunton, *Colonial Land Policies*, 141.
462) Kayyali, *Palestine*, 158-9.
463) Departmental Note by Shuckburgh, June 18, 1930, quoted in Kayyali, 159.

우리가 외면하는 테러리즘의 불편한 진실

Part

1. 무기를 들어야만 했던 이유
1.1. 중대한 기로에 서다.
1.2. 갈등의 해결책으로 제시된 유대 국가
1.3. 중동 최대의 저항운동이 남긴 명암

2. 잘못은 유럽이 하고 책임은 아랍이 지다.
2.1. 사라진 팔레스타인인들
2.2. 유엔총회에서 유대 국가가 승인된 이유
2.3. 이스라엘의 인종청소와 나크바

3. 분쟁이 계속되는 이유
3.1. 난민 문제의 반영구화
3.2. 팔레스타인해방운동
3.3. 재개된 인종청소
3.4. 누가 평화를 거부하는가

마치며 : 선택하지 않은 선택

What Caused the Century Old Conflict in Palestine?

지금으로부터 반세기 전인 1972년 9월 5일 새벽, 독일 뮌헨(Munich)에서 열린 하계 올림픽 기간에 테러가 발생했다. 팔레스타인해방운동 단체 중 하나인 '검은 9월단' 소속의 대원 8명이 이스라엘 선수촌에 침입해 2명을 살해하고 9명을 인질로 잡은 것이다. 이들은 인질을 풀어주는 조건으로 이스라엘이 수감 중인 234명의 팔레스타인인의 석방을 요구했다. 이스라엘은 거부했고, 독일이 구출 작전에 나섰으나 실패했다. 인질은 전원 사망했다. 이후 이스라엘은 '보복'으로 레바논에 있는 팔레스타인 난민촌을 습격해 수백 명을 살해했다.

뮌헨 참사라고 불리는 이날의 사건은 팔레스타인인들의 악명을 세계적으로 널리 알린 테러다. 많은 사람들이 평화의 정신을 기려야 할 올림픽을 정치적 목적으로 사용했다고 비난했고 피해자를 추모했다. 그런데 팔레스타인인들이 이런 '비정상적인 행동'을 한 이유를 궁금하게 여기는 사람들은 많지 않았다. 단순히 포로 교환이 목적이라면 굳이 위험을 무릅쓰고 올림픽에 출전한 선수를 노릴 필요는 없었다. 뒤이은 이스라엘의 공격으로 목숨을 잃은 수백 명의 팔레스타인 난민들에게 보내는 눈길도 거의 없었다. 어째서 11명의 목숨이 수백 명보다 더 많은 관심과 위문을 받는 것일까? 이 두 가지 의문점은 분쟁이 생기고 지속되는 이유와 밀접하게 관련이 있다.

팔레스타인인들이 처음으로 '국제적' 테러를 저지른 것은 1968년 7월 23일이었다. 팔레스타인해방인민전선(Popular Front for the Liberation of Palestine, PFLP) 소속의 대원 3명은 이스라엘 국적의 엘알(El Al) 항공기를 납치해 승무원과 탑승객 48명을 인질로 잡은 뒤 비행기를 알제에 상륙시켰다. 인질의 신병은 알제 정부에 맡겨졌고 12명의 이스라엘 남성을 제외한 모두가 풀려났다. 해방인민전선은 이스라엘이 수감 중인 천여 명의 팔레스타인인의 석방을 요구했다. 알제 정부와 국제사회의 개입으로 한 달여간 이어진 협상 끝에 인질들은 모두 무사히 가족의 품으로 돌아갔고 이스라엘은 그 대가로 16명의 수감자를 풀어주었다. 항공기 납치를 위해 들인 공이나 인질의 수를 생각하면 풀려난 팔레스타인인들은 너무나도 적었다. 그렇지만 보이지 않는 이면에서 테러는 성공적이었다. 국제사회에 팔레스타인인들의 존재를 조금이라도 알렸기 때문이다.

항공기 납치 사건이 있기 불과 1년 전, 이스라엘은 서안지구와 가자지구 등을 기습공격하고 점령했다. 유엔안전보장이사회는 이스라엘의 침공과 점령을 불법으로 규정하고 철수할 것을 결의하였으나 어떠한 제재도 하지 않고 방관했다. 유엔이 이스라엘의 건국을 승인했던 장본인임에도 불구하고 말이다. 각국의 지도는 한때 팔레스타인이라 불렸던 모든 곳을 이스라엘로 표기했다. 팔레스타인인들은 너무나도 쉽게 잊혔고 이를 참을 수 없었다. 1968년을 시작으로 이듬해부터 수년간 계속되는 항공기 납치나, 뮌헨 참사 등 모든 국제적 테러는 팔레스타인인들이 민족으로서 살아 있다는 것을 알리고 국제사회의 관심과 대응을 촉구하기 위해서 벌인 일이었다. 1969년에 25살이라는 젊은 나이에 항공기를 납치한 해방인민전선의 여성대원 라일라 칼리드(Leila Khaled)는 "우리가 잊힌 민족이라는 것을 알려야만 했었다."고 회고한다.[1]

목적이 정당하다면 폭력의 사용은 정당화될 수 있을까? 어떤 경우에도 폭력은 옳지 않다고 말하는 사람들이 많다. 분명 존중받아 마땅한 가치관처럼 보이지만 실제로는 자신이 피해자가 아닐 때만 내세우는 위선이다. 우리 선조들의 항일운동이 좋은 예가 될 것이다. 2023년 1월 현재, 안중근 의사의 이야기를 다룬 영화 '영웅'이 나오자 일본 누리꾼들이 한국의 테러리스트 찬양을 비판한다는 뉴스가 연일 보도되고 있다.[2] 언론은 직접적인 논평은 피하면서도 "역사교육 못 받은 탓"이라는 서경덕 성신여대 교수의 발언을 인용해 비판적인 의식을 드러냈다. 무력으로 항거하는 방식을 논쟁거리로 생각하는 기사는 단 하나도 없었다. 심지어 안중근 의사를 테러리스트[a]로 폄하했다는 이유 하나만으로 일본 누리꾼을 극우세력이라고 단정 지었다. 마치 정치적 목적이 아니라면 무장투쟁을 나쁘게 보는 사람은 세상에 존재할 수 없다는 것처럼 말이다. 그럼 우리는 어째서 팔레스타인인들의 폭력은 테러라 부르고 비난하는

---

a) 엄밀히 말하자면, 영어 단어인 테러리스트(terrorist)와 우리말 번역어인 테러범은 뉘앙스에 차이가 있다. 전자는 테러를 저지른 사람이라는 뜻으로 테러의 정의에 따라 의미가 변화할 수 있으나, 테러'범'은 범죄자라는 뜻이 단어에 내포되어 있기 때문에 그 자체로 부정적인 의미를 함축한다.

것일까?

  이쯤에서 테러가 무엇인지에 대해서 정확히 알아볼 필요가 있다. 폭력은 옳고 그름에 관계없이 물리적인 강제력의 행사를 뜻하는 반면, 테러[b]는 주로 '정치적 목적'으로 행하는 '부당한 폭력'을 의미한다. 그런데 이 부당함을 판단하는 기준이 모호하다. 안중근 의사가 1909년 10월 26일에 저격한 이토 히로부미는 1905년에 대한제국의 외교권 등을 침해하는 을사조약(=을사늑약)의 체결과 통감부 설치 등을 주도한 인물이었으므로 국권 침탈에 저항한다는 대의로 저지른 정당한 살인이라 말할 수 있다. 그러나 이는 어디까지나 한국인의 입장에서 바라보았을 때뿐이다. 일본인의 입장에서는 국익을 위해 헌신한 정치인이 목숨을 잃은 부당한 암살이었다. 그렇다면 제3자는 어떻게 볼까? 1932년 4월 29일에 윤봉길 의사는 일왕 생일 및 상하이 전승축하 기념식 단상에 물통 폭탄을 투척해 시라카와 요시노리 사령관을 포함해 2명을 죽이고 여러 명을 부상 입혔다. 이 사건은 세계 여러 나라에 보도되었고, "미국 언론을 제외한 영국, 프랑스, 스위스의 언론은 윤봉길 의거를 '테러사건'으로 규정했고 윤봉길을 테러리스트로 취급했다."[3]

  테러는 역사적으로 의미가 변천해 온 단어다. 2022-23년 현재 우크라이나가 러시아의 자국 침략을 '테러'라고 부르짖는 것과는 달리 과거에는 국가적 폭력을 테러에 포함시키지 않았다. 20세기까지 세계 질서는 국가중심적이었고, 국가는 폭력의 사용이 '유일하게 공인'된 단체로 정의되었기 때문이었다. 따라서 국가가 아닌 집단이나 개인이 저지르는 폭력은 자동적으로 불법적이고 부당한 것으로 인식했고 그러한 폭력의 목적이 정치적일 때 테러라고 비난했다. 즉, 폭력의 정당성을 판가름하는 기준은 엄밀히 말해서 도덕성이 아니었다.

  독자들은 우리 독립운동가들의 의거가 부당한 폭력, 즉 테러라고 정의된다는 사실이 대단히 불쾌하게 느껴질 것이다. 그러나 팔레스타인인들을 비롯해 우리에게 익숙한 많은 무슬림 테러 역시 서구 국가의 주권 간섭이나 식민 지배에 대한 저항 운동의 일환이었다. 예를 들어, 알카에다(Al-Qaeda)의 지도

---

[b] 우리말로 사용되는 테러는 영어의 테러리즘(terrorism)에 더 가깝다.

자 오사마 빈 라덴(Osama bin Laden)은 1996년부터 미국의 사우디아라비아 파견군 철수를 요구하고 친이스라엘 외교정책을 비판했다. 21세기 최악의 참사인 9·11 테러는 이를 위한 무력시위였다. 따라서 외세의 부당한 지배나 간섭에 대한 저항이라는 동기만으로는 폭력의 정당성을 담보하기 어렵다는 것을 알 수 있다.

그렇다면 무장투쟁의 정당성은 어떻게 판별하는 게 옳을까? 흔히 테러의 부당함을 강조할 때 민간인의 피해를 거론하곤 한다. 많은 사람들이 9·11 테러의 동기를 따지지도 않고 무조건적으로 비판하고 나서는 이유도 3천여 명의 민간인의 목숨을 앗아갔기 때문이다. 팔레스타인인들 역시 민간인을 대상으로 많은 공격을 행했다. 특히 폭탄 테러는 남녀노소를 가리지 않고 희생자를 만들어 많은 지탄을 받는다. 비교적 최근인 2003년 8월에도 하마스의 대원이 버스에서 폭탄을 터트려 23명이나 죽였고 격렬하게 비난받았다.

그런데 민간인 피해가 정말로 비판받아 마땅한 것인지 의문을 제기하지 않을 수 없다. 왜냐면 이스라엘은 팔레스타인인들보다 적어도 수십 배 이상 많은 민간인을 학살해 왔는데도 비판받는 경우가 드물기 때문이다. 버스나 시장 등 공공장소에서 고성능 폭탄을 터트려 어린아이들마저 무차별로 학살하는 테러는 시온주의자들이 먼저 시작했고 숱하게 선보인 일들이었다.[4] 가령, 1938년 7월에는 하이파의 아랍 시장에서 두 차례 폭탄을 터트려 74명을 죽였고, 1939년 2월 27일에는 각지에서 폭탄 테러를 다발적으로 저질러 38명을 죽였다.[5] 1946년 7월에는 예루살렘의 킹 데이비드(King David) 호텔의 별관을 폭발시켜 91명을 죽였다.[6] 이외에도 1948년 팔레스타인 전쟁을 전후로 셀 수 없이 많은 민간인을 도륙했고, 이스라엘이 건국된 이후에도 이는 계속되었다. 앞서 언급한 뮌헨 참사로 죽은 11명에 대한 보복으로 이스라엘이 살해한 수백 명의 팔레스타인 난민들도 민간인이었다. 1982년에는 레바논에서 3천 명 이상의 비저항 비무장 난민을 무참히 학살했다. 이는 9·11 테러의 사망자 수치와 같은데도 비난은 약했고 놀라울 정도로 빠르게 잊혔다.

우리 사회를 돌아봐도 그렇듯이 폭력의 정당성을 논할 때 세상은 공정한 기준을 들이대지 않는다. 팔레스타인의 테러는 적은 인명 피해만 입혀도 호들갑을 떨며 언론과 책에서 회자되지만, 이스라엘의 테러는 그보다 곱절의 살상을 해도 대단찮은 일로 치부되고 소수의 기억 속에만 남는다. 이 같은 이중잣대에 대한 변명으로 이스라엘은 자국의 모든 행위는 '보복'이라서 정당하다고 주장하고 대부분의 서구 국가들이 이를 옹호한다. 그러나 앞서 보았듯이 팔레스타인인들은 이스라엘의 국가적 폭력에 대한 보복으로 테러를 했다. 그렇다면 누가 보복을 하고 있다고 보아야 하는가? 다음은 팔레스타인인들의 테러에 관해 지인과 나눈 실제 대화다.

    지인 : 테러는 어쨌든 나쁜 짓이다.
    필자 : 동의한다. 그런데 이스라엘이 팔레스타인인들을 공격하고 죽이는 것도 비판해야 하지 않겠는가.
    지인 : 팔레스타인인들이 이스라엘인을 죽였으니 정당한 보복이다.
    필자 : 그 팔레스타인인들의 가족이나 친지가 이스라엘에 의해 죽었기 때문에 그들 역시 보복한 것이지 않은가.
    지인 : (말없이 노려봄)

    대화는 여기서 멈추었다. 이런 일이 전혀 드물지 않다는 것은 쉽게 짐작할 것이다. 정치적 사건에서 '보복'이란 단어는 테러와 마찬가지로 보는 이의 주관, 특히 기준시점에 따라 달라진다. 예를 들어 일부 일본인들은 자신들이 2차 대전 당시 히로시마 원폭의 피해자라고 주장한다. 하지만 미국인들은 자신들이 일본의 진주만 습격에 의한 피해자였고, 핵공격은 정당한 보복이라고 말할 것이다. 둘 중 누가 옳을까? 그리고 이스라엘과 팔레스타인의 쌍방폭행은 어떤 기준에서 정당방위를 인정받을 수 있을까?
    이번 장에서는 1930년대부터 1948년까지 이스라엘이 건국되고 나크바가 일어나는 과정을 중점적으로 다룬다. 이 시기에 팔레스타인에는 온갖 폭력이 난무한다. 아랍인들은 자신들의 고향에서 유대 국가가 건설되는 것을 막기 위해 무기를 들고, 반대로 시온주의자들은 유대 국가를 건국하기 위해서 폭탄 테러와 인종청소 등을 저지른다. 이 글을 읽으며 어떤 폭력이 정당화될 수 있는지, 그리고 그 기준은 무엇이 되어야 하는지를 생각해 보길 바란다. 또한, 이번 장의 마지막 절에서는 이스라엘의 건국 이후 분쟁이 고착화되고 심화되는 과정에 대해서도 간략하게 요약해서 보여줄 것이다. 어째서 팔레스타인인들은 항거를 계속해서 이어가는지, 그리고 이스라엘이 저지르는 각종 인권 유린은 '안보'를 이유로 정당화될 수 있는지를 답해보자.

1. 무기를 들어야만 했던 이유

1.1. 중대한 기로에 서다.

시온주의가 대두한 1880년대부터 1920년대 말까지 아랍인들의 저항운동은 언제나 제한적인 목표만을 가지고 있었다. 바로 자신들이 '얼마나 시온주의에 강하게 반대하는지'를 정부와 시온주의자들에게 알리는 것이었다. 그들은 수적으로 압도적인 우위에 있었는데도 단 한 번도 시온주의자들을 전면적으로 공격해 궤멸시키려는 계획을 세우지 않았고 단지 그런 위협이 잠재하니 자발적으로 포기하도록 권했다. 그래서 항쟁은 언론이나 청원, 시위, 불매운동과 같은 평화적인 수단에 의존했고, 소요를 비롯해 때때로 가해진 폭력은 정치적으로 지원받지 못하고 단지 '강렬한 반감'을 증명하는 사례로만 활용되었다. 그러나 반세기 동안의 모든 노력이 허사로 돌아가자 투쟁 노선은 재고될 수밖에 없었다. 문제는 너무나 오랜 기다림 끝에 시온주의자들의 세력이 강화되었고 그들의 뒤에는 거대한 식민 제국이 방패가 되어주고 있다는 것이다. 아랍인들은 영국을 상대로 싸우기를 두려워했으나 고향을 지키기 위해서는 다른 선택권이 없다는 사실을 깨닫게 된다.

저항운동의 전환점이 된 것은 1929년의 서쪽벽 소요였다. 챈슬러 고등판무관은 소요가 발생하자 아랍 측을 일방적으로 비판하면서 의회안 논의를 중단시켰다. 여러 마을과 도시에 집단처벌이 내려졌고, 900명 이상의 아랍인에게 벌금형이, 그리고 25명에게는 사형이 선고되었다. 치안을 책임져야 하는 정부로서는 당연한 조치라 할 수 있지만, 소요의 근본적인 원인은 도외시했기 때문에 활활 타고 있는 장작에 불을 더 지핀 격이었다. 많은 아랍인이 분노했고 시온주의를 막기 위해서는 후원자인 영국부터 대적해야 한다는 목소리가 나왔다. 이에 반대하는 기성세대의 온건주의적 태도는 맥도날드 서한으로 치명적인 타격을 입었다. 청년층을 중심으로 강경파가 영향력을 얻기 시작하고, 정치권의 도움 없이도 무장 투쟁을 준비하거나 부역자를 살해하는 비밀결사단체들이 생겨났다. 하이파에서는 시리아의 선교사 이즈 알딘 카삼(Izz ad-Din al-Qassam) 등이 활동하는 결사단체가 1931-2년 동안 7명의 유대인을 죽였고, 이후 영국의 감시가 심해지자 활동을 보류했다.[7]

이런 변화의 기류를 타고 빠르게 성장한 것은 아민이었다. 30대 중반이라는 젊은 나이와 다른 지도자들에 비해 상대적으로 강경한 태도는 급진적인 변화를 바라는 청년과 민족주의자들의 지지를 이끌어냈다. 또한, 서쪽벽 소요로 종교적으로 고양된 많은 무슬림들이 아민에게 종교적 수장으로서의 역할을 기대했다. 달라진 위상은 아랍집행위가 1930년에 런던으로 갈 대표단을 선출할 때 드러났다. 무기명 투표에서 아민은 최다득표를 받고 단장으로 뽑혔다. 이전까지 단장을 도맡았던 무사 카짐은 대표단으로 선발되지도 못했다. 그의 온건적인 정치적 성향에 지지자들이 등을 돌린 것이다. 아민을 견제하며 무사 카짐과 손을 잡은 라기브 나샤시비와 다른 온건파가 거세게 항의해 결국 무사 카짐이 단장을 맡기로 했지만, 이 사건은 아랍집행위 내에서 강경파의 입지가 커졌다는 것을 증명했다.[8]

강경파의 힘은 대중의 지지에서 나왔다. 그래서 유산 계급이 주를 이루는 온건파에 비해 실질적 권력이 약했다. 그들의 목소리를 들어주는 아민은 분명 강력한 권력자였으나 불완전한 소통 창구였다. 그는 시온주의자들에 한해서만 강경한 태도를 보였고 영국과는 협상으로 문제를 해결하려는 태도를 견지했다.[9] 힘으로 투쟁해서 이길 상대가 아니라는 현실주의적 사고와 더불어 권력의 중요한 원천인 무슬림의회의 의장직이 영국의 도움을 받아 유지되고 있었던 탓이 컸다. 1930년대에 들어서는 정부가 유화책으로 무슬림의회에 재정지원금을 추가로 지급했기 때문에 더욱 몸을 사릴 수밖에 없었다. 맥도날드 서한 직후 아랍집행위 내부에서 강경파가 강력한 비협력 정책과 시민불복종 운동을 실시하자는 의견을 냈을 때는 온건파뿐만 아니라 아민의 지지자들도 주저했다. 관직 거부가 비협력 정책에 포함되었기 때문이었다. 결국 아랍집행위는 유대 상품 불매와 정치적 배척(boycott)만을 결의했다.[10]

청년들은 현실 변화를 위해 적극적으로 행동하는 대표가 없다는 사실을 깨닫고 스스로를 조직화하기 시작한다. 직접적인 발단은 식민촌의 무장 강화였다. 서쪽벽 소요를 겪은 뒤 영국은 유사시에 식민촌에서 아랍인들의 공격에 대응할 수 있도록 봉인된 무기고를 설치하기로 결정했다. 이는 비밀리에 추진되었으나 1931년 6월에 경찰이 식민촌 주민들에게 사격 훈련을 실시하다 발각되었다. 방어용으로만 사용할 샷건을 지급한 것이라는 해명은 아랍인들의 불안과 분노를 덜어주지 못했다. 그런데도 아랍집행위가 아무런 대응을 하지 않자 실망한 청년들은 나블루스에서 독자적으로 대회를 열었고 시위와 총파업을 결의했다. 아랍집행위나 양대 파벌에서 결정한 사안이 아니었는데도 불구하고 8월 15일에 여러 도시가 파업에 동참했다. 나블루스에서는 상점들이 철저히 문을 걸어잠갔고 정부의 금지령에도 불구하고 많은 청년들이 시위에 나섰다. 정부는 시위를 강제로 해산시켰으나 23일에 두 번째 파업이 예고되었다. 영국만큼이나 놀란 아랍집행위는 그제야 행동에 나섰다. 23일에 예루살렘에서도 파업을 조직하고 무사 카짐을 필두로 시위대가 고등판무관의 집무실까지 행진한 후 무기고에 대한 항의서를 제출했다. 나블루스에서는 3일 간 파업을 이어갔다. 첫날 저녁, 식민촌 주변의 아랍 마을들을 무장해야 한다는 논의가 오갔다는 시온주의자들의 첩보가 있자 정부는 주동자를 체포했다. 그러자 1,500명의 아랍인이 거리로 나와 항의했다. 그중 400명은 여성이었다. 경찰은 시위대를 향해 발포까지 해서 겨우 해산시켰다.[11]

한 달 후, 아랍집행위의 주관하에 나블루스 대회가 다시 열렸다. 아랍집행위는 자신들이 기대에 미치지 못해서 청년들이 독자적으로 행동했다는 사실을 자각하고 뒤늦게 논의의 장을 마련한 것이었으나, 동조하는 지도자들은 많지 않았다. 명사들을 포함해 468명에게 초대장이 갔으나 참석한 것은 절반가량이었다. 대회의 분위기가 어떠할지는 쉽게 예상할 수 있었기 때문에 반대파는 누구도 나오지 않았다. 의회파도 정부를 상대로 정면 투쟁에 나서기를 원치는 않아서 시위의 발단이 되었던 무기고는 의제로 올리지도 않았다. 아민과 더불어 젊은 세대를 대표하는 자밀 후세이니는 법을 지키는 선에서 시민불복종 운동을 전개해 달라고 말했다. 이러한 기조는 동의를 얻어 국산품 애용과 수입품 불매라는 소극적인 저항이 결의되었다. 이와 더불어 두 가지 중대한 결의안이 나왔는데, 하나는 청년 대회를 개최하고 민족주의 청년단체를 설립하는 것이었다. 후세이니 가문은 청년들을 아랍집행위나 의회파의 통제하에 두기로 마음을 먹었다. 마지막 결의안은 아랍집행위가 정부와 협상을 할 때

반드시 아랍 지역의 통합과 완전한 독립을 기조로 삼는 것이었다.[12]

1920년에 파이잘의 시리아 왕국이 무너진 이후로 아랍 지역의 통합, 이른바 범아랍주의(Pan-Arabism)는 오랫동안 시들해져 있었다. 그런데 갑자기 불씨가 크게 되살아난 것은 1930년에 이라크가 영국으로부터 독립하는 한편 이듬해 맥도날드 서한 이후로 영국의 정책을 바꿀 수 있으리라는 기대가 매우 옅어졌기 때문이었다. 많은 아랍인, 특히 급진적인 변화를 바라는 청년들은 외부의 조력을 받아야지만 상황을 타개할 수 있다고 믿고 범아랍주의에 관심을 보였다. 10여 년 전에 남시리아를 외쳤던 상황과 마찬가지였다. 그때와 달라진 게 있다면, 그간 팔레스타인인으로서의 민족의식이 더욱 발달해 아랍 민족주의자들조차도 '팔레스타인 민족'이란 용어를 사용하게 되었고, 따라서 아랍 통합의 기치가 이전보다도 도구적 성격이 강해졌다는 점이다. 또한, 일각에서는 파이잘의 변심을 떠올리며 범아랍주의를 추구하다 팔레스타인이 희생당할 것을 우려했다.[13] 후세이니 가문이나 나샤시비 가문과 같은 '팔레스타인 지도자'들은 아랍권의 협력은 환영하지만 자신들의 권력이 약화될 통합을 반기지는 않았다. 같은 맥락에서 아민은 범아랍주의보다는 범무슬림 연대를 추구했다. 무슬림들의 종교적 불안을 자극한 서쪽벽 소요의 열기를 살려 1931년 12월에 이슬람 대회를 개최했고, 해외의 여러 무슬림 수장들이 모인 자리에서 의장으로 선출되어 영향력을 키우는 데 성공했다.[14]

이처럼 범아랍주의는 정치적으로나 정서적으로나 탄탄한 뒷받침 없이 독립의 가능성을 높일 수 있는 한 가지 방편 정도로만 인식되는 한계가 있었으나, 정치권의 후원 없이도 목소리는 점점 커졌다. 12월 13일, 이슬람 대회에 참석하러 예루살렘을 찾아온 50여 명의 아랍 민족주의자들은 이후 범아랍 대회(pan-Arab congress)라고 불리게 되는 별도의 모임에서 '민족헌장(national charter)'을 작성했다. 헌장은 아랍 지역의 분할에 반대하고, 통합과 완전한 독립을 추구하며 제국주의에 저항할 뜻을 새겼다.[15] 이듬해 1월에 야파에서 열린 청년 대회는 민족헌장을 채택했고, 도시와 여러 마을에 지부를 구축해 영향력 있는 조직으로 성장해 나갔다. 8월에는 청년과 식자층이 모여 양대 파벌에 구애받지 않고 범아랍주의를 목표로 하는 민족주의 정당인 팔레스타인 독립당을 창건한다. 10월에는 이라크가 국제연맹에 가입하게 되면서 범아랍

주의에 대한 기대감을 한층 더 고조시켰다.[16]

　나블루스 시위와 범아랍주의의 성장이 공통적으로 시사하는 중요한 사실은 기성 정치권을 통하지 않고도 민중의 목소리를 담아내는 정치 환경이 조성되었다는 점이다. 이는 명사들만 통제하면 아랍 정치를 장악할 수 있다고 생각했던 영국의 식민 정책을 근본적으로 위협했다. 1931년 하반기에 팔레스타인 정부는 공보국에 아랍어와 히브리어 번역가 등을 채용해 이전보다 대중 영역에 대한 감시를 늘렸다.[17] 하지만 경계심은 약했다. 대아랍 정책은 무슬림 자치의회에 보조금을 지급하거나 1930-31년 동안 경작세를 절반 가까이 감세하는 금전적이고 일시적인 유화책에만 머물렀다. 챈슬러 고등판무관이 힘들게 살려낸 의회안은 시온주의자들의 반발을 고려해 무기한 연기했다. 패스필드 백서의 핵심이라 할 수 있는 토지 없는 농민에 대한 지원은 루이스 프렌치(Lewis French)를 개발국장으로 임명해 대상자를 조사하기 시작했으나 시온주의자들이 민감하게 반응했고, 영국 스스로도 지원금을 줄이고 싶어서 적격자를 매우 한정적으로 정의했다.[18] 새롭게 추방되는 소작농을 줄이려는 노력도 없었다. 1931년 10월에 임기를 시작한 워홉 고등판무관은 일부 지역의 토지 매매는 자신의 허락이 필요하도록 규제하려 했으나 식민부가 퇴짜를 놓았다.[19]

　루이스 프렌치의 조사는 취지와는 달리 기성세대에 대한 불신을 키워 아랍 정치의 변화를 촉진하는 데 기여하는 작은 계기가 된다. 1920년대 동안 토지 판매에 대한 비판은 주로 부재지주에게만 향했다. 소수의 현지 주민들도 유대인에게 토지를 팔았지만 전자의 규모가 워낙 크다 보니 후자는 묻힌 것이다. 그런데 1920년대 말에 부재지주가 보유한 토지가 동이 나게 되면서 자연히 지역 주민들의 작은 거래에도 세간의 눈길이 향하게 되었다. 토지 판매자에 대한 분노와 자성의 목소리가 커졌고, 아랍집행위는 1930년 1월에 유대인에 대한 토지 이양을 금지해 달라고 정부에 '처음으로' 공식적으로 요청했다.[20] 그렇게 토지 문제에 대한 관심이 예년보다 더욱 높아져가던 무렵인 1931년 12월에 루이스 프렌치는 중간 보고서를 발표하면서 유대인에게 토지를 판매한 아랍 지도자들이 많다는 사실을 폭로했다. 아랍집행위는 이를 부인하지 못했고 권위는 크게 실추되었다. 활동비를 마련하기 위해 얼마 전 야심 차게 추진한 민족기금(National Fund)은 곧장 투명성을 의심받았다. 이듬해에 아랍집행위는 민족기금의 사용처를 토지 매입으로 전환했으나 신뢰를 되찾을 수 없었다. 1933년의 거래를 마지막으로 민족기금은 사실상 활동을 멈추게 된다.[21)]

이런 와중에 시온주의 정책의 핵심인 이주는 날개 돋친 듯이 날아올랐다. 1929-31년 동안 5,000명을 맴돌던 이주자 수는 1932년부터 9,553명으로 몸집을 불리더니 1933년에는 30,327명으로 급증했다. 거기에다 1932-33년 동안 22,400명이 불법적으로 이주해 온 것으로 확인되었다.[22)] 이주가 급증한 배경에는 크게 두 가지 요인이 있었다. 첫째로, 미국발 대공황으로 인한 세계 경제 침체였다. 미국 등이 빗장을 걸어 잠근 한편, 팔레스타인은 대공황의 영향을 일찍 받았지만 빠르게 회복한 덕분에 매력적인 이주지로 부상했다. 1927-31년 동안에는 전 세계 유대인 이주자 중 10%만이 팔레스타인으로 왔으나, 1932-36년 사이에는 62.9%가 이주해 온다. 특히, 경제적으로 어려워진 폴란드에서 많은 유대인이 이주해 왔다.[23)] 또 다른 중요한 요인은 1933년 1월 히틀러의 독일 총리 임명과 반유대주의 정당인 나치의 부상이었다. 당시 독일에는 약 50만 명의 유대인이 살고 있었고 거의 모두가 스스로를 유대교를 믿는 애국적인 독일인으로 생각했다. 시온주의자는 대략적으로 10% 정도밖에 없었다. 그런데도 경제적 차별이 심해지자 견디지 못하고 많은 유대인이 독일을 탈출했고 1939년까지 약 6만 명이 팔레스타인으로 온다. 그중 3분의 1 이상이 자본가였는데, 이는 시온주의자들이 나치 정부와 맺은 협약 때문이었다.[24)]

제3장에서 헤르쯜의 행적으로 살펴보았듯이, 시온주의자들은 유대인이 유럽에서 살 수 없다는 문제 인식을 반유대주의자들과 공유했을 뿐만 아니라 후자가 그런 환경을 조성하는 것을 방해하길 원치 않았다. 그래서 역사상 가장 반유대적인 정부에 대항해 세계의 여러 유대 단체들이 불매운동을 외치며 분노한 반면, 시온주의자 기구는 오히려 유대인들을, 특히 자본가를 팔레스타인으로 데려올 좋은 기회로 포착했다. 독일은 1931년부터 해외로 이주하는 사람들의 국내자산을 동결시키고 있었는데, 유대인 기구는 1933년 8월 25일에 독일 정부와 이전협약(Ha'avarah agreement)을 체결해 유대인이 팔레스타인으로 이주할 때는 독일 상품을 구매해 가는 방식으로 자산 일부를 이전할

수 있도록 허락받았다. 시온주의자들은 그 보답으로, 바로 하루 전날 프라하(Prague)에서 열리고 있던 18차 시온주의자 대회에서 자보틴스키가 안건으로 올린 불매운동을 240대 43이라는 압도적인 차이로 부결시켰다. 덕분에 세계 유대 공동체의 불매운동은 약화되고 독일의 팔레스타인 수출액은 두 배가량으로 늘어났다. 협약은 독일이 1939년 9월에 2차 대전을 일으키면서 파기할 때까지 계속되었다.[25]

불어난 이주를 보며 아랍인들은 즉각적으로 경계 태세를 갖췄다. 1933년 2월에 아랍집행위는 영국을 적으로 규정하며 비협력 정책과 시민불복종 운동을 논의하는 전국 단위의 회의를 제안했다. 한 달 뒤 열린 회의에서 대표들은 이주는 통제 영역 밖이지만 적어도 토지 판매는 내부에서 해결이 가능한 문제이니 토지 판매자와 중개인을 처벌해 단속하기로 했다. 그러나 비협력 정책은 채택되지 않았다. 하반기에 접어들어서도 이주자가 불어나고 18차 시온주의자 대회에서 무제한 이주를 요구하기로 결의했다는 소식이 들려오자 청년들을 중심으로 강경파가 지도자들의 행동을 거듭 촉구했다.[26]

아랍집행위는 정부의 금지 명령을 어기고 10월 13일에 예루살렘에서 시위와 총파업을 조직했다. 이번 시위는 이전과는 달리 시온주의자가 아니라 정부를 대상으로 했다. 지도부는 시위대가 혹시라도 유대인에게 불만을 드러내서 목적이 변질되거나 소요로 번지지 않도록 동선과 대중을 통제했다. 6-7천 명의 군중은 예루살렘 시가지를 돌다가 정부청사로 향했고, 경찰이 길을 가로막고 시위대를 해산시키려 하자 돌을 던지며 응수했다. 6명의 아랍인과 5명의 경찰이 다치는 것으로 이날의 시위는 끝났다. 2주 뒤 27일에는 야파에서 2차 시위가 조직되었다. 무사 카짐은 노령에도 불구하고 야파까지 가서 1만여 명의 시위를 진두지휘했다. 그는 경찰과의 충돌을 방지하려고 노력했으나, 청년들을 위시한 강경파가 시위 도중 갑자기 경찰을 향해 달려들었다. 처음부터 이를 예상하고 막대기나 쇠막대, 돌 따위를 가지고 나온 주민들도 많았다. 경찰은 150여 발을 발포해 15명을 죽이고 시위대를 강제로 해산시켰다.[27]

아랍집행위가 주도한 시위는 이렇게 끝났으나 야파의 학살 소식을 전해 들은 다른 도시들에서 반발이 일어났다. 하이파에서는 긴장 속에서 몇몇 아랍인이 유대인들과 실랑이를 벌였고 주민들이 모여들자 경찰이 돌려보냈다. 그러나 잠시 뒤 주민들이 공사현장에서 돌을 가지고 와서 경찰을 향해 던졌다. 경찰은 즉시 발포해 소란을 진정시켰다. 다음 날 아침이 되자 수백 명이 경찰 막사로 몰려와 돌을 던졌다. 이번에도 경찰은 총기로 대응했다. 같은 시각에 기차역에서도 아랍인들이 몰려들어 주변의 차량 등을 향해 돌을 던지다 경찰이 발포하자 흩어졌다. 이보다 규모는 작았지만 나블루스와 예루살렘에서도 정치적으로 조직되지 않은 주민들의 봉기가 일어났고, 총격으로 진압되었다.[28]

이번 시위는 이전의 소요들과는 두 가지 면에서 크게 달랐다. 우선, 투쟁의 목표가 유대인이 아닌 정부라는 점이다. 유대인을 향한 공격은 사실상 없었다. 하이파에서 유대인 택시와 화물차량에 돌을 던져 탑승자들 몇몇을 크게 부상 입힌 게 전부였다. 아랍인들은 화물차량을 불태우기까지 했으나, 탑승자들을 구조해 내서 안전하게 옮겨 준 것도 아랍인들이었다. 이후 사건을 조사한 무리슨 위원회(Murison Commission of Enquiry)의 보고서에 따르면, 총 26명의 아랍인이 총격으로 사망하고 187명이 부상을 입었다. 경찰은 1명이 죽고 26명이 다쳤다. 유대인 사망자는 없었다. 보고서는 유대인 사상자를 집계에 포함하지조차 않았다.[29]

둘째로, 10월 시위는 아랍집행위와 지도부가 처음으로 대중을 정치적으로 잘 조직한 저항이었다. 비록 시위 도중에 계획치 않은 무력 충돌이 발생했지만, 무차별적 폭력이 행사된 소요와는 달리 시위대의 저항은 살상이 목적이 아니었다. 주민들의 의사를 억누르고 미래를 위협하는 정부에 항거하는 게 목적이었다. 재물파괴도 거의 없고 약탈도 없었다. 이는 아랍 지도자들과 주민들이 반정부 투쟁을 일으킬 역량을 갖췄다는 것을 보여준 놀라운 변화였다. 온건파인 무사 카짐이 두 차례의 시위에서 모두 선두에 선 것도 의의가 깊었다. 반대로, 같은 온건파이지만 시위에 참여하지 않은 라기브 나샤시비의 인기는 추락했다.

영국도 이번 시위로 드러난 변화를 감지했다. 워홉 고등판무관은 "유대 민족의 고향(을 위한) 이주가 폭동의 유일한 원인이라고 보아서는 안 될 것입니다. 참된 민족적 감정이 팔레스타인에서 지속적으로 커지고 강해지고 있고, 영국 정부에 분노하고, 다른 아랍권으로까지 퍼지고 있습니다."라고 보고했다.[30] 워홉이 유화책을 고민하는 사이 강경파 청년들은 1934년 1월에 후속

시위를 열기로 했다. 지도자들은 정부의 대응을 지켜보자고 만류했다. 10월 시위 당시 이슬람 대학 건설을 위해 인도에서 기금을 모집 중이던 아민도 귀국하자마자 진정을 촉구했다. 결국 강경파는 정부의 지침에 따라 제한적인 시위를 열기로 순응했고, 반정부 정서가 극심해질 것을 우려하던 워홉은 한시름을 놓을 수 있었다. 부분적으로는 아랍 지도자들의 이런 평화적인 성향과 자정 능력에 대한 기대 덕분에 영국은 또다시 사태를 낙관적으로 전망했다. 이주는 오히려 전년보다도 더 늘려서 1934년 동안 42,359명의 유대인에게 시민권을 허락했다.[31]

10월 시위의 성과를 공허하게 만드는 영국의 무심한 반응에도 아랍 정치는 항의의 목소리조차 제대로 내지 못했다. 1934년에 들어 양대 가문의 대립이 고조된 탓이었다. 그간 둘 사이의 관계를 다소나마 중재해 온 무사 카짐은 10월 시위 때 경찰에게 맞아서 생긴 부상의 영향인지 이듬해 3월에 세상을 떠났다. 아랍집행위는 새로운 의장을 뽑기 위해 선거를 치르기로 했으나, 파벌 간 갈등으로 인해 무산되고 결국 기능을 멈추게 된다.[32]

하반기에는 두 번째 기초자치단체 선거가 열려서 자연히 정치적 화두가 내부 경쟁으로 쏠렸다. 이번에는 의회파가 반대파를 누르고 더 많은 표를 가져갔다. 예루살렘에서도 후세이니 가문과 손잡은 칼리디 가문의 후세인(Husayn)이 최다득표를 얻었다. 앞선 선거에서와는 달리 유대인들이 나샤시비 가문을 지지하지 않은 덕도 컸다. 다만, 이런 고무적인 성과에도 불구하고 대부분의 시장직은 반대파로 넘어갔다. 영국이 사전에 선거법을 개정해 최다득표 유무와 관계없이 고등판무관이 아무 당선자나 시장으로 임명할 수 있도록 바꾸었기 때문이었다. 의회파가 시장직을 차지한 지역은 반대파 당선자가 한 명도 없는 지역들이었다. 예외적으로, 워홉은 민심의 반발을 우려해 예루살렘 시장은 후세인 칼리디를 임명했다. 시장직을 잃게 된 라그브는 실패를 딛고 일어서고자 1934년 12월에 민족수호당을 창건해 반대파를 재결집시켰고, 이듬해 3월에는 후세이니 가문이 팔레스타인아랍당을 창건하고 자말이 의장을 맡았다. 그 외에도 칼리디 가문 등도 신당을 만들어 독자적인 세력화에 나섰다.[33]

아랍 정치가 사분오열되고 본연의 기능을 상실한 와중에 시온주의 정책은 순항했다. 1935년 동안 밀입국을 제외하고 공식적으로 승인된 이주만 무려 66,472명이었다. 위임통치기를 통틀어 가장 높은 수치였고 전체 인구가 한 해 만에 무려 5% 이상 증가한 것이었다. 시온주의자들은 1927-28년 때처럼 유대인 실업자가 생겨나 이주를 제한할 빌미를 주지 않으려고 고용 진작에 힘썼다. 다행히 독일 등지에서 이주해 온 유산층이 가져온 자본으로 경제는 계속해서 성장했다.[34] 정부 세수도 크게 증가했다. 그러나 아랍인들은 과실을 나눠 먹지 못하고 쇠퇴해 갔다. 시온주의자들은 아랍인을 고용한 농장주나 기업을 겁박해 유대인으로 대체하게 만들었다. 1935년 12월에 워홉은 농촌 주민의 5분의 1이 토지가 없고 도시에서 아랍 실업자가 증가해서 나날이 정부에 대한 반감이 커지고 있다고 식민부에 보고하면서 이주가 "이 땅의 경제적 수용력을 넘어선" 결과라고 인정했다.[35] 그런데도 시온주의 정책으로 인한 피해자를 구제하려는 당연한 노력은 찾아볼 수 없었다. 토지 없는 농민에 대한 지원도 매우 실망스러웠다. 1936년 1월까지 3,271명(가족까지 약 16,355명)이 재정착 지원을 요청했으나 664명만 선정되었다.[36]

  시온주의자들은 늘어난 인구를 식민촌으로 보내기 위해 토지 매입에도 박차를 가했다. 서쪽벽 소요 이후 3년 간 토지 매입은 매년 19,000두넘에서 머물고 있었으나 이주가 증가한 1933년부터 1935년 동안에는 연평균 57,000두넘을 매입해 급격히 '영토'를 확장했다. 이는 연평균 51,000두넘을 매입한 1920년대와 규모 면에서는 크게 차이 나지 않으나 당시보다 아랍 사회에 끼친 영향은 훨씬 컸다. 1920년대에 매입한 토지는 상당수가 부재지주의 소유였고 이런 땅들은 관리가 제대로 되지 않아 일부분이 미경작지로 남아 있었다. 즉, 단위면적당 소작농의 수가 적었다. 반면, 1930년대에 주로 매입한 현지 주민들의 토지는 모든 곳이 빠짐없이 경작되고 있었기 때문에 과거보다 더 많은 농민들이 일자리를 잃는 결과를 낳았다. 1933년부터 정부는 소작농 보호 법안을 형식적으로 강화했으나 아무런 실효성도 없었다. 유대인들은 여전히 계약 체결 전에 추방하는 편법으로 법망을 쉽게 빠져나갔다. 아민을 비롯해 여러 지도자들은 아랍인 소유의 땅이 유대인에게 양도되는 것을 법으로 금지해 달라고 요청했으나 거부당했다.[37]

그림 4   유대인의 연간 토지 매입 규모 (단위 : 두넘, 양도받은 국유지는 제외)[38]

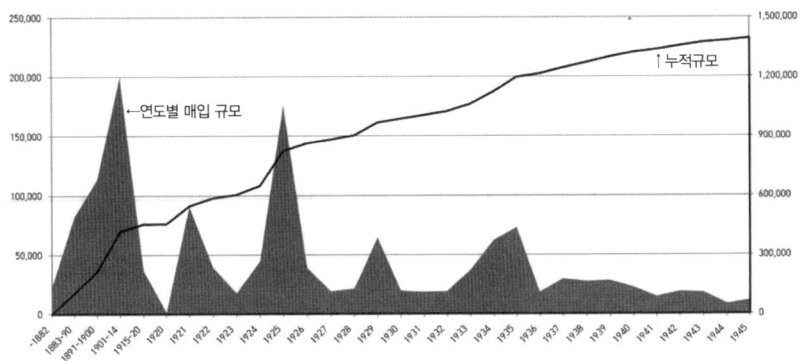

어떠한 제도적 보호도 기대할 수 없던 아랍인들은 자구책을 찾아 나섰다. 아민과 여러 지도자들은 마을을 돌아다니며 유대인에게 토지를 팔지 말라고 호소했다. 파문에 처한다는 으름장도 놓았다. 이미 매매된 토지의 소작농에게는 고향을 떠나지 말고 맞서 싸우라고 설득했다. 1935년 1월에 하르티에(Hartieh) 마을의 소작농들은 경찰의 퇴거 명령에 불응하며 돌을 던졌다. 무슬림자치의회는 주민들에게 토지를 이슬람재단 명의로 등기해서 양도가 불가능하게 만들라고 권유했다. 유대인과의 거래 제안이 오가는 몇몇 토지는 자치의회가 비싸게라도 사들인 뒤 다른 아랍인에게 저렴하게 팔았다.[39] 그러나 이런 갖은 노력에도 불구하고 토지 매매를 완전히 멈추지는 못했다. 많은 아랍인들이 유대 자본의 유혹에 넘어갔다. 위임통치기 동안 꾸준히 악화된 농촌 경제는 이를 더욱 부추길 뿐이었다.

끝을 모르고 증가하는 이주, 계속되는 토지 매입과 소작농 추방, 그리고 배타적인 고용과 아랍 실업률의 증가는 유대인에 대한 적개심을 키우는 것과 더불어 시온주의가 가져올 미래에 대한 두려움과 불만을 폭발 직전으로까지 몰아붙였다. 그리고 1933년의 시위와 마찬가지로 이번에도 군사적 위협이 이를 터트렸다. 1935년 10월에 시온주의자들이 라이플 800정과 탄알 50만 개를 시멘트 통으로 위장해 밀수입하다가 사고로 우연히 적발되었다. 아랍인들의 불안과 분노는, 시온주의자들의 반발을 우려한 영국이 밀수입한 군수품이 더 있는지 수색조차 제대로 하지 않아 더욱 커졌다. 영국의 감시로 활동을 중단했던 하이파의 비밀결사단체는 목숨을 걸고 항전에 나서기로 했다. 11월 12일에 지도자인 카삼과 26명의 대원은 농민들의 무장봉기를 조직하려고 제닌으로 가던 중 경찰과 맞닥뜨려 교전을 벌였고, 이후 출동한 영국군에 패배해 카삼과 대원 2명이 사망했다. 주민들은 그들을 순례자로 추앙했고 장례식은 대규모 시위로 변했다.[40]

아랍 지도자들은 더 이상 소극적으로 남아 있을 수 없었다. 내부 반목은 전혀 나아지지 않았지만 고조되는 위기감은 아랍 정치의 화합을 요구했다. 독립당을 제외한 5개의 정당이 통합전선을 구축하고 대응에 나섰다. 11월 25일에 통합전선은 고등판무관에게 민주주의 정부의 수립과 유대인에 대한 아랍 토지 양도 금지, 그리고 유대 이주의 즉각적인 중단과 경제적 수용력을 결정하는 위원회를 수립할 것을 요구했다.[41] 영국은 어느 것도 받아들이지 않았으나 경각심은 느꼈다. 한 달 후 워홉은 "자치제도의 발전을 확보하는 게 우리의 의무 중 하나"라고 말하며 패스필드 백서로부터 무려 6년 만에 다시 의회를 세우겠다고 선언했다.[42]

새 의회안에 따르면, 5명의 관료와 11명의 임명직, 그리고 12명의 선출직 의원으로 의회가 구성된다. 이전보다 공직자의 수는 대폭 줄어들었지만 28명 중 16명이 고등판무관의 사람으로 구성되는 식물기구의 성격은 여전했다.[43] 비판이 쇄도했지만 아랍 지도자들은 의회안을 거부하지는 않았다. 어떻게든 상황에 변화를 주어야 한다는 생각과 더불어 시온주의자들이 적극적으로 반대할 것을 염두에 둔 전략적 선택이었다. 예상대로 다수 인구를 확보한 뒤에 의회가 구성되길 원하는 시온주의자들은 반대 의사를 표명했고, 이듬해 2-3월에 런던의 상하원은 이를 존중하기로 의사를 모았다. 정부는 최종 결정을 내리기에 앞서 아랍 대표단을 런던으로 초청했으나 사실상 법안은 폐기된 것과 다를 바 없었다.[44]

1936년에 팔레스타인의 아랍인들은 중대한 기로점에 서 있다는 것을 인지했다. 이미 불법체류자를 제외한 시민권을 받은 유대인만 계산해도 전체 인구의 30%에 달했고, 만약 이 추세를 유지하거나 더 증가한다면 빠르게는 5년, 늦어도 10년 이내에 다수 인구가 뒤바뀔 상황이었다. 지난 반세기 넘게 일관되게 보여준 시온주의자들의 배타적인 태도와 변치 않는 정치적 목표는 매우 가까운 미래에 아랍인들이 고향의 전부 혹은 일부를 잃을지도 모른다는 공포를 야기했다. 더군다나 수정주의자들은 이제 유대 국가라는 목표를 공식적으로 드러내고 아랍인들과 전면에서 싸우자고 소리 높였다. 보다 신중한 지도부가 아직은 때가 아니라며 반대하자 1935년에 수정주의자들은 시온주의자 기구에서 탈퇴하고, 트랜스요르단을 포함한 대팔레스타인에서 유대 국가를 세우겠다는 목표로 투쟁을 시작했다. 하가나와 별개로 독립적으로 조직한 군사기구인 이르군(Irgun Zvai Leumi, 민족군사기구[c])도 운용했다.[45]

이런 상황에서 팔레스타인 외부의 상황은 급변했다. 1935년 말부터 시작된 저항운동으로 이집트와 시리아, 레바논은 뒤늦게 다시 독립을 약속받았다. 트랜스요르단은 독립을 약속받지는 못했으나 오래전부터 압달라를 수장으로 한 독립 정부에 준하는 지위를 인정받고 있었다. 오직 팔레스타인만 어떠한 자치권도 없고 독립의 미래도 불투명했다. 언론은 지도자들을 규탄했다. "유대인과 영국의 노예로부터 해방되기 위해 일어나라. … 이집트의 지도자들은 각성했는데 우리 지도자들은 어디에 숨어 있는가?"[46] 이제는 '팔레스타인인'들이 권리를 수호하기 위해 거국적으로 일어날 차례였다.

1.2. 갈등의 해결책으로 제시된 유대 국가

1936년 4월 2일, 영국이 의회안을 논의하자고 런던으로 초청했을 때 아랍 지도자들은 변함없이 이를 수락했다. 대중의 눈높이에 한참이나 모자란 의회안조차 런던 의회의 벽을 통과하지 못한 것을 보고도 여전히 협상에 대한 미련을 버리지 못한 것이다.[47] 아무런 방책도 없으면서 협상에만 목을 매는 것을 보고 타성에 젖었다고 비판할 수도 있지만, 한편으로는 거대 식민 제국의 총검을 이겨낼 방법이 없다는 사실을 인정한 지극히 현실주의적인 대응이었다. 닥쳐올 미래가 어떠할지를 알면서도 섣불리 손을 쓰기에는 적이 너무나도 강대했다. 지도자들은 스스로를 희생하길 원치 않았고, 다른 이들의 주검을 밟고 올라서기를 원치도 않았다. 그러나 주민들은 달랐다. 그들은 희생을 해서라도

---

c) 히브리어로는 에쩰로 부르나, 영어로는 흔히 줄여서 이르군이라 부른다. 후자가 국내외에서 더 널리 사용되는 표현이라 이를 따랐다.

고향과 미래를 지키기 위해 나서야 할 때라고 판단했다. 너무나도 많은 이들이 한마음이었기 때문에 정치적 지휘가 없이도 민중의 봉기가 시작된다.

> 불화는 4월 15일 밤에 툴카렘-나블루스 도로에서 아랍인 노상강도에 의해 두 명의 유대인이 살해당하면서 시작되었다. 다음날 밤, 페타 티크바에서 멀지 않은 곳에서 두 명의 아랍인이 살해당했고, 아랍인들은 유대인의 보복이라고 생각했다. (이틀 전) 살해당한 유대인 중 한 명의 장례식이 4월 17일에 텔아비브에서 열렸고 분노한 유대인들의 시위로 이어졌다. 텔아비브에서 아랍인들을 노린 습격이 연이어 발생하고, 4월 19일에는 아랍인들이 살해당했다는 잘못된 소문으로 동요한 야파의 아랍 군중들이 유대인을 공격해 세 명을 죽였다. 군경은 폭도를 해산시켰다. 야파와 텔아비브에 통행금지가 내려졌고 팔레스타인 전역에 계엄령과 긴급조치가 발효되었다.[48]

유혈사태는 이제 팔레스타인에서 드문 일이 아니었다. 그런데도 정부가 기민하게 엄중한 조처를 취한 것은 내부의 불온한 기류를 감지할 수 있었기 때문이었다. 이는 올바른 판단이었다. 바로 다음 날인 4월 20일에 나블루스에서 대중적 조직인 아랍민족위원회(Arab National Committee)가 설립되어 총파업을 선포했다. 기한은 이전처럼 하루나 며칠 간이 아니라 지난 11월에 정부에 요구한 사항이 받아들여질 때까지였다.[49] 중동의 어떤 식민지에서보다 가장 강력하고 오랫동안 지속된 대규모 항쟁의 서막이었다. 워홉은 "파업이 독립적이고 자발적으로 시작"되었다고 보고했다.[50]

파업은 전국적으로 큰 호응을 받았다. 불과 10일 만에 모든 도시와 주요 마을들에서 지부가 조직되고 파업을 조율했다. 지도자들도 동참했다. 통합전선은 하루 만에 민족위원회의 결정을 지지하는 성명을 발표하고, 이튿날부터 총파업을 장려했다. 협상단 파견은 취소되었다. 25일에는 독립당을 포함한 6개 정당 모두가 참여하는 최고위원회가 만들어지고, 이주 중단과 유대인 명의로 토지 양도 금지, 그리고 의원내각제 형태의 민족정부 수립을 재차 요구했다. 또한, 정부가 "유대 이민을 중지하는 것부터 시작해 현 정책을 근본적으로 수정할 때까지 총파업을 계속"하겠다는 뜻을 밝혔다.[51] 최고위의 의장으로는 아민이 선출되었다. 아민은 영국과의 관계가 악화될 것을 우려했기 때문인지 의장을 맡는 것을 주저했으나, 그래도 결단을 내리고 민족의 지도자로서 자리매김했다.52) 이후 최고위는 아랍고등위원회(Arab Higher Committee)로 명명되고, 1948년에 나크바가 일어날 때까지 팔레스타인 아랍 공동체를 대표하는 정치 기구가 된다.

파업은 아랍 사회의 생활규율이 되었다. 전국의 가게가 문을 걸어 잠그고 운송업이 중지했다. 학교도 파업에 동참하고 학생들이 나서서 거리를 순찰하며 파업을 감시했다. 파업에 참여하지 않는 자들은 언론에 이름이 실리고, 학대와 폭행을 당했다. 생계가 어려운 자들에게는 식량이 배급되었고, 주로 부유층과 공직자들로부터 자발적으로나 반강제적으로 기금을 모집했다. 여성들도 귀금속을 내다 팔아 보탰다.53) 언론은 민족적 연대를 형성하고 파업을 독려했다. 반대파의 『팔라스틴』은 끊임없이 지도자들을 비판하며 적극적으로 행동할 것을 요구했다. "지도자들은 이번에 앞장설 것인가, 아니면 뒤에 남겨져 있는 게 민족의 역사에서 가장 큰 죄악으로 여겨지는 지금도 뒤처져 있을 것인가." "우리는 열망을 만족시킬 행동을 원한다. 그렇지 않으면 아랍고등위원회는 사퇴해야 한다."54)

5월 8일에는 각지의 민족위원회 대표들이 예루살렘에 모여 항쟁의 두 번째 단계로 세금불납운동을 결의했다. 아랍고등위원회는 민족위원회가 자신들의 통솔을 받지 않는다며 선을 긋는 한편, 민족적 감정이 자발적으로 드러나는 것을 막을 방도는 없기 때문에 이주가 중지되기 전에는 파업을 철회시킬 수 없다고 정부에 통지했다. 이틀 후 워홉은 "모든 마을과 도시의 주민들이 하나로 통합되어 있다."고 식민부에 보고했다. 또한, 600명 이상의 아랍인을 체포했지만 방화와 총격, 폭탄 투척, 철로 파괴와 같은 공작이 계속되고 있고 앞으로 더욱 증가할 것으로 예상했다. 그럼에도 불구하고 타협을 택하지 않고 힘으로 억누르기로 했다. 둘째 주부터 말타와 이집트에서 지원 병력이 들어와 도로를 순찰하고 중요 거점을 지켰다. 5월 18일에는 런던의 하원에서 식민부 장관이 "질서가 회복되면" 왕립위원회를 파견해 "위임통치의 조건은 문제 삼지 않고 사회적 불온(unrest)의 원인과 아랍과 유대 측이 주장하는 불만에 대해 조사"하겠다고 알렸다. 워홉은 이로써 아랍 지도자들이 이전처럼 주민들을 진정시켜 주길 기대했으나 더 이상 민심을 억누를 힘이 없다는 것을 뒤늦게 깨달았다. 더군다나 같은 날, 4,500명의 노동비자를 추가적으로 승인했기 때문에 왕립위원회가 긍정적인 조치로 보이기는 어려웠다.[55]

영국의 완고한 거부주의는 항쟁의 열기를 더욱 거세게 만들었다. 파업이 강화되는 수준을 넘어 이제는 세 번째 단계로 무장투쟁이 본격화되었다. 각지에서 청년들이 무장단체를 조직해 대인살상 공격을 시작했고, 파괴 공작에 더욱 적극적으로 나섰다. 반대파에서도 무장투쟁에 참여했다. 6월에 들어서는 농민들도 가세하면서 수가 폭발적으로 늘어났다. 언론은 처음에는 우려하는 기색을 보였으나 점차 항쟁의 한 형태로 받아들이고 자유의 투사들로 칭송했다. 아민과 아랍고등위원회는 겉으로는 무장투쟁을 지지하지 않고 거리를 두었으나 비밀리에 무장과 자금을 조달해 주었다. 팔레스타인 내부에서 모은 기금 이외에도 아랍 국가들의 지원이 있었고, 이탈리아로부터도 후원을 받은 것으로 추정된다. 그렇다고 아랍고등위원회가 무장단체들을 지휘한 것은 아니었다. 아민은 일부 단체들과는 연결되어 있었으나 적어도 6월 초까지는 적극적으로 관여하지 않았다. 그의 영향력하에 있는 무슬림 기관들이 무장투쟁을 독려하지 않은 점에서도 이를 알 수 있다. 워홉은 종교적 호소가 없다는 사실을 보고하며 이를 아민의 공으로 돌렸다.[56]

무장단체들은 중앙통제 없이 독자적으로 활동했고, 주로 산악지대의 농촌에 거점을 두고 활동했다. 영국은 이를 뿌리 뽑기 위해서 여러 마을을 수색했다. 표면적으로는 무기나 수배자를 찾는다는 명분을 내세웠지만 실제로 의도한 것은 징벌이었고 효과적이었다고 자평했다. 그러나 수색 중에 기물을 파손하고 귀금속을 훔치고, 꾸란을 훼손하는 등의 일이 발생해 주민들의 불만이 더욱 커지고 무장단체에 대한 지원이 늘어났다. 무장단체들은 도시에서도 활동했다. 도로에 바리케이드를 설치하고 경찰을 저격하거나 유대인 버스를 습격했다. 골목이 좁고 미로 같은 야파의 구시가지는 경찰이 진입하기 힘들 정도로 위험한 공간이 되었다. 영국은 감시 공간을 확보하기 위해서 주거지를 파괴하기로 결정했다. 6월 16일, 보건 위생을 개선한다는 명목으로 주민들을 강제로 퇴거시킨 후 그날 밤에 220-240채의 건물을 폭파시켰다. 많게는 6천 명이 하루아침에 집과 재산을 잃었고, 옷가지조차 챙겨 나오지 못한 채 교외의 오두막에서 지내게 되었다. 검열 때문에 사건을 제대로 보도할 수 없었던 『팔라스틴』은 소식을 간접적으로 전했다. "도시를 보다 아름답게 만드는 작전이 다이너마이트로 이루어졌다."⁵⁷⁾

영국에 대한 원성은 어느 때보다도 커졌다. 지도부의 소극적인 자세에도 불구하고 영국에 협력하는 모든 행동을 반역죄로 간주하는 여론이 생겨나자 6월 중순에는 촌장들이 집단으로 사임했다. 6월 말에는 판사를 비롯한 고위직 관료 137명이 현행 정책을 비판하는 성명서를 제출했다. 곧이어 경찰을 제외한 모든 아랍인 고위직 관료들이 성명을 지지했고, 몇 주 뒤에는 공공사업부 관료 1,200명이 비슷한 내용의 성명서를 제출했다. 7월 중순에는 무슬림자치의회 소속의 재판관들이 영국의 "역겨운" 정책을 비판하는 강경한 성명서를 냈다. 아민도 무장투쟁에 관여하기 시작했고 종교계도 무장투쟁을 독려했다. 항쟁이 계속될수록 민족의 단결을 요구하는 목소리는 강해졌고, 무장투쟁에 참여하거나 성금을 내도록 강요되었다. 토지 판매 등의 '반역죄'를 저질렀던 사람들은 이제 목숨을 위협받고 모스크에서 장례를 치르는 것도 거부당했다. 많은 '반역자'들이 민족주의를 지지하는 쪽으로 선회하거나 인접 아랍 국가로 피란을 갔다. 그러나 여전히 재물이나 유대인과의 우정을 우선시하거나 항쟁이 조기에 진압될 것으로 믿고 정부나 시온주의자들에게 협력하는 이들도 있었다.⁵⁸⁾

'대항쟁'ᵈ⁾의 열기는 팔레스타인을 넘어 모든 아랍 지역을 동요시켰다. 아랍 민족은 팔레스타인 형제들의 시련을 보며 "시온주의에 대한 강한 적개심"을 가지게 되었다.⁵⁹⁾ 인근 아랍 지역에서 여러 의용병들이 국경을 넘어와 함께 무기를 들었고, 8월에는 전직 오스만 군인인 파우지 카우크지(Fawzi al-Qawuqji)가 200여 명을 이끌고 참전했다.⁶⁰⁾ 아랍 국가들도 영국의 요청을 받고 팔레스타인 문제에 개입했다. 트랜스요르단의 에미르 압달라는 6월과 8월에 두 차례에 걸쳐 파업을 그만두라고 아랍고등위원회를 설득했으나, 유대 이주가 중단되지 않는 한 멈추게 할 힘이 없다는 답변을 받았다. 이어서 이라크의

---

d) 아랍어로는 *al-Thawra al-Kubra*, 영어로는 the Great Revolt라 부르며 직역하면 대반란이다. 그런데도 대항쟁이라는 용어로 번역한 까닭은, 우리말에서 반란은 통치의 정당성을 가진 정부에 무력으로 대항하는 '내전'을 의미하는 경향이 강하고, 외세의 강제점령에 대한 저항을 가리키는 용도로는 잘 사용하지 않기 때문이다.

외무장관이 중재에 나섰으나 역시 실패했다. 8월 30일에 아랍고등위원회는 아랍 국가들의 중재를 환영하지만 파업을 계속하겠다는 성명을 발표했다.[61]

영국은 고심했다. 데이비드 옴스비 고어(David Ormsby-Gore) 식민부장관과 워홉은 강경하게 대응하다가는 더 큰 저항을 야기할 뿐이라고 생각했고 아랍인들의 요구대로 이주를 중단시키길 원했다. 그러나 6월에 하원에서는 팔레스타인의 전략적 중요성이 부각되고, 바이츠만은 영국이 유화책을 선택하면 유대인들이 등을 돌릴 것이라며 위협했다. 내각은 다시 한번 후자의 손을 잡았다. 9월에 영국은 추가 병력을 파견하고 전면적인 진압에 나섰다. 아랍고등위원회는 놀라서 아랍 국가들의 중재가 최선의 해결책이라는 성명을 발표했으나 영국은 아랑곳하지 않았다.[62]

한편, 시온주의자들은 그동안 유혈사태가 정치적으로 불리하다는 판단하에 방어에 치중했다. 벤구리온과 바이츠만 등은 시온주의의 운명이 팔레스타인이 아닌 런던에서 결정되기 때문에 영국인의 환심을 사는 것이 중요한데 만약 반격에 나서면 내전으로 비쳐서 동정적인 여론을 잃을 수 있다고 만류했다. 실제로 시온주의자들의 자제력은 영국 언론에 긍정적인 모습으로 보도되었다. 그럼에도 불구하고 항쟁이 길어지면서 유대인의 피해가 커지자 8월 중순부터 이르군이 독자적으로 반격에 나섰다.[63]

10월에 들어 항쟁의 기세는 움츠러들었다. 군사작전으로 무장투쟁의 활로가 막히고 피해는 심각했다. 지난 6개월간 유대인들은 80명이 사망하고 영국은 군인과 경찰 37명이 사망했으나, 아랍인들은 천여 명이 죽었다. 그동안 파업이 성공적으로 계속된 만큼 아랍 경제는 크나큰 손실을 입었고, 오렌지 농장주들은 다가올 수확철에도 파업을 계속하면 피해가 커질 거라는 걱정에 동요했다. 10월 10일에 여러 아랍 국가들이 영국의 선의를 믿고 투쟁을 멈추라는 공동성명을 발표하자 아랍고등위원회는 이를 받아들이기로 했다.[64] 그러나 이후로도 소수의 무장단체들이 투쟁을 포기하지 않자 영국은 아민이 배후에서 지원하는 것으로 의심했고, 그를 실권시키기로 마음먹었다. 워홉은 이에 동의하면서도 아민의 영향력이나 역할을 과장되게 인식해서는 안 된다고 주의를 남겼다.

> 무프티나 (아랍고등)위원회를 제거한다고 해서 아랍인들이 새롭게 봉기할 위험이 사라지거나 크게 약화될 것으로 상상한다면 더할 나위 없이 어리석은 판단입니다. ... 시온주의에 대한 아랍인들의 공포와 증오는 진심이란 것을 기억해야 합니다.[65]

11월에 치안이 어느 정도 회복되자 마침내 필 왕립위원회가 파견되었다. 영국이 조사기간 중에도 이주를 허용할 것이라고 밝히자 아랍고등위원회는 항의하며 위원회에 협조하지 않았다. 그러나 영국은 뜻을 굽히지 않았고, 아랍 국가들이 영국의 대리인으로 나서서 압력을 행사했다. 영국과의 마찰과 강경파의 입지가 계속해서 커지는 것을 우려하던 반대파는 이를 반기며 조사에 참여해야 한다는 목소리를 냈다. 아랍위원회는 3개월을 버티다 결국 포기하고 뒤늦게 협력했다.[66]

위원회는 대항쟁을 위임통치정부에 대한 "반란"으로 정의했다. 그러나 이전의 소요들과 마찬가지로 유대 민족의 고향에 대한 반감과 공포, 그리고 민족정부가 수립되지 못한 것에 대한 불만이 원인이었다. 위원회는 특히 후자가 중요한 동기였다고 보았다. 이러한 불만을 해소하려면 위임통치를 종료해야 하는데, 그러기 위한 선결 조건인 자치정부의 발전이 아랍과 유대 양자에 대한 영국의 이율적인 의무로 인해 "교착상태"에 빠진 상황이었다.[67]

아랍고등위원회는 해결방안으로 유대인의 권리를 보장하는 단일한 독립 국가의 건설을 제안했다. 그러나 아민은 현재의 40만 유대 인구를 모두 수용할 것인지에 대해서는 입장을 밝히지 않고 추후 협의할 사항으로 보류했다. 위원회는 영국의 적극적인 후원으로 이주해 온 유대인을 아랍인의 선의에만 맡길 수는 없으며, 또한 무장을 강화해 온 유대인들이 반란을 일으킬 수 있다고 우려했다. 유대 측에서는 두 가지 입장이 제시되었다. 수정주의자들은 트랜스요르단을 포함한 대팔레스타인에 독립 유대 국가가 세워져야 한다고 주장했다. 반면, 바이츠만을 비롯한 주류 지도자들은 현행 제도 내에서 유대 이주나 토지 매입 등에 관한 제한을 전면철폐하고 민족의 고향을 더욱 적극적으로 건설할 것을 제안했다. 위원회는 시온주의자들이 아랍인의 민족주의적 열망을 제대로 인식하지 못한다고 비판했다.[68]

위원회는 유대인의 이주로 아랍인들이 전반적으로 물질적 혜택을 얻었다는 종래의 입장을 옹호했다. 그러나 아랍과 유대는 언어, 종교, 문화, 생활, 생각, 행동이 다르고, 각각 자신들만의 독립 국가를 세우고 싶어 하는 민족적 열망이 너무 크기 때문에 경제적으로 회유될 수는 없다고 보았다. 그동안 아랍인들이 꾸준히 제기해 온 문제 인식을 20년 만에야 수용한 것이다. 그러나 위원회가 도달한 결론은 아랍인들과 완전히 달랐다. 위원회의 관점에서는 어느 인종도 다른 인종을 지배하는 게 정당하지 않고, 따라서 팔레스타인을 분단해 각자 통치할 것을 제안했다. 증오와 유혈을 감당하면서까지 정치적 통합을 유지하는 것보다는 국경을 새로 그어 평화와 친선 관계를 만드는 것이 보다 도덕적이며, 궁극적인 평화를 가져올 수 있는 유일한 해결책이라고 묘사했다.[69]

위원회는 예루살렘과 베들레헴 인근에서 텔아비브에 이르는 중부지역 일대와 나자렛은 위임통치 지역으로 남겨 두고 그 외 서북쪽지대에는 유대 국가를, 남부와 동부지역에서는 아랍 국가를 만들되 트랜스요르단에 병합하는 계획을 제시했다. 국경선은 유대인들에게 매우 유리하게 설정되었다. 유대 국가로 지정된 영역에는 유대인과 비슷한 수의 아랍인이 살고 있었고, 유대인보다 아랍인들이 소유한 토지가 3배 이상 많았다. 이러한 불공정성은 유대 국가와 영국이 아랍 국가에 보조금을 지급해서 해소할 것을 제안했다. 그리고 유대 국가로 지정된 지역에 살고 있는 22.5만 아랍 인구와 아랍 국가로 지정된 지역에 있는 1,250명의 유대 인구는 갈등의 원인이 될 수 있으므로 "인구 교환"이 이루어져야 한다고 주장했다. 마찬가지로, 그들이 소유하고 있는 토지도 교환이 장려되었다. 만약 이러한 교환이 자발적으로 진행되지 않는다면, 두 인구가 혼재한 지역에서는 강제적으로라도 집행할 것을 권고했다.[70]

필 위원회가 조사할 당시에는 지역별 인구와 토지 소유 현황을 정확히 파악하지 못했기 때문에 상세한 내용은 빠져 있었다. 위원회가 제시한 경계에서 미세하게만 수정한 우드헤드 위원회(Woodhead Commission)의 후속 조사에 따르면, 아랍인들은 팔레스타인 전체 토지의 77.2%를 소유한 반면 유대인들은 5%만 소유했으나 유대 국가로 지정된 영토는 그 4배에 가까운 19.1%였다. 특히, 핵심 수출 상품인 감귤류 과수원은 무려 88.5%가 유대 국가에 포함되었는데, 그중에서 36.6%는 아랍인들의 소유였다. 유대 국가로 지정된 영토에서 살고 있는 유대와 아랍 인구비는 50.9 대 49.1로 사실상 같았다. 한편, 트랜스요르단에 병합되는 아랍 지역은 팔레스타인 전체의 67.3%를 차지했으나 그중에서 60%는 브엘세바 지구의 사막이었다. 이곳에서 살고 있는 유대인의 비율은 고작 1.5%였다.[71]

표 9 1937년 필 위원회의 분할안 (우드헤드 위원회의 보고서의 수치를 인용)[72]

영역	인구(명)			토지(두넘)		
	아랍	유대	합계	아랍	유대	합계
아랍 국가	485,200	7,200†	492,400 (28.1%)	17,584,900*	37,000	17,621,900* (67.26%)
유대국가	294,700†	304,900	599,600 (34.2%)	3,854,700	1,140,200	4,994,900 (19.06%)
위임통치	502,800	157,400	660,200 (37.7%)	3,449,000	134,200	3,583,200 (13.68%)
총계	1,282,700 (73.2%)	469,500 (26.8%)	1,752,200 (100.0%)	24,888,600 (95.0%)	1,311,400 (5.0%)	26,200,000 (100.00%)

* 우드헤드 위원회는 브엘세바지구에 있는 10,577,000두넘의 사막지대를 계산에서 제외했으나, 팔레스타인 전체의 약 40%를 차지하는 이곳을 제외하면 분할된 경계를 제대로 이해하기 어려워 임의로 포함시켰다.
† 필 위원회는 아랍 국가 내 유대 인구를 1,250명, 유대 국가 내 아랍 인구를 22.5만 명으로 추정했다.

1937년 7월 7일에 영국은 필 위원회의 보고서와 함께 백서를 발표했다. 백서에 따르면, "영국 정부는 … 세월이 흐르면 두 민족이 그들의 민족적 열망을 조정해 통합 정부 아래 단일한 국가를 건설할 수 있다는 가정하에 아랍과 유대 각각에 지닌 의무가 양립 불가능하지는 않다고 보아왔다." 그러나 위원회는 "양자의 열망에는 해소 불가능한 갈등이 있으며, 그들의 열망이 지금의 위임통치에서는 달성될 수 없다"는 결론을 도출하여 분할을 제

지도 15 1937년 필 위원회의 분할안

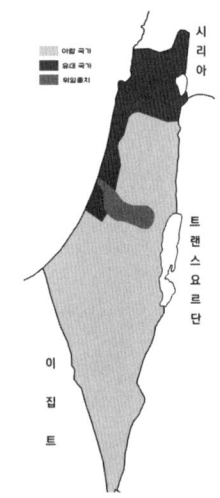

안하였으니 국제연맹의 승인을 받아 이를 실행하겠다고 선언했다. 과도기 동안 계획에 영향을 줄 수 있는 토지 거래는 금지하고, 유대인의 이주는 경제적 수용 능력을 넘지 않는 한 향후 8개월 간 8,000명으로 제한하기로 했는데, 이는 위원회가 제안한 연간 12,000명이라는 "정치적 상한선"[73]을 따른 것이다. 백서는 "분할이 아랍과 유대 양자에 가져다주는 이점"에 "크게 감명"받았다고 말하며 위원회가 언급한 이점을 다음과 같이 열거했다.[74]

> 아랍인들은 민족의 독립을 달성할 수 있으며 … 마침내 유대인의 지배에 대한 공포와 성지가 유대인의 통제를 받게 될지 모른다는 걱정에서 해방될 것이다. 아랍 국가는 영국 정부와 유대 국가로부터 상당한 규모의 경제적 지원을 받을 것이다. 다른 한편으로 분할은 유대 민족의 고향의 건설을 보장하고 미래에 아랍인의 지배를 받게 될 가능성도 없애 준다. 유대 민족의 고향은 유대 국가로 전환되고 이주에 관한 모든 통제권을 지닌다. 이곳의 시민들은 다른 국가의 시민들이 누리는 권리와 유사한 지위를 획득할 수 있다. 유대인들은 마침내 '소수 인구로서의 삶'에서 벗어나 시온주의의 주요 목표가 달성된다.[75]

현재의 갈등적 상황을 고려하면 분할은 분명 이런 장점이 있다고 평가할 수도 있었다. 독일인들이 인종적, 민족적 갈등을 겪는 유대인들을 다른 영토로 쫓아 버리는 게 정당하다고 보는 '유럽적 가치관'에서는 말이다. 그런데 독일에서 유대인들이 들어와 살게 된 것은 누군가의 계획이 아니라 자연발생적이니 독일 정부의 책임이 없다고 두둔할 변명거리라도 있지만 팔레스타인은 달랐다. 위원회가 분할이 필요하다고 본 상황이나 이점은 팔레스타인을 강제점령한 영국 정부가 토착민의 반대에도 불구하고 집행한 정책으로 만들어낸 인재(人災)였다. 팔레스타인의 유대 공동체가 아랍 공동체와 언어, 문화적으로 갑자기 달라진 것은 단기간에 유럽 유대인들이 대규모로 이주해 왔기 때문이고, 위원회는 그들이 영국의 지원 덕분에 이주해 왔다고 스스로 말했다. 아랍인들의 반대와 부인에도 불구하고 영국은 유대 이주가 가져올 경제적 번영이 그들을 행복하게 할 것이라고 주장하며 일방적으로 밀어붙였지만, 경제적 유화 효과는 정치적 열망을 상쇄하지 못했다. 따라서 위원회는 민족적 "반감을 만들어냈고 그것을 유지하는 것도 위임통치"[76]라는 사실을 인정했다.

그런데도 필 위원회는 정부의 책임을 묻지 않았다. 영국 정부는 나아가 어떠한 잘못이나 책임도 없다고 주장했다. 1937년 9월 14일에 앤서니 이든(Anthony Eden) 외교부장관은 국제연맹이사회(council of League of Nations)에 위임통치가 성공하지 못한 것은 "위임통치정부가 어떠한 잘못을 하거나 헌장을 집행하는 데 주저했기 때문이 아니라, 처음부터 내재된 아랍과 유대의 정치적 열망 사이의 갈등적 상황 때문"이라고 설명했다. 이런 갈등은 "헌장이 작성되고 (국제연맹)이사회에서 승인될 때 누구도 예측하지 못했던 새로운 요소들"로 심화되어 위임통치를 "작동 불가능"하게 만들었다. 이 새로운 요소란 바로 유럽의 반유대주의가 악화되고, 아랍 민족주의가 성장해 아랍 국가들이 독립을 달성한 것이었다.[77] 그러나 시온주의는 처음부터 유럽에서 반유대주의가 심화될 것이라는 전망에서 출발한 사상이었고, 팔레스타인을 포함한 모든 아랍 지역은 국제연맹규약 22조에서 가까운 미래에 독립할 수 있을 만큼 발전된 지역으로 평가받았다. 그런데도 영국이나 연맹 회원국 누구도 이를 예측하지 못했던 '새로운 요소'라고 본다면, 명백한 정책 실패이고 애당초 존재하지도 않거나 미미한 위임통치의 정당성은 더한층 부정당할 뿐이다.

분할안은 아무리 긍정적으로 해석하더라도 아랍인들의 정치적 열망을 무시하고 시온주의를 육성했던 '과오'를 바로잡기 위해 고향의 일부를 포기하도록 희생을 강요하는 부당한 폭력에 불과했다. 심지어 위원회에 따르면 지난 역사는 과오가 아니라 계획이었다. 그동안 영국은 민족의 고향이 유대 국가를 의미하지 않았다고 극구 부정했으나, 위원회는 밸포어 선언 당시에 유대 국가의 가능성이 열려 있었다는 '새로운' 사실을 공표했다. 밸포어 선언을 주도했고 당시 수상이었던 로이드 조지는 "민족의 고향이란 구상으로 주어진 기회를 활용해 유대인들이 팔레스타인에서 확실한 다수를 차지하게 되었을 때 팔레스타인은 유대 국가가 될 것"으로 기대했다고 위원회에 증언했다.[78] 갑작스러운 태세 전환은 물론 유대 국가를 만드는 정당성을 획득하기 위해서였다.

위원회는 위임통치가 독립을 지원하기 위해 만들어진 체제라는 널리 알려진 사실을 전면적으로 부정했다. 위원회의 해석에 따르면, 국제연맹규약 22조는 "독립국가로 존재하는 게 잠정적으로 인정될 수" 있다는 가능성(can)을 말했지 의무라고 말하지는 않았다. 밸포어 선언의 목적이 "완전히 유대적인 팔레스타인을 만드는 것"이 아니라고 말한 1922년의 처칠 백서 역시도 유대 국가를 부정한 게 아니라고 주장했다. "(처칠 백서에서) 민족의 고향의 정의는 때때로 유대 국가의 건국을 배제하는 것으로 이해되곤 했다. 그러나 ... 궁극적으로 유대 국가의 건국을 금지하는 내용은 없다. 처칠 본인이 그런 금지는 의도한 적이 없다고 위원회에 확실하게 말했다."[79] 물론, 이러한 주장은 지난 15년간 영국 정부의 공식적인 발언에서는 찾아볼 수 없다. 그런데도 이런 '참신한' 해석이 사실이라면 영국은 아랍인과 세상을 감쪽같이 속였다는 게 되지만, 위원회는 기만죄를 말하지 않았다. 오히려 기만이 미덕인 것으로 착각할 정도로 당당했다.

아랍인들이 못마땅해하면서도 유대인의 이주와 위임통치를 오랫동안 감내하고 있었던 것은 적어도 '유대 국가'는 없다는 공식적인 약속 때문이었다. 그런데 이제 15년의 세월이 흘러 유대 공동체가 아랍 사회를 실질적으로 위협할 만큼 성장하자 필 위원회는 갈등이 불가피하니 유대 국가를 만드는 정당성이 생겼다고 주장하고 있었다. 옴스비 고어(Ormsby Gore) 식민부장관은 한발 더 나아가 분할안이 받아들여져 유대 국가가 건설되어야만 밸포어 선언의 의무가 종료된다고 말했다.[80] 만약 대항쟁이 없었더라면 이는 유대 인구가 팔레스타인에서 다수가 된 후에 나왔을 것이고, 그때는 지금보다도 유대 국가에 배정될 영토가 넓어질 뿐만 아니라 어쩌면 팔레스타인 전체가 유대 국가가 되어야 한다는 내용으로 바뀌었을 가능성도 배제할 수 없다. 위원회가 제시한 분할안에서 유대 국가로 편성된 지역은 아랍인보다 유대 인구가 고작 1만 명 많았을 뿐이다.

시온주의자들은 분할안을 놓고 찬반이 분분했다. 바이츠만과 벤구리온은 찬성했고, 자보틴스키와 우씨쉬킨 등은 예루살렘이 제외된 점 등을 들어 반대했다.[81] 이 중에서 가장 주목해서 봐야 하는 것은 유대인 기구의 집행위 의장이자 팔레스타인 유대 공동체의 지도자로 성장한 벤구리온이다. 그는 무엇보다도 '인구 교환'에 크게 만족했다. "강제 이주는 .... 우리가 자립했던 (고대 이스라엘의) 제1, 제2 성전기 때도 가지지 못했던 것을 줄 수 있다. ... 이것은 국가나 정부, 주권 이상의 의미가 있는, 독립적인 고향에서 민족적 연대를 만드는 것이다."라고 일기에 기록했다.[82] 그는 한 해 전에도 유대 자본으로 트랜스요르단의 토지를 매입한 후 아랍인들을 이주시키자고 고등판무관에게 제안했었다.[83] 분할안이 그들이 원하는 영토보다 작다는 사실은 별로 문제가 되지 않았다. 벤구리온은 아들에게 편지를 보내 아랍적인 팔레스타인은 자신들이 원하는 것이 아니라고 강조하며, 필 분할안은 지금 소유한 것보다 많은 영토를 줄 뿐만 아니라 "이 땅의 어떤 일부에서 유대 국가가 세워지더라도 그것은 끝이 아니라 시작"이라고 설명했다. 그러기 위해서 우선 '비팔레스타인' 아랍인들과 협상을 하겠지만, 거부한다면 군사력을 사용할 것을 시사했다.

> 우리는 가능한 모든 유대인을 (유대) 국가로 받아들여야 한다. 2백만 명 이상을 수용할 수 있다고 굳게 확신한다. ... 우리는 발전된 방위군을 조직할 것이고 그 군대는 세계 최고 수준의 군대가 되리라 믿는다. 그때가 되면 우리는 이웃의 아랍인들과 협정이나 이해로, 혹은 다른 수단을 동원해 팔레스타인의 나머지 지역에 정착할 수 있을 것이다. ...
> 나는 전쟁을 꿈꾸지 않고 좋아하지도 않는다. 그러나 이 땅에서 다수가 되고 강력해진다면 아랍인들이 우리의 동맹이 되는 것이 낫다는 것을 깨달을 것이라 ... 여전히 믿는다. ... 유대인들은 점령자나 독재자가 아니라 평등한 동맹국, 진실한 우방이 될 수 있다.
> 네게브 사막이 유대 국가에 배당되지 않는다고 가정해 보자. 그 경우에 네게브는 황량한 상태로 남게 될 것이다. ... 아랍인들은 무익한 민족주의적 열정이 이끄는 대로 이렇게 말할 수도 있을 것이다. "... 유대인들이 거주하게 되는 것보다 네게브가 척박한 상태로 남는 게 낫다." 이런 일이 일어난다면, 우리는 그들에게 다른 언어로 상대해야 할 것이고, 우리는 국가를 가지면 그런 언어를 가지게 될 것이다. ... 아랍인들이 그곳[네게브]을 우리 것도, 그들의 것도 아닌 상태로 남기를 바라기 때문에 유대인들이 고향으로 귀환하지 못한다면 우리는 더 이상 참을 수 없다. 아랍인들을 추방하고 그들의 땅을 빼앗아야 한다.고 희망하자 않고, 그럴 필요도 없다. [취소선은 원문을 따름][84] 우리의 열망은 아랍과 우리 모두에게 충분한 땅이 있다는 가정에 근거했고, 이는 우리의 활동으로 사실로 입증되었다. 그러나 네게브나 트랜스요르단의 아랍인들을 추방하기 위해서

가 아니라 그곳에 정착하려는 우리의 권리를 보장하기 위해 힘을 (추방하는 데) 사용해야만 한다면, 우리의 힘은 이를 가능케 할 것이다.[85]

백서가 발표되고 한 달 후에 제20차 시온주의자 대회가 열렸다. 당연히 주요 논제는 분할안이었다. 벤구리온은 "인구 이전은 (이즈르엘) 평야와 샤론 (평야), 그리고 다른 지역들에서 이미 일어났습니다. ... 이제는 전적으로 다른 차원에서의 이전이 실행되어야 할 때입니다. 많은 지역은 아랍 농민을 이주시키지 않고 새로운 정착촌을 건설하는 것이 불가능합니다."는 현실을 짚어 주의를 환기했다. 그러곤 강제 이주가 자신들이 아닌 영국에서 나온 제안이라는 점을 기회로 삼아야 한다고 강조하며 분할안을 받아들이도록 설득했다.[86] 그러나 다수는 팔레스타인의 일부를 포기해야 한다는 사실을 못마땅하게 여겼다. 벤구리온은 유대 국가의 국경이 여기서 멈추지 않을 것이라고 암시했다. "3백만 명의 유대인들이 유대 국가에 들어오면 어떤 일이 일어나겠습니까? ... 미래 세대는 자신들의 이익을 스스로 돌볼 것이고, 우리는 우리 세대의 일을 신경 써야 합니다." 바이츠만 역시 분할안을 옹호하면서 일시적인 국경으로만 간주했다. 그는 워홉 고등판무관이 분할안을 오직 한 세대에만 작동할 해결책이라고 생각한다고 말했다고 좌중에 알렸다.[87]

벤구리온과 바이츠만의 노력에도 불구하고 많은 이들은 분할이 최선이라는 확신을 가지지 못했다. 무엇보다도 아랍인들의 물리적 저항이 더욱 거세질 것이 염려되었다. 그러니 인구를 늘리고 군사력을 키울 시간을 좀 더 갖길 원했다.[88] 격렬한 논쟁 끝에 채택된 결의안은 위임통치헌장의 주요 목적이 민족의 고향을 발전시키는 것이며 밸포어 선언 당시에 민족의 고향은 트랜스요르단을 포함하고[사실이 아님[89]] 유대 국가로 진화시키는 가능성을 내재했으며, 이주가 아랍인들에게 전반적으로 경제적 이익을 가져왔다는 필 위원회의 조사 결과에 주목해 위임통치를 계속해서 이행할 것을 요구했다. 경제적 수용력 외의 정치적 고려로 이주를 제한하거나 팔레스타인을 분할하는 것은 반대했다. 그러나 "유대 국가를 세운다는 제안의 구체적인 조건을 확인하기 위해 집행위가 영국 정부와 협상할 수 있는 권한을 부여"한다는 단서를 달았다.[90] 즉, 식민화를 계속하며 앞으로의 상황을 지켜보되, 만약 필 분할안보다 더 넓은 영토와 함께 예루살렘 등이 포함된다면 팔레스타인의 일부에서라도 유대 국가를 건국할 수 있다는 의사를 암시했다. 바야흐로 시온주의를 이룩할 꿈이 머지않은 순간이었다. 그건 다시 말해 '팔레스타인인'들에게 마지막 시간이 다가왔다는 것이다.

1.3. 중동 최대의 저항운동

누구나 예상할 수 있듯이 절대다수의 아랍인들은 양보의 여지없이 분할에 반대했다. 고향인 팔레스타인의 완전한 독립을 원한 아랍인들에게는 분할안이야말로 '유대인의 지배에 대한 공포'의 실체였다. 필 위원회의 보고서가 발표되기도 전부터 분할이 채택될 것이라는 소문이 퍼지고 770명의 노동비자가 승인이 나자 긴장이 고조되었다. 갈릴리에서 180명의 정치범 수감자들은 단식 투쟁에 돌입했고 하이파와 아크레에서도 연대 투쟁으로 화답했다. 마침내 7월 7일에 위원회의 보고서와 함께 분할을 결정한 백서가 나오자 각계각층에서 반대의 목소리가 나왔다. 23일에는 아랍고등위원회가 분할에 반대하고 독립을 요구하는 성명을 발표했다.[91] 많은 아랍인들이 투쟁을 멈췄던 것을 후회하고 다시 무기를 들었다. 항쟁은 이전보다 치열해지고 2년 가까이 지속된다. 투쟁 초기에 지도부가 와해되는데도 민초들은 거대 식민제국을 상대로 용감히 싸웠다. 중동 최대의 저항운동이라는 수식언이 조금도 부족하지 않은 용맹한 역사적 항쟁이었다. 그러나 대항쟁은 팔레스타인 민족의 이름을 드높이지도, 밝은 미래를 가져오지도 못했다. 오히려 공동체가 분열되고 저항할 힘을 잃었을 뿐이다. 이 땅에 뿌리내린 식민 지배의 독은 깊숙이 퍼져 있었다.

아랍인들이 반발할 것을 너무나도 잘 알고 있던 영국은 항쟁이 재개될 기미가 보이자마자 신속하게 아민의 체포에 나섰다. 아민은 가까스로 성역인 하람으로 피신했고, 이곳에서 다른 지도자나 무장단체의 지휘관들과 접촉해 투쟁을 이끌었다.[92] 분할안은 항쟁의 지역적 구도를 바꾸었다. 이전까지는 민족주의 운동이 활발했던 산악 지대에서 무장투쟁이 격렬했으나 이제는 북쪽의 갈릴리가 항쟁의 중심지로 떠올랐다. 이곳 주민의 96.8%가 아랍인들이고 136만 두넘이라는 넓은 토지의 97.4%가 그들 소유였는데도 유대 국가로 지정되었기 때문이다.[93)] 거기에다 '인구 교환'이라는 명목으로 추방당할 가능성마저 제기되자 무기를 들 수밖에 없었다.

9월 말에 갈릴리 지역의 판무관대행 루이스 앤드루(Lewis Andrews)는 시온주의를 지지한다는 이유로 암살당했다. 팔레스타인에서 고위직 공무원이 살해당한 것은 처음이었다. 영국은 즉시 강력한 탄압에 나섰다. 아랍고등위원회와 민족위원회 모두를 불법 단체로 규정하고 아민을 무슬림의회에서 해임하고 아랍고등위원회의 간부 다섯 명을 유배 보내고, 그 밖에 정부에 반대하는 수백여 명을 체포했다. 이에 반발해 총파업을 전개하자는 목소리가 나왔으나 상인들이 동조하지 않았다. 아민은 일상으로의 복귀를 선언했으나 며칠 뒤 감시가 소홀해진 틈을 타 팔레스타인을 빠져나갔고 아랍인들은 곧장 무장투쟁을 활발히 전개했다. 아민은 시리아로 가려고 레바논을 지나던 중에 프랑스에 억류당했으나, 이곳에서도 소식을 주고받으며 투쟁을 이끌었다.[94)] 반대파의 『팔라스틴』을 포함한 모든 아랍 언론이 그를 민족의 지도자로서 지지했다.[95)]

영국은 아민을 축출함으로써 항쟁을 멈추지는 못했으나 내부 분열을 유도하는 성과를 거두었다. 반대파는 아민이 도망자 신세가 된 지금이야말로 정치적 주도권을 잡을 수 있는 절호의 기회로 생각했다. 분열의 조짐은 사실 분할안이 나오기 한 달 전부터 있었다. 반대파가 분할에 찬성하는 기색을 숨기지 않자 살해 위협과 공격이 잇따랐고, 보고서 발표를 며칠 앞두고는 라기브의 조카이자 민족수호당의 실질적인 대표인 파크리(Fakhri) 나샤시비가 총에 맞아 죽을 뻔했다. 민족수호당은 이 문제를 아랍고등위원회에서 논의하려 했으나 거부당하자 탈퇴했다. 그래도 아랍고등위원회보다 이틀 앞서 분할에 반대하고 완전한 독립을 요구한다는 같은 취지의 성명을 냈다. 물리적 위협이 두려웠기 때문만이 아니라 아랍 국가들의 반응이 좋지 않고 예상보다 유대 국가로 넘어간 영토가 많았기 때문이었다. 그런데도 공격이 그치질 않자 반대파의 불만은 커졌다. 아민은 '반역자'와의 전쟁을 용광로에 철을 넣고 제련해 불순물을 걸러내는 과정에 비유했다.[96)]

트랜스요르단의 에미르 압둘라도 분열을 조장하는 데 중요한 역할을 했다. 과거에 나샤시비 가문은 후세인의 하심 가문에 반대하는 입장이었다. 그러나 서쪽벽 소요 이후 좁아진 입지를 어떻게든 늘리고자 외부에서 정치적 지원을 찾았고 그게 바로 압둘라였다. 압둘라는 처음 트랜스요르단의 통치권을 쥐게 되었을 때부터 팔레스타인에 눈독을 들이고 있었다. 그는 팔레스타인을 트랜스요르단에 병합시키고 자신의 왕국에서 유대인들이 민족의 고향을 건설하게 하자고 영국에 거듭 건의했고, 1933-34년에는 유대인 기구에 사절을 파견해 이를 공식적으로 제안했다. 후세이니 가문은 강하게 비판했다. 아랍집행위도 팔레스타인의 정치적 대표는 자신이라고 조심스럽게 반대의 목소리를 냈다. 그러나 쇠락의 길을 걷고 있던 나샤시비 가문은 압둘라의 밑에 들어가기로 했다.[97] 필 분할안은 아랍 지역으로 할당된 팔레스타인의 67%를 트랜스요르단에 병합시킬 것을 권고했기 때문에 압둘라는 만족했고 반대파의 순응을 구했다.

반대파는 공개적으로 분할에 찬성하고 나서지는 않았다. 그러나 이는 살해 위협과 대중의 기세에 압도당해 목소리를 내지 못한 것일 뿐이었다. 나샤시비 가문의 후원을 받는 무장단체들은 항쟁에 참여하지 않았다. 라기브는 무슬림 자치의회를 장악할 수 있도록 영국과 유대인 기구에 도움을 청했고 후자에게 어떤 정치적 조건도 받아들이겠다고 약속했다. 파크리는 유대인 기구에 유대-아랍-영국의 3자 평화협상을 체결하자고 제안했다. 비록 양측으로부터 어떤 실질적인 확답도 받지 못했지만, 11월에 반대파는 영국과 협상할 민족의 대표를 선출하기로 했다. 그러나 의회파로부터 살해 위협을 받고 무산되었다. 이때부터 반대파는 저항군을 적극적으로 밀고하기 시작했다.[98]

반대파의 변심은 영국에 반가운 일이었으나 정치적으로 활용할 만큼의 가치를 찾지는 못했다. 반대파나 압둘라는 팔레스타인에서는 물론이고 아랍권에서도 존중받지 못하는 소수파였다. 9월 8일에 아랍고등위원회가 시리아의 블루단(Bludan)에서 범아랍 대회를 개최하자 아랍 각지에서 400여 명의 대표들이 참석해 팔레스타인의 독립을 지지했고, 영국이 분할안을 강제한다면 영국과 유대 상품을 불매하기로 결의했다. 충직한 동맹이라 여긴 이라크 정부조차도 국제연맹의 상설위임통치위원회(Permanent Mandates Commission) 회기에서 비판의 목소리를 냈다. 아랍 각지에서 보내온 무기와 군수품이 시리아 국경을 통해 팔레스타인으로 넘어왔고, 시리아 국경수비대는 이를 방관했다.[99]

예상보다 심상찮은 기류를 보며 영국은 갈팡질팡했다. 9월에 국제연맹으로부터 팔레스타인을 분할한다는 원칙을 승인받고 경계선을 세부적으로 확정할 새로운 위원회를 파견하기로 했지만, 아랍 국가들이 이탈리아로 기울게 될 것이라는 내부 비판에 직면했다.[100] 11월에 앤서니 이든 외교부장관은 "팔레스타인의 다수 토착 인구와, 그리고 보다 심각하게도 모든 아랍권으로부터의 저항이 확고하게 거세지고" 있다고 내각에 우려를 전했다.[101] 결국 영국은 12월에 강제 이주 정책을 포기했고, 분할도 재고할 여지를 남겼다. 식민부는 경계선을 확정할 위원회의 책임자인 우드헤드에게 분할이 실현불가능하다는 결론을 내려도 된다고 비공식적으로 알렸다.[102]

1937년의 마지막 분기는 무장투쟁의 부활을 성공적으로 알렸다. 10-12월 동안 영국과 유대인을 대상으로 총 156건의 총기와 폭탄 공격을 수행했고, 이는 지난 1-3분기를 합친 136건보다도 많았다.[103] 하지만 1938년에 들어서는 군의 반격에 막혀 움츠러들었다. 무장단체들은 전략을 수정했다. 갈릴리에서 벗어나 전장을 팔레스타인 전역으로 확장하고 특히 산악지대에서의 작전을 늘렸다. 또한, 군과 정면승부를 벌이기보다는 게릴라 전술을 택하고 유대인을 집중적으로 공격했다. 오렌지 수확철이 끝난 5월부터는 농민들의 참여가 늘어나 "순찰대와 유대 정착촌에 대한 사격 빈도가 크게 증가했다." 그러자 유대인들의 반격이 시작됐다. 이르군은 7월 6일과 25일에 하이파의 시장에서 폭탄을 터트려 74명의 아랍인을 죽이고 129명을 부상 입혔다. 같은 달, 예루살렘에서도 세 차례의 폭탄 테러로 18명의 아랍인을 죽이고 60명을 다치게 했다. 지난 한 해 동안 아랍인들이 죽인 유대인이 32명이었는데 무려 그 세 배의 인명피해가 한 달 만에 발생했으니 얼마나 충격적인 반향을 불러일으켰을지를 짐작하기란 어렵지 않다. 이집트에서 지원군이 도착하고 대대적인 수색 작업을 벌였는데도 8월에는 무장투쟁이 최고조에 달하게 된다.[104]

무장투쟁의 확산이 영국의 안이한 대처 때문은 아니었다. 1936년에 워홉이 유화적이라서 항쟁을 키웠다는 비판이 있어서 1938년 3월에 해럴드 맥미카엘(Harold MacMichael)을 새로운 고등판무관으로 대체했고, 진압의 강도도 훨씬 높였다. 공격이 발생한 장소의 인근에 있거나 투쟁을 지지하는 마을로 의심되기만 해도 '수색'에 나서서 주민들을 폭행하고, 학대하고, 자산을 파피하거나 약탈했다. 한 영국 경찰은 군법이 느슨하게 적용된 덕분에 의심쩍은 상황에서 체포한 아랍인은 즉시 총살해 버렸고 마을에서 무자비하게 폭거를 저지른 뒤 보고하지 않았다고 기록했다. 1938년 한 해 동안 3분의 1 이상의 마을이 군대와 경찰로부터 이런 '수색'을 당했다. 마을 전체에 과도한 벌금이 부과되자 돈을 낼 형편이 안 되는 주민들이 감옥에 끌려가지 않으려고 집단 탈주하는 일도 일어났다.[105] 어느 영국 군인은 아랍인과 유대인에게 다른 잣대가 적용되는 것을 비판했다.

> 아랍인과 유대인을 대하는 우리 영국의 태도는 혼란스러웠다. 우리의 공식적인 역할은 다투고 있는 양측의 평화를 유지하고 두 인종 모두의 테러리스트를 처벌하는 것이었다. 그러나 실제로는 유대인을 두드러지게 편애했다. 나는 이런 사실에 분개했는데, 아랍인들이 언제나 부당한 대우를 받고 있다고 생각했기 때문이다. 오후 다섯 시부터 다음 날 새벽 다섯 시까지는 통행금지 시간이고 만약 아랍인들이 이를 어기면 총에 맞을 수도 있었다. 아랍인들이 4인치 이상의 칼을 소지하고 있으면 총을 쏘았다. 그러나 유대인들이 똑같은 행동을 할 때는 그렇게 하지 않았다. 아랍인들이 탄 만석버스에 총을 쏜 유대인 두 명이 잡힌 적이 있었다. 재판은 2주간 이어졌고 그사이에 유대인들이 대규모로 시위를 해서 풀려났다. 우리들 중 상당수는 이렇게 말하곤 했다. "만약 (차를 타고 가다) 아랍인을 치었으면, 후진을 해서라도 확실하게 죽여버려야 한다. 다친 채로 내버려 두면 병원비를 내야 한다."[106]

일부 군인과 경찰들은 법으로 허용되지 않는 수준의 잔인한 처벌과 잔학행위를 자행해 무질서를 만들고 공포감을 조성했다. 흔하게는 마을이나 도심에서 무차별사격을 가해 행인들을 죽였다. 헤브론에서 살던 한 영국인 의사는 자신조차도 군인들과 조우하면 무작정 도망쳐야 했다고 일기에 남겼다. 아랍인을 체포하면 저항군의 사격이나 지뢰를 피하기 위해 차량과 기차에 매달아 인간방패로 사용하거나, 각종 무기로 폭행하고, 고환을 줄로 묶거나 머리털과 손톱을 뽑고, 전기충격 등의 고문을 가했다. 어느 군인은 막사로 끌려온 아랍인이 기둥에 묶인 채로 두 눈알이 모두 뽑혀 뺨과 입술에 대롱대롱 매달려 있던 장면을 목격했다고 증언했다. 그는 군인들이 왜 이런 행동을 했냐는 질문에 "그들은 승리자이고 (땅의) 주인이므로 아랍인은 그들의 처벌을 받아들여야 한다."고 대답했다. 이런 잔학 행위들은 모두 위법이었으나 처벌받는 경우는 사실상 없었다.[107]

9월에 알바싸(al-Bassa) 마을에서 일어난 사건은 잔학행위가 극에 달한 사례 중 하나였다. 도로에 설치된 지뢰로 4명의 군인이 사망하자 군인들은 무작정 인근에 있는 알바싸 마을로 쳐들어와 20분 동안 무차별 사격을 하고 집을 불태웠다. 그 뒤 주민 백여 명을 막사로 끌고 와 폭행하고 학대했다. '보복'은 거기서 그치지 않았다. 2주 후에 영국인과 유대인 경찰이 다시 마을을 찾아와 도로에 지뢰를 설치하고, 주민 20여 명을 버스에 태운 후 그 위를 지나가도록 명령했다. 버스는 폭발했고 사람들은 모두 죽었다.[108] 가장 극악무도한 짓을 저지른 것은 영국군과 하가나 대원이 함께 편성된 특수야간부대(Special Night Squads)였다. 갈릴리 지역을 중심으로 활동한 이 특수부대는 아랍인들을 사실상 맹목적으로 학살하며 공황을 불러일으켰다. 가령 성인 남성들을 줄 세운 뒤 숨겨둔 총을 내놓으라고 협박하며 15번째 혹은 8번째 순번마다 죽이거나, 마을에 출입하는 사람들을 향해서 혹은 마을 안에서 무작위로 총을 난사했다. 마을 내 모든 성인 남성들을 붙잡아 채찍질하거나, 기름을 부은 흙을 토할 때까지 먹이는 엽기적인 학대도 저질렀다.[109]

이런 어려움 속에서도 저항군은 놀라운 성과를 일구어냈다. "1938년의 여름에 반란군(rebel)은 산악지대의 대부분을 통제했다. 그들은 무장한 채로 나블루스를 걸어 다녔고 아무런 제지도 받지 않았다. ... 1938년 9월에 이르면, '사실상 팔레스타인에서 정부나 통제가 존재하지 않는 상황이 되었다.'"[110] 저항군의 수는 9,000-10,000명으로까지 늘어났다. 그중에서 3천 명은 생업을 버리고 무장투쟁에만 전념했다. 대부분의 저항군은 농민 출신이었기 때문에 가난하고 빈곤한 자들의 어려움에 공감했다. 그래서 자본가들을 압박해 9월 1일부로 모든 빚에 대한 상황을 유예하라는 명령을 내렸다. 또한, 주민들의 요청으로 자체 법정을 운영했고, 호평을 받으며 각지로 하위법원을 늘렸다.[111]

저항군의 지배는 팔레스타인에 새로운 희망을 가져다줄 것처럼 보였다. 그러나 지도부조차 와해된 상황에서 내외부의 적과 전쟁을 치르는 중에 그런 꿈

같은 일이 이뤄진다는 건 불가능했다. 저항군이 설립한 여러 법원들은 체계가 잡히지 않은 채 숫자만 불리다 보니 지역 사령관의 독단적인 판단에 따라 판결이 좌지우지되고 점차 부정하게 운영되었다. 영국 법정의 이용을 금지한 후로는 몰려든 인원을 감당하지도 못했다. 엉성한 조직 능력은 재정 운용에서 더욱 크게 드러났다. 1936년에 무장투쟁은 아민이 조성한 기금으로 유지되었으나, 아민이 해외로 도피한 이후로는 저항군이 직접 주민들로부터 기부금 혹은 세금을 거둬들였다. 당연히 제대로 수금될 리가 없었고 착취하고 사적으로 착복하는 사례가 늘어났다. 무장투쟁 지원자가 적은 마을에서는 더 많은 돈을 거두기도 했다. 그러다 보니 많은 주민들이 시간이 갈수록 피로를 느꼈고 저항군에 반감을 가지기까지 했다. 특히, 저항군에 살해된 반역자나 반대파의 친지는 저항군을 증오했다. 이들은 보복으로 정부에 밀고했고, 저항군은 생존의 위협을 느꼈기 때문에 밀고자를 색출하고 처벌하여 또다시 반감을 키우는 악순환이 되풀이되었다. 반대파는 저항군에 전면적으로 반기를 들었다. 1938년 9월에 나샤시비와 다른 여러 가문들은 '평화단'(Peace bands)을 조직해 저항군을 상대로 싸우기 시작했다. 영국과 유대인 기구는 동족상잔을 위한 무기와 자금을 후원하고, 정보를 공유했다.[112]

저항군의 기세가 꺾이지 않자 8월에 맥미카엘 고등판무관은 본국에 추가 파병을 요청했다. 그러나 9월 초부터 유럽에서 전운이 감돌았기 때문에 파견군은 수에즈 운하를 수호하기 위해 이집트에 우선적으로 배치되었다. 1차 대전 때와 마찬가지로 전쟁은 아랍인들의 몸값을 키웠다. 맬컴 맥도날드(Malcolm MacDonald) 식민부장관은 지금 같은 상황에서 독일과 전쟁을 벌인다면 중동의 패권이 위협받을 것으로 우려했고, 분할안에 대한 보고서를 마무리 짓던 중인 우드헤드 위원장에게 분할을 포기한다는 발표를 조기에 해달라고 요청했다. 그러나 우드헤드는 완강히 거절하며 조사의 독립성을 견지했다. 외교부와 식민부는 전쟁이 발발하면 즉시 분할안을 유예하고 이주를 중단하기로 결정했다. 참모총장은 팔레스타인 문제가 아랍 민족을 넘어 무슬림 국가들에 악영향을 끼칠 것이라고 경고했다.[113]

독일이 야기한 긴장은 9월 말에 영국과 프랑스가 독일의 요구를 수용하는 것으로 일단락되었다. 이윽고 2만 명의 파견군이 팔레스타인에 당도하고 대규모 군사작전이 실시되었다. 아랍인들의 저항은 더 이상 위협적이지 않았다. 진압은 그저 시간문제일 뿐이었다. 그렇지만 여전히 독일과의 전쟁 가능성이 남아 있기 때문에 화근을 제거해야 했다. 외교부와 식민부는 팔레스타인의 어떤 지역에서도 유대 국가를 건설해서는 안 된다고 뜻을 모았다. 단, 분할안 포기가 테러에 굴복한 것이라는 인상을 주지 않도록 반란을 진압한 다음에 공표하기로 시기를 미루었다.114) 정부가 기다리던 우드헤드 위원회의 보고서는 10월에 완성되었다. 다행히도 필 위원회의 친시온주의적 성향은 계승되지 않았다. 한 위원은 심지어 유대인 기구의 간부들에게 "시온주의는 유대 민족을 부흥시키기 위한 현명한 운동이 될 수 없습니다. 시온주의는 우리가 히틀러에게 반대했던 것과 똑같은 민족주의입니다."라고 직설적으로 비판했다.115)

우드헤드 위원회의 과업은 경제적으로 자립하면서 적절한 수준의 안보가 보장되는 동시에 다른 인종이 가능한 적게 포함된 아랍과 유대 국가를 만드는 경계를 찾는 것이었다.116) 유대 인구와 비슷한 수의 아랍 인구를 유대 국가에 포함한 필 분할안(A안)은 다른 인종을 가능한 적게 배치한다는 원칙에 위배되어 제외되었다. 애당초 필 분할안은 "인구 교환"을 전제로 한 것이었고 강제적인 이주 정책을 포기한 지금으로서는 실현가능하지 않았다. 위원회는 자발적인 이주가 가능한지도 고민해 봤으나 부정적이었다. 아랍 국가나 위임통치 지역에 배정된 유대인 소유의 토지로 재정착을 유도하기엔 너무나도 많은 아랍 인구가 유대 국가에 포함되어 있었다. 만약 재정착을 목적으로 토지를 개발해 수용력을 높인다고 가정하더라도, 고향 땅에 깊은 애착을 가지고 있고 팔레스타인에서 가장 비옥한 땅에 살고 있는 이들이 민족의식에 어긋나게 유대인을 위해서, 그것도 사막이나 요르단 계곡의 척박한 환경으로 가고 싶어 할리는 없었다.117)

위원회는 필 분할안에서 유대 국가로 지정된 영역 중 유대인들이 거의 살지 않는 남부 끝자락과 갈릴리 지역을 제외하는 수정안(B안)을 대안으로 검토해 보았다. 그러나 여전히 많은 아랍 인구(38.5%)와 토지(67.7%)가 유대 국가에 포함되었고, 북동부 지역은 아랍 인구가 유대인보다 3배 이상 많았다. 그 외에도 두 가지 심각한 문제점이 지적되었다. 하나는 아랍인들이 많이 사는 갈릴리 지역이었다. 위원회는 유대 국가의 안보를 위해서 이곳을 위임통치 지역으로 편성했으나 이 때문에 아랍인들이 독립할 권리를 부정당하는 것은 "근본적으로 잘못"되었다는 사실을 인정했다. 또 다른 문제는 팔레스타인에서 유일한 심해 항구이자 아랍과 유대 인구가 비슷한 하이파를 유대 국가에 포함시킨 것이다. 하이파를 잃으면 아랍 산업은 불공평하게 발전할 기회가 제약된다. 더군다나, 인근의 많은 아랍인들이 이곳에서 일자리를 찾았는데, 시온주의자들은 유대 국가가 건설되면 국경 밖의 아랍인에게 모든 일자리를 철저히 금지하겠다는 입장을 밝혔기 때문에 대량의 실업자가 생겨날 것으로 예상되었다.[118]

필 분할안에 기반해서는 목표에 부합하는 경계를 찾을 수 없다고 판단한 위원회는 중부지역 외에도 북부와 남부를 위임통치 지역으로 남겨 두는 독자적인 구상(C안)을 제시했다. C안은 두 인구가 균등하게 거주하는 북부지역이 특정 국가에 종속되면 경제, 안보 문제가 발생하므로 주민들이 독립 방식에 대해 합의할 때까지 위임통치지역으로 남겨두는 게 좋다고 보았다. 그런데 북부지역이 제외된 유대 국가는 협소해서 추가적인 이주를 받아들이기 어려우므로, 남부 사막지대도 위임통치지역으로 편성해 유대인들이 추가로 이주해 올 수 있는 여지를 만들었다. 위원회는 비록 이곳에 유대인들이 살고 있지는 않지만, 아랍 국가의 자본으로는 개발이 불가능한 곳이니 유대인들이 이주해 와서 토지를 개발하는 것을 긍정적으로 보았다. C안은 유대 국가에 포함된 아랍 인구를 5만 명 수준으로 대폭 감축했기 때문에 위임통치지역에 있는 유대 토지로 재정착을 유도하는 것도 가능하다고 기대했다.[119]

표 10 1938년 우드헤드 위원회의 분할안 C

영역	인구(명)			토지(두넘)		
	아랍	유대	합계	아랍	유대	합계
아랍국가	444,100	8,900	453,000	7,329,700	63,800	7,393,500
	98.0%	2.0%		99.1%	0.9%	
유대국가	54,400	226,000	280,400	821,700	436,100	1,257,800
	19.4%	80.6%		65.3%	34.7%	
위임통치	502,800	157,400	660,200	16,737,200*	811,500	17,548,700*
	76.2%	23.8%		95.4%	4.6%	
총계	1,001,301	392,301	1,393,600	24,888,602	1,311,400	26,200,000
	71.8%	28.2%		95.0%	5.0%	

* 위원회는 브엘세바 지구에 있는 10,577,000두넘의 사막지대를 계산에서 제외했으나, 팔레스타인 전체의 약 40%를 차지하는 이곳을 제외하면 분할된 경계를 제대로 이해하기 어려워 임의로 포함시켰다.

세 안을 놓고 논의한 끝에 위원회는 C안을 최종적으로 선택했다.[120] 그러나 모든 분할안에는 근본적인 한계가 있다고 인정했다. 국제연맹의 상설위임통치위원회는 분할에 원칙적으로 찬성한다는 의견을 냈을 때 "수용 가능한 해결책은 아랍인들이 거주하고 있거나 종교적 이유로 특별한 가치를 가지고 있는 지역을 최대한 적게 분리시키는 것이다. 그리고 유대인에게 배정될 지역은 충분히 광범위하고 비옥하고 … 집중적인 경제 성장이 달성 가능한 곳이어야 한다."라고 권고했다. 그러나 위원회가 보기에 이는 "양립

지도 16 1938년 우드헤드 위원회의 분할안 C

불가능"한 조건이었다. 유대 국가에 아랍 인구가 적게 포함되려면 자연적으로 유대 국가는 미미한 영토만 가지게 되고 경제 성장이 가능하지 않았다. 반대로 아랍 국가에서 유대 인구를 적게 배치하려면 오렌지 과수원을 포함해 상당수의 재화가 아랍 국가 밖에 위치하게 되고, 노동 시장이 심각히 제한되었다.[121] 아마도 국제연맹의 상설통치위원회는 아랍인들이 버려둔 황무지나 사막을 개간했다는 시온주의자들의 거짓 선전을 믿고 두 인구가 사는 지역이 대체로 구분되어 있고, 아랍인들은 유목민 출신이라 경제적으로 낙후된 지역에서만 살고 있다고 상상한 듯하다.

팔레스타인의 3분의 2를 위임통치지역으로 만든 C안에서는 아랍 국가는 물론이고 유대 국가도 자립 가능한 경제적 미래를 담보하기 어려웠다. 결국 우드헤드 위원회는 "자립 가능한 아랍과 유대 국가의 … 경계를 제안하는 데 실패했다."는 결론을 내렸다. 그럼에도 불구하고 만약 C안에 따라 분할한다면, 완전한 주권을 주지 말고 경제와 재정적 독립을 제한시키고 분할된 모든

지역이 관세 동맹을 맺어 교류를 활발하게 유지하는 방식을 제안했다. 그러나 여전히 정치적 불안정성이 문제로 남아 있었다. 위원회는 "분할안을 실행할 경우의 결과가 어떠할지를 고려할 때 최근 몇 개월간의 사건들을 염두에 둬야 할 것이다."라고 부정적인 전망을 감추지 않았다.[122]

영국은 11월에 우드헤드 보고서를 발표하며 분할안을 공식적으로 폐기했다. 그리고 아랍 국가들을 포함한 아랍 대표단과 유대 대표단을 런던으로 초청해 향후 정책을 협의하자고 제안했다. 단, 아민의 참석은 금지했고 합의점을 찾지 못하면 영국이 독단적으로 결정을 내리겠다고 알렸다.[123] 그동안 군사 작전은 착실히 실시되어 12월에는 무장투쟁이 쇠락의 길로 들어서고 정부가 확실하게 우위를 점하게 되었다. 1938년 동안 아랍인들은 5,708건의 무장투쟁으로 정부와 유대인들에게 막대한 금전적 피해를 입혔을 뿐만 아니라 77명의 영국인과 255명의 유대인을 사살했다.[124] 그러나 여기에는 너무나도 많은 아랍인의 희생이 동반되었다. 영국은 천 명의 아랍인을 살해했고 또 다른 천 명의 부상자를 만들었다고 발표했으나 이는 셀 수 없을 만큼 사상자가 많았기 때문에 단순히 집계를 포기한 것이었다. 영국은 "실제 사상자 수치는 상당히 높을 것"으로 인정했다.[125]

반란의 진압은 순조로웠으나 보다 중요한 주민들의 마음은 돌아오지 않았다. 고등판무관은 다수의 아랍인들이 아민의 참석이 금지된 것에 실망했다고 보고했다. 또한, 파크리 나샤시비가 아민의 대표성에 이의를 제기하는 공개서한을 발표하자 이집트로 피신 가 있던 라기브가 놀라고 걱정스러워서 조카의 말을 공식적으로 부인했다. 그 뒤 고등판무관은 아민과 아랍고등위원회를 지지하는 수많은 서명이 첨부된 180통 이상의 전보를 받았다. 12월에 나샤시비 가문은 정부와 함께 헤브론 인근의 야타(Yatta) 마을에서 평화단을 지지하는 행사를 열었다. 3천 명의 아랍인들이 참석했으나 대개는 재정적 지원을 받기 위해서 왔을 뿐이었다. 행사가 끝나자 연설문을 낭독했던 연사는 아이들에게 돌팔매질을 당했다. 영국은 유화 정책에 들어갔다. 자말 후세이니를 비롯해 여러 지도자를 사면하고 런던 회의에 참석하는 것을 허락했다. 아민은 사면받지 못해 대표단의 수장으로 명의만 올렸지만, 대표단은 아민의 승인 없이는 어떤 조건에도 합의하지 않기로 했다.[126]

회의를 앞두고 국방부는 군사적 요충지로서 아랍 지역의 중요성을 다시금 상기시켰다. 제국국방위원회(Committee of Imperial Defence) 산하의 중동분과위원회(middle eastern sub-committee)는 "아랍 국가들을 영국에 우호적으로 만들 수 있는 가장 좋은 방법은 팔레스타인 정책"이며 "전쟁이 발발하자마자 팔레스타인과 인근 국가들의 아랍 여론을 완전히 진정시킬 수 있도록 … 필요한 조처를 즉시 취해야 한다."고 권고했다.[127] 이런 분위기 속에서 마침내 2월 7일에 런던의 성제임스궁(St. James's Palace)에서 회의가 개최되었다. 팔레스타인 아랍 대표단이 유대 대표단과의 동석을 거부해 영국은 자리를 각각 따로 마련했고 이는 협상을 유연하게 만드는 좋은 기회가 되었다.

팔레스타인 아랍 대표단은 이주의 중지와 독립 국가를 요구했다. 협상이 결렬되면 어떤 일이 일어날지 경고하기 위해서 무장투쟁에도 다시 힘을 쏟았다. 그러나 영국은 여전히 독립을 선택지로 고려하지 않았다. 맥도날드 식민부장관은 향후 10년 간 유대 인구가 전체 인구의 35-40%가 되는 한도에서 이주를 계속하고, 그 이후에는 아랍인들에게 거부권을 허용하겠다고 제안했다. 아랍 대표단은 물론이고 유대 대표단도 거부했다. 맥도날드는 전자를 고려해 자치권을 형식적으로라도 늘리고 후자를 위해서는 이주가 계속될 수 있는 단서가 필요하다고 보았다. 그래서 독립을 위한 준비 단계로 아랍인과 유대인 주민이 1:1 비율로 정무장관(minister without portfolio) 역할을 맡는 과도기를 제시했다. 유대 대표단은 영국이 모든 부처의 통제권을 실질적으로 오랫동안 유지할 것이라는 설명을 듣고 안심했고, 이주가 계속되어 유대 인구가 과반이 될 만큼 과도기가 길게 설정된다면 응하겠다는 뜻을 밝혔다.[128]

합의의 실마리를 찾아가는 것처럼 보이던 이때 문제가 생겼다. 맥도날드는 아랍인들에게 자치권을 점차 확대해서 5년 후에 완전한 독립과 이주에 대한 거부권을 인정하고, 정무장관은 아랍인이 보다 많은 3:2의 비율로 참여하는 방안을 제안했다. 이는 유대 대표단과 협의하지 않은 내용이고, 차후 양측이 합의할 수 있는 중간지점을 찾으려는 협상술의 일환으로서 아랍인들에게 유리한 조건을 제시한 것이었다. 그런데 행정적 실수로 그만 이 제안을 담은 문서를 유대 대표단에게도 보내버렸다. 유대 대표단은 정무장관의 비율이 3:2로 바뀐 것은 사전에 첩보로 입수했지만, 5년이란 짧은 과도기와 거부권은 예상치 못해서 당황했다. 더 큰 문제는 이 제안이 아랍 언론에 공개되면서 팔레스타인에까지 소식이 흘러들어 간 것이다. 시온주의자들은 분노했고, 다발적인 폭탄테러로 38명의 아랍인을 죽이고 44명을 부상 입혔다. 난처해진 맥도날드는 5년 뒤에도 아랍인들에게 거부권을 주지 않고 그때 가서 새로운 회의를 열어서 정하자고 한발 물러섰으나 유대 대표단은 불확실한 미래를 택하지 않았다. 맥도날드는 아랍 측에 이주 거부권을 포기해 달라고 요청했다. 그러나 팔레스타인 아랍 대표단은 고등판무관 산하에서 임시 정부를 즉시 수립해서 3년 이내에 완전한 독립을 인정하고, 새 정부의 의회에서 헌법을 만들 때까지 이주와 유대인에 대한 토지 매매를 금지할 것을 요구했다. 처음보다 양보적인 입장이었으나 맥도날드는 거부했다. 유대 측이 거부할 것이 뻔할뿐더러 여전히 팔레스타인을 놓아줄 마음이 없었다.[129]

맥도날드는 협상 상대를 아랍 국가들로 좁혔다. 비록 팔레스타인의 운명을 정하는 협상이었으나 전쟁을 앞둔 지금 가장 중요한 전략적 동반자는 이들이었다. 시온주의자들이 미국에서 반영 정서를 부추길 것이 우려되었지만 그래도 내각은 아랍 국가들이 만족할 만한 제안을 내놓기로 했다. 카이로에서 이어진 후속회담에서 양측은 10년 이내에 독립 국가를 세우고, 당초 논의한 정무장관역은 부처장(minister)으로 격상하고 아랍인 비중을 더욱 늘려서 인구 비례와 유사한 2:1 비율로 임명하기로 합의했다. 다만, 영국은 독립을 지연시켜야 할 필요성이 생기면 아랍 국가들과 '상의'하겠다고 제안한 반면, 아랍 국가들은 반드시 사전 '동의'가 필요하다고 주장했다. 4월 20일에 내각회의에서 협상안을 최종적으로 논의하며 네빌 챔벌린(Neville Chamberlain) 총리는 "우리는 지금 국제적 상황에 어떤 영향을 끼칠 것인가를 중심으로 팔레스타인 문제를 고려해야만 하는 상황입니다. ... 만약 어느 한쪽의 기분을 상하게 해야만 한다면, 아랍인보다는 유대인을 택합시다."고 말했다. 그럼에도 불구하고 독립에 대한 결정권만큼은 양보하지 않았다.[130] 이는 유대인과의 갈등이 문제가 아니라 영국의 이익을 침해하는 것이기 때문이었다.

1939년 5월 17일에 맥도날드는 아랍 국가들과 협상한 안에 근간한 정책을 백서로 발표했다. 백서는 우선 밸포어 선언 당시에 유대 민족의 고향이 유대 국가로 이어질 가능성을 염두에 뒀으나 아랍 인구의 의지에 반하면서까지 유대 국가를 건설하려고 의도하지는 않았을 것이며, 다른 나라들처럼 팔레스타인도 빠르게 자치권을 인정하는 것이 올바르다는 방향성을 제시했다. 따라서 "영국 정부는 10년 안에 독립 팔레스타인 국가가 탄생할 수 있는 조건을 만들도록 전력을 다하되, 만약 … 독립 국가 건설을 미뤄야 할 상황이 생겼다고 판단되면 연기를 결정하기 전에 팔레스타인 민족 대표와 국제연맹 이사회, 인근 아랍 국가들과 상의하겠다."고 선언했다. 또한, 과도기 동안 경험을 쌓을 수 있도록 평화와 질서가 회복되는 대로 정부의 정책 결정에 참여할 기회를 늘리고 팔레스타인 정부의 모든 부처장을 대략적인 인구비례에 따라 아랍인과 유대인 주민으로 임명하겠다고 약속했다.[131]

유대인의 이주는 그동안 경제적 수용력으로만 판단했으나, 이주가 계속되면 유대인의 지배를 받게 될 것이라는 아랍인들의 공포가 이 땅의 평화와 번영을 헤치고 있으므로 인구의 3분의 1이 되는 선에서 제한하기로 했다. 구체적으로는, 향후 5년간 경제적 수용력의 한도 내에서 연간 1만 명의 이주를 허용하고, 그 외 2만 5천 명의 난민을 생계수단이 확보되는 대로 받아들이기로 했다. 만약 불법이주자를 추방하지 못할 경우에는 할당량에 포함시키기로 했다. 계획대로 총 75,000명의 이주가 달성됐는지 여부와는 관계없이 5년이 지난 후에는 아랍 측의 동의 없이는 어떤 유대인 이주자도 받지 않기로 선언했다. 그리고 아랍 농민들의 생계를 보호하고 토지 없는 농민이 양산되는 것을 막기 위해 토지 매매를 제한하기로 했다.[132] 이듬해 2월에 제정된 토지법은 약 95% 지역에서 아랍인 소유의 토지를 유대인에게 양도하는 것을 '원칙적으로' 금지했다. 다만, 여전히 유대인들은 편법을 쓰거나 아니면 아랍인의 명의를 빌려서 토지를 계속해서 매입할 수 있었다.[133]

지도 17 1940년 토지 양도 규제법

맥도날드 백서는 대항쟁이 거둔 승리라고 볼 수 있을까? 시온주의 정책은 분명 강력하게 제동이 걸렸다. 그렇지만 향후 5년간은 유대 인구비가 증가하고, 토지 매입도 여전히 길은 열려 있었다. 가장 중요한 독립은 오히려 시기를 늦추겠다는 약속에 불과했다. 10년 후인 1949년은 최초로 독립을 약속했던 맥마흔의 서신으로부터 34년, "완전한 자치정부"를 약속한 처칠 백서로부터 27년이 되는 시점이다. 그마저도 영국이 일방적으로 연기할 수 있다고 사전에 고지되었다. 따라서 백서는 현재 상태를 일정 기간 유예하겠다는 선언 이상도 이하도 아니었다. 무엇보다도, 백서의 미래는 매우 불안정했다. 비록 양원 모두에서 백서는 승인되었지만 하원에서 반대하거나 기권한 의원은 찬성보다 더 많았다.[134] 국제연맹 상설위임통치위원회는 7명의 위원 중 4명이 반대하고 3명이 찬성했고, 만장일치로 "적절한 시기"에 분할안을 재고하라고 권고했다. 수정주의자들은 백서가 발표되자마자 바로 방송국의 송전선을 끊고 이민국 청사에 불을 지르는 등 무력시위에 들어갔다. 7월에 영국이 공언한 대로 불법이주자의 수만큼 이주 인원을 차감한 후로는 살상을 동반한 본격적인 테러에 나섰다.[135] 과거 패스필드 백서가 외교적 공세 앞에 불과 4개월을 버티지 못했던 선례를 생각하면 맥도날드 백서는 너무나도 위태로웠다.

　백서는 아랍인들의 저항 그 자체보다는 유럽에 임박한 전운이라는 상황적 요인에 크게 기인했다. 유럽의 문제가 해결되고 난 뒤에도 백서가 집행되리라고 기대하기는 사실상 불가능했다. 따라서 아랍인들은 역사적 교훈을 살려 존재하지도 않는 영국의 신의 따위를 믿을 게 아니라 유럽이 어지러운 이때 무장투쟁을 반드시 계속했어야만 했다. 그러나 그러지 못했다. 오랜 항쟁과 영국의 무자비한 탄압으로 아랍의 정치, 경제, 사회는 모두 크게 쇠퇴했고, 사회 내부적으로 반목이 극에 달했다. 특히, 반대파가 평화단을 조직하고 총칼을 내민 뒤부터 저항군은 맹목적인 복수심에 불타올랐다. 수많은 '반역자'를 납치해 뱀을 풀어놓은 구덩이에 집어넣고, 며칠 뒤에도 살아 있으면 처형했다. 1939년 3월 이후 영국이나 유대인을 표적으로 한 무장투쟁 단체들은 사실상 완전히 진압되었고, 개인이나 가문의 이해관계에 따라 움직이는 단체들만 살아남아 보복과 보복을 이어갔다. 대항쟁 기간을 통틀어 동족상잔으로 목숨을 잃은 아랍인의 수는 900-1,000명에 달했다. 주민들은 무장단체와 정부 모두를 두려워했고, 결국 항쟁을 포기하고 세금을 내기 시작했다. 6월에 아랍고등위원회는 백서에 반대하기로 결의했으나, 7월부터 팔레스타인 전역에서 영국의 질서가 온전히 부활했고, 9월에 2차 세계대전이 발발하면서 대항쟁은 끝났다.[136] 세계 역사에 이름을 드높일 수 있었을지도 모를 반제국주의, 반식민주의 투쟁의 결말은 그야말로 비극적이었다. 1백만 팔레스타인인들은 저항할 힘을 모두 잃었고 이것이야말로 영국이 시온주의자들에게 준 최고의 선물이었다. 팔레스타인의 운명은 사실상 이때 결정되었다고 해도 과언이 아니다.

2. 잘못은 유럽이 하고 책임은 아랍이 지다.

2.1. 사라진 팔레스타인인들

지금까지의 역사를 돌이켜볼 때 한 가지 매우 놀랍고 흥미로운 사실은 팔레스타인 문제가 언제나 유럽을 중심으로 흘러왔다는 점이다. 시온주의가 시작된 것은 유럽인들의 박해와 유럽식 민족주의 때문이었고, 이를 지지하는 이들도 유럽 유대인과 유럽 기독교도들이었다. 1914년에 유럽에서 일어난 전쟁에서 승리하기 위해 팔레스타인과 다른 아랍 지역에 독립을 약속해 아랍 민족주의를 부추기는 한편 유대 민족의 고향을 약속해 시온주의자들에게 힘을 실어준 것도 역시 유럽 국가인 영국이었다. 전후 팔레스타인을 위임통치지역으로 만든 것도 국제연맹이란 껍데기를 쓴 유럽의 열강들이었고, 시온주의 정책을 결정하는 것은 팔레스타인 정부가 아닌 런던의 정부였다. 일련의 과정에서 팔레스타인의 아랍인들이 영향력을 끼치거나 일구어낸 성과는 미미했다. 즉, 팔레스타인은 적어도 정치적 관점에서는 '버려진 땅'으로 간주되었다. 설상가상으로 1936-39년의 대항쟁으로 아랍인들이 저항할 힘을 소진해 버리자 팔레스타인 문제에 대한 유럽인들의 구상에서 토착민의 존재는 더욱더 흐려지고 2차 대전과 홀로코스트라는 새로운 변수가 정치적 의제를 장악한다.

1939년 9월 1일, 독일의 폴란드 침공으로부터 시작된 2차 대전은 팔레스타인의 정치를 외부에 완전히 종속시켰다. 맥도날드 백서 이후 시온주의자들은 대영 투쟁을 결심했으나 전쟁이 발발하자마자 영국에 협력하기로 마음을 바꾸었다. 벤구리온은 "백서가 없는 것처럼 영국군을 지원해야 하고, 전쟁이 없는 것처럼 백서에 투쟁해야 한다."고 말했다.[137] 그러나 후자는 불법이주자 조직에 그쳤고 실제로는 전자에 집중했다. 폭탄 테러로 이미 영국과 피를 보고 있던 수정주의자들 역시 투쟁을 멈추기로 약속했다.[138] 1차 대전이 밸포어 선언을 이끌어냈다는 사실을 누구도 잊지 않았다.

시온주의자들은 지난 전쟁에서처럼 시온주의 깃발을 든 유대인 군대의 재

창설을 원했다. 하지만 영국은 시온주의자들이 정치적 보상을 원한다는 것을 알고 있었고 아랍과 무슬림 사회의 반발을 우려해 거부했다. 내각에서는 사실상 처칠만 열렬히 옹호하고 나섰다. 그는 유대인을 무장시키면 팔레스타인에 주둔하고 있는 11개 대대를 본토 방어로 돌릴 수 있고 시온주의자들이 미국을 전쟁에 끌어들일 것이라고 주장했다. 1940년 2월에 백서에서 약속한 토지 양도 규제법을 제정할 때도 처칠은 반대의 목소리를 높이며 시온주의자들의 가치와 군대 창설을 재주장했다. 그런 처칠이 5월에 총리가 되자 시온주의자들은 환호했고 그는 기대에 부응하려고 다시금 노력했다. 한 달 후 이탈리아가 추축국 편에 서서 참전하고 북아프리카에서 전선이 형성되자 각료들은 더 이상 반대할 수 없었다. 수에즈 운하를 지키기 위해 팔레스타인 주둔군은 이집트로 옮겨야만 했다. 영국은 마침내 6개 대대를 현지에서 창설하기로 중지를 모으되, 대신 아랍인과 유대인을 동일한 수로 모병한다는 조건을 달았다. 9월부터 모병이 시작되었으나 아랍인들은 전쟁에 거는 기대가 없었기 때문에 입대가 저조했고 그로 인해 유대인 군인의 수도 크게 제한되었다.[139]

시온주의자들은 여기서 만족하지 않았다. 9월에 바이츠만은 전공을 쌓을 수 있도록 해외 임무 수행을 주목적으로 하는 1만 명의 유대인 사단과 사막 부대를 창설하자고 추가로 제안했다. 벤구리온 역시 군대 양성에 적극적으로 찬성했다. 다만, 7-9월에 이탈리아가 하이파와 텔아비브를 폭격한 이래로 팔레스타인 유대 공동체가 불안에 빠졌기 때문에 현지 수비대에 편성돼야 한다고 이견을 냈다.[140] 시온주의자들이 군대 양성에 집착한 또 한 가지 중요한 이유는 훈련을 받고 실전 경험을 쌓기 위해서였다. 투쟁에서 손을 놓고 일상으로 돌아간 아랍인들과는 정반대로 벤구리온 등의 일부 지도자들은 군사력을 사용할 미래를 그리며 착실히 준비를 밟아가고 있었다.[141]

처칠은 유대인의 군비 강화가 강제점령 중인 팔레스타인의 토착민에게 어떤 영향을 끼칠지에 대해서는 신경 쓰지 않았다. 그는 오로지 자국의 이익만을 계산했고 바이츠만의 제안을 선뜻 승낙했다. 내각도 총리의 뜻을 존중해 유대인 사단을 창설한다는 방침에는 동의했다. 다만, 많은 각료들이 아랍권의 반발을 크게 우려했기 때문에 계획을 발표하거나 추진하지 못하고 계속해서 지연시켰다. 독립을 위한 단계적 조치로 팔레스타인 주민을 부처장으로 임명하기로 한 약속은 전쟁을 핑계로 차일피일 미뤘다. "평화와 질서가 충분히 회복되는 대로 ... 팔레스타인 주민이 일부 부처를 맡도록 즉시 준비하겠다."는 백서의 문구를 명백히 어긴 것이다.[142] 이라크와 사우디아라비아가 이를 지키라고 잇따라 요구하자 잠시 고민도 했지만, 정작 지도부를 잃어버린 팔레스타인의 아랍인들이 잠잠하고 팔레스타인이 전쟁터가 될지 모르는 상황에서 통제권을 일부라도 이양하는 것은 위험하다고 판단했다. 유대인 사단을 창설하기로 한 후로는 외교부와 식민부가 아랍권의 반발을 줄이기 위해 백서를 집행하자는 의견을 냈으나, 내각이 이를 검토하기 직전에 불상사가 일어났다. 1940년 11월 25일에 하이파에서 정박 중이던 불법이주자들을 태운 패트리아호(Patria)가 갑자기 폭발해 240명의 유대인 난민과 12명의 경찰이 목숨을 잃은 것이다. 사실은 하가나가 운항만 멈추게 하려고 폭탄을 터트렸다가 예기치 않은 인명 피해를 낳은 자작극이었지만, 유대인 기구는 강제송환을 앞두고 절망한 난민들이 배를 스스로 폭발시킨 것이라고 주장하며 영국에 책임을 돌리고 비난했다. 조사를 통해서 얼마 후 진실은 밝혀졌지만 여론이 너무나 안 좋았기 때문에 영국은 부처장 건을 없던 일로 하고 생존자들의 이주도 승인했다.[143]

영국이 백서의 본래 의도를 까맣게 잊고 아랍인들에게 마냥 소홀하게 군 것만은 아니었다. 처칠이 총리가 되기 전에 반대했던 토지 양도 규제법은 유지했고, 이주의 문턱도 높였다. 백서에서 정한 이주 할당량은 총 7만 5천 명이므로 산술적으로만 보면 매해 평균 15,000명을 받아들여야 하지만, 1939년에 16,405명이었던 이주자 수는 1940년에 4,547명으로 줄어들었다. 맥도날드 백서는 전년도에 채우지 못한 할당량은 이월한다고 명시했으므로 총 이주 인원이 줄어드는 것은 아니었으나 아랍인들에게는 긍정적인, 시온주의자들에게는 부정적인 신호를 주었다. 뿐만 아니라 위임통치기가 시작된 이래 처음으로 불법이주자 송환에 적극적으로 나섰다. 패트리아호의 생존자를 제외한 모든 유대인 난민들은 유럽으로 돌아갔다. 다만, 이는 아랍 여론을 의식해서라기보다는 추축국의 간첩이 숨어 들어오는 것을 방지하기 위해서였다.[144]

팔레스타인 문제를 중심으로 아랍권을 달래면서도 이권은 지켜내려는 영국의 저울질은 계속되었다. 그러나 강제지배를 그만둘 생각이 없던 영국으로서는 어디까지 '양보'를 해야 하나 피로감을 느꼈고, 외교부는 아랍권을 중립으로 만들 수 있는 유일한 방법은 전쟁에서 승기를 잡아 힘의 우위를 보여주는 것밖에 없다고 판단했다. 실제로 독일과 이탈리아에 부정적인 아랍인들은 많지 않았다. 전쟁 이전에 만들어진 여러 아랍 청년 단체들은 제복을 갖춰 입고 군사적 규율을 실시하는 등의 파시즘을 모방했고, 유럽인들의 반유대주의에 동조했다. 일각에서는 나치즘과 파시즘의 비인도주의를 비판하거나 이탈리아의 텔아비브 폭격을 야만적인 행위로 비난했으나, 시온주의를 강요하는 영국의 강제지배에서 벗어나기 위해 보다 많은 아랍인들이 다른 열강에 기대를 던진 것은 너무나도 당연했다.[145]

영국에 의해 쫓겨나 해외를 떠도는 아민도 바로 그중 한 명이었다. 그는 히틀러가 정권을 잡은 1933년부터 협력을 추구했다. 그러나 독일은 유대인과 다를 바 없이 '열등한' 아랍인들의 민족주의에 무관심했고 영국을 자극할까 봐 거부했다. 대항쟁이 한창인 1938-9년에는 비밀리에 약간의 경제적 지원을 했으나 협력관계를 맺기 위해서가 아니라 자국에 대한 영국의 관심을 돌리려는 목적에서였다.[146] 오직 전쟁이 발발하고 나서야 독일은 아랍인들에게 독립을 약속하며 유혹했다. 영국의 삼엄한 감시 속에서도 이집트에서는 불온한 기류가 일었고 이라크에서는 민족주의자들이 완전한 독립을 쟁취할 수 있는 기회로 생각했다. 1939년 10월에 아민은 이라크로 건너가 힘을 합쳤다. 시온주의자들은 눈엣가시인 그를 암살하자고 제안했다. 외교부는 아랍권에 야기할 반감과 아민이 "현장에 없었더라면, 다른 누군가가 그의 역할을 대신했을 것"이라며 반대했다. 그럼에도 불구하고 아민을 주축으로 팔레스타인과 이라크, 시리아, 트랜스요르단의 민족주의자들이 모여서 영국을 몰아내려고 모의하자 처칠은 극단적인 처방을 감수하기로 결심했다. 암살 작전은 이르군이 기쁘게 맡았다. 하지만 첩보를 입수한 독일이 암살자의 차량을 폭격해 미수로 끝났다.[147]

1941년 5월, 이라크는 독일의 지원을 받으며 영국에 반기를 들었다. 영국은 곧장 군사작전에 돌입했고 유사시에 팔레스타인의 방위군으로 쓸 수 있도록 하가나의 특공대 팔마흐(Palmach)를 훈련시켰다. 한 달도 안 돼서 이라크는 정복당하고 친영 정권이 수립된다. 아민은 이란으로 도망쳤다가 얼마 뒤 독일로 건너갔다. 점령 직후 바그다드에서는 분노한 대중이 분풀이로 160-180명의 유대인을 학살하고 약탈했다. 지난 한 세기 동안 이라크에서 전례를 찾을 수 없는 반유대주의 폭동(farhud)이었다. 영국이 앉힌 섭정은 아마도 분노가 가라앉기를 기다리며 학살을 방치하다가 이튿날에야 질서를 바로잡았다. 지척에서 주둔하고 있던 영국군도 유대인을 희생양으로 내버려 두었다.[148] 영국은 이어서 6-7월에 자유 프랑스(France Libre)와 함께 시리아를 침공해 강제 점령했다. 연달아 무력으로 아랍 국가들을 점령했기 때문에 영국은 아랍인과 무슬림의 여론을 더욱 경계하지 않을 수 없었다. 다행히 미국이 마침내 참전할 의사를 밝혔고 10월에 내각은 유대인 사단 계획을 취소했다. 다만, 팔마흐의 군사훈련은 이후로도 한동안 계속했다.[149]

영국의 소극적인 태도를 보고 실망한 시온주의자들은 새로운 후원자를 찾았다. 바로 전후에 국제적 발언권이 강력해질 것으로 예상되는 미국이었다. 1942년 5월, 벤구리온과 바이츠만 등의 시온주의자들은 뉴욕의 빌트모어(Biltmore) 호텔에 모여서 전쟁이 끝나면 "팔레스타인에 새로운 민주주의 세계 구조에 통합된 유대 영연방국가(commonwealth)가 건설돼야 한다."는 빌트모어 강령(Biltmore Program)을 결의했다.[150] 1897년에 바젤에서 헤르쫄과 초기 시온주의자들이 공개적으로 드러내지 못했던 유대 국가라는 목표를 드디어 천명하고, 필 위원회의 제안 이후로 끊임없이 논의되던 분할에 반대하고 팔레스타인 전체에서의 국가 수립 노선으로 공식적으로 복귀한 것이다.[151]

그로부터 얼마 후 독일이 그동안 자국과 점령지에서 유대인을 대규모로 학살해 왔다는 놀라운 소식이 세상에 알려진다. 영국을 포함한 각국의 정부는 이를 일찍부터 알았지만 대중에 공개하지 않고 비밀로 부쳤다. 유대인을 구하기 위해 전력을 낭비하거나 유대인을 위한 전쟁이라는 이미지를 만들어서 분란이 생기길 원치 않았기 때문이었다. 독일과 몸값을 협상해서 구해달라는 요청도 전쟁자금으로 쓰이게 될까 봐 거부했다. 유대인을 팔레스타인으로 이주시켜야 한다는 목소리가 세져서 아랍권의 반감을 사는 것도 우려스러웠다. 그러나 진실을 언제까지고 계속 감출 수는 없었다. 1942년 6월에 영국의 『데일리 텔레그래프(Daily Telegraph)』가 주요 언론사로서는 처음으로 이를 보도해 주목을 끌자 여러 매체의 후속 보도가 잇따랐다.[152] 이미 유대인들이 유럽에서 절멸했다는 과장된 소문도 퍼졌다. 시온주의자들은 학살 소식이 과장되었을 것이고 이번에도 반유대주의가 좋은 기회가 될 것이라는 기대를 품었다.[153]

학살에 대한 증거와 정보가 널리 퍼지자 연합국은 어쩔 수 없이 1942년 12월 17일에 히틀러가 유대인 문제의 최종해결책으로 추방이 아닌 대량학살을 저지르고 있다고 비판하는 성명을 발표했다. 그제야 시온주의자들도 화들짝 놀라서 각국 정부의 대응을 호소했다. 아무리 반유대주의가 시온주의에 우호적인 여론을 만드는 데 도움이 되더라도 팔레스타인으로 올 유럽의 유대인들이 모조리 사라진다면 본말전도가 되기 때문이다. 하지만 연합국의 반응은 미적지근했다. 1943년 4월에 연합국은 버뮤다 회의에서 독일에 억압받고 있는 유대인과 연합국이 해방시킨 난민에 대한 문제를 논의했으나 유대인 구출에 적극적으로 나서는 건설적인 계획은 없었고 난민 수용이 가능한 수십 개의 나라와 지역만을 선정했다.[154]

유대인들은 매우 실망했다. 난민을 가장 많이 수용할 수 있는 토지와 경제력을 갖춘 곳은 미국이었으나 미국은 할당량을 늘리지 않았다. 시온주의자들은 이주 가능 지역에서 팔레스타인이 빠졌다는 사실에 더욱 분노했고, 영국이 인도주의를 외면했다고 비난했다. 그러나 정작 인도적 가치보다 유대 국가를 세우는 데 난민을 이용하려 한 정치적 셈법이 바로 이주를 제한해야만 했던 근본적인 원인이었다. 벤구리온은 학살 소식이 들려오기 전부터 2-5백만 명의 유대인을 팔레스타인으로 데려와야 한다고 선전해 아랍 사회의 반발을 야기했다. 영국은 신중하게 행동할 수밖에 없었고 이주자는 1941년에 3,647명, 1942년에는 2,194명으로까지 줄어들었다.[155]

영국이 언제까지고 시온주의자들에게 등을 돌리고 있지만은 않았다. 1942-3년 겨울에 이탈리아가 북아프리카에서 퇴각하는 등 전황이 유리해지자 팔레스타인 정책은 변화를 맞이했다. 처칠은 백서에 반대하는 목소리를 다시 높였고 1943년 1월에 내각은 팔레스타인을 독립시키지 않고 분할하기로 합의했다. 7월에는 고위급 위원회를 설립해 백서를 대체할 전후 팔레스타인의 미래를 논의했다. 위원회는 우선 이주를 늘려서 백서가 정한 기한까지 할당량을 채우자고 권고했다. 처칠은 한발 더 나아가 할당량을 다 채운 뒤에도

이주를 계속해야 한다고 주장했다.[156]

　해가 바뀌어 전쟁이 점차 마무리되어 가자 영국은 백서를 철폐하는 수순을 밟기 시작했다. 1944년 1월에 내각은 필 분할안에서 유대 국가의 영토를 더욱 확장한 계획을 비밀리에 합의했다. 연합정권의 한 축인 노동당은 중동 평화 정착의 일환으로 팔레스타인에서 아랍인을 강제로 국외로 내쫓고 대신 유대인을 들여보낸다는 강령을 채택했다. 9월에는 군사적 필요성이 없는데도 시온주의자들에게 공을 세울 기회를 주기 위해 처칠의 독단으로 유대인 여단을 창설하기로 결정했다.[157] 그런데 바로 이때 시온주의 정책에 갑자기 제동이 걸렸다. 역설적이게도 시온주의자들 때문이었다.

　앞서 언급한 것처럼 전쟁이 시작되자마자 시온주의 지도부는 불법이주를 제외한 영국에 대한 투쟁을 중단하였다. 그러나 이 같은 선회에 모두가 찬동한 것은 아니었다. 아브라함 스턴(Abraham Stern)과 이츠하크 샤미르(Yitzhak Shamir, 이스라엘의 제7대 총리) 등 수백 명의 수정주의자들은 1940년에 이르군에서 빠져나와 레히(LEHI, 이스라엘자유투사[e])라는 이름으로 독자적으로 대영투쟁을 이어갔다. 그들은 아랍인들은 경쟁자이고 히틀러는 예부터 있어온 단순한 박해자인 반면 영국은 유대인들이 고향으로 귀환하지 못하도록 막아서 박해의 근본적인 이유를 만들어내는 민족의 적으로 간주했다.[158]

　그동안 레히의 대영 무장투쟁은 계속되고 있었으나 그 수가 많지 않아 별다른 위협이 되지 않았다. 그러나 1944년 1월부터 이르군이 합세하면서 상황이 달라졌다. 자보틴스키가 사망하고 뒤를 잇게 된 메나헴 베긴(Menachem Begin, 이스라엘의 제6대 총리)은 나치와의 전쟁은 사실상 끝났고 대영투쟁 노선으로 복귀할 시점이라고 판단해 정부 청사 폭파와 경찰 습격 등의 테러를 저질렀다. 다만, 레히와는 달리 영국을 완전히 적으로 돌리려는 게 아니라 무력시위를 벌이는 게 목적이었기 때문에 가급적 살상은 피했다. 시온주의 지도부는 영국과 관계가 악화될 것을 우려해 이르군과 레히에 대한 정보를 부분적으로나마 공유하며 거리를 두었다. 그러나 이는 안일한 조치였다. 세 진영

---

e) 영어로는 스턴갱(Stern Gang)으로 비하해서 부른다.

모두가 유대 국가라는 공통의 목표로 움직였기 때문에 외부의 시선에서는 크게 달라 보이지 않았다. 1944년 11월 6일, 레히는 중동지역주재공사인 모인(Moyne)을 암살했다. 시온주의 지도부는 크게 놀랐다. 모인은 고위 공직자였을 뿐만 아니라 처칠의 친우였다. 하가나는 테러리스트를 직접 색출하고 살해했다. 하지만 뒤늦은 조치였다. 처칠은 분노했고 "시온주의를 위한 우리의 꿈이 암살자의 피스톨 연기로 끝나고 미래를 위한 노력이 나치 독일 같은 폭력배를 만든다면, 나를 비롯한 많은 이들이 과거에 오랫동안 지속해 온 (친시온주의) 입장을 재고해야만 한다."는 성명을 발표했다. 그러고 나서 그동안 내각이 논의해 오던 분할안을 없던 일로 만들었다.159)

이로써 영국과 시온주의자들 간의 긴밀한 협력 관계는 사실상 종지부를 찍게 된다. 비록 주류 시온주의자들은 영국의 환심을 되찾고자 독일이 항복하는 1945년 5월까지 유대인 간의 동족살해를 계속했지만, 벤구리온은 배후에서 이르군과 레히와 협력전선을 구축해 영국에 칼을 들이댈 계획을 세우고 있었다.160) 시온주의자들이 영국을 대적하기로 결심한 가장 중요한 배경은 유대 국가를 서둘러 건설하려는 조바심이나 영국의 태도 변화를 기대하기 어렵다는 판단 따위가 아니었다. 많은 학자들이 간과하는 듯하지만, 팔레스타인인들의 정치적 실종이야말로 진짜 이유였다. 만약 아랍인들이 대항쟁 이전처럼 커다란 위협으로 남아 있었다면 침략자인 영국과 시온주의자들은 어쩔 수 없이 불편한 동맹을 이어가야만 했을 것이다. 그러나 토착민의 저항이 무력화되었기 때문에 양자의 이해를 연결해 줄 고리는 사라졌고 남은 것은 팔레스타인의 지배자를 가릴 힘겨루기뿐이었다.

2.2. 유엔총회에서 유대 국가가 승인된 이유

1939년에 대항쟁이 진압당하고 2차 대전이 끝나기까지 팔레스타인은 그야말로 시종일관 유럽인들의 땅인 것처럼 다루어졌다. 아랍인들을 회유하려는 이유도, 반대로 시온주의자들을 지지하는 이유도 모두 유럽의 이익으로만 결정되었다. 이러한 유럽 중심주의적 시각은 유럽인들이 잘못을 저지른 홀로코스트에 대한 보상으로 팔레스타인에 유대 국가를 세워야 한다는 주장으로 정점에 달하게 된다. 1944년 10월에 시리아, 트랜스요르단, 이라크, 레바논, 이집트 5개국 대표들은 알렉산드리아에서 아랍연맹(Arab League)을 만들기로 합의하고 팔레스타인에 대해서 특별한 결의를 남겼는데, 아랍인들이 당시 상황을 어떻게 느꼈는지를 알 수 있다. "유럽의 독재 국가들에 의해 유럽의 유대인에게 가해진 고통에 누구보다도 슬픔을 느낀다. 그러나 이 유대인들의 문제가 시온주의와 혼동되어서는 안 된다. 왜냐하면 … 팔레스타인 아랍인들에게 부정의한 짓을 해서 유럽 유대인들의 문제를 해결하려는 것보다 더 큰 부정의하고 폭력적인 것은 없기 때문이다."[161] 누구도 부인할 수 없는 이 자명한 사실은 안타깝게도 조금도 존중받지 못했다. 땅의 권리가 토착민에게 있다는 당연한 원칙이 유럽 밖에서는 적용되어서는 안 된다는 유럽인들의 철칙 때문이었다. 애당초 토착민의 권리나 정의가 유럽인들로부터 존중의 대상으로 간주되었더라면 시온주의도, 위임통치라는 강제지배도 없었을 것이다.

1945년 5월에 독일이 항복하자마자 시온주의자들은 불법이주에 더욱 박차를 가했다. 한 달 뒤, 유대인 기구는 10만 명의 홀로코스트 생존자를 즉시 팔레스타인으로 이주시켜 달라고 영국에 요구했다.[162] 수많은 유대인과 인도주의 단체들이 홀로코스트 생존자와 피란길에 오른 실향민들의 고통을 덜어주려고 노력하는 것과는 달리 시온주의자들은 팔레스타인의 유대 인구를 늘리는 것을 우선 목표로 삼았다. 생존자에 대한 지원은 단지 그 과정에 필요한 부산물로 간주되었고, 그래서 오로지 팔레스타인으로 이주해 오는 유대인만을 차별적으로 지원했다. 유대인 실향민 수용소(Displaced Persons camps)에는 시온주의 선전물이 대거 붙었다.

7월 총선에서 과반의 의석을 차지하고 수립된 영국의 노동당 정부는 10만명 이주안을 부담스럽게 여겼다. 총선 한 달 전까지만 해도 유대 국가를 호의적으로 본다는 선언을 발표했으나,[163] 정권을 잡고 나니 아랍인들의 반발을 염려하게 된 것이다. 팔레스타인 문제는 아랍권에서 가장 민감한 정치적 문제였고 전쟁으로 국력이 약화된 지금 시온주의 정책을 강행하다간 중동 전역에서 제국주의적 이권과 기반을 모조리 잃게 될지도 몰랐다. 그런데 이런 나약함은 동시에 친아랍 정책의 발목을 잡는 요인이기도 했다. 전쟁 중에 막대한 빚을 졌고 반공산주의 전선의 강력한 협력국인 미국의 눈치를 봐야 했기 때문이다.

8월에 해리 트루먼(Harry S. Truman) 대통령은 백서의 할당량이 다 채워지더라도 독일이나 오스트리아의 유대인들, 그리고 현재 체류하고 있는 지역에 남길 원하지 않거나 고향으로 돌아가길 원치 않는 실향민을 위해서 10만 명의 이주를 허락해 달라고 서한을 보냈다.[164]

　고민 끝에 영국은 또다시 새로운 조사위원회를 파견하기로 했다. 다만, 이번에는 미국의 비위를 맞추는 동시에 아랍권의 비난을 직접적으로 받는 일은 피하려고 미국과 공동으로 위원회를 구성하기로 했다. 1945년 11월 13일에 어니스트 베빈(Ernest Bevin) 외교부장관은 하원에서 미국과 공동으로 위원회를 설립해 '나치의 박해로 생겨난 유대인 실향민 문제'를 조사하고 이에 비추어 '아랍과 유대에 대한 이중 의무로 생겨난 팔레스타인 문제'를 재검토하여, 영구적인 해결책을 마련해 유엔에 제출하겠다고 알렸다. 사실상 맥도날드 백서를 폐기하겠다는 선언과 다를 바 없었다. 2차 대전이 끝나고 겨우 2개월 만이었다. 특히, 이주 제한은 명시적으로 철폐했다. 맥도날드 백서에 따르면, 75,000명의 할당량을 채우지 못한 것과는 관계없이 1944년 5월부터는 아랍인의 동의 없이는 이주를 받지 않아야 한다. 그러나 영국은 지난 1년 반 동안에도 독단적으로 이주를 받으며 백서를 이미 위반하고 있었고, 할당량이 다 채우기까지 한 달 남은 시점이 된 지금은 위원회가 조사를 수행하는 동안에도 유대 이주가 중단되는 일 없이 현재와 같은 매달 1,500명 수준으로 유지하겠다고 선언했다.[165]

　시온주의자들은 만족하지 않고 보다 유리한 결과를 얻어내려고 무력시위에 들어갔다. 베빈의 연설이 있기 2주 전인 11월 1일에 하가나와 이르군, 레히는 '히브리 반란 운동'(Hebrew Rebellion Movement)을 일으키기로 이미 협정을 맺은 상황이었다. 하가나는 주로 불법이주자를 데려오는 동시에 이를 감시하는 영국 초소나 경비정을 파괴했고, 이르군은 정부와 군사 시설 파괴를, 레히는 군인이나 경찰, 요인 암살을 맡았다.[166] 대항쟁에 버금갈 정도의 피해와 혼란이 곳곳에서 발생했다. 그런데도 그달 말에 새로운 고등판무관으로 부임한 앨런 커닝엄(Alan Cunningham)은 법 집행을 머뭇거렸다. 그동안 영국의 묵인하에 하가나는 잘 무장된 대원을 보유한 거대한 군사조직으로 성장해 있었고, 영국이 직접 훈련시킨 특공대 팔마흐도 준비되어 있었다. 무력으로 진압하려면 상당한 각오를 해야만 했다. 하지만 단순히 군사력의 문제뿐이었다면 테러를 방치하지는 않았을 것이다. 진짜 문제는 유대인이 유럽인이라는 사실이었다. 아랍인 범죄자를 다루듯이 학살할 경우 미국과 유럽 국가들에서 쏟아질 비난을 피할 수 없었다.[167]

1946년 1월, 양국에서 각각 6명의 위원이 참여한 영-미 조사위원회(Anglo-American Committee of Inquiry)가 설립되어 조사에 착수했다. 위원회는 팔레스타인을 방문하기 전에 우선 유럽에서 유대인 실향민들의 상태부터 확인했다. "하가나와 유대인 기구 대표들은 위원회가 시온주의 해결책을 제안하는 유대인만을 만나도록 실향민 수용소에 지도했다."[168] 위원회는 대부분의 실향민이 가족구성원의 일부 혹은 모두를 잃고 생필품이 부족해 힘들어하고 있는 것을 봤고, 약 50만 명이 해외로 이주하길 원하거나 그렇게 해야만 할 처지에 있다고 추정했다. 그리고 시온주의자들이 의도한 대로 거의 모두가 팔레스타인에 정착하길 원한다고 이해했다. 그렇지만 팔레스타인이 모든 수요를 충족할 수는 없고 전 세계가 책임을 공유해야 한다고 보았다. 결론적으로, 위원회는 10만 명에게 팔레스타인으로의 이주 허가를 즉시 내릴 것을 권고했다.[169]

위원회는 어째서 미국이나 영국, 그리고 그 밖의 유럽 국가들과 비교도 되지 않을 정도로 협소한 팔레스타인이 전 세계가 부담해야 할 책임의 20%를 감당해야 한다는 결론을 내린 것일까? 실향민들이 팔레스타인을 원한다는 이유 외에 내세운 논리는 서구 국가들이 이주를 크게 제한하고 있고 아직 유럽에서 반유대주의가 완전히 사라지지 않았으며, 유대인 기구가 팔레스타인으로 이주하는 유대인만 지원하므로 "팔레스타인 외의 국가들에서는 유대인들이 주거지를 찾을 수 있도록 상당한 지원을 받을 수 있는 희망이 없다."는 것이었다.[170] 그러나 현실적으로 팔레스타인은 실향민을 수용하기에 다른 국가들보다 나은 조건이 하나도 없었다. 팔레스타인의 인구밀도는 산업 수준에 비해 굉장히 높았고,[171] 토착민과 이주자 간의 정치적 긴장이 첨예해 안전하지도 않았다. 그러니 다른 국가들이 빗장을 걸어 잠근 것은 그대로 두되 팔레스타인은 토착민의 의사에 반하더라도 이주자를 수용해야 한다는 논리는 전혀 성립할 수 없었다. 무엇보다도 팔레스타인의 아랍인들이 실향민을 받아들여야 할 도덕적 의무가 티끌만큼이라도 있다고 가정한들, 유대인 기구가 팔레스타인이 아닌 다른 국가에 정착하려는 유대인에게도 차별 없이 지원해야 할 의무보다 크다고 말할 수는 없었다.

보고서를 토대로 추측컨대 자국의 정치적 이해득실 이외에 위원회의 판단에 가장 크게 영향을 끼친 것은 팔레스타인을 이상향으로 만들려는 종교적 이상주의였던 것으로 보인다. 위원회는 "팔레스타인은 성지이므로 지금이나 나중에나 특정 인종 또는 종교가 그들만의 것으로 정당하게 주장할 수 있는 땅이 되어서는 안 된다. 성지이므로 ... 편협한 민족주의가 아니라 인류애의 수칙과 실천에 헌정되어야 한다."고 주장했다. 따라서 궁극적으로 자치정부를 수립하는 것을 목표로 하되 그것이 아랍이나 유대의 단일 국가가 되어서는 안 되며, 민족 간 생활 수준의 격차를 좁히기 위해 유대인의 세금으로 아랍의 경제적, 정치적 발전을 돕고 교육의 기회를 늘리고, 인종에 따른 차별이 없도록 유대의 토지 규제나 이주 제한을 철폐해야 한다고 보았다.[172]

위원회가 제시한 미래는 모든 측면에서 팔레스타인의 지난 역사와 정반대를 그리고 있었다. 그들이 아랍과 유대의 민족주의적 열망을 이해하지 못했거나, 유대인의 토지 매입과 이주의 목표가 의미하는 바를 이해하지 못했던 것은 아니었다. 단지 국제사회의 힘으로 평화를 강제할 수 있다고 본 것이었다. 위원회는 영국의 위임통치가 계속되는 것을 반대하지는 않았으나 민족 간의 투쟁을 제어하려면 "한 국가가 감당하기 어려운 매우 큰 부담"이 있을 것이므로 "오랫동안" 유엔의 신탁통치 체제로 전환할 것을 권고했다.[173] 즉, 식민주의가 만들어낸 비극을 더 강력한 식민주의로 해결하자는 것이었다. 위원회는 시온주의자들이 팔레스타인으로 이주하는 유대인만을 차별적으로 지원하고 서구 국가들이 이주의 문을 걸어 잠가 유대인에게 고통을 주는 것은 신성불가침한 결정으로 인정하면서 팔레스타인의 토착민들의 의사는 그저 힘으로 제압하면 그만이라고 생각하는 전형적인 식민주의자였다.

1946년 4월에 보고서가 발표되자 미국의 트루먼 대통령은 크게 반겼다. "제가 제안한 10만 명의 유대인들의 팔레스타인 즉시 이주 승인 요청이 만장일치로 영-미 조사위원회에 배서되어 매우 행복합니다. ... 위원회가 사실상 1939년의 백서의 폐지를 제안한 점도 기쁩니다."[174] 반면, 영국은 불편한 심기를 숨기지 못했다. 위원회의 권고를 따른다면 팔레스타인은 또다시 걷잡을 수 없이 혼란스러워질 것이 분명했다. 그러나 미국은 간섭만 하고 어떠한 도움도 주지 않으려 했다. 예상대로 조사 결과가 나오자마자 아랍인들은 시위에 나섰다. 시온주의자들도 10만 명 이주안에만 찬성했을 뿐 유대 국가를 요구했고, 무장투쟁을 계속했다. 영국은 마침내 6월 말에 대테러 군사작전(Operation Agatha)을 개시했다. 그러나 목표는 테러 단체에 대한 응징이 아니었다. 영국은 바이츠만을 필두로 한 친영 온건파의 입지를 강화시켜 시온주의자들이 자발적으로 테러를 규제하고 분할을 받아들이게 만드는 정치적 해법을 원했다. 그래서 하가나가 테러에 개입되어 있다는 서면 증거를 찾아내 유대인 기구를 압박하는 제한적인 계획을 수립했다. 다만, 2주가량의 수색 중에 식민촌에서 수백 정의 총과 박격포, 그리고 5천여 개의 수류탄을 발견하는 의도치 않은 실적을 거두어서 당황했다.[175)]

시온주의자들은 강력한 반격을 준비했다. 7월 22일에 이르군은 위임통치정부의 청사로 사용되고 있던 킹 데이비드 호텔의 남부 별관을 통째로 폭파시켰다. 무려 91명이 죽고 476명이 부상을 입었다. 팔레스타인 현대사를 통틀어 가장 참혹한 테러였다. 사망자 중 41명은 아랍인이었고, 28명은 영국인, 17명은 유대인이었는데, 거의 모두가 정부 관료였다. 유대 공동체조차도 경악하자 시온주의 지도부는 이듬 달 5일에 히브리 반란 운동을 공식적으로 해산하고 이르군과 레히와 거리를 두었다. 오랫동안 이 테러는 이르군의 단독소행으로 알려졌으나, 하가나와 레히가 함께 작전을 수립했고, 범행 후 하가나 지도부가 "간결하고 아름다운" 작전이라고 부러워한 사실이 밝혀졌다.[176)]

당시 팔레스타인에는 대항쟁 시기보다 5배 많은 약 10만 명의 군인들이 주둔하고 있었다. 그런데도 정치적 후폭풍이 두려워서 유대인에게 손을 대지 못했다. 영국의 허버트 모리슨(Herbert Morrison) 부총리와 미국의 헨리 그래디 대사(Henry F. Grady)가 영-미 위원회의 제안에 기반한 수정안을 협상 중이었기 때문에 적어도 협상을 마칠 때까지는 미국을 자극할 만한 제재는 피해야 했다. 앨런 커닝엄 고등판무관은 이주와 경제적 제재라는 매우 소극적인 보복을 제안했다. 그러나 식민부는 이마저도 거부했고 팔레스타인 정부의 관료와 군부의 사기는 크게 저하되었다. 아랍인들은 영국이 유대인들의 테러에 침묵하는 것을 보고 반발했다. 비록 킹 데이비드 호텔 테러에 하가나가 관여한 것은 알려지지 않았으나, 이전의 테러에 유대인 기구가 관여했다는 백서를 영국이 발표했기 때문에 아랍인들은 대항쟁 때 자신들에게 했던 것처럼 유대인 기구를 해체하고 지도자들을 추방하라고 요구했다.[177]

호텔 테러로부터 이틀이 지난 7월 24일에 모리슨과 그래디는 합의안을 도출했다. 지방자치안(Provincial Autonomy Plan)이라 불리는 이 계획은 팔레스타인을 4개로 분할하여 예루살렘지구와 네게브지구는 고등판무관을 수장으로 한 중앙정부의 직접 통치지역으로 두고, 나머지 지역은 아랍주와 유대주로 나누어 주별로 입법부와 행정부를 수립하고 인구에 대한 통제권을 부여하는 방법이었다. 다만, 고등판무관은 주의회에서 가결한 법안이나 이주에 대한 최종적인 승인권, 그리고 국가긴급권 행사를 통해 주정부를 통제하는 권한을 가진다.[178]

표 11 1946년 모리슨-그래디 지방자치안 (단위 : 명)

지역	아랍 인구	유대 인구
아랍주	815,000	15,000
유대주	301,000	451,000
예루살렘 지구	96,000	102,000
네게브 지구	–	–
합계	1,212,000	568,000

그래디는 지역별 경계나 유대주로 배정된 아랍 소수자 문제를 지방자치안의 단점으로 인정했다. 팔레스타인 전체에서 유대 인구가 3분의 1인데 유대주 내 아랍 인구는 그보다 많은 40%이니 다수의 아랍 인구와 소수의 유대인으로 구성된 팔레스타인 국가를 만들어도 된다는 주장에 취약했다. 경제적 자원이 유대주에 집중되어 있어 아랍주는 현재 수준의 경제적 상황도 유지하기 어려운 점도 문제점으로 인지했다. 반면, 유대주에서 이주가 자유롭게 가능하므로 10만 명을 즉시 수용할 수 있는 한편 아랍주에서는 이주를 막을 수 있고, 장기적으로는 분할된 두 국가나 연방정부로 발전할 수 있다는 점을 장점으로 꼽았다. 그때까지는 강제력을 동원한 신탁통치를 권고했다. 결국, 역대 모든 분할

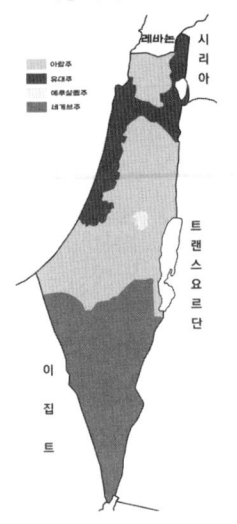

지도 18　1946년 모리슨-그래디 지방자치안

안과 마찬가지로 아랍인들에게 불리한 조건이라는 것을 제안자가 스스로 인정하면서도 토착민의 희생을 강요했다. 영국은 이런 체제가 제대로 작동하지 않으리라는 것 정도는 알고 있었다. 그래서 어떻게든 미국을 끌어들이려 했다. 모리슨은 7월 31일에 하원에서 지방자치안의 성공은 미국의 협력에 달려 있고, 만약 그러한 역할을 수행하지 않는다면, 특히 아랍인들을 위해 경제적 지원을 하기로 한 약속을 어긴다면 계획을 재고해야 한다고 말한다.[179]

이쯤에서 10만 명 이주안에 대해서 잠시 살펴볼 필요가 있다. 전쟁 직후 유대인 기구가 처음 던지고 트루먼 대통령이 받아들인 이 제안은 영-미 합동위원회와 모리슨과 그래디에 이르면서 기정사실이 되어버렸고, 유럽 유대인들의 상황이 매우 열악하다는 이유로 정당화되었다. 모리슨은 하원에서 "유럽으로부터의 이주 압박으로 팔레스타인 문제가 더욱 어려워졌다."고 말한다. 그런데 그런 압박이 정말로 존재했을까? 전쟁 직후부터 현재까지 팔레스타인은 약 80,000명을 수용했다. 반면, 팔레스타인과는 비교도 안 될 정도로 산업화되고 넓은 영토를 가진 영국은 같은 기간 동안 유대인을 포함한 난민을 고작 300,500명만 받아들였다. 미국조차 328,000명에 그친다.[180] 그런데도 모리슨은 영국이나 미국이 추가로 이주를 더 받아야 한다는 말은 하지 않은 채 팔레스타인에 10만 명이라는 새로운 짐을 지운 것이다. 이는 고통받는 유대인 난민에 대한 걱정이나 그로 인한 이주의 절실함을 공감하지 않았다는 것을 증명한다. 설령 약간의 필요성을 느꼈다 한들, 그저 가해자인 유럽 기독교도들의 책임을 제3자에게 떠넘겨도 될 짐덩이 정도로밖에 생각하지 않았을 것이다.

영국은 지방자치안에 대한 아랍과 유대의 동의를 구하려 했다. 하지만 협상을 하기에 앞서 우선은 테러부터 진압해야 했다. 하원에서 지방자치안을 공표한 직후부터 영국은 마침내 본격적으로 대테러작전(Operation Shark)에 들어갔다. 그러나 대항쟁 때와는 너무나도 다르게도 어떠한 집단처벌도 가하지 않고 단지 테러범 색출에만 집중했다. 심지어 불법 무기 수색도 목표에서 제외시켰다. 전면적 보복을 원하는 관료나 아랍인들은 불만족했고, 그렇다고 온건적인 친영파 시온주의자의 입지를 강화하는 데 성공을 거둔 것도 아니었다. 저조한 성과를 의식해 8월 말에 식민촌 두 곳에서 불법 무기 수색을 벌였으나 무기를 발견하지 못하자 수색대가 식민촌을 파괴하고 주민들을 학대했다. 영국은 내외부에서 통제를 잃어가고 있었다.[181] 그나마 하가나가 테러를 중단한 것이 다행이라면 다행이지만, 그 힘을 불법이주에 쏟아부어서 또 다른 골칫거리를 안겨주었다.

협상도 지지부진했다. 영국은 런던회의를 다시 열었으나 팔레스타인 아랍과 유대 대표단은 참석을 거부했다. 아랍 국가들은 즉시 민주적인 절차에 따라 제헌 의회를 구성해 헌법을 만들고, 독립 국가를 수립할 것을 요구했다.[182] 그 와중에 이르군과 레히는 테러를 계속해서 이어갔다. 철도역을 습격하고, 세관서를 폭파하고, 공군본부를 공격하고, 요인을 납치했다. 1947년 새해가 밝자 영국은 테러를 감당하지 못하고 손을 들었다. 필수 인력을 제외한 모든 영국인이 팔레스타인에서 철수하기 시작했다.[183] 그리고 2월, 베빈은 새로운 제안을 내놓았다. 5년간 영국이 신탁통치를 하고 4년이 끝나는 시점에 제헌의회를 구성해 독립 국가를 만들되, 만약 기한 내에 아랍과 유대 대표들이 합의하지 못한다면 유엔이 향후 절차에 대해 조언하는 방법이었다. 유대인의 이주는 첫 두 해 동안 96,000명을, 이후에는 고등판무관이 자문위원회와 협의해 결정하기로 했다. 아랍과 유대 양측 모두 거부했다. 시온주의자들은 영국의 의도가 팔레스타인에 아랍인이 영구적으로 다수를 차지하는 단일한 국가를 만들려고 하는 것으로 보았고, 아랍인들은 반대로 분할안의 연장선으로 해석했고 유대 이주를 늘린다는 점에도 반발했다.[184]

협상이 실패로 끝나자 2월 14일에 내각은 팔레스타인 문제에 대한 권고안을 유엔에 요청하기로 결정했다. 이는 예측불가능성을 키우고 소련의 개입을 허용한다는 치명적인 단점이 있었지만, 팔레스타인에서 안정적으로 국익을 착취할 해법이 도무지 보이질 않고 계속되는 경제적 위기 속에서 지금처럼 많은 병력을 주둔시켜 두기는 힘들었다. 어떻게든 부담을 줄일 대안이 필요했고 그래서 마지막 수단으로써 유엔에 기대를 던진 것이다. 팔레스타인을 포기하려는 의도는 아니었다. 냉전구도로 진입한 국제 정세에서 공산주의의 팽창을 막고 미-소와 대등한 위치에 서기 위해서는 팔레스타인과 중동은 어느 때보다도 전략적으로 중요했다. 앞으로 군대를 배치하지 못하게 될지도 모르는 이집트를 대신해 군사기지를 세울 필요도 있었다. 베빈은 아랍과 유대 어느 측도 유엔에 미래를 맡기고 싶어 하지 않기 때문에 어쩌면 협상 테이블로 불러올 수 있을지도 모른다는 기대까지 했다. 게다가 유엔의 권고안이 마음에 들지 않는다면 따를 생각도 없었다.[185]

영국은 4월 2일에 팔레스타인 문제를 정기총회 의제로 넣어달라고 유엔에 공식적으로 요청했다.[186] 그런데 시기상의 문제가 있었다. 다음 정기총회는 9월에 개최될 예정이었고 그때 가서 논의를 시작하면 결론이 나오기까지 얼마나 많은 시간이 소요될지 알 수 없었다. 차일피일 시간을 끌기에는 팔레스타인의 상황이 너무나 악화되고 있었다. 이르군과 레히의 테러는 계속되고 하가나는 끊임없이 불법이주자를 밀입국시켰다. 1946년 8월부터 1947년 12월까지 그 수는 무려 51,700명에 달했다. 이들을 내버려 둔다면 아랍인들이 거세게 반발할 것을 알기에 대부분을 키프로스의 수용소에 억류시켰으나, 그로 인해 국제적으로 평판이 크게 실추되고 유대인의 불만이 커졌다. 시온주의자들이 난민에게 생필품을 지원하기보다는 송환될 것을 알면서도 돈을 들여 자꾸 데려오는 것도 이런 이유에서였다. 영국은 혼란이 지속되면 사회주의가 확산하기 쉬운 환경을 조성하게 되고, 어쩌면 유엔안전보장이사회가 세계평화를 빌미로 개입하게 될지 모른다고 우려했다. 그래서 특별총회를 열어 팔레스타인 문제를 사전에 조사할 위원회를 임명하자고 유엔에 요청했다.[187]

특별총회는 4월 28일부터 개최되었다. 영국은 국제사회가 벌써부터 해결책에 관한 공론을 벌이기를 원치 않았으나 잡음이 일었다. 5개 아랍 국가들은 "팔레스타인에 대한 위임통치의 종료와 독립 선언"을 의제로 포함시킬 것을 요청했다. 여러 회원국들은 이를 의제로 넣는 것은 적절치 않지만, 조사위원회의 과업범위에 포함시킬 필요가 있다고 보았다. 덕분에 초안에는 독립과 유사한 개념의 단어가 포함되기까지 했으나 영국의 강력한 반발로 삭제되었다. 인도의 주유엔대표는 영국이 유엔의 권고를 따를 준비가 되지 않았다는 점을 지적했다. 이에 대해 영국 측은 권고안을 거부한다는 의미가 아니며 아랍과 유대 "양측의 동의가 없고 우리의 양심에 부합하지 않는 해결책을 집행할 단독 책임이 있다고 볼 수는 없습니다."라고 우회적으로 답했다.[188]

소련도 예상치 못한 행보를 보였다. 사회주의 국가로서 소련은 그동안 유대 '민족'을 부정하고 시온주의자들의 민족 이기주의를 철저히 비난했다. 하지만 정치적 이해득실 앞에서 이념적 정의는 뒷전으로 밀렸다. 전후 미국이 영국의 반대에도 불구하고 10만 명 이주안을 강요하고 중동 지역 송유관의 종착지로 팔레스타인을 택하는 것을 보며 소련은 양측의 갈등이 커질 수 있다고 판단했고 이를 이용해 중동 지역에 대한 영향력을 키우려 했다. 그래서 자국령에서 유대인들이 대규모로 국경을 넘어 연합국의 수용소나 팔레스타인으로 불법이주하는 것을 방치해 영국을 곤경에 몰아넣는 데 일조했다. 그러다 영국이 팔레스타인 문제를 유엔에 회부하자 이제는 정책을 180도로 선회해 유대 국가의 건국을 공개 지지했다.[189] 소련의 안드레이 그로미코(Andrei Andreevich Gromyko) 주유엔대표는 영국의 위임통치가 실패한 것이 자명하기 때문에 이대로 지속해서는 안 되며, 전쟁 발발 이후 지금까지 수많은 유대인이 고통을 겪고 있는데 어떤 서방 국가도 기본적인 권리를 보호해 주거나 적절한 지원을 제공하지 않았다는 이유로 유대 국가가 필요하다고 연설했다. 비록 하나의 통합된 국가가 가장 바람직하고 아랍과 유대의 관계가 그러한 국가를 만들기 어려울 정도로 악화되었다고 증명될 경우에만 분할해서 유대 국가를 만들어야 한다는 조건을 달았지만, 사실상 미리 결론을 정해놓은 것이나 다름없었다.[190]

소련의 기습 선언에 영국은 당황했지만, 크게 개의치는 않았다. 어차피 종국에는 기존의 친아랍 노선을 밟을 것이고 유대 국가에 대한 지지는 선전에 불과하다고 경시했다. 팔레스타인에 대한 지배권을 위협할 만한 외부로부터의 간섭은 아직 가시적이지 않았다. 그보다는 시온주의자들이 야기하는 무질서와 그로 인한 국내외의 반향이 더욱 위협적이었다. 7월에 이르군은 두 명의 영국군을 납치해 죽인 뒤 시체를 나무에 매달고 부비트랩(booby trap)을 설치했다. 능욕당한 시신의 참혹한 모습이 언론에 공개되자 영국 국민들은 치를 떨었고, 킹 데이비드 호텔 테러 때보다도 시온주의에 대한 반감이 커지고 반유대주의 여론이 일었다.[191] 반대로 하가나는 국제적으로 영국의 무도함을 노래하게 만드는 데 성공했다. 같은 달, 프랑스에서 4,500여 명의 난민을 태운 하가나의 선박 엑서더스호(Exodus)가 팔레스타인에 도착했다. 영국은 무력으로 이들을 제압한 후 출발지인 프랑스로 돌려보냈으나 프랑스 정부는 입국을 거부했다. 마찬가지로 이들을 모국에 들여오기는 싫었던 영국은 자국이 관할 중인 '독일'령에 상륙시켰다. 이는 국제적으로 영국의 위신을 크게 실추시켰을 뿐만 아니라 시온주의의 기치를 크게 세워주었다.[192]

　영국은 팔레스타인에 대한 가치를 재고하기 시작했다. 국내의 경제적 우환이 사라지지 않는 상황에서 팔레스타인의 통치비용은 나날이 커져만 가고 감당키 어려웠다. 이익을 착취하기 위해 강제지배를 시작했던 것이었으니 이익보다 손실이 크다면 철수도 선택지에 두기로 했다. 이 같은 정책 선회는 곧 아랍인들의 정치적, 외교적 패배를 의미했다. 위임통치가 시작된 이래 팔레스타인의 아랍인들은 정도의 차이만 있을 뿐 모든 파벌이 지배자인 영국에 의존했고 지금도 변함이 없었다. 오직 아민과 그의 지지자 일부만이 전쟁 중에 공개적으로 독일 편에 섰다가 국제적 발언권을 잃었을 뿐이었다. 반면, 시온주의자들은 영국에서 미국으로 파트너를 변경했고, 소련과도 지속적으로 접촉해 유리한 외교 지형을 만들어냈다. 그러니 영국이 팔레스타인을 포기한다면 어떤 일이 벌어질지는 불을 보듯 뻔했다.

　아랍인들의 운명에 경고등이 켜진 상황에서 마지막 공은 유엔으로 넘어갔다. 팔레스타인 문제는 1945년에 갓 탄생한 유엔이 처음으로 다루게 된 심각한 지역 분쟁이었다. 그러다 보니 여러모로 서툴고 미숙할 수밖에 없었다. 정기총회에서 회원국들의 의사결정을 도울 수 있도록 제반문제를 조사하고 권고안을 제출한다는 목적으로 열강과 아랍 국가를 제외한 11개국이 참여하는 팔레스타인에 대한 유엔특별조사위원회(United Nations Special Committee on Palestine, UNSCOP)가 설립되었으나 시작부터 구설수에 올랐다. 위원들은 관련 배경 지식이 부족했고 모든 것을 파악하기에는 너무나도 짧은 3개월이란 시간만 주어졌다. 현지에서는 고작 16일 동안 체류했다. 위원들은 이런 한계를 인정하면서도 "팔레스타인 문제는 상세한 정보의 축적에서 해결책이 도출될 수 있는 것이 아니다. ... 오직 전체로서의 상황을 정확히 이해하고 인도적인 해결법을 모색하여 찾을 수 있다."고 변론했다.[193]

아랍고등위원회는 조사에 반대했다. 유엔이 위임통치 종료와 독립 선언을 특별총회의 의제와 위원회의 과업범위에 포함시키지 않고, 유대인 난민의 문제와 팔레스타인 문제를 분리 짓는데 실패하고,[194] 팔레스타인 거주민의 이해를 세계의 종교적 이해로 대체했다고 비판했다. 또한, 팔레스타인의 아랍인들이 "조사의 대상"이 아니라 유엔 헌장의 원칙을 인정받을 자격이 있는 자연적 권리가 명백하다고 강조했다.[195] 이는 아랍인들이 느끼는 부당함을 가장 강하게 표출할 수 있는 방법이자 조사에 협력했을 경우 유엔의 결정을 거부할 명분이 약화되는 것을 피하기 위해서였다.

위원회는 아랍 국가들과 만나 아랍 측 진술을 대리 청취했다. 아랍 국가들은 런던회의 때와 마찬가지로 팔레스타인에 단일한 독립 국가를 만들고 유대인구가 전체 인구의 3분의 1이 넘지 않는 조건에서 이주를 허용하고 인구비례에 따른 민주적인 입법의석 배분을 요구했다.[196] 그러한 요구의 근거로는 아랍인들이 팔레스타인에서 태어나 자라면서 형성한 "자연적" 권리, 그리고 1차 대전 중에 독립을 약속한 후세인-맥마흔 서신협상, 영-프 선언, 호가스 메시지, 7인에 대한 선언으로부터 "획득한" 권리를 제시했다. 이에 위배되는 위임통치는 적법하지 않고 아랍 국가들이 국제연맹의 일원도 아니었기 때문에 지킬 의무도 없다고 주장했다. 위임통치가 연맹규약과 충돌하는 문제도 지적했다. 규약 22조가 말한 잠정적인 독립 정부가 인정되지 않았고, 위임통치가 조언적 역할이 아닌 완전한 정부를 만들었고, 위임통치국 선정에서 토착민의 의견이 반영되지 않고 민족 자결권이 부정되었다. 따라서 이 시기에 허용된 이주는 아무런 법적 권한이 없는 불법 이주라고 비판했다.[197]

위원회는 모든 아랍 주장에 이견을 제기했다. 우선, 아랍인들이 팔레스타인에서 오랫동안 살아왔지만 "주권국가"를 가지고 있던 것은 아니고 "팔레스타인 민족주의"는 1차 대전 이후에야 등장한 새로운 현상이라는 이유로 자연적 권리를 온전히 인정하지는 않았다. 영국의 독립 약속도 논쟁의 여지가 있다며 부정적으로 보았다. 위임통치의 불법성에 대한 비판은 적극적으로 반박했는데, 단순히 국제연맹이 위임통치를 승인했으므로 의문을 제기해서는 안 된다는 논리였다. 오히려 유대 민족의 고향이 약속된 팔레스타인은 독립할 "가능성"을 인정한 것에 불과하다는 필 위원회의 해석을 인용했다. 또한, 1919년 당시 시리아 민족의회가 희망한 "위임통치국"의 2순위가 영국이었다고 잘못 지적[198]했다.[199]

아랍인들의 의견이 하나로 통합된 반면, 팔레스타인과 해외 유대 공동체의 의견은 분화되어 있었다. 일부는 팔레스타인 전체를 유대 국가로 원했고, 일부는 팔레스타인을 분할하되 충분히 넓은 영토를 지닌 유대 국가를 주장했다. 유대 국가 자체에 반대하는 소수 의견도 있었다. 팔레스타인 내 사회주의 단체와 공산당은 민주적이고 평등한 두 민족 국가나 연방제를 주장했고, 미국의 유대교 의회는 유대 국가가 팔레스타인 내외의 평화와 안보에 위협을 일으키고 비민주적이라는 이유로 반대했다. 그렇지만, 팔레스타인 유대 공동체를 대변하는 공식 정치기관이자 다수의 지지를 받는 유대인 기구의 입장은 팔레스타인 전체를 유대 국가로 만드는 것이었다.[200]

시온주의자들의 권리 주장은 성경적, 역사적 '귀환권'과 영국과 국제사회의 약속인 밸포어 선언과 위임통치헌장에 근거했다. 그들은 위임통치헌장이 유대인의 이주를 늘려 궁극적으로 유대 국가의 건국을 의도한 것이라고 주장했다. 민족의 고향의 건설에 대한 시간제한이 없었고 아랍의 지배하에서는 안전을 보장받지 못하므로 독립할 수 있을 때까지, 즉 유대인이 다수를 차지하는 유대 국가가 만들어질 때까지 계속되어야 한다고 말했다. 또한, 유대인의 이주는 아랍인을 포함한 팔레스타인 전체를 발전시켰고, 어떤 아랍인도 추방한 적이 없으며, 팔레스타인에서 아랍인들이 독자적인 정부를 가지고 있던 것이 아니므로 유대 국가의 탄생이 정치적으로 부정의를 행하는 것도 아니라고 주장했다.[201]

위원회는 밸포어 선언과 헌장이 팔레스타인에서 유대 인구가 다수가 되고 유대 국가를 건국할 기회를 부여했다는 시온주의자들의 해석에 동의했다. 하지만 제4장에서 살펴봤듯이 영국 정부는 1922년 6월에 처칠 백서를 발표해 유대 국가를 공식적으로 부정했고 국제연맹이 헌장을 승인한 것은 그로부터 한 달만이었다. 당연히 헌장에 기재된 민족의 고향 역시 유대 국가를 부정하는 것으로 읽을 수밖에 없다. 민족의 고향이 국가로 발전할 가능성은 어디까지나 로이드 조지나 밸포어 등 소수의 공직자들이 내각이나 국민의 동의 없이 시온주의자들과 밀실에서 나눈 이야기였고, 헌장이 채택된 지 15년이나 지나서 필 위원회에 의해서 공개되었을 뿐이다. 그런데도 위원회는 아무런 정당성도 없고 적법한 절차를 거치지도 않은 암중의 기만적인 의도를 반영해 위임통치헌장을 읽는 게 올바르다고 지지했다.

한편, 시온주의자들이 아랍인에게 위해를 끼치지 않았다는 주장은 반박했다. 유대인이 다수 인구가 되는 것은 위임통치가 보장해야 하는 아랍인의 복지를 실질적으로 해치며, 유대인의 이주로 아랍인들이 추방당한 사례가 있으며 정부의 규제가 없었다면 더 심했을 것이라고 지적했다. 또한, 아랍인들이 유대 국가에 반대하고 아랍 국가를 세우고 싶어 하는 점도 고려했다. 유대인들이 팔레스타인을 놀라울 정도로 발전시킨 점은 이견의 여지가 없다고 인정했으나, 무상원조에 의존했고 많은 개발 사업이 경제적 고려보다 정치적 목적을 위한 것이었다는 점에서 경제적 성과의 건실성에 심각한 문제가 있을 수 있다는 단서를 달았다.[202]

위원회는 유럽의 유대 실향민 문제도 고려했다. 유럽에는 아직까지 많은 실향민들이 열악한 처지에 있었고, 25만 명의 유대인은 수용소에서 살고 있었다. 유럽의 유대인 문제를 팔레스타인만으로 해결할 수는 없지만, 많은 실향민이 팔레스타인으로 이주해 오길 희망한다는 것도 널리 알려져 있었다.[203] 일부 위원들은 독일과 오스트리아에 있는 유대인 수용소를 찾아가 100명의 실향민을 인터뷰했고 그곳에 있는 "사실상 거의 모든 사람들"이 팔레스타인으로 가기를 희망한다는 것을 확인했다. 게다가 다른 나라에서 이주를 허용하더라도 팔레스타인으로 이주할 수 있을 때까지 기다리거나 불법 이주를 해서라도 가겠다고 말할 정도로 단호한 의사를 지닌 이들의 수가 무려 75-80%에 달할 것으로 추정했다.[204]

팔레스타인으로 이주하고 싶은 이유가 무엇이냐는 질문에 실향민들은 그곳이 "우리 땅"이기 때문이라고 대답했다. 여기에는 홀로코스트의 기억과 같은 자발적 요인 외에도 "의심할 여지없는 선전의 요소"가 개입되어 있었다. 수용소에서 여러 시온주의 단체들이 시온주의 사상을 가르치고, "팔레스타인 - 유대 민족을 위한 유대 국가"라 적힌 포스터나 팔레스타인의 국경보다 넓은 지역에 이주해 오는 유대인들의 그림이 그려진 포스터를 붙여 놓고 있었던 것이다.[205] 위원회가 예를 든 39세 폴란드 유대인과의 질의응답은 자발적 요인과 의도적인 사상 주입이 상호작용하고 있는 것을 잘 보여준다.

    질문 : 폴란드로 돌아가고 싶은가요?
    대답 : 아니요. 아버지와 형제자매들이 모두 거기서 살해당했습니다. 반유대주의도 심해지고 있고, 포그롬도 빈번해질 거예요.
    질문 : 다른 나라로 이주하고 싶습니까?
    대답 : 네. 그러나 오직 우리 땅인 팔레스타인으로 만요.
    질문 : 왜 그런가요?
    대답 : 수용소에 있었을 때 오직 우리 땅인 팔레스타인에 내 미래가 있다고 깨달았어요. 그리고 그게 내가 살아남고 싶었던 이유였어요. 그 외에 내 삶은 의미가 없었죠. 내가 팔레스타인에 갈 수 없다면 죽어버렸을 거예요.
    질문 : 전쟁 이전에 팔레스타인 이주를 신청한 적이 있나요?
    대답 : 아니요.
    질문 : 전쟁 이전에 팔레스타인을 우리 땅이라고 생각했나요?
    대답 : 나는 자유롭고 (경제적으로) 잘 살 수 있는 곳에서 살 거라고 항상 생각해 왔어요. 그러나 최근 몇 년간 깨달았죠. 팔레스타인 외에는 어떤 곳에서도 그게 가능하지 않을 거라는 것을요.[206]

    위원회는 이들이 생각을 바꿀 가능성도 염두에 두었다. 사람들은 팔레스타인의 상황을 잘 모르고 있었고 아랍인과의 불화 없이 평화롭게 협력하며 사는 곳으로 상상하고 있었다. 그러니 정치사회의 현실을 알게 된다면 선호도가 낮아질 게 틀림없었다. 또한, 실향민에 대한 지원이 시작되어도 이주 희망자가 줄어들 것으로 예상했다. 그렇지만 위원회는 시온주의자들이 선량하고 가여운 실향민을 속이려 들지 말고 사실을 있는 그대로 알리거나, 박해에 대한 직접적인 책임이 있거나 방조한 유럽 국가들과 미국이 실향민을 서둘러서 지원해서 문제를 해결해야 한다고 말하지는 않았다. 대신, 이들의 부정의한 행동이 야기하는 모든 책임과 의무는 아랍인들이 짊어지는 게 마땅하다고 보았다.

그래서 어떤 연유에서건 간에 지금 당장은 많은 실향민이 팔레스타인으로 오고 싶어 하므로 유럽 유대인 문제는 팔레스타인과 결부시켜야 한다고 주장했다.207) 일부 학자들은 7월에 영국이 엑소더스호의 난민들을 프랑스로 돌려보낼 때 위원장과 다른 의원이 참관한 것이 이러한 결정에 어느 정도 영향을 끼쳤을 것으로 본다.208)

이상의 상황을 종합해 위원회는 다음 사항들에 대해 합의를 이루었다. 먼저, 아랍과 유대 모두 팔레스타인에 대한 역사적 권리가 있고 유대는 국제사회의 약속도 있으므로, 팔레스타인 전체에서 단일한 아랍 국가나 유대 국가는 극단적인 입장으로 분류하고 거부했다. 그리고 두 민족 모두 독립할 능력을 갖추었으니 수년을 넘지 않는 과도기를 거쳐 가능한 최대한 빨리 독립을 인정할 것을 권고했다. 그런데 양자가 모두 완전히 동의할 수 있는 해결책은 불가능하므로 "광범위한 수준의 강제조치"가 필요하고, 양자의 경제 의존도가 높으니 경제공동체가 유지되어야 한다고 보았다.209) 정치 체제에 대해서는 의견이 갈라졌다. 7개국 위원은 분할에 찬성했고, 3개국은 연방제를 선호했다.210)

정치체제안을 살펴보기에 앞서 잠시 한 가지 짚고 넘어가야 할 게 있다. 위원회는 두 민족 모두가 독립할 능력을 갖추었다고 말했는데, 과연 언제부터 독립할 준비가 되었던 것일까? 위임통치 기간에 팔레스타인 유대 공동체는 구성원 일부만을 대표하던 시온주의자 위원회가 유대인 기구로 발전하여 정치제도적으로 크게 발전하였다. 아랍인들 역시 아랍집행위나 아랍고등위원회를 설립하며 제도적으로 변화된 모습이 관찰되지만, 어떤 시점에서 독립할 능력을 갖추었다고 볼지는 모호하다. 위임통치 이전에 유대인들은 지금처럼 이주민 공동체를 포괄하는 정치적 기구가 없었던 반면, 아랍인들은 오스만 의회에 대표를 선출하는 등 국정 운영 경험을 처음부터 갖추고 있었기 때문이다. 1차 대전이 끝나고 아랍인들은 이런 점을 들어 독립할 능력이 충분하다고 주장했으나, 영국과 국제연맹은 이를 부정하고 자립이 가능할 때까지 위임통치국의 조언과 지원을 받도록 강제했다. 영국은 독립할 능력을 함양하기 위해서 의회의 설립을 제안했으나, 처음에는 아랍인들이, 이후에는 영국과 시온주의자들이 반대하여 무산되었다. 1939년에 맥도날드 백서는 독립을 약속하며 의회 대신 주민들을 부처장으로 임명하여 경험을 쌓게 해 주겠다고 선언했으나 전혀 이행하지 않았다. 따라서 영국의 논리대로라면 팔레스타인의 두 공동체는 여전히 독립할 능력을 갖추지 못한 상태로 남아 있다. 그런데 유엔특별조사위원회는 이러한 제도적 발전 없이도 독립할 능력을 갖추었다고 보았으니 아랍 공동체는 이미 위임통치 이전부터 독립할 능력을 갖추고 있었다는 것을 인정한 셈이다. 즉, 위원회는 위임통치의 부당함을 자신도 모르게 시인해 버렸다.

그런데도 7개국 위원들은 팔레스타인을 아랍인들로부터 떼어내 독립된 유대 국가를 만들 것을 옹호했다. 그들은 당금의 현실에서 아랍과 유대의 민족적 권리를 모두 인정하고 실현 가능한 해결책은 분할이 유일하다고 주장했다. 연방제를 비롯한 다른 해결책은 다수 인구인 아랍인들이 지배적 지위를 가지기 때문에 이를 뒤엎으려는 유대인들의 투쟁이 계속되는 반면, 분할은 민족주의 투쟁에 종결을 선고한다는 것이 근거였다. 이들은 유대 국가 내 과도한 아랍 소수자와 아랍 국가가 경제적으로 자립하기 어려운 점을 단점으로 인정했다. 그렇지만 분할로 독립이라는 민족주의적 열망이 만족되므로, 아랍과 유대의 선의와 협력의 정신이 부활해 소수자 문제가 해결될 수 있으며, 유대 국가와 국제사회가 재정적 지원을 해서 아랍 국가를 자립 가능하게 만들 수 있다고 전망했다.[211]

분할파의 기대는 현실과 너무나도 동떨어져 있었다. 유대인들은 아랍 국가에 끝없이 저항할 것으로 말하면서도 반대의 경우를 상정하지 않은 것은 놀라서 입을 다물기 어려울 정도다. 이는 시온주의자들의 침투가 시작된 1880년대 이후의 모든 역사를, 심지어 1936-39년의 대항쟁마저도 깡그리 무시한 것일 뿐만 아니라, 유대 국가가 건설되면 정당한 자기 방어적 권리로 무력을 사용하겠다는 아랍 국가들의 경고마저도 존재하지 않는 위협으로 치부한 것이었다.[212] 이런 생각의 저변에는 유대인과는 달리 아랍인들은 힘으로 억누르면 그만이라는 관념이 있었던 것으로 짐작된다. 분할파는 위임통치가 아랍의 복지를 증진시키는 목적으로 실행되지 않은 과오를 인정하면서도 위임통치는 "국제사회가 책임을 지는 긍정적 요소"가 있다고 변론했으나, 정작 아랍인들에게 어떤 책임을 질지는 말하지 않았다.[213] 오히려 분쟁의 기원이나 국제사회의 지난 잘잘못을 덮어두고 많은 유대인들이 팔레스타인에서 살고 있는 현실을 인정해야만 한다고 주장했다.[214] 결국 위임통치 30년의 역사가 야기한 피해는 토착민이 오롯이 떠맡아야 할 형벌로 전가되었다.

분할파가 그린 경계는 아랍인들이 납득하기 더욱 어렵게 만들었다. 팔레스타인 면적의 60%가 넘는 광범위한 영역이 유대 국가로 지정되었다. 비록 그중 절반은 사막지대였으나, 나머지 절반은 팔레스타인에서 가장 생산적인 토지였고 사실상 모든 감귤류 지대를 포함했다. 인구비나 토지 소유현황으로는 결코 이런 경계가 그려질 수 없었다. 유대 인구는 33%를 차지했고, 절반 이상이 정착한 지 10년도 되지 않아 이주민 티를 벗지 못했다. 토지는 더욱 차이가 심했다. 위원회는 "팔레스타인의 토지를 획득하려는 유대인들의 열정적인 노력에도 불구하고 아랍 인구는 지금 현재도 약 85%의 토지를 소유하고 있다."215)고 말한다. 그런데도 고작 6.6%의 면적을 소유한 유대인들에게 10배가량의 면적을 영토로 준 것이다.

이전의 분할안들과 마찬가지로 유대 국가에 과도한 아랍 "소수자"가 있어야만 하는 이유도 설명될 수 없었다. 유대 국가에는 인구의 45%를 구성하는 40만 명의 아랍인들이 포함되었다. 애당초 인구의 절반 가까이를 차지하는 그들이 소수자로 정의된 것부터가 어불성설이었다. 더군다나, 단일한 아랍 독립 국가를 세우고 그 안에서 고작 33%의 유대 인구가 소수자로 존재해서는 안 되는 이유가 설명되지도 않았다. 설령 민족주의에 대한 열망을 충족시키기 위해 유대 국가를 만들어야 한다고 주장하더라도, 유대 국가는 인구와 토지 현실에 맞게 작게 만들고 반대로 아랍 국가를 넓혀서 많은 유대인을 포함시킬 수도 있었다. 그러나 분할안의 아랍 국가에는 단지 1%에 해당하는 1만 명의 유대인이 포함되었다.216) 즉, 이 역시도 아랍인은 소수자로 존재하는 게 문제가 되지 않지만, 유대인은 그래서는 안 된다는 이중잣대였다.

이런 비상식적인 경계를 정당화하는 이유로 분할파가 내세운 유일무이한 논리는 유대의 이주와 아랍의 자연 인구증가율을 고려해 발전하기에 적합한 경계라는 것이었다. 즉, 현재 시점이 아니라 미래를 기준으로 판단한 것이다. 그들은 독립 국가를 세우는 과도기에 첫 2년간은 유대 국가로 지정된 지역으로 15만 명의 유대인을 이주시키고, 이후에는 연간 6만 명을 정착시킬 것을 제안했다. 그리고 유대 국가가 건설된 후로도 이주가 계속되기 위해서 가능한 많은 토지가 주어져야 한다고 주장했다. 팔레스타인의 주인은 이 땅을 밟아본

적도 없는 해외의 유대인이라는 시온주의자들의 주장에 전적으로 동의한 것이다.[217]

분할안의 또 다른 특징은 베들레헴을 포함하는 대예루살렘시(Greater Jerusalem)를 국제신탁통치 지역으로 만드는 것이었다. 위원들은 예루살렘이 세 종교의 성지이며 평화를 위해서라는 이유를 내세웠으나, "오스만 제국 시기의 예루살렘 역사는 위임통치 시기와 마찬가지로 종교 간 평화가 유지되었다."고 인정했기 때문에 국제신탁통치가 평화의 필수조건은 아니라고 스스로 반증했다. 게다가 베들레헴은 유대교와 이슬람 간의 갈등이 존재하지도 않는 곳이었다. 그런데도 신탁통치지구로 설정한 것은 기독교의 영향력을 확장하려는 흑심이 있었기 때문으로 의심된다. 또한, 예루살렘 총독이 되기 위한 자격으로 "아랍인도 유대인도 안 되며, 팔레스타인 시민권자나 예루살렘 도시민이어서도 안 된다."고 정했는데, 이 역시도 기독교도를 총독으로 임명하려는 저의가 있던 것으로 보인다.[218] 분할파 위원들은 모두 기독교 국가 소속이었다.

표 12 팔레스타인 유엔특별조사위원회 분할안 (단위 : 명)

	아랍 인구		유대 인구		합계
아랍 국가	725,000	(99%)	10,000	(1%)	735,000
유대 국가	407,000	(45%)	498,000	(55%)	905,000
대예루살렘시	105,000	(51%)	100,000	(49%)	205,000
합계	1,237,000		608,000		1,845,000

한편, 연방제를 지지한 위원들은 유대 국가를 만들려는 시온주의자들의 정치적 열망보다는 주민들의 복지가 더 중요하다고 보았다. 사실상 모든 아랍인이 분할에 반대할 뿐만 아니라 상당한 수의 유대인들도 분할에 반대하는 점이 근거로 고려되었다. 즉, 분할은 반아랍주의적이지만, 연방제는 반유대적이지 않았다. 지금처럼 정치적으로 어려운 시기에도 많은 아랍인과 유대인이 경제적으로 협력하고 있으므로 연방제도에서는 더욱더 협력이 증가할 것으로 기대했다. 연방제안은 분할안과는 달리 '현재 시점'에 기준을 두었다. 그래서 비정상적인 이주는 상정하지 않고 자연 증가율만을 고려했다. 위원들은 팔레스

지도 19   팔레스타인 유엔특별조사위원회 분할안(좌)과 연방제(우)의 경계

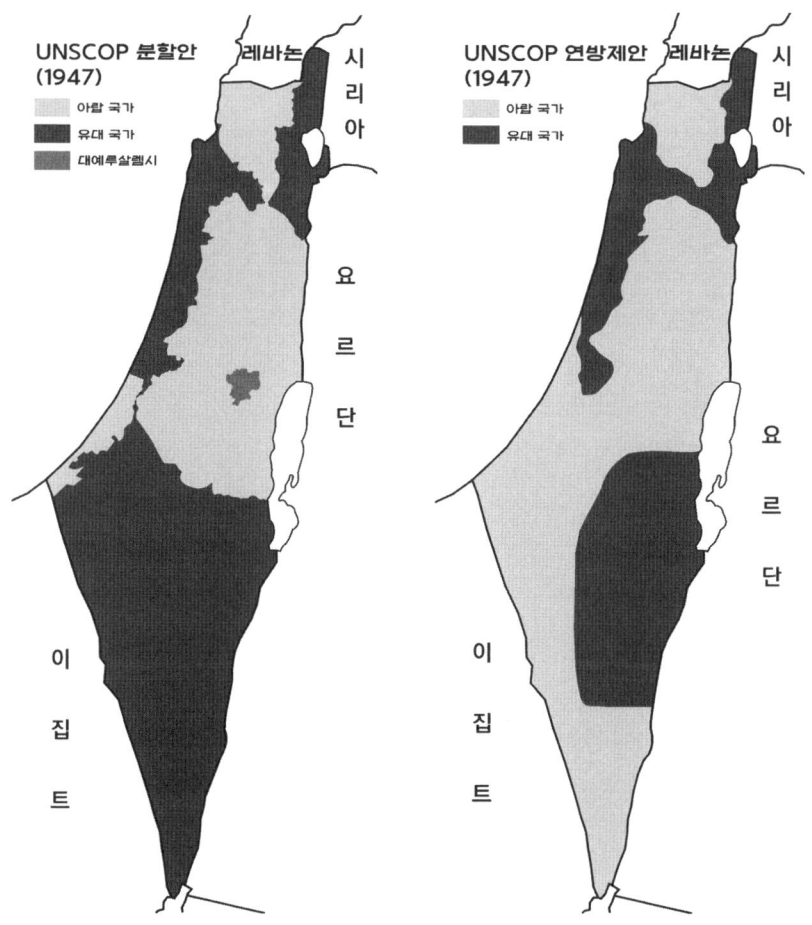

타인으로 세계 유대인들의 문제를 해결하려는 방법은 옳지 못하고, 무제한적인 대규모 이주로 팔레스타인의 인구 지형을 변경할 정당성은 없다고 주장했다. 다만, 3년의 과도기 동안에는 경제적 수용력에 따라 유대주 안으로의 이주를 허용하고, 그 규모는 3명의 아랍인과 3명의 유대인, 그리고 유엔이 지명하는 3인이 함께 결정하는 방법을 제시했다.[219]

위원회는 9월에 두 가지 권고안 모두를 유엔에 제출했다. 영국은 어느 계획도 팔레스타인에서 성공적으로 실행할 수 없다고 예견했다. 분할안은 아랍인

들에게 매우 불리하니 반란이 뒤따를 것이 분명했고, 어느 때보다도 달콤한 과실을 맛보게 된 시온주의자들은 연방제안을 받아들일 리 없었다. 어떤 선택을 해도 무력 충돌은 불가피했기 때문에 9월 20일에 내각은 위임통치를 끝내고 팔레스타인에서 가급적 빨리 철수하기로 결정했다. 만약 유엔에서 결론을 내리지 못하더라도 팔레스타인을 포기하는 게 이익이라고 판단했다. 군비 축소 등으로 경제적 부담을 덜 수 있을 뿐만 아니라 분할안에 반대하는 아랍 국가들과의 관계도 개선시킬 수 있기 때문이다. 그러면 팔레스타인은 잃더라도 중동에서의 이익은 사수할 수 있었다. 다행히 이집트에서 군사기지를 유지할 전망도 전보다 커졌다. 다만, 팔레스타인이 소련의 영향권에 들어가거나 아랍인들을 버렸다는 인상을 줄까 걱정도 했고, 위임통치의 종료 소식을 들으면 양측이 상호 합의안을 마련하지 않을까 하는 미련도 가졌다.[220] 26일, 영국은 위임통치를 가능한 한 빨리 종료하고 철수하겠다고 공식적으로 발표했다. 또한, 아랍과 유대 양측이 동의하지 않는 해결책은 이행하지 않을 것이며, 유엔에서 결정이 나지 않더라도 철수하겠다며 발을 완전히 뺐다.[221]

미국과 소련을 비롯해 다수의 국가들은 분할안을 지지했다. 시온주의자들은 어느 때보다도 광활한 영토가 할당되었고 이 이상을 기대하기는 현실적으로는 어렵다는 것을 이해했기 때문에 당장은 만족하기로 했다. 하지만 누가 봐도 아랍 측에 너무나도 불리한 조건이었고 예상대로 반대가 완강했다. 미국은 불만을 조금이라도 줄이려고 영토 조정에 들어갔다. 브엘세바와 네게브 사막의 일부, 그리고 야파 등이 아랍 지역으로 편성되었고 대신 유대 국가가 사해와 접하는 면적을 늘리는 등 다방면에서 영토 교환이 이루어졌고, 최종적으로 유대 국가의 영토는 팔레스타인의 55%를 차지하게 되었다. 물론, 아랍권에서 분할에 대한 지지가 생겨나지는 않았다. 분할안이 통과되려면 총회에 결석하거나 기권하지 않고 찬반 표결에 참여한 회원국의 3분의 2의 동의가 필요했다. 11월로 예정된 표결 이전에 미국과 소련은 분할안을 지지한다는 입장을 사전에 발표해 영향력을 행사했다. 그러나 세계 질서를 주도하는 두 강대국의 입김에도 불구하고 가결정족수를 확보하지 못할 가능성이 제기되자 시온주의자들은 미국에 매달렸다. 트루먼 대통령은 11월 24일에 불공정한 압력을 가하지 않겠다는 원칙을 발표했으나, 곧장 생각을 바꾸고 원조 삭감과 금수조치로 여러 나라를 위협했다.[222] 결국 11월 29일에 열린 총회에서 분할 결의안 181호는 33개 국가의 찬성으로 아슬아슬하게 승인되었다. 13개 국가는 반대를, 영국을 포함한 10개 국가는 기권, 1개 국가는 결석했다. 시온주의자들은 환호했다.

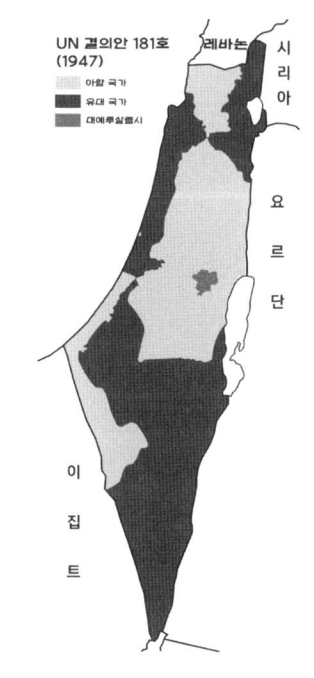

지도 20 유엔총회 결의안 181호 분할

유엔에서 분할안이 승인된 바로 그 다음 날부터 팔레스타인에는 총성이 울렸다. 이른바 팔레스타인 전쟁의 서막이었다. 주민들을 지켜낼 책임이 있는 영국은 소극적으로 자리를 지키며 철수만 서둘렀다. 국가 설립을 위한 단계별 조치의 이행도 거부했다. 결의안 181호에 따르면, 영국은 임시 정부 수립 등을 준비할 팔레스타인 위원회 (Palestine Committee)에 행정권을 점차적으로 이양하고, 상당한 수의 이주자를 수용할 수 있을 만큼의 토지와 항구를 유대 측에 2월 1일까지 넘겨야 했다. 그러나 아랍인들의 반발이 불 보듯 뻔했기 때문에 이행하지 않았다. 이 모든 혼란은 분할안이 유엔총회에 상정되기 이전부터 예고된 것이었다. 그런데도 결의안은 위임통치의 종료와 군대의 철수를 가급적 빠른 시일 내에, 그리고 늦어도 1948년 8월 1일까지 마쳐야 한다고만 정했을 뿐 어떠한 대비책도 세우지 않았다. 단지 주민들과 각국에 결의안의 이행을 방해하는 행동을 자제해 달라고 요청한 것이 전부였다.[223] 찬성표를 던진 어떤 국가도 질서를 회복하고 결의안을 집행하려고 나서지 않았다.

트루먼 대통령과 미국의 정책결정자들은 이런 결과를 예상하지 못했던 것일까? 1947년 11월 28일, 유엔총회의 표결을 하루 앞두고 미국 중앙정보국 (Central Intelligence Agency, CIA)은 분할안이 채택되면 팔레스타인에서 "거의 확실하게" 무력충돌이 일어날 것이라는 보고서를 제출했다. 보고서에 따르면, 하가나는 7-9만 명의 잘 무장된 상비군을 보유하고 있고 최대 20만 명을 예비군으로 편성할 무장과 인력을 갖추고 있었다. 그 밖에도 이르군이 6-8천 명, 레히가 4-5백 명의 병력을 보유했다. 팔레스타인 아랍인들의 병력은 3만 3천 명에 불과하지만 교전이 시작되면 인접 아랍 국가들에서 의용병들이 가세할 것이며 이를 합치면 10-20만 명이 될 것으로 추정된다. 따라서 양측의 병력은 엇비슷하며, 교전 초기에는 유대인들이 조직력과 무장의 우위를 살려 압도하겠지만 소모전에 돌이하게 되면 내부 경제가 무너지고 병력과 탄약을 제대로 보충하지 못해 외부의 지원 없이는 2년을 버티지 못할 것으로 전망했다.[224]

뒤에서 설명하겠지만, 중앙정보국은 양측의 병력, 특히 아랍 측의 병력을 과장되게 판단했다. 그러나 이보다도 치명적인 오류는 "아랍 정부들이 유대인들에게 공개적으로 선전포고하지는 않을 것"으로 예상했다는 점이다. 아무리 국민들이 팔레스타인의 형제자매를 도와야 한다고 요구할지라도 유엔에서의 입지를 잃을 행동을 감수하지는 않으리라는 이유에서였다. 따라서 아랍 국가들이 보유한 22.3만 명의 지상군은 팔레스타인에 투입되지 않을 것이며, 비정규군만이 정부의 묵인 하에 의용병으로서 가세할 것으로 보았다.[225]

오판의 원인은 무엇이었을까? 부분적으로는 아랍인들의 민족주의에 대한 열망과 시온주의에 대한 반감을 과소평가했을지도 모른다. 하지만 그보다는 시온주의자들의 사상적 집념을 제대로 이해하지 못했다는 점이 치명적이었다. 정보국은 유대인 기구의 대표가 유대 국가를 위해서 팔레스타인 외의 아랍 지역에 사는 40만 명의 유대인들이 희생해야 한다고 말할 정도로 목표를 위해 수단을 가리지 않는다는 것을 알고 있었다. 어떤 시온주의자도 분할안의 영토에 만족하지 않고 팔레스타인 전체를 원할 것이고, 극단주의자들은 트랜스요르단까지 요구한다는 것도 알고 있었다. 이를 위해서 시온주의자들은 이주로 인구를 늘려서 영토가 더 필요하다고 주장할 것이고, 아랍인들의 공격을 과장되게 선전해서 미국을 끌어들일 것도 예상했다. 그렇지만 설마 이런 짓까지 저지르리라고는 상상하지 못했다. 바로 인종청소였다.[226]

2.3. 인종청소와 나크바

시온주의는 단순히 국가를 건설하는 사상이 아니었다. 영국이 영국적인 만큼 유대적인 '유대' 국가가 목표였다. 아랍 인구를 제거하는 것은 1880년대에 팔레스타인에 첫발을 디딜 때부터 많은 시온주의자들이 고민해 온 주제였다. 그러나 마땅히 실현 가능한 방법이 없고 또한 국가의 기반이 될 인구를 유럽에서 데려오고 식민촌을 건설해야 한다는 당면한 목표에 주력하느라 간헐적으로만 논의했고, 반드시 필요한 것인지도 어느 정도는 논쟁의 여지를 열어 두었다. 그러다 1937년에 필 위원회가 강제 이주를 입에 올린 이후부터는 분위기가 달라졌다. 유대 국가가 눈앞에서 아른거리자 시온주의 지도부는 자발적으로든 군사력을 동원한 강제적인 방법으로든 추방은 반드시 필요하다는 데 합의를 이루었고 내부적으로 빈번히 논의했다. 1947년의 유엔의 분할안은 쐐기를 박았다. 유대인들에게 광활한 영토를 넘겨주다 보니 비등한 수의 아랍인이 유대 국가에 포함되어 '유대' 국가로서의 정체성이 위협받았기 때문이다.[227] 문제는 명분과 수단이었는데 팔레스타인 전쟁은 이 두 가지를 모두 해결할 수 있는 절호의 기회가 되었다.

> 이사야 벤 포랏(Yeshayahu Ben Porat)은 이 시기에 하가나의 대원이었다. ... 그는 언젠가는 비유대인이 없는 유대 국가를 위해서 투쟁해야 한다고 교육받았다. "지도부는 아랍인과 유대인이 함께 사는 유대 국가가 있을 것으로 가르치지 않았습니다. 아랍인은 떠나고 우리는 남게 될 거라는 생각을 은연중에, 때로는 공공연하게 드러내 보였습니다. ... 팔레스타인 전쟁을 앞두고 대부분의 유대인들은 "아랍인들과 전쟁이 필요하다."고 생각했습니다.[228]

아랍인을 추방시키기 위해 필요한 명분은 '보복'이었다. 예상대로 아랍인들은 먼저 움직였다. 분할안 표결 바로 다음날 텔아비브 인근에서 일단의 아랍인들이 버스를 습격해 7명의 유대인을 사살했다. 이는 팔레스타인 전쟁의 시작점으로 꼽히지만, 시온주의자들의 첩보에 따르면 유엔의 결정과는 별개의 사건이었다.[229] 진정한 의미에서 팔레스타인 전쟁은 그다음 날부터였다. 아랍

고등위원회는 유엔의 결정에 항의하기 위해 12월 1일부터 3일간 총파업을 선고했다. 그러자 야파와 하이파, 예루살렘에서 많은 주민이 자발적으로 시위를 벌이고 유대인 상점가를 습격하고 약탈했다. 시온주의자들은 즉시 '보복'에 나섰고 아랍인들이 또다시 재보복에 나서면서 충돌은 확산되었다. 12월 3일에 앨런 커닝엄 고등판무관은 시온주의자들의 책임을 크게 물었다.

> 아랍인들이 일으킨 최초의 폭동은 조직되지 않고 자발적이었고, 유대인을 노리는 공격이라기보다는 유엔의 결정에 불만을 표하는 시위에 더 가까웠습니다. 처음에 사용된 무기는 돌과 막대기였고, 만약 유대인들이 총기를 사용하지 않았더라면 흥분은 가라앉고 인명 피해가 적었을지도 모릅니다. 무프티를 포함한 아랍고등위원회가 파업에 대한 거센 반응이 나온 것은 기꺼워했지만 심각한 소요는 원하지 않았다는 신뢰할 만한 증거도 있다는 점을 고려하면 더욱 그렇습니다.[230]

벤구리온이 처음부터 확전을 바란 것은 아니었다. 이르군[231]과 레히가 폭탄 테러를 저지르며 살상을 목적으로 행동한 반면, 하가나에 최초로 하달된 명령은 차량 등의 기물만 파괴하는 것이었다. 영국과 갈등을 빚거나 아랍인들이 거국적으로 저항에 나서는 것을 피하고 싶었기 때문이었다. 그렇지만 일주일 만에 생각을 고치고 보복성 공격을 허가하기로 방침을 바꿨다. 여기에는 마을 단위의 집단 처벌이 포함되었다. 하가나는 대항쟁 시기에 쌓은 특수부대의 경험을 살려서 마을에 저항하는 자가 발견되면 총기를 난사해 무차별적으로 주민들을 죽였다. 12월 18일에는 이갈 알론(Yigal Allon)이 이끄는 팔마흐 부대가 독단적으로 키사스(Khisas) 마을을 습격해 민가를 불태우고 15명을 죽였다. 이는 『뉴욕타임즈』 기자의 보도로 세상에 알려졌고 범행을 부인하는 하가나를 끈질기게 추궁한 끝에 벤구리온의 공개 사과를 이끌어냈다.[232]

키사스 마을의 학살로 시온주의자들은 위선적인 민낯을 공개하게 되어버렸지만, 실보다는 득이 많았다. 한 마을을 상대로도 군사작전을 수행할 역량을 갖췄다는 것을 증명했을 뿐만 아니라 많은 아랍인을 피란길에 오르게 만든 것이다. 여러 시온주의자들은 팔레스타인 땅을 유대화할 '수단'을 확보했다고 기뻐했다. 하가나는 점차 과격해졌다. 12월 31일에는 발라드 알셰이크(Balad al-Shaykh)를 포위한 뒤 세 시간 동안 60명 이상을 사살했다. 또한, 같은 날 하이파의 아랍 동네인 와디 루시미야(Wadi Rushmiyya)에서 주민들을 추방시키고 주거지를 폭파시켰다.[233]

해가 바뀌자 시온주의자들은 기세를 더욱 올렸다. 강경파는 '보복'이란 전제에 갇히지 말고 선제적 공격에 나서야 한다고 주장했다. 그러나 하가나 내부에서도 확전을 우려하는 목소리가 있었고, 유대 사회의 반발은 거셌다. 텔아비브의 관료들은 야파의 아랍인들과 평화로운 관계를 유지하려고 노력하고 있는데 어째서 이르군뿐만 아니라 하가나도 아무 아랍인이나 죽이고 갈취하고 학대하면서 이를 방해하냐고 벤구리온에게 항의했다. 다른 여러 식민촌에서도 같은 불만이 쇄도했다. 이런 상황에서 벤구리온은 '보복'이란 제한선을 공식적으로 넘을 수 없었다. 그러나 일선지휘관들은 때때로 지시를 어기고 적대적인 행위를 하지 않은 마을들도 공격했고 어떠한 처벌도 받지 않았다. 뿐만 아니라 이런 '일탈적' 공격은 기정사실로서 포괄적 전략에 반영되기도 했다. 하가나의 한 부대가 예루살렘 인근의 아랍 마을 리프타(Lifta)를 독단적으로 선제공격을 하자 얼마 뒤 상부에서는 주민들을 모조리 쫓아내고 마을을 파괴하라는 명령을 내렸다.[234]

팔레스타인 땅은 어느 때보다도 붉게 물들었다. 불과 2개월 만에 400여 명의 유대인이 목숨을 잃었다. 벤구리온은 이들을 2차 홀로코스트의 피해자라고 묘사하며 외부의 동정과 내부의 결집을 호소했으나, 실제로는 의기양양했다. 4배 가까이 많은 1,500여 명의 아랍인을 죽였고 팔레스타인 땅은 이미 유대화되어가고 있었기 때문이었다. 리프타 마을을 비롯해 예루살렘의 구시가지 서쪽에 살던 아랍 인구가 대부분 청소되었고, 빈집에는 유대인을 정착시켰다. 벤구리온은 기뻐했다. "지금 예루살렘으로 들어올 때 유대 도시에 있는 듯한 기분을 느꼈습니다. … 서쪽에 있는 아랍 동네에서 단 한 명의 아랍인조차 보지 못했습니다. … 예루살렘과 하이파에서 일어난 일은 다른 많은 지역에서도 일어날 수 있습니다. 우리가 끈질기게 노력한다면 … 분명히 이 땅의 인구 구성에는 커다란 변화가 있을 것입니다."[235] 2월 18일에는 측근인 샤레트에게 무기를 제때 공급받는다면 "우리는 방어만이 아니라 …. 팔레스타인 전체를 정

복할 수 있을 것이다."고 야심을 밝혔다.[236]

아랍 지도자들은 어떤 대응책도 찾아내질 못했다. 하이파를 비롯해 여러 도시들이 포격과 저격, 폭탄 테러를 당하자 아민은 농촌의 봉기를 요청했으나 농민들은 응하지 않았다. 벌써 10년 넘게 귀국하지 못하고 있는 처지다 보니 영향력은 예전만 못했고 주민들을 결속시킬 수 있는 다른 지도자도 없었다. 주민들은 불안에 떨었다. 중상류층은 서둘러 피란길에 올랐고, 유대 인구가 많은 지역에 소재한 아랍 마을들은 대항을 포기하고 식민촌과 평화협정을 체결했다.[237] 이를 보면서도 영국은 1948년 5월 15일에 위임통치를 종료하겠다고 공표했다.[238]

아랍국가들은 정규군을 보내 돕는 대신 다마스쿠스에 모여든 의용병을 훈련시켜 아랍해방군(Arab Liberation Army)이란 이름으로 조직했다. 아랍해방군은 1월 초부터 곧장 팔레스타인에 파견되기 시작했고 2월까지 약 5천 명이 준비되었다.[239] 대부분의 부대는 격전지인 유대 영역이 아니라 아랍 영역에서 주둔했다. 유엔의 비난을 피하고, 또 한편으로는 해방군 총사령관으로 임명된 파우지 카우크지와 아민의 대립 때문이기도 했다. 시온주의자들은 카우크지와 교섭해 아민 휘하의 부대를 공격할 때 간섭하지 않겠다는 약속을 받아냈다.[240] 3월에 들어서 아랍해방군은 아랍 영역 내의 식민촌을 고립시키고, 예루살렘 인근 도로를 장악하려고 시도했다. 시온주의자들은 처음으로 경각심을 느꼈으나 전의는 조금도 사그라들지 않았다. 벤구리온은 전쟁을 확산시키지 말라는 고등판무관의 요청을 거절하고 3월 10일에 공세적인 군사전략인 '달레트 계획(Plan D)'을 수립했다.

달레트 계획은 유대 국가로 지정된 영토와 국경을 방위한다는 목적을 달성하기 위한 수단으로써 인종청소를 '전면적으로' 허용했다. 구체적으로는, 방위지역에 위치한 아랍 마을을 화재나 폭파, 지뢰로 "파괴"하거나 포위하여 통제하되, "저항할 경우 ... 국경 밖으로 주민을 반드시 추방"하도록 지시했다. 정치인들에게 안내된 공식적인 계획서에는 주민들이 항복할 경우에 대한 지침이 포함되었으나, 지휘관들에게 하달된 작전지시서에는 제외되었기 때문에 저항 여부에 관계없이 모조리 추방 명령이 내려졌다. 또한, 방위지역에 위치하지 않더라도 아랍인의 공격이 있으면 마을을 파괴하는 것이 허가되었다. 도시에서

는 아랍 동네를 포위하고 일부 구역은 주민들을 추방해 시청 쪽으로 몰아내도록 지시했다.[241]

　친이스라엘 사관은 이 시기가 가장 위태로웠던 순간이었고 그래서 부득이하게 공세로 전환한 것이라고 변론한다.[242] 그러나 전황이 덜 유리했던 순간이라는 점에서만 제한적으로 사실일 뿐, 시온주의의 존망이 위협받는 위기는 아니었다. 시온주의자들은 5만이 넘는 군대로 고작 2,500명의 팔레스타인인 유격 부대와 4천 명의 아랍해방군을 상대하고 있었다.[243] 지난 4개월 동안 어떤 식민촌도 함락당하지 않은 반면, 30여 개의 아랍 마을을 파괴했고 10만 명 가까이의 아랍인들이 피란을 떠났다. 이 무렵에 벤구리온이 쓴 일기에서는 어떤 불안한 기색도 찾아볼 수 없다.[244]

　이런 상황에서 만약 달레트 계획이 실행으로 옮겨지면 어떤 일이 벌어질지는 불 보듯 뻔했다. 끔찍한 참상이 벌어지기 직전 국제사회에는 잘못을 수습할 마지막 기회가 주어졌다. 3월 19일에 열린 안전보장이사회의 회의에서 미국은 평화적인 방법으로는 분할안의 이행이 불가능하다는 유엔 팔레스타인위원회의 보고서를 인용하며 특별총회를 열고 신탁통치를 실시하는 방법을 논의하자고 제안했다. 유대인 기구의 대표로 자리에 참석한 랍비 실버(Silver)는 즉각 반대하며 "분할안은 유대 민족이 할 수 있는 최대한의 희생"이었고 이를 수정해 추가적인 희생을 요구한다면 무력을 사용해야 할 것이라고 경고했다. 소련 측 대표는 분할안이 평화적인 방법으로 이행될 수 없다는 주장에 동의하지 않는다고 거부했다.[245]

　미국은 팔레스타인을 내버려 두면 소련의 영향권에 들어가게 될지도 모른다고 영국을 설득했으나, 영국은 신탁통치를 실시해도 마찬가지라고 보았다. 소련은 팔레스타인에 군대를 파견할 의사가 있는 반면, 미국은 그렇지 않았기 때문이었다.[246] 영국이 신탁통치에 반대한 데에는 또 다른 중요한 이유가 있었다. 바로 요르단[247]과 시온주의자들의 야합이었다. 양측은 아랍 국가로 지정된 지역을 요르단이 병합하는 대신 유대 국가를 공격하지 않기로 비밀리에 협약을 맺었다. 이를 전해 들은 영국은 환영하며 적극적으로 지지했다. 팔레스타인의 아랍 지역이 독립하더라도 친영 정권인 요르단이 통치하면 영향력을 존속할 수 있다고 본 것이다.[248]

국제사회가 손을 놓은 사이 벤구리온은 4월 첫째 날부터 달레트 계획을 실행하라는 지시를 내렸다. 데이르 야신(Deir Yassin)은 가장 먼저 공격당한 마을 중 하나였다. 예루살렘으로부터 서쪽으로 5km 정도 떨어진 이곳 주민들은 이전부터 식민촌과 우호적인 관계를 유지하고 있었고 분할안 채택 이후에는 하가나와 불가침협정까지 맺었다. 그런데도 전략적 요충지에 자리 잡고 있다는 이유만으로 작전 대상에 포함되었다.[249] 하가나는 협정을 위반했다는 비난을 피하기 위해 눈속임용으로 청부살인을 지시했다. 4월 9일 새벽, 하가나로부터 무장과 엄호사격을 지원받는 이르군과 레히의 대원들이 마을을 습격해 수십 명을 사살했다. 이후 살아남은 주민들을 한 곳에 끌어모은 뒤 남녀노소를 가리지 않고 학살했는데 그 수가 무려 170-193명에 달했다. 그중 30명은 심지어 아기였다.[250] 당시 가까스로 살아남은 12살짜리 아이는 경찰에 다음과 같이 진술했다.

> 유대인들이 우리 가족에게 벽에 기대서 일렬로 줄을 서라고 명령한 다음에 총을 쏘았어요. 전 옆구리에 맞았고, 대부분의 아이들은 부모님 뒤에 숨어 있던 덕분에 살았어요. (4살짜리) 여동생 카드리는 머리에 총을 맞았고, (8살) 여동생 사메는 뺨에, (7살) 남동생 무함마드는 가슴에 맞았어요. 그렇지만 벽에 기대고 선 나머지 사람들은 모두 죽었어요. 아빠랑 엄마, 할아버지, 할머니, 삼촌, 고모 그리고 조카들도요.[251]

당시 현장에 있었던 하가나의 팔마흐 대원은 학살을 자행한 뒤 25명가량의 남자들을 포로로 잡아 화물트럭에 싣고 예루살렘 거리를 돌아다니며 개선 행진을 벌인 뒤 사살했다고 보고했다.[252] 학살이 벌어진 직후 데이르 야신에 도착한 하가나의 정보장교는 "그렇게 많은 시체는 이전까지 본 적이 없었다."는 고백과 함께 150여 구가량의 시체를 본 것 같다고 증언했다. 사건 다음날 현장을 조사한 작전장교는 집에서 사살당한 여성과 아이들의 시체를 보았고, "나는 많은 전쟁을 경험했지만 데이르 야신의 광경 같은 것은 본 적이 없었고 그래서 그날의 일을 잊을 수가 없다."고 말했다. 매장지를 감독한 청년부대 지휘관은 "전적으로 야만적이었다. 몇몇을 제외하면 모든 사망자가 노인과 여성, 어린아이였다. 우리가 본 시신은 모두 부당한 희생자였고 누구도 손에 무기를 쥐고 있지 않았다."고 말했다.253) 생존자들을 심문한 영국 관리는 학살과 더불어 강간과 약탈도 있었다고 보고했다.

> 의심할 여지없이 유대인들에 의해서 많은 성적 잔학행위가 자행되었다. 많은 여학생이 강간당한 뒤에 도륙당했다. 나이 든 여성들 역시 희롱당했다. 한 어린 소녀는 말 그대로 두 쪽으로 몸이 갈라졌다. 많은 영유아도 잔혹하게 살해당했다. ... 여성들은 팔과 손에 차고 있던 팔찌와 반지를 뺏기고, 귀걸이를 빼내다 귀가 잘린 여성들도 있었다.254)

학살은 일시적 충동이나 광기로 저지른 짓이 아니었다. 달레트 계획을 효과적이고 효율적으로 실행하기 위한 전략이었다. 학살 소식을 들은 인근 마을의 주민들은 서둘러 피란길에 올랐다. 하가나는 예루살렘과 텔아비브 사이에 있는 수십 개 마을을 빠르게 정리했고 북쪽으로 시선을 돌렸다. 열흘도 지나지 않아 티베리아스가 함락됐다. 법과 질서를 유지할 책임이 있는 영국은 주민들에게 하가나와 협상해서 도시를 탈출하라고 권했다. 요르단의 국왕 압달라는 심지어 30대의 트럭을 보냈고, 데이르 야신의 반복을 피하기 위해서였다고 변론했다. 며칠 뒤 하이파가 함락되었을 때도 마찬가지였다. 최후의 공격이 개시되기 하루 전날 영국은 아랍인들에게 도시를 떠날 것을 권고했다. 4월 22일 새벽, 하가나의 공격에 혼비백산한 주민들은 배를 타고 도망치려고 부두로 달려갔다. 하가나는 그들이 딴마음을 품지 못하도록 포격을 계속해 아비규환을 연출했다.255)

그 밖에도 학살이 일어난 곳은 많았다. 시온주의자들은 주로 도시 공략을 용이하게 만들려고 인근의 마을을 섬멸했다. 주변의 여러 마을이 파괴되고 항복한 주민들이 학살당했다는 소식이 들려오면 도시의 사기는 크게 저하될 수밖에 없었다. 5월로 접어들 무렵에는 시온주의자들의 만행이 널리 알려졌고 학살하려 한다는 가짜소문만 퍼뜨려도 주민들이 도망갈 정도였다.256) 시온주의자들이 공격한 도시와 마을은 유엔이 정한 경계선으로 제한되지 않았다.257) 이미 4월 중순부터 북부 지역의 아랍 구역을 공격했고, 5월에는 최북단의 중심도시 중 하나인 아크레까지 점령했다. 아크레는 견고한 성벽을 자랑했으나 갑작스럽게 장티푸스가 창궐해 무너졌다. 국제적십자사는 외부에서 누군가 의도적으로 강물에 살모넬라균을 살포했다고 결론을 내렸다.[258]

달레트 계획이 실행되고 5월 15일까지 한 달 반 동안 대부분의 도시가 점령되고 200여 개의 마을이 파괴되었다.[259] 아민과 지도부는 속수무책으로 당했고 주민들이 공황에 빠져 피란길에 오르는 데도 어떠한 지시도 내리지 않았다. 지도부의 방침이 부재한 상황에서 팔레스타인인들을 지휘한 것은 각 지역의 민족위원회와 아랍해방군이었다. 이들은 주민들에게 피란을 가지 말고 고향을 지키라고 명령을 내리고 이탈을 감시했으나, 연이어 마을이 파괴되고 도시가 함락되자 약 25-30만 명의 아랍인들이 도시와 마을로 피란하거나 국경을 넘었다. 그들이 놓고 간 재산은 유대인들이 약탈해 갔다.[260]

아랍 국가들은 이 같은 참사를 더 이상 외면할 수 없었다. 팔레스타인의 형제자매들을 구해야 한다는 국민들의 분노는 미적거리던 여러 정부를 움직였고, 마침내 4월 30일에 아랍연맹은 팔레스타인을 구하기로 결의했다. 하지만 영국의 위임통치가 공식적으로 끝나기 전에 개입하는 것은 정치적으로 문제가 있을 수 있기 때문에 5월 15일까지 기다리기로 했다. 시온주의자들은 그 하루 전날인 5월 14일에 이스라엘의 탄생을 선포했다. 자정이 지나자 이집트를 시작으로 요르단, 시리아, 레바논, 이라크의 정규군이 팔레스타인으로 진입했다. 멀리 떨어진 사우디아라비아와 예멘도 원정군을 파견했다. 미국과 소련은 이스라엘의 건국을 인정하고 아랍 국가들의 '침략'을 일제히 비난했다.

5월 15일부터 벌어진 아랍 국가들과 이스라엘의 전쟁은 팔레스타인 전쟁의 제2막을 열었고, 이를 1948년 전쟁 또는 제1차 아랍-이스라엘 전쟁이라 부른다.[f] 친이스라엘 사관은 아랍 국가들이 단결해서 대규모의 군대를 이끌어 침략해 왔고 신생 국가의 존망을 위협했다고 묘사한다. 하지만 사실은 이스라엘이라는 골리앗을 상대로 한 여러 다윗의 싸움이었다. 정부의 기록 등이 공개되어 진상을 알게 된 이스라엘의 신역사학자들은 당시 이스라엘의 군사력이

---

f) 국내에서는 흔히 중동전쟁이라고 부르지만, 이는 일본학계에서만 사용하는 용어를 무비판적으로 차용한 것으로 보이며 국제적으로는 사용하지 않는다. 전쟁의 성격상 '중동'전쟁이라는 명칭보다는 국제적으로 사용하는 아랍-이스라엘 전쟁이라는 용어가 적절하다.

전쟁 기간 내내 아랍 국가들보다 우세했다는 사실을 밝혀냈다. 아랍 국가들은 여러모로 이스라엘을 상대할 여력이 없었다. 영국과 프랑스로부터 독립한 지 얼마 되지 않아 국내 문제가 산적했고, 하심가와 반하심가의 알력 다툼이 있었고, 동원한 병사 수는 이스라엘보다도 적었다. 거기에다 다양한 지휘 체계와 보급로 문제, 열악한 장비, 경험 부족이 더해지니 질적으로도 열악했다. 요르단군은 예외적으로 제대로 된 무장을 갖추고 영국의 훈련을 받은 엘리트 군대였으나 이스라엘과 밀약을 맺은 배신자였다.

전쟁이 개시되었을 때 이스라엘이 예상했던 것보다 안 좋은 것은 요르단이 몸을 빼내기가 어려운 상황이 되었다는 점밖에 없었다. 아랍 국가들은 압둘라의 동태를 수상하게 여겼고 배신하지 못하도록 연합군의 사령관으로 임명했다. 압둘라가 사전에 시온주의자들에게 밀사를 보내 이를 알리자 골다 메이어가 요르단으로 찾아와 압둘라를 만났다. 메이어는 압둘라가 배신한 것은 아니라고 안도했다. 그렇지만 요르단은 다른 아랍 국가들의 눈을 속여야 했고 또 시온주의자들과 구체적인 영토적 경계에 대해 합의를 이루지 못했기 때문에 싸움을 피할 수는 없었다.[261]

다방면에서 팔레스타인으로 동시에 진격해 오는 아랍군의 기세는 드높았다. 이스라엘은 비록 모든 전선에서 병력이 우세했으나 화력에서 밀렸고 처음 며칠간은 여러 식민촌을 잃었다. 이스라엘인들은 골리앗과 다윗의 싸움을 상상하며 공포를 느꼈다. 하지만 제대로 된 연계 없이 돌진해 오던 각국의 군대는 이스라엘군을 이겨내지 못하거나 퇴로를 차단당하는 게 두려워서 수세로 전환했다. 벤구리온은 득의양양했고 5월 24일에는 레바논과 요르단, 시리아를 끝장낼 계획을 준비하라는 명령까지 내렸다. 그러나 이스라엘의 군사력이 그렇게까지 대단하지는 않았다. 무엇보다도 성공의 상당 지분은 요르단의 소극적인 행동에 있었다. 압둘라는 이스라엘을 자극하지 않도록 유엔이 유대 국가로 지정한 영역은 물론이고 예루살렘에도 진입하지 말라는 명령을 내렸다. 그러나 이스라엘이 예루살렘의 구시가지를 선제공격해서 아랍인들을 살해하자 뒤늦게 예루살렘의 방어를 지시했다. 10여 일의 격전 끝에 이스라엘군은 격퇴당하고 구시가지는 요르단이 차지했다. 이스라엘로서는 뼈아픈 패배였다. 그런데 요르단이 승전의 기세를 타지 않고 밀약대로 아랍 국가로 지정된 영역만 가만히 지키고 있자 벤구리온은 또다시 욕심을 부렸다. 참모진의 만류에도 불구하고 라트룬(Latrun)[g]을 세 차례나 공격했다가 참패하고 만다.[262]

이스라엘은 외부의 적하고만 싸우고 있지 않았다. 벤구리온은 내부의 불순분자를 '청소'[263]하는 데도 공을 들였다. 6월 11일까지 90여 개의 아랍 마을이 추가로 파괴되고 주민들은 국경 밖으로 쫓겨났다.[264] 예외적으로, 탄투라(al-Tantura)에서는 대규모 학살이 자행되었다. 5월 초부터 탄투라의 주민들은 시온주의자들의 공격이 임박했다는 것을 깨닫고 도망치기 시작했다. 그래도 대부분은 최후의 날까지 고향을 지키고 있었고 파괴된 인근 마을의 피란민들도 몰려와 있었다. 하가나는 주민들이 대항할 태세를 갖추는 것으로 판단해 22-23일 밤에 아무런 통첩도 보내지 않고 마을을 포위한 뒤 급습했다. 주민들은 용감히 싸우다 20명 이상이 죽고 나서야 항복했다. 전투가 끝나고 하가나는 학살을 자행했다. 이는 공식적으로 보고되지 않아서 역사 속에 묻힐 뻔했으나, 최근 유대인 학자들의 노력과 하가나 대원들의 뒤늦은 고백으로 사실로 확인되었다. 당시 학살당한 주민의 수는 200명이 넘는다.[265]

유엔의 중재로 아랍 국가들과 이스라엘은 6월 11일부터 4주간 휴전에 들어간다. 압둘라는 아랍군이 장악한 영역을 요르단에 병합시키고 전쟁을 그만두자고 물밑 작업에 들어갔다. 유엔조정관 폴크 베르나도트(Folke Bernadotte)는 요르단과 팔레스타인을 합쳐서 하나의 경제공동체를 구성하고, 팔레스타인의 연안지대와 북쪽 지역은 유대인이, 나머지는 아랍인들이 외교관계를 포함한 완전한 자치권을 가지되, 이주에 관해서만 유엔이 최종적으로 결정하는 중재안을 제시해 압둘라에게 힘을 실어주었다.[266] 그러나 아랍연맹의 다른 모든 아랍 국가들과 이스라엘은 반대했다. 협상이 진행되는 동안 유엔은 양측에 군수물자를 공급하지 않도록 회원국들을 제재했다. 이 때문에 아랍 국가들은 탄약 등이 떨어질 것을 우려해 팔레스타인의 영토 수복에 나서지 않고 방어만 하기로 한 반면, 이스라엘은 유엔 회원국이 아닌 동구권 국가들로부터 무기를 대량으로 수입해서 전력을 크게 보강했다. 의도하지는 않았지만 유엔은 다시

---

g) 라트룬은 텔아비브와 예루살렘을 연결하는 주요 도로를 내려다보는 언덕에 위치해 있고 요새가 건설되어 있다. 1967년 전쟁 때 이스라엘은 이곳을 함락한 후 팔레스타인인들을 추방했다. 오슬로 평화협상 이후에는 무인지대(no man's land)로 설정되었고, 수도원과 네베샬롬(Neve Shalom)이라는 소규모의 유대-아랍 공동체만 있다.

한번 시온주의자들에게 결정적인 도움을 준 셈이었다.[267]

7월 8일, 전쟁이 재개되자마자 전세는 이스라엘 쪽으로 확연히 기울었다. 불과 열흘 만에 아랍 국가들은 맥없이 무너졌다. 북부전선은 나자렛마저 잃고, 요르단이 지키는 중부지역의 리다(Lydda)와 라믈라(Ramla)도 함락당했다. 7월 18일, 유엔의 개입으로 2차 휴전이 시작되었다. 이번에는 종료일이 정해지지 않은 무기한 휴전이었다. 압둘라는 당초 예상보다는 적은 영토를 가지게 되었지만, 전쟁을 계속한다고 얻을 게 없다고 판단하고 이스라엘과 독자적인 협상에 들어갔다. 다른 아랍 국가들은 비난의 목소리를 높였고, 요르단을 견제함과 동시에 패전에 대한 여론의 관심을 돌리려고 9월 6일에 아랍연맹의 이름으로 통합팔레스타인(All-Palestine) 정부의 수립을 선언했다. 통합팔레스타인은 가자에 수도를 두고 이스라엘이 점령 중인 지역을 포함한 모든 팔레스타인 땅을 영토로 두기로 했다. 그러나 어떠한 정부 조직이나 예산도 갖춰지지 않은 허상에 불과했다. 심지어 요르단은 아민이 군대를 양성하려 하자 탄압했다.[268]

9월 16일, 베르나도테 유엔중재관은 이스라엘의 건국을 기정사실로 인정하되, 이전과 마찬가지로 유대 영토를 서쪽 연안과 북쪽 지역으로 국한하는 경계를 제안했다. 결의안 181호에서 유대 영역으로 지정되었던 네게브도, 1차 휴전 이후에 점령한 라믈라와 리다도 국경선에 포함시키지 않았다.[269] 전쟁의 승리를 확신하고 있던 이스라엘은 반발했고, 레히가 독단적으로 베르나도테를 암살했다.[270] 10월 15일, 이스라엘은 휴전을 깨고 남쪽의 이집트부터 각개격파했다. 예상대로 요르단은 개입하지 않고 이집트의 패배를 지켜보기만 했다. 2주 뒤 이스라엘은 북쪽을 침공했다. 4일 만에 북쪽 지역 전부를 점령하고 레바논 국토까지도 침략했다. 또다시 수많은 아랍인들이 추방당해 난민이 되었다. 그들 중 상당수는 올해 초부터 이스라엘을 피해 피란 중이던 사람들이었다. 10월 31일부터 3차 무기한 휴전이 시작되었으나 이번에도 이스라엘은 따르지 않았다. 12월 22일에 이집트를 공격해 팔레스타인 남부에서 완전히 몰아내고 이듬해 1월 7일에야 비로소 적대행위를 멈췄다. 이후 이집트, 레바논, 요르단, 시리아 순으로 이스라엘과 휴전 협정을 체결했고, 유엔이 오늘날까지도 공인하는 국경선이 탄생한다. 이스라엘이 미처 점령하지 못한 22%의 팔레스타인 땅 중 산악지대는 요르단에, 가자 인근의 해안지대는 이집트의 영토가 되면서 각각 서안지구와 가자지구로 불리게 된다.[271]

지도 21   팔레스타인 아랍 영토의 변화

1947-48년 동안 수많은 팔레스타인인이 이스라엘군에 의해 강제로 추방되거나 학살이나 전쟁의 참화를 피하려고 피란길에 올랐다. 대부분의 난민은 적절한 준비 없이 급하게 떠나온 거라 생활이 매우 어려웠다. 1948년 8월에 유엔이 조사한 바에 따르면 36만 명의 난민 중 22%가 주거지로 쓸 건물을 찾지 못해 나무를 지붕 삼아 맨땅에서 잠자리를 마련하고 있었다. 가져온 옷가지나 침구류도 없어 불편을 호소하고, 식량 배급은 불안정하고 식수도 모자랐다. 위생적인 환경이나 설비가 없으니 장티푸스가 만연했다. 얼마 안 있어 가을에 우기가 시작되고 겨울철이 찾아오면 큰 고비가 예상되었다. 특히, 난민 중 절반가량이 5세 이하의 영유아, 임신했거나 모유 수유 중인 여성, 병들거나 노쇠한 사람들이었기 때문에 더욱 위태로웠다.[272]

(16살이었을 때) 무장한 유대인 군인들이 우리 집을 에워싸고 총을 쏘면서 지금 당장 집을 떠나지 않으면 모두 죽여 버리겠다고 아랍어로 외치던 게 기억납니다. 누구도 명령에 따르지 않았지요. 마치 땅에 결속된 것처럼 말입니다. 그러자 군인들은 여자들의 머리채를 잡아 끌어냈습니다. 우리 아버지는 우리 정원과 나무들을 버리고 떠날 수 없다고 소리쳤습니다. 한 군인이 아버지를 때려서 바닥에 쓰러졌어요. 나는 반려동물로 기르던 양이 있었는데 달려가서 그 양을 잡았지요. 어머니나 아버지, 집에 대한 생각은 들지 않았고 오직 그 작은 동물만 생각났습니다.

나는 가족들이 불이 난 것처럼 도망치고 군인들이 그들 주위와 머리 위로 총을 쏘는 것을 지켜봤습니다. 마치 가축 떼를 모는 것 같았죠. 군인들은 총으로 우리를 집 밖으로 내쫓았습니다. 어느새 주변에는 수천 명의 여성과 아이들이 있었어요. 몇몇 노인은 제대로 걷지도 못했고, 어머니들은 아기를 품에 안고 다른 아이들을 이끌었어요. 아이들은 울면서 물을 마시고 싶다고 보챘고, 모두들 어딘지도 모르는 곳으로 도망쳤어요. 누구에게도 음식이나 생필품을 챙길 시간도 주어지지 않았어요. 나는 정신없이 내 새끼 양을 붙잡았고, 동네의 다른 한 아이는 비둘기를 데리고 있었어요. 피란길에 오른 첫날에 새끼 양을 그만 놓쳤버렸습니다. 다른 사람들은 닭이나 담요, 밀가루 포대를 들고 있었는데 그게 이 지구상의 유일한 재산이었죠. 우리 어머니는 마을로 돌아가 작은 난로와 가보를 가져오게 해달라고 간청했지만 (유대인 군인들은) 계속 걸어가라고 명령했어요. 3일째 되는 날 어머니가 쓰러지셨습니다. 그냥 기절하신 걸로 생각하고 심장박동을 느껴봤더니 이미 돌아가신 거였어요. 그리고 나선 아버지가 돌아가셨죠. 다른 사람들이 땅을 파서 어머니랑 아버지를 차례대로 묻어주셨어요. 많은 노인과 어린이들이 열기와 탈진으로 쓰러져 죽는 것을 봤습니다.

- 『Journey to Jerusalem』에서 발췌[273]

베르나도트는 난민의 어려운 처지에 특별한 주의를 기울였다. 그는 전쟁이 시작되자마자 난민들이 "아무런 제약 없이 귀환하고 재산을 되찾을" 권리를 인정해야 한다고 주장했고,[274] 9월에 쓴 경과보고서에서도 "수많은 사람의 생명을 살리느냐 죽게 내버려 두는가의 선택"이라며 국제사회가 난민의 권리 보호와 구호에 나설 것을 호소했다. 그러나 이스라엘이 귀환을 거부하고, 또 "명백한 군사적 필요성 없이도 (이스라엘에 의해) 마을들이 파괴되고 대규모 약탈"이 자행되고 있기 때문에, 집과 재산을 잃은 난민들이 스스로 원한다면 아랍 국가들에서 재정착하는 게 나을 수도 있으며, 이 경우에는 재산의 손실에 대한 보전은 물론 직업과 생계수단을 가질 수 있도록 지원해야 한다고 권고했다.[275] 베르나도트가 암살당한 것은 보고서를 제출한 바로 그다음 날이었다.

베르나도트의 제안은 유엔에서 모두 승인되었다. 11월에 팔레스타인 난민을 위한 특별기금이 조성되고, 그동안 산발적으로 전개되던 국제사회의 구호활동을 조율하기 위해 유엔 팔레스타인난민구호기구(United Nations Relief for Palestine Refugees, UNRPR)가 창설되었다.[276] 팔레스타인난민구호기구는 구호품을 조달하고 다른 유엔기관과 국제시민단체들이 현지에서 난민들에게 구호품을 배분하는 방식으로 협업이 이루어졌다. 12월에는 유엔 팔레스타인조정위원회(United Nations Conciliation Commission for Palestine, UNCCP)가 창설되어 유엔중재관의 업무를 이양받았다. 유엔총회 결의안 194호 제11조는 "고향에 돌아가 이웃과 평화롭게 지내기를 희망하는 난민들은 가능한 빠른 시일 내에 귀환할 수 있도록 허용되어야 하며, 재정착을 선택한 난민의 자산과, 자산에 대한 손실이나 피해에 대한 보상은 책임 있는 정부와 당국에 의해 국제법이나 그와 동등한 규칙에 따라 충분히 지급되어야 한다."고 난민의 권리를 확인하고 조정위원회가 이를 이행하도록 지시했다.[277]

1949년 1월에 마침내 전쟁이 끝나자 난민들은 고향에 돌아갈 채비를 챙겼다. 그런데 이스라엘군이 국경선을 막아섰다.[278] 수많은 난민이 목숨을 걸고 국경을 넘다가 사살당했다. 국제사회는 유엔결의안 194호 11조를 이행할 것을 요구했으나 이스라엘은 안보를 빌미로 거부했다. 그런데도 전쟁이 끝난 지 4개월 만에 이스라엘은 "평화를 사랑하는 국가"로 인정받아 유엔에 가입했다.[279] 당시 가입을 심사하는 자리에서 이스라엘 대표는 "난민 문제의 해결을 위해 가능한 최대로 협력하겠다."고 약속했다.[280] 그런데도 7월에 내놓은 해법은 영토 문제를 종결짓고 평화협상을 체결하는 조건으로 딱 10만 명의 난민만 수용하는 것이었다. 심지어 10만 명 중 2만 5천 명은 밀입국해서 들어와 있는 사람들이었고, 1만 명은 국내에 있는 가족과의 재결합을 위해서 귀환 허가가 이미 내려진 사람들이었다. 그러니 실제로는 6만 5천 명의 난민의 귀환을 인정하겠다는 소리였다. 이스라엘은 난민 협상의 또 다른 방법으로 가자지구를 넘길 것을 제안했다. 그러면 가자에 있는 주민 6만 명과 20만 난민을 흡수하겠다고 말했다. 물론, 나머지 난민의 귀환은 거부했다.[281] 당연히 어느 제안도 받아들여지지 않았다.

　유엔은 이스라엘의 가입을 심사할 때 1947년의 분할안 181호도 준수할 것을 요구했다. 여기에는 소수자 권리 보호를 위해 "유대 국가 내의 아랍인(또는 아랍 국가 내 유대인) 소유의 어떤 땅도 공공의 목적 외의 사유로 수용해서는 안 된다. 땅을 수용하는 경우에는 완전한 보상이 .... 지급되어야 한다."는 조항이 있었다.[282] 그러나 이스라엘은 이미 1948년 6월부터 난민과 실향민의 땅을 몰수하고 있었다.[283] 이스라엘은 몰수한 토지에 대한 보상을 하겠다고 선언했으나 이 역시도 지키지 않았다. 오히려 1950년부터 본격적으로 난민이 놓고 간 모든 자산을 몰수하기 위한 법을 제정했다. 1950년에 부재자재산법과 1953년에 토지취득법을 제정하고, 이를 집행할 부재자재산관리기구와 개발청을 설립해 동산과 부동산, 공적 자산과 사적 자산 모두 남김없이 몰수했다. 빼앗은 토지의 상당수는 아랍인들이 절대 되찾을 수 없도록 유대민족기금으로 소유권을 이전시켰다.[284]

　유엔 결의안이 아니더라도 난민의 귀환을 금지하거나 자산을 몰수하는 것은 국제법에 위반되는 행위였다. 유엔 팔레스타인조정위원회는 1950년 제네바 회의와 이듬해 파리회의에서 이스라엘의 범죄행위를 중단시키려고 노력했으나 실패했다. 이후 조정위는 귀환권을 존중해야 한다는 입장을 견지하면서도 실현 가능성을 고려해 난민들에게 재정착을 권고했다. 대신 난민들이 빼앗긴 재산만이라도 보상받을 수 있도록 도우려 했으나 이마저도 아무런 성과를 거두지 못했다. 이스라엘은 토지와 유동자산을 모조리 압류하거나 파괴했고, 심지어 은행예금조차 동결시켜 분노를 자아냈다. 동결된 계좌 총액은 4-5백만 팔레스타인파운드였고, 이스라엘은 1966년까지 3.6백만 팔레스타인파운드를 돌려주었다.[285]

　1949년 12월을 기준으로 유엔은 난민의 수를 726,000명으로 집계했다.[286] 이스라엘이 차지한 영토에 살던 아랍 인구는 약 85%가 난민이 되었고 이들이 살던 400여 개의 마을이 지구상에서 완전히 사라졌다. 인종청소는 깔끔했다. 이런 미래가 찾아올까 봐 그토록 시온주의에 반대해 왔고 무기까지 들고 저항했던 팔레스타인인들은 절규했다. 1948년은 그들에게 잊을 수 없는 나크바(=재앙)로 뼛속 깊숙이 새겨졌다. 전 세계의 모든 아랍인과 무슬림들도 분노를 감추지 못했다. 시온주의가 반유대주의를 만들어낼 것이라는 경고와 우려의 목소리는 현실이 되었다. 아랍권의 수많은 유대인들이 박해가 두려워서 피란길에 올랐고 65만 명이 이스라엘로 향했다. 이라크에서는 예외적으로 시온주의자들이 3건의 폭탄 테러를 저질러서 이주를 유도했다.[287]

친이스라엘 사관은 나크바가 유대인들의 잘못이 아니며 어떠한 책임도 없다고 부인한다. 이들은 크게 3가지 논거를 드는데, 유대인들은 유엔의 결정을 존중한 반면 아랍인들은 불복했고, 자발적으로 피란길에 올랐고, 이스라엘이 건국되자마자 아랍 국가들이 국경선을 넘어 침공해 왔다는 점이다. 하나씩 살펴보면 모두 그릇되거나 결함이 있는 주장이라는 것을 알 수 있다.

우선, 유엔의 분할안을 거부한 것이 잘못인지를 따질 수 있다. 결의안 181호는 어떤 기준에서 보아도 명백히 유대인들에게 유리했고 아랍인들에게는 잘못 선고된 형벌과 같았다. 만약 유엔이 단일한 아랍 국가의 탄생을 지지했다면 시온주의자들은 따랐을까? 나아가 시온주의자들은 결의안 181호에서 '유대 국가'를 건국한다는 단 한 가지 측면만 따랐을 뿐, 그에 수반되는 국경선이나 소수 인종의 권리 보장 등의 실질적 내용은 위반했다는 점을 지적해야 한다. 친이스라엘 학자들은 아랍인들이 내전을 시작해 어쩔 수 없었다고 말하지만, 기실은 시온주의자들이 확전을 바랐고 그래서 돌과 몽둥이 따위를 든 아랍인들의 시위를 총기와 폭탄 테러로 대응했다. 따라서 고등판무관이 지적했듯이 팔레스타인에서 무력 충돌이 '내전' 수준으로 발전된 책임은 전적으로 시온주의자들에게 있었다. 이러한 내전의 양상이 갖추어지자마자 시온주의자들은 달레트 계획을 실행해 수많은 아랍인을 학살하고 추방하고 마을을 철저히 파괴했다. 여기에는 유엔이 지정한 국경 너머에 위치한 아랍인들의 터전도 포함되었다. 결의안 181호는 '유대 국가'가 결코 이런 잿더미 위에서 건국되는 것을 상정하지 않았다.

두 번째 논거인 아랍인들이 자발적으로 난민이 되었다는 어처구니없는 거짓말은 놀라울 정도로 오랫동안 사실로 간주되었고 지금도 계속되고 있다. 시온주의자들이 데이르 야신처럼 평화를 약속받은 마을마저도 학살하고 파괴해서 공포를 야기했고, 또한 수많은 주민을 강제로 추방했다는 사실은 이미 설명했다. 아랍 국가들이 피란 명령을 내렸다는 주장은 여태껏 단 한 번도 실체적 근거가 제시되지 않았다. 일찍이 팔레스타인 역사학자 왈리드 칼리디(Walid Khalidi)가 찾아보았으나 어떤 기록도 발견하지 못했다.[288] 그러나 서구 사회는 믿지 않았다. 이후 친이스라엘 유대인 학자 베니 모리스(Benny Morris)가 도전했으나 "아랍 국가들이나 무프티가 4-5월의 대규모 탈출을 지시하거나 직접적으로 장려했다는 것을 보여주는 동시대 기록을 찾지 못했다."[289] 그런데도 여전히 아랍 국가들의 명령에 따라 난민들이 자발적으로 피란길에 올랐다는 주장은 계속되고 있다. 설령 그게 사실이라 할지라도 잠시 피란길에 오른 주민들의 귀환을 막아서 난민을 대량 생산한 건 이스라엘인데 말이다.

마지막으로, 이스라엘이 건국되자마자 아랍 국가들이 국경선을 넘어 먼저 침공했다는 주장도 논쟁의 여지가 있다. 이미 팔레스타인에는 전쟁이라 부르기에 조금도 부족하지 않은 수준의 무력 충돌이 발생한 상황이었고 아랍 국가들은 혈맹적 관계라고 할 수 있는 팔레스타인인들을 위한 지원군을 파견한 것이었다. 만약 이를 침공이나 선제공격으로 정의하려면 팔레스타인인과 아랍 국가들 간에 어떠한 긴밀한 협력 관계도 부재한다는 것을 증명해야 한다. 그런데 시온주의자들은 팔레스타인의 아랍인들은 세계 어디에나 있는 수많은 아랍인 중의 한 명일 뿐이고 난민도 아랍 국가에 재정착시키면 된다며 팔레스타인인들의 집단적 정체성을 부정했고 지금도 그러고 있다. 이러한 논리에 따르면 아랍 국가들은 사실상 자국민을 보호한 것이라는 결론에 다다를 수밖에 없다. 즉, 친이스라엘 사관은 팔레스타인인들이 아랍 국가들의 자국민 같은 존재이지만 그렇다고 이들을 보호하는 군대를 파견하는 것은 침략 행위라는 모순에 빠져 있다.

베니 모리스는 시온주의자들이 남긴 1948년 전후의 기록을 가장 상세하게 분석한 학자로 손꼽힌다. 그는 『팔레스타인 난민 문제의 탄생』에서 난민이 자발적으로 발생한 것이 아니라 시온주의자들의 학살과 파괴, 강제 추방으로 인해 인위적으로 만들어졌다는 사실을 명확하게 기술했다. 또한, 시온주의자들이 이전부터 이런 결과를 원했고 논의해 왔다는 사실마저도 인정한다. 그럼에도 불구하고 아랍인을 추방하려는 의도와 팔레스타인 전쟁 당시 실제로 추방한 결과 사이에 직접적인 인과관계가 약하다고 이스라엘을 변호한다.

> 1948년 이전의 10년 간 (아랍 인구의) 이전(transfer)을 지지한 표현들의 중요성은 무엇일까? 실제로 제1차 아랍-이스라엘 전쟁 중에 일어난 일과 어떻게 연결되어 있을까? 마살하(Masalha) 같은 일부 연구자들은 과거의 생각과 실제 행동 사이에 1대 1로 연결되는 직접적인 인과관계가 있다고 믿게 만든다. 하지만 내가 보기에 양자의 관계는 보다 난해하고 간접적이다.
> (인구) 이전과 관련된 1937년까지의 막연한 생각과 1937년 이후부터 사실상 만장일치로 이런 개념을 지지하게 된 것은 시온주의 지도부와 그 밑에서 신생 국가의 민간과 군사 기구를 운용한 공직자와 장교들에게 강한 영향을 미쳤다는 점에서 1948년에 이전이 발생하는 데 기여했다. (그러나) 부분적으로, 이들 모두가 1948년에 이전과 추방에 대한 구상과 실행에 열린 마음을 가지게 된 배경에는 중유럽과 동유럽에서 유대인들에 대한 박해가 심해지는 상황에서도 아랍인들이 계속해서 반시온주의적인 폭력을 저지른 탓이 적지 않다. 그리고 유대 공동체로부터 아무런 심각한 반대도 없이 순조롭게 이전이 실행된 것은 대체로 이런 배경(pre-conditioning)에서 기인하지만, 팔레스타인의 아랍인들이 전쟁을 시작하고 아랍 국가들이 팔레스타인을 침공하자 모두 또는 거의 모두가 유대 국가의 생존과 미래의 번영에 (아랍 인구의) 이주가 필요하다는 데 동의하게 된 영향도 있다.[290]

모리스는 이러한 맥락에서 적어도 결의안 직후에 시온주의자들의 "공식 정책은 (유대) 국가 안에서 많은 아랍인들이 소수 인구로 계속해서 존재할 것으로 간주했다."고 주장하며, 그러한 근거로 유대 국가의 시민이 되는 아랍인들에게 동등한 권리를 인정할 생각이었다고 말한다.[291] 그러나 문제의 쟁점은 동등한 권리를 인정하느냐가 아니라 유대 국가에서 불순물로 간주되는 아랍 인구를 얼마나 수용하느냐다.[292] 일찍이 추방 계획을 세웠던 헤르쯜도 토지에 긴밀한 애착을 느끼는 소수의 아랍인들은 팔레스타인에 남겨 놔도 괜찮다고 생각했다.[293] 그런데 결의안 181호에 정한 국경선에는 무려 40만 명의 아랍인들이 살고 있었다. 벤구리온과 시온주의자들은 이들을 모두 수용하려 했는가? 양자는 분명 다른 문제임에도 불구하고 모리스는 의도적으로든 아니든 본질을 흐린다. 예를 들어, 모리스가 근거로 제시한 사례 중 하나인 유대인 기구 집행위가 1947년 12월 12월에 작성한 성명문 초안을 보면 다음과 같다.

> 수만 명(Many thousands)의 아랍인들이 유대 국가 안에서 살게 될 것이다. 그들이 평화를 지키는 한, 지금부터 동료 유대 시민들과 마찬가지로 재산과 생명이 안전하다고 느끼기를 원한다.[294]

여기서 눈여겨볼 것은 수만 명(Many thousands)이란 표현이다. 결의안 181호가 정한 국경선에는 40만 명의 아랍인들이 살고 있었고 이는 모두가 알고 있는 사실이었다. 그런데도 유대인 기구는 구체적인 수치를 사용하지 않고 모호하되 훨씬 적은 수를 의미하는 표현을 사용했다. 모리스는 인용문 바로 앞 페이지에서 "내전 초기 몇 달간 내내 시온주의자 공직자와 하가나 장교들 사이에서 (유대) 국가 안에 가능한 적은 아랍인들이 남게 되기를 바라는 근원적인 열망이 있었다."고 지적했으면서도 어째서 이를 놓쳤을까? 또한, 그는 전쟁이 끝나고도 이스라엘 국경에 아랍 인구의 15% 정도에 해당하는 15만 명을 남겨 뒀다는 사실을 들어 아랍 인구의 추방은 상부에서 계획하고 지시한 체계적인 정책이 아니라고 주장한다.[295] 그러나 15%가 남았다는 사실이, 85%를 제거하려는 의도가 없었다는 주장의 근거가 될 수는 없다.

보다 근본적으로, 모리스의 변론은 기껏해야 전쟁범죄를 저지른 동기를 조금 더 자세히 설명해 줄 뿐 정당화해 주는 것은 아니다. 모든 전쟁은 승률과 이익을 높이기 위해 시온주의자들이 한 것처럼 민간인을 학살하고 약탈하고 추방시키고 싶은 욕망이 잠재한다. 그렇기 때문에 국제사회는 이를 범죄로 규정하고 제재하는 것이다. 혹자는 이런 전쟁법이 너무나도 빈번하게 위반되었기 때문에 신경 쓸 필요조차 없다고 말할 수 있을지 몰라도 적어도 유대인들은, 특히 유대인의 생명을 구하기 위해서 건국했다는 이스라엘은 그럴 수 없다. 나치 독일의 유대인 대량학살도 유사한 배경에서 행해진 전쟁범죄이기 때문이다.

홀로코스트는 히틀러나 몇몇 개인이 홀로 저지른 악행이 아니었다. 독일은 물론이고 유럽 사회 전반에 깊숙이 퍼져 있던 종교적, 경제적, 민족적, 인종적 반유대주의가 유대인들을 사회 불화와 경제적, 정치적 위협을 조성하는 존재로 인식하게 만들었다. 이런 사회적 분위기 속에서 히틀러와 나치는 정권을 손에 잡을 수 있었고, 유대인들을 차별해 '자발적 이주'를 유도했다. 그러다 전쟁이 벌어지고 나서야 식량 부족이나 안보 위협 등의 추가적 합리화를 더해가며 강제추방과 대량학살을 저질렀다. 당시 학살을 지시한 어떠한 문서도 발견되지 않았지만, 구두로 전달되었을 것으로 추측되며 이를 수행한 공직자들로부터의 저항은 사실상 없었다. 반유대주의에 동조했기 때문만이 아니라 분업화된 업무에서 자신이 맡은 임무에만 충실할 것을 요구하는 관료제의 특성으로 인해 도덕적 판단이 개입될 여지가 적었던 탓이었다.[296]

이와 유사하게, 1880년대에 시온주의자들이 유입된 이래 팔레스타인 유대 공동체에서 아랍인에 대한 차별은 시간이 갈수록 팽배해졌다. 아랍인 노동자들에게만 임금을 적게 주고 직종을 제한하고 소작농을 추방해 궁극적으로 외부로의 '자발적 이주'를 유도했다. 모리스가 인정하듯, '인구 이전'은 1930년대 후반부터 시온주의 지도부 사이에서 만장일치를 이룬 해결책이었다. 그러다 내전과 전쟁이 발발하자 이들은 '안보와 번영'이라는 추가적 합리화를 내세우며 학살과 추방을 저질렀다. 벤구리온 역시 문서로 인종청소를 지시하지는 않았다. 그러나 일개병사에 이르기까지 시온주의자들은 정부의 뜻이 무엇인지 정확히 알고 있었고, 일선 사령관들은 대부분의 점령지에서 인종청소를 저질렀다. 그들은 이를 상부에 보고하고 반 년이 넘게 꾸준히 집행했으나 아무런 처벌도 받지 않았다. 그런데도 마을의 파괴와 주민들의 추방은 어디까지나 일선사령관의 독자적 판단일 뿐이라는 모리스의 변론은 설득력이 없다.

아랍인들이 안보에 위협이 되기 때문에 어쩔 수 없이 추방한 것이라는 주장도 재고해야 한다. 벤구리온은 팔레스타인 아랍 인구의 "절대다수는 우리와 싸우기를 원치 않는다."는 사실을 알고 있었고, 그런데도 학살과 추방을 저질렀다.[297] 시온주의자들에게 실질적으로 위협이 될 수 있는 것은 오직 아랍 국가들 뿐이었다. 그런데 미국의 중앙정보부가 분석했듯이 아랍 국가들은 정규군을 파견하지 않을 가능성이 높았다. 이들은 시온주의자들의 만행이 너무나도 심각해지자 국내 여론에 떠밀려 최후의 순간에야 비로소 참전을 결심했다. 즉, 모리스와 같은 친이스라엘 학자들은 아랍 국가들의 참전이 걱정돼서 학살과 추방을 저지른 것이라고 주장하지만 현실은 정반대였던 것이다. 물론, 아랍 국가들이 개입할 여지는 크든 작든 분명히 잠재하는 위협이었고 이를 막기 위해서 내부의 불안 요소를 조금이라도 줄일 '군사적 필요성'은 인정될 수 있다. 그러나 유대 국가는 팔레스타인인들이 수천 년간 살아 온 터전에서 갑작스럽게 건국되었다는 점을 상기할 필요가 있다. 시온주의자들은 유대 국가를 세우려는 의도가 없으며 유대인의 이주를 아랍인들이 반대할 이유가 없고 실제로도 반대하지 않는데 정치인의 선동 때문에 분란이 있는 거라고 선전해 왔다. 그런데 이제와서 안보 때문에 아랍인들을 어쩔 수 없이 추방해야 한다고 판단한 것이라면, 유대 국가라는 계획을 전면 재검토하거나 아니면 적어도 아랍인들에게 그동안 거짓말한 점을 사죄하고 용서를 구하는 게 올바른 수순일 것이다. 그러나 그런 일은 당시에도 이후에도 없었다. 심지어 전쟁에서 명백하게 우세를 점해 군사적 필요성이 사실상 사라진 이후에도 인종청소는 멈추지 않았다. 벤구리온은 2차 휴전 기간 중이던 9월 26일에 전쟁이 재개되면 북부에서 아랍인을 "청소(naki)"해서 "없어지게(reik)" 할 거라고 말했다.[298]

'군사적 필요성'이란 실낱 같은 명분마저 사라지자 시온주의자들 중에서도 전쟁범죄에 회의를 느끼는 사람들이 늘어났다. 한 군인은 항복한 주민들이 제발 마을에 남아 있게 해달라고 무릎을 꿇고 애처롭게 비는 것을 보고 비로소 전쟁에 대한 피로감을 느꼈다.[299] 잔학행위에 대한 반대의 목소리는 커졌다. 10월 29일에 이스라엘군은 다와이마(al-Dawayima) 마을을 점령한 후 주민들을 학살했다. 현장에 있던 군인은 곧장 공익신고를 했다. 이에 따르면, "정복자들은 1차로 80-100명의 남성과 여성, 그리고 어린이들을 죽였습니다. 어린이들의 경우에는 몽둥이로 머리를 박살내서 죽였습니다. 시체가 없는 집이 없었습니다." 그리고 나서 2차 학살이 이어졌다. "한 지휘관이 공병에게 할머니 두 명을 집 안에 집어넣고 … 폭파시키라는 명령을 내렸습니다. 공병은 거부했습니다. … 지휘관은 휘하의 병사들에게 같은 명령을 내렸고 악행은 행해졌습니다. 한 군인은 여성을 강간한 후 총으로 쏘아 죽였다고 자랑했습니다. 갓난아기를 안고 있던 여성은 군인들이 식사한 자리를 청소하라고 명령받았습니다. 그녀는 하루이틀 동안 일을 했으나 끝내 군인들은 그녀와 갓난아기를 사살했습니다. ... 더 적은 아랍인이 남을수록 더 좋다는 원칙이 추방과 잔학행위의 정치적 동기였습니다." 이후 실시된 군의 자체조사에서도 마을을 점령하는 과정에서 약 80명을 죽이고 이후 22명의 포로를 학살했다고 확인되었다. 그런데도 누구도 처벌받지 않았다.[300] 어느 유대인은 이렇게 탄식했다.

> 나는 잘 수 없었습니다. .... 이는 국가의 성향을 결정지을 사안입니다. ... 우리 유대인들 역시 나치의 (범죄)행위를 저질렀습니다.[301]

3. 분쟁이 계속되는 이유

3.1. 난민 문제의 반영구화

1947년에 분할안을 가결한 국제사회는 자신들이 무슨 짓을 저질렀는지 전혀 모르고 있었다. 1948년 전쟁을 보고도 일시적인 불행 정도로만 생각했다. 이들이 사태의 심각성을 처음으로 깨닫게 된 것은 아마도 이스라엘이 전쟁이 끝나고도 난민의 귀환을 반대하는 모습을 보게 되었을 때였을 것이다. 그제야 시온주의가 어떤 사상인지를 가늠하게 된 유엔은 1949년에 난민 문제를 장기적인 관점에서 대처해야 할 필요성을 느꼈다. 난민의 65%는 서안지구와 가자지구에, 35%는 레바논과 시리아, 요르단, 이집트와 이라크에 분포되어 있었는데 아랍 국가들은 난민을 경제적으로 흡수할 역량이 없었다.[302] 유엔은 구호 활동을 당분간 계속하되, 난민에게 일할 기회를 제공하고 아랍 국가들의 생산역량을 증가시켜 난민들이 경제적으로 자립할 수 있는 환경을 만드는 계획을 세웠다.[303] 이를 목적으로 UNRWA가 설립되고, 기존에 팔레스타인난민구호기구가 담당하던 구호 활동이 이관되었다.[304]

UNRWA가 공식적으로 출범한 것은 1950년 5월이었다. 이미 난민 생활이 3년 차에 접어들었는데도 주거환경은 피란 직후를 방불케 할 만큼 열악했다. 난민의 3분의 2는 모스크나 학교, 버려진 막사 등에서 임시거처를 마련했고, 부댓자루로 실내를 여러 개의 구역으로 나눈 뒤 각각의 가정이 한 구역씩 차지했다. 이런 좁은 공간에서 요리 등의 일상생활부터 출산과 사망, 결혼식까지도 이루어졌다. 나머지 3분의 1의 난민들은 천막에서 지냈다. 천막은 임시거처보다 상대적으로 위생적이고 사생활이 보장되었지만, 뜨거운 햇빛과 강풍에 취약하고, 우기에 물이 새고 보온이 어려운 문제가 있었다.[305]

▶사진 23. 1950년, 천막으로 된 서안지구 포워(Fawwar) 난민촌의 모습. 사진은 UNRWA에서 제공

▶사진 24. 1950년, 베들레헴 지역의 동굴에 피난처를 마련한 가족의 모습. 사진은 UNRWA에서 제공

▶사진 25. 1952년, 레바논의 미에미에(Mieh Mieh) 난민촌의 모습. 막사에 칸막이를 설치해 가구별로 구분했다. 사진은 UNRWA에서 제공

주거환경만큼이나 심각한 문제는 생필품의 궁핍이었다. 난민들이 피란길에 가져온 몇 안 되는 옷과 집기류는 팔아버렸거나 못 쓰는 수준이 되어버렸다. UNRWA가 도로 건설이나 조림업 등의 일자리를 제공하자 난민들은 신발도 없이 일하러 나왔다. UNRWA는 식량과 이불, 의류 등의 생필품도 지급했지만, 한반도에서 발발한 6·25 전쟁으로 구호품의 가격이 급등해 버려 공급에 차질을 겪었다. 난민들이 피란처로 삼은 지역들은 대부분 미개발지라서 경제활동의 기회가 없는 곳이었다. UNRWA는 이런 곳에서 영구적이거나 반영구적인 수용소를 건설하면 자립할 수 없게 된다고 판단했다. 그래서 일시적으로만 사용할 목적으로 천막촌을 조성했는데 불행하게도 폭풍우가 불어와 수많은 천막이 파괴되었다. 1951년 12월에는 단 9일 만에 5,120개의 천막이 파괴되어 56,000명이 새로운 피란처를 찾아야만 했다. 설상가상으로 6·25 전쟁의 여파로 천막값이 천정부지로 치솟아 올랐다.[306]

상황이 이렇게 되자 UNRWA는 어쩔 수 없이 경제적 기회가 제한된 곳에

서도 가옥을 건설했다. 가옥은 천막보다 환경도 쾌적하고 유지보수를 하기에도 용이하고 수명이 길었다. 지금으로서는 건설비용도 저렴했다. 1951년에 UNRWA가 관리하는 난민수용소의 66%는 천막이었으나, 3년 뒤에는 23%로 급격히 감소했고 그 빈자리를 가옥이 채웠다. 그리고 학교와 공방, 목욕탕, 작은 가게들이 주변에 들어서면서 수용소는 마을의 모양새를 갖추게 되었다. 하지만 여전히 상당수의 주거환경은 열악했다. UNRWA의 재원이 부족한 데다가 좋은 장소를 물색하기도 어려웠고 무엇보다도 난민들 스스로가 임시 피란처 이상의 주거 환경을 거부했기 때문이다.[307]

> UNRWA는 흙길에 나무를 심고 천막을 제거하고 진흙집을 만들기 시작했어요. 그들은 난민촌을 꾸며서 더 살기 좋은 곳으로 만들고 있다고 말했어요. ... 우리는 난민촌을 더 살기 좋은 곳으로 만들고 싶지 않아요. 우리는 고향으로 돌아가기만을 원해요. UNRWA가 하던 것은 우리의 체류를 영구적으로 만드는 것이었어요. ... 다음날, 우리 꼬마들이 나무를 뒤집어엎고 춤을 추면서 당시 난민촌에서 유행하던 노래를 불렀어요. "나는 누구지? 너는 누구니? 나는 귀환자[308]야! 나는 귀환자야!"[309]

난민들은 주거환경이 개선되면 재정착한 것으로 간주되어 고향으로 돌아갈 권리를 잃게 될까 봐 걱정했다. UNRWA는 주거환경을 개선하는 것이 정치적 권리인 귀환권을 훼손하지 않으며 오히려 난민 생활에 도움이 될 거라고 설득했고, 난민 생활이 8년 차에 접어든 1955년이 되어서야 동의를 얻을 수 있었다.[310] 1967년까지 많은 주거지가 시멘트나 콘크리트 등의 자재를 사용해 새로 지어지거나 보수되었다. 그러나 여전히 임시적인 피란처라는 인식 때문에 적절한 도시 계획이 동반되지 않았고 난민촌은 도시 슬럼가와 같은 열악한 모습이 되어갔다. 모든 난민들이 난민촌에서 살았던 것은 아니다. 난민촌에는 형편이 어려운 사람들이 우선적으로 받아들여졌고, 그 수는 전체 난민의 3분의 1 정도였다. 나머지 난민들은 주로 난민촌 인근에서 주거지를 마련해 유엔이 제공하는 식량 배급이나 교육, 보건 등의 지원을 받았다. 일자리를 찾아 걸프 지역 등으로 이주한 난민들도 상당수 있었는데, 이들이 해외에서 보내오는 돈

은 난민 생활을 지탱하는 데 절실했다.[311]

  난민촌은 난민들의 정치, 사회적 활동의 중심지가 되었다. 단순히 경제적 빈곤층이 무작위로 모여든 슬럼가와는 달리 난민촌은 피란 이전에 인근에서 살았던 지역 주민들 위주로 모여서 공동체의 끈을 이어가는 장소였고, 덕분에 기존의 사회규범과 질서를 유지할 수 있었다. 난민들은 이곳에서 같은 희망을 노래하고 같은 슬픔을 나누었다. 하루는 팔레스타인의 자연환경에 대해서 이야기하고, 또 하루는 고향으로 돌아가는 미래를 이야기했다. 어느 날은 유엔의 대응을 기대하며 난민 생활은 한시적인 고통이라고 다독였다. 그러나 이런 희망찬 이야기를 할 때도 표정과 목소리에는 고요한 절망감이 담겨 있었다. 날이 갈수록 생계를 유지하기가 얼마나 힘든지, 취업허가증이나 체류허가증, UNRWA의 난민허가증, 국경통과허가증, 상업허가증 따위를 받는 게 얼마나 힘든지와 같은 눈앞의 문제가 거론되었다. 이런 모습을 보고 자란 아이들은 다른 아랍인과는 차별되는 팔레스타인인으로서의 정체성을 더욱 강하게 가지게 되었다.

> 나는 카페에서 아버지 옆에 앉아 그의 오랜 친구들이 차를 마시며 물담배를 피우는 것을 보고 있었다. ... 아버지는 난민촌에 새로 들어온 아부 살람(살람의 아버지)과 이야기하고 있었다. 아버지는 그에게 팔레스타인 어디에서 왔냐고 물었다. 그는 하와사(Hawassa)에서 왔다고 대답했다. 아버지는 하이파 근처에 있던 그 마을을 기억에서 떠올렸다. "하와사...음?" 아버지는 그 이름이 마치 신화적이고 치유의 효과가 있는 것처럼 조용히, 길게 읊조렸다. "하와사는 참 아름다운 곳이죠." 얼마나 아름다운 말인가. ... 그들에게 하와사는 과거에 아름다웠던 곳이 아니라 지금 현재도 아름다운 곳이었다. 그들이 진짜 말하고 있는 것은 타향 생활이 견디기 힘들고, 낯설고, 일시적이고, 1948년 이전의 구름 한 점 없는 여름까지 이어졌던 원래의 삶에서 잠깐의 단절된 기간으로 남을 것이며, 그렇게 되어야만 한다는 것이었다. ...
>
> 우리는 어른들이 고향에 대해 이야기하는 것을 듣고 있었다. 난민촌에서 태어난 아이들, 팔레스타인에서 태어났지만 그곳을 기억하기엔 너무 어렸던 아이

들, 그리고 나처럼 한밤중의 총소리와 반듯하게 누워 있던 시체들 속에서 이웃 국가로 피란 가기 위해 해변가 도로를 따라, 흙길을 따라 걸었던 기나긴 여정에 대한 기억을 가지고 있는 아이들 모두 기다렸다 고향으로 돌아갈 그날을. ... 귀환에 대한 노래와 시들이 난민촌에 메아리쳤다. ... 나는 하이파 출신이었기에 하이파를 노래했다. 하이파, 오 나의 사랑스러운 도시여, 우리는 어부들이 잡은, 아직도 모래 위에서 파닥거리는 물고기와 너를 두고 떠났구나. 타향에서 두 번째 해를 맞았을 때 물펌프 옆 천막에서 태어났던 여섯 살 된 내 사촌은 자기가 야파 출신이라고 말했다. 왜냐하면 그의 부모님들이 그곳에서 태어났고, 야파가 어떻게 생겼는지 어떤 느낌인지를 알고 있기 때문이다. 이 아이에게 야파의 과거 모습은 현재의 모습이었다.[312]

UNRWA는 원래 3년의 임기를 부여받은 임시 기구였다. 유엔은 난민을 계속해서 지원할 계획이 없었고, 지원이 중지될 때를 대비해 관련 국가들이 취할 조치에 대해 협의하는 것이 UNRWA의 과업 중 하나였다.[313] 1950년에 통과된 유엔총회 결의안 393호는 난민들이 "귀환이나 재정착을 통해 중동 지역의 경제생활에 재통합"되어야 한다고 보았다.[314] 그런데 이스라엘은 계속해서 귀환을 완강히 금지했고, 아랍 국가들도 재정착에 반대했다. 후자의 결정에는 난민을 대규모로 수용할 경우 생겨나는 안보나 경제적 부담, 사회적 불안 등 다양한 요인이 있었지만, 가장 중요하게 고려된 것은 난민의 귀환권이 가지는 정치적 상징성이었다. 이스라엘의 건국과 그로 인한 나크바는 팔레스타인인뿐만 아니라 외세의 지배를 경험한 대부분의 아랍인들이 공유하는 아픔이었다. 따라서 난민의 귀환은 유럽 제국주의에 희생당한 억압의 역사로부터 아랍 민족의 정당한 권리를 되찾는다는 상징성을 안고 있었다. 아랍 연맹은 팔레스타인 난민의 정체성을 지키고 귀환권을 보호한다는 목적에서 시민권을 발급하지 않기로 결의했다. 그 결과로 난민들은 체류국에서 경제적, 사회적 차별을 받았다. 오직 서안지구를 병합할 욕심을 품은 요르단만 난민들에게 완전한 시민권을 부여했다.

아랍 국가들은 난민의 귀환을 주장했지만 이를 실현할 능력은 없었다. 그래서 난민에 대한 책임을 국제사회에 물어서 딜레마를 해결하려 했다. 1947년에 분할안을 계획하고 가결한 유엔은 난민 발생의 주요 책임자였다. 1951년에 아랍연맹은 "(난민들의) 비극에 대한 근본적인 해결책을 제공하는 것은 아랍 국가들의 역량 밖의 일이므로 유엔헌장에 따라 국제사회가 그 책임을 져야 한다."는 성명을 발표했다.[315] 난민들도 아랍 정부에 의탁할 생각이 없었다. 재정착으로 여겨질 것을 우려하기도 했거니와 유엔의 책임을 인지했기 때문이다. UNRWA의 지원은 감사의 대상이 아니라 국제사회가 책임져야 할 최소한의 의무라고 여겼고, 오히려 미흡하다고 불평했다.[316]

난민 문제가 해결될 기미가 보이지 않았기 때문에 UNRWA는 임기를 연장하게 되었다. 1950년대 중반에 접어들자 UNRWA는 '귀환이나 재정착을 통해 중동 지역의 경제생활에 재통합'시킨다는 계획은 불가능하다고 판단했다. 이스라엘은 요지부동이고 재통합을 목적으로 한 대규모 개발 사업은 난민과 아랍 정부들의 정치적 반대로 실패했다. 이에 UNRWA는 교육과 보건, 사회복지와 같은 공공서비스 제공을 확대하는 방향으로 전략을 수정했다. 이전까지는 자립을 위해 지역 사회의 개발을 염두에 두었지만, 이제는 난민들 개개인의 인적 자원 개발을 추구하기로 한 것이다. "난민들이 어떠한 미래에 부닥치더라도 이러한 활동들은 난민들이, 특히 젊은 세대가 건설적이고 행복한 삶을 준비하는 데 큰 도움이 될 것"으로 기대했다.[317]

교육은 UNRWA가 가장 집중한 부문이었다. 1950년대 초반에만 해도 교육 사업은 전체 예산의 5%에 불과했으나, 1960년대 말에는 40%로까지 증가해 약 20만 명 이상의 학생들이 UNRWA 학교에서 학습했다.[318] 성평등도 개선되어 여자아이의 등록률이 남자아이만큼이나 높아졌다.[319] 난민들은 어려운 환경에서도 어떻게든 자식들에게 배울 기회를 주려고 노력했다. 영국과 시온주의자들로부터 기만당한 역사가 현대적인 교육을 받지 못해서라고 믿었기 때문이다.[320] 게다가 난민촌이라는 불안정한 환경에서 지식은 가장 안전한 자산이며 빈곤에서 탈출할 수 있는 효과적인 수단으로 여겨졌다.[321] 가자지구 난민 출신에서 의사가 된 이젤딘 아부엘아이시(Izzeldin Abuelaish)는 유년기를 이렇게 기억했다.

내가 열 살이 되었을 때 부모님과 우리 6남 3녀까지 열한 명이던 우리 가족은 가로세로 3미터씩밖에 안 되는 방 하나에서 살았다. 전기도, 수도도, 화장실도 없었다. 지저분할 수밖에 없었고 사생활이란 것이 있을 수도 없었다. 식사는 큰 접시 하나에다 차려 놓고 다 함께 먹었다. 동네 공중변소를 쓰려면 줄을 서야 했고, 유엔에서 배급해 주는 물을 긷기 위해서도 줄을 서야 했다. … 우리는 대개 맨발에다 벼룩투성이었고 배를 곯았다.[322]

사실 자발리아 캠프[난민촌]에서 보낸 소년 시절의 기억 가운데 가장 강하게 남아 있는 것은 주로 공중변소의 악취, 언제나 떠나지 않았던 허기, 누군가에게는 몇 푼밖에 안 되지만 우리 가족에게는 너무나 소중한 돈을 벌기 위해 꼭두새벽에 우유를 팔면서 느끼던 피로감, 학교에 늦지 않으려고 서두르며 느끼던 불안 같은 것들이다. … 하늘은 언제나 푸르렀지만, 석양을 보며 경탄하거나 일출을 가만히 바라보았던 기억은 없다. 생존은 시적인 성찰의 짬을 허락하지 않는다. 그 시절 나는 한 가지에만 마음이 쏠려 있었다. 교육을 잘 받아서 여기를 벗어나자는 것 말이다.[323]

세월이 흐르면서 UNRWA는 비대해졌다. 유엔의 파란색 깃발을 따 '파란 국가'라는 별명으로 불릴 정도였다.[324] 난민의 수가 130만 명을 넘어간 1960년대 말에 UNRWA는 13,000명의 직원을 고용해 466개의 학교와 7개의 직업기술학교, 83개의 의료시설을 운영했고, 84만 명의 저소득층에게 식량을 배급했다.[325] 한 해 예산은 4천 6백만 달러에 달했다.[326] 중동 지역의 정치적 안정을 바라는 서구 국가들로부터 많은 기금을 조성할 수 있었던 덕분이었다. UNRWA 국장(Director)의 표현을 빌리자면, "난민들의 정치적 문제를 공정하게 해결하지 않아도 되기 위해 지불하는 비용 중 아마도 가장 저렴한 비용"이었다.[327]

별명과는 달리 UNRWA는 기능적으로 단순한 복지기구에 불과했다. 사법적으로 난민들은 체류 국가의 법을 따라야 했고, 안보에 대한 책임도 해당 국가에 있었다. UNRWA는 난민촌을 직접 운영하지도 않았다. UNRWA에서 만든 상세한 운영 규정이 있었지만 난민촌을 운영하는 주체는 난민들이었고, 토지도 UNRWA의 소유가 아니라 개인이나 국가로부터 임차한 것이었다. UNRWA의 직원들도 절대다수가 난민이었기 때문에 '파란 국가'의 주인은 난

▶사진 26. 1964년, 가자지구 자발리아(Jabalia) 난민촌의 UNRWA 학교에서 공부하는 소녀들. 사진은 UNRWA에서 제공

▶사진 27. 1969년, 자발리아 난민촌의 UNRWA 직업학교에서 전통 자수를 교육하는 모습. 사진은 UNRWA에서 제공

민들이었다. 난민들이 주축이 되어 전개한 팔레스타인 해방운동은 그러한 관계를 표면으로 드러내는 계기가 되었다. UNRWA 학교는 아이들에게 팔레스타인인으로서의 정체성을 교육하는 정치적 공간이 되었고, 1960년대 후반부터는 난민촌이 군사기지로 활용되었다. 이는 당연히 정치적으로 논란을 불러일으켰고 UNRWA는 자신의 책임 범위를 스스로 축소시켰다. UNRWA에서 난민촌을 지칭하는 공식 용어는 "UNRWA 수용소(UNRWA camp)"였지만 1970년에 들어 "난민촌(refugee camp)"으로 바꾸었고, 해방운동세력이 난민촌을 실질적으로 통제하게 된다.[328]

3.2. 팔레스타인 해방운동

1949년의 휴전 협정 이후로도 팔레스타인인들은 이스라엘에 대한 투쟁을 멈추지 않았다. 비록 지도부가 와해되고 민족운동을 이끄는 단체는 없었지만, 서안지구의 팔레스타인인들은 국경을 넘어가 유대인들을 죽이거나 정착촌을 약탈했다.[329] 투쟁에 앞장선 것은 당연히 난민이었다. 그들은 가진 것은 없고 잃은 것만 많았다. 더군다나, 보통의 난민과는 달리 시간이 흐른다고 고향으로 되돌아갈 수 있다는 보장도 없었다. 요르단은 나크바로부터 불과 5년도 되지 않아 이스라엘과 관계 정상화에 나섰다. 팔레스타인인들은 이를 막기 위해서 투쟁을 강화했고, 1953년 10월에는 두 명의 아이와 어머니를 살해했다. 이스라엘은 보복으로 라말라 인근의 키비야(Qibya) 마을에 쳐들어가 66명의 주민을 남녀노소 가리지 않고 학살하고 집을 파괴했다.[330] 이토록 거대한 힘의 차이 앞에 많은 팔레스타인인들이 절망했으나 유엔이나 다른 아랍 국가들이 어떻게든 해주리라는 기대는 날이 갈수록 희미해져 갔기 때문에 대항쟁 때처럼 그들 스스로가 문제를 해결하려고 노력해야 한다고 용기를 북돋아야만 했다.

1948년 전쟁에서 기대 이상의 성과를 거둔 이래 이스라엘의 수뇌부는 군사적 성공에 도취되어 있었다. 그들은 다시 전쟁을 일으켜 영토를 확장하길 원했고 그러려면 서방 국가들의 지지를 얻는 게 필수적이었다. 그런데 이집트가 영국, 미국과 관계 개선에 나서자 불만을 품고 이를 방해하기 위해서 1954년 7월에 이집트에서 폭탄 테러를 수 차례 자행했다. 처음에는 반정부 이슬람 단체인 무슬림형제단(Muslim Brotherhood)의 소행으로 의심되었으나, 이집트 정부는 테러리스트를 체포한 뒤 이스라엘을 범인으로 지목했다. 이스라엘 정부는 부인했고 언론은 이집트 정부를 반유대주의자라며 비방했으나, 결국 나중에는 범행이 들통났다.[331]

이듬해 미국은 이집트와 이스라엘의 관계 개선을 위한 중재에 나섰다. 이집트의 가말 압델 나세르(Gamal Abdel Nasser) 대통령은 "오늘날 어떤 아랍인도 이스라엘을 파괴해야 한다고 말하지 않는다."라고 말하며 평화회담에 적극적으로 응했다. 하지만 아랍 국가에 둘러싸여 안보가 위험하다고 호소하던 이스라엘이 평화를 원치 않았다. 수뇌부는 회담을 거부할 구실을 조작하기 위해 1955년 2월에 가자지구를 침공해 37명을 죽이고 30명을 부상 입혔다. 학살을 마친 뒤 이스라엘 정부는 아랍군이 기습해 왔고, 이들을 추격한 끝에 가자지구에서 사살한 것이라고 거짓 해명했다. 작전(Operation Black Arrow)을 주도한 것은 퇴임 총리인 벤구리온과 국방부 장관 모세 다얀(Moshe Dayan)이었고, 현직 총리인 모세 샤레트는 반대했었다. 샤레트는 이 작전으로 "우리가 고립되고 안보가 위험하다고 절박하게 외치고 있는 인상이 만들어질 것이다. 그러나 실상은 우리가 대량 학살을 저지르는 피에 굶주린 침략자다."라고 일기에 고백했다.[332]

이 사건으로 이집트는 이스라엘과의 평화협상을 취소했다. 벤구리온은 기뻐하며 가자지구를 영구적으로 점령하는 계획을 제출했다. 주전파들은 미국이 제안한 안보협정을 거절할 정도로 군사력의 우위를 확신하고 영토욕에 미쳐 있었다. 다얀 장관은 "안보협정은 단지 (자유로운 군사 작전에) 방해물만 될 뿐이다. 아랍 군대는 우리에게 전혀 위협이 되지 못한다."고 말했다. "보복 공격은 우리의 생명줄(vital lymph)이다. 보복 공격은 우리 국민들과 군 내부에 높은 긴장을 유지할 수 있도록 해준다. ... 젊은이들에게 우리가 위험해 처해 있다고 믿게 만드는 것이 중요하다." 반면, 샤레트는 다얀의 생각이 "존재하지 않는 위협을 창조"하는 것이라고 반발했다.[333]

가자지구를 정복할 기회는 1년 만에 찾아왔다. 이집트 정부가 수에즈 운하 회사를 국유화하자 대부분의 지분을 가지고 있던 영국과 프랑스가 반발했고, 이집트를 함께 침공하자고 이스라엘에 제안한 것이다. 1956년 10월, 이스라엘이 먼저 시나이반도와 가자지구를 침략했다. 이어서 영국과 프랑스가 폭격을 가하고 공수부대를 투입했다. 전황은 이집트에 대단히 불리했으나 미국과 소련이 영국과 프랑스를 견제하고 나섰다. 2차 대전 이후 국제정치의 새로운 패권자로 부상한 두 강국의 경고에 침략자들은 굴복할 수밖에 없었고 병력을 철수시켰다. 이때를 기점으로 중동에서 40년 가까이 이어진 영국과 프랑스의 패권은 완전히 종식되고 미국이 중동의 정세를 주도하는 위치에 오르게 된다.

수에즈 전쟁(Suez Crisis)으로 아랍인들은 크게 고무되었다. 비록 군사적으로 열세였다고는 하나 나세르 대통령은 외교에서 승리를 거둔 것으로 평가받고 아랍 국가들의 정치적 지도자로 등극했다. 범아랍주의가 부활하고 1958년에는 이집트와 시리아의 통합정부(the United Arab Republic)가 수립된다. 많은 팔레스타인인들은 아랍 국가들이 하나로 통일되어 언젠가 이스라엘을 물리칠 날이 오기를 응원했다. 그러나 일각에서는 지난 역사를 잊지 않고 팔레스타인 민족주의를 주창하며 팔레스타인인에 의한 해방운동을 지지한 사람들도 있었다. 그중에서 두각을 드러낸 것은 이집트 카이로 대학에서 수학하던 야세르 아라파트(Yasser Arafat, 1929-2004)와 동료들이었다. 이들은 1959년에 정치단체 파타(Fatah, 팔레스타인민족해방운동)를 결성해 어느 국가에도 소속되지 않은 채 독립적으로 활동했다.[334] 파타는 적극적인 무장투쟁이 필요하다고 보고 군사 조직을 구축하려 했으나 이스라엘과 갈등을 야기할 것이 걱정된 요르단과 이집트가 파타를 탄압했다. 나세르 대통령은 팔레스타인인들을 통제하고 나아가 정치적 무기로 활용할 필요성을 느꼈고, 1964년에 팔레스타인 문제를 다루기 위한 아랍정상회담을 개최했다.

정상회담에서 아랍 국가들은 과거 독립당의 일원이었던 아흐마드 슈케이리(Ahmad Al-Shuqeiry)를 팔레스타인 대표로 선정했다. 그는 대중적인 지도자는 아니었으나 그래도 4백여 명의 팔레스타인인과 함께 팔레스타인민족의회(PNC)를 성공적으로 개최했고 민족헌장을 작성했다. 민족헌장은 팔레스타인인들이 위임통치령으로 규정된 팔레스타인 땅 전체에 정당한 권리를 가지고 있으며,(1-2조) 이를 부정한 밸포어 선언과 유엔 분할안, 이스라엘은 모두 불법적이고 무효이며, 침략과 점령, 식민주의가 아닌 정의롭고 평화로운 공존을 지지했다.(17-22조) 팔레스타인 출신의 유대인들은 팔레스타인인으로서

함께 살 권리를 인정했다.(7조)

헌장에서 제일 중요한 내용은 헌장의 정신을 실현하기 위한 정치적 기구로 PLO(팔레스타인해방기구)를 창설하기로 한 것이었다.(23조) PLO의 초대 의장으로는 슈케이리가 선출되었다. 아랍 국가들은 PLO를 팔레스타인인들을 대표하는 유일한 합법적 기구로 인정했으나 국가적 지위를 인정하지는 않았다. PLO는 팔레스타인 문제를 다루기로 한 2차 아랍정상회담에 참가할 자격을 얻어내기 위해서 많은 노력을 해야만 했다. 내부적으로도 리더십에 대한 도전이 있었다. 파타는 PLO의 평화노선에 반대하고 1965년부터 독자적으로 무장투쟁을 개시했다. 파타의 첫 유격전은 이스라엘에 간파당해 실패로 돌아갔으나 이에 굴하지 않고 투쟁을 이어갔다.

한편, 1960년대에 들어 나세르의 영향력은 점점 약화되고 있었다. 시리아와의 통합정부는 3년 반 만에 와해되었고 경제는 피폐해졌다. 이스라엘을 위협할 만한 군사력을 육성하는 데도 실패했다. 그럼에도 불구하고 나세르는 이스라엘에 대한 위협 수위를 높임으로써 정치적 리더십을 유지하려 했다. 1967년 5월에 수에즈 전선에 병력을 전진 배치하고, 이집트와 가자지구에 주둔하고 있는 유엔평화유지군의 철수를 요구하고, 이스라엘의 티란 해협 통과를 금지했다. 이스라엘은 7만 명의 예비군을 소집해 대응 태세를 갖췄다. 몇 주간 양국에 긴장이 흘렀으나 이스라엘의 수뇌부는 오히려 이 상황을 반겼다. 수에즈 전쟁 이후로 이스라엘은 경제적 성장을 이룩하며 내실을 다진 상태였다. 해외 유대 공동체가 보내온 기금과 독일의 전쟁범죄 보상금, 미국의 후원 덕분에 한 해 예산의 절반을 무기 구입에 지출하며 군비를 증강해 왔다.[335]

1967년 6월, 이스라엘은 침략전을 재개하기로 뜻을 굳혔다. 이집트가 공격에 나설 의사가 없다고 판단했음에도 불구하고 방어를 위한 선제공격이라는 명목을 내세워 이집트와 시리아, 요르단을 기습침공했다. 단 6일 만에 이집트의 시나이반도와 가자지구, 요르단의 서안지구, 시리아의 골란고원이 이스라엘의 손에 떨어졌다. 이스라엘은 중동의 패자로 등극했고 영토를 3배로 확장했다. 나세르의 범아랍주의는 완전히 무너졌다. 모든 아랍인들이 지도자들의 무능함에 분개했지만, 팔레스타인인들의 분노와 슬픔은 특히나 컸다. 그들은 남아 있던 22%의 땅마저 모조리 빼앗겼을 뿐만 아니라 35만 명이 추가로 피란길에 올랐다. 그중 11.4만여 명은 1948년 난민들이었다.[336] UNRWA는 요르단과 시리아에 10개의 난민촌을 새로 만들어 구호에 나섰다. 국제사회가 비난하자 이스라엘은 이들이 '자발적'으로 떠난 것이라고 또다시 거짓말했다. 그러나 현장 목격자들의 양심고백 등으로 강제로 추방한 사실이 확인되었다.

1967년 전쟁 직후 유엔안보리는 "정의롭고 지속가능한 평화의 정착"을 위해서 이스라엘이 점령한 영토에서 철수할 것을 요구하는 결의안 242호를 통과시켰다.[337] 그러나 형식적인 대응 그 이상도 이하도 아니었다. 미국 주도의 서방세계는 이스라엘에 어떠한 제재도 가하지 않았다. 결의안 이행을 위해 유엔특사 군나르 야링(Gunnar Jarring)이 1990년까지 관련국들과 협의를 진행했으나 아무런 성과도 거둘 수 없던 것은 당연했다.[338] 팔레스타인인들은 더 이상 아랍 국가들로부터 한 줌의 희망도 찾을 수 없었다. 난민의 귀환권에 대해 장황한 이야기를 하고 서안과 가자지구의의 점령이 불법이라 외치기만 할 뿐 아무런 행동도 하지 않는 국제사회도 믿을 수 없었다. 팔레스타인인들은 활로를 찾기 위해서 스스로 나서야 한다는 것을 여실히 깨달았다. 팔레스타인의 해방은 팔레스타인인만이 가져올 수 있다는 파타의 목소리에 사람들은 귀를 기울이기 시작했다. 1967년 12월에는 더욱 과격한 무장투쟁을 옹호하는 팔레스타인해방인민전선이 조직되었고, 국제적 테러까지 감행한다.

1967년 전쟁 이후로 파타는 요르단 국경에서 유격전으로 이스라엘을 괴롭혔다. 이스라엘도 요르단 마을을 연거푸 공격했고, 1968년 3월에는 파타의 군사기지가 있는 카라메(Karame) 마을을 파괴하는 계획을 세웠다. 이스라엘이 공격한다는 첩보를 입수한 요르단군은 파타에 철수를 제안했으나 아라파트가 결사 항전을 주장하자 마음을 바꾸고 함께 싸우기로 결심했다. 이스라엘은 손쉽게 이길 거라고 예상했으나 전투는 치열했다. 15시간 동안의 교전 끝에 이스라엘군은 목적을 달성하지 못한 채로 퇴각했다. 비록 아랍 측의 피해가 이스라엘보다 두 배 이상 많았으나, 이스라엘군을 상대로 처음 거둔 승리였기 때문에 모두가 환호했다. 아라파트와 파타는 아랍의 어느 군대도 꺾지 못한 이스라엘의 군대에 도전한 용감한 영웅으로 칭송받았다. 불과 몇 개월 만에 1만여 명의 팔레스타인인들이 의용병으로 자원했다.[339]

아랍 국가들은 이제 팔레스타인인들의 목소리를 무시할 수 없게 되었다.

1968년에 파타는 민족헌장을 수정했다. 새로운 헌장은 아랍 국가들로부터의 독립성을 강화하고, 무장투쟁이 "팔레스타인을 해방시키는 유일한 방법"(9조)이며 "팔레스타인의 해방은 ... 시온주의의 제거를 목표"로 한다고 정의했다.(15조) 팔레스타인인으로 인정받는 유대인의 정의도 "시온주의가 침략"하기 전에 팔레스타인에 살았던 사람들로 범위가 좁혀졌다.(6조) 이듬해에 아라파트는 PLO의 세 번째 의장[340]으로 선출되었고 이때부터 팔레스타인인들의 해방운동이 본격적으로 시작된다.

PLO는 요르단 난민촌에 근거지를 두고 서안지구에서 집중적으로 유격전을 전개했다. 비록 이스라엘에 큰 피해를 입히지는 못했으나 무장투쟁의 기치를 성공적으로 세웠다. 그러나 주권 국가 내에서 정치적으로 독립적인 군사 집단의 존재는 불화를 일으키기 마련이다. 요르단 시민권자의 3분의 2는 팔레스타인인이었고 PLO가 이들에 대한 직접적인 통제를 시도하는 등 주권을 침해하자 1970년 5월에 요르단군이 PLO를 습격했다. 한 달간의 계속된 전투로 400여 명이 죽고 나서야 요르단은 PLO가 팔레스타인 난민촌에서 완전한 자치를 행할 권리를 인정했다. 대신, PLO의 무장대원은 난민촌 안에서만 활동하도록 제약하였으나 이는 지켜지지 않았다. 계속되는 갈등 속에서 8월에 이집트가 이스라엘과 휴전협정을 체결하고 요르단이 이를 지지하자 팔레스타인인들은 분노했고, 요르단은 팔레스타인인들이 협정을 방해하지 못하도록 전면적으로 공격했다. 900명의 무장대원을 포함해 수천 명의 팔레스타인인들이 같은 아랍인 손에 학살당했다. PLO는 항복했다. 그러나 무장대원과 요르단 군인 간의 마찰이 멈추지 않자 이듬해에 요르단군은 재차 PLO를 공격했고 아라파트는 살아남은 사람들과 함께 레바논으로 본거지를 옮겼다.[341]

요르단 덕에 골칫거리를 줄인 이스라엘은 안정적으로 성장의 기로를 달렸다. 이집트의 안와르 사다트(Anwar al-Sadat) 대통령이 시나이반도를 되찾길 바라는 마음에 평화협상을 요청했으나 거부했다. 군사적 우위를 확신했기 때문에 아랍 국가들과의 관계를 정상화할 필요는 없다고 본 것이다. 사다트는 이스라엘의 생각을 바꾸게 만들기 위해서 무력시위가 필요하다고 판단했고, 유대교 명절인 욤키푸르에 기습공격을 하기로 계획했다. 이 날은 유대인들이 하루 내내 단식을 하고 전자기기의 사용이 금지되기 때문에 방어 태세가 허술했다. 무슬림들도 라마단을 맞아 단식을 하고 있었지만 사다트는 병사들에게 단식을 금지하고 준비를 갖췄다. 1973년 10월 6일, 이집트군이 시나이반도로 진격하자 이스라엘군은 놀랍게도 대패했다.

 단순히 무력시위로 벌였던 전쟁에서 너무도 쉽게 시나이반도를 되찾자 이집트는 당황했다. 이대로 가자지구와 이스라엘 영토로 북진을 계속할 것인지 망설였다. 며칠 후 이집트군은 북진을 결심하지만, 이스라엘군이 공황에 빠져 있던 절호의 기회를 놓쳐버렸다. 그 사이 이스라엘의 총리가 직접 미국으로 건너가 신식무기를 공수해 낸 것이다. 이스라엘군은 우세한 화력에 힘입어 오래지 않아 승기를 확보하고 시나이반도를 재점령했다. 유엔의 중재로 양측은 휴전에 들어갔다. 이후 1978년 9월에 사다트는 처음 계획대로 평화협상을 체결해 시나이반도를 비무장지대로 돌려받았고, 서방 국가들은 환호를 보냈다. 중동에서의 반응은 달랐다. 이집트는 아랍 국가들의 배신자로 낙인이 찍히고 수교가 단절되었다.

 한편, 요르단을 떠나 레바논으로 온 PLO는 전성기를 맞이했다. 레바논은 중앙정부의 영향력이 약했던 덕분에 PLO가 남부지역에서 자유롭게 활동할 수 있었다. 이곳은 팔레스타인 난민들이 법적, 사회적 차별을 가장 심하게 겪고 있던 곳이었다. 난민들은 공립학교에 입학할 수 없고, 직업이나 이동의 자유도 크게 제한받았다. 난민촌의 거주시설은 열악하고 일자리도 희소해 15세 이상의 노동인구 중 단지 40%만이 고용되어 있었다.[342] PLO는 아랍 국가들로부터 받은 후원금으로 난민들의 처우 개선에 나섰다. 교육과 보건사업에 앞장서고, 난민촌에 전기를 보급하는 등 인근 지역사회보다도 생활환경을 발전시켰다.[343] 난민들은 타지로 쫓겨나 생활한 지 30년 만에 처음으로 주민으로서의 평등한 권리를 인정받게 되었다. 희망을 되찾은 난민들은 아라파트를 적극적으로 지지했고 PLO는 명실상부한 팔레스타인 임시정부로 발전했다. 이스라엘에 대한 무장투쟁도 계속되었다.

 PLO의 성공이 오랫동안 지속되지는 못했다. 1975년에 레바논에서 기독교도와 무슬림 간의 내전이 일어났고, PLO는 무슬림 측에 가담했다. 이어서 시리아가 기독교 편을 들게 되면서 내전은 심화된다. 수년간 계속된 내전으로 PLO와 난민들은 피해를 입고, 설상가상으로 1978년에 이스라엘이 기회를 놓치지 않고 침공해 오면서 커다란 타격을 입는다. 그리고 4년 만에 이스라엘이 재침공을 하면서 결정타를 날린다. 이스라엘은 이번에도 방어를 위한 선제공격이라는 명분을 내세웠다. 미국은 우려스러웠으나 이스라엘이 PLO를 국경 40km 밖으로 후퇴만 시키는 제한적인 작전을 수행하겠다는 약속을 받고 동의했다. 하지만 이스라엘의 실제 목적은 PLO의 완전한 소탕과 레바논에 친이스라엘 기독교 괴뢰정권을 수립하는 것이었다. 1982년 6월에 전쟁이 시작되자 이스라엘군은 약속한 반경을 넘어 수도 베이루트까지 침공하고 시리아와 의도적으로 군사적 충돌을 일으켰다. 냉전 세계에서 아랍 국가들을 정치적으로 후원하던 소련은 미국에 경고했다. 미국은 확전을 막고 싶었고 그래서 PLO가 레바논에서 탈출할 수 있도록 이스라엘과의 협정을 중재했다. PLO는 레바논에 남겨질 민간인들을 걱정했으나 미국이 안전을 보장하기로 약속했다. 8월 중순에 맺어진 협정에 따라 8월 말부터 1만 명이 넘는 PLO 간부와 대원들이 모두 철수했다. 그러자 이스라엘은 협정을 바로 어기고 레바논의 기독교도들과 함께 베이루트 남부의 사브라 구역(Sabra)과 샤틸라(Shatila) 난민촌에서 대량학살을 저질렀다.[344]

소비아(Sobhia)는 학살이 벌어지자 난민촌을 처음으로 탈출해 외부에 도움을 청한 난민 중 한 명이었다. 그녀는 레바논 기독교도 민병대가 주민들을 학살하고 있다는 소식을 들었다. 가족들과 함께 도망치기 위해 집을 나오자마자 확성기에서 스포츠시티 경기장으로 집합하라는 소리가 들렸고, 곧바로 무장한 기독교도 대원들과 마주쳤다. 그들은 그녀와 가족들이 팔레스타인인이라는 걸 확인한 다음 걷게 했고, 도중에 남자들만 따로 멈춰 세우고 나머지는 계속 걸으라고 명령했다. "몇 미터도 가지 않아 총성을 들었고, 우리는 가족들을 잃었다는 것을 알았어요. 우리는 더 크게 오열했어요." 그녀가 계속 걸어 도착한 곳에는 큰 구덩이가 있는 어느 집 앞이었다. "거기서 탱크와 이스라엘인들을 보았어요. 그들은 난민촌 안에, 쿠웨이트 대사관 건너편에 있었어요. … 나와 다른 모든 사람들이 깊은 구덩이 안에 시체 더미가 쌓여 있는 것을 볼 수 있었어요." 그녀들은 명령에 따라 스포츠시티 경기장으로 걸어갔고, 그곳에 도착하자 이번에는 되돌아가라는 명령을 받았다. "우리는 쿠웨이트 대사관과 스포츠 시티를 두 번 왕복해야 했어요. 그러던 중 지뢰나 클러스터 폭탄이 터졌어요. 사람들이 다치고 쓰러졌고, 군인들이 우리한테 총을 쏘았어요. 모두 제각기 다른 방향으로 도망쳤어요. 우리는 아랍 대학을 향해 달렸고, 도로에 있는 차 하나를 멈춰 세웠어요. 거기에는 외국 언론인들이 있었어요. ... 학살이 일어났다고 말했으나 그들은 믿으려 하지 않았어요."[345]

사브라 구역에는 레바논인들도 살고 있었다. 칼릴 아흐마드(Khalil Ahmad)는 그중 한 명이었다. 그는 기독교도 민병대에게 끌려 나와 쿠웨이트 대사관으로 이동했다. "우리는 난민촌 모든 곳에 시체들이 있는 것을 보았어요. ... 불도저가 작동 중이었고, 시체와 내장, 다리들이 매달려 있었어요." 쿠웨이트 대사관은 "난민촌을 내려다볼 수 있는 전망이 갖춰진 곳이었고, 특히 우리가 끌려온 길과 난민촌 입구가 완벽히 보이는 곳입니다. 그곳에서 이스라엘군이 우리의 신병을 인도받았죠." 그들은 다시 스포츠시티를 향해 걷도록 명령받았다. 길에는 지뢰가 설치되어 있어 많은 사람이 다치고 죽었다. "처음에는 2천 명이 있었는데 경기장에 도착했을 때는 1,300명밖에 없었어요. 다른 사람들은 죽었거나 트럭에 실려 아무도 모르는 곳으로 끌려갔습니다. 지뢰가 폭발해 죽은 사람들도 있고요." 아흐마드는 경기장에서 이스라엘군에 심문을 받은 다음에야 풀려났다. 사브라 구역과 샤틸라 난민촌에서 학살당한 비무장 비저항 민간인의 수는 3천 명을 웃도는 걸로 집계되었다.[346]

레바논을 떠난 이후로 PLO는 궤멸 위기에 직면했다. 이스라엘과 국경을 마주하지도 않는 튀니지와 리비아를 전전하게 되었고 군사작전을 감행할 여력도 없었다. 팔레스타인 문제는 잊히기 시작했다. 아랍권의 일반 국민들은 여전히 팔레스타인인들을 동정하고, 1982년 전쟁으로 이스라엘에 점령당한 레바논 남부에서는 이슬람 시아파 무장투쟁단체 헤즈볼라(Hezbollah)가 결성되어 이스라엘에 보복 공격을 가했으나 아랍 국가들의 정치에서는 그렇지 못했다. 1987년 11월, 아랍 정상회담에서 매년 주요 의제로 논의되던 팔레스타인 문제는 더 이상 주목받지 못했다. 아랍 국가들은 오히려 이집트와 이스라엘의 평화협정을 기정사실로 하며 이집트와의 외교 관계를 수복하기로 했다.[347] 해방운동의 희망은 이렇게 사라지는 듯했다. 그러나 저항운동의 불씨는 이스라엘의 엄격한 통제 속에 있었던, 그래서 누구도 큰 기대를 걸지는 않았던 가자지구와 서안지구에서 다시 점화되었다.

3.3. 재개된 인종청소

　1967년 전쟁으로 서안과 가자지구를 점령한 이스라엘은 다시 한번 시온주의의 본질에 대해서 고민해야 했다. 점령지에는 백만 명이 훨씬 넘는 팔레스타인인이 살고 있었다. 만약 영토를 병합하면 주민들에게 시민권을 인정해야 하는데 그러면 아랍 인구가 늘어나 유대 국가의 정체성을 위협하게 된다. 1948년 전쟁 때 기껏 인종청소를 해서 쫓아냈는데 이제 와서 이들을 끌어안을 이유는 없었다. 그러니 답은 처음부터 하나였다. 인종청소를 재개하는 것이다.

　전쟁 직후부터 팔레스타인인들을 추방해야 한다는 목소리가 여당인 노동당 정치인에서부터 시인, 소설가, 작곡가와 같은 대중적인 문인들에게 이르기까지 봇물 터지듯 터져 나왔다. 이런 분위기 속에서 다양한 추방 작전이 실행되었다. 먼저 예루살렘 구시가지의 주민 5천여 명을 추방하고, 국경지대의 마을들을 파괴해 6천 명 이상을 쫓아냈다. 그 외에도 여러 마을과 도시 구역이 완전히 또는 부분적으로 파괴되어 한 달여만인 7월 중반까지 16,000명 이상이 집을 잃고 쫓겨났다. 이들은 대부분 서안지구 내 다른 도시나 마을에 재정착했고, 국경을 넘어 팔레스타인을 완전히 떠난 사람은 많지 않았다. 그러나 점령지에 머무는 것이 위험하다는 공포 분위기를 조성하기에는 충분했다.[348]

　본격적인 인종청소는 그다음부터였다. 이스라엘은 예루살렘에서 10-20만 명의 팔레스타인인들을 강제로 버스에 태워 요르단강 너머에 내려다 놓았다. 이들은 '자발적으로 떠난다.'는 문서에 서명을 강요받았다. 당시 작전을 수행했던 유대인 병사는 국경을 넘지 않으려 한 많은 팔레스타인인이 폭행당했고 서명 또한 강제적이었다고 양심선언을 했다. 국경 지역에 있는 여리고 지역의 난민촌들에서는 군인들이 총기를 난사하며 목숨을 위협해 5만 명 이상이 '자발적'으로 요르단강을 넘어가게 만들었다. 그 후 이스라엘은 국경을 상시 감시하며 서안지구로 돌아오려는 자들을 남녀노소 가리지 않고 총으로 쏘아 죽였다. 가자지구에서도 젊은 남성들을 버스에 태워 요르단으로 옮겼고 그 수는 3만 명에서 3만 5천 명으로 추정된다. 이외에도 3년 동안 1천여 명의 팔레스타인인들을 비밀리에 남아메리카로 강제로 이주시켰다.[349]

　점령 이듬해부터는 본격적으로 서안과 가자지구의 유대화에 돌입했다. 헤브론을 시작으로 곳곳에 정착촌이 건설되었고 1982년이 되면 무려 110개가 완성된다. 당연하게도, 정착촌은 임자 없는 땅에 건설된 것이 아니었다. 이미 1948년 이전부터 서안과 가자지구에는 미경작지가 없었고 이후 난민들이 대거 유입되면서 과포화 상태가 되었다. 이스라엘은 이전처럼 토지를 매입하는 방법에만 의존하지 않고 온갖 구실을 동원해 약탈했다. 예루살렘 등지에서 과거 유대인이 소유했던 땅이라는 이유로 강제로 빼앗고, 등기되지 않은 토지는 임의로 국가 소유로 바꾸고, 그마저도 아니면 군사용으로 징발하거나 공공의 이익을 구실로 소유권을 박탈했다. 또한, 총기로 무장한 유대인 테러리스트들이 주민들을 쫓아내서 미허가정착촌(outpost)을 임의로 건설하고 정부의 사후승인을 받기도 했다. 그렇게 해서 1988년까지 서안지구 토지의 55%와 가자지구의 30%가 유대인 손에 넘어갔다. 군 관리 지역으로 설정된 토지도 무려 20%가량 되었다.[350] 경작지 면적은 불과 17년 만에 22%가 감소했다. 빼앗기지 않은 토지에서도 정상적인 경작은 불가능했다. 이스라엘이 수자원을 통제했기 때문에 끌어다 쓸 물이 부족했던 것이다. 서안지구 수자원의 78%와 가자지구의 3분의 1이 약탈당했다.[351] 유엔무역개발협의회에 따르면, 1975년에 팔레스타인의 농업 부문의 GDP는 약 456백만 달러였으나 20년 후에는 기술의 발전에도 불구하고 366백만 달러로 감소했다. 물가상승률을 감안하면 사실상 절반 이하로 감소한 셈이다. 또한, 농업 부문의 GDP 생산비중과 고용률도 절반 이상 하락하였다.[352]

   이스라엘은 식민지의 경제 체제를 본국에 종속적으로 만들었다. 1986년을 기준으로 서안과 가자지구는 미국 바로 다음 가는 수출 시장이었다. 당시 점령지의 인구는 고작 150만 명이었다.[353] 반면, 점령지에서 이스라엘로의 수출길은 막기 위해 보조금을 지급하는 등 무역장벽을 높였다. 이런 악조건 속에서 점령지의 산업이 성장한다는 것은 불가능에 가까웠다. 자연히 주민들은 고향에서 일자리를 찾을 수 없었고 어쩔 수 없이 이스라엘 경제로 발을 들이밀어야만 했다. 건국 이전에 그랬듯이 이스라엘은 이들을 싼값에 고용해 막 부렸다. 팔레스타인 노동자의 평균임금은 유대인의 40%에 그쳤고, 쓰레기 수거 등 사회적으로 천시받는 일거리 위주로 주어졌다. 근로 조건은 매우 열악했다. 이스라엘에서 거주하는 것이 금지되었기 때문에 매일 검문소를 드나들며 수 시간 걸리는 출퇴근을 감수해야 했다. 점령지로 돌아가지 않고 주차장 등에서 몰래 자다가 발각될 경우에는 체포되었다. 또한, 노동조합의 가입이 금지되고, 연금, 실업수당, 산재보상 등을 받지 못하는데도 소득의 30%를 사회보장세로 강제징수당하고, 능력에 관계없이 비숙련직으로만 고용되었다. 고등학교나 대학교를 졸업한 사람들도 전문직에 종사하는 게 불가능했기 때문에 해외에서 일자리를 찾았다. 1970년대 동안에는 매년 1-2만 명이 해외로 나갔다. 그러나 1980년대에는 이라크-이란 전쟁으로 인해 해외 취업의 기회가 제한되자 식자층도 이스라엘에서 단순 노동직을 구했다.[354)]

점령지에 있는 난민촌의 상황은 특히나 위태로웠다. 1981년에 라말라에 있는 아마리(al-Am'ari) 난민촌을 방문한 미국의 언론인 그레이스 할셀(Grace Halsell)은 이렇게 묘사했다. "난민촌을 들어가며 마치 중세의 게토에 들어가고 있다는 느낌을 받았다. 열려 있는 하수구 배수구를 피해 좁은 골목길을 따라 걸어갔다. 방이 하나나 두 개밖에 없는 많은 집들이 서로를 지지대 삼아 지어져 있었다. 나는 길도, 보도도, 정원도, 테라스도, 나무도, 꽃도, 광장도, 상점도 없는 게토에 있었다. … 방 한 칸짜리 집에는 콘크리트 바닥과 이불밖에 없었고, 바닥 한쪽에 달려 있는 구멍이 변기였다."[355)]

▶ 사진 28. 1986년, 서안지구 디샤(Dheisheh) 난민촌의 일가족. 1958년에 지원받은 8.4평방미터 크기의 임시처소에서 9명이 살고 있다. 사진은 UNRWA에서 제공.

그레이스는 한 난민의 집에서 며칠간 생활하며 생활상을 들을 수 있었다. 가장인 바시르(Bashir)는 UNRWA에서 짐꾼으로 일하며 한 달에 50달러를 벌고 있었다. 지난 30여 년간 실직 기간이 고용 기간만큼이나 길었기 때문에 그는 이 일을 매우 소중하게 생각했다. 딸인 나흘라(Nahla)는 종종 형제들이 보는 앞에서 옷을 갈아입어야 하는 곤경을 토로했다. 그녀는 미국의 아이들처럼 진로에 대해 고민할 기회가 없었고, 단지 이 난민촌을 벗어나 밖에서 어떤 일이라도 할 수 있기만을 바랐다. 난민촌에서 빵가게를 운영하는 이브라힘은 하루 14시간을 일하지만 가난이 대물림되고 있다며 아들이라도 난민촌에서 탈출하기를 간절히 원하고 있었다.[356]

주민들의 권익을 보호해야 할 식민정부가 착취를 일삼는 점령지에서 주민들을 지행해 준 것은 바로 이웃들이었다. 1970-80년대 동안 종교단체나 청년단체, 대학, 노동조합, 전문직 협회, 학생위원회, 자선단체, 언론, 연구기관, 여성단체 등이 활발히 설립되어 자조와 자치의 기반을 닦았다. 파타의 청년회 샤비바(Shabiba)는 하수시설이나 도로의 수리, 이스라엘에 파괴된 집들을 재건축하는 등의 지역봉사를 했다. 이러한 자생적인 노력은 내부사회의 안정에 기여해 통치비용을 줄이는 데 도움이 되었던 덕분에 이스라엘의 허가를 받을 수 있었다. 특히, 종교단체는 좌절한 사람들이 정신적 구원을 얻는 안식처이자 교육과 보건, 문화 등의 사회복지를 가장 활발하게 제공했기 때문에 식민정부로부터 편의를 제공받을 수 있었다. 이를 반영하듯 새로운 모스크가 많이 지어졌고, 특히 가자지구에서는 20년 동안 두 배 이상 증가했다.[357] 가자지구는 1948년 이후 급속도로 늘어난 인구밀도와 식민 지배로 인한 경제적 쇠퇴로 인해 많은 주민들이 종교에서 안식을 구하게 되었기 때문이었다. 전통적으로 종교주의와는 거리가 멀었던 팔레스타인 사회가 보수적으로 변하기 시작한 것이 이때부터였고 그로 인한 사회적 갈등도 생겨났다.

점령지의 모든 주민이 식민 지배를 묵묵히 받아들이고 있던 것은 아니었다. PLO는 주민들의 궐기를 촉구했고, 적지 않은 수의 사람들이 동참했다. 그러나 이스라엘은 1971년까지 1만 2천 명을 구속하는 등 강경하게 대응해 이러한 시도를 효과적으로 봉쇄했다. 그렇지만 저항운동을 완전히 멈출 수는 없었다. 투쟁은 간헐적으로 계속되었고, 이스라엘은 추방, 가옥 파괴, 통행금지, 고문 등의 철권통치를 이어 나갔다. 점령지 내에서는 어떤 정치적 행동도 탄압당했다. 단순히 이스라엘에 반대하는 정당이나 조직에 가입하거나 관련 서적을 읽는 것만으로도 처벌당했고 팔레스타인 국기의 색깔이 들어간 옷을 입거나 그림을 그리는 것도 금지했다.[358] 한밤중에 갑자기 불온서적이나 무기, 용의자 등을 수색한다고 이스라엘군이 온 마을을 뒤집어엎고, 정착촌 주민이 공격당하는 일이 발생하면 용의자의 집을 파괴할 뿐만 아니라 마을 전체에 며칠간 통행금지를 내려 집단적 처벌을 가했다. 많은 사람들이 이로 인해 경제활동에 제약을 받았고 생계에 어려움을 겪었다.

가장 힘들었던 문제점은 정착민들을 대하는 것이었어요. 내가 여섯 살이었던 1970년대 초반부터 정착민들이 난민촌을 통과해 지나가는 걸 보면서 자랐죠. 정착촌 남쪽에서 베들레헴을 지나 예루살렘으로 연결되는 주요 도로는 디샤(Deheisheh) 난민촌을 지나거든요. …
정착민들을 이끄는 사람은 랍비 모세 레빈저(Moshe Levinger)였는데, 그는 모든 서안지구 땅을 이스라엘의 일부로 간주한 사람이에요. 그와 정착민들은 난민촌 주위의 토지를 이스라엘이 소유하기를 원했고, 우리의 생활을 비참하게 만들 방법을 찾아냈죠. 그들은 일주일에 한 번씩 버스 여러 대를 타고 찾아와 난민촌 안에서 사방을 향해 실탄을 쏘아댔어요. 그들은 고함을 지르고 돈을 던지며 싸움을 자극했죠. 난민들이 저항해 싸우려고 할 때마다 정착민들은 이스라엘군에 알리고, 군인들은 저항하는 사람들을 골목까지 쫓아와 최루탄을 발사했죠. …
내가 다니는 UNRWA 학교에 정착민들이 들어와 책상과 문과 창문을 부순 일도 기억해요. 선생님들은 우리를 지켜주지 못했죠. 항상 공포와 불안감을 느꼈어요. 내가 어렸을 적에 이런 일들이 막대한 영향을 끼쳤죠. … 얼마 후부터 나와 다른 학생들은 선생님들이 아무 힘도 없다는 것을 알았기에 (존경심을 잃고) 그들의 말을 듣지 않았어요.
1980년대 초반에는 이스라엘군이 난민촌 주위에 담장을 설치했어요. … 난민촌에는 통행 제한 명령이 내려졌어요. 저녁 7시 안에는 집으로 돌아와야 했어요. 그렇지 않으면 입구를 지키는 군인들이 문을 통과시켜 주지 않았거든요. 통행금지가 내려진 이후에는 어떤 상황에서도 난민촌을 나갈 수 없었어요. 7시에 입구가 봉쇄된 이후 몇몇 사람들은 병원으로 가지 못해 죽기도 했어요.

14살이 되던 해 생애 처음으로 책가방을 가지게 되었어요. 그전까지는 대부분의 아이가 그렇듯 비닐봉지에다 교과서를 넣어 다녔어요. 마침내 책가방을 가졌다는 것이 너무나도 기뻤어요. ... 등굣길에 여섯 명의 군인과 무장한 정착민 한 명이 저를 불러 세웠어요. 정착민은 저를 발로 차고 뺨을 때리더니 가방을 뺏어 배수구에 던졌죠. 내가 가방을 꺼내자, 군인들이 나를 구타하고 가방을 다시 배수구에 집어던졌어요. ... 그들은 다른 친구들에게도 똑같은 짓을 했어요.

난민촌의 난민들은 돌을 던지며 정착민들에게 보복했어요. 나는 10살 때부터 던지기 시작했죠.

- 『Palestine speaks』에서 발췌[359]

이스라엘 군인과 경찰은 '자의적인 판단'으로 주민들을 구금할 수 있었다. 수많은 사람들이 기소나 재판 없이 행정구금으로 투옥되었고, 자백을 받아내기 위해서 온갖 종류의 학대와 고문이 동원되었다. 점령 직후부터 팔레스타인 정치범에 대한 고문과 학대 의혹이 제기되었으나 세상에 널리 알려지기 시작한 것은 10년이 지난 1977년에 이르러서였다. 『선데이타임즈(Sunday Times)』는 수개월간의 취재 끝에 냉수 샤워, 구타, 전기고문 등에 대해 상세히 보도했다. 이스라엘은 극구 부인했으나 변호사협회와 인권 단체 등의 고발이 잇따랐다.[360] 1986년에 국제앰네스티는 팔레스타인 수감자들에게 복면 씌우기, 강제로 세워두기, 수면박탈, 위협, 욕설 등 일상적인 학대와 구타, 전기고문 등이 체계적으로 행해지고 있다고 비판하며, 인권운동가 등 폭력 행위가 없는 양심수들을 석방할 것을 요구했다.[361] 결국 1987년에 란다우 위원회(Landau Commission)가 조직되어 내부 조사에 들어갔다. 위원회는 죄수들이 국내법에 위배되게 학대를 받고 있다는 사실을 인정했으나, 테러를 방지하기 위해서 정신적인 고통을 주거나 필요한 경우에는 적정한 수준의 신체적인 고통도 허용할 것을 권고했다.[362]

이듬해부터 1990년까지 3년간 이스라엘 인권단체 베첼렘(B'Tselem)은 10개의 다른 수용소에 수감된 41명을 대상으로 후속 실태를 조사했다. 수용소마다 종류나 구체적인 방식은 달랐으나 여전히 고문과 학대가 체계적이고 상습적으로 행해지고 있었다. 베첼렘은 수감자들의 처우를 가장 잘 보여주는 "전형적인 사례"로 와일의 경험담을 들었다. 헤브론에 사는 20세 청년 와일은 1989년 5월 22일 새벽 2시에 체포되었다. 다음날 그는 다하리야 수용소로 이송되었다. 24일에는 심문 없이 온종일 수납장에 묶인 채 서 있었고, 밤 10시에는 가로세로 90센티미터의 옷장에 3시간 동안 갇혔다. 이후 작은 독방으로 이송돼 3일 동안 감금되었다. 28일에는 다시 옷장에 7시간 동안 갇혀 있었고, 그 후 독방으로 돌아왔다. 일주일이 지난 29일에야 비로소 심문이 시작되었다. 심문관은 5시간에 걸쳐 자백하라고 협박한 뒤 구타했다. 와일은 기절했다. 나중에 정신이 들었을 때는 다시 옷장에 갇혀 있었다. 심문은 저녁에 재개되었고, 두 손이 묶인 채 바닥에 눕혀졌다. 그 뒤 손과 발로 고환을 구타당하고, 일 분 가까이 목이 졸리는 걸 두 차례 반복했고, 고무로 감싼 금속 막대로 머리를 맞았다. 이어서 의자 받침에 등이 묶인 채 머리와 다리가 양 바닥에 닿게 하는 바나나 자세를 취하게 한 상태에서 복부를 가격당했다. 밤 11시가 되어서야 다시 작은 방으로 끌려왔다. 이후로도 와일은 비슷한 방식으로 계속해서 고문받았다. 고문 외에도 그녀의 누이를 강간할 것이라거나 신베트 요원이 그녀의 어머니를 임신시켰다는 등 협박과 굴욕을 당했다. 구금된 지 22일 만에야 변호사를 만날 수 있었고, 36일째에 처음으로 샤워를 하고 옷을 갈아입는 게 허락되었다. 45일째 되는 날에 그는 돌을 던졌다는 죄목으로 기소되었고 5개월의 징역형에 처해졌다.[363]

다른 수감자들도 모두 비슷한 경험을 증언했다. 와일이 당한 고문 외에도 십여 일 동안 잠을 못 자게 만들거나 사나흘 간 굶기기, 화장실 이용 금지, 얼굴에 침 뱉기, 오줌을 삼키게 하기, 발가벗긴 채 심문하기, 벽에 묶은 채 수 시간 동안 세워두기, 냉동시설에 감금, 먹고 마실 때를 제외하고 항상 마대자루를 뒤집어쓰기, 그 상태로 물을 뿌려 질식시키기거나 요강에 적셔 정신적으로 학대하기, 그리고 수감자 본인이나 가족에 대한 살해 위협을 받았다. 구타는 거의 모든 수감자가 공통적으로 당했는데, 고환, 머리, 복부 등 신체의 모든 부위를 대상으로 이루어졌고 신체를 뒤틀리게 한 자세를 취하게 한 상태에서 구타하기도 했다. 수감자들은 구타로 기절하거나 각혈했고, 장애가 생기기도 했다. 또한, 3년의 조사기간 동안 심문을 받다가 다섯 명이 죽은 것으로 의심되었다.[364] 1998년에 국제앰네스티(AMNESTY International)는 "이스라엘은 지구상에서 고문과 학대가 법으로 허용된 유일한 나라"라고 지적했다.[365] 이듬해부터 이스라엘은 물리적 고통을 주는 것은 법으로 금지하고 대신 정신적 고문에 집중했다.

고문과 학대는 소수의 불운한 혹은 소위 '폭력적인' 사람들만 겪은 예외적인 경험이 아니었다. 점령이 시작되고 20년 동안 구금된 인원은 20만 명 이상으로 추정된다. 이는 팔레스타인 인구의 15%에 해당하니까 부모나 자녀, 형제자매 중에 1명 이상은 구금된 경험이 있는 셈이고, 고문이나 학대를 받았을 가능성도 높다. 징역형을 산 사람도 수만 명에 달한다. 짧게는 수개월, 길게는 수년간 수감된 사람도 있고, 여러 번 수감된 사람도 있다. 고문과 학대에도 불구하고 이스라엘은 팔레스타인인들의 저항의식을 통제하는 데 실패했다. 너무나 많은 사람이 잡혀 와 옥고를 치렀기 때문에 유치장은 오히려 정치활동가 양성소이자 명예의 상징으로 여겨졌다. 일부는 유치장에서 단식투쟁을 벌였다.

수감자들에게 행해진 고문은 인권을 말살하려 했던 식민정책의 성격을 잘 보여주지만, 이는 편린에 불과하다. 사실상 점령지의 일상은 매분매초가 인권유린의 현장이었다. 이스라엘의 유대인 기자이자 역사학자인 톰 세게브(Tom Segev)는 인티파다가 시작된 직후인 1988년에 한 아랍인 변호사와 함께 예루살렘 거리를 걸어본 경험을 보도한 적이 있다. 변호사는 무작정 걸어 다니기만 해도 아랍인들이 어떠한 협박과 굴욕을 받는지를 알 수 있을 것이라고 말했는데, 세게브는 도저히 이해할 수 없었다.

> 회의에 찬 세게브는 그와 함께 예루살렘 거리를 걸으면서 신분증을 검사하려는 국경경비대원들 때문에 여러 차례 멈춰서야 했다. 한 대원은 그에게 "이리로 와. 뛰어!"라고 명령했다. 그는 웃으면서 서류들을 주위에 떨어트리고는 변호사에게 주우라고 했다. 국경경비대원들은 세게브에게 "이 사람들은 시키는 대로 모두 한다."고 말했다. "껑충 뛰라고 하면 뛰고, 달리라면 달린다. 옷을 벗으라고 하면 벗고, 벽에 키스하라고 하면 그렇게 한다. 길바닥을 기라고 하면, 기지 않을까?" "모두 다 하죠. 제 어머니 욕을 하라고 해도 할 거요." 그들은 "인간이

아니다." 그리고 경비원들은 변호사의 몸을 수색하고 뺨을 때리는가 하면, 옷도 벗으라고 명령할 수 있다고 경고하면서 신발을 벗으라고 명령했다. 그들이 "정말 인간도 아니야."라고 말하며 웃으면서 걸어가는 동안에 "내 아랍인 친구는 침묵을 지킨 채 땅에 앉아있었다."

- 『숙명의 트라이앵글』에서 발췌[366]

예루살렘의 아랍인들은 영주권을 부여받은 주민들이었다. 이들의 대우가 이러했으니 다른 곳에서는 더하면 더했지 덜하지는 않았다. 그러니 주민들의 저항은 계속될 수밖에 없었다. 강경책만으로 어려움을 느낀 이스라엘은 1970년대 중반부터 지방자치선거를 실시해 온건파 관리를 길러내려고 했다. 그러나 주민들은 갖은 협박에도 불구하고 민족주의자들에게 표를 던졌다. 이스라엘은 1970년대 말에 괴뢰당으로 촌락연맹을 만들었다. 촌락연맹에는 독자적인 예산과 무장 민병대가 주어졌고, 반대하는 사람들을 처벌했다. 그런데도 대다수의 주민들은 굴복하지 않았다. 촌락연맹에 가입한 이는 사회에서 소외된 극소수에 불과했다. 이스라엘은 촌락연맹을 민주평화운동이라는 정당으로 전환하려 했으나 사회적 저항으로 실패했다. 수그러들지 않는 저항정신에 이스라엘은 그들이 혐오해 마지않는 팔레스타인인들을 내부 협력자로 고용했다. 사람들은 추방이나 가족에 대한 위협에 굴복하거나, 재화나 매춘, 마약을 보상으로 받고자 부역자가 되었다. 이는 팔레스타인 사회를 암울하게 만들었으나 그 수는 많지 않았다.

1980년대부터 팔레스타인인들의 저항은 거세졌다. 1981년에는 팔레스타인 이슬람성전운동(Islamic Jihad Movement in Palestine)이 결성되어 가자지구를 중심으로 무장투쟁에 나섰다. 가자지구에 있는 식민촌 주민들의 피해가 커지자 1987년 말에 이르면 가자지구가 출입위험구역으로 선포된다. 같은 해 5월에는 서안지구에서 발라타(Balata) 난민촌의 주민들이 사람들을 체포해 가려는 이스라엘군을 쫓아냈다.[367] 인류의 역사가 언제나 그러했듯이, 이스라엘의 철권통치도 흔들리기 시작한 것이다.

3.4. 누가 평화를 거부하는가

1987년에 점령지의 상황은 시한폭탄이나 다름없었다. 1984년부터 정착민들은 폭발적으로 수를 불렸고, 팔레스타인 도시와 마을, 난민촌을 습격해 기물을 파괴하고 행인을 구타하거나 사살했다. 유대인 테러 단체들은 알아크사 모스크를 파괴하려고 시도해 종교적 갈등을 악화시켰고, 팔레스타인인들은 모스크를 보호하려고 시위를 벌이다 20여 명이 목숨을 잃었다. 설상가상으로 경제 상황은 처참했다. 실업이 만연하고 생계는 열악했다. 가자지구에서는 절반 이상의 주민들이 제대로 된 식수조차 구하지 못했다. 1987년 12월 8일, 마침내 도화선에 불을 당긴 사건이 발생했다. 가자지구의 자발리야(Jibalya) 난민촌의 노동자들이 탑승한 차량이 이스라엘군 탱크에 치여 4명이 사망하고 6명이 부상을 입었다. 우발적인 사고일 수도 있었으나 이미 이스라엘에 대한 분노가 최고조에 달해 있던 사람들은 계획적으로 벌인 일로 의심했다. 그날 밤, 수천 명이 장례식에 참여했고, 정착촌에 몰려가 돌을 던지며 시위를 벌였다.[368]

이튿날에도 시위는 계속되었다. 이스라엘군은 군중을 향해 발포했고 17살 소년이 사망했다. 몇 시간 후, 어린 순교자의 소식을 전해 들은 전국의 여러 난민촌에서 시위가 일어났다. 그다음 날부터는 시위가 도시 지역으로 확산하여 전국 곳곳에서 수천 명의 시위대가 거리를 장악하고, 돌을 던지며 점령의 종식을 요구했다. 영국으로부터의 독립을 요구하며 대항쟁을 벌였던 1936-39년으로부터 반세기만이었다. 사람들은 그때보다 더욱 큰 규모로 거세게 재개된 저항운동을 인티파다라는 이름으로 부르기 시작했다. 인티파다 이전에는 주로 청년들만 시위를 벌였으나 이제는 여성과 노인, 아이들도 적극적으로 나섰다. 이들의 무기와 상징은 돌이었다. 이스라엘군의 탱크에 돌을 던지는 팔레스타인인 소년은 유대인 골리앗에 대항하는 다윗의 모습으로 세계에 널리 각인되었다.

봉기가 확산하자 투쟁을 조직화하기 위해 마을과 도시, 난민촌에서 지역별로 대중 위원회가 만들어졌다. 위원회를 주도한 것은 주로 감옥에 수감된 경험이 있던 젊은이들이었다. 해외에서 20년 동안 활동하느라 서안과 가자지구에는 소홀했던 PLO는 영향력이 제한적일 수밖에 없었다. 그래도 서안지구에서 대중위원회를 총괄하는 지도부가 조직되자 PLO는 재정을 후원하면서 어느 정도의 영향력은 행사할 수 있었다. 반면, 가자지구에서는 그동안 사회복지 활동과 정신적 지주가 되어준 무슬림형제단의 팔레스타인지부가 하마스(Hamas)를 창설해 무장투쟁 운동을 이끌었다.[369]

지도부는 주민들에게 무장투쟁에 적극적으로 동참할 것을 호소했다. 돌 이외에도 나이프를 쓰거나 화염병을 던지고, 들판에 불을 지르거나 도로에 못이나 기름을 뿌려 사고를 일으키는 투쟁법도 권유했다. 그러나 총기의 사용만큼은 금지했다. 팔레스타인인들도 수천 정의 총을 보유하고 있었지만 이스라엘군이 대응 사격에 나서 대량학살로 이어질 것을 염려했고, 대중 투쟁의 이미지를 고수하는 것이 더욱 효과적이라는 판단도 있었다. 그러나 PLO의 지도를 따르지 않고 가자지구의 절박한 상황 때문에 보다 적극적인 해결책을 원했던 하마스와 이슬람성전운동은 폭탄을 사용한 테러 작전을 수행했다. 특히 후자는 자살폭탄까지도 추진했다.[370]

인티파다 동안 많은 폭력시위가 있었고 세계 언론에는 이러한 측면이 널리 알려졌지만, 실제로는 비폭력 시민불복종 운동이 그보다 더 주요한 역할을 했다. 수많은 주민들이 납세 거부, 상점 파업, 불매 운동, 이스라엘 기업에 대한 근로 파업 등에 동참했다. 지도부는 상점들이 하루 3시간 동안만 문을 열도록 촉구했고, 성공적인 납세 거부로 점령지에서 이스라엘의 세수는 60%로 감소했다. 하지만 이스라엘 내 근로를 막는 일은 대체로 실패했다. 이들은 가장 경제적으로 열악한 위치에 있었고 생계를 유지하기 위해서 선택권이 달리 없었다. 게다가 수천 명의 노동자들은 식민주의의 상징인 정착촌 건설에까지 참여해서 점령지의 안타까운 현실을 보여주었다.[371]

인티파다가 시작되자 이스라엘은 즉각 탄압에 나섰다. 첫 한 달 동안에만 26명의 팔레스타인인이 목숨을 잃고, 약 320명이 다쳤다. 이스라엘 측은 사망자는 없고 민간인 30명과 56명의 군인이 부상을 입었다. 이스라엘의 예상과는 달리 강경한 대응은 시위를 더욱 확산시킬 뿐이었다. '민주주의' 국가이자 서구 세력의 지원을 받는 이스라엘로서는 언론의 조명을 받게 된 시위대를 무력으로 진압하기 껄끄러웠고, 재래식 군대를 상대하기 위한 장비와 훈련만 받은 군인들은 살인 이외의 진압 방식을 몰랐다. 결국 이스라엘은 예비군까지 소집해 점령지에 파견했고, 최루탄과 진압봉, 경찰 방패, 방석모 등을 추가로 구매해서 무장시켰다. 또한, 1988년 7월부터는 고무탄과 플라스틱 총탄을 장착해 살상력을 낮추되 보다 자유롭게 사용했다.[372]

팔레스타인인들은 비폭력 시위에 참여해도 체포당했다. 만약 돌을 던져서 위협을 가하면 3개월에서 6개월의 징역과 벌금이 부과되었고, 신체나 재물에 손상을 입히면 1년에서 2년의 형이 선고되었다. 인티파다 발발 이후 3년간 3만 명 이상이 기소되었고, 1.4만 명은 기소 없이 행정구금으로 6개월에서 그 이상의 기간 동안 구금되었다. 용의자의 집을 부수거나 마을을 봉쇄하고 전기를 끊어버리는 집단 처벌도 흔했다. 봉쇄는 며칠에서 몇 주간 이어졌는데, 하루 30분만 외출이 가능하고 그 외의 시간에 집 밖으로 나오면 총살당했다. 부역자를 살해하거나 그런 위협을 가하기만 해도 마을에 봉쇄조치가 내려지기도 했다.[373] 그런데도 주민들의 분노와 저항은 멈출 줄 몰랐다. 1989년 가을, 베사홀(Beit Sahour)의 주민들은 "아이들을 죽이는 총탄과 최루탄을 구매하는 데 쓰이는 세금"을 더 이상 내지 않겠다고 선포했다. 이스라엘은 약 40일간 마을을 봉쇄하고 일반 가정과 상점에서 가사용품, 비디오 세트, TV 수신기, 세탁기, 냉장고 등 1.8백만 달러 이상의 물건들을 압수했다. 항의하는 주민들은 감옥으로 끌려갔다.

> 그들은 가재도구를 꺼내어 큰 트럭에 싣고 모든 것을 옮기는 것을 바라만 봐야 했다. ... 가구마다 사연이 있고, 추억이 서리고, 땀이 밴 것들이었다. 몇 시간 안에 거실이 텅 빈 곳으로 변했다. 노파의 모든 소유물을 강탈한 후에 군인들은 이 늙은 기독교인에게 작별의 인사를 하려고 돌아섰다. 그 노파는 젊은 군인을 애처롭게 바라보았다. 그 노파의 눈에는 고통과, 근심과 분노가 서려 있었다. ... 그러다가 힘겹게 내뱉었다. "커튼 떼어가는 것을 빼먹었네. 마저 떼어 가져가시게." 오싹하는 적막이 거실에 흘러내렸다. 군인들은 부끄럽고 죄지은 기분으로 떠나갔다. 그들은 커튼을 제외하고 모든 것을 가져갔다. 바로 그 순간, 그 노파는 존귀함을 획득했다.
>
> - 『나는 팔레스타인의 크리스천이다』에서 발췌[374]

▶사진 29. 1989년, 가자지구에서 이스라엘이 파괴한 라파(Rafah) 난민촌의 주거지. 사진은 UNRWA에서 제공하였고 Hashem Abu Sido이 촬영함.

인티파다는 국경을 넘어서 굉장한 파급력을 보였다. 레바논, 요르단, 바레인, 시리아, 이집트, 튀니지, 쿠웨이트, 이라크, 모로코, 터키, 수단 등지에서 각각 수천, 수만 명의 아랍인들이 인티파다를 지지하는 연대 시위를 벌였다. 전제 정권인 국가들은 인티파다와 같은 시민불복종운동이 자국에 전파되는 것을 우려해 시위를 탄압하며 인티파다의 보도를 막기도 했다. 연대 시위가 전국적으로 벌어진 이집트는 서둘러 이스라엘의 서안지구 철수를 요구하는 평화안을 제시했다. 이어서 1988년 7월에는 요르단이 마침내 서안지구의 주권을 포기하겠다고 선언했다. 국민의 절반이 팔레스타인 난민이었기 때문에 인티파다의 열기가 요르단 왕실에 대한 도전으로 번지는 것을 걱정한 것이다. 이런 국제 동향은 이스라엘에 대한 미국의 충성도 재고하게 했다. 인티파다가 발발한 직후 유엔안보리에 이스라엘의 점령과 인권 탄압을 비판하는 결의안 605호가 올라왔을 때 미국은 거부권을 행사하지 않았다.[375]

PLO는 이스라엘 타도라는 목표를 철회하고 평화협상에 나서기로 했다. 1982년 이래 명맥만 간신히 유지하고 있었던 PLO에게 인티파다는 어쩌면 다시는 찾아오지 않을 절호의 기회였다. 어떻게든 인티파다의 동력을 정치적, 외교적 무기로 활용해 결실을 거두어야만 했다. 서안과 가자지구 내부에서도 점령을 끝내기 위해 PLO가 이스라엘과 정치적 협상을 해야 한다는 목소리가 빗발쳤다. 1988년 11월, 팔레스타인민족의회는 동예루살렘을 수도로 하는 팔레스타인 국가의 탄생과 분쟁의 평화적 해결책을 추구한다는 역사적인 선언을 발표했다. 일각에서는 팔레스타인인들이 '두 민족, 두 국가'의 시대를 열었다고 평했고, 선언 2주 만에 소련과 중국을 비롯한 50여 개국이 팔레스타인을 국가로 인정했다.[376]

반면, 미국은 PLO를 섣불리 믿지 않고 이스라엘에 대한 인정, 유엔안보리 결의안 242호와 338호의 지지, 테러리즘의 포기를 명확히 하라고 요구했다. 아라파트는 다음 달에 제네바에서 열린 유엔총회에 참석해 "모든 종류의 테러리즘을 규탄하고", 민족의회가 유엔 결의안 242호, 338호를 협상의 근간으로 삼기로 승인했다고 알렸다. 마침내 미국은 PLO를 인정하고 협상을 시작했다. 미국의 배신에 이스라엘은 놀랐지만 여전히 점령지에서 철수하거나 PLO를 인정하는 것을 거부했다.[377] 미국도 PLO에게 요구했던 것과 같은 평화적인 태도를 이스라엘에 요구하지는 않았다.

1989-90년 동안 PLO는 이스라엘군의 철수, 난민의 귀환, 팔레스타인 독립국가 설립 등을 요구했으나 어느 것도 받아들여지지 않았다. 인티파다는 이스라엘이 평화에 관심을 가지게 할 만큼의 결정적인 위협을 만들어 내지 못했다. 시간이 갈수록 점령지의 경제, 사회적 상황이 악화되어 주민들은 신음했고, 인티파다의 열기도 식어가기 시작했다. PLO 간부가 독자적으로 벌인 테러에 대해 PLO가 규탄하지 않은 것을 계기로 미국도 PLO와 거리 두기에 나섰고, 소련의 붕괴로 팔레스타인은 국제사회의 관심에서 멀어졌다. 설상가상으로 PLO가 아랍 국가들의 지지를 잃게 되는 대사건이 벌어진다.

1990년 8월에 이라크는 쿠웨이트를 침략했다. 국제사회는 이라크를 비난하며 철수를 요구했고, 곧이어 연합군을 결성해 쿠웨이트 탈환전에 나섰다. 하지만 PLO는 이라크를 지지했다. 이라크의 사담 후세인(Saddam Hussein) 대통령이 이스라엘의 점령지 철수를 선결 조건으로 요구했기 때문이다. 팔레스타인인들은 국제사회가 자신들에게는 무관심하면서 유전 지대이며 친서방 국가인 쿠웨이트에는 민감히 반응하는 이중 잣대를 혐오했고, 이라크에 기대를 걸었다. 이라크가 70여 발의 미사일을 텔아비브로 발사했을 때 팔레스타인인들은 크게 환호했다. 하지만 기쁨도 잠시, 연합군의 맹공에 이라크는 한 달도 못 견디고 패배했다. PLO는 이라크를 지지한 대가로 쿠웨이트와 사우디아라비아 등의 정치적 지지와 재정적 후원을 잃었다. 쿠웨이트에서 일하던 30만 명의 팔레스타인인들은 추방당했고, 이들이 보내오던 외환 송금액으로 생계를 유지하던 점령지 내 가족들의 처지는 악화되었다. 평화협상에 성과를 빠르게 내야 한다는 압박은 더욱 커졌다.

한편, 걸프전을 계기로 미국은 중동에 반이라크, 친서방 진영을 유지하기 위해서 팔레스타인 문제를 해결할 필요가 있다고 판단했다. 조지 부시(George Herbert Walker Bush) 대통령은 원조를 지렛대로 삼아 이스라엘을 설득해 아랍 국가들과의 회담 자리를 마련했다. 하지만 이스라엘이 PLO를 인정하지 않았기 때문에 팔레스타인 측 대표는 점령지 내부의 명망 있는 인사들이 요르단-팔레스타인 합동 대표라는 이름으로 참석했다. PLO는 이제 이런 조건조차 거부하지 못할 정도로 힘을 잃었다. 1991년 10월, 스페인 마드리드에서 열린 본회의를 시작으로 몇 개월간 협상이 계속되었다. 협상에서 팔레스타인 측이 내놓은 안은 유엔이 인정하는 1967년 국경선을 기준으로 한 임시 자치정부의 수립과 국가로의 발전이었다. 하지만 이스라엘은 정착촌을 지금보다도 더 확장하고, 자치정부는 점령지의 일부에서 수립하되 미래에도 국가적 지위를 인정하지는 않겠다고 주장했다. 당면한 국내의 어려운 사정에도 불구하고 팔레스타인 대표단은 거절했고 팔레스타인인들은 이를 지지했다.[378]

이 무렵에 인티파다는 새로운 국면에 접어들고 있었다. 평화협상이 진전되길 바라는 마음에 대중 투쟁은 많이 감소했으나, 해방인민전선과 하마스, 이슬람성전운동은 팔레스타인인들의 권리를 일부 포기하게 될 어떠한 협상에도 반대하며 오히려 폭탄 테러를 동반한 무장투쟁을 강화했다. 이스라엘은 이들 단체 소속의 팔레스타인인 415명을 1년간 국외로 추방하는 등 강력하게 탄압했으나, 그래도 테러가 계속되자 1993년 3월부터는 점령지 전체의 봉쇄에 나섰다. 이스라엘에서 일하던 수만 명의 팔레스타인 노동자들이 갑자기 실업자가 되었고 생계를 위협받았다. 이스라엘은 태국 등에서 외국인 노동자를 들여

와 팔레스타인인들의 자리를 대체시켰다.[379]

이스라엘 총리 이츠하크 라빈(Yitzhak Rabin)은 지금까지의 방식으로는 점령을 지속하기 어렵다는 것을 자각했다. 비단 안보 문제뿐만 아니라 미국이 중동의 안정을 강력하게 바라고 있고, 국내 여론도 평화협상이 진전되길 원했다. 1948년 건국 이래 쥐 죽은 듯이 숨죽이고 살아온 아랍계 이스라엘인들은 시위에 나서 유대인과 평등한 권리를 요구하고 인티파다를 지지하는 성명을 발표했다. 유대 사회도 크게 동요했다. 점령지에 파견 나간 군인들이 국내로 돌아와서는 잔혹한 통치와 탄압의 실상을 털어놓았고 이는 전 세계에 보도되었다. 이로써 대중은 그동안 몰랐거나 일부러 외면해 온 불편한 진실을 마주하게 되었다. 수백 명의 군인이 점령지에서의 복무를 거부했고, 그중 백여 명은 한 달가량 수감당했다.[380] 역사학자들은 보존기간이 지나 공개된 정부의 기밀자료 등을 연구해 1948년 전쟁 전후의 학살과 강제 추방에 대한 과거사 진상규명에 나섰다.

라빈 총리는 팔레스타인인들과 협상을 한다면 아랍 국가들을 후원하던 소련이 무너지고 미국이 초강대국의 지위를 확보한 지금이야말로 적기라고 판단했다. 미래에는 어쩌면 이란과 이라크가 핵무기로 무장하고 이슬람 근본주의자들이 아랍 국가들에서 정권을 잡을지 몰랐다. 그러면 힘의 우위를 잃을지도 모른다는 불안감이 엄습했다. 라빈의 지시로 시몬 페레스(Shimon Peres) 외교부장관은 비공식 채널로 오슬로에서 협상을 시작했다.[381] 1993년에 협상안은 윤곽이 나왔고 마침내 9월, 이스라엘과 PLO는 워싱턴에서 「임시 자치정부에 관한 원칙 선언(The Declaration of Principles on Interim Self-Government Arrangements)」에 서명했다. 이로써 6년을 이어온 인티파다는 종식되고 오슬로 평화협상과정(Oslo peace process)이 시작된다.

오슬로 평화협상이 '과정'이라고 불리는 것은 '원칙 선언'을 시작으로 협상을 단계적으로 진전시키기로 합의했기 때문이다. 우선, 1993년에 양측이 동의한 '원칙 선언'은 이스라엘이 1967년 이전의 국경선으로 철수할 것을 요구하는 안보리 결의안 242호와 338호를 이행하는 「최종지위협상」을 체결하는 것을 목표로 삼고, 예루살렘, 난민, 정착촌, 안보협정, 국경, 주변국과의 관계 등 제반 문제를 과제로 포함하기로 했다. 「최종지위협상」은 2년 이내에 시작해서 최대 5년 이내에 마무리짓되, 과도기 동안 팔레스타인 임시자치정부와 의회를 수립하고 여리고 지역과 가자지구에서 이스라엘군이 철수하는 등 '최종지휘협상'에 어떠한 영향도 끼치지 않는다는 조건으로 여러 임시 조치를 밟기로 했다.[382]

많은 사람들이 오슬로 협상을 환호했다. 하지만 「원칙선언」은 최종지위에 대한 전망을 밝히지 않았기 때문에 평화협상에 대한 구체적인 생각은 저마다 달랐다. 팔레스타인인들은 유엔이 인정한 1967년 이전의 국경선과 완전한 주권을 가진 국가가 건국되리라 믿었다. 반대로 이스라엘인들은 인티파다를 끝내는 대가로 정부가 적정 수준에서만 '양보'하고 정착촌을 유지하거나 오히려 확장할 걸로 기대했다. 난민에 대해서도 셈법은 저마다 다양했다. 이스라엘의 극우단체나 팔레스타인의 이슬람 단체들은 어떠한 양보도 해서는 안 된다며 평화협상 자체를 반대했다.

「원칙선언」에 이은 두 번째 협정은 예정보다 반년이나 늦은 1994년 5월에 「가자지구와 여리고 지역에 관한 협정」[383]이란 이름으로 체결되었다. 「원칙선언」을 협의할 당시 팔레스타인인들은 이스라엘이 이 지역들에서 완전히 철수하겠다고 약속한 것으로 이해했으나, 이스라엘은 정착촌과 군사지대 등을 제외한 일부 지역에서만 철수하겠다고 주장했다.[384] 결국, 이스라엘의 의중이 상당히 관철되고 265㎢에 불과한 면적에서 팔레스타인 자치정부가 출범했다.

오랜 식민 지배로 지쳐 있던 사람들은 자치정부가 경제를 빠르게 개선해 줄 것으로 막연히 기대했다. 하지만 정부를 운영해 본 경험이 없는 PLO 인사들은 역량이 부족했을 뿐만 아니라 부정부패를 저질렀다. 보다 근본적으로, 자치정부는 경제정책을 수립할 권한이 크게 제약되었다. 이스라엘과 팔레스타인 간의 경제 관계를 다룬 1994년의 파리의정서는 대외무역이 이스라엘에 의해 제한되는 등 팔레스타인 경제의 종속화를 유지하고 심화하는 방향으로 설계되었다. 안보는 자치정부가 곧바로 직면한 또 다른 문제점이었다. 자치정부는 군대를 보유할 순 없지만 강력한 경찰력을 보유하는 것은 허용되었다. 그리고 경찰들이 담당할 주요 임무는 팔레스타인인들이 이스라엘에 '테러'를 하지 못하게 막는 것이었다. 그동안 이슬람 단체들은 PLO 소속이 아니었기 때문에 PLO가 직접적으로 져야 할 책임은 없었다. 그러나 '자치정부'는 자치 지역 내에서 발생한 모든 안보 문제에 책임을 져야 했다. 팔레스타인의 해방을 위해 노력하는 의사들을 탄압하는 것은 내부의 분란을 초래했기 때문에 아라파트는 통제에 소극적으로 임했고, 때로는 테러를 지렛대로 삼아 평화협상에서 유리한 위치를 차지하려고 했다.

1994년 2월에 이브라힘 모스크에서 29명의 팔레스타인인을 총으로 쏘아 죽인 유대인 골드스타인의 테러 이후 이슬람 단체들의 보복은 더욱 과격해지고 자살폭탄이 전격적으로 활용되기 시작했다. 하마스는 1994년 10월에 버스 테러로 21명을 죽였고, 이슬람성전운동은 1995년 1월에 22명의 군인을 살해했다. 인티파다 기간에는 테러가 주로 점령지 내부에서 일어났기 때문에 이스라엘 여론에 대한 부정적인 영향은 적었으나, 오슬로 협상 이후에는 무장투쟁이 이스라엘 내부를 겨냥하고 더 빈번해지자 평화협상이 평화를 가져오지 못한다는 비판이 제기되었다.[385]

1995년 9월에는 「서안지구와 가자지구에 관한 이스라엘-팔레스타인 임시협정」이 체결되었다.[386] 이 협정은 자치정부의 수반과 국회의원 선거에 대한 방법과 권한을 규정하고, 서안지구를 A, B, C 세 지역으로 분할하여 자치정부의 관할권과 이스라엘군의 재배치에 대한 계획 등을 수립했다. 이에 따라 헤브론을 제외한 서안지구의 도시와 마을, 난민촌 등에서 이스라엘군이 철수하고 다른 군사 지역으로 재배치되었다. 정착촌과 군사지역을 제외한 나머지 지역에서는 팔레스타인 의회가 수립된 이후 6개월 간격으로, 최종적으로 18개월 안에 모든 이스라엘군을 재배치하기로 기약했다. 정착촌이나 예루살렘 등 나머지 사항에 관해서는 모두 최종 회담에서 다루기로 했다.

서안지구에서의 철수 계획이 어느 정도 세워지게 되자 이스라엘의 우익 정당들과 랍비들은 라빈 총리에게 나치주의자라는 원색적인 비난을 퍼부었다. 국내 여론을 환기하기 위해 노동당과 인권 단체들은 1995년 11월에 평화협상 찬성 행진을 벌였고, 약 10만 명 가까이 참여했다. 그런데 행사 도중 라빈 총리가 유대인 청년에 의해 살해당했다. 1996년 1월에는 팔레스타인에서 대통령[387]과 의원 선거가 실시되었다. 예상대로 아라파트가 85%의 득표로 대통령에 당선되고 파타 당원이 대부분의 의석을 차지했다. 6월에는 이스라엘의 총선이 실시되었다. 라빈 암살에 대한 대중의 분노로 노동당이 낙승할 것으로 예측되었으나, 총선을 앞두고 하마스와 이슬람성전운동이 테러를 벌이면서 상황이 급변했다. 하마스와 이슬람성전운동은 핵심 간부들이 이스라엘에 의해 암살당한 것에 대한 보복과 더불어 평화협상을 파탄 내기 위해 우파가 정권을 잡기를 원했다. 의도대로 테러에 분노한 이스라엘은 우편향되었고, 거리에서 이스라엘 국적의 아랍인들이 유대인들에게 무차별 폭행을 당하는 사태까지 벌어졌다. 사태의 심각성을 깨달은 아라파트는 테러를 더 이상 용납하지 않겠다며 하마스와 이슬람성전운동의 간부들을 대거 체포했다. 하지만 결국 총선에서 우익 정당인 리쿠드당의 네타냐후가 총리가 되고, 노동당(34석)과 비슷한 수의 의석을 확보한 리쿠드당(32석)의 주도로 연립정권이 수립되었다.[388]

네타냐후의 집권 이후 평화협상은 진전을 보이지 않았다. 오히려 평화협상에 위배되는 일련의 발언과 내외부의 경고에도 불구하고 성전산/하람 지하에 터널을 만들겠다는 발표를 해서 무슬림들을 크게 자극했다. 아라파트가 직접 나서서 공사를 막기 위한 시위를 벌이라고 지시했고, 동예루살렘과 라말라, 베들레헴 등지에서 대중과 팔레스타인 경찰들이 가세한 화력전이 전개되었다. 미국의 중재로 양측이 교전을 멈추기까지 3일간 70명의 팔레스타인인과 15명의 이스라엘 군인이 사망했다.

1997년 1월, 헤브론의 80%(H1) 지역에서 이스라엘군이 철수하면서 평화협상은 재개되었다. 이스라엘은 1998년 중순까지 서안지구의 농촌지역에서 3단계에 걸쳐 군을 철수하기로 약속했다. 그러나 더 이상의 진전은 없었다. 영토 문제 이외에도 그동안 경범죄나 정치범의 석방, 서안지구와 가자지구의 안전한 통로 보장, 가자지구의 항구와 공항 승인 등 여러 사안이 논의되고 약속되었으나 이스라엘은 이행하지 않았다. 팔레스타인 측은 테러리스트 단속의 실패와 이스라엘을 국가로 인정하는 새로운 민족헌장을 작성하지 않았다고 비판받았다.

미국의 빌 클린턴(Bill Clinton) 대통령의 적극적인 개입으로 이스라엘의 에후드 바라크(Ehud Barak) 총리는 「최종지위협상」에서 성과를 내기로 합의했다. 바라크는 앞선 정부가 논의해 온 것보다 선구적인 안을 내놓았다. 그러나 아라파트는 거절했다. 그 뒤 클린턴 대통령이 그보다도 나은 제안을 했지만 이마저도 아라파트는 거절했다. 격분한 클린턴과 이스라엘은 아라파트를 격렬히 비판했다. 하지만 아라파트는 국내에서 오히려 칭송받았는데 왜냐하면 바라크와 클린턴이 제시한 안은 1967년 국경선을 따르지 않고 팔레스타인을 삼등분하는 것이었기 때문이었다. 그들은 모든 팔레스타인 땅이 이스라엘의 정당한 소유물이고 0%를 가진 팔레스타인인들에게 대체 얼마나 많은 땅을 양보해 줘야 만족하겠냐는 시각으로 보았다. 반면, 팔레스타인인들은 그들이 천 년 넘게 살아온 '역사적 팔레스타인'의 100%에서 이미 78%를 양보했고 유엔 총회 결의안 242, 338호에 따른 것인데 어떻게 더 양보할 수 있겠냐는 입장이었다. 친이스라엘 학자들은 힘이 곧 정의인 세상에서 아라파트가 절호의 기회를 놓쳤다며 비난하며 '거부주의'란 용어로 낙인을 찍었다. 하지만 아라파트가 바라크의 안을 받아들였더라면 팔레스타인인들에게 민족의 반역자로 낙인찍혀 라빈 총리와 운명을 같이 했을 것이라는 점은 누가 봐도 자명했다. 협상 이후로 평화가 찾아올 리도 결단코 없었다.

지도 22 2000년 7월 캠프 데이비드 협상 클린턴 최종안

지도 23 2000년 12월 클린턴 구상안[401]

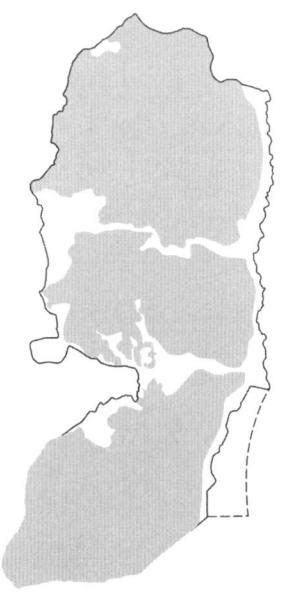
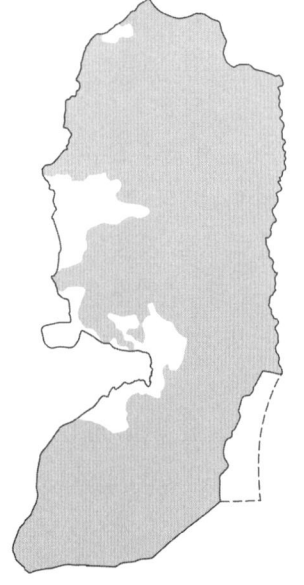

결국, 이스라엘은 처음부터 팔레스타인인들에게 유엔에서 인정한 1967년 이전의 국경선, 즉 '역사적 팔레스타인'의 22%에 불과한 땅을 온전히 돌려줄 생각이 없었다. 온전한 주권을 인정해줄 생각도, 난민들에게 귀환이나 정당한 보상을 할 의사도 없었다.[389] 이 모든 것이 명확해지자 팔레스타인인들은 인티파다를 멈춘 것을 후회했다. 사실상 오슬로 협정과정은 이스라엘이 급한 불을 일시적으로 끄기 위한 시간끌기에 불과했던 것이다. 평화협상이 실패로 끝나자 팔레스타인의 국내 여론은 들끓었다. 이스라엘에 속았다는 여론이 팽배했고 인티파다를 재개해야 한다는 목소리가 나왔다. 이때 이스라엘 리쿠드당의 국회의원 아리엘 샤론(Ariel Sharon)이 하람 알샤리프에 들어갔다. 유대교 교리에 따르면 유대인이 발을 디뎌서는 안 되는 곳이었지만 팔레스타인인들을 도발하려는 의도로 일부러 침입한 것으로 의심되었고 이는 성공을 거두었다. 이로써 새천년을 피로 물들이는 새로운 양상의 인티파다가 시작된다.

더 이상 평화협상에 아무런 기대를 할 수 없던 팔레스타인인들은 1차 인티파다와는 달리 무장투쟁에 집중했고, 국력의 차이를 매우고자 자살폭탄테러

▶사진 30. 아이다 난민촌의 랜드마크. 피란길에 걸어 잠근 고향집의 열쇠와 문은 난민들의 귀환권을 상징한다.

전술을 본격적으로 활용했다. 이는 국제적으로 반팔레스타인 정서를 고조시켰고 이스라엘은 강경 진압의 빌미로 삼을 수 있었다.[390] 뿐만 아니라 테러를 방지한다는 구실로 분리장벽을 건설해 팔레스타인 영토를 추가적으로 빼앗고, 정착촌도 더욱 확장했다. 2004년에 아라파트 대통령이 사망하면서 2차 인티파다는 점차 사그라들다 결국 아무런 결실 없이 끝나 버렸다. 오늘날 많은 팔레스타인 사람들이 평화협상에 대한 희망을 버렸다. 무장투쟁에 대해서도 큰 기대를 걸지 않는다. 계속되는 점령과 인권유린, 경제적 어려움 속에서 그저 살아남는 데만 열중하고 있다. 하지만 저항운동은 끝나지 않았다. 정착민이 테러를 저지르거나 정착촌을 확장하는 등의 정치적 갈등이 발생하면 어김없이 저항운동이 산발적으로 일어난다. 그리고 이런 투쟁에는 난민들처럼 너무나도 많은 것을 잃었고 가진 것은 없는 사람들이 앞장서고 있다.

마치며 : 선택하지 않은 선택

폭력은 정당화될 수 있을까? 만약 그렇다면, 어떤 경우에 정당화될 수 있을까? 이번 장은 이 질문에 대한 답을 찾는 과정이었다. 1930년대에 유대 인구가 급격히 증가하는 등 고향을 잃게 될 위기가 현실화되자 아랍인들은 반세기만에야 처음으로 무장투쟁에 나섰다. 영국은 강제지배에 반기를 든 주민들을 무참히 학살했으나 2차 대전을 계기로 시온주의 정책을 일시 중단했다. 그러자 이번에는 시온주의자들이 유대 국가를 요구하며 폭탄 테러를 적극적으로 활용한 무장투쟁을 벌였다. 팔레스타인 문제가 유엔으로 넘어가고 과반의 땅에서 유대 국가를 건국하라는 결정이 나오자 아랍인들은 다시 무기를 들었다. 시온주의자들은 이를 청정한 유대 국가를 만들 호기로 보고 아랍인을 학살하고 축출했다. 결국 이스라엘이 건국되자 아랍 국가들은 팔레스타인의 형제자매를 구하러 군대를 파견했으나 패배했다. 이스라엘은 미국의 원조를 받으며 꾸준히 성장했고, 1967년에 나머지 팔레스타인 땅마저도 강제 점령하고 식민지배했다. 국제사회는 이를 묵인했지만, 팔레스타인인들은 스스로의 힘으로 고향을 되찾고자 오늘날까지 무장투쟁을 계속하고 있다.

이 중에서 정당화될 수 있는 폭력은 무엇이고 그렇지 않은 것은 어떤 것일까? 먼저 고민해 볼 것은 누가 먼저 폭력을 사용했느냐다. 물리적 폭력은 1936-39년의 대항쟁을 시작점으로 볼 수도 있고 1920년의 나비 무사 소요나 혹은 시온주의가 태동한 1880년대 이후부터 발생한 몇몇 유대인 살해 사건을 기점으로 잡을 수도 있다. 혹자는 오스만 제국이나 그 이전의 무슬림 국가 시기의 박해를 거론하기도 한다. 그보다도 더 거슬러 올라가자면, 하스모니안을 비롯한 고대의 유대 왕국이 팔레스타인의 토착민에게 저지른 박해도 계산에 넣을 수도 있다. 하지만 현대의 분쟁은 시온주의라는 정치적 사상을 놓고 일어난 전적으로 새로운 갈등이기 때문에 과거의 박해를 끌고 오는 것은 적절치 못하다. 그러므로 팔레스타인인들이 정치적으로 결집한 대항쟁이나, 1880년대에 시온주의에 대한 반감으로 유럽 유대인을 공격한 일을 물리적 폭력의 시작으로 보는 게 올바르다.

 아랍인들이 물리적 폭력을 먼저 사용했으니 분쟁에 대한 책임이 있는 것일까? 그렇지 않다. 폭력은 무조건적으로 나쁜 것이 아니다. 반드시 전후 맥락을 살펴야 한다. 아랍인들은 가만히 있는 유대인에게 무차별적으로 폭력을 행사한 것이 아니다. 고향을 뺏으려는 시온주의자로부터 스스로를 보호하려고 한 것이다. 비유하자면, 칼을 들고 위협하는 강도를 사전에 제압하는 것과 같다. 우리는 이러한 선제적 폭력을 정당방위라고 부른다. 강도가 칼로 찌른 다음에는 피해를 회복하기 어려운 것과 마찬가지로, 아랍인들은 유대 국가가 건국되기 이전에 이를 막아야만 했다. 정당방위를 누구보다도 지지하는 것은 다름 아닌 이스라엘이다. 시온주의자들은 이스라엘을 어떻게 세울 수 있었는지를 잊지 않았다. 그래서 위협이 커지기 전에 선제적 공격을 나서는 게 무조건적으로 옳다고 믿는다. 예를 들어, 메나헴 베긴 총리는 1967년 전쟁 당시 이집트의 전쟁 의사는 확인되지 않았지만 이스라엘의 안보와 미래를 위해서 선제적 공격을 하기로 결정한 것이고 이는 정당방위라고 말했다.[391]

 시온주의자들의 폭력은 어떨까? 아랍인들처럼 당위성을 인정받을 수 있을까? 1930년대 말부터 1940년대까지 저지른 숱한 테러와 학살은 유대 국가를 위해서였다. 국가를 건국해 유럽에서 고통받는 겨레를 구하고 민족의 문화와 자긍심을 키운다는 목표는 분명히 뜻깊은 일이지만, 이를 위해서 죄 없는 다른 누군가를 희생시킨 것은 옳지 못하다. 이 사실을 이스라엘 정부와 친이스라엘 학자들도 잘 알고 있다. 그래서 아랍인들이 처음부터 시온주의에 반대했다는 사실이나 시온주의자들이 아랍인을 추방시키려고 꾸준히 논의해 왔다는 사실, 그리고 실제로 기회가 닥치자 적극적으로 실행으로 옮겼다는 사실은 모두 친이스라엘 사관에서 금기시된다. 예를 들어, 유대인 역사학자 아비 쉴라임(Avi Shlaim)은 논문 「1948년에 관한 논쟁(The Debate about 1948)」에서 이스라엘의 역사 왜곡을 다음과 같이 설명한다.

> 1948년 전쟁에 대한 전통적인 시온주의자의 설명은 대체로 다음과 같다. … 유대인들은 유엔의 계획이 수반하는 고통스러운 희생에도 불구하고 계획을 받아들인 반면, 팔레스타인인들과 인근 아랍국가들, 그리고 아랍연맹은 거부했다.

영국은 위임통치 마지막까지 유엔의 계획이 그린 유대 국가가 건설되지 못하도록 온 힘을 다해 막았다. 위임통치가 종료되고 이스라엘 국가가 선포되자, 7개의 아랍 국가들이 신생 국가를 교살하려는 확고한 목적으로 팔레스타인으로 군대를 보냈다. 뒤이은 전투는 유대인 다윗과 아랍인 골리앗 간의 불균형한 전투였다. 신생 유대 국가는 필사적으로 영웅적으로 싸웠고 결국 압도적인 승률을 극복해 내고 살아남았다. 전쟁 중에 수십만 명의 팔레스타인인들이 인근 아랍 국가로 탈출했는데, 평화로운 공존이 가능하니 남아 있으라는 유대인들의 간청에도 불구하고 대부분은 지도자들로부터 받은 명령을 따랐기 때문이었다. 전쟁이 끝나고 이스라엘 지도자들은 진심 전력으로 평화를 추구했으나 상대편에서 대화에 응하는 사람이 없었다. 오직 아랍인들의 비타협적인 태도만이 정치적 교착을 만들었고, 이집트의 안와르 사다트 대통령이 예루살렘을 방문할 때까지 계속되었다.[392]

이스라엘의 유대인 사회학자 바루크 키머링(Baruch Kimmerling)은 정부가 역사를 사실대로 가르치지 않는 이유로 "탈식민화(decolonzation)"에 대한 공포심을 지목한다. 1979년에 미국 법원은 토착민인 인디언들의 토지 반환 소송을 기각했는데 한 번이라도 인정해 주면 줄소송을 멈출 수 없다는 이유에서였다.[393] 마찬가지로, 이스라엘은 팔레스타인 난민이 계획적인 학살과 추방의 결과물이라는 것을 인정하면 귀환을 허락해야 한다는 압박이 커지게 될 것을 두려워한다. 나아가 서안과 가자지구를 온전히 돌려주고 식민 수탈을 포기해야 할지도 모른다. 이스라엘은 1967년 전쟁을 비롯해 그간 자행한 침략과 약탈, 인권 억압을 팔레스타인인과 이웃 아랍국가들의 적대적 행위에 대한 선제적 조치이자 보복으로 정당화해 오고 있다. 그러니 적대적 행위를 시작한 것이 자신들이었고 아랍인들은 보복했을 뿐이라는 사실을 인정한다면 그동안 쌓아온 부당한 이권을 내려놓으라는 목소리는 커질 수밖에 없다.

이처럼 과거와 현재는 긴밀하게 연결되어 있고, 과거의 진실을 감추었기 때문에 이스라엘은 현재의 진실도 감출 수밖에 없는 악순환을 되풀이하고 있다. 단적으로, 이스라엘은 무자투쟁을 각각의 독립된 사건으로 구성해서 팔레스타인인들이 갑자기 아무런 이유도 없이 공격을 하는 것으로 묘사한다. 실상은 단 하루도 거르지 않고 팔레스타인인들의 자유와 인권을 억압하고, 경제적 수탈을 자행해 테러로 내몰고 있는데도 말이다. 이스라엘 외교부 홈페이지는 팔레스타인인들의 테러(2015-2023)의 원인을 이렇게 설명한다.

> 이스라엘들에 대한 최근 일련의 공격은 급진적 이슬람주의자와 테러리스트 분자들이 팔레스타인 청년들에게 유대인을 살해하라고 선동한 결과이다.[394]

과연 그럴까? 팔레스타인 '테러리스트'를 압축적으로 나타내는 키워드는 이슬람이 아니라 '가자지구'와 '난민'이다. 역사적으로 그리고 최근까지도 대부분의 테러리스트는 이 두 집단 안에서 나왔다. 같은 무슬림이지만 서안지구의 비난민 주민들은 폭력에 호소하는 경향이 상대적으로 약하다. 2차 인티파다 이래로 가자지구는 수차례 전쟁을 치렀지만 서안지구에서는 민중봉기만 일고 있다. '테러리스트' 중에 기독교도가 적게나마 있다는 사실에도 주목해야 한다.[395] 국제적 테러리즘을 시작한 팔레스타인해방인민전선은 기독교도 난민 조지 하바쉬(George Habash)가 창립했다. 자살폭탄전술은 이슬람극단주의로 분류되지만 실제로는 세속정당들도 활용했고, 많은 학자들은 종교가 유일한 원인이 아니라고 분석한다.[396]

가자지구와 난민들은 어째서 '폭력적'일까? 이유는 자명하다. 이스라엘로부터 입은 피해가 가장 크고 생활이 어렵기 때문이다. 가자와 인근 지역은 천 년도 넘는 이슬람의 지배 속에서 종교적으로 보수적인 성향을 보인 역사가 없다. 오히려 서안지구보다도 개방적이었다. 그렇다고 이스라엘이 극단적인 성향의 무슬림만 골라내서 난민으로 만들거나 가자지구에 집어넣은 것도 아니다. 그러니 설령 이스라엘의 주장대로 테러리스트가 극단적인 성향의 무슬림이라면, 그 원인은 이스라엘로 인한 극악한 처지에서 종교에 삶과 정신을 의탁했기 때문일 것이다. 우리나라가 일제의 지배를 받을 때 여러 독립운동가들이 기독교를 믿게 된 것처럼 말이다.

팔레스타인인들이 겪는 식민 지배의 고통은 상상만으로 그릴 수 없다. 검문소와 관련된 필자의 실례를 들어보겠다. 한국에 있을 때 이스라엘의 검문소는 테러를 막기 위한 어쩔 수 없는 조치라고 막연하게 생각했다. 이후 현지에 와서 검문소를 눈으로 직접 보고 경험하니 교도소와 같은 느낌이 강했고 검문만이 목적이 아니라는 것을 쉽게 짐작할 수 있었다. 그렇지만 외국인으로서 신분을 보장받는 필자에게는 낯설고 번거로운 절차 정도로만 인식되었다. 팔레스타인인들에게는 그렇지 않았다. 아랍어를 한 달간 가르쳐준 대학생이 있었는데 어느 날 그녀가 갑자기 흐느끼길래 연유를 물어보니 칼린디야 검문소에서 자기보다도 어린 유대인 군인이 어느 할머니에게 욕설을 퍼부었다는 것이다. 검문소에서 유대인들이 무례하게 군다는 것은 알고 있었지만 아랍어를 모르다 보니 언어적 폭력도 행해진다는 것은 그날 처음 알게 되었다.

설문 조사에 따르면 검문소는 이스라엘이 야기하는 일상적 고통과 불편 중에서 1순위를 차지한다. 한국인들에게 이스라엘 검문소는 여행 중에 잠시만 겪는 찰나의 불편이다. 현지에 살고 있는 한국인들도 차량으로만 통과하기 때문에 팔레스타인인들처럼 걸어서 통과할 때의 불편은 모른다. 필자는 3개월 동안 칼란디야 검문소를 걸어서 통과해서 출퇴근을 해 본 적이 있었다. 검문에 얼마나 많은 시간이 소요될지 알 수 없으니 보통은 1시간 정도의 여유를 잡고 출발했으나 그렇게 해도 지각한 날들이 있었다. 어떤 날은 보행자용 검문소가 막혀서 팔레스타인인들의 차량을 얻어 타서 겨우 통과한 한 적도 있었다. 놀라운 사실은 필자가 팔레스타인에 체류한 시기는 검문소 통제가 굉장히 완화된 시기라는 점이다. 인티파다 때처럼 검문 통제가 강화된 시기에 팔레스타인인들은 학교나 직장에 가지 못하는 게 일상이었다.

검문소는 단순히 불편과 시간의 문제로 생각되기 쉽다. 그러나 실상을 자세히 들여다보면 막대한 경제적 비용과 기회의 손실을 초래한다는 것을 알 수 있다. 예를 들어, 물류 운송에 소요되는 시간과 비용이 증가하고, 이는 생필품을 포함한 모든 상품의 가격에 반영된다. 회사원이 외부 일정이 있어 다른 지역으로 오갈 때면 검문소에서 예기치 않게 시간이 걸려 계획에 차질을 빚을 수 있다. 그래서 다른 지역으로의 이동을 가급적 자제하게 된다. 대학교 진학과 같은 사안에서도 검문소가 관계될 수 있다. 가령 헤브론은 라말라로부터 대중교통으로 두 시간이면 갈 수 있는 거리라 무리한다면 통학도 가능하지만, 그 사이에 검문소가 있기 때문에 위험을 감수해야 한다. 유학이나 해외 파견 근무도 조심스러워진다. 어쩌면 아무런 영문도 모른 채 갑자기 입국이 금지되어 영영 고향으로 돌아오지 못하게 될 수도 있기 때문이다. 드물지만, 검문소가 생명의 문제로 연결되는 경우도 있다. 현지에 살면서도 상상해 본 적이 없고 글을 쓰기 위해 자료 수집을 하다가 겨우 알게 된 사실인데, 구급차나 소방차가 검문소를 제때 통과하지 못해 인명피해가 발생한 사례들이 있다.

검문소와 분리장벽으로 봉쇄당한 가자지구의 피해는 더욱 심각하다. 2006년에 하마스는 국회의원 총선거에서 과반의 의석을 차지했으나 파타가 이에 반발하고 권력을 이양하지 않자 이듬해에 지지자가 많은 가자지구에서 분리된 정권을 세웠다. 이스라엘은 하마스를 선택한 가자지구 주민들에게 봉쇄라는 집단적 처벌을 내렸다. 이집트도 이스라엘의 눈치를 보며 국경을 봉쇄했다. 2023년 현재 가자지구의 인구는 2백만 명을 넘는다. 대부분의 주민들은 상공업에 종사하고 있고 따라서 외부와의 교역이 필수인데 16년간이나 봉쇄가 계속되고 있으니 생활의 어려움을 이루 말할 수 없다. 가자지구는 전체 면적이 서울의 절반을 조금 넘는 $360km^2$에 불과하다. 이 안에서 2백만 명이 자급자족할 경제적 토대를 만든다는 건 사실상 불가능하다. 고층 건물이 없기 때문에 주거용 토지 이용률은 서울보다 훨씬 높은 데다가 이스라엘이 장벽을 세운 이래로 국경 인근의 상당수의 농지를 잃었다. 어업은 해안으로부터 5km로 제한되어 수산업이 발전하지도 못한다. 주민들은 먹고 살 방도를 찾지 못해 위험하다는 것을 알면서도 장벽 인근의 토지에서 경작을 하거나 먼바다로 나가서 고기를 잡다 사살당하고 있다. 지금까지 그나마 버티고 있는 것은 국제사회의 원조와 이집트로 연결된 비밀 터널 덕분이다.[397]

이 글에서는 팔레스타인인들이 일상적으로 겪는 현재의 어려움에 대해서 자세히 다루지는 못했다. 그런데도 어떤가? 이스라엘의 주장처럼 정말로 팔레스타인인들이 종교나 선동에 의해서 테러를 저지르는 것 같은가? 정부와 친정부 학자들에 의해 눈과 귀가 꽉 막힌 대다수의 이스라엘의 유대인들은 물론이거니와 해외에서 테러 소식만 접하는 외국인들은 팔레스타인인들의 행동을 이해할 길이 없다. 그러니 팔레스타인인들의 저항에 테러라는 낙인을 찍는 데 주저하지 않는다. 그렇지만 지금까지 이 글을 읽은 여러분이 보기에도 그런가?

사실 현지에서 조금 살아본 필자도 팔레스타인인들의 심정을 충분히 헤아리지는 못한다. 단지 보거나 들은 이야기로 단편적으로만 가늠할 뿐이다. 친구들의 초대를 받아 비르젯대학교에서 열린 학교개방일(Open Day)에 참석한 적이 있었다. 우리나라 대학축제와는 비교가 안 되는 작은 규모지만, 연예인과 가수를 초빙해 관람하는 축제가 아닌 하나부터 열까지 학생들이 주연인 축제였다. 지역 주민들도 와서 참관했다. 친구들을 따라 들어간 어느 강의실에서는 학생들이 장기자랑을 했다. 당시 한창 유행하던 강남스타일을 부른 학생도 있었다. 그런데 맨 마지막 학생의 장기자랑은 한국인 관점에서는 매우 엉뚱한 것이었다. 바로 자작시 낭송이었다. 더욱 당황스러운 것은 학생들의 반응이었다. 친구가 저 학생이 시를 정말 잘 짓는다고 설명하면서 눈을 초롱초롱 빛냈다. 주위에서도 사람들이 흥분한 분위기가 느껴졌다. 길지 않은 시 낭송 중간중간에 학생들이 흥분해서 소리를 질렀다. 낭송이 끝나자 가장 큰 박수갈채가 쏟아졌고 몇몇 학생은 눈물을 글썽거렸다. 아랍어를 하나도 이해하지 못해도 이 시가 저항시였음을 짐작할 수 있었다.

우리나라도 유명한 저항시들이 있다. 필자는 시를 즐기지 않지만 학창 시절에 한용운 선생님의 「임의 침묵」은 좋아했다. 일제강점기의 아픔을 은유적으로 노래한 이 시는 선조들의 심정을 조금이나마 가슴에 와닿게 해 주었다. 그런데 이런 저항시들을 읽으며 슬퍼서 괴로워하거나 눈물을 흘린 적은 없다. 만약 그랬다면 주변에서 다들 이상하게 쳐다봤을 것이다. 팔레스타인에서는 다르다. 우리는 저항시를 읽으며 간접적인 체험을 할 뿐이지만, 팔레스타인인들은 지금도 직접 겪고 있다. 그러니 식민지배의 아픔을 노래하는 우리의 목소리는 그들에 비하면 한없이 작고 나약할 수밖에 없다.

팔레스타인인들의 불우한 역사에 동정하면서도 무장투쟁으로 세상을 바꿀 수는 없다는 회의적인 생각 때문에 '테러'를 멈추라고 말하고 싶을지 모른다. 누구도 다름 아닌 필자가 바로 그렇게 생각했다. 팔레스타인에서 3년을 일하는 동안에도 이는 변함없었다. 그런데 책을 쓰면서 두 가지 사실을 알게 되자 생각을 바꾸게 되었다. 하나는 팔레스타인인들이 무력으로 호소하기 전까지 오랜 세월을 인내하다 보니 언제나 골든타임을 놓쳤다는 사실이다. 만약 시온주의가 태동한 1880년대부터 30년 사이에 소요를 일으켰다면 오스만 제국은 시온주의자들을 철저히 쫓아냈을 것이다. 영국의 지배가 시작된 직후에도 얼마간은 기회가 있었다. 1920년대 초반에 소요가 아니라 정치인들이 결집해 대항쟁을 조직했다면 영국은 시온주의 정책을 포기했을 것이다.[398] 마찬가지로 이스라엘이 정착촌을 건설하고 영토와 자원을 유린하는 걸 20년이나 기다리지 않고 1967년 전쟁 직후에 바로 인티파다에 나섰더라면, 이스라엘의 영토권 주장을 막을 수 있었을 것이다. 그러니 어쩌면 오늘의 무장투쟁은 또 다른 더 큰 비극, 즉 서안과 가자지구의 완전한 멸망을 막아낼 골든타임일지도 모른다.

무장투쟁을 비난하기 어려운 다른 한 가지 이유는 무력에 호소할 때만 여건이 나아졌다는 사실이다. 영국은 위임통치기 내내 아랍인들이 제도권 내의 평화적 투쟁을 할 때는 무시했고, 소요나 대항쟁이 일어날 때만 시온주의 정책에 제동을 걸었다. 반대로 시온주의자들 역시 무차별 테러를 통해서 정치적 지지를 얻어낼 수 있었다. 그들이 세운 이스라엘 역시 1차 인티파다를 겪고 나서야 팔레스타인 자치정부를 허락했다. 반면, 팔레스타인인들이 평화적 방법으로 항의하던 기간에 가시적이고 긍정적인 변화가 일어난 적은 지난 100년간 단 한 번도 없었다. 그러니 평화적 방법으로만 투쟁하라고 말한다면, 이는 곧 아무런 변화도 바라지 말고 식민 지배를 받아들이라는 말과 같다.

무장투쟁이 중단될 때의 문제도 고려해야 한다. 우리나라 서구 사회는 오직 '테러'에만 관심을 가진다. 이스라엘의 일상적 억압과 착취는 보도되는 경우가 거의 없고 보도되더라도 주목을 끌지 못한다. 2023년 10월 7일, 하마스의 기습공격은 평화로운 상태에서 타국을 침략한 '선제공격'으로 보도되고 이스라엘은 아무런 잘못도 저지르지 않은 결백한 피해자로 그려지면서 언론 왜곡의 현실을 되짚어 주었다. 많은 비전문가들은 이번 일로 하마스와 다른 팔레스타인인들이 비참한 결말을 맞이하게 될 것으로 전망하지만 현실은 정반대다. 무장투쟁을 멈추는 순간 팔레스타인은 국제사회의 뇌리에서 잊히고 간신히 유엔에서 얻어낸 국가 지위는 빛이 바랠 것이다.[h] 또한, 투쟁을 중단하면 국민들의 결집력이 약화되기 마련이다. 이스라엘의 억압을 묵묵히 인내만 하고 있으면 시간이 갈수록 맞서 싸우려는 의지가 약해진다. 폭군은 더욱 거칠어질

---

h) 이미 국제사회는 전적이 있다. 1982년에 이스라엘의 침공으로 PLO가 괴멸 위기에 몰리고 베이루트의 사브라 구역과 샤틸라 난민촌에서 3천 명의 민간인을 무차별 학살해도 세계는 팔레스타인인들에 대한 관심을 끊었다.

것이고 견디다 못한 주민들은 해외로 나갔다가 고향으로 영영 돌아오지 못하게 될 것이다. 그러니 무장투쟁이 당장 팔레스타인에 더 나은 미래를 가져오지는 않더라도 미래에 변화를 이끌 발판으로서는 필요할 수밖에 없다. 일본의 식민 지배를 받을 때 우리 선조들이 의거를 감행한 이유도 정확히 같았다. 예를 들어, 윤봉길 의사는 일본에 체포된 후 거사의 목적을 이렇게 설명했다.

> 현재 조선은 실력이 없기 때문에 적극적으로 일본에 항전하여 독립함은 당장은 불가능 할 것이다. 그러나 머지않아 세계대전이 발발하여 강국피폐(強國疲弊)의 시기가 도래하면 그때야말로 조선은 물론이고 피식민지 약소민족이 독립하고야 말 것이다. … 우리들 독립운동자는 국가성쇠의 순환을 앞당기는 것으로써 그 역할로 삼는다. 물론 한 두 명의 상급군인을 살해하는 것만으로 독립이 용이하게 실행될 리는 없다. … 조선인의 각성을 촉구하고, 다시 세계로 하여금 조선의 존재를 명료히 알게 하는데 있다. 현재 세계지도에 조선은 일본과 동색으로 채색되어 각국인은 조선의 존재를 추호도 인정하지 않는 상황에 있다. 그러므로 차제에 조선이라고 하는 개념을 이러한 사람들의 뇌리에 깊이 새겨 넣는 것은 장래 우리들의 독립운동과 관련 결코 헛된 일이 아님을 굳게 믿는다.[399]

그렇다면 팔레스타인인들의 테러를 멈출 수 있는 방법은 없는 것일까? 아니다. 방법은 있다. 그리고 간단하다. 피해자인 팔레스타인인들에게 참으라고 말하지 말고 가해자인 이스라엘에게 식민 지배를 끝내라고 정당하게 요구하는 것이다. 팔레스타인인들의 저항은 선택의 문제가 아니다. 우리가 일본의 식민 지배를 지금까지 받고 있다면 무장투쟁을 멈췄을 것인가? 시온주의자들을 마주한 1880년대부터 오늘날까지 한 세기가 넘게 팔레스타인인들에게는 단 한 번도 선택권이 주어지지 않았다. 자신들의 고향에서 유대 국가를 세우겠다는데 그걸 동의할지 거부할지가 선택의 문제일까? 세계에서 가장 많은 식민지를 보유한 영국이 강제적으로 지배한다고 해서 고향을 포기한다는 선택지가 생겨났을까? 유엔에서 유대 국가를 만들겠다는 결정을 내렸다고 따를지 말지를 고민해야 하는 것일까? 이스라엘이 서안과 가자지구마저도 강제로 점령하고 식민 지배로 옥죈다고 해서 투쟁을 멈춰야 하는 것일까? 세상의 그 어떤 민족이나 집단도 이 같은 상황에 부닥쳤을 때 팔레스타인인과 다른 '선택'을 하지 않는다. 다시 말해서, 팔레스타인인들은 지난 한 세기 넘게 외길을 걸어왔을 뿐 스스로 현재를 '선택'한 적이 없다.

반면, 이스라엘의 오늘은 시온주의자들의 선택으로 만들어졌다. 시온주의가 목표로 삼은 대의는 유럽 유대인의 구원과 민족 문화의 발전이었고 유대 국가는 이를 위한 과정이자 수단이었다. 분명 민족 국가의 건설은 이를 가능케 할 수 있지만 '유일한' 방법은 아니었다. 오히려 많은 유대인들은 유럽에서 반유대주의를 없애기 위해 모국에 충실하자고 주장했고, 실제로 그렇게 해서 시민으로 받아들여졌다. 오늘날 유럽에서 반유대주의는 사실상 종식되었다. 차별이 완전히 사라진 것은 아니지만 과거와 같은 학살은 더 이상 찾아볼 수 없고 무슬림이나 아랍인, 흑인, 아시아인 등에 대한 편견보다는 덜하다. 이는 이스라엘의 건국으로 달성한 업적이 아니라 홀로코스트 이후 기독교권의 역사적 반성과 성찰이 있었던 덕분이다. 유대 문화의 발전 역시 민족 국가가 있어야만 가능한 일은 아니었다. 법적으로 평등한 권리를 인정받는 곳이라면 세계 어디에서나 가능했고 미국을 포함해 여러 나라의 유대 공동체는 과거에도 지금도 유대 문화를 발전시키고 있다. 이스라엘은 분명 유대 문화의 발전에 많은 역할을 했지만 필수조건은 아니었다.

19세기 말 유대인들은 유럽에서 반유대주의가 사라지도록 맞서 싸울 것인지 아니면 이에 편승해 유대 국가를 건국할 것인지를 고민했다. 다수는 전자를, 시온주의자들은 후자를 택했다. 버려진 땅이라고 상상했던 팔레스타인에 아랍인들이 오래전부터 정착해서 살아왔다는 것을 알게 되었을 때 미국이나 다른 땅을 찾을지 아니면 아랍인들로부터 땅을 빼앗을지를 논의했고 시온주의자들은 후자를 택했다. 아랍인들이 자신들의 의도를 알아차리고 저항할 뜻을 밝혔을 때 시온주의자들은 솔직하게 고백하고 평화적인 해결책을 함께 논의할 것인지 아니면 거짓으로 일관하고 기만할 것인지를 놓고 또 후자를 택했다. 그래도 아랍인들이 속지 않자 유대 국가를 포기하고 토착민과 평화롭게 지낼 것인지 아니면 식민화를 점진적으로 확대하고 유럽 열강의 도움을 받아 강제로 지배할 기회를 노릴 것인지를 고민했다. 시온주의자들은 이번에도 후자를 택했다.

　민족의 고향을 약속한 영국의 강제 지배가 시작되고 아랍인들이 소요를 일으켰을 때 시온주의자들은 참사를 막을 수 있었다. 늘 하던 거짓말을 진실로 만들면 되는 간단한 일이었다. 그러나 그러지 않고 식민화를 계속하며 기회를 노렸다. 결국 참지 못한 아랍인들이 대항쟁을 일으키자 시온주의자들은 평화보다는 맞서 싸우기를 택했다. 영국이 2차 대전을 앞두고 시온주의 정책을 중단하기로 했을 때도 유대 국가를 포기하기보다는 테러를 일으켜 영국인과 아랍인들을 죽이기로 선택했다. 유엔총회에서 분할안을 표결할 때는 회원국의 자유로운 투표에 맡기지 않고 미국을 조종해 다른 회원국들을 강압적으로 굴복시켰다. 그 결과로 내전이 발발하자 미국이 제안한 신탁통치안을 거부하고 아랍인들을 학살하고 추방해 난민을 만들어 냈다. 팔레스타인 전쟁이 끝나고 유엔이 난민의 귀환을 인정하고 아랍 국가들과 평화를 맺으라고 권고했을 때도 이를 거부했고 영토를 넓힐 전쟁을 획책했다. 마침내 팔레스타인의 모든 땅을 손에 넣었을 때는 아랍인들에게 평등한 권리를 주고 갈등을 진정시키기보다는 식민 지배로 억압하고 수탈해서 국가 발전의 제물로 삼았다. 팔레스타인인들의 무장투쟁으로 유대인 국민들이 목숨을 잃게 되는 어려움에 부닥쳐서도 억압을 중단하기보다는 오히려 더 많은 팔레스타인인들을 죽여서 손과 입을 막으려 했다. 이런 사실들이 국내외 학자들과 언론에 의해 공개된 후로도 사실을 인정하고 반성하기보다는 진실을 숨기기로 선택했다.

　만약 시온주의자들이 없었더라면 역사는 어떻게 달라졌을까? 유대인들은 국가에 충성하지 않는다는 선동의 구실이 약해져 유럽에서 반유대주의는 더 빠르게 약화되었을 것이다. 1930년대에 유대인들의 대독일 불매운동은 조금이라도 더 효과적으로 나치 독일의 발목을 잡았을 것이고, 2차 대전과 홀로코스트로 인한 인명 피해를 한 명이라도 줄일 수 있었을 것이다. 아랍인들은 영국의 지배에서 더욱 빨리 벗어나고 대항쟁으로 피를 흘리지 않았을지도 모른다. 아랍인들에 의해 목숨을 잃은 유대인도 없었을 것이고, 유대인에 의해 목숨을 잃은 아랍인도 없었을 것이다. 팔레스타인은 중동의 화약고라는 악명 대신 과거처럼 세 종교가 온전히 자유를 누리는 공간으로 남아 있을 것이고 다른 무슬림 국가에서도 유대인들은 계속해서 살아갈 수 있었을 것이다. 서구 기독교 사회의 부정의에 대한 불만이 세계적으로도 크게 감소하기 때문에 무슬림들의 국제적 테러도 현저히 줄어들었을 것이다.

이스라엘과 팔레스타인에서 테러를 종식시키기 위해서 해야 할 일은 명확하다. 병원에서 환자가 아프다고 몸부림을 치면 팔다리를 잘라버리는 게 아니라 병을 치료하듯이, 테러리스트를 양산하는 악의 근원인 시온주의를 제거하려고 노력해야 한다. 팔레스타인 땅에서 유대인이 다수 인구를 차지하고 지배적 위치에 서는 유대 국가를 추구하는 시온주의가 살아 숨 쉬는 한 이스라엘과 팔레스타인에 평화는 없다. 두 나라를 통합해 모든 아랍인과 유대인이 평등한 권리를 누리는 하나의 국가를 만들 수도 없고, 두 개의 독립 국가를 존속하되 난민을 고향으로 돌려보내는 해법도 택할 수 없다. 점령 중인 서안지구에 불법적으로 건설한 정착촌도 철수할 리 없고, 각종 자원의 약탈도 멈추지 않을 것이다. 이런 부당함을 호소하는 팔레스타인인들을 멈추기 위해 인권 탄압도 계속할 것이다.

팔레스타인인들의 해방운동을 지지하는 목소리를 낼 때 한 가지 유의할 점이 있다. 제3자가 무장투쟁을 옹호하다가 자칫 잘못하면 전쟁을 부추기는 결과를 낳을지 모른다. 고향을 잃고 식민 지배를 받고 있는 이들이 참담한 심정으로 가족과 친지, 친구, 나아가 민족을 위해 자신을 희생하기로 내린 결의와 각오를 함부로 비난해서는 결코 안 되겠지만, 무장투쟁이 피의 악순환을 낳는다는 사실을 잊어서도 안 된다. 그런 점에서 대다수의 팔레스타인인이 무장투쟁보다는 수무드를 실천하고 있다는 사실이 매우 다행스럽다. 1장에서 설명한 것처럼, 수무드는 이스라엘의 억압을 견디고 고향에서 계속해서 살아가는 운동이다. 무장투쟁과는 달리 추방이나 학살의 구실을 제공하지 않으면서도 시온주의에 강력하게 저항하는 힘이 된다.

투바스 근처에 아카바(al-Aqaba)라는 마을이 있다. 2013년 초, 팔레스타인에 온 지 석 달쯤 되었을 무렵에 'C 지역'에 가고 싶다고 택시 기사에게 말했더니 데려다준 곳이다. 나중에야 안 것이지만 이 마을은 세계적으로 나름 인지도가 있는 곳이었다. 1998년에 시장으로 부임한 사미 사데크(Sami Sadeq)가 이스라엘로 인해 어려움을 겪고 있는 마을의 상황을 해외에 널리 알린 덕분이었다. 이스라엘은 건축허가를 내주지 않는 방식으로 마을이 쇠퇴하게 만들었다. 주택을 짓지 못하게 막고, 허가 없이 지은 집들은 파괴하고, 상수도 연결을 금지하고, 정부에서 건설해 준 도로도 3번이나 파괴했다. 마을 인근에서는 이스라엘군이 군사훈련을 실시하고, 그때마다 사격 소리와 함성 때문에 학교 수업을 제대로 하지 못한다. 2016년에는 이스라엘군이 예고 없이 군사훈련을 하다 마을 내부로 실탄을 발사해 공포를 불러일으켰다.[400] 라미 시장은 이런 어려움 때문에 700여 명의 주민이 마을을 떠났지만 현재는 미국 시민단체의 도움을 받아 매년 3-4명씩 돌아오고 있다고 말했다.[i] 그 밖에도 노르웨이, 캐나다, 영국, 일본, 벨기에 등 여러 나라의 시민단체가 아카바 마을이 과거의 모습을 되찾아 가는 데 도움을 주고 있다.

아카바 마을의 부흥은 단순히 마을 인구가 몇 늘어나는 것을 의미하지 않는다. 이곳의 땅과 자원을 빼앗기 위해서 이스라엘은 더욱더 마을을 탄압하고 억압할 수밖에 없고, 그런 모습들은 시민단체에 의해 세계 각국에 널리 퍼진다. 시온주의자들이 미국과 영국 등의 여러 서방 국가들과 결탁해 퍼트린 거짓 역사와 선전은 이미 금이 가기 시작한 지 오래다. 이를 완전히 깨트리기까지에는 오랜 시간이 걸리겠지만, 언젠가 그런 날이 온다면 이스라엘은 세계적 고립을 피하고자 평화를 선택할 수밖에 없을 것이다. 팔레스타인인들의 투쟁을 지지하고 싶다면, 그러면서도 피의 악순환을 피하고 싶다면 팔레스타인인들이 고향에서 살아갈 수 있도록 지원하고 이스라엘의 악행을 널리 알리면 된다. 테러리즘의 종식은 테러와의 전쟁을 선포하거나 테러를 비난한다고 되는 게 아니라 테러를 만드는 근본적인 원인을 제거해야 한다는 점을 마음속에 새기자.

---

i) 라미 시장은 이들을 난민이라 불렀다. 주민들이 떠난 것이 자발적 선택이 아니라 이스라엘의 억압에 의한 것이었음을 강조하기 위해서였다. 라미 시장은 지난 2021년에 작고했다.

Endnotes

1) "The People Involved and Affected," accessed February 6, 2023, *PBS*, https://www.pbs.org/wgbh/americanexperience/features/people-involved-and-affected/.
2) 장연제, "일본 네티즌 '안중근=테러리스트'…서경덕 '역사교육 못받은 탓'," *JTBC*, January 2, 2023, https://news.jtbc.co.kr/article/article.aspx?news_id=NB12109428; 최혜승, "영화 '영웅' 흥행에…日네티즌 '안중근은 아베 총살범과 같다' 막말," 조선일보, January 3, 2023, https://www.chosun.com/international/japan/2023/01/03/WQTJVFBHIBAWDFJH7B45HT6KAE/; "日 극우 '안중근은 테러리스트'…서경덕 '역사 교육 문제'," *YTN*, January 5, 2013, https://www.ytn.co.kr/_ln/0101_202301050927263574; 이이슬, "안중근 의사, 어디에 잠들어 계십니까", 아시아경제, January 8, 2023, https://www.asiae.co.kr/article/2023010619561746749.
3) 홍선표, "윤봉길의거에 대한 국내외 언론의 반응 - 국내와 구미 언론을 중심으로 -," 한국민족운동사연구 97 (2018): 182.
4) Morris, *Righteous Victims*, 147.
5) Great Britain, *Report to the Council of the League of Nations on the Administration of Palestine and Trans-Jordan for the Year 1938*, para.11; Kayyali, *Palestine*, 221.
6) Motti Golani, *Palestine Between Politics and Terror, 1945-1947* (Lebanon: Brandeis, 2013), 141-4.
7) Kayali, *Palestine*, 145-6, 149-51, 155-6; Porath, *Palestinian Arab National Movement*, 2-6, 132-5.
8) Porath, 23-4, 110.
9) 아민은 영국에 질서 유지를 약속했고 이를 오랫동안 지켰다. 예를 들어, 1933년에 카삼이 무장봉기를 제안했을 때도 정치적 해법을 찾겠다며 거절했다. Kayyali, *Palestine*, 147-8; Mattar, *The Mufti of Jerusalem*, 67.
10) Porath, *Palestinian Arab National Movement*, 33-5, 114-8.
11) Weldon C. Matthews, *Confronting an Empire, Constructing a Nation: Arab Nationalists and Popular Politics in Mandate Palestine* (London: I.B.Tauris, 2006), 91-5.
12) Matthews, 96-8.
13) Matthews, 100, 102, 288:n.121; Porath, *Palestinian Arab National Movement*, 128-9.
14) Matthews, 8-13; 역사학자 웰돈 매튜스(Weldon Matthews)는 정치적 이슬람이 민족주의를 가려버린 사건으로 평가한다. 아민은 대회를 조직할 때부터 영국을 규탄하는 자리로 만들지 않겠다고 약조했고, 아랍 민족주의자들은 이슬람대회가 영국의 종파적 분할통치에 충실한 도구로서 활용되고 있다고 비판한다. Weldon C. Matthews, "Pan-Islam or Arab Nationalism? The Meaning of the 1931 Jerusalem Islamic Congress Reconsidered," *International Journal of Middle East Studies* 35, no. 1 (2003); 하지만 이슬람대회의 취지가 시온주의에 대항하는 힘을 기르기 위한 것이었다는 점을 고려한다면, 민족주의 운동의 '작은' 한 걸음으로 볼 수 있을 것이다.
15) Weldon Matthews, *Confronting an Empire*, 116-9; Kayyali, *Palestine*, 166-7.
16) Porath, *Palestinian Arab National Movement*, 121-8.
17) Weldon Matthews, *Confronting an Empire*, 95-6.
18) K. Stein, *Land Question*, 142-56.
19) Porath, *Palestinian Arab National Movement*, 104-5.
20) Porath, 80-92.
21) Porath, 18-9, 38, 93-4; K. Stein, *Land Question*, 165-6.

22) 불법이주자 중 17,900명이 관광비자로 들어왔다가 체류한 유대인들이었다. 대부분은 1932년에 팔레스타인에서 열린 유대인 운동경기에 참석하는 목적으로 관광비자를 받고 들어왔었다. *Peel Report*, 81-4, 279, 290; Dalia Ofer, *Escaping the Holocaust: Illegal Immigration to the Land of Israel 1939-1944* (New York: Oxford University Press, 1990), 4;

23) Metzer, *The Divided Economy*, 66:Table 3.1.

24) Yehuda Bauer, *Jews for Sale?: Nazi-Jewish Negotiations, 1933-1945* (New Haven: Yale University Press, 1994), 6, 10.

25) Bauer, 5-29; Francis R. Nicosia, *The Third Reich and the Palestine Question* (Austin: University of Texas Press, 1985), 43-9, 194-5, Appendix 8, 213; L. Brenner, The Iron Wall, 92; 18차 시온주의자 대회 결의안은 독일에 대한 비판은 절제하고 팔레스타인으로의 이주를 늘려야 한다는 '해결책'을 강조했다. Zionist Organization, *Resoulutions of the 18th Zionist Congress: Prague, August 21st to September 3rd, 1933* (Zionist Organization: London, 1934), 9-12.

26) Porath, *Palestinian Arab National Movement*, 40-3; Kayyali, *Palestine*, 169-71.

27) Palestine Government, "Report of the Commission Appointed by His Excellency the High Commissioner for Palestine by Notification No. 1561 published in the Palestine Gazette dated 6th November, 1933," *Palestine Gazette*, No. 420, February 7, 1934.

28) Palestine Government, "Report."

29) Palestine Government, "Report."

30) Kayyali, *Palestine*, 174.

31) Porath, *Palestinian Arab National Movement*, 45-7; Kayyali, 175-6; *Peel Report*, 279.

32) Porath, 47-8.

33) Zeedan, "Political Parties and Local Self-Governance," 89-90; Porath, 62-5; Kayyali, *Palestine*, 177-8.

34) *Peel Report*, 85-6.

35) Kayyali, *Palestine*, 181.

36) K. Stein, *Land Question*, 142-72; Porath, *Palestinian Arab National Movement*, 87-90.

37) Porath, 80-6, 105-7.

38) K. Stein, *Land Question*, 226-7:Appendix 2.

39) Kayyali, *Palestine*, 169-71, 178-9; Porath, *Palestinian Arab National Movement*, 92-8; *Peel Report*, 86-7.

40) Morris, *Righteous Victims*, 126-7; Kayyali, 181-3; Porath, 135-7, 141.

41) *Peel Report*, 89-90.

42) Great Britain, *Proposed New Constitution for Palestine,* Cmd. 5119 (London, 1936).

43) Great Britain, *New Constitution*.

44) Porath, *Palestinian Arab National Movement*, 149-56; Kayyali, *Palestine*, 187-8; W. F. Abboushi, "The Road to Rebellion Arab Palestine in the 1930's," *Journal of Palestine Studies* 6, no. 3 (1977): 31-3.

45) 자보틴스키는 이르군의 창설에 모호한 입장이었다. 그는 하가나나 이르군과 같은 불법무장단체가 아닌, 영국군 휘하의 공인된 군대를 원했다. Colin Shindler, *Triumph of Military Zionism: Nationalism and the Origins of the Israeli Right* (London: I.B.Tauris, 2006), 183-91.

46) *Peel Report*, 93-4.

47) Porath, *Palestinian Arab National Movement*, 155-7.
48) *Peel report*, 96.
49) Porath, *Palestinian Arab National Movement*, 162-4.
50) 'Memorandum of Comments by the High Commissioner on General Dill's report on events in Palestine from the 15th September to 30th October, 1936', CO 733/317, quoted in Kayyali, *Palestine*, 189
51) *Peel Report*, 96-7.
52) 아민이 내세운 표면적인 이유는 다른 정당들의 반발이었다. Kayyali, *Palestine*, 191.
53) Porath, *Palestinian Arab National Movement*, 166-8, 172-8; *Peel Report*, 133-5.
54) Mustafa Kabha, "The Palestinian Press and the General Strike, April-October 1936: Filastin as a Case Study," *Middle Eastern Studies* 39, no. 3 (2003): 170-6.
55) *Peel Report*, 97-8; Kayyali, *Palestine*, 192-3; Porath, *Palestinian Arab National Movement*, 170-2.
56) Porath, 178-8, 192-4; Kabha, "The Palestinian Press and the General Strike," 178-9; Kayyali, *Palestine*, 194.
57) Kayyali, 195-6; Matthew Hughes, "The Banality of Brutality: British Armed Forces and the Repression of the Arab Revolt in Palestine, 1936-39," *The English Historical Review* 124, no. 507 (2009): 322-3.
58) H. Cohen, *Army of Shadows*, 103-5, 108-20; *Peel Report*, 99, 401-3:Appendix 2; Porath, *Palestinian Arab National Movement*, 194-5.
59) J. Shaw, *A Survey of Palestine*, 1:38.
60) *Peel Report*, 1937, 97-8, 100-1; Kayyali, *Palestine*, 197-9; 카우크지는 아민과 의회파의 권위를 무시하고 반대파를 가까이하고, 모든 무장단체를 자신의 통제하에 두려했기 때문에 내부 불화를 일으켰다. Porath, *Palestinian Arab National Movement*, 188-92.
61) *Peel Report*, 100; Abboushi, "Road to Rebellion," 37-8; H. Cohen, *Army of Shadows*, 104-5.
62) Kayyali, *Palestine*, 197-201.
63) Morris, *Righteous Victims*, 135-7; Yehoshua Ben-Arieh, *The Making of Eretz Israel in the Modern Era: A Historical-Geographical Study (1799-1949)* (Jerusalem: Hebrew University Magnes Press, 2018), 567-8.
64) *Peel Report*, 105-6, 101-2; J. Shaw, *A Survey of Palestine*, 1:38; Great Britain, *Report to the Council of the League of Nations on the Administration of Palestine and Trans-Jordan for the Year 1936*, para. 44.
65) Kayyali, *Palestine*, 204.
66) *Peel Report*, 102-3; Kayyali, 202-3.
67) *Peel Report*, 16-104, 106-12, 130-6, 357-62.
68) *Peel Report*, 140-8, 325-8.
69) *Peel Report*, 125-30, 362, 370-6.
70) *Peel Report*, 381-93.
71) Great Britain, Palestine Partition Commission Report [hereinafter quoted as Woodhead Report] Cmd. 5854 (London, 1938), 45-7, 81.
72) *Woodhead Report*, 81, 109.

73) 다만, 필 위원회가 과도기 동안에 필요하다고 본 것은 정치적 상한선이 아니라 아랍 지역에 유대인이 이주해서는 안 된다는 영토적 구분이었다. *Peel Report*, 306, 393.

74) Great Britain, *Statement of Policy by His Majesty's Government in the United Kingdom*, Cmd. 5513, (London, 1937).

75) Great Britain, 3; *Peel Report*, 394-5.

76) *Peel Report*, 362.

77) Extracts from the Speech of the Secretary of State for Foreign Affairs at the 98th session of the Council of the Leqgue of Nations, on the 14th September, 1937, quoted in Great Britain, *Policy in Palestine: Despatch dated 23rd December, 1937, from the Secretary of State for the Colonies to the High Commissioner for Palestine*, Cmd. 5634 (London, 1938), 8-11.

78) *Peel Report*, 24.

79) *Peel Report*, 32-4, 38.

80) Ormsby-Gore to the Mandates Commission, Twenty-Second Meeting Held on August 13, 1937, *League of Nations Permanent Mandates Commission Minutes of the Thirty-Second (Extraordinary) Session: Devoted to Palestine Held at Geneva From July 30th To August 18th, 1937*.

81) Ben-Arieh, *Making of Eretz Israel*, 559-61.

82) Ben-Gurion's Diary, July 12, 1937, quoted in Morris, *Birth of Palestinian Refugee*, 47.

83) Morris, 45-6.

84) 취소선으로 표시한 부분은 편지 원문에 실제로 줄이 그어져 있다. 이 줄을 그은 것이 벤구리온 본인이 한 것인지 혹은 타인에 의한 것인지 확신할 수는 없다는 비판이 있어 학계에서 논란이 되어 왔다. 벤구리온 본인이 했을 가능성이 높으며, 맥락상 줄이 그어진 부분을 살려서 '추방하고 땅을 빼앗기를 원한다.'로 읽는 것이 뒷문장과 보다 자연스럽게 연결된다. 어쨌든 벤구리온은 1937년 7월 12일자에 쓴 일기에서도, 그리고 이후에도 추방 정책을 강력히 지지했으므로 누가 줄을 그었는지는 실질적으로 중요하지 않다. 취소선과 관련된 논쟁에 대해서는 다음을 참조하라. Gilead Ini and Dexter Van Zile, "Journal of Palestine Studies Compounds Its Ben-Gurion Error," *CAMERA*, April 9, 2012, https://www.camera.org/article/journal-of-palestine-studies-compounds-its-ben-gurion-error/; Simons, Proposals to Transfer, 30-1.

85) Ben-Gurion's letter to his son, October 5, 1937. 팔레스타인연구협회(Institute for Palestine Studies)의 영어 번역본을 기초로 하되, 미국의 중동보도의 정확성을 위한 위원회(Committee for Accuracy in Middle East Reporting in America)의 지적사항을 반영해 우리말로 옮겼다. "JPS Responds to CAMERA's Call for Accuracy: Ben-Gurion and the Arab Transfer," Journal of Palestine Studies 41, no. 2 (2012): 247-8; Ini and Zile, "Journal of Palestine Studies Compounds Its Ben-Gurion Error."

86) Benny Morris, "Revisiting the Palestinian exodus of 1948," in *The War for Palestine: Rewriting the History of 1948*, eds. Eugene L. Rogan and Avi Shlaim. 2nd ed. Cambridge: Cambridge University Press, 2007, 43.

87) Anita Shapira, "The Concept of Time in the Partition Controversy of 1937," *Studies in Zionism* 6, no. 2 (1985): 215.

88) Shapira, 217-21; 관련하여 다음도 보라. Itzhak Galnoor, *The Partition of Palestine: Decision Crossroads in the Zionist Movement* (Albany: State University of New York Press, 1995), 247-50, 275-6.

89) 이 책의 제4장 2절을 보라.

90) *Woodhead Report*, 18-9; Ben-Arieh, *Making of Eretz Israel*, 568-9.
91) Kayyali, *Palestine*, 206-8; H. Cohen, *Army of Shadows*, 122-3; J. Shaw, *A Survey of Palestine*, 1:40.
92) Porath, *Palestinian Arab National Movement*, 235-6;
93) *Woodhead Report*, 86.
94) J. Shaw, *A Survey of Palestine*, 1:42-3; Porath, *Palestinian Arab National Movement*, 234-7; Kayyali, *Palestine*, 210.
95) Mustafa Kabha, *The Palestinian Press as a Shaper of Public Opinion, 1929-1939: Writing up a Storm* (London: Vallentine Mitchell, 2007), 12, 209-11.
96) H. Cohen, *Army of Shadows*, 122-5, 127; Porath, *Palestinian Arab National Movement*, 228-9.
97) Porath, 72-5.
98) H. Cohen, *Army of Shadows*, 126, 134; Michael Cohen, *Britain's Moment in Palestine*, 273; Porath, 250.
99) Porath, 230-2, 243; Kayyali, *Palestine*, 208-9; Michael Cohen, *Britain's Moment in Palestine*, 290.
100) Michael Cohen, 287-91.
101) Kayyali, *Palestine*, 226:n.90.
102) Great Britain, *Policy in Palestine*, Cmd. 5634, 2-4; Kayyali, 211; Michael Cohen, *Britain's Moment in Palestine*, 291.
103) Great Britain, *Report to the Council of the League of Nations on the Administration of Palestine and Trans-Jordan for the Year 1937*, para.24.
104) Great Britain, *Report … for the Year 1937*, para.24. *Report to the Council of the League of Nations on the Administration of Palestine And Trans-Jordan for the Year 1938*, para.11.
105) Hughes, "The Banality of Brutality," 320-7; A. J. Sherman, *Mandate Days: British Lives in Palestine, 1918-1948* (Baltimore: John Hopkins University Press, 2001), 108-9, 111-2; Great Britain, *Report … for the Year 1938*, para.11; Porath, *Palestinian Arab National Movement*, 239.
106) Sherman, *Mandate Days*, 110-1.
107) Hughes, "The Banality of Brutality," 316-20, 327-38.
108) Hughes, 336-39.
109) Matthew Hughes, "Terror in Galilee: British-Jewish Collaboration and the Special Night Squads in Palestine during the Arab Revolt, 1938-39," *The Journal of Imperial and Commonwealth History* 43 no. 4 (2015).
110) Porath, *Palestinian Arab National Movement*, 238.
111) Porath, 247-8; Kayyali, *Palestine*, 214.
112) H. Cohen, *Army of Shadows*, 134-41, 145-55; Porath, *Palestinian Arab National Movement*, 248-60; Matthew Hughes, "Palestinian Collaboration with the British: The Peace Bands and the Arab Revolt in Palestine, 1936-9," *Journal of Contemporary History* 51, no. 2 (2016): 294-300.
113) Michael Cohen, *Britain's Moment in Palestine*, 264, 274-5, 293-4, 309.
114) Michael Cohen, 275-6, 294; Porath, *Palestinian Arab National Movement*, 239.

115) Morris, *Righteous Victims*, 156.
116) Great Britain, *Policy in Palestine*, Cmd. 5634, 3-4.
117) *Woodhead Report*, 52-72, 81-9.
118) *Woodhead Report*, 92-6.
119) *Woodhead Report*, 99-110, 126.
120) 총 4명의 위원 중 한 명은 B안에, 두 명은 C안에 찬성했다. 나머지 한 명은 C안이 그나마 최적의 안이지만, 모든 분할안이 사실상 불가능하다는 입장이었다. *Woodhead Report*, 249-81.
121) *Woodhead Report*, 233, 239.
122) *Woodhead Report*, 233-6, 243, 246.
123) Great Britain, *Statement by His Majesty's Government in the United Kingdom*, Cmd. 5893 (London, 1938).
124) Great Britain, *Report ... for the Year 1938*, para.11-12.
125) Great Britain, para.13.
126) Hughes, "Palestinian Collaboration," 306-8; Kayyali, *Palestine*, 218-9; Michael Cohen, *Britain's Moment in Palestine*, 282-4, 297.
127) Michael Cohen, 264-5.
128) Kayyali, *Palestine*, 219-21; Michael J. Cohen, "Appeasement in the Middle East: The British White Paper on Palestine, May 1939," *The Historical Journal* 16, no. 3 (1973): 578-84.
129) Michael Cohen, 584-9; J. Shaw, *A Survey of Palestine*, 1:50.
130) Michael Cohen, 589-91.
131) Great Britain, *Palestine: Statement of Policy*, Cmd. 6019, (London, 1939), 1-8.
132) Great Britain, 8-12.
133) Great Britain, *Palestine Land Transfers Regulations: Letter to the Secretary-General of the League of Nations, London, Feburary 28, 1940*, Cmd. 6180 (London, 1940); H. Cohen, *Army of Shadows*, 189-96.
134) 하원에서 찬성이 268명, 반대가 179명, 기권이 이례적으로 많은 110명이었다. Michael Cohen, *Britain's Moment in Palestine*, 301-2.
135) J. Shaw, *A Survey of Palestine*, 1:54-6.
136) H. Cohen, *Army of Shadows*, 141-4, 171; J. Shaw, 1:48-9; Porath, *Palestinian Arab National Movement*, 250; Cohen, *Britain's Moment in Palestine*, 360.
137) Shabtai Teveth, *Ben-Gurion: The Burning Ground 1866-1948* (Boston: Houghton Mifflin, 1987), 717.
138) J. Bowyer Bell, *Terror Out of Zion: Irgun Zvaileumi, Lehi, and The Palestine Underground, 1929-1949* (New York: Avon Books, 1977), 61-5.
139) Michael Cohen, *Britain's Moment in Palestine*, 52, 309-18; J. Shaw, *A Survey of Palestine*, 1:60.
140) Michael Cohen, *Britain's Moment in Palestine*, 312, 319-20, 327-9.
141) Shapira, *Land and Power*, 288-91.
142) Michael Cohen, *Britain's Moment in Palestine*, 319-30; Great Britain, *Palestine: Statement*

of Policy, 6-7.

143) Michael Cohen, *Britain's Moment in Palestine*, 364-371; Ofer, *Escaping the Holocaust*, 32-6.
144) J. Shaw, *A Survey of Palestine*, 1:60-1, 185:Table.1; Great Britain, *Palestine: Statement of Policy*, 11.
145) Michael Cohen, *Britain's Moment in Palestine*, 364-72, 382-417; Porath, *Palestinian Arab National Movement*, 76; J. Shaw, 1:59-60.
146) Nicosia, *The Third Reich*, 85-108, 180-92.
147) Mattar, *The Mufti of Jerusalem*, 86-7, 89-95.
148) Mattar, 95-6; Hayyim J. Cohen, "The anti-Jewish Farhud in Baghdad, 1941," *Middle Eastern Studies* 3 no. 1 (1966).
149) Michael Cohen, *Britain's Moment in Palestine*, 326-7; 1941년 8월 14일에 미국의 루즈벨트 대통령은 처칠에게 가능한 빠른 시기에 참전할 수 있도록 노력하겠다고 알렸다. 이듬달부터 미국은 상당량의 전쟁 물자를 지원했고, 마침내 12월에 참전한다.
150) "Declaration adopted by the Extraordinary Zionist Conference at the Biltmore Hotel of New York City, 11 May 1942," accessed November 5, 2023, https://www.un.org/unispal/document/auto-insert-206268/.
151) 2년이 지난 1944년 10월 16일에 유대인 기구는 빌트모어 강령을 전후 질서의 구상으로 공식적으로 제안한다. Ben-Arieh, *Making of Eretz Israel*, 582-3.
152) Michael Cohen, *Britain's Moment in Palestine*, 335-44.
153) Ofer, *Escaping the Holocaust*, 180-2.
154) Yechiam Weitz, "Jewish refugees and Zionist policy during the Holocaust," *Middle Eastern Studies* 30, no. 2 (1994); Michael Cohen, *Britain's Moment in Palestine*, 344-9.
155) J. Shaw, *A Survey of Palestine*, 1:65, 185:Table.1.
156) Ben-Arieh, *Making of Eretz Israel*, 584-6.
157) Ben-Arieh, 585-6; J. Shaw, *A Survey of Palestine*, 1:70, 74; Michael Cohen, *Britain's Moment in Palestine*, 330-1; Morris, *Birth of Palestinian Refugee*, 54-5.
158) Y. S. Brenner, "The 'Stern Gang' 1940-48," in *Palestine and Israel in the 19th and 20th Centuries*, eds. Elie Kedourie and Sylvia G. Haim (London: Routeldge, 2013), 114-6.
159) Y. Brenner, 116-27; J. Shaw, *A Survey of Palestine*, 1:71-3; Ben-Yehuda, *Political Assassinations*, 206-11; Joanna Saidel, "Yitzhak Shamir: Why we killed Lord Moyne," *Times of Israel*, July 5, 2012, https://www.timesofisrael.com/yitzhak-shamir-why-we-killed-lord-moyne/.
160) Ben-Arieh, *Making of Eretz Israel*, 588.
161) Article 5 of Alexandria Protocol, October 7, 1944, accessed November 6, 2023, https://avalon.law.yale.edu/20th_century/alex.asp.
162) Ben-Arieh, *Making of Eretz Israel*, 589.
163) J. Shaw, *A Survey of Palestine*, 1:71.
164) USA, *Public Papers of the Presidents: Harry S. Truman 1945* (Washington, 1961), 469-70.
165) Statmement of Bevin before the House of Commons, November 13, 1945, quoted in J. Shaw, *A Survey of Palestine*, 1:99-102; Ibid, 84-5; Great Britain, *Palestine: Statement of Policy*, 11.
166) Y. Brenner, "Stern Gang," 127-31; J. Shaw, 1:83; Ben-Arieh, *Making of Eretz Israel*, 590.

167) Golani, *Between Politics and Terror*, 27-41.
168) Morris, *Righteous Victims*, 177-8.
169) Great Britain, *Report of the Anglo-American Committee of Enquiry Regarding the Problems of European Jewry and Palestine*, Cmd. 6808 (London, 1946), 1-3, 11-5.
170) Great Britain, 1-3.
171) 1944년 말에 사막 지역을 제외한 팔레스타인의 인구밀도는 1km2 당 125명으로 스웨덴보다 매우 높고 이탈리아보다는 약간 낮은 정도였다. 팔레스타인보다 인구밀도가 높은 국가들은 인도처럼 낮은 생활 수준의 농업 인구이거나 고도로 산업화 된 국가들이었다. *UNSCOP Report*, 1:Chapter II.A.20.
172) Great Britain, *Report of Anglo-American Committee*, 3-8.
173) Great Britain, 4-5.
174) USA, *Public Papers of the Presidents: Harry S. Truman 1946* (Washington, 1962), 218-9.
175) Golani, *Between Politics and Terror*, 84-106; Ben-Arieh, *Making of Eretz Israel*, 591-2.
176) Golani, 141-4, 153; Y. Brenner, "Stern Gang," 138-9.
177) Y. Brenner, 144-52; Morris, *Righteous Victims*, 181; Great Britain, *Palestine: Statement of Information Relating to Acts of Violence*, Cmd 6873 (London, 1946).
178) Great Britain, *Proposals for the Future of Palestine, July 1946-February 1947*, Cmd. 7044 (London, 1947), 4-6.
179) Telegram of The Ambassador in the United Kingdom (Harriman), July 24, 1946, quoted in Daniel J. Lawler and Erin R. Mahan, eds., *Foreign Relations of the United States, 1946*, vol. 7: *The Near East And Africa* (Washington, 2010), 652-67:Document 514; Great Britain, 2-8.
180) Great Britain, 2, 4.
181) Golani, *Between Politics and Terror*, 151-60.
182) Great Britain, *Proposals for the Future of Palestine*, 9-11.
183) Ben-Arieh, *Making of Eretz Israel*, 592-4.
184) Great Britain, *Proposals for the Future of Palestine*, 11-4. Conclusions of a Meeeting of the Cabinet held at 10 Downing Street, S.W.1, on Friday, 14th February, 1947, at 11 a.m. CAB 128/9, CM22(47).
185) Great Britain, *Conclusions of a Meeting*, CAB 128/9, CM22(47); Ellen Jenny Ravndal, "Exit Britain: British Withdrawal From the Palestine Mandate in the Early Cold War, 1947-1948," *Diplomacy & Statecraft* 21, no. 3 (2010): 418-21.
186) *UNSCOP Report*, 2:Annex I.
187) Ben-Arieh, *Making of Eretz Israel*, 592-3; Ravndal, "Exit Britain," 421; *UNSCOP Report*, 2:Annex I.
188) *UNSCOP Report*, 1:Chapter 1.A.para.3-4, 11-12; UNGA, Meeting Record of 77th Plenary Meeting of the General Assembly, May 14, 1947. A/PV.77.
189) Laurent Rucker, "Moscow's Surprise: The Soviet-Israeli Alliance of 1947-1949," *Cold War International History Project*, Working Paper No. 46, 8-19, 29-30.
190) UNGA, Meeting record of 77th, A/PV.77.
191) Elizabeth Monroe, *Britain's Moment in the Middle East 1914-1956* (Chatto & Windus: London, 1965), 165-6.

192) Morris, *Righteous Victims*, 183.
193) *UNSCOP Report*, 1:Preface.
194) 위원회의 과업범위에는 "팔레스타인의 이슬람과 유대교, 기독교의 종교적 이해에 대해 특별히 심사숙고"할 것이 포함되었다. 이는 위원회의 최종 권고안에도 많은 영향을 끼치게 된다. *UNSCOP Report*, Chapter 1:I.A.
195) *UNSCOP Report*, 2:Annex 5, 8.
196) *UNSCOP Report*, 1:Chapter IV.para.11-12.
197) *UNSCOP Report*, 1:Chapter II.D.para.156-61.
198) 제4장에서 설명한 바와 같이, 시리아 민족의회는 모든 아랍 지역의 독립을 결의했고 위임통치규약 제22조를 반대했다. 그럼에도 불구하고 열강이 위임통치를 강제한다면 "우리의 완전한 독립을 침해하지 않고 단지 경제적, 기술적 지원을 제공"하는 형식을 요청했고 그러한 '지원 국가'의 2순위로 영국을 꼽았다.
199) *UNSCOP Report*, 1:Chapter II.D.para.162-80.
200) *UNSCOP Report*, 1:Chapter IV.para.8-10.
201) *UNSCOP Report*, 1:Chapter II.D.para.126-34.
202) *UNSCOP Report*, 1:Chapter II.D.para.135-55, Chapter II.B.para 26, 31-2.
203) *UNSCOP Report*, 1:Chapter I.B.para.65-68, Chapter V.Section B.Recommendation XII.
204) *UNSCOP Report*, 1:Chapter V.Section A.Recommendation VI, 2:Annex 18.
205) *UNSCOP Report*, 2:Annex 18.
206) *UNSCOP Report*, 2:Appendix II.
207) *UNSCOP Report*, 1:Chapter V.Section A.Recommendation VI, 2:Annex 18.
208) *UNSCOP Report*, 1:Chapter II.C.para.119.
209) *UNSCOP Report*, 1:Chapter V, 1:Chapter II.B.para.24-26.
210) 분할안에 찬성한 7개 국가 의원은 캐나다, 체코슬로바키아, 과테말라, 네덜란드, 페루, 스웨덴, 우루과이이며, 연방제는 인도, 이란, 유고슬라비아가 찬성했다. 호주는 선택을 포기했다. *UNSCOP Report*, 1:Chapter I.B.75.
211) *UNSCOP Report*, 1:Chaper VI.Part I.
212) UNGA, *Special Committee on Palestine: Verbatim Record of The Thirty-Eighth Meeting (Public) Held at the Ministry of Foreign Affairs; Beirut, Lebanon, on Tuesday 22 July 1947 at 11 a.m.*, A/AC.13/PV.38, August 4, 1947.
213) *UNSCOP Report*, 1:Chapter V.Section A.Recommendation I, Chapter II.D.para.135-150.
214) *UNSCOP Report*, 1:Chapter VI.Part I.para 3.
215) *UNSCOP Report*, 1:Chapter II.D.para.164.
216) *UNSCOP Report*, 1:Chapter VI.Part II.
217) *UNSCOP Report*, 1:Chapter VI.Part I.B, Chapter VI.Part II.
218) *UNSCOP Report*, 1:Chapter VI.Part III; 최종적으로 유엔총회 결의안 181호에서는 민족이나 국적에 관계없이 팔레스타인의 아랍 국가 또는 유대 국가의 시민이 아닌 자로 자격조건이 완화되었다. UNGA, Resolution 181(II), *Future Government of Palestine*, A/RES/181(II), 128th Plenary Meeting, November 29, 1947, Part III.C.para.2.
219) *UNSCOP Report*, 1:Chapter VII.

220) Ravndal, "Exit Britain," 425-6, 429-30.
221) "U.K Accepts UNSCOP General Recommendations; Will Not Implement Policy Unacceptable by both Arabs and Jews," *UN Press Release*, GA/PAL/2, September 26, 1947, https://www.un.org/unispal/wp-content/uploads/1947/09/ecb5eae2e1d29ed08525686d00529256_gapal02.pdf
222) Morris, *Righteous Victims*, 184.
223) UNGA, Resolution 181(II), *Future Government of Palestine*.
224) Central Intelligence Agency of USA, *The Consequences of the Partition of Palestine*, ORE 55, November 28, 1947.
225) Central Intelligence Agency.
226) Central Intelligence Agency.
227) Masalha, *Expulsion of the Palestinians*; Morris, "Revisiting the Palestinian exodus of 1948," 43-8.
228) Michael Palumbo, *The Palestinian Catastrophe: The 1948 Expulsion of a People from Their Homeland* (London: Faber and Faber, 1987), 37.
229) Morris, *Birth of Palestinian Refugee*, 139:n.1.
230) Palumbo, *The Palestinian Catastrophe*, 35-6; 시온주의자들도 아민이 확전을 바라지 않는다고 생각했다. 다만, 아민의 측근들이 '자발적' 봉기를 조직하고 있다고 보았다. Morris, 86-7.
231) 메나헴 베긴은 유엔이 정해준 경계를 깨트리기 위해서 확전을 원했다고 회고했다. "(결의안 181호 채택 이후) 몇 달 간 가장 염려했던 것은 아랍인들이 유엔의 계획을 수용하는 것이었다. 그러면 세계의 모든 유대인을 받아들이기에는 너무나도 작은 유대 국가라는 궁극적 비극을 맞이하게 된다." Nicholas Bethell, *The Palestine Triangle: The Struggle for the Holy Land, 1935-48* (New York: G.P.Putnam's Sons, 1979), 354.
232) Ilan Pappe, *The Ethnic Cleansing of Palestine* (Oxford: Oneworld Publications, 2006), 55-7; Morris, *Birth of Palestinian Refugee*, 71-2, 74-5, 80; Palumbo, *The Palestinian Catastrophe*, 35.
233) Pappe, 57-60; Morris, 79-86.
234) Pappe, 61-7.
235) Pappe, 67-8, 72.
236) Pappe, 46.
237) Morris, *Birth of Palestinian Refugee*, 67, 74-75, 87-8, 99-139.
238) Great Britain, *Palestine: Termination of the Mandate 15th May, 1948* (London, 1948).
239) Walid Khalidi, "Selected Documents on the 1948 Palestine War," *Journal of Palestine Studies* 27, no. 3 (1998): 62-3.
240) Avi Shlaim, "Israel and the Arab coalition in 1948," in *The War for Palestine: Rewriting the History of 1948*, eds., Eugene L. Rogan and Avi Shlaim, 2nd ed. (Cambridge: Cambridge University Press, 2007), 81-6.
241) Walid Khalidi, "Plan Dalet: Master Plan for the Conquest of Palestine," *Journal of Palestine Studies* 18, no. 1 (1988): 16-8, 24-33:Appendix B; Pappe, *Ethnic Cleansing*, 83, 88; Morris, *Birth of Palestinian Refugee*, 163-9.
242) 예를 들어, 베니 모리스는 달레트 계획이 주민들의 추방과 마을의 파괴를 지시했지만 어디까지나 군사적 필요성에 따른 것이었기 때문에 인종청소가 목적이 아니었다고 변론한다. Morris, *Birth of*

Palestinian Refugee, 165-9.
243) W. Khalidi, "Selected Documents," 63-5.
244) Pappe, Ethnic Cleansing, 82, 86-7; Morris, Birth of Palestinian Refugee, 67.
245) UNSC, Two Hundred and Seventy-First Meeting Held at Lake Success, New York on Firday, 19 March 1948, at 3.30 p.m. Continuation of the discussion of the Palestine Question, S/PV.271.
246) Ravndal, "Exit Britain," 428-9.
247) 1946년 5월에 압달라가 왕위에 오르며 국호를 요르단 하심왕국(Hashemite Kingdom of Jordan)으로 정하였다.
248) Avi Shlaim, Collusion Across the Jordan: King Abdullah, the Zionist Movement, and the Partition of Palestine (New York: Columbia University Press, 1988), 89-159.
249) 학살 작전 당시에 아랍해방군이 마을에 주둔하고 있었을 것이라는 추측도 제기되지만, 베니 모리스에 따르면 데이르 야신은 무장단체가 주둔하거나 인근 정착촌을 공격하는 것을 거부했다. Morris, Birth of Palestinian Refugee, 207.
250) Pappe, Ethnic Cleansing, 90-1, 271-2:n.8; David Hirst, The Gun and the Olive Branch: The Roots of Violence in the Middle East (London: Faber and Faber, 1977), 124.
251) Hirst, 125.
252) Hirst, 126-7.
253) Daniel McGowan and Matthew C. Hogan, The Saga of the Deir Yassin: Massacre, Revisionism and Reality (Geneva: Deir Yassin Remembered, 1999), 8-10.
254) Hirst, Gun and Olive Branch, 126.
255) Pappe, Ethnic Cleansing, 92-6; Palumbo, The Palestinian Catastrophe, 107-8.
256) Pappe, 110-1; W. Khalidi, "Plan Dalet," 18-9.
257) 5월 15일까지 하가나가 수행한 13개의 작전 중 8개가 아랍 국가로 지정된 영역이나 대예루살렘시를 포함했다. W. Khalidi, 18; 벤구리온은 유엔총회 결의안 181호가 통과되고 1주일 만에 아랍 국가로 지정된 영역 내에 있는 식민촌을 확장하라고 지시했다. 따라서 처음부터 경계선을 지킬 생각 따위는 없었던 사실을 알 수 있다. Palumbo, The Palestinian Catastrophe, 40.
258) Pappe, Ethnic Cleansing, 100.
259) Pappe, 104.
260) Morris, Birth of Palestinian Refugee, 163-308.
261) Shlaim, "Israel and Arab coalition," 86-92.
262) Shlaim, 89-93.
263) 작전지시에는 실제로 청소를 뜻하는 히브리어 단어가 종종 사용되었다. 다음의 사례들을 보라. Pappe, Ethnic Cleansing, 94, 128, 155, 158, 182.
264) Pappe, 104.
265) 대대본부(Alexandroni HQ)에서 내려온 명령서에는 민간인의 처우에 대한 지시사항이 없었던 걸로 보아 처음부터 민간인 학살을 계획한 것은 아니었던 듯하다. 아마도 학살은 충동적 분노에서 비롯된 것으로 보인다. 주민들이 항복하고 하가나가 마을로 진입했을 때 항전을 포기하지 않은 아랍인 저격수 한두 명이 총을 쏘았다. 많게는 8명의 유대인 군인이 죽거나 다쳤고, 하가나는 보복으로 100여 명을 죽였다. 이후 무기를 집에 숨겨둔 것으로 의심되는 사람을 임의로 골라내 13세-30세 사이의 남성 100여 명을 사살했다. 학살은 식민촌 주민들이 말려서 중단되었다. Ilan

Pappe, "The Tantura Case in Israel: The Katz Research and Trial," *Journal of Palestine Studies* 30, no. 3 (2001); 다음도 보라. Morris, *Birth of Palestinian Refugee*, 247-8.

266) Folke Bernadotte, UNSC, *Text of Suggestions Presented by The United Nations Mediator on Palestine to the Two Parties on 28 June 1948*. S/863.

267) Shlaim, "Israel and Arab coalition," 94-5.

268) Shlaim, 95-99; Morris, *Righteous Victims*, 221-2.

269) Folke Bernadotte, *Progress Report of the United Nations Mediator on Palestine Submitted to the Secretary-General for Transmission to the Members of the United Nations*, General Assembly Official Records: Third Session Supplement No. 11 (A/648), September 16, 1948, Part One.VIII.Conclusions.

270) Ben-Yehuda, *Political Assassinations*, 267-74.

271) Shlaim, "Israel and Arab coalition," 98-100.

272) Bernadotte, *Progress Report*, Part Three.Assistance to Refugee.

273) Grace Halsell, *Journey to Jerusalem* (New York: Macmillan Publishing, 1981), 169-70.

274) Bernadotte, *Text of Suggestions*, Part II.para.9.

275) Bernadotte, *Progress Report*, Part One.V, Annexes II, Part Three.VI.

276) UNGA, Resolution 212 (III), *Assistance to Palestine Refugees*, A/RES/212(III), November 19, 1948.

277) UNGA, Resolution 194 (III), *Palestine: Progress Report of the United Nations Mediator*, A/RES/194 (III), 11 December 1948.

278) UNGA, *Palestine: First Interim Report of the United Nations Economic Survey Mission for the MIddle East*, 16 November 1949, A/1106, November 17, 1949.

279) UNGA, Resolution 273 (III), *Admission of Israel to Membership in the United Nations*, A/RES/273, May 11, 1949.

280) UNGA, *Application of Israel for Admission to Membership in the United Nations (A/818)* (continued), A/AC.24/SR.50, May 9, 1949.

281) Morris, *Righteous Victims*, 258.

282) UNGA, Resolution 181(II), *Future Government of Palestine*, chapter 2.para 8.

283) 1948년 6월과 12월에 각각 Abandoned Areas Ordinance 5708-1948와 Emergency Regulations of Absentee's Property 5709/1948가 제정되었다.

284) Roby Nathanson and Hagar Tzameret-Kertcher, "Israel's Policy Regarding Palestinian Refugee Real Estate Holdings: Israel's State Records," in *Compensation to Palestinian Refugees and the Search for Palestinian-Israeli Peace*, ed. Rex Brynen (London: Pluto Press, 2013), 89-106.

285) Badil, *The United Nations Conciliation Commission for Palestine, Protection, and a Durable Solution for Palestinian Refugees*, Information & Discussion Brief, Issue No. 5, June, 2000.

286) UNCCP, *First Interim Report of the United Nations Economic Survey Mission for the Middle East*, November 16, 1949; 실제 난민의 수는 이보다 훨씬 적다는 친이스라엘계의 비판이 있으나, 당시 조사를 담당한 유엔 직원들은 정치적, 경제적 이유로 인해 지원이 필요한 난민의 수를 적게 잡아야 한다는 압력을 받았다고 털어놓았다. Palumbo, *The Palestinian Catastrophe*, 203; 사회학자 자넷 아부 루고드(Janet Abu-Lughod)는 인구통계를 직접 분석해 77-78만 명 내외로 추산했다. Janet L. Abu-Lughod, "The Demographic Transformation of Palestine," in *The*

Transformation of Palestine: Essays on the Origin and Development of the Arab-Israeli Conflict, ed. Ibrahim Abu-Lughod (Evanston: Northwestern Univesity Press: 1971), 153-161.

287) Palumbo, 198-201.
288) Walid Khalidi, "Why Did the Palestinians Leave, Revisited," *Journal of Palestine Studies* 34, no. 2 (2005); 관련하여 다음도 보라. Palumbo, 210.
289) Morris, *Birth of Palestinian Refugee*, 174.
290) Morris, "Revisiting the Palestinian exodus of 1948," 47-8.
291) Morris, *Birth of Palestinian Refugee*, 70.
292) 아랍인들 역시 1920년대부터 독립 아랍 국가에서 유대인의 평등한 권리를 인정하겠다고 꾸준히 약속했고 1930년대에 유대인에 대한 반감이 심해진 이후로도 변함이 없었다.
293) Herzl, *Complete Diaries*, 1:90.
294) Morris, *Birth of Palestinian Refugee*, 70, 588-9.
295) Morris, 69.
296) Orner Bartov, *Germany's War and the Holocaust: Disputed Histories* (Ithaca: Cornell University Press, 2003), 79-98; Laqueur, *The Changing Face of Anti-Semitism*, 91-124.
297) Pappe, *Ethnic Cleansing*, 60-1.
298) Morris, *Birth of Palestinian Refugee*, 463.
299) Morris, 466.
300) Morris, 470-1.
301) Morris, 488.
302) UNGA, *Palestine: First Interim Report*, A/1106.
303) UNGA, *Palestine*.
304) UNGA, Resolution 302 (IV), Assistance to Palestine Refugees, A/RES/302 (IV), December 8, 1949.
305) UNRWA, *Annual Report of 1950*.
306) UNRWA, *Annual Report of 1950*; *1951*; *1952*.
307) 모든 UNRWA 난민촌의 천막들은 1961년에 가옥으로 완전히 대체되었다. UNRWA, *Annual Report of 1952*; *1954*; *1961*.
308) 난민이란 용어가 수동적인 희생자라는 것을 암시하기 때문에 레바논 등지의 팔레스타인 난민들은 "귀환자"라고 칭하는 것을 선호했다. Helena Lindholm Schulz, *The Palestinian Diaspora: Formation of Identities and Politics of Homeland* (London: Routledge, 2003), 131; 오늘날에는 오슬로협정 이후 서안지구와 가자지구로 돌아온 팔레스타인 난민들을 귀환자라고 부른다.
309) Fawaz Turki, "To Be a Palestinian," *Journal of Palestine Studies* 3, no. 3 (1974): 8-9.
310) UNRWA, *Annual Report of 1955*.
311) 1955년에서 1964년까지 총 6백만 달러를 지원하여 47만 명의 주거환경을 개선했다. Sari Hanafi and Leila Hilal and Lex Takkenberg, eds. *UNRWA and Paletinian Refugees: From Relief and Works to Human Development* (London: Routeldge, 2014), 111-7.
312) Turki, "To Be a Palestinian," 5-6.

313) UNGA, Resolution 302 (IV), *Assistance to Palestine Refugees*, Article 7.
314) UNGA, Resolution 393 (V), *Assistance to Palestine Refugees*, A/RES/393 (V), December 2, 1950, Article 4.
315) 아랍 국가들이 당초 NERWA(Near East Relief and Works Agency)라는 명칭이 제안된 팔레스타인 난민지원기구의 이름에 UN을 붙여 UNRWA로 바꾸길 요청하고, UNRWA가 세계난민지원기구(UNHCR)와 통합되기보다는 독립적인 기구로 유지되기를 선호한 것도 국제사회의 책임을 가시화하기 위해서였다. Michael Kagan, UNHCR, "We live in a country of UNHCR": The UN Surrogate State and Refugee Policy in the Middle East, New Issues in Refugee Research Paper No. 201 (2011): 11.
316) UNRWA, *Annual Report of 1950*.
317) UNRWA, *Annual Report of 1956; 1957*.
318) 요르단 등에서는 난민들이 아랍 국가들의 학교에 다니는 것이 허용되었고, 약 4만 명의 아이들은 체류국의 공립학교나 사립학교를 다녔다. Sam Rose, "Education as a Survival Strategy: Sixty Years of Schooling for Palestinian Refugees," in *Even in Chaos: Education in Times of Emergency*, ed. Kevin M. Cahill (New York: Fordham University Press and the Center for International Humanitarian Cooperation, 2010), 231-4; UNRWA, *Annual Report of 1969*.
319) 여학생의 비율은 46.5%를 차지했다. Hanafi, Hilal and Takkenberg, *UNRWA and Paletinian Refugees*, 47; UNRWA, *Annual Report of 1969*.
320) Rosemary Sayigh, *too Many Enemies: The Palestinian Experience in Lebanon* (London: Zed Books, 1994), 62-3.
321) Rose, "Education as a Survival Strategy," 235.
322) Izzeldin Abuelaish, *그러나 증오하지 않습니다: 세 딸을 폭격으로 잃은 팔레스타인 의사 이야기*, trans. 이한중. (서울: 낮은산. 2013), 56.
323) Abuelaish, 65.
324) Riccardo Bocco, "UNRWA and the Palestinian Refugees: A History within History," *Refugee Survey Quarterly* 28, no. 2&3 (2010), 234-7.
325) 8개의 임시 의료시설들은 계산에서 제외하였다. UNRWA, *Annual Report of 1968; 1969*.
326) 1950년부터 1969년까지 연평균 3천 2백만 달러의 예산을 운용했다. UNRWA, *Annual Report of 1979*.
327) Fred. J. Khoury, *The Arab-Israeli Dilemma*, 3rd ed. (New York: Syracuse University Press, 1985), 142.
328) Bocco, "UNRWA and the Palestinian Refugees," 239-40; Hanafi, Hilal and Takkenberg, *UNRWA and Paletinian Refugees*, 47; UNRWA, *Annual Report of 1969*.
329) Morris, *Righteous Victims*, 469-70.
330) Livia Rokach, "Israeli State Terrorism: An Analysis of the Sharett Diaries," *Journal of Palestine Studies* 9, no. 3 (1980): 5-6; "The 1953 Qibya Raid Revisited: Excerpts from Moshe Sharett's Diaries," *Journal of Palestine Studies* 31, no. 4 (2002).
331) Rokach, 15-6.
332) Rokach, 18-21.
333) Rokach, 20-1.
334) 다른 팔레스타인 무장투쟁조직들이 아랍 국가들로부터 자금을 지원받은 반면, 파타는 자율성을 유지하기 위해 주로 아랍 부호들로부터 기금을 모집했다.

335) Phil Marshall, 인티파다: 시온주의 미국과 팔레스타인 저항, trans. 이정구 (서울: 도서출판 책갈피, 2001), 98-9.
336) UNSC, *Note by the Secretary-General Under General Assembly Resolution 2252 (ES-V) and Security Council Resolution 237 (1967)*, S/8435, March 2, 1968
337) UNSC, Resolution 242 (1967), S/RES/242, November, 22, 1967.
338) Morris, *Righteous Victims*, 347-8, 360-2, 388-9.
339) Morris, 368-70.
340) 슈케이리는 1967년 전쟁을 계기로 사임했다.
341) Morris, *Righteous Victims*, 373-5.
342) 수도설비가 연결되지 않은 집이 60%였고, 20%는 화장실조차 없었다. 평균적으로 방 하나에 3.5명이 거주했다. Bassem Sirhan, "Palestinian Refugee Camp Life in Lebanon." *Journal of Palestine Studies* 4, no. 2 (1975): 93.
343) 레바논 남부에는 시아파가 많았는데 국내외로부터 도움을 받지 못한 이들과는 달리 팔레스타인 난민들은 UNRWA는 물론이고 같은 수니파인 아랍 산유국들로부터 많은 지원을 받았다. 이러한 경제적 불균형은 시아파로 하여금 난민들에 대한 적대감을 사는 계기로 작용했다. Sayigh, Too Many Enemies, 273-5.
344) Morris, *Righteous Victims*, 494-539; Leila Shahid, "The Sabra and Shatila Massacres: Eye-Witness Reports." *Journal of Palestine Studies* 32, no. 1 (2002): 35-6.
345) Shahid, 45-7.
346) Shahid, 44, 47-50.
347) Morris, *Righteous Victims*, 562.
348) Masalha, *The Politics of Denial*, 179-94.
349) Masalha, 188-9, 200-8.
350) Marshall, 인티파다, 191.
351) Samir Abdallah Saleh, "The Effects of Israeli Occupation on the Economy of the West Bank and Gaza Strip," in *Intifada: Palestine at the Crossroads*, eds. Jamal R. Nassar and Roger Heacock (New York: Praeger, 1990), 38-9.
352) UNCTAD, *UNCTAD assistance to Palestinian people*, 9.
353) UNCTAD, *UNCTAD Policy Alternatives for Sustained Palestinian Development and State Formation*, UNCTAD/GDS/APP/2008/1, 2009, 25.
354) Marshall, 인티파다, 194-8; Morris, *Righteous Victims*, 566.
355) Halsell, *Journey to Jerusalem*, 161.
356) Halsell, 160-5.
357) Morris, *Righteous Victims*, 563.
358) Amnesty, *Amnesty International Annual Report 1986*, January 1, 1986, 334-5; Cate Malek, and Mateo Hoke, ed. *Palestine Speaks: Narratives of Life under Occupation* (San Francisco: Mcsweeney's Books, 2014), 29.
359) Malek and Hoke, 78-80.
360) 보도의 영향으로 고문과 학대는 한동안 감소했으나 1984년 무렵부터 다시 증가했다. B'Tselem, *The Interrogation of Palestinians During the Intifada: Ill-treatment, "Moderate Physical Pressure" or Torture?*, March, 1991, 34.
361) Amnesty, *Amnesty International Annual Report 1986*, 334-8.

362) Israel, *Commission of Inquiry into the Methods of Investigation of the General Security Service Regarding Hostile Terrorist Activity, Jerusalem 1987 October* (Jerusalem, 1987).
363) B'Tselem, *The Interrogation of Palestinians*, 54-6.
364) 41명의 조사대상 중 언론인 1명을 제외하고 모두가 고문을 받았다고 증언했다. B'Tselem, 45-108.
365) Amnesty, "Israel: Torture still used systematically as Israel presents its report to the Committee Against Torture," May 12, 1998, https://www.amnesty.org/en/documents/mde15/031/1998/en/.
366) Noam Chomsky, 숙명의 트라이앵글, trans. 유달승, vol. 2 (서울: 이후, 2001), 304-5.
367) Morris, *Righteous Victims*, 570-3.
368) Morris, 567-573.
369) Morris, 576-7.
370) Morris, 579-83.
371) Morris, 582-3, 597.
372) Morris, 579-80, 591.
373) Morris, 584, 589, 592-3, 597.
374) Raheb, 나는 팔레스타인의 크리스천이다, 160-3.
375) Marshall, 인티파다, 222-30.
376) Morris, *Righteous Victims*, 607.
377) Morris, 608-9.
378) Shlomo Ben-Ami, *Scars of War, Wounds of Peace*: The Israeli-Arab Tragedy (Oxford: Oxford University Press, 2006), 197-200.
379) Morris, 566, 618.
380) Morris, 601.
381) Morris, 616-7.
382) Declaration of Principles on Interim Self-Government Arrangements September 13, 1993, Article 1, 5, Annex II.
383) Agreement on the Gaza Strip and the Jericho Area, May 4, 1994.
384) 팔레스타인측은 1967년 전쟁 이전 요르단 통치하의 11개 행정구역 중 하나인 여리고주(governorate/400km2)로 해석하였으나 이스라엘은 여리고 도시(25km2)만을 주장했다. 최종적으로는 55km2로 타협하였다. 홍미정, 팔레스타인 땅, 이스라엘 정착촌 (서울: 서경, 2004), 116.
385) Morris, *Righteous Victims*, 627.
386) Israeli-Palestinian Interim Agreement on the West Bank and the Gaza Strip Washington, D.C., September 28, 1995
387) 협정에 사용된 공식명칭은 'Ra'ees'이다. 이는 아랍어로 지도자, 대통령 등을 뜻한다. 우리 정부는 팔레스타인을 국가로 인정하지 않기 때문에 '자치정부수반'이라고 부르지만, 국제사회에서는 President로 표기한다.
388) 낙승을 예상한 노동당이 선거전에 안일하게 대응한 점과 노동당에 실망한 아랍계 이스라엘인들 수만 명이 선거에 참여하지 않은 점도 원인이었다. Morris, *Righteous Victims*, 629, 636-40.
389) 오슬로 협상에서 그리고 이후에도 이스라엘은 난민의 귀환을 인정하지 않았고, 팔레스타인 정부가 그들 영토에 난민을 재정착시키는 것을 목표로 했다고 말한다. Masalha, *The Politics of Denial*,

225-8.

390) Hillel Frisch, "Choosing the Right Strategy: Why the Palestinians Were More Successful in the First Intifada than in the Second?" *Contemporary Review of the Middle East* 2, no. 3 (2015).

391) IMFA, Address by Prime Minister Begin at the National Defense College, 8 August 1982

392) Avi Shlaim, "The Debate about 1948," *International Journal of Middle East Studies* 27, no. 3 (1995): 287-8.

393) Baruch Kimmerling, *Zionism and Territory: The Socio-Territorial Dimensions of Zionist Politics* (Berkeley: University of California, 1983), 27.

394) "Wave of Terror 2015-2023," IMFA, September 3, 2015(updated May 18, 2023), accessed November 8, 2023, ttps://www.gov.il/en/departments/general/wave-of-terror-october-2015.

395) 인구비를 감안하더라도 기독교도가 무장투쟁에 참여하는 비중은 1948년 이전에도 적었고 이후에는 더욱 줄어들었다. 이는 기독교도가 무슬림보다 상대적으로 경제적 여유가 있었고 서구사회의 지원을 받기 용이했기 때문으로 보인다.

396) 예를 들어, Mali Soibelman, "Palestinian Suicide Bombers," *Journal of Investigative Psychology and Offender Profiling* 1, no. 3 (2004),

397) 국제사회는 하마스를 공식적인 정부로 인정하지 않고 다분히 정치적인 의도를 반영해 원조정책을 집행하고 있다. Qarmout, Tamer and Daniel Beland. "The Politics of International Aid to the Gaza Strip," *Journal of Palestine Studies* 41, no. 4 (2012); 봉쇄 이전에도 이집트로 연결된 터널이 있었으나 규모가 지금처럼 활발하지는 않았다. Nicolas Pelham, "Gaza's Tunnel Phenomenon: The Unintended Dynamics of Israel's Siege," *Journal of Palestine Studies* 41, no. 4 (2012).

398) 위임통치기의 역사를 가장 체계적으로 연구한 역사학자로 명망 높은 여호수아 포라스(Yehoshua Porath)도 이를 지지한다.

399) 윤주, "윤봉길 의사가 밝힌 거사 목적은…," *재외동포신문*, April 26, 2013, http://www.dongponews.net/news/articleView.html?idxno=23672.

400) 군사훈련은 이틀 동안 실시되었으며 인명 피해나 재산 피해는 발생하지 않았다. UNOCHA, *Humantarian Bulletin occupied Palestinian territory*, October 2016, 3.

401) 흔히 캠프 데이비드 협상에서 제시했던 안으로 잘못 알려져 있다. Dennis Ross, *The Missing Peace: The Inside Story of the Fight for Middle East Peace* (New York: Farrar, Straus and Giroux, 2004), "Map Reflecting Clinton Ideas."

닫는 글

출간을 한 달여 앞둔 10월 7일, 하마스가 분리장벽을 넘어서 이스라엘을 기습 공격했다. 50년 전 이집트의 기습공격이 성공한 이래 처음으로 이스라엘 본토에서 치르게 된 전쟁이었고 무려 1,200명이 학살당했다. 사망자의 대부분이 민간인이어서 더욱더 충격적이었다. 이스라엘은 즉시 반격에 나섰고 11월 9일 현재까지 1만 명 이상의 팔레스타인인들을 학살했다. 사상자는 앞으로도 많이 늘어날 전망이다. 이스라엘은 하마스를 완전히 붕괴시키고 괴뢰정권을 수립하겠다고 선언했다. 이는 쉽지 않아 보이며 설령 성공하더라도 팔레스타인인들의 저항을 멈추지는 못할 것이다. 팔레스타인인들은 하마스가 있기 때문에 저항하는 것이 아니라 이스라엘이 그동안 가해 온 부정의와 현실의 고통에서 몸부림을 치는 것이기 때문이다.

무엇보다도, 이번 전쟁은 이스라엘 내부에서 변화를 만들어 낼 것이다. 그동안 이스라엘이 주기적으로 수백, 수천 명의 민간인을 죽여도 유대 사회에서 별다른 반향이 없었던 것은 어디까지나 남의 일로만 생각했기 때문이었다. 많은 이스라엘의 유대인, 특히 젊은 세대에게 전쟁은 적을 죽이는 일이지 자신이나 주변 사람이 죽는 일로 생각되지 않았다. 이번 전쟁은 그런 패러다임을 바꾸는 계기가 되었을 것이고, 2014년에 이스라엘이 가자지구를 침공하고 공습했을 때 언덕에 올라가 전쟁터를 관람하며 환호하던 모습은 앞으로 찾아보기 어려울 것이다.[1] 정확히 50년 전, 이집트가 이스라엘을 상대로 전쟁 초반에 우세를 점하자 비로소 이집트와 평화를 택하게 된 것처럼, 이번 전쟁도 당장의 불길이 진화되고 나면 장기적으로는 유대인들이 조금이라도 더 평화로 기울게 되는 계기가 될지도 모른다.

이번 전쟁을 보며 여러모로 마음이 무겁다. 이스라엘과 팔레스타인 모두 너무나도 많은 희생자가 생겨났을 뿐만 아니라, 한국인들이 이 전쟁을 대하는 모습을 보면서 가슴이 먹먹했다. 지금은 많이 나아졌지만 전쟁 발발 첫 1-2주 동안은 뉴스 댓글난에 전 세계의 모든 무슬림과 팔레스타인인들을 죽여야 한다는 등의 비난으로 가득했다. 누구도 하마스가 왜 공격했는지는 궁금해하지 않았다. 조금이라도 더 노력해서 책을 일찍 냈더라면 사람들의 인식을 다소나마 바꿀 수 있지 않았을까 후회스러웠다. 그렇지만 돌이켜봐도 책을 완성한다는 게 참으로 쉽지 않은 일이었다.

글을 쓰면서 가장 힘들었던 것은 역사적 사실이 무엇인지를 가리는 일이었다. 오래전 일이니 진실을 쉽게 알 수 있을 것이라는 예상과 달리 학자들이 '보여주는 역사'는 저마다 달랐고 같은 사건을 정반대로 이야기하는 경우도 흔했다. 그래서 지식이 턱없이 부족했던 1-3년 차에는 너무나 막막해서 쓰는 걸 포기하고 싶은 소주제들이 많았다. 그래도 짧게는 며칠, 길게는 수주 간 계속해서 교차 검증하고 고민하다 보면 신기하게도 진실이 보였고 결국에는 모두 적어낼 수 있었다. '실제 일어난 일'이었기 때문에 가능했으리라. 나중에는 아무리 이견이 심한 주제가 나와도 걱정을 접어 두고 도전했다. 후세인-맥마흔 서신협상이 가장 많은 시간을 잡아먹었는데 대략 3개월 정도가 걸렸던 것으로 기억한다.

오래전 지인과 이를 주제로 얘기를 나눈 적이 있었다. 그분은 무엇이 사실인지를 검증하려는 내가 이해되지 않는다며 역사에는 원래 진실이 따로 없다고 주장했다. 아마도 고등학생 시절에 배우는 '사실로서의 역사'와 '기록으로서의 역사'를 혼동했기 때문이었을 것이다. 전자는 우리가 이해하고 말하는 역사 본연의 뜻으로 실제 일어난 일을 의미한다. 반면, 후자는 역사가의 해석이 개입된 역사를 일컫는다. 이 책을 비롯해 모든 역사책은 저자가 취사선택한 사료와 가치관에 따라 역사를 재구성한 이야기다. 즉, 어떠한 일이 실제로 일어났다는 역사가의 주장이지 그 자체로 팩트(fact)는 아니다.

지인이 생각한 역사의 개념은 '기록으로서의 역사'였고, 그래서 어떤 역사책도 진실 그대로를 담지는 못하니 저자가 원하는 대로 쓰면 그게 정답이라고 생각하고 있었다. 그러나 이는 역사의 본질을 간과한 오류다. 모든 역사책, 즉

'기록으로서의 역사'는 최대한 '사실로서의 역사'를 담아내려고 노력하는 것을 생명으로 삼는다. 역사가는 기분 내키는 대로 글을 쓰는 직업이 아니다. 어떤 사료를 어떤 가치관으로 담아내는 게 가장 사실에 근접할지를 매 순간 고민해야 한다. 이런 시도를 포기하는 순간 역사책은 소설이 된다.

역사와 관련된 이견은 대개 사료나 가치관의 차이로 인해 생겨난다. 그런데 우리 시대의 인류는 가치관의 보편성을 상당히 구축했기 때문에 십중팔구는 사료가 원인이다. 어떤 주장을 할 때 자신에게 유리한 사료만을 취하고 반증이 될 법한 것은 감추는 경우가 대표적이다. 예를 들어, 많은 친이스라엘 학자들은 시온주의자들이 아랍인을 추방할 의도를 드러내거나 계획을 세웠던 기록을 철저하게 감춘다. 그러면 독자는 팔레스타인 난민이 전쟁으로 우발적으로 발생한 결과라고 믿게 된다. 데이르 야신처럼 널리 알려진 사건도 범행을 은폐하려는 시도가 계속되고 있다. 1998년에 미국의 시온주의자 기구(Zionist Organization of America)는 데이르 야신의 학살은 음모론이고 당시 죽은 아기와 여성과 노인은 전투로 인해 사망했다고 주장했는데, 하가나 대원들이 현장을 직접 보고 말한 증언 등은 인용하지 않았다.[2)]

지금으로부터 8년 전, 집필을 시작하기 직전에 유대인 박해를 주제로 미국 기자들이 쓴 베스트셀러 책을 읽었다. 이 글은 십자군의 예루살렘 학살이라는 단 하나의 예외를 제외하면 처음부터 끝까지 무슬림의 사례만을 소개한 후 무슬림들이 기독교도보다 유대인을 많이 박해했다고 주장한다. 부끄럽지만 필자는 처음 읽었을 때 이게 사실에 가깝다는 인상을 강하게 받았다. 왜냐면 이란에서 한 번, 모로코에서 한 번, 그다음에는 이라크에서, 시리아에서 등등 다양한 지역을 넘나들며 끊임없이 사례가 소개되다 보니 마치 박해가 단 한 순간도 멈추지 않고 계속해서 일어났다고 착각했기 때문이다. 책을 다 읽고 나서 필요한 부분을 정리해 둬야겠다 싶어서 다시 읽었을 때야 비로소 뭐가 잘못되었는지를 알아차릴 수 있었다.

이스라엘-팔레스타인 분쟁을 다루는 일부 친이스라엘 서적들도 같은 방식으로 사실을 왜곡한다. 즉, 시온주의가 태동하기 이전부터 무슬림들은 유대인을 박해했다는 단편적인 사실만을 언급하는 것이다. 시대적 기준점이 될 기독교권과의 비교는 없고, 게니자 문서와 같이 무슬림 지배하에서 유대인의 자유로운 생활상을 보여주는 사료도 인용하지 않는다. 초기 시온주의자들이 팔레스타인으로 이주해야 할 당위성으로 반유대주의가 없는 곳으로 홍보한 사실도 말하지 않는다. 제2장에서 유대인 박해 사례를 일일이 열거한 것은 이 때문이었다. 만약 다른 책들처럼 '무슬림보다 기독교도들이 유대인을 더 많이 박해했습니다.'라는 주장과 함께 몇 가지 예시만 들었다면 어땠을까? 이 주제를 한 번도 접해본 적 없는 독자라면 무비판적으로 수용했을 것이다. 그러나 반대 주장을 접해본 적이 있는 독자라면 의문을 품되 답을 찾지는 못할 것이다. 신념이 충실한 기독교도라면? 부정부터 하고 나섰을 확률이 높다. 그러니 독자들을 온전히 설득하는 유일한 해결책은 가능한 많은 사례를 소개한다는 무지막지한 방법밖에 없었다. 다만, 이렇게 논쟁적인 주제마다 많은 사료를 담아내 설득력을 높이려다 보니 글이 지루해지고 분량이 늘어나 읽기 힘들어졌다는 문제가 있었다.

많은 분들이 이 책을 처음 집었을 때 분량을 보고 읽기를 주저했을 것이다. 이를 잘 알지만 그래도 집필 취지를 제대로 살리기 위해서는 어쩔 수 없는 선택이었고, 최대한 압축적으로 쓰려고 정말로 공들였다. 실제로 해외 학자들이 쓴 명저에 비하면 이 글은 분량으로나 깊이로나 매우 간결하고 쉬운 편이다. 그런데도 여러 독자들에게 어렵게 느껴졌을 것이라 짐작한다. 이는 우리가 중동에 대해 알고 있는 기본 상식이 전무한 수준이라 그런 것도 있지만, 보다 근본적으로 논쟁적인 지식을 검증하는 비판적 독서가 익숙하지 않기 때문일 것이다. 우리는 학교에서 비판적 독서가 중요하다고 배운다. 그러나 비판적 독서는 독자만의 숙제가 아니다. 저자가 비판적 독서를 가능케 하는 글을 써내야 한다.

우리는 대학 진학과 졸업률을 근거로 교육 수준이 다른 나라들보다 높다고 자평한다. 전체적으로 볼 때는 이 주장에 동의하지만, 그렇지 않은 '부분'도 있다고 지적하고 싶다. 중등교육 과정은 전문가들이 엄선한 지식을 정답으로 외우는 과정이고 우리는 이에 능하다. 반면, 지식을 검증하고 생성하는 능력을 기르는 고등교육 과정에는 미흡하다. 출판 문화에서 이런 한계를 엿볼 수 있다. 글을 절반쯤 완성했을 때 여러 출판사에 출간 제안을 넣었다. 대부분이 분량을 이유로 거절했고, 몇몇 곳은 300-400쪽으로 '요약된 글'을 쓰면 출판하고 싶다고 역제안했다. 그렇게 하지 않으면 책이 팔리지 않는다는 이유에서였다. 그런데 외국에서는 600쪽에서 1,000쪽 이상의 장문의 글도 흔하고 베스트셀러에도 오른다. 우리나라 대형서점의 중앙 매대에 전시되는 두꺼운 책들을 보면 거의 모두가 번역서다.

 짧게 잘 요약된 글은 지식을 명료하게 전달한다. 그러나 그러한 지식이 올바른지를 비판적으로 사고하기에는 적합지 않다. 비판적 독서는 창의적 독서가 아니다. 옳고 그름을 가리기 위해서는 먼저 저자가 주장에 대한 근거를 충분히 제시해야만 하고, 나아가 이견이 존재한다면 이에 관해서도 설명하고 재반박해야만 한다. 그 과정에서 글은 필연적으로 길어지기 마련이다. 이-팔 분쟁에 관한 해외 학자들의 명저가 깨알 같은 글씨에 방대한 분량을 자랑하는 것은 우연이 아니다. 물론 300쪽 내외의 얇은 책도 많지만, 이들은 특정 주제나 시기에 국한된 내용만을 다룬다. 비교하자면, 이 책은 일반적인 종합서적의 20-30% 정도로 축약되었다. 그래서 수백 개에 달하는 논쟁적인 소주제들을 하나하나 설명할 수는 없었지만, 그래도 판단의 근거가 되어줄 만한 사료를 가능한 한 많이 보여주려고 노력했다. 예를 들어, 일부 친이스라엘 학자들은 아랍 농민들이 위임통치로 경제 발전을 누려 영국의 지배를 환영했다고 주장한다.[3] 이 책을 성실히 읽은 독자라면 이런 주장을 접했을 때 어떻게 반박할 수 있을지를 알 것이다.

 세상의 모든 역사는 이견이 존재하는 법이지만 그런 논쟁이 현재에 직접적으로 큰 영향을 끼치는 경우는 드물다. 그래서 별다른 근거 없이 저자의 주장만 담은 짧은 교양서적으로 나와도 별로 문제가 되지 않는다. 그러나 분쟁의 역사는 이견이 첨예할 뿐만 아니라 현재의 문제에 직결되어 있다. 그래서 요약된 글은 단순히 가치가 떨어질 뿐만 아니라 분쟁을 확산시키는 불씨가 되기 십상이다. 독자가 저자의 주장을 검증하지 못한 채 진실로 받아들이고 해당 진영에 서게 되기 때문이다. 설령 저자가 사실을 올바르게 말했다 하더라도 충분한 근거를 말하지 않았기 때문에 반대입장의 글을 보게 되면 진실을 '의견'으로 인식하게 되고 가해자의 죄를 묻기 주저하게 된다. 그러니 분쟁에 대한 지식을 올바르게 접하려면 전문 서적과 비판적 사고가 필수적인데 우리나라는 아직 이런 문화가 발달하지 못했다.

요즘 들어 타인의 생각을 존중하자는 주장이 자주 보인다. 비록 고래로부터 전해오는 좋은 말이지만, 최근에는 '타인의 주장을 반박해서는 안 된다.'는 뜻으로 잘못 변질된 듯하다. 상대의 생각을 존중한다는 것은 옳고 그름을 가릴 만큼의 가치가 있다고 높게 평가하는 것이지 '내 생각도 맞고, 네 생각도 맞아.'라고 넘겨버려야 한다는 의미가 아니다. 옳고 그름을 가리는 것은 나쁜 행동이 절대 아니다. 인간이 이룩한 모든 발전은 바로 그러한 갈등을 통해서 이루어졌다. 자기주장을 고집하는 게 아니라 정답을 찾아가는 올바른 토론은 인류를 성숙하게 만드는 긍정적인 문화다. 그런데 요즘에는 자신의 '생각'이 부정당하는 걸 '자신'이 부정당한다고 받아들여서인지 지나치게 불쾌하게 여긴다. 그래서 '타인의 생각은 존중받아 마땅하다.'라는 자기 방어막을 내세우는 듯하다.

인간의 교류는 필연적으로 서로 다른 생각의 충돌 속에서 올바름을 찾아가야 한다. 그렇지 않으면 사회가 위태로워진다. 주변에 술 몇 잔 마시고 운전하는 것 정도는 괜찮다고 주장하는 사람을 말리지 않게 되고, 학창 시절에 폭행이나 왕따를 주도한 가해자가 방송에 나와서 피해자가 원인 제공을 한 것이라고 변명하면 비판할 수 없게 되고, 성폭행 가해자는 피해자가 동의한 줄 알고 저질렀다고 말하면 혐의를 벗을 수 있는 세상이 돼버린다. 물론, 이런 세상이 정말로 도래할 날은 없을 것이다. 왜냐면 타인의 생각을 '존중'하자는 주장은 자신이 얻을 이익이 없거나 피해를 보지 않는 경우에만 사용하는 비겁한 변명이기 때문이다. 가령, 이스라엘의 식민 지배나 팔레스타인인들의 테러를 이야기하면 유대인들도 뭐 그럴 수 있는 거고 팔레스타인인들도 그럴 수 있는 거겠지 하고 흘려버린다. 그러나 일본의 식민 지배를 이야기할 때는 일본인들의 생각은 전혀 '존중'하지 않고 사과를 '강요'한다.

우리가 옳고 그름을 가리지 않고 정말로 '존중'해야 하는 영역은 가치관이다. 가치관은 어떤 게 올바른지를 단정하기 어렵기 때문이다. 그런데 현실에서는 가치관에 대해서도 검증하는 것이 바람직할 때가 많다. 가치관의 차이에 따른 이견인 것처럼 보이지만 사실은 자신의 이익을 옹호하려고 내세운 변명인 경우가 잦기 때문이다. 예를 들어, 시온주의자들은 사적 계약의 자유를 옹호하며 토지 매매에 정부나 제3자가 개입해서는 안 된다고 주장했다. 그러나 수많은 유대인 농장주를 협박해 아랍인 노동자를 해고하게 만든 행태에서 잘 드러나듯이 시온주의자들은 누구보다도 이런 가치관을 파괴하는 데 앞장섰다. 또 다른 예를 들자면, 이스라엘은 1947년의 유엔의 결정이 건국의 정당성을 담보해 준다고 주장한다. 당사자들 간에 해결하지 못한 문제는 국제사회의 결정을 따라야 한다는 말은 일견 존중할 만한 가치관처럼 보이겠지만, 바로 그 유엔이 난민의 귀환을 요구하고 서안과 가자지구의 점령과 정착촌 건설을 불법으로 규정했는데도 이스라엘은 반세기가 훨씬 넘도록 지키지 않고 있다.

분쟁과 관련된 논쟁을 검증할 때 가장 유의해야 하는 점은 대상으로 삼는 집단이 올바르게 설정되었는지다. 집단의 일부에 대한 비판이 집단 전체를 겨냥하게 되면 갈등이 확산하기 쉽다. 일상에서의 예를 들자면, 사치를 일삼는 일부 여성 때문에 모든 여성의 씀씀이를 헤프다고 간주하거나 일부 성범죄자 때문에 모든 남성을 잠재적 성범죄자로 취급하는 등의 일로 오늘날 우리 사회는 남녀 간의 집단적인 대결 구도가 형성되었다. 이렇게 되면 문제를 일으켰던 행동이나 사상에 대한 논박은 사라지고 무차별적 비난만 잇따르게 되면서 갈등의 해소가 어려워진다. 이런 경향은 논쟁이 되는 사안이 복잡할수록 두드러지게 나타나는데, 사실을 이해하려고 노력하기보다는 집단 탓으로 돌리는 것이 간편하기 때문일 것이다.

이-팔 분쟁이 계속되는 사정도 그러하다. 오래된 분쟁이기에 무언가 대단한 이유가 있을 것처럼 보여도 실상은 단순하다. 편협한 이익을 추구하기 위해 사실을 왜곡하고 집단의 대결로 구도가 변하면서 논박은 사라졌다. 시온주의는 처음에 아랍인의 존재나 저항을 숨기고 평화적인 운동으로 선전하면서 성장했다. 그러나 지금은 어떤 시온주의자도 시온주의가 아랍인들에게 번영을 가져다주어야 한다고 말하지 않는다. 오히려 아랍인을 적으로 간주하고 무찌르는 이야기만 한다. 시온주의자들이 어떤 의도로 식민화를 시도했는지를 보여주는 수많은 기록에도 불구하고 어떠한 반성이나 성찰도 찾아볼 수 없다. 아랍인들에게 유대 국가라는 정치적 목표를 감추고 이는 반유대주의자의 음모라고 변명하던 시온주의자들의 기만은 친이스라엘 서적에서 "전략"이라는 아름다운 말로 묘사되고 있다. 분쟁의 본질이 잊히면서 아랍과 유대 간의 민족적 대결 구도는 선명하게 자리 잡았다. 팔레스타인인들이 투쟁하는 상대는 유대인이 아니라 시온주의자이며, 이는 심지어 하마스조차도 (실제와는 다르지만 적어도) 공개적으로 내걸고 있는 기치다. 그러니 시온주의를 지지하지 않는 유대인은 팔레스타인 문제에서 자유로워야겠지만 현실은 그렇지 않다. 그저 유대인이라는 이유로 비판받고 있으며, 그렇기 때문에 역으로 팔레스타인인을 증오하고 이스라엘의 식민 지배를 옹호하게 된다.

　세계의 여러 정부와 학자들은 이-팔 분쟁을 끝낼 해결책을 논의하고 있다. 난민을 귀환시킬지 아니면 다른 아랍 지역에 재정착시킬지, 이스라엘과 팔레스타인을 하나의 국가로 통합할지 아니면 두 개의 독립 국가를 따로 만들지, 후자라면 국경선은 어떻게 그을지, 수자원은 얼마나 이스라엘에 떼줘야 할지 등등. 그런데 이런 정치적 해법은 평화를 가져다주지 않는다. 모든 병은 원인을 제거하지 않는 한 완치되지 않는 법이고 따라서 분쟁의 원인인 시온주의를 건들지 않는 한 갈등은 사라지지 않는다. 역사는 이를 증명한다. 기독교 국가들로부터 독립한 뒤에 무슬림들의 테러가 시작되었고, 오슬로 평화협상을 거친 후에 팔레스타인인들의 저항은 더욱 격화되었다. 서구 국가들은 이제 그만 아프리카나 아메리카, 중동의 식민지에 임의로 국경선을 긋던 습관을 버려야만 한다.

　미국 등의 각국 정상들이 주장하는 정치적 해법의 실체를 안다면 전망은 더욱 어둡다. 유엔이 인정하는 1967년의 국경선이나 난민의 귀환권을 전적으로 부정하고, 얼마나 더 많은 땅과 자원을 이스라엘에 넘길지만을 논한다. 이스라엘을 파괴하려는 하마스의 행동은 천인공노할 태세로 비난하지만, 팔레스타인인들의 완전한 추방을 목표로 하는 이스라엘은 내버려 둔다. 추방 정책이 이미 150년 전부터 획책 된 것이라는 사실이 널리 알려졌고 1948년 이후 꾸준히 실행되고 있음에도 불구하고 이스라엘 정부는 단 한 차례도 사과하지 않고, 어떤 서구 국가도 감히 이스라엘의 반성을 요구하지 않는다. 그러니 어떠한 정치적 구상도 '테러'를 멈추지 못할 것이다. 우리나라는 일본이 과거사를 반성하지 않고 독도라는 작은 섬과 그 주변의 영해권에 대한 권리를 주장하는 것만으로도 강력하게 반발한다.[4] 그런데 만약 경상도와 전라도, 충청도를 빼앗기고 주민들이 영구적인 난민이 된 채 독립했더라면 지금쯤 어떨까? 분명 '테러리스트'를 양산하고 있을 게 틀림없다.

　이스라엘과 팔레스타인에 평화를 찾아오게 할 수 있는 유일한 길은 시온주의를 직시하는 것밖에 없다. 각국 정상들은 국경선을 제시하기 이전에 시온주의자들이 어떤 의도로 팔레스타인으로 이주해 왔고 어떻게 해서 성장할 수 있었는지, 그리고 난민들이 자발적으로 떠난 게 아니라 추방당한 것이고 이스라엘이 꾸준히 식민 지배를 하며 인권을 철저히 유린하고 있다는 사실을 전 세계에 널리 알려야 한다. 그래서 유대인들이 과거와 현실을 바로 볼 수 있게 만든 다음에야 정치체제와 영토적 경계, 난민의 귀환권을 논하는 수순이 뒤따라야 한다. 유럽 국가들이 20세기에 어째서 식민지를 포기하였는지를 아는가? 가장 큰 이유는 토착민의 저항으로 인한 통치 비용의 상승이지만, 자국민의 반발도 큰 역할을 했다. 유럽에서 식민주의에 대한 비판과 반성이 퍼지자, 민주주의 정부들은 토착민을 학살하고 강제 통치를 이어가 표심을 잃기보다는 식민지를 포기하기로 선택한 것이다.

이스라엘에서도 이미 오래전부터 그런 변화가 일어나는 중이다. 이스라엘 정부가 오슬로 평화협상의 테이블에 앉게 된 이유는 인티파다라는 외부의 저항이 전부가 아니었다. 군인들의 양심 고백과 신역사학자들의 역사 진상규명 등으로 생겨난 유대 사회 내부의 저항은 정부에 커다란 부담을 안겨주었다. 비록 그 뒤에 발발한 2차 인티파다의 '폭력적'인 저항은 시온주의에 대한 반성을 잊히게 하고 집단 대결 구도로 회귀하게 만들어버렸지만, 일부 유대인들은 지금도 계속해서 진실을 알리고 평화를 위해 힘쓰고 있다. 물론 안타깝게도 아직은 그 수가 매우 적다.

팔레스타인에서 사귄 친구 중에 비르젯 대학교의 영문과 학생들이 있다. 하루는 이 친구들이 이스라엘의 유대인들은 팔레스타인인들을 어떻게 생각하냐고 물어보았다. 같은 인간으로서 어떻게 이런 짓을 할 수 있느냐는 함축적인 의미가 담겨 있었다. 씁쓸한 마음이 들어 고개를 돌리며 대다수의 유대인은 아무런 관심도 가지지 않는다고 대답했다. 그 뒤에는 적막이 흘렀다. 날 때부터 식민 지배를 당하며 자라온 이 어린 친구들은 내 대답을 듣고 어떤 생각을 했을지 모르겠다. 용기가 없어서 속으로 삼켜버린 뒷말은 '그게 평범한 인간이야.'였다.

제1장의 서론에서 통계로 보여줬듯이 팔레스타인인들의 저항은 이스라엘에 실질적으로 아무런 위협이 못 된다. 그래서 유대인들은 일상에서 팔레스타

인에 대해 생각하거나 역사 문제 등을 고민할 계기가 거의 없다. 검문소를 비롯해 거의 매일 식민 통제를 겪는 팔레스타인인들과는 사정이 전혀 다르다. 그러니 많은 유대인에게 팔레스타인 문제는 그저 불편한 주제일 뿐이고 대화를 피하고 싶어 한다. 설령 누군가 용기를 내서 문제를 들여다봐도 거짓이 넘쳐나니 진상을 알기 쉽지 않다. 유대 사회는 자유롭게 토론하는 문화가 발달해 있다. 이스라엘의 학생들은 수업 시간에 팔레스타인 문제에 관해서도 토론한다. 하지만 그들이 배우는 정보는 대단히 제한적이고 편향적이라서 필연적으로 유대인이 피해자고 아랍인은 가해자라는 결론으로 유도된다.[5]

역사가 사실대로 전해지기까지에는 많은 어려움이 도사린다. 1980년대 후반부터 이스라엘의 신역사학자들이 과거 기록을 연구하여 진상을 규명하는 데 힘쓰고 있지만, 정부는 여전히 과거에 저지른 잔학행위를 인정하지 않고, 많은 학자들은 사료를 왜곡하면서까지 전통적인 역사관을 수호하고 있다. 그러니 어떤 역사적 사실도 진실로 정의되지 않고 의견으로 전락한 상태다. 대중은 이런 복잡한 논쟁을 일일이 검증하길 포기하고 거리를 둔다. 소수는 진실 규명 자체를 비판한다. 친팔레스타인 성향으로 분류되는 이스라엘의 유대인 학자 일란 파페(Ilan Pappe)는 사회적 압박을 견디지 못하고 영국으로 이민을 떠났다.[6]

유대 사회 내부의 노력만으로는 앞으로도 변화를 일구기가 쉽지 않을 것이다. 그렇기 때문에 다른 나라의 연대가 필요하다. 20세기에 유럽에서 식민주의에 대한 비판이 크게 확산한 것도 그러한 목소리가 국경을 넘어서 다 함께 논의한 덕이 컸다. 이번에는 전 세계가 함께할 차례다. 이스라엘은 민주주의 국가이기 때문에 만약 세계가 이목을 집중하고 역사적 사실을 '진실'로 만드는 데 성공한다면 식민 지배에 대한 내부의 저항을 크게 키울 수 있다. 이 과정에서 영국의 역할이 특히 중요하다. 팔레스타인을 강제로 지배하고 이스라엘의 탄생에 주도적 역할을 한 것을 사과한다면, 많은 유대인에게 역사를 성찰할 계기를 제공할지도 모른다.

분쟁의 종식을 위해 우리가 해야 할 일은 없을까? 이 책을 쓰는 동안 한국의 문화는 세계 정상의 반열에 올랐다. 영화 기생충과 방탄소년단, 손흥민 선수 등이 세계적으로 인기라는 뉴스가 나오면 문화강국을 꿈꾸셨던 '김구 선생님, 보고 계십니까?'라는 댓글이 달리고 수많은 공감을 받는다. 이런 모습을 볼 때마다 너무나도 부끄럽고 안타깝다. 김구 선생님이 소망하신 발전된 문화는 예술문화에 한정된 것이 아니라 인간의 모든 정신적 활동을 총칭한다. 그런데 우리는 과연 김구 선생님께서 바라시던 그런 삶을 살아가고 있는가? 당신께서 문화강국의 꿈을 밝힌 『나의 소원』을 보라.

> 현실의 진리는 민족마다 최선의 국가를 이루어 최선의 문화를 낳아 길러서 다른 민족과 서로 바꾸고 서로 돕는 일이다. 이것이 내가 믿고 있는 민주주의요, 이것이 인류의 현 단계에서는 가장 확실한 진리다. ...
>
> 나는 오늘날의 인류의 문화가 불완전함을 안다. 나라마다 안으로는 정치상, 경제상, 사회상으로 불평등, 불합리가 있고, 밖으로 국제적으로는 나라와 나라의, 민족과 민족의 시기, 알력, 침략, 그리고 그 침략에 대한 보복으로 작고 큰 전쟁이 끊일 사이가 없어서 많은 생명과 재물을 희생하고도, 좋은 일이 오는 것이 아니라 인심의 불안과 도덕의 타락은 갈수록 더하니, 이래 가지고는 전쟁이 끊일 날이 없어, 인류는 마침내 멸망하고 말 것이다. ...
> 내가 원하는 우리 민족의 사업은 결코 세계를 무력으로 정복하거나 경제력으로 지배하려는 것이 아니다. 오직 사랑의 문화, 평화의 문화로 우리 스스로 잘 살고 인류 전체가 의좋게 즐겁게 살도록 하는 일을 하자는 것이다. ...
> 나는 우리나라가 세계에서 가장 아름다운 나라가 되기를 원한다. 가장 부강한 나라가 되기를 원하는 것은 아니다. 내가 남의 침략에 가슴이 아팠으니, 내 나라가 남을 침략하는 것을 원치 아니한다. 우리의 부력(富力)은 우리의 생활을 풍족히 할 만하고, 우리의 강력(强力)은 남의 침략을 막을 만하면 족하다. 오직 한없이 가지고 싶은 것은 높은 문화의 힘이다. 문화의 힘은 우리 자신을 행복하게 하고, 나아가서 남에게 행복을 주기 때문이다.[7]

대한민국은 경제 선진국이 되었고 세상을 위해 할 수 있는 일들이 많아졌지만 우리는 여전히 남들의 고통에 무심하다. 김구 선생님이 과연 이런 모습을 보고 기뻐하실까? 심지어 식민 지배를 받고 도움을 호소하는 피해자를 외면할 뿐만 아니라 도리어 가해자로 몰고 있는데도? 우리가 저승에서 당신을 뵙는다면 호통치실 것이다. 무엇이 두려워서 정의를 외면했느냐고. 이래서야 세계의 다른 민족들에게 독립을 도와달라고 호소했던 자신들이 어떻게 편히 눈감을 수 있냐고. 김구 선생님이 "다른 나라야 식민 지배를 받든 말든 알 바 아니지."라고 말하는 모습은 상상조차 되지 않는다.

그런데 우리 정부는 좌우를 가리지 않고 대대로 친이스라엘의 행보를 밟아 왔다.[a] 유엔이 불법으로 규정한 1967년 전쟁은 국방부에서 모범사례로 가르친다.[b] 이런 국가적 우호 관계는 기본적으로 미국과의 동맹에서 기인하며 오늘날에도 유지되고 있다. 예를 들어, 팔레스타인이 유엔에서 국가 지위를 인정받은 후로도 우리 정부와 언론은 압바스 대통령을 팔레스타인 '자치정부'의 '수반'으로 표기한다. 얼마 전인 2021년에는 아시아에서 최초로 이스라엘과 자유무역협정(FTA)을 체결했다.[8] 앞으로 이스라엘로부터 이익을 얻는 민간 영역은 커질 테고 그러면 더욱더 팔레스타인인들의 고통에는 냉담한 태도를 보일 게 틀림없다. 그러니 이제라도 잠시 멈춰서 물어야만 한다. 언제까지, 그리고 어디까지 도덕보다 이익을 앞세워도 되는지를. 만약 팔레스타인에서 큰 규모의 전쟁이 일어나 이스라엘이 위험에 처한다면 병력이나 군수물자를 지원할 것인가? 그렇다면 우리가 식민주의에 앞장서는 것과 무엇이 다를까.

또 한 가지 고민해야 할 것은 우리가 팔레스타인인들의 무장투쟁을 옹호해도 괜찮은지다. '테러리즘'은 우리 사회에서 비판의 대상이지 분석의 대상으로 여겨지지 않는다. 테러리스트가 왜 그런 선택을 했는지 역지사지해 보자고 말하는 순간 매도당한다. 그렇기 때문에 아무리 팔레스타인의 억울한 역사와 식민 지배의 현실을 알려도 그런 '사연팔이'는 주변의 동의를 쉽게 얻지 못한다. 정말로 부끄럽지만, 필자도 머리로는 무장투쟁의 필요성과 정당성을 합리화시킬 수 있어도 심적으로는 저항감이 크다. 팔레스타인인에게 친지를 잃은 이

---

a) 역으로 이스라엘도 우리에게 우호적이며 전 세계에서 '동해'를 'East Sea'로 단독 표기하는 몇 없는 국가 중 하나다. 이런 이유에서 무조건 이스라엘을 무슨 짓을 하더라도 지지해야 한다는 주장도 제기된다. 그러나 극단적인 실용주의 외교는 반도덕주의와 동의어일 뿐만 아니라 장기적으로 우리나라에 유익한 미래를 가져다줄 것으로 보이지도 않는다.
b) 군사적 성공의 사례로서 적합할 수는 있으나 점령을 찬성하는 의도로 해석될 수 있으므로 옳지 않다. 가령 한일합방을 외교적 성공 사례로 들거나, 홀로코스트를 내부 불화 요소 제거의 성공 사례로 드는 것과 마찬가지다. 훈련소 및 예비군 교육 때 영상을 시청하며 마음이 불편했다.

스라엘의 유가족에게 "그러니 하루라도 빨리 식민 지배를 중단해야지. 왜 침묵하고 있었어? 너희들이 지금 이 순간에도 팔레스타인인들을 괴롭히고 더 많이 죽이고 있어서 벌 받은 거잖아!"라고 비난할 수 있을까?

독자들은 자신만의 가치관에 따라 우리가 어떤 자세를 취하는 게 옳을지 고민해 볼 수 있을 것이다. 필자는 최소한 반식민주의의 정신을 지키는 것에서부터 국민적 공감대를 이루자고 제언하겠다. 누군가에겐 외국인의 생명이나 인권, 국제평화 따위는 하등 가치 없는 것일 수 있다. 그렇지만 우리는 일본에 식민 지배에 대한 사과와 반성, 보상을 요구하고 있다. 여기에 일말의 진정성이라도 실으려면 다른 국가들과의 손익계산을 떠나 식민주의 그 자체만큼은 비판해야 하지 않겠는가? 소수의 극단주의적 유대인들이 시온주의라는 민족주의-식민주의 사상을 추종하며 이스라엘을 건국했고, 지금도 서안지구와 가자지구를 식민 지배하고 있다. 이 사실을 소리 내서 이야기하는 것만으로도 팔레스타인인들에게 도움이 되고 평화에 기여할 것이다.

식민주의에 대한 비판은 이미 공감대가 형성되어 있지 않냐고 되물을지도 모르겠다. 전혀 그렇지 않다. 우리나라가 비판하는 것은 일본이 우리에게 입힌 피해지 식민주의가 절대 아니다. 양자를 착각해서는 안 된다. 우리는 일본을 제외한 어떤 식민주의 국가에도 반성을 촉구하지 않고 이 주제에 아무런 관심도 없다. 주변 사람들에게 팔레스타인이 식민 지배를 받고 있다고 설명을 해줘도 대부분이 그냥 그런가 보다 하고 무심한 반응을 보인다. 식민 지배에 대한 분노나 연민 같은 건 조금도 찾아볼 수 없다. 오히려 남의 나라 일에 간섭해서 무얼 어쩌겠냐는 냉소를 머금거나 종교적인 이유로 식민주의를 두둔하는 사람들도 있다. 거기에 더해 앞으로는 상업적인 이유로 이스라엘을 옹호하는 사람들이 늘어날 테니 전망은 어둡기만 하다. 그러니 우리 사회가 변화하려면 독자 여러분의 역할이 중요하다. 팔레스타인의 역사가 어땠는지, 갈등의 원인이 무엇이었는지, 논쟁이 되는 사안이 무엇인지 아무것도 모른 채 그저 식민 지배는 종식돼야 마땅하다고 말해서는 되려 우리 사회 내부의 갈등만 부추길 뿐이다. 그렇다고 모든 사람이 이런 수준의 책을 읽을 능력을 갖추길 기대할 수도 없는 노릇이니 깨어 있는 여러분들이 목소리를 내야 한다.

독자들이 얼마나 중대한 사명을 지니고 있는지를 보여주기 위해 타스 사다

(Tass Saada)라는 팔레스타인 난민 출신 미국인의 이야기를 소개하고 싶다. 사다는 『나는 팔레스타인의 저격수였다(영제 : Once an Arafat Man: The True Story of How a PLO Sniper Found a New Life)』를 써서 세간의 관심을 끌었는데, 이 책에 따르면 그는 난민살이의 고통과 서러움, 억울함을 겪으며 10대 시절에 팔레스타인 해방운동에 잠깐 참여하였다. 그러나 사춘기의 반항심으로 학교 수업을 제대로 듣지 않았고, 부모 세대와도 가깝게 지내지 않아 정작 자신이 난민 생활을 하게 된 이유나 많은 사람들이 목숨을 걸고 해방운동을 하는 이유 같은 것을 제대로 배우지 못했다. 소년병으로 전선에 잠깐 섰지만, 동기가 없으니 생활을 견디지 못하고 20대에 홀로 미국으로 건너갔다. 이후 그는 기독교로 개종했고, 1948년에 난민들이 고향을 떠난 것은 아랍 국가들이 부추겨서라는 둥 이스라엘을 공개적으로 옹호하고 나섰다. 그러나 전쟁 당시에 태어나지도 않았고 역사책을 들여다보지도 않았는데 어떻게 갑자기 하루아침에 1948년의 '진실'을 알게 되었는지는 말하지 않는다.

사다의 책은 역사책으로 분류되지 않는다. 만약 그랬다면 호된 비판을 면치 못했을 것이다. 대신, 이 책은 기독교 간증 수기 서적으로서 역사를 모르는 일반인, 특히 같은 기독교도들에 의해 주로 읽히고 있다. 필자에게 이 책을 추천해 준 사람도 기독교도였다. 역사책이 아니므로 독자는 저자의 말을 더욱 의심하며 들어야 마땅하다. 그러나 현실은 반대다. 같은 종교를 믿는다는 내적 친밀감 때문에 비판적인 사고는 개입되기 어렵다. 더군다나, 일부 종파는 교리상으로 친유대 성향이어서 많은 기독교도가 현실을 바로 보지 못한다. 국내에서도 마찬가지다. 어느 한국인 기독교 선교사가 쓴 이슬람 역사책을 예로 들어 보겠다. 저자는 친이스라엘 사관을 근거로 분쟁의 책임을 팔레스타인인들에게 돌리는데, 정리하자면 다음과 같다.

1) 팔레스타인 사람들은 고대부터 이곳에서 살았던 사람들이 아니라 기원후 7세기에 아라비아반도에서 이주한 아랍인이다.
2) 팔레스타인이란 독립 국가는 존재한 적이 없다.
3) 1948년 무렵에 팔레스타인에 사는 아랍 인구는 시온주의 이후에 이주해 온 사람들이다.

4) 유대인들은 정상적인 절차에 따라 팔레스타인 땅을 매입했다. 1948년 당시 대부분의 땅은 정부 소유였고 아랍인이 소유한 곳은 3%밖에 없었다.
5) 1948년에 팔레스타인 난민은 아랍 국가들의 요청으로 자발적으로 피신한 것이지만 유대인 난민은 강제적으로 쫓겨난 것이다.
6) 아랍 국가들은 팔레스타인 난민을 받아들이지 않은 반면 이스라엘은 유대인 난민을 수용했으므로 난민 문제의 책임은 아랍 국가에 있다.

이미 본문에서 직간접적으로 다룬 내용이니 짧게만 설명하겠다. 1) 팔레스타인 사람들을 비롯해 수많은 아랍인은 아라비아반도의 아랍인과 언어, 문화적으로 동화된 것이지 인구가 교체된 것이 아니다. 아라비아반도에는 그렇게 많은 수의 아랍인들이 살지 않았고 그런 대규모 이주의 기록도 없다. 2) 팔레스타인이란 독립 국가가 존재한 적이 없다고 해서 토착민이 국가를 건국할 권리가 없는 것은 아니다. 이는 전형적인 식민주의자의 논리일 뿐이다. 더군다나 고대 유대 왕국은 팔레스타인에 세워진 수많은 국가 중 편린에 불과하고, 이스라엘이 고대 유대 국가의 영토 위에 건국된 것도 아니다. 3) 1880년대 이후에 다른 지역의 아랍인들이 팔레스타인으로 대규모로 이주해 왔다는 기록은 어디에도 없다. 오스만과 영국의 통계, 심지어 시온주의자들의 기록도 아랍 인구가 출생률로 증가했다고 설명한다. 4) 유대인의 토지 매입은 편법과 불법을 동반한 사례가 대부분이고, 토착민의 완강한 반대에도 정부가 강행한 것이다. 그리고 오스만 토지법에 따라 아랍인들이 수십, 수백 년 이상 경작해 온 사실상의 사유지(miri land)가 영어로는 국유지(state land)라고 번역되었을 뿐이지 우리나 서구에서 말하는 정부 소유의 땅과는 개념이 다르다. 위임통치정부는 국유지의 사실상의 소유권은 아랍 농민에게 있다고 인정했다.[9]

5) 팔레스타인 난민의 대부분은 이스라엘 건국을 전후로 시온주의자들이 저지른 학살로 인한 공포와 직접적인 추방으로 발생했다. 유대인 난민도 일부 국가에서는 물리적 피해와 위협을 겪었으나 나크바에 비교할 수준이 되지 못한다. 보다 근본적으로, 전자는 타인의 땅에서 외래국가를 세우기 위해 계획적으로 실시한 추방 정책의 결과물인 반면, 후자는 그런 침략적인 식민주의에 반발한 정치적 보복이었다. 6) 아랍 국가들이 팔레스타인 난민을 받아들이지

않는 것은 경제적 문제가 아니라 정치적 이유에서다. 팔레스타인이 고향인 사람들을 자국민으로 받아들이면 팔레스타인에 대한 권리를 잃게 되기 때문이다. 그래서 이스라엘과 야합했던 요르단만 팔레스타인인들에게 시민권을 발급했다.[10]

 한국인 선교사가 피해자인 팔레스타인인들에게 재갈을 물리고 가해자인 시온주의자들을 옹호하기 위해 내세운 상기 주장들은 모두 오래전에 거짓으로 판명되고 반박된 것들이다. 만약 친팔레스타인 성향이나 중립적인 학자들이 쓴 전문 서적을 단 한 권만이라도 읽었다면 이런 과오를 저지르지는 않았을 것이다. 하지만 믿고 싶은 '이야기'가 마음속에서 정해져 있었기 때문에 그러지 못했을 것이다. 누구나 책을 쓸 때 잘 몰라서 틀리거나 실수할 수는 있다. 그렇지만 수많은 논쟁이 존재하고 사람들의 목숨이 오가는 일인데도 진실이 무엇인지 알아보려고 노력하지 않은 채 그저 일방의 거짓 주장을 사실로 맹신하고 선동하는 것은 크나큰 잘못이다. 이런 책이 비전문가가 썼다고 파급력이 약한 것도 아니다. 오히려 얕은 지식으로 쉽게 쓰인 덕분에 독자층이 넓어지고, 그릇된 지식은 2차, 3차로 빠르게 퍼져 나간다. 그렇기 때문에 필자 같은 사람 몇 명의 노력만으로는 우리 사회를 바꿀 수 없다. 이 글을 읽으며 역사적 사실을 배우고 논증할 능력을 함양한 독자 여러분들이 함께 나서서 진실을 알려야 한다.

 마지막으로 한 가지 당부하고 싶은 것은, 분쟁의 참상 때문에 무분별한 분노나 비난으로 빠져서는 안 된다는 점이다. 대다수의 유대인은 진실을 모른다. 그리고 외면하고 싶어 한다. 이런 양심 없는 놈들을 봤냐고 꾸짖고 싶겠지만, 사실은 이게 어느 나라 어느 국민에게나 평범하고 일반적인 반응이라는 것을 명심해야 한다. 유럽인들은 몇백 년을 행했던 식민 지배도 여태껏 사과하지 않고 식민 지배를 땅을 개발해 준 역사로 인지한다. 못 배운 사람들만 그러는 게 아니라 대학을 나온 식자층도 그런다. 또한, 여전히 많은 학자들이 팔레스타인의 위임통치가 정당하다고 옹호한다.

 우리가 도통 이해할 수 없다며 혀를 내두르는 일본인의 행동도 사실은 그저 평범할 뿐이다. 일본인들은 학교에서 식민 지배를 했다는 외연적인 사실은 배우지만 구체적으로 어떤 일이 있었는지 그게 한국인에게 어떤 영향을 끼쳤는지를 생각해 보는 기회는 없다. 오히려 식민 지배 덕분에 조선이 산업화에 성공했다고 배우니 배은망덕하다고 여기기 쉽다. 일본에도 인권을 중히 여기는 사람들은 많지만, 불편한 진실을 파헤쳐 사회적 반발을 마주하기보다는 팔레스타인인들처럼 지금 현재 고통받고 있는 사람들을 도우려는 마음이 더 큰 것은 당연하다.

필자가 KOICA 팔레스타인 사무소에서 근무할 때 UNRWA의 동아시아 담당 직원은 일본인이었다. 같은 동양인이고 동종업계에서 일하다 보니 친하게 지냈고, 하루는 그 친구의 집에서 여러 한국인과 일본인들이 모여서 다 같이 식사를 했다. 참석자는 대부분 연배가 있는 직장인이었지만 그중에는 일본인 대학생도 한 명 있었다. 그는 내 옆자리에 앉았는데 분위기가 화기애애하게 무르익던 중에 뜬금없이 궁금한 게 있다며 귓속말로 이렇게 물었다. "한국인들이 정말로 독도를 자국의 영토로 믿는다면 왜 공정하게 국제사법재판소의 판결을 받으려 하지 않고 거부하는 거지요?" 그는 비판하려는 의도가 없고 이런 질문을 하기에는 적절치 않은 자리라는 것도 알지만 정말로 궁금해서 묻는 거라고 강조했다. 길게 얘기할 상황은 아니라 거두절미하고 핵심만 말했다. 혹시 일제강점기에 한국인들이 어떤 고통을 받았는지 아느냐고. 그는 모른다고 솔직히 고백했다. 그래서 한국인들의 생각이 궁금하다면 영토 문제를 논하기 이전에 식민 지배가 어떤 영향을 끼쳤을지를 고민해 보라고 조언했다. 만족스러운 대답이 되었는지 그는 고개를 끄덕였다.

혹시 이런 편협한 인식과 행동이 식민 지배의 경험이 있는 국가들에서만 발견되는 것일까? 전혀 그렇지 않다. 2023년 2월 7일, 우리 법원은 베트남전 당시 우리 군이 민간인을 학살했고 정부가 배상책임이 있다고 판결했다.[11] 일부 언론은 우리가 일본과는 다른 모습을 보여준 것이라며 자랑스러워했으나[12] 뉴스 댓글난에서 확인되는 여론은 대부분 부정적이다. 민간인과 군인의 구별이 어려운 상황이었기 때문에 모든 민간인을 위협 요소로써 제거해야 마땅했다든지, 베트남 정부가 사과나 배상이 불필요하다는데 우리가 나서서 할 필요가 있냐는 등의 이유에서다. 또한, 2월 17일에 국방부 장관은 국회에서 학살을 부인하며 법원 판결을 비판했다.[13]

필자는 베트남전을 연구하지 않았으니 주제넘게 정답이 무엇인지를 주장하지는 않겠지만, 우리 사회가 이런 문제를 공론화하기보다는 이익 등을 앞세워 논의를 거부하려는 닫힌 사회라는 점은 지적하고 싶다. 해당 판결문에 따르면 생존자와 우리 군인 등을 포함한 19명의 사건 관계자들이 학살을 증언했다.[14] 그러니 진상 파악을 위한 노력이 추가로 필요하지만, 일반 국민은 물론이거니와 국회[c]나 정부 차원의 적극적인 대응도 보이지 않는다. 또한, 댓글의 여론이 주장하는 것처럼 학살에 대한 사과나 피해보상이 필요 없다고 보기도 어렵다. 민간인과 군인의 식별이 어려운 전쟁은 베트남전이 유일하지도 않고 국제법은 그런 이유로 학살이 정당화된다고 보지 않는다. 더군다나 이를 옹호한다면, 6·25 전쟁 당시 북한군이 저지른 우리 국민의 학살도 정당화될 우려가 크다. 베트남 정부[15]가 요구하지 않으니 피해자에 대한 보상이나 사과는 필요 없다는 주장은, 우리 정부가 요구하지 않으면 일본이 위안부나 강제징용 피해자들에 대해 책임질 필요가 없다는 말이 된다.

이처럼 자국이 행한 잘못을 전면적으로 부인하려는 태도는 세계 어디에서나 흔한 일이다. 유대인들이라고 어찌 다르길 기대할 수 있겠는가? 게다가 이스라엘이 식민 지배로 얻는 이익은 대단히 크다. 그러니 진실을 부인하려는 마음의 장벽은 높을 수밖에 없고 이를 해체시키기까지는 오랜 시간이 걸릴 것이다. 그때까지 인내심을 가져야 한다. 그러지 못하고 '유대인들은 왜 저럴까? 참 나쁜 놈들이야!'라고 비난만 퍼부어서는 아무런 변화도 기대할 수 없다. 오히려 직접적으로 연관되지 않은 유대인들의 반감까지 사서 분쟁을 악화시킬 뿐이다. 제3자인 우리가 당장 많은 일을 해내려고 욕심부리기보다는, 우선은 반식민주의에 대한 국민적 공감대 형성이라는 작은 한 걸음이라도 내디딜 수 있기를 소망하며 글을 마친다.

---

c) 2월 23일에 '베트남 전쟁 시기 대한민국 군대에 의한 민간인 피해사건 조사에 관한 특별법안'이 발의되었으나 잊혔다.

Endnotes

1) Harriet Sherwood, "Israelis gather on hillsides to watch and cheer as military drops bombs on Gaza," *Guardian*, July 20, 2014, https://www.theguardian.com/world/2014/jul/20/israelis-cheer-gaza-bombing.
2) 다음을 보라. McGowan and Hogan, *Saga of Deir Yassin Massacre*.
3) 예를 들어, 베니 모리스는 1936년 대항쟁 때 농민들이 영국에 저항하기를 꺼리는 경향이 있었다고 말하면서 두 가지 이유를 대는데, 하나는 군사력의 차이, 다른 하나는 "영국의 지배가 이로웠다."는 점이다. 후자에 대해 구체적으로는, 세금이 감소하고 시온주의자에 의한 추방을 어느 정도 막아주고, 때때로 융자를 제공하고, 치안과 보건 등의 공공서비스 발전을 들었다. Morris, Righteous Victims, 132.
4) 이와 관련하여 팔레스타인 난민 문제를 한국의 위안부 문제와 일본계 미국인 억류 사건을 비교한 다음의 논문을 참고하라. Shahira Samy, "Would 'sorry' repair my loss? Why Palestinian refugees should seek an apology for their displacement," *The International Journal of Human Rights*, 14, no. 3 (2010): 364-377.
5) 건국 이래 이스라엘의 교육과정은 역사적 사실을 그대로 가르치기보다는, 민족의식을 강화한다는 뚜렷하고 분명한 목표를 가지고 과거를 미화하거나 아랍인을 적대적으로 그렸다. 민족주의적 교육관에 대해서 사회 내부에서 반발이 커지고, 요르단과 이집트 등 일부 아랍 국가들과 관계가 정상화되자 교육부는 1980년대 중반부터 역사 교육에 대한 중앙통제를 완화하고 반아랍적 태도에서 탈피하려고 시도했다. 이는 얼마간의 성과를 보였으나 2차 인티파다의 발발을 계기로 교육부는 역사에 대한 다양한 시각이 국가 통합을 저해한다는 이유를 들어 2001년부터 다시 중앙통제를 강화했다. Elie Podeh, *The Arab-Israeli Conflict in Israeli History Textbooks, 1948-2000* (Westport: Greenwood Publishing Group, 2002); Achim Rohde, "Teaching History in Israel-Palestine," in *The Palgrave Handbook of State-Sponsored History After 1945*, eds. B. Bevernage and N. Wouters (London: Macmillan Publishers, 2018), 358-63.
6) Jonny Paul, "Controversial historian to quit Israel for UK," *Jerusalem Post*, April 1, 2007, https://www.jpost.com/Jewish-World/Jewish-News/Controversial-historian-to-quit-Israel-for-UK.
7) 김구재단, "백범김구자료," accessed November 15, 2023, https://www.kimkoo.org/board/kimgu_list.asp.
8) 이듬해 국회에서 비준되었다.
9) Gerber, *Social Origins*, 68; Martin Bunton, *Colonial Land Policies in Palestine 1917-1936* (Oxford: Oxford University Press, 2007), 36-7.
10) 1948년부터 1967년까지 이집트의 통치를 받은 가자지구의 팔레스타인인들도 시민권을 받지 않았다.
11) 하채림 and 황윤기, "법원, '베트남전 민간인 학살' 韓정부 배상책임 첫 인정(종합3보)," 연합뉴스, February 7, 2023, https://www.yna.co.kr/view/AKR20230207108353004.
12) 강지영, "[인터뷰] '베트남전' 판결, 대한민국은 일본과 다르다는 것 명확히 보여준 것," *JTBC*, February 12, 2023, https://n.news.naver.com/article/437/0000331982?cds=news_edit.
13) 1999년에 한겨레가 최초로 보도했고 이후 여러 의혹이 제기되었으나, 정부는 지속적으로 부인해 왔다. 이재훈, "국방장관 '베트남전 민간인 학살 전혀 없었다'…판결 정면 반박," 한겨레, February 17, 2023, https://www.hani.co.kr/arti/politics/politics_general/1080125.html?_ga=2.102093249.1590881636.1677127498-231430604.1671737550.
14) 정혜민, "'베트남 민간인 학살' 증언만 19명…판결 외면하는 군·정부 [뉴스AS]," 한겨레, February 20, 2023, https://www.hani.co.kr/arti/society/society_general/1080441.html.
15) 장연환, "베트남, '민간인 학살 한국정부 책임 인정 판결'에 '과거 제쳐두고 미래 위해 협력'," 인사이드비나, February 10, 2023, http://www.insidevina.com/news/articleView.html?idxno=22843

참고문헌

Official Publications

1. Palestine, State of.
Palestinian Central Bureau of Statistics (PCBS)
- "Major national accounts variables in Palestine for the years 2020, 2021 at current price." December 15, 2022. Accessed February 10, 2023. https://www.pcbs.gov.ps/statisticsIndicatorsTables.aspx?lang=en&table_id=1603.
- "Estimated Population in the Palestine Mid-Year by Governorate,1997-2026." May 26, 2021. Accessed: February 10, 2023. https://pcbs.gov.ps/statisticsIndicatorsTables.aspx?lang=en&table_id=676.
- "Casualties in Road Traffic Accidents in Palestine by Governorate and Type of Injury 2014." Accessed March 22, 2017. http://www.pcbs.gov.ps/Portals/_Rainbow/Documents/road_e4.htm.
- "Main Indicators Related to Road Traffic Accidents in Palestine 2015- 2021." December 6, 2022. Accessed February 10, 2023. https://www.pcbs.gov.ps/statisticsIndicatorsTables.aspx?lang=en&table_id=1384.
- "Percentage Distribution of Victimized Persons by Last Crime Reporting and Region During Last 12 Months, 2012." Accessed March 18, 2017. http://www.pcbs.gov.ps/Portals/_Rainbow/Documents/vict_3.htm.
- "Percentage Distribution of Victimized Persons by Reasons for not reporting Crime and Region During Last 12 Months, 2012." Accessed March 18, 2017. http://www.pcbs.gov.ps/Portals/_Rainbow/Documents/vict_3.htm
- "Selected Indicators for Water Statistics in Palestine (1), 2010 - 2018." Accessed January 21, 2021. http://www.pcbs.gov.ps/Portals/_Rainbow/Documents/water/%E2%80%8F%E2%80%8F-Water-E-selected-indicator-in-West-Bank.html.
- "Quantity of Water Purchased From Israeli Water Company (Mekorot) in Palestine by Governorate and Year(1), 2009 - 2015." Accessed August 12, 2017. http://www.pcbs.gov.ps/Portals/_Rainbow/Documents/water/water-E5-2015.htm.
- "Summary of Demographic Indicators in the Palestine by Region." Accessed January 21, 2021. http://pcbs.gov.ps/Portals/_Rainbow/Documents/DEMO-2016-EEE.htm.
- "Number of Enterprises, Employed Persons and Main Economic Indicators for the Tourism Enterprises in Palestine by Tourism Activity, 2015." Accessed 12 September, 2017. http://pcbs.gov.ps/Portals/_Rainbow/Documents/TourAct-2015-E-01.htm.

Etc.
- Ministry of National Economy. *The State Of Palestine National Export Strategy Tourism Sector Export Strategy 2014-2018*, 2014. https://paltrade.org/uploads/16080491801557058102.pdf.
- Water Authority. *Strategic Water Resources And Transmission Plan*. April 2014. http://www.pwa.ps/userfiles/server/%D8%A7%D8%B3%D8%AA%D8%B1%D8%A7%D8%AA%D8%AC%D9%8A%D8%A7%D8%AA/Strategic%20Action%20Plan%20(1).pdf.

2. Great Britain
Parliament, Command Papers
- *Palestine Disturbances in May 1921: Reports of the Commission of Inquiry with Correspon-*

- *dence in Relation Thereto* [Haycraft Report]. Cmd. 1540. London, 1921.
- *Correspondence with the Palestine Arab Delegation and the Zionist Organization.* Cmd. 1700. London, 1922.
- *Mandate for Palestine with a Note on Its Application to Transjordan.* Cmd. 1785. London, 1923.
- *Papers Relating to the Elections for the Palestine Legislative Council, 1923.* Cmd. 1889. London, 1923.
- *Proposed Formation of an Arab Agency: Correspondence with the High Commissioner for Palestine.* Cmd. 1989. London, 1923.
- *The Western or Wailing Wall in Jerusalem.* Cmd. 3229. London, 1928.
- *Report of the Commission on the Palestine Disturbances of August 1929* [Shaw Report]. Cmd. 3530. London, 1930.
- *Palestine: Report on Immigration, Land, Settlement and Development* [Hope-Simpson Report]. Cmd. 3686. London, 1930.
- *Palestine: A Statement of Policy by His Majesty's Government in the United Kingdom.* Cmd. 3692. London, 1930.
- *Proposed New Constitution for Palestine.* Cmd. 5119. London, 1936.
- *Palestine Royal Commission Report* [Peel Report]. Cmd. 5479. London, 1937.
- *Statement of Policy by His Majesty's Government in the United Kingdom.* Cmd. 5513. London, 1937.
- *Policy in Palestine: Despatch dated 23rd December, 1937, from the Secretary of State for the Colonies to the High Commissioner for Palestine.* Cmd. 5634. London, 1938.
- *Palestine Partition Commission Report* [Woodhead Report]. Cmd. 5854. London, 1938.
- Statement by His Majesty's Government in the United Kingdom. Cmd. 5893. London, 1938.
- *Correspondence between Sir Henry McMahon and the Sherif Hussein of Mecca, July 1915-March 1916* [Hussein-McMahon Correspondence]. Cmd. 5957. London, 1939.
- *Report of a Committee Set up to Consider Certain Correspondence Between Sir Henry McMahon and the Sharif of Mecca in 1915 and 1916* [Hussein-McMahon Correspondence Report]. Cmd. 5974. London, 1939.
- *Palestine: Statement of Policy.* Cmd. 6019. London, 1939.
- *Palestine Land Transfers Regulations: Letter to the Secretary-General of the League of Nations, London, February 28, 1940.* Cmd. 6180. London, 1940.
- *Report of the Anglo-American Committee of Enquiry Regarding the Problems of European Jewry and Palestine.* Cmd. 6808. London, 1946.
- *Palestine: Statement of Information Relating to Acts of Violence.* Cmd. 6873. London, 1946.
- *Proposals for the Future of Palestine, July 1946-February 1947.* Cmd. 7044. London, 1947.

Etc.

- *Report of a Committee: Asiatic Turkey* [Bunsen Report]. CAB 42/3/12. London, 1915.
- Samuel, Herbert. *The Future of Palestine.* CAB/37/123. No. 43. January, 1915.
- War Office. *Summary of the Hejaz Revolt.* August 31, 1918.CAB/24/214, CP 271 (30)
- Foreign Office. *British Commitments to King Husein.* CAB 24/68/86. November 1918.

- *Report of the Court of Inquiry Convened by Order of H. E. the High Commissioner and Commander-In-Chief, Dated the 12th Day of April, 1920* [Palin Report]. FO/371/5121. 1920.
- *Policy in Palestine.* CAB/24/159. CP 106 (23). February 1923.
- Palestine Committee. *The Future of Palestine.* CAB/24/161. CP 351 (23). London, 1923.
- *Palestine: McMahon Correspondence.* CAB/24/214. CP 271 (30). July 1930.
- *Report of the Commission Appointed by His Majesty's Government in the United Kingdom of Great Britain and Northern Ireland, with the Approval of the Council of the League of Nations, to Determine the Rights and Claims of Moslems and Jews in Connection with the Western or Wailing Wall at Jerusalem, December 1930* [Western Wall Report]. London, 1931.
- British Report to the Council of the League of Nations on the Administration of Palestine and Trans-Jordan for the year: 1936; 1937; 1938.
- *Conclusions of a Meeeting of the Cabinet held at 10 Downing Street, S.W.1, on Friday, 14th February, 1947, at 11 a.m.* CAB 128/9, CM22(47).
- *Palestine: Termination of the Mandate 15th May, 1948.* London, 1948.

3. Mandatory Palestine Government

- Barron, J. B. *Report and General Abstracts of the Census of 1922.* Jerusalem, 1923.
- Johson, W. J. and R. E. H. Crosbie, *Report of a Committee on the Economic Condition of Agriculturists in Palestine and the Fiscal Measures of Government in Relation thereto.* Jerusalem, 1930.
- Mills, E. *Census of Palestine 1931: Population of Villages, Towns and Administrative Areas.* Jerusalem: Greek Convent & Goldberg Presses, 1932.
- "Report of the Commission Appointed by His Excellency the High Commissioner for Palestine by Notification No. 1561 published in the Palestine Gazette dated 6th November, 1933." *Palestine Gazette.* No. 420. February 7, 1934.
- Shaw, John Valentine Wistar. *A Survey of Palestine.* 2 Vols. Palestine, 1946.

4. Israel, state of. (including Zionist Organization)

- *Commission of Inquiry into the Methods of Investigation of the General Security Service Regarding Hostile Terrorist Activity, October 1987.* Jerusalem, 1987.
- ICBS. *Israel in Figures*: 2012; 2013; 2014; 2015; 2016; 2017; 2018; 2019; 2020.
- IMARD. "The Negev district." Accessed 21 January, 2021. https://www.moag.gov.il/en/Ministrys%20Units/Ministrys%20Districts/The%20Negev%20district/Pages/default.aspx.
- Zionist Organization. *Extracts from the reports of the executive of the Zionist Organisation to the twelfth Zionist Congress (Carlsbad, September, 1921): Political Report.* London: Zionist Organization, 1921.
- Zionist Organization. *Resolutions of the 18th Zionist Congress: Prague, August 21st to September 3rd, 1933.* London: Zionist Organization, 1934.

5. United States of America

- *Report of American section of Inter-allied Commission of mandates in Turkey: An official United States government report by the Inter-allied Commission on Mandates in Turkey* [King-

Crane Report]. August 28, 1919.
- Central Intelligence Agency. *The Consequences of the Partition of Palestine*. ORE 55. November 28, 1947.
- Fuller, Joseph V., ed. *Papers Relating to the Foreign Relations of the United States, The Paris Peace Conference*, 1919. Vol. 12: Field Missions of the American Commission to Negotiate Peace. Washington, 1947.
- *Public Papers of the Presidents: Harry S. Truman 1945*. Washington, 1961.
- *Public Papers of the Presidents: Harry S. Truman 1946*. Washington, 1962.
- Lawler, Daniel J. and Erin R. Mahan, eds. *Foreign Relations of the United States, 1946. Vol. 7: The Near East And Africa*, Washington, 2010.

6. United Nations

United Nations Security Council (UNSC)
- *Two Hundred and Seventy-First Meeting Held at Lake Success, New York on Friday, 19 March 1948, at 3.30 p.m. Continuation of the discussion of the Palestine Question*. S/PV.271.
- Folke Bernadotte. *Text of Suggestions Presented by the United Nations Mediator on Palestine to The Two Parties on 28 June 1948*. S/863. June 28, 1948.
- Resolution 242 (1967). S/RES/242. November, 22, 1967.
- *Note by the Secretary-General Under General Assembly Resolution 2252 (ES-V) and Security Council Resolution 237 (1967)*. S/8435. March 2, 1968.

General Assembly of United Nations (UNGA)
- *Special Committee on Palestine: Verbatim Record of The Thirty-Eighth Meeting (Public) Held at the Ministry of Foreign Affairs; Beirut, Lebanon, on Tuesday 22 July 1947 at 11 a.m.*, A/AC.13/PV.38. August 4, 1947.
- *Meeting record of 77th plenary meeting of the General Assembly, May 14, 1947*. A/PV.77.
- *Official Records of the Second Session of the General Assembly Supplement No. 11* [UNSCOP Report]. 3 Vols. A/364. September 3, 1947.
- Resolution 181(II). *Future Government of Palestine*. A/RES/181(II). November 29, 1947.
- *Two Hundred and Seventy-First Meeting Held at Lake Success, New York on Firday, 19 March 1948, at 3.30 p.m. Continuation of the discussion of the Palestine Question*, S/PV.271.
- Folke Bernadotte, *Progress Report of the United Nations Mediator on Palestine Submitted to the Secretary-General for Transmission to the Members of the United Nations*. General Assembly Official Records: Third Session Supplement No. 11 (A/648). September 16, 1948.
- Resolution 194 (III). *Palestine: Progress Report of the United Nations Mediator*. A/RES/194 (III). 11 December 1948.
- Resolution 212 (III). *Assistance to Palestine refugees. A/RES/212(III)*. November 19, 1948.
- *Palestine: First Interim Report of the United Nations Economic Survey Mission for the MIddle East, 16 November 1949*. A/1106. November 17, 1949.
- Resolution 273 (III). Admission of Israel to Membership in the United Nations. A/RES/273. May 11, 1949.

- *Application of Israel for admission to membership in the United Nations (A/818)* (continued). A/AC.24/SR.50. May 9, 1949.
- Resolution 302 (IV). *Assistance to Palestine refugees*. A/RES/302 (IV). December 8, 1949.
- Resolution 393 (V). *Assistance to Palestine refugees*. A/RES/393 (V). December 2, 1950.
- Jahangir, Asma. *Promotion and Protection of All human Rights, Civil, Political, Economic, Social and cultural Rights, Including the Right to Development*. A/HRC/10/8/Add.2. January 12, 2009.
- Resolution 67/19. *Status of Palestine in the United Nations*. A/RES/67/19. December 4, 2012.

United Nations Conference on Trade and Development (UNCTAD)
- *UNCTAD Policy Alternatives for Sustained Palestinian Development and State Formation*. UNCTAD/GDS/APP/2008/1. 2009. https://unctad.org/system/files/official-document/gdsapp20081_en.pdf.
- *Rebuilding the Palestinian Tradable Goods Sector: Towards Economic Recovery and State Formation*. UNCTAD/GDS/APP/2010/1. 2011. https://digitallibrary.un.org/record/719972.
- *The Besieged Palestinian Agricultural Sector*. UNCTAD/GDS/APP/2015/1. 2015. https://unctad.org/system/files/official-document/gdsapp2015d1_en.pdf.
- *Report on UNCTAD assistance to the Palestinian people: Developments in the economy of the Occupied Palestinian Territory*. UNCTAD/APP/2016/1. September 1, 2016. https://unctad.org/system/files/official-document/app2016d1_en.pdf.

United Nations Office for the Coordination of Humanitarian Affairs (UNOCHA)
- *The Humanitarian Impact on Palestinians Of Israeli Settlements And Other Infrastructure In The West Bank*. July 2007. https://www.ochaopt.org/sites/default/files/ocharpt_update30july2007.pdf.
- *Unprotected: Israeli settler violence against Palestinian civilians and their property*. December 2008. https://www.ochaopt.org/content/unprotected-israeli-settler-violence-against-palestinian-civilians-and-their-property-dec.
- *Between the Fence and A Hard Place*. August 19, 2010. https://www.ochaopt.org/content/between-fence-and-hard-place.
- *10 Years since the international court of justice advisory opinion*. July 9, 2014. https://www.ochaopt.org/content/spotlight-10-years-international-court-justice-icj-advisory-opinion.
- *Area C Of The West Bank: Key Humanitarian Concerns*, August 2014. https://www.ochaopt.org/sites/default/files/ocha_opt_area_c_factsheet_August_2014_english.pdf.
- *East Jerusalem: Key Humanitarian Concerns*. March 24, 2011. https://www.ochaopt.org/content/east-jerusalem-key-humanitarian-concerns-march-2011-0.
- *East Jerusalem: Key Humanitarian Concerns*. August 18, 2014. https://www.ochaopt.org/content/east-jerusalem-key-humanitarian-concerns-august-2014.
- *East Jerusalem*, December, 2018. https://www.ochaopt.org/sites/default/files/wb_thematic_9_0.pdf.
- *How dispossession happens: the takeover of Palestinian water springs by Israeli settlers*. March 2012. https://www.ochaopt.org/content/how-dispossession-happens-takeover-palestinian-water-springs-israeli-settlers-march-2012.
- *The Humanitarian Impact of Israeli Settlement Policies*. December 2012. https://reliefweb.int/

- report/occupied-palestinian-territory/humanitarian-impact-israeli-settlement-policies-update?_gl=1*99jg1n*_ga*MTIyOTk5MzUyNS4xNjk2ODE5MTI5*_ga_E60ZNX2F68*MTY5NjgxOTEyOS4xLjAuMTY5NjgxOTEyOS42MC4wLjA.
- *Fragmented Lives Humanitarian Overview 2015*. June 13, 2016. https://www.ochaopt.org/content/fragmented-lives-humanitarian-overview-2015.
- *Humanitarian Bulletin occupied Palestinian territory*: August 2015; October 2015; November 2015; July 2016; August 2016; October 2016; March 2017.
- *The Humanitarian Impact Of Gaza's Electricity And Fuel Crisis*. July 6. 2015. https://www.ochaopt.org/content/humanitarian-impact-gaza-s-electricity-and-fuel-crisis-july-2015.
- *Under Threat: Demolition Orders in Area C of the West Bank*, September 2015. https://www.ochaopt.org/content/under-threat-demolition-orders-area-c-west-bank.
- "Monthly Figure." Accessed March 20, 2017. https://www.ochaopt.org/content/monthly-figures.
- "Vulnerability Profile Project: Water, sanitation and Hygiene oPt." Accessed March 27, 2017. https://public.tableau.com/profile/ocha.opt#!/vizhome/WASH_VPP/DashAccessland.
- "Data on casualties." Accessed February 10, 2023. https://www.ochaopt.org/data/casualties.

United Nations Educational, Scientific and Cultural Organization (UNESCO)
- *Records of the General Conference Eighteenth Session Paris, 17 October to 23 November 1974*. Paris, 1975. https://unesdoc.unesco.org/ark:/48223/pf0000114040.
- "Executive Board adopts five decisions concerning UNESCO's work in the occupied Palestinian and Arab Territories." October 21, 2010. http://www.unesco.org/new/en/media-services/single-view/news/executive_board_adopts_five_decisions_concerning_unescos/.
- "General Conference admits Palestine as UNESCO Member." October 31, 2011. http://www.unesco.org/new/en/media-services/single-view/news/general_conference_admits_palestine_as_unesco_member/.
- *Programme And External Relations Commission (Px)*. 200 EX/PX/DR.25.2 Rev. October 12, 2016.

United Nations Relief and Works Agency for Palestine Refugees in the Near East (UNRWA)
- *Annual Report of*: 1950; 1951; 1952; 1954; 1955; 1956; 1957; 1961; 1968; 1969; 1979.
- "In Figures." June 2015.
- "Profile: jalazone camp." Accessed May 1, 2016. https://www.unrwa.org/where-we-work/westbank/jalazone-camp.
- "Humanitarian Needs And Response – 2019." October 2018. https://www.un.org/unispal/wp-content/uploads/2019/08/OCHAMAPUNRWHUMNEEDS_190319.pdf.

Etc.
- United Nations Conciliation Commission for Palestine. *The First Interim Report of The U. N. Economic Survey (Clapp) Mission for the Middle East: A Summary And Comments*. November 29, 1949.
- League of Nations. Permanent Mandates Commission. *Minutes of the Thirty-Second (Extraordinary) Session: Devoted to Palestine Held at Geneva From July 30th To August 18th, 1937*.
- United Nations Conciliation Commission for Palestine. *First Interim Report of the United Na-*

tions Economic Survey Mission for the Middle East. November 16, 1949.
- The Committee on the Exercise of the Inalienable Rights of the Palestinian People. *Origins and Evolution of the Palestine Problem: 1917-1988*. ST/SG/SER.F/1/PT.I-IV. New York: United Nations, 1990.
- Kagan, Michael. United Nations High Commissioner for Refugees. "We live in a country of UNHCR": The UN surrogate state and refugee policy in the Middle East. New Issues in Refugee Research Paper No. 201. 2011.
- Office of the United Nations High Commissioner for Human Rights. *Update on Settler Violence in the West Bank, including East Jerusalem*. October, 2013. https://unispal.un.org/pdfs/UHCHR_SettlerViolence.pdf.
- United Nations Country Team. Gaza in 2020: A liveable place? August 2012. https://www.un-.org/unispal/document/auto-insert-195081/.
- United Nations Office on Drugs and Crime. "Victims of Intentional homicide, rates and counts per 100,000 population." Accessed July 26, 2023. https://dataunodc.un.org/content/homicide-rate-option-2.

7. World Bank

- Niksic, Orhan, Nur Nasser Eddin, and Massimiliano Cali. *Area C and the Future of the Palestinian Economy*. Washington D.C.: World Bank Group, 2009. https://doi.org/10.1596/978-1-4648-0193-8.
- *West Bank and Gaza: Assessment of restrictions on Palestinian water sector development*. Washington, D.C.: World Bank Group, 2009. http://documents.worldbank.org/curated/en/775491468139782240/West-Bank-and-Gaza-Assessment-of-restrictions-on-Palestinian-water-sector-development.
- *Economic Monitoring Report to the Ad Hoc Liaison Committee*. April 19, 2016. https://documents.worldbank.org/en/publication/documents-reports/documentdetail/780371468179658043/main-report.
- "Net ODA received per capita (current US$)." Accessed: April 6, 2017. http://data.worldbank.org/indicator/DT.ODA.ODAT.PC.ZS?view=chart.
- "Net official development assistance received (current US$)." Accessed February 7, 2017. http://data.worldbank.org/indicator/DT.ODA.ODAT.CD?locations=PS&view=chart.

Newspaper Articles
Korean
- 매일경제; 아시아경제; 연합뉴스; 인사이드비나; 조선일보; 한겨레; JTBC.

English
- BBC; CNN; Guardian; New York Times; The Times (London); Aljazeera; Anadolu Agency; Guardian; Reuters; Haaretz; Israel National News; Maan News; Jerusalem post; Middle East Monitor; Ynetnews; PBS; Times of Israel.

Books
Korean
- 홍미정. 팔레스타인 땅, 이스라엘 정착촌. 서울: 서경, 2004.

English

- Aaronsohn, Ran. *Rothschild and Early Jewish Colonization in Palestine*. Lanham: Rowman & Littlefield Publishers, 2000.
- Abed, George T. ed. *The Palestinian Economy: Studies in Development under Prolonged Occupation*. London: Toutledge, 2014.
- Abuelaish, Izzeldin. *그러나 증오하지 않습니다: 세 딸을 폭격으로 잃은 팔레스타인 의사 이야기*. Translated by 이한중. 서울: 낮은산. 2013.
- Abu-Lughod, Ibrahim, ed. *The Transformation of Palestine: Essays on the Origin and Development of the Arab-Israeli Conflict*. Evanston: Northwestern Univesity Press, 1971.
- Adler, Elkan Nathan. *Jewish Travellers*. London: George Routledge & Sons, 1930.
- Aharoni, Yohanan. *The land of the Bible: a historical geography*. Translated by A. F. Rainey. Rev. ed. Philadelphia: Westminster Press, 1979.
- Alroey, Gur. *Zionism without Zion: The Jewish Territorial Organization and Its Conflict with the Zionist Organization*. Detroit: Wayne State University Press, 2016.
- Al-Tabari. *The History of al-Tabari*. Translated by Yohanan Friedmann. Vol. 12. Albany: State University of New York Press, 1992.
- Alvarez, Alex. *Native America and the Question of Genocide*. Lanham: Rowman & Littlefield, 2014.
- Ambrose, St. Ambrose. *Selected Works and Letters*. Edited by Philip Schaff and Henry Wace. Translated by H. De Romestrin. Edinburgh: T&T Clark, n.d. https://www.ccel.org/ccel/schaff/npnf210.html.
- Anderson, Benedict Richard O'Gorman. *Imagined Communities: Reflections on the Origin and Spread of Nationalism*. Rev. ed. London: Verso, 2006.
- Anderson, Robert T., and Terry Giles. *The Samaritan Pentateuch: an introduction to its origin, history, and significance for Biblical studies*. Atlanta: Society of Biblical Literature, 2012.
- Anderson, Roberta, and Dominic Bellenger, eds. *Medieval Worlds: A Sourcebook*. Hoboken: Routledge, 2013.
- Ansell-Pearson, Keith, Benita Parry and Judith Squires. *Cultural readings of imperialism: Edward Said and the gravity of history*. New York: St. Martin's Press, 1997.
- Antonius, George. *The Arab Awakening: the Story of the Arab National Movement*. Philadelphia: J.B. Lippincott Company, 1939.
- Ariel, Ari. *Jewish-Muslim Relations and Migration From Yemen to Palestine in the Late Nineteenth and Twentieth Centuries*. Boston: Brill, 2014.
- Ashtor, Eliyahu. *A Social and economic history of the Near East in the Middle Ages*. Berkeley: University of California Press, 1976.
- Auerbach, Jerold S. *Hebron Jews: Memory and Conflict in the Land of Israel*. Lanham: Rowman & Littlefield Publishers, 2009.
- Avineri, Shlomo. *Herzl's Vision: Theodor Herzl and the Foundation of The Jewish State*. Translated by Haim Watzman. New York: BlueBriddge, 2014.
- Avni, Gideon. *The Byzantine-Islamic Transition in Palestine: An Archaeological Approach*. Oxford: Oxford University Press, 2014.
- Ayalon, Ami. *The Press in the Arab Middle East: A History*. New York: Oxford University Press, 1995.

- Barnai, Jacob. *The Jews in Palestine in the Eighteenth Century: Under the Patronage of the Istanbul Committee of Officials for Palestine*. Translated by Naomi Goldblum. Tuscaloosa: University of Alabama Press, 1992.
- Bartov, Orner. *Germany's War and the Holocaust: Disputed Histories*. Ithaca: Cornell University Press, 2003.
- Bar-Yosef, Eitan. *The Holy Land in English Culture 1799-1917: Palestine and the Question of Orientalism*, Oxford: Oxford University Press, 2005.
- Bauer, Yehuda. *Jews for Sale?: Nazi-Jewish Negotiations, 1933-1945*. New Haven: Yale University Press, 1994.
- Baumgardner, Frank H. *Killing for Land in Early California: Indian Blood at Round Valley: Founding the Nome Cult Indian Farm*. New York: Algora Publishing, 2005.
- Behar, Moshe, and Zvi Ben-Dor Benite, eds. *Modern Middle Eastern Jewish Thought: Writings on Identity, Politics, and Culture, 1893-1958*. Waltham: Brandeis, 2013.
- Beinin, Joel. *The Dispersion of Egyptian Jewry: Culture, Politics, and the Formation of a Modern Diaspora*. Cairo: The American University in Cairo Press, 2005.
- Bell, J. Bowyer. *Terror Out of Zion: Irgun Zvaileumi, Lehi, and The Palestine Underground, 1929-1949*. New York: Avon Books, 1977.
- Ben-Ami, Shlomo. *Scars of War, Wounds of Peace: The Israeli-Arab Tragedy*. Oxford: Oxford University Press, 2006.
- Ben-Arieh, Yehoshua. Jerusalem in the 19th century: the Old City. Jerusalem: Yad Izhak Ben Zvi, 1984.
- ___. *The Making of Eretz Israel in the Modern Era: A Historical-Geographical Study (1799-1949)*. Jerusalem: Hebrew University Magnes Press, 2018.
- Ben-Dov, Meir, Mordechay Naor and Ze'ev Anner. *The Western Wall*. Translated by Raphael Posner. Tel Aviv: Ministry of Defence-Publishing House, 1983.
- Ben-Yehuda, Nachman. *Political Assassinations by Jews: A Rhetorical Device for Justice*. Albany: State University of New York Press, 1993.
- Benjamin of Tudela. *The Itinerary of Benjamin of Tudela*, edited and translated by A. Asher. 2 vols. New York: Hakesheth Publishing, 1840-1841.
- Bennison, Amira K. *The Almoravid and Almohad Empires*. Edinburgh: Edinburgh University Press, 2016.
- Bethell, Nicholas. *The Palestine Triangle: the Struggle for the Holy Land, 1935-48*. New York: G.P.Putnam's Sons, 1979.
- Bevernage, Berber, and Nico Wouters, eds. *The Palgrave Handbook of State-Sponsored History After 1945*. London: Macmillan Publishers, 2018.
- Blaisdell, Donald C. *European Financial Control in the Ottoman Empire: A Study of the Establishment, Activities, and Significance of the Administration of the Ottoman Public Debt*. New York: Columbia University Press, 1929.
- Boogert, Maurits Van Den. *The Capitulations and the Ottoman Legal System: Qadis, Consuls, and Beraths in the 18th Century*. Leiden: Brill, 2005.
- Boyle, J. A. *The Cambridge History of Iran: The Saljuq and Mongol Periods*. Vol. 5. Cambridge: Cambridge University Press, 2007.
- Brenner, Lenni. *The Iron Wall: ZIonist Revisionism from Jabotinsky to Shamir*. London: Zed Books, 1984.

- ___. *Zionism in the Age of the Dictators*. Beckenham: Croom Helm, 1983.
- Breslauer, S. Daniel, ed. *The Seductiveness of Jewish Myth: Challenge or Response?* Albany: State University of New York Press, 1997.
- Brynen, Rex, ed. *Compensation to Palestinian Refugees and the Search for Palestinian-Israeli Peace*. London: Pluto Press, 2013.
- Bunton, Martin. *Colonial Land Policies in Palestine 1917-1936*. Oxford: Oxford University Press, 2007.
- Burckhardt, John Lewis. *Travels in Arabia*, edited by William Ouseley, Vol. 1. London: Henry Colburn, 1829.
- Büssow, Johann. *Hamidian Palestine: Politics and Society in the District of Jerusalem 1872-1908*. Leiden: Brill, 2011.
- Butler, Rohan and J.P.T. Bury, eds. *Documents on British Foreign Policy, 1919-1939*. Vol. 8. London, 1958.
- Byrne, Joseph Patrick. *Encyclopedia of the Black Death*. Santa Barbara: ABC-CLIO, 2012.
- Cahill, Kevin M., ed. *Even in Chaos: Education in Times of Emergency*. New York: Fordham University Press and the Center for International Humanitarian Cooperation, 2010.
- Campos, Michelle U. *Ottoman Brothers: Muslims, Christians, and Jews in Early Twentieth-Century Palestine*. Stanford: Stanford University Press, 2011.
- Caplan, Neil. *Palestine Jewry and the Arab Question 1917-1925*. London: Frank Cass, 1978.
- Chazan, Robert. *Medieval Stereotypes and Modern Antisemitism*. Berkeley: University of California Press, 1997.
- ___. *In the Year 1096: The First Crusade and the Jews*. Philadelphia: Jewish Publication Society, 1997.
- Chomsky, Noam. 숙명의 트라이앵글. Translated by 유달승. 2 Vols. 서울: 이후, 2001.
- Chrysostom, John, Wayne A. Meeks, and Robert Louis Wilken. *Jews and Christians in Antioch in the First Four Centuries of the Common Era*. Missoula: Scholars Press, 1978.
- Cline, Eric H. *Jerusalem Besieged: From Ancient Canaan to Modern Israel*. Ann Arbor: The University of Michigan Press, 2007.
- Cohen, Amnon, and Bernard Lewis. *Population and Revenue in the Towns of Palestine in the Sixteenth Century*. Princeton: Princeton University Press, 1978.
- Cohen, Amnon. *Jewish life under Islam: Jerusalem in the Sixteenth Century*. Cambridge: Havard University Press, 1984.
- ___. *The Guilds of Ottoman Jerusalem*. Leiden: Brill, 2001.
- Cohen, Hillel. *Army of Shadows: Palestinian Collaboration with Zionism, 1917-1948*. Translated by Haim Watzman. Berkeley: University of California Press, 2008.
- ___. *Year Zero of the Arab-Israeli Conflict: 1929*. Translated by Haim Watzman. Waltham: Brandeis University Press, 2015.
- Cohen, Jeremy, ed. *Essential Papers on Judaism and Christianity in Conflict: From Late Antiquity to the Reformation*. New York: New York University Press, 1991.
- Cohen, Michael J. *Britain's Moment in Palestine: Retrospect and Perspectives, 1917-1948*. Hoboken: Routledge, 2014.
- ___. *Churchill and the Jews*. London: Frank Cass, 1985.

- ___, ed. *The British Mandate in Palestine: A Centenary Volume, 1920-2020*. London: Routledge, 2020.
- Cohen, Shaye J. D. *The Beginnings of Jewishness: Boundaries, Varieties, Uncertainties*. Berkeley: University of California Press, 1999.
- Conermann, Stephan, ed. *Muslim-Jewish Relations in the Middle Islamic Period: Jews in the Ayyubid and Mamluk Sultanates (1171-1517)*. Gottingen: V&R unipress GmbH, 2017.
- David, Avraham. *To Come to the Land: Immigration and Settlement in 16th-Century Eretz-Israel*. Tuscaloosa: University Alabama Press, 1999.
- Dawidowicz, Lucy S. *The war against the Jews, 1933-1945*. New York: Holt, Rinehart and Winston, 1975.
- Dawn, C. Ernest, *From Ottomanism to Arabism: Essays on the Origins of Arab Nationalism*. Urbana: University of Illinois Press, 1973.
- Day, John, ed. *In Search of Pre-Exilic Israel*. London: T&T Clark International, 2004.
- Dever, William G. *Who Were the Early Israelites and where Did They Come From?* Grand Rapids: Wm. B. Eerdmans Publishing Co., 2003.
- Dio Cocceianus, Cassius. *Dio's Roman History*. Translated by Earnest Cary, Vol. 3. London: William Heinemann, 1914.
- Dowty, Alan. *Arabs and Jews in Ottoman Palestine: Two Worlds Collide*. Bloomington: Indiana University Press, 2019.
- Dundes, Alan, ed. T*he Blood Libel Legend: A Casebook in Anti-Semitic Folklore*. Madison: University of Wisconsin Press, 1991.
- Duri, Abd al-Aziz. *Early Islamic Institutions: Administration and Taxation from the Caliphate to the Umayyads and Abbasids*. Translated by Razia Ali. London: I.B.Tauris Publishers, 2011.
- Elad, Amikam. *Medieval Jerusalem and Islamic Worship: Holy Places, Ceremonies, Pilgrimage*. Rev. ed. Leiden: Brill, 1999.
- El-Haj, Nadia Abu. *The Genealogical Science: The Search for Jewish Origins and the Politics of Epistemology*. Chicago: The University of Chicago Press, 2012.
- Elon, Amos. *Herzl*. New York: Holt, Rinehart and Winston, 1975.
- Elpeleg, Zvi. *The Grand Mufti: Haj Amin al-Hussaini, Founder of the Palestinian National Movement*, edited by Shmuel Himelstein. Translated by David Harvey. London: Routledge, 1993.
- Encyclopedia Britannica. s.v. "Palestine." 7th ed. 21 vols. 1830-42; 8th ed. 22 vols. 1853-60; 9th ed. 25 vols. 1875-89; 10th ed. 36 vols. 1902-03; 11th ed. 29 vols. 1910-11. Edinburgh: Adam And Charles Black.
- Eph'al, Israel. *The Ancient Arabs: Nomads on the Borders of the Fertile Crescent, 9th-5th Centuries B.C*. 2nd rev ed. Jerusalem: Magnes Press, 1984.
- Fenton, Paul B., and David G. Littman. *Exile in the Maghreb: Jews under Islam: Sources and Documents, 997-1912*. Madison: Fairleigh Dickinson University Press, 2016.
- Finkelstein, Israel, and Nadav Na'aman, eds. *From Nomadism to Monarchy: Archaeological and Historical Aspects of Early Israel*. Jerusalem: Yad Izhak Ben-Zvi, 1994.
- ___, and Neil Asher Silberman. *The Bible Unearthed: Archaeology's New Vision of Ancient Israel and the Origin of Sacred Texts*. New York: Simon & Schuster, 2002.
- Fischel, Walter J. *Jews in the Economic and Political Life of Mediaeval Islam*. London: Royal Asiatic Society, 1937.

- Frankel, Jonathan. *Prophecy and Politics: Socialism, Nationalism, and the Russian Jews, 1862-1917*. Cambridge: Cambridge University Press, 1984.
- Friedman, Isaiah. *British Pan-Arab Policy, 1915-1922: a Critical Appraisal*. London: Routledge, 2017.
- ___. *Germany, Turkey, Zionism 1897-1918*. New Brunswick Transaction Publishers, 1998.
- ___. *Palestine: A Twice-Promised Land?*. New Brunswick: Transaction Publishers, 2000.
- Friedman, Maurice S. *Martin Buber's life and work: the Middle Years, 1923-1945*. New York: Dutton, 1983.
- Fromkin, David. *A Peace to End all Peace: The Fall of the Ottoman Empire and the Creation of the Middle East*. New York: Henry Holt, 1989.
- Gafni, Isaiah M. *Land, Center and Diaspora: Jewish Constructs in Late Antiquity*. Sheffield: Sheffield Academic Press, 1996.
- Gager, John G. *The Origins of Anti-Semitism*. New York: Oxford University Press, 1985.
- Galnoor, Itzhak. *The Partition of Palestine: Decision Crossroads in the Zionist Movement*. Albany: State University of New York Press, 1995.
- Galor, Katharina, and Gideon Avni, eds. *Unearthing Jerusalem: 150 Years of Archaeological Research in the Holy City*. Winona Lake: Eisenbrauns, 2011.
- Gelvin, James. *Divided Loyalties: Nationalism and Mass Politics in Syria at the Close of Empire*. Berkeley: University of California Press, 1998.
- Gerber, Haim. *The Social Origins of the Modern Middle East*. Boulder: Lynne Rienner Publisher, 1994.
- Gerber, Jane S. *Jewish Society in Fez 1450-1700: Studies in Communal and Economic Life*. Leiden: Brill, 1980.
- Gibbon, Edward. *History of the Decline And Fall Of Roman Empire*. Vol. 7. London: S.A. and H. Oddy, 1809.
- Gil, Moshe. *A History of Palestine, 634-1099*. Translated by Ethel Broido. Cambridge: Cambridge University Press, 1992.
- ___. *Jews in Islamic Countries in the Middle Ages*. Translated by David Strassler. Leiden: Brill, 2004.
- Ginio, Alisa Meyuhas. *Between Sepharad and Jerusalem: History, Identity and Memory of the Sephardim*. Leiden: Brill, 2014.
- Glaser, Amelia, ed. *Stories of Khmelnytsky: Competing Literary Legacies of the 1648 Ukrainian Cossack Uprising*. Stanford: Stanford University Press, 2015.
- Glueck, Nelson. *Deities and dolphins: The Story of the Nabataeans*. New York: Farrar, Straus and Giroux, 1965.
- Godley, Andrew. *Jewish Immigrant Entrepreneurship in New York and London 1880-1914: Enterprise and Culture*. Houndmills: Palgrave, 2001.
- Goitein, Shelomo Dov. *Studies in Islamic History and Institutions*. Leiden: Brill, 2010.
- ___. *A Mediterranean Society: The Jewish Communities of the Arab World as Portrayed in the Documents of the Cairo Geniza*. Vol. 2. Los Angeles: University of California Press, 2000.
- ___. *Jews and Arabs: Their Contacts Through the Ages*. Rev. ed. New York: Schocken Books, 1974.
- Golani, Motti. *Palestine Between Politics and Terror, 1945-1947*. Lebanon: Brandeis, 2013.

- Gooch, G. P., and Harold Temperley, eds. *British Documents on the Origins of the War, 1898-1914*. Vol. 10: Part 2: *The Last Years of Peace*. London: Johnson Reprint Corporation, 1938.
- Gorni, Yosef. *Zionism and the Arabs, 1882-1948: A Study of Ideology*. Translated by Chaya Galai. Oxford: Clarendon Press, 1987.
- Gotter, Ulrich, Stephen Emmel and Johannes Hahn, eds. *From Temple to Church: Destruction and Renewal of Local Cultic Topography in Late Antiquity*. Leiden: Brill, 2008.
- Gottreich, Emily. *The Mellah of Marrakesh: Jewish and Muslim Space in Morocco's Red City*. Bloomington: Indiana University Press, 2007.
- Grabbe, Lester L. *Judaic Religion in the Second Temple Period: Belief and Practice From the Exile to Yavneh*. London: Routledge, 2000.
- ___. 고대 이스라엘 역사: B.C. 2,000년경~B.C. 539년. Translated by 유광현 and 김성천. 서울: 기독교문서선교회, 2012.
- Greenspoon, Leonard Jay. *Reflections on History, Religion, and Culture*. West Lafayette: Purdue University Press, 2014.
- Gribetz, Jonathan Marc. *Defining Neighbors: Religion, Race, and the Early Zionist-Arab Encounter*. Princeton: Princeton University Press, 2014.
- Halsell, Grace. *Journey to Jerusalem*. Macmillan Publishing: New York, 1981.
- Hanafi, Sari, and Leila Hilal and Lex Takkenberg. *UNRWA and Palestinian Refugees: From Relief and Works to Human Development*. London: Routeldge, 2014.
- Hary, Benjamin H., John L. Hayes and Fred Astren. *Judaism and Islam, Boundaries, Communications and Interaction*. Leiden: Brill, 2000.
- Haumann, Heiko. *A History of East European Jews*. Translated by James Patterson. Budapest: Central European University Press, 2002.
- Hertzberg, Arthur, ed. The Zionist Idea: a Historical Analysis and Reader. New York: Atheneum, 1959.
- Herzl, Theodor. *A Jewish state, an attempt at a modern solution of the Jewish Question*. Translated by Jacob De Haas. New York: Federation of American Zionists, 1917.
- ___. *Complete Diaries of Theodor Herzl, edited by Raphael Patai*. Translated by Harry Zohn. 5 vols. New York: Thomas Yoseloff, 1960.
- ___. *The Congress Addresses of Theodor Herzl*. Translated by Nellie Straus. New York: Federation of American Zionists, 1917.
- ___. *The Tragedy of Jewish Immigration: Evidence Given Before the British Royal Commission in 1902*. New York, Zionist Organization of America, 1920.
- Hess, Moses. *Rome and Jerusalem: A Study in Jewish Nationalism*. Translated by Meyer Waxman. New York: Bloch Publishing Company, 1918.
- Hirst, David. *The Gun and the Olive Branch: The Roots of Violence in the Middle East*. London: Faber and Faber, 1977.
- Hitti, Philip K. *History of The Arabs*. 10th ed. Houndmills: Macmillan Education, 1970.
- Hjelm, Ingrid. *The Samaritans and Early Judaism: A Literary Analysis*. Sheffield: Sheffield Academic Press, 2000.
- Hoffman, Philip T. *Why Did Europe Conquer the World?* Princeton: Princeton University Press, 2017.
- Hsia, R. Po-Chia, and Hartmut Lehmann. *In and Out of the Ghetto: Jewish-Gentile Relations in*

Late Medieval and Early Modern Germany. Cambridge: Cambridge University Press, 2002.
- Inbari, Motti. *Jewish Fundamentalism and the Temple Mount: Who Will Build the Third Temple?* Albany: State University of New York Press, 2009.
- Jacobson, Abigail. *From Empire to Empire: Jerusalem Between Ottoman and British Rule*. Syracuse: Syracuse University Press, 2011.
- Jewish encyclopedia. s.v. "Palestine." 1st ed. 12 vols. Ktav Publishing House, 1901-06.
- Jewish National Fund. *The Jewish National Fund and its Object*. London: English Zionist Federation, 1908.
- Josephus, Flavius. *The Whole Genuine Works of Flavius Josephus*. Translated by William Whiston. Vol. 2. Glasgow: Edward Khull, 1818.
- Judge, Edward H. *Easter in Kishniev: Anatomy of a Pogrom*. New York: New York University Press, 1992.
- Kabha, Mustafa. *The Palestinian Press as a Shaper of Public Opinion, 1929-1939: Writing up a Storm*. London: Vallentine Mitchell, 2007.
- Kattan, Victor. *From Coexistence to Conquest : International Law and the Origins of the Arab-Israeli Conflict, 1891-1949*. London: Pluto Press, 2009.
- Kayyali, A. W. *Palestine: a Modern History*. London: Third World Centre, 1978.
- Kedourie, Elie, and Sylvia G. Haim, eds. *Palestine and Israel in the 19th and 20th Centuries*. London: Routeldge, 2013.
- ___. *Arabic Political Memoirs and Other Studies*. London: Frank Cass, 1974.
- ___. *In the Anglo-Arab Labyrinth: The McMahon-Husayn Correspondence and Its Interpretations 1914-1939*. Cambridge: Cambridge University Press, 1976.
- ___. *The Chatham House Version And Other Middle Eastern Studies*. Chicago: Ivan R. Dee, 2004.
- Keith, Alexander. *The Land of Israel According to the Covenant with Abraham*. New York: Harper & Brothers, 1844.
- Kelle, Brad E., and Brent A. Strawn, eds. *The Oxford Handbook of the Historical Books of the Hebrew Bible*. online edn, Oxford Academic, 2020. Accessed 19 July, 2023, https://doi.org/10.1093/oxfordhb/9780190261160.013.36.
- Khalidi, Rashid, Lisa Anderson, Muhammad Muslih, and Reeva S. Simon, eds. *The Origins of Arab Nationalism*. New York: Columbia University Press, 1993.
- Khalidi, Rashid. *Palestinian Identity: The Construction of Modern National Consciousness*. New York: Columbia University Press, 2010.
- Khoury, Fred. J. *The Arab-Israeli Dilemma*. 3rd ed. New York: Syracuse University Press, 1985.
- Killebrew, Ann E. *Biblical Peoples And Ethnicity: An Archaeological Study of Egyptians, Canaanites, Philistines, and Early Israel 1300-1100 B.C.E.* Atlanta: the Society of Biblical Literature, 2005.
- Kimmerling, Baruch, and Joel S. Migdal. *The Palestinian People: A History*. Cambridge: Havard University Press, 2003.
- ___. *The Invention and Decline of Israeliness: State, Society, and the Military*. Berkeley: University of California Press, 2001.
- ___. *Zionism and Territory: The Socio-Territorial Dimensions of Zionist Politics*. Berkeley: University of California, 1983.

- Klein, Menachem. *Lives in Common: Arabs and Jews in Jerusalem, Jaffa and Hebron.* Translated by Haim Watzman. Oxford: Oxford University Press, 2014.
- Klier, John Doyle. *Russians, Jews, and the Pogroms of 1881-1882.* Cambridge: Cambridge University Press, 2011.
- Koestler, Arthur. *The Thirteenth Tribe: The Khazar Empire and Its Heritage.* New York: Popular Library, 1978.
- Kornberg, Jacques. *Theodor Herzl: From Assimilation to Zionism.* Bloomington: Indiana University Press, 1993.
- Langmuir, Gavin I. *History, Religion, and Antisemitism.* Berkeley: University of California Press, 1990.
- Laqueur, Walter. *The Changing Face of Anti-Semitism: From Ancient Times to the Present Day.* New York: Oxford University Press, 2006.
- Lassner, Jacob. *Medieval Jerusalem: Forging an Islamic City in Spaces Sacred to Christians and Jews.* Ann Arbor: University of Michigan Press, 2017.
- Levine, Lee I., ed. *The Jerusalem Cathedra: Stduies in the History, Archaeology, Geography and Ethnography of the Land of Israel, Nathan Ginsbury.* Jerusalem: Yad Izhak Ben-Zvi Institute, 1983.
- ___. *Jerusalem: Portrait of the City in the Second Temple Period (538 B.C.E.-70 C.E.).* Philadelphia: Jewish Publication Society, 2002.
- Levy, Avigdor. *The Jews of the Ottoman Empire.* Princeton: The Darwin Press, 1994.
- Levy-Rubin, Milka. *Non-Muslims in the Early Islamic Empire: From Surrender to Coexistence.* Cambridge: Cambridge University Press, 2011.
- Lewis, Bernard. *Arabs in history.* Rev. ed. London: Hutohliuon House, 1954.
- ___. *The Emergence of Modern Turkey.* Rev. ed. London: Oxford University Press, 1968.
- ___. *The Jews of Islam.* Princeton: Princeton University Press, 1984.
- Linder, Amnon. *Roman Imperial Legislation.* Detroit: Wayne State University Press, 1987.
- ___. *The Jews in Roman Imperial Legislation.* Detroit: Wayne State University Press, 1987.
- Lockman, Zachary. *Comrades and Enemies: Arab and Jewish Workers in Palestine, 1906-1948.* Berkeley: University of California Press, 1996.
- Loeb, Laurence D. *Jewish Life in Southern Iran.* Abingdon: Routledge, 2012.
- Malek, Cate and Mateo Hoke, eds. *Palestine Speaks: Narratives of Life under Occupation.* San Francisco: Mcsweeney's Books, 2014.
- Mandel, Neville J. *The Arabs and Zionism before World War I.* Berkeley: University of California Press, 1976.
- Mann, Barbara E. *Space and Place in Jewish Studies.* Piscataway: Rutgers University Press, 2012.
- Mann, Jacob. *The Jews in Egypt and in Palestine Under the Fāṭimid caliphs.* Vol. 1. Oxford: Oxford University Press, 1920.
- Marcus, Jacob Rader, and Marc Saperstein. *The Jews in Christian Europe: A Source Book, 315-1791.* Rev. ed. Hebrew Union College Press, 2015.
- ___. ed. *The Jew in the American World: A Source Book.* Detroit: Wayne State University Press, 1996.
- Marshall, Phil. 인티파다: 시온주의 미국과 팔레스타인 저항. Translated by 이정구. 서울: 도서출판 책갈

피, 2001.
- Masalha, Nur. *Expulsion of the Palestinians: the Concept of "Transfer" in Zionist Political Thought, 1882-1948*. Washington: Institute for Palestine Studies, 1992.
- ___. *The Politics of Denial: Israel and the Palestinian Refugee Problem*. London: Pluto Press, 2003.
- Masters, Bruce Alan. *Christians and Jews in the Ottoman Arab World: The Roots of Sectarianism*. New York: Cambridge University Press, 2001.
- Mattar, Philip. *The Mufti of Jerusalem: Al-Hajj Amin al-Husayni and the Palestinian National Movement*. New York: Columbia University Press, 1988.
- Matthews, Weldon C. *Confronting an Empire, Constructing a Nation: Arab Nationalists and Popular Politics in Mandate Palestine*. London: I.B.Tauris, 2006.
- Mazza, Roberto. *Jerusalem: From the Ottomans to the British*. London: I.B.Tauris, 2009.
- McCarthy, Justin. *The Population of Palestine: Population History and Statistics of the Late Ottoman Period and the Mandate*. New York: Columbia University Press, 1990.
- McGowan, Daniel, and Matthew C. Hogan. *The Saga of the Deir Yassin: Massacre, Revisionism and Reality*. Geneva: Deir Yassin Remembered, 1999.
- Meddeb, Abdelwahab, and Benjamin Stora, eds. *A History of Jewish-Muslim Relations From the Origins to the Present Day*. Translated by Jane Marie Todd and Michael B. Smith. Princeton: Princeton University Press, 2013.
- Meinertzhagen, Richard. *Middle East diary, 1917-1956*. New York: Thomas Yoseloff, 1960.
- Metzer, Jacob. *The Divided Economy of Mandatory Palestine*. Cambridge: Cambridge University Press, 1998.
- Meyers, Eric M, ed. *The Oxford Encyclopedia of Archaeology in the Near East*. Vol. 1. New York: Oxford University Press, 1997.
- Millgram, Abraham Ezra. *Jerusalem Curiosities*. Philadelphia: Jewish Publication Society, 1990.
- Monroe, Elizabeth. *Britain's Moment in the Middle East 1914-1956*. Chatto & Windus: London, 1965.
- Moore, Robert Ian. *The Formation of a Persecuting Society: Authority and Deviance in Western Europe 950-1250*. Rev. ed. Malden: Blackwell Publishing, 2007.
- Morgenstern, Arie. *Hastening Redemption: Messianism and the Resettlement of the Land of Israel*. Translated by Joel A. Linsider. New York: Oxford University Press, 2006.
- Morris, Benny. Righteous Victims: A History of the Zionist-Arab Conflict, 1881-1998. New York: Vintage Books, 1999.
- ___. *The Birth of The Palestinian Refugee Problem Revisited*. Cambridge: Cambridge University Press, 2004.
- Nassar, Jamal R., and Roger Heacock. eds. *Intifada: Palestine at the Crossroads*. New York: Praeger, 1990.
- Neil, James. *Palestine Re-Peopled: or, Scattered Israel's Gathering*. 3rd ed. London: James Nisbet, 1877.
- Newby, Gordon Darnell. *A History of the Jews of Arabia: From Ancient Times to Their Eclipse Under Islam*. Columbia: University of South Carolina Press, 2009.
- Nicosia, Francis R. *The Third Reich and the Palestine Question*. Austin: University of Texas Press, 1985.

- Ofer, Dalia. *Escaping the Holocaust: Illegal Immigration to the Land of Israel 1939-1944*. New York: Oxford University Press, 1990.
- Olson, Jess. *Nathan Birnbaum and Jewish Modernity: Architect of Zionism, Yiddishism, and Orthodoxy*. Stanford: Stanford University Press, 2013.
- Ostrer, Harry. *Legacy: A Genetic History of the Jewish People*. Oxford: Oxford University Press, 2012.
- Palestine Exploration Fund. *Quarterly statement for 1875*. London: Richard Bentley & Son, 1875.
- Palumbo, Michael. *The Palestinian Catastrophe: The 1948 Expulsion of a People from Their Homeland*. London: Faber and Faber, 1987.
- Pappe, Ilan. *The Ethnic Cleansing of Palestine*. Oxford: Oneworld Publications, 2006.
- ___. *The Rise and Fall of a Palestinian Dynasty: The Husaynis, 1700-1948*. Translated by Yael Lotan. Berkeley: University of California Press, 2010.
- Parkes, James. *Whose land?: A History of the Peoples of Palestine*. New York: Taplinger, 1971.
- Patterson, David. *A Darkling Plain: Jews and Arabs in Modern Hebrew Literature*. Oxford: Oxford Centre for Postgraduate Hebrew Studies, 1988.
- Petachia of Regensburg. *Travels of Rabbi Petachia*. Translated by A. Benisch and William F. Ainsworth. London: Messrs. Trubner, 1856.
- Peters, Joan. *From Time Immemorial: The Origins of the Arab-Jewish Conflict Over Palestine*. Cambridge: Harper & Row, 1984.
- Pilgrim of Piacenza. *Of the Holy Places Visited by Antoninus Martyr (Circ. 530 A.D.)*. Translated by Aubrey Stewrd. London: Palestine Pilgrims' Text Societ, 1887.
- Pinsker, Leo. *Auto-Emancipation*. MASADA Youth Zionist Organization of America, 1935.
- Podeh, Elie. *The Arab-Israeli Conflict in Israeli History Textbooks, 1948-2000*. Westport: Greenwood Publishing Group, 2002.
- Porath, Yehoshua. *The Emergence of the Palestinian-Arab National Movement, 1918-1929*. Vol. 1. London: Routledge, 2015.
- ___. *The Palestinian Arab National Movement, 1929-1939: From Riots to Rebellion*. Vol. 2. London: Routledge, 2015.
- Prawer, Joshua. *The History of the Jews in the Latin Kingdom of Jerusalem*. Oxford: Clarendon Press, 1988.
- Pullan, Wendy, M. Sternberg, L. Kyriacou, C. Larkin and M. Dumper. *The Struggle for Jerusalem's Holy Places*. London: Routledge, 2013.
- Quataert, Donald. *The Ottoman Empire, 1700-1922*. Rev. ed. Cambridge: Cambridge University Press, 2005.
- Qumsiyeh, Mazin B. *Sharing the Land of Canaan: Human Rights and the Israeli-Palestinian Struggle*. London: Pluto Press, 2004.
- Raheb, Mitri. *나는 팔레스타인의 크리스천이다*. Translated by. 안경덕. 서울: 기독교문서선교회, 2008.
- Rawlings, Helen. *The Spanish Inquisition*. Malden: Blackwell Publishing, 2006.
- Reinharz, Jehuda and Anita Shapira, eds. *Essential Papers on Zionism*. New York: New York University Press, 1996.
- Rhett, Maryanne A. *The Global History of the Balfour Declaration: Declared Nation*. New York: Routledge, 2016.

- Richardson, Peter, and David Granskou, eds. *Anti-Judaism in Early Christianity*. Vol. 1: Paul and the Gospels. Waterloo: Wilfrid Laurier University Press, 2006.
- Robertson, Ritchie, and Edward Timms, eds. *Theodor Herzl and the Origins of Zionism*. Edinburgh: Edinburgh University Press, 1997.
- Rogan, Eugene L. and Avi Shlaim eds. *The War for Palestine: Rewriting the History of 1948*. 2nd edition. Cambridge: Cambridge University Press, 2007.
- ___, and Tariq Tell, eds. *Village, Steppe and State: The Social Origins of Modern Jordan*. London: British Academic Press. 1994.
- ___. *Frontiers of the State in the Late Ottoman Empire Transjordan, 1850-1921*. Cambridge: Cambridge University Press, 2002.
- Ross, Dennis. *The Missing Peace: The Inside Story of the Fight for Middle East Peace*. New York: Farrar, Straus and Giroux, 2004.
- Rossoff, Dovid. *Safed: the Mystical City*. Rev. ed. Jerusalem: Sha'ar Books, 1991.
- Rothenbacher, Franz. *The European Population, 1850-1945*. New York: Palgrave Macmillan, 2002.
- Ruderman, David B. *Essential Papers on Jewish Culture in Renaissance and Baroque Italy*. New York: New York University Press, 1992.
- Ruether, Rosemary Radford. *Faith and Fratricide: The Theological Roots of Anti-Semitism*. New York: The Seabury Press, 1974.
- Said, Edward W. *The Question of Palestine*. New York: Vintage books, 1992.
- Sand, Shlomo. *The Invention of the Jewish People*. Translated by Yael Lotan. London: Verso, 2009.
- Sayigh, Rosemary. *Too Many Enemies: The Palestinian Experience in Lebanon*. London: Zed Books, 1994.
- Schafer, Peter. *The History of the Jews in the Greco-Roman World*. Rev. ed. London: Routledge, 2003.
- Schama, Simon. *Two Rothschilds and the Land of Israel*. London: Collins, 1978.
- Schein, Sylvia. *Gateway to the Heavenly City: Crusader Jerusalem and the Catholic West (1099-1187)*. Abingdon: Routledge, 2017.
- Schoeps, Julius H. *Pioneers of Zionism: Hess, Pinsker, Rülf: Messianism, Settlement Policy, and the Israeli-Palestinian Conflict*. Berlin: De Gruyter, 2013.
- Scholch, Alexander. *Palestine in Transformation 1856-1882: Studies in Social, Economic and Political Development*. Translated by William C. Young and Michael C. Gerrity. Washington D.C.: Institute for Palestine Studies, 2006.
- Scholem, Gershom. *Sabbatai Sevi: The Mystical Messiah, 1626-1676*. Translated by R. J. Zwi Werblowsky. Princeton: Princeton University Press, 1973.
- Schulz, Helena Lindholm. *The Palestinian Diaspora: Formation of Identities and Politics of Homeland*. London: Routledge, 2003.
- Schwarz, Joseph. *A Descriptive Geography and Brief Historical Sketch of Palestine*. Translated by Issac Leeser. Phildelphia: Carey and Hart, 1850.
- Segev, Tom. *One Palestine, Complete: Jews and Arabs Under the British Mandate*. Translated by Haim Watzman. London: Abacus, 2001.
- Seton-Watson, Hugh. *Nations and States: An Enquiry into the Origins of Nations and the Poli-*

tics of Nationalism. London: Methuen, 1977.
- Shafir, Gershon. *Land, Labor and the Origins of the Israeli-Palestinian Conflict, 1882-1914*. Berkeley: University of California Press, 1996.
- Shalem, Avinoam, ed. *Constructing the Image of Muhammad in Europe*. Berlin: De Gruyter. 2013.
- Shapira, Anita. *Land and Power: The Zionist Resort to Force, 1881-1948*. Translated by William Tempter. Stanford: Stanford University Press, 1999.
- Sharot, Stephen. *Comparative Perspectives on Judaisms and Jewish Identities*. Detroit: Wayne State University Press, 2011.
- Shaw, Stanford J. *History of the Ottoman Empire and Modern Turkey*. Vol. 1: *Empire of the Gazis: The Rise and Decline of the Ottoman Empire, 1280-1808*. Los Angeles: University of California, 1976.
- ___. *The Jews of the Ottoman Empire and the Turkish Republic*. Houndmills: Macmillan Press, 1991.
- ___, and Ezel Kural Shaw. *History of the Ottoman Empire and Modern Turkey*. Vol. 2: *Reform, Revolution, and Republic: The Rise of Modern Turkey, 1808-1975*. Los Angeles: University of California, 1977.
- Sherman, A. J. *Mandate Days: British Lives in Palestine, 1918-1948*. Baltimore: John Hopkins University Press, 2001.
- Shimoni, Gideon. *The Zionist Ideology*. Hanover: Brandeis, 1995.
- Shindler, Colin. *Triumph of Military Zionism: Nationalism and the Origins of the Israeli Right*. London: I.B.Tauris, 2006.
- Shlaim, Avi. *Collusion Across the Jordan: King Abdullah, the Zionist Movement, and the Partition of Palestine*. New York: Columbia University Press, 1988.
- Simon, Leon. *Moses Leib Lilienblum*. Cambridge: Cambridge University Press, 1912.
- Simons, Chaim. *A Historical Survey of Proposals to Transfer Arabs from Palestine 1895 - 1947*. Rev. ed. Gengis Khan Publishers. Accessed May 26, 2018. https://archive.org/details/AHistoricalSurveyOfProposalsToTransferArabsFromPalestine1895-1947.
- Singer, Amy. *Palestinian Peasants and Ottoman Officials: Rural Administration Around Sixteenth-Century Jerusalem*. Cambridge: Cambridge University Press, 1994.
- Sivan, Hagith. *Palestine in Late Antiquity*. Oxford: Oxford University Press, 2008.
- Smith, Barbara J. *The Roots of Separatism in Palestine: British Economic Policy, 1920-1929*. Syracuse University Press, 1993.
- Smith, Mark S. *The Origins of Biblical Monotheism: Israel's Polytheistic Background and the Ugaritic Texts*. New York: Oxford University, 2003.
- Sneersohn, Hyam Zvee. *Palestine and Roumania: A Description of the Holy Land, and the Past and Present State of Roumania, and the Roumanian Jews*. New York: Hebrew Orphan Asylum Printing Establishment, 1872.
- Stein, Kenneth W. *The Land Question in Palestine, 1917-1939*. Chapel Hill: University of North Carolina Press, 1984.
- Stein, Leonard. *The Balfour Declaration*. Jerusalem: the Magnes Press, 1961.
- Stemberger, Gunter. *Jews and Christians in the Holy Land: Palestine in the Fourth Century*. Translated by Ruth Tuschling. Edinburgh: T&T Clark, 2009.

- Stillman, Norman. *The Jews of Arab lands: A History and Source Book.* Philadelphia: Jewish Publication Society of Amierica, 1979.
- Stillman, Yedida Kalfon. *Arab Dress, A Short History: From the Dawn of Islam to Modern Times,* edited by Norman A. Stillman. Leiden: Brill, 2003.
- Strange, Guy Le. *Palestine under the Moslems: A description of Syria and the Holy Land from A.D. 650 to 1500.* London: the Palestine Exploration Fund, 1890.
- Straten, Jits Van. *The Origin of Ashkenazi Jewry: The Controversy Unraveled.* New York: De Gruyter, 2011.
- Tamari, Salim. *Mountain Against the Sea: Essays on Palestinian Society and Culture.* Berkeley: University of California Press, 2008.
- Teveth, Shabtai. *Ben-Gurion: The Burning Ground 1866-1948.* Boston: Houghton Mifflin, 1987.
- Theophanes. *The chronicle of Theophanes Confessor: Byzantine and Near Eastern History, AD 284-813.* Translated by Cyril Mango, Roger Scott, and Geoffrey Greatrex. Oxford: Clarendon Press, 1997.
- Tibawi, A. L. *Anglo-Arab Relations and the Question of Palestine, 1914-1921.* London: Luzac, 1978.
- Tibawi, Abdul Latif. *A Modern History of Syria: Including Lebanon and Palestine.* Macmillan: St. Martin's Press, 1969.
- Totten, Samuel, and Robert K. Hitchcock, eds. *Genocide of Indigenous Peoples: A Critical Bibliographic Review.* New Brunswick: Transaction Publishers, 2011.
- Tritton, Arthur Stanley. *The Caliphs And Their Non Muslim Subjects: A Critical Study of the Covenant of 'Umar.* London: Oxford University Press, 1930.
- Ussishkin, Abraham Menahem Mendel. *Our program.* Translated by D. S. Blondheim. New York: Federation of American Zionists, 1905.
- Vital, David. *The Origins of Zionism.* Oxford: Clarendon Press, 1975.
- Wasserstein, Bernard W. *Herbert Samuel: A Political Life.* Oxford: Clarendon Press, 1992.
- Watt, William Montgomery. *Muhammad at Medina.* Oxford: The Clarendon Press, 1956.
- Weizmann, Chaim. *Trial and Error.* New York: Harper, 1949.
- ___. The Letters and Papers of Chaim Weizmann, edited by Barnet Litvinoff. Vol. 1: August 1898-July 1931. Jerusalem: Transaction Books, 1983.
- Wellsted, J. R. *Travels in Arabia.* Vol. 1. London: John Murray, 1838.
- Wendehorst, Stephan. *The Roman Inquisition, the Index and the Jews: Contexts, Sources and Perspectives.* Leiden: Brill, 2004.
- Whitelam, Keith W. 고대 이스라엘의 발명 : 침묵당한 팔레스타인 역사. Translated by 김문호. 서울: 이산, 2003.
- William I. Brustein, *Roots of Hate: Anti-Semitism in Europe Before the Holocaust.* Cambridge: Cambridge University Press, 2003.
- Yazbak, Mahmoud. *Haifa in the Late Ottoman Period, 1864-1914: A Muslim Town in Transition.* Leiden: Brill, 1998.
- Ye'or, Bat. *Islam and Dhimmitude: Where Civilizations Collide.* Translated by Miriam Kochan and David Littman. Madison: Fairleigh Dickinson Univ Press, 2002.
- ___. *The Decline of Eastern Christianity Under Islam: From Jihad to Dhimmitude: Seventh-twentieth Century.* Translated by Miriam Kochan and David Littman. Madison: Fairleigh

Dickinson University Press, 1996.
- ___. *The Dhimmi: Jews and Christians Under Islam*. Translated by David Maisel, Paul Fenton and David Littman. Cranbury: Associated University Presses, 1985.
- Yeroushalmi, David. *The Jews of Iran in the Nineteenth Century: Aspects of History, Community, and Culture*. Leiden: Brill, 2009.
- Yerushalmi, Yosef Hayim. *From Spanish Court to Italian Ghetto Isaac Cardoso: A Study in Seventeenth-century Marranism and Jewish Apologetics*. New York: Columbia University Press, 1971.
- Zangwill, Israel. *The commercial future of Palestine: Debate at the Article Club Opened by Israel Zangwill*. November 20, 1901. London: Greenberg, 1901.
- ___. *The Voice of Jerusalem*. New York: The Macmillan company, 1921.

Journal Articles and Chapters in Books

Korean
- 홍선표, "윤봉길의거에 대한 국내외 언론의 반응 - 국내와 구미 언론을 중심으로 -", 한국민족운동사연구 97 (2018): 182.

English
- "JPS Responds to CAMERA's Call for Accuracy: Ben-Gurion and the Arab Transfer." *Journal of Palestine Studies* 41, no. 2 (2012): 245-50.
- "The 1953 Qibya Raid Revisited: Excerpts from Moshe Sharett's Diaries." *Journal of Palestine Studies* 31, no. 4 (2002): 77-98.
- Aaronsohn, Ran. "Baron Rothschild and the initial stage of Jewish settlement in Palestine (1882-1890): a different type of colonization?" *Journal of Historical Geography* 19, no. 2 (1993): 142-156.
- ___. "Settlement in Eretz Israel - A Colonialist Enterprise? 'Critical' Scholarship and Historical Geography." *Israel Studies* 1, no. 2 (1996): 214-29.
- Abboushi, W. F. "The Road to Rebellion Arab Palestine in the 1930's." *Journal of Palestine Studies* 6, no. 3 (1977): 23-46.
- Abu-Lughod, Janet L. "The Demographic Transformation of Palestine." In *The Transformation of Palestine: Essays on the Origin and Development of the Arab-Israeli Conflict*, edited by Ibrahim Abu-Lughod. 139-163. Evanston, Northwestern Univesity Press: 1971.
- Allen, Lori A. "Determining Emotions and the Burden of Proof in Investigative Commissions to Palestine." *Comparative Studies in Society and History* 59, no. 2 (2017): 385-414.
- Alroey, Gur. "Aliya to America?: A Comparative Look at Jewish Mass Migration, 1881-1914." *Modern Judaism* 28, no. 2 (2008): 109-133.
- ___."'Zionism without Zion'? Territorialist Ideology and the Zionist Movement, 1882-1956." *Jewish Social Studies* 18, no. 1 (2011): 1-32.
- Alsberg, Avraham P. "Delimitation of the Eastern Border of Palestine." Studies in *Zionism* 2, no. 1 (1981): 87-98.
- Amar, A., O.J. Kwon, U. Motro, C.S. Witt, B. Bonne-Tamir, R. Gabison, and C. Brautbar. "Molecular analysis of HLA class II polymorphisms among different ethnic groups in Israel." *Human Immu-*

nology 60, no. 8 (1999): 723-730.
- Arad, Dotan. "Being a Jew under the Mamluks: Some Coping Strategies." In *Muslim-Jewish Relations in the Middle Islamic Period: Jews in the Ayyubid and Mamluk Sultanates (1171-1517)*, edited by Stephan Conermann. 21-39. Gottingen: V&R unipress GmbH, 2017.
- Arnaiz-Villena, Antonio, N. Elaiwa, C. Silvera, A. Rostom, J. Moscoso, E. Gomez-Casado, L. Allende, P. Varela, and J. Martinez-Laso. Retracted. "The origin of Palestinians and their genetic relatedness with other Mediterranean populations." *Human Immunology* 62, no. 9 (September 2001): 889-900.
- Ashtor-Strauss, E. "Saladin And The Jews." *Hebrew Union College Annual* 27 (1956): 305-326.
- Atran, Scott. "The Surrogate Colonization of Palestine, 1917-1939." *American Ethnologist* 16, no. 4 (1989): 719-44.
- Avni, Gideon. "From Hagia Polis to Al-Quds: The Byzantine-Islamic Transition in Jerusalem." In *Unearthing Jerusalem: 150 Years of Archaeological Research in the Holy City*, edited by Katharina Galor and Gideon Avni. 387-398. Winona Lake: Eisenbrauns, 2011.
- ___."The Persian Conquest of Jerusalem (614 c.e.)—An Archaeological Assessment." *Bulletin of the American Schools of Oriental Research*, no. 357 (2010): 35-48.
- Ayalon, Ami. "Modern Texts and Their Readers in Late Ottoman Palestine." *Middle Eastern Studies* 38, no. 4 (2002): 17-40.
- Bat-Zion, Eraqi-Klorman. "The Forced Conversion of Jewish Orphans in Yemen." *International Journal of Middle East Studies* 33, no. 1 (2001): 23-47.
- Bebbington, Brian. "Little Sir Hugh: An Analysis." In *The Blood Libel Legend: A Casebook in Anti-Semitic Folklore*, edited by Alan Dundes. 72-90. Madison: University of Wisconsin Press, 1991.
- Behar, Moshe. "What's in a name? Socio-terminological formations and the case for 'Arabized-Jews'," *Social Identities* 15, no. 6 (2009): 747-771
- Benerecetti, A. S. Santachiara, O. Semino, G. Passarino, A. Torroni, R. Brdicka, M. Fellous, and G. Modiano. "The common, Near-Eastern origin of Ashkenazi and Sephardi Jews supported by Y-chromosome similarity." *Annals of Human Genetics* 57, no. 1 (1993): 55-64.
- Bennison, Amira K., and Maria Angeles Gallego, "Religious minorities under the Almohads: an introduction." *Journal of Medieval Iberian Studies* 2, no. 2 (2010):143-154.
- Beška, Emanuel, and Zachary Foster. "The Origins of the term 'Palestinian' ('Filasṭīnī') in late Ottoman Palestine, 1898-1914." *Academia Letters*, Article 1884 (2021): 1-22. https://doi.org/10.20935/AL1884.
- Beška, Emanuel. "Khalil al-Sakakini and Zionism before WWI." *Jerusalem Quarterly* 63 (2015):40-53.
- ___. "Political Opposition to Zionism in Palestine and Greater Syria: 1910-1911 as a Turning Point." *Jerusalem Quarterly* 59 (2014): 54-67.
- ___."Shukri al-Asali, an Extraordinary Anti-Zionist Activist." *Asian and African Studies* 19, no. 2 (2010): 237-254.
- ___."Responses of Prominent Arabs Towards Zionist Aspirations and Colonization Prior to 1908." *Asian and African Studies* 16 no. 1 (2007): 22-44.
- Blumenkranz, B. "The Roman Church and the Jews." In *Essential Papers on Judaism and Christianity in Conflict: From Late Antiquity to the Reformation*, edited by Jeremy Cohen. 193-230. New York: New York University Press, 1991.

- Bocco, Riccardo. "UNRWA and the Palestinian Refugees: A History within History." *Refugee Survey Quarterly* 28, no. 2&3 (2010): 229-252.
- Bowersock, G. W. "Polytheism and Monotheism in Arabia and the Three Palestines." *Dumbarton Oaks Papers* 51 (1997): 1-10.
- Brenner, Y. S. "The 'Stern Gang' 1940-48." In *Palestine and Israel in the 19th and 20th Centuries*, edited by Elie Kedourie and Sylvia G. Haim. 114-42. London: Routeldge, 2013.
- Bunimovitz, Shlomo. "Problems in the 'Ethnic' Identification of the Philistine Material Culture." *Journal of the Institute of Archaeology of Tel Aviv University* 17, no.2 (1990): 210-222.
- Butzer, Karl W. "The Americas before and after 1492: An Introduction to Current Geographical Research." *Annals of the Association of American Geographers* 82, no. 3 (1992): 345-68.
- Campos, Michelle U. "Making Citizens, Contesting Citizenship in Late Ottoman Palestine." In *Late Ottoman Palestine: The Period of Young Turk Rule*, edited by Yuval Ben-Bassat and Eyal Ginio, 17-33. London: I. B. Tauris, 2011.
- ____."Between 'Beloved Ottomania' and 'The Land of Israel': The Struggle over Ottomanism and Zionism among Palestine's Sephardi Jews, 1908-13." *International Journal of Middle East Studies* 37, no. 4 (2005): 461-83.
- Cesare, Michelina Di. "The Prophet in the Book: Images of Muhammad in Western Medieval Book Culture." In *Constructing the Image of Muhammad in Europe*, edited by Avinoam Shalem. 9-32. Berlin: De Gruyter. 2013.
- Cohen, Hayyim J. "The anti-Jewish Farhud in Baghdad, 1941." *Middle Eastern Studies* 3 no. 1 (1966): 2-17.
- Cohen, Mark R. "The 'Golden Age' of Jewish-Muslim Relations: Myth and Reality." In *A History of Jewish-Muslim Relations From the Origins to the Present Day*, edited by Abdelwahab Meddeb and Benjamin Stora. Translated by Jane Marie Todd and Michael B. Smith. 28-38. Princeton: Princeton University Press, 2013.
- ____. "The Neo-Lachrymose Conception of Jewish-Arab History." *Tikkun* 6, no. 3 (1991): 55-60.
- ____. "Sociability and the Concept of Galut in Muslim-Jewish Relations in the Middle Ages." In *Judaism and Islam, Boundaries, Communications and Interaction*, edited by Benjamin H. Hary, John L. Hayes and Fred Astren, 37-51. Leiden: Brill, 2000.
- ____. "What was the Pact of 'Umar? A Literary-Historical Study." *Jerusalem Studies in Arabic and Islam* 23 (1999): 100-157.
- Cohen, Michael J. "Appeasement in the Middle East: The British White Paper on Palestine, May 1939." *The Historical Journal* 16, no. 3 (1973): 571-96.
- Conforti, Yitzhak. "Searching for a Homeland: The Territorial Dimension in the Zionist Movement and the Boundaries of Jewish Nationalism." *Studies in Ethnicity and Nationalism* 14, no. 1 (2014): 36-54.
- Cross, Frank Moore. "Aspects of Samaritan and Jewish History in Late Persian and Hellenistic Times." *The Harvard Theological Review* 59, no. 3 (July 1966): 201-211.
- Davies, Graham. "Was There an Exodus?" In *In Search of Pre-Exilic Israel*, edited by John Day, 23-40. London: T&T Clark International, 2005.
- Dawn, C. Ernest. "The Origins of Arab Nationalism." In *The Origins of Arab Nationalism*, edited by Rashid Khalidi, Lisa Anderson, Muhammad Muslih, and Reeva S. Simon. 3-30. New York: Columbia University Press, 1993.
- DellaPergola, Sergio. "Changing Patterns of Jewish Demography in the Modern World," *Studia*

Rosenthaliana 23 (1989): 154-74.
- Dowty, Alan. "Much Ado about Little: Ahad Ha'am's 'Truth from Eretz Yisrael,' Zionism, and the Arabs." *Israel Studies* 5, no. 2 (2000): 154-181.
- ___. "'A Question That Outweighs All Others': Yitzhak Epstein and Zionist Recognition of the Arab Issue." *Israel Studies* 6, no. 1 (2001): 34-54.
- Drews, Robert. "Canaanites and Philistines." *Journal for the Study of the Old Testament* 23, no. 81 (1998): 39-61.
- Dundes, Alan. "The Ritual Murder or Blood Libel Legend: A Study of Anti-Semitic Victimization through Projective Inversion." In *The Blood Libel Legend: A Casebook in Anti-Semitic Folklore*, edited by Alan Dundes. 336-360. Madison: University of Wisconsin Press, 1991.
- Eden, Paul. "Palestinian Statehood: Trapped Between Rhetoric and 'Realpolitik.'" *The International and Comparative Law Quarterly* 62, no. 1 (January, 2013): 225-239.
- Eisenstein-Barzilay, Isaac. "The Ideology of the Berlin Haskalah." *Proceedings of the American Academy for Jewish Research* 25 (1956): 1-37.
- El-Fadel, M., R. Quba'a, N. El-Hougeiri, Z. Hashisho and D. Jamali, "The Israeli Palestinian Mountain Aquifer: A case study in ground water conflict resolution." *Journal of Natural Resources and Life Sciences Education* 30, no. 1 (2001): 50-61.
- Eph'al, Israel. "Changes in Palestine during the Persian Period in Light of Epigraphic Sources." *Israel Exploration Journal* 48, no. 1/2 (1998): 106-119.
- Ernst, Dan. "The Meaning and Liberal Justifications of Israel's Law of Return." *Israel Law Review* 42, no. 3 (2009): 564-602.
- Ettinger, Shmuel, and Israel Bartal, "The First Aliyah: Ideological Roots and Practical Accomplishments," in *Essential Papers on Zionism*, edited by Jehuda Reinharz and Anita Shapira. New York: New York University Press, 1996.
- Evans, Paul S. "The Later Monarchy in History and Biblical Historiography." In *The Oxford Handbook of the Historical Books of the Hebrew Bible*, edited by Brad E. Kelle and Brent A. Strawn, 109-129. Online edn, Oxford Academic, 2020. Accessed 19 July, 2023, https://doi.org/10.1093/oxfordhb/9780190261160.013.36.
- Fischel, Walter J. "The Jews of Kurdistan a Hundred Years Ago: A Traveler's Record." *Jewish Social Studies* 6, no. 3 (1944): 195-226.
- Fishman, Louis. "Understanding the 1911 Ottoman Parliament Debate on Zionism in Light of the Emergence of a 'Jewish Question'." In *Late Ottoman Palestine: The Period of Young Turk Rule*, edited by Yuval Ben-Bassat and Eyal Ginio, 103-123. London: I. B. Tauris, 2011.
- Frantzman, Seth. J. and Ruth Kark. "The Muslim Settlement of Late Ottoman and Mandatory Palestine: Comparison with Jewish Settlement Patterns." *Digest of Middle East Studies* 22 (2013): 74-93.
- Frenkel, Yehoshua. "Conversion Stories from the Mamluk Period." In *Muslim-Jewish Relations in the Middle Islamic Period: Jews in the Ayyubid and Mamluk Sultanates (1171-1517)*, edited by Stephan Conermann. 75-94. Gottingen: V&R unipress GmbH, 2017.
- Friedman, Isaiah. "Herzl and the Uganda Controversy." In *Theodor Herzl and the Origins of Zionism*, edited by Ritchie Robertson and Edward Timms. 39-53. Edinburgh: Edinburgh University Press, 1997.
- Frisch, Hillel. "Choosing the Right Strategy: Why the Palestinians Were More Successful in the First Intifada than in the Second?" *Contemporary Review of the Middle East* 2, no. 3 (2015): 176-91.

- Garfinkle, Adam M. "On the Origin, Meaning, Use and Abuse of a Phrase." *Middle Eastern Studies* 27, no. 4 (1991): 539-50.
- Gartner, Lloyd P. "The Great Jewish Migration 1881-1914: Myths And Realities." *Shofar* 4, no. 2 (1986): 12-21.
- Gilboa, Ayelet. "Sea Peoples and Phoenicians along the Southern Phoenician Coast-A Reconciliation: An Interpretation of Šikila (SKL) Material Culture." *Bulletin of the American Schools of Oriental Research* 337, (February 2005): 47-78.
- Gil-Har, Yitzhak. "Boundaries Delimitation: Palestine and Trans-Jordan." *Middle Eastern Studies* 36, no. 1 (2000): 68-81.
- Goitein, Shelomo Dov. "Contemporary Letters on the Capture of Jerusalem by the Crusaders." *Journal of Jewish Studies* 3, no. 4 (1952): 162-177
- ___. "Jerusalem in the Arab Period(638-1099)." In *The Jerusalem Cathedra: Stduies in the History, Archaeology, Geography and Ethnography of the Land of Israel*, edited by Lee I. Levine. Translated by Nathan Ginsbury. 168-196. Jerusalem: Yad Izhak Ben-Zvi Institute, 1981.
- ___."Evidence on the Muslim Poll Tax from Non-Muslim Sources. A Geniza Study." *Journal of the Economic and Social History of the Orient* 6, no. 3 (1963): 278-95.
- Goldstein, Yossi. "The Beginnings of Hibbat Zion: A Different Perspective." *AJS Review* 40, no. 1 (2016): 33-55.
- ___."Reflections on The Failure of The Lovers of Zion." *Journal of Modern Jewish Studies*, 14, no. 2 (2015): 229-245.
- Gorni, Yosef. "Zionist Socialism and the Arab Question, 1918-1930." *Middle Eastern Studies* 13, no. 1 (1977): 50-70.
- Gottheil, Fred M. "The Population of Palestine, circa 1875." *Middle Eastern Studies* 15, no. 3 (1979): 310-21.
- Gray, Christine. "The ICJ Advisory Opinion on Legal Consequences of the Construction of a Wall in the Occupied Palestinian Territory." *The Cambridge Law Journal* 63, no. 3 (November, 2004): 527-532.
- Grayzel, Solomon. "The Papal Bull Sicut Judeis." In *Essential Papers on Judaism and Christianity in Conflict: From Late Antiquity to the Reformation*, edited by Jeremy Cohen. 231-259. New York: New York University Press, 1991.
- ___. "The Jews and Roman Law." *The Jewish Quarterly Review* 59, no. 2 (1968): 93-117.
- Hacker, Joseph R. "Jewish Autonomy in the Ottoman Empire: Its Scope and Limits. Jewish Courts from the Sixteenth to the Eighteenth Centuries." In *The Jews of the Ottoman Empire*, edited by Avigdor Levy, 153-202. Princeton: The Darwin Press, 1994.
- Hackett, Jo Ann. "Canaanites." In Vol. 1, *The Oxford Encyclopedia of Archaeology in the Near East*, edited by Eric M. Meyers. 408-409. New York: Oxford University Press, 1997.
- Hammer, M. F., A. J. Redd, E. T. Wood, M. R. Bonner, H. Jarjanazi, T. Karafet, S. Santachiara-Benerecetti, A. Oppenheim, M. A. Jobling, T. Jenkins, H. Ostrer, and B. Bonne-Tamir. "Jewish and Middle Eastern Non-Jewish Populations Share a Common Pool of Y-Chromosome Biallelic Haplotypes." *Proceedings of the National Academy of Sciences of the United States of America* 97, no. 12 (2000): 6769-6774.
- Haverkamp, Alfred. "The Jewish Quarters in German Towns during the Late Middle Ages." In *In and Out of the Ghetto: Jewish-Gentile Relations in Late Medieval and Early Modern Germany*, edited by R. Po-Chia Hsia And Hartmut Lehmann, 13-28. Cambridge: Cambridge University Press, 2002.

- Hempton, D. N. "Evangelicalism and Eschatology." *The Journal of Ecclesiastical History* 31, no. 2 (1980): 179-194.
- Hofer, Nathan. "The Ideology of Decline and the Jews of Ayyubid and Mamluk Syria." In *Muslim-Jewish Relations in the Middle Islamic Period: Jews in the Ayyubid and Mamluk Sultanates (1171-1517)*, edited by Stephan Conermann. 95-120. Gottingen: V&R unipress GmbH, 2017.
- Holmes, Colin. "The Ritual Murder Accusation in Britain." In *The Blood Libel Legend: A Casebook in Anti-Semitic Folklore*, edited by Alan Dundes. 99-134. Madison: University of Wisconsin Press, 1991.
- Horowitz, Elliott. "'The Vengeance of the Jews Was Stronger than Their Avarice': Modern Historians and the Persian Conquest of Jerusalem in 614." *Jewish Social Studies* 4, no. 2 (1998): 1-39.
- Horvath, Ronald J. "A Definition of Colonialism." *Current Anthropology* 13, no. 1 (1972): 45-57.
- Hughes, Matthew. "Palestinian Collaboration with the British: The Peace Bands and the Arab Revolt in Palestine, 1936-9." *Journal of Contemporary History* 51, no. 2 (2016): 291-315.
- ___. "Terror in Galilee: British-Jewish Collaboration and the Special Night Squads in Palestine during the Arab Revolt, 1938-39." *The Journal of Imperial and Commonwealth History* 43, no. 4 (2015): 590-610.
- ___. "The Banality of Brutality: British Armed Forces and the Repression of the Arab Revolt in Palestine, 1936-39." *The English Historical Review* 124, no. 507 (2009): 313-54.
- Huneidi, Sahar. "Was Balfour Policy Reversible? The Colonial Office and Palestine, 1921-23." *Journal of Palestine Studies* 27, no. 2 (1998): 23-41.
- Israel, Jonathan. "The Jews of Spanish Oran and their expulsion in 1669." *Mediterranean Historical Review* 9, no. 2 (1994): 235-255.
- Jacobs, Joseph. "Little St. Hugh of Lincoln: Reserches in History, Archeology, and Legend." In *The Blood Libel Legend: A Casebook in Anti-Semitic Folklore*, edited by Alan Dundes. 41-71. Madison: University of Wisconsin Press, 1991.
- Jacobson, Abigail. "Jews Writing In Arabic: Shimon Moyal, Nissim Malul and the Mixed Palestinian/Eretz Israeli Locale." In *Late Ottoman Palestine: The Period of Young Turk Rule*, edited by Yuval Ben-Bassat and Eyal Ginio, 165-182. London: I. B. Tauris, 2011.
- John Giebfried, "The Crusader Rebranding of Jerusalem's Temple Mount." *Comitatus: A Journal of Medieval and Renaissance Studies* 44 (2013): 77-94.
- Kabha, Mustafa. "The Palestinian Press and the General Strike, April-October 1936: Filastin as a Case Study." *Middle Eastern Studies* 39, no. 3 (2003): 169-189.
- Kark, Ruth, and Seth J. Frantzman, "The Negev: Land, Settlement, the Bedouin and Ottoman and British Policy 1871-1948." *British Journal of Middle Eastern Studies* 39, no. 1 (2012): 53-77.
- Katz, Yossi. "Agricultural Settlements in Palestine, 1882-1914." *Jewish Social Studies* 50, no. 1 (1988): 63-82.
- ___. "The Establishment of Tel Aviv with the Assistance of the Jewish National Fund." *Jewish Social Studies* 49, no. 3/4 (1987): 293-302.
- Kaufman, Edy. "The French Pro-Zionist Declarations of 1917-1918." *Middle Eastern Studies* 15, no. 3 (1979): 374-407.
- Kayali, Hasan. "Elections and the Electoral Process in the Ottoman Empire, 1876-1919." *International Journal of Middle East Studies* 27, no. 3 (1995): 265-86.
- Kedourie, Elie. "Sir Herbert Samuel and the government of Palestine." *Middle Eastern Studies* 5, no. 1 (1969): 44-68.

- Kedourie, Elie. "Sir Mark Sykes and Palestine 1915-16." *Middle Eastern Studies* 6, no. 3 (1970): 340-45.
- Khalidi, Rashid. "Ottomanism and Arabism in Syria Before 1914: A Reassessment." In *The Origins of Arab Nationalism*, edited by Rashid Khalidi, Lisa Anderson, Muhammad Muslih, and Reeva S. Simon. 50-69. New York: Columbia University Press, 1993.
- Khalidi, Walid. "Why Did the Palestinians Leave, Revisited." *Journal of Palestine Studies* 34, no. 2 (2005): 42-54.
- ___. "Plan Dalet: Master Plan for the Conquest of Palestine." *Journal of Palestine Studies* 18, no. 1 (1988): 4-33.
- ___. "Selected Documents on the 1948 Palestine War." *Journal of Palestine Studies* 27, no. 3 (1998): 60-105.
- ___. "The Jewish-Ottoman Land Company: Herzl's Blueprint for the Colonization of Palestine." *Journal of Palestine Studies* 22, no. 2 (1993): 30-47.
- Kiyotaki, Keiko. "Ottoman State Finance: A Study of Fiscal Deficits and Internal Debt in 1859-63." Working Paper. *London School of Economics*. 2005. https://www.lse.ac.uk/Economic-History/Assets/Documents/WorkingPapers/Economic-History/2005/wp9005.pdf.
- Klassen, William. "Anti-Judaism in Early Christianity: The State of the Question." In *Anti-Judaism in Early Christianity*, edited by Peter Richardson and David Granskou. Vol. 1: Paul and the Gospels. 1-19. Waterloo: Wilfrid Laurier University Press, 2006.
- Knee, Stuart E. "The King-Crane Commission of 1919: The Articulation of Political Anti-Zionism." *American Jewish Archive* 29, no. 1 (1977): 22-53.
- Kohut, Zenon E. "The Khmelnytsky Uprising, the Image of Jews, and the Shaping of Ukrainian Historical Memory." *Jewish History* 17, no. 2 (2003): 141-63.
- Langmuir, Gavin I. "Thomas of Monmouth: Detector of Ritual Murder." In *The Blood Libel Legend: A Casebook in Anti-Semitic Folklore*, edited by Alan Dundes. 3-40. Madison: University of Wisconsin Press, 1991.
- Lehman-Wilzig, Sam N. "Proto-Zionism and Its Proto-Herzl: The Philosophy and Efforts of Rabbi Zvi Hirsch Kalischer." *Tradition: A Journal of Orthodox Jewish Thought* 16, no. 1 (1976): 56-76.
- Lehn, Walter. "The Jewish National Fund." *Journal of Palestine Studies* 3, no. 4 (1974): 74-96.
- Levin, Yigal. "The Religion of Idumea and Its Relationship to Early Judaism." *Religions* 11, no.10:487 (2020): 1-27, https://doi.org/10.3390/rel11100487.
- Levy-Rubin, Milka. "New Evidence Relating to the Process of Islamization in Palestine in the Early Muslim Period: The Case of Samaria." *Journal of the Economic and Social History of the Orient* 43, no. 3 (2000): 257-76.
- Liberles, Robert. "Was There a Jewish Movement for Emancipation in Germany?" *The Leo Baeck Institute Year Book* 31, no. 1 (1986).
- Little, Donald P. "Haram Documents Related To The Jews of Late Fourteenth Century Jerusalem." Journal of Semitic Studies 30, no. 2 (1985): 227-264.
- ___. "Communal Strife in Late Mamluk Jerusalem." *Islamic Law and Society* 6, no. 1 (1999): 69-96.
- Little, Lester K. "The Jews in Christian Europe." In *Essential Papers on Judaism and Christianity in Conflict: From Late Antiquity to the Reformation*, edited by Jeremy Cohen. 276-297. New York: New York University Press, 1991.

- Margalith, Othniel. "Where Did the Philistines Come From." *Zeitschrift fur die alttestamentliche Wissenschaft* 107, no.1 (1995): 101-109.
- Martínez-Carrión, José-Miguel, and Javier Moreno-Lázaro. "Was there an urban height penalty in Spain, 1840-1913?" *Economics & Human Biology* 5, no. 1 (2007): 144-164.
- Mathew, William M. "War-Time Contingency and the Balfour Declaration of 1917: An Improbable Regression." *Journal of Palestine Studies* 40, no. 2 (2011): 26-42.
- ___. "War-Time Contingency and the Balfour Declaration of 1917: An Improbable Regression." *Journal of Palestine Studies* 40, no. 2 (2011): 26-42.
- Matthews, Weldon C. "Pan-Islam or Arab Nationalism? The Meaning of the 1931 Jerusalem Islamic Congress Reconsidered." *International Journal of Middle East Studies* 35, no. 1 (2003): 1-22.
- Miller, Susan Gilson, Attilio Petruccioli, and Mauro Bertagnin. "Inscribing Minority Space in the Islamic City: The Jewish Quarter of Fez (1438-1912)." *Journal of the Society of Architectural Historians* 60, no. 3 (2001): 310-27.
- Moreen, Vera B. "The Problems of Conversion among Iranian Jews in the Seventeenth and Eighteenth Centuries." *Iranian Studies* 19, no. 3/4 (1986): 215-228.
- Morris, Benny. "Revisiting the Palestinian exodus of 1948." In *The War for Palestine: Rewriting the History of 1948*, edited by Eugene L. Rogan and Avi Shlaim. 2nd ed. 37-59. Cambridge: Cambridge University Press, 2007.
- Moscrop, John James. "The Palestine Exploration Fund: 1865-1914." PhD thesis. *University of Leicester*. 1996.
- Mundy, Martha. "Village Land and Individual Title: Musha' and Ottoman Land Registra-tion in the 'Ajlun District." In *Village, Steppe and State: The Social Origins of Modern Jordan*, edited by Eugene L. Rogan and Tariq Tell. 58-79. London: British Academic Press. 1994.
- Na'aman, Nadav. "The 'Conquest of Canaan' in the Book of Joshua and in History." In *From Nomadism to Monarchy: Archaeological and Historical Aspects of Early Israel*, edited by Israel Finkelstein and Nadav Na'aman, 218-281. Jerusalem: Yad Izhak Ben-Zvi, 1994
- Naeh, Yaron Ben. "The Zionist Struggle as Reflected in the Jewish Press in Istanbul in the Aftermath of the Young Turk Revolution, 1908-18." In *Late Ottoman Palestine: The Period of Young Turk Rule*, edited by Yuval Ben-Bassat and Eyal Ginio, 241-257. London: I. B. Tauris, 2011.
- Nahman Syrkin, "the Jewish Problem and the Socialist-Jewish State," (1898) In *The Zionist Idea: a Historical Analysis and Reader*, edited by Arthur Hertzberg. 333-350. New York: Atheneum, 1959.
- Nathanson, Roby and Hagar Tzameret-Kertcher. "Israel's Policy Regarding Palestinian Refugee Real Estate Holdings: Israel's State Records." In *Compensation to Palestinian Refugees and the Search for Palestinian-Israeli Peace*, edited by Rex Brynen. 89-106. London: Pluto Press, 2013.
- Nebel, Almut, D. Filon, B. Brinkmann, P. P. Majumder, M. Faerman, and A. Oppenheim. "The Y Chromosome Pool of Jews as Part of the Genetic Landscape of the Middle East." *American Journal of Human Genetics* 69, no. 5 (November, 2001): 1095-1112.
- ___. Filon, D. A. Weiss, M. Weale, M. Faerman, A. Oppenheim, and M. G. Thomas. "High-resolution Y chromosome haplotypes of Israeli and Palestinian Arabs reveal geographic substructure and substantial overlap with haplotypes of Jews." *Human Genetics* 107, (2000): 630-641.
- Neumann, Joshua H. "The Jewish Battalions And The Palestine Campaign." *The American Jewish Year Book* 21 (1919): 120-40.
- Newby, Gordon Darnell. "The Jews of Arabia at the Birth of Islam." In *A History of Jewish-Mus-*

lim Relations: From the Origins to the Present Day, edited by Abdelwahab Meddeb and Benjamin Stora. Translated by Jane Marie Todd and Michael B. Smith. 39-73. Princeton: Princeton University Press, 2013.
- Ochsenwald, William. "Ironic Origins: Arab Nationalism in the Hijaz, 1882-1914." In The Origins of Arab Nationalism, edited by Rashid Khalidi, Lisa Anderson, Muhammad Muslih, and Reeva S. Simon. 189-203. New York: Columbia University Press, 1993.
- Ofek, Adina. "Cantonists: Jewish Children as Soldiers in Tsar Nicholas's Army." Modern Judaism 13, no. 3 (1993): 277-308.
- Owen, Roger. "Economic Development in Mandatory Palestine: 1918-1948." In The Palestinian Economy: Studies in Development under Prolonged Occupation, edited by George T. Abed. 13-35. London: Toutledge, 2014.
- Ozekicioglu, Seda, and Halil Ozekicioglu, "First borrowing period at Ottoman Empire (1854-1876): Budget policies and consequences." Business and Economic Horizons 3, no. 3 (2010): 28-46.
- Pappe, Ilan. "The Many Faces of European Colonialism: The Templers, the Basel Mission and the Zionist Movement." In Israel and South Africa: The Many Faces of Apartheid, edited by Ilan Pappe. 43-72. London: Zed Books, 2015.
- ___. "The Tantura Case in Israel: The Katz Research and Trial." Journal of Palestine Studies 30, no. 3 (2001): 19-39.
- Pelham, Nicolas. "Gaza's Tunnel Phenomenon: The Unintended Dynamics of Israel's Siege." Journal of Palestine Studies 41, no. 4 (2012): 6-31.
- Perko, F. Michael. "Toward a 'Sound and Lasting Basis': Relations between the Holy See, the Zionist Movement, and Israel, 1896-1996." Israel Studies 2, no. 1 (1997): 1-21.
- Pritsak, Omeljan. "The Pogroms of 1881." Harvard Ukrainian Studies 11, no. 1 (1987): 8-43.
- Qarmout, Tamer and Daniel Beland. "The Politics of International Aid to the Gaza Strip." Journal of Palestine Studies 41, no. 4 (2012): 32-47.
- Quataert, Donald. "Clothing Laws, State, and Society in the Ottoman Empire, 1720-1829." International Journal of Middle East Studies 29, no. 3 (1997): 403-25.
- Rapoport-Albert, Ada. "A Reevaluation of the 'Khmelnytsky Factor': The Case of the Seventeenth-Century Sabbatean Movement." In Stories of Khmelnytsky: Competing Literary Legacies of the 1648 Ukrainian Cossack Uprising, edited by Amelia Glaser, 47-59. Stanford: Stanford University Press, 2015.
- Rappaport, Ernest A. "The Ritual Murder Accusation: The Persistence of Doubt and the Repetition Compulsion." In The Blood Libel Legend: A Casebook in Anti-Semitic Folklore, edited by Alan Dundes. 304-335. Madison: University of Wisconsin Press, 1991.
- Ravid, Benjamin C. I. "From Geographical Realia to Historiographical Symbol: The Odyssey of the Word Ghetto." In Essential Papers on Jewish Culture in Renaissance and Baroque Italy, edited by David B. Ruderman. New York: New York University Press, 1992.
- Ravndal, Ellen Jenny. "Exit Britain: British Withdrawal From the Palestine Mandate in the Early Cold War, 1947-1948." Diplomacy & Statecraft 21, no. 3 (2010):416-433.
- Rensink, Brenden. "Genocide of Native Americans: Historical Facts and Historiographic Debates." In Genocide of Indigenous Peoples: A Critical Bibliographic Review, edited by Samuel Totten and Robert K. Hitchcock, 15-36. New Brunswick, Transactino Publishers, 2011.
- Rensink, Brenden. "Genocide of Native Americans: Historical Facts and Historiographic Debates." In Genocide of Indigenous Peoples: A Critical Bibliographic Review, edited by Samuel

Totten and Robert K. Hitchcock, 15-36. New Brunswick: Transaction Publishers, 2011.
· Ro'i, Yaacov. "The Zionist Attitude to the Arabs 1908-1914." *Middle Eastern Studies* 4, no. 3 (1968): 198-242.
· Rohde, Achim. "Teaching History in Israel-Palestine." In *The Palgrave Handbook of State-Sponsored History After 1945*, edited by Berber Bevernage and Nico Wouters. 353-370. London: Macmillan Publishers, 2018.
· Rokach, Livia. "Israeli State Terrorism: An Analysis of the Sharett Diaries." *Journal of Palestine Studies* 9, no. 3 (1980): 3-28.
· Rose, Sam. "Education as a Survival Strategy: Sixty Years of Schooling for Palestinian Refugees." In *Even in Chaos: Education in Times of Emergency*, edited by Kevin M. Cahill. 228-245. New York: Fordham University Press and the Center for INternational Humanitarian Cooperation, 2010.
· Roth, Cecil. "The Feast of Purim and the Origins of the Blood Accusation." In *The Blood Libel Legend: A Casebook in Anti-Semitic Folklore*, edited by Alan Dundes. 261-272. Madison: University of Wisconsin Press, 1991.
· Rucker, Laurent. "Moscow's Surprise: The Soviet-Israeli Alliance of 1947-1949." Working Paper No. 46. *Cold War International History Project*.
· Saleh, Samir Abdallah. "The Effects of Israeli Occupation on the Economy of the West Bank and Gaza Strip." In *Intifada: Palestine at the Crossroads*, edited by Jamal R. Nassar and Roger Heacock. New York: Praeger, 1990.
· Samy, Shahira. "Would 'sorry' repair my loss? Why Palestinian refugees should seek an apology for their displacement." *The International Journal of Human Rights* 14, no. 3 (2010): 364-377.
· Sela, Rona. "Scouting Palestinian Territory, 1940-1948: Haganah Village Files, Aerial Photos, and Surveys." Jerusalem Quarterly 52 (2013): 38-50.
· Shahid, Leila. "The Sabra and Shatila Massacres: Eye-Witness Reports." *Journal of Palestine Studies* 32, no. 1 (2002): 36-58.
· Shapira, Anita. "The Concept of Time in the Partition Controversy of 1937," *Studies in Zionism* 6, no. 2 (1985): 211-228.
· Shehadeh, Raja. "The Weight of Legal History: Constraints and Hopes in the Search for a Sovereign Legal Lnaguage." In *The Arab-Israeli Accords: Legal Perspectives*, edited by Eugene Cotran and Chibli Mallat, 3-20. London: Kluwer Law International Publisher, 1996.
· Shilo, Margalit. "The Immigration Policy of the Zionist Institutions 1882-1914." *Middle Eastern Studies* 30, no. 3 (1994): 597-617.
· Shlaim, Avi. "Israel and the Arab coalition in 1948." In *The War for Palestine: Rewriting the History of 1948*, edited by Eugene L. Rogan and Avi Shlaim. 2nd ed. 79-103. Cambridge: Cambridge University Press, 2007.
· ___. "The Debate about 1948." *International Journal of Middle East Studies* 27, no. 3 (1995): 287-304.
· Shohat, Ella. "Columbus, Palestine and Arab Jews." In *Cultural readings of imperialism: Edward Said and the gravity of history*, edited by Keith Ansell-Pearson, Benita Parry and Judith Squires. 88-105. New York: St. Martin's Press, 1997.
· Shumsky, Dimitry. "Leon Pinsker and 'Autoemancipation!': A Reevaluation." *Jewish Social Studies* 18, no. 1 (2011): 33-62.
· Sirhan, Bassem. "Palestinian Refugee Camp Life in Lebanon." *Journal of Palestine Studies* 4, no.

2 (1975): 91-107.
- Skorecki, Karl, S. Selig, S. Blazer, R. Bradman, N. Bradman, P. J. Waburton, M. Ismajlowicz, and M. F. Hammer. "Y chromosomes of Jewish priests." *Nature* 385, no. 32 (1997): 32-32.
- Smith, David Norman. "Judeophobia, Myth, and Critique." In *The Seductiveness of Jewish Myth: Challenge or Response?*, edited by S. Daniel Breslauer, 123-154. Albany: State University of New York Press, 1997.
- Soibelman, Mali. "Palestinian Suicide Bombers." *Journal of Investigative Psychology and Offender Profiling* 1, no. 3 (2004): 175-190.
- Sontheimer, Tim. "Bringing the British back in: Sephardim, Ashkenazi anti-Zionist Orthodox and the policy of Jewish unity." *Middle Eastern Studies* 52, no. 2 (2016): 165-181.
- Spicehandler, Ezra. "The Persecution Of The Jews Of Isfahan Under SHĀH 'ABBĀS II (1642—1666)." *Hebrew Union College Annual* 46 (1975): 331-356.
- Stow, Kenneth. "The Fruit Of Ambivalence. Papal Jewry Policies Over The Centuries." In *The Roman Inquisition, the Index and the Jews: Contexts, Sources and Perspectives*, edited by Stephan Wendehorst, 3-17. Leiden: Brill, 2004.
- Sutton, Wesley K. "Jewish Genes: Ancient Priests and Modern Jewish Identity." In *Who is a Jew?: Reflections on History, Religion, and Culture*, edited by Leonard Jay Greenspoon, 105-115. West Lafayette: Purdue University Press, 2014.
- Sysyn, Frank E. "The Khmel'Nyts'kyi Uprising: A Characterization of the Ukrainian Revolt." *Jewish History* 17, no. 2 (2003): 115-39.
- Thornton, Russell. "Cherokee Population Losses during the Trail of Tears: A New Perspective and a New Estimate." *Ethnohistory* 31, no. 4 (1984): 289-300.
- Tobi, Yosef. "Jews of Yemen." In *A History of Jewish-Muslim Relations: From the Origins to the Present Day*, edited by Abdelwahab Meddeb and Benjamin Stora. Translated by Jane Marie Todd and Michael B. Smith. 248-257. Princeton: Princeton University Press, 2013.
- Tramontana, Felicita. "The Poll Tax and the Decline of the Christian Presence in the Palestinian Countryside in the 17th Century." *Journal of the Economic & Social History of the Orient* 56, no. 4 (2013): 631-652.
- Tsai, Wei-chieh. "Ethnic Riots and Violence in the Mongol Empire: A Comparative Perspective." *Mongolian Studies* 33 (2011): 83-107.
- Turki, Fawaz. "To Be a Palestinian." *Journal of Palestine Studies* 3, no. 3 (1974): 3-17.
- Veinstein, Gilles. "Jews and Muslims in the Ottoman Empire." In *A History of Jewish-Muslim Relations: From the Origins to the Present Day*, edited by Abdelwahab Meddeb and Benjamin Stora. Translate by Jane Marie Todd and Michael B. Smith. 171-221. Princeton: Princeton University Press, 2013.
- Vereté, Mayir. "The Balfour Declaration and Its Makers." *Middle Eastern Studies* 6, no. 1 (1970): 48-76.
- Weitz, Yechiam. "Jewish refugees and Zionist policy during the Holocaust." *Middle Eastern Studies* 30, no.2 (1994):351-368.
- Wilson, Mary C. "The Hashemites, the Arab Revolt, and Arab Nationalism." In *The Origins of Arab Nationalism*, edited by Rashid Khalidi, Lisa Anderson, Muhammad Muslih, and Reeva S. Simon. 204-221. New York: Columbia University Press, 1993.
- Wilson, Samuel G. "The Jews in Persia." *Missionary Review of the World* 8 (1895): 738-740, 837-840.

- ___. "The Jews and the Death of Jesus in Acts." In *Anti-Judaism in Early Christianity*, edited by Peter Richardson and David Granskou. Vol. 1: Paul and the Gospels, 155-164. Waterloo: Wilfrid Laurier University Press, 2006.
- Wistrich, Robert S. "Zionism and Its Religious Critics in Fin-de-Siecle Vienna." *Jewish History* 10, no. 1 (1996): 93-111.
- Yazbak, Mahmoud. "Elections in Late Ottoman Palestine: Early Exercises in Political Representation." In *Late Ottoman Palestine: The Period of Young Turk Rule*, edited by Yuval Ben-Bassat and Eyal Ginio, 35-53. London: I. B. Tauris, 2011.
- ___. "From Poverty to Revolt: Economic Factors in the Outbreak of the 1936 Rebellion in Palestine." *Middle Eastern Studies* 36, no. 3 (2000): 93-113.
- Zeedan, Rami. "The Palestinian Political Parties and Local Self-governance during the British Mandate: Democracy and the Clan." In *The British Mandate in Palestine: A Centenary Volume, 1920-2020*, edited by Michael J. Cohen. 83-101. London: Routledge, 2020.

Magazine Articles
This Week in Palestine
- Elias Rizek, #WestBankLive: A Day in the Life in the West Bank, August 2015(issue 208).
- Enas Fares Gannam, Coping with Absence, January 2016(issue 213).

Online sources
- ACRI, East Jerusalem 2015: Facts and Figures. May 12, 2015. https://law.acri.org.il/en/wp-content/uploads/2015/05/EJ-Facts-and-Figures-2015.pdf.
- Amnesty. "Israel: Torture still used systematically as Israel presents its report to the Committee Against Torture." May 12, 1998. https://www.amnesty.org/en/documents/mde15/031/1998/en/.
- ___. Amnesty International Annual Report 1986. January 1, 1986. https://www.amnesty.org/en/documents/pol10/0003/1986/en/.
- ___. Amnesty International Report 2015/16: The State of the World's Human Rights. February 23, 2016. https://www.amnesty.org/en/pol10-2552-2016-en-2/.
- ___. Troubled Waters - Palestinians Denied Fair Access to Water. October 27, 2009. https://www.amnesty.eu/news/troubled-waters-palestinians-denied-fair-access-to-water/.
- ARIJ. The Economic Cost of the Israeli occupation Report. 2015. https://www.arij.org/wp-content/uploads/2016/03/The_Economic_Cost_of_the_Israeli_occupation_Report_upd.pdf.
- B'Tselem. "Discriminatory water supply." Septeber 27, 2016. http://www.btselem.org/water/discrimination_in_water_supply
- ___. "Restriction of movement." Accessed August 28, 2017. http://www.btselem.org/freedom_of_movement/checkpoints_and_forbidden_roads.
- ___."Statistics on Revocation of Residency in East Jerusalem." Accessed 18 August, 2017. http://www.btselem.org/jerusalem/revocation_statistics.
- ___. Acting the Landlord: Israel's Policy in Area c, the West Bank. June 2013. https://www.btselem.org/publications/summaries/201306_acting_the_landlord.
- ___. Ghost Town: Israel's Separation Policy and Forced Eviction of Palestinians from the Center of Hebron. May 2007. https://www.btselem.org/publications/summaries/200705_hebron.
- ___. The Interrogation of Palestinians During the Intifada: Ill-treatment, "Moderate Physical

- Pressure" or Torture?. March, 1991. https://www.btselem.org/publications/summaries/199103_torture.
- ___. Under the Guise of Legality: Declarations of state land in the West Bank. March 2012. https://www.btselem.org/publications/summaries/201203_under_the_guise_of_legality.
- Badil. Forced Population Transfer: The Case of Palestine, Installment of a PermIt regime. December 2015. https://www.badil.org/phocadownloadpap/badil-new/publications/research/working-papers/wp18-FPT-Israeli-permit-system.pdf.
- ___. Forced Population Transfer: The Case of the Old City of Hebron. August 2016. https://www.badil.org/phocadownloadpap/badil-new/publications/research/working-papers/CaseStudyFPT-Hebron-Brief-Eng(Oct2016).pdf.
- ___. Survey of Palestinian Refugees and Internally Displaced Persons. Vol. 8: 2013-15. June 20, 2016. https://www.badil.org/publications/survey-of-palestinian-refugees.
- ___. The United Nations Conciliation Commission for Palestine, Protection, and a Durable Solution for Palestinian Refugees. Information & Discussion Brief. Issue No. 5. June, 2000. https://badil.org/phocadownload/Badil_docs/bulletins-and-briefs/Brief-No.5.pdf.
- ___. The Prohibited Zone: Israeli planning policy in the Palestinian villages in Area C. June 2008, http://bimkom.org/eng/wp-content/uploads/ProhibitedZone.pdf.
- ___. Trapped by Planning: Israeli Policy, Planning, And Development In The Palestinian Neighborhoods Of East Jerusalem. 2014. http://bimkom.org/eng/wp-content/uploads/TrappedbyPlanning.pdf.
- HaMoked and B'Tselem. The Quiet Deportation Continues: Revocation of Residency and Denial of Social Rights of East Jerusalem Residents. September 1998. https://www.btselem.org/download/199809_quiet_deportation_continues_eng.doc.
- ___. The Permit Regime Human Rights Violations in West Bank Areas Known as the 'Seam Zone.' March 31, 2013. https://hamoked.org/document.php?dID=Documents2133.
- International Crisis Group. Extreme Makeover? (II): The Withering of Arab Jerusalem, December 20, 2012. https://www.crisisgroup.org/middle-east-north-africa/eastern-mediterranean/israelpalestine/extreme-makeover-ii-withering-arab-jerusalem.
- Nancy Miller. "Patriarchal Burial Site Explored for First Time in 700 Years." Biblical Archaeology Society. May-June, 1985. https://members.bib-arch.org/biblical-archaeology-review/11/3/1.
- Palestine Works. Occupied East Jerusalem. January 31, 2015. URL no longer available.
- Palestinian Center for Policy and Survey. Public Opinion Poll No. 55-62 (2015.1Q-2016.4Q). https://www.pcpsr.org/en.
- Peace Now. "Settlement data." Accessed July 18, 2023. http://peacenow.org.il/en/settlements-watch/settlements-data/population.
- ___. The Grand Land Robbery: Another Step toward Annexation. November 2016. http://peacenow.org.il/wp-content/uploads/2016/11/regulation-law-report.pdf.
- ___. Unraveling the Mechanism behind Illegal Outposts. 2017. http://peacenow.org.il/wp-content/uploads/2017/03/unraveling-the-mechanism-behind-illegal-outpots-full-report-1.pdf.
- Physicians for Human Rights. Divide & Conquer: Inequality in Health. January 2015. https://www.phr.org.il/wp-content/uploads/2016/04/Divide-And-Conquer.pdf.
- Tabah Foundation. Muslim Millennial Attitudes on Religion and Religious Leadership, Arab World. Abu Dhabi: Tabah Foundation, 2016. Accessed January 24, 2018. https://mmasurvey.tabahfoundation.org/downloads/mmgsurvey_full_En_web.pdf.

· Yesh Din. Law Enforcement On Israeli Civilians In The West Bank Yesh Din Monitoring Update 2005-2015. October 2015. http://files.yesh-din.org/userfiles/Datasheet_English_Oct%202015.pdf.